7·9급 공무원 시험대비

박문각 공무원

기출문제

최욱진 행정학

최욱진 편저

인사혁신처 주관 최신 기출 및 필수 문제 정선

알차고 풍부한 해설로 이론 회독 효과

단원별 7·9급 기출문제집

동영상 강의 www.pmg.co.kr

이 책의 머리말

PREFACE

☆ 나의 소중한 시간을 아껴주는 강의, 최욱진 행정학

Ⅰ. 들어가는 글

안녕하세요. 공무원 시험을 준비하는 수험생들에게 행정학을 전하고 있는 최욱진입니다. 기출문제를 정복하는 것은 여러분의 단기합격을 위해 꼭 필요한 조건 중 하나입니다. 이는 모든 수험생이 공감하는 부분이지요. 지금 여러분은 기출문제를 제대로 공부하고 있는지요? 기출문제를 잘 공부하는 방법은 아래와 같습니다.

❶ 중요하지 않은 기출문제에 집착하지 말자.

기출문제의 종류는 크게 두 가지가 있습니다. '중요한 문제와 그렇지 않은 문제'이지요. 수험생이 흔히 범하는 오류 중 하나는 중요하지 않은 기출문제에 집착하는 것입니다. 중요하지 않은 문제는 모두에게 낯설고 어려운 주제이거나, 중요한 지식을 바탕으로 해결할 수 있는 경우가 대다수입니다. 전자는 상대평가이므로 틀려도 괜찮은 것이고, 후자는 풀 수 있는 문제이므로 합격에 악영향을 미치지 않습니다. 그러니 기출문제 수업을 수강하면서 제가 경중을 가려드리는 것을 바탕으로 공부하시길 바랍니다.

❷ 총론부터 기타 제도 및 법령까지 전체를 여러 번 회독하자.

공무원 행정학 시험은 총론부터 기타 제도 및 법령까지 중요한 부분을 중심으로 고르게 출제됩니다. 따라서 행정학의 특정 부분을 자세히 공부하는 사람보다 중요한 내용을 중심으로 전체를 여러 번 공부하는 수험생이 합격할 공산이 큽니다. 최욱진 행정학은 이와 같은 방향성을 토대로 다음의 커리큘럼을 제시하고 있습니다.

■ 최욱진 행정학 커리큘럼 체계

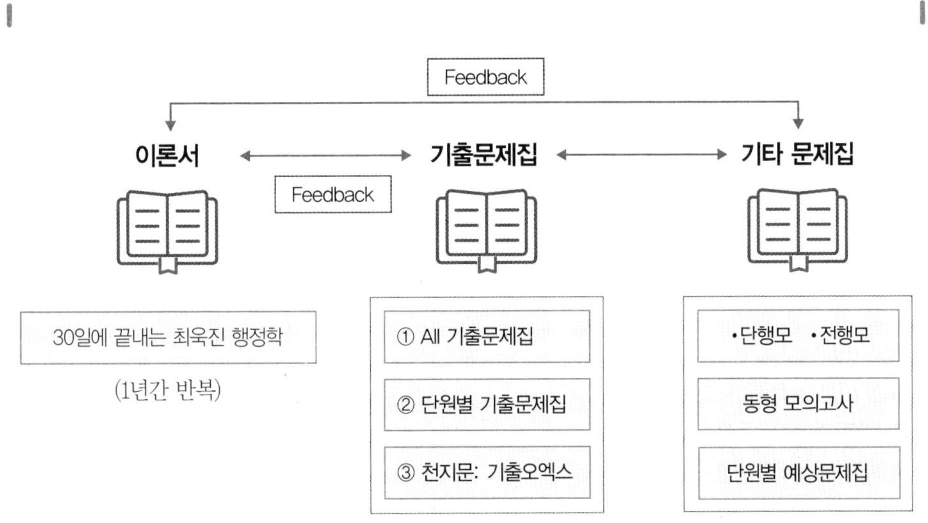

위의 커리큘럼 체계를 보세요. 여러분은 이론수업과 단원별 기출문제집 수업만 수강해도 최소 행정학을 5회 반복하게 되는바 시험에 붙을 수 있는 경쟁자가 될 수 있습니다. 행정학 점수가 나오지 않는 이유는 간단합니다. 기출문제를 제대로 공부하지 않았기 때문이지요. 현장에서의 경험을 토대로 말씀드리자면, 재수가 아니라 N수 하는 분들도 중요한 기출문제를 잘 풀지 못하는 경우가 많습니다. 총론부터 기타 제도 및 법령까지 중요한 부분을 중심으로 계속 반복하세요. 여러분을 합격으로 안내하는 지름길이 될 것입니다.

Ⅱ. 마치는 글

다반향초(茶半香初)라는 말이 있습니다. 이는 차가 반이나 줄었으나 그 향은 처음과 같다는 뜻입니다. 힘든 수험생활이지만 초심을 잃지 않고 그 향을 이어간다면 어느새 합격의 문에 도달해있을 거라 생각합니다. 그 과정에서 저 또한 처음의 마음을 잊지 않고 여러분과 함께 하겠습니다. 아무쪼록 저의 교재와 커리큘럼이 여러분의 소중한 시간을 아끼는 데 도움이 될 수 있기를, 여러분의 목표를 이루는 데 일조할 수 있기를 진심으로 소망하면서 짧은 글을 마치겠습니다. 궁금한 사항이 있을 때 언제든지 저의 블로그나 유튜브 채널에 문의주세요. 감사합니다.

Mr. Ku, 최욱진 드림

이 책의 차례

CONTENTS

제1편 행정학 총론

CHAPTER 1 행정과 행정학 8
CHAPTER 2 행정이론 19
CHAPTER 3 행정의 목적 74
CHAPTER 4 행정의 구조: 관료제 92
CHAPTER 5 행정과 환경 107
CHAPTER 6 정부관: 큰 정부와 작은 정부 138

제2편 정책학

CHAPTER 1 정책학의 기초 146
CHAPTER 2 정책의제설정 176
CHAPTER 3 정책분석 188
CHAPTER 4 정책결정 199
CHAPTER 5 정책집행 215
CHAPTER 6 정책평가 227

제3편 조직론

CHAPTER 1 조직구조론 248
CHAPTER 2 조직유형론 257
CHAPTER 3 조직관리기법 268
CHAPTER 4 조직구조 안정화 메커니즘 274
CHAPTER 5 사람, 그리고 일에 대하여 295
CHAPTER 6 환경과 조직: 환경을 고려한 조직이론을 중심으로 310
CHAPTER 7 조직이론: 조직이론의 전개를 중심으로 315

제4편 인사행정

CHAPTER 1 인사행정의 기초 322
CHAPTER 2 공직구조의 형성 337
CHAPTER 3 공무원 임용 및 능력 발전 358
CHAPTER 4 공무원 평가: 성과 관리 367
CHAPTER 5 공무원 동기 부여 381
CHAPTER 6 공무원의 의무와 권리, 그리고 통제 387

제5편 재무행정

CHAPTER 1 예산제도의 발달 과정 412
CHAPTER 2 우리나라의 재정개혁 423
CHAPTER 3 예산결정모형 431
CHAPTER 4 예산의 기초 438
CHAPTER 5 예산의 종류 및 분류 449
CHAPTER 6 예산과정 465
CHAPTER 7 정부회계 482
CHAPTER 8 재무행정기관, 그리고 정부기관의 구매 489

제6편 행정환류

CHAPTER 1 행정책임과 통제 492
CHAPTER 2 행정개혁 507

제7편 지방자치론

CHAPTER 1 지방자치론의 기초 514
CHAPTER 2 정부 간 관계 531
CHAPTER 3 주민참여 548
CHAPTER 4 지방자치단체의 재정 561

제8편 기타 제도 및 법령 등

CHAPTER 1 행정학총론 582
CHAPTER 2 행정학각론 593

최욱진 행정학

단원별 7·9급 기출문제집

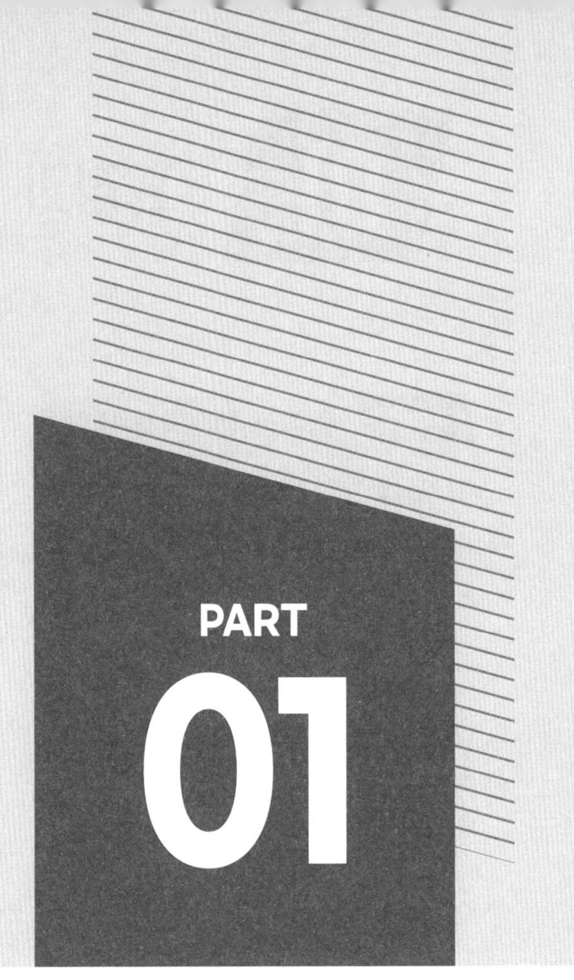

행정학총론

Chapter 01 행정과 행정학

Chapter 02 행정이론

Chapter 03 행정의 목적

Chapter 04 행정의 구조: 관료제

Chapter 05 행정과 환경

Chapter 06 정부관: 큰 정부와 작은 정부

행정과 행정학

Section 01 행정과 행정학에 대하여

01 회독 □□□

2023. 지방 7급

사바스(Savas)의 재화 및 서비스 유형에 대한 설명으로 옳지 않은 것은?

① 시장재(private goods)는 소비자 보호와 서비스 안전을 위해 행정의 개입도 가능하다.

② 공유재(common pool goods)는 과다 소비와 공급 비용 귀착 문제가 발생한다.

③ 요금재(toll goods)는 X-비효율성으로 인해 발생할 수 있는 문제 때문에 대부분 정부가 공급한다.

④ 집합재(collective goods)는 비용 부담에 따라 서비스 혜택을 차별화하거나 배제할 수 없기 때문에 무임승차 문제가 발생한다.

정답 및 해설

요금재는 자연독점으로 인해 정부가 공급할 수 있음 → X비효율성은 정부실패 요인에 해당하므로 틀린 내용임

① 시장재는 소비자 보호 측면에서 서비스의 안전을 위한 규제 등을 위해 집단적 대응이 요청되고 있음 → 예: 허위광고에 대한 과징금

② 공유재는 비배제성 및 경합성으로 인해 과다 소비와 공급 비용 귀착 문제(공급비용의 실질적 부담이 사용자에게 돌아가는 것)가 발생함

④ 집합재, 즉 공공재는 비배제성을 띠는 까닭에 무임승차 문제가 발생함

정답 ③

02 회독 □□□

2020. 지방 9급

민간투자사업자가 사회기반시설 준공과 동시에 해당 시설 소유권을 정부로 이전하는 대신 시설관리운영권을 획득하고, 정부는 해당 시설을 임차 사용하여 약정기간 임대료를 민간에게 지급하는 방식은?

① BTO(Build-Transfer-Operate)

② BTL(Build-Transfer-Lease)

③ BOT(Build-Own-Transfer)

④ BOO(Build-Own-Operate)

정답 및 해설

민간투자자가 시설을 건설한 후 소유권을 정부에 이전하는 대신 정부가 직접 운영하면서 얻은 수익을 일부 민간에게 지급하는 방식은 BTL임

① BTO(Build-Transfer-Operate): 민간이 시설을 건설한 후 소유권을 정부에 이전하는 대신 시설을 민간이 직접 운영하면서 투자금을 회수하는 방식

③ BOT(Build-Own-Transfer): BTO와 동일한 개념이지만, 소유권 이전 시기에 차이를 두는 방식

④ BOO(Build-Own-Operate): 민간이 시설을 건설하고, 소유하며, 직접 운영하는 방식

정답 ②

cf.

03 회독 □□□

2014. 서울 9급

성과의 측정은 투입지표, 산출지표, 성과지표, 영향지표 등을 통하여 이루어진다. 아래의 사례에서 성과(outcome) 지표에 해당하는 것은?

> 고용노동부에서는 2013년도에 10억 원의 예산을 투입하여 강사 50명을 채용하고, 200명의 교육생에게 연 300시간의 직업교육을 실시하였다. 교육 이수 후 200명 중에서 50명이 취업하였으며, 이를 통하여 국가경쟁력이 3% 제고되었다.

① 10억 원의 예산
② 200명의 교육생
③ 연 300시간의 교육
④ 50명의 취업
⑤ 3%의 국가경쟁력 제고

정답 및 해설

공공서비스의 측정지표는 일반적으로 투입, 활동, 산출, 결과, 영향으로 나눌 수 있으나 문제에서는 활동지표를 제외한 지표들을 나열하고 있음; 문제에서 성과지표는 영향지표 다음으로 큰 단위임 → 따라서 지문에서는 50명의 취업을 성과지표로 볼 수 있음

문제를 푸는 요령

> 투입지표가 가장 구체적이고 작은 단위, 영향지표가 큰 측정 단위라고 생각하고, 큰 단위로 갈수록 지표의 추상성이 커진다고 보고 접근할 것

정답 ④

04 회독 □□□

2015. 지방 9급

다음 〈보기〉 내용의 시장실패에 대한 설명으로 옳지 않은 것은?

> 보기
>
> 한 마을에 적당한 크기의 목초지가 있었다. 그 마을에는 열 가구가 오순도순 살고 있었는데, 각각 한 마리의 소를 키우고 있었고 그 목초지는 소 열 마리가 풀을 뜯는 데 적당한 크기였다. 소들은 좋은 젖을 주민들에게 공급하면서 튼튼하게 자랄 수 있었다. 그런데 한 집에서 욕심을 부려 소 한 마리를 더 키우면서 문제가 시작되었다. 다른 집들도 소 한 마리, 또 한 마리 등 욕심을 부리기 시작하면서 목초지는 풀뿌리까지 뽑히게 되었고, 결국 소가 한마리도 살아갈 수 없는 황폐한 공간으로 바뀌고 말았다.

① 위에서 나타나는 시장실패의 주된 요인은 무임승차자 문제이다.
② 보기의 사례에서 나타난 재화는 배제불가능성과 함께 소비에서의 경합성을 특징으로 한다.
③ 보기의 사례는 '공유지의 비극'에 대한 설명이다.
④ 이러한 시장실패를 해결하기 위한 방법의 하나는 재화의 재산권을 명확히 하는 것이다.

정답 및 해설

보기의 내용은 공유지의 비극을 설명하고 있음 → 공유지 비극의 주된 요인은 한정된 자원을 이기적인 인간이 과잉소비하기 때문에 발생함

② 보기의 사례에서 나타난 재화는 공유재이므로 배제불가능성과 함께 소비에서의 경합성을 특징으로 함
④ 이러한 시장실패를 해결하기 위한 방법 중 하나는 재화에 대해 소유권을 명확하게 지정하여 주인이 있는 물건을 함부로 사용하지 못하게 막는 것임

정답 ①

cf.

05 회독 □□□

2018. 국가 9급

지방정부의 행정서비스 공급체계 및 방식에 대한 설명으로 옳지 않은 것은?

① 정부의 직접적 공급이 아닌 대안적 서비스 공급체계(ASD: Alternative Service Delivery)는 생활쓰레기 수거, 사회복지사업운영, 시설 관리 등의 분야에 적용되고 있다.

② 과잉생산과 독점 등이 야기한 공공부문 비효율의 해결책으로 계약방식을 통한 서비스 공급이 도입되고 있다.

③ 사용자부담 방식의 활용은 재정부담의 공평성 제고에 기여한다.

④ 사바스(E. Savas)가 제시한 공공서비스 공급유형론에 따르면, 자원봉사(voluntary service)방식은 민간이 결정하고 정부가 공급하는 유형에 속한다.

정답 및 해설

아래의 표에 따르면 자원봉사 방식은 민간이 결정하고 민간이 공급하는 방식임

Savas의 공공서비스 공급방식의 유형: 결정과 집행을 중심으로

구분		배열자: 결정	
		정부	민간
생산자: 집행(공급)	정부	정부서비스: 일반 행정 정부 간 협약: 사무위탁 ※ 사무위탁은 정부가 정부에게 생산을 맡기는 방법	정부판매 (정부응찰 방식) ※ 정부판매 = 책임경영
	민간	보조금 독점허가 민간계약(위탁): 협의 임대형 민자사업(BTL) 바우처	바우처(구매권) 시장 자조활동 자원봉사 암기법: 민^{2}바자^2

+ 바우처의 경우 시험에서 민간이 결정하고 민간이 집행하는 경우와 정부가 결정하고 민간이 집행하는 경우로 모두 출제된 바 있으나, 일반적으로는 민간결정·민간집행의 경우로 보고 공부할 것

① 대안적 서비스 공급체계: 민간부문 등을 활용하여 서비스를 공급하는 시스템으로써 사회복지사업운영, 시설 관리 등의 분야에 적용되고 있음

② 과잉생산과 독점 등이 야기한 공공부문 비효율의 해결책으로 계약방식(민간위탁)을 통한 서비스 공급이 도입되고 있음

③ 사용자부담 방식의 활용은 비용부담자가 편익을 누린다는 점에서 재정부담의 공평성 제고에 기여할 수 있음

정답 ④

06 회독 □□□

2019. 사복 9급

공공서비스 전달방식에 대한 설명으로 가장 옳은 것은?

① 프랜차이즈 방식은 정부가 개인들에게 특정 상품 및 서비스 구입이 가능한 쿠폰을 제공하는 방식이다.

② 공공 – 민간협력방식(PPP)은 정부가 민간부문에 출자하고 이를 경영하되 위험은 정부가 모두 부담하는 방식이다.

③ 수익형 민자사업(BTO) 방식은 민간이 시설을 건설하고 직접 소유하면서 운영하는 방식이다.

④ 임대형 민자사업(BTL) 방식은 민간이 시설을 건설하고 정부가 소유하며 민간은 정부로부터 임대료 수익을 보장받는 방식이다.

정답 및 해설

임대형 민자사업(BTL) 방식은 사회간접자본에 대한 민간투자방식 중 하나로서 민간이 시설을 건설하고 소유권을 정부에 이전한 후, 정부로부터 임대수익을 받는 방법임

① 바우처방식에 대한 내용임; 프랜차이즈 방식(면허방식)은 정부가 일정한 구역 내에서 민간조직에 공공서비스를 제공하는 권리를 인정하는 방식임

② 공공 – 민간협력방식(PPP)은 민간이 정부에 투자하고, 이를 경영하되 위험은 민간이 부담하는 방식임

참고

PPP는 정부의 역할에 속했던 도로, 항만, 철도, 환경시설 등 사회간접자본(Social Overhead Capital, SOC) 시설의 건설과 운영을 민간부문이 수행함으로써 작은 정부 실현은 물론 국민의 편의와 국가의 지속적 발전을 도모하는 제도임 → 즉, PPP는 민간부문에서 대형 사업의 재원을 마련하여 사회기반시설을 건설하고 정부에 해당 시설을 기부한 후, 관리운영권을 부여받아 운영수입으로 투자금을 회수하는 방식임; BTO와 BOT는 PPP의 종류에 해당함

③ 수익형 민자사업(BTO) 방식은 민간이 시설을 건설하고 정부에게 소유권을 이전한 후 민간이 해당 시설을 직접 운영하면서 투자금을 회수하는 방법임

정답 ④

07 회독 □□□

2015. 국가 7급

사바스(Savas)가 구분한 네 가지 공공서비스 유형과 내용의 연결이 옳지 않은 것은?

① 요금재: 대가를 지불하지 않는 소비자를 배제할 수 없다.
② 집합재: 무임승차의 문제가 발생할 수 있다.
③ 시장재: 경합성과 배제성을 동시에 갖는 서비스이다.
④ 공유재: 과잉소비의 문제가 발생할 수 있다.

정답 및 해설

요금재는 배제성을 띠는 바 대가를 지불하지 않는 소비자를 배제할 수 있음

구분	비경합성	경합성
비배제성	공공재(집합재)	공유재
배제성	요금재	사유재

② 공공재는 비배제성으로 인해 무임승차자가 발생할 수 있음
③ 시장재는 경합성과 배제성을 동시에 갖는 서비스임
④ 이기적인 개인이 한정된 재화를 공짜로 이용할 수 있다면 자원을 과잉소비하는 현상이 발생할 수 있음

정답 ①

08 회독 □□□

2014. 국가 7급

<보기>는 공유재와 관련된 설명이다. 옳은 것으로만 묶은 것은?

보기

ㄱ. 전기, 상하수도 등이 공유재에 해당한다.
ㄴ. 민간부문이 공유재의 공급주체가 될 수 있다.
ㄷ. 적절한 조치가 없으면 과다소비로 인한 고갈 문제가 발생한다.
ㄹ. 소비의 비경합성과 비배제성의 특성을 동시에 갖는 재화 혹은 서비스이다.

① ㄱ, ㄴ
② ㄴ, ㄷ
③ ㄷ, ㄹ
④ ㄱ, ㄹ

정답 및 해설

올바른 선지

ㄴ. 공유지의 비극을 방지하기 위한 전통적인 방법은 민간 혹은 정부에게 공유재 소유권을 부여하는 것임; 만약 민간부문이 특정 공유재에 대한 소유권을 가진다면 민간부문도 공유재의 공급 주체가 될 수 있음
ㄷ. 공유재에 대해 소유권 부여(전통적 해결 방법), 사용규칙 설정(현대적 해결 방법) 등의 적절한 조치가 없으면 과다소비로 인한 고갈 문제가 발생함

틀린 선지

ㄱ. 전기, 상하수도 등은 요금재에 해당함
ㄹ. 공유재는 경합성과 비배제성을 지니는 재화 혹은 서비스임 → 소비의 비경합성과 비배제성의 특성을 동시에 갖는 재화 혹은 서비스는 공공재임

정답 ②

09 회독 □□□

2009. 국가 7급

민간위탁 방식에 대한 설명으로 옳지 않은 것은?

① 자원봉사자 방식은 서비스의 생산과 관련된 현금지출에 대해서만 보상받고 직접적인 보수는 받지 않는 방식이다.

② 보조금 방식은 민간조직 또는 개인의 서비스 제공활동에 대하여 재정 또는 현물로 지원하는 방식이다.

③ 구입증서 방식은 시민들의 서비스 구입부담을 완화시키기 위해 금전적인 가치가 있는 쿠폰을 제공하는 방식이다.

④ 계약방식은 민간조직에게 일정한 구역 내에서 공공서비스를 제공하는 권리를 인정하는 방식이다.

정답 및 해설

선지는 면허방식에 대한 내용임

계약방식(협의로서 민간위탁)

㉠ 기업 간 경쟁입찰을 통해 서비스 생산주체를 정부가 결정하는 방식 ㉡ 정부가 서비스 제공자에게 서비스 비용을 직접 지불하여 이용자의 비용부담을 경감시키는 장점이 있음

① 자원봉사자 방식 : 서비스의 생산과 관련된 현금지출에 대해서만 보상받고 직접적인 보수는 받지 않는 방식 → 신축적 인력 운영이 가능하고, 서비스 수준이 개선될 수 있으며 정부의 재정상태가 좋지 않은 시기에 예산삭감에 따른 서비스 수준에 대한 영향을 최소화할 수 있음

② 보조금 방식 : 민간조직 또는 개인의 서비스 제공활동에 대하여 재정 또는 현물로 지원하는 방식 → 서비스가 기술적으로 복잡하여 서비스의 목적달성이 불확실한 경우, 공공서비스에 대한 요건을 구체적으로 명시하기 곤란한 경우에 활용함

③ 구입증서 방식(바우처) : 시민들의 서비스 구입부담을 완화하기 위해 금전적인 가치가 있는 쿠폰을 제공하는 방식 → 쿠폰을 받은 사람이 공급자를 선택하기 때문에 공급자 간 경쟁은 촉진되는바 소비자 중심적인 성격(주민 대응성 제고)의 제도임

정답 ④

cf.

10 회독 □□□

2018. 서울 7급 추가

행정에 대한 설명으로 가장 옳지 않은 것은?

① 행정은 최협의적으로는 행정부의 조직과 공무원의 활동에 대한 것이다.

② 행정은 공공서비스의 생산, 공급, 분배를 통해 공공욕구를 충족시켜 국민 삶의 질을 증대하고자 한다.

③ 행정의 활동은 환경과의 상호작용을 통해 역동적으로 변화한다.

④ 행정의 활동은 정치권력을 배경으로 공공서비스의 생산 및 공급을 정부가 독점한다.

정답 및 해설

현대 행정은 거버넌스 체제이므로 정부가 독점적으로 공공서비스를 공급 및 생산하지 않음 → 따라서 정부는 시장 혹은 시민사회와 상호 협력하면서 서비스를 생산·공급함

① 최협의 혹은 협의로써 행정은 행정부의 조직과 공무원의 활동에 대한 것임

② 행정은 공익증대, 즉 공공서비스의 생산, 공급, 분배를 통해 공공욕구를 충족시켜 국민 삶의 질을 증대하고자 함

③ 행정의 활동은 환경과의 상호작용 속에서 역동적으로 변화함; 예를 들어 코로나 상황 속에서는 감염병 예방에 대한 정부활동이 증대함

정답 ④

cf.

11 회독 □□□

2009. 지방 7급

다음에서 설명하고 있는 행정학의 성격은?

> 제2차 세계대전 후 미국은 저개발국가에 경제적 원조와 함께 미국의 행정이론에 바탕을 둔 제도나 기술을 지원했다. 그러나 저개발국가의 정치제도나 사회문화적 환경이 미국과 달라 새로 도입한 각종 행정제도가 소기의 성과를 거두지 못하는 경우가 많았다. 선진국의 행정이론이 모든 국가에 적용 가능하다고 전제하는 것은 무리가 있기 때문에 외국의 행정이론을 도입하는 경우 사전에 충분한 검토가 필요하다.

① 행정학의 기술성과 과학성
② 행정학의 보편성과 특수성
③ 행정학의 가치판단과 가치중립성
④ 행정학의 전문성과 일반성

정답 및 해설

보기는 특정 국가의 제도를 다른 나라에 적용할 때 해당 국가의 특성을 고려하자는 내용을 담고 있음 → 행정의 특수성

행정의 보편성

> 각국의 역사적 상황이나 문화적 차이를 고려하지 않고 특정 국가의 제도를 다른 나라에 적용할 수 있다고 보는 관점

① 행정학의 기술성과 과학성
  ㉠ 과학성: 특정 현상을 발생시키는 보편적 원인을 발견하려는 특성
  ㉡ 기술성: 문제해결을 강조하는 특성
③ 행정학의 가치판단과 가치중립성
  ㉠ 가치판단성: 주관적인 판단이 요구되는 영역
  ㉡ 가치중립성: 주관적인 판단이 요구되지 않는 영역
④ 행정학의 전문성과 일반성
  ㉠ 전문성: 전문적인 지식을 요구하는 특성
  ㉡ 일반성: 상대적으로 전문적 지식을 요구하지 않는 특성

정답 ②

12 회독 □□□

2014. 국가 7급 수정

공공서비스에 대한 설명으로 옳지 않은 것만을 모두 고른 것은?

> ㉠ 무임승차자 문제가 발생하는 근본 원인으로는 비배제성을 들 수 있다.
> ㉡ 정부가 공공서비스의 생산부문까지 반드시 책임져야 할 필요성은 약해지고 있다.
> ㉢ 전형적인 지방공공서비스에는 상하수도, 교통관리, 건강보험 등이 있다.
> ㉣ 공공서비스 공급을 정부가 담당해야 하는 이유로는 공공재의 존재 및 독점 등이 있다.
> ㉤ 전기와 고속도로는 공유재의 성격을 가지는 공공서비스이다.

① ㉠, ㉢　　② ㉠, ㉤
③ ㉡, ㉣　　④ ㉢, ㉤

정답 및 해설

틀린 선지

㉢ 전형적인 지방공공서비스에는 상하수도, 교통관리 등이 있음 → 지방정부에서는 건강보험과 같은 국가적 통일성이 있는 업무를 포함하지 않음
㉤ 고속도로, 통신, 전기, 가스, 수도 등은 요금재임

올바른 선지

㉠ 공공재에서 무임승차자 문제가 발생하는 근본 원인으로는 비배제성(공짜로 서비스를 이용할 수 있는 특성)을 들 수 있음
㉡ 정부와 시장과의 협업이 증대되면서 정부가 공공서비스의 생산부문까지 반드시 책임져야 할 필요성은 약해지고 있음
㉣ 정부는 공공재의 존재 및 독점과 같은 시장실패 현상을 해결하기 위해 공공서비스를 직접 공급할 수 있음

정답 ④

13 회독 □□□ 2010. 지방 7급

다음 표에 제시된 공공서비스의 유형에 대한 설명으로 옳지 않은 것은?

구분		경합성 여부	
		경합성	비경합성
배제성 여부	배제성	㉠	㉡
	비배제성	㉢	㉣

① ㉠ – 기본적인 수요조차 충족하기 어려운 저소득층이나 사회적 약자를 위해 부분적인 정부개입이 필요하다.
② ㉡ – 서비스의 상당 부분이 정부에서 공급되는 이유는 부정적 외부효과로 인한 시장실패에 대응해야 하기 때문이다.
③ ㉢ – '공유재의 비극'을 초래하는 서비스로서 공급비용 부담규칙과 무분별한 사용에 대한 규제 장치가 요구된다.
④ ㉣ – 과소 또는 과다 공급을 초래하는 만큼 원칙적으로 공공부문에서 공급해야 할 서비스이다.

정답 및 해설

㉡은 요금재임 → 요금재 중 통신, 전기 등을 정부가 공급하는 이유는 규모의 경제 현상으로 인해 자연독점이 발생할 수 있기 때문임

규모의 경제

생산 설비의 규모 증가에 따른 생산 비용의 감소현상
㉠ 전기, 전화, 수도사업과 같은 공공서비스 산업은 그 생산 및 전달체계를 구축하는 데 막대한 초기 투자비용을 필요로 하지만, 정교한 생산시스템을 구축한 후에는 생산비용을 절약할 수 있음
㉡ 해당 사업은 막대한 초기 비용이 들어간다는 점에서 사업에 대한 진입장벽이 높음; 따라서 서비스를 공급하는 기업은 자연스럽게 시장에서 독점적인 위치를 차지할 수 있음; 이는 가격의 왜곡을 야기할 수 있는바 정부가 개입할 수 있는 논거가 됨

① ㉠은 시장재로써 기본적인 수요조차 충족하기 어려운 저소득층이나 사회적 약자를 위해 정부가 가치재를 공급할 수 있음
③ ㉢은 공유재로써 공유지의 비극을 막기 위해 공급비용 부담규칙과 무분별한 사용에 대한 규제 장치 등이 필요함
④ ㉣은 공공재로써 무임승차 문제로 인해 적절한 수요를 파악하기 힘든 까닭에 과다공급 혹은 과소공급이 생길 수 있음 → 따라서 시장에서 공급하지 않는바 원칙적으로 공공부문에서 공급해야 함

정답 ②

14 회독 □□□ 2012. 국가 7급

공공서비스 공급방식에 대한 설명으로 옳은 것은?

① 집합재는 원칙적으로 민간위탁방식으로 공급해야 할 서비스이다.
② 요금재는 독점이익의 왜곡을 방지하기 위해 주로 일반행정 방식이나 책임경영방식이 활용되어 왔고 민간기업의 참여가 활성화되어 있지 않다.
③ 민간위탁방식 중 면허방식은 공공서비스에 대한 요건을 구체적으로 명시하기 곤란하거나 서비스가 기술적으로 복잡하고 서비스의 목표를 어떻게 달성할 것인지가 불확실한 경우에 사용된다.
④ 공유재의 비극을 해결하기 위해 고전적 공유재 모형이 제시한 전형적인 대안들은 공유재산을 사유화하는 방식이었다.

정답 및 해설

공유재의 비극을 해결하기 위해 하딘이 제시한 전통적 해결방안은 공유재에 대한 소유권을 정하는 방식이었음

① 집합재(공공재)는 무임승차자의 문제로 인해 시장에서 공급되기 어려우므로 정부에서 직접 공급함
② 요금재를 정부가 공급하는 이유는 자연독점으로 인한 시장실패에 대응해야 하기 때문임; 그러나 자연독점을 일으키는 일부 서비스를 제외한 영역에 대해서는 민간기업의 참여가 활발해지고 있음
③ 보조금방식에 대한 설명임

참고

면허방식

민간이 일정한 구역 내에서 공공서비스를 제공하는 권리를 인정하는 방식

정답 ④

cf.

15 회독 □□□ 2016. 지방 7급

민간부문의 자율성을 높이고 그 역할을 확대하는 민간화(privatization) 방법과 거리가 먼 것은?

① 진입규제 강화
② 바우처 제공
③ 정부계약(contracting out) 활용
④ 공동생산(co-production)

정답 및 해설

규제를 강화하는 것은 민간부문의 자율성을 축소할 수 있음

참고

진입규제와 퇴거규제

㉠ 진입규제: 사업을 할 수 있는 영업의 자유를 제약하는 규제로써 각종 사업에 대한 인허가, 특허 등의 방식이 있음
㉡ 퇴거규제: 특정 지역이나 특정 계층의 소비자를 보호하기 위하여 사업에서 물러나지 않도록 하는 규제방식

② 바우처(Voucher): 시민들이 공공서비스 구입부담을 완화시키기 위해 금전적인 가치가 있는 쿠폰을 제공하는 방식
③ 민간위탁(Contracting-out): 기업 간 경쟁입찰을 통해 서비스 생산주체를 결정하는 방식(좁은 의미로서 민간위탁 방식, 계약방식)
④ 공동생산(co-production): 공공과 민간부문이 협력적 분업관계를 형성하여 공공서비스를 함께 생산하는 방식

참고

- 넓은 의미로써 민영화: 공공서비스 제공 및 재산의 소유에서 정부의 영역을 감소시키고 민간의 영역을 증가시키는 것 혹은 정부의 영역에 가격메커니즘을 도입하는 것
- 혹은 넓은 의미로써 민영화를 내부민영화와 외부민영화를 혼합한 것으로 보기도 함
- 좁은 의미로써 민영화: 외부민영화

정답 ①

Section 02 행정학의 정체성: 행정과 경영, 그리고 정치

16 회독 □□□ 2021. 지방 9급 수정

정치행정일원론에 대한 설명으로 옳은 것은?

① 행정국가와 연관성이 깊다.
② 윌슨(Wilson)의 「행정연구」가 공헌하였다.
③ 정치는 의사결정의 영역이고, 행정은 결정된 내용을 집행한다고 보았다.
④ 행정은 경영과 비슷해야 하며, 행정이 지향하는 가치로 절약과 능률을 강조하였다.

정답 및 해설

정치행정일원론은 1930년대 국가 위기로 인한 정부의 역할 증가 현상과 함께 등장한 개념임

②③④
정치행정이원론에 대한 내용임

정답 ①

17 회독 □□□ 2020. 국가 9급

정치행정이원론에 대한 설명으로 옳은 것은?

① 정당정치의 개입으로부터 자유로운 행정 영역을 강조하였다.
② 1930년대 뉴딜정책은 정치행정이원론이 등장하게 된 중요 배경이다.
③ 과학적 관리론과 행정개혁 운동은 정치행정이원론의 한계를 지적하였다.
④ 정치행정이원론을 대표하는 애플비(Appleby)는 정치와 행정이 단절적이라고 보았다.

정답 및 해설

윌슨이 1887년에 주장한 정치행정이원론은 엽관정치의 폐해를 지적하면서 정당정치의 개입으로부터 자유로운 행정의 영역을 강조함

② 1930년대 뉴딜정책은 정치행정일원론이 등장하게 된 중요 배경임
③ 과학적 관리론과 행정개혁 운동은 능률적인 행정을 강조하는 바 정치행정이원론의 발전에 영향을 미침
④ 정치행정일원론을 대표하는 애플비(Appleby)는 정치와 행정의 과정은 배타적이 아닌 상호보완적 관계이므로 행정과정에서도 정책결정이 이루어진다고 주장함

정답 ①

cf.

18 회독 □□□ 2014. 국가 9급

경영과 구분되는 행정의 속성이라고 보기 어려운 것은?

① 행정은 사익이 아닌 공익을 우선적으로 추구한다.
② 행정은 모든 시민을 평등하게 대우하여야 한다.
③ 행정조직 구성원은 원칙상 법령에 의해 신분이 보장된다.
④ 행정은 효과적인 업무수행을 위해 관리성이 강조된다.

정답 및 해설

행정은 공익을 위한 정책 및 관리활동이고 경영은 사익을 위한 사업 및 관리활동임; 따라서 관리성이라는 측면은 행정과 경영의 유사점이라고 볼 수 있음

①②③
행정은 사익이 아닌 공익을 우선적으로 추구하며, 모든 시민을 평등하게 대우하는 형평성을 추구함; 아울러 행정조직 구성원은 원칙상 법령(국가공무원법 등)에 의해 신분이 보장됨

정답 ④

19 회독 □□□ 2019. 서울 9급

정치행정일원론에 대한 설명으로 가장 옳지 않은 것은?

① 공공조직의 관리자들은 정책결정자를 위한 지원, 정보제공의 역할만을 수행한다.
② 공공조직의 관리자들은 정책을 구체화하면서 정책 결정 기능을 수행한다.
③ 공공조직의 관리자들이 수집, 분석, 제시하는 정보가 가치판단적인 요소를 내포한다.
④ 행정의 파급효과는 정치적인 요소를 내포한다.

정답 및 해설

정치행정일원론은 행정의 정치적인 기능(정책결정) 및 행정적 기능(능률적인 집행 및 관리)을 인정하는 입장임; 따라서 공공조직의 관리자는 정책결정자를 위한 지원 및 정보제공 역할만 하는 게 아니라 어느 정도의 정책결정을 할 수 있음; 해당 선지는 정치행정이원론에 대한 내용임

③④
공공조직의 관리자들은 정책결정을 하기 때문에 이들이 수집, 분석, 제시하는 정보가 가치판단적인 요소(방향성에 대한 내용) 및 정치적인 요소를 내포함

정답 ①

20 회독 □□□ 2022. 지방 7급

애플비(Appleby)가 주장한 정치행정일원론의 내용에 해당하는 것은?

① 행정은 효율성을 추구하는 관리를 핵심으로 한다.
② 행정은 민의를 중시해야 하며 정책결정과 집행의 혼합작용이다.
③ 시간과 동작연구를 통한 직무의 전문화는 행정조직의 생산성을 극대화할 수 있다.
④ 고위 관료가 능률적으로 관리해야 할 행정원리는 기획, 조직, 인사, 지휘, 조정, 보고, 예산 등이 있다.

정답 및 해설

정치행정일원론은 사회적 능률성, 즉 민주성을 실현하기 위해 행정부의 정책결정을 인정하는 개념임

① 정치행정이원론에 대한 내용임
③ 과학적 관리론에 대한 내용임
④ 어윅 & 귤릭이 제시한 POSDCoRB에 대한 내용임

정답 ②

21 회독 □□□ 2022. 국가 7급

정치행정이원론에 대한 설명으로 옳지 않은 것은?

① 행정과 경영이 차이가 없음을 강조하는 공사행정일원론의 입장을 취한다.
② 의사결정 역할을 하는 정치와 결정된 의사를 집행하는 행정의 역할을 엄격하게 구분할 것을 주장하였다.
③ 윌슨(Wilson)은 행정을 전문적・기술적 영역으로 규정하고, 정부는 효율성과 전문성을 갖추어야 한다고 주장하였다.
④ 대공황 이후 각종 사회문제를 해결하기 위해서 행정의 정책결정・형성 및 준입법적 기능수행을 정당화하였다.

정답 및 해설

선지는 정치행정일원론에 대한 내용임 → 정치행정일원론은 행정부의 정책결정기능을 일부 인정하는 관점임

① 정치행정이원론은 능률적인 관리를 강조하므로 공사행정일원론(행정 = 경영)의 입장임
② 정치행정이원론은 능률적인 관리를 위해 정치와 행정의 엄격한 분업을 강조했음
③ 우드로 윌슨은 정치행정이원론을 처음으로 주장한 학자임

정답 ④

cf.
22 회독 □□□ 2013. 전환특채 7급(상)

행정과 경영을 비교할 때 행정의 특성에 대한 설명으로 옳지 않은 것은?

① 경제적 유인의 비중이 높음
② 경쟁성이 약함
③ 외부통제가 강함
④ 목표가 모호함

정답 및 해설

행정의 목적은 공익인데, 공익은 사익에 비해 추상적인 개념(모호한 목표)이므로 공익을 달성하는 지표나 척도가 경영에 비해 분명하지 못함 → 따라서 경영이 행정에 비해 명확한 성과평가에 기초한 경제적 유인을 적극적으로 활용할 수 있음

② 행정은 민간에 비해 경쟁자가 없다고 볼 수 있음
→ 예시: 전기, 수도, 국방 등의 서비스 공급
③ 행정은 경영에 비해 정치권력의 개입이 많음
→ 의회의 간섭, 국민의 요구 등

정답 ①

CHAPTER 02 행정이론

Section 01 관리주의 : 행정 = 효율적인 관리

23 회독 ☐☐☐ 2021. 국가 9급

테일러(Taylor)의 과학적관리론에 대한 설명으로 옳지 않은 것은?

① 관리자는 생산증진을 통해서 노・사 모두를 이롭게 해야 한다.

② 조직 내의 인간은 사회적 욕구에 의해 동기가 유발된다고 전제한다.

③ 업무와 인력의 적정한 결합은 노동자가 아닌 관리자에 의해 결정되어야 한다.

④ 업무수행에 관한 유일 최선의 방법을 찾기 위해 동작연구와 시간연구를 사용한다.

24 회독 ☐☐☐ 2012. 국가 9급

행정개혁수단 가운데 테일러(F.Taylor)의 과학적 관리법 내용을 가장 잘 반영하고 있는 것은?

① 다면평가제

② 성과상여금제

③ 고위공무원단제

④ 목표관리제

정답 및 해설

②는 인간관리론에 대한 내용임; 테일러의 과학적관리론에서 인간은 금전적인 유인에 의해 동기가 유발됨

① 과학적관리론에서 관리자는 조직의 생산성 증진을 통해 일을 잘하는 구성원에게 인센티브를 줄 수 있어야 함 → 따라서 과학적관리론은 노・사 모두를 이롭게 한다는 것을 전제하고 있음

③④
과학적관리론에서 관리자는 시간과 동작연구를 통해 조직의 생산성을 가장 능률적으로 달성할 수 있는 방법을 찾은 후 해당 방법대로 노동자를 훈련시켜야 함

정답 ②

정답 및 해설

테일러의 과학적 관리기법은 노동자가 수행한 노동량의 결과에 따라 인센티브를 부여하는 도급제를 채택하고 있음; 이는 현대행정에서 성과에 따라 보상을 지급하는 성과상여금제와 유사한 제도임

① 다면평가제 : 상관중심적인 평가에서 벗어나 상관을 포함한 피평가자의 부하, 동료, 고객의 평가를 반영하는 공무원 평가제도임

③ 고위공무원단 : 1~3급 공무원을 고위공무원단이라는 하나의 pool로 통일해서 조직 간 협업을 촉진하는 제도

④ 목표관리제 : 상관과 부하가 합의를 통해 구체적인 목표를 설정하고 목표를 중심으로 성과를 평가하여 조직을 관리하는 제도

정답 ②

25 회독 □□□ 2009. 지방 9급

행정관리학파에 대한 설명으로 옳지 않은 것은?

① 대표적인 학자로는 귤릭(Gulick), 어윅(Urwick), 페이욜(Fayol) 등이 있다.
② 비공식집단의 생성이나 조직 내의 갈등 등에 대한 설명을 용이하게 해준다.
③ 과학적 관리론, 고전적 관료제론 등과 함께 행정학의 출범 초기에 학문적 기초를 쌓는 데 크게 기여했다.
④ 조직과 구성원 간의 관계를 합리적 존재로만 봄으로써 조직을 일종의 기계장치처럼 설계하려고 했다.

정답 및 해설

비공식집단 혹은 조직 내 갈등 및 의사소통에 대해 관심을 두고 조직을 관리하는 것은 '인간관계론'임

① 페이욜 : '일반 및 산업관리론'(1916)에서 경영의 14대 원칙을 밝힘
③ 우드로 윌슨은 합리적인 목표달성을 특징으로 하는 유럽식 관료제를 미국의 행정에 적용하였음
④ 관리주의는 조직구성원을 목표달성을 위한 수단으로 간주할 뿐 이들의 심리적 만족감이나 자아실현 등에는 관심을 가지지 않았음; 즉, 조직은 조직구성원의 기계화·부품화를 지향하는 일종의 기계장치인 것

정답 ②

cf.

26 회독 □□□ 2019. 사복 9급

행정사상가와 주장하는 내용을 가장 옳게 짝지은 것은?

① 해밀턴(A. Hamilton) – 분권주의를 강조하며 대중에 뿌리를 둔 풀뿌리민주주의를 강조하였다.
② 매디슨(J. Madison) – 이익집단을 중요시하였으며 정치활동의 원천으로 인식하였다.
③ 제퍼슨(T. Jefferson) – 연방정부에 힘이 집중되어 있는 중앙집권주의를 주장하였다.
④ 윌슨(W. Wilson) – 정치와 행정이 분리될 수 없는 정치행정일원론을 주장하였다.

정답 및 해설

매디슨은 제퍼슨의 영향을 받아 공정한 지방분권을 실현하기 위해 다수 이익집단 간의 견제와 균형을 중시하였으며, 이들이 자신의 견해를 투영할 수 있는 다원주의를 주장하였음

① 제퍼슨의 주장임
③ 해밀턴의 주장임
④ 윌슨(W. Wilson)은 정치와 행정을 분리하는 정치행정이원론을 주장하였음

정답 ②

27 회독 □□□

2018. 서울 7급 추가

미국의 관리과학으로서 주류행정학에 대한 설명으로 가장 옳지 않은 것은?

① 1920년대와 30년대의 미국 행정학은 능률에 기초한 관리를 주장하였다.

② 미국 태프트위원회에서 사용한 절약과 능률은 행정관리의 성과를 평가하는 가치 기준이 됐다.

③ 브라운위원회에서 제시된 능률적인 관리활동은 POSDCoRB로 집약된다.

④ 관리과학으로서 주류행정학은 대공황과 뉴딜(New Deal) 정책 이후에도 미국 행정학에서 지배적인 자기 정체성을 유지했다.

정답 및 해설

고전기 주류행정학(관리주의)은 경제대공황 이후 정치행정일원론이 등장하면서 점차 사라짐

① 관리주의는 1887년 행정의 연구를 시작으로 1930년대 중반까지 지속됨

② 태프트위원회(1912)는 행정관리를 평가하는 기준으로 '절약과 능률'을 제시함

③ POSDCoRB는 본래 귤릭이 제시한 행정원리임; 다만 귤릭이 브라운위원회의 위원이었기 때문에 시험에서 POSDCoRB를 브라운위원회가 제시했다고 표현하는 경우도 있음

참고

브라운위원회

능률적인 행정관리를 위해 루즈벨트 대통령 임기에 조직된 대통령위원회

정답 ④

28 회독 □□□

2019. 서울 7급

윌슨(W. Wilson)의 행정의 연구(The Study of Administration)에 대한 설명으로 가장 옳지 않은 것은?

① 19세기 말엽 미국 정부의 규모가 그 이전과 비교도 안 될 정도로 커지고, 행정의 수요가 급증한 상황에서 행정학 연구의 중요성을 역설하였다.

② 19세기 말엽 미국 내 정경유착과 보스 중심의 타락한 정당정치로 인하여 부패가 극심한 상황에서 행정이 정치로부터 독립해야 한다고 주장하였다.

③ 윌슨은 행정의 전문성을 강조하면서, 정치와 행정의 분리와 함께 행정의 영역(field of administration)을 비즈니스의 영역(field of business)으로 규정하기도 하였다.

④ 윌슨은 행정의 본질을 의사결정과 이에 따른 집행의 효과성을 높이는 것으로 파악하고 있으며, 근본적으로 효율적인 정부가 되어 돈과 비용을 덜 들여야 한다고 주장하고 있다.

정답 및 해설

윌슨은 공사행정일원론의 관점에서 행정은 곧 효율적인 관리 및 집행이라고 보았음 → 이는 행정부가 정부의 방향성을 결정하는 의사결정, 즉 정책결정을 하지 말고 능률적인 관리에만 집중하자는 주장임

① 윌슨은 19세기 말엽 미국 정부의 규모가 그 이전과 비교도 안 될 정도로 커지고, 행정의 수요가 급증한 상황에서 능률성을 높이기 위한 행정학 연구의 중요성을 역설하였음

② 윌슨은 엽관주의의 다양한 폐해를 지적하면서 행정이 정치로부터 독립해야 한다고 주장하였음

③ 윌슨은 능률적인 행정을 위해 정치행정이원론을 주장함 → 즉 정치와 행정의 분리와 함께 행정의 영역(field of administration)을 비즈니스의 영역(field of business)으로 규정하였음

정답 ④

Section 02 인간주의

29 회독 □□□ 2024. 국가 9급

신고전적 조직이론인 인간관계론이 강조한 내용으로 옳은 것은?

① 기계적 능률성
② 공식적 조직구조
③ 합리적 · 경제적 인간관
④ 인간의 사회 · 심리적 요인

정답 및 해설

인간관계론에서 인간은 사회적 욕구, 자아실현적 욕구를 충족하려는 존재임

①②③
고전적 조직이론, 즉 관리주의에 대한 내용임

정답 ④

30 회독 □□□ 2021. 지방 9급

조직이론에 대한 설명으로 옳은 것은?

① 인간관계론은 동기유발 기제로 사회심리적 측면을 강조한다.
② 귤릭(Gulick)은 시간 · 동작 연구를 통해 과학적 관리론을 주장하였다.
③ 고전적 조직이론은 조직 내 사회적 능률을 강조하고, 조직 속의 인간을 자아실현인으로 간주한다.
④ 상황이론(contingency theory)은 모든 상황에서 적용되는 유일 · 최선의 조직구조를 찾는다.

정답 및 해설

인간관계론은 구성원의 동료애 등이 조직의 생산성을 제고할 수 있음을 설명한 이론임 → 따라서 인간주의는 인간의 동기 유발 기제로 사회심리적 측면을 강조함

② 테일러는 시간 · 동작 연구를 통해 과학적 관리론을 주장하였음
③ 신고전적 조직이론은 조직 내 사회적 능률을 강조하고, 조직 속의 인간을 자아실현인으로 간주함
④ 상황이론(contingency theory)은 모든 상황에서 적용되는 유일 · 최선의 조직구조는 없음을 강조함

정답 ①

31 회독 □□□ 2012. 서울 9급

다음 중 인간관계론의 주요 내용이 아닌 것은?

① 사회적 능력과 사회적 규범에 의한 생산성 결정
② 시간과 동작에 대한 연구
③ 비경제적 요인의 우월성
④ 비공식집단 중심의 사기형성
⑤ 의사소통과 리더십

정답 및 해설

'시간과 동작에 대한 연구'는 과학적 관리론에 대한 내용임

① 사회적 능력 · 사회적 규범 등은 비공식적 요인에 해당하며, 인간주의는 이와 같은 요소에 초점을 두어 조직의 생산성을 제고하고자 하였음
• 규범: 조직구성원이 합의한 공식적인 규칙은 아니지만 구성원의 행동에 영향을 미치는 '관습'

③④⑤
인간관계론은 비경제적 요인(인간의 사회심리적 요소), 비공식집단(사회심리적인 존재인 인간이 의사소통을 활발하게 할 수 있는 집단 → 조직 내에서 친한 사람 간의 보임 등), 의사소통과 리더십(의사소통을 중시하고 이를 촉진하는 리더십 강조) 등을 강조함

정답 ②

Section 03 행태주의(Behaviorism)

32 회독 □□□ 2023. 지방 7급

다음 글의 저자와 그의 주장으로 옳은 것은?

> 격언에 대한 일반적인 사실의 하나는, 예를 들어 "뛰기 전에 살펴라"라는 격언과 "지체하는 자는 진다"라는 격언에서 볼 수 있듯이, 상호모순적인 경우가 많다는 것이다. 이러한 격언과 같이 기존 행정학의 내용을 구성하고 있는 수많은 원리는 상호모순성이 많다.

① 윌슨(Wilson)은 행정의 탈정치화를 통해 자유로운 행정 영역을 확립하려고 했다.
② 애플비(Appleby)는 정치와 행정의 관계는 연속·순환적이기 때문에 양자를 구별하는 것은 적절하지 않다고 했다.
③ 굿노(Goodnow)는 정치를 국가의지의 표명으로, 행정을 국가의지의 집행으로 정의했다.
④ 사이먼(Simon)은 사실과 가치를 구분해 사실만을 다루는 과학으로서의 행정학을 주장했다.

정답 및 해설

보기의 내용은 사이먼의 관리주의에 대한 비판내용임 → 사이먼에 따르면 관리주의에서 언급한 행정의 원리는 실험을 통해 도출된 지식이 아니므로 '원리가 아닌 격언'에 불과함

① 윌슨은 엽관주의를 비판하면서 정치행정이원론을 주장한 최초의 학자임
② 애플비와 디목은 정치행정일원론을 주장한 학자임
③ 굿노는 정치행정이원론의 입장임(1900)

정답 ④

33 회독 □□□ 2008. 경북 9급

사이먼(H.A.Simon)이 주장한 행태과학의 내용이 아닌 것은?

① 조직 및 소속 구성원의 행태를 주된 연구대상으로 한다.
② 의사결정의 측면을 중시한다.
③ 논리실증주의 연구방법을 따른다.
④ 원리주의 접근을 중시한다.

정답 및 해설

원리주의란 관리주의를 의미함; 사이먼은 원리주의자들의 견해가 엄밀한 실험을 통해 검증되지 않았음을 비판하면서 행태주의를 주장했기 때문에 원리주의 접근을 중시하지 않음

①②
행태주의는 조직 및 소속 구성원의 행태를 주된 연구대상으로 하며, 행태 중에서 의사결정을 중점적으로 연구함
③ 사이먼은 사회과학과 자연과학을 연구하는 방법은 동일하다고 보는 까닭에 자연과학에서 활용한 논리실증주의 연구방법을 따름

정답 ④

Section 04 후기행태주의(Post-Behaviorism)

34 회독 □□□ 2008. 서울 9급 수정

다음 중 후기행태주의에 대한 설명이 사실과 다른 것은?

① 사회문제를 처방하기 위한 정책처방을 중시한다.
② 가치지향주의다.
③ 사실에 대한 객관적 · 경험적 접근을 중시한다.
④ 신행정론이나 정책과학의 견인차가 되었다.

정답 및 해설

사실에 대한 객관적이고 경험적인 접근을 중시하는 것은 행태주의임; 후기행태주의는 가치지향적인 연구를 통해 사회문제를 해결하는 것을 강조함

①④
후기행태주의는 사회가 당면한 공공문제 해결을 중시하는바 처방성을 강조함 → 이는 신행정학과 더불어 정책학의 발전에 영향을 미침
② 후기행태주의는 행태주의가 가치(방향성)에 대한 연구를 배제했기 때문에 행정부가 나아가야 할 방향성을 제시하지 못했다고 주장함; 따라서 후기행태주의는 사실적인 연구와 더불어 가치적인 연구를 강조함

정답 ③

Section 05 신행정학과 현상학

35 회독 □□□ 2023. 국가 9급

행정이론에 대한 설명으로 옳은 것은?

① 과학적관리론은 최고관리자의 운영원리로 POSDCoRB를 제시하였다.
② 행정행태론은 가치와 사실을 구분하고 가치에 기반한 행정의 과학화를 시도하였다.
③ 신행정론은 실증주의적 방법론을 비판하고 사회적 형평성과 적실성을 강조하였다.
④ 신공공관리론은 민간과 공공 부문의 파트너십을 강조하고 기업가 정신보다 시민권을 중요시하였다.

정답 및 해설

신행정학은 사회문제를 해결하기 위해 과학성을 강조하는 행태주의를 비판하고 형평성과 현실에 적합한 연구를 강조함

① POSDCoRB는 어윅과 귤릭이 주장한 내용임
② 행정행태론은 가치와 사실을 구분하고 사실에 기반한 행정의 과학화를 시도함
④ 거버넌스에 대한 내용임

정답 ③

36 회독 □□□ 2008. 지방 9급

신행정학(new public administration)에서 중시했던 가치에 해당하지 않는 것은?

① 정치적 중립성
② 조직의 인간화
③ 행정의 대응성
④ 사회적 형평성

정답 및 해설

정치적 중립성은 우드로 윌슨이 '행정의 연구'에서 정치행정이원론을 주창하면서 내세운 가치임

② 신행정학은 현상학을 활용하고 있음; 즉 인간은 행동에 의미를 담고 소통하는 존재라는 것; 이는 조직 내에서 인간이 생각이 없는 부품이 되는 것을 반대하는 관점임(조직의 탈물화 강조) → 신행정학은 관료제를 비판하는 입장에 해당함
③ 신행정학은 정부의 방향성 연구를 위해 국민의 견해를 중시하는 대응성 혹은 민주성을 중시함
④ 신행정학자인 프레데릭슨은 정부가 나아가야 할 방향으로서 사회적 형평을 제시함

정답 ①

37 회독 □□□ 2011. 국가 9급

신행정학에 대한 설명으로 옳지 않은 것은?

① 왈도, 마리니, 프레드릭슨 등이 주도하였다.
② 기업식 정부운영을 주장하면서 신자유주의적 행정개혁에 앞장섰다.
③ 행태주의의 한계를 지적하면서 가치문제와 처방적 연구를 강조하였다.
④ 고객인 국민의 요구를 중시하는 행정을 강조하고 시민참여의 확대를 주장하였다.

정답 및 해설

정부의 영역에 기업의 운영방식을 도입하면서 신자유주의적 행정개혁을 한 것은 신공공관리론임

①③
신행정학은 왈도, 마리니, 프레드릭슨 등이 주도하였으며, 행태주의의 한계를 지적하면서 가치문제와 처방적 연구를 통해 사회문제 해결을 강조함
④ 신행정학은 사회문제 해결을 위해 고객인 국민의 요구를 중시하는 행정을 강조하고 시민참여의 확대를 주장하였음

정답 ②

38 회독 □□□ 2019. 사복 9급

〈보기〉의 내용이 설명하고 있는 행정이론에 해당하는 것은?

보기

- 1960년대 미국사회의 사회혼란을 해결하지 못하는 학문적 무력함에 대한 반성으로 나타났다.
- 적실성, 참여, 변화, 가치, 사회적 형평성 등에 기초한 행정학의 독자적 주체성을 강조했다.
- 행정학의 실천적 성격과 적실성을 회복하기 위해 정책지향적인 행정학을 요구했다.

① 신행정학 ② 비교행정론
③ 행정생태론 ④ 공공선택론

정답 및 해설

1960년대는 미국사회의 혼란기, 즉 격동기(흑인폭동 및 베트남전 반대운동)임; 기존의 행태주의 연구가 사회문제 해결에 기여하지 못한다는 문제제기를 하며 등장한 것은 정치학의 후기행태주의임; 그리고 후기행태주의의 영향을 받아 행정학에서 왈도를 중심으로 신행정학이 등장함

② 비교행정론 : 선진국의 행정제도가 후진국에서 작동되지 않는 이유를 사회문화적 환경의 이질성에서 찾는 이론 → 후진국 행정현상 설명 및 이해에 기여
③ 행정생태론 : 행정현상을 자연 · 사회적 · 문화적 환경과 관련지어 이해하려는 이론
④ 공공선택론 : 시장의 범주 밖에서 일어나는 의사결정을 경제학적으로 접근하고 연구하는 이론

정답 ①

39 회독 □□□

2019. 지방 9급

미국에서 등장한 행정이론인 신행정학(New Public Administration)에 대한 설명으로 옳지 않은 것은?

① 신행정학은 미국의 사회문제 해결을 촉구한 반면 발전행정은 제3세계의 근대화 지원에 주력하였다.

② 신행정학은 정치행정이원론에 입각하여 독자적인 행정이론의 발전을 이루고자 하였다.

③ 신행정학은 가치에 대한 새로운 인식을 기초로 규범적이며 처방적인 연구를 강조하였다.

④ 신행정학은 왈도(Waldo)가 주도한 1968년 미노브룩(Minnowbrook)회의를 계기로 태동하였다.

40 회독 □□□

2022. 국가 7급

다음의 역사적 배경을 바탕으로 태동한 행정학 연구에 대한 설명으로 옳지 않은 것은?

> • 월남전 패배, 흑인 폭동, 소수민족 문제 등 미국사회의 혼란을 해결하지 못하는 학문의 무력함에 대한 반성으로 나타났다.
> • 1968년 미국 미노브룩회의에서 왈도의 주도 하에 새로운 행정학의 방향모색으로 태동하였다.

① 고객중심의 행정, 시민의 참여, 가치문제 등을 중시했다.

② 행정학의 실천적 성격과 적실성을 회복하기 위한 정책 지향적 행정학을 요구하였다.

③ 행정의 능률성을 강조했으며, 논리실증주의 및 행태주의의 주장을 지지하였다.

④ 소외계층을 위한 복지서비스를 확대해 사회적 형평을 실현해야 한다는 행정의 적극적 역할을 강조했다.

정답 및 해설 (39)

신행정학은 사회가 당면한 문제를 적극적으로 정부가 해결하고자 정치행정일원론(정부의 활동증대 인정)에 기초하여 정책지향적인 행정학을 주장하였음

① 후기행태주의와 더불어 신행정학은 미국의 사회문제 해결을 촉구한 반면 발전행정은 제3 세계의 근대화 지원에 주력하였음; 발전행정은 행정우위론으로서 정부가 국가발전을 주도적으로 이끌어 가는 것을 설명한 이론임(정치행정새일원론)

③ 신행정학은 사회문제해결을 위해 가치에 대한 새로운 인식을 기초로 규범적이며 처방적인 연구를 강조하였음

④ 신행정학은 왈도(Waldo)를 중심으로 신진학자들이 주도한 1968년 미노브룩(Minnowbrook)회의를 계기로 태동하였음

정답 ②

정답 및 해설 (40)

보기는 신행정학에 대한 내용임 → 신행정학은 형평성 등을 주장했으며, 기술성을 중시하는바 과학성을 강조하는 행태주의를 비판하는 입장임

① 신행정학은 사회문제해결을 위해 국민의 견해를 경청하고(고객중심, 시민참여) 행정의 방향성을 제시(가치문제 강조)함

② 신행정학은 기술성을 중시함

④ 신행정학은 사회문제해결을 위해 형평성을 강조함 → 또한, 사회문제해결을 위한 정부의 적극적 역할을 옹호하는 정치행정일원론의 입장임

정답 ③

41 회독 □□□ 2015. 서울 7급

신행정학의 특징으로 가장 옳지 않은 것은?

① 정치행정일원론보다는 정치행정이원론에 가까운 입장이다.
② 행정학 연구에 있어 적실성을 강조한다.
③ 행정의 고객지향성을 강조한다.
④ 분권화와 참여를 강조한다.

정답 및 해설

신행정학은 사회 문제해결을 위해 정부의 적극적 역할을 찬성하는바 정치행정일원론에 가까운 입장임

②③④
신행정학은 사회 문제해결을 위해 적실성 · 현실적합성 · 처방성 등을 강조하고, 국민 행동의 의미를 이해하고자 국민의 참여 및 고객중심 등을 주장함

정답 ①

cf.

42 회독 □□□ 2017. 국가 7급

현상학적 행정연구에 대한 설명으로 옳지 않은 것은?

① 행정현상은 사람들의 의식, 생각, 언어, 개념 등을 통해 구성된 것이다.
② 행정연구에서는 행정활동과 관련된 사람들 사이의 상호작용에 의해 구성된 상호주관적 경험이 중요하다.
③ 행정연구에서 가치와 사실의 구별을 인정하며, 현상을 개체적으로 파악하고자 한다.
④ 기존의 관찰이나 믿음에 영향을 받지 않기 위해 '괄호 안에 묶어두기' 또는 '현상학적 판단정지'가 중요하다.

정답 및 해설

현상학은 행정연구에서 가치와 사실의 구별을 인정하지 않음; 즉, 인간의 행동(사실) 안에 의미(가치 = 주관)가 있다고 간주하며, 인간행동의 의미를 알기 위해서는 현상을 분해하기보다(개체적인 분석×) 행동을 둘러싼 맥락을 파악한 후에 종합적으로 행동을 해석해야 함

①②
현상학에서 행정현상이란 그 속에 참여하는 사람들의 의식, 생각, 언어, 개념 등으로 구성되고, 상호주관적인 경험으로 이뤄진다고 보기 때문에, 인간의 주관적 관념, 의식 및 동기 등의 의미를 더 적절하게 다루고 이해하여야 한다는 입장임

④ 연구자는 행동을 해석할 때 기존의 관찰이나 믿음에 영향을 받지 않기 위해 '괄호 안에 묶어두기' 또는 '현상학적 판단정지'를 해야 함; 즉, 겉으로 드러난 현상을 보고 성급한 판단을 내리지 않는 것 → 연구자의 편견개입 지양

정답 ③

43 회독 □□□

2011. 지방 7급 수정

왈도(D. Waldo)의 주장이나 사상으로 옳지 않은 것은?

① 행정에는 권위가 필요하지만 민주주의를 증진해야 한다는 전제를 배제할 수 없다고 보았다.
② 신행정학은 다양한 관점을 보이지만 대체로 규범이론, 철학, 사회적 타당성, 행동주의(activism)로 특징지을 수 있다고 하였다.
③ 행정관리론에서 개발된 행정 원리를 토대로 행정의 처방적 기능을 강조하였다.
④ 사이몬(H. Simon)의 행태주의에 반대하는 입장이다.

정답 및 해설

왈도는 행정의 처방적 기능(문제해결)을 강조한 학자임; 다만 행정관리론에서 개발된 행정 원리를 토대로 이를 주장하지는 않았음

① 왈도에 따르면 행정에는 사회 문제해결을 위한 권위(정부의 적극적 문제해결)가 필요하지만 민주주의(민주성)를 증진해야 한다는 전제를 배제할 수 없다고 보았음
② 신행정학은 사회 문제해결을 위해 규범이론(방향성 제시), 국정철학, 행동주의(activism), 사회적 관심 및 타당성(사회적 관심에 주목), 고객중심의 행정(국민을 이해하려는 노력), 행정의 대응성, 사회적 형평, 조직의 인간화(인간의 부품화 지양) 등을 주장함
④ 신행정학은 후기행태주의와 마찬가지로 사실판단(fact)과 가치판단(value)을 종합한 연구의 필요성을 강조함 → 즉, 가치로부터 구분된 순수한 사실이란 존재하지 않는다고 주장하므로 사이몬(H. Simon)의 행태주의에 반대하는 입장임

정답 ③

44 회독 □□□

2012. 국가 7급

현상학적 접근방법의 주요내용으로 적절하지 않은 것은?

① 인간의 의도된 행위와 표출된 행위를 구별하고, 관심분야는 의도된 행위에 두어야 한다.
② 조직내외에 있는 인간들은 자신의 행위나 다른 사람들의 행위에 의미를 부여함으로써 조직을 설계한다.
③ 객관적 존재의 서술을 위해서는 현상을 분해하여 분석할 필요가 있다.
④ 조직의 중요성은 겉으로 나타난 구조성에 있는 것이 아니라 그 안에 있는 가치, 의미 및 행동에 있다.

정답 및 해설

현상학에 따르면 인간의 행동에는 의미가 담겨 있는데, 이를 해석할 때 맥락을 고려해야 함 → 특정 현상을 설명하기 위해 맥락을 고려한다는 점에서 현상을 분해한다는 것은 틀린 표현임

① 현상학은 인간의 의도된 행위와 표출된 행위를 구별하고, 주요 관심 분야를 의도된 행위에 두고 있음
②④
현상학에 따르면 인간은 자신의 행위나 다른 사람들의 행위에 의미를 부여함으로써 조직을 설계하는바 조직의 중요성은 겉으로 나타난 구조성에 있는 것이 아니라 그 안에 있는 가치, 의미 및 행동에 있음

정답 ③

Section 06 공공선택론

45 회독 □□□

2024. 지방 9급

공공선택이론에 대한 설명으로 옳지 않은 것은?

① 인간을 이기적이고 합리적인 경제인으로 본다.
② 비시장적 의사결정을 경제학적 관점에서 연구한다.
③ 뷰캐넌(Buchanan), 털럭(Tullock), 오스트롬(Ostrom) 등이 대표적인 학자이다.
④ 경제주체의 집단적 선택행위를 중시하는 방법론적 집단주의 입장이다.

정답 및 해설

공공선택론은 인간에 대한 상세한 분석을 통해 현상을 설명하므로 방법론적 개체주의 관점임

① 공공선택론에서 인간은 이기적이고 자신의 이익을 극대화하려는 존재임
② 공공선택론은 비시장영역에서 발생하는 의사결정을 경제학을 적용하여 연구함
③ 공공선택론은 뷰캐넌(Buchanan), 털럭(Tullock), 오스트롬(Ostrom) 등 경제학자가 창시함

정답 ④

46 회독 □□□

2022. 지방 9급

티부(Tiebout) 모형의 전제조건으로 옳지 않은 것은?

① 시민의 이동성
② 외부효과의 배제
③ 고정적 생산요소의 부존재
④ 지방정부 재정패키지에 대한 완전한 정보

정답 및 해설

티부가설에서 각 지방정부는 공공서비스를 공급하기 위한 고정적 생산요소를 보유하고 있음

①②④

티부가설의 전제

자유로운 이동	주민들의 지방정부 간 이동이 자유로워야 함
다수의 지방정부 존재	다수의 지방정부가 국가 내에서 경쟁체제를 형성해야 함
지방정부의 정보공개	각 지방정부는 주민에게 서비스의 종류, 재정상태 등 정보를 공개해야 함
외부효과의 부재	외부효과가 있다면 주민이 이동하지 않아도(발로 투표하지 않아도) 서비스 혜택을 누릴 수 있기 때문임
주민의 선택권 및 자치권	주민은 지방정부를 선택할 수 있고 지방정부는 주민의 의사에 따라 반응할 수 있는 자치권을 보유하고 있어야 함

정답 ③

47 회독 □□□

2016. 지방 9급

공공선택론에 대한 설명으로 옳지 않은 것은?

① 공공선택론은 역사적으로 누적 및 형성된 개인의 기득권을 타파하기 위한 접근이다.
② 공공선택론은 공공재의 공급에서 경제학적인 분석도구를 적용한다.
③ 공공선택론에서는 공공서비스를 독점적으로 공급하는 전통적인 정부관료제가 시민의 요구에 민감하게 대응할 수 없는 장치라고 본다.
④ 공공선택론은 공공서비스의 효율적 공급을 위해서 분권화된 조직장치가 필요하다는 입장이다.

정답 및 해설

공공선택론은 수익자부담주의와 같은 시장경제의 논리를 도입하는 까닭에 역사적으로 누적·형성된 개인의 기득권을 계속 유지하기 위한 보수주의 접근에 불과하다는 비판이 있음

② 공공선택론은 경제수학을 활용하여 현상을 분석함
③ 공공선택론자들은 전통적 행정이 집권화로 인해 공무원의 사익추구를 초래함으로써 국민의 선호에 맞는 공공서비스를 공급하지 못했다고 비판함
④ 공공선택론은 집권화에 대한 대안으로서 분권화를 강조하고 있음

정답 ①

cf.

48 회독 □□□

2016. 사복 9급

애로우(K. J. Arrow)가 제시한 바람직한 집합적 의사결정방법의 기본조건이 아닌 것은?

① 집단의 선택과정은 합리적이어야 한다.
② 개개인의 선택의 자유가 제한되어서는 안된다.
③ 어느 누구도 집합적인 선택의 과정에 대해서 결정적인 영향력을 행사해서는 안 된다.
④ 두 대안에 대한 개개인의 선호 순위는 두 대안뿐만 아니라 다른 제3의 대안도 고려하여 결정되어야 한다.

정답 및 해설

바람직한 의사결정이 이루어지려면 제3의 대안(혹은 제3의 사건)이 두 대안의 선호순위에 영향을 미치면 안 됨

① 집단의 선택과정은 감정이 아니라 이성적인 과정을 거쳐야 함(이행성의 원칙)
② 개개인의 선택의 자유를 보장해야 함(자유보장의 원칙)
③ 특정인이 선택의 과정에 대해서 결정적인 영향력을 행사해서는 안 됨(독재자 부재의 원칙)

정답 ④

49 회독 □□□ 2016. 국가 9급

티부(Tiebout) 모형의 가정(assumptions)으로 옳지 않은 것은?

① 충분히 많은 수의 지방정부가 존재한다.
② 공급되는 공공서비스는 지방정부 간에 파급효과 및 외부효과를 발생시킨다.
③ 주민들은 언제나 자유롭게 이동할 수 있다.
④ 주민들은 지방정부들의 세입과 지출 패턴에 관하여 완전히 알고 있다.

정답 및 해설

티부가설에서 주민의 자유로운 이동이 발생하려면 외부효과가 없어야 함; 즉, 지역재정프로그램의 혜택은 해당 지방정부에 속한 지역주민에게만 영향을 미쳐야 함

①③④
티부가설에서 발로하는 투표(주민의 이동)가 이루어지려면 충분히 많은 지방정부가 경쟁상태에 있고, 주민들은 언제나 자유롭게 다른 지방정부로 이동할 수 있어야 함; 아울러 본인이 속한 지방정부 및 다른 지방정부에 대해 완전한 정보를 알고 있어야 함

정답 ②

50 회독 □□□ 2019. 사복 9급

티부(C. M. Tiebout) 모형에서 제시한 '발로 하는 투표(vote by feet)'의 전제조건에 해당하지 않는 것은?

① 정보의 불완전성
② 다수의 지방정부
③ 고정적 생산요소의 존재
④ 배당수입에 의한 소득

정답 및 해설

발로 하는 투표(주민의 이동)를 하려면 각 지방정부가 어떤 서비스를 제공하는지 알 수 있어야 함 → 각 지방정부의 완전한 정보공개

② 티부가설에서는 다수의 지방정부가 경쟁상태에 있어야 함
③ 모든 지방정부에서는 최소한 한 가지 고정적인 생산요소(fixed factor), 즉 공공서비스가 존재함
④ 시민들이 배당수입에 의존하여 생활해야 함; 이를 그림으로 표현하면 아래와 같음

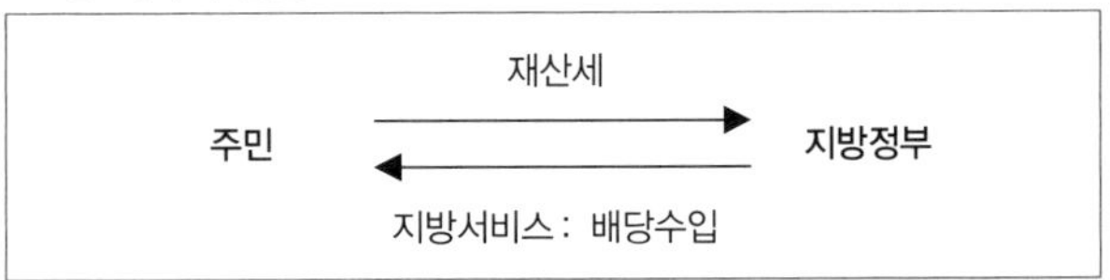

+ 배당수입: 이자 혹은 투자로 인한 배당금 등

정답 ①

51 회독 □□□

2018. 지방 9급

공공선택이론에 대한 설명으로 옳지 않은 것은?

① 사회의 비시장적인 영역들에 대해서 경제학적 방식으로 연구한다.

② 시민들의 요구와 선호에 민감하게 부응하는 제도 마련으로 민주행정의 구현에도 의의가 있다.

③ 전통적 관료제를 비판하고 그것을 대체할 공공재 공급 방식의 도입을 강조한다.

④ 효용 극대화를 추구한다는 합리적 개인에 대한 가정은 현실적합성이 높다고 평가받는다.

정답 및 해설

모든 인간은 이기적이고, 자기이익을 극대화하며, 합리적인 존재라는 것은 다소 단순한 가정이라는 점에서 공공선택론의 인간에 대한 가정은 현실적합성이 떨어진다는 비판이 있음

① 공공선택론은 사회의 비시장적인 영역(의회, 행정부, 시민사회 등)들에 대해서 경제학적 방식으로 연구함

② 분권화를 통해 시민들의 요구와 선호에 민감하게 부응하는 정부관료제를 만든다면 민주행정의 구현에도 의의가 있음

③ 전통적 관료제를 비판하고 그것을 대체할 공공재 공급방식으로써 분권적인 구조를 강조함

정답 ④

52 회독 □□□

2018. 지방 9급

던리비(Dunleavy)의 관청형성 모형에 대한 설명으로 가장 옳은 것은?

① 고위 관료의 선호에 맞지 않는 기능을 민영화나 위탁계약을 통해 지방정부나 준정부기관으로 넘긴다.

② 합리적인 고위직 관료들은 소속 기관의 예산극대화를 추구한다.

③ 중하위직 관료는 주로 관청예산의 증대로 이득을 얻는다.

④ 관료들이 정책결정을 할 때 사적이익보다는 공적이익을 우선시한다.

정답 및 해설

P. Dunleavy(1991)에 따르면 합리적인 고위관료들은 책임이 수반되는 기능은 준정부기관과 같은 책임운영기관 등을 형성하여 분권화를 통해 책임을 떠넘기고 자신들의 영향력을 증대하는 전략을 취함

② 합리적인 고위직 관료들은 책임을 지지 않기 위해 소속 기관(계선조직)의 예산극대화를 추구하지 않음

③ 중하위직 관료는 관청예산이 아니라 핵심예산의 증대를 추구함

＋중·하위직 관료는 기관자체의 운영비(봉급)와 같은 '핵심예산'의 증대에 관심을 가짐; 한편, 고위직 관료는 해당기관이 민간부문에 지불하는 지출액인 '관청예산'에 더 큰 관심을 보이지만 다른 정부관청으로 이전되는 자금인 '사업예산'의 증대는 고위관료에게 큰 이득이 되지 않으므로 예산극대화 동기가 나타나지 않음

④ 관료는 기본적으로 공적이익보다는 사적이익을 더 중시함

정답 ①

53 회독 □□□ 2021. 지방 7급

행정학의 접근방법에 대한 설명으로 옳지 않은 것은?

① 생태론적 접근방법은 외부환경이 행정 체제에 영향을 미친다는 시각으로 환경에 대한 행정의 주체적인 역할을 경시했다는 비판을 받는다.
② 후기행태주의는 적실성(relevance)과 실천(action)을 강조하고, 가치중립적인 과학적 연구보다는 가치평가적인 정책연구를 지향하였다.
③ 공공선택이론은 권한이 분산된 여러 작은 조직들에 의해 공공서비스가 공급되는 것보다 단일의 대규모 조직에 의해 독점적으로 공급되는 것을 선호한다.
④ 역사적 제도주의에서 제도는 경로의존성과 관성적인 성향으로 인해 새로운 환경의 변화에 적절히 대응하지 못할 수도 있다.

정답 및 해설

공공선택이론은 집권적 구조를 비판하는바 권한이 분산된 여러 작은 조직들에 의해 공공서비스가 공급되는 것을 선호함

① 생태론적 접근방법은 발전행정론으로부터 행정의 주체적인 역할을 경시했다는 비판을 받았음
② 후기행태주의는 사회문제해결을 강조하는바 적실성(relevance)과 실천(action)을 강조하고, 가치중립적인 과학적 연구보다는 가치평가적인 정책연구를 지향하였음
④ 역사적 제도주의에서 제도는 경로의존성과 관성적인 성향으로 인해 우연한 사건이 발생하기 전까지 새로운 환경의 변화에 적절히 대응하지 못할 수도 있음

정답 ③

54 회독 □□□ 2020. 지방 7급

대리인이론에서 주인 · 대리인 관계의 효율성을 제약하는 요인이 아닌 것은?

① 인간의 인지적 한계와 정보 부족 등으로 인한 합리성 제약
② 정보 비대칭성 혹은 정보 불균형
③ 대리인의 기회주의적 행동 성향
④ 대리인 관계를 설정할 수 있는 다수의 잠재적 당사자(대리인) 존재

정답 및 해설

대리인 관계를 설정할 수 있는 다수의 대리인이 존재할 경우 대리인 간에 경쟁이 발생하기 때문에 대리손실을 완화할 수 있음

①②③
주인대리인 관계에서는 일반적으로 정보의 불균형이 존재함; 이로 인해 역선택(전문성이 부족한 대리인 선택) 혹은 도덕적 해이(대리인의 태만)와 같은 대리손실이 주인에게 발생할 수 있음

정답 ④

55 회독 □□□ 2020. 국가 7급

니스카넨(Niskanen)의 예산극대화 이론과 던리비(Dunleavy)의 관청형성 이론에 대한 설명으로 옳지 않은 것은?

① 니스카넨(Niskanen)에 따르면 최적의 서비스 공급 수준은 한계편익(marginal benefit)과 한계비용(marginal cost)이 일치하는 수준에서 결정된다.

② 두 이론 모두 관료를 자신의 이익과 효용을 추구하는 인간으로 가정한다.

③ 던리비(Dunleavy)에 따르면 관청형성의 전략 중 하나는 내부 조직개편을 통해 정책결정 기능과 수준을 강화하되 일상적이고 번잡스러운 업무는 분리하고 이전하는 것이다.

④ 니스카넨(Niskanen)에 따르면 예산극대화 행동은 예산유형과 직위의 관계, 기관유형, 시대적 상황 등의 측면에서 다양하게 나타날 수 있다.

정답 및 해설

니스카넨(Niskanen)의 예산극대화 모형은 현상을 설명할 때 예산유형과 직위의 관계, 기관유형, 시대적 상황 등 제도적인 측면을 고려하지 못하는 한계를 지니는 까닭에 던리비의 비판을 받았음

① 니스카넨(Niskanen)에 따르면 최적의 서비스 공급 수준은 한계편익(marginal benefit)과 한계비용(marginal cost)이 일치하는 수준에서 결정되는데, 이는 주민에게 돌아가는 순편익이 가장 큰 지점임
② 예산극대화 모형 및 관성형성 모형은 모두 공공선택론을 활용한 이론인 까닭에 관료를 자신의 이익과 효용을 추구하는 인간으로 가정하고 있음
③ 던리비(Dunleavy)에 따르면 합리적인 고위 관료는 영향력은 증대시키되, 책임은 회피할 수 있는 방법을 강구함 → 이에 따라 관료는 내부 조직개편을 통해 정책결정 기능과 수준을 강화하되 일상적이고 번잡스러운 업무는 분리하고 이전함(예 책임운영기관의 증대 등)

정답 ④

cf.

56 회독 □□□ 2020. 국가 7급

다음 상황과 관련 있는 이론은?

> • A 보험회사는 보험 가입 대상자의 건강 상태 및 사고확률에 대한 특수정보를 가지고 있지 않다.
> • A 보험회사는 질병 확률 및 사고 확률이 높은 B를 보험에 가입시켜 회사의 보험재정이 악화되었다.

① 카오스 이론

② 상황조건적합 이론

③ 자원의존 이론

④ 대리인 이론

정답 및 해설

보기는 보험회사와 보험 가입 대상자와의 정보불균형으로 인해 발생하는 손실을 다루고 있으므로 주인·대리인이론을 설명하고 있음

① 카오스 이론: 혼돈이론은 현상을 둘러싼 모든 불확실성을 인간이 예측할 수 없다는 가정하에(불확실성을 단순화 및 정형화할 수 없음) 불확실성을 수용하여 조직성장의 기회로 활용할 것을 주장 → 즉, 이중순환고리 학습을 통해 자기조직화를 추구해야 함을 이론의 골자로 함
② 상황조건적합 이론: 모든 상황에 적합한 최선의 조직화 방법은 없다는 전제를 바탕으로 조직의 구조는 상황(환경)적 특성에 따라 달라짐을 주장한 이론
③ 자원의존 이론: 임의론 관점에서 자원을 획득하고 유지할 수 있는 능력을 조직생존의 핵심 요인으로 주장한 이론

정답 ④

57 회독 □□□ 2019. 서울 7급

분권화된 지방정부에서 발에 의한 투표(vote by feet)가 가능해지기 위한 조건들에 대한 설명으로 가장 옳지 않은 것은?

① 지방정부의 시민들은 그들의 선호체계에 가장 적합한 지역으로 이동하는 것이 가능하다.
② 시민들이 지방정부들의 세입·세출 형태에 관해 완전한 정보를 가지고 있어야 한다.
③ 시민들이 배당수입에 의존하여 생활해야 한다.
④ 공급되는 공공재도 외부효과 문제를 가지고 있을 수 있다.

정답 및 해설

주민이 발로 하는 투표(주민의 이동)를 하려면 외부효과가 없어야 함; 즉, 지방정부가 공급하는 공공서비스의 혜택을 다른 지방정부에 있는 주민이 누릴 수 없어야 함

① 지방정부의 시민들은 그들의 선호체계에 가장 적합한 지방정부로 이동할 수 있는 자유를 보유하고 있음
② 시민들은 지방정부의 세입·세출 형태에 관해 완전한 정보를 가지고 있으며, 이를 바탕으로 각 지방정부에 대한 선호체계를 형성함
③ 주민은 지방정부에 재산세를 내고 이에 대한 배당수입, 즉 지방서비스에 의존하여 생활함

정답 ④

58 회독 □□□ 2017. 국가 7급

공공선택론(public choice theory)에 대한 설명으로 옳은 것은?

① 관할권이 다른 지방정부로 이주하는 것은 개인의 지방정부에 대한 선호 표시와는 관련이 없다.
② 집권적이며 계층제적 구조를 강조하는 정부관료제가 시민의 요구에 민감하게 반응한다고 주장한다.
③ 공공선택론의 대표적인 학자들 중에는 뷰캐넌(Buchanan), 오스트롬(Ostrom), 니스카넨(Niskanen)이 있다.
④ 개인이 아닌 공공조직을 분석의 기초단위로 채택함으로써 방법론적 개체주의에 반대한다.

정답 및 해설

공공선택론은 본래 경제학자가 창시한 이론으로써 뷰캐넌(Buchanan), 털록(Tullock), 오스트롬(Ostrom), 니스카넨(Niskanen) 등이 대표적인 학자임

① 티부가설에 따르면 주민이 관할권이 다른 지방정부로 이주하는 것(발로 하는 투표)은 해당 지방정부에 대한 선호를 표현하는 현상임
② 공공선택론에 따르면 전통적인 정부관료제는 집권적인 의사결정구조를 지닌 까닭에 시민의 요구에 민감하게 대응할 수 없는 제도적 장치임; 즉, 공공선택론은 모든 인간은 이기적이기 때문에 집권화되어 있는 조직은 사익을 추구할 가능성이 크다는 점을 강조함
④ 공공선택론은 방법론적 개체주의(집단적 현상으로 보이는 것은 개인적 선택행위의 총합에 불과하며, 전체 혹은 집단은 개인들로 환원할 수 있다고 보는 관점)에 입각하여 개인을 분석의 대상으로 삼았음

정답 ③

cf.

59 회독 □□□

2009. 지방 7급

행정학의 접근방법 중 공공선택론의 특성에 해당하지 않는 것은?

㉠ 방법론적 개체주의 ㉡ 국가의지의 강조 ㉢ 부서목표의 극대화 ㉣ 합리적 경제인 ㉤ 교환으로서의 정치 ㉥ 예산극대화

① ㉠, ㉣　　② ㉡, ㉢
③ ㉢, ㉤　　④ ㉢, ㉥

정답 및 해설

틀린 선지

㉡ 공공선택론은 집권화를 상징하는 국가의지보다 분권적인 의사결정 구조를 중시함

㉢ 공공선택론에서 인간은 합리적 경제인이기 때문에 부서의 목표보다는 개인의 이익을 중시함

올바른 선지

㉠ 공공선택론은 인간에 대한 분석으로부터 분권화가 필요한 이유를 설명하는바 방법론적 개체주의의 입장임

㉤ 공공선택론에서는 정치인도 개인의 이해관계에 기초한 교환(거래)를 하는 합리적인 경제인에 해당함(예 로그롤링)

㉥ 니스카넨 예산극대화 모형에서 관료들은 자신의 이익을 극대화하기 위해 예산을 최대화하는 행동을 보임

정답 ②

60 회독 □□□

2008. 지방 7급

주민들이 지역 간에 자유롭게 이동할 수 있기 때문에 지방공공재에 대한 주민들의 선호가 나타나며 지방공공재 공급의 적정규모가 결정된다고 주장한 것과 거리가 먼 것은?

① 발에 의한 투표(voting with the feet)
② 새뮤엘슨(Samuelson)의 적정 공공재의 공급이론
③ 티부(Tiebout)가설
④ 유사한 선호를 가진 사람들의 공간적인 집적 현상

정답 및 해설

새뮤엘슨(Samuelson)은 주민의 선호를 파악하기 힘들기 때문에 중앙정부가 독단적으로 적정한 규모의 공공재를 주민에게 공급해야 한다고 주장함

①③
티부가설은 주민들이 지역 간에 자유롭게 이동(발로 하는 투표)할 수 있기 때문에 지방공공재에 대한 주민들의 선호가 나타나며 지방공공재 공급의 적정규모가 결정된다고 주장함

④ 유사한 선호를 가진 사람들의 공간적인 집적(集積) 현상 : 집적이란 모아서 쌓는다는 뜻으로써 해당 선지는 특정 지방정부가 공급하는 공공서비스에 대해 비슷한 선호를 가진 사람들이 모이는 현상을 설명한 것

정답 ②

61 회독 □□□ 2012. 지방 7급

티부(Tiebout)의 '발로 하는 투표(voting with feet)' 가설에 대한 설명으로 옳지 않은 것은?

① 주민의 자유로운 이동을 전제로 한다.
② 분권화된 체제에서 효율적인 자원배분이 이루어진다.
③ 지방자치단체의 주된 재원은 지방소비세가 되어야 한다.
④ 지역 재정프로그램의 혜택은 그 지역주민만이 누릴 수 있어야 한다.

정답 및 해설

티부가설에서 지방자치단체의 주된 재원은 지방소비세가 아니라 재산세임; 이는 각 지방정부에 비슷한 재산과 소득을 가진 사람이 모여 살게 된다는 것을 의미함

참고

지방소비세
국세인 부가가치세의 일부를 중앙정부가 지방정부에 이전해주는 일종의 교부세

① 티부가설은 발로 하는 투표, 즉 지방정부 간 주민의 자유로운 이동을 전제로 함
② 티부가설은 공공선택론의 영향을 받은 이론이므로 분권화된 체제를 강조함
④ 티부가설은 외부효과가 없음을 가정하는바 지역 재정프로그램의 혜택은 그 지역주민만이 누릴 수 있어야 함

정답 ③

62 회독 □□□ 2019. 국가 7급

티부가설(Tiebout Hypothesis)의 가정이 아닌 것은?

① 다수의 이질적인 지방정부가 존재한다.
② 주민들은 지방정부가 제공하는 서비스의 정보를 완전히 알고 있다.
③ 지방공공재는 외부효과가 존재한다.
④ 개인들은 자유롭게 다른 지역으로 이주할 수 있다.

정답 및 해설

티부가설에서 각 주민은 선호하는 공공서비스를 공급받고자 자유로운 이동, 즉 발로 하는 투표를 하게 됨; 이러한 현상이 가능하려면 지방공공재의 외부효과(특정 지방정부의 공공서비스가 타 지방정부에 있는 주민에게 대가 없이 공급되는 현상)가 없어야 함

① 티부가설에서 각 지방정부는 다양한 주민의 선호를 반영하기 위해 경쟁체제에 있음
② 주민들이 각 지방정부가 제공하는 서비스의 정보를 완전히 알고 있어야 본인이 선호하는 서비스를 공급하는 지방정부로 이동할 수 있음
④ 티부가설에서 각 개인은 선호하는 지방서비스를 공급받기 위해 자유롭게 다른 지역으로 이주할 수 있음

정답 ③

Section 07 신공공관리론(New Public Management)

63 회독 □□□

2024. 국가 9급

신공공관리론에 입각한 정부개혁의 내용으로 옳지 않은 것은?

① 효율성 대신 형평성에 초점을 맞춘 고객지향적 정부 강조
② 수익자 부담 원칙의 강화
③ 정부 부문 내의 경쟁 원리 도입
④ 결과 혹은 성과 중심주의 강조

정답 및 해설

신공공관리론은 작고 능률적인 정부, 고객주의를 특징으로 함

② 신공공관리는 지출팽창을 줄이기 위해 서비스 시용시 돈을 지불하는 수익자 부담 원칙을 강조함
③④
신공공관리는 기업의 운영방식을 정부에 적용하는바 경쟁, 성과 중심 관리를 추구함

정답 ①

64 회독 □□□

2023. 국가 7급

주인－대리인이론(principal－agent theory)에 대한 설명으로 옳지 않은 것은?

① 경제적 능률을 중시하는 인간관에 기반한 이론으로, 행위자들이 이기적 존재임을 전제한다.
② 주인과 대리인의 목표 상충으로 인해 X－비효율성이 나타난다.
③ 인간의 인지적 한계와 정보 부족 등 상황적 제약으로 인해 합리성은 제약된다고 본다.
④ 주인과 대리인 사이에 정보비대칭성이 존재하고, 대리인이 기회주의적으로 행동하는 경우 역선택이나 도덕적 해이가 발생할 수 있다.

정답 및 해설

X－비효율성, 즉 서비스 생산시 나타나는 낭비현상은 정부의 독점적 지위로 인해 발생함

① 대리인론은 경제학에 기초하는바 행위자들이 이기적 존재임을 전제함
③ 대리인론은 주인과 대리인 간 정보의 비대칭성을 인정함
④ 대리인론은 정보의 비대칭으로 인해 대리손실이 발생할 수 있음을 강조함

정답 ②

65 회독 □□□ 2023. 지방 9급

블랙스버그 선언(Blacksburg Manifesto)과 행정재정립 운동(refounding movement)에 대한 설명으로 옳지 않은 것은?

① 블랙스버그 선언은 행정의 정당성을 침해하는 정치·사회적 상황을 비판했다.
② 행정재정립운동은 직업공무원제를 옹호했다.
③ 행정재정립운동은 정부를 재창조하기보다는 재발견해야 한다고 주장했다.
④ 블랙스버그 선언은 신행정학의 태동을 가져왔다.

정답 및 해설

신행정학은 1968년에 등장했으나 블랙스버그 선언 및 재정립운동은 80년대에 나타남

① 블랙스버그 선언 및 행정재정립운동은 관료후려치기를 비판하면서 등장함
②③
행정재정립운동은 관료후려치기를 비판한 까닭에 직업공무원제를 옹호함

정답 ④

66 회독 □□□ 2021. 지방 9급

신공공관리론에서 지향하는 '기업가적 정부'의 특성에 해당하지 않는 것은?

① 경쟁적 정부
② 노젓기 정부
③ 성과 지향적 정부
④ 미래 대비형 정부

정답 및 해설

노젓기, 즉 정부에 의한 행정서비스의 직접 공급은 구공공관리에 대한 내용임

①③④
신공공관리론은 정부의 영역에 시장의 논리, 즉 경쟁과 분권화, 성과관리 등을 적용하며, 사후 대처가 아닌 미래를 대비하는 정부를 지향함

정답 ②

cf.

67 회독 □□□

2020. 서울속기 9급

다음에서 설명하고 있는 개념으로 가장 옳은 것은?

> 행정기관이 제공하는 행정서비스의 기준과 내용, 이를 제공받을 수 있는 절차와 방법, 잘못된 서비스에 대한 시정 및 보상조치 등을 구체적으로 정하여 공표하고 이의 실현을 국민에게 약속하는 것

① 고객만족도
② 행정서비스헌장
③ 민원서비스
④ 행정의 투명성 강화

정답 및 해설

보기는 행정서비스헌장제도에 대한 내용임; 시민헌장 또는 행정서비스헌장은 시민들에게 공공서비스의 내용과 수준, 그리고 제공방법에 대해 계약 방식으로 제시하고 이를 이행하지 못할 경우 시정조치와 보상을 약속하는 제도임 → 시민헌장은 고객 우선주의에 입각해 고객의 선택권을 확장함

정답 ②

cf.

68 회독 □□□

2005. 서울 9급 수정

행정서비스헌장에 대한 설명으로 가장 적절한 것은?

① 공공서비스 공급의 경쟁화를 통한 서비스질 향상을 목적으로 한다.
② 공공서비스의 내용, 수준, 제공방법, 불이행 시 조치와 보상으로 명문화하고 있다.
③ 정보통신기술을 활용한 고객지향적 서비스 제공방법의 하나이다.
④ 국민의 행정서비스 이용 고객시간대를 확대하고자 하는 노력이다.

정답 및 해설

행정서비스 헌장은 공공서비스의 내용, 수준, 제공방법, 불이행 시 조치와 보상으로 명문화하고 있음

행정서비스헌장규정 제2조【정의】 이 훈령에서 행정서비스헌장(이하 "헌장"이라 한다)이라 함은 행정기관이 제공하는 행정서비스(이하 "서비스"라 한다)의 기준과 내용, 이를 제공받을 수 있는 절차와 방법, 잘못된 서비스에 대한 시정 및 보상조치 등을 구체적으로 정하여 공표하고, 이의 실현을 행정의 고객인 국민(이하 "고객"이라 한다)에게 약속하는 것을 말한다.

행정서비스헌장규정 제7조【헌장의 제정 및 개선의 원칙】 행정기관의 장이 헌장을 제정하거나 이를 개선하고자 하는 경우에는 다음 각 호에서 정한 원칙을 준수하여야 한다.
1. 서비스는 고객의 입장과 편의를 최우선으로 고려하는 고객 중심적일 것
2. 고객에게 제공되는 서비스의 내용은 고객이 쉽게 알 수 있도록 구체적이고 명확할 것
3. 행정기관이 제시할 수 있는 가장 높은 수준의 서비스를 제공할 것
4. 서비스의 제공에 소요되는 비용과 고객의 편익이 합리적으로 고려된 서비스의 기준을 설정할 것
5. 서비스와 관련된 정보와 자료를 쉽게 신속하게 얻을 수 있도록 할 것
6. 잘못된 서비스에 대한 시정 및 보상조치를 명확히 할 것
7. 제공된 서비스에 대한 고객의 여론을 수렴하여 이를 서비스의 개선에 반영할 것

정답 ②

cf.
69 회독 □□□
2009. 지방 9급

행정서비스헌장제와 관련성이 가장 적은 것은?

① Charter Mark
② 시장성 평가(Market Testing)
③ 정보공개
④ 고객선택의 강조

정답 및 해설

시장성 테스트는 특정한 서비스를 정부 혹은 민간 중 어디에서 공급할지를 정하는 평가제도임

시장성 평가(Market Testing)

시장성 테스트는 "반드시 필요한 업무인가?", 필요하다면 "정부가 책임을 맡아야 할 업무인가?", "정부가 직접 수행을 해야 하는가?", "정부가 수행할 경우 효율성 증대 방안은 무엇인가?" 등의 일련의 기준에 따라 업무를 평가한 뒤 민영화, 민간위탁(계약), 공기업 등의 대안 중에서 하나를 선택하는 방식

① Charter Mark : 영국에서 시민헌장제도 시행 결과 및 성과가 우수한 기관에 대해 시상하는 제도
③④

행정서비스헌장규정 제7조【헌장의 제정 및 개선의 원칙】 행정기관의 장이 헌장을 제정하거나 이를 개선하고자 하는 경우에는 다음 각 호에서 정한 원칙을 준수하여야 한다.
1. 서비스는 고객의 입장과 편의를 최우선으로 고려하는 고객 중심적일 것
2. 고객에게 제공되는 서비스의 내용은 고객이 쉽게 알 수 있도록 구체적이고 명확할 것
3. 행정기관이 제시할 수 있는 가장 높은 수준의 서비스를 제공할 것
4. 서비스의 제공에 소요되는 비용과 고객의 편익이 합리적으로 고려된 서비스의 기준을 설정할 것
5. 서비스와 관련된 정보와 자료를 쉽게 신속하게 얻을 수 있도록 할 것
6. 잘못된 서비스에 대한 시정 및 보상조치를 명확히 할 것
7. 제공된 서비스에 대한 고객의 여론을 수렴하여 이를 서비스의 개선에 반영할 것

정답 ②

70 회독 □□□
2014. 사복 9급

주인과 대리인 관계에서 나타나는 여러 문제를 다루기 위하여 제기된 대리인이론(Agency Theory)에 대한 설명과 가장 거리가 먼 것은?

① 주인과 대리인 모두 자신의 이익을 극대화하려는 합리적 행위자이다.
② 대리인의 선호가 주인의 선호와 일치하지 않을 수 있다.
③ 대리인에게 불리한 선택으로 인한 문제해결에 초점을 둔다.
④ 주인과 대리인 간에는 정보의 비대칭성이 존재한다.

정답 및 해설

주인대리인 이론은 주인의 업무를 대리인에게 위임하는 과정에서 주인에게 발생할 수 있는 손해를 해결하기 위한 방안을 제시하고 있음; 따라서 주인에게 불리한 선택으로 인한 문제해결에 초점을 두고 있음

① 주인대리인 이론은 공공선택론에 기초한 이론이므로 주인과 대리인은 자신의 이익을 극대화하려는 행위자임
② 주인과 대리인 간의 선호가 일치하지 않기 때문에 업무를 대리하는 과정에서 주인에게 손실이 발생할 수 있음
④ 주인과 대리인 간 정보의 비대칭으로 인해 주인에게 대리손실이 발생하게 됨

정답 ③

71 회독 □□□

2018. 국가 9급

신공공관리론(NPM)에 대한 비판적 논의에 해당하지 않는 것은?

① 정치적 논리를 우선하여 내부관리적 효율성을 경시하는 경향이 있다.

② 고객중심 논리는 국민을 수동적 존재로 전락시킬 우려가 있다.

③ 민주적 책임성과 기업가적 재량권 간의 갈등으로 인하여 정부관료제의 효율성을 제고하기 어렵다.

④ 공공부문은 민간부문과 다르기 때문에 민간부문의 관리 기법을 공공부문에 그대로 적용하는 데에는 한계가 있다.

정답 및 해설

신공공관리론은 정부실패 해결을 위한 시장지향적 개혁방안으로서 경제적 효율성을 강조한 까닭에 행정의 정치적 성격(국민의 지지여부 등)을 경시하는 한계를 지님

② 신공공관리론의 고객중심 논리는 주권자인 국민을 단지 서비스에 대한 호불호를 표현하는 수동적 존재로 전락시킬 우려가 있음
③ 신공공관리론에 따른 개혁은 기업가적 재량권, 즉 수입증대를 위한 분권적 처방을 통해 효율성을 제고하려는 방안을 최고 가치로 추구하기 때문에 능률성을 촉진하는 과정에서 국민의 저항이 발생할 수 있음; 이는 능률성과 민주성의 상충을 야기하게 되고, 자칫 정부관료제의 효율성을 떨어뜨릴 수 있음
④ 공공부문은 민간부문과 다르기 때문에 경영의 관리기법을 공공부문에 그대로 적용할 경우 여러 가지 한계에 직면할 수 있음

정답 ①

72 회독 □□□

2018. 서울 9급 수정

현대 행정학의 주요 이론에 대한 설명으로 가장 옳지 않은 것은?

① 신공공관리론은 기업의 운영방식을 정부의 영역에 적용하는 관리방식을 의미한다.

② 탈신공공관리(post-NPM)는 신공공관리의 역기능적 측면을 교정하고 통치 역량을 강화하며, 구조적 통합을 통한 분절화의 확대, 재집권화와 재규제의 축소, 중앙의 정치·행정적 역량의 강화를 강조한다.

③ 피터스(B. Guy Peters)는 뉴거버넌스에 기초한 정부개혁 모형으로 시장모형, 참여정부 모형, 유연조직 모형, 저통제정부 모형을 제시한다.

④ 신공공관리론이 시장, 결과, 방향잡기, 공공기업가, 경쟁, 고객 지향을 강조한다면 뉴거버넌스는 연계망, 신뢰, 방향잡기, 조정자, 협력체제, 임무 중심을 강조한다.

정답 및 해설

탈신공공관리는 신공공관리의 지나친 분절화 현상을 막고자 구공공관리의 특징을 활용하자는 관리패러다임임; 따라서 탈신공공관리(post-NPM)는 신공공관리의 역기능적 측면을 교정하고 통치역량을 강화하며, 분절화의 축소, 재집권화와 재규제의 주창, 중앙의 정치·행정적 역량의 강화를 강조함

① 신공공관리론은 기업의 운영방식을 정부의 영역에 적용하여 작고 능률적인 정부를 지향하는 관리방식을 의미함
③ 피터스(B. Guy Peters)는 뉴거버넌스에 기초한 정부개혁 모형으로 시장모형, 참여정부 모형, 유연조직 모형, 저통제정부 모형을 제시하였음
④ 신공공관리론이 시장, 결과, 방향잡기, 공공기업가, 경쟁, 고객지향을 강조한다면 뉴거버넌스는 연계망, 참여자 간 신뢰, 방향잡기, 조정자, 협력체제, 임무 중심 등을 강조함

정답 ②

73 회독 □□□

2021. 국가 7급

거래비용이론에 대한 설명으로 옳지 않은 것은?

① 기회주의적 행동을 제어하는 데에는 시장이 계층제보다 효율적인 수단이다.

② 거래비용은 탐색비용, 거래의 이행 및 감시비용 등을 포함한다.

③ 시장의 자발적 교환행위에서 발생하는 거래비용이 계층제의 조정비용보다 크면 내부화하는 것이 효율적이다.

④ 거래비용이론은 조직이 생겨나고 일정한 구조를 가지는 이유를 조직경제학적으로 설명하는 접근방법이다.

정답 및 해설

계층제는 생산을 대리하는 구조가 아니므로 기회주의적 행동을 제어하는 데에는 시장이 계층제보다 비효율적임

②④
거래비용은 거래시 소요되는 비용인데, 인간들은 이러한 거래비용을 최소화하기 위해 일정한 조직구조를 만들어 냄 → 거래비용이론은 이를 경제학적으로 설명함

③ 거래비용이 계층제의 조정비용보다 크면 자체생산(내부화)하는 것이 효율적임

정답 ①

74 회독 □□□

2019. 지방 7급

다음 신공공관리론에 대한 설명 중 옳은 것만을 모두 고르면?

ㄱ. 행정서비스 공급의 경쟁 체제를 선호한다.
ㄴ. 예측과 예방을 통한 미래지향적 정부를 강조한다.
ㄷ. 투입 중심의 예산제도를 통해 예산을 관리한다.
ㄹ. 행정관리의 이념으로 효율성을 강조한다.
ㅁ. 집권적 계층제를 통해 행정의 책임성을 확보한다.

① ㄱ, ㄹ　　② ㄱ, ㄴ, ㄹ
③ ㄴ, ㄷ, ㄹ　　④ ㄴ, ㄷ, ㅁ

정답 및 해설

올바른 선지

ㄱ. 신공공관리론은 공공선택론의 영향(분권화)을 받은 까닭에 행정서비스 공급의 경쟁체제를 선호함
ㄴ. 신공공관리론은 사후 수습이 아니라 예측과 예방을 통한 미래지향적 정부를 강조함
ㄹ. 신공공관리론은 행정관리의 이념으로 능률성, 효율성, 생산성 등을 강조함

틀린 선지

ㄷ. 신공공관리론은 성과를 제고하기 위해 투입(inputs)이 아니라, 산출(outputs)과 결과를 기준으로 자원을 배분해야 함을 강조함
ㅁ. 신공공관리론은 분권적인 구조를 활용하되, 성과책임을 부여함

정답 ②

75 회독 □□□

2012. 국가 7급

1990년대 이후부터 2000년대 초반까지 영·미 등 주요 선진국 행정개혁의 특징과 거리가 먼 것은?

① 시장원리의 도입을 통한 행정서비스 공급의 효율성 향상을 꾀한다.
② 책임성 향상에 대한 요구가 증가함에 따라 내부관리에 대한 규제를 보다 강화한다.
③ 자원배분의 기준으로서 투입보다는 성과를 중시한다.
④ 책임성과 효율성을 동시에 강조한다.

정답 및 해설

문제의 내용은 신공공관리론에 대한 내용임; 신공공관리론은 내부규제를 완화하고 일선관리자들에게 권한(인사, 예산, 조직 등의 재량권)을 부여하는 대신 성과에 대한 책임을 묻는 성과중심의 행정을 추구함

① 신공공관리론은 기업의 운영방식, 즉 시장원리의 도입을 통한 행정서비스 공급의 효율성 향상을 꾀함
③ 신공공관리론은 자원배분의 기준으로서 투입(규칙)보다는 성과(결과)를 중시함
④ 신공공관리론은 성과에 대한 책임성과 작은 정부를 위한 효율성을 동시에 강조함

정답 ②

76 회독 □□□

2010. 지방 7급

신공공관리 행정개혁의 문제점, 성과 및 과제에 대한 설명으로 옳지 않은 것은?

① 시장유사기제의 적용에 따른 문제점으로 민간위탁은 독과점의 폐해를 야기할 수 있다.
② 분권화와 권한이양에 따른 문제점으로 정책기능과 집행기능간 기능분담의 적절성 확보가 어렵다.
③ 공공부문의 책임성, 합리성 및 민주성 확보에 기여할 수 있다.
④ 신공공관리적 개혁의 효과성에 상대적으로 중요성이 높은 변수를 개발하여 개혁수단으로 적용한다면 적실성이 높아질 수 있다.

정답 및 해설

신공관리론은 공공부문에 효율성과 생산성을 강조하는 과정에서 행정의 책임성·민주성 등을 경시하는 경향이 있음

① 위탁업체에게 특혜 등을 제공할 경우 민간위탁은 독과점의 폐해를 야기할 수 있음
② 분권화와 권한이양에 따른 문제점으로 정책기능(정책결정)과 집행기능간 기능분담의 적절성 확보가 어려움
④ 해당 선지는 성과평가를 위해 적절한 성과지표를 개발해야 NPM을 성공적으로 적용할 수 있다는 뜻임

정답 ③

77 회독 □□□

2013. 지방 7급

정부실패 및 행정개혁에 대한 설명으로 부적절한 것은?

① 내부성 문제는 정부실패를 초래할 수 있다.
② 경쟁적 환경을 조성하여 정부실패 문제를 완화할 수 있다.
③ 뉴거버넌스적 접근은 공공부문과 민간부문 간 협력을 중시한다.
④ 신공공관리적 개혁은 경제적 효율성과 민주주의 책임성을 제고한다.

정답 및 해설

신공공관리론은 민간기업의 운영방식을 공공부문에 접목해서 행정서비스 공급의 능률성, 효율성 및 생산성 등을 중시하는 반면, 공공부문의 책임성, 공익성, 형평성 및 민주성은 상대적으로 경시함 → 단, 성과에 대한 책임은 강조함

① 정부의 사익추구, 즉 내부성 문제는 정부실패를 초래할 수 있음
② 독점이 아닌 경쟁적 환경을 조성하면 정부실패 문제를 완화할 수 있음
③ 뉴거버넌스적 접근은 공공부문과 민간부문 간(정부・시민사회・시장) 협력을 중시함

정답 ④

78 회독 □□□

2020. 지방 7급

탈신공공관리(Post NPM)에 대한 설명으로 옳지 않은 것은?

① 성과보다는 공공책임성을 중시하는 인사관리 강조
② 탈관료제 모형에 기반을 둔 경쟁과 분권화 강조
③ 구조적 통합을 통한 분절화의 축소와 조정의 증대
④ '통(通) 정부(whole of government)'적 접근

정답 및 해설

탈관료제 모형에 기반을 둔 경쟁과 분권화를 강조하는 이론은 신공공관리론임

참고

탈신공공관리

구공공관리(전통적 관료제 모형) + 신공공관리 → 집권과 분권의 조화

① 신공공관리론은 경쟁에 기초한 성과기반의 인사관리, 탈신공공관리론은 공공에 대한 책임성에 기반한 인사관리를 강조함
③④
탈신공공관리론은 구조적 통합을 통한 총체적 정부 또는 합체된 정부를 강조함 → '통(通) 정부(whole of government)'적 접근

정답 ②

Section 08 거버넌스

79 회독 □□□ 2024. 지방 9급

피터스(Peters)가 『미래의 국정관리(The Future of Governing)』에서 제시한 정부개혁 모형에 해당하지 않는 것은?

① 시장 모형 ② 자유민주주의 모형
③ 참여 모형 ④ 탈규제 모형

정답 및 해설

피터스는 전통적 정부에 관한 대안을 제시하는 4가지 모형으로 시장모형, 참여모형, 신축모형, 탈규제모형을 제시함

정답 ②

80 회독 □□□ 2022. 지방 9급

행정학의 주요 접근법, 학자, 특성을 바르게 연결한 것은?

① 행정생태론－오스본(Osborne)과 게블러(Gaebler)－환경 요인 중시
② 후기행태주의－이스턴(Easton)－가치중립적·과학적 연구 강조
③ 신공공관리론－리그스(Riggs)－시장원리인 경쟁을 도입
④ 뉴거버넌스론－로즈(Rhodes)－정부·시장·시민사회 간 네트워크

정답 및 해설

로즈는 거버넌스와 관련된 학자이며, 거버넌스는 정부, 시장, 시민사회 간 협력적 네트워크를 의미함

① 행정생태론－가우스－환경 요인 중시 → 오스본과 게블러는 신공공관리론을 주장한 학자임
② 후기행태주의－이스턴(Easton)－가치평가적인 연구 → 가치중립적·과학적 연구는 행태주의에 대한 내용임
③ 신공공관리론－후드 등－시장원리인 경쟁을 도입 → 리그스는 생태론 및 비교행정과 연관된 학자임

정답 ④

81 회독 □□□ 2015. 교행 9급

뉴거버넌스론에서 강조하는 공공문제 해결방식으로 옳은 것은?

① 정부업무 프로세스 혁신
② 정부 주도의 기획과 조정
③ 민간 경영기법의 도입과 경쟁
④ 정부・시장・시민사회 간의 협력

정답 및 해설

거버넌스는 정부, 시장, 시민사회 간의 협력체계를 의미함

①③
신공공관리론에 대한 내용임; 신공공관리는 조직 내의 효율성 증진을 위해 민간의 기법을 도입하여 업무절차를 능률적으로 개혁함
② 정부 주도의 기획과 조정은 구공공관리에 대한 내용임

정답 ④

82 회독 □□□ 2011. 지방 9급

뉴거버넌스(new governance)에 대한 설명으로 옳지 않은 것은?

① 조정자로서 관료의 역할을 강조한다.
② 분석단위로 조직 내(intra-organization) 연구를 강조한다.
③ 경쟁적 작동원리보다는 협력적 작동원리를 중시한다.
④ 공공문제 해결의 기제로써 네트워크의 활용을 중시한다.

정답 및 해설

거버넌스는 시민, 시장, 정부 등의 조직 간 연구를 강조하고 있음; 조직 내 연구를 강조하는 것은 신공공관리론임

신공공관리와 거버넌스

구분	신공공관리	(뉴)거버넌스
인식론적 기초	신자유주의	공동체주의
관리기구 (공급주체)	시장	공동체에 의한 공동생산
관리가치	결과	과정(시민의 참여)
정부역할	방향잡기	방향잡기
관료역할	공공기업가	조정자
작동원리	경쟁 (시장메커니즘)	협력체제 (신뢰)
서비스	민영화・민간위탁	공동공급 (시민 및 기업 참여) ※ 공공서비스의 민간위탁과 민영화보다는 시민과 기업이 참여하는 공동 공급을 중시
관리방식	고객지향	임무중심
분석수준	조직 내	조직 간
이데올로기	우파	좌파
혁신의 초점	정부재창조 (미국)	시민재창조 (영국)
정치성	탈정치화	재정치화

신공공관리와 거버넌스의 공통점 및 참고사항

① 정부의 역할 : 방향잡기
② 두 이론 모두 정부실패를 이념적 토대로 설정하여 그 대응책을 마련하고자 하며, 투입(규칙준수)보다는 산출(임무달성)에 대한 통제를 강조
③ NPM과 뉴거버넌스는 모두 방향잡기(steering)역할을 중시하지만 NPM에서는 정부를 방향잡기의 중심에, 뉴거버넌스에서는 정부가 중립적인 조정자로써 네트워크의 방향잡기를 담당함
④ 양자 모두 국가관리에 있어서 작은 정부를 지향 : 신공공관리론은 정부와 시장 간 협력체계를, 거버넌스론은 정부, 시장, 시민사회 간 협력체계를 상정함

정답 ②

83 회독 □□□

2004. 국가 9급

미래의 국정관리에서 Guy Peters가 제시한 네 가지 정부모형에 대한 설명 중 옳지 않은 것은?

① 탈규제적 정부모형은 정부내부의 규제를 철폐함으로써 공공부문에 내재하고 있는 잠재력과 독창성을 분출시키는 것이다.
② 참여적 정부모형은 시장에 대한 신뢰를 기초로 하여 정부에 대한 민주적인 참여를 모색하는 것이다.
③ 시장적 정부모형은 정부관료제의 비효율성과 시장의 효율성에 대한 신뢰를 전제로 하고 있다.
④ 신축적 정부모형에서의 신축성이란 환경의 변화에 적응하여 적합한 정책을 만들려는 정부기관의 능력을 말한다.

정답 및 해설

참여모형은 계층제적 구조를 비판하면서 참여를 강조하고 있음; 시장에 대한 신뢰를 기초로 하는 것은 시장모형임

① 탈규제적 정부모형
　ⓐ 전통적 관료제의 지나친 내부적 규제를 비판
　ⓑ 처방 : 내부규제를 완화하여 관료들이 자율성을 가지고 창의성 및 잠재성을 발휘하도록 장려; 이러한 처방은 정치지도자들의 권력을 약화시키고 기업가적 관료들의 정책결정자로서의 역할을 제고하는 결과를 가져올 수 있음
③ 시장적 정부모형
　ⓐ 전통적 관료제의 독점으로 인한 비효율성에 대해 비판하며, 민간부문이 공공부문보다 본질적으로 성과 측면에서 우위에 있다고 전제함 → 시장에 대한 신뢰
　ⓑ 처방 : 각종 시장기제를 활용하여 저렴한 공공서비스 및 소비자의 선택권을 보장
④ 신축적 정부모형
　ⓐ 전통적 관료제의 경직성은 환경에 대한 적응력을 약화시킴 → 환경의 변화에 적응하여 적합한 정책을 만들려는 정부기관의 능력 강조
　ⓑ 처방 : 정규직 공무원을 축소하여 비용을 절감하고 임시조직을 적극적으로 활용하면서 다양한 실험(시도)을 시행하여 정부조직의 항구성 타파; 단, 유연정부모형은 변화하는 정책수요에 맞춰 탄력적으로 구성원들을 활용하는 과정에서 빈번한 변화를 요구하기 때문에 구성원의 조직과 업무에 대한 몰입도를 떨어뜨릴 수 있음

정답 ②

cf.

84 회독 □□□

2010. 국가 7급

'좋은 거버넌스(good governance)'에 대한 설명으로 옳지 않은 것은?

① 세계은행이 제3 세계 국가들에 대한 대출 조건으로써 사용한 개념이다.
② 행정의 투명성, 책임성, 통제 및 대응성이 높을수록 좋은 거버넌스라고 할 수 있다.
③ 행정업무 수행에서 공무원들이 효율적·개방적이면서도 타당한 정책 결정과 집행을 할 수 있는 관료제적 능력을 지니는 것을 말한다.
④ 자유민주주의를 옹호하는 좋은 거버넌스는 효율성을 강조하는 신공공관리와는 결합되기 어렵다고 Rhodes는 주장했다.

정답 및 해설

로즈에 따르면 좋은 거버넌스는 자유민주주의와 신공공관리를 결합한 체제이므로 좋은 거버넌스는 효율성을 강조하는 신공공관리와 결합될 수 있음

① 좋은 거버넌스는 세계은행이 제3 세계국가들에 대한 대출 조건으로써 사용한 개념임
② 행정의 투명성, 책임성, 통제 및 대응성이 높을수록 좋은 거버넌스라고 할 수 있음 → 즉, 국민에 대한 책임을 인지하고 행정과정을 공개하며, 민중통제의 결과로서 수정할 부분이 있으면 즉각 대응하는 것이 좋은 거버넌스임
③ 선지에서 관료제적 능력이란 조직 내적으로 효율적이며, 외부로는 국민과 협업하는 것을 의미함

정답 ④

85 회독 □□□ 2019. 국가 7급

피터스(G. Peters)의 정부모형에 대한 설명으로 옳은 것은?

① 참여모형에서는 조직의 고위층과 최하위층 간에 계층 수가 많지 않아야 한다.

② 유연정부모형은 변화하는 정책수요에 맞춰 탄력적으로 구성원들을 활용함으로써 이들의 조직과 업무에 대한 몰입도를 높인다.

③ 시장모형은 정치지도자들의 권력을 약화시키고 기업가적 관료들의 정책결정자로서의 역할을 제고하는 결과를 가져왔다.

④ 탈규제모형은 정부역할의 적극성 및 개입성이 높으면 공익 구현이 어렵다는 인식을 전제한다.

정답 및 해설

참여모형은 조직구성원의 참여를 강조하기 때문에 조직의 고위층과 최하위층 간에 계층의 수가 적어야 함

② 유연정부모형은 변화하는 정책수요에 맞춰 탄력적으로 구성원들을 활용하는 과정에서 빈번한 변화를 요구하기 때문에 구성원의 조직과 업무에 대한 몰입도를 떨어뜨릴 수 있음

③ 탈규제모형에 대한 내용임; 탈규제모형은 조직 내 규제를 완화하여 관료들이 자율성을 가지고 창의성 및 잠재성을 발휘하도록 장려함 → 단, 이러한 처방은 정치지도자들의 권력을 약화시키고 기업가적 관료들의 정책결정자로서의 역할을 제고하는 결과를 가져올 수 있음

④ 탈규제모형은 조직 내 규제완화를 통해 정부역할의 적극성 및 개입성을 높이면 공익 구현이 용이하다는 인식을 전제함

정답 ①

86 회독 □□□ 2011. 국가 7급

피터스(B. Guy Peters)의 정부개혁모형 중 다음이 설명하는 것은?

- 정책기능수행에서 기업가적 정부의 역할이 강조된다.
- 조직구조에 대한 특정적 처방은 없다.
- 관리작용의 자율성이 높다.
- 거버넌스의 평가기준은 창의성과 행동주의이다.

① 탈규제적 정부모형

② 신축적 정부모형

③ 시장적 정부모형

④ 참여적 정부모형

정답 및 해설

보기는 탈규제적 정부모형에 대한 내용임 → 아래의 표 참고

Peters의 미래국정관리 모형

구분	전통적 정부에 대한 문제인식	구조개혁	관리개혁	정책결정개혁	공익의 기준
시장 모형	독점	분권화	민간부문의 관리기법 (성과급)	시장적인 동기	• 저렴한 공공서비스 • 소비자의 선택권 보장
참여 모형	계층제	• 수평적 조직구조 • 다양한 참여자	TQM, MBO 및 팀제	참여 및 협의	참여 및 협의
신축 모형	불변성 및 영속성	가상조직 (임시조직)	신축적 (임시적) 관리	실험	저비용과 조정
탈규제 모형	내부 규제	없음	자율적인 관리 방식	기업가적 정부	창의성 및 능동성 (활동주의)

정답 ①

cf.

87 회독 □□□ 2018. 지방 7급 수정

거버넌스(Governance)에 기반한 서비스 연계망의 단점으로 옳지 않은 것은?

① 이해당사자 간 상호의존적인 교환의 필요성 증가
② 서비스의 공동 생산에 따라 책임 소재가 불분명
③ 정부의 권위 감소
④ 분절화로 인해 집행 통제가 어려움

정답 및 해설

이해당사자 간 상호의존적인 교환의 필요성 증가는 거버넌스의 등장 배경에 해당함 → 현대 사회로 오면서 행정환경은 복잡하고 다양해짐; 이에 따라 이해당사자 간 상호의존적인 교환의 필요성이 증가하면서 정부와 민간부문 및 비영리부문 간의 협력체제(거버넌스 서비스 연계망)가 등장하게 되었음

②④
분권화(분절화)로 인해 통제 및 조정의 어려움, 책임 소재의 불분명 등이 발생함
③ 분권화로 인해 정부의 권위가 감소할 수 있음

정답 ①

Section 09 신공공서비스론

88 회독 □□□ 2024. 지방 9급

신공공서비스론에 대한 설명으로 옳지 않은 것은?

① 신공공관리론을 극복하기 위해 등장하였으며, 비판이론과 포스트모더니즘을 활용한다.
② 공익은 시민의 공유된 가치에 대한 담론의 결과이다.
③ 정부는 '노젓기'보다 '방향잡기'에 집중하면서 시민에게 더 많은 권력을 부여해야 한다.
④ 정부관료는 헌법과 법률, 정치 규범, 시민에 대한 대응성을 중요시해야 한다.

정답 및 해설

신공공서비스론에서 정부역할은 '봉사'임 → 방향잡기 역할은 신공공관리 혹은 거버넌스임

① 신공공서비스론은 다양한 이론을 활용함(단, 공공선택론 제외)
② 신공공서비스론에서 공익은 국민 간 토론의 결과물임
④ 신공공서비스론에서 관료는 다면적 책임성을 지닌 존재임

정답 ③

89 회독 □□□

2021. 국가 9급

신공공서비스론의 특성에 대한 설명으로 옳지 않은 것은?

① 정부의 역할은 시민에 대한 봉사여야 한다.
② 공익은 개인적 이익의 집합체이기 때문에 시민들과 신뢰와 협력의 관계를 확립해야 한다.
③ 책임성이란 단순하지 않기 때문에 관료들은 헌법, 법률, 정치적 규범, 공동체의 가치 등 다양한 측면에 관심을 기울여야 한다.
④ 생산성보다는 사람에게 가치를 부여하기 때문에 공공조직은 공유된 리더십과 협력의 과정을 통해 작동되어야 한다.

정답 및 해설

공익을 사익의 총합으로 보는 것은 신공공관리론임 → 신공공서비스론에서 공익은 담론의 결과물임

① 신공공서비스론에서 정부의 역할은 공론의 장을 형성하고 시민의 참여를 유도하는 봉사에 초점을 둠
③ 신공공서비스론에서 책임성이란 단순하지 않기 때문에 관료들은 헌법, 법률, 정치적 규범, 공동체의 가치 등 다양한 측면에 관심을 기울여야 함 → 즉, 다면적 책임성을 전제함
④ 신공공서비스론은 조직적 인본주의, 즉 생산성보다는 사람에게 가치를 부여하기 때문에 공공조직은 공유된 리더십과 협력의 과정을 통해 작동되어야 함

정답 ②

90 회독 □□□

2015. 서울 9급

다음 중 신공공서비스론에 대한 설명으로 가장 옳지 않은 것은?

① 정부의 역할은 시민에 대해 봉사하는 것이다.
② 기대하는 조직은 주요 통제권이 조직 내 유보된 분권화된 조직이다.
③ 공유가치에 대한 담론의 결과를 공익으로 본다.
④ 전략적 합리성을 가정한다.

정답 및 해설

신공공관리론은 정책과 집행을 분리하고 중요한 기능, 즉 조정 및 결정은 정부가 담당하고(네트워크에 대한 통제권이 조직 내 유보) 구체적인 집행은 시장을 활용(분권화)한 효율적인 조직구조를 지향함

①③
신공공서비스론에서 정부의 역할은 시민에 대해 봉사하는 것이며, 시민 간 담론의 결과를 공익으로 간주함
④ 신공공서비스론은 시민과 정부의 협력을 중시하는 전략적 합리성을 가정함

정답 ②

91 회독 □□□

2015. 사복 9급

신공공서비스론의 기본원칙에 대한 설명으로 옳지 않은 것은?

① 관료역할의 중요성은 시민들로 하여금 그들의 공유된 가치를 표명하고 그것을 충족시킬 수 있도록 도와주는 데 있다.

② 관료들은 시장에만 주의를 기울여서는 안되며 헌법과 법령, 지역사회의 가치, 시민의 이익에도 관심을 기울여야 한다.

③ 예산지출 위주의 정부운영 방식에서 탈피하여 수입확보의 개념을 활성화하는 것이 필요하다.

④ 공공의 욕구를 충족시키기 위한 정책은 집합적 노력과 협력적 과정을 통해 효과적으로 달성될 수 있다.

정답 및 해설

신공공관리론에 대한 내용임; 신공공관리론은 지출만 하는 정부를 지양하고 수입확보를 할 수 있는 기업가적인 관료를 선호함

① 신공공서비스론은 국민의 참여를 전제로 한 담론의 장을 통해 도출한 결과를 공익으로 간주함; 이에 따라 국민의 참여를 유도하고 담론의 장을 형성하는 것을 봉사로 보고 있음
② 신공공서비스론은 관료가 상관에 대한 책임뿐만 아니라 국민, 법, 전문적 규범 등 다양한 부분에 대해 책임이 있다는 다면적 책임성을 강조함
④ 신공공서비스론에서 시민과 정부는 협력의 관계에 있음; 즉, 정부는 국민의 참여를 유도하고, 국민은 공론의 장에서 견해를 표출하는 역할을 수행함

정답 ③

92 회독 □□□

2022. 지방 7급

행정이론에 대한 설명으로 옳지 않은 것은?

① 신행정학은 행정의 적실성 회복을 강조한다.

② 발전행정론은 환경이 행정에 미치는 영향을 인정한다.

③ 공공선택론은 시민들의 다양한 요구와 선호에 민감하게 부응할 수 있는 제도적 장치 마련을 강조한다.

④ 신공공관리론은 지역사회 문제를 해결하는 과정에서 시민들의 공유된 가치를 관료가 협상하고 중재해야 한다고 주장한다.

정답 및 해설

④는 신공공서비스론에 대한 내용임 → 신공공서비스론에서는 공익을 담론의 결과로 인식하며 공익을 도출하는 과정에서 관료는 협상과 중재의 역할을 담당함

① 신행정학은 사회문제해결을 위해 적실성있는 연구를 강조함
② 발전행정론은 환경이 행정에 미치는 영향을 인정하지만, 행정부의 노력으로 환경을 극복할 수 있다고 보는 관점임
③ 공공선택론은 시민들의 다양한 요구와 선호에 민감하게 부응할 수 있는 분권적 제도를 강조함

정답 ④

93 회독 □□□ 2018. 서울 7급

신공공서비스론(New Public Service)에 대한 설명으로 가장 옳지 않은 것은?

① 공무원들은 고객이 아니라 시민에게 봉사해야 한다고 본다.
② 공익은 공유된 가치에 대한 담론의 결과로 이해된다.
③ 정부는 시장의 힘을 활용하는 데 있어 방향잡기의 역할을 해야 한다고 본다.
④ 법, 공동체, 정치규범, 전문성, 시민이익 등 다양한 책임성 기제의 중요성을 강조한다.

정답 및 해설

정부의 역할로서 방향잡기를 강조하는 관리패러다임은 신공공관리론과 거버넌스임 → 신공공서비스론은 정부의 역할로서 '봉사'를 강조함

① 신공공서비스론은 국민을 고객이 아니라 주권자인 시민으로 인식하며, 관료는 시민에게 봉사해야 한다는 것을 강조함
② 신공공서비스론에서 공익은 국민 간 담론의 결과임
④ 신공공서비스론은 복합적인 책임성을 중시함 → 즉, 관료는 책임성과 관련하여 헌법과 법령, 공동체 사회의 가치, 정치적 규범, 전문적인 기준, 시민의 이익 등 다양한 면을 고려해야 함

정답 ③

94 회독 □□□ 2019. 서울 7급

덴하트(J. V. Denhardt)와 덴하트(R. B. Denhardt)가 제시한 신공공서비스론의 주요 내용과 가장 거리가 먼 것은?

① 생산성과 더불어 사람의 가치를 강조한다.
② 책임성의 복잡성과 다차원성에 주목한다.
③ '전략적 사고'와 더불어 '민주적 행동'의 중요성을 강조한다.
④ 관료의 역할과 관련하여 '방향잡기'와 함께 '봉사'를 강조한다.

정답 및 해설

신공공서비스론은 국민을 고객으로 바라보면서 능률성 및 생산성을 행정의 주요 가치로 여기는 신공공관리론을 비판하면서 나온 관리방식임 → 신공공서비스론은 공무원이 공론의 장을 형성한 후, 국민의 참여를 유도하는 '봉사'를 강조함; 정부의 역할로서 방향잡기를 주장하는 것은 신공공관리론 혹은 거버넌스임

① 신공공서비스론은 인본주의적 관점에서 생산성보다(혹은 생산성과 더불어) 사람에게 더 큰 가치를 부여함
② 신공공서비스론은 다면적 책임성을 바탕으로 책임성의 복잡성과 다차원성에 주목함
③ 신공공서비스론은 '전략적으로 생각하고(국민과 협업) 민주적으로 행동하라'고 주장함

정답 ④

95 회독 □□□ 2013. 지방 7급

신공공서비스 이론에 대한 설명으로 옳지 않은 것은?

① 기업주의 가치를 추구한다.
② 고객이 아닌 시민을 위해 봉사한다.
③ 전략적으로 생각하고 민주적으로 행동한다.
④ 공익을 찾으려고 노력한다.

정답 및 해설

기업주의(기업의 관리기법 도입) 가치를 추구하는 것은 신공공관리론임

② 신공공서비스론에서 관료는 고객이 아닌 시민을 위해 봉사함
③ 신공공서비스론은 '전략적으로 생각하고(국민과 협업) 민주적으로 행동하라'고 주장함
④ 신공공서비스론에서 공익은 부산물이 아닌 궁극적인 목적에 해당하는바 정부는 공익을 찾으려고 노력함

정답 ①

cf.

96 회독 □□□ 2018. 지방 7급

공론조사(deliberative polling)에 대한 설명으로 옳지 않은 것은?

① 우리나라에서도 공공정책 결정 과정에서 공론조사를 도입하여 활용한 사례가 있다.
② 공론조사는 여론조사에 숙의와 토론 과정을 보완한 것으로, 정제된 국민 여론을 수렴하는 방법이라고 할 수 있다.
③ 공론조사는 조사 대상자가 중간에 탈락하는 경우가 적기 때문에 대표성 측면에서 일반 여론조사보다 우위에 있다.
④ 조사 대상자를 한곳에 모아 일정 기간 공론화 과정을 거쳐야 하기 때문에 비용과 시간이 많이 든다.

정답 및 해설

공론조사는 주로 찬반이 뚜렷한 사안에 대하여 정보를 충분히 제공받은 시민들이나 전문가들의 다양한 의견을 토론을 통하여 수렴하여 공론을 형성하는 여론조사 기법이며, 이를 '숙의형 여론조사'라고도 함; 즉, 사회적 갈등 해결책을 찾는 과정에서 이해관계자·전문가·일반 시민 등의 다양한 의견을 민주적으로 수렴해 공론을 형성하는 것으로, 대의민주주의를 보완하는 숙의민주주의 방법임 → 단, 여론조사가 대규모 시민을 대상으로 조사하는 데 반해 공론조사는 과학적 표집을 통해 200~400명 정도의 시민들을 선발해서 조사하기 때문에 여론조사보다 대표성이 높다고 볼 수 없으며(일반적으로 조사 대상자의 범위가 일반 여론조사보다 좁고 단계별로 중간에 탈락하는 경우가 있기 때문에 대표성 측면에서 일반 여론조사보다 우위에 있다고 보기 힘들다는 것), 조사 대상자들을 한 곳에 모아 일정 기간 동안 공론화 과정을 거쳐야 하는바 비용과 시간이 많이 소요됨

① 우리나라에서도 2017년 신고리 원전 5·6호기 건설 재개 여부에 대한 공공정책 결정과정에서 공론조사를 도입하여 활용한 사례가 있음

참고

신고리 5·6호기 공사 재개 결정

신고리 5·6호기는 원래 전면 중단이라는 문재인 대통령의 대선 공약하 한국수력원자력이 7월 14일 이사회를 열고 '신고리 5·6호기 공론화 기간 중 공사 일시중단 계획'을 의결했음; 이후 정부는 신고리 원전 5·6호기 건설 중단 여부를 공론화 위원회의 공론조사를 통해 결정하기로 했고 공론화위는 3개월의 공론조사 결과 건설 재개를 정부에 권고했음

정답 ③

Section 10 전통적 행정 vs NPM vs NPS

97 회독 □□□

2015. 사복 9급

전통적인 관료제 정부와 기업가적 정부에 대한 설명으로 옳은 것은?

① 행정의 가치적 측면에서 기업가적 정부는 형평성과 민주성을 추구한다.

② 행정관리 기제에 있어서 기업가적 정부는 임무중심 관리를 추구한다.

③ 행정관리 방식에 있어서 전통적 관료제 정부는 예측과 예방을 중시한다.

④ 공공서비스를 제공함에 있어서 전통적인 관료제 정부는 민영화 방식의 도입을 추진한다.

정답 및 해설

행정관리 기제에 있어서 기업가적 정부는 임무중심 관리(산출에 대한 통제)를 추구함

① 기업가적 정부는 효율성 혹은 생산성을 추구함

③ 전통적 관료제 정부는 치료 중심적임; 즉, 사후수습에 초점을 두고 있음

④ 공공서비스를 제공할 때 민영화 및 민간위탁의 방식을 추진하는 건 신공공관리의 내용임; 전통적인 관료제는 정부의 독점적인 공급을 지향함

정답 ②

98 회독 □□□

2006. 국가 7급

기업가적 정부와 전통적인 관료제 정부를 비교하여 설명한 것으로 옳지 않은 것은?

① 전통적인 관료제 정부는 서비스 공급이 독점적인데 반하여, 기업가적 정부는 경쟁을 도입한다.

② 전통적인 관료제 정부에서 정부의 역할은 주로 노젓기(rowing)인데 반하여, 기업가적 정부에서는 방향잡기(steering)이다.

③ 예측 · 예방 · 임무중심 관리 등이 전통적 관료제 정부의 행정관리 방식이라면, 투입중심 예산, 사후대처, 명령 및 통제는 기업가적 정부의 행정관리 방식이다.

④ 전통적인 관료제 정부에서는 직접적인 서비스 제공에 중점을 두고, 기업가적 정부에서는 권한부여(empowering)를 중시한다.

정답 및 해설

③ 예측 · 예방 · 임무중심 관리 등이 기업가적 정부(신공공관리)의 행정관리 방식이라면, 투입중심 예산, 사후대처, 명령 및 통제는 전통적 관료제 정부(구공공관리)의 행정관리 방식임

①②④

기업가적 접근과 관료제적 접근

기업가적 접근	관료제적 접근
방향을 잡아주는 정부	노를 젓는 정부
권한을 부여해주는 정부	서비스를 직접 제공하는 정부
서비스 제공에 있어서 경쟁 중시	서비스 독점
임무지향적 정부	규칙을 중시하는 정부
성과와 연계한 예산 배분	투입 중심의 예산제도
고객지향적	관료지향적
수익창출	지출 위주
예방적 정부	치료 중심적 정부
팀워크와 참여 중시	계층조직

정답 ③

Section 11 NPM vs (뉴)거버넌스

99 회독 □□□ 2021. 국가 9급

신공공관리와 뉴거버넌스에 대한 설명으로 옳은 것은?

① 뉴거버넌스가 상정하는 정부의 역할은 방향잡기(steering)이다.
② 신공공관리의 인식론적 기초는 공동체주의이다.
③ 신공공관리가 중시하는 관리 가치는 신뢰(trust)이다.
④ 뉴거버넌스의 관리 기구는 시장(market)이다.

정답 및 해설

뉴거버넌스가 상정하는 정부의 역할은 방향잡기(steering)임

②③④

신공공관리와 거버넌스

구분	신공공관리	(뉴)거버넌스
인식론적 기초	신자유주의	공동체주의
관리기구 (공급주체)	시장	공동체에 의한 공동생산
관리가치	결과	과정(시민의 참여)
정부역할	방향잡기	방향잡기
관료역할	공공기업가	조정자
작동원리	경쟁(시장메커니즘)	협력체제(신뢰)
서비스	민영화 · 민간위탁	공동공급 (시민 및 기업 참여) ※ 공공서비스의 민간위탁과 민영화보다는 시민과 기업이 참여하는 공동 공급을 중시
관리방식	고객지향	임무중심
분석수준	조직 내	조직 간
이데올로기	우파	좌파
혁신의 초점	정부재창조(미국)	시민재창조(영국)
정치성	탈정치화	재정치화

신공공관리와 거버넌스의 공통점 및 참고사항

① 정부의 역할: 방향잡기
② 두 이론 모두 정부실패를 이념적 토대로 설정하여 그 대응책을 마련하고자 하며, 투입(규칙준수)보다는 산출(임무달성)에 대한 통제를 강조
③ NPM과 뉴거버넌스는 모두 방향잡기(steering) 역할을 중시하지만 NPM에서는 정부를 방향잡기의 중심에, 뉴거버넌스에서는 정부가 중립적인 조정자로써 네트워크의 방향잡기를 담당함
④ 양자 모두 국가관리에 있어서 작은 정부를 지향: 신공공관리론은 정부와 시장 간 협력체계를, 거버넌스론은 정부, 시장, 시민사회 간 협력체계를 상정함

정답 ①

100 회독 □□□ 2010. 국가 9급

신공공관리론과 뉴거버넌스를 비교한 것 중 옳지 않은 것만을 고른 것은?

비고	구분기준	NPM	거버넌스
ㄱ	인식론적 기초	신자유주의	공동체주의
ㄴ	관리기구	시장	네트워크
ㄷ	관리가치	결과	신뢰
ㄹ	관료역할	조정자	공공기업가
ㅁ	작동원리	협력	경쟁

① ㄱ, ㄷ ② ㄱ, ㅁ
③ ㄴ, ㄷ ④ ㄹ, ㅁ

정답 및 해설

ㄹ. 관료역할: 신공공관리론에서 관료의 역할은 수입을 창출할 수 있는 공공기업가이며, 거버넌스에서 공무원의 역할은 정부, 시민사회 및 시장을 조정할 수 있는 조정자임
ㅁ. 작동원리: 신공공관리론은 기업의 운영방식을 정부에 도입하자는 것을 골자로 하고 있음; 이는 공공부문에 경쟁, 분권화, 자율성 확대, 책임성 제고, 성과 중심 관리 등을 의미함; 거버넌스는 경쟁보다 다양한 주체 간의 협력을 중시함

정답 ④

101 회독 □□□

2011. 서울 9급

신공공관리와 뉴거버넌스는 그 이론적 수준에서 질적인 차이가 존재하지만 유사성도 있다. 두 이론 관계에서 가장 유사성이 높은 것은?

① 관리기구
② 정부역할
③ 관료역할
④ 서비스
⑤ 관리방식

정답 및 해설

신공공관리론과 뉴거버넌스는 모두 정부의 역할로서 '방향잡기'에 방점을 두고 있음

신공공관리와 거버넌스

구분	신공공관리	(뉴)거버넌스
인식론적 기초	신자유주의	공동체주의
관리기구 (공급주체)	시장	공동체에 의한 공동생산
관리가치	결과	과정(시민의 참여)
정부역할	방향잡기	방향잡기
관료역할	공공기업가	조정자
작동원리	경쟁 (시장메커니즘)	협력체제 (신뢰)
서비스	민영화·민간위탁	공동공급 (시민 및 기업 참여) ※ 공공서비스의 민간위탁과 민영화보다는 시민과 기업이 참여하는 공동 공급을 중시
관리방식	고객지향	임무중심
분석수준	조직 내	조직 간
이데올로기	우파	좌파
혁신의 초점	정부재창조(미국)	시민재창조(영국)
정치성	탈정치화	재정치화

신공공관리와 거버넌스의 공통점 및 참고사항

① 정부의 역할: 방향잡기
② 두 이론 모두 정부실패를 이념적 토대로 설정하여 그 대응책을 마련하고자 하며, 투입(규칙준수)보다는 산출(임무달성)에 대한 통제를 강조
③ NPM과 뉴거버넌스는 모두 방향잡기(steering) 역할을 중시하지만 NPM에서는 정부를 방향잡기의 중심에, 뉴거버넌스에서는 정부가 중립적인 조정자로써 네트워크의 방향잡기를 담당함
④ 양자 모두 국가관리에 있어서 작은 정부를 지향: 신공공관리론은 정부와 시장 간 협력체계를, 거버넌스론은 정부, 시장, 시민사회 간 협력체계를 상정함

정답 ②

102 회독 □□□

2019. 교행 9급

신공공관리론과 뉴거버넌스론에 대한 설명으로 옳지 않은 것은?

① 신공공관리론이 조직 내 관계를 중시하는 반면 뉴거버넌스론은 조직 간 관계를 중시한다.
② 신공공관리론이 신자유주의에 인식론적 기초를 두는 반면 뉴거버넌스론은 공동체주의에 근거를 둔다.
③ 신공공관리론은 부문 간 경쟁을 중시하는 반면 뉴거버넌스론은 부문 간 협력에 중점을 둔다.
④ 신공공관리론은 정부 역할을 노젓기(rowing)로 보는 반면 뉴거버넌스론은 정부 역할을 방향잡기(steering)로 본다.

정답 및 해설

신공공관리론과 뉴거버넌스론 모두 정부의 역할은 방향잡기(steering)임; 노젓기는 전통적인 행정에서의 정부역할에 해당함

① 신공공관리론이 조직 내 관계를 중시하는 반면 뉴거버넌스론은 조직 간 관계를 중시함
② 신공공관리론이 신자유주의에 인식론적 기초를 두는 반면 뉴거버넌스론은 공동체주의에 근거를 둠
③ 신공공관리론은 부문 간 경쟁을 중시하는 반면 뉴거버넌스론은 부문 간 협력에 중점을 둠

정답 ④

Section 12 포스트모더니즘

103 회독 □□□

2007. 대구 9급

행정학에 있어 포스트모더니즘적 접근법에 대한 다음 설명 중 옳지 않은 것은?

① 이성과 합리성으로 요약되는 현대주의 사조를 전면적으로 거부한다.

② 포스트모더니즘에서 상상이란, 부정적으로 보았을 때 규칙에 얽매이지 않는 행정의 운영이며 긍정적으로 보았을 때 문제의 특수성을 인정하는 것이다.

③ 포스트모더니즘은 행정의 실무는 능률적이어야 한다는 설화를 당연한 것으로 받아들인다.

④ 포스트모더니즘적 행정윤리론은 사회와 문화에 따라서 윤리기준이 달라진다는 반근원주의적 윤리론을 취한다.

정답 및 해설

포스트모더니즘은 다양성을 존중하는바 기존의 설화(이론)에 대해 항상 의문을 가짐

① 포스트모더니즘은 이성과 합리성으로 요약되는 현대주의의 사조인 모더니즘을 전면적으로 거부함
② 포스트모더니즘은 다양한 가치를 존중하는 세계관임; 따라서 포스트모더니즘에서 상상이란, 부정적으로 보았을 때 규칙에 얽매이지 않는 행정의 운영이며 긍정적으로 보았을 때 문제의 특수성을 인정하는 것임
④ 포스트모더니즘적 행정윤리론은 사회와 문화에 따라서 윤리기준이 달라진다는 반근원주의적 윤리론(참고: 근원주의는 원인을 규명하려는 사조임)을 취함

참고
- 모더니즘: 인간의 이성을 통해 만든 법칙을 통해 세상을 바라보자는 세계관; 과학성과 유사한 개념
- 포스트모더니즘: 모더니즘을 비판하면서 '가치의 다양성 존중'을 지향하는 세계관; 이에 따라 기존의 고정관념 타파, 다양성 추구, 개방성 등을 주장함

정답 ③

104 회독 □□□

2018. 서울 9급

포스트모더니즘에 기초한 행정이론의 특징으로 가장 옳지 않은 것은?

① 맥락 의존적인 진리를 거부한다.

② 타자에 대한 대상화를 거부한다.

③ 고유한 이론의 영역을 거부한다.

④ 지배를 야기하는 권력을 거부한다.

정답 및 해설

포스트모더니즘은 다양성 및 개방성을 강조하기 때문에 맥락에 따라 진리가 달라질 수 있음을 주장함

② 타자에 대한 대상화를 거부한다는 것은 타자에 대한 자의적 정의를 부정함을 의미함; 타인의 주체성을 인정하자는 것
③ 포스트모더니즘은 고유한 이론의 영역을 거부하고 영역해체를 중시함
④ 포스트모더니즘은 지배를 야기하는 권력이 다양성을 해칠 수 있다고 보고 탈집권성을 강조함

정답 ①

105 회독 □□□

2020. 지방 7급

파머(Farmer)가 주장한 포스트모더니티 행정이론의 내용으로 옳지 않은 것은?

① 나 아닌 다른 사람을 인식적 개체가 아닌 도덕적인 타자(他者)로 인정한다.

② 관점에 따라 다양한 가능성이 허용되는 상상(imagination)보다는 과학적 합리성(rationality)이 더 중요하다.

③ 행정에서도 지식과 학문의 영역 간 경계가 사라지는 탈영역화(deterritorialization)가 나타난다.

④ '행정은 객관적으로 연구될 수 있다'는 설화는 해체(deconstruction)를 통해 더 잘 이해할 수 있다.

정답 및 해설

포스트모더니티 행정이론은 과학적 합리성보다는 상상(imagination)을 중시함; 상상이란 목적과 최적의 수단을 고려하는 도구적 합리성에서 벗어나서 새로운 생각과 판단을 하자는 것 → 이는 부정적으로 보았을 때 규칙에 얽매이지 않는 행정의 운영이며 긍정적으로 보았을 때 문제의 특수성을 인정하는 것임

① 포스트모더니즘은 타인을 객체(인식적 타인)가 아닌 주체(도덕적 타인)로 인식하면서 타자에 대한 대상화를 반대함

③ 탈영역화는 고유영역이 해체되고 지식의 경계가 무너지는 것을 의미함

④ 포스트모더니즘은 의문을 통해 기존의 메타설화를 재검토함 → 고정관념 타파

정답 ②

Section 13 생태론적 접근방법 · 비교행정론 · 발전행정론

106 회독 □□□

2010. 지방 7급

행정학의 주요 접근방법인 생태론적 접근방법의 특징에 대한 설명으로 옳지 않은 것은?

① 생태론적 접근방법을 행정학에 도입한 것은 1947년 가우스이다.

② 행정현상을 자연, 사회, 문화적 환경과 관련시켜 이해하려고 한다.

③ 행정이 추구해야 할 목표나 방향을 명확히 제시하고 있다.

④ 서구 행정제도가 후진국에서 잘 작동하지 않는 이유는 사회문화적 환경이 다르기 때문이라고 본다.

정답 및 해설

생태론적 접근방법은 행정조직을 둘러싼 환경적 요소를 중심으로 행정현상을 설명하려는 이론임; 즉, '생태적 특성(원인) → 행정현상(결과)'로 행정현상을 표현할 수 있다고 보는 것; 이는 어느 정도의 과학성을 지향한다는 장점이 있지만 행정의 가치문제를 다루고 있지 못한다는 비판을 받고 있음 → 그저 서구의 행정체제가 왜 후진국에서 제대로 작동하지 못했는지를 환경적 요소로 설명한 게 전부라는 것

① 행정학 분야에서는 가우스(G. M. Gaus)와 리그스(F. W. Riggs) 등이 생태론적 접근방법을 활용하여 각국 행정현상의 특성을 설명하였음 → 가우스(G. M. Gaus)는 1947년에 생태론적 접근법을 행정학에 적용한 최초의 학자이며, 1960년대 리그스(Riggs)가 하나의 일반모형으로 정립함

정답 ③

Section 14 신제도주의

107 회독 □□□

2021. 지방 9급

신제도주의에 대한 설명으로 옳지 않은 것은?

① 제도는 법률, 규범, 관습 등을 포함한다.
② 역사적 제도주의는 제도가 경로의존성을 따른다고 본다.
③ 사회학적 제도주의는 적절성의 논리보다 결과성의 논리를 중시한다.
④ 합리적 선택 제도주의는 제도가 합리적 행위자의 이기적 행태를 제약한다고 본다.

정답 및 해설

사회학적 제도주의는 적절성의 논리를 중시함

참고

적절성의 논리
사회적 맥락이나 제도가 개인의 행위를 제약하기 때문에 개인은 제도의 제약 아래서 적절한 행동을 한다는 것

① 신제도주의에서 제도는 법률, 규범, 관습 등을 포함하는 포괄적인 개념임
② 역사적 제도주의는 제도가 경로의존성을 따르는바 정해진 제도는 잘 변하지 않는다는 점을 강조함
④ 합리적 선택 제도주의에서 제도는 합리적 행위자의 이기적 행태를 제약함 → 다만 제도가 모두에게 비효율적인 경우, 자율적 행위자의 선택에 따라 제도가 변할 수 있음

정답 ③

108 회독 □□□

2015. 사복 9급

신제도주의에 대한 설명으로 옳은 것은?

① 비공식적인 제도나 규범도 넓은 의미에서 '제도'로 규정한다.
② 행태주의적 접근방법을 지지한다.
③ 역사적 신제도주의는 분석의 수준에서 방법론적 개체주의의 입장을 취한다.
④ 사회학적 신제도주의는 다양한 요인들이 결합되는 역사적 우연성과 맥락을 중시한다.

정답 및 해설

신제도주의는 거시적인 변수인 인종과 계급, 자원 등을 제외하고 공식적·비공식적인 모든 규범 및 규칙을 제도로 간주함; 이러한 제도는 균형을 이루면서(쉽게 변치 않고) 행정현상에 영향을 미침

② 신제도주의는 행태주의의 엄밀한 과학성 추구를 비판하면서 등장한 이론임
③ 역사적 신제도주의는 각 국가의 역사적인 맥락 속에서 형성된 법을 제도로 간주한다는 면에서 방법론적 총체주의의 입장임
④ 역사적 신제도주의는 우연한 역사적 사건에 의해 제도가 형성 및 변화할 수 있다고 간주함

정답 ①

109 회독 □□□ 2015. 지방 9급

역사적 신제도주의의 특징으로 옳지 않은 것은?

① 행정기관, 의회, 대통령, 법원 등 유형적인 개별 정치제도가 주된 연구대상이다.
② 제도를 이해하는 데 있어 역사적·사회적 맥락의 중요성을 강조한다.
③ 제도가 형성되면 안정성과 경로의존성을 갖는다고 본다.
④ 제도란 공식적 법규범뿐만 아니라 비공식적 절차, 관례, 관습 등을 포함한다.

정답 및 해설

행정기관, 의회, 대통령, 법원 등 유형적인 개별 정치제도를 주된 연구대상으로 하는 것은 구제도주의에 해당함

②④
역사적 신제도주의는 역사적 맥락 속에서 형성된 정책 및 법에 주목하되, 신제도주의와 마찬가지로 비공식적인 것도 제도로 인정하는 이론임
③ 역사적 신제도주의는 제도가 형성되면 일정 기간 유지되는 안정성과 경로의존성을 갖는다고 봄

정답 ①

110 회독 □□□ 2018. 교행 9급

신제도주의에 대한 설명으로 옳은 것은?

① 역사적 신제도주의는 제도의 지속성을 중시한다.
② 신제도주의는 제도를 공식적인 체제나 구조에 한정하여 규정한다.
③ 사회학적 신제도주의는 제도를 개인의 효용을 극대화하기 위한 수단으로 본다.
④ 합리적 선택 신제도주의는 제도가 유사한 형태로 수렴하는 제도적 동형화에 주목한다.

정답 및 해설

역사적 신제도주의에서 제도는 그 나라의 맥락에 따라 형성된 정책이나 법 등임; 이러한 제도는 경로의존성을 지니기 때문에 쉽게 변하지 않는바 역사적 신제도주의는 제도의 지속성을 인정함

② 신제도주의는 제도를 공식적인 체제나 구조, 그리고 비공식적인 규범까지 포함하고 있음
③ 제도를 개인의 효용을 극대화하기 위한 수단으로 보는 것은 합리선택적 신제도주의임
④ 제도가 유사한 형태로 수렴하는 제도적 동형화에 주목하는 것은 사회학적 신제도주의임

정답 ①

111 회독 □□□ 2020. 지방 7급

사회학적 신제도주의에 대한 설명으로 옳지 않은 것은?

① 개인의 행위는 고립된 상태에서 선택되는 것이 아니라 사회관계에 의하여 영향을 받는다는 의미에서 '배태성(embeddedness)'이라는 개념을 사용한다.

② 조직들이 시장의 압력 속에서 생존하기 위해 경쟁력 있는 조직형태나 조직관리기법을 합리적으로 선택하는 것은 규범적 동형화(normative isomorphism)의 예이다.

③ 정부의 규제정책에 따라 기업들이 오염방지장치를 도입하거나 장애인 고용을 확대하는 것은 강압적 동형화(coercive isomorphism)의 예이다.

④ 정부의 제도개혁에 선진국의 제도를 도입하여 적용하는 것은 모방적 동형화(mimetic isomorphism)의 예이다.

정답 및 해설

조직의 이해관계를 위해 조직이 특정한 제도(조직형태 혹은 조직관리기법)를 '합리적으로 선택'하는 것은 합리선택적 신제도주의에 대한 내용임

① 사회학적 신제도주의에 따르면 개인이나 조직은 단순한 경제적 이익을 추구하기보다는 사회적으로 정당성을 인정받은 규칙 혹은 규범에 적절하게 순응함 → 즉, 제도 자체에 사회적 정당성을 얻은 인간의 표준화된 행동 코드가 내재(배태)되어 있어(embedded) 그 틀을 벗어나기 어렵다는 것

③ 사회학적 신제도주의는 법규 등으로 대표되는 강압적 동형화가 조직간 유사성을 형성할 수 있음을 강조함 → 선지에서 정부의 규제정책은 법규를 나타냄

④ 모방적 동형화는 '우수하다고 생각되는' 조직을 모방하면서 조직이 닮아가는 현상임 → 따라서 선진국의 제도를 도입하여 적용하는 것은 모방적 동형화(mimetic isomorphism)의 예시에 해당함

정답 ②

cf.

112 회독 □□□ 2020. 국가 7급

신제도주의 유형과 그 특징을 바르게 연결한 것은?

구분	합리적 선택 제도주의	역사적 제도주의	사회학적 제도주의
①	중범위 수준 제도분석	제도동형성	경로의존성
②	거래비용	경로의존성	제도동형성
③	전략적 상호작용	중범위 수준 제도분석	거래비용
④	경로의존성	전략적 상호작용	중범위 수준 제도분석

정답 및 해설

합리적 선택 제도주의는 거래비용론, 대리인론 등의 영향을 받았으며, 역사적 제도주의는 각 국가의 역사적 맥락 속에서 형성된 제도의 경로의존성을 인정함; 아울러 사회학적 제도주의는 제도의 형성이나 변화에 있어서 제도의 동형화(닮아가는 과정)를 강조함

정답 ②

113 회독 □□□

2013. 지방 7급

신제도주의 이론에 대한 설명으로 옳지 않은 것은?

① 신제도주의는 원자화된 개인이 아니라 제도라는 맥락 속에서 전개되는 개인행위 및 행정현상을 분석하는 데 초점을 맞춘다.
② 신제도주의에서 제도는 독립변수일 수도 있고, 종속변수일 수도 있다.
③ 합리선택적 신제도주의에 따르면 행위자의 선호는 개인들 간 상호작용을 통해 형성된다.
④ 역사적 신제도주의는 전체주의 입장을 취하며 주로 중범위 수준에서 분석을 수행한다.

정답 및 해설

합리선택적 신제도주의에서 개인의 선호는 외생적임; 즉, 무엇의 영향을 받아서 만들어진 게 아니라 원래 선험적으로 주어진 것으로 간주함

① 신제도주의는 제도와 동떨어진 원자화된 개인이 아니라 제도라는 맥락 속에서 전개되는 개인행위 및 행정현상을 분석하는 데 초점을 둠
② 신제도주의에서 제도는 개인의 행동 등에 영향을 미치며(독립변수 역할), 우연한 사건 등에 의해 변화하기도 함(종속변수 역할)
④ 역사적 신제도주의는 각국의 역사적인 맥락 속에서 형성된 법이나 정책에 주목하는바 이는 보편적인 지식이 아니라 중범위 수준의 지식형성에 초점을 두는 이론임

정답 ③

114 회독 □□□

2012. 지방 7급

행정학의 접근방법 중 신제도주의에 대한 설명으로 옳지 않은 것은?

① 제도가 수행하는 기능, 제도와 개인행태 사이의 관계, 제도의 성립과 변화를 설명한다.
② 행태주의에 대한 반발로서 등장하였다.
③ 법과 공식적인 제도에 대한 정태적 서술에 초점을 두고 있다.
④ 역사적 제도주의는 정치행위자를 합리적 극대화론자라기보다는 규칙을 준수하는 만족화주의자(satisficer)로 본다.

정답 및 해설

구제도주의는 법과 공식적인 제도에 대한 정태적 서술에 초점을 두고 있는 반면, 신제도주의는 제도와 현상과의 관계를 동태적으로 설명함

① 신제도주의는 제도와 현상의 관계 및 제도의 신설·변화 등을 설명함
② 신제도주의는 행태주의가 지나치게 보편적 이론형성에 집착하여 각 국의 특수성을 고려하지 못했다고 비판함
④ 역사적 제도주의는 합리선택적 신제도주의와는 다르게 행위자를 합리적 극대화론자라기보다는 규칙을 준수하는(제도에 순응하는) 만족화주의자(satisficer)로 간주하고 있음

정답 ③

115 회독 □□□

2019. 지방 7급

신제도주의의 주요 분파에 대한 설명으로 옳은 것은?

① 합리적 선택 제도주의는 개인이 합리적이며 선호는 제도와 밀접하게 연관되어 변화하는 것으로 가정한다.
② 사회학적 제도주의는 제도의 변화과정을 설명할 때 경로의존성을 강조하며, 제도의 운영 및 발전과 관련하여 권력의 비대칭성에 초점을 맞춘다.
③ 역사적 제도주의는 중범위적 제도 변수가 개별 행위자의 행동과 정치적 결과를 어떻게 연계시키는지에 대해 초점을 맞춘다.
④ 사회학적 제도주의는 사회적 딜레마를 해결하기 위해 사람들이 스스로 만드는 게임의 규칙을 제도로 본다.

정답 및 해설

신제도주의는 계급과 같은 거시적 수준의 변수를 제외하고, 중범위 수준의 변수가 개별 행위자의 행동과 정치적 결과를 어떻게 연계시키는지에 대해 초점을 둠 → 거시적 수준의 변수 : 계급, 인종 등

① 합리적 선택 제도주의에서 인간은 자신의 이익을 극대화하려고 하는 합리적 행위자이며, 각 개인의 외생적 선호(선험적으로 주어진 것)를 가정함
② 역사적 제도주의는 제도의 변화과정을 설명할 때 경로의존성을 강조하며, 제도의 운영 및 발전과 관련하여 권력의 비대칭성을 인정함
④ 합리선택적 신제도주의는 사회적 딜레마(이해관계자들이 인지하는 문제)를 해결하기 위해 사람들이 스스로 만드는 게임의 규칙을 제도로 간주함

정답 ③

Section 15 기타이론

cf.

116 회독 □□□

2017. 지방 9급 추가

딜레마이론에 대한 설명으로 옳은 것은?

① 부정확한 정보와 의사결정자의 결정능력의 한계로 인해 발생하는 딜레마 상황에 주목한다.
② 대안을 선택하지 않는 비결정도 딜레마에 대한 하나의 대응 형태로 볼 수 있다.
③ 두 대안이 추구하는 가치 간 충돌이 있는 경우 결국 절충안을 선택하게 된다.
④ 딜레마의 구성 요건으로서 단절성(discreteness)이란 시간의 제약이 존재하므로 어떤 식의 결정이든 해야 함을 의미한다.

정답 및 해설

딜레마이론은 딜레마 상황에 대한 해결방안으로서 대안을 선택하지 않는 비결정, 즉 정책결정의 회피 및 지연도 대응 형태로 보고 있음

① 딜레마 상황은 두 대안이 거의 동등한 가치를 갖고 있거나 하나의 가치를 포기하는 비용이 너무 큰 두 대안 중 하나를 선택해야만 하는 상황으로 인해 발생함
③ 두 대안이 추구하는 가치 간 충돌이 있는 경우 절충안을 선택하는 것이 불가능함; 그래서 선택불가피성에 따라 반드시 하나의 대안을 선정해야 함
④ 선택불가피성의 내용임; 단절성이란 대안 간 절충이 불가능한 상황을 의미함

정답 ②

117 회독 □□□ 2020. 서울속기 9급

행정이론에 대한 설명으로 가장 옳지 않은 것은?

① 과학적 관리론은 19세기 말부터 20세기 초 경제 상황의 산물로 절약과 능률을 행정의 가장 중요한 가치로 삼는다.
② 행태주의는 객관성을 유지하기 위해 연구에서 가치와 사실을 명백히 구분하고, 가치중립성을 지킨다.
③ 체제이론은 체제의 부분적인 특성이나 구체적인 행태측면에 관심을 갖는 미시적 접근방법을 사용한다.
④ 신행정론은 규범성, 문제지향성, 처방성을 강조한다.

정답 및 해설

체제이론은 체제의 부분적인 특성이나 구체적인 행태측면 같은 미시적 요인이 아니라 환경을 고려하는 거시적인 관점에서 체제가 안정 및 균형을 유지하는 과정을 설명함

① 과학적 관리론은 19세기 말부터 20세기 초 경제 상황의 산물로 절약과 능률을 가장 중시함

참고

과학적 관리론이 등장한 시대적 배경

1860년대의 남북전쟁을 계기로 시장규모가 급격히 커지고 대량생산체제가 가능해지자 기업은 대규모화되고 1880년대에는 공장제도가 본격적으로 보급되게 되었음; 즉, 19세기 후반의 미국은 급격한 도시화 및 산업화가 진행되었는데, 이러한 환경 속에서 능률성을 증진하려는 과학적 관리운동이 전개된 것

② 행태주의는 객관성을 유지하기 위해 연구에서 가치와 사실을 명백히 구분하고, 가치에 대한 연구를 배제함
④ 신행정론은 1960년대 말 미국 격동기의 사회문제를 해결하기 위한 규범적이고 문제지향적이며 처방적인 이론임

정답 ③

cf.

118 회독 □□□ 2019. 국가 7급

다음 행정이론에 대한 설명으로 옳지 않은 것은?

> 변화 시작의 시간적 전후관계나 동반관계, 변화과정의 시간적 장단(長短)관계를 사회현상 연구에 적용하는 접근방법이다. 정책이 실제로 실행되는 타이밍, 정책대상자들의 학습시간, 정책의 관련요인들 간 발생순서 등이 정책효과를 다르게 할 수 있다고 주장한다.

① 원인변수와 결과변수 간 인과관계가 원인변수들이 작용하는 순서에 따라 달라지지는 않는다고 본다.
② 정책이나 제도의 도입 이후 어느 시점에서 변경을 시도해야 바람직한 결과를 낳을 것인지에 주목한다.
③ 정책이나 제도의 효과는 어느 정도 숙성기간이 지난 후에 평가하는 것이 보다 합리적이라고 본다.
④ 시차적 요소에 대해 적절하게 고려하지 않아 정부개혁의 실패가 나타난다고 본다.

정답 및 해설

지문은 시차이론에 대한 내용임; 시차이론은 똑같은 정책이라도 집행하는 타이밍(시차적 요소)에 따라 정책의 결과가 달라질 수 있다는 내용을 골자로 하고 있음 → 따라서 인과관계가 원인변수, 즉 정책이 작용하는 순서에 따라 달라진다는 것을 주장함

③ 시차이론은 특정한 시점에 정책을 도입하더라도 정책이나 제도의 효과는 어느 정도 숙성기간이 지난 후에 평가하는 것이 합리적이라고 보고 있음

정답 ①

119 회독 □□□

2015. 지방 7급

파슨스(Parsons)가 제시한 사회적 기능, 각 기능을 수행하는 조직유형, 그리고 각 조직유형별 예시를 모두 바르게 연결한 것은?

① 적응(adaptation) 기능 – 교육조직 – 학교
② 목표달성(goal attainment) 기능 – 정치조직 – 행정기관
③ 통합(integration) 기능 – 통합조직 – 종교단체
④ 잠재적 형상 유지(latent pattern maintenance) 기능 – 경제조직 – 민간기업

정답 및 해설

아래의 표 참고

파슨스의 조직유형

기능	조직유형 : 하위체제	예시
자원조달 및 환경적응 (적응기능) : Adaptation	경제조직	민간기업
방향성 제시 (목표달성 기능) : Goal attainment	정치조직	정당, 의회, 행정부 등
일탈방지 및 갈등조정 (통합기능) : Integration	통합조직	경찰서, 법원 등
이데올로기 유지 (잠재적 형상 유지 기능) : Latent Pattern Maintenance	체제유지 (현상유지 · 형상유지)조직	교육기관, 종교기관 등

정답 ②

Section 16 접근방법(Approach)

120 회독 □□□

2020. 서울속기 9급

행정학의 접근방법에 대한 설명으로 가장 옳지 않은 것은?

① 행태론적 접근방법은 과학적 방법의 적용을 강조한다.
② 체제론적 접근방법은 환경의 영향을 중시한다.
③ 사회학적 제도주의는 신제도주의에서 제도의 개념을 가장 좁게 해석한다.
④ 논변적 접근방법은 결정에 대한 주장을 정당화할 수 있도록 논거를 전개할 수 있는 모형을 제공한다.

정답 및 해설

신제도주의의 유파 중 사회학적 신제도주의가 제도의 범위를 사회문화 등으로 가장 넓게 해석함; 한편, 개인 간 전략적 선택의 결과인 규칙을 제도로 보는 합리적 선택의 신제도주의는 제도의 범위를 가장 좁게 해석함

① 행태론적 접근방법은 자연과학에서 활용한 논리실증주의를 사회과학연구에 활용하는바 과학적 방법의 적용을 강조함
② 체제론적 접근방법은 환경의 변화에 따른 체제의 적응을 설명함
④ 논변적 접근은 툴민(Toulmin)이 제시한 모델로써 정부가 국민에게 집행하려는 정책 등의 정당성을 확보하기 위해 필요한 논리구조를 강조함

정답 ③

121 회독 □□□

2020. 국가 9급

행정학의 접근 방법에 대한 설명으로 옳은 것은?

① 법적·제도적 접근방법은 개인이나 집단의 속성과 행태를 행정현상의 설명변수로 규정한다.
② 신제도주의 접근에서는 제도를 공식적인 구조나 조직 등에 한정하지 않고, 비공식적인 규범 등도 포함한다.
③ 후기 행태주의 접근 방법은 행정을 자연·문화적 환경과 관련하여 이해하면서 행정체제의 개방성을 강조한다.
④ 툴민(Toulmin)의 논변적 접근 방법은 환경을 포함하여 거시적인 관점에서 행정 현상을 분석하고, 확실성을 지닌 법칙 발견을 강조한다.

정답 및 해설

신제도주의는 현상을 분석할 때 제도의 중요성을 강조하는 이론임; 이때의 제도는 법 혹은 정책 등과 같이 공식적인 제도와 더불어 문화와 같은 비공식적인 제도를 포함하고 있음

① 법적·제도적 접근방법은 주로 법률에 기반을 둔 제도를 강조하며, 행정학 분야에서 각종 제도에 대한 자세한 비교·기술에 관심을 가짐 → 즉, 공식적인 정치·사회제도에 대한 기술(記述)에 치우쳐 제도가 인간행태에 미치는 영향을 무시하는바 개인이나 집단의 속성이나 행태를 고려하지 못함
③ 행정을 자연·문화적 환경과 관련하여 이해하면서 행정체제의 개방성을 강조하는 것은 생태론적 접근임; 후기 행태주의는 가치에 대한 연구를 중심으로 사회문제해결을 강조함
④ 툴민(Toulmin)의 논변적 접근 방법은 정부가 국민에게 집행하려는 정책 등의 정당성을 확보하기 위해 필요한 논리구조를 제시한 모델임

정답 ②

122 회독 □□□

2010. 국가 9급

행정학의 주요 이론에 대한 설명으로 가장 적절하지 않은 것은?

① 신공공관리론(New Public Management)은 전통적 관료제에 의한 정부운영방식의 한계를 극복하고 효율성을 확보하기 위해 민간기업의 운영방식을 공공부문에 접목하고자 한다.
② 피터스(B. G. Peters)는 전통적 형태의 정부모형에 대한 대안으로서 시장적 정부모형, 참여적 정부모형, 신축적 정부모형 및 탈내부규제 정부모형 등을 제시하였다.
③ 포스트모더니즘(Post-Modernism)은 이성, 합리성, 및 과학 등에 기초한 모더니즘(Modernism)을 비판하면서, 상상, 해체, 영역파괴, 타자성 등의 개념을 중심으로 한 거시이론, 거시정치 등을 통하여 행정현상을 설명하고자 한다.
④ 신공공서비스론(New Public Service)에서는 행정가가 업무수행의 효율성을 제고시키기보다는 모든 사람에게 더 나은 생활을 보장하여야 한다고 주장한다.

정답 및 해설

포스트모더니즘은 인간의 이성을 통해 만든 일반 법칙으로 세상을 설명하려는 모더니즘을 비판함; 일반 법칙은 거시이론, 메타이론 등의 용어와 같은 의미이므로 선지는 틀린 내용임; 아울러 포스트모더니즘은 가치의 다양성 존중을 중시하며 이를 상상, 해체, 영역해체 등과 같은 용어로 설명하고 있음

정답 ③

123 회독 □□□

2016. 사복 9급

행정이론에 대한 설명으로 옳지 않은 것은?

① 신행정론(신행정학)은 실증주의와 행태주의를 비판하면서 행정학의 실천성과 적실성, 가치문제를 강조하였다.

② 공공선택론은 공공부문의 비시장적 의사결정을 경제학적으로 연구하며, 전통적인 관료제를 비판하였다.

③ 신공공서비스론은 시장주의와 신관리주의를 결합한 이론으로 행정의 효과성과 능률성을 극대화하고자 하였다.

④ 뉴거버넌스론은 정부, 시장, 시민사회 간 신뢰와 협동을 강조한다.

정답 및 해설

신공공관리론에 대한 내용임; 신공공서비스론은 정부 혹은 관료가 공론의 장을 형성하고, 국민의 참여를 유도하는 '봉사'에 초점을 둔 행정이론임

① 특정 측면에서는 '신행정학 = 후기행태주의'라고 생각하고 문제를 풀어도 무방함; 후기행태주의는 적실성의 신조와 실천을 강조하면서 현실적합성이 부족한 행태주의 연구를 비판하면서 등장함
② 공공선택론은 전통적인 관료제의 집권적인 의사결정구조를 비판하면서 분권적인 의사결정을 강조함
④ 뉴거버넌스론은 정부, 시장, 시민사회 간 신뢰와 협동을 강조하는 관리방식 패러다임에 해당함

정답 ③

124 회독 □□□

2016. 교행 9급

행정학의 이론에 대한 설명으로 옳지 않은 것은?

① 신행정론은 적실성, 참여, 변화, 가치, 사회적 형평성 등에 기초한 행정의 독자적 주체성을 강조한다.

② 뉴거버넌스론은 계층제를 제외하고 시장과 네트워크를 조합한 방식을 활용하여 공공문제를 해결한다.

③ 신공공관리론은 공공서비스 제공에 대한 민간부문의 적극적인 역할분담 및 정부와 민간부문의 협력적 활동을 강조한다.

④ 신공공서비스론은 신공공관리론의 오류에 대한 반작용으로 대두되었으며, 주로 민주적 시민이론, 조직적 인본주의 등에 기초하고 있다.

정답 및 해설

거버넌스는 정부, 시민사회, 시장 간의 상호협력을 강조하는 관리방식임; 따라서 계층제(정부)를 제외하지 않음

① 신행정학은 직면한 공공문제를 해결하기 위해 적실성, 참여, 변화, 가치, 사회적 형평성 등에 기초하여 정부의 적극적인 역할(독자적 주체성)을 강조함
③ 신공공관리론은 공공서비스 제공에 대해 정부의 역할을 축소하는 작고 능률적인 정부를 지향함; 즉, 민간부문의 적극적인 역할분담 및 정부와 민간부문의 협력적 활동을 강조함
④ 신공공서비스론은 NPM의 지나친 효율성 강조, 국민을 고객으로 간주하는 것 등을 비판하면서 등장한 관리방식에 대한 이론임; 신공공서비스론은 국민의 참여를 강조하는 민주적 시민이론 및 조직구성원의 인간적인 가치를 존중하는 조직적 인본주의 등에 기초하고 있음

정답 ②

125 회독 □□□

2015. 국가 9급

행정학의 접근방법에 대한 설명으로 옳은 것은?

① 법률적·제도론적 접근방법은 공식적 제도나 법률에 기반을 두고 있기 때문에 제도 이면에 존재하는 행정의 동태적 측면을 체계적으로 파악할 수 있다.

② 행태론적 접근방법은 후진국의 행정현상을 설명하는데 크게 기여했으며, 행정의 보편적 이론보다는 중범위이론의 구축에 자극을 주어 행정학의 과학화에 기여했다.

③ 합리적 선택 신제도주의는 방법론적 전체주의에, 사회학적 신제도주의는 방법론적 개체주의에 기반을 두고 있다.

④ 신공공관리론은 기업경영의 원리와 기법을 그대로 정부에 이식하려고 한다는 비판을 받는다.

정답 및 해설

신공공관리론은 행정과 경영을 동일시하는 바 행정과 경영의 차이를 간과했다는 비판을 받음

① 법률적·제도론적 접근방법은 공식적 제도나 법률에 기초하여 정태적인 연구를 지향함; 이로 인해 신제도주의로부터 제도와 현상 간의 동태적인 분석을 할 수 없다는 비판을 받음

② 비교행정론 혹은 생태론에 대한 내용임; 비교행정론은 환경적 요소를 통해 후진국에서 선진국의 행정체제 혹은 지원이 도움을 줄 수 없는 이유를 설명함; 환경적 요소와 행정현상 간의 패턴을 발견했다는 점에서 과학성을 띠지만 각국의 환경적인 요인은 다른 까닭에 중범위이론에 해당함

③ 합리선택적 신제도주의는 방법론적 개체주의, 사회학적 신제도주의는 방법론적 총체주의적 입장임

정답 ④

126 회독 □□□

2014. 사복 9급

행정학의 주요 이론과 그에 대한 비판이 바르게 연결되지 않은 것은?

① 공공선택론: 인간을 이기적이고 합리적인 존재로 가정한 것은 지나친 단순화이다.

② 거버넌스론: 내재화된 변수가 많고 변수 간의 유기적인 관계를 강조하기 때문에 모형화가 어렵다.

③ 신제도주의: 제도와 행위 사이의 정확한 인과관계를 설명하는데 한계가 있다.

④ 과학적 관리론: 인간을 지나치게 사회심리적이고 감정적인 존재로 인식한다.

정답 및 해설

과학적 관리론은 인간을 합리적 경제인으로 간주하기 때문에 돈만 주면 열심히 일하는 존재로 보고 있음; 따라서 인간주의로부터 인간의 사회심리적인 면을 고려하지 못한다는 비판을 받음

① 공공선택론은 공무원, 국회의원 등 모든 인간을 이기적이고 합리적인 존재로 가정하면서 현상을 분석함; 이는 인간에 대한 지나친 단순화라는 비판을 받음

② 거버넌스론은 조직 간 분석에 초점을 둠; 그러나 시민사회, 시장, 정부가 상호작용하는 과정에서 이들의 관계에 영향을 미칠 수 있는 또 다른 변수, 즉 내재화된 변수가 많을 수 있으며, 이는 보편적 이론화의 어려움으로 이어질 수 있음

③ 신제도주의는 각국의 특수성을 반영할 수 있다는 장점이 있지만, 이는 곧 보편적인 인과관계를 설명할 수 없다는 것을 뜻함

정답 ④

127 회독 □□□

2008. 지방 7급

행정이론에 대한 설명 중 옳지 않은 것은?

① 신공공관리론은 정책결정과 정책집행을 분리하고, 집행업무는 가급적 일선기관으로 이양한다.
② 포스트모더니즘은 합리성을 바탕으로 고객중심의 행정을 추구한다.
③ 행태주의는 행정에서 객관적이고 사실적인 정보의 중요성을 강조한다.
④ 공공선택론은 정부의 정책결정규칙이나 결정구조가 어떻게 만들어졌느냐를 중시한다.

정답 및 해설

일반적으로 '합리성'은 모더니즘을, 고객중심의 행정은 신공공관리론을 상징하는 표현임; 포스트모더니즘은 인간의 이성을 통해 발견한 법칙(합리성 강조)으로 세상을 바라보는 모더니즘을 비판하면서 등장함

① 신공공관리론은 정책결정(기획 및 조정)과 정책집행을 분리하고, 집행업무는 가급적 일선기관으로 이양한 후 성과에 대한 책임을 부여함
③ 행태주의는 가치와 사실을 구분한 뒤, 사실(검증가능한 객관적 영역)에 초점을 둔 연구를 강조함
④ 공공선택론은 경제학을 활용하여 비시장 영역의 의사결정을 연구하는 이론이기 때문에 의사결정구조에 관심이 많음

정답 ②

128 회독 □□□

2016. 국가 7급

행정학의 발달과정에 대한 설명으로 옳지 않은 것은?

① 1960년대 신행정학은 행정학의 실천적 성격과 적실성을 회복하기 위해 정책지향적인 행정학을 강조했다.
② 사이먼(Simon)은 인간행태에 연구의 초점을 두었고 행정이론의 과학화에 기여하였다.
③ 애플비(Appleby)는 정치는 국가의 의지를 표명하고 정책을 구현하는 것이며 행정은 이를 실천하는 것으로 정치와 행정의 차이를 명확히 구별했다.
④ 미국행정학은 테일러(Taylor)의 과학적 관리법에 근거를 둔 조직이론으로부터 영향을 받았다.

정답 및 해설

선지는 굿노(F. J. Goodnow)에 대한 내용임; 굿노는 〈정치와 행정〉(1900)에서 정치와 행정의 차이를 분명히 하였음; 즉, 정치는 국가의 의지를 표명하고 정책을 구현하는 것이며 행정은 이를 실천하는 것으로 정치와 행정의 차이를 명확히 구별하였음; 반면 정치행정일원론의 대표 학자인 애플비(P. H. Appleby)는 현실의 정부에서 정치와 행정의 관계는 순환적이기 때문에 양자를 구별하는 것은 적절치 않다고 주장함

① 격동기에 등장한 신행정학은 다양한 사회문제해결을 위해 정책지향적인 행정학을 강조했음
② 사이먼(Simon)은 인간행동에 영향을 미치는 원인을 발견하여 행정의 과학화에 기여하였음
④ 초창기 미국의 행정학은 절약과 능률을 실현하기 위해 테일러(Taylor)의 과학적 관리법에 근거를 둔 조직이론으로부터 영향을 받았음

정답 ③

129 회독 □□□

2008. 국가 7급

행정학의 접근방법에 관한 설명으로 옳지 않은 것은?

① 현상학적 접근방법은 행정현상이란 그 속에 참여하는 사람들의 의식, 생각, 언어, 개념 등으로 구성되며 상호 주관적인 경험으로 이룩되는 것이기 때문에 인간의 주관적 관념, 의식 및 동기 등의 의미를 더 적절하게 다루고 이해할 수 있다는 입장을 취한다.

② 행태론적 접근방법은 행정현상을 관찰 가능한 객관적인 대상으로 보며 인간의 주관이나 의식을 배제하고 행태의 규칙성, 상관성 및 인과성을 경험적으로 입증하고 설명하려 한다.

③ 생태론적 접근방법은 행정현상을 자연적·사회적·문화적 환경과 관련시켜 이해하려고 하며 행정체제의 개방성을 강조하는 특성을 가지고 있으나 행정환경에 대한 행정의 적극적이고 주체적인 역할을 경시했다는 비판을 받고 있다.

④ 공공선택론적 접근방법은 정부를 공공재의 생산자, 시민을 공공재의 소비자라고 규정하고 서비스의 공급과 생산은 공공 부문의 시장경제화를 통해 가능하다고 보기 때문에 방법론적 전체주의 입장을 취한다.

정답 및 해설

공공선택론은 인간에 대한 특징을 분석 후 현상을 설명한다는 면에서 방법론적 개체주의의 입장임

① 현상학적 접근방법에서 행정현상은 그 속에 참여하는 사람들의 의식, 생각, 언어, 개념 등으로 구성되며 상호 주관적인 경험으로 이룩되는 것이기 때문에 인간의 주관적 관념, 의식 및 동기 등의 의미를 잘 해석해야 인간 행동의 의미를 이해할 수 있다는 관점임
② 행태론적 접근방법은 행정현상을 관찰 가능한 객관적인 대상으로 보며 인간의 주관이나 의식을 배제하고 행태의 규칙성, 상관성 및 인과성을 경험적 실험을 통해 입증하고 설명하려는 이론임
③ 생태론적 접근방법은 행정현상을 자연적·사회적·문화적 환경과 관련해서 이해하기 때문에 행정체제의 개방성을 강조하는 특성을 가지고 있으나 행정환경에 대한 행정의 적극적이고 주체적인 역할을 경시했다는 면에서 발전행정론의 비판을 받음

정답 ④

Section 17 행정이론 전체 틀잡기

130 회독 □□□

2023. 지방 9급

행정이론의 발달을 오래된 순서대로 바르게 나열한 것은?

(가) 과학적 관리론 – 테일러(Taylor)
(나) 신공공관리론 – 오스본과 게블러(Osborne & Gaebler)
(다) 신행정론 – 왈도(Waldo)
(라) 행정행태론 – 사이먼(Simon)

① (가) – (다) – (라) – (나)
② (가) – (라) – (다) – (나)
③ (라) – (가) – (나) – (다)
④ (라) – (다) – (나) – (가)

정답 및 해설

발달순서를 정리하면 아래와 같음

(가) 과학적 관리론 – 테일러 → 1911년
(라) 행정행태론 – 사이먼 → 1945년
(다) 신행정론 – 왈도 → 1968년
(나) 신공공관리론 – 오스본과 게블러 → 1990년대

정답 ②

131 회독 □□□ 2022. 국가 9급

(가)~(라)의 행정이론이 등장한 시기를 순서대로 바르게 나열한 것은?

(가) 정부와 공공부문에 참여하는 다양한 참여자들의 네트워크를 중시하고, 정부는 전체 네트워크를 관리하는 조정자의 입장에 있다고 하였다.
(나) 미국 행정학의 '지적 위기'를 지적하면서 인간을 이기적·합리적 존재로 전제하고, 공공재의 공급이 서비스 기관 간 경쟁과 고객의 선택에 의해 이루어지는 시스템을 제안하였다.
(다) 정치는 국가의 의지를 표명하고 정책을 구현하는 것이며, 행정은 이를 실천하는 관리활동으로서 정치와 행정의 차이를 분명히 하였다.
(라) 왈도(Waldo)를 중심으로 가치와 형평성을 중시하면서 사회의 문제해결에 대한 현실 적합성을 갖는 새로운 행정학의 정립을 시도하였다.

① (다)→(라)→(가)→(나)
② (다)→(라)→(나)→(가)
③ (라)→(다)→(가)→(나)
④ (라)→(다)→(나)→(가)

정답 및 해설

(가): 거버넌스에 대한 내용임
(나): 공공선택론에 대한 내용임
(다): 굿노의 정치행정이원론 관점에 대한 내용임(1900)
(라): 신행정학에 대한 내용임

행정이론의 연대표

시기(년대)	이론	특징
1880~1930초	관리주의	행정학 성립기 때의 고전적 행정이론
1930초	인간관계론	신고전적 행정이론
1930~1940	통치기능설	정치행정일원론
1945	행태주의	논리실증주의에 의한 과학적 연구
1950	생태·체제론	행정환경과의 관계를 연구한 거시이론
1960	발전행정론	개도국의 국가발전을 위한 이론
1960말	신행정학	격동기 미국사회 문제해결을 위한 이론
1970초	공공선택론	경제학적 관점으로 정부실패 연구
1980	신제도주의	개인의 행동에 대한 제도적 제약 연구
1980s	신공공관리	작고 효율적인 정부를 위한 관리방법
1990	거버넌스	정부·시장·시민사회와의 협치
2000	신공공 서비스론	국민에 대한 봉사
2008	탈신공공 관리론	재집권 및 재규제

정답 ②

CHAPTER 03 행정의 목적

Section 01

132 회독 □□□ 2024. 지방 9급

사회적 형평성(social equity)에 대한 설명으로 옳지 않은 것은?

① 1968년 개최된 미노부룩 회의(Minnowbrook Conference)에서 태동한 신행정론에서 강조하였다.
② 롤스(Rawls)의 『정의론』은 사회적 형평성 논의에 영향을 주었다.
③ 수직적 형평성(vertical equity)은 '동등한 여건에 있지 않은 사람을 동등하게 취급'함을 의미하며, 누진세가 그 예이다.
④ 수평적 형평성(horizontal equity)은 '동등한 여건에 있는 사람을 동등하게 취급'함을 의미하며, 동일노동 동일임금이 그 예이다.

정답 및 해설

수직적 형평은 다른 것을 다르게 대우한다는 뜻임(동등하게 취급×)

① 사회적 형평은 신행정학에서 강조한 가치임
② 롤즈의 정의관은 사회적 형평성 논의에 많은 영향을 미침 → 즉, 사회적 형평성은 1960년대 신행정론의 등장과 더불어 강조되기 시작하였으며 1971년 롤즈의 정의론을 통해 진전되었음
④ 수평적 형평성은 동일한 것을 동일하게 대우한다는 뜻이므로 동일노동 동일임금을 예시로 볼 수 있음

정답 ③

133 회독 □□□ 2022. 지방 9급

공익에 대한 설명으로 옳은 것만을 모두 고르면?

ㄱ. 실체설에 의하면 공익은 사익을 초월한 것이다.
ㄴ. 과정설에 의하면 공익은 사익 간 갈등을 조정·타협하는 과정에서 산출되는 것이다.
ㄷ. 실체설은 다원적 민주주의에 도움을 준다.
ㄹ. 플라톤(Plato)과 루소(Rousseau) 모두 공익 실체설을 주장하였다.

① ㄱ, ㄴ
② ㄴ, ㄷ
③ ㄱ, ㄴ, ㄹ
④ ㄱ, ㄷ, ㄹ

정답 및 해설

올바른 선지

ㄱ. 실체설은 집단 전체를 위한 이익이 공익이라고 보는 학설임; 이때 집단 전체를 위한 이익은 개인의 이해관계를 초월해서 존재함
ㄴ. 과정설은 사회 내 각 개인의 이해관계를 조정한 결과가 공익이라고 보는 관점임
ㄹ. 플라톤(Plato)과 루소(Rousseau)는 실체설과 연관된 학자이며, 슈버트는 과정설을 대표하는 학자임

틀린 선지

ㄷ. 민주주의는 국민의 견해를 수용하므로 과정설과 관련된 개념임

정답 ③

134 회독 □□□

2020. 지방 9급

행정 가치에 대한 설명으로 옳지 않은 것은?

① 공익 과정설에 따르면 사익을 초월한 별도의 공익이란 존재할 수 없다.

② 롤스(Rawls)는 사회정의의 제1원리와 제2원리가 충돌할 경우 제1원리가 우선이라고 주장한다.

③ 파레토 최적 상태는 형평성 가치를 뒷받침하는 기준이다.

④ 근대 이후 합리성은 목표를 달성하는 수단과 관련된 개념이다.

정답 및 해설

파레토 최적상태란 어떤 사람이 이익을 보기 위해서는 반드시 다른 어떤 사람이 손해를 봐야 하는 최적의 자원배분 상태임; 따라서 이는 능률성 가치를 뒷받침하는 기준임

① 공익 과정설에 따르면 공익은 사익의 총합이므로 사익을 초월한 별도의 공익이란 존재할 수 없음

② 롤스(Rawls)의 정의론에서는 정의의 원칙인 사회정의의 제1원리(평등한 자유의 원칙)와 제2원리(정당한 불평등의 원칙)가 충돌할 때 제1원리가 우선이라고 주장함

④ 일반적인 합리성은 목표를 달성하는 수단과 관련된 개념임

정답 ③

cf.

135 회독 □□□

2020. 국가 9급

공리주의적 관점에서 공익을 설명한 것으로 옳은 것만을 모두 고르면?

ㄱ. 사회 전체의 효용이 증가하면 공익이 향상된다.
ㄴ. 목적론적 윤리론을 따르고 있다.
ㄷ. 효율성(efficiency)보다는 합법성(legitimacy)이 윤리적 행정의 판단기준이다.

① ㄱ

② ㄷ

③ ㄱ, ㄴ

④ ㄴ, ㄷ

정답 및 해설

공리주의는 극빈자에 대한 재분배 여부에 관계 없이 사회 전체의 효용이 증가하면 공익이 증진된다는 관점의 철학으로써 결과를 중시하는 목적론적 윤리론을 따르고 있음; 아울러 선택과 집중의 논리에 따라 특정 영역에 대한 투자로 인해 사회의 전체 효용이 증가할 경우 이를 찬성하는 입장이므로 능률성을 중시함

틀린 선지

ㄷ. 합법성은 절차를 중시하므로 행위의 동기 및 과정을 중시하는 '의무론'에서 강조하는 가치임

정답 ③

136 회독 □□□ 2009. 지방 9급

롤즈(Rawls)의 정의론에 대한 설명 중 가장 옳지 않은 것은?

① 타고난 차이 때문에 사회적 가치의 획득에서 불평등이 생겨나는 것은 사회적 정의에 어긋난다.
② 형평성이 확보되려면 우선적으로 결과의 평등이 전제되어야 한다.
③ 원초적 상태에서 구성원들이 합의하는 규칙 또는 원칙이 공정할 것이라고 전제하고 있다.
④ 전통적 자유주의와 사회주의의 양극단을 지양하고 자유와 평등의 조화를 추구하는 중도적 입장을 취하고 있다.

정답 및 해설

롤즈가 제시한 정의의 제1원칙은 평등한 자유를 강조함; 선지에서 말하는 결과의 평등은 2-2원칙, 즉 최소극대화의 원칙임; 우선성의 원칙에 따라 형평성이 확보되려면 우선적으로 자유의 평등이 전제되어야 함

① 롤즈는 기회의 균등을 통해 사회경제적 가치가 차등적으로 배분될 수 있다고 인정함; 그러나 이러한 차등을 야기하는 원인이 타고난 차이라면 불평등한 현상이라고 간주함; 따라서 이를 보정할 수 있는 최소극대화의 원칙을 제시한 것임
③ 롤즈는 무지의 베일에 있는 원초적 상태에서 구성원들이 합의하는 규칙이 공정한 배분을 위한 원칙이라고 전제하고 있음
④ 롤즈는 전통적 자유주의와 사회주의의 양극단을 지양하고 자유와 결과의 평등을 모두 중시하는 중도적 입장을 취하고 있음

정답 ②

cf.

137 회독 □□□ 2002. 국가 9급

공익에 대한 설명으로 옳지 않은 것은?

① 공익에는 다수의 이익이나 사회적 약자의 이익이 포함되어 있다.
② 공익은 행정책임의 중요한 기준이 된다.
③ 공익은 다원화된 이익의 공존기회를 제공한다.
④ 공익에는 보편적인 가치가 포함되어 있지 않다.

정답 및 해설

실체설은 사회구성원이 보편적으로 공유하는 가치를 공익으로 규정하고 있음 → 원활한 대중교통체계, 위생적인 식수 공급 등

①③
과정설은 국민 견해의 총합을 공익으로 간주하므로 공익에는 다수의 이익이나 사회적 약자의 이익이 포함되어 있다는 관점임; 즉, 공익의 개념에는 다원화된 이익이 공존함
② 공익은 행정의 목적이므로 공익의 달성여부는 행정책임의 중요한 기준이 됨

정답 ④

138 회독 □□□

2006. 대전 9급

공익에 대한 설명 중 실체설에 대한 설명으로 옳지 않은 것은?

① 다수 이익들 간의 조정과 타협의 산물을 공익의 실체라고 설명한다.
② 국가 우월적 입장이 반영되어 있다.
③ 전 구성원의 총 효용 극대화를 통하여 공익을 달성할 수 있다고 설명한다.
④ 도덕적 절대가치의 존재를 인정한다.

정답 및 해설

다수 이익들 간의 타협의 산물이 공익이라는 입장은 과정설에 해당하는 내용임

② 실체설은 정부 혹은 공무원이 적극적으로 공익을 규정한다는 점에서 국가 우월적 입장임
③ 실체설은 사회 총 효용의 극대화를 국가 전체의 이익으로 간주하고 있음
④ 실체설은 보편적인 도덕적 절대가치를 공익으로 인정함; 예컨대 살인 혹은 강도와 같은 범죄는 국민 간 타협하지 않아도 인지할 수 있는 공익의 일부분이라고 볼 수 있다는 것

정답 ①

139 회독 □□□

2017. 국가 9급

공익(public interest) 개념의 실체설과 과정설에 대한 설명으로 옳은 것은?

① 실체설은 집단 간 상호작용의 산물이 공익이라고 본다.
② 과정설의 대표적인 학자에는 플라톤(Plato)과 루소(Rousseau)가 있다.
③ 실체설은 공익이라는 미명 하에 개인의 이익이 침해될 수 있는 위험요소를 내포하고 있다.
④ 과정설은 공익과 사익이 명확히 구분된다는 입장이다.

정답 및 해설

실체설은 국민의 견해를 반영하지 않고 정부 혹은 공무원이 공익을 규정하기 때문에 자칫 개인의 이익을 침해할 수 있는 여지가 있음

① 집단 간 상호작용, 즉 타협을 중시하는 입장은 과정설임
② 플라톤의 철인정치와 루소의 일반의지는 실체설에 가까운 개념임; 전자는 엘리트주의의 관점이고, 후자는 사회공동체를 위한 이익이 곧 공익이라고 보기 때문임
④ 실체설은 각 개인의 견해(사익)와 공익(사회공동체를 위한 이익)이 명확하게 구분된다는 입장임 → 따라서 실체설에 따르면 사익과 공익은 갈등관계에 있지 않음

정답 ③

140 회독 □□□ 2019. 서울 9급

공익에 대한 설명으로 가장 옳지 않은 것은?

① 과정설은 개인의 사익을 초월한 공동체 전체의 공익이 따로 있다고 보는 견해이다.
② 실체설은 사회 전 구성원의 총효용을 극대화함으로써 공익에 도달할 수 있다고 보는 견해이다.
③ 과정설은 공익이 사익의 총합이거나 사익 간의 타협·조정 과정을 통해 얻어지는 것으로 보는 견해이다.
④ 실체설은 사회공동체 내지 국가의 모든 가치를 포괄하는 절대적인 선의 가치가 있다고 보는 견해이다.

정답 및 해설

선지는 실체설에 대한 내용임; 실체설은 공익이란 '집단공동체를 위한 이익'으로 간주하면서 개인의 이익(사익)을 합친 것을 초월하여 존재할 수 있음을 인정함

② 실체설은 사회 전 구성원의 총효용을 극대화하면 국가 전체의 이익을 증진할 수 있다고 보는 공익관임
③ 과정설은 공익이란 '토론 및 합의의 결과물'이 공익이라는 관점임; 이는 사회 내 개인의 견해를 모두 합친 것이 공익이라는 입장으로서 공익이 사익의 총합이거나 사익 간의 타협·조정 과정을 통해 얻어지는 것으로 보는 견해임
④ 실체설은 공익을 집단공동체를 위한 이익으로 간주하는바 사회공동체 내지 국가의 모든 가치를 포괄하는 절대적인 선의 가치가 있다고 보는 견해임

정답 ①

141 회독 □□□ 2018. 국가 9급

롤스(J. Rawls)의 정의론에 대한 설명으로 옳지 않은 것은?

① 자유와 평등의 조화를 추구하는 중도적 입장보다는 자유방임주의에 의거한 전통적 자유주의 입장을 취하고 있다.
② 사회의 모든 가치는 평등하게 배분되어야 하며, 불평등한 배분은 그것이 사회의 최소수혜자에게도 유리한 경우에 정당하다고 본다.
③ 현저한 불평등 위에서는 사회의 총체적 효용극대화를 추구하는 공리주의가 정당화될 수 없다고 본다.
④ 원초적 자연상태(state of nature) 하에서 구성원들의 이성적 판단에 따른 사회형태는 극히 합리적일 것이라고 가정하는 사회계약론적 전통에 따른다.

정답 및 해설

Rawls는 정의의 원칙을 통해 자유주의와 사회주의의 조화를 추구하는 중도적 입장을 취함

② 롤즈는 사회 내 정당한 불평등을 인정하는 입장임; 다만 모든 사회구성원에게 직업선택에 대한 기회의 균등을 부여하고, 극빈자에게 어느 정도의 혜택을 준다는 조건이 성립되어야 함
③ 롤즈는 최소극대화의 원칙에 따라 극빈자에 대한 현저한 불평등 위에서는 사회의 총체적 효용극대화를 추구하는 공리주의가 정당화될 수 없다고 간주함
④ 롤즈는 '원초적인 자연상태'라는 사유실험을 상정하고, 이러한 상황에서 구성원의 이성에 의해 정립된 정의의 원칙이 사회를 규율해야 한다고 보는 사회계약론자임

정답 ①

142 회독 □□□ 2018. 서울 9급

공익에 대한 설명으로 가장 옳지 않은 것은?

① 과정설은 공익을 서로 충돌하는 이익을 가진 집단들 사이에 상호조정 과정을 거쳐 균형 상태의 결론에 도달했을 때 실현되는 것이라고 본다.

② 실체설에서도 전체 효용의 극대화를 강조하는 입장에서는 사회구성원의 효용을 계산한 다음에 전 구성원의 총효용을 극대화함으로써 공익에 도달할 수 있다고 본다.

③ 실체설에서 도덕적 절대가치를 공익의 실체로 보는 관점에서는 사회공동체나 국가의 모든 가치를 포괄하는 절대적인 선의 가치가 있다고 가정한다.

④ 실체설에서는 적법절차의 준수를 강조하며 국민주권 원리에 의한 행정의 중심적 역할을 강조한다.

정답 및 해설

과정설은 국민의 합의와 같은 적법절차의 준수를 강조하기 때문에 국민주권 원리에 의한 행정의 소극적 역할을 강조함

① 과정설은 각 개인의 견해를 종합한 결과가 공익이라고 간주함

②③
실체설은 사회공동체를 위한 이익이 공익이라고 보는데, 그 예로서 전체 효용의 극대화 혹은 도덕적 절대가치 등을 들 수 있음

정답 ④

143 회독 □□□ 2018. 교행 9급

사회적 형평성에 대한 설명으로 옳은 것을 〈보기〉에서 고른 것은?

보기

ㄱ. 정당한 불평등의 개념을 포함하고 있다.
ㄴ. 투입 대비 산출의 비율로 표현되는 경제적 개념이다.
ㄷ. 동일한 것은 동일하게 취급하는 것을 수직적 형평성이라고 한다.
ㄹ. 신행정론의 등장과 함께 강조되기 시작하였다.

① ㄱ, ㄴ
② ㄱ, ㄹ
③ ㄴ, ㄷ
④ ㄷ, ㄹ

정답 및 해설

ㄱ, ㄹ만 옳은 지문임

올바른 선지

ㄱ. 사회적 형평성은 수평적인 형평과 수직적인 형평을 모두 포괄하는 개념임; 즉, 기회의 균등에 따른 성과 차이를 인정하면서도 빈자에 대해 기본적인 요소는 보장하는 형평관이기 때문에 정당한 불평등의 개념을 포함하고 있음

ㄹ. 사회적 형평성(social equity)은 1960년대 신행정론의 등장과 더불어 강조되기 시작하였으며 1971년 Rawls의 정의론을 통해 진전되었음

틀린 선지

ㄴ. 투입 대비 산출의 비율로 표현되는 경제적 개념은 능률성(efficiency)임

ㄷ. 동일한 것은 동일하게 취급하는 것을 수평적 형평성, 다른 것은 다르게 취급하는 것은 수직적 형평임

정답 ②

cf.
144 회독 □□□

2006. 서울 7급

다음 중 공익의 개념에 대한 관심이 대두하게 된 요인과 관련이 가장 적은 것은?

① 쇄신적 정책결정의 중요성
② 행정인의 재량권이나 자원 배분권의 확대
③ 행정이론의 윤리적 기초에 대한 관심
④ 행정행태의 논리적 준거기준의 필요성
⑤ 정치행정이원론의 대두

정답 및 해설

정치행정일원론이 등장하면서 공익에 대한 관심이 제고되었음 → 즉, 행정의 역할이 많아지면서 방향성에 대한 연구가 중요해짐

①②③④
행정부의 활동이 증대되면서 행정부의 영향력도 커지게 된 까닭에 행정활동의 논리적 준거기준, 윤리적 기초 등에 대한 관심이 대두되었음; 예를 들어, 신행정학과 같은 행정이론은 사회적 형평성을 강조했음

정답 ⑤

cf.
145 회독 □□□

2018. 서울 7급

행정이념으로서의 형평성에 대한 설명으로 가장 옳지 않은 것은?

① 롤스(Rawls)의 최소최대 원칙(minimax principle)은 사회에서 가장 취약한 집단에게 최대의 편익이 돌아가게 하는 정책이 바람직하다는 기준을 의미한다.
② 인간의 기본욕구 충족과 최소한의 평등확보 측면에서 욕구이론은 수평적 형평에 대한 유용한 기준을 제시한다.
③ 실적의 차이에 따른 차등적 배분의 정당성을 뒷받침하는 실적이론은 수직적 형평의 관념을 바탕으로 하고 있다.
④ 행정에의 참여와 가치지향을 강조하는 신행정론에서 주목한 바 있다.

정답 및 해설

롤스는 불평등이 최소수혜자(가장 불우한 사람들)의 이익을 최대화하는 차원에서 인정되어야 한다는 최소극대화의 원리(Maximin principle)를 주장함 → 최대최소원칙

② 인간의 기본욕구 충족과 최소한의 평등확보 측면에서 욕구이론은 수평적 형평(결과균등 : 소수설)에 대한 유용한 기준을 제시함

참고
욕구이론
인간은 실적이나 능력에 관계없이 인간의 기본적인 욕구를 충족할 권리를 보유하고 있는 바 이를 기준으로 분배가 이루어져야 한다는 것

③ 실적의 차이에 따른 차등적 배분의 정당성을 뒷받침하는 실적이론은 수직적 형평(결과차등 : 소수설)의 관념을 바탕으로 하고 있음

참고
실적이론
기회의 균등을 기초로 능력 및 실적에 따라 사회경제적 가치의 상이한 배분을 주장하는 입장 → 자유주의자의 입장

④ 사회적 형평성은 행정에의 참여와 가치지향을 강조하는 신행정론에서 주목한 바 있음

정답 ①

Section 02 행정의 수단적 가치

146 회독 □□□

2023. 지방 7급

행정가치에 대한 설명으로 옳은 것은?

① 가외성은 예측하지 못한 행정수요에 대응이 가능하게 함으로써 행정에 대한 신뢰성을 제고한다.
② 공익 실체설은 공익을 사익의 총합이거나 사익 간 타협 또는 집단 간 상호작용의 산물로 본다.
③ 기계적 효율성은 행정의 사회목적 실현과 다차원적 이익들 간의 통합 조정 등을 내용으로 한다.
④ 수평적 형평성은 '다른 사람은 다르게 취급한다'는 원칙으로, 실적과 능력의 차이로 인한 상이한 배분을 용인한다.

정답 및 해설

가외성은 불확실성 대비를 위한 잉여장치임 → 따라서 예측하지 못한 행정수요에 대응이 가능하게 함으로써 행정에 대한 신뢰성을 제고함

② 과정설에 대한 내용임
③ 사회적 효율성에 대한 내용임
④ 수직적 형평에 대한 내용임(결과차등 : 소수설 관점)

정답 ①

147 회독 □□□

2023. 지방 9급

행정가치에 대한 설명으로 옳지 않은 것은?

① 합리성은 어떤 행위가 궁극적 목표 달성의 최적 수단이 되느냐의 여부를 가리는 개념이다.
② 효율성은 목표의 달성도를 나타내고, 효과성은 투입 대비 산출의 비율을 의미한다.
③ 자율적 책임성은 공무원이 직업윤리와 책임감에 기초해 전문가로서 자발적인 재량을 발휘할 때 확보된다.
④ 행정의 민주성은 국민과의 관계뿐만 아니라 관료조직의 내부 의사결정 과정의 측면에서도 고려된다.

정답 및 해설

효율성과 효과성의 내용이 바뀌었음

① 합리성은 일반적으로 목표달성에 필요한 수단의 적합성을 나타냄
③ 자율적 책임성은 공무원이 소명심에 따라 공무집행하는 것을 의미함
④ 행정의 민주성은 국민견해를 수렴하는 대외적 민주성, 공무원 견해를 수용하는 대내적 민주성으로 구분됨

정답 ②

148 회독 □□□ 2022. 지방 9급

조직문화의 경쟁가치모형에 대한 설명으로 옳지 않은 것은?

① 위계 문화는 응집성을 강조한다.
② 혁신지향 문화는 창의성을 강조한다.
③ 과업지향 문화는 생산성을 강조한다.
④ 관계지향 문화는 사기 유지를 강조한다.

정답 및 해설

위계지향 문화는 내부과정 모형에 따라 조직의 효과성을 판단하므로 '안정성·균형 및 통제와 감독'을 강조함 → 응집성은 인간관계 모형, 즉 관계지향 문화와 관련된 표현임

①②③④

조직문화의 경쟁가치모형

	통제	
조직(외부)	1. 효과성 모형: 합리목표 모형 2. 문화: 생산중심·과업지향형·시장형·합리문화 3. 조직형태: 시장조직	1. 효과성 모형: 내부과정 모형 2. 문화: 위계지향 문화 3. 조직형태: 계층제, 관료제	인간(내부)
	1. 효과성 모형: 개방체제 모형 2. 문화: 개방체제·혁신지향형·유기체형·발전지향형 문화 3. 조직형태: 애드호크라시	1. 효과성 모형: 인간관계 모형 2. 문화: 관계지향형·공동체형·집단·합의형 문화 3. 조직형태: 가족·공동체 등
	유연	

Quinn & Rohrbaugh(퀸과 로보그)의 경쟁가치모형

구분	조직(외부)	인간(내부)
통제	① 모형: 합리적 목표모형 ② 단계: 공식화 단계 ③ 목적: 생산성·능률성 ④ 수단: 기획, 목표설정, 합리적인 통제, 평가 등	① 모형: 내부과정 모형 ② 단계: 공식화 단계 ③ 목적: 안정성·균형 및 통제와 감독 ④ 수단: 정보관리 및 의사소통(조정)
유연성	① 모형: 개방체제 모형 ② 단계: 창업 단계·정교화 단계 ③ 목적: ㉠ 자원획득을 통한 성장 ㉡ 환경적응 ④ 수단: 조직의 유연성·신속성 유지	① 모형: 인간관계 모형 ② 단계: 집단공동체 단계 ③ 목적: ㉠ 인적자원발달 ㉡ 구성원의 만족 ④ 수단: 응집력 및 사기

참고

조직효과성 측정기준에는 '유연성-통제', '조직-구성원', '목표-수단'의 세 가지 차원이 있다고 보는 견해도 있음

정답 ①

149 회독 □□□ 2020. 서울속기 9급

가외성(redundancy)에 대한 설명으로 가장 옳지 않은 것은?

① 동등잠재성(equipotentiality)은 동일한 기능을 여러 기관이 독자적 상태에서 수행하는 것을 의미한다.
② 란다우(Martin Landau)는 권력분립, 계선과 참모, 양원제와 위원회제도를 가외성 현상이 반영된 제도로 본다.
③ 창조성 제고, 적응성 증진 등에 효용이 있다.
④ 한계로는 비용상의 문제와 조직 내 갈등 유발 등이 지적된다.

정답 및 해설

가외성은 불확실성에 대비하기 위한 잉여장치이며, 그 유형에는 중첩, 중복, 동등잠재력이 있음; 이 중에서 동등잠재성은 어떤 기관 내에서 주된 조직 단위의 기능이 작동하지 않을 때 동일한 잠재력을 지닌 보조적인 단위기관이 그 기능을 수행하는 것을 의미함

+ 동일한 기능을 여러 기관이 독자적 상태에서 수행하는 것은 중복 또는 반복(duplication)에 해당함

② 란다우(Martin Landau)는 권력분립을 위한 제도 즉, 계선과 참모, 양원제와 위원회제도 등을 가외성 현상이 반영된 제도로 간주함
③ 가외성은 불확실성을 어느 정도 극복할 수 있기 때문에 적응성을 증진할 수 있으며, 독립된 기관이 중복되는 일을 수행하는 과정에서 창의성을 제고할 수 있음
④ 가외성은 기능의 중복으로 인해 능률성을 감소시키며, 조직 내 갈등을 유발할 수 있음

정답 ①

150 회독 □□□ 2010. 국가 9급

제도적 책임성(accountability)과 대비되는 자율적 책임성(responsibility)에 대한 설명으로 가장 적합하지 않은 것은?

① 전문가로서의 직업윤리와 책임감에 기초해서 적극적·자발적 재량을 발휘하여 확보되는 책임
② 객관적으로 기준을 확정하기 곤란하므로, 내면의 가치와 기준에 따르는 것
③ 국민들의 요구와 기대를 정확하게 인식해서 이에 능동적으로 대응하는 것
④ 고객만족을 위하여 성과보다는 절차에 대한 책임 강조

정답 및 해설

자율적 책임성은 공무원이 전문가로서 직업윤리와 책임감에 기초해서 적극적이고 자발적인 재량을 발휘하여 확보되는 행정책임이며, 고객의 만족을 중시하기 때문에 절차보다 성과(고객의 만족)를 강조함

② 자율적 책임은 양심에 따라 국민에게 의무를 다하는 것이므로 공무원의 내면의 가치와 기준에 따르는바 책임에 대한 객관적인 기준을 확정하기 곤란함
③ 자율적 책임은 국민의 요구와 기대를 정확하게 인식해서 공무원의 양심에 따라 능동적으로 대응하는 책임의 유형임

정답 ④

151 회독 □□□ 2016. 국가 9급

다음 설명에 해당하는 것은?

> 이것은 불확실한 상황에서의 오류발생가능성을 최소화하고 체제의 신뢰성을 높이기 위해 강조되는 행정가치이며, 여러 기관에 한 가지 기능이 혼합되는 중첩성과 동일기능이 여러 기관에서 독립적으로 수행되는 중복성 등을 포괄하는 개념이다.

① 가외성 ② 합리성
③ 효율성 ④ 책임성

정답 및 해설

보기는 가외성에 대한 내용임; 가외성은 불확실한 상황에서의 오류발생 가능성을 최소화하고 체제의 신뢰성을 높이기 위해 강조하고 있는 행정의 수단적 가치에 해당함

② 합리성: 일반적인 합리성의 정의: 목표에 대한 수단의 적합성; 즉, 어떤 행위가 궁극적인 목표 달성을 위한 최적의 수단이 되느냐를 가리키는 개념
③ 효율성: 투입 대비 산출의 비율
④ 행정책임: 공무원이 도덕적·법률적 규범에 따라 행동해야 하는 의무

정답 ①

152 회독 □□□

2015. 지방 9급

행정에 대한 설명으로 옳지 않은 것은?

① 행정은 정부의 단독 행위가 아니라 사회의 다양한 주체들이 함께 참여하는 협력행위로 변해가고 있다.
② 행정은 사회의 공공가치 실현을 목적으로 한다.
③ 행정은 민주주의의 원칙에 따라 재원의 확보와 사용에 있어서 국회의 통제를 받는다.
④ 행정의 본질적 가치로는 능률성, 책임성 등이 있으며 수단적 가치로는 정의, 형평성 등을 들 수 있다.

정답 및 해설

행정의 본질적 가치에는 공익, 정의, 복지, 형평성, 평등성, 자유 등이 있으며, 수단적 가치에는 능률성, 투명성, 책임성 등이 있음

① 최근 행정의 개념은 정부의 단독 행위가 아니라 사회의 다양한 주체들이 함께 참여하는 협력행위, 즉 거버넌스로 변해가고 있음
② 행정은 사회의 공공가치 실현(공익)을 목적으로 함
③ 행정은 민주주의의 원칙에 따라 재원의 확보와 사용에 있어서 국민의 간섭이나 국회의 통제 등을 받음

정답 ④

153 회독 □□□

2010. 지방 9급

행정에 있어서 가외성(redundancy)에 대한 설명으로 옳은 것은?

① Landau는 권력분립 및 연방주의를 가외성 현상으로 보았다.
② 정보체제의 안전성을 증진시키기 위해서는 초과분의 채널이나 코드가 없는 비가외적 설계가 필요하다.
③ 불확실성이 커질수록 가외성의 필요성은 줄어든다.
④ 조직내외에서 가외성은 기능상 충돌의 가능성을 없애는 역할을 한다.

정답 및 해설

가외성은 불확실성을 줄이기 위한 행정의 수단적인 가치로서 '잉여분'으로 볼 수 있음; 부통령제, 양원제, 재판의 삼심제, 대통령의 거부권, 지방분권적 연방주의, 권력분립 등은 Landau가 제시한 가외성의 예시임

② '초과분'이라는 표현은 가외적 설계를 의미하며, 정보체계의 안정성을 위해서는 초과분의 채널이나 코드가 있는 가외적 설계가 필요함
④ 가외성은 조직의 안정성 및 신뢰성을 제고하지만, 능률성과 상충하기 때문에 조직의 기능상 충돌을 야기할 수 있음

정답 ①

154 회독 □□□

2011. 서울 9급

어떤 행위가 의식적인 사유과정의 산물이거나 인지력과 결부되고 있을 때의 합리성은 무엇인가?

① 내용적 합리성
② 절차적 합리성
③ 기능적 합리성
④ 기술적 합리성
⑤ 사회적 합리성

155 회독 □□□

2019. 사복 9급

행정가치에 대한 설명으로 가장 옳은 것은?

① 과정설에서는 공익은 사익을 초월한 실체·규범·도덕개념으로 파악한다.
② 사회적 형평성은 1930년대 중반 이후 인간관계론의 등장과 더불어 강조된 개념이다.
③ 사회적 효율성은 동등한 것을 동등한 자에게 처방하는 것이 정당하다고 본다.
④ 효과성은 목표달성의 정도로 1960년대 발전행정론에서 중요시한 개념이다.

정답 및 해설 (154)

절차적인 합리성은 사이먼이 만든 개념으로 제한된 정보력에서 기인하는 인지력의 한계를 인정하면서 최대한 논리적인 사유과정을 강조하는 개념임

① '내용적 합리성 = 완전합리성'으로서 완벽한 정보를 바탕으로 목표달성에 필요한 최선의 수단을 찾는 것에 초점을 두는 개념
③ 기능적 합리성: 목표를 달성하는 데 수단적인 적합성으로서 사이먼의 내용적 합리성과 유사함
④ 기술적 합리성: 주어진 목표를 달성하기 위해 가장 적합한 수단을 찾는 합리성으로써 목표와 수단 사이에 존재하는 인과관계의 적절성을 중시함 → 수단·목표의 계층적인 위계구조를 전제
⑤ 사회적 합리성: 사회 내의 여러 세력이 질서 있는 방향으로 처리되고 갈등이 해결되는 장치를 가질 때 나타나는 합리성 → 즉, 사회체제의 구성요소 간의 조화된 통합성을 의미

정답 ②

정답 및 해설 (155)

효과성은 목표의 달성도를 나타내는 개념으로서 행정부의 적극적인 역할을 통해 국가발전을 중시했던 발전행정론에서 강조한 개념임

① 사익을 초월한 실체·규범·도덕개념을 공익으로 간주하는 공익관은 공익을 사회공동체를 위한 이익으로 바라보는 실체설의 입장임
② 사회적 형평성은 1960년대 신행정학이 발전하면서 등장한 개념임
③ 사회적 효율성은 인간관계론에서 시작되어 통치기능설에서 강조한 개념으로서 합목적성, 상대적인 능률성, 인간적 능률 등을 의미함

정답 ④

156 회독 □□□

2019. 사복 9급

주요 행정이념에 대한 설명으로 가장 옳지 않은 것은?

① 합법성은 정부 관료의 자의적인 행정활동을 막아주는 데 기여한다.
② 사회적 효율성은 구성원의 인간적 가치 실현 등을 내용으로 하여 민주성의 개념으로 이해되기도 한다.
③ 환경의 불확실성이 커질수록 가외성은 행정의 안정성과 신뢰성 확보 측면에서 그 필요성이 높아진다.
④ 효과성은 투입에 대한 산출의 비율을 의미하는 것으로 산출에 대한 비용의 관계라는 조직 내의 조건으로 이해된다.

정답 및 해설

해당 선지는 능률성에 대한 내용임; 효과성은 목적의 달성도를 의미하는 것으로 결과에 대한 산출의 관계라는 조직 내 조건으로 이해할 수 있음

① 합법성은 법치행정을 의미하기 때문에 정부 관료의 자의적인 행정활동을 막아주는 데 기여함
② 사회적 능률성은 정책이 국민의 바람에 맞게 집행되었는지(합목적성), 조직 내 구성원의 견해를 수렴하는지(인간적 능률) 등을 포함하기 때문에 민주성의 개념으로 이해되는 경우도 있음
③ 환경의 불확실성이 커질수록 가외성은 행정의 안정성과 신뢰성 확보 측면에서 그 필요성이 증대되고 있음

정답 ④

157 회독 □□□

2019. 지방 9급

행정이 추구하는 가치에 대한 설명으로 옳지 않은 것은?

① 합리성은 어떤 행위가 궁극적인 목표 달성을 위한 최적의 수단이 되느냐를 가리키는 개념이다.
② 효과성은 투입 대비 산출의 비율을, 능률성은 목표의 달성도를 나타내는 개념이다.
③ 행정의 민주성은 대외적으로 국민 의사의 존중·수렴과 대내적으로 행정조직의 민주적 운영이라는 두 가지 측면이 있다.
④ 수평적 형평성이란 동등한 것을 동등하게 취급하는 것, 수직적 형평성이란 동등하지 않은 것을 서로 다르게 취급하는 것을 의미한다.

정답 및 해설

능률성은 투입 대비 산출의 비율을, 효과성은 목표의 달성도를 나타내는 개념임

① 일반적인 합리성은 어떤 행위가 궁극적인 목표 달성을 위한 최적의 수단이 되느냐를 가리키는 개념임
③ 행정의 민주성은 대외적으로 국민 의사의 존중·수렴(대외적 민주성)과 대내적으로 행정조직의 민주적 운영(대내적 민주성)이라는 두 가지 측면이 있음
④ 수평적 형평성이란 동등한 것을 동등하게 취급하는 것, 수직적 형평성이란 동등하지 않은 것을 서로 다르게 취급하는 것을 의미함; 아울러 수평적 형평성과 수직적 형평성을 절충한 개념이 사회적 형평성이라는 것도 알아둘 것

정답 ②

158 회독 □□□ 2018. 서울 9급

행정이념에 대한 설명으로 가장 옳지 않은 것은?

① 디목(Dimock)은 기술적 능률성을 대체하는 개념으로 사회적 능률성을 제시하고 있는데, 이는 행정이 그 목적 가치인 인간과 사회를 위하여 산출을 극대화하고 그 산출이 인간과 사회의 만족에 기여하는 것을 의미한다.

② 1930년대를 분수령으로 하여 정치행정이원론의 지양과 정치행정일원론으로 전환과 때를 같이 해서 행정에서 민주성의 이념이 대두되었다.

③ 효과성은 수단적·과정적 측면에 중점을 두는 반면에 능률성은 목표의 달성도를 중시한다.

④ 합법성은 법률적합성, 법에 의한 행정, 법에 근거한 행정, 즉 법치행정을 의미한다. 합법성을 지나치게 강조하는 경우 수단 가치인 법의 준수가 강조되어 목표의 전환(displacement of goal), 형식주의를 가져올 수 있다.

정답 및 해설

능률성은 투입과 산출의 비를 중시하기 때문에 목표를 달성하는 수단적·과정적 측면에 중점을 두는 반면에 효과성은 목표의 달성도를 중시함

① 디목(Dimock)은 기술적 능률성(기계적 능률성)을 대체하는 개념으로 사회적 능률성을 제시하고 있는데, 사회적 능률성은 합목적성 및 인간적 능률 등을 특징으로 하는바 행정이 그 목적 가치인 인간과 사회를 위하여 산출을 극대화하고 그 산출이 인간과 사회의 만족에 기여하는 것을 의미함

② 정치행정일원론은 사회적 능률성을 바탕으로 정부의 적극적인 역할을 지지함; 따라서 민주성을 지향하는 면이 있음

④ 합법성은 법률적합성, 법에 의한 행정, 법에 근거한 행정, 즉 법치행정을 의미함; 그러나 합법성을 지나치게 강조하는 경우 수단 가치인 법의 준수가 강조되어 목표의 전환(displacement of goal)이나 불필요한 절차가 많은 형식주의를 가져올 수 있음

정답 ③

159 회독 □□□ 2018. 지방 9급

행정이론의 패러다임과 추구하는 가치를 바르게 연결한 것은?

① 행정관리론 – 절약과 능률성

② 신행정론 – 형평성과 탈규제

③ 신공공관리론 – 경쟁과 민주성

④ 뉴거버넌스론 – 대응성과 효율성

정답 및 해설

행정관리론, 즉 관리주의는 행정학 성립기 때의 고전기 행정 패러다임으로써 정치행정이원론에 기초하여 행정을 기본적으로 관리 또는 집행으로 인식하고 기계적 능률성, 즉 절약과 능률을 최고의 가치로 간주함

② 신행정론은 1960년대 말 미국 격동기의 사회문제를 해결하기 위하여 사회적인 형평성을 중시함; 아울러 정부의 적극적인 역할을 인정한다는 면에서 어느 정도의 규제를 수용함

③ 신공공관리론은 신자유주의에 기초하여 시장의 경쟁원리와 기법을 정부에 받아들임으로써 효율성과 생산성 등을 중시함; 그러나 이러한 과정에서 민주성은 저해할 수 있음

④ 뉴거버넌스는 정부와 기업, 시민사회의 협치를 강조하는 이론으로서 민주성, 신뢰성, 투명성 등을 지향함; 선지에서 대응성은 인정되나 효율성은 일반적으로 신공공관리론에 가까운 가치임

정답 ①

160 회독 □□□ 2014. 서울 7급

효과성 평가모형 중 퀸과 로보그(Quinne & Rohbaugh)의 경합가치모형에 대한 다음의 설명 중 적절하지 못한 것은?

① 조직이 내부·외부 중 어디에 초점을 두고 있는지와 조직구조가 통제와 융통성 중 어떤 것을 강조하는지를 기준으로 조직효과성에 관한 네 가지 경쟁모형을 도출하였다.

② 조직의 내부에 초점을 두고 융통성을 강조하는 경우의 효과성 평가유형은 인간관계 모형이다.

③ 개방체제모형은 조직의 외부에 초점을 두며 융통성을 강조하는 경우의 평가유형이다.

④ 조직의 외부에 초점을 두고 통제를 강조하는 경우 성장 및 자원 확보를 목표로 하게 된다.

⑤ 조직의 내부에 초점을 두고 통제를 강조하는 경우 안정성 및 균형을 목표로 하게 된다.

정답 및 해설

조직의 외부에 초점을 두고 통제를 강조하는 모형은 합리적 목표 모형이며, 이는 생산성 및 능률성을 목표로 하고 있음; 성장 및 자원확보 등을 목표로 하는 모형은 개방체제 모형임

① 퀸과 로보그는 조직의 초점과(조직(외부) 혹은 인간(내부)) 조직구조에 대한 관심(유연성과 통제)을 기준으로 네 가지 모형을 도출하였으며, 각 모형의 특징에 따라 효과성을 판단하는 기준이 다름을 강조하였음

②③⑤

Quinn & Rohrbaugh의 경쟁가치모형

구분	조직(외부)	인간(내부)
통제	(1) 모형: 합리적 목표 모형 (2) 단계: 공식화 단계 (3) 목적: 생산성·능률성 (4) 수단: 기획, 목표설정, 합리적인 통제, 평가 등	(1) 모형: 내부과정 모형 (2) 단계: 공식화 단계 (3) 목적: 안정성·균형 및 통제와 감독 (4) 수단: 정보관리 및 의사소통(조정)
유연성	(1) 모형: 개방체제 모형 (2) 단계: 창업 단계·정교화 단계 (3) 목적 1) 자원획득을 통한 성장 2) 환경적응 (4) 수단: 조직의 유연성·신속성 유지	(1) 모형: 인간관계 모형 (2) 단계: 집단공동체 단계 (3) 목적 1) 인적자원발달 2) 구성원의 만족 (4) 수단: 응집력 및 사기

참고

조직효과성 측정기준에는 '유연성-통제', '조직-구성원', '목표-수단'의 세 가지 차원이 있다고 보는 견해도 있음

정답 ④

161 회독 □□□ 2018. 서울 7급

조직효과성의 경쟁가치모형(Competing Values Model)에서 조직의 성장 및 자원획득의 목표를 강조하는 관점은?

① 개방체제 관점

② 내부과정 관점

③ 인간관계 관점

④ 합리적 목표 관점

정답 및 해설

경쟁가치모형에서 조직의 성장 및 자원획득의 목표를 강조하는 모형은 개방체제 모형임

Quinn & Rohrbaugh의 경쟁가치모형

구분	조직(외부)	인간(내부)
통제	(1) 모형: 합리적 목표 모형 (2) 단계: 공식화 단계 (3) 목적: 생산성·능률성 (4) 수단: 기획, 목표설정, 합리적인 통제, 평가 등	(1) 모형: 내부과정 모형 (2) 단계: 공식화 단계 (3) 목적: 안정성·균형 및 통제와 감독 (4) 수단: 정보관리 및 의사소통(조정)
유연성	(1) 모형: 개방체제 모형 (2) 단계: 창업 단계·정교화 단계 (3) 목적 1) 자원획득을 통한 성장 2) 환경적응 (4) 수단: 조직의 유연성·신속성 유지	(1) 모형: 인간관계 모형 (2) 단계: 집단공동체 단계 (3) 목적 1) 인적자원발달 2) 구성원의 만족 (4) 수단: 응집력 및 사기

참고

조직효과성 측정기준에는 '유연성-통제', '조직-구성원', '목표-수단'의 세 가지 차원이 있다고 보는 견해도 있음

정답 ①

162 회독 □□□ 2019. 국가 7급

다음과 관련있는 행정가치에 대한 설명으로 옳은 것은?

> • 안전을 위하여 자동차의 제동장치를 이중으로 설계하였다.
> • 정전에 대비하여 건물 자체적으로 자가발전시설을 갖추도록 하였다.

① 창의성이 제고될 수 있다.
② 수단적 가치보다는 행정의 본질적 가치로서의 성격이 더 강하다.
③ 행정체제의 신뢰성과 안정성을 저하시킨다.
④ 형평성과 상충관계에 있다.

정답 및 해설

지문은 행정의 수단적인 가치 중 '가외성'에 대한 설명임; 가외성은 일종의 '잉여장치'로써 불확실성에 대처하기 위한 소극적인 방법 중 하나임; 가외성은 유사한 제도를 몇 개의 조직이 동시에 시행함으로써 창의성을 제고할 수 있는 장점이 있으나 투입이 증가하는바 능률성을 저해(능률성과 상충관계)할 수 있는 단점도 있음

③ 가외성은 불확실성에 대비함으로써 행정체제의 신뢰성과 안정성을 증진함

정답 ①

163 회독 □□□ 2019. 지방 7급

합리성의 개념과 유형에 대한 설명으로 옳지 않은 것은?

① 사이먼(Simon)의 실질적(substantive) 합리성은 행위자가 합리적인 선택을 할 수 있는 모든 지식과 능력을 소유하고 있다고 가정한다.
② 디징(Diesing)은 합리성을 기술적 합리성, 경제적 합리성, 사회적 합리성, 법적 합리성, 진화론적 합리성으로 나누어 설명한다.
③ 기술적 합리성은 일정한 수단이 목표를 얼마만큼 잘 달성 시키는가, 즉 목표와 수단 사이에 존재하는 인과관계의 적절성을 의미한다.
④ 사이먼(Simon)은 인간이 실질적 합리성을 사실상 포기하고, 만족할 만한 대안을 선택하려는 절차적 합리성을 추구한다고 주장한다.

정답 및 해설

디징(Diesing)은 합리성을 정치적 합리성, 경제적 합리성, 사회적 합리성, 법적 합리성, 기술적 합리성으로 나누었음

디징의 합리성 분류

사회적 합리성	사회적 통합을 강조하는 합리성
법적 합리성	합법성을 중시하는 합리성
정치적 합리성	정책결정 구조체제가 개선될 때 나타나는 합리성
기술적 합리성	주어진 목표를 달성하기 위해 가장 적합한 수단을 찾는 합리성으로서 목표와 수단 사이에 존재하는 인과관계의 적절성을 중시함
경제적 합리성	경쟁상태에 있는 목표를 비교하여 선택할 때 나타나는 합리성

참고

진화론적 합리성

생물학적 진화론에 기초한 개념으로서, 변이 또는 선택의 과정이 반복되면서 환경의 요구에 보다 잘 부합하는 대안이 발견되는 현상을 의미함 → 이는 시행착오를 반복하면서 환경에 적응하는 것을 설명하는 개념임

① 사이먼(Simon)의 내용적 합리성(실질적 합리성: substantive rationality)은 완전한 정보를 바탕으로 최선의 대안을 선택하는 것을 설명하는 합리성임
④ 사이먼(Simon)은 인간이 제한된 합리성을 띠는바 실질적 합리성(내용적 합리성)을 사실상 포기하고, 만족할 만한 대안을 선택하려는 절차적 합리성을 추구한다고 주장함

정답 ②

164 회독 □□□

2018. 서울 7급

행정의 책임성에 대한 설명으로 가장 옳지 않은 것은?

① 행정의 책임성에는 결과에 대한 책임과 함께 과정에 대한 책임도 포함된다.
② 신공공관리론(NPM)에서 강조하고 있는 시장책임성은 고객만족에 의한 행정책임을 포함한다.
③ 법적 책임의 확보 방법은 시대에 따라 변하고 있다.
④ 제도적 책임성은 공무원의 자율적이고 능동적인 행정책임을 의미한다.

정답 및 해설

선지는 자율적 책임성에 대한 내용임 → 제도적 책임성(Accountability)은 명시적인 규정에 따라 행정을 수행하는 의무임; 이는 공무원의 타율적이고 수동적인 행정책임을 의미함

① 행정의 책임성에는 결과에 대한 책임(국민의 만족)과 함께 과정에 대한 책임(합법성)도 포함됨
② 신공공관리론(NPM)은 시민을 고객으로 보며, 고객만족에 의한 책임성을 중시하는 고객주의를 특징으로 함
③ 공무원의 법적 책임의 확보 방법은 시대에 따라 변하고 있음; 예컨대 신자유주의에 기초한 탈행정국가 시대에서는 금전적인 인센티브를 활용하여 법적책임을 확보할 수 있도록 유도하고 있음

정답 ④

Section 03 행정이념 간 관계와 시대적인 변천

165 회독 □□□

2005. 전북 9급

다음 중 갈등관계의 이념이 아닌 것은?

① 능률성과 효과성
② 민주성과 효과성
③ 합법성과 효과성
④ 능률성과 민주성
⑤ 민주성과 중립성

정답 및 해설

행정의 수단적 가치는 크게 능률성, 민주성과 관련된 것들로 나누어 볼 수 있는데, 능률성과 효과성은 일반적으로 조화관계에 있는 이념임

정답 ①

166 회독 □□□ 2012. 국가 7급

행정이념에 대한 설명으로 옳지 않은 것은?

① 19세기 후반 현대 미국 행정학의 태동기에 강조되었던 이념은 민주성과 합법성이었다.

② 효과성은 발전행정론에서 강조한 행정이념으로서 과정보다는 산출결과에 중점을 둔다.

③ 롤스(J. Rawls)의 정의관은 자유와 평등의 조화를 추구하는 입장으로서 신행정론의 등장 이후 사회적 형평성 논의에 많은 영향을 미쳤다.

④ 민주성과 능률성은 항상 상충되는 것은 아니고 상호보완적일 수 있다.

정답 및 해설

미국 행정학의 태동기는 관리주의를 의미하며, 관리주의는 기계적 능률성과 합법성을 중시함

② 발전행정론은 행정체제의 경제발전 기여도를 강조하는 까닭에 효과성을 중시함

③ 롤즈는 정의의 원칙으로서 평등한 자유의 원칙과 차등의 원칙(최소극대화의 원리)을 제시함; 최소극대화의 원칙은 평등이념을 나타내는바 롤즈는 자유와 평등의 조화를 추구하였음; 또한 사회적 형평성(social equity)은 1960년대 신행정론의 등장과 더불어 강조되기 시작하였으며 1971년 Rawls의 정의론을 통해 진전되었음

④ 민주성과 능률성은 일반적으로 상충하나, 항상 그런 것은 아님

정답 ①

✔학습체크 □□□

CHAPTER 04 행정의 구조 : 관료제

www.pmg.co.kr

Section 01 관료제의 정의와 특징

167 회독 □□□ 2023. 국가 9급

베버(Weber)의 이념형(ideal type) 관료제에 대한 설명으로 옳지 않은 것은?

① 관료제 성립의 배경은 봉건적 지배체제의 확립이다.
② 법적·합리적 권위에 기초를 둔 조직구조와 형태이다.
③ 직위의 권한과 임무는 문서화된 법규로 규정된다.
④ 관료는 원칙적으로 상관이 임명한다.

정답 및 해설

베버의 이상형 관료제는 근대 사회를 전제로 등장한 개념임 → 봉건사회는 중세이므로 틀린 선지임

②③
베버의 근대 관료제는 구성원의 동의에 기초한 규칙에 따라 규율되는 조직임
④ 임명권을 부여 받은 상관은 능력있는 사람을 관료로 임명함

정답 ①

168 회독 □□□ 2020. 서울속기 9급

베버(Max Weber)가 관료제의 특징으로 제시한 내용에 해당하지 않는 것은?

① 문서화된 규정: 조직의 목표 달성을 위해 필요한 절차와 방법이 기록된 규정이 존재함
② 계층제: 피라미드 모양의 계층구조를 가지며, 명령과 통제가 위로부터 아래로 전달됨
③ 전문성: 업무에 대한 지식을 가진 전문적인 관료가 업무를 담당하며, 직무에의 전념을 요구함
④ 협력적 행동: 원활한 계층 체계 작동을 위해 구성원은 서로 협력하며, 이를 통해 높은 효율과 성과를 거둘 수 있음

정답 및 해설

베버의 이념형 관료제는 능률적으로 조직의 목표를 달성하기 위해 엄격한 분업과 계층제를 근간으로 하는 집권화를 특징으로 함 → 구성원 간 협력보다는 분업을 통한 효율성 제고를 중시함

① 문서화된 규정(문서주의): 조직의 목표 달성을 위해 필요한 절차와 방법이 기록된 규정이 존재함
② 계층제: 관료제는 피라미드 모양의 계층구조를 가지며, 명령과 통제가 상위계층으로부터 아래로 전달되는 상명하복의 특징을 지님
③ 전문성: 업무에 대한 지식을 가진 전문적인 관료가 업무를 담당하며, 직무에의 전념을 통해 능률성을 제고함

정답 ④

169 회독 □□□

2014. 지방 9급

베버(Weber)의 관료제 모형을 설명한 것으로 옳지 않은 것은?

① 조직이 바탕으로 삼는 권한의 유형을 전통적 권한, 카리스마적 권한, 법적·합리적 권한으로 나누었다.
② 직위의 권한과 관할범위는 법규에 의하여 규정된다.
③ 인간적 혹은 비공식적 요인의 중요성을 간과하였다.
④ 관료제의 긍정적인 측면으로 목표대치 현상을 강조하였다.

정답 및 해설

목표의 대치는 조직을 규율하는 법에 치중한 나머지 조직의 최종적인 목표를 망각하는 것으로서 관료제의 부정적인 면에 해당함

①②
베버는 조직이 바탕으로 삼는 권한의 유형을 전통적 권한, 카리스마적 권한, 법적·합리적 권한으로 구분하고, 근대 관료제는 법적·합리적 권한으로 규율된다고 주장함; 따라서 조직 내 직위의 권한과 관할의 범위는 법규에 의하여 규정됨
③ 관료제는 공식적인 법이나 조직에 초점을 두어 설계된 조직구조이기 때문에 조직 내 비공식적인 측면이나 인간에 대한 관심을 소홀히 하였음

정답 ④

170 회독 □□□

2012. 서울 9급 수정

막스 베버(M. Weber)가 제시한 관료제 조직의 특징에 관한 설명으로 옳지 않은 것은?

① 수직적·계층제적 권위구조
② 규칙에 의거한 일사분란한 행동통일
③ 과업책임의 소재 명확화
④ 인간적 감정을 고려한 공식적 문서 위주의 업무처리 절차

정답 및 해설

관료제는 비정의성을 특징으로 하고 있음; 이는 인간의 감정에 따르지 않고 조직구성원이 합의한 규정에 따른 업무처리를 강조하는 개념임

① 관료제는 합리적으로 목적을 달성하기 위해 공식적인 법으로 규율하는 삼각형 모양의 계층제적 조직구조임
② 조직을 규율하는 규칙과 구성원의 행동은 일치해야 함
③ 관료제는 공식적인 법을 통해 조직구성원의 직무를 정하고 이에 대한 책임과 권한을 명시함

정답 ④

171 회독 □□□

2021. 지방 7급 수정

관료제 모형에서 베버(Weber)가 가장 강조한 행정가치는?

① 민주성
② 형평성
③ 능률성
④ 대응성

정답 및 해설

관료제는 조직목표를 달성하기 위한 능률적인 조직구조임

① 민주성: 국민의 의사를 수렴하려는 특성
② 형평성: 국민을 공정하게 대하는 것
④ 대응성: 일반적으로 민주성과 유사한 의미로 사용됨

정답 ③

Section 02 관료제의 역기능(병리)과 순기능

172 회독 □□□

2022. 지방 9급

관료제 병리현상과 그 특징을 짝지은 것으로 옳지 않은 것은?

① 할거주의－조정과 협조 곤란
② 형식주의－번거로운 문서 처리
③ 피터(Peter)의 원리－관료들의 세력 팽창 욕구로 인한 기구와 인력의 증대
④ 전문화로 인한 무능－한정된 분야의 전문성 강조로 타 분야에 대한 이해력 부족

정답 및 해설

피터의 원리는 연공서열에 기초한 승진체계를 비판한 모형임 → ③은 관료제국주의에 대한 내용임

①②④

관료제의 병리현상

훈련된 무능	조직의 한정된 부분 속에서 정해진 일만 반복한 결과 발생한 무능력을 의미함 → 분업화로 인해 어느 정도의 전문성은 생기지만 그 외의 일은 문외한이 된다는 것
부처할거주의	① 분업화로 인해 생긴 각각의 부서가 조직 전체의 이해관계를 고려하지 않고 자기 부서의 이익만을 추구하는 현상 ② 한편, Selznick(셀즈닉)은 조직의 통제를 위한 권한위임과 전문화(분업화)가 할거주의를 초래한다고 주장(Selznick 모형) ③ 부처 할거주의(sectionalism)와 국지주의(parochialism) • 국지주의: 관료들의 편협한 안목으로 인해 직접적인 고객의 특수 이익에 묶여 전체 이익을 망각하는 경향을 의미함; 단, 조직 전체의 이해관계 보다 외부의 세력에 묶여서 사적인 행정을 한다는 면에서 할거주의와 같은 개념으로 보는 견해도 있으니 참고할 것
번문욕례(형식주의)	지켜야 할 규칙이 너무 많아서 행정의 능률이 떨어지는 현상

정답 ③

173 회독 □□□

2013. 전환특채 7급(상)

다음 중 관료제의 병리 현상이 아닌 것은?

① 동조과잉
② 형식주의
③ 비정의성
④ 할거주의

정답 및 해설

임무 수행의 비정의성(非情誼性, impersonality)은 관료제의 특징에 해당함 → 비정의성은 행정의 공정성 및 객관성 확보와 같은 장점으로 연결될 수도 있고, 인간성 상실과 같은 병리 현상을 초래할 수도 있는 까닭에 비정의성을 무조건 병리 현상이라고 볼 수 없음

① 동조과잉 : 조직을 규율하는 규칙에 집착해서 조직의 목적을 망각하는 현상
② 형식주의(번문욕례) : 지켜야 할 규칙이 너무 많아서 행정의 능률이 떨어지는 현상
④ 할거주의 : 분업화로 인해 생긴 각각의 부서가 조직 전체의 이해관계를 고려하지 않고 자기 부서의 이익만을 추구하는 현상

정답 ③

174 회독 □□□

2011. 서울 9급 수정

상사의 계서적 권한과 부하의 전문적 권력이 충돌하는 관료제의 역기능과 관련된 요소는?

① 훈련된 무능
② 권력구조의 이원화
③ 국지주의
④ 무사안일

정답 및 해설

권력구조의 이원화에 대한 내용임

① 훈련된 무능 : 조직의 한정된 부분 속에서 정해진 일만 반복한 결과 발생한 무능력
③ 국지주의 : 관료들의 편협한 안목으로 인해 직접적인 고객의 특수이익에 묶여 전체 이익을 망각하는 경향을 의미함; 단, 조직 전체의 이해관계 보다 외부의 세력에 묶여서 사적인 행정을 한다는 면에서 할거주의와 같은 개념으로 보는 견해도 있으니 참고할 것
④ 무사안일
  ㉠ 법으로 규정한 수준까지만 일을 하려는 태도
  → 굴드너(Gouldner) 모형
  ㉡ 상관 견해에 대한 무비판적인 수용 : 상관의 권위에 의존하는 경향으로써 특정 행동에 대한 원인을 상관의 명령으로 규정하는 것

정답 ②

175 회독 □□□

2015. 서울 9급

관료제 병리에 관한 연구 내용과 학자 간 연결이 옳지 않은 것은?

① Gouldner : 관료들이 규칙의 범위 내에서 소극적으로 행동하는 무사안일주의를 초래한다.
② Goodsell : 계층제 조직의 구성원이 각자의 능력을 넘는 수준까지 승진하게 되는 병리 현상이 나타난다.
③ Merton : 최고 관리자의 관료에 대한 지나친 통제가 관료들의 경직성을 초래한다.
④ Selznick : 권한의 위임과 전문화가 조직 하위체제 간 이해관계의 지나친 분극을 초래한다.

정답 및 해설

해당 선지는 피터가 제시한 피터의 원리에 대한 내용임; 굿셀은 관료제 옹호론을 지지한 학자임

① Gouldner는 합법적 권위에 기초한 조직관리가 자칫 관료의 무사안일주의를 초래할 수 있음을 주장함
③ Merton(머튼)에 따르면, 조직의 통제를 위한 규정 혹은 법이 오히려 조직의 경직성을 초래함
④ Selznick은 권한의 위임과 전문화가 조직 하위체제 간 이해관계의 지나친 분극을 초래하는 부처할거주의를 지적한 바 있음

정답 ②

176 회독 □□□

2022. 국가 7급

관료제에 대한 설명으로 옳지 않은 것은?

① 계층제의 원리에 의해 체계가 확립된다.
② 업무에 대한 훈련을 받고 지식을 갖춘 전문적인 관료가 업무를 담당할 것을 요구한다.
③ 훈련된 무능은 관료가 제한된 분야에서 전문성은 있으나 새로운 상황에서 적응력과 업무능력이 떨어지는 현상이다.
④ 동조과잉은 적극적으로 새로운 과업을 찾아서 실행하기보다 현재의 주어진 업무만을 소극적으로 수행하는 것이다.

정답 및 해설

선지는 무사안일에 대한 내용임

① 관료제는 계층제의 원리에 따라 상명하복 체계를 지니고 있음
② 능력주의에 대한 내용임
③ 훈련된 무능은 한 가지 일만 담당해서 발생하는 역기능임

정답 ④

cf.
177 회독 □□□ 2008. 서울 7급

Peter는 "관료제는 궁극적으로 무능화된다"는 내용의 원리를 제시한 바 있다. 여기서 관료제의 무능화 유발요인에 대한 설명과 거리가 먼 것은?

① 평생고용의 원리
② 정치적 중립
③ 연공주의
④ 폐쇄형 인사
⑤ 신분보장

정답 및 해설

정치적 중립은 행정부가 행정적 기능에 충실하여 효율적인 관리 및 집행에 집중하는 것과 연관되어 있는바 관료제의 무능화 유발요인이 아님

①③④⑤
관료제의 무능화 요인은 주로 경쟁의 결여 혹은 신분보장과 관련되어 있음; 신분보장과 유사한 표현으로써 평생고용의 원리, 연공주의 등이 있으며, 폐쇄형 인사(신규채용시 조직의 최하위 계층으로 임용)는 경쟁의 결여와 연관된 관료제 무능화 유발요인임

정답 ②

Section 03 관료제와 민주주의

cf.
178 회독 □□□ 2007. 국가 7급

예이츠(Yates)는 제도개혁을 통해 관료제에 대한 통제전략을 잘 수립하기만 하면 관료제는 능률과 민주주의를 잘 조화시켜 나갈 수 있을 것으로 보았다. 예이츠가 제시한 제도개혁의 내용으로 옳지 않은 것은?

① 지역주민이 참여할 수 있도록 지역서비스 센터를 운영한다.
② 각 부처 내에 장관이 주도하는 갈등 조정장치를 설치한다.
③ 장기적 기획능력을 강화함은 물론 경쟁적·공개적 예산과정을 수립한다.
④ 다양한 사회계층을 대변하는 대표관료제를 도입한다.

정답 및 해설

대표관료제는 킹슬리가 주장한 이론임; 대표관료제는 사회 내의 인적 구성비율을 반영하여 공무원을 임용하는 인사행정 제도로써 예이츠와 관련이 없음

+ D.Yates(예이츠)는 '관료제적 민주주의(1982)'에서 제도적인 개혁을 통해 관료제에 대한 통제를 성공적으로 할 수 있다고 주장함 → 예이츠가 언급한 제도적인 개혁은 다음과 같음
  1. 중앙집권적인 통제(각 부처 장관이 주도하는 갈등 조정장치 설치)와 장기적 기획능력의 강화
  2. 투명하고 공정한 체제하에서 다양한 이익의 민주적인 조정
  3. 지역 정부 수준의 갈등조정기구 및 시민감시기구 설치(지역주민이 참여할 수 있는 지역서비스 센터 운영) 등
  4. 경쟁적·공개적인 예산과정 수립

정답 ④

Section 04 대안적 조직구조: 탈관료제 조직에 대하여

179 회독 □□□ 2022. 지방 9급

정부위원회에 대한 설명으로 옳은 것만을 모두 고르면?

> ㄱ. 책임성이 결여될 수 있다.
> ㄴ. 자문위원회는 업무가 계속성·상시성이 있어야 한다.
> ㄷ. 민주성을 제고하는 장점이 있다.
> ㄹ. 방송통신위원회, 공정거래위원회, 국민권익위원회, 금융위원회, 개인정보보호위원회, 원자력안전위원회는 중앙행정기관이다.

① ㄱ, ㄷ
② ㄴ, ㄷ
③ ㄴ, ㄹ
④ ㄱ, ㄷ, ㄹ

정답 및 해설

올바른 선지
ㄱ, ㄷ.
정부위원회는 합의제 기관이므로 분권적인 구조임; 따라서 책임성이 결여될 수 있으며, 민주성을 제고할 수 있음
ㄹ. 방송통신위원회, 공정거래위원회, 국민권익위원회, 금융위원회, 개인정보보호위원회, 원자력안전위원회는 법률에 근거해서 설치된 기관이며, 중앙행정기관임

틀린 선지
ㄴ. 자문위원회는 자문을 지원하는 참모기관으로 사안에 따라 조사·분석 등의 기능을 수행함 → 즉, 자문이 있는 경우에만 활동하므로 업무의 계속성 및 상시성이 없음

정답 ④

180 회독 □□□ 2010. 지방 9급 수정

학습조직을 구현하기 위한 조직관리 기법으로 가장 옳은 것은?

① 정책집행의 합법성을 강조한 책임행정의 확립
② 부분보다 전체를 중시하고 의사소통을 원활하게 하는 공동체문화의 강조
③ 성과주의를 제고하기 위한 성과급 제도의 강화
④ 폐쇄체제에 기초한 조직관리

정답 및 해설

학습조직은 개인의 학습을 넘어서 조직 내 구성원 간 지식의 공유를 중시하는 공동체문화를 특징으로 함

① 막스 베버의 이념형 관료제의 내용임
③ NPM의 특징에 해당함
④ 학습조직은 환경변화를 인지하는 개방체제와 능동적 학습을 지향하는 자아실현적 인간관에 기초

정답 ②

181 회독 □□□ 2014. 사회복지 9급

전통적인 기계적 조직과 구별되는 학습조직의 특징에 대한 설명으로 옳지 않은 것은?

① 업무 프로세스 중심으로 조직을 구조화한다.
② 위계적 통제보다 구성원 간의 수평적 협력을 중시한다.
③ 학습조직 활성화에 리더의 역할이 상대적으로 중요하지 않다.
④ 조직의 목표 달성을 위하여 구성원의 권한강화(empowerment)를 강조한다.

정답 및 해설

학습조직의 리더는 사려 깊은 리더십을 구현해야 하는바 리더의 역할도 중요함

참고

사려깊은 리더십
구성원이 공유하는 미래에 대한 비전을 창조하고 학습을 장려하는 리더십

① 학습조직은 개인의 학습을 조직의 발전으로 연계하기 위한 업무프로세스를 구조화하여 조직적 학습을 유도함
② 학습조직은 위계적 통제보다 구성원 간의 수평적 협력을 통해 환경변화에 적응하고 생산성을 제고함
④ 학습조직은 유기적 구조에 해당함; 따라서 조직의 목표 달성을 위하여 구성원의 권한강화(empowerment)를 강조함

정답 ③

182 회독 □□□ 2012. 지방 9급

위원회(committee) 조직의 장점으로 보기 어려운 것은?

① 집단결정을 통해 행정의 안정성과 지속성을 확보할 수 있다.
② 조직 각 부문 간의 조정을 촉진한다.
③ 경험과 지식을 지닌 전문가를 활용할 수 있다.
④ 의사결정과정이 신속하고 합의가 용이하다.

정답 및 해설

일반적으로 집권적인 의사결정 구조는 신속하며, 분권적인 의사결정 구조는 신중하며 느리다는 게 시험의 패턴임; 즉, 분권적인 의사결정구조는 책임과 권한이 균등한 까닭에 합의가 어렵고 느린 의사결정을 내리는 특징을 보임

① 일부가 아닌 집단의 동의를 바탕으로 결정을 내리는바 상대적으로 안정적이고 지속적인 행정을 할 수 있음
②③
위원회 조직은 다양한 부서의 구성원으로 구성되는 까닭에 조직 각 부문 간의 조정을 촉진하고 경험과 지식을 지닌 전문가를 활용할 수 있음

정답 ④

183 회독 □□□ 2015. 지방 9급

우리나라 행정기관 소속 위원회에 대한 설명으로 옳지 않은 것은?

① 행정위원회와 자문위원회 등으로 크게 구분할 수 있다.
② 방송통신위원회, 금융위원회, 국민권익위원회는 행정위원회에 해당된다.
③ 관련분야 전문지식이 있는 외부의 전문가로 구성하여야 한다.
④ 자문위원회의 의사결정은 일반적으로 구속력을 갖지 않는다.

정답 및 해설

위원회는 관련 분야의 전문지식이 있는 외부전문가들과 각 부처에서 지원받은 인력들로 구성함

①④
위원회 조직은 '결정구속력(강제력)'을 기준으로 행정위원회와 자문위원회로 나눌 수 있는데, 자문위원회의 결정은 결정의 구속력을 지니지 않음
② 방송통신위원회, 금융위원회, 국민권익위원회는 행정위원회에 해당함

정답 ③

184 회독 □□□ 2016. 교행

학습조직과 관련된 설명으로 옳지 않은 것은?

① 개방체계와 자아실현적 인간관에 기반한다.
② 자극반응적 학습을 주된 방법으로 활용한다.
③ 역량기반 교육훈련제도의 대표적인 방식으로 활용되고 있다.
④ 핵심가치는 의사소통과 수평적 협력을 통한 조직의 문제해결이다.

정답 및 해설

학습조직은 모든 조직구성원이 문제 인지와 해결에 참여하고, 시행착오를 거치면서 지속적으로 개선하는 조직임 → 즉, 수동적인 학습(자극반응적 학습)을 지양하고 능동적인 학습을 추구함

① 환경의 변화에 적응한다는 점에서 학습조직은 개방체제이며, 조직구성원이 능동적인 학습을 추구한다는 점에서 자아실현적 인간관에 기초함
③ 역량기반 교육훈련제도는 조직의 성과향상을 목적으로 장기적인 측면에서 요구되는 역량을 파악하여 교육훈련을 통해 미래요구역량과 현재 보유한 능력 간의 격차를 좁혀가는 과정임; 학습조직은 조직의 생산성 제고를 위해 필요한 지식을 익히는 것을 지향하는 조직이므로 역량기반 교육훈련제도의 대표적인 방식으로 활용되는 조직임
④ 학습조직은 구성원 간 협력을 중시하므로 구성원의 의사소통과 수평적 협력을 통해 문제를 해결함

정답 ②

185 회독 □□□

2015. 국가 9급

네트워크 조직에 대한 설명으로 옳은 것만을 모두 고른 것은?

> ㄱ. 구조의 유연성이 강조된다.
> ㄴ. 조직 간 연계장치는 수직적인 협력관계에 바탕을 둔다.
> ㄷ. 개방적 의사전달과 참여보다는 타율적 관리가 강조된다.
> ㄹ. 조직의 경계는 유동적이며 모호하다.

① ㄱ, ㄴ ② ㄱ, ㄹ
③ ㄴ, ㄷ ④ ㄷ, ㄹ

정답 및 해설

네트워크 조직은 기본적으로 유기적 구조에 해당함; 따라서 기계적 구조에 비해 구조의 유연성이 강조되며, 조직의 경계는 모호함

틀린 선지

ㄴ, ㄷ.
조직 간 연계장치는 수직적인 협력관계에 바탕을 두거나 명령에 의한 타율적 관리를 강조하는 것은 기계적 구조에 대한 내용임

정답 ②

186 회독 □□□

2007. 인천 9급

다음 중 애드호크라시(Adhocracy)의 특징으로 거리가 먼 것은?

① 애드호크라시는 표준화된 작업으로 인해 조직구성원들 간의 책임한계가 분명하게 나타난다.
② 환경의 변화에 신속하게 대응할 수 있고 다양한 전문가들의 조정이 중시된다.
③ 구성원의 능력을 최대한 발휘할 수 있고 조직혁신의 촉진이 용이하다.
④ 의사결정의 속도를 빠르게 하고 유연성을 확보하기 위해서 의사결정 권한을 분권화한다.
⑤ 다각화 전략, 변화 전략, 위험부담이 높은 전략을 선택할 때 적합한 조직구조이다.

정답 및 해설

애드호크라시의 구조적인 특징은 낮은 수준의 복잡성, 공식화, 집권화임; 따라서 애드호크라시는 표준화된 작업이 별로 없기에 구성원 간의 책임관계가 분명하지 않음

②③④
애드호크라시는 평등한 권한을 지닌 다양한 전문가의 조정이 가능하며, 이를 통해 환경의 변화에 대한 적응 및 조직혁신을 촉진할 수 있음
⑤ 관료제는 기계적인 구조이기 때문에 안정적인 환경, 애드호크라시는 유기적인 구조에 속하므로 급변하는 환경에 적합한 조직구조임

정답 ①

cf.

187 회독 □□□

2007. 경북 9급

다음 중 이음매 없는 조직을 설명한 것이 아닌 것은?

① 종합적인 직무
② 개별적・단계적 직무
③ 다양한 서비스의 제공
④ 분권적 팀조직

정답 및 해설

이음매 없는 조직은 엄격한 분업에 의하여 조각난 업무를 재결합하는 것을 강조함; 즉, 개별적이고 단편적인 직무로 구성된 분절을 수정하고 지나친 분업화에 대한 비판을 제기함

①③④

Linden(린덴)의 이음매 없는 조직(경계 없는 조직)

① 엄격한 분업에 의해 조각난 업무를 재결합 → 개별적이고 단편적인 직무로 구성된 분절을 수정하고 지나친 분업화에 대한 비판 제기
② 폭넓은 종합적 직무와 분권화를 통한 다양한 서비스 제공
③ 엄격한 분업에 의하여 조각난 업무를 재결합시켜 고객에게 원활하고 투명한 서비스를 제공하려는 조직으로써 균형성과관리(BSC)나 신공공관리론과 밀접한 관련이 있음
④ 행정조직의 구성원들은 이음매 없는 행정서비스를 통해 시민에게 보다 향상된 서비스를 직접 제공할 수 있음

정답 ②

cf.

188 회독 □□□

2007. 충북 9급

우리나라 공공조직에 도입하고 있는 팀제(Team System)에 관한 설명 중 틀린 것은?

① 팀원들의 무임승차를 효과적으로 방지한다.
② 장・차관과 고위 관료의 권한을 축소하고, 팀장 및 팀원의 권한을 높였다.
③ 결재 단계가 축소되었다.
④ 업무의 공백과 과부하를 해소할 수 있다.

정답 및 해설

팀제는 상명하복과 같은 권위가 부족한 까닭에 무임승차자의 문제가 발생할 수 있음

② 팀제는 분권화된 조직이므로 장・차관과 고위 관료의 권한을 축소하고, 팀장 및 팀원의 권한을 높였음
③ 팀제는 계층의 수가 적은 구조이므로 결재 단계가 축소되었음
④ 분권화를 통해 구성원이 능동적으로 업무를 수행할 경우 업무의 공백과 과부하를 해소할 수 있음

정답 ①

189 회독 □□□

2019. 국가 9급

정부의 위원회 조직에 대한 설명으로 옳지 않은 것은?

① 결정에 대한 책임의 공유와 분산이 특징이다.
② 복수인으로 구성된 합의형 조직의 한 형태다.
③ 국민권익위원회는 의사결정의 권한이 없는 자문위원회에 해당된다.
④ 소청심사위원회는 행정관청적 성격을 지닌 행정위원회에 해당된다.

정답 및 해설

방송통신위원회, 노동위원회, 공정거래위원회, 금융위원회, 소청심사위원회, 국민권익위원회, 중앙선거관리위원회 등은 행정위원회에 해당함

①②
위원회 조직은 탈관료제의 한 종류로서 책임의 분산이 특징이며, 의사결정이 다수의 합의를 통해 이루어짐

정답 ③

190 회독 □□□

2022. 지방 7급

애드호크라시(adhocracy)에 대한 설명으로 옳지 않은 것은?

① 업무가 비정형적일 때 유용하다.
② 변화에 신속하게 대응할 수 있는 장점이 있다.
③ 책임소재가 명확하여 갈등이 생길 가능성이 작다.
④ 조직 목표 달성을 위해 조직 내 전문 능력이 있는 구성원들을 연결하는 구조이다.

정답 및 해설

애드호크라시는 분권적이므로 책임소재가 불명확하여 갈등이 생길 가능성이 큼

①②
애드호크라시는 유기적인 구조이므로 업무가 비정형일 때 유용하며, 변화하는 환경에 유연하게 대응할 수 있음
④ 애드호크라시는 비정형적 업무가 발생했을 때 조직 내 전문 능력이 있는 구성원들을 연결한 구조임

정답 ③

191 회독 □□□

2020. 국가 7급

학습조직에 대한 설명으로 옳지 않은 것은?

① 개방체제와 자아실현적 인간관을 바탕으로 새로운 지식을 창출하고자 한다.
② 연결된 체계 간의 상호작용을 이해하고, 이를 효과적으로 활용하기 위한 체계적 사고(systems thinking)를 강조한다.
③ 조직구성원들의 비전 공유를 중시한다.
④ 조직구성원의 합이 조직이 된다는 점에서, 조직 내 구성원 각자의 개인적 학습을 강조한다.

정답 및 해설

학습조직은 구성원의 능동적 학습을 통해 조직 내 구성원과 공유하는 공동체적 문화를 강조함

①②
학습조직은 변화하는 환경에 대응하기 위해 새로운 지식을 능동적으로 학습하는 것을 강조하는바 개방체제와 자아실현적 인간관을 바탕으로 하며, 조직체계 간의 상호작용을 효과적으로 활용하기 위한 체계적 사고(systems thinking)를 강조함
③ 학습조직은 환경적응 및 조직생산성을 제고하기 위한 조직구성원들의 비전 공유를 중시함

정답 ④

cf.

192 회독 □□□

2007. 국가 7급

견인이론(Pull Theory)이 말하는 구조의 특성이 아닌 것은?

① 기능의 동질성과 일의 흐름을 중시한다.
② 권한의 흐름을 하향적·일방향적인 것이 아니라 상호적인 것으로 생각한다.
③ 자율규제를 촉진하여 통솔범위를 넓힐 수 있다.
④ 구성원의 변동에 대한 적응을 용이하게 한다.

정답 및 해설

기능의 동질성은 분업의 수준이 높은 것이므로 관료제에 대한 내용임; 견인이론적 구조는 탈관료제에 포함되는 조직유형이므로 낮은 수준의 복잡성, 공식화, 집권화의 특징을 지니며, 일의 흐름을 중시함

② 견인이론은 분권적이기 때문에 권한의 흐름을 하향적·일방향적인 것이 아니라 상호적인 것으로 생각함
③ 견인이론은 조직 내 자유스러운 분위기를 조성하고 구성원들이 자발적으로 일하면서 보람과 만족을 느끼도록 유도하는바 자율규제를 촉진하여 통솔범위를 넓힐 수 있음
④ 견인이론은 유기적인 구조이므로 구성원의 변동에 대한 적응을 용이하게 함

Golembiewski(골렘뷰스키) 견인이론적 구조

① 조직구성원을 압력에 의해 수동적으로 일하도록 만드는 압박(push)이론적 관리를 비판하고 견인(pull)이론적 관리 강조 → 조직 내 자유스러운 분위기를 조성하고 구성원들이 자발적으로 일하면서 보람과 만족을 느끼도록 유도하여 직무수행과 욕구충족의 조화추구
② 단순한 분업화보다 유기적인 일의 흐름을 중시
③ 권한의 흐름을 하향적·일방향적인 것이 아니라 상호적인 것으로 간주
④ 조직 내 자유스러운 분위기를 조성하고 구성원들이 자발적으로 일하면서 보람과 만족을 느끼도록 유도하는바 자율규제를 촉진하여 통솔범위를 넓힐 수 있음
⑤ 구성원의 변동에 대한 적응을 용이하게 함

정답 ①

cf.
193 회독 □□□
2008. 국가 7급

'이음매 없는 행정서비스(seamless service)'에 관한 설명으로 옳지 않은 것은?

① 린덴(Linden)의 '이음매 없는 조직'과의 관련성이 높다.
② 전통적 조직에 비하여 조직 내 역할 구분이 비교적 명확하지 않다.
③ BSC를 비롯한 신공공관리 성과관리방식과는 지향성에 있어서 차이가 있다.
④ 행정조직의 구성원들은 시민에게 보다 향상된 서비스를 직접 제공한다.

정답 및 해설

이음매 없는 행정서비스는 린덴의 이음매 없는 조직과 관련성이 높은 개념으로써 기능별 분업보다 기능 간 연결성을 강조하는 행정서비스임; 이는 BSC를 비롯한 신공공관리적 성과관리방식과 유사한 지향성을 지님 → 예를 들어, 균형성과표의 경우 업무처리관점에서 유기적 연결을 통한 능률적인 업무처리를 강조함

② 이음매 없는 행정서비스는 분업에 치중한 나머지 조정 및 통합을 경시하는 전통적 조직에 비하여 조직 내 역할 구분이 비교적 명확하지 않음
④ 행정조직의 구성원들은 유기적인 업무처리과정에 기초하여 시민에게 보다 향상된 서비스를 직접 제공함

정답 ③

cf.
194 회독 □□□
2011. 국가 7급

테이어(F. C. Thayer)가 주장하는 '계서제 없는 조직'의 특징으로 옳지 않은 것은?

① 소집단의 연합체 형성
② 책임과 권한에 따른 보수의 차등화
③ 집단 내 또는 집단 간 협동적 과정을 통한 의사결정
④ 모호하고 유동적인 집단과 조직의 경계

정답 및 해설

책임과 권한에 따른 보수의 차등화는 관료제의 특징임; 계서제 없는 조직, 즉 1인 지배체제를 지양하는 조직은 세밀한 분업을 지양하므로(모호한 경계성: 탈관료제의 특징) 책임과 권한에 따른 보수차등화를 구현하기 어려움

①③

Thayer(테이어)의 비계서적 구조: 1인 지배체제 지양

지배복종체제인 계서제의 타파를 강조 ① 관료제의 계층제 비판: 분권화, 고객의 참여, 작업과정의 개편, 승진 개념 철폐 등을 강조 ② 집단의사결정 체계 추구: 집단 내 또는 집단 간 협동적 과정을 통한 의사결정 → 소집단 연합체 형성

정답 ②

195 회독 □□□ 2019. 서울 7급

커크하트(Larry Kirkhart)는 연합적 이념형이라고 하는 반관료제적 모형을 제시하였는데, 이 모형이 강조하는 조직구조 설계원리의 처방에 해당하지 않는 것은?

① 컴퓨터 활용
② 사회적 계층화의 억제
③ 고용관계의 안정성 · 영속성
④ 권한체제의 상황적응성

정답 및 해설

커크하트(Larry Kirkhart)의 연합적 이념형은 반관료제적 모형임; 고용관계의 안정성 및 영속성은 조직의 경직성을 의미하기 때문에 전통적 관료제에서 강조하는 조직구조 설계원리에 해당함

연합적 모형(유기적 구조)의 특징

㉠ 프로젝트 팀이 작업의 기초단위임
㉡ 권위구조는 다양한 권위유형에 의존함으로써 고정된 계층구조를 내포하고 있지 않으며(권한체계의 상황적응성), 사회적 인간관계는 항시 개방적임
㉢ 이러한 조직구조는 분권적이고 의사소통을 촉진하는 바 조직 내 인간이 행동에 의미를 부여하고 공유할 수 있음
㉣ 작업의 능률성을 제고하기 위해 컴퓨터 활용

정답 ③

196 회독 □□□ 2019. 국가 7급

애드호크라시(adhocracy)에 대한 설명으로 옳지 않은 것은?

① 대표적인 예로는 네트워크 조직, 매트릭스 조직 등을 들 수 있다.
② 변화에 신속하게 대응할 수 있다는 장점으로 인해 최근에는 전통적 관료제 조직모형을 대체할 정도로 많이 활용되고 있다.
③ 구조적으로 수평적 분화는 높은 반면 수직적 분화는 낮고, 공식화 및 집권화의 수준이 낮다.
④ 과업의 표준화나 공식화 정도가 상대적으로 낮기 때문에 구성원 간 업무상 갈등이 일어날 우려가 있다.

정답 및 해설

애드호크라시는 행정환경의 복잡성이 증대함에 따라 나타난 탈관료제를 의미함; 이는 변화에 신속하게 대응할 수 있다는 장점이 있으나 전통적 관료제 조직모형을 대체할 정도는 아님 → 즉, 전통적 관료제의 단점을 보완할 수 있는 조직구조임

① 애드호크라시의 대표적인 예로는 학습조직, 네트워크 조직, 매트릭스 조직, 수평조직, 위원회 조직 등을 들 수 있음
③ 구조적으로 수평적 분화는 높거나 낮은 반면 수직적 분화는 낮고, 공식화 및 집권화의 수준이 낮음
④ 과업의 표준화나 공식화 정도가 상대적으로 낮기 때문에 조직의 경계가 모호함 → 이로 인해 구성원 간 업무상 갈등이 일어날 우려가 있음

정답 ②

CHAPTER 05 행정과 환경

Section 01 정부와 시장

197 회독 □□□ 2022. 국가 9급

윌슨(Wilson)의 규제정치 유형 중 다음 설명에 해당하는 것은?

> 정부규제로 발생하게 될 비용은 상대적으로 작고 이질적인 불특정 다수에게 부담된다. 그러나 편익은 크고 동질적인 소수에 귀속된다. 이런 상황에서 상당한 이익을 얻을 수 있는 소수집단은 정치조직화하여 편익이 자신들에게 제도적으로 보장될 수 있도록 정치적 압력을 행사한다.

① 대중정치
② 고객정치
③ 기업가정치
④ 이익집단정치

정답 및 해설

아래의 표 참고

①②③④
윌슨의 규제정치모형

구분		편익	
		집중	분산
비용	집중	이익집단정치	기업가정치
	분산	고객정치	대중정치

정답 ②

198 회독 □□□ 2021. 국가 9급

정부개입의 근거가 되는 시장실패의 원인으로 옳지 않은 것은?

① 외부효과 발생
② 시장의 독점 상태
③ X－비효율성 발생
④ 시장이 담당하기 어려운 공공재의 존재

정답 및 해설

X비효율성, 즉 서비스를 생산하는 과정에서 발생하는 낭비현상은 정부실패 원인 중 하나임

①②④
외부효과, 독과점, 공공재의 존재, 불완전한 정보 등은 시장실패 원인에 해당함

정답 ③

199 회독 □□□

2021. 국가 9급

전통적으로 정부는 시장실패의 교정수단으로 간주되었으나 수입할당제, 가격통제, 과도한 규제 등 정부의 지나친 개입은 오히려 시장을 악화시킬 수 있다는 주장이 대두되었다. 이러한 정부실패의 요인에 대한 설명으로 옳지 않은 것은?

① 공공조직의 내부성(internality)
② 비경합적이고 비배타적인 성격의 재화
③ 정부개입으로 인해 의도하지 않은 파생적 외부효과
④ 독점적 특혜로 인한 지대추구행위

정답 및 해설

비경합적이고 비배타적인 성격의 재화는 공공재이며, 공공재는 무임승차자의 문제로 인해 시장에서 공급하지 않는바 정부가 직접 공급함

① 공공조직의 내부성(internality) : 관료나 소속기관의 사적 이익을 우선적으로 고려함으로써 사회전체의 목표와 조직의 내부 목표의 괴리가 발생하는 현상
③ 파생적 외부효과 : 시장실패를 수정하기 위한 정부의 개입으로부터 야기되는 잠재적 비의도적 부작용 → 주택난 해소를 위해 신도시를 건설한 것이 부동산 투기를 유발한 경우 등
④ 권력의 편재 : 정부권력을 활용한 특혜나 남용에 의해 분배적 불평등이 나타나는 현상 → 특혜적 기업면허, 진입장벽의 유지, 독점적 특혜로 인한 지대추구 행위 등

정답 ②

200 회독 □□□

2010. 국가 9급

정부의 개입활동 중에서 외부효과, 자연독점, 불완전 경쟁, 정보의 비대칭 등의 상황에 모두 적절한 대응방식은?

① 공적공급　② 공적유도
③ 정부규제　④ 민영화

정답 및 해설

아래의 표 참고

시장실패와 정부의 대응

원인/대응	공적공급	공적유도 (보조금)	정부규제
공공재 공급	○		
불완전한 정보		○	○
외부경제		○	
외부불경제			○
독점	○		○
독과점			○

정답 ③

201 회독 □□□

2008. 국가 9급

다음 중 정부실패의 원인으로만 묶인 것은?

> ㄱ. 행정조직 내부목표와 사회적 목표의 불일치
> ㄴ. 행정관료의 도덕적 해이
> ㄷ. 소득분배의 불평등성
> ㄹ. 정부부문의 공공서비스 공급 독점

① ㄱ, ㄴ, ㄷ　② ㄱ, ㄴ, ㄹ
③ ㄴ, ㄷ, ㄹ　④ ㄱ, ㄴ, ㄷ, ㄹ

정답 및 해설

올바른 선지

ㄱ. 내부성에 대한 내용임

ㄴ, ㄹ.

ㄴ과 ㄹ은 X비효율성을 야기하는 과정에 대한 내용임; 즉, 정부부문의 공공서비스 공급 독점으로 인한 행정관료의 도덕적 해이는 X비효율성을 일으키는 원인이 되는 까닭에 이를 정부실패의 원인으로 보는 견해도 있음

틀린 선지

ㄷ. 소득분배의 불평등성 → 거시적인 시장실패 원인에 해당함

정답 ②

202 회독 □□□

2015. 국가 9급

외부효과를 교정하기 위한 방법에 대한 설명으로 옳지 않은 것은?

① 교정적 조세(피구세: Pigouvian tax)는 사회 전체적인 최적의 생산수준에서 발생하는 외부효과의 양에 해당하는 만큼의 조세를 모든 생산물에 대해 부과하는 방법이다.
② 외부효과를 유발하는 기업에게 보조금을 지급하여 사회적으로 최적의 생산량을 생산하도록 유도한다.
③ 코즈(R. Coase)는 소유권을 명확하게 확립하는 것이 부정적 외부효과를 줄이는 방법이라고 주장했다.
④ 직접적 규제의 활용 사례로는 일정한 양의 오염허가서(pollution permits) 혹은 배출권을 보유하고 있는 경제주체만 오염물질을 배출할 수 있게 허용하는 방식이 있다.

정답 및 해설

오염허가서 방식은 일정 자격이 있는 기업에게 오염물을 배출할 수 있는 권한을 부여하고, 이를 기업 간 거래할 수 있도록 함으로써 기업이 환경개선에 힘쓰도록 유인하는 방법임 → 따라서 직접 규제가 아니라 간접 규제의 형태임

직접규제

> ① 국가가 직접규제를 위한 규칙·기준을 설정하여 의무·금지행위를 구체적으로 정하는 강제적 규제
> ② 예 환경기준, 안전기준, 고용기준, 위생기준, 보건기준 등; 구체적으로 법정 장애인 의무고용 비율, 의약품 제조기업의 안전기준 설정, 성과기준제도, 기술기준제도, 금융업 진출에 필요한 자격요건 제한 등

① 피구세는 외부불경제를 치유하기 위한 정부의 규제로서 외부불경제를 야기하는 주체에게 세금을 부과하여 외부불경제를 예방하려는 방안임
② 긍정적 외부효과를 증진하기 위해 정부는 공적 유도를 함
③ 코즈의 정리: 외부효과에 대한 소유권이 명확하고 이해관계자 간의 물리적 거리가 가깝다면(거래비용이 작다면) 정부가 개입하지 않아도 당사자 간의 자발적 협상을 통해 외부효과를 해결할 수 있다는 것

정답 ④

203 회독 □□□

2014. 지방 9급

다음은 윌슨(Wilson)의 규제정치 유형에 대한 설명이다. 각 유형별 사례를 바르게 짝지은 것은?

> ㄱ. 정부규제로 인해 발생되는 비용은 상대적으로 이질적인 불특정 다수집단에 부담되나, 그 편익은 매우 크며 동질적인 소수집단에게 귀속되는 상황
> ㄴ. 정부규제로 인해 감지된 비용과 편익이 쌍방 모두 이질적인 불특정 다수에게 미치기 때문에, 개개인으로 보면 그 크기가 작은 상황
> ㄷ. 규제로부터 예상되는 비용과 편익이 모두 소수의 동질적인 집단에 국한되고, 쌍방이 모두 조직적인 힘을 바탕으로 이익 확보를 위해 첨예하게 대립하는 상황
> ㄹ. 피규제 집단에게는 비용이 좁게 집중되지만, 규제로 인한 편익이 일반시민을 포함하여 넓게 분포되는 상황

	ㄱ	ㄴ	ㄷ	ㄹ
①	수입규제	음란물규제	한약규제	원자력발전 규제
②	원자력발전 규제	수입규제	한약규제	음란물규제
③	한약규제	원자력발전 규제	수입규제	음란물규제
④	수입규제	한약규제	음란물 규제	원자력발전 규제

정답 및 해설

J. Wilsion 규제정치 모형

구분		편익: 집중	편익: 분산
비용	집중	이익집단정치	기업가정치
	분산	고객정치	대중정치

ㄱ. 고객정치 상황: 수입 규제(농산물 수입을 금지하는 규제를 정부가 하게 될 경우, 농민은 이익을 누리는 소수집단이 되지만, 국민 전체는 다소 비싼 가격에 농산물을 구매하는 현상), 택시 사업 인가, 직업면허, 농산물에 대한 최저가격 규제 등
ㄴ. 대중정치 상황: 음란물 규제, 교통정책 규제(차량 10부제 등), 낙태규제, 차별규제(사회적 차별에 대한 규제; 인권유린 등), 신문·방송·출판물의 윤리 규제 등
ㄷ. 이익집단 정치 상황: 의약분업 규제, 한·약 분쟁, 노사규제 등
ㄹ. 기업가 정치 상황: 환경오염 규제, 원자력 발전 규제, 위해물품 규제, 각종 위생 및 안전규제, 퇴폐업소 단속, 자동차 안전규제, 캡슐커피 규제(환경오염 규제) 등 주로 사회적인 규제에 해당함
+ 원자력 발전 규제: 원자력을 이용하고 있는 기관, 시설, 종사자 등에 대한 안전을 철저하게 확인 및 감시하는 규제로서 환경오염 규제에 해당함

정답 ①

cf.

204 회독 □□□

2018. 교행 9급

다음 설명에 해당하는 개념으로 적합한 것은?

> 정부의 재화나 서비스 제공 자체가 독점적인 특성이 있어서 경쟁 체제로 형성된 가격까지 낮추려는 경쟁 압박을 받지 않기 때문에 나타난다. 또한, 정부가 추진하는 정책이 성공하거나 실패할 때 직접적인 평가(상벌)에 대한 기대가 크지 않아서 투입된 자원이 기대할 수 있는 최적의 생산량에 미치지 못하기 때문에 나타나는 현상이다.

① X-비효율성(X-inefficiency)
② 외부불경제(External Diseconomy)
③ 주인-대리인 모형(Principal-Agent Model)
④ 정보의 비대칭성(Information Asymmetry)

정답 및 해설

제시문은 정부실패의 원인 중 하나인 X-비효율성을 설명하고 있음; X비효율성은 생산과정에서 발생하는 '낭비' 현상으로서 일반적으로 정부는 시장의 경쟁 압력에 노출되는 기회가 적기 때문에 정부 내에서 도덕적인 해이가 발생하게 되고 이는 다소 비싼 가격으로 산출물을 만드는 원인으로 작용함; 혹은 정책에 대한 평가체제가 제대로 형성되어 있지 않은 경우에 발생하는 경우도 있음

정답 ①

205 회독 □□□

2018. 지방 9급

윌슨(Wilson)의 규제정치 유형과 예시를 연결한 것으로 옳지 않은 것은?

① 고객정치 – 농산물에 대한 최저가격 규제
② 이익집단정치 – 신문·방송·출판물의 윤리 규제
③ 대중정치 – 낙태에 대한 규제
④ 기업가정치 – 식품에 대한 위생 규제

정답 및 해설

신문·방송·출판물의 윤리규제 등 언론에 대한 규제는 윌슨(Wilson)의 대중정치(다수정치)의 예시임; 이익집단 정치는 의약분업 규제, 한약분쟁 등이 있음

J. Wilsion 규제정치 모형

구분		편익	
		집중	분산
비용	집중	이익집단정치	기업가정치
	분산	고객정치	대중정치

① 농산물에 대한 최저가격 규제 등 소수 생산자를 보호하기 위한 규제는 고객정치에 해당함
③ 낙태, 음란물 등에 대한 규제는 비용과 편익이 모두 분산되어 일반인들의 관심이 약한 대중정치에 해당함
④ 식품에 대한 위생규제, 환경오염규제 등은 기업가의 정치 사례임

정답 ②

206 회독 □□□

2022. 국가 7급

정부실패의 요인에 대한 설명으로 옳지 않은 것은?

① 'X－비효율성'은 정부가 가진 권력을 통해 불평등한 분배가 이루어지는 현상이다.
② '지대추구'는 정부개입에 따라 발생하는 인위적 지대를 획득하기 위해 자원을 낭비하는 활동이다.
③ '파생적 외부효과'는 시장실패를 해결하기 위해 정부가 개입하지만 의도하지 않은 부작용을 초래하는 것이다.
④ '내부성(internalities)'은 공공조직이 공익적 목표보다는 관료 개인이나 소속기관의 이익을 우선적으로 고려하는 것이다.

정답 및 해설

선지는 권력의 편재, 즉 정부권력을 활용한 특혜나 남용에 의해 분배적 불평등이 나타나는 현상임 → X비효율성은 경쟁의 결여로 인해 발생하는 '낭비'현상임

② '지대추구'는 정부개입에 따라 발생하는 인위적 지대(정책으로 인한 특혜 등)를 획득하기 위해 자원(돈)을 낭비하는 활동임
③ '파생적 외부효과'는 정부 정책으로 인해 발생하는 의도치 않은 부정적 효과임
④ '내부성(internalities)'은 정부조직의 사익추구 현상임

정답 ①

207 회독 □□□

2020. 지방 7급

다음 상황을 설명하는 데 가장 적합한 용어는?

> 정부는 특정 지역의 주택가격이 과도하게 상승하자 이를 해결하기 위해 투기과열지구로 지정하였다. 그러나 투기과열지구로 지정된 이후 주택가격은 오히려 급등하였다. 이는 주택 수요자들이 정부의 의도와 달리 투기과열지구의 지정으로 인해 그 지역의 주택가격이 더 오를 것이라고 예상하였기 때문이었다.

① X－비효율성
② 공공조직의 내부성
③ 비경합성
④ 파생적 외부효과

정답 및 해설

보기는 주택가격 상승을 방지하기 위한 정부의 투기과열지구 지정이 오히려 주택가격을 급등시켰다는 내용을 담고 있음; 이는 파생적 외부효과를 의미함 → 파생적 외부효과는 정부 활동의 결과로 나타나는 예측하지 못한 잠재적 · 비의도적 부작용을 뜻함

① X-비효율성: 독점으로 인해 특정 재화의 생산과정에서 발생하는 비효율 · 비용체증 · 낭비현상
② 공공조직의 내부성: 정부의 사익추구 현상 → 즉, 비공식적 목표(사적 목표)가 공식적 조직목표(공익)를 대체하는 현상
③ 비경합성: 특정인의 서비스 소비가 다른 사람의 소비를 방해하지 않는 현상

정답 ④

208 회독 □□□

2014. 지방 7급

윌슨(J. Wilson)의 규제정치 이론에 대한 설명으로 옳은 것만을 모두 고른 것은?

> ㄱ. 감지된 비용(costs)과 편익(benefits)이 모두 좁게 집중되어 있는 규제정치를 이익집단정치라 한다.
> ㄴ. 기업가적 정치는 환경오염규제 사례처럼 오염업체에게 비용이 좁게 집중되지만 일반 시민들에게는 편익이 넓게 분산된다.
> ㄷ. 대중정치는 한약분쟁의 경우처럼 쌍방이 모두 조직적인 힘을 바탕으로 이익확보를 위해 첨예하게 대립하는 정치상황이다.
> ㄹ. 환경규제를 완화하는 상황인 경우에는 비용이 넓게 분산되고 감지된 편익이 좁게 집중되는 고객정치의 상황이 된다.

① ㄱ, ㄴ, ㄷ　　② ㄱ, ㄴ, ㄹ
③ ㄱ, ㄷ, ㄹ　　④ ㄴ, ㄷ, ㄹ

정답 및 해설

올바른 선지

ㄱ, ㄴ.

James Q. Wilson(윌슨)의 규제정치 모형

구분		편익: 집중	편익: 분산
비용	집중	이익집단정치	기업가정치
비용	분산	고객정치	대중정치

ㄹ. 환경규제가 완화되면 환경오염을 일으키는 업체는 편익을 누리고 일반 국민이 비용을 지불하므로 고객정치 상황이 될 수 있음; 환경규제를 강화하면 오염업체가 비용을 모두 부담하고 편익은 일반 국민이 누리는 까닭에 기업가 정치 상황임

틀린 선지

ㄷ. 이익집단 정치는 한약분쟁의 경우처럼 쌍방이 모두 조직적인 힘을 바탕으로 이익확보를 위해 첨예하게 대립하는 정치상황임

정답 ②

cf.
209 회독 □□□

2008. 지방 7급

정부와 시장의 상호 대체적 역할분담 관계를 설명하는 시장실패와 정부실패 이론에 대한 설명으로 옳지 않은 것은?

① 시장은 완전경쟁조건이 충족될 경우 가격이라는 보이지 않는 손에 의한 조정을 통해 효율적인 자원배분을 달성할 수 있다.

② 완전경쟁시장은 그 전제조건의 비현실성과 불완전성으로 인해 실패할 수 있다. 이러한 시장실패의 요인으로는 공공재의 존재, 외부효과의 발생, 정보의 비대칭성 등이 제시되고 있다.

③ 정부는 시장실패를 교정하기 위해 계층제적 관리방법을 통해 자원의 흐름을 통제하게 되는데, 정부의 능력은 인적·물적·제도적 제한으로 실패할 수도 있고, 이러한 정부실패의 요인으로는 내부성의 존재, 편익향유와 비용부담의 분리, 예측하지 못한 파생적 외부효과 등이 있다.

④ 정부실패가 발생할 경우 이를 교정하기 위한 정부의 대응방식은 공적 공급, 보조금 등 금전적 수단을 통해 유인구조를 바꾸는 공적 유도, 그리고 법적 권위에 기초한 정부규제 등이 있다.

정답 및 해설

공적 공급, 공적 유도, 정부규제는 시장실패를 교정하기 위한 정부의 대응방식임; 정부실패가 발생할 경우 이를 교정하기 위한 정부의 대응방식은 민영화, 보조금 삭감, 규제완화임

①②
시장은 완전경쟁조건(완전경쟁시장이 형성되는 조건)이 충족될 경우 가격이라는 보이지 않는 손에 의한 조정을 통해 효율적인 자원배분을 달성할 수 있으나 완전경쟁시장은 그 전제조건의 비현실성과 불완전성으로 인해 실패할 수 있음 → 이러한 시장실패의 요인으로는 공공재의 존재, 외부효과의 발생, 정보의 비대칭성 등이 제시되고 있음(시험공부는 외롭고 독하게)

참고
완전경쟁시장
정부의 개입이 없어도 시장 내 합리적인 개인 간의 교환관계를 통해 효율적인 자원배분이 가능한 시장 → 애덤 스미스의 보이지 않는 손이 작동하는 시장

③ 정부는 시장실패를 교정하기 위해 개입을 통해 자원의 흐름을 통제하게 되는데, 이 과정에서 정부가 효율적인 자원배분을 저해하는 정부실패가 발생할 수 있음 → 이러한 정부실패의 요인으로는 내부성의 존재, 편익향유와 비용부담의 분리, 예측하지 못한 파생적 외부효과 등이 있음(정부내파권비[2])

정답 ④

210 회독 □□□

2019. 서울 7급

〈보기〉는 △△일보의 보도 내용 중 일부이다. 이와 같은 기사 내용을 윌슨(J. Wilson) 의 규제정치 이론에 적용하면, 가장 적합한 정치적 상황은?

보기

"캡슐커피 때문에 경비아저씨와 싸웠습니다. 알루미늄과 플라스틱 재질이 섞여 있어 플라스틱 전용 재활용 수거함에 넣지 않았는데, 재활용함에 넣어야 한다며 언성을 높였습니다. 누구나 헷갈릴 수 있을 것 같아요." (김○○·여·34)

"한 번에 마실 양을 쉽게 추출할 수 있어 캡슐커피를 애용했지만, 재활용 되지도 않고 잘 썩지도 않는다는 이야기를 듣고 이용을 자제하려고 합니다." (이□□·남·31)

소비자들 사이에서 캡슐커피 사용을 제한하자는 목소리가 나오고 있다. 캡슐커피의 크기가 작은 데다 알루미늄과 플라스틱이 동시에 포함돼 있어 재활용이 실질적으로 불가, 환경오염의 주범이 될 수 있다는 이유에서다. 정부 역시 환경에 미치는 영향을 고려해 관련 규제 검토에 나설 것이라고 밝혔다.

① 고객정치(client politics)
② 이익집단정치(interest group politics)
③ 대중정치(majoritarian politics)
④ 기업가정치(entrepreneurial politics)

정답 및 해설

보기는 캡슐커피가 환경오염의 주범이 될 수 있다는 점을 나타내고 있음; 만약 정부가 캡슐커피 사용을 제한할 경우 비용(손해)은 캡슐커피를 생산하는 기업이 부담하는 반면 편익은 국민(다수)이 향유하게 됨 → 이는 윌슨(J. Wilson)의 규제정치 이론 중에서 기업가정치에 해당함

James Q. Wilson(윌슨)의 규제정치 모형

구분		편익	
		집중	분산
비용	집중	이익집단정치	기업가정치
	분산	고객정치	대중정치

정답 ④

211 회독 □□□

2013. 국가 7급

시장실패의 원인이 아닌 것은?

① 규모의 경제
② 정보의 비대칭성
③ X - 효율성
④ 외부효과의 발생

정답 및 해설

X – 비효율성은 정부실패의 원인 중 하나임

참고

정부실패원인
내부성, 파생적 외부효과, 권력의 편재, X비효율성, 비용과 편익의 괴리

① 규모의 경제: 생산 설비의 규모 증가에 따른 생산 비용의 감소현상 → 규모의 경제는 독점의 또 다른 표현임을 유념할 것(자연독점을 일으키는 서비스는 대개 규모의 경제효과 때문임)
② 정보의 비대칭성: 일반적으로 판매자가 소비자보다 많은 정보를 보유한 상태를 의미함 → 이는 가격의 왜곡을 발생시켜 비효율적인 자원배분을 초래함
④ 외부효과의 발생: 어떤 사람(혹은 기업)의 행동이 비의도적으로 그리고 그것에 대한 대가의 교환없이 다른 사람에게 이득이나 손해를 가져다주는 것 → 외부효과는 사회에서 필요한 수준보다 서비스의 과소 · 과다생산을 야기할 수 있음

정답 ③

212 회독 □□□

2017. 국가 7급

다음 사례에 가장 부합하는 윌슨(Wilson)의 규제정치 유형은?

A시와 검찰은 지난해부터 올 2월까지 B상수원 보호구역 내 불법 음식점 70곳을 단속해 7명을 구속기소하고 12명을 불구속기소하는 한편 45명을 벌금 500만~3천만 원에 약식기소했다. 이에 해당 유역 8개 시 · 군이 참여하는 '특별대책지역 수질보전정책협의회' 상인대표단은 11일 "B상수원 환경정비구역 내 휴게 · 일반음식점 규제 · 단속은 형평성이 결여됐다"며 중앙정부 차원의 해결책을 요구했다.

① 고객정치
② 대중정치
③ 이익집단정치
④ 기업가정치

정답 및 해설

보기에서 '상수원 환경정비구역 내 휴게 · 일반음식점 규제 · 단속'은 정부의 환경오염규제에 해당함 → 환경오염규제는 윌슨의 규제정치 유형 중에서 기업가정치의 예시에 해당함

James Q. Wilson(윌슨)의 규제정치 모형

구분		편익	
		집중	분산
비용	집중	이익집단정치	기업가정치
	분산	고객정치	대중정치

정답 ④

213 회독 □□□

2017. 지방 7급

정부실패의 요인에 해당하지 않는 것은?

① 공공서비스에서의 비용과 편익의 분리
② 경제활동에 영향을 주는 외부불경제(external diseconomy)
③ 비공식적 목표가 공식적 조직목표를 대체하는 현상
④ 의도하지 않은 파생적 외부효과

정답 및 해설

외부불경제(external diseconomy)는 비의도적으로 대가 없이 타인에게 피해를 끼치는 현상으로서 시장실패의 원인에 해당함

① 공공서비스에서의 비용과 편익의 분리 : 정부가 행하는 정책의 비용과 편익은 서로 분리되는 경우가 있는데, 이는 자원배분의 왜곡을 일으킬 수 있음 → 예를 들어, 비용을 부담하는 조직화된 소수는 비용을 회피하기 위해 로비(지대추구)를 통해 정부를 포획할 유인이 있음; 정부가 포획될 경우 정부실패 현상 발생
③ 비공식적 목표(사익추구)가 공식적 조직목표(공익)를 대체하는 현상은 내부성에 대한 내용임
④ 의도하지 않은 파생적 외부효과 : 정부활동의 결과로서 나타난 잠재적·비의도적 파급효과와 부작용

정답 ②

Section 02 정부와 시민사회

214 회독 □□□

2024. 국가 9급

「비영리민간단체 지원법」상 정부의 비영리민간단체 지원에 대한 설명으로 옳지 않은 것은?

① 비영리민간단체는 영리가 아닌 공익활동을 수행하는 것을 주된 목적으로 하는 민간단체이어야 한다.
② 등록비영리민간단체는 공익사업의 소요경비를 지원받을 수 있으며 소요경비의 범위는 사업비를 원칙으로 한다.
③ 등록비영리민간단체가 공익사업 추진의 보조금을 교부받고자 할 때에는 사업의 목적과 내용, 소요경비, 기타 필요한 사항을 기재한 사업계획서를 제출해야 한다.
④ 등록비영리민간단체는 보조금을 받아 수행한 공익사업을 완료한 때에는 사업보고서를 대통령에게 제출해야 하며 사업평가, 사업보고서 및 평가결과의 공개 등에 필요한 사항은 대통령령으로 정한다.

정답 및 해설

등록비영리민간단체는 보조금을 받아 수행한 공익사업을 완료한 때에는 사업보고서를 행안부장관, 시도지사나 특례시의 장에게 제출해야 함 → 아울러 사업평가, 사업보고서 및 평가결과의 공개 등에 필요한 사항은 행정안전부령으로 정함

①

비영리단체법 제2조【정의】 이 법에 있어서 "비영리민간단체"라 함은 영리가 아닌 공익활동을 수행하는 것을 주된 목적으로 하는 민간단체로서 다음 각호의 요건을 갖춘 단체를 말한다.

②

동법 제6조【보조금의 지원】 ① 행정안전부장관, 시·도지사나 특례시의 장은 제4조제1항에 따라 등록된 비영리민간단체(이하 "등록비영리민간단체"라 한다)에 다른 법률에 따라 보조금을 교부하는 사업 외의 사업으로서 공익활동을 추진하기 위한 사업(이하 "공익사업"이라 한다)의 소요경비를 지원할 수 있다. ② 제1항에 따라 지원하는 소요경비의 범위는 사업비를 원칙으로 한다.

③

동법 제8조【사업계획서 제출】 등록비영리민간단체가 공익사업을 추진하기 위하여 보조금을 교부받고자 할 때에는 사업의 목적과 내용, 소요경비, 기타 필요한 사항을 기재한 사업계획서를 해당 회계연도 2월 말까지 행정안전부장관, 시·도지사나 특례시의 장에게 제출하여야 한다.

정답 ④

cf.

215 회독 □□□

2009. 지방 9급

비정부조직(NGO)에 대한 설명으로 가장 옳지 않은 것은?

① 높은 전문성을 보유하고 있어 정책과정에서 영향력이 크다.

② 정부나 시장에 대한 감시와 견제의 역할을 한다.

③ 이상주의에 치우쳐 결과에 무책임하다고 비판을 받기도 한다.

④ 재정상의 독립성 결여로 인해 자율성확보에 문제가 있다는 비판이 존재한다.

216 회독 □□□

2012. 지방 9급

현대 민주주의 국가에서 정부와 시민사회의 관계에 대한 설명으로 적절하지 않은 것은?

① 시민사회의 역량이 커지면서 정부 중심의 통치에서 거버넌스로 관점이 변화하고 있다.

② 정부주도의 성장 과정에서 초래된 사회적 부작용을 완화하는 방안으로 시민사회의 역할이 강조되고 있다.

③ 시민의식이 성숙되고 시민의 참여욕구가 증대하면서 정부와 시민사회의 새로운 파트너십이 요구되고 있다.

④ 시민사회에 발생하는 이해관계자 간의 다양한 갈등을 해결하기 위하여 심판자로서의 정부역할이 강화되고 있다.

정답 및 해설

비정부조직은 그 역할과 기능이 커지고 있지만, ① 전문성이 부족하다는 문제, ② 이상주의에 치우쳐 결과에 무책임하다는 문제, ③ 재정상의 독립성 결여로 인해 자율성 확보에 문제가 있다는 비판을 받고 있음

② 시민단체는 정부나 시장에 대한 감시와 견제의 역할을 통해 공익달성에 기여하는 역할을 수행함

정답 ①

정답 및 해설

현대 사회에서 행정은 결국 거버넌스이고 거버넌스에서 정부의 역할은 작아지는 반면 시민사회 혹은 시장의 역할은 상대적으로 증대됨; 현대 사회에서 정부는 국정관리의 파트너로써 중립적인 중재자 혹은 조정자의 역할을 맡고 있음

정답 ④

cf.

217 회독 □□□

2016. 사복 9급

정부와 시민사회 간의 관계에 대한 설명으로 옳지 않은 것은?

① 좋은 거버넌스에서는 시민단체의 역할을 강조한다.
② 우리나라에서는 시민단체의 자율성을 위하여 정부가 재정지원을 하지 않는다.
③ 정부와 시민단체의 지나친 유착은 시민단체의 정체성 문제를 야기한다.
④ 정부와 시민단체 간의 균형을 위해서는 정보의 공유가 필요하다.

정답 및 해설

시민단체를 정부가 재정적으로 지원하기 위한 대표적인 법으로서 2000년에 제정된 '비영리민간단체지원법'이 있음; 이 법의 제정을 통해 시민단체 등 비영리민간단체가 공익사업을 추진함에 따른 재정적 비용을 정부가 지원할 수 있도록 규정했음

① 좋은 거버넌스는 정부, 시민단체 및 시장과의 협업을 강조하므로 시민단체의 역할을 강조함
③ 정부와 시민단체의 지나친 유착이 발생한다면, 시민단체에 대한 정체성 문제를 야기할 수 있음
④ 정부와 시민단체 간의 균형을 위해서는 정보의 독점이 아닌 정보의 공유가 필요함

정답 ②

218 회독 □□□

2022. 지방 7급

민간위탁(contracting out)에 대한 설명으로 옳지 않은 것은?

① 정부가 제공하는 서비스를 민간부문에 맡기고 비용을 지불하는 방식이다.
② 비영리단체는 민간위탁의 대상이 되지 않는다.
③ 정부의 직접 공급에 비해 고용과 인건비의 유연성 확보가 용이하다.
④ 대표적인 예로는 쓰레기 수거 업무나 도로건설업무가 있다.

정답 및 해설

정부와 비영리단체의 관계 중 '보완적 관계'는 비정부조직이 생산하는 공공재나 집합재의 생산비용을 정부가 지원하는 경우를 설명하고 있음

① 협의의 민간위탁(계약에 의한 위탁)에 대한 내용임
③ 해당 업무를 수행하는 인원을 직접 정규공무원 신분으로 채용하지 않고 민간업체 인력을 활용하는바 정부의 고용 관련 비용을 감소시킬 수 있음
④ 정부나 자치단체는 쓰레기처리나 도로건설 등 단순 업무를 민간과의 계약을 통해 수행함으로써 업무의 전문성이나 효율성을 높일 수 있음

정답 ②

cf.

219 회독 □□□

2008. 지방 7급

NGO에 관한 이론과 그 설명의 연결이 옳지 않은 것은?

① 소비자통제이론 − NGO는 서비스가 구매되는 상황이나 또는 그 서비스 자체의 성격으로 말미암아, 소비자들이 영리기업에서 생산하는 서비스에 대해서 정확한 평가를 내리기가 불가능하기 때문에 이를 보완할 목적으로 등장하였다.

② 공공재이론 − NGO 부문은 사회의 구성원들에게 기존의 공공재 공급구조체제에서 충족되지 못한 수요를 만족시키는 역할을 한다.

③ 다원화이론 − NGO 부문은 정부에 의해 달성될 수 있는 것보다 사회 서비스 생산에서 상당한 다양성을 제공하고 있다.

④ 기업가이론 − 정부와 NGO 부문이 이질적이고 이들 간의 관계가 경쟁과 갈등이라고 가정한다.

정답 및 해설

①은 계약실패론에 대한 내용임 → 소비자통제이론은 NGO가 국가권력을 감시하고 통제하기 위한 수단으로 발생했다고 보는 관점임

②③④

비정부기구 이론

구분	내용
공공재이론	NGO 부문은 사회의 구성원들에게 기존의 공공재 공급구조체제에서 충족되지 못한 수요를 만족시키는 역할을 한다는 것
계약실패이론	소비자들이 영리기업에서 생산하는 서비스에 대해서 정확한 평가를 내리기가 불가능하기 때문에 이를 보완할 목적으로 등장
소비자 통제이론	소비자인 시민이 국가권력을 감시하고 통제하기 위한 수단으로 발생
기업가 이론	① 정부와 NGO 부문이 이질적이고 이들 간의 관계가 경쟁과 갈등이라고 가정 → 기업가적 관점 ② 마치 정부와 기업의 관계가 어느 정도 갈등과 경쟁의 관계에 있듯이 NGO도 정부와의 관계가 그렇다는 것
다원화 이론	NGO 부문은 정부보다 사회 서비스 생산에서 다양성을 제공

정답 ①

Section 03 성공적인 거버넌스를 위한 조건: 사회자본

220 회독 □□□

2020. 서울속기 9급

다음에 해당하는 행정이론을 옳게 짝지은 것은?

> ㄱ. 집단 동조성과 제한된 결속력은 외부인을 암묵적으로 배제할 수 있고, 구성원의 사적 자유를 제한하게 한다.
> ㄴ. 공익이나 시민 간의 담론을 통합하는 기능에 관료의 역할이 맞추어져야 함을 강조한다.

	ㄱ	ㄴ
①	사회자본론	신공공서비스론
②	사회자본론	신공공관리론
③	뉴거버넌스론	신공공서비스론
④	뉴거버넌스론	신공공관리론

정답 및 해설

ㄱ은 사회적 자본론, ㄴ은 신공공서비스론에 대한 설명임

ㄱ. 사회적 자본은 부르디외의 정의에 따르면 서로 알고 지내는 사이에 지속적으로 존재하는 관계의 네트워크를 통하여 얻을 수 있는 실제적이고 잠재적인 자원(신뢰 혹은 호혜적인 규범 등)의 합계임; 다만, 상호 간의 신뢰가 지나치게 견고할 경우 네트워크의 폐쇄성으로 인해 집단 동조성과 제한된 결속력이 외부인을 암묵적으로 배제할 수 있고, 구성원의 사적 자유를 제한할 수 있음

ㄴ. 신공공서비스론에서는 공무원의 '봉사'를 강조함; 봉사의 의미는 아래와 같음
  - ⓐ 공무원과 정부가 공론의 장을 형성하고 국민의 참여를 유도하는 것
  - ⓑ 공론의 장을 통해 공익을 도출하도록 돕는 것(토론 · 담론의 중재 및 통합, 타협을 관리하는 기능); 이는 시민의 선호와 필요에 대해 정부의 대응성을 보장하기 위한 정부와 공무원의 역할임

정답 ①

221 회독 □□□

2013. 국가 9급

'사회자본'(social capital)이 형성되는 모습으로 보기 어려운 것은?

① 지역주민들의 소득이 지속적으로 증가하고 있다.
② 많은 사람들이 알고 지내는 관계를 유지하는 가운데 대화·토론하면서 서로에게 도움을 준다.
③ 이웃과 동료에 대한 기본적인 믿음이 존재하며 공동체 구성원들이 서로 신뢰한다.
④ 지역 구성원들이 삶과 세계에 대한 도덕적·윤리적 규범을 공유하고 있다.

정답 및 해설

사회자본이 경제발전에 영향을 미칠 수는 있으나, 소득이 증가하고 있다고 해서 무조건 사회자본이 형성되어 있다고 단정할 수는 없음

②③④
사회자본은 남남 간에 장기적으로 만나면서 형성되는 신뢰의 망을 의미함; 이러한 관계 속에서 구성원들은 그들의 삶과 세계에 대한 도덕적·윤리적 규범을 공유하고 있으며, 상호 간에 형성된 신뢰를 통해 서로 도움을 줄 수 있음

정답 ①

222 회독 □□□

2017. 국가 9급 추가

사회자본이론(social capital theory)에 대한 설명으로 옳지 않은 것은?

① 신뢰와 네트워크를 통한 과도한 대외적 개방성에 대하여 많은 비판을 받고 있다.
② 정밀한 사회적 연결망은 신뢰를 강화하고, 거래비용을 낮추며, 혁신을 가속화함으로써 경제발전을 촉진할 수 있다.
③ 푸트남 등은 이탈리아에서 사회자본(시민공동체의식)이 지방정부의 제도적 성과 차이를 잘 설명한다고 주장했다.
④ 사회자본은 참여자들이 협력하도록 함으로써 공유한 목적을 보다 효과적으로 성취하게 만드는 신뢰, 규범, 네트워크와 같은 사회조직의 특징으로 정의할 수 있다.

정답 및 해설

사회자본이론은 신뢰를 동반한 네트워크에 기초하여 폐쇄적 집단을 형성할 수 있다는 비판을 받고 있음; 즉, 개방성이 아니라 폐쇄성에 대한 비판을 받고 있다는 것

②④
사회자본은 참여자들이 협력하도록 함으로써 공유한 목적을 보다 효과적으로 성취하게 만드는 신뢰, 규범, 네트워크와 같은 사회조직의 특징으로 정의할 수 있음; 이러한 사회적 연결망은 상호 간 신뢰를 강화하고, 거래비용을 낮추며, 조직의 혁신을 가속화함으로써 경제발전을 촉진할 수 있음
③ 푸트남 등은 이탈리아의 북부와 남부를 나눠서 사회자본이 형성된 지역(북부)이 제도적 성과가 좋다는 연구를 발표함

정답 ①

223 회독 □□□

2021. 국가 7급

사회적 자본에 대한 설명으로 옳은 것은?

① 사회적 자본이 증가하면 제재력이 약화되는 역기능이 있다.
② 타인에 대한 신뢰는 사회적 자본의 구성요소가 아니다.
③ 호혜주의는 사회적 자본에 영향을 미치지 않는다.
④ 사회적 자본은 거래비용을 감소시키는 순기능이 있다.

정답 및 해설

사회적 자본은 사람 간 신뢰 관계이므로 거래에 소요되는 비용을 감소시키는 순기능이 있음

① 사회적 자본이 증가하면 제재력이 강화되는 순기능이 있음
② 타인에 대한 신뢰는 사회적 자본의 중요한 요소임
③ 호혜주의(서로 도와 편익을 주고받는 일)는 상호 간 신뢰에 영향을 미침

정답 ④

224 회독 □□□

2017. 서울 7급

사회적 자본에 대한 설명으로 가장 옳지 않은 것은?

① 신뢰를 통해 거래비용을 감소시키는 기능이 있다.
② 단기간에 정부 주도 하의 국민운동에 의해 형성될 수 있다.
③ 개념적으로 추상적이기에 객관적으로 계량화하기 쉽지 않다.
④ 개인, 집단, 지역공동체, 국가 등 상이한 수준에서 정의할 수 있다.

정답 및 해설

사회자본은 남남 간에 비교적 장기간 만나면서 형성되는 신뢰의 네트워크, 호혜적 규범 등을 의미함

① 상호 간에 신뢰가 형성될 경우 상대방에 대한 감시비용과 같은 거래비용이 감소할 수 있음
③④
개인, 집단 등 다양한 수준에서 사회적인 자본을 측정할 수 있지만, 다소 추상적인 개념이기 때문에 계량화가 쉽지 않음

정답 ②

225 회독 □□□

2015. 지방 7급

사회적 자본(social capital)에 대한 설명으로 가장 옳지 않은 것은?

① 사회적 자본을 축적하기 위해서는 자발적 결사체의 결성과 활동이 촉진될 수 있는 여건이 중요하다.
② 지역이 보유하고 있는 물질적 자원을 중심으로 한 발전전략에 따라 강조되었다.
③ 사회적 자본은 집단결속력으로 인해 다른 집단과의 관계에 있어 부정적 효과를 나타낼 수도 있다.
④ 공동체 의식의 강화를 통해 지식의 공유와 네트워크의 강화를 기대할 수 있다.

정답 및 해설

사회자본은 돈과 같은 물질적 자원이 아니라 신뢰·호혜적 규범 등 사회적 자원을 기초로 한 발전전략을 강조함

① 사회적 자본을 축적하기 위해서는 자발적 결사체의 결성과 활동이 촉진될 수 있는 여건이 중요함 → 따라서 독재국가에서는 사회자본을 형성하기 어려움
③ 사회적 자본은 다소 폐쇄적인 집단결속력으로 인해 다른 집단과의 관계에 있어 부정적 효과를 나타낼 수도 있음
④ 사회자본은 신뢰에 기반한 공동체 의식의 강화를 통해 지식의 공유 및 네트워크의 강화를 촉진함

정답 ②

226 회독 □□□

2019. 서울 7급

사회적 자본(social capital)에 대한 설명으로 옳은 것을 〈보기〉에서 모두 고른 것은?

보기

ㄱ. 퍼트남(R. Putnam)은 사회적 자본에 있어 네트워크, 규범, 신뢰를 강조하였다.
ㄴ. 사회적 자본이 형성되는 경우 거래비용 감소의 긍정적 효과가 있다.
ㄷ. 사회적 자본은 조정과 협동을 용이하게 만든다.
ㄹ. 세계은행은 개발도상국 개발사업에 사회적 자본 개념을 활용하고 있다.
ㅁ. 후쿠야마(F. Fukuyama)는 한국사회에 만연한 불신은 사회적 비효율성의 원인이라고 하였다.

① ㄱ, ㄷ, ㅁ
② ㄱ, ㄹ, ㅁ
③ ㄱ, ㄴ, ㄷ, ㅁ
④ ㄱ, ㄴ, ㄷ, ㄹ, ㅁ

정답 및 해설

모두 올바른 선지임

참고

사회자본

사회자본은 남남 간에 비교적 장기간 만나면서 형성되는 신뢰 및 호혜적 규범의 네트워크임; 사회자본과 관련한 학자는 부르디외, 푸트넘, 후쿠야마 등이 있음 → 사회자본은 네트워크 참여자 간 형성되는 신뢰이기 때문에 상호 거래비용을 낮추거나 조정 및 협동을 촉진할 수 있음

ㄹ. 세계은행은 개도국에 대한 대출을 허용할 때 국가에 내재한 신뢰수준을 참고자료로 활용하고 있음; 즉, 개발도상국 개발사업에 사회적 자본 개념을 활용하고 있음

정답 ④

227 회독 □□□

2010. 지방 7급

다음에서 공통적으로 설명하고 있는 것은?

- 사회적 관계에서 상호이익을 위해 집합행동을 촉진시키는 규범과 네트워크
- 위자가 자신이 소속한 집단과 네트워크에 있는 자원에 접근함으로써 얻을 수 있는 자산
- 사회적 네트워크 또는 사회구조의 구성원이 됨으로써 확보할 수 있는 행위자의 능력

① 뉴거버넌스
② 사회자본
③ 신제도론
④ 조합주의

정답 및 해설

보기는 사회자본에 대한 설명임 → 부르디외(P. Bourdieu)에 따르면 '사회자본'은 서로 알고 지내는 사이에 지속적으로 존재하는 관계의 네트워크를 통하여 얻을 수 있는 실제적이고 잠재적인 자원의 합계임; 이는 개인이 특정 집단에 동화되어 가는 과정에서 얻을 수 있는 자산(행위자의 능력 등)이라고 볼 수 있음

① 뉴거버넌스: 정부 · 시민사회 · 시장 간 협력체계
③ 신제도론: 특정 행동 등을 발생시키는 원인으로써 제도에 주목하고 이들 간의 법칙(중범위 수준)을 바탕으로 현상을 설명하는 이론
④ 조합주의: 유럽에서 기업가단체, 노동자단체(이익집단), 정부 대표의 3자 연합이 사회적 공동선을 달성하기 위해 주요 정책을 결정하는 현상을 설명한 이론; 혹은 적극적인 정부와 이익집단 간의 합의를 중시하는 이론으로써 정부는 집단 간 이익의 중재에 머물지 않고 국가이익이나 사회의 공동선을 달성하기 위한 주도적인 역할을 담당함

정답 ②

Section 04 정보화 시대, 그리고 행정: 전자정부

228 회독 □□□

2023. 국가 9급

우리나라의 전자정부에 대한 설명으로 옳지 않은 것은?

① 정부는 '지능정보사회 종합계획'을 3년 단위로 수립하여야 한다.
② 과학기술정보통신부장관은 5년마다 행정기관등의 기관별 계획을 종합하여 '전자정부기본계획'을 수립하여야 한다.
③ 「전자정부법」상 '전자화문서'는 종이문서와 그 밖에 전자적 형태로 작성되지 아니한 문서를 정보시스템이 처리할 수 있는 형태로 변환한 문서를 말한다.
④ 중앙행정기관의 장과 지방자치단체의 장은 해당기관의 지능정보사회 시책의 효율적 수립 · 시행과 대통령령이 정하는 업무를 총괄하는 '지능정보화책임관'을 임명하여야 한다.

정답 및 해설

과학기술정보통신부장관을 중앙사무관장기관장(행정부의 경우 행정안전부장관)으로 수정해야 함

①

지능정보화기본법 제6조【지능정보사회 종합계획의 수립】 ① 정부는 지능정보사회 정책의 효율적 · 체계적 추진을 위하여 지능정보사회 종합계획(이하 "종합계획"이라 한다)을 3년 단위로 수립하여야 한다.

③

전자정부법 제2조【정의】 이 법에서 사용하는 용어의 뜻은 다음과 같다.
8. 전자화문서"란 종이문서와 그 밖에 전자적 형태로 작성되지 아니한 문서를 정보시스템이 처리할 수 있는 형태로 변환한 문서를 말한다.

④

지능정보화기본법 제8조【지능정보화책임관】 ① 중앙행정기관의 장과 지방자치단체의 장은 해당 기관의 지능정보사회 시책의 효율적인 수립 · 시행과 지능정보화 사업의 조정 등 대통령령으로 정하는 업무를 총괄하는 책임관(이하 "지능정보화책임관"이라 한다)을 임명하여야 한다.

정답 ②

cf.

229 회독 □□□

2022. 국가 9급

「전자정부법」에서 정의하고 있는 다음의 개념은?

> 일정한 기준과 절차에 따라 업무, 응용, 데이터, 기술, 보안 등 조직 전체의 구성요소들을 통합적으로 분석한 뒤 이들 간의 관계를 구조적으로 정리한 체제 및 이를 바탕으로 정보화 등을 통하여 구성요소들을 최적화하기 위한 방법

① 전자문서
② 정보기술아키텍처
③ 정보시스템
④ 정보자원

정답 및 해설

보기는 정보기술아키텍처에 대한 내용임

①②③④

전자정부법 제2조【정의】 이 법에서 사용하는 용어의 뜻은 다음과 같다.
7. "전자문서"란 컴퓨터 등 정보처리능력을 지닌 장치에 의하여 전자적인 형태로 작성되어 송수신되거나 저장되는 표준화된 정보를 말한다.
11. "정보자원"이란 행정기관등이 보유하고 있는 행정정보, 전자적 수단에 의하여 행정정보의 수집·가공·검색을 하기 쉽게 구축한 정보시스템, 정보시스템의 구축에 적용되는 정보기술, 정보화예산 및 정보화인력 등을 말한다.
12. "정보기술아키텍처"란 일정한 기준과 절차에 따라 업무, 응용, 데이터, 기술, 보안 등 조직 전체의 구성요소들을 통합적으로 분석한 뒤 이들 간의 관계를 구조적으로 정리한 체제 및 이를 바탕으로 정보화 등을 통하여 구성요소들을 최적화하기 위한 방법을 말한다.
13. "정보시스템"이란 정보의 수집·가공·저장·검색·송신·수신 및 그 활용과 관련되는 기기와 소프트웨어의 조직화된 체계를 말한다.

정답 ②

230 회독 □□□

2020. 지방 9급

유비쿼터스 전자정부에 대한 설명으로 옳은 것만을 모두 고르면?

> ㄱ. 기술적으로 브로드밴드와 무선, 모바일 네트워크, 센싱, 칩 등을 기반으로 한다.
> ㄴ. 서비스 전달 측면에서 지능적인 업무수행과 개개인의 수요에 맞는 맞춤형 서비스를 제공한다.
> ㄷ. Any-time, Any-where, Any-device, Any-network, Any-service 환경에서 실현되는 정부를 지향한다.

① ㄱ, ㄴ
② ㄱ, ㄷ
③ ㄴ, ㄷ
④ ㄱ, ㄴ, ㄷ

정답 및 해설

유비쿼터스 정부란 전자정부의 최종 목적으로 언제 어디서든 실시간으로 다양한 방법을 통해 국민에게 맞춤형 정보를 제공할 수 있는 정부임; 이때 정부는 브로드밴드와 무선, 모바일 네트워크, 센싱, 칩 등 다양한 기술에 기초하여 서비스를 제공함

용어설명

> ⓐ 브로드밴드: 통신, 방송, 인터넷 따위를 결합한 디지털 통신 기술.
> ⓑ 센싱: 센서의 작동으로 물체 또는 소리·빛·압력·온도 등을 탐지·관측·계측하는 일(예 지문센싱)
> ⓒ 마이크로칩: 다양한 정보를 담고 있는 초소형 칩(예 강아지 마이크로칩)

정답 ④

231 회독 □□□

2015. 지방 9급

정부운영의 새로운 패러다임인 정부 3.0의 내용으로 옳지 않은 것은?

① 정부 3.0의 핵심 키워드는 협력, 소통, 맞춤형 서비스, 일자리 창출, 칸막이 해소 등이다.
② 정부 3.0의 운영방향은 공공정보의 개방과 공유, 정부·국민 간의 소통과 협력을 포함하고 있다.
③ 정부 3.0에서는 공공기관의 정보제공에 초점을 둔 정부 중심의 국가운영 거버넌스를 의미한다.
④ 정부 3.0은 기술적 관점에서 모바일 스마트 기반의 차세대 전자정부로 이해할 수 있다.

정답 및 해설

정부 3.0은 국민 정부 중심이 아니라 국민 개개인 중심임

참고

정부 3.0의 특징

㉠ 정부 3.0의 핵심 키워드: 협력, 소통, 맞춤형 서비스(국민 개개인 중심 = 민주성의 확장), 일자리 창출, 칸막이 해소(부서 간 혹은 국민과의 소통), 웹 3.0 기반 등
㉡ 개방, 공유, 참여, 소통, 협력의 핵심 가치들을 통해 국정과제를 해결하고 국민행복을 추구하는 것으로써 유비쿼터스·스마트·모바일 기술, 빅데이터 등을 활용하여 지능화된 양방향·맞춤형·선제적(예측하는) 서비스를 제공 → 박근혜 정권에서 정부 3.0을 본격적으로 추진

우리나라 전자정부의 변화

구분	정부 1.0	정부 2.0	정부 3.0
개념	E-Government	Government as a platform (Open Government)	Smart Government
목표	• 프로세스 혁신 – how to do internal	• 거버넌스 혁신 – how to do external	• 정책 혁신 – what to do
특징	• 업무자동화 – 일방향 서비스	• 열린정부·민관협력 – 양방향 서비스	• 지식조직 • 과학적 정책 • 양방향·맞춤형·선제(예측하는)적 서비스
기술	• 인터넷 기술 – 웹 1.0 활용	• 소셜 기술 – 웹 2.0 활용	• 스마트·모바일 기술 – 웹 3.0 활용
가치	효율성 (정부중심)	민주성 (국민중심)	• 민주성의 확장 – 국민 개개인 중심

정답 ③

232 회독 □□□

2017. 국가 9급 수정

정보격차에 대한 설명으로 옳지 않은 것은?

① 경제협력개발기구(OECD)는 정보격차를 '개인, 가정, 기업 및 지역들 간에 상이한 사회·경제적 여건에서 비롯된 정보통신기술에 대한 접근기회와 다양한 활동을 위한 인터넷 이용에서의 차이'로 정의했다.
② '정보화마을'은 우리나라에서 도농 간 정보격차 해소를 위해 시행한 지역 정보화정책의 사례이다.
③ 「지능정보화 기본법」은 국가기관과 지방자치단체뿐만 아니라 민간기업에 대해서도 정보격차 해소 시책을 마련할 의무를 규정하고 있다.
④ 「장애인차별금지 및 권리구제 등에 관한 법률」은 정보통신·의사소통 등에서의 정당한 편의제공의무에 관한 규정을 두고 있다.

정답 및 해설

「지능정보화 기본법」에 따르면 민간기업에 대해서는 정보격차 해소 시책을 마련할 의무를 규정하고 있지 않음

지능정보화 기본법 제45조【정보격차 해소 시책의 마련】 국가기관과 지방자치단체는 모든 국민이 지능정보서비스에 원활하게 접근하고 이를 유익하게 활용할 기본적 권리를 누구나 격차 없이 실질적으로 누릴 수 있도록 필요한 시책을 마련하여야 한다.

② 정보화 마을: 농어촌지역 정보시스템 구축사업으로서 농어촌 지역에 초고속 인터넷 환경을 조성하고, 전자상거래 등의 시스템을 구축하여 도농 간의 정보격차를 해소하려는 정책
④ 「장애인차별금지 및 권리구제 등에 관한 법률」은 정보통신·의사소통 등에서의 정당한 편의제공의무에 관한 규정을 두고 있음

장애인차별금지 및 권리구제 등에 관한 법률 제21조【정보통신·의사소통 등에서의 정당한 편의제공의무】 ① 전자정보 및 비전자정보에 대하여 장애인이 장애인 아닌 사람과 동등하게 접근·이용할 수 있도록 한국수어, 문자 등 필요한 수단을 제공하여야 한다.

정답 ③

cf.

233 회독 □□□

2011. 지방 9급

지식행정의 특징과 가장 거리가 먼 것은?

① 연성조직의 강화
② 의사소통의 활성화
③ 인적자본의 강화
④ 암묵지의 축소화

정답 및 해설

지식행정의 특징 중 하나는 암묵지의 활성화임; 지식관리에서는 암묵적 지식(tacit knowledge)을 명시적 지식(explicit knowledge)으로 전환시켜서 조직의 지식을 증폭시키는 것이 중요함

지식관리행정의 개념 및 특징

개념	① 지식관리를 통해 가치를 창출하고 극대화하는 행정 → 지식행정 ② 장래의 기회와 위협요소에 대응하기 위해 행정활동의 프로세스를 끊임없이 개선하는 학습과정
특징	① 연성조직(학습조직; 유기적 구조)의 강화 : 유기적 조직을 통해 의사소통을 촉진하여 지식활용 제고 ② 의사소통의 활성화 ⓐ 지식의 생성, 공유 및 확산 유도 ⓑ 신뢰 및 협력 강화 ③ 인적자본의 강화 : 정보와 지식공유를 통해 구성원의 전문성 제고 ④ 암묵지의 활성화 : 암묵지 → 형식지; 지식의 확장 ⑤ 지식의 창출되어 활용되고 조직 전반적으로 집단적 학습이 이루어지는 학습조직을 기초로 함 ⑥ 지식관리자(CKO : Chief knowledge officer) : 지식관리의 총괄관리자로서 조직의 지식창조와 공유를 유도

정답 ④

cf.

234 회독 □□□

2010. 국가 9급

정보화 사회의 특징으로 가장 옳지 않은 것은?

① 피라미드형 조직구조에서 수평적 네트워크구조로 전환되고 있다.
② 관료가 정보를 독점하여 권력의 오·남용 문제가 없어진다.
③ 전자정부가 출현하고 문서 없는 정부가 구현될 수 있다.
④ 정보통신기술을 활용한 원스톱(one-stop)·논스톱(non-stop) 행정서비스가 가능해진다.

정답 및 해설

지식정보사회가 되면서 긍정적인 입장과 부정적인 입장이 있음; 대표적인 부정적 견해로 'big brother' 현상이 있는데, 이는 관료가 정보를 독점하여 사익을 위해 활용하는 것을 설명한 개념임

① 지식정보화 사회로 올수록 피라미드형 조직구조에서 수평적 네트워크구조(유기적 구조)로 전환되고 있음
③ 지식정보화 사회에서는 전자정부가 등장하고 이를 통해 문서 없는 정부(조직 내 효율성 제고)가 구현될 수 있음
④ 정보통신기술을 활용하여 공간의 제약이 없는 원스톱(one-stop)서비스, 시간의 제약이 없는 논스톱(non-stop) 행정서비스가 가능해짐

정답 ②

235 회독 □□□

2012. 지방 9급

지식관리시스템을 성공적으로 구축하고 그 효과를 실현하기 위한 방안과 거리가 먼 것은?

① 지식관리를 위한 제도적인 지원과 문화의 형성
② 통합적이고 수직적인 조직구조의 형성
③ 전문적인 인적자원의 확보
④ 지식관리시스템을 가능하게 하는 통합적 정보기술의 확보

정답 및 해설

지식관리시스템을 잘 구축하기 위해서는 일반적으로 수평적인 조직이 필요함; 지식은 변화하는 속성을 지녔기 때문에 유연한 조직구조가 유용하며, 대표적으로 학습조직이 있음

①③
지식관리시스템을 성공적으로 구축하려면 시스템을 구축할 수 있는 제도적인 지원(예 전자정부법)과 문화의 형성(중요한 정보 유출에 대한 경각심 등) 및 전문적인 인적자원의 확보가 필요함
④ 지식관리시스템을 효과적으로 운영하기 위해서는 어느 한 부처에 정보가 집중되지 않도록 만드는 통합적인 정보기술이 필요함

정답 ②

236 회독 □□□

2015. 국가 9급 수정

정보화와 전자정부에 대한 설명으로 옳지 않은 것은?

① 행정안전부장관은 관계 행정기관 등의 장과 협의하여 정보기술아키텍처를 체계적으로 도입하고 확산시키기 위한 기본계획을 수립하여야 한다.
② 정부는 지능정보사회 정책의 효율적·체계적 추진을 위하여 지능정보사회 종합계획을 5년 단위로 수립하여야 한다.
③ 정부 3.0이란 개방, 공유, 소통, 협력의 핵심가치들을 통해 국정과제를 해결하고 국민행복을 추구하는 것이다.
④ 스마트워크(smart work)란 영상회의 등 정보통신기술을 이용해 시간과 장소의 제약 없이 업무를 수행하는 유연한 근무 형태이다.

정답 및 해설

아래의 조항 참고

지능정보화 기본법 제6조【지능정보사회 종합계획의 수립】
① 정부는 지능정보사회 정책의 효율적·체계적 추진을 위하여 지능정보사회 종합계획(이하 "종합계획"이라 한다)을 3년 단위로 수립하여야 한다.
② 종합계획은 과학기술정보통신부장관이 관계 중앙행정기관(대통령 소속 기관 및 국무총리 소속 기관을 포함한다. 이하 같다)의 장 및 지방자치단체의 장의 의견을 들어 수립하며, 「정보통신 진흥 및 융합 활성화 등에 관한 특별법」 제7조에 따른 정보통신 전략위원회(이하 "전략위원회"라 한다)의 심의를 거쳐 수립·확정한다. 종합계획을 변경하는 경우에도 또한 같다.
지능정보화 기본법 제2조【정의】 이 법에서 사용하는 용어의 뜻은 다음과 같다.
5. "지능정보화"란 정보의 생산·유통 또는 활용을 기반으로 지능정보기술이나 그 밖의 다른 기술을 적용·융합하여 사회 각 분야의 활동을 가능하게 하거나 그러한 활동을 효율화·고도화하는 것을 말한다.

①

전자정부법 제45조【정보기술아키텍처 기본계획의 수립 등】 ① 행정안전부장관은 관계 행정기관등의 장과 협의하여 정보기술아키텍처를 체계적으로 도입하고 확산시키기 위한 기본계획(이하 "기본계획"이라 한다)을 수립하여야 한다.

③ 정부 3.0이란 개방, 공유, 소통, 협력 등의 핵심적 가치들을 통해 국정과제를 해결하고 국민행복을 추구하는 정부임
④ 스마트워크 근무는 주거지 근처 원격근무사무실(smart office)에서 인터넷을 사용하여 업무를 처리하는 것으로써 영상회의 등 정보통신기술을 이용해 시간과 장소의 제약 없이 업무를 수행하는 유연한 근무형태를 의미함

정답 ②

237 회독 □□□

2016. 국가 9급

정보화와 전자정부 등에 대한 설명으로 옳지 않은 것은?

① e-거버넌스는 모범적인 거버넌스를 실현하기 위하여 다양한 차원의 정부와 공공부문에서 정보통신기술의 잠재력을 활용하기 위한 과정과 구조의 실현을 추구한다.

② 웹 접근성이란 장애인 등 정보 소외계층이 웹사이트에 있는 정보에 접근할 수 있도록 편의를 제공하는 것을 말한다.

③ 빅데이터(big data)의 3대 특징은 크기, 정형성, 임시성이다.

④ 지역정보화 정책의 기본 목표는 지역경제의 활성화, 주민의 삶의 질 향상, 행정의 효율성 강화이다.

cf.

238 회독 □□□

2008. 지방 9급

전자정부가 구현되었을 때 기대할 수 있는 장점만으로 구성된 것은?

ㄱ. 국민의 참여 증진을 통한 민주주의의 발전
ㄴ. 행정의 생산성 향상
ㄷ. 대고객 관계의 인간화 촉진
ㄹ. 행정서비스의 효과적 공급 및 민원인의 비용 절감
ㅁ. 개인정보 및 인권보호 강화

① ㄱ, ㄴ, ㄷ　② ㄱ, ㄴ, ㄹ
③ ㄴ, ㄷ, ㄹ　④ ㄴ, ㄹ, ㅁ

정답 및 해설 (237)

빅데이터의 3대 특징은 속도, 종류(다양성), 용량(크기)이며, 복잡성을 추가하면 4대 특징임

① 전자거버넌스(e-거버넌스) : 전자공간을 활용하여 거버넌스를 구현하는 것으로서 이를 위해 정보통신기술의 잠재력을 활용할 수 있는 과정과 구조의 실현을 추구함
② 웹 접근성 제고를 위해 정부는 '장애인차별금지 및 권리구제 등에 관한 법률'을 제정함으로써 공공기관을 시작으로 민간부문까지 단계적으로 장애인에 대한 웹 접근성 편의 제공을 의무화하는 기반을 마련했음
④ 지역정보화 정책은 지역경제의 활성화, 주민의 삶의 질 향상, 행정의 효율성 강화를 위해 소외 지역의 정보접근을 촉진하는 정책임

정답 ③

정답 및 해설 (238)

올바른 선지

ㄱ. 전자정부를 통해 국민의 참여가 늘어나면 민주주의가 발전할 수 있음
ㄴ, ㄹ.
정보시스템 등 활용하여 행정의 생산성을 제고할 경우 이는 행정서비스의 효과적인 공급 및 민원인의 비용을 절감으로 이어질 수 있음

틀린 선지

ㄷ. 면 대 면의 관계가 줄어드는바 대고객 관계의 비인간화를 야기할 수 있음
ㅁ. 정부가 정보관리를 제대로 하지 못할 때 개인의 프라이버시 혹은 인권 등을 침해할 우려가 있음

정답 ②

cf.

239 회독 □□□ 2011. 지방 9급

인공지능의 한 응용분야로서 컴퓨터 시스템이 특정분야의 문제해결을 자동적으로 지원해주는 시스템은?

① 관리정보시스템(MIS)
② 의사결정지원시스템(DSS)
③ 전문가시스템(ES)
④ 거래처리시스템(TPS)

정답 및 해설

문제는 전문가시스템에 대한 내용임; 전문가시스템은 전문가의 지식과 경험을 체계화 후 이를 컴퓨터에 입력하여 의사결정자가 전문가를 만나지 않고도 정보와 지식을 활용할 수 있는 시스템으로써 인공지능의 한 분야에 해당함

①②④

MIS (경영정보시스템 · 관리정보시스템) : management information system	거래처리시스템에서 만들어진 자료를 관리 업무를 수행하는 데 유용한 정보로 바꾸어주는 시스템; 경영정보를 총괄하여 관리
DSS (의사결정지원시스템) : decision support system	비정형적(비구조적)인 문제의 해결과 의사결정을 하는 데 필요한 정보와 모형을 조작할 수 있는 분석적 도구를 의사결정자에게 제공하는 시스템 예 SPSS
TPS (거래처리시스템) : transaction processing system	일상적인 거래에 관한 자료를 수집하고 저장하는 시스템

정답 ③

cf.

240 회독 □□□ 2010. 지방 9급

전자정부로의 개혁이 가져오는 행정관리구조의 변화로 보기 어려운 것은?

① 관리과정 및 정책과정의 투명성 제고
② 저층화된 구조의 형성
③ 규제지향적인 행정절차의 확대
④ 이음매 없는 조직의 구현

정답 및 해설

전자정부는 현대 행정의 흐름 속에 있기 때문에 고도로 수직적인 구조보다는 유기적인 구조의 특징을 지님; 따라서 분권적이고 규제를 완화하는 특징이 있음

① 전자정부가 구현되면 정보의 공개를 통해 관리과정 및 정책과정의 투명성을 제고할 수 있음

②④
저층화된 구조, 이음매 없는 조직은 유기적인 구조의 특징에 해당하므로 올바른 선지임

참고

이음매 없는 조직
고도의 분업화를 지양하는 조직으로서 유기적인 조직의 한 유형

정답 ③

241 회독 □□□ 2013. 국가 9급

유비쿼터스 정부(u-government)의 특성과 거리가 먼 것은?

① 중단 없는 정보 서비스 제공
② 맞춤 정보 제공
③ 고객 지향성, 실시간성, 형평성 등의 가치 추구
④ 일방향 정보 제공

정답 및 해설

유비쿼터스 정부는 유·무선 모바일 기기 통합으로 언제, 어디서나 쌍방향의 정보서비스를 제공함; 아울러 개인의 관심사·선호도 등에 따른 실시간 맞춤형 정보를 제공함으로써 시민의 참여를 촉진함

① 유비쿼터스 정부는 언제, 어디서나 중단없는 정보서비스를 제공함
③ 행정서비스가 추구하는 가치를 고객지향성, 지능성, 실시간성, 형평성 등으로 요약하며, 기술적으로 브로드밴드와 무선, 모바일 네트워크, 센싱, 칩 등을 기반으로 함

용어설명

(a) 브로드밴드: 통신, 방송, 인터넷 따위를 결합한 디지털 통신 기술.
(b) 센싱: 센서의 작동으로 물체 또는 소리·빛·압력·온도 등을 탐지·관측·계측하는 일(예 지문센싱)
(c) 마이크로칩: 다양한 정보를 담고 있는 초소형 칩(예 강아지 마이크로칩)

정답 ④

cf.

242 회독 □□□ 2014. 국가 9급

전자정부 구현에 따른 기대효용으로 거리가 먼 것은?

① 정보의 공개와 상호작용을 통한 행정의 신뢰성 확보
② 정보의 집중화를 통한 신속하고 집권적인 정책결정
③ 정보통신 기술을 활용한 업무 효율성 제고
④ 정부 정보에 대한 시민의 접근성 강화

정답 및 해설

전자정부는 정보의 집중화가 아니라 정보의 공유를 추구함

①④
전자정부를 제대로 운영할 경우 정보의 공개와 국민과의 상호작용을 통해 행정의 신뢰성을 확보할 수 있으며, 정보에 대한 시민의 접근성을 강화시킬 수 있음
③ 정보통신기술을 도입하여 정부 내부의 업무 효율성 및 생산성을 제고할 수 있음; 이는 기술은 조직의 생산성 향상을 위해 개발된다는 기술결정론적인 시각의 관점임

정답 ②

243 회독 □□□ 2015. 사복 9급 수정

정보화 및 전자민주주의에 대한 설명으로 옳지 않은 것은?

① 전자민주주의의 부정적 측면으로 전자전제주의(telefascism)가 나타날 수 있다.

② 정보의 비대칭성이 발생하지 않도록 정보관리는 배제성의 원리가 적용되어야 한다.

③ 중앙행정기관의 장과 지방자치단체의 장은 해당 기관의 지능정보사회 시책의 효율적인 수립·시행과 지능정보화 사업의 조정 등 대통령령으로 정하는 업무를 총괄하는 지능정보화책임관을 임명하여야 한다.

④ 전자민주주의는 정치의 투명성 확보를 용이하게 한다.

정답 및 해설

정보의 공유를 중시하는 정보화 및 전자민주주의를 구현하기 위해서는 정보관리에 있어서 비배제성(돈을 내지 않아도 정보를 활용할 수 있는 특성)을 적용해야 함

① 전자민주주의의 부정적 측면으로 전자전제주의(telefascism)가 나타날 수 있는데, 이는 정보를 정부나 상급기관이 독점하여 국민을 감시하는 현상임

③

지능정보화 기본법 제8조【지능정보화책임관】 ① 중앙행정기관의 장과 지방자치단체의 장은 해당 기관의 지능정보사회 시책의 효율적인 수립·시행과 지능정보화 사업의 조정 등 대통령령으로 정하는 업무를 총괄하는 책임관(이하 "지능정보화책임관"이라 한다)을 임명하여야 한다.

④ 전자민주주의는 정보의 공유를 지향하기 때문에 정치의 투명성 확보를 용이하게 함

정답 ②

244 회독 □□□ 2022. 국가 7급

전자정부 구현사례에 대한 설명으로 옳지 않은 것은?

① 'G2B'의 대표적 사례는 '나라장터'이다.

② 'G2C'는 조달 관련 온라인 서비스를 통합적으로 제공하는 것이다.

③ 'G4C'는 단일창구를 통한 민원업무혁신사업으로 데이터베이스공동활용시스템 구축을 내용으로 한다.

④ 'G2G'는 정부 내 업무처리의 전자화를 내용으로 하고 있으며 대표적 사례로는 '온-나라시스템'이 있다.

정답 및 해설

선지는 G2B에 대한 내용임

①③④

전자정부의 범위

구분	내용
G2G : 정부기관 간	정부기관 간에 행정정보의 공유, 온나라시스템, 전자결재 등을 통해 문서 없는 행정을 실현하여 능률성을 추구 예 온나라 시스템(On-nara BPS)
G2B : 정부와 기업 간	① 정부와 기업 간 전자거래 확대, 조달업무의 전자적인 처리(국가종합전자조달시스템; 나라장터), 전자통관시스템 등을 활용하여 효율성 및 투명성 제고 ② G2B(Government, Business)의 관계 변화로 정부의 정책수행을 위한 권고, 지침전달 등을 위한 정보교류 비용을 감소하고 조달행정비용도 절감할 수 있음 예 나라장터, 전자통관시스템(UNI-PASS)
G4C · G2C : 대국민 서비스	정부의 대민서비스로서 민원처리의 온라인화(민원24), 국민신문고, 주민등록 등 국가의 주요 민원정보 데이터베이스를 바탕으로 국민에게 편의를 제공함 예 민원24, 국민신문고

정답 ②

245 회독 □□□ 2021. 국가 7급

빅데이터에 대한 설명으로 옳지 않은 것은?

① 사진은 빅데이터에 포함되지 않는다.
② 정형 데이터도 포함하는 개념이다.
③ 각종 센서 장비의 발달로 데이터가 늘어나면서 나타났다.
④ 데이터를 실시간으로 처리하기도 한다.

정답 및 해설

빅데이터는 비정형적 데이터(사진·영상 등), 정형적 데이터(숫자·기호 등), 반정형적 데이터(정형적·비정형적 데이터의 중간 형태)를 모두 포함하는 개념임

③ 각종 센서 장비(예 압력센서를 활용한 저울, 온도센서를 설치한 온도계 등)의 발달, 소셜 네트워크 서비스의 보급 확대 등으로 데이터가 증가나면서 나타났음
④ 예를 들어, 아마존(Amazon)의 상품추천 시스템이 있음 → 해당 시스템은 고객행동 데이터를 실시간으로 분석하여 고객에게 상품을 추천함

정답 ①

246 회독 □□□ 2021. 지방 7급

「전자정부법」상 전자정부 추진에 대한 설명으로 옳지 않은 것은?

① 「고등교육법」상 사립대학은 적용받지 않는다.
② 행정기관등의 장은 해당기관의 전자정부의 구현·운영 및 발전을 위한 기본계획을 5년마다 수립하여야 한다.
③ 전자정부의 날이 지정되었다.
④ 필요한 경우 둘 이상의 지방자치단체가 공동으로 지역 정보통합센터를 설립·운영할 수 있다.

정답 및 해설

아래의 조항 참고

> **전자정부법 제2조【정의】** 이 법에서 사용하는 용어의 뜻은 다음과 같다.
> 3. "공공기관"이란 다음 각 목의 기관을 말한다.
> 라. 「초·중등교육법」, 「고등교육법」 및 그 밖의 다른 법률에 따라 설치된 각급 학교(공·사립학교 포함)

② 행정기관등의 장은 해당기관의 전자정부의 구현·운영 및 발전을 위한 기본계획을 5년마다 수립하여야 함

> **전자정부법 제5조의2【기관별 계획의 수립 및 점검】** ① 행정기관등의 장은 5년마다 해당 기관의 전자정부의 구현·운영 및 발전을 위한 기본계획(이하 "기관별 계획"이라 한다)을 수립하여 중앙사무관장기관의 장에게 제출하여야 한다.

③ 우리나라는 전자정부의 날을 지정하였음

> **전자정부법 제5조의3【전자정부의 날】** ① 전자정부의 우수성과 편리함을 국민에게 알리고 국제적 위상을 제고하는 등 지속적으로 전자정부의 발전을 촉진하기 위하여 매년 6월 24일을 전자정부의 날로 한다.

④ 필요한 경우 둘 이상의 지방자치단체가 공동으로 지역 정보통합센터를 설립·운영할 수 있음

> **전자정부법 제55조【지역정보통합센터 설립·운영】** ① 지방자치단체는 정보자원을 효율적으로 관리하고 지역정보화를 통합적으로 추진하기 위하여 지역정보통합센터를 설립·운영할 수 있고, 필요한 경우 국가와 지방자치단체 또는 둘 이상의 지방자치단체가 공동으로 지역정보통합센터를 설립·운영할 수 있다.

정답 ①

247 회독 □□□ 2020. 국가 7급

전자정부에 대한 설명으로 옳지 않은 것은?

① 온라인 참여포털 국민신문고는 국민의 고충 민원과 제안을 원스톱으로 접수 및 처리하는 것을 목적으로 한다.
② 디지털예산회계시스템(D-Brain)은 재정업무의 전 과정을 온라인으로 수행하고 재정사업의 현황을 실시간으로 파악할 수 있는 통합재정정보시스템이다.
③ 스마트워크(smart work)란 통신, 방송, 인터넷 등을 통합한 멀티미디어 서비스를 안전하게 제공하는 통합네트워크를 의미한다.
④ 전자정부 2020 기본계획은 전자정부법에 따라 2016년부터 2020년까지 5개년 계획으로 수립되었다.

정답 및 해설

스마트워크(smart work)란 영상회의 등 정보통신기술을 이용해 시간과 장소의 제약 없이 업무를 수행하는 유연한 근무형태를 의미함

① 국민신문고 : 행정기관 등의 위법·부당하거나 소극적인 처분 및 공정하지 않은 정책으로 인한 국민의 권리·이익의 침해나 불편·불만사항이 있을 때 정부의 각종 정책이나 의사결정과정에 의견을 제시하는 온라인 민원창구 → 국민의 고충 민원과 제안 등을 원스톱으로 접수 및 처리하는 것을 목적으로 함
② 디지털예산회계시스템(D-Brain) : 재정업무의 전 과정을 온라인으로 수행하고 재정사업의 현황을 실시간으로 파악할 수 있는 통합재정정보시스템 → 신성과주의 예산제도의 영향과 더불어 2007년 노무현 정부 당시 재정개혁의 일환으로 추진하였으며, 2013년에 UN 공공행정상을 수상하는 등 국제적으로 호평을 받고 있음
④ 전자정부 기본계획은 5년마다 수립해야 함

전자정부법 제5조【전자정부기본계획의 수립】 ① 중앙사무관장기관의 장은 전자정부의 구현·운영 및 발전을 위하여 5년마다 제5조의2 제1항에 따른 행정기관등의 기관별 계획을 종합하여 전자정부기본계획을 수립하여야 한다.

정답 ③

248 회독 □□□ 2018. 지방 7급

전자적 행정서비스를 제공받는 집단에 대한 설명으로 옳은 것은?

① G2G(Government, Government)에서는 그룹웨어시스템을 통한 원격지 연결, 정보 공유, 업무의 공동처리, 업무 유연성 등으로 행정의 생산성이 저하된다.
② G2C(Government, Citizen)의 관계 변화를 통해 시민요구에 부응하는 질 높은 행정서비스를 제공하고 시민 참여를 촉진할 수 있지만 공공서비스 수요에 대한 대응성이 낮아진다.
③ G2G(Government, Government)에서는 정부부처 간, 중앙과 지방정부 간에 정보를 공동활용하여 행정업무의 정확성과 효율성이 증대되고 거래비용이 감소한다.
④ G2B(Government, Business)의 관계 변화로 정부의 정책 수행을 위한 권고, 지침 전달 등을 위한 정보 교류 비용이 감소하지만 조달행정 비용은 증가한다.

정답 및 해설

G2G(Government, Government)란 정부와 정부 간의 연결체계로써 정부 부처 간, 중앙과 지방정부 간에 정보를 공동활용하여 행정업무의 정확성과 효율성을 촉진하고 거래비용을 감소시킴

① G2G(Government, Government)에서는 그룹웨어시스템을 통한 원격지 연결, 정보 공유, 업무의 공동처리, 업무 유연성 등으로 행정의 생산성이 제고됨
② G2C는 정부와 시민 간 연결체계로써 시민요구에 부응하는 서비스와 시민참여를 촉진시켜 행정의 대응성을 높임
④ G2B는 정부와 기업 간 연결체계로써 정보교류 비용 및 조달행정 비용을 감소시킴

정답 ③

249 회독 □□□

2019. 지방 7급

전자정부의 효율적 구현을 목적으로 하는 전자정부법의 내용으로 옳지 않은 것은?

① 행정정보의 처리업무를 방해할 목적으로 행정정보를 위조, 변경, 훼손하거나 말소하는 행위를 한 사람은 10년 이하의 징역에 처한다.

② 전자정부의 발전과 촉진을 위해 전자정부법은 전자정부의 날을 규정하고 있다.

③ 행정기관의 장은 3년마다 해당 기관의 전자정부의 구현, 운영 및 발전을 위한 기본계획을 수립하여야 한다.

④ 행정안전부장관은 전자적 대민서비스와 관련된 보안대책을 국가정보원장과 사전 협의를 거쳐 마련하여야 한다.

정답 및 해설

3년을 5년으로 고쳐야 함

전자정부법 제5조의2【기관별 계획의 수립 및 점검】 ① 행정기관등의 장은 5년마다 해당 기관의 전자정부의 구현·운영 및 발전을 위한 기본계획(이하 "기관별 계획"이라 한다)을 수립하여 중앙사무관장기관의 장에게 제출하여야 한다.

①

전자정부법 제76조【벌칙】 ① 제35조 제1호를 위반하여 행정정보를 위조·변경·훼손하거나 말소하는 행위를 한 사람은 10년 이하의 징역에 처한다.

전자정부법 제35조【금지행위】 누구든지 행정정보를 취급·이용할 때 다음 각 호의 행위를 하여서는 아니 된다.

1. 행정정보의 처리업무를 방해할 목적으로 행정정보를 위조·변경·훼손하거나 말소하는 행위

②

전자정부법 제5조의3【전자정부의 날】 ① 전자정부의 우수성과 편리함을 국민에게 알리고 국제적 위상을 제고하는 등 지속적으로 전자정부의 발전을 촉진하기 위하여 매년 6월 24일을 전자정부의 날로 한다.

④

전자정부법 제24조【전자적 대민서비스 보안대책】 ① 행정안전부장관은 전자적 대민서비스와 관련된 보안대책을 국가정보원장과 사전 협의를 거쳐 마련하여야 한다.

정답 ③

cf.

250 회독 □□□

2013. 국가 7급 수정

「지능정보화기본법」상 지능정보화책임관의 담당업무가 아닌 것은?

① 지능정보사회 정책의 총괄, 조정 지원 및 평가

② 건전한 정보문화의 창달 및 지능정보사회윤리의 확립

③ 지능정보사회 종합계획의 수립

④ 「전자정부법」 제2조 제12호에 따른 정보기술아키텍처(이하 "정보기술아키텍처"라 한다)의 도입·활용

정답 및 해설

지능정보사회 종합계획의 수립은 과학기술정보통신부장관이 관계 중앙행정기관의 장 및 지방자치단체의 장의 의견을 들어 수립함

지능정보화기본법 제6조【지능정보사회 종합계획의 수립】 ① 정부는 지능정보사회 정책의 효율적·체계적 추진을 위하여 지능정보사회 종합계획(이하 "종합계획"이라 한다)을 3년 단위로 수립하여야 한다.
② 종합계획은 과학기술정보통신부장관이 관계 중앙행정기관(대통령 소속 기관 및 국무총리 소속 기관을 포함한다. 이하 같다)의 장 및 지방자치단체의 장의 의견을 들어 수립하며, 「정보통신 진흥 및 융합 활성화 등에 관한 특별법」 제7조에 따른 정보통신 전략위원회(이하 "전략위원회"라 한다)의 심의를 거쳐 수립·확정한다. 종합계획을 변경하는 경우에도 또한 같다.

①②④

지능정보화기본법 시행령 제6조【지능정보화책임관의 업무】 법 제8조 제1항에서 "지능정보화 사업의 조정 등 대통령령으로 정하는 업무"란 다음 각 호의 업무를 말한다.

1. 지능정보화 사업의 조정, 지원 및 평가
2. 지능정보사회 정책의 총괄, 조정 지원 및 평가
3. 지능정보사회 정책과 기관 내 다른 정책 등과의 연계·조정
4. 지능정보기술을 이용한 행정업무의 지원
5. 정보자원의 현황 및 통계자료의 체계적 작성·관리
6. 「전자정부법」 제2조 제12호에 따른 정보기술아키텍처(이하 "정보기술아키텍처"라 한다)의 도입·활용
7. 건전한 정보문화의 창달 및 지능정보사회윤리의 확립
8. 지능정보화 및 지능정보사회 관련 교육 및 역량강화
9. 그 밖에 다른 법령에서 법 제8조 제1항에 따른 지능정보화책임관(이하 "지능정보화책임관"이라 한다)의 업무로 정하는 사항

정답 ③

251 회독 □□□

2011. 국가 7급

현행 「전자정부법」상 행정기관이 전자정부의 구현·운영 및 발전을 추진할 때 우선적으로 고려해야 하는 사항으로 옳지 않은 것은?

① 대민서비스의 전자화 및 행정기관 편의의 증진
② 행정업무의 혁신 및 효율성의 향상
③ 정보시스템의 안정성·신뢰성의 확보
④ 행정정보의 공개 및 공동이용의 확대

정답 및 해설

대민서비스의 전자화 및 국민편익의 증진임

전자정부법 제4조【전자정부의 원칙】 ① 행정기관등은 전자정부의 구현·운영 및 발전을 추진할 때 다음 각 호의 사항을 우선적으로 고려하고 이에 필요한 대책을 마련하여야 한다.
1. 대민서비스의 전자화 및 국민편익의 증진
2. 행정업무의 혁신 및 생산성·효율성의 향상
3. 정보시스템의 안정성·신뢰성의 확보
4. 개인정보 및 사생활의 보호
5. 행정정보의 공개 및 공동이용의 확대
6. 중복투자의 방지 및 상호운용성 증진

정답 ①

252 회독 □□□

2014. 지방 7급

「전자정부법」에서 규정하는 전자정부의 원칙에 해당되지 않는 것은?

① 개인정보 및 사생활의 보호
② 행정정보의 공개 및 공동이용의 확대
③ 중복투자의 방지 및 상호운용성 증진
④ 행정기관 및 국가공무원의 통제 효율성 확대

정답 및 해설

행정기관 및 국가공무원의 통제 효율성 확대는 「전자정부법」에서 규정하는 전자정부의 원칙에 해당되지 않음

전자정부법 제4조【전자정부의 원칙】 ① 행정기관등은 전자정부의 구현·운영 및 발전을 추진할 때 다음 각 호의 사항을 우선적으로 고려하고 이에 필요한 대책을 마련하여야 한다.
1. 대민서비스의 전자화 및 국민편익의 증진
2. 행정업무의 혁신 및 생산성·효율성의 향상
3. 정보시스템의 안정성·신뢰성의 확보
4. 개인정보 및 사생활의 보호
5. 행정정보의 공개 및 공동이용의 확대
6. 중복투자의 방지 및 상호운용성 증진

정답 ④

cf.
253 회독 □□□

2012. 국가 7급 수정

현행 전자정부 관련 법령상 우리나라 전자정부서비스에 대한 설명으로 옳지 않은 것은?

① 행정기관의 장은 해당 기관에서 처리할 민원사항에 대하여 관계 법령에서 종이문서로 신청하도록 규정하고 있는 경우 전자문서로 신청을 하게 할 수 없다.

② 민원사항과 관련하여 전자문서로 신청하는 경우 전자문서에 첨부되는 서류는 전자화문서로 할 수 있다.

③ 행정기관의 장은 민원인이 제출하여야 하는 구비서류가 행정기관이 전자문서로 발급할 수 있는 문서인 경우에는 직접 그 구비서류를 발급하는 기관으로부터 발급받아 업무를 처리하여야 한다.

④ 중앙사무관장기관의 장은 행정기관등의 전자민원창구의 설치·운영을 지원하고 이를 연계하여 통합전자민원창구를 설치·운영할 수 있다.

정답 및 해설

아래의 조항 참고

전자정부법 제7조【전자적 민원처리 신청 등】 ① 행정기관등의 장은 해당 기관에서 처리할 민원사항 등에 대하여 관계 법령에서 문서·서면·서류 등의 종이문서로 신청, 신고 또는 제출 등을 하도록 규정하고 있는 경우에도 전자문서로 신청등을 하게 할 수 있다.

②

전자정부법 제7조【전자적 민원처리 신청 등】 ③ 제1항 및 제2항에 따라 전자문서로 신청등 또는 통지등을 하는 경우 전자문서에 첨부되는 서류는 전자화문서로도 할 수 있다.

③

전자정부법 제8조【구비서류의 전자적 확인 등】 ① 행정기관등의 장은 민원인이 첨부·제출하여야 하는 증명서류 등 구비서류가 행정기관등이 전자문서로 발급할 수 있는 문서인 경우에는 직접 그 구비서류를 발급하는 기관으로부터 발급받아 업무를 처리하여야 한다.

④

전자정부법 제9조【방문에 의하지 아니하는 민원처리】 ③ 중앙사무관장기관의 장은 행정기관등의 전자민원창구의 설치·운영을 지원하고 이를 연계하여 통합전자민원창구를 설치·운영할 수 있다.

정답 ①

cf.
254 회독 □□□

2014. 지방 7급

정부 3.0 추진 기본계획의 과제 중에서 공공정보가 민간의 창의성 및 혁신적인 아이디어와 결합하여 새로운 비즈니스를 창출할 수 있는 생태계를 조성하는 것과 관련이 있는 과제는?

① 공공정보 적극 공개로 국민의 알권리 충족

② 공공데이터의 민간활용 활성화

③ 민관 협치 강화

④ 빅데이터를 활용한 과학적 행정 구현

정답 및 해설

공공데이터의 민간활용 활성화 전략은 공공정보가 민간의 창의성 및 혁신적인 아이디어와 결합하여 새로운 비즈니스를 창출할 수 있는 생태계를 조성하는 것과 관련이 있음 → 정부는 공공데이터의 민간제공과 이용을 체계적으로 뒷받침할 수 있도록 공공데이터의 제공 및 이용 활성화에 관한 법률을 제정하였음

공공데이터의 제공 및 이용 활성화에 관한 법률 제1조【목적】 이 법은 공공기관이 보유·관리하는 데이터의 제공 및 그 이용 활성화에 관한 사항을 규정함으로써 국민의 공공데이터에 대한 이용권을 보장하고, 공공데이터의 민간 활용을 통한 삶의 질 향상과 국민경제 발전에 이바지함을 목적으로 한다.

정답 ②

255 회독 □□□

2015. 국가 7급

데이터 기반의 과학적 정책 수립을 위하여 빅데이터의 중요성이 커지고 있다. 빅데이터에 대한 설명으로 옳지 않은 것은?

① 빅데이터 부상의 이유로 페이스북(Facebook) · 트위터(Twitter) 등의 소셜네트워크 서비스(SNS)의 보급 확대를 들 수 있다.

② 인터넷쇼핑업체인 아마존(Amazon)이 고객행동 패턴 데이터를 분석하여 상품 추천 시스템을 도입한 것은 빅 데이터를 활용한 사례이다.

③ 빅데이터는 비정형적 데이터가 아닌 정형적 데이터를 지칭한다.

④ 빅데이터를 활성화하기 위해서는 개인정보 보호 장치가 제도적으로 선행될 필요가 있다.

정답 및 해설

빅데이터는 기존의 환경에서 사용되는 '정형화된 데이터(숫자 · 기호 등)'는 물론 사진, 이미지와 같은 '비정형 데이터'를 모두 포함하는 개념임

① 소셜네트워크 서비스(SNS)의 보급 확대에 따라 보다 광범위한 데이터가 등장하였음
② 아마존(Amazon)뿐만 아니라 다양한 기업들은 고객이 제공하는 광범위한 데이터를 활용하여 상품추천 시스템을 도입하였음
④ 빅데이터를 활성화하기 위해서는 개인정보 보호 장치가 제도적으로 선행될 필요가 있음 → 데이터 보안, 암호화, 비식별화 등의 기술 개발 등

정답 ③

cf.

256 회독 □□□

2017. 국가 7급

우리나라의 공공부문 빅데이터 정책에 대한 설명으로 옳지 않은 것은?

① 과거 국가정보화전략위원회에서는 공공부문의 빅데이터 활용 시나리오를 제시하였다.

② 빅데이터의 유통 활성화를 위해서는 데이터 보안, 암호화, 비식별화 등 개인정보보호를 위한 기술 개발이 중요하다.

③ 우리나라는 현재 빅데이터 활성화를 목표로 한 기본법이 시행되고 있지만 아직 지방자치단체의 조례는 제정되지 않았다.

④ 반정형화된 데이터나 비정형 데이터에 이르기까지 활용하는 데이터의 수준이나 폭이 확대되고 있다.

정답 및 해설

현재 우리나라는 빅데이터에 관한 기본법은 아직 제정되어 있지 않음 → 다만 개별 법령에서 빅데이터의 활용 촉진 및 제한에 대해 일부 규정하고 있음; 예를 들어 공공데이터의 제공 및 이용 활성화에 관한 법률, 공공기관의 정보공개에 관한 법률, 전자정부법 등이 있음; 또한 지방자치단체들도 빅데이터를 활용한 정책개발에 노력하고 있음; 이를 위해 현재 서울시를 시작으로 대부분의 광역자치단체와 일부 기초자치단체에서 빅데이터 활용과 기반구축을 위한 조례를 제정하여 시행하고 있음

① 2011년 국가정보화전략위원회는 '빅데이터를 이용한 스마트 정부 구현(안)'을 수립하였음; 현재 위원회는 폐지되었음
② 빅데이터를 활성화하기 위해서는 개인정보 보호 장치가 제도적으로 선행될 필요가 있음 → 데이터 보안, 암호화, 비식별화 등의 기술 개발 등
④ 빅데이터는 정형화된 데이터, 반정형화된 데이터, 비정형화된 데이터를 포괄하는 광범위한 개념임

정답 ③

Section 05 행정문화 : 우리나라의 행정문화

cf.

257 회독 □□□ 2017. 교행

우리나라의 관료문화에 관한 설명으로 옳은 것을 보기에서 고른 것은?

ㄱ. 권위주의는 집권주의적 조직 운영을 강화하고, 의사결정을 폐쇄화·밀실화한다.
ㄴ. 집단주의는 집단 내 구성원들 간의 소속감과 심리적 안정 욕구를 충족하여 할거주의적 태도를 감소시킨다.
ㄷ. 온정주의는 따뜻한 공동체적 조직분위기를 조성하여 행정의 공평성과 합리성을 증진시킨다.
ㄹ. 형식주의는 행정의 목표나 실적보다 형식과 절차를 더 중요시하는 목표대치를 조장한다.

① ㄱ, ㄴ ② ㄱ, ㄹ
③ ㄴ, ㄷ ④ ㄷ, ㄹ

정답 및 해설

올바른 선지

ㄱ. 권위주의는 위계질서, 상명하복을 강조하는 문화로서 업무의 신속성을 담보할 수 있으나 집권주의적 조직 운영을 강화하고, 의사결정을 폐쇄화 할 수 있음
ㄹ. 형식주의는 조직의 공식적인 측면을 강조하다 보니 다소 복잡한(비능률적인) 절차가 있는 상태로서 행정의 목표나 실적보다 형식과 절차를 더 중요시하는 목표대치를 조장할 수 있음

틀린 선지

ㄴ. 집단주의는 특정 집단의 응집력이 강하여 다른 조직이나 개인에게 다소 폐쇄적인 태도를 보이는 문화 혹은 조직 내 개인보다 조직을 우선시하는 문화임; 이는 집단 내 구성원들 간의 소속감과 심리적 안정 욕구를 충족할 수 있으나 할거주의적 태도를 촉진할 수 있음
ㄷ. 온정주의는 의리, 우정 등 감정적인 유대관계를 중시하는 문화임; 이는 공동체적 조직 분위기를 조성할 수 있으나 행정의 공평성과 합리성을 저해할 수 있음

정답 ②

CHAPTER 06 정부관 : 큰 정부와 작은 정부

Section 01 시대 및 이념의 구분에 따른 정부관

258 회독 □□□

2024. 국가 9급

시장실패에 대한 설명으로 옳지 않은 것은?

① 민영화를 강조하는 작은 정부론은 시장실패에 대한 대응으로 제기되었다.
② 시장기구를 통해 자원을 효율적으로 배분할 수 없는 상태를 말한다.
③ 정부는 시장개입 및 규제를 통해 시장실패를 교정한다.
④ 공공재의 존재는 시장실패를 야기하는 요인이다.

정답 및 해설

작은 정부론은 행정국가 이후에 등장함 → 따라서 정부실패에 대한 대응으로 제기되었음

② 시장실패는 시장기구를 통해 자원을 효율적으로 배분할 수 없는 상태, 혹은 사회적으로 반드시 필요한 서비스임에도 시장에서 공급하지 않는 상태 등을 뜻함
③ 정부는 시장실패를 교정하기 위해 공적공급, 공적유도, 공적규제 등을 활용함
④ 공공재는 무임승차문제로 인해 민간에서 공급하지 않는바 시장실패를 야기하는 요인임

정답 ①

259 회독 □□□

2022. 국가 9급

정부관의 변천에 대한 설명으로 옳지 않은 것은?

① 19세기 근대 자유주의 국가는 '야경국가'를 지향하였다.
② 대공황 이후 케인스주의, 루스벨트 대통령의 뉴딜정책은 큰 정부관을 강조하였다.
③ 영국의 대처리즘, 미국의 레이거노믹스는 작은 정부를 지향하였다.
④ 하이에크(Hayek)는 『노예의 길』에서 시장실패를 비판하고 큰 정부를 강조하였다.

정답 및 해설

하이에크는 신자유주의의 아버지이므로 작은 정부를 강조하는 입장임

① 19세기 근대 자유주의 국가, 즉 입헌국가는 '야경국가'를 지향하였음
② 케인즈주의, 루스벨트 대통령은 행정국가를 상징하므로 양자는 큰 정부와 연관됨
③ 영국의 대처리즘, 미국의 레이거노믹스는 신공공관리론 패러다임을 의미하므로 양자는 작은 정부를 지향함

정답 ④

260 회독 □□□

2020. 지방 9급

작은 정부를 적극적으로 옹호하는 것은?

① 행정권 우월화를 인정하는 정치행정일원론
② 경제공황 극복을 위한 뉴딜정책
③ 사회복지 프로그램의 확대
④ 신공공관리론

정답 및 해설

신공공관리론은 정부실패를 극복하기 위해서 작고 능률적인 정부를 추구하는 관리방식이므로 작은 정부를 적극적으로 옹호하는 관점임

①②③
정치행정일원론, 뉴딜정책, 복지정책 등은 정부의 역할 증대를 옹호하는 입장이므로 작은 정부와는 상충하는 개념임

정답 ④

261 회독 □□□

2013. 국가 9급

신자유주의 정부이념 및 관리수단과 연관성이 적은 것은?

① 시장실패의 해결사 역할을 해오던 정부가 오히려 문제의 유발자가 되었다는 인식을 바탕으로 다시 시장을 통한 문제해결을 강조하며 '작은 정부'(small government)를 추구한다.
② 민간기업의 성공적 경영기법을 행정에 접목해 효율적인 행정관리를 추구할 뿐만 아니라 개방형 임용, 성과급 등을 통하여 행정에 경쟁의 원리를 도입한다.
③ 케인즈(Keynes) 경제학에 기반을 둔 수요 중시 거시경제정책을 강조하므로 공급측면의 경제정책에 대하여는 반대입장을 견지한다.
④ 정부의 민간부문에 대한 간섭과 규제는 최소화 또는 합리적으로 축소·조정되어야 한다는 입장에서 규제완화, 민영화 등을 강조한다.

정답 및 해설

신자유주의는 작고 능률적인 정부를 지향하는 이념이지만, 케인즈의 수요경제학은 노동자의 경제활동을 촉진하기 위해 정부가 많은 사업을 추진하는 큰 정부를 상징하는 표현임

①④
신자유주의는 정부실패 이후에 등장한 이념으로써 시장에 대한 정부의 규제 완화, 민간위탁, 민영화 등을 강조하면서 '작은 정부'(small government)를 추구함
② 신자유주의에 기초한 신공공관리론은 민간기업의 성공적 경영기법을 행정에 접목해 효율적인 행정관리를 추구할 뿐만 아니라 개방형 임용, 성과급 등을 통하여 행정에 경쟁의 원리를 도입함

정답 ③

262 회독 □□□

2014. 지방 9급

다음 중 신공공관리론자들이 지향하는 가치와 거리가 먼 것을 모두 고른 것은?

> ㄱ. 하이예크의 노예로의 길
> ㄴ. 미국의 '위대한 사회' 건설
> ㄷ. 성과에 의한 관리
> ㄹ. 오스본과 게블러의 '정부재창조'
> ㅁ. 유럽식의 '최대의 봉사자가 최선의 정부'

① ㄱ, ㄴ ② ㄱ, ㄷ
③ ㄴ, ㄹ ④ ㄴ, ㅁ

263 회독 □□□

2017. 교행

정부관에 대한 일반적인 설명으로 옳은 것은?

① 보수주의자는 기본적으로 자유시장을 불신하지만 정부를 신뢰한다.
② 진보주의자는 조세제도를 통한 정부의 소득재분배 정책을 선호한다.
③ 신자유주의가 등장하면서 작은 정부에서 큰 정부로의 전환이 이루어졌다.
④ 1930년대 대공황을 겪으면서 최소의 정부가 최선의 정부라는 신념이 중요시되었다.

정답 및 해설

틀린 선지

ㄴ, ㅁ.
위대한 사회 건설은 복지정책을 강조하는 존슨 행정부를 나타내며, 최대의 봉사자가 최선의 정부라는 표현은 존슨 행정부가 당시 내세운 기치임

올바른 선지

ㄱ. 하이예크(Hayek)의 '노예로의 길(1944)'은 시민사회 및 시장에 대한 국가의 개입이 국민의 노예화를 초래할 거라는 관점임 → 신자유주의의 입장

ㄷ, ㄹ.
성과에 의한 관리와 정부재창조론은 모두 신공공관리를 상징하는 표현임; NPM은 성과 중심적인 관리, 비대해진 정부를 축소하려는 정부재창조(정부혁신)를 지향함

정답 ④

정답 및 해설

진보주의자는 소외계층을 위한 정책을 형성하기 위해 조세제도를 통한 정부의 소득재분배 정책을 선호함

① 보수주의자는 정부의 지나친 개입을 지양하는바 시장을 신뢰하고 정부를 불신함
③ 신자유주의가 등장하면서 시민사회와 시장의 자유를 보장하는 작은 정부로의 전환이 이루어졌음
④ 경제대공황을 겪으면서 작은 정부의 한계점이 드러나게 되었고, 이에 따라 큰 정부(최대의 봉사를 최선의 정부로 인식)가 등장함

정답 ②

Section 02 정부의 규모 변화: 작은 정부론

264 회독 □□□

2023. 지방 9급

정부 예산팽창이론에 대한 설명으로 옳지 않은 것은?

① 바그너(Wagner)는 경제 발전에 따라 국민의 욕구 부응을 위한 공공재 증가로 인해 정부 예산이 증가한다고 주장한다.
② 피코크(Peacock)와 와이즈맨(Wiseman)은 전쟁과 같은 사회적 변동이 끝난 후에도 공공지출이 그 이전 수준으로 되돌아가지 않는 데에서 예산팽창의 원인을 찾고 있다.
③ 보몰(Baumol)은 정부 부문과 민간 부문 간의 생산성 격차를 통해 정부 예산의 팽창 원인을 설명하고 있다.
④ 파킨슨(Parkinson)은 관료들이 자신들의 권력 극대화를 위해 필요 이상으로 자기 부서의 예산을 추구함에 따라 정부 예산이 지속적으로 증가한다고 주장한다.

정답 및 해설

선지는 니스카넨의 예산극대화모형에 대한 내용임 → 파킨슨은 부하배증 및 업무배증의 원리가 상호 악순환하면서 공무원의 수가 증대되는 현상을 설명함

①②③

바그너(와그너) 법칙	① 공공재 수요의 소득 탄력적 특성으로 인해 국민경제에서 차지하는 공공부문의 상대적 크기가 커지는 현상 ② 1인당 국민소득의 증가, 즉 사회의 소득이 증가하면 공공재 수요(공적인 수요)가 빠르게 증가하게 됨 → 경제가 성장하면 국민이 정부에게 많은 요구를 하는 현상이 발생
피콕과 와이즈먼 전위효과(대체효과)	① 일반적으로 전쟁과 같은 위기 상황 발생 시 공공지출이 상향조정되어 공공지출이 민간지출을 대체하는 현상 ② 위기 상황을 해소한 후에도 공공지출의 크기가 감소하지 않고 공적인 지출이 민간지출을 대체한 상태로 유지되는바 정부의 규모 증가
보몰병	① 정부가 공급하는 서비스는 대개 '노동집약적'인 까닭에 민간부문에 비해 생산성 증가가 느림 ② 이로 인해 비용절감이 힘들고 생산비용이 상대적으로 빠르게 증가 → 정부지출 규모 증가

정답 ④

265 회독 □□□

2010. 지방 9급

파킨슨의 법칙에 대한 설명으로 옳지 않은 것은?

① 조직의 구조적 특징이 조직의 규모를 결정한다.
② 상승하는 피라미드의 법칙(the law of rising pyramid)이라고도 불린다.
③ 공무원 수는 업무와 무관하게 일정비율로 증가한다.
④ 부하 배증의 법칙과 업무 배증의 법칙을 핵심적인 내용으로 한다.

정답 및 해설

해당 선지는 파킨슨 법칙과 관련이 없는 내용임

②③

파킨슨 법칙은 공무원의 수는 본질적인 업무와 관계없이 일정 비율로 증가한다는 법칙으로서 상승하는 피라미드의 법칙(the law of rising pyramid)으로 불리기도 함

④ 파킨슨 법칙은 부하 배증의 법칙과 업무 배증의 법칙이 악순환하면서 공무원의 수가 증가하는 현상을 설명함

공무원의 수가 증가하는 두 가지 공리와 메커니즘

㉠ 부하 배증의 법칙(제1공리)
공무원은 파생적인 업무(지시, 보고, 승인, 감독 등)가 증가하면 이를 다른 동료와 분담하지 않고, 심리적인 욕구(권력욕)에 의해 굳이 부하를 받기를 원한다는 것 → 동료와 협업을 하는 것보다 부하에게 시키는 게 편리함
㉡ 업무 배증의 법칙(제2공리)
새로 생긴 부하도 업무를 하면서 파생적인 업무가 발생하여 본질적인 업무의 증가 없이 부수적인 업무량이 증가함
㉢ 1공리의 반복
부하는 다시 업무의 경중과 관계없이(본질적인 업무량과 관계없이) 권력욕에 따라 자신의 부하를 받기를 원함
㉣ 본질적 업무량과는 관계없이 정부의 규모가 커짐

정답 ①

266 회독 □□□ 2013. 서울 9급

공무원 정원과 관련한 다음의 서술 중에서 옳은 것은?

① 공무원 숫자가 지속적으로 늘어나는 현상과 관련해 사이먼(Simon)은 '공무원 팽창의 법칙'을 주장하였다.
② 김영삼 · 김대중 · 노무현 · 이명박 정부를 거치면서 우리나라 공무원의 정원은 매번 증가했다.
③ 정부의 규모팽창과 관련하여 '부하배증의 법칙'과 '업무배증의 법칙'은 각각 별개로 작용하며 서로 영향을 미치지 않는다.
④ 행정기구의 팽창과 더불어 공무원 숫자가 증가하는 현상은 우리나라에만 해당한다.
⑤ '부하 배증의 법칙'은 A라는 공무원이 과중한 업무에 허덕이게 될 때 자기의 동료를 보충받기보다는 자기를 보조할 부하 C를 보충받기를 원한다는 것이다.

정답 및 해설

부하 배증의 법칙이란 파생적인 업무(지시, 보고, 승인, 감독 등)가 증가하면 이를 동료와 분담하지 않고, 심리적인 욕구(권력욕)에 의해 부하를 보충받기를 원한다는 것을 설명하는 개념임 → 즉, 동료와 협업을 하는 것보다 부하에게 시키는 게 편리하다는 것

① 사이먼은 공무원 팽창의 법칙을 주장하지 않았음
② 우리나라는 김대중 정권을 제외하고, 김영삼 · 노무현 · 이명박 정부를 거치면서 공무원의 정원은 매번 증가함
③ 파킨슨의 법칙은 두 가지 법칙이 상호작용, 즉 악순환하면서 공무원의 수가 증가하는 현상을 설명함
④ 행정기구의 팽창과 더불어 공무원 숫자가 증가하는 현상은 모든 나라에 적용됨

정답 ⑤

267 회독 □□□ 2009. 국가 7급

정부규모팽창에 대한 이론의 설명으로 옳은 것을 모두 고르면?

ㄱ. 전위효과: 사회혼란기에 공공지출이 상향조정되면 민간지출이 공공지출을 대체하는 현상
ㄴ. 와그너(Wagner' law)의 법칙: 1인당 국민소득이 증가할 때, 국민경제에서 차지하는 공공부문의 상대적 크기가 증대되는 현상
ㄷ. 파킨슨 법칙: 공무원의 수가 해야 할 업무의 경중이나 그 유무에 관계없이 일정한 비율로 증가하는 현상
ㄹ. 예산극대화가설: 관료들이 권력의 극대화를 위해 자기 부서의 예산극대화를 추구하는 현상
ㅁ. 보몰효과: 정부가 생산 및 공급하는 서비스의 생산비용이 상대적으로 빨리 하락하여 정부의 지출이 감소하는 현상

① ㄱ, ㄴ, ㄷ ② ㄱ, ㄴ, ㄹ
③ ㄴ, ㄷ, ㄹ ④ ㄷ, ㄹ, ㅁ

정답 및 해설

올바른 선지

ㄴ. 와그너 법칙: 와그너는 국민소득이 증가할 때 국민의 요구도 확대되기 때문에 정부가 팽창한다고 주장함
ㄷ. 파킨슨 법칙: 공무원의 수가 중요한 업무에 관계없이 일정하게 증가하는 현상을 설명하는 법칙
ㄹ. 예산극대화가설: 관료의 권력은 예산이므로 관료들은 권력의 극대화를 위해 자기부서의 예산극대화를 추구함

틀린 선지

ㄱ. Peacock & Wiseman의 전위효과: 전쟁과 같은 위기상황 발생 시 일반적으로 공공지출은 상향조정되며, 위기상황을 해소한 후에도 공공지출의 크기는 감소하지 않고 공적인 지출이 민간지출을 대체하는 현상이 발생함
ㅁ. Baumol Disease(보몰병 · 보몰효과): 정부가 공급하는 서비스는 대개 '노동집약적'임 → 이로 인해 비용절감은 힘들고 생산비용은 증가하는바 정부지출 규모가 커짐

정답 ③

268 회독 □□□ 2019. 지방 7급

파킨슨의 법칙(Parkinson's Law)에 대한 설명으로 옳지 않은 것은?

① 관료는 본질적인 업무가 증가하지 않으면 파생적인 업무도 줄이려는 무사안일의 경향을 가진다.
② 업무의 강도나 양과는 관계없이 공무원의 수는 항상 일정한 비율로 증가한다.
③ 공무원은 업무의 양이 증가하면 비슷한 직급의 동료보다 부하 직원을 충원하려는 경향이 강하다.
④ 브레넌과 뷰캐넌(Brennan & Buchanan)의 리바이던 가설(Leviathan Hypothesis)처럼, 관료제가 '제국의 건설'을 지향한다는 입장이다.

정답 및 해설

파킨슨의 법칙은 영국의 해군성에 대한 실증 연구에 바탕을 둔 이론이며, 이는 공무원의 수가 (본질적인) 업무량의 증가와는 관계없이 파생적인 업무의 증가에 따라 공무원의 수가 증대되는 현상을 설명함 → 즉, 공무원은 본질적인 업무 외에도 부수적인 업무들이 있는데, 인간의 사회심리적 요인(권력욕)은 부수적 업무를 해결하기 위해 동료와 협조하기보다 공무원으로 하여금 부하를 충원하는 선택을 하게 만든다는 것; 고용된 부하도 위의 과정을 동일하게 겪으면서 정부는 상승하는 피라미드처럼 커지게 됨

② 공무원은 본질적인 업무의 강도나 양과는 관계없이 공무원의 수는 항상 일정한 비율로 증가함
③ 공무원은 부수적인 업무의 양이 증가하면 비슷한 직급의 동료보다 부하 직원을 충원하려는 경향이 강함
④ 리바이어던 가설은 재정권을 독점한 정부에서 정치가나 관료들이 독점적 권력을 국민에게 남용하여 재정규모를 과도하게 팽창시키는 행위를 의미한다는 내용을 담고 있음; 따라서 파킨슨 법칙과 리바이어던 가설은 모두 정부규모가 확장하는 현상을 설명하는 이론임

정답 ①

최욱진 행정학

단원별 7·9급 기출문제집

정책학

Chapter 01 정책학의 기초
Chapter 02 정책의제설정
Chapter 03 정책분석: 합리모형
Chapter 04 정책결정
Chapter 05 정책집행
Chapter 06 정책평가

CHAPTER 01 정책학의 기초

Section 01 정책의 의의와 유형

01 회독 □□□

2023. 지방 7급

정책의 유형에 대한 설명으로 옳은 것은?

① 로위(Lowi)의 분배정책은 돈이나 권력 등을 많이 소유하고 있는 집단으로부터 그렇지 못한 집단으로 이전시키는 정책이다.
② 리플리(Ripley)와 플랭클린(Franklin)의 보호적 규제정책은 국민을 보호하기 위해 개인이나 집단의 행동을 통제하는 정책이다.
③ 아몬드(Almond)와 파월(Powell)의 상징정책은 정책목표를 달성하기 위해 민간에게 인적·물적 자원을 부담시키는 정책이다.
④ 로위(Lowi)가 제시한 정책유형론은 포괄성과 상호배타성을 확보하고 있다.

정답 및 해설

리플리와 플랭클린의 보호적 규제정책은 일반 대중을 보호하기 위해 특정 개인이나 집단의 행동을 통제하는 정책임

① 선지는 재분배정책에 대한 내용임 → 분배정책은 특정 지역 등에 편익을 제공하는 정책임
③ 선지는 추출정책에 대한 내용임 → 상징정책은 국민 통합 및 자긍심 제고를 위해 상징물을 지정하는 정책임
④ 로위의 정책유형론은 포괄성(모든 정책유형을 포함하는지 여부)과 상호배타성(각 정책유형이 명료하게 구분되는 정도)을 확보하고 있지 못함

참고
로위가 1964년 논문에서 밝힌 정책유형 분류의 경우 귀납적 접근으로 인해 정책유형이 상호 배타적이지 못하며, 정책에 대한 조작적 정의(계량화)에 있어 모호함을 유발할 수 있다는 비판을 받음

정답 ②

02 회독 □□□

2024. 국가 9급

로위(Lowi)의 정책 유형에 대한 설명으로 옳지 않은 것은?

① 정부 혹은 정치체제의 정통성과 정당성을 확보하고, 국민의 단결력이나 자부심을 높여 줌으로써 정부의 정책활동을 원활하게 하기 위한 정책은 구성정책에 해당한다.
② 기초생활보장 대상자에 대한 생활 보조금 지급 등과 같이 소득이전과 관련된 정책은 재분배정책에 해당한다.
③ 도로 건설, 하천·항만 사업과 같이 국민에게 공공서비스나 혜택을 제공하기 위한 정책은 분배정책에 해당한다.
④ 사회구성원이나 집단의 활동을 통제해 다른 사람이나 집단을 보호하려는 목적을 가진 정책은 규제정책에 해당한다.

정답 및 해설

선지는 상징정책에 대한 내용임 → 구성정책은 헌정수행에 필요한 정부(체제)의 구조·기능·운영규칙의 변경에 대한 정책임

② 재분배정책은 부의 이전과 연관된 정책이며, 임대주택건설, 최저생계비제도 등이 있음
③ 분배정책은 특정 집단에게 편익을 제공하는 정책이며, 사회간접자본건설, 국고보조금 등이 있음
④ 규제정책은 특정인의 자유를 제한하는 정책이며, 환경오염규제 등이 있음

정답 ①

03 회독 □□□ 2024. 국가 9급

규제유형에 대한 설명으로 옳지 않은 것은?

① 오염배출부과금제도, 이산화탄소 배출권거래제도는 시장유인적 규제유형에 속한다.
② 포지티브 규제방식은 네거티브 규제방식에 비해 피규제자의 자율성을 더 보장한다.
③ 명령지시적 규제는 시장유인적 규제에 비해 일반 국민이 이해하기 쉽고 직관적 설득력이 높다는 장점이 있다.
④ 사회규제는 주로 사회적 영향을 야기하는 기업행동에 대한 규제를 말하며 작업장 안전 규제, 소비자 보호 규제 등이 있다.

정답 및 해설

포지티브 규제방식은 네거티브 규제방식에 비해 피규제자의 자율성을 더 제한함

① 시장유인규제 : 규제의 준수여부가 자율적이며, 이행여부에 따라 보조금, 세제 지원, 부과금 징수 등 비강제적 방법을 활용하는 규제 → 오염배출권제도, 공해배출부과금제도, 폐기물처리비예치제도, 보조금 등이 있음
③ 명령지시적 규제 : 국가가 직접규제를 위한 규칙·기준을 구체적으로 설정하여 의무·금지행위를 정하는 강제적 규제 → 규칙 기준이 구체적이라는 점에서 국민이 이해하기 쉽고 직관적 설득력이 높다는 장점이 있음
④ 사회규제 : 각종 민간활동이 허용되는 조건을 인정함으로써 국민을 보호하는 것이 목적인 정책 → 주로 약자를 보호하기 위한 규제임

정답 ②

04 회독 □□□ 2024. 지방 9급

정책학의 발달에 대한 설명으로 옳지 않은 것은?

① 1951년 「정책지향(Policy Orientation)」이라는 논문은 정책학의 정체성 확립에 기여하였다.
② 라스웰(Lasswell)은 1971년 『정책학 소개(A Pre-View of Policy Sciences)』에서 맥락지향성, 이론지향성, 연합학문지향성을 제시하였다.
③ 1980년대 정책학의 연구는 정책형성, 집행, 평가, 변동 등 다양한 분야로 확대되었다.
④ 드로(Dror)는 정책결정 단계를 상위정책결정(meta-policymaking), 정책결정(policymaking), 정책결정 이후(post-policymaking)로 나누는 최적모형을 제시하였다.

정답 및 해설

이론지향성을 문제지향성으로 고쳐야 함

맥락성	의사결정은 사회적 과정의 일부분
문제지향성	사회문제해결 강조
범학문성	다양한 연구방법의 사용을 장려

① 라스웰은 1951년 정책지향에서 정책과정에 관한 지식과 정책에 필요한 지식에 대한 내용을 언급함 → 후자의 관점을 강조
④ 드로어의 최적모형에 대한 설명임

정답 ②

05 회독 □□□ 2023. 지방 9급

로위(Lowi)의 정책 유형과 리플리와 프랭클린(Ripley & Franklin)의 정책 유형에는 없지만, 앨먼드와 파월(Almond & Powell)의 정책 유형에는 있는 것은?

① 상징정책
② 재분배정책
③ 규제정책
④ 분배정책

정답 및 해설

상징정책 및 추출정책은 알몬드와 포웰이 제시한 정책유형임

②③④

학자별 정책유형

Lowi(로위) → 로재분규성	분배정책, 규제정책, 재분배정책, 구성정책
Ripley & Franklin (리플리와 프랭클린)	분배정책, 경쟁적 규제정책, 보호적 규제정책, 재분배정책
Almond & Powell (알몬드와 포웰) → 알상추	분배정책, 규제정책, 추출정책, 상징정책
Salisbury(솔리스버리) → 살자	분배정책, 규제정책, 재분배정책, 자율규제정책

정답 ①

06 회독 □□□ 2022. 국가 9급

정책의 유형 중에서 정책목표에 의해 일반 국민에게 인적·물적 자원을 부담시키는 정책은?

① 추출정책
② 구성정책
③ 분배정책
④ 상징정책

정답 및 해설

추출정책은 국가관리에 필요한 것을 국민으로부터 동원하는 정책임

② 구성정책 : 정부기관의 신설이나 변경 등과 관련된 정책
③ 분배정책 : 특정 조직이나 지역에 편익을 배분하는 정책
④ 상징정책 : 국민의 자긍심을 제고할 수 있는 상징물을 지정하는 정책

정답 ①

07 회독 □□□ 2022. 지방 9급

살라몬(Salamon)의 정책도구 분류에서 강제성이 가장 높은 것은?

① 경제적 규제
② 바우처
③ 조세지출
④ 직접대출

정답 및 해설

선지에서 살라몬의 정책수단 분류 중 강제성이 가장 큰 것은 경제규제임 → 아래의 표 참고

①④

살라몬의 정책수단(정책) 분류 : 직접성과 강제성에 따른 분류

강제성	높음	경제규제	민간의 경제활동을 직접 규제 (인허가 및 진입규제)하여 집행
		사회규제	바람직한 사회질서를 위한 사회적 분위기 조성 등
직접성	높음 (직접 수단)	공적보험	유사시에 정부가 운용하는 공공보험에서 보험금 지급
		직접대부	정부가 집행에 필요한 자금을 민간에게 직접 대출
		경제규제	민간의 경제활동을 직접 규제 (인허가 및 진입규제)하여 집행
		공공정보	정부가 민간에게 공적정보를 직접 공개
		공기업	정부가 소유한 기업에 의하여 정책을 집행
		정부소비	정부가 공적조직을 만들어 예산으로 직접 시행

참고

살라몬의 정책수단 중 공적보험: 살라몬의 정책수단 구분 중 공적 보험의 경우 시험에서 간접수단으로 출제된 바가 있으나 논문의 해석에 따라 논란의 여지가 있으므로 일반적으로는 직접성이 높은 수단으로 공부할 것

②③ 간접수단에 해당함

정답 ①

08 회독 □□□ 2021. 국가 9급

로위(Lowi)의 정책유형과 그에 대한 설명으로 옳은 것만을 모두 고르면?

> ㄱ. 규제정책은 특정 개인이나 집단에 대한 선택의 자유를 제한하는 유형의 정책으로 강제력이 특징이다.
> ㄴ. 분배정책의 사례에는 FTA협정에 따른 농민피해 지원, 중소기업을 위한 정책자금지원, 사회보장 및 의료보장 정책 등이 있다.
> ㄷ. 재분배정책은 고소득층으로부터 저소득층으로 소득이전을 목적으로 하기 때문에 계급대립적 성격을 지닌다.
> ㄹ. 재분배정책의 사례로는 저소득층을 위한 근로장려금 제도, 영세민을 위한 임대주택 건설, 대덕 연구개발 특구 지원 등이 있다.
> ㅁ. 구성정책은 정부기관의 신설과 선거구 조정 등과 같이 정부기구의 구성 및 조정과 관련된 정책이다.

① ㄱ, ㄴ, ㄷ
② ㄱ, ㄷ, ㅁ
③ ㄴ, ㄹ, ㅁ
④ ㄷ, ㄹ, ㅁ

정답 및 해설

올바른 선지

ㄱ. 규제정책은 특정 개인이나 집단에 대한 선택의 자유를 제한하는 유형의 정책으로 주로 법률의 형태로 강제력을 행사함
ㄷ. 재분배정책은 고소득층으로부터 저소득층으로 소득이전을 목적으로 하기 때문에 계급대립적 성격을 지니는바 부자와 빈자 간의 갈등이 크게 발생할 수 있음
ㅁ. 구성정책은 공무원연금제 개정, 군인연금에 관한 정책, 헌법상 운영규칙 수정, 정부기관의 신설과 선거구 조정 등과 같이 정부기구의 구성 및 조정과 관련된 정책임

틀린 선지

ㄴ. 분배정책의 사례에는 FTA협정에 따른 농민피해 지원(재분배 정책으로 보는 견해도 있음), 중소기업을 위한 정책자금지원 등이 있음 → 사회보장 및 의료보장정책은 재분배정책임
ㄹ. 재분배정책의 사례로는 저소득층을 위한 근로장려금 제도, 영세민을 위한 임대주택 건설, 등이 있음 → 대덕 연구개발 특구 지원은 배분정책임

정답 ②

09 회독 □□□ 2020. 서울속기 9급 수정

리플리(Ripley)와 프랭클린(Franklin)의 정책유형 중 다음의 사례에 해당하는 것은?

> 식품의약품안전처는 다이어트, 디톡스 효과 등을 내세우며 거짓·과장 광고를 한 유튜버 등 인플루언서(SNS에서 소비자들에게 큰 영향을 미치는 사람) 15명과 이들에게 법률에서 금지하고 있는 체험형 광고 등을 의뢰한 유통 전문 판매업체 8곳을 적발했다고 9일 밝혔다.

① 분배정책
② 경쟁적 규제정책
③ 보호적 규제정책
④ 사회적 규제정책

정답 및 해설

보기는 소비자나 일반공중의 건강과 안전을 해칠 우려가 있는 식품 혹은 의약품을 광고한 특정 인물이나 업체를 규제하는 내용을 담고 있으므로 보호적 규제정책에 해당함

① 분배정책: 특정 지역·집단에게 편익을 제공하는 정책
② 경쟁적 규제정책: 다수의 경쟁자 중 특정 개인이나 집단에게 서비스 제공권을 부여하고 이들의 활동을 규제하는 정책; 즉, 특정 전문지식과 자격을 갖춘 몇몇 개인이나 기업(집단)에게 특정 기간 사업을 할 수 있도록 허용하되 일정한 기간 후에는 자격조건을 재심사하도록 함으로써 경쟁력을 높이고, 공익을 위해서 서비스 제공에 대한 규정을 지키도록 하는 것
④ 보기는 일반 대중을 보호한다는 점에서는 사회적 규제에 해당하는 면이 있으나 특정한 인물이나 업체를 규제하는 내용을 담고 있으므로 보호적 규제에 해당함; 사회적 규제는 규제의 대상이나 효과가 광범위함

사회적 규제

> 인간의 기본권과 관련된 영역에서 사회적 형평성을 보장하기 위해 악영향을 미칠 수 있는 모든 생산 주체의 사회적 행동에 제한을 가하는 행정조치

정답 ③

cf.

10 회독 □□□ 2009. 지방 9급

정책의 영향 또는 효과를 기준으로 정책의 유형을 분류할 때 그 성격이 가장 상이한 것은?

① 특수한 대상 집단에게 각종 서비스, 지위, 이익, 기회 등을 제공하는 정책
② 특정한 개인, 기업체, 조직의 행동이나 재량권에 제재나 통제 및 제한을 가하는 정책
③ 다수의 경쟁자 중에서 특정한 개인이나 집단에게 서비스나 물품을 제공하는 것과 관련된 정책
④ 각종의 민간 활동이 허용되는 조건을 인정함으로써 국민을 보호하는 것이 목적인 정책

정답 및 해설

특수한 대상 집단에게 각종 서비스, 지위, 이익, 기회 등을 제공하는 정책은 배분정책임

② 규제정책, ③ 경쟁적 규제정책, ④ 사회적 규제 혹은 보호적 규제정책임; 이 중에서 규제정책이 아닌 것은 배분정책이므로 그 성격이 다르다고 할 수 있음

정답 ①

11 회독 □□□ 2015. 지방 9급

정책을 규제정책, 분배정책, 재분배정책, 추출정책으로 분류할 때 저소득층을 위한 근로장려금 제도는 어느 정책으로 분류하는 것이 타당한가?

① 규제정책
② 분배정책
③ 재분배정책
④ 추출정책

12 회독 □□□ 2015. 교행 9급

정책의 유형과 관련된 설명으로 옳지 않은 것은?

① 한글날의 공휴일 지정은 상징정책에 속한다.
② 최저임금제도의 시행은 재분배정책에 속한다.
③ 규제정책은 분배정책보다 정책결정과정에서 갈등이 더 심하다.
④ 밀어주기(logrolling), 나눠먹기(porkbarrel)등의 문제가 발생하는 정책은 분배정책이다.

정답 및 해설

저소득층을 위한 근로장려금은 빈자를 위한 일련의 소득이전이므로 재분배정책임

재분배정책

빈자를 위한 소득이전과 관련된 정책

㉠ 재분배정책의 예시 : 누진세, 세액공제나 감면, 근로장려금, 임대주택의 건설 등
㉡ 근로장려금 : 소득이 적어 생활이 어려운 근로자 또는 사업자(전문직 제외) 가구에 대해 가구원 구성과 총급여액 등에 따라 산정한 근로장려금을 지급함으로써 근로를 장려하고 실질소득을 지원하는 근로연계형 소득지원 제도

정답 ③

정답 및 해설

노동자에게 어느 정도의 돈을 지급할 것을 사업자에게 강제하기 때문에 최저임금제도는 규제정책임

① 상징정책은 88올림픽, 2002월드컵, 남대문 복원, 한글날의 공휴일 지정과 같이 국민 전체의 자긍심을 높이기 위해 상징물을 지정하는 정책임
③ 규제정책은 자유를 제한하는 성격을 지니기 때문에 분배정책보다 정책결정과정에서 갈등이 더 심함
④ 밀어주기(logrolling), 나눠먹기(porkbarrel)등의 문제가 발생하는 정책은 편익을 제공하는 성격을 가진 분배정책임

정답 ②

13 회독 □□□ 2016. 교행 9급

정책유형에 관한 설명으로 〈보기〉에서 옳은 것을 모두 고른 것은?

보기

ㄱ. 신공항 건설은 재분배정책이다.
ㄴ. 공공건물 금연은 규제정책이다.
ㄷ. 탄소배출권거래제는 분배정책이다.
ㄹ. 공무원연금제의 개정은 구성정책이다.

① ㄱ, ㄷ
② ㄴ, ㄹ
③ ㄴ, ㄷ, ㄹ
④ ㄱ, ㄴ, ㄹ

정답 및 해설

올바른 선지

ㄴ. 공공건물 금연은 자유를 제한하는 규제정책에 해당함
ㄹ. 공무원연금제의 개정은 공식적인 제도를 수정 및 신설하는 구성정책에 해당함

틀린 선지

ㄱ. 신공항 건설은 특정 지역 및 집단에 편익을 제공하는 배분정책임
ㄷ. 탄소배출권거래제는 환경오염방지를 위한 정책으로서 규제정책에 해당함

정답 ②

14 회독 □□□ 2019. 사복 9급

리플리(Ripley)와 프랭클린(Franklin)에 의해 제시된 정책분류 유형에 해당하지 않는 것은?

① 상징정책
② 경쟁적 규제정책
③ 재분배정책
④ 보호적 규제정책

정답 및 해설

상징정책은 Almond & Powell의 분류에 해당함

학자별 정책유형

학자	정책유형
Lowi(로위)	분배정책, 규제정책, 재분배정책, 구성정책
Ripley & Franklin (리플리와 프랭클린)	분배정책, 경쟁적 규제정책, 보호적 규제정책, 재분배정책
Almond & Powell (알몬드와 포웰)	분배정책, 규제정책, 추출정책, 상징정책
Salisbury (솔리스버리)	분배정책, 규제정책, 재분배정책, 자율규제정책

정답 ①

15 회독 □□□

2019. 국가 9급

정부규제에 대한 설명으로 옳은 것만을 모두 고르면?

> ㄱ. 포지티브(positive) 규제가 네거티브(negative) 규제보다 자율성을 더 보장해준다.
> ㄴ. 환경규제와 산업재해규제는 사회규제의 성격이 강하다.
> ㄷ. 공동규제는 정부로부터 위임을 받은 민간집단에 의해 이뤄지는 규제를 의미한다.
> ㄹ. 수단규제는 정부의 목표를 달성하기 위해 필요한 기술이나 행위에 대해 사전적으로 규제하는 것을 의미한다.

① ㄱ, ㄴ
② ㄷ, ㄹ
③ ㄱ, ㄴ, ㄷ
④ ㄴ, ㄷ, ㄹ

정답 및 해설

올바른 선지

ㄴ. 환경규제와 산업재해규제는 일반 국민을 보호하려는 사회규제의 성격이 강함
ㄷ. 공동규제는 정부와 민간이 공동으로 규제하는 협치(거버넌스)의 형태로서 정부로부터 규제권한을 위임받은 민간단체도 규제를 할 수 있음
ㄹ. 수단규제는 정부의 목표를 달성하기 위해 필요한 기술이나 행위에 대해 사전적으로 규제하는 것을 의미함; 예를 들어, 환경오염을 방지하고자 기업에 특정한 유형의 기술을 사용할 것을 요구하는 것, 작업장 안전을 확보하기 위해 반드시 안전장비를 착용하게 하는 것은 수단규제에 해당함

틀린 선지

ㄱ. 네거티브 규제는 포지티브 규제보다 규제에 대해 부정적인 입장으로서 포지티브 규제보다 피규제자에게 자율성을 더 보장함

정답 ④

16 회독 □□□

2019. 서울 9급

로위(Lowi)의 정책유형 중 선거구의 조정 등 헌법상 운영규칙과 관련된 정책으로 가장 옳은 것은?

① 구성정책
② 배분정책
③ 규제정책
④ 재분배정책

정답 및 해설

국가를 규율하는 공식적인 제도를 신설하거나 수정하는 것은 로위의 정책유형 중 구성정책에 해당함

② 배분정책 : 특정 집단에게 편익을 제공하는 정책
③ 규제정책 : 누군가의 자유를 제한하는 정책
④ 재분배정책 : 부의 이전을 도모하는 정책

정답 ①

17 회독 □□□ 2019. 지방 9급

로위(Lowi)가 제시한 구성정책의 사례로 옳지 않은 것은?

① 공직자 보수에 관한 정책
② 선거구 조정 정책
③ 정부기관이나 기구 신설에 관한 정책
④ 국유지 불하 정책

정답 및 해설

국유지 불하(매입) 정책은 정부가 소유한 토지에 대한 소유권을 특정 주체에게 이전하는 것으로써 분배정책에 해당함

①②③
공직자 보수에 관한 정책, 선거구 조정 정책, 정부 기관이나 기구 신설에 관한 정책 등은 정부의 공식적인 제도를 수정 및 신설하는 구성정책에 해당함

정답 ④

cf.

18 회독 □□□ 2016. 사복 9급

정책수단(policy tools)에 대한 설명으로 옳지 않은 것은?

① 공기업은 정부의 소유 또는 통제 하에 재화와 서비스를 제공한다.
② 샐러몬(L. M. Salamon)은 형평성에 대한 고려가 특히 중요한 경우에는 간접적 수단이 직접적 수단보다 적절하다고 주장한다.
③ 행정지도에 대하여는 책임소재가 불분명하고 법치주의를 침해한다는 비판이 있다.
④ 규제는 정책적 이데올로기 차원에서 논란의 대상이 되기도 한다.

정답 및 해설

샐러몬(L. M. Salamon)은 형평성에 대한 고려가 특히 중요한 경우에는 직접적 수단이 간접적 수단보다 적절하다고 주장 → 형평성은 시장에서 경시하는 가치이므로 정부의 직접적 개입을 통해 실현할 수 있다는 것

① 중앙정부 공기업은 정부의 소유 혹은 통제 하에 재화와 서비스를 제공함
③ 행정지도는 일반적으로 법률에 기초하지 않고 행정관청이 임의로 실시하는 지도이기 때문에 책임소재가 불분명하고 법치주의를 침해한다는 비판이 있음
④ 규제는 국가의 정치철학에 따라 범위가 달라질 수 있기 때문에 정책적 이데올로기 차원에서 논란의 대상이 되기도 함

정답 ②

19 회독 □□□ 2018. 국가 9급

살라몬(L.M.Salamon)이 제시한 정책수단의 유형에서 직접적 수단으로만 묶인 것은?

> ㉠ 조세지출(tax expenditure)
> ㉡ 경제적 규제(economic regulation)
> ㉢ 정부소비(direct government)
> ㉣ 사회적 규제(social regulation)
> ㉤ 공기업(government corporation)
> ㉥ 보조금(grant)

① ㉠, ㉡, ㉢
② ㉠, ㉣, ㉥
③ ㉡, ㉢, ㉤
④ ㉣, ㉤, ㉥

정답 및 해설

사회적 규제는 강제성이 높은 수단에 해당함; 따라서 ②와 ④는 정답에서 제외되며, 조세지출은 직접성이 보통이기 때문에 간접적 수단에 해당함 → 시험에서는 직접성이 높은 수단만 직접적 수단으로 보니까 주의할 것

높음 (직접수단)	공적보험	유사시에 정부가 운용하는 공공보험에서 보험금 지급
	직접대부	정부가 집행에 필요한 자금을 민간에게 직접 대출
	경제규제	민간의 경제활동을 직접 규제(인허가 및 진입규제)하여 집행
	공공정보	정부가 민간에게 공적정보를 직접 공개
	공기업	정부가 소유한 기업에 의하여 정책을 집행
	정부소비	정부가 공적조직을 만들어 예산으로 직접 시행

참고

공적보험

살라몬의 정책수단 구분 중 공적 보험의 경우 시험에서 간접수단으로 출제된 바가 있으나 논문의 해석에 따라 논란의 여지가 있으므로 일반적으로는 직접성이 높은 수단으로 공부할 것

정답 ③

cf.

20 회독 □□□ 2017. 지방 9급

행정지도의 폐단에 해당하지 않는 것은?

① 책임소재가 불분명할 수 있다.
② 공무원의 재량이 많이 작용하기 때문에 형평성이 보장되기 어렵다.
③ 입법과정의 복잡한 절차가 필요하다.
④ 행정의 과도한 경계확장을 유도한다.

정답 및 해설

행정지도는 법의 경직성을 보완할 수 있는 적시성과 상황적응성의 장점이 있는바 복잡한 절차가 필요 없음

①②④
행정지도는 일반적으로 법률에 기초하지 않고 행정관청이 임의로 실시하는 지도이기 때문에 책임소재가 불분명함; 또한 지도를 실현하는 과정에서 공무원의 재량이 많이 작용하는바 행정의 과도한 경계확장이나 형평성 저해를 일으킬 수 있음

정답 ③

21 회독 □□□ 2018. 교행 9급

정부의 정책수단(policy tool)에 대한 설명으로 옳은 것을 〈보기〉에서 고른 것은?

보기

㉠ 경제적 규제는 정부의 직접수단에 해당한다.
㉡ 조세지출은 재정적 인센티브를 부여하는 수단에 해당한다.
㉢ 바우처는 역사가 길고 가장 광범위하게 사용되는 수단이다.
㉣ 전통적 삼분법에 근거하여 정책수단을 규제, 인센티브, 권위로 분류할 수 있다.

① ㉠, ㉡ ② ㉠, ㉣
③ ㉡, ㉢ ④ ㉢, ㉣

정답 및 해설

올바른 선지

㉠ 경제적 규제는 직접성이 높은 수단에 해당함
㉡ 조세지출은 정부가 받아야 할 세금을 비과세, 감면, 공제 등의 세제혜택을 통해 받지 않고 포기한 액수임; 따라서 조세지출은 재정적 인센티브를 부여하는 수단에 해당함

틀린 선지

㉢ 바우처는 최근에 각광을 받고 있지만 아직 광범위하게 사용되는 수단은 아니며 역사도 길지 않음
㉣ 전통적 삼분법에 기초한 순응확보 수단으로 규제, 유인(인센티브), 설득이 있음

정답 ①

22 회독 □□□ 2018. 서울 9급

정책유형에 대한 설명으로 가장 옳지 않은 것은?

① 로위(Lowi)는 정책의 유형에 따라 정책의 결정 및 집행과정이 달라진다고 보았으며, 정책 유형에 따라 정치적 관계가 달라질 것으로 가정하고 있다.
② 로위(Lowi)는 정책 유형을 배분정책, 구성정책, 규제정책, 재분배정책으로 구분하였으며, 구분의 기준이 되는 것은 강제력의 행사방법(간접적, 직접적)과 비용의 부담 주체(소수에 집중 아니면 다수에 분산)이다.
③ 로위(Lowi)의 분류 중 재분배정책의 예는 연방은행의 신용통제, 누진소득세, 사회보장제도이고, 구성정책의 예는 선거구 조정, 기관 신설 등이다.
④ 리플리 & 프랭클린(Ripley & Franklin)은 보호적 규제정책을 제시하는데, 이는 소수자나 사회적 약자, 그리고 일반 대중을 보호하기 위하여 개인이나 집단의 권리 행사나 행동의 자유를 제한하는 정책이다.

정답 및 해설

로위(Lowi)는 정책유형을 배분정책, 구성정책, 규제정책, 재분배정책으로 구분하였으며, 구분의 기준이 되는 것은 강제력의 행사방법(간접적, 직접적)과 적용영역(개별적 행위, 행위의 환경)임

로위의 정책유형

구분		강제력 적용영역	
		개별적 행위	행위의 환경; 사회
강제력 행사 방법	간접	• 분배정책 예 보조금	• 구성정책 예 선거구 조정, 기관신설
	직접	• 규제정책 예 불공정 경제, 사기광고 배제 등	• 재분재정책 예 누진소득세, 사회 보장, 연방은행의 신용통제

① 로위는 정책유형론(정책 → 현상)을 주장한 학자임; 따라서 로위(Lowi)는 정책의 유형에 따라 정책의 결정 및 집행과정이 달라진다고 보았으며, 정책 유형에 따라 정치적 관계가 달라질 것으로 가정하고 있음
③ 로위(Lowi)의 분류 중 재분배정책의 예는 임대주택 건설, 연방은행의 신용통제, 누진소득세, 최저생계비, 사회보장제도이고, 구성정책의 예는 군인염금에 대한 정책, 선거구 조정, 기관 신설 등임
④ 리플리 & 프랭클린(Ripley & Franklin)은 경쟁적 규제정책과 보호적 규제정책을 제시하는데, 이 중에서 보호적 규제정책은 소수자나 사회적 약자, 그리고 일반 대중을 보호하기 위하여 특정 개인이나 집단의 권리 행사나 행동의 자유를 제한하는 정책임 → 따라서 규제집행조직과 피규제집단 간 갈등의 가능성이 높음

정답 ②

23 회독 □□□

2018. 지방 9급

규제의 유형에 대한 설명으로 옳지 않은 것은?

① 리플리와 프랭클린(Ripley & Franklin)은 보호적 규제와 경쟁적 규제로 구분하고 있다.
② 경제규제는 주로 시장의 가격 기능에 개입하고 특정 기업의 시장 진입을 배제하거나 억압하는 방식으로 작동된다.
③ 포지티브 규제는 네거티브 규제보다 피규제자의 자율성을 더 보장한다.
④ 자율규제는 피규제자가 스스로 합의된 규범을 만들고 이를 구성원들에게 적용하는 형태의 규제방식이다.

정답 및 해설

선지의 내용은 반대로 기술되어 있음; 네거티브 규제는 규제에 대해 부정적이므로 포지티브 규제보다 피규제자의 자율성을 더 보장함

① 리플리와 프랭클린(Ripley & Franklin)은 규제정책을 보호적 규제와 경쟁적 규제로 구분하고 있음
② 경제규제는 정부가 시장 내 효율적인 자원배분을 촉진하기 위해 시장의 가격 기능에 개입하거나 특정 기업의 시장 진입을 배제하는 등의 방식으로 작동함
④ 자율규제는 민간집단(전문가 집단 등)에게 규제기준의 설정 권한을 주고 그 집행도 위임하는 정책임; 일반적으로 규제의 주체는 당연히 정부지만 예외적으로 규제의 주체가 정부가 아니라 피규제산업 혹은 업계가 되는 경우가 있는데 이를 자율규제라 부름

정답 ③

24 회독 □□□

2022. 국가 7급

리플리(Ripley)와 프랭클린(Franklin)의 경쟁적 규제정책에 대한 설명으로 옳지 않은 것은?

① 국가가 소유한 희소한 자원에 대해 다수의 경쟁자 중에서 지정된 소수에게만 서비스나 재화를 공급하도록 규제한다.
② 선정된 승리자에게 공급권을 부여하는 대신에 이들에게 규제적인 조치를 하여 공익을 도모할 수 있다.
③ 경쟁적 규제정책의 예로는 주파수 할당, 항공노선 허가 등이 있다.
④ 정책집행 단계에서 규제받는 자들은 규제기관에 강하게 반발하거나 저항하기도 한다.

정답 및 해설

선지는 보호적 규제정책에 대한 내용임 → 보호적 규제는 소비자나 일반 대중을 보호하기 위해 특정 집단을 규제하므로 규제집행조직과 피규제집단 간 갈등의 가능성이 높음

①②③
경쟁적 규제정책은 다수의 경쟁자 중 특정 개인이나 집단에게 서비스 제공권을 부여하고 이들의 활동을 규제하는 정책임 → 경쟁적 규제정책의 예로는 라디오 방송권 부여(주파수 할당), 항공노선 허가 등이 있음

정답 ④

cf.

25 회독 □□□ 2022. 국가 7급

다음은 정책순응을 확보하기 위한 수단과 그 특징에 대한 설명이다. (가)~(다)에 들어갈 말을 바르게 연결한 것은?

- (가) : 일선 집행관료는 큰 저항을 하지 않으나 정책에 의해 피해를 입는 대상집단은 의도적으로 불응의 핑계를 찾으려 한다.
- (나) : 도덕적 자각이나 이타주의적 고려에 의해 자발적으로 순응하는 사람들의 명예나 체면을 손상시키고 사람의 타락을 유발할 수 있다.
- (다) : 불응의 형태를 정확하게 점검 및 파악하기 어려운 경우가 많다는 약점이 있다.

	(가)	(나)	(다)
①	도덕적 설득	유인	처벌
②	도덕적 설득	처벌	유인
③	유인	도덕적 설득	처벌
④	처벌	유인	도덕적 설득

정답 및 해설

전통적 삼분법에 기초한 정책순응확보를 위한 정책수단 분류

㉠ 설득: 규범적·정보적 수단
㉡ 인센티브(당근): 공리적 수단(보상제공)
㉢ 규제(채찍): 강압적 수단

(가): 설득은 비용부담자의 복종을 단기간에 만들어 낼 수 없는바 불응의 핑계를 찾게 만들 수 있음
(나): 보상을 제공하는 방식은 자발적으로 순응하는 사람들의 체면을 손상시킬 수 있음
(다): 강압에 의해 순응하게 되는바 불응의 형태를 표면적으로 파악하기 어려움

정답 ①

26 회독 □□□ 2021. 국가 7급

살라몬(Salamon)의 정책수단 유형 중 직접 수단에 해당하는 것은?

① 사회적 규제
② 보조금
③ 조세지출
④ 공기업

정답 및 해설

아래의 표 참고

살라몬의 정책수단 분류

살라몬(Salamon)은 직접성과 강제성을 기준으로 정책수단을 구분하고 있음

강제성	높음	경제규제	민간의 경제활동을 직접 규제(인허가 및 진입규제)하여 집행
		사회규제	바람직한 사회질서를 위한 사회적 분위기 조성 등
직접성	높음 (직접 수단)	공적보험	유사시에 정부가 운용하는 공공보험에서 보험금 지급
		직접대부	정부가 집행에 필요한 자금을 민간에게 직접 대출
		경제규제	민간의 경제활동을 직접 규제(인허가 및 진입규제)하여 집행
		공공정보	정부가 민간에게 공적정보를 직접 공개
		공기업	정부가 소유한 기업에 의하여 정책을 집행
		정부소비	정부가 공적조직을 만들어 예산으로 직접 시행

참고
① 효율성이 높은 정책대안은 간접성이 높고, 형평성이 높은 정책대안은 직접성이 높음
② 살라몬의 정책수단 중 공적보험: 살라몬의 정책수단 구분 중 공적보험의 경우 시험에서 간접수단으로 출제된 바가 있으나 논문의 해석에 따라 논란의 여지가 있으므로 일반적으로는 직접성이 높은 수단으로 공부할 것
③ 공기업은 정부의 소유 또는 통제하에 재화와 서비스를 제공함

①②③은 간접적 정책수단임

정답 ④

27 회독 □□□

2021. 지방 7급

정부규제에 대한 설명으로 옳지 않은 것은?

① 종합편성 채널의 운영권을 부여하고, 이를 확보한 방송사에 대한 규제는 리플리와 프랭클린의 보호적 규제 정책을 시행한 것으로 볼 수 있다.
② 네거티브 규제는 포지티브 규제보다 자율성을 적극적으로 부여한다는 측면에서 피규제자가 선호하는 방식이다.
③ 우리나라는 신기술과 신산업을 육성하기 위하여 규제 샌드박스 제도를 도입하였다.
④ 윌슨(Wilson)의 규제정치 이론에 따르면, 대체로 경제적 규제는 고객정치의 상황으로 분류되며 사회적 규제는 기업가정치의 상황으로 분류된다.

정답 및 해설

종합편성 채널의 운영권을 부여하고, 이를 확보한 방송사에 대한 규제는 리플리와 프랭클린(Ripley & Franklin)의 경쟁적 규제 정책을 시행한 것으로 볼 수 있음

경쟁적 규제와 보호적 규제

구분	내용
경쟁적 규제 정책	다수의 경쟁자 중 특정 개인이나 집단에게 서비스 제공권을 부여하고 이들의 활동을 규제하는 정책
보호적 규제 정책	민간활동이 허용되는 조건을 설정함으로써 소수를 규제하여 일반 대중을 보호하는 정책

② 네거티브 규제(negative regulation)는 규제에 대해 소극적·부정적이므로 피규제자가 선호하는 방식임
③ 우리나라는 신기술과 신산업을 육성하기 위하여 규제샌드박스 제도를 도입하였음

> ㉠ 규제샌드박스: 아이들이 자유롭게 뛰어노는 모래놀이터처럼 신기술, 신산업 분야에서 새로운 제품, 서비스를 내놓을 때 일정 기간 또는 일정 지역 내에서 기존의 규제를 면제 또는 유예시켜주는 제도 → 우리나라는 2009년에 규제샌드박스를 도입하였음
> ㉡ 등장배경: 4차 산업혁명에 따른 기술혁신으로 인해 신기술을 규제제약 없이 실증하고 사업화할 수 있는 기업환경을 조성하기 위함
> ㉢ 세종시 사례: 자율주행 인프라가 구축된 공원에서 실외로봇의 공원 내 출입과 로봇을 이용한 영업행위 등(배달, 방역, 보안순찰 등)을 허용하는 실증특례 부여

④ J. Wilson의 규제정치모형 중 고객의 정치는 경제적 규제(예 경제활동에 대한 인·허가), 운동가의 정치(기업가 정치)는 사회적 규제에 주로 연관됨(예 환경오염규제)

정답 ①

28 회독 □□□

2020. 국가 7급

로위(Lowi)의 정책 유형에 대한 설명 중 분배정책에 해당하는 것만을 모두 고르면?

> ㄱ. 정책 과정에서 이해당사자들 간의 협상을 통해 비교적 안정적인 연합을 형성한다.
> ㄴ. 누진소득세와 같이 이데올로기적인 기반에서 정책결정이 이루어진다.
> ㄷ. 로그롤링(log-rolling)이나 포크 배럴(pork barrel)과 같은 정치적 현상이 나타난다.
> ㄹ. 집단 사이의 갈등 수준이 상당히 높은 편이며, 개인이나 집단의 행위를 통제하기 위하여 정부의 강제력이 직접적으로 동원된다.

① ㄱ, ㄴ ② ㄱ, ㄷ
③ ㄴ, ㄷ ④ ㄷ, ㄹ

정답 및 해설

배분정책은 정책과정에서 편익을 더 가져오기 위한 로그롤링 및 포크배럴 현상이 나타나며, 편익을 취하기 위해 당사자들 간의 협상을 통해 비교적 안정적인 연합을 형성함
(예 철의 삼각 혹은 로그롤링 등)

틀린 선지

ㄴ. 재분배정책에 대한 내용임 → 재분배정책은 지도자의 국정철학 즉, 이데올로기가 많은 영향을 미칠 수 있는바 재분배정책의 주요 행위자는 대통령임
ㄹ. 규제정책에 대한 내용임 → 규제정책은 일반적으로 법률의 형태를 취하며 정책불응자에게는 강제력을 행사함; 단, 관료는 강제력을 행사할 때 어느 정도의 재량권을 가질 수 있음(예 음주운전 단속)

정답 ②

29 회독 □□□

2019. 지방 7급

로위(Lowi)의 정책유형 분류에서 강제력이 행위의 환경에 직접적으로 적용되는 것은?

① 재분배정책(redistributive policy)
② 규제정책(regulatory policy)
③ 구성정책(constituent policy)
④ 분배정책(distributive policy)

정답 및 해설

강제성 적용 영역이 행위의 환경이고 강제의 가능성이 직접적인 것은 재분배정책임

Lowi의 정책유형

로위(1964)는 강제력 행사방법과 강제력의 적용영역을 기준으로 정책유형을 구분함

구분		강제력 적용영역	
		개별적 행위	행위의 환경: 사회
강제력 행사방법	간접	• 분배정책 예 보조금	• 구성정책 예 선거구 조정, 기관신설
	직접	• 규제정책 예 불공정 경제, 사기광고 배제 등	• 재분배정책 예 누진소득세, 사회보장, 연방은행의 신용통제

정답 ①

cf.

30 회독 □□□

2019. 지방 7급

정책수단에 대한 설명으로 옳지 않은 것은?

① 비덩(Vedung)은 정책 도구를 규제적 도구(sticks), 유인적 도구(carrots), 정보적 도구(sermons) 등으로 유형화한다.
② 권위(authority)에 기반을 둔 정책수단은 예측가능성이 높기 때문에 사회적 위기 상황에 적합한 수단이다.
③ 정책수단의 선택은 정치적인 성격을 가지며, 특히 이념적으로 지향하는 가치는 정책수단의 선택에 핵심적인 영향을 미친다.
④ 살라몬(Salamon)에 따르면, 공적 보험은 공공기관을 전달체계로 활용한다는 점에서 직접적인 정책수단이다.

정답 및 해설

논란의 여지가 있는 선지임; 공적 보험은 정부가 운영하는 자금으로서 직접성이 높은 정책수단으로 보는 견해가 있으며(이종수 외(2014), 「새행정학」), 이와 반대로 간접적인 수단으로 보는 견해도 있음(남궁근(2008), 「정책학」); 이는 살라몬(2002)의 The tools of government를 둘러싼 해석의 차이에서 기인함 → 따라서 추후에 ④와 같은 선지가 출제되면 일단 다른 선지를 살펴본 후에 정답 여부를 판단해야 함

① 비덩(Vedung)은 전통적 3분법에 근거하여 정책도구를 규제적 도구(sticks, 채찍), 유인적 도구(carrots, 당근), 정보적 도구(sermons, 설교) 등으로 구분함

전통적 삼분법에 의한 정책수단 분류[Vedung(1988)]

① 규제(regulation): 강압적 권력에 바탕을 둔 정책수단으로서, 정부가 민간의 활동에 대해 제약을 가하는 것(채찍, sticks)
② 유인(incentives): 보상적 권력에 바탕을 둔 정책수단으로서, 민간에 보조금 등을 지급하여 활동을 유도하는 것(당근, carrots)
③ 설교(sermons): 규범적·정보적 권력에 바탕을 둔 정책수단으로서, 홍보 등을 통해 민간의 행동 변화를 이끌어내는 수단

+ 정책에 대한 순응확보를 위한 고전적 3단계 전략은 설득 → 인센티브 → 규제의 순서임

② 정부는 권위에 기초해서(법에 근거해서) 정책을 집행함 → 이는 예측가능성을 제고하기 때문에 사회적인 위기 상황에 대처할 수 있는 힘을 제공함
③ 합리모형은 정책수단이 정책목표와 수단의 인과분석에 의해 결정될 수 있음을 설명하지만 정책수단이 다양한 이해관계자의 상호조정(정치적인 성격)에 의해 결정되는 경우도 있음; 아울러 각 이해관계자의 가치관 등도 정책대안 선택에 영향을 미칠 수 있음

정답 ④

31 회독 □□□

2018. 서울 7급

정책의 유형과 분류에 대한 설명으로 가장 옳은 것은?

① 로위(Lowi)의 정책 분류는 다원주의와 엘리트주의를 통합하려는 노력의 일환으로 볼 수 있다.

② 알몬드와 파우얼(Almond & Powell)에 따르면 조세 및 부담금 등은 재분배정책으로 볼 수 있다.

③ 로위(Lowi)는 군인연금에 관한 정책을 분배정책으로 분류한다.

④ 로위(Lowi)의 정책 분류에 따라 정책에 대한 조작적 정의(operationalization)가 용이해졌다.

정답 및 해설

로위(Lowi)는 정책결정을 다원론 혹은 엘리트주의 중 하나로 설명할 수 없다고 주장함; 즉, 정책의 유형에 따라 다원론이나 엘리트주의 적용이 달라질 수 있다는 것 → 따라서 로위의 정책분류는 다원주의와 엘리트주의를 통합하려는 노력의 일환으로 볼 수 있는데, 로위에 따르면 규제정책은 다원주의, 재분배정책은 엘리트주의에 기초함

② 알몬드와 파우얼(Almond & Powell)에 따르면 조세 및 부담금 등은 추출정책임

③ 군인연금에 대한 제도수정 및 신설은 구성정책임

④ Lowi의 정책유형 구분은 상호배타성이라는 분류의 요건을 만족시키지 않고 있음; 즉, 각 정책유형 간 뚜렷한 구분이 어려운 것도 있음 → 예컨대 규제정책과 재분배정책은 큰 틀에서 행위자의 자유를 제한한다는 점에서 유사함; 이에 따라 Lowi의 분류는 정책분류에서 사용한 기본개념의 모호함으로 인해 조작화(operationalization)를 어렵게 한다는 약점을 지님

정답 ①

32 회독 □□□

2018. 지방 7급

리플리와 프랭클린(Ripley & Franklin)이 구분한 네 가지 정책 유형에 대한 설명으로 옳지 않은 것은?

① 배분정책(distributive policy) – 정책과정에서 이해당사자들 간에 로그롤링(log-rolling) 또는 포크배럴(pork barrel)과 같은 정치적 현상이 나타나기도 한다.

② 재분배정책(redistributive policy) – 이념적 논쟁과 소득 계층 간 갈등이 첨예하게 대립되어 표준운영절차(SOP)나 일상적 절차의 확립이 비교적 어렵다.

③ 경쟁적 규제정책(competitive regulatory policy) – 배분정책적 성격과 규제정책적 성격을 동시에 지니고 있고 규제정책은 거의 대부분 이러한 경쟁적 규제정책에 해당된다.

④ 보호적 규제정책(protective regulatory policy) – 소비자나 일반 대중을 보호하기 위해 특정 집단을 규제하므로 규제 집행 조직과 피규제집단 간 갈등의 가능성이 높다.

정답 및 해설

경쟁적 규제정책은 다수의 경쟁자 중에서 소수에게만 일정한 재화나 용역에 대한 공급권을 부여하는 정책임; 이는 공급 권한을 준다는 측면에서 배분정책의 성격을 지니는 동시에 다른 집단이나 조직은 서비스를 공급을 할 수 없도록 제한하기 때문에 규제정책적인 성격을 지니고 있음; 다만, 규제정책은 거의 대부분 일반 대중을 보호하는 보호적 규제정책에 해당함

① 배분정책(distributive policy) – 정책과정에서 이해당사자의 편익을 위한 로그롤링(log-rolling) 또는 포크배럴(pork barrel)과 같은 정치적 현상이 나타나기도 함

② 재분배정책(redistributive policy) – 부를 이전하는 과정에서 이념적 논쟁과 소득 계층 간 갈등이 첨예하게 대립되어(계급대립적 성격) 표준운영절차(SOP)나 일상적 절차의 확립이 비교적 어려움

④ 보호적 규제정책(protective regulatory policy) – 정부가 소비자나 일반 대중을 보호하는 과정에서 특정 집단을 규제(예 환경오염 규제, 작업장 안전을 위한 기업규제 등)하므로 규제를 집행하는 조직과 피규제집단 간 갈등의 가능성이 높음

정답 ③

Section 02 정책 참여자와 참여자 간 관계

33 회독 □□□

2023. 국가 7급

정책네트워크의 개념과 유형에 대한 설명으로 옳지 않은 것은?

① 수많은 공식・비공식적 참여자가 존재하는 정책네트워크는 정책과정의 참여자들 간 상호작용을 구조적인 차원으로 설명하는 틀이다.

② 정책네트워크의 경계는 구조적인 틀에 따라 달라지는 상호인지의 과정에 의하기보다는 공식기관들에 의해 결정된다.

③ 하위정부 모형은 이익집단, 의회의 상임위원회, 주요 행정부처로 구성되는 네트워크를 말하며, 안정성이 높은 것이 특징이다.

④ 정책공동체 모형은 하위정부 모형에 대한 대안으로 대두되었으나 전문화된 정책영역에서 정책결정이 이루어진다는 측면에서 서로 유사한 점이 있다.

정답 및 해설

정책네트워크의 경계는 공식적・비공식적 참여자의 상호작용의 구조를 통해 결정됨

① 정책네트워크는 정책과정의 참여자들 간 상호작용을 모형화한 것임
③ 철의 삼각은 이익집단, 의회의 상임위원회, 주요 행정부처로 구성되는 안정적・협력적 네트워크를 의미함
④ 정책공동체 모형은 전문가의 참여를 인정한다는 점에서 하위정부 모형의 설명력을 보완하고 있음 → 단, 양자 모두 전문화된 정책영역에서 공식적・비공식적 참여자의 상호작용에 따른 정책결정을 묘사하고 있음

정답 ②

34 회독 □□□

2024. 국가 9급

정책과정에서 철의 삼각(iron triangle)에 해당하지 않는 것은?

① 의회 상임위원회
② 행정부 관료
③ 이익집단
④ 법원

정답 및 해설

철의 삼각에 참여하는 정책참여자는 의원, 관료, 이익집단임

정답 ④

35 회독 □□□ 2024. 국가 9급

정책참여자에 대한 설명으로 옳지 않은 것은?

① 시민단체(NGO)는 비공식적 참여자로서 시민여론을 동원해 정책의제설정, 정책대안제시, 정부의 집행활동 감시 등 정책과정 전반에 영향을 미친다.

② 정당은 공식적 참여자로서 대중의 여론을 형성하고 일반 국민에게 정책 관련 주요 정보를 전달하는 역할을 통해 정책과정에 영향을 미친다.

③ 사법부는 공식적 참여자로서 정책과 관련된 법적 쟁송이 발생한 경우 그 정책의 타당성에 대한 판결을 통해 정책에 영향을 미친다.

④ 이익집단은 비공식적 참여자로서 특정 이해관계를 공유하는 사람들의 모임이며, 구성원들의 이익을 실현하기 위해 정부에 압력을 가함으로써 정책에 영향을 미친다.

정답 및 해설

정당은 일반 시민도 가입할 수 있는바 비공식 참여자에 해당함

①③④
시민단체와 이익집단은 비공식 참여자, 사법부·입법부 등은 공식적 참여자임

정답 ②

36 회독 □□□ 2023. 지방 9급

엘리트이론과 다원주의이론에 대한 설명으로 옳지 않은 것은?

① 고전적 엘리트이론에서 엘리트들은 다른 계층에 대해 책임을 지지 않는다.

② 밀즈(Mills)는 명성접근법을 사용하여 엘리트들을 분석한다.

③ 달(Dahl)은 권력이 분산되어 있음을 전제로 다원주의론을 전개한다.

④ 바흐라흐와 바라츠(Bachrach & Baratz)는 무의사결정이 의제설정과정뿐만 아니라 정책결정과정에서도 발생할 수 있다고 주장한다.

정답 및 해설

밀즈는 지위접근법을 사용하여 엘리트들을 분석함

① 엘리트는 폐쇄적 집단이므로 다른 계층에 대해 책임을 지지 않음
③ 달(Dahl)은 1950년대 다원론을 주장한 학자임
④ 바흐라흐와 바라츠(Bachrach & Baratz)는 무의사결정이 모든 정책과정에서 발생할 수 있음을 강조함

정답 ②

37 회독 □□□ 2023. 국가 9급

바흐라흐(Bachrach)와 바라츠(Baratz)의 무의사결정론에 대한 설명으로 옳지 않은 것은?

① 무의사결정의 행태는 정책과정 중 정책문제 채택단계 이외에서도 일어난다.
② 기존 정치체제 내의 규범이나 절차를 동원하여 변화 요구를 봉쇄한다.
③ 정책문제화를 막기 위해 폭력과 같은 강제력을 사용하기도 한다.
④ 엘리트의 두 얼굴 중 권력행사의 어두운 측면을 고려하지 못한다고 비판했기 때문에 신다원주의로 불린다.

정답 및 해설

무의사결정론은 신엘리트론에 해당함

① 광의의 무의사결정에 대한 내용임
② 엘리트는 비기득권의 요구를 봉쇄하기 위해 편견의 동원(제도의 동원)을 활용함
③ 엘리트는 비기득권의 요구를 봉쇄하기 위해 폭력이나 테러를 사용함

정답 ④

38 회독 □□□ 2020. 서울속기 9급

정책결정의 장에 대한 이론과 주장하는 내용을 짝지은 것으로 가장 옳지 않은 것은?

① 다원주의 – 정부는 조정자 역할에 머물거나 게임의 법칙을 진행하는 심판자 역할을 할 것으로 기대한다.
② 조합주의 – 정부는 이익집단 간 이익의 중재에 머물지 않고 국가이익이나 사회의 공공선을 달성하기 위한 주도적인 역할을 할 것으로 기대한다.
③ 엘리트주의 – 엘리트들은 사회의 다원화된 이익을 대변하는 것이 아니라 자신들의 이익을 추구한다.
④ 철의 삼각 – 입법부, 사법부 그리고 행정부 3자가 강철과 같은 장기적이고 안정적이며 우호적인 삼각관계의 역할을 형성하면서 정책결정을 지배하는 것으로 본다.

정답 및 해설

철의 삼각(Iron Triangle)에 관여하는 참여자는 관료와 의회의 상임위원회, 이익집단임; 이들은 장기적이고 안정적이며 우호적인 삼각관계의 역할을 형성하면서 배분정책 분야에서의 정책결정을 지배함

① 다원주의에서 정부는 다양한 견해를 중립적 입장에서 판단하는 조정자 역할에 머물거나 게임의 법칙을 진행하는 심판자 역할을 함
② 조합주의는 국가주의로 불리기도 하며 정부는 이익집단 간 이익의 중재에 머물지 않고 국가이익이나 사회의 공공선을 달성하기 위한 주도적인 역할을 수행함
③ 엘리트론에서 엘리트는 사회의 다원화된 이익을 대변하는 것이 아니라 자신들의 이익을 고려하여 정책을 결정함

정답 ④

39 회독 □□□ 2013. 국가 9급

다음은 정책과정을 바라보는 이론적 관점들 중 하나를 제시한 것이다. 그 내용과 부합하는 것은?

> 사회의 현존 이익과 특권적 분배 상태를 변화시키려는 요구가 표현되기도 전에 질식·은폐되거나, 그러한 요구가 국가의 공식적인 의사결정단계에 이르기 전에 소멸되기도 한다.

① 정책은 많은 이익집단의 경쟁과 타협의 산물이다.
② 정책의 연구는 모든 행위자들이 이기적인 존재라는 기본적인 전제하에서 경제학적인 모형을 적용한다.
③ 실제 정책과정은 기득권의 이익을 수호하려는 보수적인 성격을 나타낼 가능성이 높다.
④ 정부가 단독으로 정책을 결정·집행하는 것이 아니라 시장(market) 및 시민사회 등과 함께 한다.

정답 및 해설

지문은 바흐라흐와 바라츠의 무의사결정론에 대한 내용임; 무의사결정론은 정책의제설정이나 결정을 엘리트가 한다는 관점으로서 신엘리트주의라고도 불림; 따라서 실제 정책과정은 기득권의 이익을 수호하려는 보수적인 성격을 나타낼 가능성이 높다는 관점과 유사함

① 다원주의론에 대한 내용임
② 공공선택론에 대한 내용임
④ 거버넌스론에 대한 내용임

정답 ③

40 회독 □□□ 2017. 국가 9급

무의사결정(non-decision making)에 대한 설명으로 옳은 것은?

① 지배적인 엘리트집단은 자신들의 이해관계와 부합하지 않는 이슈라도 정책의제설정단계에서 논의하려고 한다.
② 무의사결정은 중립적인 행동으로 다원주의이론의 관점을 반영한다.
③ 집행과정에서는 무의사결정이 일어나지 않는다.
④ 정책문제의 채택과정에서 기존 세력에 도전하는 요구는 정책문제화하지 않고 억압한다.

정답 및 해설

무의사결정은 특정 의사결정자의 가치나 이익에 대한 잠재적인 도전을 봉쇄하거나 방해하는 결정이기 때문에 정책문제의 채택과정에서 기존 세력(기득권)에 도전하는 요구는 정책문제화하지 않고 억압하는 현상이 발생함

① 엘리트집단은 자신들의 이해관계에 부합하는 것만 의제설정단계에서 논의하려고 함
② 무의사결정론은 시민의 견해보다 엘리트 중심적인 결정을 설명하는 바, 엘리트론의 관점임
③ 바흐라흐와 바라츠에 따르면 정책의 모든 과정에서 무의사결정이 발생할 수 있음

정답 ④

41 회독 □□□ 2020. 국가 9급

무의사결정론에 대한 설명으로 옳지 않은 것은?

① 정치체제 내의 지배적 규범이나 절차가 강조되어 변화를 위한 주장은 통제된다고 본다.
② 엘리트들에게 안전한 이슈만이 논의되고 불리한 이슈는 거론조차 못하게 봉쇄된다고 한다.
③ 위협과 같은 폭력적 방법을 통해 특정한 이슈의 등장이 방해받기도 한다고 주장한다.
④ 조직의 주의집중력과 가용자원은 한계가 있어 일부 사회문제만이 정책의제로 선택된다고 주장한다.

정답 및 해설

조직의 주의집중력과 가용자원은 한계가 있어 일부 사회문제만이 정책의제로 선택된다고 보는 입장은 사이먼의 의제설정 모형에 해당함

①②③
무의사결정이란 엘리트들에게 안전한 이슈만이 논의되고 불리한 이슈는 거론조차 못하게 봉쇄하는 엘리트론의 한 유형(신엘리트론)이며, ① 혹은 ③의 내용은 무의사결정을 수행하는 방법에 해당함; 폭력을 행사하여 무의사결정을 수행하는 것은 가장 직접적인 방법이며, 정치체제 내의 지배적 규범이나 절차를 강조하여 변화를 주장하는 요구가 제시되지 못하도록 하는 것은 편견의 동원에 해당함

정답 ④

42 회독 □□□ 2008. 국가 9급

정책결정의 권력모형에 대한 설명으로 옳지 않은 것은?

① 신베버주의에 속하는 Krasner에 의하면, 국가가 다른 나라와의 경제관계에 관한 정책결정을 할 때 기업의 이익이 아니라 국가이익을 옹호하는 결정을 내렸다고 한다.
② Bentley와 Truman으로 대표되는 이익집단론에 따르면, 정치과정의 핵심은 이익집단활동이며, 정책과정에서 관료들의 소극적인 역할을 상정하고 있다.
③ 정책네트워크모형에 의하면, 국가는 자신의 정책이해를 가지고 이를 정책과정에서 관철시키고자 하는 하나의 행위자이다.
④ 이슈네트워크모형에 따르면, 국가와 이익집단을 포함한 다양한 행위자 간에는 빈번한 상호작용이 발생하고, 이러한 상호작용은 안정적이고 협력적이라고 본다.

정답 및 해설

이슈네트워크모형에 따르면, 국가와 이익집단을 포함한 다양한 행위자 간에는 빈번한 상호작용이 발생하지만, 이러한 상호작용은 불안정하고 비협력적이기 때문에 제로섬 현상이 발생함

① 신베버주의는 정부가 정책결정과정에서 수동적인 심판관이 아니라 어느 정도 자율적인 의사결정주체라는 입장임; 따라서 정부가 국가의 이익을 옹호하는 결정을 주체적으로 할 수 있음
② Bentley와 Truman으로 대표되는 이익집단론은 다원론에 해당함; 따라서 정치과정의 핵심은 이익집단활동이며, 관료들은 정책과정에서 다양한 이익집단의 견해를 수렴하는 소극적인 역할을 수행함
③ 예를 들어, 철의 삼각의 경우 관료, 의회의 상임위원회 등이 네트워크에 참여하는바 정책네트워크모형에서 국가는 자신의 정책이해를 가지고 이를 정책과정에서 관철시키고자 하는 하나의 행위자임

정답 ④

cf.
43 회독 □□□ 2017. 지방 9급

우리나라의 정책과정 참여자에 대한 설명으로 옳지 않은 것은?

① 사법부는 정책집행으로 인한 사회적 갈등상황이 야기되었을 때 판결을 통하여 정책의 합법성이나 정당성을 판단한다.
② 국회는 국정조사나 예산심의 등을 통하여 행정부를 견제하고, 국정감사나 대정부질의 등을 통하여 정책집행과정을 평가한다.
③ 행정기관은 법률의 제정과 사법적 판단을 통하여 정책집행과정에서 실질적인 영향력을 행사한다.
④ 대통령은 국회와 사법부에 대한 헌법상의 권한을 통하여 영향력을 행사하며, 행정부 주요 공직자에 대한 임면권을 통하여 정책과정에서 주도적 역할을 수행한다.

정답 및 해설

행정기관과 관료의 공식적 권한은 의회가 법률의 형태로 결정한 정책과 대통령이 결정한 주요 정책을 충실히 집행하는 데 있음; 물론 위임입법을 할 수 있으나 일반적으로 법률제정은 입법부의 권한이고, 사법적인 판단은 사법부의 역할임

① 사법부는 정책집행으로 인한 사회적 갈등상황이 야기되어 소송이 제기되었을 때 판결을 통하여 정책의 합법성이나 정당성을 판단함
② 국회는 국정조사나 예산심의 등을 통하여 행정부를 견제하고, 국정감사나 대정부질의 등을 통하여 정책집행과정을 평가함

국정감사 및 조사에 관한 법률 제2조【국정감사】 ① 국회는 국정전반에 관하여 소관 상임위원회별로 매년 정기회 집회일 이전에 국정감사(이하 "감사"라 한다) 시작일부터 30일 이내의 기간을 정하여 감사를 실시한다. 다만, 본회의 의결로 정기회 기간 중에 감사를 실시할 수 있다.

국정감사 및 조사에 관한 법률 제3조【국정조사】 ① 국회는 재적의원 4분의 1 이상의 요구가 있는 때에는 특별위원회 또는 상임위원회로 하여금 국정의 특정사안에 관하여 국정조사(이하 "조사"라 한다)를 하게 한다.

국회법 제4조【정기회】 정기회는 매년 9월 1일에 집회한다. 다만, 그 날이 공휴일인 때에는 그 다음 날에 집회한다. → 일반적으로 9월 정기국회에서 대정부질문을 진행함

④ 대통령은 법률안에 대하여 거부권을 행사할 수 있으며, 국회와 사법부에 대한 헌법상의 권한을 통해 영향력을 행사함; 또한 행정부 주요 공직자에 대한 임면권을 통하여 정책과정에서 주도적 역할을 수행함

정답 ③

cf.
44 회독 □□□ 2013. 국가 9급

다국적 기업과 같은 중요 산업조직이 국가 또는 정부와 긴밀한 동맹관계를 형성하고 이들이 경제 및 산업정책을 함께 만들어 간다고 설명하는 이론은?

① 신마르크스주의론
② 엘리트이론
③ 공공선택이론
④ 신조합주의이론

정답 및 해설

선지는 신조합주의론에 대한 내용임; 신조합주의론은 다국적 기업과 같은 중요 산업조직이 국가 또는 정부와 긴밀한 동맹관계를 형성하고 이들이 경제 및 산업정책을 함께 만들어 간다고 봄 → 다른 조합주의보다 기업의 영향력을 더 강조함

① 신마르크스주의론: 국가를 자본가 계급의 지배 도구로 간주하는 전통적인 마르크스주의의 입장을 수용하지만, 국가가 정책의 과정에서 어느 정도 자율성을 지닐 수 있다는 걸 인정함
② 엘리트이론: 사회 내 소수가 국가의 정책과정에 지대한 영향을 미치는 것을 설명하는 이론
③ 공공선택이론: 시장의 범주 밖에서 일어나는 의사결정을 경제학적으로 접근하고 연구하는 이론

정답 ④

45 회독 □□□

2019. 서울 9급

다원주의(Pluralism)에 대한 설명으로 가장 옳지 않은 것은?

① 권력은 다양한 세력들에게 분산되어 있다.
② 정책영역별로 영향력을 행사하는 엘리트들이 각기 다르다.
③ 이익집단들 간의 영향력 차이는 주로 정부의 정책과정에 대한 상이한 접근기회에 기인한다.
④ 이익집단들 간의 영향력 차이는 있지만 전체적으로 균형을 유지하고 있다.

정답 및 해설

다원주의는 이익집단 간 정책과정에 대한 접근기회는 동등하다고 주장함; 다만 이익집단 간의 영향력 차이는 있을 수 있다고 간주하는데, 이는 이익집단의 규모, 전문성 및 영향력 등에서 기인함

① 다원론에서 권력은 다양한 이익집단 혹은 세력들에게 분산되어 있음
② Dahl의 다원주의에 대한 내용임; 달에 따르면 엘리트 집단은 존재하지만 사회 내 모든 영역에 영향력을 행사하는 엘리트는 없음; 정책영역별로 영향력을 행사하는 엘리트가 다르다는 것 → 이는 부, 권력, 명예 등과 같은 정치적 자원이 여러 엘리트 집단에게 분산되어 있기 때문임
④ 이익집단 간의 영향력 차이는 다양한 요인에 의해 있을 수 있으나 사회 전체적으로는 균형을 유지하고 있음

정답 ③

46 회독 □□□

2018. 서울 9급

정책과정에서 행위자 사이의 권력관계 이론에 대한 설명으로 가장 옳지 않은 것은?

① 헌터(Hunter)는 지역사회연구를 통해 응집력과 동료의식이 강하고 협력적인 정치 엘리트들이 지역사회를 지배한다는 엘리트론을 주장한다.
② 무의사결정(nondecision-making)론은 권력을 가진 집단은 자신들에게 불리하거나 바람직하지 않다고 생각되는 특정 이슈들이 정부 내에서 논의되지 못하도록 봉쇄한다고 설명한다.
③ 다원론을 전개한 달(Dahl)은 New Haven 시를 대상으로 한 연구에서 정책 결정을 담당하는 엘리트가 분야별로 다른 형태를 보인다고 설명한다.
④ 신다원론에서는 집단 간 경쟁의 중요성은 여전히 인정하면서 집단 간 대체적 동등성의 개념을 수정하여 특정집단이 다른 집단보다 더욱 강력할 수 있다는 점을 인정하였다.

정답 및 해설

헌터는 지역사회 연구를 통해 응집력과 동료의식이 강하고 협력적인 기업 엘리트가 지배한다는 엘리트론을 주장함; 즉, 헌터는 명성접근법을 통해 지역사회(애틀랜타시)를 분석한 결과 엘리트들의 대다수가 시장경제체제와 관련된 인물임을 확인함

② 바흐라흐와 바라츠에 따르면 권력을 가진 소수 집단이 자신들에게 불리하거나 바람직하지 않다고 생각되는 특정 이슈들이 정부 내에서 논의되지 못하도록 봉쇄하는 무의사결정을 수행한다고 주장함
③ 다원론을 전개한 달(Dahl)은 New Haven 시를 대상으로 한 연구에서 부, 권력, 명예 등과 같은 정치적 자원이 여러 엘리트에게 분산된 까닭에 모든 영역(정치 · 경제 · 사회 · 문화영역 등)에서 영향력을 행사하는 엘리트는 없음 → 따라서 엘리트는 분야별로 다른 형태를 보임
④ 신다원론은 집단 간 경쟁의 중요성은 여전히 인정하면서(다원론 인정) 집단 간 대체적 동등성(집단 간 어느 정도의 영향력 차이를 인정)의 개념을 수정하여 특정 집단이 다른 집단보다 더욱 강력할 수 있다는 점을 인정함; 즉, 자본주의 사회에서 기업가 집단의 영향력이 강하다는 것을 수용함

정답 ①

47 회독 □□□ 2018. 교행 9급

다음 정책환경의 상황에 적용할 수 있는 모형으로 옳은 것은?

- 참여자들 간의 제로섬 게임의 형태가 나타나고 있다.
- 참여자들 간의 자원과 접근의 불균형이 발생하며 권력에서도 불평등을 초래하고 있다.
- 참여자들의 진입 및 퇴장이 비교적 자유롭게 이루어지며 참여자 수가 매우 광범위하게 늘어나고 있다.

① 조합주의 ② 정책공동체
③ 하위정부모형 ④ 이슈네트워크

정답 및 해설

이슈네트워크는 권력의 크기가 상이한 다양한 행위자들이 참여하는 개방적인 모형임; 여기에는 조직화된 이익집단뿐만 아니라 조직화되지 않은 개인, 전문가, 언론 등 다양한 참여자가 포함됨; 이슈네트워크의 행위자 간 관계는 매우 유동적이고 불안정하기 때문에 그들 간의 관계는 제로 섬(zero sum) 게임 또는 네거티브 섬(negative sum) 게임의 양태를 띰

① 조합주의 : 유럽에서 기업가단체, 노동자단체(이익집단), 정부 대표의 3자 연합이 사회적 공동선을 달성하기 위해 주요 정책을 결정하는 현상을 설명한 이론; 적극적인 정부와 이익집단 간의 합의를 중시하는 이론으로서 정부는 집단 간 이익의 중재에 머물지 않고 국가이익이나 사회의 공동선을 달성하기 위한 주도적인 역할을 담당함

②③

정책네트워크모형

구분	철의 삼각 (하위정부 모형)	정책공동체	이슈네트워크
참여자	• 관료＋이익집단＋의회상임위원회 • 가장 제한적인 참여	• 철의 삼각 참여자＋전문가 • 비교적 제한적인 참여	광범위한 다수의 이해관계자 참여
폐쇄성	폐쇄적	폐쇄적	개방적
안정성 (지속성)	안정적	안정적	불안정
행위자 간 관계 (협력성 정도)	동맹관계 : 매우 협력적	1. 의존적이고, 협력적 관계 2. positive-sum game : 정합게임	1. 경쟁적, 갈등적 관계 2. negative-sum game : 영합게임
상호의존성	높음	비교적 높음	낮음
목표의 공유도	높음	비교적 높음	낮음
기타	1. 주로 분배정책에서 나타남 ※ 모든 정책분야에 걸쳐서 가능한 것이 아님 2. 근본적인 관계가 교환관계이고 모든 참여자가 자원을 보유	1. 뉴거버넌스와 연관된 개념 ※ 시장 및 시민사회 전문가의 참여 2. 정책내용 합리성 제고 3. 근본적인 관계가 교환관계이고 모든 참여자가 자원을 보유	1. 권력모형 중 다원주의론에 가까움 2. 참여자 간 불균등한 권력배분 → 교환할 자원을 가진 참여자가 한정적임
정책산출 예측	• 분야별 정책지배 • 의도한 정책산출 예측가능	의도한 정책산출 예측가능	정책산출 예측곤란

참고

정책네트워크모형에 의하면, 국가는 자신의 정책이해를 가지고 이를 정책과정에서 관철시키고자 하는 하나의 행위자에 포함됨

정답 ④

48 회독 □□□ 2020. 지방 7급

정책네트워크의 유형별 특징에 대한 설명으로 옳지 않은 것은?

① 철의 삼각(iron triangle) 모형에서는 이익집단, 관련 행정부처(관료조직), 그리고 의회 위원회가 연합하여 실질적인 정책결정이 이루어진다고 본다.
② 하위정부(subgovernment) 모형은 철의 삼각 모형의 경험적 타당성에 대해 의문을 제기하면서 참여자들의 범위를 대폭 확대하였다.
③ 정책공동체(policy community)의 주요 구성원에는 하위정부 모형의 참여자 외에 전문가집단이 포함된다.
④ 이슈네트워크(issue network)는 정책공동체와 비교할 때 네트워크의 경계가 불분명하여 참여자들의 진입과 퇴장이 쉬운 편이다.

정답 및 해설

일반적으로 공무원 행정학 시험에서 하위정부와 철의 삼각은 같은 의미로 사용됨; 따라서 하위정부 모형은 비공식적 참여자인 이익집단과 공식적 참여자인 관료조직과 의회의 위원회 간(제한된 참여자)의 연계적인 활동을 의미함

① 철의 삼각(iron triangle) 모형: 이익집단(시민단체로 표현하면 틀림), 관련 행정부처(관료조직), 그리고 의회 위원회가 연합하여 실질적인 정책결정이 이루어지는 현상을 설명함
③ 정책공동체(policy community): 정책공동체를 구성하는 주요 구성원은 하위정부 모형의 참여자 및 전문가집단임 → 합리적인 결정을 통한 윈윈게임 발생
④ 이슈네트워크(issue network)는 정책공동체와 비교할 때 네트워크의 경계가 불분명하여 참여자들의 진입과 퇴장이 쉬운 개방적 네트워크임

정답 ②

49 회독 □□□ 2020. 지방 7급

정책참여자의 권력관계 모형에 대한 설명으로 옳지 않은 것은?

① 국가조합주의는 국가가 민간부문의 집단들에 대하여 강력한 주도권을 행사한다고 보는 모형이다.
② 다원주의는 주로 개발도상국가에서 경제개발과정에서의 이익집단에 대한 통제를 설명하기 위한 이론으로 활용되었다.
③ 사회조합주의는 사회경제체제의 변화에 순응하려는 이익집단의 자발적 시도로부터 생성되었다.
④ 다원주의는 이익집단 간의 영향력 차이를 인정하지만 전반적으로 균형이 유지되고 있다는 입장을 지닌다.

정답 및 해설

②는 국가조합주의에 대한 내용임; 다원주의는 소수의 개인이나 집단이 아니라 사회 내 다수의 집단이 정책결정의 장을 주도하고 이들이 정치적 조정과 타협을 거쳐 도달한 합의가 정책이 된다고 보는 관점임 → 정부는 다수의 집단 간 합의를 도출하는 소극적 중재자 혹은 중립적 심판자 역할을 수행함

① 국가조합주의: 국가가 민간부문의 집단들(이익집단)을 지원·통제하는 현상을 설명하는 모형
③ 사회조합주의: 사회경제적 위기를 해소하고 사회를 통합하려는 정부의 의도와 사회경제체제의 변화에 순응하려는 이익집단의 자발성이 맞물려 생성된 협력체를 설명하는 모형 → 선진자본주의 국가에서 주로 발전하였고 공식화된 제도 속에서 정부와 이익집단간의 합의에 의해 주요 결정이 이루어짐
④ 다원주의는 이익집단 간 어느 정도의 영향력 차이를 인정하지만 지배적인 이익집단은 없다는 입장을 지님

정답 ②

50 회독 □□□ 2020. 국가 7급

지역사회 권력구조에 관한 이론에 대한 설명으로 옳은 것은?

① 레짐이론은 기업을 비롯한 민간부문 주요 주체들과의 연합이나 연대를 배제하는 특성을 갖는다.
② 성장기구론에서 성장연합은 비성장연합에 비해 부동산의 사용가치(use value), 즉 일상적 사용으로부터 오는 편익을 중시한다.
③ 지식경제 사회에서 엘리트 계층과 일반 대중 사이의 정보비대칭성(asymmetry)이 심화되면 엘리트 이론의 설명력은 더 높아진다.
④ 신다원론에서는 정책과정이 지역사회의 모든 구성원들에게 공정하게 개방되어 있으며, 엘리트 집단의 영향력은 의도적 노력의 결과이다.

정답 및 해설

지식경제 사회에서 엘리트 계층과 일반 대중 사이의 정보비대칭성(asymmetry)이 심화되면 정보의 독점을 바탕으로 소수의 권력이 증대되는바 엘리트 이론의 설명력은 더 높아짐

① 레짐이론은 지방정부 수준에서 발생하는 거버넌스를 설명하는 이론으로 기업을 비롯한 민간부문 주요 주체들과의 연합이나 연대를 고려하는 특성을 가짐
② 성장기구론에서 성장연합은 비성장연합에 비해 부동산의 교환가치를 중시함
④ 신다원론에서는 자본주의 사회에서 대기업의 영향력을 인정함; 따라서 신다원론에서는 정책과정이 지역사회의 모든 구성원에게 공정하게 개방되어 있지 않으며, 엘리트 집단의 영향력은 의도적 노력의 결과가 아니라 자본주의 경제체제에서 파생되는 구조적인 산물임

정답 ③

51 회독 □□□ 2019. 서울 7급

다원주의론은 기본적으로 집단과정이론과 다원적 권력이론으로 크게 구분되는데, 이들 이론에 공통된 다원주의의 주요 특성으로 가장 옳지 않은 것은?

① 이익집단들 간의 경쟁은 정치체제의 유지에 순기능적이라고 본다.
② 권력의 원천이 특정 세력에 집중되어 있는 것이 아니고 각기 분산된 불공평성을 띤다.
③ 이익집단들 간에 상호 경쟁적이지만 기본적으로는 게임의 규칙을 준수해야 하는 데 합의를 하고 있다고 본다.
④ 다양한 이익집단은 정부의 정책과정에 동등한 접근기회를 가지고 있으며 이익집단들 간의 영향력에 차이가 있음을 인정하지 않는다.

정답 및 해설

다원주의론은 정책결정이 다수의 집단 간의 타협 및 경쟁의 결과에 의해 이루어진다고 간주함 → 다원론에 따르면 사회 내 이익집단 간 영향력의 차이(집단의 규모 혹은 지식의 차이 등)는 어느 정도 있지만 정책과정에 참여할 수 있는 기회는 동등함

① 다원론은 권력이 소수에게 편중되는 것보다 비슷한 세력의 이익집단 간 견제와 균형이 정치체제의 유지에 순기능적이라고 주장함
② 다원론은 권력의 원천이 사회 내 여러 세력에 분산되어 있음을 주장하지만, 어느 정도의 차이는 있는 상태인 분산된 불공평성을 띤다고 보았음
③ 다원론은 이익집단 간에 상호 경쟁적이지만 기본적으로는 게임의 규칙(조정 및 타협의 과정에서 지켜야 할 규칙)을 준수해야 하는 데 합의를 하고 있다고 간주함

참고
집단과정이론은 고전적 다원주의를, 다원적 권력이론은 R.Dahl의 다원주의론을 의미함

정답 ④

52 회독 □□□ 2018. 서울 7급

로즈(Rhodes) 등을 중심으로 논의된 정책네트워크 모형의 특징으로 가장 옳지 않은 것은?

① 정책공동체는 비교적 폐쇄적이고 안정적이며 지속적인 네트워크이다.
② 이슈네트워크의 행위자는 매우 유동적이고 불안정하며, 이슈의 성격에 따라 주요 행위자가 수시로 변할 수 있다.
③ 정책네트워크를 구성하는 행위자들 간의 관계 형성 동기는 소유 자원의 상호의존성에 기인한다.
④ 정책네트워크를 통한 정책산출은 처음 의도한 정책내용과 유사하며, 정책산출에 대한 예측이 용이하다.

정답 및 해설

정책네트워크에서 참여자는 다양한 자원 혹은 정보를 교환함; 이러한 과정에서 정책네트워크를 통한 정책산출은 처음 의도한 정책내용과 달라질 수 있고, 정책산출에 대한 예측이 용이하지 않음

① 정책공동체는 전문가를 포함한 특정 참여자가 협력적으로 상호작용(이슈네트워크에 비해)하는 네트워크임
② 이슈네트워크는 특정 사회문제를 중심으로 수많은 참여자가 관계하는 네트워크임 → 따라서 다른 네트워크에 비해 불안정하며, 주요 행위자가 수시로 변할 수 있음
③ 일반적으로 정책네트워크에 참여하는 주체는 상호 부족한 자원을 보완할 수 있는 사람들과 네트워크를 형성함

정답 ④

53 회독 □□□ 2019. 지방 7급

㉠, ㉡에 해당하는 권력모형을 옳게 짝지은 것은?

- (㉠)은 전국적 차원이 아니라 지역사회의 지배구조에 초점을 맞추면서, 소수 엘리트가 강한 응집성을 가지고 정책을 결정하고 정치에 무관심한 일반대중들은 비판 없이 이를 수용한다고 설명한다.
- (㉡)은 정치권력에 두 얼굴(two faces of power)이 있음을 주장하는 입장으로부터 권력의 어두운 측면이 갖는 영향력에 대해 관심을 가지지 않았다는 점을 비판받았다.

	㉠	㉡
①	밀즈의 지위접근법	달의 다원주의론
②	밀즈의 지위접근법	바흐라흐와 바라츠의 무의사결정론
③	헌터의 명성접근법	달의 다원주의론
④	헌터의 명성접근법	바흐라흐와 바라츠의 무의사결정론

정답 및 해설

㉠에 들어갈 내용은 헌터(Hunter)의 명성접근법, ㉡에 들어갈 내용은 달(Dahl)의 다원주의론임; 헌터의 명성접근은 애틀랜타시를 대상으로 연구한 이론이기 때문에 전국적인 차원이 아니라 지역사회의 지배구조를 설명했으며, 다알은 바흐라흐와 바라츠로부터 권력의 어두운 면이 갖는 엘리트의 영향력(의제설정과정에 대한 엘리트의 영향력)을 간과했다는 비판을 받았음

정답 ③

Section 03 정책과 환경 : 정책결정요인론

54 회독 □□□ 2014. 국가 9급

정책결정요인론 중 도슨과 로빈슨(R. Dawson & J. Robinson)이 주장한 '경제적 자원모형'의 내용으로 옳지 않은 것은?

① 소득, 인구 등의 사회·경제적 요인이 정책내용을 결정한다.
② 정치적 변수는 정책에 단독으로 영향을 미치지 못한다.
③ 정치체제는 환경변수와 정책내용 간의 매개변수가 아니다.
④ 사회경제적 변수, 정치체제, 정책은 순차적인 관계에 있다.

정답 및 해설

사회경제적 변수, 정치체제, 정책이 순차적인 관계에 있는 것은 Key와 Lokard의 연구(참여경쟁모형)의 내용임; 경제적 자원모형은 허위관계 모형으로서 정치변수는 정책변수와 아무런 관련이 없음을 밝혔음

①②③
경제적 자원모형은 사회경제 변수가 정치변수 혹은 정책변수에 영향을 미치는 것을 인정함; 즉, 사회경제변수의 영향으로 인해 정치변수와 정책변수가 모두 변화하게 되는데, 실질적으로 두 변수(정치변수와 정책변수) 간에는 상관성이 없다는 것을 주장함(사회경제변수가 허위변수로 작용); 따라서 정치변수는 매개변수도 아니고 독립변수도 아님

정답 ④

55 회독 □□□ 2022. 국가 7급 수정

정책결정요인론에 대한 설명으로 옳은 것은?

① 정책의 내용에 영향을 미치는 요인이 무엇인가를 밝히는 이론으로, 사회경제적 요인의 중요성을 과소평가했다는 비판을 받고 있다.
② 도슨－로빈슨(Dawson-Robinson) 모형은 사회경제적 변수가 정치체제와 정책 모두에 영향을 미친다는 모형으로, 사회경제적 변수로 인해 정치체제와 정책의 허위 상관관계가 유발된다고 설명한다.
③ 키－로커트(Key-Lockard) 모형은 사회경제적 변수가 정책에 직접적으로 영향을 미친다는 모형으로, 예를 들면 경제발전이 복지지출 수준에 직접 영향을 준다고 본다.
④ 루이스－벡(Lewis-Beck) 모형은 사회경제적 변수가 정책에 영향을 주는 직접효과가 있고, 정치체제가 정책에 독립적 영향을 주지 않는다고 설명한다.

정답 및 해설

도슨－로빈슨(Dawson-Robinson)의 경제적 자원모형, 즉 허위관계 모형은 사회경제적 변수가 정치체제와 정책 모두에 영향을 미치는 현상을 설명하고 있으며, 사회경제적 변수로 인해 정치체제와 정책의 거짓 상관관계가 나타나는 것을 발견함

① 정책결정요인론은 정책의 내용에 영향을 미치는 환경적 요인이 무엇인가를 밝히는 이론으로, 상대적으로 계량화가 어려운 정치변수의 중요성을 과소평가했다는 비판을 받고 있음
③ 선지는 Fabricant와 Brazer의 모형에 대한 내용임 → 키와 로커트(Key-Lockard)는 참여경쟁모형(정치변수가 매개변수로 작용)을 제시함
④ 루이스-벡(Lewis-Beck) 모형은 사회경제적 변수가 정책에 영향을 주는 직접효과가 있고, 정치체제도 정책에 독립적인 영향을 미친다고 주장함

정답 ②

Section 04 비합리적인 의사결정모형 : 권력모형

56 회독 □□□

2012. 국가 7급

'정책네트워크(policy network)'에 대한 설명으로 옳지 않은 것은?

① 참여자 간 교호작용 속에서 형성되는 연계가 중요하고 참여자와 비참여자를 구분하는 경계가 없다.

② 정책형성뿐만 아니라 정책집행까지 설명하는 유용한 도구이다.

③ 정책 네트워크 유형에는 하위정부, 정책공동체, 정책문제망 등이 있다.

④ 행위자들 사이에 나타나는 상호작용의 패턴을 찾아내는 데 사용된다.

정답 및 해설

정책네트워크에는 참여자와 비참여자를 구분하는 경계가 있음 → 예를 들어 정책문제망(이슈네트워크)은 참여자의 범위가 넓고 참여자와 비참여자를 구분하는 경계가 모호하지만, 정책공동체 모형은 정부 부처의 고위 관료, 의원, 특정 이익집단, 전문가집단 등 특정한 영역에 이해관계나 관심을 가지는 사람 간의 네트워크로써 참여자와 비참여자 간의 경계가 비교적 뚜렷함

② 정책네트워크는 정책형성뿐만 아니라 정책집행까지 설명하는 유용한 도구임 → 예를 들어, 철의 삼각은 의회에서 결정한 내용을 관료가 집행하고 이익집단은 이에 대해 저항하지 않는 현상을 설명할 수 있음

③ 정책네트워크 유형에는 하위정부, 정책공동체, 정책문제망 등이 있으며, 하위정부와 정책문제망은 미국, 정책공동체는 영국에서 유래한 모형임

④ 정책네트워크 모형은 어떤 참여자가 어떤 자원을 바탕으로 상호작용을 하는지 설명할 수 있는바 행위자 사이에 나타나는 상호작용의 패턴을 찾아내는 데 사용됨

정답 ①

57 회독 □□□

2010. 국가 7급

이슈네트워크(issue network)와 비교한 정책공동체(policy community)의 상대적 특성으로 옳지 않은 것은?

① 정책결정을 둘러싼 권력게임은 공동의 이익을 추구하는 정합게임(positive-sum game)의 성격을 띤다.

② 참여자들이 기본가치를 공유하며 그들 간의 접촉빈도가 높다.

③ 참여자의 범위가 넓고 경계의 개방성이 높다.

④ 모든 참여자가 교환할 자원을 가지고 참여한다.

정답 및 해설

③은 이슈네트워크에 대한 내용임; 정책공동체 모형은 참여자의 범위가 제한적인 폐쇄적 네트워크임

① 정책공동체는 전문가집단이 결정에 참여하는 까닭에 정책결정을 둘러싼 권력게임은 공동의 이익을 추구하는 정합게임(positive-sum game)의 성격을 지님

②④

정책공동체에서 참여자는 기본가치를 공유(윈윈게임)하며 참여자가 교환할 자원을 기초로 활발하게 상호작용함

정답 ③

58 회독 □□□

2011. 지방 7급

정책형성과정에 대한 설명으로 옳지 않은 것은?

① 제3종 오류를 방지하는 것이 정책문제 구조화의 핵심으로 간주된다.
② 주요 정책행위자들 간의 치열한 경쟁적 갈등관계는 철의 삼각(iron triangle)관계라고 불린다.
③ 정책문제를 정의하고 해석하는 과정은 다양한 결과에 이를 수 있는 애매하고 불투명한 과정으로 간주된다.
④ 정책행위자들은 실질적인 제약과 절차적인 제약 하에서 대안을 선택하게 된다.

정답 및 해설

철의 삼각에서 참여자(정부 관료, 의회 상임위원회, 이익집단)는 긴밀한 협력관계를 보임

① 3종 오류는 잘못된 문제 선택이므로 제3종 오류를 방지하는 것이 정책문제 구조화의 핵심임
③ 일반적으로 정책문제는 사람마다 다른 견해를 지님; 따라서 정책문제를 정의하고 해석하는 과정은 다양한 결과에 이를 수 있는 애매하고 불투명한 과정으로 간주됨
④ 일반적으로 정책행위자들은 실질적인 제약(이해관계자 등의 간섭)과 절차적인 제약(공식적 규칙) 하에서 대안을 선택함

정답 ②

59 회독 □□□

2015. 지방 7급

정책네트워크모형에 대한 설명으로 옳지 않은 것은?

① 로즈와 마쉬(Rhodes & Marsh)에 따르면, 이슈네트워크는 비교적 폐쇄적이고 안정적인 반면 정책공동체는 개방적이고 유동적이다.
② 헤클로(Heclo)는 하위정부모형에 대한 비판적 입장에서 이슈네트워크모형을 제안했다.
③ 많은 학자들은 1960년대에 등장한 하위정부모형이나 1970년대에 등장한 이슈네트워크모형이 정책네트워크모형의 기원이라고 본다.
④ 정책공동체의 경우, 모든 참여자가 자원을 가지며 참여자 사이의 근본적인 관계는 교환관계이다.

정답 및 해설

로즈와 마쉬(Rhodes & Marsh)에 따르면, 이슈네트워크는 개방적이고 유동적이지만 정책공동체는 특정 참여자(전문가 포함)로 구성된 공동체로써 폐쇄적이고 안정적인 네트워크임

② 헤클로(Heclo)는 하위정부모형이 다양한 사람들의 참여를 고려하지 못한다는 점을 비판하면서 이슈네트워크모형을 제안함
③ 많은 학자들은 1960년대에 등장한 하위정부모형이나 1970년대에 등장한 이슈네트워크모형(미국에서 등장한 모형)이 정책네트워크모형의 기원이라고 간주함
④ 정책공동체의 경우, 네트워크에 참여하는 모든 참여자가 각자의 자원을 가지며 참여자 사이의 근본적인 관계는 이들이 보유한 자원의 교환관계임

정답 ①

CHAPTER 02 정책의제설정

Section 01 정책의제설정과 오류의 유형

60 회독 □□□ 2024. 지방 9급

정책문제의 구조화기법에 대한 설명으로 옳은 것만을 모두 고르면?

> ㄱ. 가정분석: 문제상황의 가능성 있는 원인, 개연성(plausible) 있는 원인, 행동가능한 원인을 식별하기 위한 기법
> ㄴ. 계층분석: 정책문제에 관해 서로 대립되는 가정의 창조적 종합을 목표로 하는 기법
> ㄷ. 시네틱스(유추분석): 문제들 사이에 유사한 관계를 인지하는 것이 분석가의 문제해결 능력을 크게 증가시킬 것이라는 가정에 기초한 기법
> ㄹ. 분류분석: 문제상황을 정의하고 분류하기 위해 사용되는 개념을 명확하게 하기 위한 기법

① ㄱ, ㄴ ② ㄱ, ㄹ
③ ㄴ, ㄷ ④ ㄷ, ㄹ

정답 및 해설

아래의 내용 참고

구분	내용
계층분석	㉠ 문제상황의 원인을 규명하는 것 → 간접적 · 불확실한 원인으로부터 차츰 확실한 원인을 확인해 나가는 기법 ㉡ 인과관계 파악을 목적으로 함
유추분석	㉠ 과거에 다루어 본 적이 있는 유사한 문제에 대한 관계(유사성)를 분석하여 당면한 문제를 정의하는 방법 ㉡ 예 과거 사스해결을 바탕으로 우한폐렴 문제를 살펴보는 것
가정분석	㉠ 문제상황의 인식을 둘러싸고 여러 대립적인 가정들을 창조적으로 통합하는 것 ㉡ 이전에 건의된 정책부터 분석을 진행하며, 여러 기법을 활용하는 가장 포괄적인 분석
분류분석	㉠ 문제의 구성요소를 식별하기 위한 방법 ㉡ 즉, 추상적인 정책문제를 논리적인 추론을 통해 구체적인 대상으로 구분하여 당면한 문제가 어떤 구성요소들로 되어 있는지 확인하는 기법 ㉢ 예 기초생활보장 수급가구를 분할하여 노인, 소년소녀가장, 장애인 등으로 구분하는 것

정답 ④

61 회독 □□□ 2008. 국가 9급

제3종 오류(Type III error)에 대한 설명으로 옳지 않은 것은?

① 수단주의적 기획관의 한계를 나타내는 오류유형이다.
② 문제선택 자체가 잘못된 경우의 오류를 의미한다.
③ 메타오류(meta error)라고도 한다.
④ 주로 문제해결을 위한 합리적인 대안의 선정과정에서 나타난다.

정답 및 해설

제3종 오류는 문제선택 자체가 잘못된 경우의 오류를 의미함; 따라서 대안의 선정과정이 아니라 의제설정과정 혹은 문제의 인지 및 정의 과정에서 발생

① 수단주의적 기획관이란 목표가 아닌 수단에 집착해서 숲(문제)을 바라보지 못하는 오류를 일컬음; 따라서 수단주의적 기획관은 3종 오류와 같은 표현임
③ 정책문제를 잘못 인지한 오류를 메타오류(meta error)라고 하는데, 의미상 3종 오류가 같은 표현에 해당함

정답 ④

cf.

62 회독 □□□ 2017. 지방 9급

정책분석에 있어서 문제구조화에 대한 설명으로 옳지 않은 것은?

① 던(Dunn)은 정책문제를 구조화가 잘된 문제, 어느 정도 구조화된 문제, 구조화가 잘 안된 문제로 분류한다.
② 구조화가 잘된 문제의 해결을 위해서 분석가는 전통적인 방법을 사용하기도 한다.
③ 문제구조화는 상호 관련된 4가지 단계인 문제의 감지, 문제의 정의, 문제의 추상화, 문제의 탐색으로 구성되어 있다.
④ 문제구조화의 방법으로는 경계분석, 분류분석, 가정분석 등이 있다.

정답 및 해설

정책문제의 구조화란 무엇이 문제인지를 규명해서 정책문제를 구체적으로 정의하는 것; 즉, 3종 오류를 방지하여 정책문제를 올바르게 인지하기 위한 노력이며, 문제의 구조화는 상호 관련된 4가지 단계인 문제의 감지, 문제의 탐색, 문제의 정의, 문제의 구체화로 구성되어 있음

①②
던(Dunn)은 정책문제를 구조화가 잘된 문제, 어느 정도 구조화된 문제, 구조화가 잘 안 된 문제로 분류하는데, 이 중에서 구조화가 잘된 문제의 경우 SOP를 설정(전통적인 방법)하여 해결할 수 있다고 주장함
④ 문제구조화의 방법으로는 경계분석, 계층분석, 유추분석, 가정분석, 분류분석, 브레인스토밍 등이 있음

정답 ③

63 회독 □□□ 2014. 국가 9급

정책문제의 구조화 기법과 설명이 바르게 연결된 것은?

가. 경계분석(boundary analysis)
나. 가정분석(assumption analysis)
다. 계층분석(hierarchy analysis)
라. 분류분석(classification analysis)

ㄱ. 정책문제와 관련된 여러 구조화되지 않은 가설들을 창의적으로 통합하기 위해 사용하는 기법으로 이전에 건의된 정책부터 분석한다.
ㄴ. 간접적이고 불확실한 원인으로부터 차츰 확실한 원인을 차례로 확인해 나가는 기법으로 인과관계 파악을 주된 목적으로 한다.
ㄷ. 정책문제의 존속기간 및 형성과정을 파악하기 위해 사용하는 기법으로 포화표본추출(saturation sampling)을 통해 관련 이해당사자를 선정한다.
ㄹ. 문제상황을 정의하기 위해 당면문제를 그 구성요소들로 분해하는 기법으로 논리적 추론을 통해 추상적인 정책문제를 구체적인 요소들로 구분한다.

	가	나	다	라
①	ㄱ	ㄷ	ㄴ	ㄹ
②	ㄱ	ㄷ	ㄹ	ㄴ
③	ㄷ	ㄱ	ㄴ	ㄹ
④	ㄷ	ㄱ	ㄹ	ㄴ

정답 및 해설

아래의 표 참고

정책문제의 구조화 기법

경계분석	① 문제의 위치 및 범위 파악 혹은 정책문제의 존속기간 및 형성과정을 파악 ② 포화표본추출(saturation sampling)을 활용하여 관련 이해당사자 선정
계층분석	문제상황의 원인을 규명하는 것 → 간접적·불확실한 원인으로부터 차츰 확실한 원인을 확인해 나가는 기법; 인과관계 파악을 목적으로 함
유추분석	과거에 다루어 본 적이 있는 유사한 문제에 대한 관계(유사성)를 분석하여 문제를 정의하는 방법 → 과거 사스해결을 바탕으로 우한폐렴 문제를 살펴보는 것
가정분석	① 문제상황의 인식을 둘러싸고 여러 대립적인 가정들을 창조적으로 통합하는 것 ② 이전에 건의된 정책부터 분석을 진행하며, 여러 기법을 활용하는 가장 포괄적인 분석
분류분석	문제의 구성요소를 식별하기 위한 방법 → 즉, 추상적인 정책문제를 논리적인 추론을 통해 구체적인 대상으로 구분하여 당면한 문제가 어떤 구성요소들로 되어 있는지 확인하는 기법
브레인스토밍	① 전문가들이 모여 제약 없는 자유토론 실시 ② 창의적인 아이디어를 도출하는 기법

정답 ③

64 회독 □□□ 2015. 국가 9급

통계적 결론의 타당성 확보에 있어서 발생할 수 있는 오류와 그에 대한 설명을 바르게 연결한 것은?

> ㉠ 정책이나 프로그램의 효과가 실제로 발생하였음에도 불구하고 통계적으로 효과가 나타나지 않은 것으로 결론을 내리는 경우
> ㉡ 정책의 대상이 되는 문제 자체에 대한 정의를 잘못 내리는 경우
> ㉢ 정책이나 프로그램의 효과가 실제로 발생하지 않았음에도 불구하고 통계적으로 효과가 나타난 것으로 결론을 내리는 경우

	1종 오류	2종 오류	3종 오류
①	㉠	㉡	㉢
②	㉠	㉢	㉡
③	㉡	㉠	㉢
④	㉢	㉠	㉡

정답 및 해설

㉠ 제2종 오류: 정책대안이 효과가 있는데도 효과가 없다고 잘못 판단하는 것; 귀무가설이 틀렸지만 이를 채택하는 것
㉡ 제3종 오류: 문제선택 자체가 잘못된 경우에 발생하는 오류
㉢ 제1종 오류: 어떤 정책대안이 실제는 효과가 없는데도 효과가 있다고 판단하는 것; 귀무가설이 옳지만 틀렸다고 생각하고 이를 기각하는 것

정답 ④

cf.
65 회독 □□□ 2021. 국가 7급

통계적 가설검정의 오류에 대한 설명으로 옳지 않은 것은?

① 제1종 오류는 실제로는 모집단의 특성이 영가설과 같은 것인데 영가설을 기각하는 경우에 발생한다.
② 제2종 오류는 모집단의 특성이 영가설과 같지 않은데 영가설을 기각하지 않는 경우에 발생한다.
③ 제1종 오류는 α로 표시하고, 제2종 오류는 β로 표시한다.
④ 확률 1-α는 검정력을 나타내며, 확률 1-β는 신뢰수준을 나타낸다.

정답 및 해설

확률 1-α는 신뢰수준을 나타내며, 확률 1-β는 검정력을 나타냄

① 제1종 오류는 실제로는 모집단의 특성이 영가설과 같은 것인데 영가설을 기각하고 틀린 대립가설을 채택하는 경우에 발생함
② 제2종 오류는 모집단의 특성이 영가설과 같지 않은데 영가설을 기각하지 않고 올바른 대립가설을 기각하는 경우에 발생함
③ 제1종 오류는 심각한 오류이므로 α로 표시하고, 제2종 오류는 상대적으로 그렇지 않으므로 β로 표시함

> ㉠ 대립가설: 연구자의 주장
> ㉡ 귀무가설(영가설): 연구자의 주장을 무(無)로 돌아가게 만드는 가설

구분		귀무가설	
		참	거짓
귀무가설	채택	올바른 판단 ① 1-α: 신뢰수준 ② 신뢰수준: 1종 오류를 범하지 않을 확률	2종 오류 = β오류 (올바른 대립가설 기각)
	기각	1종 오류 = α오류 = 심각한 오류 (틀린 대립가설 채택) ① 1종 오류는 심각한 오류이므로 연구자는 유의수준(α값)을 작게 만들어야 함 ② α값: 1종 오류를 범할 확률	올바른 판단 ① 1-β: 검정력 ② 2종 오류를 범하지 않을 확률

정답 ④

66 회독 □□□ 2012. 지방 7급

아이스톤(Eyestone)이 제시한 정책의제 형성과정에 대한 설명으로 옳지 않은 것은?

① 사회문제(social problem)는 개인의 문제가 다수로부터 공감을 얻게 되어 많은 사람들의 문제로 인식된 상태를 말한다.

② 공공의제(public agenda)는 일반대중의 주목을 받을 가치는 있으나, 아직 정부가 문제해결을 하는 것이 정당한 것으로 인정되지 않는 상태를 말한다.

③ 사회논제(social issue)는 사회문제가 여러 가지 다른 견해를 갖는 다수의 집단들로 하여금 논쟁을 야기하며, 일반인의 관심을 집중하고 여론을 환기시키는 상태를 말한다.

④ 공식의제(official agenda)는 여러 가지 공공의제들 중에서 정부가 그 해결을 위하여 심각하게 관심과 행동을 집중하는 정부의제로 선별되는 상태를 말한다.

정답 및 해설

공공의제(public agenda, 공중의제)는 일반대중의 관심과 주의를 받을 만한 가치를 지니고 있으며 정부가 개입하여 문제를 해결하는 것이 정당하다고 인정되는 사회문제를 의미함

① 사회문제(social problem)는 개인의 문제가 아닌 많은 사람의 문제를 의미함
③ 사회논제(social issue)는 사회문제를 둘러싸고 있는 다수의 집단 간 논쟁이 있어서 일반인의 관심을 집중하고 여론을 환기시키는 상태를 뜻함
④ 공식의제(official agenda)는 여러 가지 공공의제 중에서 정부가 그 해결을 위하여 관심과 행동을 집중하는 정부의제로 선별된 상태임

정답 ②

67 회독 □□□ 2008. 국가 7급

정책문제의 구조화에 이용되는 기법들 중 연결이 옳은 것은?

① 경계분석(boundary analysis) – 문제의 구성요소 식별
② 계층분석(hierarchy analysis) – 문제 상황의 원인 규명
③ 유추분석(analogy analysis) – 상충적 전제들의 창조적 통합
④ 분류분석(classification analysis) – 문제의 위치 및 범위 파악

정답 및 해설

정책문제의 구조화란 무엇이 문제인지를 규명해서 정책문제를 구체적 정의하는 것으로써 정책문제의 구조화에 이용되는 기법에는 경계분석, 계층분석, 유추분석, 가정분석, 분류분석 등이 있음 → 이 중에서 계층분석은 간접적·불확실한 원인으로부터 차츰 확실한 원인을 확인해 나가는 기법임

①③④

경계분석	① 문제의 위치 및 범위 파악 혹은 정책문제의 존속기간 및 형성과정을 파악 ② 포화표본추출(saturation sampling)을 활용하여 관련 이해당사자 선정
가정분석	① 문제상황의 인식을 둘러싸고 여러 대립적인 가정들을 창조적으로 통합하는 것 ② 이전에 건의된 정책부터 분석을 진행하며, 여러 기법을 활용하는 가장 포괄적인 분석
분류분석	문제의 구성요소를 식별하기 위한 방법 → 즉, 추상적인 정책문제를 논리적인 추론을 통해 구체적인 대상으로 구분하여 당면한 문제가 어떤 구성요소들로 되어 있는지 확인하는 기법
유추분석	과거에 다루어 본 적이 있는 유사한 문제에 대한 관계(유사성)를 분석하여 문제를 정의하는 방법 → 과거 사스해결을 바탕으로 우한폐렴 문제를 살펴보는 것

정답 ②

cf.

68 회독 □□□

2018. 서울 7급

정책의제 설정 과정에 대한 설명으로 가장 옳지 않은 것은?

① 정책문제에 대한 통계지표의 오류는 바람직한 의제 설정을 어렵게 한다.

② 크렌슨(Crenson)은 선출직 지도자들이 공장공해 등 전체적인 문제에 민감하게 반응하여 이를 정책의제화한다고 한다.

③ 우리나라의 1960년대 경제제일주의는 많은 노동문제를 정부의제로 공식 검토되지 않게 하였다.

④ 정치체제의 가용자원 한계는 정책의제에 대한 적극적 탐색을 어렵게 하기도 한다.

정답 및 해설

크렌슨에 따르면 선출직 지도자들이 공장공해 등 전체적인 문제에 민감하게 반응하지 못하고 이러한 환경문제가 정책의제화하기 힘들다는 점을 주장함; 여기서 '전체적인 문제(collective issue)'란 사회 전체적 이슈, 전체적 편익, 집중적 비용의 문제와 같은 특징을 띠는 문제임 → 공장공해 등과 같은 문제는 일반적으로 편익을 누리는 자가 분산되어 수혜자가 크게 관심을 두지 않는 반면 비용부담자가 집중됨; 이는 곧 비용부담자의 반발로 이어지기 때문에 정책의제화가 쉽지 않음

① 잘못된 통계지표는 3종 오류를 발생시킬 수 있음; 예컨대 잘못된 청년실업자 통계지표는 정부로 하여금 잘못된 정책문제를 선택하게 만들 수 있음

③ 우리나라의 1960년대 경제제일주의는 경제성장에 집착한 나머지 그 외의 정책, 즉 노동정책, 복지정책 등은 정부의제로 공식 검토되지 못하였음

④ 정부에 가용한 자원이 있어야 정책의제를 적극적으로 탐색할 수 있음

정답 ②

Section 02 의제설정과정모형

69 회독 □□□

2023. 지방 9급

킹던(Kingdon)이 제시한 정책흐름모형에 대한 설명으로 옳은 것만을 모두 고르면?

ㄱ. 경쟁하는 연합의 자원과 신념 체계(belief system)를 강조한다.
ㄴ. 쓰레기통모형을 발전시킨 것이다.
ㄷ. 정책 과정의 세 흐름은 문제흐름, 정책흐름, 정치흐름이 있다.

① ㄱ
② ㄷ
③ ㄱ, ㄴ
④ ㄴ, ㄷ

정답 및 해설

올바른 선지

ㄴ. 정책창 모형은 쓰레기통모형의 일부 특징을 공유하고 있음(예 우연한 사건의 중요성 등)
ㄷ. 킹던에 따르면 의제설정에 필요한 세 조건은 문제흐름, 정책흐름, 정치흐름임

틀린 선지

ㄱ. 선지는 정책지지연합에 대한 내용임

정답 ④

70 회독 □□□

2022. 지방 9급

하울렛(Howlett)과 라메쉬(Ramesh)의 모형에 따라 정책의제설정유형을 분류할 때, (가) ~ (라)에 대한 설명으로 옳지 않은 것은?

의제설정 주도자 \ 공중의 지지	높음	낮음
사회 행위자	(가)	(나)
국가	(다)	(라)

① (가) – 시민사회단체 등이 이슈를 제기하여 정책의제에 이른다.
② (나) – 특별히 의사결정자들에게 접근할 수 있는 영향력 있는 집단이 정책을 주도한다.
③ (다) – 이미 공중의 지지가 높기 때문에 정책이 결정된 후 집행이 용이하다.
④ (라) – 정책결정자가 이슈를 제기하면 자동적으로 정책의제화 되기 때문에 성공적인 집행을 위한 공중의 지지는 필요없다.

정답 및 해설

(라)는 동원형이므로 정부가 의제를 채택 후 행정PR을 수행함 → 따라서 공중의 지지를 중시하는 모형임

① 외부주도형 – 국민이 의제설정을 주도함
② 내부접근형 – 특별히 의사결정자들에게 접근할 수 있는 영향력 있는 집단이 정책을 은밀하게 주도함 → 음모형
③ 굳히기형 – 대중적인 지지가 높을 때 정부가 의제설정을 주도하는 모형; 이미 민간집단의 광범위한 지지가 형성된 이슈에 대하여 정책결정자가 지지의 공고화(consolidation)를 추진함

정답 ④

71 회독 □□□

2011. 국가 9급

킹던(Kingdon)이 주장한 '정책 창문(policy window) 이론'에 대한 설명으로 옳지 않은 것은?

① 정책 창문은 문제의 흐름, 정치적 흐름, 정책적 흐름 등이 함께할 때 열리기 쉽다.
② 정책 창문은 정책의제설정에서부터 최고의사결정에 이르기까지 필요한 여러 가지 여건이 성숙될 때 열린다.
③ 정책 창문은 한 번 열리면 문제에 대한 대안이 도출될 때까지 상당한 기간 동안 열려있는 상태로 유지된다.
④ 정책 창문은 한 번 닫히면 다음에 다시 열릴 때까지 많은 시간이 걸리는 편이다.

정답 및 해설

정책창 모형은 정책과정을 구성하는 정치의 흐름, 문제의 흐름, 정책의 흐름이 따로 존재하다가 우연히 만날 때 짧은 기간 동안 정책의 창문이 열리게 됨

① 정책 창문은 문제의 흐름, 정치적 흐름, 정책적 흐름 등이 우연한 사건에 의해 함께할 때 열리기 쉬움
② 정책의 창은 정책과정의 세 줄기가 흘러 다니다가 우연히 만나서 열릴 수 있는데 이는 정책의제설정(해결할 문제선택)에서부터 최고의사결정(대안선택)에 이르기까지 필요한 여러 가지 여건이 성숙될 때 발생하는 현상임
④ 정책 창문은 한 번 닫히면 우연한 사건을 다시 기다려야 하므로 다시 열릴 때까지 많은 시간이 걸리는 편임

정답 ③

72 회독 □□□

2022. 지방 7급

정책의제 설정과정의 유형에 대한 설명으로 옳지 않은 것은?

① 내부접근모형에서는 일반 시민의 지지를 얻기 위해 관료집단이 주도한 의제가 정부의 홍보활동을 통해 공중의제로 확산된다.

② 동원모형은 정치지도자의 지시에 따라 사회문제가 바로 정부의제로 채택되며 정부의 힘이 강하고 민간 부문이 취약한 후진국에서 자주 볼 수 있다.

③ 외부주도형은 이익집단들에 의해 제기된 문제가 여론을 형성해 공중의제로 전환되며 정부가 외부의 요구에 민감하게 반응하는 정치체제에서 자주 볼 수 있다.

④ 공고화모형에서는 이미 광범위한 일반 대중의 지지가 있는 경우에, 정부는 동원 노력보다는 이미 존재하는 지지를 그대로 공고화해 의제를 설정한다.

정답 및 해설

내부접근형은 음모형이므로 공중의제 현상이 나타나지 않음

②③

콥과 로스의 의제설정모형

구분	의제 설정과정	주도 집단	국가	행정PR (정책홍보)	허쉬만	콥과 로스 등
외부 주도형	사이 공정	국민	선진국	·	강요된 정책문제	진입
동원형	사정공	최고 혹은 고위 관료	후진국	○	채택된 정책문제	주도
내부 주도형 (음모형)	사정	동원형에 비해 낮은 직위의 관료 외부 이해 관계자	① 국민을 무시하는 정부 ② 권력집중형 국가 ③ 불평등 사회 (부와 권력이 편중된 사회)	×	·	주도

④ 굳히기형은 대중적인 지지가 높을 때 정부가 의제설정을 주도하는 모형임 → 즉, 이미 민간집단의 광범위한 지지가 형성된 이슈에 대하여 정책결정자가 지지의 공고화(consolidation)를 추진함

정답 ①

73 회독 □□□

2021. 지방 7급

다음은 콥과 로스(Cobb & Ross)가 제시한 의제 설정 과정이다. (가)~(다)에 들어갈 유형을 바르게 연결한 것은?

- (가): 사회문제 → 정부의제
- (나): 사회문제 → 공중의제 → 정부의제
- (다): 사회문제 → 정부의제 → 공중의제

	(가)	(나)	(다)
①	동원형	외부주도형	내부접근형
②	내부접근형	동원형	외부주도형
③	외부주도형	내부접근형	동원형
④	내부접근형	외부주도형	동원형

정답 및 해설

외부주도형의 경우 보기에서는 사회적 이슈과정을 생략했으나, 내부접근형과 동원형이 명확하므로 정답은 ④임

콥 & 로스의 의제설정모형

구분	의제 설정과정	주도 집단	국가	행정 PR	허쉬만	콥과 로스 등
외부 주도	사이공정	국민	선진국	·	강요된 정책문제	진입
동원형	사정공	최고 관료	후진국	○	채택된 정책문제	주도
내부 주도형 (음모형)	사정	고위 관료 외부 이해 관계자	• 국민을 무시하는 정부 • 권력 집중형 국가 • 불평등 사회 (부와 권력이 편중된 사회)	×	·	주도

정답 ④

74 회독 □□□

2020. 국가 7급

정책의제설정 모형에 대한 설명으로 옳지 않은 것은?

① 내부접근형(inside access model)에서 정부기관 내부의 집단 혹은 정책결정자와 빈번히 접촉하는 집단은 공중의제화하는 것을 꺼린다.

② 동원형(mobilization model)에서는 주로 정부 내 최고 통치자나 고위정책결정자가 주도적으로 정부의제를 만든다.

③ 외부주도형(outside initiative model) 정책의제 설정은 다원화된 정치체제에서 많이 나타난다.

④ 공고화형(consolidation model)은 대중의 지지가 낮은 정책문제에 대한 정부의 주도적 해결을 설명한다.

정답 및 해설

메이에 따르면 공고화형(굳히기형)은 대중의 지지가 높은 정책문제에 대한 정부의 주도적 해결을 설명함

구분	대중의 강한 지지	대중의 약한 지지
민간 주도	외부주도형	내부접근형
정부 주도	굳히기형(공고화형)	동원형

① 내부접근형(inside access model)에서 정부기관 내부의 집단 혹은 정책결정자와 빈빈히 집촉하는 집단은 공중의제화하는 것을 꺼리는바 행정PR을 시행하지 않음

② 동원형(mobilization model)에서는 주로 정부 내 최고 통치자나 고위정책결정자가 주도적으로 정부의제를 만드는 유형으로써 주로 후진국에서 나타나는 의제설정모형임

③ 외부주도형(outside initiative model) 정책의제 설정은 국민이 의제설정을 주도하는바 다원화된 정치체제를 지닌 선진국에서 많이 나타남

정답 ④

75 회독 □□□

2008. 국가 7급

정책의제설정이론에 관한 설명으로 옳지 않은 것은?

① 킹던(Kingdon)은 문제, 정책, 정치라는 세 변수가 각기 다른 맥락에서 흐르다가 어떤 기회가 주어지면 서로 만나게 되는데, 이때 사회문제가 정책의제로 전환하게 된다고 본다.

② 콥과 그 동료들(Cobb & Ross)에 따르면, 공식의제가 성립되는 단계는 외부주도형의 경우에는 진입단계, 동원모형과 내부접근형의 경우에는 주도단계이다.

③ 콥(Cobb)과 엘더(Elder)가 언급한 '체제의제'는 특정 쟁점에 대해 정책대안이나 수단을 모색할 수 있을 정도로 구체적이다.

④ 존스(Jones)는 정책의제설정과정을 크게 문제의 인지와 정의, 문제에 대한 결집과 조직화, 대표, 의제설정으로 구분하고 있다.

정답 및 해설

'제도의제'에 대한 내용임; '체제의제'는 정부가 나설 수 있는 정당성을 인정받았으나 아직 그 대안은 명확히 구체화되지 않은 단계임

① 킹던(Kingdon)은 문제, 정책, 정치라는 세 변수가 각기 다른 맥락에서 흐르다가 우연한 사건이 발생하면 서로 만나게 되는데, 이때 사회문제가 정책의제로 전환하게 된다고 주장함

② 콥과 그 동료들(Cobb & Ross)에 따르면, 공식의제가 성립되는 단계는 외부주도형의 경우에는 진입단계(국민에 의한 진입), 동원모형과 내부접근형의 경우에는 주도단계임(국민이 아닌 세력이 주도)

④ 존스(Jones)는 정책의제설정과정을 크게 문제의 인지와 정의 → 문제에 대한 결집과 조직화(사회문제에 대한 논쟁) → 대표(정부가 나설 수 있는 정당성 확보) → 의제설정으로 구분하고 있음

정답 ③

76 회독 □□□ 2012. 국가 7급

정책의제설정모형에 대한 설명 중 동원모형에 해당되는 것은?

① 정부지도자들이 대중들의 지지를 확보하기 위하여 공공관계 캠페인(public relations campaign)을 벌인다.
② 정책확장이 정책과 관련된 주제에 대하여 특별한 지식이나 관심을 가진 집단들에 한정하여 이루어진다.
③ 심볼활용(symbol utilization)이나 매스 미디어 등을 통해 쟁점이 확산된다.
④ 정책결정자들이 정치과정을 통하여 사회적 이슈를 공식적 정책의제로 채택하는 전략적 과정을 설명하는 논리이다.

정답 및 해설

동원모형은 정책담당자들(주로 최고위층 전문가)에 의해 정책의제가 형성되는 현상을 설명하는 모형임 → 다만 최고 권력자가 일방적으로 의제화하는 것이 아니라 일반 대중이나 관련 집단들의 지원을 유도하기 위한 노력을 한 뒤에 의제를 채택함; 따라서 정부 지도자들이 대중들의 지지를 확보하기 위하여 공공관계 캠페인(public relations campaign)을 벌임

② 내부접근형에 대한 내용임
③ 외부주도형은 국민의 심볼활용(상징물 활용)이나 매스미디어 등을 통해 쟁점이 확산되는 경향이 있음
④ 외부주도형은 정책결정자들이 정치과정을 활용(국민의 견해 반영)하여 사회적 이슈를 공식적 정책의제로 채택하는 전략적 과정을 설명함 → 단, 현상을 주도하는 실체는 국민이라는 점에서 다원론의 관점임

정답 ①

cf.

77 회독 □□□ 2010. 국가 7급

정책문제에 대한 설명으로 옳은 것으로만 연결된 것은?

㉠ 정책문제는 사익성을 띤다. ㉡ 정책문제는 객관적이고 자연적이다. ㉢ 정책문제는 복잡하고 다양하며 상호의존적이다. ㉣ 정책문제는 정태적 성격을 갖는다. ㉤ 정책문제는 역사적 산물인 경우가 많다.

① ㉠, ㉡
② ㉠, ㉢
③ ㉢, ㉣
④ ㉢, ㉤

정답 및 해설

올바른 선지

㉢ 정책문제는 복잡하고 다양하며 상호의존적(문제가 발생하는 원인이나 해결방안 등은 다른 문제들과 상호연관성을 지님)임
㉤ 정책문제는 그 나라의 역사적 산물인 경우가 많음 (예 우리나라의 남북통일 문제 등)

틀린 선지

㉠ 정책문제는 공공성(개인적인 문제가 아닌 공적인 문제를 다룸)을 지님
㉡ 정책문제는 주관적이고(누구에게는 문제이고, 다른 누군가에게는 문제가 아님) 인공적(정책문제는 사람들에 의해 형성 혹은 구성됨)임
㉣ 정책문제는 동태적 성격(정책문제는 시간의 흐름에 따라 변화함)을 지님

정답 ④

78 회독 □□□ 2013. 국가 7급

정책의제형성에 영향을 미치는 요인들에 대한 설명으로 옳지 않은 것은?

① 문제가 사회적 유의성이 높을수록 의제로 채택될 가능성이 높다.
② 단순한 문제가 의제로 채택될 가능성이 높다.
③ 극적인 사건이나 위기 등은 의제로 채택될 가능성이 높다.
④ 선례가 있는 문제들은 의제로 채택될 가능성이 낮다.

정답 및 해설

선례가 있을 때, 혹은 일상화된 정책문제가 해결책을 찾기 용이하므로 새로운 정책문제보다 쉽게 의제화됨

① 일반 대중의 큰 관심을 받거나(사회적 유의성이 높거나), 관련 집단에 의해 쟁점 사항으로 된 것일수록 의제화 가능성이 큼
② 단순한 문제는 해결책을 쉽게 찾을 수 있는바 의제로 채택될 가능성이 큼
③ 극적인 사건이나 위기 등은 대중의 많은 관심을 받기 때문에 의제로 채택될 가능성이 큼

정답 ④

79 회독 □□□ 2016. 지방 7급

메이(May)는 정책의제설정의 주도자와 대중의 관여 정도에 따라 정책의제설정과정을 네 가지 유형(A～D)으로 구분하였는데, 이에 대한 설명으로 옳지 않은 것은?

구분		대중의 관여 정도	
		높음	낮음
정책의제 설정 주도자	민간	A	B
	정부	C	D

① A는 외부집단이 주도하여 정책의제 채택을 정부에게 강요하는 경우로 허쉬만(Hirschman)이 말하는 '강요된 정책문제'에 해당된다.
② B의 경우 정책결정에 영향력을 가진 집단은 대중들에게 정책을 공개하여 지지를 획득하려고 한다.
③ C에서는 이미 민간집단의 광범위한 지지가 형성된 이슈에 대하여 정책결정자가 지지의 공고화(consolidation)를 추진한다.
④ D는 정부의 힘이 강하고 이익집단의 역할이 취약한 후진국에서 일반적으로 많이 나타난다.

정답 및 해설

A는 외부주도형, B는 내부접근형, C는 굳히기형, D는 동원형에 해당함 → 내부접근형은 정책담당자 혹은 외부의 소수집단에 의해 정책의제가 형성되는 경우로서 의제설정과정은 '사회문제 → 정부의제'의 순서임; 따라서 대중들에게 정책을 공개하여 지지를 획득하려는 노력을 하지 않음

① 외부주도형은 정책담당자가 아닌 외부 사람들의 주도에 의해 정책의제가 선정되는 경우이며, 허쉬만(Hirschman)은 이를 '강요된 정책문제'로 명명함
③ 굳히기형은 대중의 지지가 높은 이슈를 정책결정자가 선택하는 현상(지지의 공고화)을 설명한 모형임
④ 동원형은 정부의 힘이 강하고 이익집단의 역할이 취약한(민간부문의 힘이 약한) 후진국에서 일반적으로 많이 나타남

정답 ②

80 회독 □□□ 2017. 국가 7급

지역사회의 권력구조를 설명하는 성장기구론에 대한 설명으로 옳은 것만을 모두 고른 것은?

> ㉠ 자기 소유의 주택가격 상승을 원하는 주민들이 많을수록 성장연합이 더 강한 힘을 발휘하는 경향이 있다.
> ㉡ 토지문제와 개발문제 그리고 이와 연계된 도시의 공간 확장 문제 등과 관련이 있다.
> ㉢ 반성장연합은 일부 지역주민과 환경운동 집단 등으로 이루어진다.
> ㉣ 성장연합은 반성장연합에 비해서 토지 또는 부동산의 교환가치보다는 사용가치를 중시한다.

① ㉠ ㉡ ㉢
② ㉠ ㉡ ㉣
③ ㉠ ㉢ ㉣
④ ㉡ ㉢ ㉣

정답 및 해설

올바른 선지

㉠ 성장연합은 토지의 가치를 높이려는 토지자산가와 기타 세력으로 구성되어 있기 때문에 자기 소유의 주택가격 상승을 원하는 주민들이 많을수록 성장연합이 더 강한 힘을 발휘하는 경향이 있음
㉡ 성장기구론은 지역사회의 정치와 경제를 토지자산가와 개발관계자들이 주도하는 현상을 설명한 이론으로써 주로 토지문제와 개발문제 그리고 이와 연계된 도시의 공간확장 문제 등을 다루고 있음
㉢ 반성장연합은 성장연합의 활동에 반대하는 세력으로써 일부 지역주민과 환경운동 집단 등으로 구성됨

틀린 선지

㉣ 성장연합은 반성장연합에 비해서 토지 또는 부동산의 사용가치(본질적인 가치; 일상적 사용으로부터 오는 편익)보다 교환가치(금전적 가치)를 중시함

정답 ①

81 회독 □□□ 2010. 지방 7급

정책의제설정이론에 대한 설명으로 옳지 않은 것은?

① Simon의 의사결정론은 왜 특정의 문제가 정책문제로 채택되고 다른 문제는 제외되는가에 대한 설명에 한계가 있다.
② 무의사결정론은 사회문제에 대한 정책과정이 진행되지 못하도록 막는 행동 등을 설명한 이론으로 엘리트이론의 관점을 반영하는 것이다.
③ 체제이론에서는 체제의 능력을 과시하기 위해 다수의 사회문제를 정책문제로 채택한다고 본다.
④ 다원론에서는 어떤 사회문제로 인하여 고통을 받고 있는 집단이 있으면, 이들의 지지를 필요로 하는 누군가에 의해 그 사회문제가 정책문제로 채택된다고 본다.

정답 및 해설

체제이론은 체제를 지키는 문지기(대통령, 고위관료, 국회의원 등)가 진입을 허용하는 일부 사회문제만 정책문제로 채택되는 현상을 설명함

① Simon의 의사결정론은 의사결정자의 인지적 한계에 초점을 둬서 현상을 설명하는 까닭에 왜 특정의 문제가 정책문제로 채택되고 다른 문제는 제외되는가에 대한 설명에 한계가 있음
② 무의사결정론은 특정 사회문제에 대한 정책과정이 진행되지 못하도록 막는 행동(무의사결정) 등을 설명한 이론으로 엘리트 이론의 관점을 취하고 있음 → 신엘리트론
④ 다원론에 따르면 특정 사회문제로 인해 고통받는 집단이 있을 때, 이들의 지지를 필요로 하는 누군가에 의해 그 사회문제가 정책문제로 채택될 수 있음(엘리트가 아닌 세력의 영향력을 인정하는 것)

정답 ③

82 회독 □□□

2013. 국가 7급

킹던(J. W. Kingdon)의 '정책의 창 이론(Policy Window Theory)'에서, 서로 결합하여 새로운 정책의제로 형성되는 독립된 흐름이 아닌 것은?

① 정보의 흐름(information stream)
② 정치의 흐름(political stream)
③ 정책의 흐름(policy stream)
④ 문제의 흐름(problem stream)

정답 및 해설

킹던의 정책창 모형에서 상호 독립적으로 돌아다니는 줄기의 유형은 정치흐름(political stream), 정책흐름(policy stream), 문제흐름(problem stream)임

킹던이 언급한 정책과정의 세 줄기

정치줄기	정권교체, 국가적 분위기 전환, 선거에 따른 행정부나 의회의 인적 교체, 이익집단들의 로비활동과 압력행사 등
문제줄기	정책결정자가 인지하고 있는 사회 내 다양한 문제들
정책줄기	특정 대안이 정책분석가의 논의를 통해 유력한 대안으로 부각되는 것

정답 ①

83 회독 □□□

2018. 서울 7급

정책의제 설정 모형에 관한 설명으로 가장 옳은 것은?

① 포자모형은 정책문제가 제기되어 정의되는 환경보다는 정책문제 자체의 성격이 갖는 중요성에 주목한다.
② 이슈관심주기 모형은 공공의 관심을 끌기 위한 치열한 경쟁과 별개로 이슈 자체에 생명주기가 있다고 본다.
③ 정책흐름 모형은 조직화된 무정부 상태에서의 합리성과는 다른 합리성 가정을 의제설정과정의 설명에 적용한다.
④ 동형화 모형은 정부 간 정책전이(policy transfer)가 모방, 규범, 강압을 통해 이뤄진다고 본다.

정답 및 해설

동형화(Isomorphism)는 사회구성원이 형성한 정당성을 기초로 제도가 닮아가는 현상임 → 선지에서 정책전이는 '동형화'와 같은 의미이며 동형화의 종류에는 모방, 규범, 강압적 동형화가 있음

동형화의 종류

강압적 동형화	법규 등으로 대표되는 강압적 동형화가 조직간 유사성을 형성할 수 있음
모방적 동형화	'우수하다고 생각되는' 조직을 모방하려는 모방적 동형화
규범적 동형화	① '마땅히 그러해야 한다'라는 사회의 가치가 조직간 동질화를 형성하는 것 → 느슨해 보이지만 가장 강력한 힘을 발휘함 ② 예 교육기관이나 전문가의 의견이나 자문을 통해 조직이 서로 닮아가는 것

① 포자모형은 적당한 환경이 조성되어야 포자가 균사체로 성장할 수 있듯이, 적당한 환경이 조성되면 이해집단의 권력과 무관하게 이슈가 정책의제가 된다는 이론임 → 따라서 의제선정에 있어 환경의 중요성을 강조함
② 이슈관심주기모형(Issue Attention Cycle)은 다운스(Downs)가 제시한 것으로, 어떤 이슈가 하나의 사회문제로 갑자기 등장해 잠시 동안 국민의 관심을 끌다가 사라지고 이후 다시 관심을 끄는 과정을 설명한 모형임 → 이슈관심주기 모형에 따르면 사회 내 이슈는 생명의 주기가 있고, 다른 이슈들과 치열한 경쟁상태에 있음; 이러한 경쟁상태에서 살아남은 이슈는 일정 기간 국민의 관심을 받음
③ 정책흐름 모형은 쓰레기통 모형을 활용한 모형임; 따라서 조직화된 무정부 상태에서의 합리성(불확실성)을 인정함

정답 ④

PART 02 정책학

정책분석

✔학습체크 □□□

www.pmg.co.kr

Section 01 정책목표의 설정 및 변동

84 회독 □□□

2019. 사복 9급 수정

조직목표의 변동에 대한 설명으로 가장 옳은 것은?

① 목표의 대치(displacement)는 조직목표 달성이 어려울 때 기존 목표를 새로운 목표로 전환하는 것이다.
② 목표의 다원화(multiplication)는 기존 목표에 새로운 목표를 추가하는 것이다.
③ 목표의 확대(expansion)는 본래 조직목표를 달성하였을 때, 새로운 목표를 발견하여 선택하는 것이다.
④ 목표의 승계(succession)는 본래 조직목표 달성이 불가능할 때 기존 목표의 범위를 확장하는 것이다.

정답 및 해설

목표의 다원화(multiplication)는 기존 목표에 새로운 목표(동종목표 혹은 이종목표)를 추가하는 것임

① 조직목표 달성이 어려울 때 기존 목표를 새로운 목표로 전환하는 것은 목표의 승계임
③ 목표의 확대(expansion)는 기존 목표의 범위를 확장하여 목표의 상향조정을 하는 것이며, 본래 조직목표를 달성하였을 때, 새로운 목표를 발견하여 선택하는 것은 목표의 승계(succession)임
④ 목표의 승계는 본래 표방한 목표를 달성할 수 없거나 조직목표를 달성하였을 때, 새로운 목표(같은 유형의 다른 목표)를 발견하여 선택하는 것임

정답 ②

85 회독 □□□

2018. 지방 7급

조직목표에 대한 설명으로 옳지 않은 것은?

① 목표의 다원화(multiplication) 및 목표의 확대(expansion)는 기존 목표에 새로운 목표가 추가되거나 기존 목표의 범위가 넓어지는 것을 말한다.
② 목표의 전환(diversion)은 애초에 설정된 목표를 달성할 수 없거나 목표가 완전히 달성된 경우 같은 유형의 다른 목표로 교체되는 것을 말한다.
③ 목표의 대치(displacement)란 조직의 목표 추구가 왜곡되는 현상으로, 조직이 정당하게 추구하는 종국적 목표가 다른 목표나 수단과 뒤바뀌는 것을 말한다.
④ 조직의 운영상 목표는 공식 목표를 추진하는 과정에서 추구하는 목표로, 비공식적 목표다.

정답 및 해설

②는 목표의 승계에 대한 내용임; 목표의 승계는 애초에 설정한 목표가 달성 불가능하거나 완전히 달성된 경우, 같은 유형의 다른 목표로 교체되는 것을 의미함

참고

목표의 대치(전환 · 왜곡 · 전도)

조직의 본래 목표를 망각하고 목표를 달성하기 위한 수단이 목표로 바뀌거나 본래 목표를 새로운 목표(예 사익추구)로 전환하는 현상

① 목표의 다원화(multiplication) 및 목표의 확대(expansion)는 기존 목표에 새로운 목표가 추가되거나 기존 목표의 범위가 넓어지는 것(목표의 수준을 높이는 것)을 뜻함
③ 목표의 대치(displacement)란 조직의 목표 추구가 왜곡되는 현상으로, 조직이 정당하게 추구하는 종국적 목표가 다른 목표(사익추구)나 수단과 뒤바뀌는 것을 의미함
④ 조직의 운영상 목표는 공식 목표를 추진하는 과정에서 추구하는 목표로 비공식적 목표임; 예를 들어 월드컵 16강 진출이라는 공식적인 목표를 세운 뒤, 각 클럽에서 활동하던 선수 간 소통을 증진하기 위해 회식 등을 하는 것

정답 ②

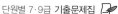

Section 02 정책대안 비교 및 평가 방법

86 회독 □□□

2021. 국가 9급

공공사업의 경제성분석에 대한 설명으로 옳은 것만을 모두 고르면?

> ㄱ. 할인율이 높을 때는 편익이 장기간에 실현되는 장기투자 사업보다 단기간에 실현되는 단기투자사업이 유리하다.
> ㄴ. 직접적이고 유형적인 비용과 편익은 반영하고, 간접적이고 무형적인 비용과 편익은 포함하지 않는다.
> ㄷ. 순현재가치(NPV)는 비용의 총현재가치에서 편익의 총현재가치를 뺀 것이며 0보다 클 경우 사업의 타당성을 인정할 수 있다.
> ㄹ. 내부수익률은 할인율을 알지 못해도 사업평가가 가능하도록 하는 분석기법이다.

① ㄱ, ㄴ　　② ㄱ, ㄹ
③ ㄴ, ㄷ　　④ ㄱ, ㄷ, ㄹ

정답 및 해설

올바른 선지

ㄱ. $\text{현재가치} = \frac{\text{미래가치}}{(1+r)^n}$ 이므로 할인율이 높을 때는 편익이 장기간에 실현되는 장기투자 사업보다 단기간에 실현되는 단기투자사업이 유리함

ㄹ. 순현재가치 혹은 비용편익비는 할인율을 알 수 있을 때 적용하는 방법이며, 내부수익률은 할인율을 알지 못해도 사업평가가 가능하도록 하는 분석기법임

틀린 선지

ㄴ. 비용편익분석은 직접적이고 유형적인 비용과 편익, 간접적이고 무형적인 비용과 편익을 모두 고려함
- ① 유흥업소 영업시간 단속으로 인한 직접적 비용과 간접적 비용
  - ⓐ 직접적 비용: 공무원의 순찰을 통한 영업단속, 유흥업소의 수익감소 등
  - ⓑ 간접적 비용: 택시기사 및 대리기사의 수익감소 등
- ② 유흥업소 영업시간 단속으로 인한 유형적 비용과 무형적 비용
  - ⓐ 유형적 비용: 유흥업소의 수익감소 등
  - ⓑ 무형적 비용: 공무원의 업무부담 증가, 주당들의 삶의 즐거움 감소 등

ㄷ. 순현재가치(NPV)는 편익의 총현재가치에서 비용의 총현재가치를 뺀 것이며 0보다 클 경우 사업의 타당성을 인정할 수 있음

정답 ②

87 회독 □□□

2020. 지방 9급

비용·편익분석에 대한 설명으로 옳지 않은 것은?

① 분야가 다른 정책이나 프로그램은 비교할 수 없다.
② 정책대안의 비용과 편익을 모두 가시적인 화폐가치로 바꾸어 측정한다.
③ 미래의 비용과 편익의 가치를 현재가치로 환산하는데 할인율(discount rate)을 적용한다.
④ 편익의 현재가치가 비용의 현재가치를 초과하면 순현재가치(NPV)는 0보다 크다.

정답 및 해설

비용편익분석은 비용과 편익을 화폐가치로 전환해서 비교한 후 편익이 큰 때 사업을 집행하자는 기준임; 비용과 편익을 화폐가치로 바꿀 수만 있다면 이종분야의 정책이라도 비교할 수 있음

③ 비용편익분석은 미래에 발생할 비용과 편익을 현재가치로 환산하기 위해서 할인율을 적용하는데, 할인율이 주어진 경우에는 순현재가치기법 및 비용편익비를 활용하고, 할인율을 모를 때는 내부수익률을 구해서 사업의 타당성을 판단함
④ 편익의 현재가치가 비용의 현재가치를 초과하면 순현재가치(NPV)는 0보다 크고, 비용편익비는 1보다 큼

정답 ①

cf.

88 회독 □□□

2011. 지방 9급

나카무라(R. Nakamura)와 스몰우드(F. Smallwood)가 정책대안의 소망스러움(desirability)을 평가하는 기준으로 제시하지 않은 것은?

① 노력 ② 능률성
③ 효과성 ④ 실현가능성

정답 및 해설

Nakamura & Smallwood가 제시한 정책대안의 소망성(바람직한 정도)을 평가하는 기준은 효과성, 능률성, 대응성, 형평성, 노력임; 실현가능성은 정책대안의 평가기준을 가늠하는 기준 중에 하나이지 소망성 기준에 포함되지 않음

정답 ④

89 회독 □□□

2008. 국가 9급

비용편익분석에서 대안을 비교·분석하는 기준에 해당하지 않는 것은?

① 편익비용비(B/C Ratio)
② 순현재가치(Net Present Value)
③ 내부수익률(Internal Rate of Return)
④ 실행가능성(Feasibility)

정답 및 해설

비용편익분석은 대안의 비교기준으로서 비용편익비(B/C ratio), 순현재가치(net present value), 내부수익률(IRR), 할인율, 자본회수기간 등을 활용함

① 편익비용비: 편익의 현재가치 / 비용의 현재가치 〉 1
② 순현재가치: 편익의 현재가치 − 비용의 현재가치 〉 0
③ 내부수익률: 할인율을 모를 때 활용하는 기준으로서 일반적으로 내부수익률을 구했을 때 시중금리보다 커야 사업을 타당성을 인정함
④ 실행가능성: 실현가능성은 정책을 실제 구현할 수 있는 가능성을 의미하는 것으로서 정책대안의 평가기준 중의 하나임; 정책대안의 평가기준은 실현가능성과 소망성으로 구분할 수 있음

정답 ④

90 회독 □□□

2016. 지방 9급

비용편익분석과 비용효과분석에 대한 설명으로 옳지 않은 것은?

① 순현재가치(NPV)는 할인율의 크기에 따라 그 값이 달라지지만, 편익·비용비(B/C ratio)는 할인율의 크기에 영향을 받지 않는다.
② 내부수익률은 공공프로젝트를 평가하는 데 적절한 할인율이 알려져 있지 않을 경우 유용하게 사용할 수 있다.
③ 비용효과분석은 비용과 효과가 서로 다른 단위로 측정되기 때문에 총효과가 총비용을 초과하는지의 여부에 대한 직접적 증거는 제시하지 못한다.
④ 비용효과분석은 산출물을 금전적 가치로 환산하기 어렵거나, 산출물이 동일한 사업의 평가에 주로 이용되고 있다.

정답 및 해설

할인율이란 미래가치를 현재가치로 바꿀 때의 교환비율을 의미함; 20년 후의 1조는 현재의 1조와 다르기 때문에 미래의 값을 현재의 값으로 추정해서 비용과 편익을 비교해야 함; 순현재가치 혹은 비용편익비는 편익의 현재가치를 비용의 현재가치와 비교하는바 할인율을 적용해야 함

② 내부수익률기법은 공공프로젝트를 평가하는 데 적절한 할인율이 알려져 있지 않을 경우 연구자가 이를 구해서 시중금리와 비교하는 방법임
③ 비용편익분석에서는 편익을 화폐가치로 표현하지만, 비용효과분석에서는 효과를 화폐가치가 아닌 비금전적 단위(금전외의 다른 계량적 척도)로 나타냄; 즉 비용은 화폐로 표현하고 효과는 산출물 단위로 나타냄 → 비용과 효과가 서로 다른 단위로 측정되기 때문에 총효과가 총비용을 초과하는지의 여부에 대한 직접적 증거는 제시하지 못함
④ 비용효과분석은 산출물을 금전적 가치로 환산하기 어렵거나, 산출물이 동일한 사업의 평가에 주로 이용되고 있음; 예를 들어 범죄율 감소를 위해 CCTV 설치 혹은 경찰관 채용 등을 고민하는 경우 활용할 수 있음

정답 ①

91 회독 □□□

2022. 지방 7급

비용효과(cost-effectiveness)분석에 대한 설명으로 옳은 것은?

① 정책대안의 비용과 효과는 모두 화폐단위로 측정된다.
② 분석결과는 사회적 후생의 문제와 쉽게 연계시킬 수 있다.
③ 시장가격의 메커니즘에 전적으로 의존한다.
④ 국방, 치안, 보건 등의 영역에 적용할 수 있다.

정답 및 해설

비용효과분석은 비용편익분석에 비해 추상성이 강한 영역에 적용하기 쉬움

① 비용편익분석에 대한 내용임 → 비용효과분석은 추상성이 높은 영역에 적용하는바 비용만 화폐가치로 측정함

②③
비용효과분석은 화폐가치로 환원하기 어려운 개념, 즉 범죄율 등을 활용하므로 시장가격의 메커니즘에 전적으로 의존하지 않으며, 사회적 후생(사회구성원들의 복지 수준을 화폐가치로 표현한 개념)을 나타내기 어려움

정답 ④

92 회독 □□□ 2008. 국가 7급

비용편익분석(cost-benefit analysis)에 관한 설명으로 옳지 않은 것은?

① 기회비용에 의해 모든 가치가 평가되어야 한다는 가정 하에서 이루어진다.
② 미래에 발생할 비용과 편익을 화폐적 단위로 표시하고 계량적인 환산을 한다.
③ 비용에 비해 효과가 장기적으로 발생한다면, 할인율이 높을수록 순현재가치가 커져 경제적 타당성이 높게 나타난다.
④ 적절한 할인율이 주어지지 않을 때는 내부수익률 기준을 사용하며, 내부수익률이 시장이자율을 상회하면 일단 투자가치가 있다고 판단한다.

정답 및 해설

비용에 비해 효과가 장기적으로 발생한다면(사업의 기간이 길어진다면), 할인율이 높을수록 순현재가치가 작아져 경제적 타당성이 낮게 나타남

① 비용편익분석은 사업대안을 선택할 때 기회비용(포기하는 대안 중 편익이 가장 큰 대안)을 고려함
② 비용편익분석은 미래에 발생할 비용과 편익을 화폐적 단위로 표시한 후 이를 다시 현재가치로 전환함
④ 비용편익분석에서 적절한 할인율이 주어지지 않을 때는 내부수익률 기준을 사용함; 내부수익률은 예상되는 수익률로써 내부수익률이 시장이자율을 상회하면 사업에 대한 투자가치가 있다고 판단함

정답 ③

Section 03 정책대안의 결과 예측 기법

93 회독 □□□ 2023. 지방 7급

정책대안의 탐색에 대한 설명으로 옳지 않은 것은?

① 과거 또는 현재의 정책을 참고로 하거나 외국 또는 다른 지방자치단체에서 활용한 정책들을 대안으로 고려하는 것은 점증주의적 접근에 해당한다.
② 다른 정부의 정책을 대안으로 고려할 때는 가급적 사회문화적 배경이 이질적인 지역을 선택하는 것이 바람직하다.
③ 주관적·직관적 판단을 이용하는 방법으로 브레인스토밍과 델파이가 있으며 이들은 대안의 개발뿐만 아니라 대안의 결과예측에서도 활용된다.
④ 브레인스토밍은 기발하고 다양한 아이디어를 자유분방하게 제안하도록 함으로써 많은 아이디어를 얻기 위한 활동이다.

정답 및 해설

다른 정부의 정책을 대안으로 고려할 때는 가급적 사회문화적 배경이 유사한 지역을 선택하는 것이 바람직함

① 점증적 접근은 기존의 결정을 수정·보완하는 결정을 추구함
③ 주관적 기법은 정책개발 및 정책의 결과예측에서도 활용됨
④ 브레인스토밍은 양우선 원칙을 지향함

정답 ②

94 회독 □□□ 2023. 국가 7급

정책대안의 미래예측 방법인 추세연장(extrapolation) 예측기법에 대한 설명으로 옳지 않은 것은?

① 과거부터 현재까지의 자료를 토대로 미래 사회의 상태를 예상하는 방법이다.

② 추세연장의 주요 방법에는 이동평균법(moving average), 지수평활법(exponential smoothing), 교차영향행렬(cross-impact matrix) 분석이 있다.

③ 지속성(persistence), 규칙성(regularity), 자료의 신뢰성(reliability) 및 타당성(validity)의 가정이 충족되는 것을 전제로 한다.

④ 추세연장 예측 분석을 위해서는 시계열 자료가 주로 사용되며, 인구감소, 경제성장, 기관의 업무량 등을 예측하는 데 이용된다.

정답 및 해설

교차영향행렬 분석은 주관적 기법임 → 참고로 지수평활법은 지수가중치법과 같은 개념임

①④
추세연장 기법은 과거의 변동추세를 보여주는 시계열 데이터를 연장하여 미래를 예측하는 통계적·경험적 예측방법임

③ 추세연장 기법은 단기적 미래예측을 위해 데이터의 지속성, 규칙성, 자료의 신뢰성(일관성) 및 타당성(정확성)의 가정이 충족되는 것을 전제로 함

정답 ②

95 회독 □□□ 2024. 지방 9급

다음 설명에 해당하는 정책분석기법은?

> 관련 사건이 일어났느냐 일어나지 않았느냐에 기초하여 미래에 어떤 사건이 일어날 확률에 대해서 식견 있는 판단(informed judgments)을 끌어내는 방법이다.

① 브레인스토밍　② 교차영향분석
③ 델파이 기법　④ 선형경향추정

정답 및 해설

교차영향분석은 전문가 견해에 기반한 방식으로 확률적 결과를 도출하는 분석임 → 즉, '다른 사건이 일어났느냐 일어나지 않았느냐'에 기초하여 미래의 어떤 사건이 일어날 확률에 대해서 식견 있는 판단을 이끌어 내는 방법임

① 브레인스토밍: 일반적으로 내부인력을 중심으로 시행하는 아이디어 회의이며, 경우에 따라 내부인력, 전문가, 이해관계자 등이 모여서 모두 동등한 조건 하에 형식 없이 자유롭게 토의하는 방식

③ 델파이 기법: 익명성이 보장된 상태에서 토론 없이 독자적으로 형성된 동일 영역의 일반 전문가들의 판단을 종합하여 정리하는 기법

④ 선형경향추정: 과거부터 현재까지의 시계열 관측치를 토대로 미래 상황을 추정하는 기법

정답 ②

96 회독 □□□

2020. 서울속기 9급

다음에서 설명하는 분석 방법은?

> • 대안 간의 쌍대 비교를 한다.
> • 사티(Saaty)가 제시한 원리에 따라 상대적 중요도를 설정한다.
> • 우선순위를 판단하는 데 도움이 된다.

① 브레인스토밍
② 델파이
③ 회귀분석
④ 분석적 계층화 과정(AHP)

정답 및 해설

제시문은 계층화분석법 또는 분석적 계층화 과정(AHP; Analysis of Hierarchical Process)에 대한 내용임

계층화분석 혹은 분석적 계층화 과정 (AHP : Analysis of Hierarchical Process)

> 대안의 결과를 예측 후 우선순위를 제안하는 기법
> ① 1970년대 사티 교수에 의해 개발되어 광범위한 분야의 예측에 활용되어 왔음
> ② 대안을 선택할 때 '다양한 기준'을 계층화한 후 '쌍대비교'를 함
> ③ 쌍대비교를 통해 대안 간 우선순위 제시; 즉, 확률이 아니라 우선순위에 입각함 → 불확실한 상황에서 확률 추정이 불가능한 경우에 사용
> ④ 기본적으로 시스템 이론에 기초를 두고 있으며, 하나의 문제를 더 작은 구성요소(다양한 기준)로 분해하고, 이 요소들을 둘씩 짝을 지어 비교하는 일련의 비교판단을 통해 각 요소의 영향력에 대한 상대적인 강도와 효용성을 나타내는 방법
> ⑤ 다만, 두 대상의 상호비교가 불가능한 경우에는 사용할 수 없다는 단점이 있음

① 브레인스토밍 : 일반적으로 내부인력을 중심으로 시행하는 아이디어 회의이며, 경우에 따라 내부인력, 전문가, 이해관계자 등이 모여서 모두 동등한 조건 하에 형식 없이 자유롭게 토의하는 방식
② 델파이 : 익명성이 보장된 상태에서 토론 없이 독자적으로 형성된 동일 영역의 일반 전문가들의 판단을 종합하여 정리하는 기법 → 전문가들을 대상으로 설문을 반복하여 특정 주제에 대한 합의를 도출함
③ 회귀분석 : 독립변수가 변화할 때 종속변수의 변화를 예측하는 방법 → 두 변수 간의 관계에서 하나의 변수로 다른 변수의 값을 설명하고 예측하고자 할 때 주로 이용

정답 ④

97 회독 □□□

2008. 지방 9급

집단적 의사결정방식으로 익명성을 유지하면서 아이디어를 교환하여 문제를 해결하는 방식은?

① 전통적 델파이 기법
② 브레인스토밍
③ 정책델파이 기법
④ 변증법적 토론기법

정답 및 해설

끝까지 익명성을 유지하는 것은 '전통적 델파이 기법'이고, 처음에는 익명성을 유지하면서 의견을 취합하고, 이후 공개적인 토론을 하는 기법은 정책델파이 기법임(선택적 익명성)

② 브레인스토밍 : 일반적으로 내부인력을 중심으로 시행하는 아이디어 회의로서 전문가, 이해관계자 등이 모여서 모두 동등한 조건 하에 형식 없이 자유롭게 토의하는 기법
③ 정책델파이 기법 : 정책에 대한 전문가 혹은 이해관계자가 초기에는 익명성을 보장하는 델파이 방법을 사용하다가 2차로 공개적인 토론을 하는 기법(선택적 익명성) → 공개토론 과정에서 의견 차이가 드러나도록 유도함
④ 변증법적 토론기법(찬반토론) : 대립적인 찬·반 두 개의 팀으로 나누어 토론을 진행하는 과정에서 합의를 형성하는 기법으로서 두 집단으로 나누어 토론을 하기 때문에 특정 대안의 장점과 단점이 최대한 노출될 수 있음

정답 ①

98 회독 □□□

2012. 지방 9급

정책델파이에 대한 설명으로 옳지 않은 것은?

① 일반적인 델파이와 달리 개인의 이해관계나 가치판단이 개입될 수 있다.

② 정책문제 해결을 위한 정책대안을 개발하고 그 결과를 예측하기 위해 만들어진 방법이다.

③ 대립되는 정책대안이나 결과가 표면화되더라도 모든 단계에서 익명성이 보장되어야 한다.

④ 정책문제의 성격이나 원인, 결과 등에 대해 전문성과 통찰력을 지닌 사람들이 참여한다.

정답 및 해설

정책델파이 기법은 초기에는 익명성을 보장하고, 이후에는 보장하지 않는 선택적 익명성을 활용함

① 2차로 공개적인 토론을 하는 과정에서 정책에 대한 전문가 및 이해관계자가 참여하는 바, 개인의 이해관계나 가치판단이 개입될 수 있음 → 전통적 델파이 기법은 일반적인 전문가만 토론에 참여함

② 정책델파이는 대안의 탐색 혹은 결과예측에 활용될 수 있음

④ 정책문제의 성격이나 원인, 결과 등에 대해 전문성과 통찰력을 지닌 전문가도 참여할 수 있음

정답 ③

99 회독 □□□

2016. 지방 9급

정책분석에서 사용하는 주요 미래예측 기법 중 미국 랜드(RAND) 연구소에서 개발된 것으로, 전문가들을 대상으로 설문을 반복하여 특정 주제에 대한 합의를 도출하는 접근 방식은?

① 델파이 분석

② 회귀분석

③ 브레인스토밍

④ 추세연장기법

정답 및 해설

델파이(Delphi) 기법은 미래예측을 위해 전문가 집단(델파이 집단)을 활용 함; 델파이 집단의 의사소통은 구조화된 설문지의 조사 및 회수를 통해 반복적으로 이뤄지며, 반복적인 설문조사 과정에서 전문가들은 익명성을 유지하면서 아이디어를 교환함(일반적으로 우편이나 이메일 등을 활용)

② 회귀분석: 독립변수가 변화할 때 종속변수의 변화를 예측하는 방법 → 두 변수 간의 관계에서 하나의 변수로 다른 변수의 값을 설명하고 예측하고자 할 때 주로 이용

③ 브레인스토밍: 일반적으로 내부인력을 중심으로 시행하는 아이디어 회의로서 전문가, 이해관계자 등이 모여서 모두 동등한 조건 하에 형식 없이 자유롭게 토의하는 기법

④ 추세연장기법(투사): 과거의 변동추세를 보여주는 시계열 데이터를 연장하여 미래를 예측하는 통계적·경험적 예측방법

정답 ①

100 회독 □□□

2016. 사복 9급

집단적 의사결정기법에 대한 설명으로 옳지 않은 것은?

① 델파이기법(Delphi method)은 미래예측을 위해 전문가집단을 활용하는 의사결정방법이다.

② 브레인스토밍(brainstorming)을 통하여 새로운 아이디어를 만들기 위해서는 초기단계에서 타인의 아이디어를 비판하거나 평가하지 말아야 한다.

③ 지명반론자기법(devil's advocate method)이 성공하려면 반론자들이 고의적으로 본래 대안의 단점과 약점을 적극적으로 지적하여야 한다.

④ 명목집단기법(nominal group technique)은 집단구성원 간 의사소통을 원활하게 진행할 수 있다는 장점이 있다.

정답 및 해설

명목집단기법은 토론자가 의사결정에 참여하지 않고 서면으로 대안에 대한 개별적인 아이디어를 제출한 후, 모든 아이디어가 모이면 제한적인 토의를 거쳐 투표로 의사결정을 하는 기법임; 따라서 구성원 간 의사소통을 원활하게 진행할 수 없다는 단점이 있음

① 델파이기법(Delphi method)은 미래예측을 위해 전문가들을 대상으로 설문을 반복하여 특정 주제에 대한 합의를 도출하는 의사결정방법임

② 브레인스토밍(brainstorming)은 의견의 질보다 양에 초점을 두는 바 의견을 수렴하는 초기 단계에서 타인의 아이디어를 비판하거나 평가하지 말아야 함

③ 지명반론자기법(devil's advocate method)은 조직 내 특정인을 반론을 제기하는 사람으로 지명함; 따라서 지명반론자기법이 성공하려면 반론자들이 고의적으로 본래 대안의 단점과 약점을 적극적으로 지적하여야 함

정답 ④

101 회독 □□□

2019. 지방 9급

조직의 의사결정에 대한 설명으로 옳지 않은 것은?

① 전통적 델파이 기법은 전문가들의 다양성을 고려해 의견일치를 유도하지 않는다.

② 현실의 세계에서는 완벽한 합리성이 아닌 제한된 합리성의 상황에서 의사결정이 이루어진다.

③ 브레인스토밍 과정에서는 타인의 아이디어를 비판하거나 평가하지 말아야 한다.

④ 고도로 집권화된 구조나 기능을 중심으로 편재된 조직의 의사결정은 최고관리자 개인이 주도하는 경우가 많다.

정답 및 해설

전통적인 델파이 기법은 익명성이 보장된 상태에서 토론 없이 독자적으로 형성된 전문가들의 판단을 종합하여 정리하는 기법임 → 의견일치를 유도

② 사이먼에 따르면 현실의 세계에서는 완벽한 합리성이 아닌 제한된 합리성의 상황에서 의사결정이 이루어짐

③ 브레인스토밍은 아이디어의 질보다 양을 중시하기 때문에 토의 과정에서 타인의 아이디어를 비판하거나 평가하지 말아야 함

④ 일반적으로 집권화는 의사결정권이 조직의 상층부에 집중된 상태를 의미함; 따라서 고도로 집권화된 구조나 기능을 중심으로 편재된 조직의 의사결정은 최고관리자 개인이 주도하는 경우가 많음

정답 ①

102 회독 □□□

2021. 국가 7급

정책 델파이(policy delphi)기법에 대한 설명으로 옳지 않은 것은?

① 대립되는 입장에 내재된 가정과 논증을 표면화시키고 명백하게 하기 위하여 노력한다.
② 개인의 판단을 집약할 때, 불일치와 갈등을 의도적으로 강조하는 수치를 사용한다.
③ 정책대안에 대한 주장들이 표면화된 후에는 참가자들로 하여금 비공개적으로 토론을 벌이게 한다.
④ 참가자를 선발하는 과정은 '전문성' 자체보다는 이해관계와 식견이라는 기준에 바탕을 둔다.

정답 및 해설

정책델파이는 정책대안에 대한 주장들이 표면화된 후에 참가자들이 공개적으로 토론을 벌이게 하는 기법임

①②④

델파이 기법과 정책델파이 기법 비교

구분	델파이 기법 (전통적 델파이)	정책 델파이 기법
개념	• 일반문제에 대한 예측 • 정책문제에 대한 예측도 가능함	정책문제에 대한 예측
응답자	동일 영역의 일반전문가	• 정책전문가 및 이해관계자 등 → 이해관계자가 개입할 경우 가치판단의 개입 가능
익명성	철저한 익명성	• 선택적 익명성 – 초기에는 익명성을 보장하고 – 추후 공개토론 실시
합의	• 견해의 합의 도출 → 평균값 통계처리	• 구조화된 갈등(유도된 의견대립) → 의견차이를 부각시키는 양극화된 통계처리
공통점	양자 모두 주관적인 미래 예측기법이고 다수의 응답자를 대상으로 하며, 반복적인 설문조사(결과의 환류 포함) 실시 후 통계처리 과정을 거침	

정답 ③

103 회독 □□□

2020. 국가 7급 수정

다음 설명을 특징으로 하는 정책분석기법의 기본 원칙이 아닌 것은?

> 그리스 현인들이 미래를 예견하던 아폴로 신전이 위치한 도시의 이름을 따서 붙여졌다. 1948년 미국 랜드(RAND)연구소의 연구진에 의해 개발되어 공공부문이나 민간부문의 예측 활동에서 활용된다.

① 선택적 익명성
② 익명성 보장과 반복
③ 통제된 환류와 응답의 통계처리
④ 전문가 합의

정답 및 해설

①은 정책델파이에 대한 내용임 → 보기는 델파이기법을 설명하고 있음

참고

델파이기법

미국 랜드연구소에서 개발한 것으로, 익명성이 보장된 상태에서 전문가들을 대상으로 설문을 반복하여 특정 주제에 대한 합의를 도출하는 주관적 기법

②③④

델파이 기법과 정책델파이 기법 비교

구분	델파이 기법 (전통적 델파이)	정책 델파이 기법
개념	• 일반문제에 대한 예측 • 정책문제에 대한 예측도 가능함	정책문제에 대한 예측
응답자	동일 영역의 일반전문가	• 정책전문가 및 이해관계자 등 → 이해관계자가 개입할 경우 가치판단의 개입 가능
익명성	철저한 익명성	• 선택적 익명성 – 초기에는 익명성을 보장하고 – 추후 공개토론 실시
합의	• 견해의 합의 도출 → 평균값 통계처리	• 구조화된 갈등 (유도된 의견대립) → 의견차이를 부각시키는 양극화된 통계처리
공통점	• 양자 모두 주관적인 기법이고 다수의 응답자를 대상으로 하며, 반복적인 설문조사 실시 후 통계처리 과정을 거침	

정답 ①

PART 02 정책학

104 회독 □□□

2009. 국가 7급

델파이기법에 대한 설명으로 옳은 것을 모두 고르면?

㉠ 문제해결의 아이디어를 제공하는 사람들 간에 서로 대면접촉을 하지 않는다. ㉡ 익명성이 유지되는 사람들이 각각 독자적으로 형성한 판단을 조합 및 정리한다. ㉢ 다른 사람의 아이디어에 자기 의견을 첨가해 새로운 아이디어를 도출한다. ㉣ 익명성이 보장되도록 개인의 의견을 컴퓨터를 통하여 입력하고 각 개별 의견에 대하여 컴퓨터를 통하여 표결한다. ㉤ 구성원 간의 성격마찰, 감정대립, 지배적 성향을 가진 사람의 독주, 다수의견의 횡포 등을 피할 수 있다.

① ㉠, ㉡, ㉤
② ㉠, ㉢, ㉣
③ ㉡, ㉢, ㉣
④ ㉢, ㉣, ㉤

정답 및 해설

올바른 선지

㉠, ㉡

델파이기법은 문제해결의 아이디어를 제공하는 사람 간에 대면접촉을 하지 않는 익명성을 유지함; 그리고 이들(전문가)을 대상으로 설문을 반복하여 특정 주제에 대한 합의(조합 · 정리)를 도출함

㉤ 델파이기법은 의견을 도출하는 과정에서 익명성을 유지하기 때문에 구성원 간의 성격마찰, 감정대립, 지배적 성향을 가진 사람의 독주, 다수의견의 횡포 등을 피할 수 있음

틀린 선지

㉢ 비판의 기회가 주어지지 않기 때문에 탐구적 사고나 새로운 아이디어 창출이 어려움 → 해당 선지는 브레인스토밍기법에 대한 내용임

㉣ 컴퓨터에 의한 통계처리를 하지만 표결과정은 없음 → 해당 선지는 전자적 회의(명목집단 기법의 변형)에 대한 내용임

정답 ①

CHAPTER 04 정책결정

Section 01 개인적 차원의 정책결정 모형

105 회독 □□□

2023. 국가 7급

만족모형에 대한 비판으로 옳은 것만을 모두 고르면?

> ㄱ. 책임회피의식과 보수적 사고가 지배적인 상황에서 혁신을 이끄는 데 한계가 있다.
> ㄴ. 만족에 대한 기대수준을 지나치게 명확히 규정하여 획일적인 의사결정 구조가 나타난다.
> ㄷ. 조직 내 상하관계 등에서 나타나는 권력적 측면이 의사결정에 미치는 영향을 간과한다.
> ㄹ. 일반적이고 가벼운 의사결정과 달리 중대한 의사결정에 적용하기 어려울 수 있다.

① ㄱ, ㄴ　　② ㄱ, ㄹ
③ ㄴ, ㄷ　　④ ㄷ, ㄹ

106 회독 □□□

2014. 국가 9급

정책결정모형 중에서 점증모형을 주장하는 논리적 근거로 적절하지 않은 것은?

① 정치적 실현 가능성
② 정책 쇄신성
③ 매몰비용
④ 제한적 합리성

정답 및 해설

올바른 선지

ㄱ. 만족모형은 만족할만한 수준의 의사결정을 추구하므로 혁신적 결정을 저해할 수 있음
ㄹ. 만족모형은 모든 정보를 탐색하지 않는 까닭에 중대한 의사결정에 적용하기 어려울 수 있음

틀린 선지

ㄴ. 만족할만한 수준은 '주관적인 표현'임
ㄷ. 선지는 회사모형에 대한 내용임

정답 ②

정답 및 해설

점증모형은 기존 정책에 소폭의 가감을 가하는 의사결정을 설명하는 모델임; 따라서 쇄신적인 결정을 추구하지 않고 국민의 견해를 수렴한 후 약간의 변화를 지향하는 결정을 함

①③④
점증모형은 국민의 견해를 수렴한 후 기존의 정책에 약간의 변화를 가하는 결정을 내리기 때문에 정치적인 실현가능성이 높고, 매몰비용을 인정함; 한편, 정책결정모형 중에서 인지적인 모형에 속하는바 제한된 합리성을 수용하는 모델임

정답 ②

107 회독 □□□

2014. 사복 9급

정책결정의 유형 가운데 린드블럼과 윌다브스키 등이 주장한 점증주의(Incrementalism)에 대한 설명으로 옳지 않은 것은?

① 합리적인 요소뿐만 아니라 직관과 통찰력 같은 초합리적 요소의 중요성을 강조한다.
② 기존의 정책에서 소폭의 변화를 조정하여 정책대안으로 결정한다.
③ 정책결정은 다양한 정치적 이해관계자들의 타협과 조정의 산물이다.
④ 정책의 목표와 수단은 뚜렷이 구분되지 않으므로 목표와 수단 사이의 관계분석은 한계가 있다.

정답 및 해설

합리적인 요소뿐만 아니라 직관과 통찰력 같은 초합리적 요소의 중요성을 강조한 정책결정모형은 드로어의 최적모형임

②③
점증모형은 기존의 정책에서 소폭의 변화를 조정하여 정책대안으로 결정하는데, 소폭의 변화를 가감하는 과정에서 다양한 정치적 이해관계자들의 타협과 조정을 수반함
④ 점증모형은 구체적인 목표를 설정하고 최선의 대안을 찾는 것이 어렵다고 보기 때문에 정책의 목표와 수단은 뚜렷이 구분되지 않는다는 관점임; 따라서 목표와 수단 사이의 관계분석은 한계가 있음을 강조함

정답 ①

108 회독 □□□

2016. 교행 9급

정책결정 모형에 관한 설명으로 〈보기〉에서 옳은 것을 모두 고른 것은?

보기

ㄱ. 점증모형은 집단합의의 과정이 반영되는 장점이 있다.
ㄴ. 만족모형은 대안 선택의 객관적 기준을 제시하기가 어렵다.
ㄷ. 회사모형은 조직이 단일한 목표를 지닌 구성원들의 연합체라고 가정한다.
ㄹ. 합리모형은 정치적 합리성에 기반하기 때문에 현실에 대한 설명력이 높다.

① ㄱ, ㄴ
② ㄱ, ㄹ
③ ㄴ, ㄷ
④ ㄷ, ㄹ

정답 및 해설

올바른 선지

ㄱ. 점증모형은 기존의 정책에 소폭의 가감을 진행하는 과정에서 집단합의의 과정이 반영되는 장점이 있는바 선진국에서 발생하는 의사결정을 설명할 수 있음
ㄴ. 만족모형은 만족할 만한 수준에서의 결정을 설명하기 때문에 대안 선택의 객관적 기준을 제시하기가 어려움

틀린 선지

ㄷ. 회사모형에서 회사조직은 하나의 목적을 달성하려는 유기체가 아닌 서로 다른 목표를 지닌 하위조직들이 느슨하게 연결되어 있는 연합체로 가정함
ㄹ. 합리모형은 경제적 합리성에 기반하고 있으며, 이상적인 모형에 해당함; 합리모형은 정책결정자나 정책분석가가 완전한 합리성을 가지고 있고, 완전한 합리성에 의거하여 효용을 계산하여 이를 극대화할 수 있는 최선의 정책대안을 찾아낼 수 있다고 가정함

정답 ①

109 회독 □□□

2022. 지방 7급

정책결정모형 중 점증모형에 대한 설명으로 옳지 않은 것은?

① 정책대안을 모두 분석하기보다 한정된 정책대안에 주목한다.

② 시행착오를 반복하면서도 문제를 해결하려는 특성이 있다.

③ 인간의 인지적 한계를 인정하므로 급격한 개혁과 새로운 환경을 반영하는 혁신적 정책결정을 설명하기가 용이하다.

④ 정책결정에서 집단 참여의 합의 과정이 중시되고 목표와 수단이 탄력적으로 상호 조정된다.

정답 및 해설

점증모형은 점진적 결정을 추구하므로 혁신적 결정을 설명할 수 없음

① 점증모형은 기존의 결정에 가감을 취하므로 정책대안을 모두 분석하기보다 한정된 정책대안에 주목함

② 점증모형은 완벽한 대안을 추구하지 않고 점진적 수정을 인정하는바 시행착오를 반복하면서도 문제를 해결하려는 특성이 있음

④ 점증모형은 기존의 결정을 수정하는 과정에서 국민의 참여 및 합의를 중시함 → 이러한 과정에서 기존의 목표 혹은 대안은 탄력적으로 상호 조정됨

정답 ③

110 회독 □□□

2021. 지방 7급

다음에서 제시하는 정책결정모형에 대한 설명으로 옳은 것은?

- 정책의 본질이 미래지향적 문제 해결에 있고, 정책결정에서 가치비판적 발전관에 기초한 가치지향적 행동 추구의 중요성을 고려할 때 매우 중요한 의의가 있다.
- 대안을 선택할 수 있는 기준이 명확해야 한다.
- 기존 정책이나 사업의 매몰 비용으로 인해 현실 적합성이 떨어지는 한계가 있다.

① 시간의 흐름에 따라 환류되는 정보를 분석하여 잘못한 점이 있으면 수정·보완하는 방식이다.

② 문제성 있는 선호(problematic preferences), 불명확한 기술(unclear technology), 일시적 참여자(part-time participants)가 전제조건이다.

③ 갈등을 완전히 해결하지 못하고, 타협을 통한 봉합을 모색한다.

④ 같은 비용으로 최대의 목표·산출을 얻을 수 있는 대안을 선택하는 행위를 의미한다.

정답 및 해설

제시문은 합리모형에 대한 내용임 → 합리모형은 완전한 합리성을 전제로 하는바 다소 이상적이라는 비판이 있음; 아울러 합리모형에서 인간은 인지능력의 한계가 없기 때문에 미래를 모두 예측할 수 있는 존재임

참고

합리모형은 객관적인 분석에 초점을 두는 까닭에 결정에 있어서 가치비판적 발전관(주관적인 연구 비판)에 기초한 가치지향적 행동 추구의 중요성을 강조함

① 사이버네틱스모형에 대한 내용임

② 쓰레기통모형에 대한 내용임

③ 회사모형에 대한 내용임

정답 ④

111 회독 □□□

2015. 국가 7급

정책결정모형 중 점증모형에 대한 설명으로 옳지 않은 것은?

① 정치적 현상유지를 옹호하므로 보수적이라는 비판을 받고 있다.
② 가장 합리적인 대안을 선택하기 위해 모든 대안을 검토해야 한다.
③ 정책결정과정에서 참여집단의 합의를 중시한다.
④ 목표와 수단이 뚜렷하게 구분되지 않기 때문에 목표 · 수단에 대한 분석은 부적절하다.

정답 및 해설

가장 합리적인 대안을 선택하기 위해 모든 대안을 검토하는 건 합리모형임

①③
점증모형은 합의를 통해 기존의 결정에 가감하므로 현상유지적이고 보수적이라는 비판을 받고 있음
④ 점증모형은 집행과정에서 수단이나 목표를 실정에 맞게 변형시키는바 점증모형에서 목표 · 수단에 대한 분석은 부적절함

정답 ②

Section 02 집단적 차원의 의사결정 모형

cf.

112 회독 □□□

2023. 지방 9급

정책결정모형에 대한 설명으로 옳은 것은?

① 혼합주사모형(mixed scanning approach)은 1960년대 미국의 쿠바 미사일 위기사건을 설명하기 위해 연구된 모형이다.
② 사이버네틱스모형을 설명하는 예시로 자동온도조절장치를 들 수 있다.
③ 쓰레기통모형은 갈등의 준해결, 문제 중심의 탐색, 불확실성 회피, 표준운영절차의 활용을 설명하는 모형이다.
④ 합리모형은 만족할 만한 수준에서 의사결정이 이루어진다고 설명하는 모형이다.

정답 및 해설

자동온도조절장치는 인공지능체계이므로 인공지능의 의사결정을 설명하는 사이버네틱스 모형의 예시로 볼 수 있음

① 엘리슨모형에 대한 내용임
③ 회사모형에 대한 내용임
④ 만족모형에 대한 내용임

정답 ②

113 회독 □□□ 2022. 국가 9급

의사결정 모형에 대한 설명으로 옳지 않은 것은?

① '최적모형'은 정책결정자의 합리성뿐 아니라 직관·판단·통찰 등과 같은 초합리성을 아울러 고려한다.
② '쓰레기통 모형'은 대학조직과 같이 조직구성원 사이의 응집력이 아주 약한 상태, 즉 조직화된 무정부상태(organized anarchy)에서 의사결정이 이루어지는 과정을 설명하려고 시도한다.
③ '점증모형'은 실제 정책의 결정이 점증적인 방식으로 이루어질 뿐 아니라 정책을 점증적으로 결정하는 것이 바람직하다는 입장을 견지한다.
④ '회사모형'은 조직의 불확실한 환경을 회피하고 조직 내 갈등을 극복하기 위하여 장기적인 전략과 기획의 중요성을 강조한다.

정답 및 해설

회사모형은 제한된 합리성을 수용하는 관점이므로 단기적인 전략을 중시함

① '최적모형'은 합리성과 초합리성을 통해 최적의 의사결정을 추구하는 모델임
② '쓰레기통 모형'은 위계적인 질서가 부족한 상태, 즉 조직화된 무정부상태(organized anarchy)에서 비합리적인 의사결정이 이루어지는 과정을 설명하려고 시도함
③ '점증모형'은 인간의 제한된 합리성을 수용하기 때문에 기존 결정을 조금씩 수정하는 의사결정을 추구함

정답 ④

114 회독 □□□ 2020. 지방 9급

정책결정 모형에 대한 설명으로 옳은 것만을 모두 고르면?

ㄱ. 만족모형에서는 정책결정을 근본적 결정과 세부적 결정으로 구분한다.
ㄴ. 점증주의 모형은 현상유지를 옹호하므로 보수적이라는 비판을 받고 있다.
ㄷ. 쓰레기통 모형에서 의사결정의 4가지 요소는 문제, 해결책, 선택기회, 참여자이다.
ㄹ. 갈등의 준해결과 표준운영절차(SOP)의 활용은 최적모형의 특징이다.

① ㄱ, ㄴ
② ㄱ, ㄹ
③ ㄴ, ㄷ
④ ㄷ, ㄹ

정답 및 해설

올바른 선지

ㄴ. 점증주의 모형은 기존의 정책을 유지하면서 소폭의 가감을 추진하는바 보수적이라는 비판을 받고 있음
ㄷ. 쓰레기통 모형에서 의사결정의 4가지 요소는 문제, 해결책, 선택기회, 참여자임; 쓰레기통 모형에 따르면 의사결정의 네 가지 요소는 조직화된 무정부 상태에서 우연한 사건에 의해 결합되어 비합리적인 결정을 만들어 냄

틀린 선지

ㄱ. 애치오니가 주장한 혼합주사모형에서는 정책결정을 근본적 결정과 세부적 결정으로 구분함; 만족모형은 인간이 제한된 합리성 하에서 만족할 만한 수준의 의사결정을 하는 현상을 설명함
ㄹ. 갈등의 준해결과 표준운영절차(SOP)의 활용은 회사모형의 특징임; 최적모형은 합리성과 초합리성을 활용할 때 최적의 의사결정이 이루어질 수 있음을 설명함

정답 ③

115 회독 □□□

2014. 지방 9급

정책결정모형에 관한 설명으로 옳은 것은?

① 합리모형: 일반적으로 인간의 제한된 분석능력을 보완할 수 있는 기능을 포함한다.
② 점증모형: 정책결정과정에서 정치적 합리성보다 경제적 합리성을 더욱 중요시한다.
③ 사이버네틱스 모형: 습관적인 의사결정을 설명하는 데 유용하며, 반복적인 의사결정과정의 수정이 환류된다.
④ 쓰레기통 모형: 위계적인 조직구조의 의사결정과정에 적용되며, 정책갈등상황의 해결에 유용하다.

정답 및 해설

사이버네틱스모형은 기존에 수립된 SOP에 의한 결정에 따르되, 환경의 변화에 따라 이를 조금씩 수정하는(환류작용) 현상을 설명함

① 합리모형은 인간의 제한적인 분석능력을 고려하지 못하고, 완전합리성을 전제로 함
② 점증모형은 경제적인 합리성을 중시하는 합리모형과 달리 기존의 정책이나 결정을 존중하고 합의를 이끌어내는 정치적인 합리성을 중시함
④ 쓰레기통 모형은 일반적으로 계층제적 권위가 부족한 자율적이고 동태적인 조직에서 이루어지는 의사결정을 설명하는 데 유용함

정답 ③

116 회독 □□□

2015. 사복 9급

쓰레기통 모형에 대한 설명으로 옳지 않은 것은?

① 명확하지 않은 인과관계를 토대로 해결책이 제시되는 경우가 많다.
② 이해관계자들의 지속적인 의사결정 참여가 어렵다.
③ 목표나 평가기준이 명확하지 않은 경우가 많다.
④ 현실적합성이 낮아 이론적으로만 설명이 가능한 모형이다.

정답 및 해설

쓰레기통 모형은 중심 권위가 부재한 조직화된 무정부 상태, 즉 정상적인 권위구조와 결정규칙이 작동하지 않는 경우의 의사결정을 잘 설명할 수 있는 모형으로서 인지적인 모형에 해당하는바 현실적합성이 높음

① 쓰레기통모형에서는 참여자, 의사결정 기회, 문제 및 해결책이 우연한 사건에 의해 결합되면 비합리적인 결정이 이루어짐; 즉, 명확하지 않은 인과관계를 토대로 해결책이 제시되는 경우가 많음

②③
조직화된 무정부 상태를 표현하는 선지에 해당함; 쓰레기통 모형은 조직화된 무정부 상태에서 이루어지는 결정을 설명하는 데, 이는 문제있는 선호, 불명확한 기술(③), 수시적 참여자(②)를 의미함

정답 ④

117 회독 □□□ 2021. 국가 7급

쓰레기통 모형에 대한 설명으로 옳은 것은?

① 조직구성원의 응집성이 아주 강한 혼란상태에 있는 조직에서 의사결정이 어떻게 이루어지는가를 기술하고 설명한다.
② 불명확한 기술(unclear technology)은 조직에서 의사결정 참여자의 범위와 그들이 투입하는 에너지가 유동적임을 의미한다.
③ 쓰레기통 모형의 의사결정 방식에는 끼워넣기(by oversight)와 미뤄두기(by flight)가 포함된다.
④ 문제성 있는 선호(problematic preferences)는 목표와 수단 사이의 인과관계가 명확하지 않음을 의미한다.

정답 및 해설

쓰레기통 모형은 혼란스런 상황에서 발생하는 비합리적 의사결정을 설명하고 있는데, 비합리적 의사결정에는 끼워넣기(날치기 통과)와 미뤄두기(진빼기)가 있음

① 쓰레기통모형은 응집성이 약한(위계질서가 부족한) 혼란상태에서의 의사결정을 설명함
② 수시적 참여자에 대한 선지임 → 불명확한 기술은 목표를 달성할 수 있는 수단이 명확하지 않은 상태임
④ 불명확한 기술에 대한 선지임 → 문제있는 선호는 참여자들이 선호하는 것을 모른채 의사결정에 참여하는 현상임

정답 ③

118 회독 □□□ 2016. 지방 7급

의사결정모형 중 쓰레기통 모형의 내용이 아닌 것은?

① 진빼기 결정
② 의사결정을 구성하는 네 가지의 흐름
③ 조직화된 무정부 상태
④ 갈등의 준해결

정답 및 해설

갈등의 준해결은 회사모형의 특징으로서 정책결정에서 관련 집단들의 요구가 모두 다 성취되기보다는 서로 나쁘지 않을 정도의 수준에서 타결점을 찾는 현상을 설명하고 있음

①②③

쓰레기통 모형

쓰레기통 모형에서 가정하는 결정상황은 불확실성과 혼란이 심한 상태로서 정상적인 권위구 조와 결정규칙이 작동하지 않는 경우임; 쓰레기통 모형은 혼란 상황에서도 나름의 규칙이 있다는 것을 조직화된 무정부상태라는 표현으로 설명하고 있는데, 여기서 나름의 규칙이란 수시적 참여자, 문제있는 선호, 불명확한 기술임; 이와 같은 조직화된 무정부상태에서는 결정이 '문제인식 – 대안탐색 – 대안비교 – 최선의 결정'의 순차적 과정을 거쳐 이루어지지 않고, 문제, 해결책, 선택기회, 참여자의 요소가 독자적으로 흘러 다니다가 어떤 계기로 교차하여 만나게 될 때 이루어짐(비합리적 결정 : 진빼기 결정 혹은 날치기 통과)

정답 ④

cf.

119 회독 □□□

2019. 서울 7급 수정

〈보기〉는 정책결정에 관한 어떤 모형을 설명하고 있다. 이 모형을 제안한 학자는?

보기

이 모형은 조직화된 혼란상태에서의 의사결정을 다루고 있다. 이 모형은 합리모형이 전제하고 있는 것처럼 모든 대안을 비교, 평가해 최선의 대안을 선택할 수 없다고 전제하고 문제의 선호, 불분명한 기술, 유동적 참여의 세 가지 요인이 의사결정 기회를 찾아 끊임없이 움직이며 이들의 흐름이 교차하는 시점에서 의사결정이 이루어진다고 설명한다.

① 드로(Y. Dror)
② 사이먼(Simon)
③ 코헨, 마치와 올슨(Cohen, March & Olsen)
④ 에치오니(A. W. Etzioni)

정답 및 해설

지문의 내용은 쓰레기통모형(garbage can model)에 대한 설명임; 쓰레기통 모형은 M. Cohen과 J. March, J. Olsen 등이 제시한 모형이며, 조직화된 혼란상태(불분명한 문제에 대한 선호, 불분명한 기술, 유동적 참여)에서의 정책결정이 어떻게 이루어지는지를 설명한 모형임; 쓰레기통 모형에 따르면 조직화된 무정부상태에서 문제, 해결책, 참여자, 의사결정의 기회 등 네 가지 요인이 의사결정 기회를 찾아 끊임없이 움직이다가 우연한 계기에 의해 이들의 흐름이 교차하는 시점에서 진빼기 혹은 날치기 통과 등의 의사결정이 이루어진다고 설명함

① 드로(Y. Dror) : 최적모형을 제시한 학자임
② 사이먼(Simon) : 만족모형을 제시한 학자임
④ 에치오니(A. W. Etzioni) : 혼합주사모형을 제시한 학자임

정답 ③

120 회독 □□□

2014. 국가 7급

정책결정모형에 대한 설명으로 옳은 것만을 모두 고른 것은?

㉠ 점증모형은 기존 정책을 토대로 하여 그보다 약간 개선된 정책을 추구하는 방식으로 결정하는 것이다.
㉡ 만족모형은 모든 대안을 탐색한 후 만족할 만한 결과를 도출하는 것이다.
㉢ 사이버네틱스모형은 설정된 목표달성을 위해 정보제어와 환류과정을 통해 자신의 행동을 스스로 조정해 나간다고 가정하는 것이다.
㉣ 엘리슨모형은 정책문제, 해결책, 선택기회, 참여자의 네 요소가 독자적으로 흘러 다니다가 어떤 계기로 교차하여 만나게 될 때 의사결정이 이루어진다고 보는 것이다.

① ㉠, ㉡ ② ㉠, ㉢
③ ㉡, ㉣ ④ ㉢, ㉣

정답 및 해설

올바른 선지

㉠ 점증모형은 참여자 간 합의를 통해 기존 정책보다 약간 개선된 정책을 추구하는 방식으로 결정하는 현상을 설명함
㉢ 사이버네틱스모형은 설정된 목표(고차원의 목표가 아닌 달성가능한 목표)를 달성하기 위해서 정보제어(폭넓은 정보탐색을 거치지 않음)와 환류과정을 통해 자신의 행동을 스스로 조정(SOP 수정)해 나간다고 가정하는 모형임

틀린 선지

㉡ 만족모형에서는 최선의 합리성을 추구하기보다는 시간과 공간, 재정적 측면을 고려해서 적당히 만족할 만한 수준에서 정책을 결정하는바 실제의 의사결정자는 모든 대안을 탐색하지 않고 무작위적이고 순차적으로 몇 개의 대안을 탐색하며, 만족할 만한 결과를 가져오는 대안이 나타나면 의사결정을 종료함
㉣ 엘리슨 모형은 1960년대 초 쿠바의 미사일 위기 사건을 설명하기 위해 개발된 이론모형임 → 앨리슨(G. T. Allison)은 합리모형, 조직과정모형, 관료정치모형 등 세 가지 모형을 활용하여 정부의 정책결정과정을 설명하였음; 반면 쓰레기통 모형은 '조직화된 무정부상태'에서 문제, 해결책, 선택의 기회, 참여자의 네 요소가 독자적으로 흘러 다니다가 어떤 계기로 교차하여 만나게 될 때 비합리적인 결정이 이루어지는 현상을 설명함

정답 ②

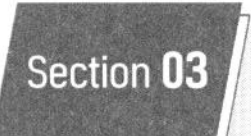

Section 03 기타 모형 : 혼합주사모형 · 최적모형 · 엘리슨모형

121 회독 □□□ 2023. 국가 9급

앨리슨(Allison)의 관료정치모형(모형 III)에 대한 설명으로 옳은 것은?

① 정책결정은 준해결(quasi-resolution)적 상태에 머무르는 경우가 많다.
② 정책결정자들은 국가 전체의 이익이나 전략적 목표를 극대화하기 위한 결정을 한다.
③ 정책결정에 참여하는 구성원들 간의 목표 공유 정도와 정책결정의 일관성이 모두 매우 낮다.
④ 정부는 단일한 결정주체가 아니며 반독립적(semi-autonomous) 하위조직들이 느슨하게 연결된 집합체이다.

정답 및 해설

관료정치모형은 고위 관료 간 사익추구를 반영한 결정을 설명하고 있음 → 따라서 구성원 간 목표 공유도 및 정책결정의 일관성이 낮음

①④
엘리슨 모형 중 조직과정모형에 대한 내용임
② 엘리슨 모형 중 합리적 행위자 모델에 대한 내용임

정답 ③

122 회독 □□□ 2023. 국가 9급

재니스(Janis)의 집단사고(groupthink)의 특성에 해당하지 않는 것은?

① 토론을 바탕으로 한 집단지성의 활용
② 침묵을 합의로 간주하는 만장일치의 환상
③ 집단적 합의에 대한 이의 제기에 대한 자기 검열
④ 집단에 대한 과대평가로 집단이 실패할 리 없다는 환상

정답 및 해설

집단사고는 폐쇄적 집단의 오판현상이며, ①은 집단적 의사결정에 대한 내용임

② 만장일치의 환상에 대한 내용임
③ 집단사고는 전문가 집단으로부터의 정보와 비판적 평가로부터의 차단으로 인해 발생할 수 있음
④ 무오류의 환상에 대한 내용임

정답 ①

PART 02 정책학

123 회독 □□□

2020. 국가 9급

다음 설명에 해당하는 정책결정모형은?

> 지난 30년간 자료를 중심으로 전국의 자연재난 발생현황을 개략적으로 파악한 다음, 홍수와 지진 등 두 가지 이상의 재난이 한 해에 동시에 발생한 지역을 중심으로 다시 면밀하게 관찰하여 정책을 결정한다.

① 만족모형
② 점증모형
③ 최적모형
④ 혼합탐사모형

정답 및 해설

애치오니가 주장한 혼합탐사모형은 기본적인 방향의 설정을 목적으로 하는 근본적 결정을 내리는 데는 고도의 합리성을 추구하는 합리모형을 적용(나무보다는 숲을 개괄적으로 파악)하고, 기본방향이 설정된 후에 특정 문제에 대한 세부적이고 현실적인 결정을 함에 있어서는 점증모형을 적용(숲보다는 나무를 자세하게 파악)하여 양자를 절충한 모형임

① 만족모형 : 사이먼이 주장한 모형으로써 제한된 합리성 안에서 만족할 만한 대안을 선택하는 의사결정을 설명함
② 점증모형 : 사람 간 합의 혹은 토론을 통해 기존의 정책에 소폭의 가감을 해나가는 의사결정을 설명하는 모형으로써 윌다브스키 등이 주장함
③ 최적모형 : 합리성(완전합리성)과 초합리성을 활용하여 최적화된 선택을 할 수 있음을 설명하는 모델로서 드로어가 주장함

정답 ④

124 회독 □□□

2019. 지방 9급

정책결정모형에 대한 설명으로 옳지 않은 것은?

① 린드블롬(Lindblom)같은 점증주의자들은 합리모형이 불가능한 일을 정책결정자에게 강요함으로써 바람직한 정책결정에 도움을 주지 못한다고 주장한다.
② 사이먼(Simon)의 만족모형은 합리모형에 대한 심각한 도전이자, 인간의 인지능력이라는 기본적인 요소에서 출발했기에 이론적 영향이 컸다.
③ 에치오니(Etzioni)는 합리모형과 점증모형의 단점을 극복하기 위하여 최적모형을 주장하였다.
④ 스타인부르너(Steinbruner)는 시스템 공학의 사이버네틱스 개념을 응용하여 관료제에서 이루어지는 정책결정을 단순하게 묘사하고자 노력하였다.

정답 및 해설

에치오니(Etzioni)는 합리모형과 점증모형의 단점을 극복하기 위하여 혼합주사 모형을 주장하였음; 최적모형을 주장한 학자는 드로어임

① 린드블롬(Lindblom)같은 점증주의자들은 합리모형이 불가능한 일(최선의 대안을 선정하는 일)을 정책결정자에게 강요함으로써 바람직한 정책결정에 도움을 주지 못한다고 주장함
② 사이먼(Simon)의 만족모형은 완전합리성에 기초한 합리모형에 대한 심각한 도전이자, 최초로 인간의 인지능력의 한계를 인정했다는 점에서 이론적 영향이 컸음
④ 사이버네틱스 모형은 복잡성이 적당한 수준에서 SOP를 중심으로 한정된 범위와 변수에만 관심을 집중함으로써 불확실성을 통제하려는 모형임; 이는 스타인부르너(Steinbruner)가 시스템 공학의 사이버네틱스 개념(인공지능)을 응용하여 관료제에서 이루어지는 정책결정을 묘사한 이론임

정답 ③

125 회독 □□□

2021. 지방 9급

앨리슨(Allison)모형 중 다음 내용에 초점을 두고 정책결정을 설명하는 것은?

> 1960년대 쿠바 미사일 사태에서 미국은 해안봉쇄로 위기를 극복하였다. 정부의 각 부처를 대표하는 사람들은 위기 상황에서 각자가 선호하는 대안을 제시하였다. 대표자들은 여러 대안에 대하여 갈등과 타협의 과정을 거쳤고, 결국 해안봉쇄 결정이 내려졌다. 이는 대통령이 사태 초기에 선호했던 국지적 공습과는 다른 결정이었다. 물론 해안봉쇄가 위기를 해소하는 최선의 대안이라는 보장은 없었고, 부처에 따라서는 불만을 가진 대표자도 있었다.

① 합리적 행위자 모형
② 쓰레기통 모형
③ 조직과정 모형
④ 관료정치 모형

정답 및 해설

보기는 각 참여자의 이해관계를 반영하여 비합리적인 결정을 설명하는 관료정치 모형에 대한 내용임 → 보기에서 정부의 각 부처를 대표하는 사람들은 위기 상황에서 각자가 선호하는 대안을 제시하였다는 부분이 핵심임

엘리슨 모형 : 관료정치모형으로 갈수록 사익추구 현상 ↑

구분	모델 I : 합리적 행위자모형 (합리모형)	모델II : 조직과정모형 (회사모형)	모델III : 관료정치모형 (쓰레기통모형)
조직관	조정과 통제가 용이한 유기체 (조직은 하나의 몸)	느슨하게 연결된 하위조직들의 연합체	독립적인 개인 행위자들의 집합체
권력의 소재	최고 지도자	하위조직	개별적 행위자의 정치적 자원
행위자 목표	조직 전체의 목표	조직전체의 목표 +하위조직들의 목표	조직 전체의 목표 +하위조직들의 목표 +개별적 행위자들의 목표
목표의 공유도	강함	약함	매우 약함
정책결정의 양태	최고지도자 결정	SOP에 의한 결정	정치적 게임의 규칙 (타협, 흥정, 지배)
정책결정의 일관성	매우 강함	약함	매우 약함
적용 계층	조직 전반	하위 계층	상위 계층

정답 ④

126 회독 □□□

2011. 지방 9급

정책결정모형에 대한 설명 중 옳은 것을 모두 고른 것은?

> ㄱ. 점증주의 모형은 합리적 방법에 의한 쇄신보다 기존의 상태에 바탕을 둔 점진적 변동을 시도한다고 본다.
> ㄴ. 공공선택 모형은 관료들의 자기이익 추구를 배제한 공익차원의 집단적 의사결정 방식이다.
> ㄷ. 엘리슨 모형은 정책결정 모형을 합리모형, 조직과정모형, 관료정치모형관점에서 정리한 것이다.
> ㄹ. 쓰레기통모형에 따르면 문제의 흐름, 선택기회 흐름 및 참여자 흐름이 만나 무의사결정을 하게 된다고 본다.

① ㄱ, ㄴ　② ㄱ, ㄷ
③ ㄴ, ㄹ　④ ㄷ, ㄹ

정답 및 해설

올바른 선지

ㄱ. 점증주의 모형은 기존의 정책에서 소폭의 가감을 진행하므로 합리적 방법에 의한 쇄신보다 기존의 상태에 바탕을 둔 점진적 변동을 시도함
ㄷ. 엘리슨 모형은 쿠바미사일위기에서 발생한 의사결정을 설명하기 위해 정책결정 모형을 합리모형, 조직과정모형, 관료정치모형관점에서 정리한 것임

틀린 선지

ㄴ. 공공선택론은 이기적이고, 합리적이며, 자신의 이익을 극대화하는 인간을 전제로 하는 바, 개인의 이익추구를 배제하지 않음
ㄹ. 쓰레기통모형은 무의사결정과 관련이 없음; 쓰레기통 모형은 문제, 해결책, 선택기회, 참여자의 네 요소가 독자적으로 흘러 다니다가 어떤 계기가 우연히 발생하여 결정이 이루어진다는 것; 한편, 무의사결정이란 바흐라흐와 바라츠가 제시한 개념으로서 정책의 제설정 및 결정과정에서 지배 엘리트의 이해관계와 일치하는 사회문제만 다루어지는 현상을 설명한 것임

정답 ②

127 회독 □□□

2019. 사복 9급

앨리슨(G. Allison) 모형에 대한 설명으로 가장 옳지 않은 것은?

① 쿠바 미사일사건에 대한 세 가지 상이한 이론모형을 제시한다.
② 합리적 행위자 모형은 정책이 최고지도자와 같은 단일행위자의 합리적 선택이라고 간주한다.
③ 조직과정 모형은 정책결정 결과가 참여자들 간 타협, 협상 등에 의해 좌우된다고 본다.
④ 관료정치모형은 조직 내 권력이 독립적 개인행위자들의 정치적 자원에 의존한다고 본다.

정답 및 해설

앨리슨은 1960년대 쿠바미사일 사건을 둘러싼 미국과 소련의 의사결정을 설명하기 위해 다양한 정책결정모형이 필요하다고 보고, 이를 위해 기존의 합리모형, 회사모형, 쓰레기통 모형을 합쳐서 앨리슨 모형을 제시함; 이 중에서 쓰레기통 모형과 유사한 관료정치모형은 정책결정 결과가 참여자들 간 타협, 협상 등에 의해 좌우된다는 것을 설명함; 조직과정모형은 회사모형의 특징을 반영한 모델로서 조직 내 SOP에 의한 결정을 설명하는 모형임

② 합리적 행위자 모형: 정책은 구체적인 목표를 달성하기 위한 최선의 대안이며, 이는 최고지도자와 같은 단일행위자의 합리적 선택으로 간주함
④ 관료정치모형
　㉠ 관료정치모형에서는 여러 다양한 문제에 관심을 두는 다수의 독립적 행위자가 타협 및 흥정에 따라 정책을 결정하는바 이들의 목표는 일관되지 않음
　㉡ 아울러 관료정치모형은 행위자의 조직 내 권력이 이들의 정치적 자원(직위권한)에 의존한다고 간주하며, 정책결정은 아무리 합리적 분석기법이 발달해도 정치적 요인에 의존할 수밖에 없다는 점을 강조함

정답 ③

128 회독 □□□

2018. 교행 9급

재니스(I. L. Janis)가 말하는 집단사고(group think)의 내용에 속하지 않는 것은?

① 응집성이 강한 집단에서 일어나는 경향이 있다.
② 동조에 대한 압력이 강해 비판적인 대안이 무시되는 경향이 있다.
③ 위험을 회피하고 어떠한 혁신이나 도전도 하지 않으려는 경향이 있다.
④ 집단구성원들은 침묵도 동의로 간주하는 만장일치의 환상을 갖는 경향이 있다.

정답 및 해설

위험을 회피하고 어떠한 혁신이나 도전도 하지 않으려는 경향은 무사안일주의를 의미함; 집단사고는 폐쇄적인 집단의 오판을 뜻하며, 폐쇄적인 집단에서는 무오류의 환상으로 인해 자칫 무리한 결정을 내릴 수 있음

①②
집단사고: 응집성이 강한 폐쇄적인 집단에서 합의에 대한 압력 등으로 인해 비판적인 사고가 억제되고 대안에 대한 찬성과 반대가 충분히 검토되지 못한 채 발생하는 오판
④ 집단사고는 폐쇄적인 집단에서 발생하는 오판으로써 집단사고가 발생하는 조직에서 집단구성원들은 침묵도 동의로 간주하는 만장일치의 환상을 가지거나, 조직의 판단이 무조건 옳다는 무오류의 환상을 지님

참고

제니스에 따르면 Kennedy 대통령의 쿠바 피그스만(Bay of Pigs) 침공사건(1961)의 실패 원인은 집단사고에 기인한다고 함

집단사고의 전제조건
① 집단의 응집성
② 전문가 집단으로부터의 정보와 비판적 평가로부터의 차단
③ 공정한 지도자의 부재
④ 의사결정에 관한 절차적 규범의 부족
⑤ 집단구성원의 동질성

정답 ③

129 회독 □□□

2022. 지방 7급

정책학의 발전과정에 대한 설명으로 옳은 것은?

① 드로어(Dror)는 정책결정의 방법, 지식, 체제에 관심을 두어야 한다고 주장하고, 정책결정체제에 대한 이해와 정책결정의 개선을 강조하였다.

② 정책의제 설정이론은 정책의제의 해결방안 탐색을 강조하며, 문제가 의제로 설정되지 않는 비결정(non-decision making) 상황에 관하여는 관심이 적다.

③ 라스웰(Lasswell)은 정책과정에 관한 지식보다 정책에 필요한 지식이 더 중요하며, 사회적 가치는 분석대상에서 제외해야 함을 강조하였다.

④ 1950년대에는 담론 등을 통한 문제구조화에 관심이 높아 OR(operation research)과 후생경제학의 기법 활용에는 소홀하였다.

정답 및 해설

드로어는 최적모형을 제시한 학자임 → 최적모형은 정책결정모형의 한 종류이며, 의사결정자의 직관을 통해 정책결정을 개선할 수 있다고 보았음

② 선지에서 언급한 비결정은 '무의사결정'을 뜻함 → 무의사결정론은 의제설정에 대한 이론이므로 틀린 선지임

③ 라스웰(Lasswell)은 정책에 필요한 지식, 즉 기술성을 중시한 까닭에 사회적 가치(가치에 대한 연구)를 분석 대상에 포함시키고 있음

④ 1950년대에는 계량적 관리과학 기법인 OR(operation research)과 후생경제학의 기법이 유행했음 → 한편, 담론(토론) 등을 통한 문제의 구조화는 1990년대 강조된 접근법으로 상호토론을 통하여 문제를 구체화하는 방법임

정답 ①

130 회독 □□□

2019. 국가 7급

정책결정모형에 대한 설명으로 옳은 것은?

① 쓰레기통모형은 의사결정을 위해서는 문제, 해결책, 참여자의 세 가지 요소가 필요하다고 본다.

② 만족모형은 의사결정자들이 만족할 만하고 괜찮은 해결책을 얻기 위해 몇 개의 대안만을 병렬적으로 탐색한다고 본다.

③ 앨리슨(Allison) 모형II는 긴밀하게 연결된 하위 조직체들이 표준운영절차를 통해 상호의존적인 의사결정을 한다고 본다.

④ 최적모형에 따르면 정책결정과 관련해 위험최소화전략 대신 혁신전략을 취하는 것은 상위정책결정(meta-policy making)에 해당한다.

정답 및 해설

최적모형에 따르면 비정형적인 결정의 경우 직관의 활용(초합리성)을 고려해야 함; 초합리성은 초정책결정, 즉 상위 정책결정단계에서 활용하게 되는데 이는 주로 비정형적 결정상황에서 활용되어 혁신적인 결정을 유도할 수 있음

참고

비정형적 결정

정책결정을 함에 있어서 그 결정자가 직면하는 문제가 과거에 없었던 전혀 새로운 것이거나 문제의 핵심이 명확하지 않거나, 문제가 매우 까다로워 그 해결에 불확실성이 수반할 우려가 있는 결정 → 의사결정자의 직관이 필요한 결정

① 쓰레기통모형은 의사결정을 위해서는 문제, 해결책, 참여자, 의사결정기회, 네 가지 요소가 필요하다고 주장함

② 만족모형은 의사결정자들이 만족할 만하고 괜찮은 해결책을 얻기 위해 몇 개의 대안을 무작위적이고 순차적으로(직렬적으로) 탐색함

③ 앨리슨(Allison) 모형II는 느슨하게 연결된 하위 조직체들이 표준운영절차를 통해 적응적인 의사결정을 함

정답 ④

Section 04 불확실성에 대처하기 위한 정책결정

131 회독 □□□

2017. 교행 9급

정책과정에서 정책결정자가 불확실한 것을 확실하게 하려는 '불확실성의 적극적 극복방안'에 해당하는 것만을 〈보기〉에서 있는 대로 고른 것은?

보기

ㄱ. 민감도 분석　　　ㄴ. 이론개발
ㄷ. 정책델파이　　　ㄹ. 정보의 충분한 획득

① ㄱ, ㄷ
② ㄱ, ㄴ, ㄹ
③ ㄴ, ㄷ, ㄹ
④ ㄱ, ㄴ, ㄷ, ㄹ

정답 및 해설

불확실성의 적극적 극복방안은 정책결정자가 불확실한 상황을 거의 확실하게 통제할 수 있는 방안이며, 구체적인 내용은 아래와 같음

불확실성을 유발하는 환경의 통제	경쟁대상과의 협상이나 타협 및 계약 → 경쟁대상과의 협상을 통해 계약을 체결함으로써 불확실성을 유발하는 환경을 통제
모형이나 이론의 개발 및 적용	불확실성을 통제할 수 있는 이론이나 모형을 개발하여 정책대안과 결과의 관계를 구체적으로 알아내는 방법 → 정책실험
정보의 충분한 획득	정책결정을 늦추면서 관련 정보와 지식을 충분히 수집
주관적 기법	브레인스토밍, 델파이기법, 정책델파이기법과 같은 주관적 기법 활용

ㄱ. 민감도 분석은 발생가능성이 있는 다양한 상황을 가정하고 시뮬레이션을 통해 추측하는 기법으로서 불확실성에 대한 소극적 방안에 해당함

정답 ③

cf.

132 회독 □□□

2010. 국가 9급

미래에 대한 불확실성을 주어진 조건으로 보고 그 안에서 결과를 예측하는 방법으로, 미래에 발생할 수 있는 최악의 상황을 전제하고 정책대안의 결과를 예측하는 방법은?

① 중복적 또는 가외적 대비(redundancy)
② 민감도 분석(sensitivity analysis)
③ 보수적 결정(conservation decision)
④ 분기점 분석(break-even analysis)

정답 및 해설

위 보기는 모두 불확실성에 대한 소극적 방안의 예시임; 소극적 방안이란 미래에 대한 불확실성을 주어진 조건으로 보고 그 안에서 결과를 예측하는 방법이며, 이 중에서 최악의 불확실성 · 상황을 가정하고 대안을 모색하는 방법은 보수적 결정을 의미함

불확실성에 대처하기 위한 소극적 방안

보수적 접근 (최소극대화 (Maximin) 기준) : 보수적 결정	최악의 불확실성 · 상황을 가정하고 대안을 모색
가외성	정책목적을 달성하기 위한 중복적인 수단을 보유
민감도 분석	① 발생가능성이 있는 다양한 상황을 가정하고 시뮬레이션을 통해 추측 ② 대안의 우선순위에 영향을 미칠 수 있는 파라미터(제3의 변수)를 파악하는 일종의 시뮬레이션 → 불완전한 정보를 가지고 있는 모형 내의 파라미터의 변화에 따라 대안의 결과가 어떻게 반응하는지를 분석하는 기법
분기점 분석	① 동등한 결과를 산출하기 위한 여러 가정을 도출하고, ② 이러한 가정을 해당 분야의 전문가에게 의뢰함 ③ 전문가가 판단했을 때 발생가능성이 가장 높은 가정(대안)을 선택하는 방법
악조건 가중분석	① 최선의 대안은 최악의 상황을, 다른 대안은 최선의 상황을 가정하고 분석 ② 최악의 상황을 가정한 최선의 대안이 가장 우수한 대안일 경우에 대안으로 선택하는 방법
결정의 지연이나 회피	정책결정을 지연 혹은 회피하는 것
복수의 대안 제시	불확실성에 대비하여 2개 이상의 대안을 제시
휴리스틱스 (heuristics) 기법	최선의 답(best answer)보다는 그럴듯한 답(nice and good answer)에 이르게 하는 주먹구구식 탐색 규칙(rule of thumb)과 유사

정답 ③

133 회독 □□□ 2019. 지방 9급

정책환경의 불확실성을 극복하는 대처 방안 중 소극적인 방법에 해당하는 것은?

① 상황에 대한 정보의 획득
② 정책실험의 수행
③ 협상이나 타협
④ 지연이나 회피

정답 및 해설

지연이나 회피는 정책결정을 지연 혹은 회피하는 것을 뜻하며, 불확실성을 극복하는 소극적인 방법에 해당함

①②③
불확실성에 대처하기 위한 적극적인 방안에 해당함

불확실성에 대처하기 위한 적극적 방안

불확실성을 유발하는 환경의 통제	경쟁대상과의 협상이나 타협 및 계약 → 경쟁대상과의 협상을 통해 계약을 체결함으로써 불확실성을 유발하는 환경을 통제
모형이나 이론의 개발 및 적용	불확실성을 통제할 수 있는 이론이나 모형을 개발하여 정책대안과 결과의 관계를 구체적으로 알아내는 방법 → 정책실험
정보의 충분한 획득	정책결정을 늦추면서 관련 정보와 지식을 충분히 수집
주관적 기법	브레인스토밍, 델파이기법, 정책델파이기법과 같은 주관적 기법 활용

정답 ④

cf.

134 회독 □□□ 2019. 국가 7급

다음에서 설명하는 의사결정 휴리스틱스(heuristics)의 오류는?

> 사람들에게 10명의 사람으로부터 무작위로 k명의 위원회를 구성하라고 하고, k가 2일 때와 8일 때 어느 경우에 구성되는 위원회의 '경우의 수'가 더 클 것인지를 판단하게 하였다. 이때 대부분의 사람들은 2일 경우가 더 많다고 답한다. 이는 2명의 위원회를 생각하는 것이 8명의 서로 다른 위원회를 생각하는 것보다 더 쉽기 때문이다. 하지만 실제로 2명일 때와 8명일 때의 조합 가능한 위원회의 수는 같다.

① 고착화와 조정(anchoring & adjustment)으로 인한 오류
② 허위상관(illusory correlation)으로 인한 오류
③ 상상의 용이성(imaginability)으로 인한 오류
④ 사례의 연상가능성(retrievability of instances)으로 인한 오류

정답 및 해설

휴리스틱 접근법은 가장 이상적인 방법을 구하는 것이 아니라 현실적으로 만족할 만한 수준의 해답을 찾는 방법(어림짐작 판단 혹은 대충 내린 결론)인데, 대략적인 결론을 내리는 과정에서 오류가 발생하는 경우가 있음 → 지문의 핵심적인 내용은 '2명의 위원회를 생각하는 것이 8명의 서로 다른 위원회를 생각하는 것보다 더 쉽기 때문이다'라는 부분임; 이는 상상하기 쉽기 때문에(상상의 용이성) 발생할 수 있는 오류에 해당함

① 허위상관으로 인한 오류 : 실제 상관관계가 없음에도 두 변수 간에 상관관계가 높을 것이라고 착각하는 오류; 수학능력시험 당일에는 날씨가 춥다고 생각하는 것
③ 고착화와 조정 휴리스틱스 : 먼저 인식한 정보에 더 집중하는 경향; 신생아 아기옷을 파란색은 남아용, 분홍색은 여아용으로 인식하는 경우
④ 사례의 연상 가능성으로 인한 오류 : 현상의 잔상이 강력해서 판단오류를 범하는 경우; 교통사고로 인한 사망확률과 비행기 사고로 인한 사망확률을 따질 때 후자의 가능성이 더 크다고 판단하는 것 → 이는 비행기 사고를 언론에서 크게 보도하는 경향이 있으며, 대개 대형사고를 언급하기 때문에 나타날 수 있는 현상임

정답 ③

cf.

135 회독 □□□

2014. 지방 7급

행정에서 불확실성의 문제를 해소하기 위한 대처방안과 가장 거리가 먼 것은?

① 일반적으로 불확실성이 높다고 생각하는 경우에는 정보와 지식의 수집활동에 소극적으로 대응하기 쉽다.
② 작업과정에서 행정의 표준화를 통해 개인의 자의적 행위를 예방하여 확실성을 확보하고자 한다.
③ 주요 정책결정에 있어서 가외성(redundancy)을 감안할 수 있는 제도적 장치를 준비한다.
④ 행정조직은 통제할 수 없는 환경에 대하여 구조적으로 대응할 수 있는 방책을 마련한다.

정답 및 해설

일반적으로 불확실성이 높다고 생각하는 경우에는 관련된 정보와 지식을 충분히 수집하여 결정의 예측가능성을 높임

② 작업과정에서 불확실성으로 인한 시행착오를 경험했을 때 행정의 표준화를 통해 개인의 자의적 행위를 예방하여 확실성을 확보할 수 있음
③ 가외성은 잉여장치로써 불확실성에 대응할 수 있는 소극적인 방안에 해당함
④ 행정조직은 통제할 수 없는 환경에 대하여 구조적으로 대응할 수 있는 방책을 마련함 → 예를 들어, 환경적인 요소가 이질성이 심하고 계속적인 변화가 있을 때 조직은 분권화되는 현상이 발생함

정답 ①

CHAPTER 05 정책집행

Section 01 정책집행 연구의 접근법

136 회독 □□□

정책집행을 주어진 정책목표의 달성을 위한 수단적 행위로 파악하는 접근방법에 대한 설명으로 옳지 않은 것은?

① 타당한 인과이론에 바탕을 둔 정책결정의 내용은 이러한 접근에서 제시하는 규범적 처방이 된다.
② 효과적인 정책집행을 위해서는 정책내용으로서 명확한 법령과 구체적인 정책지침을 갖고 있어야 한다.
③ 정부 및 민간 프로그램에서의 의도하지 않은 효과까지도 분석할 수 있다는 장점이 있다.
④ 정책에 반대하는 정책행위자들의 입장이나 전략적 행동을 쉽게 파악할 수 없다는 단점이 있다.

정답 및 해설

선지는 상향식에 대한 내용임

①②
하향식 접근은 결정자가 집행자에게 명료하고 구체적인 대안 혹은 법령을 제시하면 집행자는 그대로 이를 집행하는 현상을 설명하고 있음
④ 하향식은 결정자 관점의 모델이므로 정책에 반대하는 정책행위자들 혹은 일선 정책집행자의 입장이나 전략적 행동을 쉽게 파악할 수 없다는 단점이 있음

정답 ③

137 회독 □□□

립스키(Lipsky)의 일선관료제(street level bureaucracy)에 대한 설명으로 옳지 않은 것은?

① 일선관료에 대한 재량권 강화는 집행현장의 특수성 및 예상치 못한 사태에 대비하게 할 수 있다.
② 일선관료는 만성적으로 부족한 자원, 모호한 역할 기대, 그들의 권위에 대한 위협과 도전이라는 업무환경에 처해 있다.
③ 일선관료는 일반시민을 분류하지 않고, 모든 계층을 공평하게 대우한다.
④ 일선관료는 정부를 대신하여 시민에게 정책을 직접 전달하는 존재로, 특히 사회경제적 취약계층의 삶에 큰 영향력을 미친다.

정답 및 해설

일선 관료는 집행 현장에 대한 정보가 부족하므로 집행업무를 단순화·정형화함 → 즉, 복잡한 현장이나 정책대상을 선입견에 기초하여 몇 개의 케이스로 분류함(예 우호적 집단과 비우호적 집단)

① 일선관료에 대한 정책결정권 부여는 집행현장의 특수성 및 예상치 못한 사태에 대비하게 할 수 있음
② 일선관료는 불확실한 업무환경에 처해 있음
④ 일선관료는 일선에서 대민업무를 집행하는 하위직 공무원임 → 이들의 업무 대상은 일반적으로 보통 시민임(예 사회복지직 공무원 등)

정답 ③

138 회독 □□□

옹호연합모형(Advocacy Coalition Framework)에 대한 설명으로 옳은 것만을 모두 고르면?

ㄱ. 정책하위체제에 초점을 두어 정책변화를 이해한다.
ㄴ. 정책지향학습은 옹호연합 내부만 아니라 옹호연합 사이에서도 발생한다.
ㄷ. 행정규칙, 예산배분, 규정의 해석에 대한 결정은 정책 핵심 신념과 관련된다.
ㄹ. 신념 체계 구조에서 규범적 핵심 신념은 관심 있는 특정 정책 규범에 적용되며, 이차적 측면(secondary aspects)보다 변화 가능성이 작다.

① ㄱ, ㄴ　② ㄱ, ㄹ
③ ㄴ, ㄷ　④ ㄷ, ㄹ

정답 및 해설

올바른 선지

ㄱ. 사바티어는 정책하위체제, 즉 정책참여자 집단에 초점을 두어 정책 변동을 설명함
ㄴ. 정책을 둘러싼 정책하위체계는 복수로 존재할 수 있음 → 각 지지연합은 자신의 신념을 정책으로 관철하기 위해 경쟁하는바 학습은 옹호연합 사이에서도 발생함

틀린 선지

ㄷ. 정책 핵심신념은 정책목표 혹은 정책대안에 대한 인과적 지식임 → 선지는 이차적 신념을 뜻함(이차적 신념은 가장 쉽게 변할 수 있음)
ㄹ. 규범적 핵심신념은 자유, 평등 등의 보편적 규범을 의미하므로 변화가능성이 낮고, 추상적·포괄적인 성격을 지님(특정 정책 규범에 적용×)

정답 ①

139 회독 □□□

밑줄 친 연구에 해당하는 것은?

이 연구에서는 정책과 성과를 연결하는 모형에 정책 기준과 목표, 집행에 필요한 자원, 조직 간 의사소통과 집행 활동(enforcement activities), 집행기관의 특성, 경제·사회·정치적 조건, 정책집행자의 성향(disposition)이라는 변수를 제시하였다.

① 립스키(Lipsky)의 일선관료제 연구
② 오스트롬(Ostrom)의 제도분석 연구
③ 사바티어와 마즈마니언(Sabatier & Mazmanian)의 집행과정 연구
④ 반 미터와 반 혼(Van Meter & Van Horn)의 정책 집행과정 연구

정답 및 해설

보기는 정책이 성과로 연결되기 위해 고려해야 하는 변수를 나열하고 있음 → 이는 하향식 접근에 대한 내용이므로 선지 중 ③과 ④를 고려해야 하는데 보기는 사바티어와 매즈매니언 연구의 내용이 아닌 까닭에 ④를 선택해야 함

사바티어와 마즈마니언(Sabatier & Mazmanian)의 집행과정 연구

타당한 인과이론	정책결정의 내용은 타당한 인과이론에 기초해야 함 → 정책결정의 기술적인 타당성 확보
명확한 법령에 기초한 집행	명확한 법령 → 대상집단의 순응을 극대화
유능하고 헌신적인 관료	유능하고 헌신적인(능력 있고 몰입도가 높은) 관료가 정책집행을 담당
이해관계자의 지속적인 지지	정책에 대해 이해관계자로부터 지속적인 지지를 얻어야 함
안정적인 정책목표와 목표의 우선순위	정책목표와 정책목표의 우선순위는 변하지 않고 안정적이어야 함

① 립스키의 일선관료제 연구 : 재량권을 지닌 일선관료가 집행현장에서 직면한 문제에 대응하는 현상을 설명
② 오스트롬의 제도분석 연구 : 공유지 비극을 해결하기 위한 제도적 설계, 변화과정 등을 설명

정답 ④

140 회독 □□□

2022. 국가 9급

립스키(Lipsky)의 '일선관료제'에서 일선관료들이 처하는 업무환경의 특징으로 옳지 않은 것은?

① 자원의 부족
② 일선관료 권위에 대한 도전
③ 모호하고 대립되는 기대
④ 단순하고 정형화된 정책대상집단

정답 및 해설

④는 일선관료가 처한 업무환경이 아니라 불확실한 업무환경에 대한 대응방식에 해당함

①②③

일선관료(예: 지구대 경찰관)의 업무환경

재량권 보유	일선과료는 일반적으로 복잡한 업무집행 상황에 있기 때문에 집행과정에서 재량권을 보유함(단순히 모든 하위직 공무원이 재량권을 지니는 건 아님)
권위에 대한 위협 및 도전	집행대상의 관료에 대한 위협 및 도전
불충분한 자원과 과중한 업무부담	일선관료는 집행에 필요한 자원이 부족한 경우가 많이 때문에 대체로 부분적이고 간헐적으로 정책을 집행함
모호하고 대립되는 기대	일선관료는 측정 가능한 업무와 그렇지 않은 업무를 동시에 수행함 → 즉, 일선관료는 업무를 수행하는 기관에 대한 고객의 모호하고 대립적인 기대들이 존재하는 업무환경 때문에 가시적·비가시적 정책목표를 완벽하게 달성할 수 없는 경우가 많음
객관적인 성과평가의 어려움	일선관료는 측정 가능한 업무와 그렇지 않은 업무를 동시에 수행하는바 객관적인 성과평가를 받기가 어려움

정답 ④

141 회독 □□□

2022. 지방 9급

정책집행 연구 중 상향적 접근방법(bottom-up approach)으로 옳은 것만을 모두 고르면?

ㄱ. 엘모어(Elmore)의 후방향적 집행연구
ㄴ. 사바티어(Sabatier)와 매즈매니언(Mazmanian)의 집행과정모형
ㄷ. 립스키(Lipsky)의 일선관료제
ㄹ. 반 미터(Van Meter)와 반 호른(Van Horn)의 집행연구

① ㄱ, ㄷ
② ㄱ, ㄹ
③ ㄴ, ㄷ
④ ㄴ, ㄹ

정답 및 해설

올바른 선지

ㄱ. 엘모어(Elmore)는 전방향적 연구와 후방향적 연구를 통합한 학자임; 전자는 하향식, 후자는 상향식을 의미하는데 엘모어는 후자를 강조함
ㄷ. 립스키(Lipsky)는 일선에서 대민업무를 수행하는 하위직 공무원의 행동을 고찰함 → 상향식 접근

틀린 선지

ㄴ, ㄹ.
사바티어와 매즈매니언, 반 미터와 반 호른은 하향식을 주장한 학자임

정답 ①

142 회독 □□□

2021. 지방 9급

정책옹호연합모형(advocacy coalition framework)에 대한 설명으로 옳지 않은 것은?

① 외적인 환경변수를 정책 과정과 연계함으로써 정책변동을 설명한다.
② 정책학습을 통해 행위자들의 기저 핵심 신념을 쉽게 변화시킬 수 있다.
③ 옹호연합 사이에서 정치적 갈등 발생 시 정책중개자가 이를 조정할 수 있다.
④ 옹호연합은 그들의 신념체계가 정부 정책에 관철되도록 여론, 정보, 인적자원 등을 동원한다.

정답 및 해설

정책학습을 통해 행위자들의 기저 핵심 신념을 변화시킬 수 있으나, 이는 오랜 시간을 요구함 → 따라서 정책참여자의 신념체계는 쉽게 변화시킬 수 없음

① 사바티어가 주장한 정책옹호연합모형은 정책집행 모형 중 통합모형에 해당하므로 외적인 환경변수를 정책 과정과 연계함으로써 정책변동을 설명함
③ 정책중재자(공무원)는 옹호연합(참여자 집단) 사이에서 기인한 정치적 갈등이나 정책요구 등을 조정할 수 있음
④ 옹호연합은 그들의 신념 체계가 정부 정책에 관철되도록 여론, 정보, 인적자원 등 학습한 내용을 동원함

정답 ②

143 회독 □□□

2020. 지방 9급

정책집행의 하향식 접근(top-down approach)에 대한 설명으로 옳은 것만을 모두 고르면?

ㄱ. 집행이 일어나는 현장에 초점을 맞춘다.
ㄴ. 일선공무원의 전문지식과 문제해결능력을 중시한다.
ㄷ. 하위직보다는 고위직이 주도한다.
ㄹ. 정책결정자는 정책집행에 영향을 미치는 정치적·조직적·기술적 과정을 충분히 통제할 수 있다.

① ㄱ, ㄴ　② ㄱ, ㄷ
③ ㄴ, ㄹ　④ ㄷ, ㄹ

정답 및 해설

올바른 선지

ㄷ, ㄹ.
하향식 접근은 결정자가 정책실패에 악영향을 줄 수 있는 모든 요인을 파악해서 구체적인 목표를 정하고 이를 달성하기 위한 최선의 정책을 선택한 후 명령을 통해 집행하는 과정을 설명하는 이론임; 따라서 하위직 공무원은 위에서 내려진 명령에 따라 기계적인 순응을 하는 존재이며, 결정자는 정책집행에 영향을 미치는 정치적(이해관계 조정)·조직적(조직편성 등)·기술적 과정(집행수단 혹은 도구 등)을 충분히 통제할 수 있음

틀린 선지

ㄱ과 ㄴ은 상향식 접근에 대한 내용임
상향식 접근은 정책결정자가 집행현장에서 발생하는 모든 상황을 알 수 없다고 보고 일선공무원에게 재량권을 부여(현장의 불확실성 강조)한 후 이들의 전문지식과 문제해결능력에 의존하여 집행현장에서 발생하는 문제를 해결하는 현상을 설명하는 개념임

정답 ④

144 회독 □□□ 2018. 국가 9급

립스키(M. Lipsky)의 일선관료제(Street-Level Bureaucracy)이론에 대한 설명으로 옳은 것은?

① 일선관료는 고객에 대한 고정관념(stereotype)을 타파함으로써 복잡한 문제와 불확실한 상황에 대처한다.
② 일선관료가 업무를 수행하는 기관에 대한 고객들의 목표기대는 서로 일치하고 명확하다.
③ 일선관료는 집행에 필요한 자원이 부족할 경우 대체로 부분적이고 간헐적으로 정책을 집행한다.
④ 일선관료는 계층제의 하위에 위치하기 때문에 직무의 자율성이 거의 없고 의사결정에 있어서 재량권의 범위가 좁다.

정답 및 해설

일선관료는 대개 업무를 집행할 때 자원이 부족함; 이에 따라 선택적으로 업무를 집행하는 경향이 있음

① 일선관료는 시간과 자원이 부족한 까닭에 고객을 스스로 유형화하여 각각의 집단에 대해 차별적으로 대응하는 행동을 보임
② 일선관료는 측정 가능한 업무와 그렇지 않은 업무를 동시에 수행함 → 즉, 일선관료는 업무를 수행하는 기관에 대한 고객의 모호하고 대립적인 기대들이 존재하는 업무환경 때문에 가시적·비가시적 정책목표를 완벽하게 달성할 수 없는 경우가 많음
④ 일선행정관료가 처한 업무 상황은 일률적으로 정형화하기에 너무 다양하고 복잡하기 때문에 의사결정에 있어서 재량권을 보유하게 됨; 일선관료는 이러한 재량권을 바탕으로 정책목표를 달성할 수 있는 수단을 변경할 수 있음

정답 ③

145 회독 □□□ 2010. 국가 9급

정책집행에 대한 연구방법 중 상향적 접근방법(bottom-up approach 또는 backward mapping)에 대한 설명으로 옳지 않은 것은?

① 분명하고 일관된 정책목표의 존재가능성을 부인하고, 정책목표 대신 집행문제의 해결에 논의의 초점을 맞춘다.
② 집행의 성공 또는 실패의 판단기준은 '정책결정권자의 의도에 얼마나 순응하였는가'가 아니라 '일선집행관료의 바람직한 행동이 얼마나 유발되었는가'이다.
③ 말단집행계층부터 차상위계층으로 올라가면서 바람직한 행동과 조직운용절차를 유발하기 위하여 필요한 재량과 자원을 파악한다.
④ 일선집행관료의 재량권을 축소하고 통제를 강화한다.

정답 및 해설

상향식 접근은 집행현장의 불확실성을 해결하기 위해서 일선 관료의 재량권을 확대하고 통제를 완화함

①②
상향식 접근은 분명하고 일관된 정책목표의 존재가능성을 부인하고, 일선관료의 바람직한 행동에 기초한 문제(집행현장에서 발생하는 문제)의 해결에 논의의 초점을 맞춤
③ 상향식 접근은 일선 관료의 행동에 초점을 두기 때문에 말단집행계층부터 차상위계층으로 올라가면서 바람직한 행동과 조직운용절차를 유발하기 위하여 필요한 재량과 자원을 파악함

정답 ④

146 회독 □□□ 2011. 지방 9급

사바티어(P. Sabatier)와 마즈매니언(D. Mazmanian)이 효과적인 정책집행을 위해서 필요하다고 본 전제조건에 해당되지 않는 것은?

① 정책결정의 내용은 타당한 인과이론에 바탕을 둔 것이어야 한다.
② 법령은 명확한 정책지침을 가지고 대상 집단의 순응을 극대화시켜야 한다.
③ 정책목표의 집행과정에서 우선순위를 탄력적이고 신축적으로 조정하여야 한다.
④ 유능하고 헌신적인 관료가 정책집행을 담당해야 한다.

정답 및 해설

③은 집행현장의 상황에 따라 목표나 대안을 변형하는 상향식 접근에 해당함; 사바티어와 마즈매니언은 정책집행의 하향식 접근을 주장한 학자이며, 이들은 성공적인 정책집행 사례를 분석하여 효과적인 정책집행을 위한 5가지 조건을 규명함

사바티어와 매즈매니언의 효과적인 정책집행을 위한 5가지 조건

타당한 인과이론	정책결정의 내용은 타당한 인과이론에 기초해야 함 → 정책결정의 기술적인 타당성 확보
명확한 법령에 기초한 집행	명확한 법령 → 대상집단의 순응을 극대화
유능하고 헌신적인 관료	유능하고 헌신적인(능력 있고 몰입도가 높은) 관료가 정책집행을 담당
이해관계자의 지속적인 지지	정책에 대해 이해관계자로부터 지속적인 지지를 얻어야 함
안정적인 정책목표와 목표의 우선순위	정책목표와 정책목표의 우선순위는 변하지 않고 안정적이어야 함

정답 ③

147 회독 □□□ 2019. 사복 9급

현대적 · 상향적 집행(bottom-up) 방식에 대한 설명으로 가장 옳은 것은?

① 정책목표의 설정과 정책목표 간 우선순위는 명확하다.
② 엘모어(Elmore)는 전향적 집행이라고 하였다.
③ 버먼(Berman)은 정형적 집행이라고 하였다.
④ 일선관료는 정책집행과정에서 가장 큰 영향력을 행사한다.

정답 및 해설

상향적 집행은 집행과정에서 발생할 수 있는 정책실패요인을 모두 파악할 수 없는 까닭에 다소 추상적인 목표를 정한 후 일선관료에게 집행 시 재량권을 부여하는 것을 인정하는 집행모형임; 따라서 일선 관료는 집행과정에서 큰 영향력을 행사함

① 뚜렷한 정책목표와 목표 간 우선순위가 명확한 것은 하향식에 대한 내용임
②③
엘모어(Elmore)와 버먼(Berman)은 일반적으로 통합형 접근을 주장한 학자에 속함; 통합형은 하향식의 관점을 일부 인정하면서 상향식 접근을 강조하는 모형이며, ②③의 내용은 엘모어 혹은 버먼의 하향식 접근을 의미하는 표현임

정답 ④

148 회독 □□□

2019. 지방 9급

다음 특징을 가진 정책변동 모형은?

- 분석단위로서 정책하위체제(policy sub-system)에 초점을 두고 정책변화를 이해한다.
- 신념체계 및 정책학습 등의 요인은 정책변동에 영향을 준다.
- 정책변동 과정에서 정책중재자(policy mediator)가 중요한 역할을 한다.

① 정책흐름(Policy Stream) 모형
② 단절적 균형(Punctuated Equilibrium) 모형
③ 정책지지연합(Advocacy Coalition Framework) 모형
④ 정책패러다임 변동(Paradigm Shift) 모형

정답 및 해설

지문은 사바티어의 정책지지연합 모형(통합모형)에 대한 내용임; 정책지지연합모형은 정책참여자, 즉 정책하위체계의 신념이나 학습 등이 정책집행과정에서 영향력을 미침으로써 정책이 변동할 수 있음을 설명하는 모형임 → 아울러 정책하위체제가 정책변동에 영향을 미치는 과정에서 중재자(공무원)의 역할을 중시함

① 킹던의 정책흐름모형 : 상호 독립적으로 흘러 다니는 정책문제의 흐름, 정치의 흐름, 정책대안의 흐름 등 세 가지 흐름이 결합하여 정책의제설정이 이루어지는 것을 설명하는 모형임
② 단절적 균형(Punctuated Equilibrium) 모형 : 제도가 어떤 계기에 의해 급격히 변화하는 이유를 설명하는바, 정책이 급격히 변동하는 상황을 설명하는 데 유용함; 이는 역사적 신제도주의를 적용한 모델로서 점진적 변동에 따르는 안정과 급격한 변동에 따른 단절을 포괄적으로 다루고 있기 때문에 점증주의 시각의 한계를 보완·발전시킨 이론임
④ 정책패러다임 변동 모형 : 정책목표, 정책수단, 정책환경의 3가지 변수 중 정책목표와 정책수단에 급격한 변화로 인해 발생하는 정책변동을 설명하는 모형

정답 ③

149 회독 □□□

2018. 교행 9급

정책집행에 있어 하향적 접근방법의 장점에 대한 설명으로 옳은 것을 〈보기〉에서 고른 것은?

보기

ㄱ. 정책목표와 그 달성을 중시하는 접근방법으로 객관적인 정책평가가 가능하다.
ㄴ. 문제 해결 능력 측면에서 정부프로그램의 상대적 중요도를 평가할 수 있다.
ㄷ. 실제적인 정책집행 과정을 상세히 기술하여 정책집행 과정의 인과관계를 보다 잘 설명할 수 있다.
ㄹ. 하향적 집행론자들이 제시한 변수들은 체크리스트로서 집행 과정을 점검하는 데 사용할 수 있다.

① ㄱ, ㄴ
② ㄱ, ㄹ
③ ㄴ, ㄷ
④ ㄷ, ㄹ

정답 및 해설

올바른 선지

ㄱ, ㄹ.

하향식 접근은 집행 현장에서 정책실패를 야기할 수 있는 모든 요인을 파악한 후에 정책의 목표와 최선의 수단을 만들어서 정책의 목표를 달성하는 과정을 설명하는 이론임; 하향식 접근에서는 정책의 인과관계가 명확하게 만들어지기 때문에 이를 기초로 객관적인 정책평가 및 체크리스트 기능을 수행할 수 있음

틀린 선지

ㄴ, ㄷ.

상향식 접근에 대한 내용임 → 상향식 접근은 문제 해결 능력 측면에서 정부프로그램의 상대적 중요도(동일한 정책이라도 집행 현장의 특수성에 따라 정책 혹은 프로그램의 중요도가 달라질 수 있음)를 평가하거나 실제적인 정책집행 과정을 귀납적으로 상세히 기술하여 정책집행 과정의 인과관계를 보다 잘 설명할 수 있음

정답 ②

150 회독 □□□ 2018. 지방 9급

버먼(Berman)의 '적응적 집행'에 대한 설명으로 옳은 것은?

① 미시집행 국면에서 발생하는 정책과 집행 조직 사이의 상호적응이 이루어질 때 성공적으로 집행된다.
② 거시적 집행구조는 동원, 전달자의 집행, 제도화의 세 단계로 구분된다.
③ '행정'은 행정을 통해 구체화된 정부프로그램이 집행을 담당하는 지방정부의 사업으로 받아들여지는 것을 의미한다.
④ '채택'은 지방정부가 채택한 사업을 실행사업으로 변화시키는 것을 의미한다.

151 회독 □□□ 2022. 국가 7급

다음 설명에 해당하는 정책집행 모형을 제시한 학자는?

- 효과적인 정책집행을 위해 갖추어야 할 조건으로서 정책결정의 내용은 타당한 인과이론에 바탕을 두어야 하며 정책내용으로서 법령은 명확한 정책지침을 가지고 있어야 한다.
- 집행과정에서 발생할 수 있는 변수들을 미리 예견할 수 있도록 해 주는 체크리스트로서의 기능을 한다는 장점이 있다.
- 정책집행 현장의 일선관료들이나 대상집단의 전략 등을 과소평가하거나 쉽게 파악할 수 없다는 단점이 있다.

① 사바티어(Sabatier)와 마즈매니언(Mazmanian)
② 린드블럼(Lindblom)
③ 프레스만(Pressman)과 윌다브스키(Wildavsky)
④ 레인(Rein)과 라비노비츠(Rabinovitz)

정답 및 해설 (150)

버먼의 적응적(집행현장에서 발생하는 시행착오에 따라 학습하는) 집행은 집행현장(미시적 집행 구조)을 강조하므로 현장에서 정책과 집행 조직 사이의 상호적응이 이루어질 때 성공적으로 집행할 수 있음을 설명함

② 거시적 집행구조의 통로는 행정(administration), 채택(adoption), 미시적 집행(micro-implementation), 기술적 타당성(technical validity) 네 가지로 구성되며, 그 내용은 아래와 같음

거시적 집행구조

행정	정책결정을 구체적인 정부의 프로그램으로 전환
채택	행정을 통해 구체화된 정부프로그램 집행을 담당한 지방정부가 받아들이는 것
미시적 집행	지방정부가 선택한 사업을 실행사업으로 구체화
기술적 타당성	구체화 과정에서 정책목표와 정책수단 간의 인과관계 검토

③ 행정이 아니라 채택에 해당하는 개념임(위의 표 참고)
④ 채택이 아니라 미시적 집행에 해당하는 개념임(위의 표 참고)

정답 ①

정답 및 해설 (151)

보기는 하향식에 대한 내용임 → 따라서 ①과 ③이 모두 정답으로 고려될 수 있으나 프레스먼과 윌다브스키가 정답이 되려면 공동행위의 복잡성 등의 내용이 보기에 있어야 함

② 린드블럼(Lindblom): 점증모형을 주장한 학자임
③ 프레스만(Pressman)과 윌다브스키(Wildavsky): 집행모형 중 하향식을 주장한 학자임 → 오클랜드 사업 실패를 분석하면서 집행실패를 야기하는 원인을 규명함
④ 레인(Rein)과 라비노비츠(Rabinovitz): 집행과정에 영향을 미치는 세 가지 기본적인 요소로서 ⓐ 법적 요소 ⓑ 조직의 유지와 작업능력 등과 같은 합리적·관료적 요소 ⓒ 이익집단의 활동과 같은 동의적 요소를 들고 있음

정답 ①

152 회독 □□□

2021. 지방 7급

프레스먼(Pressman)과 윌다브스키(Wildavsky)의 성공적인 정책집행에 관한 오클랜드 사례분석의 내용으로 옳지 않은 것은?

① 정책집행에 개입하는 참여자의 수가 적어야 한다.
② 정책집행은 정책결정과 분리되어 독립적으로 수행해야 한다.
③ 정책집행을 위한 프로그램 설계가 단순해야 한다.
④ 최초 정책집행 추진자 또는 의사결정자가 지속해서 집행을 이끌어야 한다.

정답 및 해설

프레스먼과 윌다브스키는 집행현장에 대한 정보수집을 잘해야 성공적인 대안을 결정할 수 있다는 입장임 → 따라서 정책집행은 정책결정과 분리해서 접근할 수 없음

①④

정책집행연구의 시작(프레스만 & 윌다브스키)

- 1970년대 Pressman과 Wildavsky(프레스먼과 윌다브스키)의 저서 〈집행론〉
- 실패한 정책, 'The Oakland Project(오클랜드 실업자 구제사업)'를 분석
- 집행과정에서 실패를 유발하는 요인 발견: 많은 참여자와 이들의 반대(공동행위의 복잡성), 주요 관리자의 빈번한 교체, 집행기관의 잘못된 선정, 정책내용 자체의 문제(단순하고 구체적인 프로그램 선호) 등

③ 하향식 관점에서 집행자는 결정자의 구체적인 명령(단순하고 구체적인 프로그램)을 그대로 수행해야 함

정답 ②

153 회독 □□□

2014. 지방 7급

정책집행과 그 연구방법에 대한 설명으로 옳은 것만을 모두 고른 것은?

ㄱ. 정책을 성공적으로 설계하기 위해서는 적절한 인과모형이 필요하다.
ㄴ. 프레스만(J. Pressman)과 윌다브스키(A. Wildavsky)는 정책집행연구의 초기 학자들로서 집행을 정책결정과 분리하지 않고 연속적인 과정으로 정의한다.
ㄷ. 정책대상집단 중 수혜집단의 조직화가 강할수록 정책집행이 용이하다.
ㄹ. 립스키(M. Lipsky)는 상향적 접근방법을 주장한 학자로서 분명한 정책목표의 가능성을 부인하고 집행문제 해결에 초점을 맞춘다.

① ㄱ, ㄴ, ㄷ
② ㄱ, ㄷ, ㄹ
③ ㄴ, ㄷ, ㄹ
④ ㄱ, ㄴ, ㄷ, ㄹ

정답 및 해설

모두 올바른 내용임

ㄱ. 정책을 성공적으로 설계하기 위해서는 정책목표, 그리고 이를 해결하기 위한 최선의 대안과 같은 적절한 인과모형이 필요함
ㄴ. 프레스만(J. Pressman)과 윌다브스키(A. Wildavsky)는 하향식 집행모형을 주장한 학자임 → 보기에서 집행을 정책결정과 분리하지 않고 연속적인 과정으로 정의한다는 것은 정책을 결정하기 전에 '집행현장과 연관된 정보를 잘 파악해서 정책실패를 야기할 수 있는 요인을 찾아야 한다'는 뜻임; 집행론이 등장하기 전에는 집행과정에 관심을 두는 연구가 없었음
ㄷ. 정책대상집단 중 정책으로 인해 편익을 누리는 수혜집단의 조직화가 강할수록 용이함
ㄹ. 립스키(M. Lipsky)는 분명한 정책목표의 가능성을 부인하고, 집행문제해결을 위해 일선관료에게 재량권을 부여할 것을 주장함

정답 ④

154 회독 □□□

2020. 국가 7급

정책집행의 접근방법에 대한 설명으로 옳은 것은?

① 하향식 접근방법에서는 정책목표의 신축적 조정이 효과적인 정책집행을 가져온다고 하였다.
② 사바티어(Sabatier)와 매즈매니언(Mazmanian)은 상향식 접근방법의 대표적인 모형을 제시하였다.
③ 엘모어(Elmore)가 제안한 전방향적 연구(forward mapping)는 상향식 접근방법과 유사하다.
④ 고긴(Goggin)은 통계적 연구설계의 바탕 위에서 이론의 검증을 시도하는 제3세대 집행 연구를 주장하였다.

정답 및 해설

고긴(Goggin)은 통계적 연구설계의 바탕 위에서 이론의 검증을 시도하는 제3세대 집행 연구를 주장하였음

참고

정책집행에 대한 3세대 연구
집행의 정치성을 강조함 → 즉, 앞선 연구가 정책의 정치성을 간과했다고 비판하면서 집행에 영향을 미치는 많은 변수 간의 복잡성, 집행의 동태성, 집행결과의 다양성 등을 주장

① 상향식 접근방법에서는 정책목표의 신축적 조정이 효과적인 정책집행을 가져온다고 하였음
② 사바티어(Sabatier)와 매즈매니언(Mazmanian)은 하향식 접근방법의 대표적인 모형을 제시하였음
③ 엘모어(Elmore)가 제안한 전방향적 연구는 하향식, 후방향적 연구는 상향식 접근과 유사함

정답 ④

155 회독 □□□

2011. 지방 7급

정책집행연구에 있어서 하향적 접근방법에 대한 설명으로 옳지 않은 것은?

① 집행과정에서 나타나는 다양한 요인들을 연역적으로 도출한다.
② 명확한 정책목표와 그 실현을 위한 정책수단을 가지고 있다는 가정을 한다.
③ 집행을 주도하는 집단이 없거나, 집행이 다양한 기관에 의해 주도되는 경우를 설명하는 데 유용하다.
④ 집행의 비정치적이고 기술적인 성격을 강조하는 입장이다.

정답 및 해설

상향적 접근은 실제의 정책은 집행과정에서 구체화되므로 집행현장에서 효율적으로 적응하는 집행을 이상적인 정책집행으로 간주함; 이는 집행을 주도하는 집단이 없거나(중앙이 주도하지 못함), 집행이 다양한 기관(일선기관)에 의해 주도되는 경우를 설명하는 데 유용함

①②④

하향식 접근

결정자가 명확한 정책의 목표를 정하고 이를 달성하기 위한 최선의 대안을 데이터 분석을 바탕으로 알아내면(연역적 도출), 일선 공무원은 이를 기계적으로 집행하는 현상을 설명한 모형 → 하향식은 최선의 대안을 도출하는 과정에서 여러 이해관계자의 이해관계를 반영하지 않는바 비정치적이고 기술적인 성격을 강조함

정답 ③

156 회독 □□□ 2013. 지방 7급

립스키(M. Lipsky)의 일선관료제 이론에 대한 설명으로 옳지 않은 것은?

① 일선관료(street-level bureaucrats)는 시민들과 직접 대면하면서 정책을 집행하는 사람들이다.

② 일선관료들은 일반적으로 과중한 업무 부담을 가진다.

③ 일선관료들은 모호하고 대립적인 기대들이 존재하는 업무환경 때문에 정책목표를 달성할 수 없는 경우가 많다.

④ 일선관료들의 재량권이 부족하여 업무가 지연된다.

정답 및 해설

립스키에 따르면 일선관료는 단순 집행업무만 기계적으로 수행하는 것으로 보기 쉬우나 실제로는 상당한 재량권을 가지고 매우 복잡한 업무를 수행하며 실질적으로 공공정책을 결정함; 그러나 일선의 문제성 있는 업무환경, 즉 자원부족 및 과중한 업무, 권위에 대한 도전, 모호하고 대립되는 기대 등으로 인해 일선관료는 고객의 요구와 필요에 민감하지 않은 경향을 보이게 되고 정형화와 단순화에 의하여 문제를 해결하게 됨

① 일선관료(street-level bureaucrats)는 시민들과 직접 대면하면서 정책을 집행하는 하위직 공무원을 의미함

정답 ④

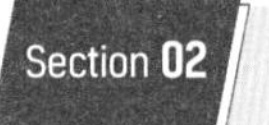

정책집행가 유형 : Nakamura와 Smallwood를 중심으로

157 회독 □□□ 2022. 국가 9급

나카무라(Nakamura)와 스몰우드(Smallwood)의 정책결정자와 정책집행자의 관계에 따른 정책집행의 유형에 대한 설명으로 옳지 않은 것은?

① '고전적 기술자형'은 정책결정자가 구체적인 목표를 설정하면, 정책집행자는 그 목표를 지지하고 목표달성을 위한 기술적인 수단을 강구하는 역할을 담당한다고 본다.

② '재량적 실험형'은 정책결정자가 추상적인 목표를 설정하면, 정책집행자는 정책결정자를 위해 목표와 수단을 명확하게 하는 역할을 담당한다고 본다.

③ '관료적 기업가형'은 정책집행자가 목표와 수단을 강구한 다음 정책결정자를 설득하고, 정책결정자는 정책집행자가 수립한 목표와 수단을 기술하는 역할을 담당한다고 본다.

④ '지시적 위임형'은 정책결정자가 구체적인 목표와 수단을 설정하면, 정책집행자는 정책결정자의 지시와 위임을 받아 정책대상집단과 협상하는 역할을 담당한다고 본다.

정답 및 해설

'지시적 위임형'에서 결정자는 수단을 설정하지 않음 → 즉, 지시적 위임형에서 정책결정자는 정책목표를 정하고, 집행자는 결정자가 수립한 목표달성에 사용할 수단을 결정함

①②③④

나카무라와 스몰우드의 정책집행가 유형

<table>
<tr><td colspan="2" rowspan="2">구분</td><td colspan="5">• 관료적 기업가형으로 갈수록 행정인(공무원)의 권한↑
암기법: 고지협재관
• 표에서 'O'표시는 행정인(공무원 · 집행가)의 권한을 의미함</td></tr>
<tr><td>고전적 기술자형</td><td>지시적 위임가형</td><td>협상자형</td><td>재량적 실험가형</td><td>관료적 기업가형 (혁신가형)</td></tr>
<tr><td rowspan="2">정치인 권한 (목표 설정)</td><td>추상적 목표</td><td></td><td></td><td rowspan="4">목표와 수단에 대해 상호 협상</td><td></td><td>○</td></tr>
<tr><td>구체적 목표</td><td></td><td></td><td>○</td><td>○</td></tr>
<tr><td rowspan="2">행정인 권한 (수단 설정)</td><td>행정적 권한</td><td></td><td>○</td><td>○</td><td>○</td></tr>
<tr><td>기술적 권한</td><td>○</td><td>○</td><td>○</td><td>○</td></tr>
<tr><td colspan="2" rowspan="2">정책평가기준</td><td>효과성</td><td>효과성 ·능률성</td><td>주민 만족도</td><td>수익자 대응성</td><td>체제유지도</td></tr>
<tr><td colspan="5">※ 정책평가기준은 관료적기업가형으로 갈수록 광범위함</td></tr>
</table>

정답 ④

158 회독 □□□

2009. 국가 7급

R. T. Nakamura와 F. Smallwood가 분류한 정책집행의 유형 중 '관료적 기업가형'에 대한 설명으로 옳은 것은?

① 정책결정가는 명백한 목표를 설정하고, 정책집행가는 이러한 목표의 바람직성에 동의한다.

② 정책결정가와 정책집행가는 정책목표의 바람직성에 대해서 반드시 의견을 같이 하지는 않는다.

③ 정책결정가가 정책형성에 정통하고 있지 않아 많은 재량권을 정책집행가에게 위임한다.

④ 정책집행가는 정책결정에 필요한 정보를 산출하고 통제함으로써 정책과정을 지배한다.

정답 및 해설

관료적 기업가형은 정책집행자가 정책결정자로부터 권력을 빼앗아 모든 정책과정을 통제하는 유형임

① 고전적 기술자형 혹은 지시적 위임가형에 대한 내용임
② 협상가형에 대한 내용임
③ 재량적 실험자형에 대한 내용임

정답 ④

Section 03 정책집행의 영향요인

159 회독 □□□

2017. 지방 9급

정책집행의 성공 가능성에 대한 설명으로 옳지 않은 것은?

① 정책집행연구의 하향론자들은 복잡한 조직구조가 정책의 성공적 집행을 도와준다고 주장한다.

② 정책목표와 정책수단이 구체적일수록 정책집행이 성공 가능성이 커진다는 주장이 있다.

③ 불특정다수인이 혜택을 보는 경우보다 특정한 집단이 배타적으로 혜택을 보는 경우에 강력한 지지를 얻을 수도 있다.

④ 배분정책은 규제정책이나 재분배정책에 비하여 표준운영절차(SOP)에 따라 원만한 집행이 이루어질 가능성이 더 크다.

정답 및 해설

정책집행연구의 하향론자들은 단순하고 일사불란한 조직구조가 정책의 성공적 집행을 도와준다고 주장함 → 즉, 하향론자는 대개 구체적이고, 명확한 상황 속에서 정책집행이 성공한다는 것을 강조함

효과적인 정책집행의 성공요건 : 하향식 관점

명확하고 일관성 있는 목표 및 대안	집행과정에서 변하지 않는 구체적인 목표와 목표의 우선순위 및 대안
최고 관리자의 리더십	집행과정에서 이해관계자의 저항이나 간섭을 배제할 수 있는 리더십
집행을 위한 자원의 확보	최선의 대안을 집행하기 위한 충분한 자원의 확보
지배기관들(sovereigns)의 지원	정부 기관이나 이해관계자의 지지
단순하고 일사불란한 조직구조	하향론자는 대개 구체적이고, 명확한 상황 속에서 정책집행이 성공한다는 것을 강조

③ 불특정다수인이 혜택을 보는 경우(수혜집단 조직화 정도↓)는 집단행동의 딜레마가 발생하므로 특정한 집단이 배타적으로 혜택을 보는 경우에(수혜집단 조직화 정도↑) 집행하는 정책에 대한 강력한 지지를 얻을 수도 있음
④ 분배정책의 경우 비용부담자가 분산되어 있으므로 부담자와 수혜자의 갈등 없이 원만하게 정책이 집행될 수 있는바 표준운영절차에 따라 집행과정을 수립할 수 있음

정답 ①

정책평가

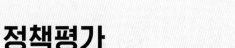

Section 01 정책평가의 유형

160 회독 □□□

정책평가의 논리모형에 대한 설명으로 옳지 않은 것은?

① 정책프로그램의 요소들과 해결하려는 문제들 사이의 논리적 인과관계를 투입(input) – 활동(activity) – 산출(output) – 결과(outcome)로 도식화한다.
② 산출은 정책집행이 종료된 직후의 직접적인 결과물을 의미하며, 결과는 산출로 인해 나타나는 변화를 의미한다.
③ 과정평가이기 때문에 정책프로그램의 목표달성 여부를 보여 주지는 못한다는 한계가 있다.
④ 정책프로그램과 관련된 다양한 이해관계자의 이해도를 높일 수 있다.

정답 및 해설

논리모형은 과정평가이며, 정책프로그램의 목표달성 여부를 보여줄 수 있음 → 다만, 정책집행 후 집행과정상의 인과관계 경로를 검토에 초점을 둠

논리모형

개념	① 집행 후 정책집행과정 상의 인과관계 경로 검토 ② 협의의 과정평가
특징	① 정책프로그램의 요소들과 해결하려는 문제들 사이의 논리적 인과관계를 투입(input) → 활동(activity) → 산출(output) → 결과(outcome)로 도식화 ② 목표달성 여부를 보여줄 수 있으나 평가의 초점은 목표를 성취하는 과정에 있음 ③ 예 경찰관 채용(투입) → 순찰(활동) → 범인검거(산출) → 범죄율 감소(결과)로 이어지는 인과관계의 검증

④ 논리모형은 인과관계의 경로를 살펴보기 때문에 정책프로그램과 관련된 다양한 이해관계자의 이해도를 높일 수 있음

정답 ③

161 회독 □□□

정책평가의 유형에 대한 설명으로 옳지 않은 것은?

① 평가성 사정(evaluability assessment)은 평가의 실행 가능성을 검토하는 일종의 예비평가이다.
② 정책영향평가는 사후평가이며 동시에 효과성 평가로 볼 수 있다.
③ 모니터링은 과정평가에 속하지만 집행의 능률성과 효과성을 확보하기 위한 평가이다.
④ 형성평가는 집행이 종료된 후 정책이 의도했던 목적을 달성했는지에 초점을 맞춘다.

정답 및 해설

선지는 총괄평가에 대한 내용임 → 형성평가는 집행 중 이루어지는 평가임

① 평가성 사정(evaluability assessment)은 정책에 대한 전면적 평가를 시작하기 전에 평가의 실행가능성, 유용성 등을 조사하는 일종의 예비평가임
② 정책영향평가는 총괄평가이므로 사후평가이자 효과성 평가임
③ 모니터링(사업감시), 즉 광의의 과정평가는 과정평가에 속하며, 집행의 능률성과 효과성(계획의 준수여부)을 확보하기 위한 평가임

정답 ④

162 회독 □□□

2018. 서울 9급

정책평가에 대한 설명으로 가장 옳지 않은 것은?

① 총괄평가(summative evaluation)는 정책이 종료된 후에 그 정책이 당초 의도했던 효과를 가져왔는지의 여부를 판단하는 활동이다.
② 메타평가(meta evaluation)는 평가자체를 대상으로 하며, 평가활동과 평가체제를 평가해 정책평가의 질을 높이고 결과활용을 증진하기 위한 목적으로 활용된다.
③ 평가성 사정(evaluability assessment)은 영향평가 또는 총괄평가를 실시한 후에 평가의 유용성, 평가의 성과 증진 효과 등을 평가하는 활동이다.
④ 형성평가(formative evaluation)란 프로그램이 집행과정에 있으며 여전히 유동적일 때 프로그램의 개선을 위해서 실시하는 평가이다.

정답 및 해설

평가성 사정은 평가의 범주를 확인하는 것으로서 평가 가능성 등을 진단하는 일종의 예비적 평가임 → 평가성 사정은 과정평가의 범주에 있기 때문에 영향평가 등을 실시하기 전에 수행함

① 총괄평가(summative evaluation)는 정책 프로그램의 최종적인 성과를 확인하기 위해 주로 외부 평가자가 수행하며, 평가 결과는 정책 프로그램의 지속, 중단, 확대 등 정책적 판단 혹은 의사결정에 활용하거나 최종안을 개선하는 데 활용됨
② 메타평가는 평가자체를 대상으로 하는 '평가에 대한 평가'로서 평가기획, 진행 중인 평가, 완료된 평가를 평가해서 정책평가의 질을 높이고 결과활용을 증진하기 위한 목적으로 활용됨
④ 형성평가는 정책이 집행되는 도중 실시하는 일종의 과정평가로서 정책집행과정에서 발생하는 정책의 문제점을 해결하려는 평가임

정답 ③

cf.

163 회독 □□□

2021. 국가 7급

정책평가의 일반적인 절차를 순서대로 바르게 나열한 것은?

ㄱ. 정책평가 대상 확정
ㄴ. 평가 결과 제시
ㄷ. 인과모형 설정
ㄹ. 자료 수집 및 분석
ㅁ. 정책목표 확인

① ㄱ → ㅁ → ㄷ → ㄹ → ㄴ
② ㅁ → ㄱ → ㄷ → ㄴ → ㄹ
③ ㅁ → ㄱ → ㄷ → ㄹ → ㄴ
④ ㅁ → ㄷ → ㄱ → ㄹ → ㄴ

정답 및 해설

아래의 표 참고

일반적인 정책평가의 절차

㉠ 정책목표의 확인
㉡ 정책평가 대상 및 평가 기준의 선정: 정책평가 대상 및 평가기준은 정책의 목표를 바탕으로 구성됨
㉢ 인과모형의 설정: 목표를 달성하기 위한 대안을 설정하는 단계
㉣ 자료의 수집 및 분석: 대안을 추진하는 과정에서 발생하는 여러 정보를 수집하고 분석하는 단계
㉤ 평가 결과의 환류 및 활용

정답 ③

164 회독 □□□

2016. 국가 7급

정책평가의 유형에 대한 설명으로 옳지 않은 것은?

① 총괄평가(summative evaluation)는 정책집행이 종료된 후에 그 성과나 효과를 평가하는 것이다.
② 형성평가(formative evaluation)는 정책집행 도중에 과정의 적절성과 수단·목표 간 인과성 등을 평가하는 것이다.
③ 총괄평가는 주로 내부 평가자에 의해 수행되며, 평가결과를 환류하여 최종안을 개선하는 것이 목적이다.
④ 형성평가는 주로 내부 평가자 및 외부 평가자의 자문에 의해 평가를 진행하며, 정책집행 단계에서 정책 담당자 등을 돕기 위한 것이다.

정답 및 해설

총괄평가는 정책 프로그램의 최종적인 성과를 확인하기 위해 주로 외부 평가자가 수행하며, 평가 결과는 정책 프로그램의 지속, 중단, 확대 등 정책적 판단 혹은 의사결정에 활용하거나 최종안을 개선하는 데 활용됨

① 총괄평가(summative evaluation)는 정책집행이 종료된 후에 정책이 의도한 목적, 정책의 성과나 효과를 평가하는 것임
② 형성평가(formative evaluation)는 정책집행 도중에 과정의 적절성과 수단·목표 간 인과성 등을 평가하는 것이며, 내·외부 평가자를 모두 활용할 수 있음
④ 형성평가는 주로 내부 평가자 및 외부 평가자의 자문에 의한 평가를 진행함; 이는 정책집행 단계에서 집행이 제대로 이루어지고 있는지를 평가함으로써 정책담당자 등을 도울 수 있음

정답 ③

165 회독 □□□

2017. 국가 7급

정책평가의 종류에 대한 설명으로 옳지 않은 것은?

① 평가성 사정은 본격적인 평가가능 여부와 평가결과의 프로그램 개선가능성 등을 진단하는 일종의 예비적 평가이다.
② 평가주체에 따른 분류에서 시민단체에 의한 평가는 외부적 평가이다.
③ 정책비용의 측면을 고려하는 능률성 평가는 총괄평가에서 검토될 수 없다.
④ 형성평가는 집행 도중에 이루어지는 평가로서, 집행관리와 전략의 수정 및 보완을 위한 것이다.

정답 및 해설

총괄평가는 정책집행 후 의도한 목적달성을 판단하는 평가로서 효과성 및 능률성, 공평성 등을 평가할 수 있음

① 평가성 사정은 영향평가 등을 실시하기 전에 수행하는 평가로써 본격적인 평가가능 여부와 평가결과의 프로그램 개선가능성 등을 진단하는 일종의 예비적 평가임
② 평가주체에 따른 분류는 크게 내부적 평가와 외부적 평가로 구분할 수 있는데, 시민단체에 의한 평가는 외부적 평가에 해당함
④ 형성평가(집행분석 또는 집행과정평가)는 정책집행 도중에 정책의 적절성, 수단·목표 간 인과성 등을 평가하는 것으로써 정책집행 및 활동을 분석하여 보다 효율적인 집행전략을 수립하거나 정책내용을 수정 및 보완하는 데 도움을 줄 수 있음

정답 ③

166 회독 □□□

2018. 서울 7급

성과평가의 방법과 모형에 대한 〈보기〉의 설명 중 옳은 것을 모두 고른 것은?

보기

ㄱ. 논리모형(Logic Model)은 직무활동이 설정된 성과 목표를 성취하는 과정보다는 단기적인 산출물을 중시한다.
ㄴ. 성과표준평정법(Performance Standard Appraisal)은 구체적이고 측정 가능한 성과수준을 명시한다.
ㄷ. 균형성과평정법(Balanced Score card)은 내부과정의 관점보다는 고객 관점의 평가방법이다.
ㄹ. 행태관찰평정법(Behavioral Observation Scales)은 성과와 관련된 직무행태를 관찰하여 활동의 발생빈도를 측정한다.

① ㄴ, ㄹ
② ㄱ, ㄴ, ㄷ
③ ㄴ, ㄷ, ㄹ
④ ㄱ, ㄴ, ㄷ, ㄹ

정답 및 해설

올바른 선지

ㄴ. 성과표준평정법은 측정할 수 있는 성과수준을 구체적으로 명시하여 평가하는 방법임
ㄹ. 행태관찰평정법(Behavioral Observation Scales)은 성과와 관련된 직무행태를 관찰하여 활동의 발생빈도를 측정하는 방법으로서 행태기준척도법의 단점인 바람직한 행동과 바람직하지 않은 행동과의 상호배타성을 극복하기 위해 개발하였음

틀린 선지

ㄱ. 논리모형(Logic model)은 문제를 해결하기 위하여 프로그램이 어떻게 실행되어야 하는가를 보여주는 방법으로써 단기적인 산출물보다 사업 집행의 시간 흐름에 따라 목표가 달성되는 과정을 중시함
ㄷ. 균형성과평정법(Balanced Score card)은 특정 관점에 치우치지 않고 고객 관점, 내부관리(업무처리) 관점, 재무 관점, 학습 및 성장 관점을 균형있게 평가함

정답 ①

Section 02 정책평가 기준 및 설계

167 회독 □□□

2023. 지방 7급

정책평가의 설계에 대한 설명으로 옳지 않은 것은?

① 사후적 비교집단 구성(비동질적집단 사후측정설계)은 선정효과로 인해 내적 타당성이 훼손될 수 있다.
② 진실험은 모방효과로 인해 내적 타당성이 훼손될 수 있다.
③ 비동질적 통제집단설계는 진실험과 같은 수준의 내적 타당성을 확보할 수 있다.
④ 진실험과 준실험을 비교하면 실행가능성 측면에서는 준실험이, 내적 타당성 측면에서는 진실험이 더 우수하다.

정답 및 해설

비동질적 통제집단설계는 준실험이므로 진실험과 같은 수준의 내적 타당성을 확보할 수 없음

① 사후측정 비교집단 설계는 정책프로그램이 집행되고 난 후에 비교집단을 설계하여 실험집단과 비교하는 방법임 → 비교집단의 표본을 구성하는 과정에서 동질성을 확보하지 못한 까닭에 선정효과로 인해 내적타당성이 훼손될 수 있음
② 진실험은 자연과학 실험과 같이 대상자들을 격리시켜 실험하기 때문에 모방효과로 인해 내적 타당성이 훼손될 수 있음
④ 진실험은 엄밀한 실험이므로 준실험에 비해 내적 타당성이 높지만, 실행가능성은 떨어짐

정답 ③

168 회독 □□□

2023. 국가 9급

정책평가를 위한 사회실험에 대한 설명으로 옳지 않은 것은?

① 통제집단 사전·사후 설계는 검사효과를 통제할 수 있다.
② 준실험은 진실험에 비해 실행 가능성이 높다는 장점이 있다.
③ 회귀불연속 설계는 구분점(구간)에서 회귀직선의 불연속적인 단절을 이용한다.
④ 솔로몬 4집단 설계는 통제집단 사전·사후 설계와 통제집단 사후 설계의 장점을 갖는다.

정답 및 해설

일반적으로 공무원 시험에서 진실험은 '온전한 실험'으로 출제되나, 출제자는 연구자가 사전측정을 하는 과정에서 실험 대상자들이 사전측정의 내용에 대해 친숙(유사실험의 반복)하게 되어 사후 측정값이 달라질 수 있다고 보았음

② 준실험 혹은 비실험은 진실험에 비해 실험의 실행가능성이 높음
③ 회귀불연속 설계는 분명하게 알려진 자격기준(eligibility criterion)에 따라 두 집단을 다르게 구성하여 집단 간 회귀분석의 결과를 비교하는 방식임 → 예를 들어, 재학 중 장학금을 받은 집단과 그렇지 않은 집단에 대해 졸업 후 취업률을 비교할 때, 전자가 취업률이 높았다면 연구자가 관찰하지 못한 기간(불연속적 단절 구간)에 장학금의 효과가 있었음을 알 수 있음
④ 솔로몬의 4집단실험설계는 피실험자를 제1실험집단과 제1통제집단, 제2실험집단과 제2통제집단으로 나누고 제2실험집단과 제2통제집단의 경우 사전측정의 부정적 효과를 배제하기 위하여 사전측정을 하지 않음 → 따라서 솔로몬 4집단 설계는 통제집단 사전·사후 설계와 통제집단 사후 설계의 장점을 지님

정답 ①

169 회독 □□□

2019. 지방 9급

정책평가에서 내적 타당성에 대한 설명으로 옳지 않은 것은?

① 준실험설계보다 진실험설계를 사용할 때 내적 타당성의 저해 요인이 다양하게 나타난다.
② 정책의 집행과 효과 사이에 존재하는 인과관계의 추론이 가능한 평가가 내적 타당성이 있는 평가이다.
③ 허위변수나 혼란변수를 배제할 수 있다면 내적 타당성을 높일 수 있다.
④ 선발요인이나 상실요인을 통제하기 위해서는 무작위 배정이나 사전측정이 필요하다.

정답 및 해설

진실험 설계는 '완벽한 실험설계'로서 내적타당성(인과관계 추론의 정확성)을 저해할 수 있는 요인을 모두 통제한 실험임; 따라서 진실험설계보다 준실험설계를 사용할 때 내적 타당성의 저해 요인이 다양하게 나타날 수 있음

② 내적타당성이 높다는 의미는 인과관계가 정확하다는 뜻임; 따라서 정책의 집행과 효과 사이에 존재하는 인과관계의 추론이 가능한 평가가 내적 타당성이 있는 평가임
③ 내적인 타당성이 높으려면 허위변수나 혼란변수와 같은 제3의 변수를 잘 통제해야 함
④ 선발요인이나 상실요인을 통제하기 위해서는 무작위 표본추출 및 표본배정을 통해 실험집단과 통제집단을 동질적으로 구성해야 함; 다만 무작위배정이 어려울 때 비동질적 통제집단 설계와 같은 준실험을 활용할 수 있음; 이는 실험집단과 통제집단의 유사성을 높이기 위해 사전측정을 한 후 유사한 점수를 받은 대상자를 짝지어 실험집단과 통제집단에 배정하여 실험을 진행하는 방법임

정답 ①

170 회독 □□□ 2022. 국가 7급

정책의 효과를 확인하기 위한 평가설계에 대한 설명으로 옳은 것만을 모두 고르면?

ㄱ. 동일 정책대상집단에 대해 정책집행을 기준으로 사전, 사후측정을 하여 정책효과를 추정하는 '단절적 시계열 설계'는 준실험설계 유형 중 하나이다.
ㄴ. 내적 타당성을 위협하는 역사요인은 정책집행 기간이 상대적으로 길고 정책대상이 사람일 때 주로 나타나며 시간의 경과 때문에 발생하는 조사대상 집단의 특성변화가 정책의 효과에 혼재되어 나타나는 경우를 말한다.
ㄷ. 온전한 정책실험을 할 수 없는 경우, 통계분석 기법을 이용해서 정책효과의 인과관계를 추론하는 것을 비실험적 정책평가설계라고 하며 회귀분석이나 경로분석 등을 활용한다.

① ㄱ
② ㄱ, ㄷ
③ ㄴ, ㄷ
④ ㄱ, ㄴ, ㄷ

정답 및 해설

올바른 선지

ㄱ. 단절적 시계열 설계는 별도의 통제집단 없이 실험집단에 대하여 정책실시 전의 일정 기간 나타났던 산출의 변화와 정책을 집행한 후 일정 기간 발생한 산출의 변화를 비교하는 방법임 → 단절적 시계열 설계는 연구자의 관찰 기간이 '단절'된다는 점에서 준실험의 종류에 해당함
ㄷ. 비실험은 온전하지 못한 실험상황을 극복하기 위해 인과모형에 의한 평가 등을 활용함
+ 인과모형에 의한 추론: 인과적 모델링에 의해서 인과모형(회귀분석)을 작성하고 경로분석을 통하여 변수 간의 인과관계 경로에 관한 가설을 검증하는 것

틀린 선지

ㄴ은 성숙요인에 대한 내용임 → 역사요인은 실험 중 발생한 우연한 사건이 실험에 악영향을 주는 요소임

정답 ②

171 회독 □□□ 2021. 지방 7급

사회실험에 대한 설명으로 옳은 것만을 모두 고르면?

ㄱ. 자연과학의 실험실 실험과는 달리 상황에 따라 통제집단(control group) 또는 비교집단(comparison group) 없이 진행할 수 있다.
ㄴ. 진실험 방법을 활용하여 사회실험을 진행하면 호손효과(Hawthorne Effect)를 방지할 수 있다는 점이 가장 큰 장점이다.
ㄷ. 아직 검증되지 않은 정책 프로그램에 대규모 투자를 하기 전에 그 결과를 미리 평가해 보는 것이 중요한 목적 중 하나이다.
ㄹ. 실험집단과 비교집단을 무작위 배정(random assignment) 할 수 없어 집단 간 동질성 확보가 불가능하면, 준실험(quasi-experiment) 방법을 채택하여 진행할 수 있다.

① ㄱ, ㄴ
② ㄱ, ㄹ
③ ㄴ, ㄷ
④ ㄷ, ㄹ

정답 및 해설

사회실험이란 자연실험(준실험)이 아닌 진실험(자연과학적 실험)을 의미함

사회실험

원인변수(정책 도입 등)와 결과변수(사회변화 등) 사이의 관계를 추론하기 위해 인위적으로 실험집단과 통제집단을 구성하여 진행하는 실험설계

올바른 선지

ㄷ. 정부는 대규모 정책을 시작하기 전에 사회실험을 통해 그 결과를 미리 평가해 볼 수 있음 → 예 매주 2천 원의 매점 화폐를 지급받는 충북 판동초등학교 학생들 사례를 통해 전국에 있는 시골 초등학교 학생들에게 매점 화폐를 지급할지 결정하는 것 등
ㄹ. 실험집단과 비교집단을 무작위 배정(random assignment)할 수 없어 집단 간 동질성 확보가 불가능하면, 짝짓기 배정(준실험에서 활용하는 표본배정 방법)을 통해 실험을 진행할 수 있음

틀린 선지

ㄱ. 사회실험은 진실험이므로 자연과학의 실험실 실험처럼 통제집단(control group) 또는 비교집단(comparison group)을 두고 진행해야 함
ㄴ. 진실험은 다른 실험에 비해 외적타당성이 낮음 → 따라서 진실험을 활용하여 사회실험을 진행하면 호손효과(Hawthorne Effect)가 나타날 수 있음

정답 ④

172 회독 □□□ 2020. 국가 7급

실험설계에 대한 설명으로 옳지 않은 것은?

① 특정 정책의 효과성 판단을 위한 인과관계 입증에 활용될 수 있다.
② 진실험(true experiment)과 준실험(quasi-experiment)의 차이는 실험집단과 통제집단의 무작위배정에 의한 동질성 확보여부이다.
③ 회귀불연속 설계나 단절적 시계열 설계는 과거지향적(retrospective)인 성격을 갖는 진실험설계(true experiment)에 해당된다.
④ 짝짓기(matching)를 통하여 제3의 요인에 관하여 실험집단과 통제집단을 동등화시킬 수 있다.

정답 및 해설

회귀불연속 설계나 단절적 시계열 설계는 대표적인 준실험설계에 해당함

+ 단절적 시계열 설계 혹은 회귀불연속 설계는 연구자의 관찰 기간이 '단절'되는 현상이 있으므로 온전한 실험이 될 수 없음; 즉, 실험이 과거지향적(retrospective)인 성격을 갖기 때문에 시험에서 준실험설계로 분류하고 있음

① 정부의 정책실험 결과는 특정 정책의 효과성 판단을 위한 인과관계 입증에 활용될 수 있음
② 진실험(true experiment)과 준실험(quasi-experiment)의 차이는 실험집단과 통제집단의 무작위배정에 의한 동질성 확보여부임; 진실험의 경우 무작위배정에 의해 표본의 동질성을 확보한 실험임
④ 준실험은 짝짓기(matching)를 통하여 제3의 요인에 관하여 실험집단과 통제집단을 어느 정도 동등화시킬 수 있음

정답 ③

173 회독 □□□ 2020. 지방 7급

정책평가를 위한 조사설계의 유형 중 진실험설계(true experimental design)에 해당하는 것은?

① 단절적 시계열설계
(interrupted time-series design)
② 통제집단 사전사후측정설계
(pretest-posttest control group design)
③ 비동질적 통제집단설계
(non-equivalent control group design)
④ 단일집단 사전사후측정설계
(one group pretest-posttest design)

정답 및 해설

진실험설계는 무작위 배정을 통한 표본의 동질성 확보, 실험집단과 통제집단의 존재, 내적타당성 저해요인 통제 등을 구현한 완벽한 실험임 → 진실험 설계는 동질적 통제집단 설계 혹은 (동질적)통제집단 사전사후측정설계로 불리기도 함

① 단절적 시계열설계(interrupted time-series design) : 정책이 전국적으로 실시되어 실험집단과 통제집단을 구분하기가 곤란한 경우에는 별도의 통제집단 없이 동일한 집단에 대하여 정책을 집행한 후에 일정 기간 발생한 산출의 변화를 통해 정책실시 전의 일정 기간 나타났던 산출의 변화와 비교하는 방법

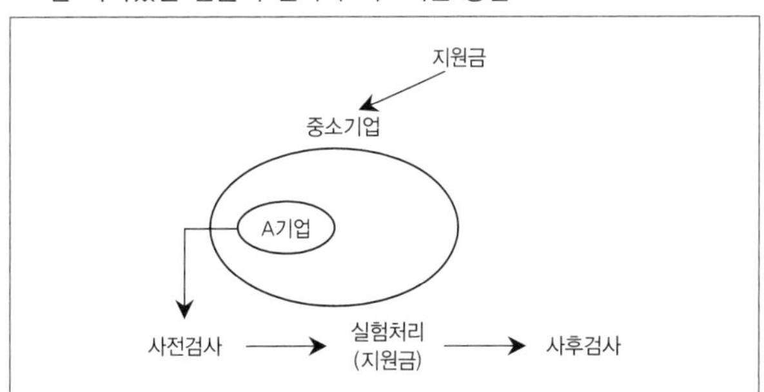

+ 단절적 시계열 설계 혹은 회귀불연속 설계는 연구자의 관찰 기간이 '단절'되는 현상이 있으므로 온전한 실험이 될 수 없음; 즉, 실험이 과거지향적(retrospective)인 성격을 갖기 때문에 시험에서 준실험설계로 분류하고 있음

③ 비동질적 통제집단설계(non-equivalent control group design) : 실험집단과 통제집단에 실험대상을 배정할 때, 사전측정을 통해 비슷한 점수를 받은 대상자끼리 짝을 지어 배정한 후 실험하는 방식 → 준실험에 해당함
④ 단일집단 사전사후측정설계(one group pretest-posttest design) : 일종의 자가 다이어트로써 통제집단을 두지 않고 진행하는 비실험설계에 해당함

정답 ②

174 회독 □□□

2018. 지방 7급

정책평가방법 중 자연실험에 대한 설명으로 옳지 않은 것은?

① 자연실험은 준실험(quasi-experiment)이 아닌 진실험(true experiment)에 가까운 실험설계 방식이다.
② 자연실험에서는 사회실험에 비해 비용 문제나 윤리적 문제 때문에 어려움을 겪을 가능성이 적다.
③ 자연실험에서 실험 여건은 자연적인 충격(shock)뿐만 아니라 급격한 정책이나 제도변화에 의해서도 형성된다.
④ 독립변수와 종속변수가 서로 영향을 주고받는 동시적 관계에 있을 때 이를 통제하기 위한 수단으로 자연실험을 이용할 수 있다.

정답 및 해설

자연실험은 사회실험에 비하여 비교적 자연스러운 상태에서 이루어지는 실험(우연한 사건이 발생해서 진행된 실험)으로 진실험보다는 준실험(또는 비실험)설계에 가까운 방식임

② 자연스러운 상태에서 진행되는 자연실험은 인위적으로 집단을 구성하고 통제하지 않아도 되기 때문에 사회실험(일반적인 실험)에서 나타나는 비용문제나 윤리적 문제 등으로 인한 어려움을 겪을 가능성이 작음
③ 자연스러운 사건이나 정치적, 경제적, 사회적, 자연적 충격(shock) 또는 급격한 정책이나 제도변화에 의해서 자연실험의 여건이 형성됨 → 비용이 적고, 윤리적인 문제가 없음

자연실험의 예

캘리포니아 지진이 재산가치에 미친 영향을 회고적으로 조사할 경우, 동일한 장소의 지진 이전의 재산가치와 지진 이후의 재산가치를 비교; 혹은 유사한 장소의 지진 경험 사례와 경험하지 않은 사례를 비교

④ 독립변수와 종속변수가 서로 영향을 주고받는 동시적 관계에 있을 때 우연한 사건으로 인해 독립변수와 종속변수의 명확한 관계가 드러날 수 있음 → 예를 들어, 조직론에서 임의론과 결정론의 관점은 상호 상충하는 관점인데, 코로나가 발생한 후 온라인 시스템을 구축하지 않은 학원 대다수가 폐업했다면 결정론적 관점이 설득력을 얻을 수 있음

정답 ①

Section 03 정책평가 설계 시 고려할 변수 : 제3의 변수를 중심으로

175 회독 □□□

2020. 국가 9급

정책변수에 대한 설명으로 옳은 것만을 모두 고르면?

ㄱ. 매개변수 – 독립변수의 원인인 동시에 종속변수의 원인이 되는 제3의 변수
ㄴ. 조절변수 – 독립변수와 종속변수 간에 상호작용 효과를 나타나게 하는 제3의 변수
ㄷ. 억제변수 – 독립변수와 종속변수 간에 상관관계가 없는데도 있는 것으로 나타나게 하는 제3의 변수
ㄹ. 허위변수 – 독립변수와 종속변수 모두에게 영향을 미치며 이들 사이의 공동변화를 설명하는 제3의 변수

① ㄱ, ㄷ ② ㄱ, ㄹ
③ ㄴ, ㄷ ④ ㄴ, ㄹ

정답 및 해설

ㄱ과 ㄷ이 틀려서 ㄴ과 ㄹ을 답으로 추론하는 문제임

올바른 선지

ㄴ. 조절변수 – 독립변수와 종속변수 간에 상호작용 효과를 나타나게 하는 제3의 변수 → 독립변수가 종속변수에 미치는 영향력을 조절하는 변수
예 자원봉사활동이 정신건강에 주는 영향을 조사할 때 성별에 따라 결과가 달라질 수 있다면 성별이 조절변수에 해당함
ㄹ. 허위변수 – 독립변수와 종속변수 모두에게 영향을 미치며 이들 사이의 공동변화를 설명하는 제3의 변수; 혹은 독립변수와 종속변수 간에 상관관계가 없는데도 있는 것으로 나타나게 하는 제3의 변수

틀린 선지

ㄱ. 매개변수 – 독립변수의 결과인 동시에 종속변수의 원인이 되는 제3의 변수
ㄷ. 억제변수 – 독립변수와 종속변수 간에 상관관계가 있는데도 없는 것으로 나타나게 하는 제3의 변수

정답 ④

176 회독 □□□

2016. 지방 9급

다음 제시문의 ㉠, ㉡에 들어갈 용어가 바르게 연결된 것은?

> __㉠__ 는 독립변수인 정책수단과 함께 종속변수인 정책효과를 가져오는 요인으로 정책수단과 정책효과 사이의 인과관계를 과대 또는 과소평가하며, __㉡__ 는 독립변수인 정책수단의 효과가 전혀 없을 때, 숨어서 정책효과를 가져오는 변수로 정책수단과 정책효과 사이의 인과관계를 완전히 왜곡하는 요인이다.

① ㉠ 허위변수(spurious variable),
　㉡ 매개변수(mediating variable)
② ㉠ 혼란변수(confounding variable),
　㉡ 허위변수(spurious variable)
③ ㉠ 혼란변수(confounding variable),
　㉡ 매개변수(mediating variable)
④ ㉠ 허위변수(spurious variable),
　㉡ 혼란변수(confounding variable)

정답 및 해설

제3의 변수는 독립변수와 종속변수의 관계에 영향을 미치는 변수로서 이러한 변수의 개입은 독립변수와 종속변수 간에 존재하는 인과관계를 정확히 파악하는 데 장애요인이 됨; 지문은 각각 혼란변수 ㉠와 허위변수 ㉡에 대한 내용임

㉠ 혼란변수 : 독립변수와 종속변수에 영향을 미침으로서 독립변수의 종속변수에 대한 영향력을 교란하는 변수
㉡ 허위변수 : 독립변수와 종속변수에 영향을 미침으로서 독립변수가 종속변수에 영향을 미치지 않음에도 불구하고 영향을 끼치는 것처럼 착각하게 만드는 변수

정답 ②

Section 04 인과관계에 대한 검토 : 타당도와 신뢰도를 중심으로

177 회독 □□□

2023. 국가 9급

정책분석 및 평가연구에 적용되는 기준 중 내적 타당성에 대한 설명으로 옳은 것은?

① 분석 및 평가 결과를 다른 상황에서도 적용할 수 있는 정도를 의미한다.
② 이론적 구성요소들의 추상적 개념을 성공적으로 조작화한 정도를 의미한다.
③ 집행된 정책내용과 발생한 정책효과 간의 관계에 대한 인과적 추론의 정확성 정도를 의미한다.
④ 반복해서 측정했을 때 일관성 있는 결과를 얻는 정도를 의미한다.

정답 및 해설

내적타당성은 정확한 인과관계를 의미함

① 외적타당성에 대한 내용임
② 구성타당성에 대한 내용임
④ 신뢰도에 대한 내용임

정답 ③

178 회독 □□□ 2021. 지방 9급

정책실험에서 내적 타당성을 위협하는 요인 중 다음 설명에 해당하는 것은?

> 사전측정을 경험한 실험 대상자들이 측정 내용에 대해 친숙해지거나 학습 효과를 얻음으로써 사후측정 때 실험집단의 측정값에 영향을 주는 효과이며, '눈에 띄지 않는 관찰' 방법 등으로 통제할 수 있다.

① 검사요인 ② 선발요인
③ 상실요인 ④ 역사요인

정답 및 해설

보기는 검사요인에 대한 내용임

참고

눈에 띄지 않는 관찰 방법
피실험자의 실험 친숙도 혹은 실험에 대한 학습의 정도를 피실험자가 눈치채지 못하도록 실험자가 파악하는 것

②③④

내적타당도 저해요인

외재적 요인	선발요소 (선발요인·선정요인)	실험집단과 통제집단을 구성할 때 두 집단에 서로 다른 성질의 구성원들을 선발하여 실험의 결과를 왜곡하는 현상
내재적 요인	역사요인 (사건효과)	실험과정 중 우연한 사건이 발생함으로 인해 실험결과에 영향을 미치는 현상
	성숙요인	시간의 경과에 따라 조사집단의 속성이 변화하는 경우 발생
	상실요인	실험 기간에 조사집단의 일부 또는 전부의 변동으로 인해 실험결과에 영향을 끼치는 현상
	측정수단요인 (도구요인)	측정수단의 변화로 인해 나타나는 오류 → 사전·사후측정 시 사용도구가 다른 경우
	시험효과 (측정요인·검사요인·실험효과)	① 유사실험의 반복 → 조사집단의 실험에 대한 친숙도 ↑ → 결과 왜곡 ② 실험 대상자들이 사전측정의 내용에 대해 친숙(유사실험의 반복)하게 되어 사후 측정값이 달라지는 것 ③ '눈에 띄지 않는 관찰' 방법 등으로 통제할 수 있음 → 눈에 띄지 않는 관찰이란 피실험자의 실험 친숙도 혹은 실험에 대한 학습의 정도를 피실험자가 눈치채지 못하도록 실험자가 파악하는 것임
	회귀인공요소 (통계적 회귀·회귀효과)	① 연구대상에 대한 측정과정에서 극단치가 나와도 결국 평균값으로 회귀하는 현상 ② 따라서 연구과정에서 표본에 대한 극단적인 데이터가 나왔을 때 이를 연구결과에 반영할 경우 정확한 인과관계 추정에 악영향을 줄 수 있음
	오염효과 (확산효과·누출효과·모방효과)	정책의 실험과정에서 통제집단의 구성원이 실험집단 구성원과 접촉하여 행동을 모방하고 이를 확산시키는 효과
	처치와 상실의 상호작용	실험집단과 비교집단에 무작위 배정이 이루어진 경우라 할지라도 이들 집단에 서로 다른 처치로 인하여 두 집단으로부터 처치 기간 중 서로 다른 성질의 구성원들이 상실되는 현상

정답 ①

179 회독 □□□

2021. 국가 9급

정책평가와 관련하여 실험결과의 외적 타당성을 저해하는 요인으로 옳지 않은 것은?

① 연구자의 측정기준이나 측정도구가 변화되는 경우
② 표본으로 선택된 집단의 대표성이 약할 경우
③ 실험집단 구성원 자신이 실험대상임을 인지하고 평소와 다른 특별한 반응을 보일 경우
④ 실험의 효과가 크게 나타날 것으로 예상되는 집단만을 의도적으로 실험집단에 배정하는 경우

정답 및 해설

①은 도구요인으로서 내적타당성 저해요인임

②③④

외적타당도 저해 요인

구분	내용
의의	실험의 결과를 다른 집단에 적용할 때 오류가 생기도록 만드는 요인
호손효과 (실험조작의 반응효과)	실험집단 구성원이 실험대상임을 인식하고 인위적인 행동의 변화를 보임으로써 실험결과를 왜곡하는 현상
크리밍 효과	① 효과가 크게 나타날 사람만 의도적으로 실험집단에 배정한 경우 나타나는 오류로써 내적 타당성과 외적 타당성을 모두 저해할 수 있는 요인에 해당함 ② 동등화가 이루어지지 않은 실험집단과 통제집단에 실험적 변수를 작용시킴으로써 거기서 일어나는 상호작용 때문에 예상하지 않았던 효과가 발생할 수 있음 ③ 여기서 얻은 결과를 다른 집단에 일반화할 때 문제가 될 수 있음
다수적 처리에 의한 간섭	시험효과와 유사한 것으로써 유사한 실험을 여러 번 반복하여 얻은 실험의 결과를 다른 모집단에게 일반화할 때 나타날 수 있는 문제
표본의 대표성 문제 (대표효과)	① 실험집단으로 선정된 표본이 일반화하고자 하는 모집단을 대표할 수 없을 때 실험의 결과를 일반화할 수 없음 → 즉, 실험집단과 통제집단 간 동질성이 있더라도 두 집단이 사회적 대표성이 없으면 일반화가 곤란함 ② 예 노량진에서 공부하는 공무원 수험생이 전국 공무원 수험생을 대표한다고 보는 경우 등
실험 조작과 측정의 상호작용	① 사전측정이 실험처리에 대한 피조사자의 감각에 영향을 준 경우, 실험결과를 일반화하게 되면 편의(bias) 발생 ② 즉, 사전측정을 받은 연구대상에 대하여 실험변수를 처리하여 얻은 효과에 관한 결론을, 그러한 사전측정 또는 검사를 받아본 적이 없는 모집단에 일반화할 때 나타날 수 있는 문제점을 의미

정답 ①

180 회독 □□□

2020 지방 9급

정책평가의 논리에서 수단과 목표 간의 인과관계에 대한 설명으로 옳은 것만을 모두 고르면?

ㄱ. 정책목표의 달성이 정책수단의 실현에 선행해서 존재해야 한다.
ㄴ. 특정 정책수단 실현과 정책목표 달성 간 관계를 설명하는 다른 요인이 배제되어야 한다.
ㄷ. 정책수단의 변화 정도에 따라 정책목표의 달성 정도도 변해야 한다.

① ㄱ
② ㄷ
③ ㄱ, ㄴ
④ ㄴ, ㄷ

정답 및 해설

인과관계의 성립요건에 해당하는 것을 찾는 문제임; 인과관계의 성립요건은 아래와 같으며, ㄴ은 제3의 변수 통제, ㄷ은 공동변화에 해당함

인과관계의 성립 조건

① 시간적 선행성(Time order): 독립변수는 종속변수보다 시간적으로 선행해야 함
② 공동변화(Association): 독립변수가 변하면 종속변수도 일정한 패턴으로 변화해야 함
③ 제3의 변수 통제: 인과관계를 규명하는 데 방해되는 변수(허위변수, 혼란변수 등)를 통제하는 것

정답 ④

181 회독 □□□ 2020. 국가 9급

정책평가를 위한 측정도구의 타당성과 신뢰성에 대한 설명으로 옳지 않은 것은?

① 타당성은 없지만 신뢰성이 높은 측정도구가 있을 수 있다.
② 신뢰성이 없지만 타당성이 높은 측정도구는 있을 수 없다.
③ 신뢰성은 측정도구의 타당성을 담보할 수 있는 충분조건이다.
④ 타당성이 없는 측정도구는 제1종 오류를 범하는 원인이 될 수 있다.

정답 및 해설

신뢰성(측정의 일관성)이 확보된다고 해서 타당성(측정의 정확성)을 확보할 수 있는 건 아님; 즉, 일관되게 틀릴 수도 있다는 것

타당도와 신뢰도의 관계

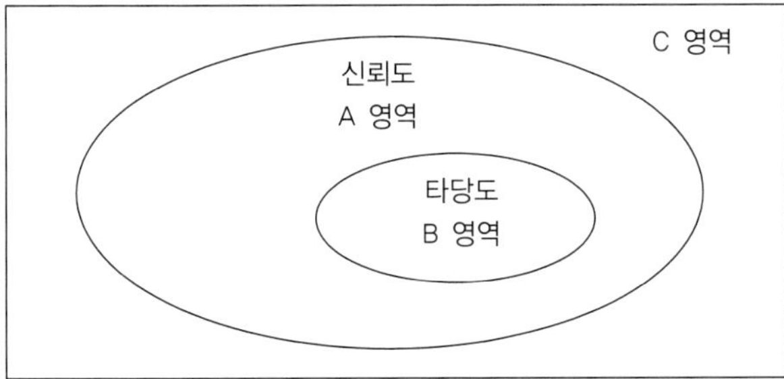

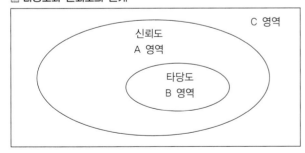

①②
신뢰성은 타당성의 필요조건이지만 충분조건은 아님; 따라서 타당성은 없지만 신뢰성이 높은 측정도구가 있을 수 있으며, 신뢰성이 없지만 타당성이 높은 측정도구는 있을 수 없음
④ 타당성이 없는 측정 도구는 측정의 정확성이 부족한 까닭에 제1종 오류(틀린 대안 채택)를 범하는 원인이 될 수 있음

정답 ③

182 회독 □□□ 2009. 국가 9급

정책평가에 있어 타당성(validity)과 관련된 설명으로 옳지 않은 것은?

① 외적타당성(external validity)은 어떤 특정한 상황에서 내적타당성을 확보한 정책평가가 다른 상황에서도 적용될 가능성을 의미한다.
② 정책평가를 위하여 고찰된 통계적·실험적 방법들은 외적타당성을 제고하는 것을 제1차적 목적으로 한다.
③ 성숙효과(maturation effect)는 평가에 동원된 집단구성원들이 정책의 효과와는 관계없이 스스로 성장함으로써 나타날 수 있는 효과로서 내적 타당성을 저하시킬 수 있는 요인에 속한다.
④ 회귀인공요소(regression artifact)들은 프로그램 집행 전의 1회 측정에서 극단적인 점수를 얻은 것을 기초로 개인들을 선발하게 되면, 다음의 측정에서 그들의 평균점수가 덜 극단적인 방향으로 이동하게 되는 것을 의미한다.

정답 및 해설

정책평가의 주된 관심은 정책 이외의 다른 요인들을 통제함으로써 정책의 순효과를 추정하는 것; 그러므로 정책평가를 위한 모든 통계적·실험적 방법들은 내적타당성을 제고하는 것을 제1차적 목적으로 함; 참고로 외적타당성은 어떤 특정한 상황에서 내적타당성을 확보한 정책평가(조사연구의 결론)가 다른 상황에서 어느 정도까지 일반화시킬 수 있는지의 정도를 나타냄

내적타당도

종속변수의 변화가 온전히 독립변수의 변화 때문인지를 묻는 개념 → 인과관계 추론의 적합성(정확성) 정도; 우선적으로 확보해야 하는 타당도

③ 성숙효과(maturation effect)는 시간의 흐름에 따라 자연스럽게 표본의 특성이 변화하는 현상으로서 내적 타당성을 저하시킬 수 있는 요인에 속함
④ 회귀인공요소(regression artifact)은 연구대상에 대한 측정과정에서 극단치가 나와도 결국 평균값으로 회귀하는 현상임 → 따라서 연구과정에서 표본에 대한 극단적인 데이터가 나왔을 때 이를 연구결과에 반영할 경우 정확한 인과관계 추정에 악영향을 줄 수 있음

정답 ②

183 회독 □□□

2008. 국가 9급

정책평가의 타당성에 관한 설명으로 옳지 않은 것은?

① 외적타당성은 조사연구의 결론을 다른 모집단, 상황 및 시점에 어느 정도까지 일반화시킬 수 있는지의 정도를 나타낸다.
② 구성적 타당성은 연구 설계를 정밀하게 구성하여 평가과정에서 제1종 및 제2종 오류가 발생하지 않는 정도를 나타낸다.
③ 내적타당성은 추정된 원인과 그 결과 사이에 존재하는 인과적 추론의 정확성에 관한 것이다.
④ 통계적 결론의 타당성은 추정된 원인과 추정된 결과 사이에 관련이 있는지에 관한 통계적인 의사결정의 타당성을 말한다.

184 회독 □□□

2009. 지방 9급

정책평가에서 내적 타당성을 저해하는 요소 중 내재적 요소가 아닌 것은?

① 역사적 요소
② 성숙효과
③ 선발요소
④ 측정요소

정답 및 해설

선지는 통계적 결론의 타당성에 대한 설명임; 구성적 타당성은 추상적인 개념을 잘 측정했는가(조작화)를 나타내는 개념으로서 연구에서 이용된 이론적 개념(추상적 개념)과 이를 측정하는 측정 수단 간의 일치 정도를 의미함

① 외적타당성: 특정 상황, 시기 및 집단에서 얻은 연구 결과의 일반화 범위를 뜻함; 즉, 조사연구의 결론을 다른 모집단, 상황 및 시점에 어느 정도까지 일반화시킬 수 있는지의 정도를 나타냄
③ 내적타당성: 종속변수의 변화가 온전히 독립변수의 변화 때문인지를 묻는 개념 → 인과관계 추론의 적합성(정확성) 정도로서 연구에서 우선적으로 확보해야 하는 타당도
④ 통계적 결론의 타당성: 정책수단과 이로 인한 변화 사이에 관련이 있는지에 대한 통계적인 의사결정의 타당성 → 즉, 통계학에서 말하는 제1종 오류와 제2종 오류를 범할 때 통계적 결론의 타당성은 낮아지는 바 정확한 정책효과의 측정을 위해 충분히 정밀한 연구 설계가 이루어진 정도를 의미함

정답 ②

정답 및 해설

선발요인은 실험집단과 통제집단을 구성할 때 두 집단에 서로 다른 성질의 구성원들을 선발하여 실험의 결과를 왜곡하는 현상임; 이는 내적타당성을 저해하는 외재적 요인(실험집단과 통제집단을 구성할 때, 두 집단에 다른 피실험자를 할당하면서 나타나는 편견)에 해당함

내적타당성을 저해하는 내재적 요소

정책을 집행하는 동안 평가과정 안에서 나타나는 변화를 일으키는 요인

① 역사적 요소: 실험과정 중 우연한 사건이 발생함으로 인해 실험결과에 악영향을 미치는 현상
② 성숙효과: 시간의 경과에 따라 자연스럽게 조사집단의 속성이 변화하여 실험의 결과에 악영향을 끼치는 현상
④ 측정요소: 유사실험의 반복으로 인해 조사집단의 실험에 대한 친숙도가 높아져 실험의 결과를 왜곡하는 현상

정답 ③

185 회독 □□□

2014. 지방 9급

정책평가의 내적타당성을 저해하는 요인 중 외재적 요인은?

① 선발요인
② 역사요인
③ 측정요인
④ 도구요인

정답 및 해설

선발요인은 내적타당성을 저해하는 외재적 요인에 해당함

② 역사적 요인 : 실험과정 중 우연한 사건이 발생함으로 인해 실험결과에 악영향을 미치는 현상
③ 측정요인 : 유사실험의 반복으로 인해 조사집단의 실험에 대한 친숙도가 높아져 실험의 결과를 왜곡하는 현상
④ 도구요인 : 실험 중 측정수단의 변화로 인해 실험의 결과에 악영향을 주는 현상

정답 ①

186 회독 □□□

2016. 국가 9급

다음 내용에서 정책평가의 내적 타당성을 위협하는 요인은?

> 정부는 혼잡통행료 제도의 효과를 측정하기 위해 혼잡통행료 실시 이전과 실시 후의 도심의 교통의 흐름도를 측정·비교하였다. 그런데 두 측정시점 사이에 유류가격이 급등하는 상황이 발생하였다.

① 상실요인(mortality)
② 회귀요인(regression)
③ 역사요인(history)
④ 검사요인(testing)

정답 및 해설

역사요인은 실험과정 중에 우연한 사건이 발생하여 실험의 결과를 왜곡하는 현상을 의미함; 보기에서 유류가격이 급등하는 상황은 실험 중 발생한 우연한 사건에 해당함

① 상실요인 : 실험 중 조사집단의 일부 또는 전부의 변동으로 인해 실험의 결과에 악영향을 주는 현상
② 회귀요인 : 연구대상에 대한 측정과정에서 극단치가 나와도 결국 평균값으로 회귀하는 현상 → 연구과정에서 표본에 대한 극단적인 데이터가 나왔을 때 이를 연구결과에 반영할 경우 정확한 인과관계 추정에 악영향을 줄 수 있음
④ 검사요인(시험효과, 측정요인) : 유사실험의 반복으로 인해 조사집단의 실험에 대한 친숙도가 높아져 실험의 결과를 왜곡하는 현상

정답 ③

187 회독 □□□

2020. 지방 7급

다음 사례에서 제시된 '경쟁가설'과 관련한 정책평가의 내적타당성 위협요인은?

> 정부는 OO하천의 수질오염을 방지하기 위해 주변 모든 공장에 폐수정화시설을 의무적으로 갖추도록 하는 정책을 시행했다. 1년 후 정부는 정책평가를 통해 OO하천의 오염 정도가 정책실시 이전보다 훨씬 낮게 나타났다는 결과를 발표했다. OO하천의 수질개선은 정책의 효과라는 정부의 입장에 대해, A교수는 "OO하천이 깨끗해진 것은 정책 기간 중 불경기가 극심하여 많은 공장들이 문을 닫았고, 정책평가를 위한 오염수준 측정 직전에 갑자기 비가 많이 왔기 때문"이라는 경쟁가설을 제기했다.

① 역사요인
② 검사요인
③ 선발요인
④ 상실요인

정답 및 해설

보기 중 정책(폐수정화시설 설치)을 집행할 때 '불경기가 극심하여 많은 공장이 문을 닫았고, 갑자기 비가 많이 온 것은' 수질오염 정도에 영향을 미칠 수 있는 우연한 사건임; 우연한 사건이 발생하여 실험에 악영향을 미치는 현상은 역사요인임

② 검사요인: 유사실험의 반복으로 인해 조사집단의 실험에 대한 친숙도가 높아져서 실험의 결과를 왜곡하는 현상
③ 선발요인: 실험집단과 통제집단을 구성할 때 두 집단에 서로 다른 성질의 구성원들을 선발하여 실험의 결과를 왜곡하는 현상
④ 상실요인: 실험 중에 조사집단의 일부 또는 전부의 변동으로 인해 실험의 결과에 영향을 미치는 현상

정답 ①

188 회독 □□□

2016. 국가 7급

내적타당성의 위협요인에 대한 설명을 바르게 연결한 것은?

> ㉠ 실험(testing)효과
> ㉡ 회귀(regression)효과
> ㉢ 성숙(maturation)효과
> ㉣ 역사(history)효과

> 가. 순전히 시간의 경과 때문에 발생하는 조사대상 집단의 특성변화가 나타나는 경우
> 나. 정책 및 프로그램의 실시 전후 유사한 검사를 반복하는 경우, 시험에 대한 친숙도가 높아져 측정한 값에 영향을 미치는 경우
> 다. 특정 프로그램처리가 집행될 즈음에 발생한 다른 어떤 외부적 사건 때문에 나타난 효과
> 라. 극단적인 점수를 얻은 실험대상들이 시간이 흐름에 따라 보다 덜 극단적인 상태로 표류하게 되는 경향

	㉠	㉡	㉢	㉣
①	나	가	라	다
②	나	라	가	다
③	라	다	나	가
④	라	다	가	나

정답 및 해설

타당성이란 측정의 정확도로서 내적타당도와 외적타당도로 분류할 수 있음; 전자는 인과관계 추론의 정확성이며, 후자는 특정 상황, 시기 및 집단에서 얻은 연구결과의 일반화 정도를 의미함; 한편 내적타당성을 저해하는 요인은 내재적 요인과 외재적 요인으로 구분할 수 있는데, 문제는 이 중에서 내적 요인에 대해 묻고 있음

가. 순전히 시간의 경과 때문에 발생하는 조사대상 집단의 특성 변화가 나타나는 경우 → 성숙효과
나. 정책 및 프로그램의 실시 전후 유사한 검사를 반복하는 경우, 시험에 대한 친숙도가 높아져 측정한 값에 영향을 미치는 경우 → 시험효과·측정요인·검사요인·실험효과
다. 특정 프로그램 처리가 집행될 즈음에 발생한 다른 어떤 외부적 사건 때문에 나타난 효과 → 역사효과
라. 극단적인 점수를 얻은 실험대상들이 시간이 흐름에 따라 보다 덜 극단적인 상태로 표류하게 되는 경향 → 회귀효과

정답 ②

189 회독 □□□

2011. 지방 7급

정책평가에 대한 설명으로 옳지 않은 것은?

① 형성평가(formative evaluation)는 정책집행과정에서 나타난 문제점을 해결함으로써 집행전략이나 집행설계를 수정 및 보완하는데 도움을 준다.

② 인과관계 추론의 조건으로 연관성(association), 시간적 선후성(time order), 비허위성(non-spuriousness)을 들 수 있다.

③ 메타분석(meta analysis)은 경험적 연구뿐만 아니라 이론적 연구에도 다양하게 적용할 수 있는 장점이 있다.

④ 크리밍효과(creaming effect)는 어떤 요인이 내적 타당성과 외적 타당성을 모두 저해할 수 있다는 것을 보여준다.

정답 및 해설

메타분석은 평가결과를 다양한 관점으로 다시 평가하는 방법임 → 즉, 통계적인 연구결과를 다시 통계적으로 검증하는 것으로써 이론개발에 대한 것과는 무관함

① 형성평가(formative evaluation)는 프로그램의 진행과정에서 이루어지는 평가임 → 따라서 정책집행과정에서 나타난 문제점을 해결함으로써 집행전략이나 집행설계를 수정 및 보완하는데 기여할 수 있음
② 인과관계 추론의 조건으로 연관성(공동변화), 시간적 선후성(time order), 비허위성(제3의 변수 배제)을 들 수 있음
④ 크리밍효과는 효과가 크게 나타날 사람만 의도적으로 실험집단에 배정한 경우 나타나는 오류로서 외적인 타당성을 저해할 수 있는 요인임 → 단, 대표성이 부족한 표본을 실험집단에 배정한다는 점에서 크리밍효과를 내적 타당성을 저해할 수 있는 외재적 요인으로 보는 견해도 있음

정답 ③

190 회독 □□□

2019. 국가 7급

정책평가에서 내적 타당성에 대한 설명으로 옳지 않은 것은?

① 역사요인은 외부환경에서 발생하여 사전 및 사후 측정값이 달라지게 만드는 어떤 사건을 말한다.

② 성숙효과는 실험 대상자들이 사전측정의 내용에 대해 친숙하게 되어 사후 측정값이 달라지는 것이다.

③ 상실요인은 정책집행 기간에 대상자 일부가 이탈하여 사전 및 사후 측정값이 달라지는 것과 관련이 있다.

④ 선발요인은 실험집단 및 통제집단에 대한 무작위 배정과 사전측정을 통해 어느 정도 통제할 수 있다.

정답 및 해설

성숙효과는 시간의 흐름에 따라 표본의 특징이 자연스럽게 변화해서 실험의 내적타당도에 악영향을 미칠 수 있는 요인임; 실험 대상자들이 사전측정의 내용에 대해 친숙(유사실험의 반복)하게 되어 사후 측정값이 달라지는 것은 시험효과임

①③

역사요인 (사건효과)	실험과정 중 우연한 사건이 발생함으로 인해 실험결과에 영향을 미치는 현상
상실요인	실험 기간에 조사집단의 일부 또는 전부의 변동으로 인해 실험결과에 영향을 끼치는 현상

④ 선발요인은 실험집단과 통제집단을 구성할 때 두 집단에 서로 다른 성질의 구성원들을 선발하여 실험의 결과를 왜곡하는 현상임; 이는 실험집단 및 통제집단에 대한 무작위 배정과 사전측정을 통해 어느 정도 통제할 수 있음

정답 ②

Section 05 정책변동

191 회독 □□□

2022. 지방 9급

호그우드(Hogwood)와 피터스(Peters)가 제시한 정책변동의 유형에 대한 설명으로 옳지 않은 것은?

① 정책혁신은 기존의 조직이나 예산을 기반으로 새로운 형태의 개입을 결정하는 것이다.
② 정책승계는 정책의 기본 목표는 유지하되, 정책을 대체 혹은 수정하거나 일부 종결하는 것이다.
③ 정책유지는 기존 정책의 기본 골격을 유지하면서 정책수단의 부분적인 변화만 이루어지는 것이다.
④ 정책종결은 다른 정책으로의 대체 없이 기존 정책을 완전히 중단하는 것이다.

정답 및 해설

정책혁신은 기존에 없던 새로운 정책을 결정하는 현상임 → 정책혁신은 기존에 없던 정책을 새롭게 형성하는 것이므로 기존의 조직과 예산을 활용하지 않음

② 선지는 정책승계에 대한 포괄적 내용을 다루고 있음
③ 정책유지: 본래의 정책목표를 달성하기 위해 기본적인 골자는 유지하지만 실질적인 정책내용은 변하지 않음 → 즉, 정책의 기본적 성격이나 정책목표·수단 등이 큰 폭의 변화 없이 모두 그대로 유지되지만, 정책의 구체적 내용에 있어서 부분적 대체나 완만한 변동은 있을 수 있음
④ 정책종결: 정책목표를 달성하기 위한 전반적인 정책수단을 소멸(기존의 정책 소멸)시키고 이를 대체할 다른 정책을 마련하지 않는 것

정답 ①

192 회독 □□□

2020. 국가 9급

정책변동에 대한 설명으로 옳지 않은 것은?

① 킹던(Kingdon)의 정책흐름이론에 따르면 정책변동은 정책문제의 흐름, 정치의 흐름, 정책대안의 흐름이 결합하여 이루어진다.
② 무치아로니(Mucciaroni)의 이익집단 위상변동모형에서 이슈맥락은 환경적 요인과 같이 정책의 유지 혹은 변동에 영향을 미치는 정책요인을 말한다.
③ 실질적인 정책내용이 변하더라도 정책목표가 변하지 않는다면 이를 정책유지라 한다.
④ 정책목표를 달성하기 위한 전반적인 정책수단을 소멸시키고 이를 대체할 다른 정책을 마련하지 않는 것을 정책종결이라 한다.

정답 및 해설

정책유지는 정책의 목표가 변하지 않으면서 정책의 범위 등을 조정하는 것이지(완만한 변화), 실질적인 정책을 바꾸는 게 아님; 실질적인 정책을 바꾸는 것은 정책승계에 해당함

① 킹던(Kingdon)의 정책창모형에 따르면 정책문제의 흐름, 정치의 흐름, 정책대안의 흐름이 각자 떠돌아 다니다가 우연한 사건이 결합할 때 정책 창(의제설정기회)이 열림 → 이러한 현상에 따라 정책대안이 변동될 수 있음
② 무치아로니(Mucciaroni)의 이익집단 위상변동모형에서 이슈맥락(사회에서 논쟁이 되고 있는 문제)은 제도적 맥락(의회 혹은 법원의 판결 등)과 더불어 정책의 유지 혹은 변동에 영향을 미치는 정책요인을 의미함
④ 정책종결은 정책목표를 달성하기 위한 전반적인 정책수단을 소멸(기존의 정책 소멸)시키고 이를 대체할 다른 정책을 마련하지 않는 것임

정답 ③

193 회독 □□□

2014. 사복 9급

정책변동의 유형 중 정책평가로부터 얻은 정보가 정책채택 단계에서 다시 활용되는 경우로, 정책목표는 유지하면서 정책수단을 새로운 수단으로 대체하는 것은?

① 정책유지
② 정책혁신
③ 정책종결
④ 정책승계

정답 및 해설

정책승계는 정책의 기본적인 골자를 변화시키는 것(기존의 정책 → 새로운 정책)으로서 정책목표는 유지하면서 정책수단을 새로운 수단으로 대체하는 현상임

① 정책유지 : 정책의 기본적 성격이나 정책목표 · 수단 등이 큰 폭의 변화 없이 모두 그대로 유지되지만, 정책의 구체적 내용에 있어서 부분적 대체나 완만한 변동이 발생하는 현상
② 정책혁신 : 기존에 없던 새로운 정책을 채택하는 것
③ 정책종결 : 정책목표를 달성하기 위한 전반적인 정책수단을 소멸(기존의 정책 소멸)시키고 이를 대체할 다른 정책을 마련하지 않는 것

정답 ④

194 회독 □□□

2016. 국가 9급

정책변동 모형 중에서 정책과정 참여자의 신념체계(belief system)를 가장 강조하는 모형은?

① 단절균형(punctuated equilibrium) 모형
② 정책 패러다임변동(paradigm shift) 모형
③ 정책지지연합(advocacy coalition) 모형
④ 제도의 협착(lock-in) 모형

정답 및 해설

사바티어의 정책지지연합 모형은 정책집행의 상향적 · 하향적 접근법을 절충하되, 기본적인 관점은 상향적 접근법임; 모형에서 지지연합이란 정책집행의 참여집단을 의미하며(정책하위체계), 정책의 변화는 이들의 정책학습 및 신념체계의 변화를 통해 발생하는 까닭에 참여자의 신념체계를 강조함

① 단절균형모형 : 제도가 어떤 계기에 의해 급격히 변화하는 이유를 설명하는바, 정책이 급격히 변동하는 상황을 설명하는 데 유용한 모델; 이는 역사적 신제도주의를 적용한 모델로서 점진적 변동에 따르는 안정과 급격한 변동에 따른 단절을 포괄적으로 다루고 있기 때문에 점증주의 시각의 한계를 보완 · 발전시킨 이론임
② 정책 패러다임 변동모형 : 정책목표, 정책수단, 정책환경의 3가지 변수 중 정책목표와 정책수단에 급격한 변화로 인해 발생하는 정책변동을 설명하는 모형
④ 제도의 협착모형 : 제도의 협착은 역사적 신제도주의에서 나오는 표현임; 역사적 신제도주의는 제도가 비합리적인 제도라도 한 번 정착하면 경로의존성을 띠면서 정체상태를 보이는 현상(제도의 협착)을 설명하고 있음; 이는 정책(제도)의 변화가 쉽지 않은 이유를 설명하는 모형에 해당함 → 단절균형모형과 제도의 협착모형을 역사적 신제도주의라고 보는 견해도 있음

정답 ③

cf.

195 회독 □□□

2016. 지방 9급

홀(Hall)에 의해 제시된 정책변동모형으로 정책목표, 정책수단, 정책환경의 세 가지 변수 중 정책의 목표와 정책수단에 급격한 변화가 발생하는 정책변동모형은?

① 쓰레기통모형
② 단절균형모형(Punctuated Equilibrium)
③ 정책지지연합모형(Advocacy Coalition Framework)
④ 정책 패러다임 변동모형

정답 및 해설

문제에 제시된 내용은 홀의 정책 패러다임 변동모형에 대한 내용임

정책 패러다임 변동모형

정책목표, 정책수단, 정책환경의 3가지 변수 중 정책목표와 정책수단에 급격한 변화로 인해 발생하는 정책변동을 설명하는 모형

① 쓰레기통 모형 : 문제, 해결책, 선택의 기회, 참여자 등 네 가지 요소(조직화된 무정부 상태)가 독자적으로 흘러 다니다가 어떤 계기로 교차하여 만날 때 발생하는 의사결정을 설명하는 모형
② 단절균형모형(Punctuated Equilibrium) : 제도가 어떤 계기에 의해 급격히 변화하는 이유를 설명하는바, 정책이 급격히 변동하는 상황을 설명하는 데 유용한 모델; 이는 역사적 신제도주의를 적용한 모델로서 점진적 변동에 따르는 안정과 급격한 변동에 따른 단절을 포괄적으로 다루고 있기 때문에 점증주의 시각의 한계를 보완·발전시킨 이론임
③ 정책지지연합모형(Advocacy Coalition Framework) : 정책을 지지하는 연합(정책참여자)의 정책에 대한 학습 및 신념체계의 변화로 인해 정책변동이 발생하는 현상을 설명한 모형

정답 ④

196 회독 □□□

2008. 지방 7급

정책변동에 대한 설명으로 적절하지 않은 것은?

① 정책승계는 정책이 완전히 대체되는 경우를 포함한다.
② 환류를 둘러싼 정치적 갈등과 이를 해소하는 정치체계가 정책의 변동을 좌우한다.
③ 정책변동론에서의 초점은 정책결정에서 일어나는 수정, 종결이다.
④ 호그우드(Hogwood)와 피터스(Peters)는 정책혁신을 정책변동의 유형에서 제외하고 있다.

정답 및 해설

호그우드(Hogwood)와 피터스(Peters)는 정책변동의 형태를 정책혁신, 정책유지, 정책승계, 정책종결로 분류한 바 있음

정책혁신

새로운 정책을 결정하는 것 → 기존에 없던 정책을 새롭게 형성하는 것이며, 기존의 조직과 예산을 활용하지 않음

① 정책승계는 정책의 기본적인 골자를 변화시키는 것이므로 정책이 완전히 대체되는 경우를 포함하고 있음
② 환류(정책수정)를 둘러싼 정치적 갈등과 이를 해소하는 정치체계가 정책의 변동을 좌우할 수 있음
③ 정책의 변동현상은 정책결정에서 이루어지는 기존 정책의 수정 혹은 종결에 초점을 두고 있음

정답 ④

조직론

Chapter 01 조직구조론

Chapter 02 조직유형론

Chapter 03 조직관리기법

Chapter 04 조직구조 안정화 메커니즘

Chapter 05 사람, 그리고 일에 대하여

Chapter 06 환경과 조직: 환경을 고려한 조직이론을 중심으로

Chapter 07 조직이론: 조직이론의 전개를 중심으로

✔ 학습체크 ☐☐☐

조직구조론

www.pmg.co.kr

Section 01 조직구조의 변수

01 회독 ☐☐☐ 2023. 국가 7급

집권화와 분권화에 대한 설명으로 옳지 않은 것은?

① 집권화는 조직의 규모가 작고 신설 조직일 때 유리하다.
② 집권화의 장점으로는 전문적 기술의 활용가능성 향상과 경비절감을 들 수 있다.
③ 탄력적 업무수행은 분권화의 장점이다.
④ 분권화는 행정기능의 중복과 혼란을 회피할 수 있고 분열을 억제할 수 있다.

정답 및 해설

분권화되면 업무 조정이 곤란해지고 업무의 중복을 초래할 수 있음 → ④는 집권화의 장점에 해당함

① 일반적으로 조직의 규모가 작고 신설 조직일 때 의사결정권의 집중 현상이 발생함
② 일의 전문화나 기능별 구조설계는 집권화를 촉진함
③ 일선에서의 탄력적 업무수행은 분권화의 장점임

정답 ④

02 회독 ☐☐☐ 2020. 지방 9급

기술과 조직구조의 관계에 대한 페로(Perrow)의 설명으로 옳지 않은 것은?

① 정형화된(routine) 기술은 공식성 및 집권성이 높은 조직구조와 부합한다.
② 비정형화된(non-routine) 기술은 부하들에 대한 상사의 통솔범위를 넓힐 수밖에 없을 것이다.
③ 공학적(engineering) 기술은 문제의 분석가능성이 높다.
④ 기예적(craft) 기술은 대체로 유기적 조직구조와 부합한다.

정답 및 해설

비일상적인 기술은 유기적인 구조에 적합한 기술임; 만약 한 명의 상관이 많은 부하를 통솔해야 한다면 통제의 어려움으로 인해 빠르게 변화하는 환경변화에 적절하게 대응하기가 어려움; 따라서 조직이 불확실한 환경에 대응을 적절하게 하기 위해서는 한 명의 상관이 통제하는 부하의 수가 많은 것보다는 적은 것이 유리함
※ 나머지 선지는 아래의 표 참고

페로우(C. Perrow)의 조직기술 분류와 조직구조

구분		분석의 가능성 : 대안탐색의 가능성	
		높음	낮음
과업의 다양성 : 예외의 수	다수	공학적인 기술	비일상적인(비정형화된) 기술
		① 다소 기계적 조직 : 다소 공식화 · 집권화 ② 중간의 통솔범위	① 유기적 조직 : 낮은 공식화 · 집권화 ② 좁은 통솔범위
	소수	일상적인(정형화된) 기술	장인(기예적) 기술
		① 기계적 조직 : 높은 공식화 · 집권화 ② 넓은 통솔범위	① 다소 유기적 조직 : 다소 낮은 공식화 · 집권화 ② 중간의 통솔범위

정답 ②

03 회독 □□□

2019. 서울 9급

조직의 규모에 대한 설명으로 가장 옳은 것은?

① 조직의 규모가 클수록 공식화 기준이 낮아진다.
② 조직의 규모가 클수록 조직 내 구성원의 응집력이 강해진다.
③ 조직의 규모가 클수록 분권화되는 경향이 있다.
④ 조직의 규모가 클수록 복잡성이 낮아진다.

04 회독 □□□

2018. 지방 9급

표준운영절차(SOP)에 대한 설명으로 옳은 것은?

① 업무 담당자가 바뀌게 되면 표준운영절차로 인해 업무 처리의 연속성을 유지하는 것이 어렵게 된다.
② 표준운영절차는 업무 처리의 공평성을 확보하는 데 기여한다.
③ 표준운영절차에 따른 업무 처리는 정책집행 현장의 특수성을 반영하기에 용이하다.
④ 정책결정모형 중 앨리슨(Allison) 모형의 Model I은 표준운영절차에 따른 의사결정을 가정한다.

정답 및 해설

조직의 규모가 클수록 분권화되는 경향이 있음

①④ 아래의 표 참고

비고	복잡성	공식화	집권화
규모 ↑	+	+	−

② 조직의 규모가 클수록 조직의 계층과 부서는 분화되는 까닭에 조직 내 구성원의 응집력은 약해짐

정답 ③

정답 및 해설

표준운영절차(SOP; Standard Operation Process)란 업무처리 과정을 표준화하는 것으로서 표준화가 이루어지면 업무처리의 예측가능성 혹은 객관성과 공정성을 확보할 수 있음

① 표준운영절차가 일단 만들어지면 업무 담당자가 바뀌어도 표준운영절차로 인해 업무처리의 연속성을 유지할 수 있음
③ 표준운영절차에 따라 일률적인 업무처리를 하게 되면 집행현장의 특수성 반영이 어려워짐
④ 정책결정모형 중 앨리슨(Allison) 모형의 Model Ⅱ는 회사모형의 특징을 반영하는바 표준운영절차에 따른 의사결정을 가정함

정답 ②

05 회독 □□□

2022. 국가 7급

조직구조에 대한 설명으로 옳지 않은 것은?

① 일상적 기술을 가진 조직의 경우 높은 공식화 구조를 가진다.
② 조직구조의 형태를 기계적 구조와 유기적 구조로 구분할 수 있다.
③ 환경이 복잡하고 불안정한 경우 유기적 구조가 적합하다.
④ 조직구조는 조직 내 여러 부문 간 결합의 형태로 구성원 간 상호작용과는 관련성이 없다.

정답 및 해설

조직구조는 조직 내 구성원과 구성원이 맡은 일, 부서 간 결합의 형태임
→ 따라서 조직구조는 구성원 간 상호작용과 관련성이 있음
① 일상적 기술을 가진 조직은 기계적 구조이므로 높은 공식화 구조를 가짐
② 번즈와 스토커에 따르면 조직의 유형은 크게 기계적 구조(관료제)와 유기적 구조(탈관료제)로 구분할 수 있음
③ 불확실성이 클 때는 유기적 구조가 적합함

정답 ④

06 회독 □□□

2021. 지방 7급

톰슨(Thompson)의 기술 분류에 따른 상호의존성과 조정 형태를 바르게 연결한 것은?

① 집약형 기술(intensive technology) – 연속적 상호의존성(sequential interdependence) – 정기적 회의, 수직적 의사전달
② 공학형 기술(engineering technology) – 연속적 상호의존성(sequential interdependence) – 사전계획, 예정표
③ 연속형 기술(long-linked technology) – 교호적 상호의존성(reciprocal interdependence) – 상호 조정, 수평적 의사전달
④ 중개형 기술(mediating technology) – 집합적 상호의존성(pooled interdependence) – 규칙, 표준화

정답 및 해설

아래의 표 참고

①③④

톰슨의 기술유형

상호의존성	의사전달의 빈도 (상호의존성 정도)	기술	예시	조정 형태
집합적 상호의존성	낮음	중개형 기술	보험회사, 부동산 중개소, 은행 등	규칙, 표준화
연속적 상호의존성	중간	연속적 기술	대량생산 조립라인 등	정기적 회의, 수직적 의사전달, 계획
교호적 상호의존성	높음	집약형 기술	종합병원, 건축사업	부정기적 회의, 상호조정, 수평적 의사전달, 예정표

② 공학적 기술은 Thompson이 아니라 Perrow가 제시한 기술유형임

정답 ④

07 회독 □□□

2018. 서울(하) 7급

조직구조의 상황요인에 대한 설명으로 올바른 것을 〈보기〉에서 모두 고른 것은?

보기
- ㉠ 비일상적 기술일 경우 공식화가 높아질 것이다.
- ㉡ 조직 규모가 커짐에 따라 공식화가 높아질 것이다.
- ㉢ 환경의 불확실성이 높을수록 집권화가 높아질 것이다.
- ㉣ 비일상적 기술일수록 집권화가 낮아질 것이다.
- ㉤ 환경의 불확실성이 높을수록 공식화가 낮아질 것이다.

① ㉠, ㉢, ㉣ ② ㉡, ㉣, ㉤
③ ㉢, ㉣, ㉤ ④ ㉠, ㉡, ㉤

정답 및 해설

올바른 선지

㉡㉣㉤

상황변수와 기본변수의 관계정리

구분		복잡성	공식화	집권화
규모	조직의 규모↑	+	+	−
환경	불확실성↑	+	−	−
기술	비일상적 기술↑	+	−	−

참고
① 조직의 규모가 클수록 복잡성이 증대되므로 조직 내 구성원의 응집력이 약해질 수 있음
② 조직이 비일상적 기술을 많이 활용할 경우 조직은 일반적으로 유기적 구조가 됨; 유기적 구조는 복잡성, 공식화, 집권화의 수준이 낮음; 단, 유기적 구조라도 다양한 부서에서 구성원을 충원할 경우 복잡성 중에서 수평적 분화의 값은 클 수도 있는데, 이때 복잡성 값이 커질 수도 있음; 위의 표에서 불확실성 및 비일상적인 기술이 커짐에 따라 복잡성 값이 커지는 현상은 전술한 경우를 다루는 것임
③ 만약 조직 규모가 감소하면 공식화와 분권화가 모두 낮아짐

틀린 선지

㉠ 비일상적 기술일 경우 공식화의 수준이 낮아짐
㉢ 환경의 불확실성이 높을수록 분권화의 수준이 높아짐

정답 ②

08 회독 □□□

2019. 국가 7급

페로(C. Perrow)의 기술유형 중 과업의 다양성과 문제의 분석 가능성이 모두 높은 경우에 해당하는 기술은?

① 장인 기술 ② 비일상적 기술
③ 공학적 기술 ④ 일상적 기술

정답 및 해설

과업의 다양성(예외적 사건의 발생가능성)과 문제의 분석가능성(대안탐색 가능성)이 모두 높은 경우에 활용하는 조직기술은 공학기술임

페로우(C. Perrow)의 조직기술 분류와 조직구조

구분		분석의 가능성: 대안탐색의 가능성	
		높음	낮음
과업의 다양성 : 예외의 수	다수	공학적인 기술	비일상적인 (비정형화된) 기술
		① 다소 기계적 조직: 다소 높은 공식화·집권화 ② 중간의 통솔범위	① 유기적 조직: 낮은 공식화·집권화 ② 좁은 통솔범위
	소수	일상적인(정형화된) 기술	장인(기예적) 기술
		① 기계적 조직: 높은 공식화·집권화 ② 넓은 통솔범위	① 다소 유기적 조직: 다소 낮은 공식화·집권화 ② 중간의 통솔범위

정답 ③

PART 03 조직론

Section 02 조직구조 형성의 고전적 원리

09 회독 □□□ 2020. 지방 9급

조직구성 원리에 대한 설명으로 옳지 않은 것은?

① 분업의 원리 – 일은 가능한 한 세분해야 한다.
② 통솔범위의 원리 – 한 명의 상관이 감독하는 부하의 수는 상관의 통제능력 범위 내로 한정해야 한다.
③ 명령통일의 원리 – 여러 상관이 지시한 명령이 서로 다를 경우 내용이 통일될 때까지 명령을 따르지 않아야 한다.
④ 조정의 원리 – 권한 배분의 구조를 통해 분화된 활동들을 통합해야 한다.

정답 및 해설

명령통일의 원리는 한 명의 상관에게 명령을 받고 보고를 해야 한다는 원리로서 귤릭과 어윅이 능률적인 행정을 위해 제시한 내용에 해당함

① 분업의 원리 – 전문성 제고를 위해 한 명에게 한 가지 일을 맡기는 것
② 통솔범위의 원리 – 한 명이 통제할 수 있는 적절한 부하의 수를 정해야 한다는 것
④ 조정의 원리 –조직력의 향상을 위해 분화된 활동들을 통합하는 것

정답 ③

10 회독 □□□ 2016. 국가 9급

조직의 통합 및 조정방법에 대한 설명으로 옳지 않은 것은?

① 민츠버그(Mintzberg)에 의하면 연락역할담당자는 상당한 공식적 권한을 부여받아 조직 내 부문 간 의사전달 문제를 처리한다.
② 태스크포스는 여러 부서에서 차출된 직원들로 구성되며 특정 과업이 해결된 후에는 해체된다.
③ 리커트(Likert)의 연결핀 모형에 의하면 관리자는 연결핀으로서 자신이 관리하는 집단의 구성원인 동시에 상사에게 보고하는 관리자 집단의 구성원이다.
④ 차관회의는 조직 간 조정방법 중 하나이다.

정답 및 해설

민츠버그에 의하면 연락역할담당자는 비공식적인 권한을 지니지만, 전문성을 바탕으로 조직 내 부문 간 의사전달의 문제를 해결함

② 태스크포스는 일반적으로 중요하고 장기적인 과업을 해결하기 위해 여러 부서에서 차출된 직원들로 구성되며 특정 과업이 해결된 후에는 해체되는 임시조직에 해당함
③ 리커트(Likert)의 연결핀 모형에 의하면 조직의 중간관리자는 연결핀으로서 자신이 관리하는 집단의 구성원인 동시에 상사에게 보고하는 관리자 집단의 구성원임
④ 차관회의는 행정부 내 차관 및 차관급 공무원이 모여서 국무회의에 상정할 의안들을 국무회의에 앞서 예비심사하는 기능을 가지기 때문에 조직 간 조정방법 중 하나임

정답 ①

11 회독 □□□ 2016. 지방 9급

계층제에 대한 설명으로 옳지 않은 것은?

① 조직의 수직적 분화가 많이 이루어졌을 때 고층구조라 하고 수직적 분화가 적을 때 저층구조라 한다.
② 조직 내의 권한과 책임 및 의무의 정도가 상하의 계층에 따라 달라지도록 조직을 설계하는 것을 말한다.
③ 조직에서 지휘명령 등 의사소통, 특히 상의하달의 통로가 확보되는 순기능이 있다.
④ 엄격한 명령계통에 따라 상명하복의 관계유지를 위해서는 통솔범위를 넓게 설정한다.

정답 및 해설

통솔범위의 원리는 능률적인 관리를 위한 적절한 부하의 수를 의미함; 부하의 수가 많을수록 보고의 체계를 잡기가 어려워지는 까닭에 엄격한 명령계통(보고의 체계)에 따라 적절한 상명하복의 관계유지를 위해서는 통솔범위를 좁게 혹은 적절하게 설정해야 함

정답 ④

12 회독 □□□ 2017. 지방 9급

조직의 원리에 대한 설명으로 옳지 않은 것은?

① 계층제의 원리는 조직 내의 권한과 책임 및 의무의 정도가 상하의 계층에 따라 달라지도록 조직을 설계하는 것이다.
② 통솔범위란 한 사람의 상관 또는 감독자가 효과적으로 통솔할 수 있는 부하 또는 조직단위의 수를 말하며, 감독자의 능력, 업무의 난이도, 돌발상황의 발생가능성 등 다양한 요소를 고려하여 정해진다.
③ 분업의 원리에 따라 조직 전체의 업무를 종류와 성질별로 나누어 조직구성원이 가급적 한 가지의 주된 업무만을 전담하게 하면, 부서 간 의사소통과 조정의 필요성이 없어진다.
④ 부성화의 원리는 한 조직 내에서 유사한 업무를 묶어 여러 개의 하위기구를 만들 때 활용되는 것으로 기능부서화, 사업부서화, 지역부서화, 혼합부서화 등의 방식이 있다.

정답 및 해설

분업의 원리에 따라 조직구성원이 가급적 한 가지의 주된 업무만을 전담하면 조직 내 전문성 및 능률성은 커지지만, 조직전체의 목표를 달성하기 위해서는 각 부서의 전문성을 하나로 응집해야 함; 따라서 관리자는 조직의 응집성 및 조직력 제고를 위해 조정 및 통합장치를 마련해야 함

① 계층제의 원리는 조직 내의 권한과 책임 및 의무의 정도가 상하의 계층에 따라 달라지도록 조직을 설계하는 것임; 이에 따라 계층제 내에서 권력은 계층에 따라 자동적으로 배분되고, 상하의 계층 간에는 엄격한 상명하복의 관계가 형성됨
② 통솔범위란 한 사람의 상관 또는 감독자가 효과적으로 통솔할 수 있는 부하 또는 조직단위의 수를 말하는데, 이는 감독자의 능력, 업무의 난이도, 돌발상황의 발생가능성 등 다양한 요소를 고려하여 상황에 맞게 정해질 수 있음
④ 부성화의 원리는 특정한 기준에 따라 부서단위로 유사한 업무로 묶는 것으로서 기능부서화, 사업부서화, 지역부서화, 혼합부서화(두 개의 부서화 기준을 혼합하는 방식) 등의 방식이 있음

정답 ③

PART 03 조직론

13 회독 □□□

2017. 지방 9급

분업에 대한 설명으로 옳지 않은 것은?

① 분업은 업무량의 변동이 심하거나 원자재의 공급이 불안정한 경우에 더 잘 유지된다.
② 분업이 고도화되면 조직구성원에게 심리적 소외감이 생길 수 있다.
③ 작업전환에 드는 시간(change-over time)을 단축할 수 있다.
④ 분업의 심화는 작업도구 · 기계와 그 사용방법을 개선하는 데 기여할 수 있다.

정답 및 해설

분업은 한 사람에게 한 가지 일을 맡기는 것인데, 조직 내 불확실성이 높다면 적절한 분업체계를 유지하기 어려움; 따라서 조직 내 분업은 업무량의 변동이 심하거나 원자재의 공급이 불안정한 경우에 제대로 작동하기 어려움

②③④

<table>
<tr><td rowspan="3">분업 혹은 전문화의 원리</td><td>개념</td><td>업무를 종류와 성질별로 구분하여 구성원에게 가급적 한 가지의 주된 업무를 분담시켜 조직의 능률을 향상을 유도하는 것</td></tr>
<tr><td>장점</td><td>① 분업의 정도가 높을수록 각 직무는 소수의 과업을 반복적으로 수행함으로써 생산성이 제고할 수 있음
② 구성원의 전문성 제고를 통해 작업전환에 드는 시간(change-over time)을 단축함
③ 분업의 심화는 전문성 제고를 야기하는 바 작업도구 · 기계와 그 사용방법을 개선하는 데 기여할 수 있음</td></tr>
<tr><td>단점</td><td>① 분업이 고도화되면 조직구성원에게 업무수행에 대한 흥미상실, 심리적 소외감, 비인간화 등이 생길 수 있음 → 인간의 부품화
② 분업이 심화되면 부서 간 할거주의, 비협조가 발생할 수 있으므로 부서 간 의사소통과 조정의 필요성이 커짐
③ 업무량의 변동이 심하거나 원자재의 공급이 불안정한 경우에는 분업을 유지하기가 어려움
④ 지나친 훈련된 무능 등의 역기능을 야기할 수 있음</td></tr>
</table>

정답 ①

14 회독 □□□

2018. 국가 9급

조직구조의 설계에 있어서 '조정의 원리'에 대한 설명으로 옳지 않은 것은?

① 수직적 연결은 상위계층의 관리자가 하위계층의 관리자를 통제하고 하위계층 간 활동을 조정하는 것을 목적으로 한다.
② 수직적 연결방법으로는 임시적으로 조직 내의 인적 · 물적 자원을 결합하는 프로젝트 팀(project team)의 설치 등이 있다.
③ 수평적 연결은 동일한 계층의 부서 간 조정과 의사소통을 목적으로 한다.
④ 수평적 연결방법으로는 다수 부서 간의 긴밀한 연결과 조정을 위한 태스크포스(task force)의 설치 등이 있다.

정답 및 해설

프로젝트팀 혹은 테스크포스와 같은 임시조직은 조직 내 여러 부서에서 필요한 인원을 지원받아서 구성하기 때문에 조직관리에 있어서 수평적인 연결기제에 해당함

① 수직적 연결은 조직 내 계층 간 연결기제로서 상위계층의 관리자가 하위계층의 관리자를 통제하고 하위계층 간 활동을 조정하는 것을 목적으로 함
③ 수평적 연결은 동일한 계층 내에서의 부서 간 조정과 의사소통을 목적으로 하는 것을 목적으로 함
④ 수평적 연결방법으로는 다수 부서 간의 긴밀한 연결과 조정을 위한 임시조직, 정보시스템, 연락역할담당자, 프로젝트 매니저 설치 등이 있음

프로젝트 매니저

> 조정과 연락업무만을 담당하는 통합관리자 → 프로젝트를 총괄하는 매니저가 해당 프로젝트를 완수하기 위해 다양한 부서에서 인력을 충원하기 때문에 수평적 조정기제에 해당함

정답 ②

15 회독 □□□

2021. 국가 7급 수정

일반적인 조직구조 설계원리에 대한 설명으로 옳은 것만을 모두 고르면?

ㄱ. 계선은 부하에게 업무를 지시하고, 참모는 정보제공, 자료분석, 기획 등의 전문지식을 제공한다.
ㄴ. 부성화(부문화)의 원리는 일정한 기준에 따라 서로 기능이 같거나 유사한 업무를 조직단위로 묶는 것을 의미한다.
ㄷ. 통솔범위가 넓을수록 고도의 수직적 분화가 일어나 고층구조가 형성되고, 좁을수록 평면구조가 이뤄진다.
ㄹ. 명령통일의 원리는 부하가 한 사람의 상관으로부터 명령을 받게 해야 함을 의미한다.

① ㄱ, ㄴ, ㄷ
② ㄱ, ㄴ, ㄹ
③ ㄱ, ㄷ, ㄹ
④ ㄴ, ㄷ, ㄹ

정답 및 해설

올바른 선지

ㄱ. 계선은 보조기관으로서 부하에게 업무를 지시하고, 참모는 보조기관에게 정보제공, 자료분석, 기획 등의 전문지식을 제공함
ㄴ. 부성화의 원리는 일정한 기준에 따라 서로 연관된 업무를 묶어 조직 단위를 구성하는 것임 → 조직 내 동질성 강조
ㄹ. 명령통일의 원리는 명령을 내리고 보고를 받는 사람이 한 사람이어야 한다는 것을 의미함

틀린 선지

ㄷ. 통솔범위가 넓을수록 수직적 분화의 필요성이 낮아져서 저층구조(수평구조)가 형성되고 통솔범위가 좁을수록 수직적 분화의 필요성이 높아져 고층구조가 나타남

정답 ②

16 회독 □□□

2009. 지방 7급

조직에 관한 원리를 설명한 것 중에서 옳지 않은 것은?

① 계층제의 원리는 직무를 권한과 책임의 정도에 따라 등급화하고 상하계층 간에 지휘와 명령복종 관계를 확립하여 구성원의 귀속감과 참여감을 증진시키는 순기능을 가지고 있다.
② 전문화(분업)의 원리는 업무를 종류와 성질별로 구분하여 구성원에게 가급적 한 가지의 주된 업무를 분담시켜 조직의 능률을 향상시키려는 것이나 업무수행에 대한 흥미상실과 비인간화라는 역기능을 가지고 있다.
③ 조정의 원리는 공동목적을 달성하기 위하여 구성원의 행동통일을 기하도록 집단적 노력을 질서 있게 배열하는 과정이며 전문화에 의한 할거주의, 비협조 등을 해소하는 순기능을 가지고 있다.
④ 통솔범위의 원리는 1인의 상관 또는 감독자가 효과적으로 직접 감독할 수 있는 부하의 수에 관한 원리로서 계층의 수가 많아지면 통솔범위가 축소된다.

정답 및 해설

계층제의 원리는 직무를 권한과 책임의 정도에 따라 등급화하고 상하계층 간에 지휘와 명령복종 관계를 확립하여 조직을 조정 및 통합할 수 있음; 그러나 집권적인 의사결정구조로 인해 구성원의 참여 및 귀속감을 제한하는 문제가 있음

② 전문화(분업)의 원리는 구성원에게 가급적 한 가지의 주된 업무를 분담시켜 조직의 능률을 향상시키려는 것임 → 그러나 분업화는 반복된 업무수행에 대한 흥미상실과 비인간화(부품화)라는 역기능을 가지고 있음
③ 조정의 원리는 분업화된 체계를 연결하려는 시도이기 때문에 전문화에 의한 할거주의, 비협조 등을 해소하는 순기능을 가지고 있음
④ 통솔범위의 원리는 적절한 부하의 수를 지녀야 한다는 것으로서 일반적으로 계층의 수가 많아지면 통솔범위는 축소됨

정답 ①

17 회독 □□□ 2016. 국가 7급

귤릭(Gulick)의 조직 설계의 고전적 원리에 대한 설명으로 옳지 않은 것은?

① 전문화의 원리란 전문화가 되면 될수록 행정능률은 올라간다는 것을 의미한다.
② 명령통일의 원리는 명령을 내리고 보고를 받는 사람이 한 사람이어야 한다는 것을 의미한다.
③ 통솔범위의 원리는 부하들을 효과적으로 통솔하기 위해 부하의 수가 한정되어야 한다는 것을 의미한다.
④ 부서편성의 원리는 조직편성의 기준을 제시하며, 그 기준은 목적, 성과, 자원 및 환경의 네 가지이다.

정답 및 해설

부서편성의 원리란 목적, 과정, 업무대상(사람 혹은 물건), 장소 등 4가지 요소에 따라 부서의 업무를 분화시키는 것을 뜻함 → 이에 따라 조직 단위를 구성하는 방법에는 기능부서화, 사업부서화, 지역부서화, 혼합부서화 등의 방식이 있음

혼합부서화

두 개의 부서화 기준을 혼합하는 방식

① 전문화의 원리란 한 사람에게 한 가지 업무를 맡기는 것이며, 전문화가 되면 될수록 행정의 능률성이 높아짐
② 명령통일의 원리는 부하가 한 명의 상관에게 보고를 해야 한다는 것을 의미함
③ 통솔범위의 원리는 1인의 상관 또는 감독자가 효과적으로 직접 감독할 수 있는 부하의 수(혹은 조직단위의 수)에 관한 원리임

정답 ④

조직유형론

Section 01 조직의 유형

18 회독 □□□

다음 내용에 해당하는 조직유형에 대한 설명으로 옳지 않은 것은?

> A회사는 장기적인 제품개발 프로젝트 수행을 위해 각 부서에서 총 10명을 차출하여 팀을 운영하려고 한다. 이 팀에 소속된 팀원들은 원부서에서 주어진 고유 기능을 수행하면서 제품개발을 위한 별도 직무가 부여된다. 따라서 프로젝트 수행 기간 중 팀원들은 프로젝트팀장과 원소속 부서장의 지휘를 동시에 받게 된다.

① 기능구조와 사업구조를 결합한 혼합형 구조이다.
② 동태적 환경 및 부서 간 상호 의존성이 높은 상황에서 효과적이다.
③ 조직 내부의 갈등 가능성이 커질 우려가 있다.
④ 명령 계통의 다원화로 유연한 인적자원 활용이 어렵다.

정답 및 해설

매트릭스 조직은 인적자원활용의 유연성 및 효율성을 제고할 수 있음

① 매트릭스 조직은 기능구조의 전문성, 사업구조의 대응성을 지니는 조직유형임
② 매트릭스 조직은 유기적 구조이며, 기능구조와 사업구조의 협력을 촉진할 수 있음
③ 매트릭스 조직은 이원적 권한체계를 지니는 까닭에 조직 내부의 갈등가능성이 커질 우려가 있음

정답 ④

19 회독 □□□

팀제 조직에 대한 설명으로 옳은 것만을 모두 고르면?

> ㄱ. 결정과 기획의 핵심 기능만 남기고 사업집행 기능은 전문업체에 위탁한다.
> ㄴ. 역동적 환경변화에 유연하게 적응하고 신속한 문제해결이 가능하다.
> ㄷ. 기술구조 부문이 중심이 되고 작업 과정의 표준화가 주요 조정수단이다.
> ㄹ. 관료제의 병리를 타파하고 업무수행에 새로운 의식과 행태의 변화 필요성으로 등장하였다.

① ㄱ, ㄴ　　② ㄱ, ㄷ
③ ㄴ, ㄹ　　④ ㄷ, ㄹ

정답 및 해설

팀제, 즉 수평구조는 핵심업무과정을 중심으로 구성된 조직유형이며, 유기적 구조에 해당함

올바른 선지

ㄴ, ㄹ.
선지는 모두 유기적 구조(유연한 조직유형)에 대한 내용임

틀린 선지

ㄱ. 네트워크 조직에 대한 내용임
ㄷ. 민츠버그 조직유형 중 기계적 관료제에 대한 내용임

정답 ③

20 회독 □□□

2023. 지방 9급

민츠버그(Mintzberg)가 제시한 조직유형이 아닌 것은?

① 기계적 관료제
② 애드호크라시(adhocracy)
③ 사업부제 구조
④ 홀라크라시(holacracy)

정답 및 해설

홀라크라시는 민츠버그가 제시한 조직유형이 아님

①②③
단순구조, 기계적 관료제, 전문적 관료제, 사업구조, 애드호크라시는 민츠버그가 분류한 조직유형임

정답 ④

21 회독 □□□

2023. 국가 9급

조직구조의 유형에 대한 설명으로 옳지 않은 것은?

① 사업(부)구조는 조직의 산출물에 기반을 둔 구조화 방식으로 사업(부) 간 기능 조정이 용이하다.
② 매트릭스구조는 수직적 기능구조에 수평적 사업구조를 결합시켜 조직운영상의 신축성을 확보한다.
③ 네트워크구조는 복수의 조직이 각자의 경계를 넘어 연결고리를 통해 결합 관계를 이루어 환경 변화에 대처한다.
④ 수평(팀제)구조는 핵심업무 과정 중심의 구조화 방식으로 부서 사이의 경계를 제거하여 의사소통을 원활하게 한다.

정답 및 해설

조직 내 각 사업구조는 독립적인 조직이므로 사업구조 간 기능 조정은 필요없음

② 매트릭스 구조는 기능구조와 사업구조를 결합한 조직이며, 유기적 구조에 해당함
③ 네트워크구조는 여러 하위조직 간 협력적 네트워크를 활용하여 환경 변화에 대처하는 유기적 구조임
④ 수평구조는 팀별 핵심업무를 연결한 조직이며, 유기적 구조에 해당함

정답 ①

22 회독 □□□

2021. 국가 9급

결정과 기획 같은 핵심기능만 수행하는 조직을 중심에 놓고 다수의 독립된 조직들을 협력관계로 묶어 일을 수행하는 조직형태는?

① 태스크 포스
② 프로젝트 팀
③ 네트워크 조직
④ 매트릭스 조직

23 회독 □□□

2020. 지방 9급

기능(functional) 구조와 사업(project) 구조의 통합을 시도하는 조직 형태는?

① 팀제 조직
② 위원회 조직
③ 매트릭스 조직
④ 네트워크 조직

정답 및 해설

네트워크 조직은 결정과 기획 같은 핵심기능만 수행하는 조직을 중심에 놓고 다수의 독립된 조직들을 협력 관계로 묶어 일을 수행하는 조직 형태임

①②
태스크 포스와 프로젝트 팀: 양자 모두 특정한 사안이 발생했을 때 이를 해결하기 위해 형성되는 임시조직임
④ 매트릭스 조직: 기능구조와 사업구조의 화학적 결합을 시도한 조직으로써 이원적 권한 체계를 지님

정답 ③

정답 및 해설

매트릭스 조직은 기능구조와 사업구조의 화학적인 결합을 통해 전문성 및 환경대응성을 제고하려는 조직구조임

① 팀제 조직: 핵심업무 과정을 중심으로 조직을 편성한 유기적 구조
② 위원회 조직: 복수의 의사결정권자로 구성되는 합의제 조직으로서 일반적으로 관련 분야에 대한 전문지식이 있는 외부전문가들과 각 부처에서 지원받은 인력들로 구성
④ 네트워크 조직: 주요 조직은 핵심업무를 수행(전략·계획·통제 등)하고 부수적인 업무는 외부의 기관에게 위임하는 공동화 조직

정답 ③

cf.

24 회독 □□□

2020. 서울속기 9급

민츠버그(Mintzberg)의 정부관리모형에 대한 설명으로 가장 옳지 않은 것은?

① 기계모형 - 정부는 각종 법령과 규칙, 기준에 의해 중앙통제를 받는다.

② 네트워크모형 - 정부는 사업 단위들의 협동적 연계망으로 구성된다.

③ 성과통제모형 - 정부는 계획 및 통제의 역할을 담당하고 모든 집행 역할은 민영화한다.

④ 규범적 통제모형 - 정부는 규범적 가치와 신념에 의해 통제된다.

정답 및 해설

민츠버그는 5가지 정부관리모형을 제시하였는데, ③의 내용은 성과통제모형이 아니라 가상모형에 해당함

민츠버그의 정부관리 모형

모형	개념
기계 모형	정부는 각종 법령과 규칙, 기준에 의해 중앙통제를 받음
네트워크 모형	조직 전체가 사업부별로 구성된 단위들의 협동적 연계망으로 구성됨 예 문화체육관광부, 중소벤처기업부 등 특정 사업을 집행하는 부서로만 구성
실적(성과) 통제모형	① 정부 전체를 사업부서로 분할하고, 각 사업부서에 업무수행목표가 부여되며, 사업부서의 관리자들은 성과에 대해 책임을 짐 ② 정부의 상위구조에서 계획하고 통제하며, 하위구조에서는 계획을 집행 예 책임운영기관과 중앙행정기관
가상 모형	정부는 계획 및 통제의 역할을 담당하고 모든 집행 역할은 민영화함 → 시장을 활용한 집행 예 민간위탁 혹은 민영화
규범적 통제모형	정부는 규범적 가치와 신념에 의해 통제됨 → 구성원들의 자발적 헌신을 강조하는 모형으로 제도보다는 사람의 정신을 중시함

정답 ③

25 회독 □□□

2008. 국가 9급

조직구조모형에 대한 설명으로 옳지 않은 것은?

① 사업구조(divisional structure)에서는 자율적으로 운영되는 부서 간의 조정가능성은 증진되지만 부서 내 조정은 어려워진다.

② 네트워크구조(network structure) 내의 개인들은 도전적인 과업을 수행하면서 직무의 확장과 확충에 따라 직무동기가 유발되는 장점이 있다.

③ 기능구조(functional structure)에서는 기능적 통합을 통하여 규모의 경제를 제고할 수 있다.

④ 매트릭스구조(matrix structure)에서는 조직구성원들을 부서 간에 공유함으로써 자원활용의 효율성을 제고할 수 있다.

정답 및 해설

사업구조에서는 자율적으로 운영되는 사업부서 간의 조정가능성은 감소하지만 부서 내 기능부서 간 조정은 용이함

② 네트워크 조직 내 개인은 분권화된 구조를 바탕으로 도전적인 과업을 수행하면서 직무의 확장과 확충에 따라 직무동기가 유발됨

참고

1. 직무확충
   동일 직무에 다른 과업을 병행하는 것으로써 직무확장과 직무충실로 구분할 수 있음
2. 직무확장(job enlargement)
   기존의 직무에 수평적으로 연관된 직무요소 또는 기능들을 추가하는 수평적 직무 재설계의 방법: 수평적 전문화의 수준이 낮아지는 것
3. 직무충실(job enrichment)
   직무를 맡는 사람의 책임성과 자율성을 높이고, 직무수행에 관한 환류가 원활히 이루어지도록 직무를 재설계하는 방법 → 수직적 전문화의 수준이 낮아지는 것

③ 기능구조에서는 유사한 기능을 통합하여 분업을 촉진하는바 규모의 경제를 제고할 수 있음

④ 매트릭스구조에서는 조직구성원들을 기능부서와 사업부사 간에 공유함으로써 자원활용의 효율성을 제고할 수 있음

정답 ①

26 회독 □□□

2011. 지방 9급

민츠버그(H. Mintzberg)가 제시한 조직구조 유형에 대한 설명으로 옳은 것은?

① 기계적 관료제(machine bureaucracy)는 막스 베버의 관료제와 유사하다.

② 임시조직(adhocracy)은 대개 단순하고 반복적인 문제를 해결하기 위해 생성된다.

③ 폐쇄체계(closed system)적 관점에서 조직이 수행하는 기능을 기준으로 유형을 분류하였다.

④ 사업부 조직(divisionalized organization)은 기능별·서비스별 독립성으로 인해 조직전체 공통관리비의 감소효과가 크다.

정답 및 해설

기계적 관료제는 근대 관료제(막스 베버의 관료제)와 유사하며, 단순하고 안정적인 환경에 적절한 조직구조임; 기계적 관료제의 대표적인 예는 군대를 들 수 있으며, 이는 기술구조가 조직의 업무를 능률적으로 처리하기 위해 업무의 표준화를 지향함

② 임시조직은 비일상적인 일을 해결하기에 용이한 유기적 구조임
③ 민츠버그는 상황요인을 고려하는바 개방체제적 관점을 취하고 있으며, 핵심부문이 어떤 조정수단을 활용하는지 등을 기초로 조직유형을 분류하였음
④ 사업부 조직은 기능별·서비스별 독립성으로 인해 조직 전체의 공통관리비가 많이 들어감

정답 ①

27 회독 □□□

2019. 사복 9급

데프트(Daft)가 제시한 조직구조 유형에 해당하지 않는 것은?

① 기능구조(functional structure)

② 매트릭스 구조(matrix structure)

③ 단순구조(simple structure)

④ 사업구조(divisional structure)

정답 및 해설

단순구조는 민츠버그가 제시한 조직유형 중 하나임; 데프트는 번즈 & 스토커가 제시한 조직유형, 즉 기계적 구조와 유기적 구조에 5가지를 더하여 기계적 구조, 기능구조, 사업구조, 매트릭스구조, 수평구조, 네트워크구조, 유기적 구조로 조직유형을 구분하였음

정답 ③

28 회독 □□□

2019. 서울 9급

네트워크 조직구조가 가지는 일반적인 장점에 대한 설명으로 가장 옳지 않은 것은?

① 조직의 유연성과 자율성 강화를 통해 창의력을 발휘할 수 있다.
② 통합과 학습을 통해 경쟁력을 제고할 수 있다.
③ 조직의 네트워크화를 통해 환경 변화에 따른 불확실성을 감소시킬 수 있다.
④ 조직의 정체성과 응집력을 강화시킬 수 있다.

정답 및 해설

네트워크 조직구조는 조정 및 기획기능을 제외한 나머지 기능을 다수의 외부조직에 맡기는 과정에서 분절화가 발생할 수 있음 → 이에 따라 조직의 정체성과 응집력을 약화시킬 수 있음

① 네트워크 조직은 유기적인 구조이므로 조직의 유연성과 자율성 강화를 통해 구성원의 창의력을 발휘(분권화 활용)할 수 있음
② 네트워크 조직은 전문성 있는 외부기관이 활용하는 지식을 배울 수 있으며, 분절화가 심하지 않다면 조직 간 조정과 통합을 이룰 수 있음
③ 네트워크 조직은 네트워크화를 통해 다양한 업무를 소화하는 까닭에 환경변화에 따른 불확실성을 감소시킬 수 있음

정답 ④

29 회독 □□□

2020. 지방 7급

조직유형에 대한 설명으로 옳지 않은 것은?

① 매트릭스 조직은 기능 중심의 수직적 계층구조에 수평적 조직구조를 결합한 조직으로 명령통일의 원리에 부합한다.
② 테스크포스는 특수한 과업 완수를 목표로 기존의 다른 부서나 외부업체 등에서 사람들을 선발하여 구성한 조직이며, 본래 목적을 달성하면 해체되는 임시조직이다.
③ 프로젝트팀은 전략적으로 중요하거나 창의성이 요구되는 프로젝트를 진행하기 위해 여러 부서에서 프로젝트 목적에 적합한 사람들을 선발해 구성한 조직이다.
④ 네트워크 조직은 각기 높은 독자성을 지닌 조직 단위나 조직 간에 협력적 연계를 통해 구성된 조직이며, 환경변화에 신속하게 적응할 수 있다.

정답 및 해설

매트릭스 조직은 기능 중심의 수직적 계층구조(기능구조)에 수평적 조직구조(사업구조)를 결합한 조직임; 이는 구성원에 대한 이원적 권한체계를 지닌 조직이므로 명령통일의 원칙에 위배됨

②③
테스크포스와 프로젝트팀은 여러 부서 등에서 특정한 임무를 해결하기 위해 형성된 임시조직임; 단, 프로젝트팀과 테스크포스를 비교하는 시각에서는 일반적으로 테스크포스를 좀 더 장기적인 조직으로 간주함(단, Daft는 반대의 견해)
④ 네트워크 조직은 조직의 자체 기능은 핵심역량 위주로 합리화하고, 여타 기능은 외부기관들과의 계약관계를 통해 수행하는 조직유형임; 네트워크 조직은 외부업체, 즉 각기 높은 독자성을 지닌 조직 단위나 조직 간에 협력적 연계를 활용하며, 환경변화에 신속하게 적응할 수 있는 유기적인 구조임

정답 ①

30 회독 □□□ 2008. 지방 7급

최근 증가 추세에 있는 네트워크구조(network structure)에 대한 설명으로 적절하지 않은 것은?

① 네트워크구조는 유기적 조직 유형의 하나라고 할 수 있다.
② 정보통신기술의 확산으로 채택된 새로운 조직구조접근법이라고 할 수 있다.
③ 네트워크구조에서는 조직의 정체성이 약해 응집성 있는 조직문화를 가지기 어렵다.
④ 네트워크구조는 수평적·공개적 의사전달을 강조하기 때문에 수직적 통합과는 거리가 있다.

정답 및 해설

네트워크 조직은 중심 조직과 외부 조직 간 수평적·공개적 의사전달을 강조함; 다만, 중심 조직이 네트워크를 조정하면서 전체 조직을 운영하기 때문에 수직적인 통합을 활용함

① 네트워크구조는 데프트의 조직유형 중 유기적 조직에 가까운 조직구조임
② 네트워크구조는 조직의 분절화를 완화하기 위해 정보통신기술을 활용함
③ 네트워크구조에서는 조직의 분절화가 심할 경우 조직의 정체성이 약해져 응집성 있는 조직문화를 가지기 어렵다는 단점이 있음

정답 ④

31 회독 □□□ 2019. 서울 7급

민츠버그(H. Mintzberg)의 조직성장 경로모형에 대한 설명으로 가장 옳지 않은 것은?

① 지원 스태프 부문은 기본적인 과업흐름 내에서 발생하는 조직의 문제에 대해 지원하는 모든 전문가로 구성되어 있다.
② 조직은 핵심 운영 부문, 전략 부문, 중간 라인 부문, 기술 구조 부문, 지원 스태프 부문으로 구성된다.
③ 전략 부문은 조직을 가장 포괄적인 관점에서 관리하는 최고관리층이 있는 곳으로 조직의 전략을 형성한다.
④ 핵심 운영 부문은 조직의 제품이나 서비스를 생산해 내는 기본적인 일들이 발생하는 곳이다.

정답 및 해설

지원 스태프 부분은 애드호크라시를 구성하는 핵심인력임; 애드호크라시는 높은 불확실성에 적합한 조직구조이므로 지원 스태프 부문은 기본적인 과업흐름 외에서 발생하는 조직의 문제에 대해 지원하는 모든 전문가로 구성되어 있음

② 각 조직을 이끌어가는 핵심인력의 유형에 대한 선지임
③ 전략 부문은 최고관리자이므로 포괄적인 관점에서 조직을 운영하면서 조직의 전략을 형성함
④ 핵심 운영 부문(전문적 관료제에서 핵심 인력)은 현장에서 실제로 제품이나 서비스를 생산하는 계층을 의미함; 따라서 핵심 운영 부문에서는 조직의 제품이나 서비스를 생산해 내는 기본적인 일들이 발생하게 됨

정답 ①

32 회독 □□□ 2012. 국가 7급

조직구조모형을 유기적인 성격이 약한 것에서부터 강한 것의 순서로 바르게 배열한 것은?

① 네트워크구조<매트릭스구조<수평구조<사업구조<기능구조
② 기능구조<사업구조<수평구조<매트릭스구조<네트워크구조
③ 기능구조<사업구조<매트릭스구조<수평구조<네트워크구조
④ 기능구조<매트릭스구조<사업구조<수평구조<네트워크구조

정답 및 해설

Daft는 조직구조를 분류하면서, 기계적 구조와 유기적 구조를 양극단에 위치시키고 중간에 5개의 조직을 추가하였음 → 기능구조, 사업구조, 매트릭스구조, 수평구조, 네트워크구조가 그것인데, 오른쪽으로 갈수록 유기적인 성격이 강함

암기법 : 대기^{2}업이 매수했네유

정답 ③

33 회독 □□□ 2009. 국가 7급

네트워크 조직의 특징을 설명한 것으로 가장 거리가 먼 것은?

① 수평적, 공개적 의사전달이 강조된다.
② 고도의 적응성과 유연성을 가진 유기적 구조를 가진다.
③ 외부기관과의 협력이 강화되기 때문에 대리인 문제의 발생 가능성이 낮다.
④ 의사결정체계는 분권적이며 동시에 집권적이다.

정답 및 해설

네트워크 조직은 전략·계획·통제 등 핵심기능 위주로 합리화하고, 여타의 생산기능은 아웃소싱을 통하여 다른 조직의 자원을 저렴한 비용으로 활용하는 '분권화된 공동(空洞)조직'임 → 따라서 외부기관과의 협력관계상 대리인 문제가 발생하기 쉬워 조정 및 감시비용이 증가할 수 있음

① 네트워크 조직은 중심 조직과 외부조직 간의 수평적, 공개적 의사전달이 강조됨
② 데프트의 분류에 따르면 네트워크 조직은 고도의 적응성과 유연성을 가진 유기적 구조에 해당함
④ 네트워크 조직의 의사결정체계는 분권적이며 동시에 집권적임 → 즉, 수직적·수평적 통합(핵심 조직은 외부 기관을 조정하면서도 수평적인 관계에서 협력)을 지향

정답 ③

34 회독 □□□

2014. 국가 7급

네트워크 조직의 특성에 대한 설명으로 옳지 않은 것은?

① 응집력 있는 조직문화를 만드는 데 유리하다.
② 업무처리의 신속성과 유연성을 확보하는 데 유리하다.
③ 네트워크 기관과 구성원들 간의 교류를 통한 신뢰관계 형성이 중요하다.
④ 각기 높은 독자성을 지닌 조직단위나 조직들 간에 협력적 연계장치로 구성된 조직이다.

정답 및 해설

네트워크 구조에서는 여러 하위 조직이 분산되어 있는 까닭에(분절화 현상) 응집력 있는 조직문화를 가지기 어려움

② 네트워크 조직은 유기적인 구조이므로 변화하는 환경에서의 신속한 업무처리와 유연성을 확보하는 데 유리함

③④

네트워크 조직은 각기 높은 독자성을 지닌 조직 단위나 조직 간에 협력적 연계장치로 구성된 조직이므로 네트워크 기관과 구성원 간(외부기관)의 교류를 통한 신뢰관계 형성이 중요함

정답 ①

35 회독 □□□

2016. 국가 7급

애드호크라시(Adhocracy)에 대한 설명으로 옳지 않은 것은?

① 구조적으로 복잡성, 공식화, 집권화의 정도가 낮은 수준이다.
② 고도의 창의성과 환경 적응성이 필요한 상황에서 유효한 임시조직이다.
③ 다양한 전문가들로 구성된 집합으로 조직화와 표준화가 신속하게 이뤄진다.
④ 업무처리과정에서 갈등과 비협조가 일어나고, 창의적 업무수행 과정에서 심적 스트레스를 많이 받는다.

정답 및 해설

조직화와 표준화가 신속하게 이루어지는 조직은 관료제임 → 애드호크라시는 낮은 수준의 공식화를 지님

참고

조직화(organizing)
직위에 직무, 권한과 책임을 부여하는 것 → 일종의 표준화임

② 애드호크라시는 유기적인 구조이므로 고도의 창의성과 환경 적응성이 필요한 상황에서 유용한 조직임
④ 애드호크라시는 구성원 간 비교적 평등한 권한을 지니고 있는바 업무처리 과정에서 갈등과 비협조가 나타날 수 있음; 아울러 애드호크라시는 낮은 수준의 공식화를 특징으로 하는 까닭에 창의적 업무수행 과정에서 구성원의 스트레스가 유발될 수 있음

정답 ③

36 회독 □□□

2013. 지방 7급

학습조직에 대한 설명으로 부적절한 것은?

① 관료제 모형의 대안으로 등장하였다.
② 조직능력보다는 개인능력을 제고하는 데 초점을 맞춘다.
③ 능률성보다는 문제해결을 필수적 가치로 추구한다.
④ 성공하기 위해서는 사려깊은 리더십이 필요하다.

정답 및 해설

학습조직은 개인이 학습한 지식을 조직과 공유하는 공동체 정신을 강조함; 따라서 개인의 능력보다 조직능력을 제고하는 데 초점을 둠

① 학습조직은 관료제 모형의 대안으로 등장한 탈관료제 유형 중 하나임
③ 학습조직은 능률성보다는 변화하는 환경에서의 적응(문제해결)을 필수적 가치로 추구함
④ 학습조직에서 리더는 사려 깊은 리더십을 구현해야 함 → 즉, 리더는 구성원이 공유하는 미래에 대한 비전을 창조하고 학습을 장려해야 함

정답 ②

37 회독 □□□

2009. 국가 7급

학습조직에 대한 설명으로 옳지 않은 것은?

① 학습조직은 유기적 조직의 한 유형으로서 전통적 조직 유형의 대안으로 나타났다.
② 학습조직의 보상체계는 개인별 성과급 위주로 구성되어 있다.
③ 학습조직은 조직구성원에게 충분한 학습 기회를 제공할 수 있는 훈련을 강조한다.
④ 학습조직은 부분보다 전체를 중시하고 경계를 최소화하려는 조직문화가 필요하다.

정답 및 해설

학습조직의 기본 구성단위는 팀으로서 수평적인 조직구조를 강조함 → 따라서 학습조직의 보상체계는 팀·조직별 성과급 위주로 구성되어 있음

① 학습조직은 유기적 조직의 한 유형으로서 변화하는 환경에 적응하지 못하는 전통적 조직 유형의 대안으로 나타났음
③ 학습조직은 변화하는 환경적응에 필요한 지식에 대한 학습·훈련 및 지식의 공유를 강조함
④ 학습조직은 공동체문화를 강조하는바 부분보다 전체를 중시하고 경계를 최소화하려는 조직문화를 요구함

정답 ②

38 회독 □□□

2018. 지방 7급

매트릭스(Matrix) 조직의 특징에 대한 설명으로 옳지 않은 것은?

① 기능부서와 사업부서 간에 할거주의가 존재할 경우 원만하게 조정하기가 어려운 경우가 많다.
② 기존 조직구조 내의 인력을 활용할 수 있기 때문에 인력사용에서 경제성을 확보할 수 있다.
③ 정보화 시대에서 팀제가 '규모의 경제'를 구현한 방식이라면 매트릭스 조직은 '스피드의 경제'를 보장한 방식이다.
④ 조직활동을 기능 부문으로 전문화하는 동시에 전문화된 부문들을 프로젝트로 통합하기 위한 장치이다.

정답 및 해설

매트릭스 조직은 기능조직과 사업조직의 장점을 결합한 조직구조임; 따라서 매트릭스 조직은 규모의 경제(기능조직의 장점)과 환경 적응(사업조직의 장점)을 지니고 있음 → 그러나 매트릭스 조직은 기능조직과 사업조직 간 권한이 충돌할 때 이를 조절하는 과정에서 신속한 결정이 어려울 수 있기 때문에 스피드의 경제(신속한 의사결정)를 저해할 수 있음

① 매트릭스 조직은 기능부서와 사업부서 간 부서 이기주의가 존재할 경우 문제를 원만하게 조정하기가 어려운 경우가 많음
② 매트릭스 조직은 기존 조직구조 내의 인력을 활용할 수 있기 때문에 사업구조에 비해 인력사용에서 경제성을 확보할 수 있음
④ 매트릭스 조직은 조직활동을 각 기능 부문으로 전문화하는 동시에 전문화된 부문들을 특정한 프로젝트(사업)로 통합하기 위한 조직구조로써 대표적인 유기적 조직에 해당함

정답 ③

39 회독 □□□

2018. 지방 7급

민츠버그(Mintzberg)의 조직성장 경로모형에 따르면, 조직 내에서 어떤 부문을 강조할 것인가에 따라 조직의 구조(유형)가 달라진다. 강조된 조직 구성 부문과 이에 상응하는 구조의 연결로 옳지 않은 것은?

① 지원참모(support staff) – 애드호크라시
② 중간계선(middle line) – 사업부제 구조
③ 핵심운영(operation core) – 전문적 관료제 구조
④ 전략적 정점(strategic apex) – 기계적 관료제 구조

정답 및 해설

기계적 관료제는 기술구조가 업무 표준화를 구현할 때 나타나는 조직유형임

①②③

분류	단순 구조	기계적 관료제 구조	전문적 관료제 구조	사업부제 구조 (할거적 구조)	애드호 크라시
조정 수단 (관리 방식)	직접감독	업무 표준화 (작업과정 표준화)	지식/기술의 표준화	산출물의 표준화	상호 조정
핵심 부문 (핵심 인력)	전략층 (최고 관리층) (전략적 정점)	기술구조	핵심 운영층	중간 관리층 (중간 계선)	지원 스태프 (지원 참모)

정답 ④

CHAPTER 03 조직관리기법

Section 01 조직관리기법 : 관료제에 대한 보정

40 회독 □□□ 2023. 국가 7급

정보기술의 활용을 통해 업무처리의 절차를 근본적으로 개선하는 데 초점을 맞추고, ICT 기반 행정혁신을 촉진하는 것은?

① 혼합현실(mixed reality)
② 업무재설계(business process reengineering)
③ 정보자원관리(information resource management)
④ 제3의 플랫폼(the 3rd platform)

정답 및 해설

문제는 BPR에 대한 내용임

① 혼합현실(mixed reality) : 가상세계와 현실세계를 합쳐서 새로운 환경이나 시각화 등 새로운 정보를 만들어 내는 것
③ 정보자원관리(information resource management) : 정부 내 모든 정보자원(업무, 데이터, 인력, 조직 등)의 소재를 파악하고 효율적으로 관리하는 활동
④ 제3의 플랫폼(the 3rd platform) : 컴퓨터나 인터넷 등을 기반으로 하는 기존의 플랫폼과 달리 모바일, 클라우드, 인공지능, 사물인터넷 등 새로운 정보기술을 기반으로 하는 차세대 플랫폼

정답 ②

41 회독 □□□ 2022. 국가 9급

목표관리제(MBO)에 대한 설명으로 옳은 것만을 모두 고르면?

> ㄱ. 부하와 상사의 참여를 통해 목표를 설정한다.
> ㄴ. 중 · 장기목표를 단기목표보다 강조한다.
> ㄷ. 조직 내 · 외의 상황이 안정적이고 예측가능한 조직에서 성공확률이 높다.
> ㄹ. 개별 구성원의 직무 특수성을 반영하기 위하여 목표의 정성적 · 주관적 성격이 강조된다.

① ㄱ, ㄴ
② ㄱ, ㄷ
③ ㄴ, ㄹ
④ ㄷ, ㄹ

정답 및 해설

올바른 선지
ㄱ. 목표관리제는 부하와 상관의 합의를 통해 목표를 설정함
ㄷ. 목표관리제에서 목표는 구체적이므로 불확실성이 낮은 상황에서 성공가능성이 큼

틀린 선지
ㄴ. 목표관리제는 구체적 · 단기적 목표를 추구함
ㄹ. 목표관리제는 개별 구성원의 직무 특수성을 반영하기 위하여 목표의 정량적(계량적) · 객관적 성격이 강조됨

정답 ②

42 회독 □□□

2021. 지방 9급

균형성과표(BSC)에 대한 설명으로 옳지 않은 것은?

① 조직의 장기적 전략 목표와 단기적 활동을 연결할 수 있게 한다.
② 재무적 성과지표와 비재무적 성과지표를 통한 균형적인 성과관리 도구라고 할 수 있다.
③ 재무적 정보 외에 고객, 내부 절차, 학습과 성장 등 조직 운영에 필요한 관점을 추가한 것이다.
④ 고객 관점에서의 성과지표는 시민참여, 적법절차, 내부 직원의 만족도, 정책 순응도, 공개 등이 있다.

정답 및 해설

고객 관점에서의 성과지표는 고객만족도, 정책순응도, 민원인의 불만율, 신규 고객의 증감 등이 있음

참고

㉠ 시민참여, 적법절차, 공개 등: 업무처리 관점
㉡ 내부 직원의 만족도 등: 학습 및 성장관점

① 균형성과표는 조직의 장기적 전략 목표(비전)와 단기적 활동(4가지 관점)을 연결할 수 있게 함
② 균형성과표는 재무적 성과지표(재무적 관점)와 비재무적 성과지표(고객관점, 학습 및 성장관점, 업무처리 관점)를 통한 균형적인 성과관리 도구라고 할 수 있음
③ 균형성과표는 재무적 정보 외에 고객, 내부 절차, 학습과 성장 등 조직 운영에 필요한 관점을 추가하여 균형있는 성과평가 및 조직관리를 지향함

정답 ④

43 회독 □□□

2020. 국가 9급

총체적 품질관리(Total quality management)에 대한 설명으로 옳은 것만을 모두 고르면?

ㄱ. 고객의 요구를 존중한다.
ㄴ. 무결점을 향한 지속적 개선을 중시한다.
ㄷ. 집권화된 기획과 사후적 통제를 강조한다.
ㄹ. 문제해결의 주된 방법은 집단적 노력에서 개인적 노력으로 옮아간다.

① ㄱ, ㄴ
② ㄱ, ㄷ
③ ㄴ, ㄹ
④ ㄷ, ㄹ

정답 및 해설

올바른 선지

ㄱ. TQM은 신공공관리에서 활용하는 조직관리기법이므로 고객주의를 지향함
ㄴ. TQM은 서비스의 결점이 사라질 때까지 지속적으로 업무처리 과정을 개선하여 서비스의 품질을 제고함 → 이를 통해 고객의 만족도를 높임

틀린 선지

ㄷ. TQM은 분권화를 인정하고, 사전적 통제를 강조함 → 예방적인 관리
ㄹ. TQM은 문제해결시 집단적 노력을 강조함 → 연대적인 책임성

정답 ①

44 회독 □□□

2010. 지방 9급

다음 중 목표관리제(MBO)가 성공하기 쉬운 조직은?

① 집권화되어 있고 계층적 질서가 뚜렷하다.
② 성과와 관련 없이 보수를 균등하게 지급한다.
③ 목표를 계량적으로 측정하기가 용이하다.
④ 업무환경이 가변적이고 불확실성이 크다.

정답 및 해설

목표관리제는 상관과 부하의 합의를 통해 목표를 설정하고, 자율적으로 부하가 업무활동을 한 뒤 성과(목표달성 여부)를 평가받는 조직관리기법 → 목표설정에서 책임의 확정 · 실적 평가에 이르기까지 상관과 부하의 합의로 이루어지며, 목표는 구체적(측정가능)이고 단기적인 성격을 지님

① 집권화되어 있고 계층적 질서가 뚜렷하면, 부하의 참여를 촉진할 수 없음
② MBO는 구체적인 목표의 설정과 이에 대한 달성을 기준으로 성과평가 후 보상을 책정함
④ 목표의 빈번한 수정 시 평가가 곤란하기 때문에 업무환경이 가변적이고 불확실성이 크면 MBO를 적용하기 어려움

정답 ③

45 회독 □□□

2016. 사복 9급

총체적 품질관리(TQM)에 대한 설명으로 옳지 않은 것은?

① 모든 조직구성원들은 한편으로 공급자이면서 다른 한편으로는 고객인 이중적 역할을 수행하는 것으로 본다.
② 환경의 불확실성을 통제하기 위하여 단기적 전략과 교정적 · 사후적 통제에 치중한다.
③ 목표관리제(MBO)와 달리 TQM의 관심은 외향적이어서 고객의 필요에 따라 목표를 설정하는 것을 강조한다.
④ 하급직원들에게 힘을 실어주는 일과 분권화를 촉구하지만 계층제의 완전한 폐지를 주장하지는 않는다.

정답 및 해설

TQM은 NPM에서 활용한 조직관리방식임; 따라서 교정적 · 사후적 통제에 치중하지 않고 예방적인 관리에 집중함

① 조직구성원들은 고객의 만족도를 올리고자 고객의 관점에서 생각하는바 한편으로 공급자이면서 고객의 역할을 수행함
③ 조직의 내부목표를 중시하는 목표관리제(MBO)와 달리 TQM의 관심은 고객중심, 즉 외향적이어서 고객의 필요에 따라 목표를 설정하는 것을 강조함
④ NPM의 특징과 연결해서 이해하면 되는 선지임; NPM은 분권화를 인정하지만 계층제를 통해 네트워크를 감시하므로 계층제의 완전한 폐지를 주장하지 않음

정답 ②

46 회독 □□□

2019. 서울 9급

목표관리제(MBO)와 성과관리제를 비교한 〈보기〉의 설명 중 옳은 것을 모두 고르면?

보기

ㄱ. 목표관리제는 개인이나 부서의 목표를 조직의 관리자가 제시한다는 측면에서 조직목표 달성을 위한 하향식 접근이다.
ㄴ. 목표관리제와 성과관리제 모두 성과지표별로 목표달성수준을 설정하고, 사후의 목표달성도에 따라 보상과 재정지원의 차등을 약속하는 계약을 체결한다.
ㄷ. 성과평가에서는 평가의 타당성, 신뢰성, 객관성을 확보하는 것이 중요하다.
ㄹ. 성과관리는 조직의 비전과 목표로부터 이를 달성하기 위한 부서단위의 목표와 성과지표, 개인단위의 목표와 지표를 제시한다는 점에서 상향식 접근이다.

① ㄷ
② ㄴ, ㄷ
③ ㄱ, ㄴ, ㄷ
④ ㄴ, ㄷ, ㄹ

정답 및 해설

ㄱ, ㄴ, ㄹ.
목표관리제와 성과관리제 모두 성과지표별로 목표달성수준을 설정하고, 사후의 목표달성도에 따라 보상과 재정지원의 차등을 약속하는 계약을 체결한다는 점에서 공통점을 지니고 있음 → 다만, 성과관리는 조직의 비전과 목표로부터 이를 달성하기 위한 부서 단위의 목표와 성과지표, 개인 단위의 목표와 지표를 제시한다는 점에서 하향식 접근에 해당하며, 목표관리제는 부하의 참여를 통해 목표를 설정하는바 상향식 접근임

ㄷ. 성과평가에서는 평가의 타당성(정확성), 신뢰성(일관성), 객관성을 확보하는 것이 중요함

정답 ②

47 회독 □□□

2003. 경기 9급

TQM에 관한 설명으로 틀린 것은?

① 사후적 통제수단이다.
② 과학적 미래예측을 중시한다.
③ 개인보다는 팀웍을 중시한다.
④ 분권적인 구조를 선호한다.

정답 및 해설

TQM은 NPM에서 활용한 조직관리방식임; 따라서 교정적·사후적 통제에 치중하지 않고 예방적인 관리에 집중함

③ TQM은 서비스의 품질을 개선하기 위해 모든 구성원이 참여하기 때문에 개인보다는 팀웍을 중시함
④ 모든 구성원의 참여를 인정하는바 분권적인 구조를 선호함

정답 ①

48 회독 □□□ 2003. 국가 9급

총체적 품질관리(TQM)에 관한 설명으로 옳지 않은 것은?

① 사실자료에 기초를 두나 과학적인 품질관리기법과는 거리가 멀다.
② 지속적으로 이루어지는 개혁이다.
③ 고객이 품질을 주도하도록 한다.
④ 조직의 분권화를 강조하며, 계획과 문제 해결에 있어 집단적인 노력도 중시한다.

정답 및 해설

TQM은 경영학에서 유래한 조직관리기법이므로 사실자료 혹은 과학적인 방법을 중시함

② 총체적 품질관리는 고객의 만족을 위해 장기적으로 이루어지는 개혁임
③ 총체적 품질관리는 고객의 요구에 기준을 두기 때문에 고객이 품질을 주도함
④ 계획과 문제 해결에 있어 모든 구성원이 참여하는바 조직의 분권화를 강조함

정답 ①

49 회독 □□□ 2018. 서울 9급

전통적 관리와 TQM(Total Quality Management)에 대한 설명으로 가장 옳지 않은 것은?

① 전통적 관리체제는 기능을 중심으로 구조화되는 데 비해 TQM은 절차를 중심으로 조직이 구조화된다.
② 전통적 관리체제는 개인의 전문성을 장려하는 분업을 강조하는 데 비해 TQM은 주로 팀 안에서 업무를 수행할 것을 강조한다.
③ 전통적 관리체제는 상위층의 의사결정을 위한 정보체제를 운영하는 데 비해 TQM은 절차 내에서 변화를 이루는 사람들이 적시에 정확한 정보를 소유하는 데 초점을 둔다.
④ 전통적 관리체제는 낮은 성과의 원인을 관리자의 책임으로 간주하는 데 비해 TQM은 낮은 성과를 근로자 개인의 책임으로 간주한다.

정답 및 해설

문제에서 전통적 관리란 막스베버의 관료제에 기초한 관리방식을 의미함; 전통적 관리에서는 낮은 성과의 원인을 관리자의 책임으로 간주하는 데 비해 TQM은 집단적 노력(모든 구성원이 서비스의 품질제고에 참여)을 강조하므로 낮은 성과를 조직의 연대적 책임으로 간주함

① 전통적 관리체제는 각개 기능을 중심으로 구조화되는 데 비해 TQM은 업무처리 절차를 중심으로 조직이 구조화됨
② 전통적 관리체제는 개인의 전문성을 장려하는 분업을 강조하는 데 비해 TQM은 주로 팀 안에서 업무를 수행할 것을 강조함
③ 전통적 관리체제는 상위층의 의사결정을 위한 정보체제를 운영(집권적인 의사결정구조를 위한 정보체제)하는 데 비해 TQM은 절차 내에서 변화를 이루는 사람들이 적시에 정확한 정보를 소유하는 데 초점을 둠

정답 ④

50 회독 □□□ 2018. 지방 7급

공공부문의 성과관리를 강화하기 위해 균형성과표(BSC : Balanced Score Card)를 도입할 경우 중시해야 할 관점으로 옳지 않은 것은?

① 공기업 재정 운영의 효율성을 제고하기 위해 직원 보수를 조정한다.
② 공무원의 능력 향상을 위해 전문적 직무교육을 강화한다.
③ 시민들의 행정서비스 만족도를 제고하기 위해 노력한다.
④ 상향식 접근방법에 기초해 공무원의 개인별 실적평가를 중시한다.

정답 및 해설

선지는 MBO에 대한 내용임 → MBO는 상향식 접근법에 기초하여 공무원의 개인별 실적평가를 중시하는 조직관리기법임; 한편 BSC는 재무적 관점, 고객 관점, 프로세스 관점, 학습과 성장 관점 등을 균형있게 평가하는 조직관리기법으로써 기관의 임무, 비전 및 전략 목표를 토대로 성과목표를 설정하는 하향적 성과관리 방식임

① 재무적 관점에 대한 내용임
② BSC는 학습·성장 관점에서 조직구성원의 직무 수행 능력, 직무만족, 지식의 창조와 관리, 지속적인 자기혁신과 성장 등을 중시함 → 따라서 BSC는 공무원의 능력 향상을 위해 전문적 직무교육을 강화함
③ 고객관점에 대한 내용임

정답 ④

51 회독 □□□ 2019. 서울 7급

균형성과표(BSC : Balanced Score Card)에 대한 설명으로 가장 옳지 않은 것은?

① BSC는 관리자의 성과정보가 재무적 정보에 국한된 약점을 극복하고자 다양한 측면의 정보를 제공하며, 재무적 정보 외에 고객, 내부 절차, 학습과 성장 등 조직운영에 필요한 관점을 추가한 것이다.
② BSC의 장점은 거시적이고 추상적인 조직목표와 실천적 행동지표 간 인과관계를 확보함으로써 조직의 전략과 기획을 실행에 옮길 수 있게 한다는 것이다.
③ BSC는 조직구성원 학습, 내부절차 및 성장과 함께, 정책 관련 고객의 중요성을 강조하지만, 고객이 아닌 이해당사자들에 대한 의사소통 채널에 대해서는 관심의 정도가 낮아 한계로 지적되고 있다.
④ BSC의 기본틀은 성과관리 체계로 이전의 관리방식인 TQM이나 MBO와 크게 다르지 않고, 다만 거기에서 진화된 종합모형이라 평가받고 있다.

정답 및 해설

BSC는 조직의 비전달성을 위해 조직구성원 학습, 내부절차 및 성장과 함께, 정책 관련 고객의 중요성 및 재무적 관점을 강조함 → 즉, BSC는 추상적인 목표로부터 구체적인 4대 관점의 목표를 조직구성원에게 제시하는바 고객이 아닌 이해당사자(조직구성원)에 대한 의사소통 채널에 대해서도 관심을 기울이는 조직관리기법임

① BSC는 하버드 대학교의 R. Kaplan(카플란)과 D. Norton(노턴)이 재무적 수단에 의존하는 전통적 평가방법의 한계를 극복하기 위해 재무적 정보 외에 고객, 내부 절차, 학습과 성장 등 조직운영에 필요한 관점을 추가한 조직관리기법임
② BSC의 장점은 거시적이고 추상적인 조직목표(조직의 비전)와 실천적 행동지표(성과지표) 간 인과관계를 확보함으로써 조직의 전략과 기획을 다양한 관점에서 실행에 옮길 수 있게 한다는 것임
④ BSC의 기본적인 틀은 조직의 성과관리 체계라는 점에서 이전의 관리방식인 TQM이나 MBO와 크게 다르지 않지만, 성과관리에 있어서 다양한 관점을 고려하기 때문에 TQM이나 MBO보다 진화된 종합모형이라 평가받고 있음

정답 ③

CHAPTER 04 조직구조 안정화 메커니즘

Section 01 조직문화

52 회독 □□□ 2023. 지방 7급

조직문화 및 변동의 이론에 대한 설명으로 옳은 것만을 모두 고르면?

> ㄱ. 퀸(Quinn)은 경쟁가치모형을 활용해 '내부지향－외부지향'과 '유연성－통제(안정성)'라는 두 가지 차원에서 4가지 조직문화 유형을 도출하였다.
> ㄴ. 홉스테드(Hofstede)는 '권력거리'의 크기가 큰 문화에서는 평등한 관계를 중시하기 때문에 조직 내 의사소통이 활발하고 분권화된 경우가 많다고 본다.
> ㄷ. 레빈(Lewin)은 조직 변화의 과정을 현재 상태에 대한 해빙(unfreezing), 원하는 상태로의 변화(moving), 새로운 변화가 지속될 수 있도록 재동결(refreezing)하는 3단계로 제시하였다.

① ㄱ　　② ㄱ, ㄷ
③ ㄴ, ㄷ　　④ ㄱ, ㄴ, ㄷ

정답 및 해설

올바른 선지

ㄱ. 퀸(Quinn)은 경쟁가치모형을 활용해 '내부지향－외부지향'과 '유연성－통제(안정성)'라는 두 가지 차원에서 과업지향문화, 위계지향문화, 혁신지향문화, 관계지향문화로 구분함

ㄷ.

의의	레빈(Lewin)은 조직변화의 과정을 현재 상태에 대한 해빙(unfreezing), 원하는 상태로의 변화(moving), 새로운 변화가 지속될 수 있도록 재동결(refreezing)하는 3단계로 제시함	
변화 과정	해빙	조직 안과 밖으로부터 혁신을 위한 압력이 조장됨
	변화	① 발안자가 변화를 위한 조치를 제시 ② 시험적 시행, 일부 구성원의 반항시작
	재동결 (재결빙)	① 변화의 광범위한 시행 ② 조직 일상생활의 일부가 됨

틀린 선지

ㄴ. 홉스테드의 문화차원에서 권력거리가 약한 문화는 분권화나 권한의 위임이 잘 되어 있는 반면, 권력거리가 강한 문화는 집권화와 권위주의적 요소가 강함

정답 ②

cf.

53 회독 □□□ 2012. 서울 9급 수정

행정문화의 특성에 대한 설명으로 옳지 않은 것은?

① 구성원의 사고와 행동을 결정하는 요인이다.
② 개인에 의해 표현되지만 문화는 집합적이고 공유적이다.
③ 인간의 본능이 아니라 학습을 통해서 익힌 것이다.
④ 시간이 흘러도 변하지 않는 지속성을 가진다.

정답 및 해설

문화는 쉽게 변하지는 않으나 장기적인 시간의 흐름에 따라 가변적임

①②③
문화는 조직 내 구성원이 공유하는 패턴화된 행동임 → 이러한 패턴화된 행동은 문화의 영향을 받아서 후천적으로 형성됨

정답 ④

54 회독 □□□ 2018. 서울 9급

조직문화의 일반적 기능에 관한 설명으로 가장 옳지 않은 것은?

① 조직문화는 조직구성원들에게 소속 조직원으로서의 정체성을 제공한다.
② 조직문화는 조직구성원들의 행동을 형성시킨다.
③ 조직이 처음 형성되면 조직문화는 조직을 묶어 주는 접착제 역할을 한다.
④ 조직이 성숙 및 쇠퇴 단계에 이르면 조직문화는 조직 혁신을 촉진하는 요인이 된다.

정답 및 해설

조직문화는 특정 집단이 장기적으로 공유하는 패턴화된 행동이기 때문에 유연한 사고, 변화 및 혁신에 대한 저항하는 성격을 지님; 따라서 조직이 성숙 및 쇠퇴 단계에 이르러 상황에 맞게 변화해야 할 때 조직문화가 조직혁신을 저해하는 요인이 될 수 있음

① 조직문화는 다른 조직과 명확한 경계를 형성함으로써 구성원의 소속감 및 안정감·정체성 제고에 기여할 수 있음
② 조직문화는 비공식적인 제도이기 때문에 조직구성원들의 행동을 형성시키거나 변화시킬 수 있음
③ 구성원 간 공유하고 있는 문화가 있는 상태에서 조직이 형성되면 조직문화는 조직을 묶어 주는 접착제 역할을 함

정답 ④

55 회독 □□□ 2021. 국가 7급

홉스테드(Hofstede)의 문화 차원에 대한 설명으로 옳지 않은 것은?

① 불확실성 회피 정도가 강한 경우 공식적 규정을 많이 만들어 불확실한 요소를 최대한 통제하려 한다.
② 집단주의가 강한 문화는 개인주의가 강한 문화보다 상대적으로 느슨한 개인 간 관계를 더 중요시한다.
③ 권력거리가 큰 경우 제도나 조직 내에 내재되어 있는 상당한 권력의 차이를 자연스럽게 인정한다.
④ 남성성이 강한 문화는 여성성이 강한 문화보다 상대적으로 남성과 여성의 역할에 대한 분명한 차이를 인정하려고 한다.

정답 및 해설

집단주의가 강한 문화는 개인주의가 강한 문화보다 상대적으로 긴밀하고 협력적인 개인 간 관계를 더 중시함

①③④

호프스테드 문화차원이론

의의		네덜란드의 조직심리학자 호프스테드는 네 개의 변수를 조합하여 각 국가의 문화를 분류
4개의 변수	권력간격	한 사회가 어떤 기관이나 조직에 있어서 권력이 불평등하게 분산되어 있다는 사실을 받아들이는 정도
	개인주의·집단주의	① 개인주의: 사람들이 그들 자신과 직계 가족들에게만 관심을 가지는 것으로 간주되는 사회구조 ② 집단주의: 본인이 속한 집단과 외부집단 사이를 엄격하게 구별하는 것 → 내부집단(친척, 당파, 조직 등)이 돌봐주기를 기대하며, 내부집단에 절대적인 충성을 보임
	불확실성에 대한 회피성	불확실성의 회피가 강한 사회: 초조, 불안 등이 뚜렷하게 나타나며 이에 따라 각종 법적, 규범적 제도 장치를 통해 위험성을 줄이고 안정을 가하기 위해 온갖 노력을 기울이는 현상이 발생함
	남성다움·여성다움	① 남성다움: 사회적으로 성역할 구분을 엄격하게 구분하는 사회 ② 여성다움: 상대적으로 성역할 구분을 느슨하게 하는 사회

정답 ②

cf.

56 회독 □□□

2014. 서울 7급

조직문화의 접근 방법에 대한 설명으로 옳지 않은 것은?

① 특성론적 접근 방법은 조직의 효과성을 향상시킬 수 있는 특정한 문화 특성이 존재한다고 여긴다.
② 문화강도적 접근 방법은 조직의 효과성을 향상시키기 위해서는 강한 문화가 필요하다고 보는 견해이다.
③ 특성론적 접근 방법은 긍정적인 문화를 가진 조직이 그렇지 못한 조직보다 효과성이 높다고 간주한다.
④ 상황론적 접근 방법은 구성원들이 가치를 강하게 공유하고 있는 조직의 효과성이 높다고 전제한다.
⑤ 문화유형론적 접근 방법은 문화 유형의 특성에 따라 조직의 효과성이 각각 달라진다고 여긴다.

정답 및 해설

④는 문화강도적 접근 방법에 대한 내용임

새폴드의 조직문화접근

특성론적 접근	① 조직효과성을 향상시킬 수 있는 특정한 문화 특성이 존재한다는 관점 ② 긍정적인 문화 특성을 가지고 있는 조직이 그렇지 못한 조직에 비하여 효과성이 높음
문화강도적 접근	① 조직효과성을 향상시키기 위해서는 강한 문화가 필요하다는 관점 ② 조직구성원들이 가치를 강하게 공유하고 있는 조직의 효과성이 높음
상황론적 접근	조직문화 특성과 상황요인 간의 적합성에 따라 조직효과성이 달라질 수 있다는 관점
문화유형론적 접근	각각의 문화 유형의 특성에 따라 조직효과성이 달라진다는 관점

정답 ④

Section 02 리더십

57 회독 □□□

2023. 지방 9급

변혁적 리더십에 대한 설명으로 옳지 않은 것은?

① 도전적 목표와 임무, 미래에 대한 비전을 추구하도록 격려한다.
② 구성원 개개인에게 관심을 가지고 배려한다.
③ 상황적 보상과 예외관리를 특징으로 한다.
④ 새로운 관점에서 문제를 재구성하고 해결책을 찾도록 자극한다.

정답 및 해설

거래적 리더십에 대한 내용임

① 변혁적 리더는 변화를 유도하기 위해 도전적 목표와 임무, 미래에 대한 비전을 추구하도록 구성원을 격려함
② 변혁적 리더십은 구성원에 대한 개별적 관심과 배려를 추구함
④ 변혁적 리더는 변화하는 환경에 적응하기 위해 새로운 관점에서 문제를 재구성하고 해결책을 찾도록 구성원을 자극함

정답 ③

58 회독 □□□ 2023. 국가 7급

리더십과 팔로워십 이론에 대한 설명으로 옳은 것만을 모두 고르면?

ㄱ. 켈리(Kelley)는 소외적 추종자(alienated followers), 순응적 추종자(sheep), 수동적 추종자(yes people), 효과적 추종자(effective followers) 등 네 가지 추종자 유형을 제시하였고, 그 중 소외적 추종자가 가장 위험하다고 주장하였다.
ㄴ. 블레이크(Blake)와 머튼(Mouton)은 생산에 대한 관심과 사람에 대한 관심이 모두 높은 단합형(team management) 리더십 유형을 최선의 관리방식으로 제안하였다.
ㄷ. 상황적응적 리더십 모형의 주창자 중 하나인 피들러(Fiedler)는 리더－구성원 관계, 직무구조, 직위권력 등 3가지 변수를 중요한 상황요소로 설정하였다.
ㄹ. 오하이오 주립대 리더십 연구자들은 리더의 행동을 구조주도(initiating structure)와 배려로 설명하며 가장 훌륭한 리더유형을 중간 수준의 구조주도와 배려를 갖춘 균형잡힌 리더형태로 보았다.

① ㄱ, ㄴ　　② ㄱ, ㄹ
③ ㄴ, ㄷ　　④ ㄷ, ㄹ

정답 및 해설

올바른 선지

ㄴ. 블레이크(Blake)와 머튼(Mouton)은 생산에 대한 관심과 사람에 대한 관심이 모두 높은 단합형(team management) 리더십 유형을 가장 이상적인 리더로 규정함
ㄷ. 상황론적 리더십론을 주장한 피들러(Fiedler)는 리더－구성원 관계, 직무구조, 직위권력을 상황변수로 제시함

틀린 선지

ㄱ. 켈리의 팔로워십에서는 팔로워를 독립성과 활동이라는 두 가지 기준을 가지고 5가지 유형[소외된 팔로워(alienated follower), 순응적 팔로워(conforming follower), 실용적 팔로워(pragmatic follower), 수동적 팔로워(passive follower), 효과적 팔로워(effective follower)]으로 구분함 → 또한, 켈리는 피동적이지만 조직에 대해 비판적 사고를 하는 소외된 팔로워가 조직을 분열시킬 수 있음을 강조함
ㄹ. 오하이오 주립대 리더십 연구자들은 리더의 행동을 구조주도(initiating structure)와 배려로 설명하며 가장 훌륭한 리더유형을 높은 수준의 구조주도와 배려를 갖춘 균형잡힌 리더형태로 보았음

참고

켈리의 팔로워십

- 켈리에 따르면 '리더는 20%만 기여하고, 부하에게 80%의 기여를 할 기회를 주는 것'이 바람직하다고 보아 팔로워십의 중요성을 강조함
- 켈리는 팔로워를 독립성과 활동이라는 두 가지 기준을 가지고 5가지 유형으로 구분함

비판적 사고

소외형 팔로워
① 조직을 분열시킬 우려
② 조직관리시 가장 위험한 부하

모범형 팔로워
① 가장 바람직한 추종자
② 임파워 전략에 적합

수동적 참여 — **실용형 팔로워** ① 생존형 ② 필요에 따라 유동적 형태 — 능동적 참여

수동형 팔로워
① 조직 내 역할 미약
② 부족한 책임감

순응형 팔로워
① Yes People
② 리더의 지시에 절대적 순종

무비판적 사고

정답 ③

59 회독 □□□ 2022. 지방 9급

서번트(servant) 리더십에 대한 설명으로 옳은 것만을 모두 고르면?

> ㄱ. 구성원들이 공동의 목표를 이뤄 나갈 수 있도록 환경을 조성하고 도와준다.
> ㄴ. 보상과 처벌을 핵심 관리수단으로 한다.
> ㄷ. 그린리프(Greenleaf)는 존중, 봉사, 정의, 정직, 공동체 윤리를 강조했다.
> ㄹ. 리더의 최우선적인 역할은 업무를 명확하게 지시하는 것이다.

① ㄱ, ㄷ
② ㄱ, ㄹ
③ ㄴ, ㄷ
④ ㄴ, ㄹ

정답 및 해설

올바른 선지
ㄱ, ㄷ.

서번트 리더십

> ① 미국의 학자 로버트 그린리프(Greenleaf)가 1970년대 처음 주장하고 스피어스(Spears)가 특징을 상술함
> ② 리더는 부하를 섬기는 사람(청지기)이기 때문에 부하에 대한 존중과 봉사 강조 → 부하들이 능동적으로 자기 발전을 할 수 있도록 유도
> ③ 리더가 자기 자신보다는 다른 사람에게 초점을 두고, 부하들의 창의성과 잠재력을 발휘할 수 있도록 봉사하는 리더십

틀린 선지
ㄴ, ㄹ.
리더의 명확한 지시와 이를 수행한 결과에 따라 보상과 처벌을 제공하는 것은 거래적 리더십임

정답 ①

60 회독 □□□ 2021. 지방 9급

변혁적(transformational) 리더십에 대한 설명으로 옳은 것은?

① 적응보다 조직의 안정을 강조한다.
② 기계적 조직체계에 적합하며, 개인적 배려는 하지 않는다.
③ 부하에게 새로운 비전을 제시하며, 지적 자극을 통한 동기부여를 강조한다.
④ 리더와 부하의 관계를 경제적 교환관계로 인식하고, 보상에 관심을 둔다.

정답 및 해설

변혁적 리더십은 변화하는 환경에 적응하기 위해 조직구성원의 변화를 유도하는 리더십임; 이를 위해 리더는 부하에게 비전을 제시·공유하며, 지적 자극을 통해 동기를 부여함

①②④
거래적 리더십에 대한 내용임

정답 ③

61 회독 □□□

2020. 서울속기 9급

리더십 이론에 대한 설명 중 가장 옳지 않은 것은?

① 피들러(Fiedler)는 상황 요소로 리더의 자질, 과업구조, 부하의 특성을 들었다.
② 블레이크(Blake)와 머튼(Mouton)의 리더십 격자모형은 리더의 행태를 사람과 과업(생산)의 두 차원으로 나눈다.
③ 허쉬(Hersey)와 블랜차드(Blanchard)는 리더십의 효과에 영향을 미치는 상황 요소로 부하의 성숙도를 들었다.
④ 아이오와(Iowa) 주립대학의 리더십 연구에서는 리더의 행태를 민주형, 권위형, 방임형으로 분류하였다.

정답 및 해설

Fiedler는 상황요인으로 리더와 부하의 관계, 과업구조, 직위권력을 제시하였음; 피들러에 따르면 이러한 상황변수의 값에 따라 상황적 유리성이 결정되는데, 상황이 유리(상하관계가 우호적이고, 과업구조가 명확하며, 충분한 직위권력을 보유할 때)하거나 불리할 때는 과업지향형이 유리하고 중간인 경우 인간중심형이 효과적임

② 블레이크(Blake)와 머튼(Mouton)의 관리그리드 모형은 리더의 행동을 사람과 과업의 두 차원으로 구분한 뒤, 리더십의 유형을 무관심형(무기력형), 친목형(컨트리클럽형), 과업형, 타협형(중도형), 단합형(팀형성형)으로 구분하였음
③ 허쉬(Hersey)와 블랜차드(Blanchard)는 리더십의 효과에 영향을 미치는 상황 요소로 부하의 성숙도를 제시했으며, 성숙도가 커짐에 따라 지시형, 설득형, 참여형, 위임형 리더십이 적합하다는 것을 주장함
④ 아이오와(Iowa) 주립대학의 리더십 연구는 리더의 행태를 민주형, 권위형, 방임형으로 분류하였으며, 이 중에서 민주형 리더십이 가장 효율적인 리더십이라고 주장함

정답 ①

62 회독 □□□

2020. 서울속기 9급

제시문에서 리더십에 대한 이론과 설명이 바르게 연결되지 않은 것을 모두 고른 것은?

> ㄱ. 변혁적 리더십: 리더는 부하들에게 영감적 동기를 부여하고 지적 자극 등을 제공하며 조직을 이끈다.
> ㄴ. 거래적 리더십: 리더는 부하의 과업을 정확히 이해하고 목표 달성 정도를 평가하여 성과에 대한 적절한 보상을 한다.
> ㄷ. 셀프 리더십: 리더는 구성원들이 잠재력을 발휘할 수 있도록 구성원들을 섬기는 데 중점을 둔다.

① ㄱ
② ㄴ
③ ㄷ
④ ㄴ, ㄷ

정답 및 해설

ㄷ은 셀프리더십이 아니라 서번트(발전적) 리더십에 대한 설명임; 서번트 리더십은 청지기의 자세로 부하를 섬기는 리더십을 의미하며, 셀프리더십이란 정보화시회나 네트워크화된 지능시대에서 구성원 모두가 자기 스스로를 이끌어나가는 리더라는 인식을 갖는 것을 뜻함

올바른 선지

ㄱ. 변혁적 리더십: 변혁적 리더십은 변화하는 환경에 맞게 조직의 변화를 유도하는 리더십으로서 리더는 조직의 혁신을 위해 부하들에게 영감적 동기를 부여하고 지적 자극 등을 제공하며 조직을 주도함
ㄴ. 거래적 리더십: 거래적 리더십에서 리더는 부하에게 적절한 보상을 제공하고 순응을 확보함으로써 조직의 현재 상태를 유지하는 데 초점을 둠

정답 ③

63 회독 □□□ 2010. 국가 9급

바스(B. Bass) 등이 제시한 변혁적 리더십(Transformational Leadership)의 주된 요인으로 옳지 않은 것은?

① 영감적 리더십
② 합리적 과정
③ 카리스마적 리더십
④ 개별적 배려

정답 및 해설

합리적 과정은 거래적 리더십의 특징임; 거래적 리더십은 부하의 성과와 조직의 보상을 합리적으로 상호 교환하는 리더십임

① 영감적 리더십 : 리더가 부하로 하여금 도전적인 목표와 임무, 그리고 미래에 대한 비전을 열정적으로 받아들이고 추구하도록 격려 → 비전제시 및 공유
③ 카리스마적 리더십 : 변혁적 리더십의 특징 중 하나로서 리더가 비범한 능력을 바탕으로 솔선수범하여 추종자들의 강한 헌신과 리더와의 일체화를 이끌어내는 리더십
④ 개별적 배려 : 리더가 부하에게 특별한 관심을 보이고 각 부하의 특정한 요구를 이해해 줌으로써 부하에 대한 개인적인 존중을 표현하는 것

정답 ②

64 회독 □□□ 2014. 사복 9급

다음 내용을 모두 특징으로 하는 리더십의 유형은?

- 추종자의 성숙단계에 따라 효율적인 리더십 스타일이 달라진다.
- 리더십은 개인의 속성이나 행태뿐만 아니라 환경의 영향을 받는다.
- 가장 유리하거나 가장 불리한 조건에서는 과업중심적 리더십이 효과적이다.

① 변혁적 리더십
② 거래적 리더십
③ 카리스마적 리더십
④ 상황론적 리더십

정답 및 해설

지문의 내용은 종합적으로 리더십 상황이론에 대한 내용임; 블랜차드와 허쉬는 '부하의 성숙도'에 따라 리더십의 유형이 달라져야 한다고 했으며, 피들러는 리더에게 불리하거나 유리한 상황에서는 과업중심적인 리더가 효과적이고, 중간의 상황일 때는 리더가 관계지향적인 행동을 해야 한다는 것을 주장함

정답 ④

65 회독 □□□

2013. 지방 9급

리더십에 대한 설명으로 옳은 것은?

① 변혁적(transformational) 리더십: 무엇인가 가치있는 것을 교환함으로써 추종자에게 영향력을 행사하는 리더십
② 거래적(transactional) 리더십: 리더가 부하로 하여금 형식적 관례와 사고를 다시 생각하게 함으로써 새로운 관념을 촉발시키는 리더십
③ 카리스마적(charismatic) 리더십: 리더가 특출한 성격과 능력으로 추종자들의 강한 헌신과 리더와의 일체화를 이끌어내는 리더십
④ 서번트(servant) 리더십: 과업을 구조화하고 과업요건을 명확히 하는 리더십

정답 및 해설

카리스마적(charismatic) 리더십은 리더가 특출한 성격과 능력(비범한 능력)으로 솔선수범하여 추종자들의 강한 헌신과 리더와의 일체화를 이끌어내는 리더십임

① 거래적 리더십은 부하의 성과와 부하가 가치가 있다고 생각하는 조직의 보상을 합리적으로 상호교환하는 리더십임
② 변혁적 리더십의 구성요소로서 촉매적 리더십(지적 자극)의 내용임
④ 지시적 리더십의 내용임; 지시적 리더십은 House & Evans의 경로·목표이론에서 나오는 리더십의 네 가지 유형 중 하나임(참고로 허쉬와 블랜차드의 리더십 유형에도 포함됨)

+ 서번트 리더십: 청지기(시중을 드는 하인)의 자세로 부하를 섬기는 리더십

리더십의 유형(하우스와 에반스)

구분	특징
지시적 리더십	자신이 원하는 바를 부하들에게 알려주고, 부하들이 해야 할 작업의 일정을 계획하고 과업 수행 방법을 지도함 → 과업을 구조화하고 과업요건을 명확히 하는 리더십
지원적 리더십	부하들의 욕구에 관심을 보이면서 목표달성에 필요한 부분을 지원하는 리더십
참여적 리더십	부하들과 상담하고 의사결정 전에 부하들의 의견을 반영하는 리더십
성취지향적 리더십	도전적 목표를 설정하고 부하들의 최고의 성과를 기대하는 리더십

정답 ③

66 회독 □□□

2015. 지방 9급

리더십이론에 대한 설명으로 옳지 않은 것은?

① 피들러(Fiedler)는 리더의 행태에 따라 권위주의형, 민주형, 자유방임형의 세 가지 유형으로 구분하였다.
② 행태이론은 리더의 자질보다 리더의 행태적 특성이 조직성과에 영향을 미친다고 본다.
③ 허시(Hersey)와 블랜차드(Blanchard)는 부하의 성숙도에 따라 리더의 역할이 달라져야 한다고 주장한다.
④ 하우스(House)의 경로·목표 이론에 의하면 참여적 리더십은 부하들이 구조화되지 않은 과업을 수행할 때 필요하다.

정답 및 해설

리더의 행동에 따라 리더십의 유형을 권위주의형, 민주형, 자유방임형으로 구분한 것은 아이오와 대학의 연구임 → 아이오와 대학의 연구는 리더십 유형을 권위형, 민주형, 방임형으로 나누어 관찰한 결과, 생산성에서는 큰 차이가 없으나, 구성원의 사기 등을 포함하여 전체적으로 민주형이 가장 효율적임을 밝힘

② 행태이론은 리더의 타고난 자질보다 리더의 행동적 특성이 조직성과에 영향을 미친다고 보고 리더의 행동연구에 초점을 두었음
③ 허시(Hersey)와 블랜차드(Blanchard)는 부하의 성숙도에 따라 리더의 역할이 달라져야 한다고 주장했으며, 부하의 성숙도가 커짐에 따라 지시형, 설득형, 참여형, 위임형이 효과적임을 강조함
④ 하우스(House)의 경로·목표이론에 의하면 참여적 리더십은 부하들이 구조화되지 않은 과업(업무의 체계가 제대로 잡혀있지 않은 경우)을 수행할 때 효과적임

정답 ①

67 회독 □□□

2019. 사복 9급

피들러(F. Fiedler)의 상황적합적 리더십이론에서 제시된 상황변수가 아닌 것은?

① 리더와 부하의 관계(leader-member relations)
② 부하의 성숙도(maturity)
③ 직위 권력(position power)
④ 과업구조(task structure)

정답 및 해설

부하의 성숙도는 허쉬와 블랜차드가 제시한 상황적합적 리더십론에서 제시한 상황변수에 해당함; 피들러(F. Fiedler)는 상황적합적 리더십이론에서 리더와 부하의 관계(리더에 대한 부하의 충성도), 과업구조(조직목표달성을 위한 조직의 프로세스의 구체성), 직위 권력(리더가 보유한 직위권한)임; 피들러는 이러한 상황변수를 통해 '상황적 유리성'에 따라 리더의 행동이 달라져야 함을 LPC점수를 기초로 하여 주장하였음

정답 ②

68 회독 □□□

2019. 국가 9급

리더십에 대한 설명으로 옳지 않은 것은?

① 특성론에 대한 비판은 지도자의 자질이 집단의 특성・조직목표 상황에 따라 완전히 달라질 수 있고, 동일한 자질을 갖는 것은 아니며, 반드시 갖춰야 할 보편적인 자질은 없다는 것이다.
② 행태이론에서는 눈에 보이지 않는 능력 등 리더가 갖춘 속성보다 리더가 실제 어떤 행동을 하는가에 초점을 맞춘다.
③ 상황론에서는 리더십을 특정한 맥락 속에서 발휘되는 것으로 파악해, 상황 유형별로 효율적인 리더의 행태를 찾아내기 위한 연구를 수행하였다.
④ 번스(Bums)의 리더십이론에서 거래적 리더십은 카리스마적 리더십을 기반으로 하므로 카리스마적 리더십과 중첩되는 측면이 있다.

정답 및 해설

번스(Bums)의 리더십이론에서 변혁적 리더십은 조직의 변화를 유도하는 개혁적인 리더십을 의미함; 변혁적 리더십의 구성 요소에는 카리스마적 리더십, 영감적 리더십, 개별적 배려, 지적 자극 등이 있음; 따라서 변혁적 리더십은 카리스마적 리더십을 기반으로 하는 바 카리스마적 리더십과 중첩되는 면이 있음

① 특성론에 대한 비판: 생산성에 효과적인 지도자의 자질이 집단의 특성・조직목표 상황에 따라 완전히 달라질 수 있고, 사람마다 동일한 자질을 갖는 것은 아니며(얼굴의 생김새, 신체의 특징 등은 개인의 특수성이 강함), 다수 연구의 결과 반드시 갖춰야 할 보편적인 자질은 없다는 것이 밝혀짐
② 행태이론에서는 눈에 보이지 않는 능력 등 리더가 갖춘 속성보다 리더가 실제 어떤 행동을 하는가에 연구의 초점을 두고 생산성 제고를 위한 리더의 행동을 탐구함
③ 상황론에서는 리더십을 특정한 맥락 속에서 발휘되는 것으로 파악해, 상황에 맞는 리더의 행동이 조직의 효과성을 결정함을 강조함

정답 ④

69 회독 □□□

2019. 서울 9급

허시(Hersey)와 블랜차드(Blanchard)는 부하의 성숙도(Maturity)에 따른 효과적인 리더십을 제시하였다. 부하가 가장 미성숙한 상황에서 점점 성숙해간다고 할 때, 가장 효과적인 리더십 유형을 〈보기〉에서 골라 순서대로 나열한 것은?

보기	
(가) 참여형	(나) 설득형
(다) 위임형	(라) 지시형

① (다)→(가)→(나)→(라)
② (라)→(가)→(나)→(다)
③ (라)→(나)→(가)→(다)
④ (라)→(나)→(다)→(가)

정답 및 해설

허시와 블랜차드는 부하의 성숙도에 따라 조직의 생산성에 효과적인 리더십 유형이 달라진다고 주장하였음; 이는 지시형(가장 낮은 성숙도), 설득형, 참여형, 위임형(가장 높은 성숙도)의 순서임

참고

허시와 블랜차드는 과업 중심 행동과 부하 중심 행동의 비율을 기준으로 위의 4가지 리더십을 구분함

정답 ③

70 회독 □□□

2019. 지방 9급

변혁적 리더십(transformational leadership)에 대한 설명으로 옳지 않은 것은?

① 조직참여의 기대가 적은 경우에 적합하며 예외관리에 초점을 둔다.
② 리더가 부하에게 특별한 관심을 보이거나 자긍심과 신념을 심어준다.
③ 리더가 부하들의 창의성을 계발하는 지적 자극(intellectual stimulation)을 중시한다.
④ 리더가 인본주의, 평화 등 도덕적 가치와 이상을 호소하는 방식으로 부하들의 의식수준을 높인다.

정답 및 해설

① 거래적 리더십에 대한 내용임 → 거래적 리더십은 부하의 성과가 리더가 제시한 기준에 적합하지 않을 경우 보상을 하지 않음(예외관리)
② 개별적 배려에 대한 내용임; 개별적인 배려는 리더가 부하에게 특별한 관심을 보이고 각 부하의 특정한 요구를 이해해 줌으로써 부하에 대한 개인적인 존중을 표현(자긍심과 신념을 심어줌)하는 것임
③ 지적 자극에 대한 내용임; 지적 자극이란 리더가 부하로 하여금 형식적 관례(conventional practice)와 사고(thinking)를 다시 생각하게 함으로써 새로운 관념을 형성하는 것임
④ 변혁적 리더십에서 리더는 인본주의(인간존중), 평화 등 도덕적 가치와 이상을 호소하는 방식으로 부하들의 의식 수준을 높이면서 조직의 변화를 유도함

정답 ①

71 회독 □□□ 2021. 국가 7급

피들러(Fiedler)의 상황적합적 리더십 이론에 대한 설명으로 옳지 않은 것은?

① 리더와 부하의 관계, 부하의 성숙도, 과업구조의 조합에 따라 상황적 유리성(situational favorableness)을 설명한다.
② 리더에게 매우 유리한 상황인 경우 과업지향적 리더십이 효과적이다.
③ LPC(Least Preferred Coworker) 점수를 사용하여 리더를 과업 지향적 리더와 관계 지향적 리더로 분류했다.
④ 리더가 처한 상황에 따라서 리더십의 효과성이 달라질 수 있다.

정답 및 해설

피들러는 리더와 부하의 관계, 직위권력, 과업구조의 조합에 따라 상황적 유리성(situational favorableness)을 설명함

② 피들러에 따르면 상황적 유리성이 리더에게 유리한 상황인 경우 조직 내 시스템 관리에 집중하는 과업지향적 리더십이 효과적임
③ 피들러는 LPC(Least Preferred Coworker) 점수를 사용하여 리더를 과업 지향적 리더와 관계 지향적 리더로 분류했음 → 예를 들어, LPC점수가 높을 경우 관계성 행동에 치중할 가능성이 큰 리더임
④ 피들러는 상황론적 리더십을 주장한 학자이므로 올바른 선지임

정답 ①

72 회독 □□□ 2021. 지방 7급

조직이론에 대한 설명으로 옳지 않은 것은?

① 카플란(Kaplan)과 노턴(Norton)은 균형성과표(BSC)의 네 가지 관점으로 고객 관점, 내부프로세스 관점, 재무적 관점, 학습과 성장 관점을 제시하였다.
② 민츠버그(Mintzberg)는 조직의 5개 구성요소로 전략적 최고관리층, 중간계선관리층, 작업층, 기술구조, 지원 막료를 제시하였다.
③ 허시(Hersey)와 블랜차드(Blanchard)는 부하의 성숙도가 높은 경우 지시적 리더십이 효과적이라고 보았다.
④ 베버(Weber)는 법적·합리적 권한에 기초를 둔 이념형(ideal type) 관료제의 특징으로 법과 규칙의 지배, 계층제, 문서에 의한 직무수행, 비개인성(impersonality), 분업과 전문화 등을 제시하였다.

정답 및 해설

허시(Hersey)와 블랜차드(Blanchard)는 부하의 성숙도가 높은 경우 위임형 리더십이 효과적이라고 보았음

① 하버드 대학교의 카플란(Kaplan)과 노턴(Norton)은 재무적 수단에 의존하는 전통적 평가방법의 한계를 극복하고자 균형성과표(BSC)를 제시하였음 → 균형성과표의 네 가지 관점에는 고객 관점, 내부프로세스 관점, 재무적 관점, 학습과 성장 관점이 있음
② 선지는 민츠버그(Mintzberg)가 제시한 핵심인력의 종류에 해당함
④ 베버(Weber)는 합법적 권위에 기초를 둔 이념형(ideal type) 관료제의 특징으로 법과 규칙의 지배, 계층제, 문서주의, 비개인성(impersonality), 분업과 전문화 등을 제시하였음 → 비공식적 요인 간과

정답 ③

73 회독 □□□

2008. 국가 7급

리더십 이론과 그 특성이 잘못 연결된 것은?

① 특성이론: 리더의 개인적 자질을 강조
② 행태이론: 리더 행동의 상대적 차별성을 강조
③ 거래이론: 리더와 부하 간의 사회적 교환관계를 강조
④ 변혁이론: 부하에 대한 지시와 지원을 강조

정답 및 해설

변혁적 리더십은 조직의 안정보다 조직을 변화시키려고 노력하는 최고관리층의 변화지향적·개혁적 리더십임

① 특성이론: 리더의 타고난 개인적 자질을 강조
② 행태이론: 조직의 생산성을 높일 수 있는 리더 행동의 상대적 차별성을 강조
③ 거래이론: 리더와 부하 간의 합리적·사회적 교환관계를 강조

정답 ④

74 회독 □□□

2020. 국가 7급

리더십에 대한 설명으로 옳지 않은 것은?

① 변혁적(transformational) 리더십의 특성에는 영감적 동기부여, 자유방임, 지적 자극, 개별적 배려 등이 있다.
② 진성(authentic) 리더십의 특성은 리더가 정직성, 가치의식, 도덕성을 바탕으로 팔로워들의 믿음을 이끌고, 팔로워들이 리더의 윤리성과 투명성을 믿으며 긍정적 감정을 느낀다는 것이다.
③ 서번트(servant) 리더십은 자기 자신보다는 다른 사람에게 초점을 두고, 부하들의 창의성과 잠재력을 발휘할 수 있도록 봉사하는 리더십이다.
④ 거래적(transactional) 리더십은 적극적 보상이나 소극적 보상을 통해 영향력을 행사한다.

정답 및 해설

자유방임은 변혁적 리더십의 특징이 아님 → 변혁적 리더십의 특성에는 영감적 동기부여(비전제시 및 공유), 카리스마적 리더십(비범한 능력을 통한 솔선수범), 지적 자극(새로운 관념 형성), 개별적 배려 등이 있음

② 진성(authentic) 리더십은 리더의 도덕성·투명성 등을 강조하는 리더십으로써 리더가 정직성, 가치의식, 도덕성을 바탕으로 팔로워들의 믿음을 이끌고, 팔로워들이 리더의 윤리성과 투명성을 믿으며 긍정적 감정을 느낀다는 내용을 골자로 함
③ 서번트(servant) 리더십에서 리더는 부하를 섬기는 사람(청지기)이기 때문에 부하에 대한 존중과 봉사를 강조함 → 자기 자신보다는 다른 사람에게 초점을 두고, 부하들의 창의성과 잠재력을 발휘할 수 있도록 봉사하는 리더십
④ 거래적(transactional) 리더십은 적극적 보상(적극적 강화: 원하는 것을 제공 → 승진, 칭찬, 출산장려금 지급)이나 소극적 보상(소극적 강화: 원하지 않는 것을 제거 → 수업시간에 열심히 참여한 학생에게 숙제를 면제하는 것 등)을 통해 영향력을 행사함

정답 ①

75 회독 □□□ 2012. 국가 7급

리더십에 대한 설명으로 옳지 않은 것은?

① 피들러(F. Fiedler)에 따르면 리더십의 효과성을 제고하기 위해서는 리더의 스타일을 정확히 파악하고 상황에 맞춰 리더를 배치하는 것이 필요하다.
② 하우스(R. J. House)의 경로 – 목표이론에 따르면 참여적 리더십은 부하들이 구조화되지 않은 과업을 수행할 때 필요하다.
③ 허시(P. Hersey)와 블랜차드(K. Blanchard)의 생애주기이론에 따르면 효과적 리더십을 위해서는 리더가 부하의 성숙도에 따라 다른 행동양식을 보여야 한다.
④ 리더십대체이론(leadership substitutes theory)에 따르면 구성원들이 충분한 경험과 능력을 갖추고 있는 상황에서는 지원적 리더십이 불필요하다.

정답 및 해설

리더십대체물 접근법에서는 리더십을 필요 없게 만들거나 리더십의 중요성을 감소시키는 상황적 요인으로 대체물과 중화물을 제시함; 예를 들어, 구성원들이 충분한 경험과 능력을 갖추고 있는 상황(대체물)에서는 지시적 리더십이 불필요함

① 피들러는 상황론적 리더십을 주장한 학자임; 따라서 리더십의 효과성을 제고하기 위해서는 리더의 스타일을 정확히 파악하고 상황에 맞춰 리더를 배치해야 함
② 하우스(R. J. House)의 경로 – 목표이론에 따르면 의사결정에 부하의 참여를 권하는 참여적 리더십은 부하들이 구조화되지 않은 과업을 수행할 때 필요함
③ 허시(P. Hersey)와 블랜차드(K. Blanchard)의 생애주기이론에 따르면 부하의 성숙도가 커짐에 따라서 지시, 설득, 참여, 위임형 리더가 효과적임

정답 ④

76 회독 □□□ 2015. 지방 7급

바스(Bass) 등이 제시한 '변혁적 리더십(transformational leadership)'에 대한 설명으로 옳지 않은 것은?

① 리더는 구성원 개개인의 니즈에 관심을 가지며 잠재력 개발을 돕는다.
② 리더는 성과계약과 같이 교환과 거래에 기반한 관리방식을 활용한다.
③ 리더는 혁신적이고 창조적인 관점에서 해결책을 구하도록 구성원을 자극하고 변화를 유도한다.
④ 리더는 조직이 나아갈 비전을 제시하고 구성원들과의 소통을 통하여 이를 공유하고자 한다.

정답 및 해설

성과계약과 같이 교환과 거래에 기반한 관리방식을 활용하는 것은 거래적 리더십임

① 개별적 배려에 대한 내용임
③ 변혁적 리더십은 조직의 안정보다 조직을 변화시키려고 노력하는 최고관리층의 변화지향적·개혁적 리더십임 → 이에 따라 리더는 혁신적이고 창조적인 관점에서 해결책을 구하도록 구성원을 자극하고 변화를 유도함
④ 영감적 리더십에 대한 내용임 → 비전제시 및 공유

정답 ②

Section 03 조직 내 권력, 갈등 관리, 의사소통(의사전달)

77 회독 □□□

2024. 국가 9급

갈등관리 유형에 대한 설명으로 옳지 않은 것은?

① 회피(avoiding)는 갈등이 존재함을 알면서도 표면상으로는 그것을 무시하거나 인정하지 않음으로써 갈등 상황에 소극적으로 대응한다.
② 수용(accommodating)은 자신의 이익을 양보하고 상대방의 이익을 배려해 협조한다.
③ 타협(compromising)은 갈등당사자 간 서로 존중하고 자신과 상대방 모두의 이익을 극대화하려는 유형으로 'win－win' 전략을 취한다.
④ 경쟁(competing)은 갈등 당사자가 자기 이익은 극대화하고 상대방의 이익은 최소화한다.

정답 및 해설

협동에 대한 내용임 → 협동은 모두가 이익이 되는 방향으로 갈등을 관리함

①②④

토마스 갈등관리 모형

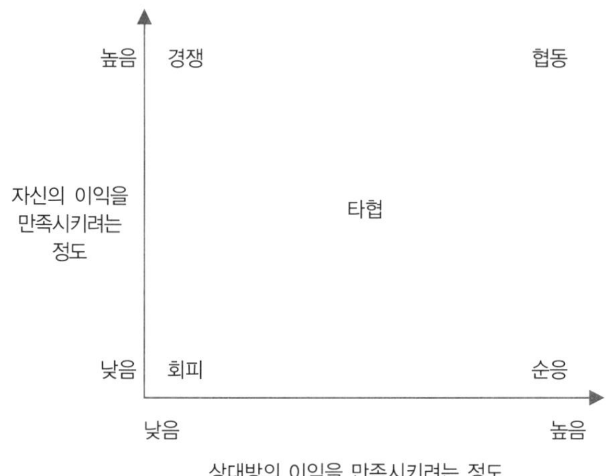

정답 ③

78 회독 □□□

2020. 국가 9급

프렌치와 레이븐(French & Raven)이 주장하는 권력의 원천에 대한 설명으로 옳지 않은 것은?

① 합법적 권력은 권한과 유사하며 상사가 보유한 직위에 기반한다.
② 강압적 권력은 카리스마 개념과 유사하며 인간의 공포에 기반한다.
③ 전문적 권력은 조직 내 공식적 직위와 항상 일치하는 것은 아니다.
④ 준거적 권력은 자신보다 뛰어나다고 생각하는 사람을 닮고자 할 때 발생한다.

정답 및 해설

강압적 권력은 인간의 공포에 기반하여 상대방의 순응을 확보함 → 카리스마 개념과 유사한 권력의 유형은 준거적 권력임

프렌치와 레이븐(French & Raven, 1959)의 분류

권력의 유형	내용
합법적 권력	1. 권한과 유사한 의미 → 상사가 보유한 권한에 기초한 권력으로써 일반적으로 직위가 가진 권한이 많을수록 합법적인 권력이 커짐 2. 일반적으로 합법적 권력의 합법성 한계는 직위의 공식적인 속성과 비공식적인 규범 및 전통에 의해 결정됨
보상적 권력	타자에게 보상을 제공할 수 있는 능력에 기초한 권력; 승진, 급여 등
강압적 권력	1. 다른 사람을 처벌할 수 있는 능력을 가지거나, 육체적 또는 심리적으로 다른 사람에게 위해를 가할 수 있는 권력 2. 사회에서 발생하는 '왕따 현상'은 대개 강압적 권력에 기초함
준거적 권력	1. 자신보다 뛰어나다고 생각하는 사람을 닮고자 할 때 발생하는 권력 → 카리스마와 유사한 개념 2. 공식적인 지위와 관련이 없을 수 있음
전문적 권력	1. 다른 사람이 필요로 하는 전문적인 기술이나 지식에 기초한 권력 2. 지식이 부족한 무능한 상관도 있는바 조직의 공식적 지위와 일치하지 않을 수 있음

- 합법적 권력, 보상적 권력은 일반적으로 직위와 관련있는 권력
- 정보화 사회와 권력 : 정보화 사회에서 조직은 피라미드형 구조에서 수평적 구조로 전환
  (a) 권력의 분산이 이루어질 수 있음
  (b) 혹은 정보화로 인한 권력의 오용문제도 발생; 권력자가 수집한 정보를 악용한다는 것

정답 ②

PART 03 조직론

cf.
79 회독 □□□
2020. 국가 9급

조직 내 갈등에 대한 설명으로 옳지 않은 것은?

① 과업의 상호의존성이 높은 경우 잠재적 갈등이 야기될 수 있다.
② 고전적 관점에서 갈등은 조직효과성에 부정적인 영향을 끼친다고 가정한다.
③ 의사소통 과정에서 충분한 양의 정보도 갈등을 유발하는 경우가 있다.
④ 진행단계별로 분류할 때 지각된 갈등은 갈등이 야기될 수 있는 상황 또는 조건을 의미한다.

정답 및 해설

진행단계별로 분류할 때 지각된 갈등(perceived conflict)은 갈등이 야기될 수 있는 상황 또는 조건을 여러 사람이 인지하는 것을 의미함 → 즉, A가 자신과 B 사이에 심각한 의견 차이가 존재한다는 것을 인식하는 것에 해당함

① 업무처리 과정에서 부서 간 협업의 빈도가 높을 때, 즉 과업의 상호의존성이 높을 때 잠재적 갈등이 야기될 수 있음
② 로빈스에 따르면 고전적 관점에서 갈등은 조직효과성에 부정적인 영향을 끼친다고 가정하고 갈등을 제거의 대상으로 간주함
③ 의사소통 과정에서 충분한 양의 정보를 주고받을 때, 정보처리능력의 문제로 인해 갈등을 유발하는 경우가 있음

정답 ④

cf.
80 회독 □□□
2017. 교행 9급

다음 설명에 해당하는 의사전달 네트워크의 유형으로 가장 적합한 것은?

> 이 유형은 조직 내 각 구성원이 다른 모든 구성원들과 직접적인 의사전달을 하는 형태로서 구성원들 모두가 서로 정보를 교환하기 때문에 문제해결에 시간이 많이 걸리나 상황판단의 정확성이 높은 장점을 가지고 있다. 그리고 이 유형에는 중심적 위치를 차지하는 단일의 리더는 없다.

① 원(circle)형
② 연쇄(chain)형
③ 바퀴(wheel)형
④ 개방(all channel)형

정답 및 해설

지문은 개방형(성형)에 대한 내용임

의사전달 네트워크의 유형

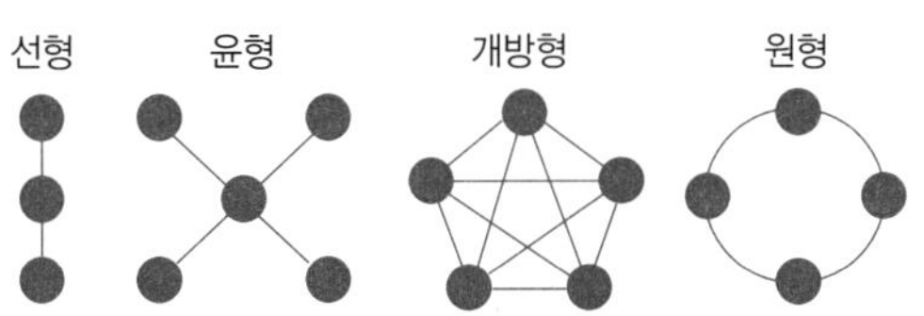

정답 ④

81 회독 □□□

2016. 지방 9급

조직의 의사전달에 대한 설명으로 옳지 않은 것은?

① 공식적 의사전달은 의사소통이 객관적이고 책임소재가 명확하다는 장점이 있다.

② 비공식적 의사전달은 의사소통 과정에서의 긴장과 소외감을 극복하고 개인적인 욕구를 충족시킨다는 장점이 있다.

③ 공식적 의사전달은 조정과 통제가 곤란하다는 단점이 있다.

④ 참여인원이 적고 접근가능성이 낮은 경우 의사전달체제의 제한성은 높다.

정답 및 해설

공식적인 의사전달은 계선에 의한 공식적인 의사소통을 의미하기 때문에 조정과 통제가 용이함; 조정과 통제가 곤란한 의사전달은 조직 내 풍문이나 소문에 해당하는 비공식적인 의사전달임

④ 의사결정에 관여하는 참여인원이 적고 접근가능성이 낮은 경우 의사전달체계의 제한성이 큼(문제점↑)

공식적·비공식적 의사전달의 장점과 단점

구분	공식적 의사전달	비공식적 의사전달
장점	1. 상관의 권위를 유지 2. 의사전달이 확실·편리 3. 전달자와 피전달자가 분명, 책임소재 명확 4. 정보의 사전입수로 비전문가라도 의사결정이 용이 5. 정보나 근거의 보존이 용이	1. 신속하고 적응성이 강함 2. 배후사정을 소상히 전달 3. 긴장·소외감 극복과 개인적 욕구의 충족 4. 직원들의 동태 파악과 행동의 통일성 확보 5. 융통성이 높고 공식적 전달을 보완
단점	1. 의사전달의 신축성이 없고 형식화되기 쉬움 2. 배후사정을 소상히 전달하기 곤란 3. 변동하는 사태에 신속히 적응하기 어려움 4. 기밀유지 곤란	1. 책임소재가 불분명하고 조정·통제가 곤란 2. 개인목적에 역이용되는 점 3. 공식적 의사소통 기능을 마비시키는 점 4. 수직적 계층 하에서 상관의 권위가 손상

정답 ③

82 회독 □□□

2015. 사복 9급

조직 내의 갈등관리에 대한 설명으로 옳지 않은 것은?

① 고전적 갈등관리 이론에서는 갈등의 유해성에 주목하고 그 해소방법을 처방하는 데 몰두하였다.

② 행태주의 관점의 갈등관리 이론에서는 갈등이 조직발전의 원동력이 된다고 주장하였다.

③ 갈등관리 전략으로서 조성전략은 갈등의 순기능적 측면에 입각해 있다.

④ 로빈스(Robbins)는 갈등관리를 전통주의자, 행태주의자, 상호작용주의자의 관점으로 구분하여 접근한다.

정답 및 해설

로빈스(Robbins)는 갈등관리를 전통적, 행태주의적, 상호작용론적 관점으로 구분하여 접근했음; 이 중에서 행태론적 견해는 갈등을 인정하고 수용하면서 조직의 생산성 제고 방안을 강구하는 입장임

로빈스의 갈등관 변화

구분	내용
전통적 견해 (갈등역기능론)	① 갈등은 나쁜 것이고 조직 내에서 역기능을 유발하는 바 조직효과성에 언제나 부정적인 영향을 미친다는 관점 ② 관리자는 조직에서 갈등을 제거해야 함 → 이러한 주장은 19세기의 조직 및 관리 문헌의 지배적인 내용이었으며, 1940년대 중반까지 지속함
행태론적 견해 (갈등수용론)	① 갈등은 조직 내에서 발생하는 자연스러운 현상으로 간주 ② 갈등은 불가피하고 온전한 제거가 불가능함 → 갈등의 수용을 주장 ③ 1940년대 중반~70년대 후반에 등장한 견해로서 갈등을 인정하고 수용하면서 조직의 생산성 제고방안 강구
상호작용론적 견해 (갈등조장론)	① 갈등의 순기능(더 나은 의사결정 및 창의성 촉진 등)을 인정하기 때문에 갈등을 고무(encourage conflict)한다는 입장; 갈등의 순기능을 인정하는 입장 ② 조직의 관리자는 모든 갈등을 억제하거나 제거하지 말고, 그 해로운 점을 최소한으로 유지하고 이로운 점을 최대한으로 신장시켜야 한다는 관점

정답 ②

83 회독 □□□

2012. 지방 9급

토머스(K. Thomas)가 제시하고 있는 대인적 갈등관리 방안에 대한 설명으로 옳지 않은 것은?

① 자신의 이익과 상대방의 이익을 만족시키려는 정도라는 두 가지 차원으로 구분하여 설명한다.
② 경쟁이란 상대방의 이익을 희생하여 자신의 이익을 추구하는 방안이다.
③ 순응이란 자신의 이익은 희생하면서 상대방의 이익을 만족시키려는 방안이다.
④ 타협이란 자신과 상대방의 이익 모두를 만족시키려는 방안이다.

84 회독 □□□

2009. 지방 9급

다음은 토머스(Thomas)가 제시한 대인적 갈등관리방안과 관련되는 내용이다. 각각의 내용이 바르게 연결된 것은?

ㄱ. 상대방의 이익을 희생하여 자신의 이익을 추구하는 경우이다.
ㄴ. 자신의 이익이나 상대방의 이익 모두에 무관심한 경우이다.
ㄷ. 자신과 상대방 이익의 중간 정도를 만족시키려는 경우이다.
ㄹ. 자신의 이익을 희생하여 상대방의 이익을 만족시키려는 경우이다.

	ㄱ	ㄴ	ㄷ	ㄹ
①	강제	회피	타협	포기
②	경쟁	회피	타협	순응
③	위협	순응	타협	양보
④	경쟁	회피	순응	양보

정답 및 해설 (83)

자신과 상대방의 이익 모두를 만족시키는 것은 협동이며, 타협은 자신과 상대방의 이익을 절충하는 방법임 → 아래의 그림 참고

Ruble & Thomas(1976) : 이창원 외(2005)에서 재인용

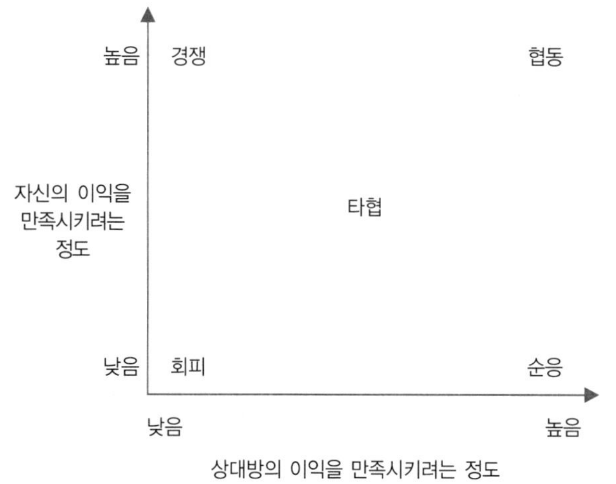

정답 ④

정답 및 해설 (84)

아래의 그림 참고

Ruble & Thomas(1976) : 이창원 외(2005)에서 재인용

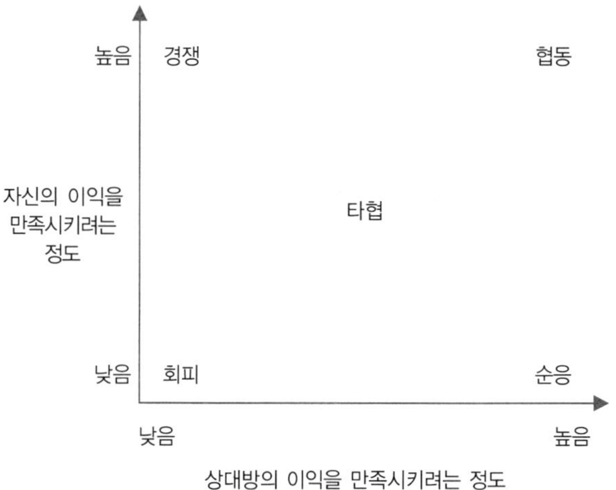

정답 ②

85 회독 □□□

2009. 국가 9급

조직 내 의사전달과 의사결정현상에 대한 설명으로 옳지 않은 것은?

① 조직 내 의사전달에는 공식적 · 비공식적 전달유형이 있다.
② 대각선적 의사전달은 공식업무를 촉진하거나 개인적 · 사회적 욕구충족을 위해 나타난다.
③ 의사전달의 과정은 발신자, 코드화, 발송, 통로, 수신자, 해독, 환류로 이루어진다.
④ 의사전달 과정에서 환류의 차단은 의사전달의 신속성을 저해할 수 있다.

정답 및 해설

환류란 수신자가 정보에 응답하는 것임; 따라서 환류의 차단은 수신자가 그 정보의 내용을 확인하거나 다른 의견을 전달할 수 있는 길이 차단된 상태를 말하는데, 이를 통해 의사전달의 신속성을 제고할 수 있으나 정확성을 떨어뜨리는 문제가 발생할 수 있음

① 조직 내 의사전달에는 공식적(공문에 의한 전달) · 비공식적(소문이나 풍문) 전달유형이 있음
② 대각선적 의사전달 : 조직 내의 여러 가지 기능과 계층을 가로질러 이루어지는 의사전달로서 공식적 업무를 촉진하거나 개인적 · 사회적 욕구 충족을 위해 나타남
③ 아래의 의사전달 과정 참고

의사전달 과정

발신자 → 코드화 → 발송 → 통로 → 수신자 → 해독 → 환류 및 장애(8가지)
㉠ 환류 : 수신자가 정보에 응답하는 것
㉡ 코드화 : 정보를 언어 및 기호로 변환하는 것
㉢ 해독 : 수신자가 자신에게 전달된 정보를 어떤 개념이나 생각, 감정 등으로 변화시키는 사고 과정
㉣ 장애 : 의사전달 과정에서 정보를 왜곡시키는 것

정답 ④

86 회독 □□□

2015. 교행 9급

조직의 의사전달(communication)에 관한 설명으로 옳지 않은 것은?

① 조직구조상 지나친 계층화는 수직적 의사전달을 저해한다.
② 지나친 전문화와 할거주의는 수평적 의사전달을 저해한다.
③ 비공식적 의사전달은 공식적 의사전달에 비해 조정과 통제가 곤란하다.
④ 공식적 의사전달은 비공식적 의사전달에 비해 신속하지만 책임의 소재는 불명확하다.

정답 및 해설

공식적인 의사전달은 공문에 의한 전달임; 이는 구체적인 내용을 정하는 과정에서 시간이 소요되기 때문에 비공식적인 의사전달에 비해 다소 느리지만, 책임의 소재는 명확함

① 조직 내에서 계층의 수가 증가하면 수직적 의사전달을 저해함
② 지나친 전문화와 할거주의는 수평적 분화와 부서 이기주의를 뜻하는바 수평적 의사전달을 저해함

공식적 · 비공식적 의사전달의 장점과 단점

구분	공식적 의사전달	비공식적 의사전달
장점	1. 상관의 권위를 유지 2. 의사전달이 확실 · 편리 3. 전달자와 피전달자가 분명, 책임소재 명확 4. 정보의 사전입수로 비전문가라도 의사결정이 용이 5. 정보나 근거의 보존이 용이	1. 신속하고 적응성이 강함 2. 배후사정을 소상히 전달 3. 긴장 · 소외감 극복과 개인적 욕구의 충족 4. 직원들의 동태 파악과 행동의 통일성 확보 5. 융통성이 높고 공식적 전달을 보완
단점	1. 의사전달의 신축성이 없고 형식화되기 쉬움 2. 배후사정을 소상히 전달하기 곤란 3. 변동하는 사태에 신속히 적응하기 어려움 → 구체적인 내용을 정하는 과정에서 시간이 소요되기 때문에 의사전달의 속도가 느린 편임 4. 기밀유지 곤란	1. 책임소재가 불분명하고 조정 · 통제가 곤란 2. 개인목적에 역이용되는 점 3. 공식적 의사소통 기능을 마비시키는 점 4. 수직적 계층 하에서 상관의 권위가 손상

정답 ④

PART 03 조직론

87 회독 □□□

2016. 교행 9급

조직의 갈등관리에 대한 설명으로 옳지 않은 것은?

① 통합형 협상은 자원이 제한되어 있어 제로섬 방식을 기본 전제로 하는 협상이다.

② 수평적 갈등은 목표의 분업구조, 과업의 상호의존성, 제한된 자원으로 인해 발생한다.

③ 집단 간 목표의 차이로 인해 발생한 갈등은 상위목표를 제시하거나 계층제 또는 권위를 이용하여 해결한다.

④ 조직의 불확실성을 높이거나 위기감을 불러일으키는 것과 같이 조직의 갈등을 인위적으로 조성하는 전략은 조직의 생존 및 발전에 필요한 전략 중 하나이다.

정답 및 해설

분배형 협상은 한 쪽이 양보하는 것으로서 자원이 제한되어 있어 제로섬 방식을 기본 전제로 하는 협상임; 한편 통합형 협상은 이용 가능한 자원이 충분한 상황에서 상호 윈윈하는 방법을 의미함

통합형 협상과 분배형 협상

구분	통합형 협상(윈윈게임)	분배형 협상(양보)
개념	비경쟁·비갈등형 협상	경쟁·갈등형 협상
이해관계	조화 혹은 상호수렴	충돌 혹은 서로 상반
관계의 지속성	장기간	단기간: 배분적인 협상은 한 쪽이 장기간 양보할 수는 없는 까닭에 일시적으로 이루어지는 갈등해결 기제임
이용가능한 자원	유동적인 양: 무한	고정된 양: 유한
주요 동기	이익(win-win)게임; 정합게임; 승승게임	손익(lose-win)게임; 영합게임; 승패게임

② 수평적 갈등은 동일한 계층 내에서 부서 간에 발생하는 갈등으로써 목표의 분업구조, 과업의 상호의존성(협업의 정도), 제한된 자원으로 인해 발생할 수 있음

③ 주체 간 목표의 차이로 인해서 갈등이 일어날 수 있는데, 이 경우 상위의 목표를 제시하거나 계층제 또는 권위, 목표 수준의 차별화를 통해 해결할 수 있음

④ 조직의 불확실성을 높이거나 위기감을 불러일으키는 것과 같이 조직의 갈등을 인위적으로 조성하는 전략은 조직의 생존·발전에 필요한 전략이라고 보는 관점이며, 일반적으로 조직이 무사안일이나 침체에 빠져 있을 때 활용함

정답 ①

88 회독 □□□

2018. 교행 9급

조직 내 협상의 유형은 배분적 협상과 통합적 협상으로 구분된다. 각각의 특징으로 옳지 않은 것은?

협상의 특징	배분적 협상	통합적 협상
① 이용가능한 자원	고정적인 양	유동적인 양
② 주요 동기	윈윈게임	승패게임
③ 이해관계	서로 상반	조화 및 상호수렴
④ 관계의 지속성	단기간	장기간

정답 및 해설

배분적인 협상은 한 쪽이 양보하는 방법이고 통합형 협상은 상호 힘을 합쳐서 서로가 득이 되는 결과를 만들고자 하는 협상임; 따라서 상호 선지의 내용이 바뀌었음; 참고로 배분적인 협상은 한 쪽이 장기간 양보할 수는 없는 까닭에 일시적으로 이루어지는 갈등해결 기제임

정답 ②

89 회독 □□□

2008. 지방 7급

갈등관리에 대한 설명으로 옳지 않은 것은?

① 갈등관리란 갈등을 해소하거나 완화하는 것뿐만 아니라 상황에 따라서는 갈등을 용인하고 나아가 조성할 수도 있다는 의미이기도 하다.

② 갈등관리에서의 갈등은 표면적으로 드러나는 것만을 말하는 것이 아니라 당사자들이 느끼는 잠재적 갈등 상태까지를 포함한다.

③ 갈등의 유형 중에서 생산적 갈등이란 조직의 팀워크와 단결을 희생하고 조직의 생산성을 중요시하는 유형이다.

④ 갈등의 긍정적인 측면을 고려하는 입장에서는 적정 수준의 갈등은 조직성과에 도움을 줄 수 있다고 주장한다.

정답 및 해설

조직의 팀워크와 단결을 희생하는 갈등유형은 소모적 갈등임 → 생산적 갈등은 갈등 이전보다 문제의 핵심을 더 잘 파악하게 되고, 인간관계나 팀워크 및 단결을 강화하며, 조직 전체적으로 생산성 향상에 기여하게 만드는 순기능이 있음

① 갈등관리는 갈등에 대한 관점에 따라 갈등을 해소하거나 완화하는 것뿐만 아니라 상황에 따라서는 갈등을 용인하고 나아가 조성할 수도 있다는 의미를 내포하고 있음
② 갈등관리에서의 갈등은 잠재적 갈등(당사자가 속에서 느끼는 잠재적인 갈등) 및 외재적 갈등(표면적으로 드러나는 갈등)을 포함하는 개념임
④ 상호작용론처럼 갈등의 긍정적인 측면을 고려하는 입장에서는 적정 수준의 갈등은 조직성과에 도움을 줄 수 있다고 주장함

정답 ③

cf.

90 회독 □□□

2016. 지방 7급

행정 조직의 구조적인 측면에서 발생하는 갈등 요인이 아닌 것은?

① 개인의 이기적인 태도

② 기능이나 업무의 특성에 따른 분업구조

③ 제한된 자원의 하위 부서 간 공유

④ 업무의 연계성으로 인한 타인과의 협조 필요성 증가

정답 및 해설

조직의 구조적인 측면에서 발생하는 갈등요인으로는 분업구조, 자원의 희소성, 업무의 상호의존성(협업의 정도)이 있음 → 개인의 이기적인 태도는 개인적 측면에서 발생하는 갈등요인에 해당함

정답 ①

Section 04 조직시민행동

91 회독 □□□ 2016. 국가 9급

조직시민행동(organizational citizenship behavior)에 대한 설명으로 옳지 않은 것은?

① 공식적인 보상시스템에 의하여 직접적으로 또는 명시적으로 인식되지 않는 직무역할 외 행동이다.
② 구성원들의 역할모호성 지각은 조직시민행동에 긍정적 영향을 미친다.
③ 구성원들의 절차공정성 지각은 조직시민행동에 긍정적 영향을 미친다.
④ 작업장의 청결을 유지하는 것은 조직시민행동 유형 중 양심행동에 속한다.

정답 및 해설

조직시민행동은 누가 시키지 않아도 자발적으로 일하는 구성원의 헌신적인 행동으로서 직무역할 외 행동을 뜻함 → 즉, 조직 내에서 본인이 맡은 직무역할이 명료한 상태에서 그 외적인 행동을 하는 것임

① 조직시민행동은 직무역할 외적인 행동(규칙에 명시되지 않은 이타적 행동)이므로 공식적인 보상시스템에 의하여 직접적으로 또는 명시적으로 인식되지 않음
③

조직시민행동을 형성하는 요인

구분	내용
직무만족도	구성원들이 자신이 속한 조직과 자신이 하는 직무에 대해 만족할수록 조직시민행동을 보이는 성향이 있음
조직몰입도	① 조직에 대한 심리적 애착의 정도; 조직구성원이 조직과 자신을 동일시하여 조직에 헌신하는 정도를 의미함 ② 이러한 조직몰입도가 클수록 조직시민행동을 하는 경향이 있음
공정성	조직 내의 공정성이 높다고 느낄수록, 즉 자신이 조직에서 공정한 대우를 받고 있다고 생각할수록 조직시민행동을 할 가능성이 커짐
역할명확성	조직 내에서 자신의 역할이 구체적일수록 조직시민행동 성향 ↑
전염성	조직 내에서 조직시민행동의 빈도가 높을수록, 그 조직 내의 사람들은 조직시민행동을 할 가능성이 큼

④ 양심적 행동, 즉 성실행동은 조직을 위해 시간을 정확하게 지키고 규정 등을 잘 따르는 것임 → 작업장의 청결을 유지하는 것도 양심적 행동에 포함됨

정답 ②

CHAPTER 05 사람, 그리고 일에 대하여

Section 01 사람, 동기 부여 및 학습을 중심으로

92 회독 □□□

2023. 지방 7급

동기부여이론에 대한 설명으로 옳지 않은 것은?

① 앨더퍼(Alderfer)의 ERG이론은 하위단계에서 상위단계로의 욕구단계 이동뿐만 아니라 욕구 좌절 시 회귀적이고 하향적인 욕구단계로의 이동도 가능하다고 본다.

② 허츠버그(Herzberg)의 2요인이론은 종업원의 직무환경 개선과 창의적 업무 할당을 통한 직무성취감 증대가 동기부여에 미치는 영향이 다르다고 본다.

③ 아담스(Adams)의 공정성이론은 인식된 불공정성이 중요한 동기요인으로 작동한다고 본다.

④ 브룸(Vroom)의 기대이론은 노력, 성과, 보상, 만족, 환류로 이어지는 동기부여 과정을 제시하면서 노력－성과 간 관계에 있어 개인의 능력과 자질, 그리고 역할 인지를 강조했다.

정답 및 해설

선지는 포터와 롤러의 성과만족이론에 대한 내용임

① 앨더퍼는 욕구의 좌절 및 퇴행을 인정함
② 허츠버그의 2요인이론은 위생요인(종업원의 직무환경 개선)과 동기요인(창의적 업무 할당을 통한 직무성취감 증대)이 독립적으로 작동함을 주장함
③ 아담스는 조직이 공정하지 못한 보상을 제공할 때, 구성원은 행동변화를 위한 동기부여가 발생한다는 점을 강조함

정답 ④

93 회독 □□□

2024. 지방 9급

애덤스(Adams)의 공정성이론에 대한 설명으로 옳지 않은 것은?

① 투입과 산출의 비율을 준거인과 비교하여 공정성을 지각한다.

② 불공정성을 느낄 때 자신의 지각을 의도적으로 왜곡하기도 한다.

③ 노력과 기술은 투입에 해당하며, 보수와 인정은 산출에 해당한다.

④ 준거인과 비교하여 과소보상자는 불공정하다고 생각하고, 과대보상자는 공정하다고 생각한다.

정답 및 해설

애덤스의 공정성이론에서 과소보상과 과다보상은 모두 보상의 불공정에 해당함

① 애덤스에 따르면 인간은 노력 대비 보상의 비를 조직 내 동료와 비교하면서 공정성을 지각함
② 예를 들어, 인간은 과소보상을 느낄 때 준거인물의 노력 등에 대해 자신의 생각을 바꾸기도 함
③ 투입은 직무수행 중 기울인 노력, 사용한 기술 등을 뜻하며, 산출은 그에 따른 결과(보상 등)를 의미함

정답 ④

94 회독 □□□ 2023. 지방 9급

동기부여 이론에 대한 설명으로 옳은 것은?

① 로크(Locke)의 목표설정이론에서는 목표의 도전성(난이도)과 명확성(구체성)을 강조했다.
② 매슬로우(Maslow)의 욕구 5단계설에서는 욕구의 좌절과 퇴행을 강조했다.
③ 해크만과 올드햄(Hackman & Oldham)의 직무특성이론에서는 유의성, 수단성, 기대감을 동기부여의 핵심으로 보았다.
④ 앨더퍼(Alderfer)의 ERG이론에서는 위생요인이 충족되었다고 하더라도 동기부여가 되는 것은 아니라고 주장했다.

정답 및 해설

로크에 따르면 인간은 목표가 구체적이고, 난이도가 적당히 높을 때 목표의 성취의도가 증가하여 강한 동기부여를 만들 수 있음

② 욕구의 좌절과 퇴행을 강조한 건 앨더퍼의 ERG론임
③ 브룸의 기대이론에 대한 내용임
④ 허즈버그의 욕구충족요인이원론에 대한 내용임

정답 ①

95 회독 □□□ 2022. 국가 9급

동기유발의 과정을 설명하는 '과정이론'에 해당하는 것만을 모두 고르면?

ㄱ. 브룸(Vroom)의 기대이론
ㄴ. 애덤스(Adams)의 공정성이론
ㄷ. 로크(Locke)의 목표설정이론
ㄹ. 앨더퍼(Alderfer)의 ERG이론
ㅁ. 맥그리거(McGregor)의 X이론 · Y이론

① ㄱ, ㄴ, ㄷ
② ㄱ, ㄴ, ㄹ
③ ㄴ, ㄷ, ㅁ
④ ㄷ, ㄹ, ㅁ

정답 및 해설

브룸의 기대이론, 애덤스의 공정성이론, 로크의 목표설정이론은 인간의 동기부여과정을 구조화하는 과정이론에 해당함

틀린 선지
ㄹ. 앨더퍼(Alderfer)의 ERG이론 : 내용이론 중 성장인 모형에 해당함
ㅁ. 맥그리거(McGregor)의 X이론 · Y이론 : 내용이론 중 성장인 모형에 해당함

정답 ①

96 회독 □□□

2022. 지방 9급

허즈버그(Herzberg)의 욕구충족요인 이원론에서 위생요인에 해당하지 않는 것은?

① 감독
② 대인관계
③ 보수
④ 성취감

정답 및 해설

성취감은 직무 자체와 관련된 요인이므로 동기요인 혹은 만족요인에 해당함

①②③

만족요인·불만족요인

구분	내용
만족요인	성취감(자아실현), 책임감, 안정감, 자기존중감, 상사의 인정, 승진(승진으로 인해 일에 대한 책임감 제고), 직무 자체에 대한 보람, 성장 및 발전, 직무충실(책임감·자율성 ↑) 등
불만족요인	대인관계, 작업조건, 조직의 방침과 관행(조직정책), 임금(보수), 지위, 상관의 감독방식, 직무확장, 신분보장 등 • 직무확장: 수평적으로 업무의 범위를 넓혀 단조로움 등 불만을 없애주는 역할을 함

정답 ④

97 회독 □□□

2021. 국가 9급

동기요인 이론에 대한 설명으로 옳지 않은 것은?

① 아담스(Adams)의 공정성 이론에 따르면 공정하다고 인식할 때 동기가 유발된다.
② 매클리랜드(McClelland)의 성취동기이론에 따르면 개인들의 욕구가 학습을 통해 개발될 수 있다.
③ 브룸(Vroom)의 기대이론에서 기대감은 특정 결과는 특정한 노력으로 인해 나타날 수 있다는 가능성에 대한 개인의 신념으로 통상 주관적 확률로 표시된다.
④ 앨더퍼(Alderfer)의 ERG이론에 따르면 상위욕구 충족이 좌절되면 하위욕구를 충족시키고자 할 수 있다.

정답 및 해설

아담스(Adams)의 공정성 이론에 따르면 불공정하다고 인식할 때 특정 행동을 하려는 동기가 유발됨

② 매클리랜드(McClelland)의 성취동기이론에 따르면 개인들의 욕구가 학습을 통해 개발될 수 있는데, 학습된 욕구 중에서 조직의 생산성을 위해 가장 중요한 것은 성취욕구임
③ 브룸(Vroom)의 기대이론에서 기대감은 특정 결과는 특정한 노력으로 인해 나타날 수 있다는 가능성에 대한 개인의 신념으로 통상 주관적 확률로 표시됨 → 예를 들어, 노력을 많이 하면 큰 성과가 나올 거라 기대한 경우 기대감의 값은 1로 표현됨($0 \leq$ 기대감≤ 1)
④ 앨더퍼(Alderfer)는 상위욕구 충족이 좌절되면 하위욕구를 충족시키고자 하는 욕구의 좌절·퇴행을 인정함

정답 ①

cf.

98 회독 □□□

2021. 국가 9급

조직목표의 기능에 대한 설명으로 옳지 않은 것은?

① 조직구성원들이 목표로 인해 일체감을 느끼기 때문에 구성원들의 동기를 유발해준다.

② 조직의 구조와 과정을 설계하는 준거를 제공하고 성과를 평가하는 기준이 되기도 한다.

③ 미래의 바람직한 상태를 밝혀 조직활동의 방향을 제시한다.

④ 조직이 존재하는 정당성의 근거가 될 수는 없다.

정답 및 해설

조직은 특정한 목표를 달성하기 위해 존재하는바 조직목표는 조직이 존재하는 정당성의 근거가 될 수 있음

①③
조직목표는 조직이 추구하는 지향점이므로 미래의 바람직한 상태를 밝혀 조직활동의 방향을 제시하며, 조직의 구조와 과정을 설계하는 준거를 제공하고 성과를 평가하는 기준이 되기도 함

② 조직구성원들은 조직의 목표를 달성하는 과정에서 일체감을 느끼기 때문에 조직목표는 구성원들의 동기를 유발할 수 있음

정답 ④

99 회독 □□□

2010. 지방 9급

허즈버그(F. Herzberg)의 욕구충족요인이원론의 설명으로 옳은 것은?

① 동기요인을 충족시켜주지 못하면 조직에 대한 불만이 커진다.

② 동기요인의 충족은 직무수행을 위한 노력을 강화한다.

③ 위생요인은 주로 직무자체와 관련되어 있다.

④ 위생요인의 충족은 동기유발을 촉진한다.

정답 및 해설

허즈버그는 조직구성원에게 불만족을 주는 요인과 만족을 주는 요인은 상호 독립되어 있다고 주장함(전자를 위생요인, 후자는 동기요인); 동기요인(만족요인, 직무자체)에는 성취감(자아실현), 책임감, 안정감, 상사의 인정, 승진, 직무 그 자체에 대한 보람, 성장 및 발전 등이 있는데, 동기요인이 충족될 경우 구성원은 직무수행을 위한 노력을 강화함(동기유발↑)

①③
위생요인은 직무환경과 관련된 요인으로써 위생요인(불만족요인, 직무환경적 요인)에는 임금, 지위, 안전, 감독, 기술, 작업조건, 조직의 방침과 관행, 대인관계 등이 있음 → 위생요인을 충족시켜주지 못하면 구성원은 조직에 대한 불만이 커짐

④ 동기요인의 충족이 동기유발을 촉진함

정답 ②

100 회독 □□□

2010. 국가 9급

허즈버그(F. Herzberg)의 욕구충족요인이원론에서 제시하는 동기요인(motivator) 내지 만족요인(satisfier)과 가장 거리가 먼 것은?

① 보다 많은 책임을 부여받는다.
② 상사로부터 직무성취에 대한 인정을 받는다.
③ 보다 많은 개인적 성장과 발전을 경험하고 있다.
④ 원만한 대인관계를 유지하고 있다.

정답 및 해설

대인관계는 직무환경과 관련된 위생요인에 해당함

허즈버그가 언급한 동기요인(motivators)

직무자체와 관련된 요인으로써 주로 상위욕구(존경·자아실현 욕구)에 해당함

- 성취감(자아실현), 책임감, 안정감, 상사의 인정, 승진(승진으로 인해 일에 대한 책임감 제고), 직무 자체에 대한 보람, 성장 및 발전, 직무충실 등

✚ 직무충실: 직무를 맡는 사람의 책임성과 자율성을 높이고, 직무수행에 관한 환류가 원활히 이루어지도록 직무를 재설계하는 방법

정답 ④

101 회독 □□□

2008. 지방 9급

동기이론과 관련한 설명 중 가장 적절하지 않은 것은?

① 머슬로(A. Maslow)는 욕구의 강도와 단계에 따라 인간이 자신의 일정한 욕구를 충족, 유지해 나간다고 주장한다.
② 허즈버그(F. Herzberg)의 동기요인과 위생요인에서 동기요인에는 머슬로의 자아실현(self-actualization) 욕구가 포함된다.
③ 앨더퍼(C. Alderfer)의 ERG(existence, relatedness, growth)이론에서 성장욕구에는 머슬로의 애정(love) 욕구가 포함된다.
④ 브룸(V. Vroom)은 동기부여가 보상의 내용이나 실체보다는 조직구성원이 보상에 대해서 얼마나 매력을 느끼고 있는가에 달려있다고 본다.

정답 및 해설

머슬로는 인간의 동기는 5가지의 욕구계층(생리적 욕구, 안전욕구, 소속욕구(사회적 욕구, 애정에 대한 욕구), 존경욕구, 자아실현욕구)에 따라 순차적으로 유발된다고 보았으며, 앨더퍼는 머슬로의 다섯 가지 욕구를 3가지(존재욕구, 관계욕구, 성장욕구)로 통합하였음; 여기서 앨더퍼의 성장욕구는 머슬로의 존경욕구 및 자아실현욕구와 연관됨

① 머슬로는 모든 사람이 공통적으로 비슷한 욕구의 계층을 가지고 있다고 가정하면서(단, 개별 욕구의 강도는 사람마다 차이가 있음) 욕구의 강도와 단계에 따라 인간이 자신의 일정한 욕구를 충족·유지해 나간다고 주장함 → 인간의 동기는 5가지의 욕구 계층에 따라 순차적으로 유발됨
② 허즈버그(F. Herzberg)의 동기요인은 상위욕구와 관련되어 있는바 머슬로의 자아실현(self-actualization)욕구가 포함됨
④ 브룸(V. Vroom)은 동기부여가 보상의 내용이나 실체보다는 구성원의 보상에 대한 선호 혹은 높은 성과가 높은 보상을 가져오리라는 믿음 등에 달려있음을 강조함

정답 ③

PART 03 조직론

102 회독 □□□

2014. 국가 9급

조직구성원들의 동기이론에 대한 설명 중 옳은 것만을 모두 고르면?

> ㄱ. ERG이론 : 앨더퍼(C. Alderfer)는 욕구를 존재욕구, 관계욕구, 성장욕구로 구분한 후 상위욕구와 하위욕구 간에 '좌절·퇴행' 관계를 주장하였다.
> ㄴ. XY이론 : 맥그리거(D. McGregor)의 X이론은 매슬로우(A. Maslow)가 주장했던 욕구계층 중에서 주로 상위욕구를, Y이론은 주로 하위욕구를 중요시하였다.
> ㄷ. 형평이론 : 아담스(J. Adams)는 자기의 노력과 그 결과로 얻어지는 보상을 준거인물과 비교하여 공정하다고 인식할 때 동기가 유발된다고 주장하였다.
> ㄹ. 기대이론 : 브룸(V. Vroom)은 보상에 대한 매력성, 결과에 따른 보상, 그리고 결과발생에 대한 기대감에 의해 동기유발의 강도가 좌우된다고 보았다.

① ㄱ, ㄷ　② ㄱ, ㄹ
③ ㄴ, ㄷ　④ ㄷ, ㄹ

정답 및 해설

올바른 선지

ㄱ. ERG이론 : 앨더퍼(C. Alderfer)는 욕구를 존재욕구, 관계욕구, 성장욕구로 구분한 후 상위욕구를 추구하다가 실패할 때 하위욕구를 원할 수 있다는 '좌절·퇴행' 관계를 주장하였음
ㄹ. 기대이론 : 브룸(V. Vroom)은 보상에 대한 매력성(유인가), 결과에 따른 보상(수단성), 그리고 결과 발생에 대한 기대감에 의해 동기유발의 강도가 좌우된다고 보았음

틀린 선지

ㄴ. 맥그리거(D. McGregor)의 X이론(인간은 수동적인 존재)은 매슬로우(A. Maslow)가 주장했던 욕구계층 중에서 주로 하위욕구를, Y이론(인간은 능동적인 존재)은 주로 상위욕구를 중요시하였음
ㄷ. 아담스(J. Adams)는 자기의 노력과 그 결과로 얻어지는 보상을 준거인물과 비교하여 불공정하다고 인식할 때 이를 시정하기 위하여 동기가 유발된다고 주장하였음

정답 ②

103 회독 □□□

2015. 지방 9급

다음 내용이 설명하는 인간관에 부합하는 조직관리 전략은?

> 대부분의 사람들은 본질적으로 일을 싫어하는 것이 아니다. 사람들에게 일이란 작업조건만 제대로 정비되면 놀이를 하거나 쉬는 것과 같이 극히 자연스러운 것이며, 인간이 물리적·사회적 환경에 도전하는 여러 방법 중의 하나이다.

① 업무지시를 정확하게 하고 엄격한 상벌원칙을 제시해야 한다.
② 업무 평가 하위 10%에 해당하는 직원에 대한 20%의 급여삭감 계획은 더욱 많은 업무 노력을 이끌어낼 수 있는 방법이다.
③ 의사결정 시 부하직원을 참여시키고 자율적으로 업무를 수행할 수 있도록 해야 한다.
④ 관리자가 조직구성원에게 적절한 업무량을 부과하여 수행하게 해야 한다.

정답 및 해설

지문은 Y이론에 대한 내용임; 맥그리거에 따르면 Y형 인간은 능동적인 존재이므로 자율성을 부여하는 관리전략이 필요한데, ③은 이러한 관리전략과 관련 있는 내용에 해당함

①②④
해당 선지는 X이론과 관련 있는 내용임

정답 ③

104 회독 □□□

2017. 지방 9급

브룸(Vroom)의 기대이론에 따를 경우 조직구성원의 직무수행동기를 유발하기 위한 조건이 아닌 것은?

① 내가 노력하면 높은 등급의 실적평가를 받을 수 있다는 기대치(expectancy)가 충족되어야 한다.
② 내가 높은 등급의 실적평가를 받으면 많은 보상을 받을 수 있다는 수단치(instrumentality)가 충족되어야 한다.
③ 내가 받을 보상은 나에게 가치있는 것이라는 유인가(valence)가 충족되어야 한다.
④ 내가 투입한 노력과 그로 인하여 받은 보상의 비율이, 다른 사람과 비교하여 공평해야 한다는 균형성(balance)이 충족되어야 한다.

정답 및 해설

투입한 노력과 그로 인하여 받은 보상의 비율이, 다른 사람과 비교하여 공평해야(균형성 충족) 구성원이 만족감을 느끼고 현재의 행동을 유지한다고 보는 것은 애덤스의 공정성 이론임

①②③
브룸은 노력하면 성과가 있을 거라는 기대감, 성과가 있으면 보상이 있을 거라는 도구성, 그리고 성과 및 보상에 대한 유인가(선호도)가 인간의 동기에 영향을 미친다고 보았음

정답 ④

105 회독 □□□

2013. 국가 9급

동기부여 이론가들과 그 주장에 바탕을 둔 관리 방식을 연결한 것이다. 이들 중 동기부여 효과가 가장 낮다고 판단되는 것은?

① 매슬로우(Maslow) : 근로자의 자아실현 욕구를 일깨워 준다.
② 허즈버그(Herzberg) : 근로 환경 가운데 위생요인을 제거해 준다.
③ 맥그리거(McGregor)의 Y이론 : 근로자들은 작업을 놀이처럼 즐기고 스스로 통제할 줄 아는 존재이므로 자율성을 부여한다.
④ 앨더퍼(Alderfer) : 개인의 능력개발과 창의적 성취감을 북돋운다.

정답 및 해설

허즈버그에 따르면 위생요인을 통제할 경우 구성원의 불만족을 조절할 수 있을 뿐임 → 동기부여를 촉진할 수 있는 것은 동기요인임

①④
매슬로우의 자아실현 욕구, 혹은 앨더퍼의 성장욕구(능력개발, 창의적 성취감 등)는 인간이 원하는 욕구에 해당하므로 이를 달성할 수 있는 조건만 갖추어졌다면 동기부여를 촉진할 수 있음
③ 맥그리거(McGregor)의 Y이론 : Y이론은 인간을 능동적인 존재로 간주하는바 자율성을 부여하면 동기부여가 가능함

정답 ②

106 회독 □□□

2017. 교행 9급

다음 내용을 설명할 수 있는 이론으로 가장 적합한 것은?

> A교육청의 교육감은 직원들의 근무의욕이 낮아지고 있는 문제를 인식하였다. 이를 해결하기 위해 그는 상관의 감독방식, 작업조건 등의 업무환경 요인을 개선하였다. 그러나 직원들에 대해 다양하게 조사한 결과 직무수행과 관련된 성취감, 책임감, 자기 존중감이 낮아 근무의욕이 여전히 개선되지 않은 것으로 나타났다.

① 사이먼(H. Simon)의 만족모형
② 브룸(V. Vroom)의 기대이론
③ 애덤스(J. Adams)의 형평이론
④ 허즈버그(F. Herzberg)의 욕구충족요인이원론

정답 및 해설

허즈버그는 특정한 욕구충족이 동기부여의 효과를 가져오면 동기요인(만족요인), 불만을 예방하는 효과를 가져오면 위생요인(불만족요인)으로 구분하고, 이들은 서로 독립적으로 영향을 미친다는 욕구충족요인이원론을 주장함 → 위의 지문에서 상관의 감독방식이나 작업조건 등은 업무환경적인 요인으로서 허즈버그에 따르면 이는 위생요인에 해당함; 위생요인을 충족할 경우 구성원의 근무의욕이 개선되는 게 아니라 단지 불만족이 사라짐

① 사이먼(H. Simon)의 만족모형: 인간이 제한된 합리성(제한된 정보)에 기초하여 절차적인 합리성(논리적·이성적 사유과정)에 따라 결정하는 현상을 설명한 모형
② 브룸(V. Vroom)의 기대이론: 성과에 대한 기대감과 선호, 보상에 대한 수단성과 선호를 바탕으로 인간의 동기부여 과정을 설명한 이론
③ 애덤스(J. Adams)의 형평이론: 투입한 노력과 그로 인하여 받은 보상의 비율이, 다른 사람과 비교하여 공평해야(균형성 충족) 구성원이 만족감을 느끼고 현재의 행동을 유지한다고 보는 이론

정답 ④

107 회독 □□□

2017. 국가 9급

허즈버그(Herzberg)의 욕구충족요인이원론에 대한 설명으로 옳지 않은 것은?

① 욕구의 계층화를 시도한 점에서 매슬로(Maslow)의 욕구단계이론과 유사하다.
② 불만을 주는 요인과 만족을 주는 요인은 서로 다르다고 주장한다.
③ 무엇이 동기를 유발하는가에 초점을 두는 내용이론으로 분류된다.
④ 작업조건에 대한 불만을 해소한다고 하더라도 근무태도에 장기적인 영향을 미치지는 않는다고 본다.

정답 및 해설

허즈버그는 욕구의 계층화를 시도하지 않았음; 욕구의 계층화를 시도한 것은 머슬로우이며, 이를 응용한 게 앨더퍼의 ERG이론임

②④
허즈버그는 욕구를 충족하는 요인을 위생요인(불만을 주는 요인)과 동기요인(만족을 주는 요인)으로 구분하고 이들은 서로 독립적으로 작용한다고 주장함; 즉, 위생요인을 충족해도 구성원의 직무동기에 영향을 미치지는 못함
③ 동기를 유발하는 요인(동기요인)을 선별하고 밝혔다는 점에서 욕구충족요인이원론은 내용이론에 속함

정답 ①

108 회독 □□□

2016. 사복 9급

동기이론에 대한 설명으로 옳지 않은 것은?

① 매슬로우(A. H. Maslow)의 욕구계층론에 대하여는 각 욕구의 단계가 명확히 구분되지 않는다는 비판이 있다.
② 앨더퍼(C. P. Alderfer)는 ERG이론에서 두 가지 이상의 욕구가 동시에 작용되기도 한다고 주장한다.
③ 허즈버그(F. Herzberg)의 욕구충족요인이원론에 대하여는 개인의 욕구차이에 대한 충분한 고려가 없다는 비판이 있다.
④ 맥클리랜드(D. McClelland)의 성취동기이론은 개인의 욕구를 성취욕구, 친교욕구, 권력욕구로 분류하고 권력욕구가 높을수록 생산성이 높아진다고 주장한다.

정답 및 해설

맥클리랜드(D. McClelland)의 성취동기이론은 개인의 욕구 중 사회문화적으로 학습된 욕구를 성취욕구, 친교욕구, 권력욕구로 분류하고 성취욕구가 높을수록 생산성이 높아진다고 주장함

맥클리랜드의 성취동기이론

구분	내용
성취욕구	우수한 결과를 얻기 위해 높은 기준을 설정하고 이를 달성하려는 욕구
친교욕구	타인의 행동에 영향을 미치거나 통제하려는 욕구
권력욕구	다른 사람과의 좋은 관계 유지나 사회적 교류에 높은 관심을 가지며, 조직집단으로부터 소외를 피하고자 하는 욕구

① 매슬로우(A. H. Maslow)의 욕구계층론에 대하여는 각 욕구의 단계가 명확히 구분되지 않는다는 비판이 있음
→ 예 생리적 욕구와 안전에 대한 욕구 등
② 앨더퍼(C. P. Alderfer)는 ERG이론에서 매슬로우의 욕구계층론과 다르게 두 가지 이상의 욕구가 동시에 작용되기도 한다고 주장함
③ 허즈버그(F. Herzberg)의 욕구충족요인이원론은 성장인 모형에 속하는바 개인의 욕구차이에 대한 충분한 고려가 없다는 비판이 있음

정답 ④

109 회독 □□□

2019. 사복 9급

동기이론 중 내용이론에 해당하지 않는 것은?

① 앨더퍼(C. Alderfer)의 ERG 이론
② 허즈버그(F. Herzberg)의 욕구충족요인이원론
③ 맥클리랜드(D. McClelland)의 성취동기이론
④ 브룸(V. H. Vroom)의 기대이론

정답 및 해설

동기부여 이론은 크게 내용이론과 과정이론으로 구분됨 → 브룸의 기대이론은 동기부여 이론 중 인간의 동기부여과정을 설명하는 과정이론에 해당함

①②③
모두 내용이론 중 성장인 모형에 해당함

정답 ④

110 회독 □□□

2019. 국가 9급

동기이론에 대한 설명으로 옳지 않은 것은?

① 브룸(Vroom)의 기대이론에서 수단성(instrumentality)은 특정한 결과에 대한 선호의 강도를 의미한다.
② 허즈버그(Herzberg)는 불만요인(위생요인)을 없앤다고 해서 적극적으로 만족감을 느끼는 것은 아니라고 했다.
③ 앨더퍼(Alderfer)는 매슬로우의 5단계 욕구이론을 수정해서 인간의 욕구를 3단계로 나누었다.
④ 매슬로우(Maslow)는 충족된 욕구는 동기부여의 역할이 약화되고 그 다음 단계의 욕구가 새로운 동기 요인이 된다고 하였다.

정답 및 해설

브룸(Vroom)의 기대이론에서 수단성(instrumentality)은 보상에 대한 기대를 의미함; 특정한 결과에 대한 선호의 강도는 '유인가'에 해당함 → 브룸에 따르면 '동기의 강도(M) = f(유인가×도구성×기대감)'에 의해 결정됨

② 허즈버그는 동기를 유발하는 동기요인과 불만족을 감소시키는 위생요인이 독립적으로 작용한다고 보았음
③ 앨더퍼(Alderfer)는 매슬로우의 5단계 욕구이론을 수정해서 인간의 욕구를 존재, 관계, 성장 욕구로 나누었음
④ 매슬로우(Maslow)에 따르면 이미 충족된 욕구는 동기부여의 역할이 약화되고, 다음 단계의 욕구가 인간의 동기부여에 영향을 끼치게 됨

정답 ①

cf.

111 회독 □□□

2019. 국가 9급

다음 설명에 해당하는 조직의 인간관은?

> • 인간을 자신의 이익을 극대화하기 위해 행동하는 존재로 본다.
> • 인간은 조직에 의해 통제·동기화되는 수동적 존재이며, 조직은 인간의 감정과 같은 주관적 요소를 통제할 수 있도록 설계돼야 한다.

① 합리적·경제적 인간관
② 사회적 인간관
③ 자아실현적 인간관
④ 복잡한 인간관

정답 및 해설

합리적·경제적 인간은 돈과 같은 자신의 이익을 위해 행동함 → 즉, 조직이 제공하는 인센티브 등에 의해 동기부여 되는 수동적인 존재임; 아울러 인간을 합리적·경제적인 존재로 간주하게 되면 조직은 급여체계와 같은 공식적 구조에 초점을 두어 조직을 관리함

쉐인(Schein)의 인간관 분류

1) 합리적·경제적 인간관
   ① 인간관: 인간을 합리적·이성적·경제적인 존재로 간주
      ⓐ 인간을 자신의 이익을 극대화하기 위해 행동하는 존재
      ⓑ 합리적·경제적 인간은 돈과 같은 자신의 이익을 위해 행동함 → 즉, 조직이 제공하는 인센티브 등에 의해 동기부여 되는 수동적인 존재임; 아울러 인간을 합리적·경제적인 존재로 간주하게 되면 조직은 급여체계와 같은 공식적 구조에 초점을 두어 조직을 관리함
   ② 관련 이론: 테일러의 과학적 관리론, 맥그리거의 X이론 등
2) 사회적 인간관
   ① 인간관: 인간을 사회적인 존재로 간주
   ② 관련 이론: 인간관계론 등
3) 자아실현적 인간관
   ① 인간관: 자신의 능력을 최대치까지 발휘하려는 욕구를 가진 존재
   ② 도전적 혹은 자기 발전이 가능한 업무에 기초하여 동기가 부여됨
   ③ 관련 이론: 인간관계론, 맥그리거의 Y이론 등
4) 복잡인
   ① 개인을 규정할 수 있는 유일 최선의 방법은 없음
   ② 따라서 구성원에 대한 관리 방식도 개인차를 고려해야 함

정답 ①

112 회독 □□□

2019. 서울 9급

조직 내에서 구성원 A는 구성원 B와 동일한 정도로 일을 하였음에도 구성원 B에 비하여 보상을 적게 받았다고 느낄 때 애덤스(J. Stacy Adams)의 공정성이론에 의거하여 취할 수 있는 구성원 A의 행동 전략으로 가장 옳지 않은 것은?

① 자신의 투입을 변화시킨다.
② 구성원 B의 투입과 산출에 대해 의도적으로 자신의 지각을 변경한다.
③ 이직을 한다.
④ 구성원 B의 투입과 산출의 실제량을 자신의 것과 객관적으로 비교하여 보상의 재산정을 요구한다.

정답 및 해설

애덤스의 공정성이론에서 조직 구성원은 투입과 산출의 비를 주관적으로 비교함

①②③
애덤스(J. Stacy Adams)의 공정성이론은 조직구성원이 투입과 산출의 비를 사회적 준거집단과 비교하여 공정성을 지각한 후 '불공정'하다고 인식하면 동기부여가 된다는 것을 설명한 이론임; 여기서 불공정이란 1) 과소보상을 받거나 2) 과다보상을 받는 경우를 의미함 → 문제는 과소보상의 케이스이므로 투입감소, 준거인물 변경, 조직이탈, 준거인물의 투입과 산출에 대한 지각변경, 산출증대 요구 등의 행동변화가 나타날 수 있음

정답 ④

cf.

113 회독 □□□

2018. 교행 9급

직원 A의 동기 특성은 직원 B의 동기 특성과 구분된다. 직원 A의 동기 특성을 고려한 인사관리 방식으로 옳은 것을 〈보기〉에서 모두 고른 것은? (단, 두 가지 동기는 상충관계로 전제함)

> 직원 A: 이번에 인사평가 결과를 잘 받아서 기분이 좋아. 인사평가 항목에 잘 맞춰야 평가를 잘 받을 수 있으니까 참고해.
> 직원 B: 평가 결과가 좋다니 축하해. 그런데 나는 인사평가 결과보다는 일할 때 스스로 발전한다는 느낌이 드는 것이 좋아.

보기

ㄱ. 성과급 제도의 전면 실시
ㄴ. 직무 태만, 규정 위반에 대한 처벌 강화
ㄷ. 평가 실적과 승진 제도의 연계성 확대
ㄹ. 흥미도를 반영한 직무충실화

① ㄱ ,ㄷ　② ㄴ, ㄹ
③ ㄱ, ㄴ, ㄷ　④ ㄴ, ㄷ, ㄹ

정답 및 해설

직원 A는 외재적 보상에 따른 동기부여, 직원 B는 내재적 보상에 따른 동기부여를 의미함; 즉, 직원 A는 행동의 결과에 초점을 둔 동기를 중시하므로 성과급 제도 혹은 실적과 승진제도의 연계성 등을 선호할 수 있음; 아울러 직원 A는 인사고과에 악영향을 주는 요인을 명시하는 처벌제도를 시행하면 좋은 성과를 내기 위해 이를 잘 지킬 가능성이 큼; 반면에 직원 B는 행동자체에서 발생하는 성취감 등을 중시하므로 구성원의 흥미도를 반영한 직무충실화를 적용하는 인사관리를 해야 함

내재적 보상에 따른 동기부여와 외재적 보상에 따른 동기부여

ⓐ 내재적 보상에 기초한 동기부여: 특정 행동자체가 즐겁고 흥미로울 때 발현되는 동기; 자발적인 동기; '활동과정'에 대한 만족감; 개인의 흥미, 만족감, 성취감 등
ⓑ 외재적 보상에 기초한 동기부여: 행동에 따르는 결과물을 얻기 위해 발현되는 동기; 비자발적인 동기; '활동결과'에 대한 만족감; 타인으로부터의 인정, 금전적인 보상 등을 얻기 위한 수단

직무충실화

직무를 맡는 사람의 책임성과 자율성을 높이고, 직무수행에 관한 환류가 원활히 이루어지도록 직무를 재설계하는 방법 → 수직적 전문화의 수준이 낮아지는 것

정답 ③

114 회독 □□□

2022. 지방 7급

동기부여이론에 대한 설명으로 옳은 것은?

① 스키너(Skinner)의 강화이론은 인간의 내면적 과정에 초점을 맞추며, 행동의 결과보다 원인을 더 강조한다.
② 로크(Locke)의 목표설정이론에 따르면, 개인의 강력한 동기유발을 위해서는 추상적인 목표를 채택해야 한다.
③ 포터(Porter)와 롤러(Lawler)의 업적·만족 이론은 직무성취 수준이 직무 만족의 요인이 될 수 있다고 주장한다.
④ 공공봉사동기(public service motivation)이론은 공공부문 종사자와 민간부문 종사자의 가치체계는 차이가 없고, 개인이 공공부문에 근무하면서 공공봉사 동기를 처음으로 획득하므로, 조직문화와 외재적 보상을 강조한다.

정답 및 해설

포터(Porter)와 롤러(Lawler)의 업적·만족이론에 따르면 만족은 성과에 따른 내재적·외재적 보상과 연관성이 있으므로 직무성취 수준은 직무 만족의 요인이 될 수 있음

① 스키너(Skinner)의 강화이론은 행동의 원인보다는 행동의 결과(행동의 지속 혹은 중단)를 강조함
② 로크(Locke)의 목표설정이론에 따르면, 개인의 강력한 동기유발을 위해서는 구체적이고 적당한 난이도의 목표를 채택해야 함
④ 공공봉사동기(public service motivation)이론에 따르면 공공부문 종사자와 민간부문 종사자의 가치체계는 차이가 있으며, 근무 전·후로 공직봉사동기를 획득할 수 있음; 아울러 공직봉사동기는 외재적 보상(돈이나 승진)보다 내재적 보상(성취감 등)을 강조함

정답 ③

115 회독 □□□

2022. 국가 7급

동기부여이론에 대한 설명으로 옳지 않은 것은?

① 앨더퍼(Alderfer)의 욕구내용 중 관계욕구는 머슬로(Maslow)의 생리적 욕구와 안전욕구에 해당한다.
② 브룸(Vroom)의 기대이론은 과정이론에 해당한다.
③ 허즈버그(Herzberg)는 위생요인이 충족되었다고 하더라도 동기부여가 되는 것은 아니라고 하였다.
④ 애덤스(Adams)는 투입한 노력 대비 얻은 보상에 대해서 준거인과 비교해 상대적으로 느끼는 공평함의 정도가 동기부여에 영향을 미친다고 하였다.

정답 및 해설

앨더퍼(Alderfer)의 욕구내용 중 존재욕구는 머슬로(Maslow)의 생리적 욕구와 안전욕구에 해당함

② 브룸(Vroom)의 기대이론은 인간의 동기부여 과정을 구조화한 과정이론에 해당함
③ 허즈버그(Herzberg)가 제시한 위생요인은 불만족을 조절함
④ 애덤스(Adams)는 투입 대비 보상의 정도를 동료와 비교하는 공정성 지각이 행동변화를 위한 동기부여에 영향을 미친다고 주장함

정답 ①

cf.

116 회독 □□□

2022. 국가 7급

다음은 동기부여 실험에 대한 설명이다. (가)~(다)에 들어갈 말을 바르게 연결한 것은?

> 유치원 어린이들을 세 집단으로 나누고 그림 그리기 놀이를 하였다. 첫 번째 집단에는 그림을 완성하면 선물을 준다고 약속하였고 그림을 완성한 어린이들에게는 약속한 선물을 주었다. 두 번째 집단에는 선물을 준다는 약속은 없었지만 그림을 완성한 어린이들에게는 깜짝 선물을 주었다. 세 번째 집단에는 어떤 약속도 선물도 없이 평소처럼 그림 그리기를 하였다.
> 그 이후, 그림 그리기 놀이를 계속하는지에 대한 집단 간 차이를 관찰하였다. 관찰 결과, 두 번째와 세 번째 집단은 그림 그리기 놀이를 계속하였지만 첫 번째 집단은 상대적으로 적은 수만이 그림 그리기 놀이를 계속하였다. 이러한 현상을 통해 학자들은 [(가)] 동기가 [(나)] 동기를 밀어내는 구축효과가 있다는 점을 제시하였으며 [(나)] 동기의 예시로는 [(다)]을/를 들 수 있다.

	(가)	(나)	(다)
①	내재적	외재적	성과급
②	내재적	외재적	가치관 일치
③	외재적	내재적	처벌
④	외재적	내재적	일에 대한 즐거움

정답 및 해설

보기는 일 자체에 대한 성취감이 중요하다는 것을 설명하고 있음 → 성취감, 일에 대한 즐거움 등은 내재적 동기(보상)이며, 돈, 승진, 선물 등은 외재적 동기(보상)이므로 (가)는 후자를, (나)는 전자를 나타냄

정답 ④

117 회독 □□□

2021. 국가 7급

브룸(Vroom)의 기대이론에 대한 설명으로 옳지 않은 것은?

① 동기부여의 과정이론(process theory) 중 하나이다.
② 기대감(expectancy)은 개인의 노력(effort)이 공정한 보상(reward)으로 이어질 것이라는 주관적 믿음을 의미한다.
③ 수단성(instrumentality)은 개인의 성과(performance)와 보상(reward) 간의 관계에 대한 인식이다.
④ 유인가(valence)는 개인이 특정 보상(reward)에 대해 갖는 선호의 강도를 의미한다.

정답 및 해설

기대감은 개인의 노력이 성과로 이어질 것이라는 주관적 믿음을 의미함

① 기대이론은 동기부여의 과정을 상술하는 이론 중 하나임
②③④

브룸의 기대이론 관련 용어

> ① 기대감(expectancy) : 자신의 노력이 성과(1차적 결과)로 이어진다는 믿음 → 노력을 많이 하면 큰 성과가 나올 거라 기대한 경우 기대감의 값은 1(주관적 확률)로 표현됨(0≤기대감≤1)
> ② 도구성(instrumentality) : 수단성이라 불리기도 하며, 성과가 보상(2차적 결과)을 가져올 것이라는 믿음 → 만약 높은 성과가 항상 높은 보상을 가져올 것이라 기대한 경우 수단성의 값은 1로 표현됨(−1≤수단성≤1)
> ③ 유인가(valence) : 유의성이라고 표현하는 경우도 있으며, 특정 결과에 대한 개인의 선호 혹은 결과에 부여하는 가치를 나타냄 → 내가 얼마나 원하는가? → 선호의 강도는 개인이 보상을 받지 않았을 때보다 받았을 때 더 선호를 느끼는 경우 정(+)의 유의성을 나타내며, 무관심할 때는 0의 유의성, 싫어할 때는 부(−)의 유의성을 보임
> ④ 동기의 강도(M) = f(유인가×도구성×기대감) → 기대치·수단성·유인가를 곱한 값이 클수록 강한 동기유발

정답 ②

118 회독 □□□

2019. 서울 7급

동기이론에 대한 설명으로 가장 옳은 것은?

① 머슬로(A. Maslow)는 욕구를 하위욕구부터 상위욕구까지 총 5단계로 분류하면서, 하위욕구를 충족하게 되면 상위욕구를 추구하게 되나, 하위욕구인 생리적 욕구와 안전 욕구는 충족되더라도 필수적 욕구로 동기 유발이 지속된다고 주장하였다.

② 허즈버그(F. Herzberg)의 욕구충족요인 이원론은 불만요인(위생요인)은 개인의 불만족을 방지하는 효과를 가져오는 요인으로 충족이 되지 않으면 심한 불만을 일으키지만 충족이 되면 강한 동기요인이 되기 때문에 개인의 불만에 대하여 관심을 갖고 관리해야 한다고 주장하였다.

③ 앨더퍼(C. Alderfer)의 ERG 이론은 머슬로의 욕구 5단계이론과 달리, 욕구 추구는 분절적으로 일어날 수도 있지만, 두 가지 이상의 욕구를 동시에 추구하기도 한다고 주장하였다.

④ 매클랜드(D. McClelland)는 성취동기이론에서 공식조직이 개인의 행태에 미치는 영향 연구를 통하여 미성숙 상태에서 성숙 상태로 발전하는 성격 변화의 경험이 성취동기의 기본이 된다고 주장하였다.

정답 및 해설

앨더퍼(Alderfer)는 인간의 욕구를 매슬로우처럼 계층화하고 각 계층에 따라 순차적으로 욕구의 발로가 이루어진다(욕구 추구는 분절적으로 일어남)고 보면서도, 두 가지 이상의 욕구가 동시에 작용하여 동기부여를 촉진할 수 있다고 주장함

① 매슬로우에 따르면 인간은 하위욕구인 생리적 욕구와 안전 욕구를 어느 정도 충족하면 다음 단계인 사회적 욕구의 충족을 통해 동기유발을 촉진할 수 있음
② 허즈버그(F. Herzberg)에 따르면 불만요인(위생요인)은 개인의 불만족을 방지하는 효과를 가져오는 요인으로써 충족되지 않으면 강한 불만을 표출하게 되지만, 충족할 경우에는 불만을 감소시킬 수 있음
④ 미성숙 상태에서 성숙 상태로 발전하는 성격 변화의 경험이 성취동기의 기본이 될 수 있다고 주장한 사람은 아지리스임 → 맥클랜드(성취동기이론)는 개인이 사회문화적으로 학습한 욕구를 성취욕구, 권력욕구, 친교욕구로 분류하고 성공적인 기업가가 되기 위한 주요 요인이 성취욕구라는 점을 강조함

정답 ③

119 회독 □□□

2008. 지방 7급

동기유발과 관련된 학습이론의 접근방법과 그 설명의 연결이 적절하지 않은 것은?

① 고전적 조건화이론 – 조건화된 자극의 제시에 의하여 조건화된 반응을 이끌어 낸다.

② 조작적 조건화이론 – 행동의 결과를 조건화함으로써 행태적 반응을 유발하는 과정을 설명한다.

③ 인식론적 학습이론 – 행동을 결정하는 데 외적 선행자극이나 결과로써의 자극뿐만 아니라 내면적 욕구, 만족, 기대 등도 함께 영향을 미친다.

④ 잠재적 학습이론 – 학습에는 강화작용이 필요 없지만 행동야기에는 강화작용이 필요하다.

정답 및 해설

인식론적 학습이론은 외부의 자극보다는 인간의 내면적 욕구, 만족, 기대 등 '자발적 인지'가 개인의 학습에 영향을 미친다는 이론임

① 고전적 조건화이론 – 개인이 무조건적인 반사반응과 상관없는 중립자극을 조건화시켜 조건화된 자극이 조건화된 반응을 만들도록 설계하는 것을 고전적 조건화라고 부름
② 조작적 조건화이론 – 조작적 조건화는 행동의 결과를 조건화(쥐가 지렛대를 누르면 긍정적 강화를 제공)하는 과정을 연구하기 때문에 행태주의 학습이론이라 불리기도 함
④ 잠재적 학습이론 – 학습에는 강화작용(동기부여 기제)이 필요 없지만 행동야기에는 강화작용이 필요함

정답 ③

120 회독 □□□

2019. 지방 7급

동기이론에 대한 설명으로 옳은 것은?

① 매슬로우(Maslow)의 욕구 5단계론은 욕구가 상위 수준에서 하위 수준으로 후퇴할 수도 있다고 본다.
② 엘더퍼(Alderfer)의 ERG 이론은 상위 욕구가 만족되지 않으면, 하위 욕구를 더욱 충족시키고자 한다고 주장한다.
③ 허즈버그(Herzberg)의 욕구충족 이원론은 '감독자와 부하의 관계'를 만족 요인 중 하나로 제시한다.
④ 포터와 롤러(Porter&Lawler)의 업적·만족 이론은 성과보다는 구성원의 만족이 직무성취를 가져온다고 지적한다.

정답 및 해설

엘더퍼(Alderfer)의 ERG 이론은 상위 욕구가 만족되지 않으면, 하위 욕구를 더욱 충족시키고자 하는 욕구의 후진적인 퇴행을 인정함

① 매슬로우는 욕구발로 후진적인 퇴행을 인정하지 않았음
③ 허즈버그의 욕구충족 이원론은 감독자와 부하의 관계와 같은 대인관계를 불만(위생)요인 중 하나로 제시함
④ 포터와 롤러의 업적·만족 이론은 성과에 대한 기대감, 보상에 대한 수단성 및 유인가와 보상에 대한 공정성 지각 등이 노력에 영향을 주는 과정을 설명한 이론임 → 따라서 포터와 롤러는 성과에 대한 보상이 공정하여 구성원이 만족할 때 직무성취를 가져온다고 지적하였음

정답 ②

Section 02 조직에서 사람이 하는 일

121 회독 □□□

2010. 서울 7급

C. Perrow의 과제기술 유형 중 가장 높은 수준의 유기적 조직구조가 효과적인 경우는?

① 장인 기술(craft technology)
② 일상적 기술(routine technology)
③ 비일상적 기술(non-routine technology)
④ 공학 기술(engineering technology)
⑤ 서비스 기술(service technology)

정답 및 해설

아래의 표에 따르면 비일상적인 기술이 가장 높은 수준의 유기적 구조와 어울림

페로우(C. Perrow)의 조직기술 분류와 조직구조

<table>
<tr><th colspan="2" rowspan="2">구분</th><th colspan="2">분석의 가능성: 대안탐색의 가능성</th></tr>
<tr><th>높음</th><th>낮음</th></tr>
<tr><td rowspan="4">과업의 다양성: 예외의 수</td><td rowspan="2">다수</td><td>공학적인 기술</td><td>비일상적인
(비정형화된) 기술</td></tr>
<tr><td>① 다소 기계적 조직: 다소 높은 공식화·집권화
② 중간의 통솔범위</td><td>① 유기적 조직: 낮은 공식화·집권화
② 좁은 통솔범위</td></tr>
<tr><td rowspan="2">소수</td><td>일상적인
(정형화된) 기술</td><td>장인(기예적) 기술</td></tr>
<tr><td>① 기계적 조직: 높은 공식화·집권화
② 넓은 통솔범위</td><td>① 다소 유기적 조직: 다소 낮은 공식화·집권화
② 중간의 통솔범위</td></tr>
</table>

정답 ③

환경과 조직 : 환경을 고려한 조직이론을 중심으로

Section 01 개방체제이론(거시조직이론)

122 회독 □□□

2023. 지방 7급

현대조직이론에 대한 설명으로 옳지 않은 것은?

① 자원의존이론은 조직을 환경적 결정에 피동적인 존재로 보지 않고 스스로의 이익을 위해 주도적·능동적으로 환경에 대처하며, 환경을 조직에 유리하도록 관리하려는 존재로 본다.

② 조직군생태론은 조직을 외부 환경의 선택에 따라 좌우되는 피동적인 존재로 보고, 조직의 발전이나 소멸의 원인을 환경에 대한 조직 적합도에서 찾는다.

③ 혼돈이론은 조직이라는 복잡한 체제의 총체적 이해를 도울 수 있다는 장점이 있으나, 복잡한 현상에 대한 통합적 연구를 지향한다는 점에서 현실세계에 적용하기 어렵다는 한계를 보인다.

④ 상황론적 조직이론은 기술, 규모, 환경 등의 다양한 상황요인에 대한 조직적합성을 발견함으로써, 모든 상황에 적합하고 유일한 최선의 조직설계와 관리방법을 찾을 수 있다고 본다.

정답 및 해설

상황론적 조직이론은 중범위 수준의 이론을 탐구함

① 자원의존이론은 임의론적 관점임
② 조직군생태론은 극단적인 결정론이므로 자연이 조직의 생존과 도태를 선택함
③ 혼돈이론은 현상을 복잡계로 간주하므로 조직이라는 복잡한 체제의 총체적 이해를 도울 수 있다는 장점이 있으나, 통합적 연구를 지향한다는 점에서 설명력이 부족하다는 비판이 있음

✚ 통합적 연구: 복잡한 현상을 지나치게 단순화하지 않되, 사소한 조건들의 의미를 파악하려고 노력하는 것

정답 ④

123 회독 □□□

2023. 국가 9급

조직이론과 그 내용에 대한 설명으로 옳지 않은 것은?

① 구조적 상황이론 – 불안정한 환경 속에 있는 조직은 유기적인 조직구조를 선택하는 것이 효과적이다.

② 전략적 선택이론 – 동일한 환경에 처한 조직도 환경에 대한 관리자의 지각 차이로 상이한 선택을 할 수 있다.

③ 거래비용이론 – 시장에서의 거래비용이 조직의 내부거래비용보다 클 경우 내부 조직화를 선택한다.

④ 조직군 생태학이론 – 조직군의 변화를 이끄는 변이는 우연적 변화(돌연변이)로 한정되며, 계획적이고 의도적인 변화는 배제된다.

정답 및 해설

조직군 생태학이론은 조직의 우연적·의도적 변화를 인정함 → 단, 이러한 변화에도 불구하고 조직의 운명을 결정하는 건 환경적합도임

① 구조적 상황이론 – 불안정한 환경 속에 있는 조직은 유기적인 조직구조를, 안정적인 환경에서는 기계적인 구조를 선택하는 것이 효과적임
② 전략적 선택이론 – 동일한 환경에서도 관리자의 전략적 선택에 따라 상이한 조직 생산성을 보일 수 있음
③ 거래비용이론 – 외부 조직과의 거래비용이 조정비용보다 크면 조직은 자체적으로 조직을 생성하는 전략을 선택함

정답 ④

124 회독 □□□

2013. 지방 9급

조직이론에 대한 설명으로 옳은 것만을 모두 고른 것은?

ㄱ. 베버(M.Weber)의 관료제론에 따르면, 규칙에 의한 규제는 조직에 계속성과 안정성을 제공한다.
ㄴ. 행정관리론에서는 효율적 조직관리를 위한 원리들을 강조한다.
ㄷ. 호손(Hawthorne)실험을 통하여 조직 내 비공식집단의 중요성이 부각되었다.
ㄹ. 조직군생태이론(population ecology theory)에서는 조직과 환경의 관계를 분석함에 있어 조직의 주도적·능동적 선택과 행동을 강조한다.

① ㄱ, ㄴ ② ㄱ, ㄴ, ㄷ
③ ㄱ, ㄷ, ㄹ ④ ㄴ, ㄷ, ㄹ

125 회독 □□□

2011. 국가 9급

윌리암슨(Williamson)의 거래비용이론 관점에서 계층제가 시장보다 효율적일 수 있는 근거로 옳지 않은 것은?

① 계층제는 연속적 의사결정을 용이하게 함으로써 인간의 제한된 합리성을 완화한다.
② 계층제는 집합적 의사결정의 외부비용을 감소시킨다.
③ 계층제는 불확실성을 감소시킨다.
④ 계층제는 정보밀집성의 문제를 극복할 수 있다.

PART 03 조직론

정답 및 해설 (124)

올바른 선지

ㄱ. 베버(M.Weber)의 관료제론에 따르면, 규칙에 의한 규제는 합법성을 의미하는바 조직에 계속성과 안정성을 제공함
ㄴ. 행정관리론은 효율적 조직관리를 위한 원리들을 강조하는 공사행정일원론에 해당함
ㄷ. 메이요의 호손(Hawthorne)실험을 통해서 공식적인 구조가 아닌 조직 내 비공식집단의 중요성이 부각되었음

틀린 선지

ㄹ. 조직군생태이론(population ecology theory)은 조직과 환경의 관계를 분석함에 있어서 환경결정론적인 입장을 취하고 있음; 즉, 조직환경이 조직의 생존을 결정함

정답 ②

정답 및 해설 (125)

계층제는 의사결정의 참여자가 적기 때문에 외부비용(집행비용)은 증가하지만, 내부비용(의사결정비용)은 감소함; 반면에 시장은 참여자가 많아서 외부비용은 감소하지만 내부비용(의사결정비용)은 증가함

①③④
거래비용이론은 조직이 특정 산출물을 생산하려고 할 때 거래비용이 크다면 계층제 조직을 형성하여 직접 생산(내부 생산)하는 과정을 설명하고 있음 → 즉, 선지에 명시된 제한된 합리성·불확실성·정보밀집성 등은 거래비용이 커지게 만드는 요인이므로 계층제 조직을 형성하여 이를 감소시킴으로써 산출물을 생산할 수 있다는 것

정답 ②

126 회독 □□□

2018. 국가 9급

상황적응적 접근방법(contingency approach)에 대한 설명으로 옳지 않은 것은?

① 체제이론의 거시적 관점에 따라 모든 상황에 적합한 유일최선의 관리방법을 모색한다.

② 체제이론에서와 같이 조직은 일정한 경계를 가지고 환경과 구분되는 체제의 하나로 본다.

③ 조직을 구성하고 운영하는 방법의 효율성은 그것이 처한 상황에 의존한다고 가정한다.

④ 연구대상이 될 변수를 한정하고 복잡한 상황적 조건들을 유형화함으로써 거대이론보다 분석의 틀을 단순화한다.

정답 및 해설

상황적응적 접근방법(구조적 상황이론)은 체제이론(개방체제) 연구를 적용한 것으로서 모든 상황에 적합한 유일최선의 관리방법(one best way)이 없음을 강조함

② 상황적응이론은 체제이론의 거시적 관점(환경고려)에 따라 조직을 일정한 경계를 가지고 환경과 구분되는 체제(생명체)의 하나로 간주함

③ 상황적응이론은 조직을 구성하고 운영하는 방법의 효율성은 그것이 처한 상황에 의존한다고 가정하는 결정론적 관점임

④ 상황적응론은 연구대상이 될 변수를 한정하고 복잡한 상황적 조건들을 유형화(규모, 기술, 환경 등)함으로써 거대이론(보편적 이론을 탐구하는 연구)보다 분석의 틀을 단순화함 → 중범위 이론추구

정답 ①

127 회독 □□□

2004. 부산 9급

다음 설명에서 틀린 것은?

① 대리인 이론에서 본인과 대리인 사이의 대리손실 최대화가 중요하다고 본다.

② 대리인 이론에서 거래비용이론과 동일하게 개인은 합리적이며 자기이익을 추구하는 존재로 본다.

③ 도덕적 해이는 대리손실의 한 형태이다.

④ 역선택은 정보격차에 의한 사전손실에 해당한다.

정답 및 해설

대리인 이론에서는 본인(주인)과 대리인 사이에서 주인에게 발생하는 대리손실 최소화가 중요함

② 대리인론이나 거래비용론은 공공선택론의 영향을 받은 이론임; 따라서 대리인 이론은 거래비용이론과 동일하게 개인은 합리적이며 자기 이익을 추구하는 존재로 간주함

③ 도덕적 해이 혹은 역선택은 대리손실에 해당함

④ 주인대리인론에서 역선택은 정보격차(정보비대칭)에 의한 사전손실, 도덕적 해이는 사후손실에 해당함

정답 ①

128 회독 □□□

2018. 지방 9급

조직이론에 대한 설명으로 옳지 않은 것은?

① 구조적 상황이론 – 상황과 조직 특성 간의 적합 여부가 조직의 효과성을 결정한다.
② 전략적 선택이론 – 상황이 구조를 결정하기보다는 관리자의 상황 판단과 전략이 구조를 결정한다.
③ 자원의존이론 – 조직의 안정과 생존을 위해서 조직의 주도적·능동적 행동을 중시한다.
④ 대리인이론 – 주인·대리인의 정보 비대칭 문제를 해결하기 위해 대리인에게 대폭 권한을 위임한다.

정답 및 해설

대리인이론은 주인과 대리인 간의 정보비대칭 문제로 인한 대리손실을 해결하기 위해 제도적인 처방(예 엄격한 평가에 바탕을 둔 인센티브 제도)을 활용하여 대리인을 통제해야 함을 강조

① 구조적 상황이론 – 상황과 조직 특성 간의 적합 여부가 조직의 효과성을 결정하며, 거시조직이론에서 결정론에 해당함
② 전략적 선택이론 – 상황이 구조를 결정하기보다는 관리자의 상황 판단과 전략이 구조를 결정한다는 임의론에 해당함
③ 자원의존이론 – 조직의 안정과 생존을 위해서 조직의 주도적·능동적 행동을 중시하는 임의론에 해당함

거시조직이론의 체계[이창원 외, 2005]

분석수준		결정론	임의론
분석수준	조직군	자연적 선택 관점 ① 조직군 생태학이론 ② 조직경제학 ㉠ 거래비용이론 ㉡ 주인대리인이론 ③ 제도화이론	집단적 행동 관점 ①공동체 생태학이론
분석수준	개별조직	체제구조적 관점 ①구조적 상황이론	전략적 선택 관점 ①전략적 선택이론 ②자원의존이론

정답 ④

129 회독 □□□

2022. 지방 7급 수정

현대조직이론에 대한 설명으로 옳은 것은?

① 조직군생태론은 단일조직을 기본 분석단위로 하며, 환경에 대한 조직 적합도에 초점을 둔다.
② 거래비용이론은 조직 간 거래비용보다는 조직 내 거래비용에 더 많은 관심을 둔다.
③ 상황론적 조직이론은 독립변수를 한정하고 상황적 조건들을 유형화해 중범위라는 제한된 수준 내의 일반성과 규칙성을 발견하려고 한다.
④ 대리인이론에 따르면 정보의 대칭성 등이 합리적 선택을 제약하며, 주인–대리인 관계는 조직 내에서 나타나지 않는다.

정답 및 해설

구조적 상황론, 즉 상황론적 조직이론은 모든 변수를 고려하지 않고 중범위 수준의 법칙을 발견하려는 이론임 → 예컨대, 불확실성이 큰 상황에서는 유기적 구조, 반대의 상황에서는 기계적 구조가 적합하다는 것

① 조직군생태론은 단일 조직이 아닌 조직군을 분석단위로 채택하고 있음 → 아울러 환경적소를 기초로 조직의 도태와 생존을 설명함
② 거래비용이론은 조직들 간 교환관계에서 발생하는 거래비용을 최소화하기 위한 조직구조를 제시하였음 → 따라서 거래비용론은 조직간 거래비용의 최소화에 관심을 둠
④ 대리인이론에 따르면 정보의 비대칭성 등이 합리적 선택을 제약하며, 주인–대리인 관계는 조직 내에서 나타날 수 있음

정답 ③

130 회독 □□□

2020. 국가 7급

조직이론에 관한 설명으로 옳지 않은 것은?

① 전략적 선택론은 조직설계의 문제를 단순히 상황적응의 차원이 아니라 설계자의 자유재량에 의한 의사결정 산물로 파악한다.
② 번스(Burns)와 스토커(Stalker)는 조직을 둘러싼 환경의 성격 및 특성이 조직구조와 어떻게 관련되는지를 설명한다.
③ 조직군 생태학은 조직을 외부환경의 선택에 영향을 받을 뿐만 아니라 적극적으로 영향을 끼치는 능동적인 존재로 이해한다.
④ 버나드(Barnard)는 조직 내 인간적 · 사회적 측면을 강조한다.

정답 및 해설

조직군 생태학은 조직을 외부환경의 선택에 좌우되는 피동적인 존재로 간주함

거시조직이론의 체계[이창원 외, 2005]

분석 수준		결정론	임의론
	조직군	자연적 선택 관점 ① 조직군 생태학이론 ② 조직경제학 ㉠ 거래비용이론 ㉡ 주인대리인이론 ③ 제도화이론	집단적 행동 관점 ① 공동체 생태학이론
	개별 조직	체제구조적 관점 ① 구조적 상황이론	전략적 선택 관점 ① 전략적 선택이론 ② 자원의존이론

② 번스(Burns)와 스토커(Stalker)는 조직유형을 유기적 구조와 기계적 구조로 구분한 학자이며, 이들은 조직을 둘러싼 환경의 성격 및 특성이 조직구조와 어떻게 관련되는지를 설명하고 있음 → 예를 들어, 유기적 구조는 불확실성이 높은 상황, 기계적 구조는 불확실성이 낮은 상황에 적합한 조직유형임
④ 버나드(Barnard)는 부하들의 명령 수용 여하에 따라 상관의 권위는 인정 · 확인되는 것이라고 주장하면서 조직관리를 위해 조직 내 인간적 · 사회적 측면을 강조함

정답 ③

Section 02 불확실한 환경에 대한 조직의 전략

cf.

131 회독 □□□

2004. 울산 9급

급변하는 환경에 대처하기 위하여 조직에 나타나는 대응으로서 조직환경의 완충장치에 대한 설명이 아닌 것은?

① 외부의 중요 조직을 수용하여 합병한다.
② 수요와 공급의 변화를 사전에 예견하여 대비한다.
③ 필요한 자원이나 생산물을 비축해둔다.
④ 외부환경에 대하여 보다 강한 권력과 수단을 가지기 위해 기술적 핵심을 확장한다.

정답 및 해설

합병은 외부의 중요 조직을 수용하여 조직을 확장하는 방법이고, 이는 외부와의 협력을 강조하는 연결전략에 해당함

② 완충전략 중 예측전략에 대한 내용임
③ 완충전략 중 비축전략에 해당함
④ 외부환경에 대하여 보다 강한 권력과 수단을 가지기 위해 기술적 핵심을 확장(조직의 규모와 권력, 기술, 수단 등을 증가시키는 것)하는 것은 완충전략 중 성장전략에 대한 내용임

스콧(Scott)의 환경에 대한 조직의 전략

완충전략	의의		• 환경의 영향을 최소화시키는 대내적이고 소극적인 전략 • 근본적 해결방안 X
	종류	분류	환경의 요구가 조직과정에 투입되기 전에 그 중요성을 파악하고 처리해야할 부서를 결정하거나 신설하는 전략
		비축	환경의 변화에 대비하여 필요한 자원을 축적 및 대비
		형평화	조직의 투입 혹은 산출을 일정하게 유지하는 것
		예측	수요나 공급의 변화를 사전에 예측하여 대비하는 전략
		성장	조직의 규모와 권력, 기술, 수단 등을 증가 → 조직의 기술적 핵심을 확장시키는 전략
연결전략	의의		• 환경을 극복하기 위해 조직 간의 연계, 재편 등을 하는 대외적이고 적극적인 전략 • 조직 간 상호의존성을 강조
	종류	권위주의	핵심조직이 지배적 위치를 활용하여 외부조직의 자원 및 정보를 통제
		계약	외부 조직과의 협상을 통한 자원교환
		합병	외부의 중요 조직을 수용하여 조직을 확장
		경쟁	조직 간 경쟁을 통해 능력 및 서비스 향상
		적응적 흡수	외부의 유력인사를 조직 내로 영입하는 전략

정답 ①

CHAPTER 07

조직이론 : 조직이론의 전개를 중심으로

www.pmg.co.kr

Section 01 조직이론의 변천과 발달

132 회독 □□□ 2014. 국가 9급

조직이론에 대한 설명 중 옳지 않은 것은?

① 고전적 조직이론에서는 조직 내부의 효율성과 합리성이 중요한 논의의 대상이었다.
② 신고전적 조직이론은 인간에 대한 관심을 불러 일으켰고 조직행태론 연구의 출발점이 되었다.
③ 신고전적 조직이론은 인간의 조직 내 사회적 관계와 더불어 조직과 환경의 관계를 중점적으로 다루었다.
④ 현대적 조직이론은 동태적이고 유기체적인 조직을 상정하며 조직발전(OD)을 중시해 왔다.

정답 및 해설

신고전적 조직이론은 행정이론에서 인간관계론을 의미함 → 인간관계론은 조직의 생산성 제고를 위해 사회심리적 요인의 중요성을 강조했으나, 조직 외부의 환경적 요인은 고려하지 못했다는 점에서 관리주의와 공통점을 지니고 있음

① 고전적 조직이론, 즉 관리주의에서는 기계적 능률성을 촉진하기 위해 조직 내부의 효율성과 합리성이 중요한 논의의 대상이었음
② 신고전적 조직이론, 즉 인간주의는 인간에 대한 관심을 불러일으켰고 실험을 통해 지식을 도출했다는 점에서 조직행태론 연구의 출발점이 되었음
④ 현대적 조직이론은 개방체제적 관점에서 동태적이고 유기체적인 조직을 상정하며 조직발전(OD)을 중시해 왔음

정답 ③

133 회독 □□□ 2015. 지방 9급

신고전 조직이론에 대한 설명으로 옳지 않은 것은?

① 메이요(Mayo) 등에 의한 호손(Hawthorne)공장 실험에서 시작되었다.
② 공식조직에 있는 자생적, 비공식적 집단을 인정하고 수용한다.
③ 인간의 사회적 욕구와 사회적 동기유발 요인에 초점을 맞춘다.
④ 조직이란 거래비용을 감소하기 위한 장치로 기능한다고 본다.

정답 및 해설

4번 선지는 거래비용이론에 대한 내용임; 거래비용이론은 조직이란 거래비용을 감소하기 위한 장치로 기능한다고 보면서 계층제적 조직이 생성되는 이유를 설명하고 있음

①②
신고전적 조직이론은 인간주의를 뜻함; 인간주의는 메이요(Mayo) 등에 의한 호손(Hawthorne)실험에서 시작되었으며, 공식조직에 있는 자생적, 비공식적 집단의 영향력을 인정하고 수용하면서 비공식적 요인에 초점을 둔 조직관리를 지향함
③ 인간주의에서 인간은 사회심리적인 존재임 → 즉, 인간은 어딘가에 소속되어 더불어 살아가려는 사회적 욕구를 지님

정답 ④

134 회독 □□□ 2011. 지방 9급

혼돈이론(chaos theory)에 대한 설명으로 옳지 않은 것은?

① 현실의 복잡성과 불확실성을 극복하기 위해 단순화, 정형화를 추구한다.
② 비선형적, 역동적 체제에서의 불규칙성을 중시한다.
③ 전통적 관료제 조직의 통제중심적 성향을 타파하도록 처방한다.
④ 조직의 자생적 학습능력과 자기조직화 능력을 전제한다.

정답 및 해설

혼돈이론은 현상을 둘러싼 모든 불확실성을 예측할 수는 없으니(불확실성을 단순화 및 정형화할 수 없음) 이를 수용하여 조직성장의 기회로 활용할 것을 주장 → 즉, 이중순환고리 학습을 통해 자기조직화를 추구해야 함

② 혼돈이론은 세상을 복잡계로 규정하는바 비선형적, 역동적 체제에서의 불규칙성을 중시함; 이러한 불확실성은 학습을 통해 조직이 성장할 수 있는 기회로 작용함
③ 혼돈이론에서 조직은 새로운 조건의 변화를 수용하기 위해 규범을 수정할 수 있게 해주는 이중순환학습(double-loop learning)의 능력을 개발함으로써 스스로 진화함 → 전통적 관료제 조직의 경직성 비판

정답 ①

135 회독 □□□ 2018. 서울 9급

조직이론의 유형들을 발달 순으로 옳게 나열한 것은?

ㄱ. 체제이론	ㄴ. 과학적 관리론
ㄷ. 인간관계론	ㄹ. 신제도이론

① ㄱ → ㄴ → ㄹ → ㄷ
② ㄴ → ㄷ → ㄱ → ㄹ
③ ㄴ → ㄱ → ㄷ → ㄹ
④ ㄷ → ㄴ → ㄹ → ㄱ

정답 및 해설

위에서 언급된 조직이론의 발달순서는 다음과 같음
ㄴ. 과학적 관리론(1911) ⇨ ㄷ. 인간관계론(1930s) ⇨ ㄱ. 체제이론(1950s) ⇨ ㄹ. 신제도이론(1980s)

정답 ②

136 회독 □□□

2022. 국가 7급

신고전 조직이론에 대한 설명으로 옳은 것은?

① 조직군생태론, 자원의존이론 등이 대표적이다.
② 인간을 복잡한 내면구조를 가진 복잡인으로 간주한다.
③ 환경과 상호작용하는 개방적·동태적·유기적 조직을 강조한다.
④ 조직 내 사회적 능률을 강조하고, 조직의 비공식적 구조나 요인에 초점을 둔다.

정답 및 해설

신고전적 조직이론은 '인간관계론'임 → 따라서 ④는 올바른 선지임

①②③
현대적 조직이론에 대한 내용임

정답 ④

137 회독 □□□

2011. 지방 7급

고전적 조직이론의 기계적 조직관을 비판하고 조직 내 인간의 사회적 관계의 중요성을 주장하며 등장한 인간관계론의 궁극적인 목표로 옳은 것은?

① 조직의 성과제고
② 조직 운영의 민주화
③ 조직 구성원의 자아실현
④ 조직 내부의 비공식 집단의 활성화

정답 및 해설

조직의 성과제고는 인간주의와 고전적 조직이론의 공통점임; 단지 성과제고를 위해 비공식적인 요인에 대한 연구에 초점을 두었을 뿐임

②③④
조직운영에 있어서 구성원의 견해를 수렴하는 것, 조직목표와 구성원 목표를 일치시키는 것, 비공식 집단의 활용 등은 인간관계론에서 조직의 성과제고를 위한 수단에 해당함

정답 ①

138 회독 □□□ 2010. 국가 7급

행정연구에서 혼돈이론(chaos theory)적 접근에 대한 설명으로 옳지 않은 것은?

① 복잡한 사회문제에 대한 통합적 접근을 시도한다.
② 행정조직은 개인과 집단 그리고 환경적 세력이 상호작용하는 복잡한 체제이다.
③ 행정조직은 혼돈상황을 적절히 회피하고 통제할 수 있는 능력이 요구된다.
④ 행정조직의 자생적 학습능력과 자기조직화 능력을 전제로 한다.

정답 및 해설

혼돈이론(카오스이론)은 혼돈을 회피와 통제대상으로 보지 않고 발전의 불가결한 조건이나 기회로 이해하는 입장임 → 불확실성을 조직성장의 기회로 인식하는 것

① 혼돈이론은 복잡한 사회문제를 지나치게 단순화하는 것을 지양하는 통합적 접근을 시도함
② 행정조직은 개인과 집단 그리고 환경적 세력이 상호작용하는 복잡한 체제임 → 즉, (+)의 엔트로피와 (−)의 엔트로피가 상호작용하며 역동성을 창출함
④ 혼돈이론은 행정조직의 이중순환고리학습(SOP수정 · 보완)을 통한 적응 및 성장을 강조함

정답 ③

139 회독 □□□ 2019. 국가 7급

후기 인간관계론에 대한 설명으로 옳지 않은 것은?

① 합리적 · 경제적 인간관보다는 자아실현적 인간관과 더 부합한다.
② 개인은 다양한 차원에서 다양한 특성을 지니고 있으므로 상황에 따라 개인을 다양한 시각으로 이해할 필요가 있다.
③ 대표하는 이론으로는 맥그리거(McGregor)의 Y이론, 아지리스(Argyris)의 성숙인 등을 들 수 있다.
④ 의사결정 과정에 개인을 참여시키는 관리전략이 필요하다.

정답 및 해설

②는 복잡인에 대한 내용이므로 인간관계론의 내용과 관련이 없음 → 인간관계론은 일반적으로 인간을 사회심리적 존재로 바라보지만, 인간주의를 전기와 후기로 구분할 때는 전자는 인간을 사회인으로, 후기는 사회인을 포함하여, 심리적인 존재(자아실현적 인간)임을 강조함

③ 후기인간관계론은 인간의 심리적 만족감을 중시한다는 점에서 자아실현적 인간관을 지향함; 자아실현적 인간관은 능동적인 인간을 특징으로 하기 때문에 이를 대표하는 이론으로 맥그리거(McGregor)의 Y이론, 아지리스(Argyris)의 성숙인 등을 들 수 있음
④ 후기 인간관계론은 인간의 사회심리적 욕구를 충족시키기 위해서 의사결정 등 조직의 주된 활동에 개인을 참여시켜야 한다는 점을 강조 → 이 때문에 '참여관리론'으로 불리기도 함

정답 ②

MEMO

최욱진 행정학

단원별 7·9급 기출문제집

인사행정

Chapter 01 인사행정의 기초
Chapter 02 공직구조의 형성
Chapter 03 공무원 임용 및 능력 발전
Chapter 04 공무원 평가: 성과 관리
Chapter 05 공무원 동기 부여
Chapter 06 공무원의 의무와 권리, 그리고 통제

인사행정의 기초

✔학습체크 □□□

www.pmg.co.kr

Section 01 인사행정제도

01 회독 □□□

실적주의 공무원제도에 대한 설명으로 옳은 것은?

① 미국에서는 잭슨(Jackson) 대통령에 의해 공식화되었다.
② 공직의 일은 건전한 상식과 인품을 가진 일반 대중 누구나 수행할 수 있는 것이라고 전제하였다.
③ 공개경쟁시험, 신분보장, 정치적 중립이 핵심적인 요소이다.
④ 사회적 형평성을 가장 중요한 가치로 삼는 인사제도이다.

정답 및 해설

실적주의는 시험성적을 통해 공무원을 충원하는 제도이며, 엽관주의의 단점을 보완한 까닭에 공개경쟁채용시험, 신분보장, 정치적 중립성 등을 특징으로 함

①② 엽관주의에 대한 내용임
④ 대표관료제에 대한 내용임

정답 ③

02 회독 □□□

2023. 지방 9급

대표관료제에 대한 설명으로 옳지 않은 것은?

① 우리나라는 양성채용목표제, 장애인 의무고용제 등 다양한 균형인사제도를 통해 대표관료제의 논리를 반영하고 있다.
② 다양한 집단의 이익을 반영하는 실적주의 이념에 부합하는 인사제도이다.
③ 할당제를 강요하는 결과를 초래하고, 특정 집단에 대한 역차별 문제를 야기할 수 있다.
④ 임용 전 사회화가 임용 후 행태를 자동적으로 보장한다는 가정하에 전개되어 왔다.

정답 및 해설

대표관료제는 형평성을 중시하는 까닭에 역차별 문제를 야기하거나 실적주의를 저해할 수 있음

① 우리나라는 대표관료제 논리를 반영하고자 균형인사정책을 집행하고 있음
④ 대표관료제는 소극적 대표가 적극적 대표를 보장한다는 가정하에 전개되어 왔음

정답 ②

03 회독 □□□

2023. 국가 9급

연공주의(seniority system)에 대한 설명으로 옳은 것만을 모두 고르면?

ㄱ. 장기근속으로 조직에 대한 공헌도를 높인다.
ㄴ. 개인의 성과에 따른 적절한 보상을 통해 사기를 높인다.
ㄷ. 계층적 서열구조 확립으로 조직 내 안정감을 높인다.
ㄹ. 조직 내 경쟁을 통해서 개인의 역량 개발에 기여한다.

① ㄱ, ㄴ
② ㄱ, ㄷ
③ ㄴ, ㄹ
④ ㄷ, ㄹ

정답 및 해설

연공주의는 '근무연한'을 승진이나 급여의 기준으로 간주함 → 따라서 문제를 풀 때 계급제 혹은 직업공무원제 개념을 적용할 것

올바른 선지

ㄱ. 연공주의는 근속연수에 따른 보상체계를 강조하므로 장기근속으로 조직에 대한 공헌도를 높임
ㄷ. 연공주의에서는 오래 근무한 자가 많은 의사결정권을 갖는바 계층적 서열구조 확립으로 조직 내 안정감을 높일 수 있음

틀린 선지

ㄴ, ㄹ.
연공주의는 근속 연수를 중시하므로 '경쟁이나 성과' 등을 경시함

정답 ②

04 회독 □□□

2022. 국가 9급

직업공무원제의 특징으로 옳지 않은 것은?

① 직무급 중심 보수체계
② 능력발전의 기회 부여
③ 폐쇄형 충원방식
④ 신분의 보장

정답 및 해설

직업공무원제도는 연공급 중심의 보수체계를 지님

직무급

일의 난이도를 기준으로 급여를 책정하는 체계

②③④
직업공무원제도는 어리고 잠재성 있는 사람을 뽑아서 각종 교육훈련 등을 통해 능력발전을 유도함; 아울러 직업공무원제도는 공무원에게 정년을 보장하며 외부 인력을 조직의 중간 계층으로 유입하지 않음

정답 ①

05 회독 □□□

2021. 지방 9급

엽관주의와 실적주의에 대한 설명으로 옳은 것은?

① 엽관주의는 개인의 능력, 적성, 기술을 공직 임용 기준으로 한다.
② 엽관주의는 정치지도자의 국정 지도력을 약화한다.
③ 실적주의는 국민에 대한 관료의 대응성을 높인다.
④ 실적주의는 공직 임용에 대한 기회의 균등을 보장한다.

정답 및 해설

실적주의는 공개경쟁채용시험을 통해 공직 임용에 대한 기회의 균등을 보장함

① 실적주의는 개인의 능력, 적성, 기술을 공직 임용 기준으로 함
② 엽관주의는 정치지도자의 국정 지도력을 강화함
③ 엽관주의는 국민에 대한 관료의 대응성을 높임

정답 ④

06 회독 □□□

2020. 지방 9급

직업공무원제의 단점을 보완하는 것으로 옳지 않은 것은?

① 개방형 인사제도
② 계약제 임용제도
③ 계급정년제의 도입
④ 정치적 중립의 강화

정답 및 해설

정치적인 중립성은 적당한 선에서 유지되어야 하는데 지나치게 강화되면 민의를 충족하지 못하고 합법성 혹은 능률성에 치우친 행정을 할 우려가 있음

직업공무원제도

어리고 잠재성 있는 사람을 조직의 최하위 계급으로 충원하여 다양한 경험을 쌓게 하면서 정년을 보장하며, 엄격한 규율을 적용하는 인사행정제도임; 이는 폐쇄형 제도이기 때문에 경쟁의 결여 및 특권집단화 현상이 나타날 수 있음

①②③
경쟁을 촉진(①)하거나 신분보장을 약화(②, ③)하여 공무원에게 자기발전을 위한 긴장감을 불어 넣을 수 있는 제도임

정답 ④

cf.

07 회독 □□□

2008. 지방 9급

우리나라에서의 대표관료제(representative bureaucracy) 실천노력으로 옳지 않은 것은?

① 국공립대 여성교수 채용목표제
② 여성관리자 임용확대 5개년 계획
③ 대우공무원제도
④ 장애인고용촉진 및 직업재활법

08 회독 □□□

2008. 국가 9급

엽관주의에서 나타날 수 있는 병폐와 가장 거리가 먼 것은?

① 국민요구에 대한 비대응성
② 공무원 임명의 자의성
③ 정책의 비일관성
④ 행정의 비능률성

정답 및 해설 (07)

대표관료제는 민족, 인종, 지역, 성별, 직업 등의 기준에서 국민 전체의 인적구성비율을 반영하도록 공무원을 충원하는 제도임 → ①②④는 우리나라가 대표관료제를 실천하기 위해 실행한 제도임

③

대우공무원제도

㉠ 승진적체 현상으로 승진을 하지 못한 성실, 유능한 공무원에 대하여 상위계급에 상응하는 대우를 함으로써 공무원의 사기진작 및 조직의 활성화를 도모하는 제도
㉡ 현재 직급에서 승진 소요 최저 연수 이상을 근무하고 승진의 제한 사유가 없는 우수공무원을 상위 직급으로 대우하는 제도

정답 ③

정답 및 해설 (08)

엽관주의는 정당에 대한 충성도를 기준으로 공무원을 임용하는 제도로써 1829년에 잭슨 대통령이 공식적인 제도로 도입하였음; 이는 국민의 요구에 따라 기민하게 반응하지 못하면 집권정당이 바뀌고, 이에 따라 행정부를 구성하는 공무원도 경질되는 바 행정의 대응성 및 민주성을 제고할 수 있는 인사행정제도임

②④

엽관주의는 전문성이 아닌 정당에 대한 충성도를 기준으로 공무원을 채용하므로 임명의 자의성 혹은 행정의 비능률성을 야기할 수 있음

③ 엽관주의는 공무원의 신분을 보장하지 않기 때문에 행정 혹은 정책의 비일관성이 나타날 수 있음

정답 ①

09 회독 □□□ 2009. 지방 9급

공무원인사제도에 대한 설명 중 옳은 것만을 고른 것은?

ㄱ. 엽관주의와 실적주의는 제도의 취지나 목적이 서로 다르기 때문에 상호 조화될 수 없어서 양 제도의 혼합운용이 어렵다.
ㄴ. 엽관주의는 공무원의 충성심을 확보하기는 용이하나, 행정의 안정성과 지속성을 확보하기 어렵다.
ㄷ. 직업공무원제도는 일반적으로 폐쇄형 임용체계를 채택하고 있으며, 공무원의 연대감을 높여준다.
ㄹ. 직업공무원제도는 대체로 실적주의를 전제로 하며, 전문가주의를 지향하고 있다.
ㅁ. 대표관료제는 정부 정책집행의 효율성, 공정성 및 책임성을 높여준다.

① ㄱ, ㄴ　② ㄱ, ㅁ
③ ㄴ, ㄷ　④ ㄷ, ㄹ

정답 및 해설

올바른 선지
ㄴ. 엽관주의는 정당에 대한 충성도를 기준으로 공무원을 임용하므로 공무원의 충성심을 확보하기 용이하지만, 대선을 기점으로 모든 공무원이 교체될 수 있는 까닭에 행정의 안정성을 확보하기 어려움
ㄷ. 직업공무원제도는 외부임용을 허용하지 않는다는 점에서 폐쇄형 임용체계를 지니기 때문에 공무원의 연대감을 높일 수 있음

틀린 선지
ㄱ. 엽관주의는 민주성을, 실적주의는 전문성을 목적으로 한다는 측면에서 양자의 취지는 다르지만 현실에서 양 제도의 장점을 살려서 혼용하고 있음
ㄹ. 실적주의는 '신분보장'을 강조하는바 직업공무원제 확립에 기여함; 단, 직업공무원제는 여러 분야의 업무를 익히는 것을 찬성하는 일반행정가를 지향함
ㅁ. 대표관료제는 할당제를 의미하기 때문에 결과의 공평을 보장할 수는 있음; 그러나 정부 정책집행의 능률성 혹은 책임성은 엽관주의와 관련된 내용임

정답 ③

cf.
10 회독 □□□ 2012. 지방 9급

다음에 제시된 문제해결방식이 의미하는 공무원 인사행정제도는?

서울의 과밀은 우수학생의 서울집중으로부터 시작된다. '우수학생 서울 집중 → 엘리트 시험 독점 → 권력 집중 → 취업 기회 창출 → 인구 서울 집중 → 우수학생 서울 집중'의 순환구조로 서울의 비대화와 지방의 황폐화는 더욱 심각해지고 있다. 세계 최고의 교육열이 이를 가속화해 불균형 발전을 심화시켰다면, 이제 그 교육의 변수를 균형발전의 지렛대로 원용할 수 있는 슬기를 발휘할 때이다. 인재지역 할당제는 이러한 생산적 방향전환에 기여할 수 있는 중요한 제도적 장치이다.

① 엽관제　② 대표관료제
③ 실적제　④ 직업공무원제

정답 및 해설

제시문은 인재지역할당제(지역인재할당제)에 관한 내용임; 우리나라의 양성평등 채용목표제, 여성 임용할당제, 장애인고용할당제, 지역인재할당제, 저소득층 채용목표제 등은 사회 내 다양한 계층을 충원하려는 대표관료제를 적용한 제도임

정답 ②

11 회독 □□□

2013. 국가 9급

인사제도에 대한 설명으로 옳지 않은 것은?

① 직업공무원제가 성공하려면 우선 공직임용에서 연령 상한제를 폐지하는 것이 필수적이다.
② 대표관료제는 관료들이 출신집단의 가치와 이익을 대변하리라는 기대에 기반을 둔다.
③ 엽관주의는 국민의 요구에 대한 대응성 향상에 도움이 되는 제도이다.
④ 폐쇄형 인사제도는 내부승진의 기회를 개방형보다 더 많이 제공한다.

정답 및 해설

직업공무원제의 인재 채용기준은 젊음과 잠재력임 → 따라서 연령에 제한을 두는 연령상한제를 폐지하는 게 아니라 적용해야 함

② 대표관료제는 소극적 대표가 적극적 대표로 이어진다는 전제에 기초하고 있음; 따라서 관료들이 출신 집단의 가치와 이익을 대변하리라는 기대에 기반을 두는 제도임
③ 엽관주의는 국민의 요구에 기민하지 않은 정당을 국민이 다른 정당으로 교체하게 되면 공무원이 경질되는 제도이므로 국민에 대한 대응성 향상에 도움이 되는 제도임
④ 폐쇄형 인사제도는 내부승진의 기회를 개방형보다 더 많이 제공하는 까닭에 공무원의 사기 상승에 도움이 되는 제도임

정답 ①

12 회독 □□□

2013. 지방 9급

대표관료제와 관련이 적은 것은?

① 양성평등채용목표제
② 지방인재채용목표제
③ 총액인건비제
④ 장애인 고용촉진제

정답 및 해설

①②④는 다양한 계층의 채용을 촉진하는 대표관료제와 관련된 제도임

③ 총액인건비제도 : 각 시행기관이 당해 연도에 편성한 총액인건비 예산의 범위 안에서 기구, 정원, 보수, 예산의 운영에 관해 재량권을 가지되, 그 결과에 대해 책임을 지는 제도 → 신공공관리의 영향 아래 나온 성과관리제도

정답 ③

13 회독 □□□ 2019. 사복 9급

대표관료제에 대한 설명으로 가장 옳지 않은 것은?

① 관료들은 누구나 자신의 사회적 배경의 가치나 이익을 정책 과정에 반영시키려고 노력한다는 명제를 전제로 한다.
② 할당제로 인한 역차별의 문제를 야기할 수 있다.
③ 실적제 구현과 행정능률 향상에 기여하는 제도로 평가받는다.
④ 우리나라는 현재 여성, 장애인, 지방인재 등에 대한 공직임용 확대 노력을 하고 있다.

정답 및 해설

대표관료제는 사회 내 다양한 계층의 사람을 골고루 정부관료제로 충원하는 인사행정제도임; 이는 일종의 할당제를 의미하는바 공무원 충원과정에서 다른 계층에 대한 역차별 현상이 발생할 수 있음; 따라서 실적주의를 구현하는 데 방해하는 요인으로 작용할 수 있음

① 대표관료제는 소극적 대표가 적극적 대표로 이어진다는 명제를 전제로 하는 제도임
④ 우리나라는 대표관료제를 적용하여 여성, 장애인, 지방인재 등에 대한 공직임용 확대 노력을 하고 있음

정답 ③

14 회독 □□□ 2019. 지방 9급

직업공무원제에 대한 설명으로 옳지 않은 것은?

① 젊고 우수한 인재가 공직을 직업으로 선택해 일생을 바쳐 성실히 근무하도록 운영하는 인사제도이다.
② 폐쇄적 임용을 통해 공무원 집단의 보수화를 예방하고 전문행정가 양성을 촉진한다.
③ 행정의 안정성을 확보할 수 있고, 높은 수준의 행동규범을 유지하는 데 도움이 된다.
④ 조직 내에 승진적체가 심화되면서 직원들의 불만이 증가할 수 있다.

정답 및 해설

직업공무원제 내에서 공무원은 폐쇄형 임용(공무원 신규채용시 최하위 계급에서 채용) 후 신분을 보장받으면서 다양한 직무를 경험하기 때문에 일반행정가의 성향을 띰; 또한 폐쇄형 임용은 내부 인력과 외부 인력과의 경쟁이 없는 까닭에 공무원 집단의 보수화를 촉진할 수 있음

①③
직업공무원제도는 젊고 우수한 인재가 공직을 직업으로 선택해 일생을 바쳐 성실히 근무하도록 운영하는 인사제도로서 행정부 내에서 정치적인 중립을 유지하기 위해 엄격한 근무규율을 공무원에게 적용하는 바 높은 수준의 행동규범을 유지하는 데 도움이 됨
④ 직업공무원 제도를 운영하는 과정에서 승진적체가 발생하면 공무원의 불만을 야기할 수 있음

정답 ②

15 회독 □□□ 2019. 지방 9급

대표관료제에 대한 설명으로 옳지 않은 것은?

① 소극적 대표가 적극적 대표를 촉진한다는 가정 하에 제도를 운영해왔다.
② 엽관주의 폐단을 시정하기 위해 등장하였으며 역차별의 문제를 완화할 수 있다.
③ 소극적 대표성은 전체 사회의 인구 구성적 특성과 가치를 반영하는 관료제의 인적 구성을 강조한다.
④ 우리나라는 균형인사제도를 통해 장애인·지방인재·저소득층 등에 대한 공직 진출 지원을 하고 있다.

정답 및 해설

대표관료제는 실적주의 혹은 직업공무원제의 폐단을 시정하기 위해 등장하였으며 역차별의 문제를 야기할 수 있다는 점에서 실적주의를 저해할 수 있음

① 대표관료제는 사회 내 다양한 계층을 충원하면 다양한 계층의 견해를 대변할 수 있음을 전제로 함
③ 구성론적 대표를 의미하는 소극적 대표성은 전체 사회의 인구 구성적 특성과 가치를 반영하는 관료제의 인적 구성을 강조함
④ 우리나라의 균형인사제도 : 국공립대 여성 교수 채용목표제, 여성관리자 임용 확대 5개년 계획, 장애인 고용촉진 및 직업재활법, 인재지역할당제(지방인재 채용), 저소득층 채용, 이공계전공자, 양성평등채용목표제 등

정답 ②

16 회독 □□□ 2018. 교행 9급

우리나라 공무원 인사제도의 실적제(merit system) 기본원리와 가장 거리가 먼 것은?

① 신규임용은 공개경쟁임용시험으로 한다.
② 공무원은 정당이나 그 밖의 정치단체의 결성에 관여하거나 가입할 수 없다.
③ 국회 소관상임위원회의 인사청문회 견해는 인사권자인 대통령을 법적으로 구속하는 것은 아니다.
④ 공무원은 형의 선고·징계 또는 「지방공무원법」에서 정하는 사유가 아니면 본인의 의사에 반하여 휴직·강임 또는 면직을 당하지 아니한다.

정답 및 해설

①②④는 실적주의의 기본원리에 해당하지만, ③은 인사청문법으로서 실적주의 인사행정제도와 거리가 먼 내용임

① 실적을 통한 임용에 해당하는 내용임
② 정치적인 중립에 해당하는 내용임
④ 신분보장에 대한 내용임

정답 ③

17 회독 □□□ 2022. 국가 7급

정실주의와 엽관제에 대한 설명으로 옳지 않은 것은?

① 실적제로 전환을 위한 영국의 추밀원령은 미국의 펜들턴법보다 시기적으로 앞섰다.

② 엽관제는 전문성을 통한 행정의 효율성 제고와 정부관료의 역량 강화에 기여한 것으로 평가된다.

③ 미국의 잭슨 대통령은 엽관제를 민주주의의 실천적 정치원리로 인식하고 인사행정의 기본 원칙으로 채택하였다.

④ 엽관제는 관료제의 특권화를 방지하고 국민에 대한 대응성을 높인다는 점에서 현재도 일부 정무직에 적용되고 있다.

정답 및 해설

엽관주의는 정당 충성도를 기준으로 공무원을 채용하는 까닭에 행정의 능률성을 저해할 수 있음 → ②는 실적주의에 대한 내용임

① 실적제로 전환을 위한 영국의 2차 추밀원령은 1870년, 미국의 펜들턴법은 1883년에 제정됨
③ 잭슨 대통령은 형평성 및 민주성 제고를 위해 1829년에 엽관주의를 공식적인 인사행정제도로 채택함
④ 엽관제는 신분보장을 하지 않는바 관료제의 특권화를 방지하고 국민에 대한 대응성을 높인다는 점에서 현재도 장·차관 등의 임명에 적용되고 있음

정답 ②

18 회독 □□□ 2021. 국가 7급

엽관주의의 정당화 근거로 옳지 않은 것은?

① 행정 민주화에 기여

② 정치지도자의 행정 통솔력 강화

③ 정당정치 발달에 공헌

④ 행정의 안정성과 지속성 확보

정답 및 해설

엽관주의는 정권이 교체될 때 공무원도 경질되는바 행정의 안정성과 지속성을 저해함

① 행정부가 민의에 반응하지 않을 경우 국민은 다음 선거에서 투표를 통해 정권을 교체할 수 있음 → 이는 공무원의 면직으로 이어질 수 있기 때문에 엽관주의는 행정의 민주화에 기여할 수 있는 제도임
② 엽관주의는 정당에 대한 충성도가 높은 사람이 공무원으로 임용되는 까닭에 정치지도자의 행정 통솔력을 강화시킴
③ 엽관주의는 국민이 원하는 정책을 파악하고 이를 정당의 기치로 내세우는 정당정치의 발달에 공헌함

정답 ④

19 회독 □□□

2021. 국가 7급

직업공무원제에 대한 설명으로 옳지 않은 것은?

① 공무원의 신분을 보장해 행정의 연속성과 일관성을 유지하는 데 긍정적인 제도이다.
② 젊고 유능한 인재들이 공직을 보람있는 직업으로 선택하여 일생을 바쳐 성실히 근무하도록 유도하는 인사제도이다.
③ 공무원이 환경적 요청에 민감하지 못하고 특권집단화할 염려가 있다.
④ 공무원의 일체감과 단결심 및 공직에 헌신하려는 정신을 강화하는 데 불리한 제도이다.

정답 및 해설

직업공무원제도는 폐쇄형 체제이므로 공무원의 일체감과 단결심 및 공직에 헌신하려는 정신을 강화하는 데 유리함

① 직업공무원제도는 공무원의 정년을 보장해 행정의 연속성과 일관성을 유지하는 데 긍정적인 제도임
② 직업공무원제도의 정의에 해당하는 내용임
③ 직업공무원제도는 폐쇄형 체제이므로 공무원이 환경적 요청에 민감하지 못하고 특권 집단화될 염려가 있음

정답 ④

20 회독 □□□

2021. 지방 7급

공무원 인사제도에 대한 설명으로 옳지 않은 것은?

① 실적주의는 공무원의 인적 구성이 사회의 인구학적 특성과 비례가 되도록 해야 한다는 대표관료제를 비판하면서 등장하였다.
② 엽관주의는 정당제도 유지에 기여하고 공무원의 정치적 책임성을 확보할 수 있다는 장점이 있어 오늘날에도 부분적으로 남아있다.
③ 실적주의는 엽관주의의 폐해와 급격한 경제발전으로 행정기능이 양적으로 확대되고 질적으로 복잡해짐에 따라 공무원들의 전문적 지식과 기술이 필요해지면서 정당성이 강화되었다.
④ 엽관주의에 따른 인사는 관료기구와 집권 정당의 동질성을 확보할 수 있으며, 정부가 공무원의 충성심을 확보하고 공무원을 효과적으로 통솔할 수 있다.

정답 및 해설

대표관료제는 실적주의 인사행정제도가 만들어낸 특정 계층의 공직 독점을 비판하면서 등장했음

② 엽관주의는 정당제도 유지에 기여하고 공무원의 정치적 책임성을 확보할 수 있다는 장점이 있어 우리나라에서도 장차관 등의 임명에 적용하고 있음
③ 실적주의는 엽관주의의 폐해 및 19C 후반 행정국가의 등장에 따라 공무원들의 전문적 지식과 기술이 필요해지면서 정당성이 강화되었음
④ 엽관주의는 정당의 충성도에 따라 공무원을 충원하는바 관료기구와 집권 정당의 동질성을 확보할 수 있으며, 정부가 공무원의 충성심을 확보하고 공무원을 효과적으로 통솔할 수 있음

정답 ①

21 회독 □□□ 2020. 국가 7급

다음 제도에 대한 설명으로 옳지 않은 것은?

> 킹슬리(Kingsley)가 처음 사용한 용어로, 그 사회의 주요 인적 구성에 기반하여 정부관료제를 구성함으로써, 정부관료제 내에 민주적 가치를 주입하려는 의도에서 발달되었다.

① 관료들은 누구나 자신의 사회적 배경의 가치나 이익을 정책과정에 반영시키려고 노력한다는 점을 전제로 한다.
② 크랜츠(Kranz)는 이 제도의 개념을 비례대표(proportional representation)로까지 확대하는 것에 반대한다.
③ 라이퍼(Riper)는 이 제도의 개념을 확대해 사회적 특성 외에 사회적 가치까지도 포함시키고 있다.
④ 현대 인사행정의 기본 원칙인 실적제를 훼손할 뿐만 아니라 역차별을 야기할 수 있다는 비판을 받는다.

정답 및 해설

보기는 대표관료제에 대한 내용을 담고 있으며, 관련 학자 중 한 명인 크랜츠(Kranz)는 대표관료제의 개념을 비례대표(proportional representation)로까지 확대하는 것에 찬성하였음

①④
대표관료제에 따르면 관료는 누구나 자신의 사회적 배경의 가치나 이익을 정책과정에 반영시키려고 노력한다는 점을 전제로 함; 이는 결과의 형평을 강조한다는 점에서 현대 인사행정의 기본 원칙인 실적제를 훼손할 뿐만 아니라 역차별을 야기할 수 있다는 비판을 받음
③ 라이퍼(Riper)는 대표관료제의 개념을 확대해 사회적 특성 외에 사회적 가치까지도 포함시키고 있음

대표 관료제 관련 학자	① 킹슬리: 대표관료제라는 용어를 처음으로 사용 ② 라이퍼: 대표관료제의 개념을 확대하여 사회적 특성(직업, 사회계층, 지역 등) 외에 사회적 사조(ethos)나 가치까지도 대표관료제의 요소로 포함시키고 있음 ③ 크랜츠: 비례대표관료제 제시 ④ 모셔: 적극적 대표성과 소극적 대표성을 구분하고 관료는 출신집단을 위해 행동하는 것이 아니라 단지 그들을 상징적으로 대표한다고 주장함

정답 ②

22 회독 □□□ 2019. 서울 7급

인사행정에 대한 설명으로 가장 옳지 않은 것은?

① 균형인사정책은 대표관료제의 단점, 즉 소외집단에 대한 배려가 다른 집단에 대한 역차별을 불러올 가능성을 낮추는 데 기여할 수 있다.
② 대표관료제는 정부관료제 인적 구성의 대표성 확보를 통해 전체 국민에 대한 정부의 대응성을 향상시킬 수 있다.
③ 엽관제는 정당정치의 발달과 행정의 민주성 제고에 기여할 수 있다.
④ 엽관제는 정치지도자의 행정 통솔력을 강화시켜 정책과정의 능률성을 제고할 수 있다.

정답 및 해설

균형인사정책은 대표관료제를 구현하는 제도로서 양자는 동일한 개념임; 대표관료제는 사회 내 모든 계층을 인적구성비율에 맞게 정부관료제로 충원하는 인사행정제도임 → 따라서 균형인사정책도 역차별을 낳고, 사회분열 등을 야기할 수 있음

② 대표관료제는 구성론적 대표성을 통해 전체 국민에 대한 정부의 대응성을 향상시킬 수 있음
③ 엽관제는 국민의 바람을 반영하려고 노력하는 정당정치의 발달과 행정의 민주성 제고에 기여할 수 있음
④ 엽관제는 정치지도자의 국정지도력을 강화시켜 정책 과정의 능률성을 제고할 수 있음

정답 ①

23 회독 □□□

2015. 국가 7급

대표관료제(Representative Bureaucracy)에 대한 설명으로 옳지 않은 것은?

① 킹슬리(Kingsley)가 처음 사용한 용어로서 엽관주의 인사제도의 폐단을 극복하기 위해 등장하였다.

② 관료제의 인적 구성 측면을 강조하며 관료제의 대표성과 대응성을 강화하기 위한 제도이다.

③ 우리나라의 양성평등채용목표제는 대표관료제의 발상을 반영한 것이라고 할 수 있다.

④ 행정의 전문성과 생산성을 저해할 수 있다는 비판이 있다.

정답 및 해설

대표관료제는 킹슬리(Kingsley)가 처음 사용한 용어임; 이는 특정 계층이 공직을 점유하는 결과를 야기한 실적주의를 비판하면서 등장하였음

② 대표관료제는 다양한 계층이 정부로 유입될 수 있는 제도이므로 관료제의 인적 구성 측면을 강조하며 관료제의 대표성과 대응성을 강화하기 위한 제도임

③ 우리나라의 양성평등채용목표제, 지방인재채용, 저소득층 채용 등은 대표관료제의 발상을 반영한 제도라고 할 수 있음

④ 대표관료제는 할당제를 강요하는 까닭에 행정의 전문성과 생산성을 저해할 수 있다는 비판이 있음

정답 ①

24 회독 □□□

2017. 국가 7급

인사행정의 주요 원리 및 제도에 대한 설명으로 옳지 않은 것은?

① 엽관주의 – 미국의 잭슨(Jackson) 대통령은 공무원의 장기 근무의 순기능을 강조하며 공직의 대중화를 도모하였다.

② 실적주의 – 미국에서는 「펜들턴법」의 제정으로 공개경쟁채용시험을 도입하고 연방인사위원회가 설치되었다.

③ 대표관료제 – 영국학자 킹슬리(Kingsley)는 정부 관료제 구성에서 사회 내 주요 세력의 분포를 반영할 것을 제안하였다.

④ 직업공무원제 – 절대왕정시기의 관료제에 연원을 두고 있으며 장기 근무를 장려하여 공직을 전문 직업분야로 인식하게 하였다.

정답 및 해설

미국의 잭슨(Jackson) 대통령은 공무원의 장기 근무의 역기능을 강조하며 공직의 대중화를 도모하였음

엽관주의 보충

> 1829년 대통령으로 당선된 잭슨(Jackson)은 선거전에서 승리한 정당이 관직을 차지하는 엽관주의를 도입하였음; 엽관주의는 특권적인 정부관료제를 일반 대중에게 공개함으로써 민주정치의 발달과 행정의 민주화, 국민의 요구에 대한 대응성에 기여하며, 정당의 대중화와 정당정치의 발달에 공헌하는 장점이 있음; 다만 정치적 권력변동에 따른 행정의 계속성, 일관성, 안정성을 훼손할 수 있음

② 실적주의: 미국에서는 1883년 「펜들턴법」의 제정으로 공개경쟁채용시험을 도입하고 연방인사위원회(독립합의형 인사행정기관)가 설치되었음

③ 대표관료제: 영국학자 킹슬리(D. Kingsley)가 1944년에 처음 사용한 개념으로, 실적주의의 폐단을 시정하기 위해 등장하였음 → 킹슬리는 정부 관료제 구성에서 사회 내 주요 세력의 분포를 반영할 것을 제안하였음

④ 직업공무원제: 절대왕정시기 관료제에 역사적 기원을 두고 있으며, 어리고 잠재성이 있는 사람을 충원한 후 장기 근무를 장려함으로써 공직을 하나의 전문 직업분야로 인식하게 하였음

정답 ①

25 회독 □□□ 2019. 지방 7급

실적주의(merit system)에 대한 설명으로 옳지 않은 것은?

① 실적주의의 도입은 중앙인사기관의 권한과 기능을 분산시키는 결과를 가져왔다.
② 사회적 약자의 공직진출을 제약할 수 있다는 점은 실적주의의 한계이다.
③ 미국의 실적주의는 펜들턴법(Pendleton Act)이 통과됨으로써 연방정부에 적용되기 시작하였다.
④ 실적주의에서 공무원은 자의적인 제재로부터 적법절차에 의해 구제받을 권리를 보장받는다.

정답 및 해설

실적주의의 도입은 중앙인사기관의 권한과 기능을 집중시키는 결과를 가져왔음 → 미국은 1883년에 펜들턴법을 제정하면서 공정하고 독립적인 인사행정을 위해 초당적인 기구로서 중앙인사기구(연방인사위원회)를 설치·운영하였음; 이는 인사행정을 통일적이고 집권적으로 수행할 수 있는 조직임

② 실적주의는 기회균등을 바탕으로 실적에 따른 차등을 인정하지만 교육기회를 제대로 받지 못할 수 있는 소외계층에게 불리할 수 있음; 이러한 문제점(특정 계층의 공직독점)을 해소하기 위해 대표관료제가 등장하였음
③ 미국의 실적주의는 1883년에 펜들턴법(Pendleton Act)이 통과됨으로써 연방정부에 적용되기 시작하였음
④ 실적주의는 정치적 중립과 신분보장을 특징으로 하는바 실적주의 체제에서 공무원은 자의적인 제재로부터 적법절차에 의해 구제받을 권리를 보장받을 수 있음

정답 ①

26 회독 □□□ 2009. 서울 7급 수정

다음 중 1883년 미국에서 제정된 Pendleton 법의 내용에 속하지 않는 것은?

ㄱ. 공무원의 중립성
ㄴ. Merit Pay System
ㄷ. 공무원의 교육 및 훈련에 대한 의무
ㄹ. 연방중앙인사위원회 설치
ㅁ. 공개경쟁시험 실시

① ㄱ, ㄷ
② ㄴ, ㅁ
③ ㄱ, ㄹ
④ ㄴ, ㄷ

정답 및 해설

아래의 표 참고

미국 펜들턴 법

1. 능력위주의 공정한 인사를 전담할 수 있는 초당적·독립적 인사위원회 설치 → 연방중앙인사위원회
2. 공개경쟁채용시험 → 행정학 등 전문과목 위주의 시험
3. 제대군인에 대한 임용 시 특혜 부여
4. 공무원의 정치자금 헌납, 정치활동의 금지 → 정치적 중립
5. 민간과 정부 간의 폭넓은 인사교류 인정: 개방형 실적주의

틀린 선지

ㄴ, ㄷ.
성과급제도와 공무원의 교육 및 훈련 의무는 팬들턴법과 무관함 → 참고로 Merit Pay System은 연봉제 등과 같은 성과급 보수제도를 의미함

정답 ④

Section 02 우리나라의 중앙인사기관 : 인사혁신처

27 회독 □□□

2020. 서울속기 9급

「국가공무원법」상 중앙인사관장기관이 아닌 것은?

① 감사원사무총장
② 법원행정처장
③ 헌법재판소사무처장
④ 국회사무총장

정답 및 해설

감사원은 행정부 내에 설치되어 있으므로 인사혁신처장이 중앙인사관장기관임

국가공무원법 제6조【중앙인사관장기관】 ① 인사행정에 관한 기본 정책의 수립과 이 법의 시행·운영에 관한 사무는 다음 각 호의 구분에 따라 관장(管掌)한다.
1. 국회는 국회사무총장
2. 법원은 법원행정처장
3. 헌법재판소는 헌법재판소사무처장
4. 선거관리위원회는 중앙선거관리위원회사무총장
5. 행정부는 인사혁신처장
② 중앙인사관장기관의 장(행정부의 경우에는 인사혁신처장을 말한다. 이하 같다)은 각 기관의 균형적인 인사 운영을 도모하고 인력의 효율적인 활용과 능력 개발을 위하여 법령으로 정하는 바에 따라 인사관리에 관한 총괄적인 사항을 관장한다.

정답 ①

28 회독 □□□

2014. 국가 9급 수정

우리나라의 행정부 중앙인사기관이 갖는 특성으로 적절한 것은?

① 인사에 대한 의사결정이 신속하고, 책임소재의 명확화가 가능한 유형이다.
② 행정수반의 적극적인 지원을 받고 있어 인사상의 공정성 확보가 용이하다.
③ 복수 위원들 간의 합의에 의한 결정방식을 특징으로 한다.
④ '1883년 펜들톤(Pendleton)법'에 의해 창설된 미국의 연방인사기구가 대표적인 유형에 속한다.

정답 및 해설

우리나라의 행정부 중앙인사기관은 인사혁신처이며, 이는 비독립형 단독제에 해당함 → 의사결정을 기관장이 단독으로 내리는바 의사결정이 신속하고 책임소재가 명확함

② 비독립·단독형은 독립성의 결여(행정부에 포함)로 인해 인사행정의 정실화 가능성이 있음
③ 합의제 기관의 특징에 해당함
④ 미국의 연방인사위원회는 펜들턴법에 의해 설치되었으며, 인사기관의 유형 중 독립·합의형에 해당하는 유형임

중앙인사기관의 유형

구분	합의적	단독적
독립성	독립형 합의제 (위원회형)	독립형 단독제
비독립성	비독립형 합의제	비독립형 단독제 (부처형)

+ 합의성: 중앙인사기관의 결정을 다수 위원의 합의로 결정하는가? → 결정방식과 관련된 개념
+ 독립성: 중앙인사기관이 정치적 영향으로부터 어느 정도 자유로운가? → 행정수반으로부터 자유로운 정도로서 중앙인사기관이 행정부 소속이면 비독립형, 분리되어 있으면 독립형

정답 ①

29 회독 □□□

2016. 지방 9급

중앙인사기관에 대한 설명으로 옳지 않은 것은?

① 독립합의형은 엽관주의를 배제하고 실적제를 발전시키는 데 유리하지만, 책임소재가 불분명해질 수 있는 단점이 있다.
② 비독립단독형은 집행부형태로 인사행정의 책임이 분명하고 신속한 의사결정을 가능하게 해주지만, 인사행정의 정실화를 막기 어렵다.
③ 독립단독형은 독립합의형과 비독립단독형의 절충적 성격을 가진 형태로서 대표적인 예는 미국의 인사관리처나 영국의 공무원 장관실 등이다.
④ 정부규모의 확대로 전략적 인적자원관리가 강조되어 중앙인사기관의 설치 및 기능이 중요하다.

정답 및 해설

독립단독형은 독립합의형과 비독립단독형의 절충적 성격을 가진 형태임; 다만 미국의 인사관리처나 영국의 내각사무처, 공무원 장관실 등은 비독립단독형의 예시임

① 독립합의형(위원회형)은 기관의 독립성을 보장하기 때문에 엽관주의적 요소를 배제할 수 있으나, 다수의 합의에 따라 의사결정을 하는 바 책임소재가 불분명함
② 비독립단독형(부처형)은 집권적인 의사결정구조이므로 책임과 권한이 명확하지만 행정부에 종속되어 있는 까닭에 인사행정의 정실화를 야기할 수 있음
④ 정부규모의 확대로 전략적 인적자원관리가 강조되어 전문적인 인사행정을 담당할 중앙인사기관의 설치 및 기능이 중요함

정답 ③

30 회독 □□□

2021. 지방 7급

다음 중앙인사기관의 유형에 대한 설명으로 옳은 것은?

- 행정수반이 인사관리에 직접적인 책임을 지며, 인사기관의 장은 행정수반을 보좌하여 집행업무를 담당한다.
- 인적자원 확보, 능력발전, 유지, 보상 등 인사관리에 대한 기능을 부처의 협조하에 통합적으로 수행한다.
- 인사기관의 결정과 집행의 행위는 행정수반의 승인과 검토의 대상이 된다.

① 정치권력의 부당한 개입을 막아 정치적 중립성과 공직의 안정성을 확보할 수 있다.
② 인사기관의 구성방식을 통해서 인사정책의 일관성을 확보할 수 있다.
③ 합의에 따른 결정방식으로 인사의 공정성을 유지하는 것이 중요하다.
④ 한 명의 인사기관의 장이 조직을 관장하고 행정수반의 지휘 아래 놓이게 된다.

정답 및 해설

우리나라 인사혁신처와 같은 비독립단독형 중앙인사기관에 대한 설명임 → 비독립단독형은 한 명의 기관장이 행정수반(대통령이나 총리 등)의 지휘하에 인사조직을 관장하는 형태임

①③
독립합의형에 대한 내용임
② 비독립 단독형은 기관장이 교체될 경우 인사정책의 일관성이 결여될 수 있음

정답 ④

공직구조의 형성

www.pmg.co.kr

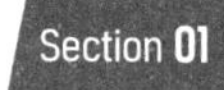

Section 01 공직구조의 유형 : 공무원을 일정한 기준에 따라 분류

31 회독 □□□

직위분류제의 특징이 아닌 것은?

① 특정 직무에 대한 능력과 전문성을 갖춘 사람을 임용 대상으로 한다.
② 동일직무에 대한 동일보수의 원칙을 반영한 직무급체계가 확립될 수 있다.
③ 개방형 인사제도를 기반으로 운영되며, 공직 내부에서 수평적 이동 시 인사배치의 유연함과 신축성이 있다.
④ 조직개편이나 직무의 불필요성 등으로 직무 자체가 없어진 경우, 그 직무 담당자는 원칙적으로 퇴직의 대상이 된다.

정답 및 해설

직위분류제는 전문행정가를 지향하기 때문에 공직 내부에서 수평적 이동 시 인사배치의 유연함이 부족함

① 직위분류제는 직무를 기준으로 사람을 충원함
② 직위분류제는 직무의 난이도에 따라 급여를 지급함
④ 직위분류제는 개방형 시스템을 운영하므로 조직개편이나 직무의 불필요성 등으로 직무 자체가 없어진 경우, 그 직무 담당자는 원칙적으로 퇴직의 대상이 됨

정답 ③

32 회독 □□□

직무평가 방법에 대한 설명으로 옳지 않은 것은?

① 분류법은 미리 정해진 등급기준표를 이용하는 비계량적 방법이다.
② 서열법은 비계량적 방법으로, 직무의 수가 적은 소규모 조직에 적절하다.
③ 점수법은 직무와 관련된 평가요소를 선정하고 각 요소별로 중요도를 부여하는 과정에서 계량화를 통해 명확하고 객관적인 이론적 증명이 가능하다.
④ 요소비교법은 조직 내 기준직무(key job)를 선정하여 평가하려는 직무와 기준직무의 평가요소를 상호비교하여 상대적 가치를 판단하는 방법이다.

정답 및 해설

민원업무 비중과 당직 유무를 점수로 환산할 때 어디에 더 많은 점수를 부여해야 할지 명확하고 객관적인 이론적 검증을 하는 것은 어려운 일임

①②④

직무평가방법

구분	비계량적 비교	계량적 비교
직무와 직무 (상대평가)	서열법 – 직관적인 비교	요소비교법 – 기준직무
직무와 척도 (절대평가)	분류법 – 등급기준표	점수법 – 직무평가표

정답 ③

PART 04 인사행정

33 회독 □□□ 2023. 지방 9급

계급제에 대한 설명으로 옳지 않은 것은?

① 직무의 속성을 중심으로 공직을 분류하는 제도이다.
② 폐쇄형 충원방식을 원칙으로 한다.
③ 일반행정가 양성을 지향한다.
④ 탄력적 인사관리에 용이하다.

정답 및 해설

①은 직위분류제에 대한 내용임

② 계급제는 신규직원을 채용시 가장 하위계급을 부여함
③ 계급제는 구성원에게 여러 부서의 일을 경험시키는 일반행정가 양성을 지향함
④ 계급제는 일반행정가를 추구하므로 조직 내 탄력적 인사관리에 용이함

정답 ①

34 회독 □□□ 2023. 국가 9급

직무평가 방법에 대한 설명으로 옳지 않은 것은?

① 점수법은 직무를 구성하는 하위요소별 점수를 합산하여 평가하는 방법이다.
② 분류법은 미리 정한 등급기준표와 직무 전체를 비교하여 등급을 결정하는 비계량적 방법이다.
③ 서열법은 직무의 구성요소를 구별하지 않고 직무 전체의 중요도를 종합적으로 평가하는 방법이다.
④ 요소비교법은 기준직무(key job)와 평가할 직무를 상호 비교해 가며 평가하는 비계량적 방법이다.

정답 및 해설

요소비교법은 기준직무(key job)와 평가할 직무를 상호 비교해 가며 평가하는 계량적 방법임

직무평가 방법의 종류

①②③

구분	비계량적 비교	계량적 비교
직무와 직무 (상대평가)	서열법 – 직관적인 비교	요소비교법 – 기준직무(Key job)
직무와 척도 (절대평가)	분류법 – 등급기준표	점수법 – 직무평가표

정답 ④

35 회독 □□□

2022. 국가 9급

직위분류제의 주요 개념에 대한 설명으로 옳지 않은 것은?

① '직위'는 한 사람의 공무원에게 부여할 수 있는 직무와 책임을 의미한다.
② '직급'은 직무의 종류가 유사하고 곤란도·책임도가 서로 다른 군(群)을 의미한다.
③ '직류'는 동일 직렬 내에서 담당 분야가 동일한 직무의 군(群)을 의미한다.
④ '직무등급'은 직무의 곤란도·책임도가 유사해 동일 보수를 줄 수 있는 직위의 군(群)을 의미한다.

정답 및 해설

②는 직렬에 대한 내용임 → 직급은 직무의 종류와 난이도가 모두 유사한 직위의 군임

①③④

직위분류제의 구조(국가공무원법에 명시)

구분	일의 종류	난이도·책임도
직렬	유사	상이
직급	유사	유사
등급	상이	유사

관련 법령

국가공무원법 제5조【정의】 이 법에서 사용하는 용어의 뜻은 다음과 같다.
1. "직위(職位)"란 1명의 공무원에게 부여할 수 있는 직무와 책임을 말한다.
2. "직급(職級)"이란 직무의 종류·곤란성과 책임도가 상당히 유사한 직위의 군을 말한다.
7. "직군(職群)"이란 직무의 성질이 유사한 직렬의 군을 말한다.
8. "직렬(職列)"이란 직무의 종류가 유사하고 그 책임과 곤란성의 정도가 서로 다른 직급의 군을 말한다.
9. "직류(職類)"란 같은 직렬 내에서 담당 분야가 같은 직무의 군을 말한다.
10. "직무등급"이란 직무의 곤란성과 책임도가 상당히 유사한 직위의 군을 말한다.

정답 ②

36 회독 □□□

2020. 지방 9급

직위분류제의 단점은?

① 행정의 전문성 결여
② 조직 내 인력 배치의 신축성 부족
③ 계급 간 차별 심화
④ 직무경계의 불명확성

정답 및 해설

직위분류제는 직무의 특성에 따라 공직을 분류하는 제도임; 이는 고도의 분업화를 실현하는 체계(전문행정가 지향)이기 때문에 본인이 맡은 직무 외에 다른 일을 하기 어려움; 따라서 조직 내 인력배치에 있어서 신축성이 떨어짐

①③④는 모두 계급제의 단점에 해당함; 계급제는 사람의 일반적인 특성을 바탕으로 최하위 계급을 부여해서 연공서열에 따라 진급하는 제도임; 이는 일반행정가를 지향하기 때문에 전문성이 부족하고 직무경계가 모호하며, 계급에 따라 급여의 차이가 발생하는 바 계급 간 차별이 발생함

정답 ②

37 회독 □□□

2020. 국가 9급

직위분류제와 관련하여 다음 설명에 해당하는 것은?

> • 직무의 곤란성과 책임성을 기준으로 상대적인 가치를 결정하는 것이다.
> • 서열법, 분류법, 점수법 등을 활용한다.
> • 개인에게 공정한 보수를 제공하는 데 필요한 작업이다.

① 직무조사
② 직무분석
③ 직무평가
④ 정급

38 회독 □□□

2010. 지방 9급

계급제와 직위분류제를 비교한 설명으로 옳지 않은 것은?

① 직위분류제가 계급제보다 직업공무원제도 확립에 더 유리하다.
② 직위분류제가 계급제보다 직무급의 결정에 더 타당한 자료를 제공할 수 있다.
③ 직위분류제가 계급제보다 전문행정가의 양성에 더 유리하다.
④ 계급제가 직위분류제보다 탄력적 인사관리에 더 유리하다.

정답 및 해설 (37)

보기는 직무의 난이도를 평가하는 직무평가에 해당함; 연구자는 조직 내 직무의 난이도와 책임성을 평가할 때 서열법, 분류법, 점수법, 요소비교법 등을 활용하여 개인에게 공정한 보수를 제공하기 위한 기준을 수립함

① 직무조사 : 분류될 직위에 대한 객관적 정보를 수집하여 직무기술서를 작성한 후 직무의 종류 및 책임도와 곤란도를 파악하는 과정
② 직무분석 : 직무를 그 종류에 따라 나누어 직류, 직렬, 직군을 결정하는 과정 → 종적인 분류
④ 정급 : 직무분석과정에서 수집한 각 직위에 대한 정보와 직급명세서를 비교하면서 해당 직급에 직위를 배정하는 것

정답 ③

정답 및 해설 (38)

직업공무원제도는 어리고 잠재력 있는 사람을 공직의 최하위 계층(최하위 계급)으로 임용한 후 1급까지 올라갈 수 있도록 설계한 인사행정제도임 → 이는 계급제를 기초로 성립하는 제도이므로 계급제가 직업공무원제도 확립에 유리함

② 직위분류제는 직무등급을 기준으로 급여를 책정하기 때문에 계급제보다 직무급의 결정에 더 타당한 자료를 제공할 수 있음
③ 직위분류제는 직무특성을 기준으로 직위를 배치하므로 계급제보다 전문행정가의 양성에 더 유리함
④ 계급제는 일반행정가를 지향하는바 직위분류제보다 탄력적 인사관리에 더 유리함

정답 ①

39 회독 □□□ 2015. 지방 9급

개방형인사제도에 대한 설명으로 옳지 않은 것은?

① 폭넓은 지식을 갖춘 일반행정가를 육성하는 데에 효과적이다.
② 기존 관료들에게 승진기회가 축소될 수 있다는 불안감을 주고 사기를 저하시킬 수 있다.
③ 정실주의로 전락할 가능성이 있다.
④ 기존 내부 관료들에게 전문성 축적에 대한 자극제가 된다.

40 회독 □□□ 2015. 교행 9급

공직분류에 관한 설명으로 옳지 않은 것은?

① 사람을 기준으로 한 공직분류는 공무원의 신분보장에 용이하다.
② 개인의 능력과 자격을 기준으로 한 공직분류는 일반행정가 양성에 용이하다.
③ 직무분석을 통한 직무의 구조적 배열에 중점을 둔 공직분류는 외부에 대한 공직개방에 용이하다.
④ 직무의 난이도와 책임도를 기준으로 한 공직분류는 순환보직제도를 통한 탄력적 인력운용에 용이하다.

정답 및 해설 (39)

개방형 인사제도는 공직의 모든 계급이나 직위를 불문하고 신규채용이 허용되는 인사체제이며 특정 직무 혹은 경력을 기준으로 채용하는 바 직위분류제와 관련성이 높음 → 따라서 폭넓은 지식을 갖춘 일반행정가보다 전문행정가 양성에 효과적임

②④
개방형 체제는 외부의 전문가를 영입하는 까닭에 기존 관료들에게 승진기회가 축소될 수 있다는 불안감을 주고 사기를 저하시킬 수 있으나 한편으로 전문성 축적에 대한 자극제가 될 수 있음
③ 개방형 체제는 외부 전문가를 영입하는 과정에서 능력이나 경력을 공정하게 고려하지 않으면 정실주의로 전락할 수 있음

정답 ①

정답 및 해설 (40)

직무의 난이도와 책임도를 기준으로 한 공직분류는 직위분류제임; 순환보직제도를 통해 조직 내 탄력적 인력운용에 용이한 제도는 계급제임

① 사람을 기준으로 한 공직분류는 계급제임; 계급제는 일반적으로 정년을 보장하므로 공무원의 신분보장에 유리함
② 개인의 일반적인 능력과 자격을 기준으로 공직을 분류하는 것은 계급제임; 이는 조직 내에서 순환보직제도를 활용하므로 일반행정가 양성에 용이함
③ 직무분석을 통한 직무의 구조적 배열에 중점을 둔 공직분류는 직위분류제임; 이는 개방형 제도를 인정하는바 외부에 대한 공직개방에 용이함

정답 ④

41 회독 □□□

2016. 국가 9급

직위분류제의 주요 개념에 대한 설명으로 옳은 것은?

① 등급은 직위에 포함된 직무의 성질, 난이도, 책임의 정도가 유사해 채용과 보수 등에서 동일하게 다룰 수 있는 직위의 집단이다.

② 직류는 직무의 종류가 광범위하게 유사한 직렬의 군이다.

③ 직렬은 직무의 종류는 유사하나 난이도와 책임의 수준이 다른 직급 계열이다.

④ 직군은 동일 직렬 내에서 담당 직책이 유사한 직무의 군이다.

정답 및 해설

직렬은 일의 종류는 유사하나 난이도와 책임의 수준이 다른 직급 계열을 의미함

직위분류제의 주요 개념

㉠ 직위(position) : 1인의 공무원에게 부여할 수 있는 직무와 책임
㉡ 직렬(series) : 직무의 종류가 유사하고 그 책임과 곤란성의 정도가 상이한 직급의 군
㉢ 직류(sub-series) : 동일한 직렬 내에서의 담당 분야가 동일한 직무의 군
㉣ 직군(group) : 직무의 성질이 유사한 직렬의 군
㉤ 직급(class) : 직무의 종류, 곤란성과 책임도가 상당히 유사한 직위의 군
㉥ 직무등급(grade) : 직무의 종류는 다르지만, 곤란성과 책임도가 상당히 유사한 직위의 군

정답 ③

42 회독 □□□

2016. 교행 9급

중앙행정기관의 개방형 임용제도에 대한 설명으로 옳지 않은 것은?

① 경력개방형 직위제도는 공무원과 민간인이 경쟁하여 최적임자를 선발하는 것이다.

② 개방형 직위는 고위공무원단 또는 과장급 직위 총수의 20% 범위에서 지정한다.

③ 공무원이 개방형 직위나 공모직위를 통해 임용된 경우 임용기간 만료 후 원래 소속으로 복귀가 가능하다.

④ 공모직위제도는 타 부처 공무원들과의 경쟁을 통해 최적임자를 선발하는 제도로 경력직 고위공무원단 직위 수의 30% 범위에서 지정한다.

정답 및 해설

경력개방형 직위제도는 민간 출신만 지원할 수 있는 선발제도임

개방형 직위 및 공모 직위의 운영 등에 관한 규정 제3조【개방형 직위의 지정】 ③ 소속 장관은 제1항 및 제2항에 따른 개방형 직위 중 특히 공직 외부의 경험과 전문성을 적극 활용할 필요가 있는 직위를 공직 외부에서만 적격자를 선발하는 개방형 직위(이하 "경력개방형 직위"라 한다)로 지정할 수 있다.

② 개방형 직위는 고위공무원단 또는 과장급 직위 총수의 20% 범위에서 지정함

개방형 직위 및 공모 직위의 운영 등에 관한 규정 제3조【개방형 직위의 지정】 ①「국가공무원법」 제28조의4 제1항에 따라 「공무원임용령」 제2조 제3호에 따른 소속장관(이하 "소속 장관"이라 한다)은 소속 장관별로 법 제2조의2 제2항 각 호의 고위공무원단 직위(이하 "고위공무원단직위"라 한다) 총수의 100분의 20의 범위에서 개방형 직위를 지정하되, 중앙행정기관과 소속 기관 간 균형을 유지하도록 하여야 한다. ② 소속 장관은 중앙행정기관의 실장·국장 밑에 두는 보조기관 또는 이에 상응하는 직위(이하 "과장급직위"라 한다) 총수의 100분의 20의 범위에서 개방형 직위를 지정하되, 그 실시 성과가 크다고 판단되는 기관, 공무원의 종류 또는 직무 분야 등을 고려하여야 한다.

③ 공무원이 개방형 직위나 공모직위를 통해 임용된 경우 임용기간 만료 후 원래 소속으로 복귀할 수 있음
④ 공모직위제도는 타 부처 공무원들과의 경쟁을 통해 최적임자를 선발하는 제도로 경력직 고위공무원단 직위 수의 30% 범위에서 지정함

개방형 직위 및 공모 직위의 운영 등에 관한 규정 제13조【공모 직위의 지정】 ① 법 제28조의5 제1항에 따라 소속 장관은 소속 장관별로 경력직공무원으로 임명할 수 있는 고위공무원단직위 총수의 100분의 30의 범위에서 공모 직위를 지정하되, 중앙행정기관과 소속 기관 간 균형을 유지하도록 하여야 한다. ② 소속 장관은 경력직공무원으로 임명할 수 있는 과장급직위 총수의 100분의 20의 범위에서 공모 직위를 지정하되, 그 실시 성과가 크다고 판단되는 기관, 공무원의 종류 또는 직무 분야 등을 고려하여야 한다.

정답 ①

43 회독 □□□

2017. 국가 9급

계급제의 장점에 대한 설명으로 옳지 않은 것은?

① 공무원의 신분안정과 직업공무원제 확립에 기여한다.
② 인력활용의 신축성과 융통성이 높다.
③ 정치적 중립 확보를 통해 행정의 전문성을 제고할 수 있다.
④ 단체정신과 조직에 대한 충성심 확보에 유리하다.

정답 및 해설

계급제는 사람의 능력을 기준으로 공무원을 충원하기 때문에 정치적 중립확보에 유리하나 일반 행정가를 지향하는바 전문성을 제고하기 어려움

① 계급제는 공무원의 신분보장을 통해 경력발전을 지향하므로 직업공무원제 확립에 유리함
② 계급제는 일반 행정가를 양성하는 데 유리하므로 인력활용의 신축성이 높음
④ 계급제는 폐쇄형을 전제로 하는 바 단체정신과 조직에 대한 충성심 확보에 유리하고, 부서 간·부처 간 교류와 협조에 용이함

정답 ③

44 회독 □□□

2019. 서울 9급

계급제와 직위분류제에 대한 설명으로 가장 옳은 것은?

① 과학적 관리론과 실적제의 발달은 직위분류제의 쇠퇴와 계급제의 발전에 기여했다.
② 우리나라 「국가공무원법」에는 직위분류제 주요 구성 개념인 '직위, 직군, 직렬, 직류, 직급' 등이 제시되어 있다.
③ 직위분류제는 공무원 개인의 능력이나 자격을 기준으로 공직분류체계를 형성한다.
④ 계급제와 직위분류제는 절대 양립불가능하며 우리나라는 계급제를 기반으로 한다.

정답 및 해설

아래의 국가공무원법 참고

국가공무원법 제5조【정의】
이 법에서 사용하는 용어의 뜻은 다음과 같다.
1. "직위(職位)"란 1명의 공무원에게 부여할 수 있는 직무와 책임을 말한다.
2. "직급(職級)"이란 직무의 종류·곤란성과 책임도가 상당히 유사한 직위의 군을 말한다.
7. "직군(職群)"이란 직무의 성질이 유사한 직렬의 군을 말한다.
8. "직렬(職列)"이란 직무의 종류가 유사하고 그 책임과 곤란성의 정도가 서로 다른 직급의 군을 말한다.
9. "직류(職類)"란 같은 직렬 내에서 담당 분야가 같은 직무의 군을 말한다.
10. "직무등급"이란 직무의 곤란성과 책임도가 상당히 유사한 직위의 군을 말한다.

① 과학적 관리론과 실적주의의 발달은 직위분류제의 발달에 기여함
→ 과학적 관리론의 작업분석, 그리고 개방형 실적주의의 영향으로 인해 정부관료제를 직무의 특성을 기준으로 세세하게 구분한 후 자격이나 능력에 맞는 사람을 외부에서 영입함
③ 계급제는 사람의 능력이나 자격을 기준으로 공직을 분류하지만, 직위분류제는 직무의 특성을 기준으로 공직체계를 분류함
④ 우리나라 정부의 공직구조는 계급제의 역사적 전통 위에 직위분류제적 요소가 가미된 절충형의 형태를 띠고 있으며, 미국은 그 반대의 역사를 가지고 있음

정답 ②

45 회독 □□□ 2019. 교행 9급

직위분류제에 대한 설명으로 옳지 않은 것은?

① 직무의 종류나 수준에 따라 공직을 분류하여 체계화한 제도를 말한다.
② 업무 난이도에 따라 보상이 결정된다.
③ 직무분석이란 직무의 곤란성과 책임성을 기준으로 상대적 가치를 정하는 것이다.
④ 교육훈련 수요의 파악과 정원관리의 개선에 도움을 준다.

정답 및 해설

직무의 곤란성과 책임성을 기준으로 상대적 가치를 정하는 것은 직무평가임

①②
직위분류제는 직무의 종류나 수준에 따라 공직을 분류하여 체계화한 제도로서 업무 난이도에 따라 보상을 지급하는 직무급을 활용함
④ 직위분류제는 직무의 특징을 바탕으로 정부관료제를 세분하기 때문에 교육훈련 수요의 파악과 정원관리의 개선에 도움을 줄 수 있음

정답 ③

46 회독 □□□ 2018. 서울 9급

공직 분류에 대한 설명으로 가장 옳은 것은?

① 직무의 종류는 다르나 곤란도와 책임도가 상당히 유사한 직위의 군을 직렬이라고 한다.
② 직무의 종류는 유사하지만 곤란도와 책임도가 서로 다른 직무의 군을 직급이라고 한다.
③ 비슷한 성격의 직렬들을 모은 직위 분류의 대단위는 직군이라고 한다.
④ 동일한 직급 내에 담당 분야가 동일한 직무의 군으로 세분화한 것을 직류라고 한다.

정답 및 해설

직군은 유사한 직렬을 모은 직위 분류의 대단위임

① 직무의 종류는 다르나 곤란도와 책임도가 상당히 유사한 직위의 군은 등급임
② 직무의 종류는 유사하지만 곤란도와 책임도가 서로 다른 직무의 군은 직렬임
④ 동일한 직렬 내에 담당 분야가 동일한 직무의 군으로 세분화한 것은 직류임

정답 ③

47 회독 □□□

2018. 서울 9급 수정

직위분류제의 장점에 대한 설명으로 가장 옳지 않은 것은?

① 근무성적평정을 객관적으로 할 수 있는 기준을 제시해 준다.
② 직위 간의 권한과 책임의 한계를 명확히 해준다.
③ 전문직업인을 양성하는 데 도움이 되고 행정의 전문화에 기여한다.
④ 조직 내 직무의 변화 등에 신속히 대응할 수 있다.

정답 및 해설

직위분류제는 직무의 지나친 세분화로 인해 조직 내 직무의 변화 등에 신속하게 대응하기 어려움

① 직위분류제는 직무의 특성이나 성격 및 내용을 기준으로 공직을 분류하기 때문에 근무성적평정을 객관적으로 할 수 있는 기준을 확립할 수 있음
② 직위분류제는 직무의 내용이나 수준이 명확하게 나타나므로, 직위 간의 권한과 책임의 한계를 명확하게 함
③ 직위분류제는 전문행정가를 지향하는바 전문직업인을 양성하는 데 도움이 되고 행정의 전문화에 기여함

정답 ④

48 회독 □□□

2018. 서울 9급

직무평가의 방법 중 점수법에 대한 설명으로 가장 옳은 것은?

① 직무 전체를 종합적으로 판단해 미리 정해 놓은 등급기준표와 비교해 가면서 등급을 결정한다.
② 대표가 될 만한 직무들을 선정하여 기준 직무(key job)로 정해놓고 각 요소별로 평가할 직무와 기준 직무를 비교해가며 점수를 부여한다.
③ 비계량적 방법을 통해 직무기술서의 정보를 검토한 후 직무 상호 간에 직무 전체의 중요도를 종합적으로 비교한다.
④ 직무평가기준표에 따라 직무의 세부 구성 요소를 구분한 후 요소별 가치를 점수화하여 측정하는데, 요소별 점수를 합산한 총점이 직무의 상대적 가치를 나타낸다.

정답 및 해설

점수법에 대한 내용임 → 점수법은 직무평가기준표에 따라 직무의 세부 구성요소들을 구분한 후 요소별 가치를 점수화하여 측정하는데, 요소별 점수를 합산한 총점이 직무의 상대적 가치, 즉 난이도를 나타냄

① 등급기준표에 의해 직무를 평가하는 방법은 분류법임
② 요소비교법에 대한 설명임 → 요소비교법은 직무와 기준 직무의 평가 요소를 상호비교하여 분석하는 상대평가 방식임
③ 서열법에 대한 내용임 → 서열법은 직무기술서를 검토 후 직무 전체의 중요도와 난이도를 바탕으로 상대적 가치를 비교하여 직무의 우열을 정하는 방법으로 비계량적 방법임

정답 ④

49 회독 □□□ 2022. 지방 7급

계급제와 직위분류제에 대한 설명으로 옳지 않은 것은?

① 계급제는 보직 관리 범위를 제한하여 공무원의 시야를 좁게 만드는 측면이 있다.

② 직위분류제는 공무원의 전문성을 강화하고 직무 중심의 동기유발이 가능하다.

③ 계급제는 공무원의 장기 근무를 유도하고 직업공무원제도 확립에 유리하다.

④ 직위분류제는 직무 한계와 책임 소재가 명확하다.

50 회독 □□□ 2021. 국가 7급

개방형 또는 폐쇄형 인사제도에 대한 설명으로 옳은 것은?

① 개방형 인사제도는 외부전문가나 경력자에게 공직을 개방하여 새로운 지식과 기술, 아이디어를 수용해 공직사회의 침체를 막고 행정의 효율성을 높이는 데 유리하다.

② 일반적으로 폐쇄형 인사제도는 직위분류제에 바탕을 두고 있으며, 일반행정가보다 전문가 중심의 인력구조를 선호한다.

③ 개방형 인사제도는 폐쇄형 인사제도에 비해 안정적인 공직사회를 형성함으로써 공무원의 사기를 높이고 장기근무를 장려한다.

④ 폐쇄형 인사제도는 개방형 인사제도에 비해 내부승진과 경력발전을 위한 교육훈련의 기회가 적다.

정답 및 해설 (49)

계급제는 일반행정가(조직 내 여러 직무 경험)를 지향하므로 공무원의 시야를 넓게 만드는 측면이 있음

② 직위분류제는 직무특성을 기준으로 공직체계를 분류하며, 전문행정가를 지향함
③ 계급제는 직업공무원제의 토대이므로 공무원의 장기 근무를 유도하고 직업공무원제도 확립에 유리함
④ 직위분류제는 고도의 분업화를 지향하므로 직무 한계와 책임 소재가 명확함

정답 ①

정답 및 해설 (50)

개방형 인사제도는 외부전문가나 경력자에게 공직을 개방하여 경쟁을 촉진하는바 새로운 지식과 기술, 아이디어를 수용해 공직사회의 침체를 막고 행정의 효율성을 높이는 데 유리함

② 일반적으로 폐쇄형 인사제도는 계급제에 바탕을 두고 있으며, 전문행정가보다 일반행정가 중심의 인력구조를 선호함
③ 폐쇄형 인사제도는 개방형 인사제도에 비해 안정적인 공직사회를 형성함으로써 공무원의 사기를 높이고 장기근무를 장려함
④ 폐쇄형 인사제도는 개방형 인사제도에 비해 내부승진과 경력발전을 위한 교육훈련의 기회가 많음

정답 ①

51 회독 □□□ 2020. 국가 7급

직무분석과 직무평가에 대한 설명으로 옳은 것은?

① 직무분석은 직무들의 상대적인 가치를 체계적으로 분류하여 등급화하는 것이다.
② 직무자료 수집방법에는 관찰, 면접, 설문지, 일지기록법 등이 활용된다.
③ 일반적으로 직무평가 이후에 직무 분류를 위한 직무분석이 이루어진다.
④ 직무평가 방법으로 서열법, 요소비교법 등 비계량적 방법과 점수법, 분류법 등 계량적 방법을 사용한다.

정답 및 해설

직무자료 수집방법에는 관찰, 면접, 설문지, 일지기록법 등이 활용될 수 있음

① 직무평가는 직무들의 상대적인 가치를 체계적으로 분류하여 등급화하는 것임; 직무분석은 일의 종류를 바탕으로 직류, 직군, 직렬을 분류하는 작업임
③ 일반적으로 직무분석 이후에 직무평가가 이루어짐
④ 직무평가 방법으로 서열법, 분류법 등 비계량적 방법과 점수법, 요소비교법 등 계량적 방법을 사용함

정답 ②

52 회독 □□□ 2011. 국가 7급

직위분류제(position classification)의 장점으로 옳지 않은 것은?

① 행정의 전문화를 유도할 수 있다.
② 직무중심의 인사행정을 수행할 수 있게 한다.
③ 공무원의 신분보장과 직업공무원제를 확립하는 데 용이하다.
④ 현직 공무원의 교육훈련수요를 파악하는 데 기여할 수 있다.

정답 및 해설

공무원의 신분보장과 직업공무원제 확립에 유리한 제도는 계급제임; 직위분류제는 개방형 제도(일반적으로 임기제 채용)와 연계되기 때문에 오히려 직업공무원제 확립을 어렵게 하고, 공무원의 신분보장이 위협받을 우려가 있음

①②④
직위분류제는 직무의 특성을 중심으로 공직체계를 정립하기 때문에 행정의 전문화를 유도할 수 있고, 직무중심의 인사행정을 수행할 수 있게 함; 아울러 조직을 세세하게 분업화하므로 현직 공무원의 교육훈련수요를 파악하는 데 기여할 수 있음

정답 ③

53 회독 □□□ 2009. 국가 7급

직무평가의 방법 중에서 다음의 장점을 가진 방법은?

- 체계적이고 과학적인 방법에 의하여 작성된 직무평가기준표를 사용하기 때문에 평가결과의 타당성과 신뢰성이 인정된다.
- 한정된 평가요소만을 사용하는 것이 아니라, 분류대상 직위의 직무에 공통적이며 중요한 특징을 평가요소로 사용하기 때문에 관계인들이 평가결과를 쉽게 수용한다.

① 서열법 ② 점수법
③ 분류법 ④ 요소비교법

정답 및 해설

직무평가의 방법은 직무와 직무 혹은 직무와 척도를 비교하는가에 따라 서열법과 요소비교법, 그리고 분류법과 점수법으로 나눌 수 있음; 이 중에서 점수법은 직무평가기준표와 직무를 비교하며, 직무를 구성하는 요인을 측정(계량화)하여 직무를 평가하는바 관계인들이 평가결과를 상대적으로 쉽게 수용함

정답 ②

54 회독 □□□ 2012. 국가 7급

인사행정 관련 제도에 대한 설명으로 옳지 않은 것은?

① 관료들이 출신 집단의 이익을 위해 적극적으로 행동하는 적극적 대표는 민주주의에 위협요소로 작용할 수 있다.
② 직위분류제는 계급제에 비해 인력활용의 융통성과 효율성이 높아 탄력적 인사관리가 가능하다는 장점을 가진다.
③ 우리나라에서 시행되고 있는 양성평등채용목표제, 지역인재 추천채용제 등은 관료제의 대표성을 제고하기 위해 도입된 제도이다.
④ 엽관제는 선출직 정치지도자들을 통해 관료집단에 대한 통제를 용이하게 함으로써 관료제의 대응성을 제고할 수 있다.

정답 및 해설

②는 계급제의 장점임; 직위분류제는 직무 중심의 인사행정체계이므로 직렬 간 이동이 상대적으로 어려운 까닭에 탄력적인 인사관리가 어려움

① 관료가 출신 집단의 이익을 극대화하기 위해 경쟁하게 되면 사회적 형평성을 제고하기보다 오히려 소수집단에 더욱 불리한 결과를 초래하거나 집단 간 갈등을 증폭시킬 수 있음 → 따라서 적극적 대표는 민주주의와 국민주권원리에 오히려 위협 요소로 작용할 수도 있음
③ 우리나라에서 시행되고 있는 양성평등채용목표제, 지역인재 추천채용제 등은 관료제의 대표성을 제고하기 위해 도입된 대표관료제 관련 제도임
④ 엽관제는 선출직 정치지도자의 국정지도력을 강화하기 때문에 관료집단에 대한 통제를 용이하게 함 → 따라서 관료제의 대응성을 제고할 수 있음

정답 ②

Section 02 우리나라 공무원의 종류

55 회독 □□□ 2024. 국가 9급

다음 설명에 해당하는 공무원 교육훈련 방법은?

> 교육 참가자들을 소그룹 규모의 팀으로 구성해 개인, 그룹 또는 조직에 중요한 의미가 있는 실제 현안 문제를 해결하면서 동시에 문제 해결 과정에 대한 성찰을 통해 학습하도록 지원하는 교육방식이다. 우리나라 정부 부문에는 2005년부터 고위공직자에 대한 교육훈련 방법으로 도입되었다.

① 액션러닝
② 역할연기
③ 감수성훈련
④ 서류함기법

정답 및 해설

선지는 액션러닝에 대한 내용임 → 이론과 지식 위주의 전통적인 주입식·집합식 강의의 한계를 극복하고 훈련자들의 참여를 통해 실제 문제해결능력 향상을 추구하는 교육훈련(고위공무원단 후보자 교육은 액션러닝에 기초함(2005년 도입))

② 역할연기 : 실제 업무상황을 부여하고 특정 역할을 직접 연기하도록 하는 방식
③ 감수성훈련 : 10명 내외로 소집단을 만들어 서로 진솔하게 자신의 느낌을 말하고 다른 사람이 자신을 어떻게 생각하는지를 귀담아 듣는 것 → 비정형적인 체험
④ 서류함기법 : 조직운영상의 의사결정에 필요한 자료(예 메모, 공문서, 우편물 등)를 정돈되지 않은 상태로 제공한 다음 피훈련자가 그것을 정리하고 중요한 정보를 가려내 의사결정을 내려보도록 하는 방법

정답 ①

56 회독 □□□ 2021. 지방 9급

고위공무원단제도에 대한 설명으로 옳지 않은 것은?

① 역량 중심의 인사관리
② 계급 중심의 인사관리
③ 성과와 책임 중심의 인사관리
④ 개방과 경쟁 중심의 인사관리

정답 및 해설

우리나라의 고위공무원단제도는 계급을 폐지하고 직무를 중심으로 인사관리하는 제도임

① 역량중심의 인사관리 : 고위공무원단 후보자는 역량평가를 통과해야 함

> **고위공무원단 인사규정 제7조【고위공무원단후보자】** ① 제8조에 따른 교육과정(고위공무원단 후보자 교육)을 마치고 제9조에 따른 역량평가를 통과한 사람으로서 다음 각 호의 어느 하나에 해당하는 사람은 고위공무원단후보자가 된다.

③ 성과와 책임 중심의 인사관리

> **고위공무원단 인사규정 제20조【고위공무원의 근무성적평정】** ① 고위공무원단 직위에 근무 중인 고위공무원에 대한 근무성적평정은 「공무원 성과평가 등에 관한 규정」(이하 "성과평가규정"이라 한다) 제4조에 따른 성과계약등 평가에 따른다.
> ② 성과계약등 평가는 개인의 성과목표 달성도 등 객관적 지표에 따라 매우우수·우수·보통·미흡 또는 매우미흡 중 하나의 등급으로 한다.

④ 고위공무원단은 직위분류제를 적용하는 과정에서 도입된 제도이므로 개방과 경쟁을 특징으로 함

정답 ②

57 회독 □□□

2021. 지방 9급

공직 분류 체계에 대한 설명으로 옳은 것은?

① 소방 공무원은 특수경력직 공무원에 해당한다.
② 국회 수석전문위원은 일반직 공무원에 해당한다.
③ 차관에서 3급 공무원까지는 특정직 공무원에 해당한다.
④ 경력직 공무원은 실적과 자격에 의해 임용되고 신분이 보장된다.

정답 및 해설

아래의 조항 참고

> **국가공무원법 제2조【공무원의 구분】** ① 국가공무원(이하 "공무원"이라 한다)은 경력직공무원과 특수경력직공무원으로 구분한다.
> ② "경력직공무원"이란 실적과 자격에 따라 임용되고 그 신분이 보장되며 평생 동안(근무기간을 정하여 임용하는 공무원의 경우에는 그 기간 동안을 말한다) 공무원으로 근무할 것이 예정되는 공무원을 말하며, 그 종류는 다음 각 호와 같다.

① 소방 공무원은 경력직 공무원에 해당함
② 국회 수석전문위원은 별정직 공무원에 해당함
③ 차관은 정무직 공무원이며, 1급부터 3급 공무원까지는(계급을 1~9급으로 구분) 일반직 공무원임

정답 ④

58 회독 □□□

2020. 국가 9급

우리나라 인사제도에 대한 설명으로 옳지 않은 것은?

① 인사혁신처는 비독립형 단독제 형태의 중앙인사기관이다.
② 전문경력관이란 직무 분야가 특수한 직위에 임용되는 일반직 공무원을 말한다.
③ 별정직 공무원의 근무상한연령은 65세이며, 일반임기제 공무원으로 채용할 수 있다.
④ 각 부처의 고위공무원을 범정부적 차원에서 효율적으로 관리하고자 고위공무원단 제도를 운영하고 있다.

정답 및 해설

별정직 공무원의 근무상한연령은 60세이며, 일반임기제 공무원으로 채용할 수 없음

> **별정직 공무원 인사규정 제6조【근무상한연령】** ① 별정직공무원의 근무상한연령은 60세로 한다. 다만, 「대통령 등의 경호에 관한 법률」 제6조에 따른 별정직공무원에 대해서는 임용권자나 임용제청권자가 근무상한연령을 따로 정할 수 있다.
>
> **공무원 임용령 제3조의2【임기제공무원의 종류】** 임기제공무원의 종류는 다음 각 호와 같다.
> 1. 일반임기제공무원: 직제 등 법령에 규정된 경력직공무원의 정원에 해당하는 직위에 임용되는 임기제공무원

① 인사혁신처는 국무총리 소속으로서 비독립형 단독제 형태의 중앙인사기관임
② 전문경력관이란 직무 분야가 특수한 직위에 임용되는 일반직 공무원임

> **전문경력관 규정 제3조【전문경력관직위 지정】** ① 임용령 제2조 제3호에 따른 소속 장관은 해당 기관의 일반직공무원 직위 중 순환보직이 곤란하거나 장기 재직 등이 필요한 특수 업무 분야의 직위를 인사혁신처장과 협의하여 전문경력관직위로 지정할 수 있다.

④ 각 부처의 고위공무원을 범정부적 차원에서 효율적으로 관리하고자 고위공무원단 제도를 운영하고 있음

> **국가공무원법 제2조의2【고위공무원단】** ① 국가의 고위공무원을 범정부적 차원에서 효율적으로 인사관리하여 정부의 경쟁력을 높이기 위하여 고위공무원단을 구성한다.

정답 ③

59 회독 □□□

2017. 교행 9급

공무원 구분에 관한 설명으로 옳은 것을 〈보기〉에서 고른 것은?

보기
ㄱ. 헌법재판소 헌법연구관은 특정직 공무원이다.
ㄴ. 감사원 사무총장은 별정직 공무원이다.
ㄷ. 실적주의 적용과 신분보장의 여부에 따라 경력직과 특수경력직 공무원으로 구분된다.
ㄹ. 임기제공무원은 근무기간을 정하여 임용하는 특수경력직 공무원이다.

① ㄱ, ㄴ
② ㄱ, ㄷ
③ ㄴ, ㄹ
④ ㄷ, ㄹ

정답 및 해설

올바른 선지

ㄱ. 법관, 검사, 외무공무원, 경찰공무원, 소방공무원, 교육공무원, 군인, 군무원, 헌법재판소 헌법연구관, 국가정보원의 직원, 경호공무원헌법재판소 헌법연구관 등은 특정직 공무원임
ㄷ. 공무원은 실적주의 적용과 신분보장의 여부에 따라 경력직과 특수경력직 공무원으로 구분할 수 있음; 경력직 공무원은 특정직 공무원과 일반직 공무원으로 분류하며, 특수경력직 공무원은 정무직과 별정직으로 구분됨

틀린 선지

ㄴ. 감사원 사무총장은 정무직 공무원임
ㄹ. 임기제 공무원은 임용권자가 전문지식·기술이 요구되거나 임용관리에 특수성이 요구되는 업무를 담당하게 하기 위하여 경력직공무원을 임용할 때에 일정기간을 정하여 근무하는 일반직 공무원으로서 임용할 수 있음

정답 ②

60 회독 □□□

2017. 지방 9급

공무원의 구분에 대한 설명으로 옳은 것은?

① 일반직 공무원은 경력직과 특수경력직으로 구분된다.
② 소방사는 특정직 공무원에 해당된다.
③ 행정부 국가공무원 중에서는 일반직 공무원의 수가 가장 많다.
④ 국가정보원 7급 직원은 특수경력직 공무원에 해당된다.

정답 및 해설

소방공무원은 특정직 공무원에 해당함

① 우리나라 공직분류체계는 실적주의와 직업공무원제의 적용 정도에 따라 경력직 공무원과 특수경력직 공무원으로 구분됨 → 여기서 경력직 공무원은 일반직과 특정직으로 분류됨
③ 행정부 국가공무원 중에서 비중이 가장 많은 것은 법관, 검사, 군인 등 특정직 공무원임
④ 국가정보원의 직원은 경력직 공무원 중 특정직 공무원임

정답 ②

61 회독 □□□

2016. 국가 9급

고위공무원단제도에 대한 설명으로 옳지 않은 것은?

① 전(全)정부적으로 통합 관리되는 공무원 집단이다.
② 계급제나 직위분류제적 제약이 약화되어 인사운영의 융통성이 강화 된다.
③ 고위공무원단에 속하는 모든 일반직 공무원의 신규채용 임용권은 각 부처의 장관이 가진다.
④ 성과계약을 통해 고위직에 대한 성과관리가 강화된다.

정답 및 해설

아래의 조항 참고

국가공무원법 제32조【임용권자】 ① 행정기관 소속 5급 이상 공무원 및 고위공무원단에 속하는 일반직공무원은 소속 장관의 제청으로 인사혁신처장과 협의를 거친 후에 국무총리를 거쳐 대통령이 임용하되, 고위공무원단에 속하는 일반직공무원의 경우 소속 장관은 해당 기관에 소속되지 아니한 공무원에 대하여도 임용제청할 수 있다. 이 경우 국세청장은 국회의 인사청문을 거쳐 대통령이 임명한다.
② 소속 장관은 소속 공무원에 대하여 제1항 외의 모든 임용권을 가진다.
③ 대통령은 대통령령으로 정하는 바에 따라 제1항에 따른 임용권의 일부를 소속 장관에게 위임할 수 있으며, 소속 장관은 대통령령으로 정하는 바에 따라 제2항에 따른 임용권의 일부와 대통령으로부터 위임받은 임용권의 일부를 그 보조기관 또는 소속 기관의 장에게 위임하거나 재위임할 수 있다.

① 고위공무원단은 전(全)정부적으로(중앙정부에서 지방정부로의 파견 등) 통합 관리되는 공무원 집단임

국가공무원법 제2조의2【고위공무원단】 ① 국가의 고위공무원을 범정부적 차원에서 효율적으로 인사관리하여 정부의 경쟁력을 높이기 위하여 고위공무원단을 구성한다.

② 우리나라는 직위분류제를, 미국은 계급제를 도입하면서 고위공무원단 제도를 활용한 까닭에 고위공무원단 제도를 통해 계급제나 직위분류제적 제약이 약화되어 인사운영의 융통성이 강화된 면이 있음
④ 성과계약을 통해 고위직에 대한 성과관리가 강화됨

고위공무원단 인사규정 제20조【고위공무원의 근무성적평정】 ① 고위공무원단 직위에 근무 중인 고위공무원에 대한 근무성적평정은 「공무원 성과평가 등에 관한 규정」(이하 "성과평가규정"이라 한다) 제4조에 따른 성과계약등 평가에 따른다.
② 성과계약등 평가는 개인의 성과목표 달성도 등 객관적 지표에 따라 매우우수 · 우수 · 보통 · 미흡 또는 매우미흡 중 하나의 등급으로 한다.

정답 ③

62 회독 □□□

2017. 지방 9급

공무원 보수규정상 고위공무원단 소속 공무원에 적용되는 직무성과급적 연봉제에 대한 설명으로 옳지 않은 것은?

① 고위공무원단에 속하는 모든 공무원에 대하여 적용한다.
② 기본연봉은 기준급과 직무급으로 구성된다.
③ 기준급은 개인의 경력 및 누적성과를 반영하여 책정된다.
④ 직무급은 직무의 곤란성 및 책임의 정도를 반영하여 직무등급에 따라 책정된다.

정답 및 해설

아래의 조항 참고

공무원 보수규정 제63조【고위공무원의 보수】 ① 고위공무원에 대해서는 별표 31에 따라 직무성과급적 연봉제를 적용한다. 다만, 대통령경호처 직원 중 고위공무원단에 속하는 별정직공무원에 대해서는 호봉제를 적용한다.

②③④

공무원 보수규정 제63조【고위공무원의 보수】 ② 직무성과급적 연봉제를 적용하는 고위공무원의 기본연봉은 개인의 경력 및 누적성과를 반영하여 책정되는 기준급과 직무의 곤란성 및 책임의 정도를 반영하여 직무등급에 따라 책정되는 직무급으로 구성한다.

정답 ①

63 회독 □□□

2014. 지방 9급

'고위공무원단'에 대한 설명으로 옳지 않은 것은?

① 우리나라에서 '고위공무원'이 되기 위해서는 '역량평가'를 통과해야 한다.
② 미국의 '고위공무원단' 제도에는 엽관주의적 요소가 혼재되어 있다.
③ 우리나라의 경우 이명박 정부 시기인 2008년 7월 1일에 '고위공무원단' 제도를 도입하였다.
④ 미국에서는 '고위공무원단' 제도를 카터 행정부 시기인 1978년에 공무원제도개혁법 개정으로 도입하였다.

정답 및 해설

우리나라의 경우 참여정부 시기인 2006년 7월 1일에 고위공무원단 제도를 시행하였으며, 미국은 카터 행정부 시기인 1978년에 공무원제도개혁법 개정으로 도입하였음

①

국가공무원법 제7조【고위공무원단후보자】 ① 제9조에 따른 역량평가를 통과한 사람으로서 다음 각 호의 어느 하나에 해당하는 사람은 고위공무원단후보자가 된다.

② 미국의 고위공무원단 제도 역시 임용권자가 대통령이기 때문에 엽관주의적인 성격을 가지고 있음

정답 ③

64 회독 □□□

2016. 지방 9급

「국가공무원법」상 우리나라 인사제도에 대한 설명으로 옳지 않은 것은?

① 인사혁신처장은 고위공무원단에 속하는 공무원이 갖추어야 할 능력과 자질을 설정하고 이를 기준으로 고위공무원단 직위에 임용되려는 자를 평가하여 신규채용·승진임용 등 인사관리에 활용할 수 있다.
② 국가공무원은 경력직공무원과 특수경력직공무원으로 구분하고, 경력직공무원은 다시 일반직공무원과 특정직공무원으로 나뉜다.
③ 개방형직위로 지정된 직위에는 외부 적격자뿐만 아니라 내부 적격자도 임용할 수 있다.
④ 고위공무원단에 속하는 일반직공무원의 경우 소속장관은 해당기관에 소속되지 아니한 공무원에 대하여 임용 제청을 할 수 없다.

정답 및 해설

아래의 조항 참고

국가공무원법 제32조【임용권자】 ① 행정기관 소속 5급 이상 공무원 및 고위공무원단에 속하는 일반직공무원은 소속 장관의 제청으로 인사혁신처장과 협의를 거친 후에 국무총리를 거쳐 대통령이 임용하되, 고위공무원단에 속하는 일반직공무원의 경우 소속 장관은 해당 기관에 소속되지 아니한 공무원에 대하여도 임용제청할 수 있다.

①

국가공무원법 제2조의2【고위공무원단】 ③ 인사혁신처장은 고위공무원단에 속하는 공무원이 갖추어야 할 능력과 자질을 설정하고 이를 기준으로 고위공무원단 직위에 임용되려는 자를 평가하여 신규채용·승진임용 등 인사관리에 활용할 수 있다.

② 국가공무원은 경력직공무원과 특수경력직공무원으로 구분하는데, 전자는 일반직공무원과 특정직공무원으로, 후자는 정무직과 별정직공무원으로 나눌 수 있음
③ 개방형직위로 지정된 직위에는 외부 적격자뿐만 아니라 내부 적격자도 임용할 수 있음

국가공무원법 제28조의4【개방형 직위】 ① 임용권자나 임용제청권자는 해당 기관의 직위 중 전문성이 특히 요구되거나 효율적인 정책 수립을 위하여 필요하다고 판단되어 공직 내부나 외부에서 적격자를 임용할 필요가 있는 직위에 대하여는 개방형 직위로 지정하여 운영할 수 있다.

정답 ④

65 회독 □□□ 2008. 국가 9급

우리나라의 고위공무원단에 대한 설명으로 옳은 것은?

① 고위공무원단 소속 공무원은 중앙행정기관에 근무하는 일반직 3급 이상 공무원만을 그 대상으로 한다.
② 고위공무원단의 직위는 개방형직위와 공모직위, 부처자율 직위 등의 형태로 운영된다.
③ 고위공무원단 소속 공무원은 모두 계약직 공무원으로서 직무등급에 의하여 구분된다.
④ 고위공무원단은 직업공무원제도와 다른 제도로서 정년이 보장되지 않는다.

정답 및 해설

고위공무원단의 직위는 개방형직위와 공모직위, 부처자율 직위 등의 형태로 운영됨

고위공무원단으로 들어가는 경로

개방형 직위	① 전체 고위공무원단 직위 총수의 20% 범위 내에서는 개방형으로 충원 ② 민간 vs 공직 내부
공모 직위	① 전체 고위공무원단 직위 총수의 30% 범위 내에서는 공모직위로 채용 ② 기관 내 공무원 vs 다른 부처 공무원
공모직위, 개방형 직위 임용 시 선발의 공정성 및 객관성 제고를 위해 선발심사 및 선발시험위원회를 둠	
부처자율 직위	① 나머지 50%는 부처자율직위로 채용 ② 부처자율인사 직위는 부처 장관이 자율적으로 임용 방법을 결정하는 방식인데, 일반적으로 내부 공무원 승진과 외부 경력자 채용 방식이 있음

① 고위공무원단은 중앙행정기관뿐만 아니라 광역지방자치단체의 고위직도 포함됨
③ 고위공무원단 소속 공무원은 직무등급에 의해 구분되지만, 모두가 계약직 공무원은 아님 → 고위공무원단으로 진입하기 위해서는 개방형 직위의 방법도 있으나 승진임용도 가능함

> **국가공무원법 제16조【고위공무원단 직위로의 승진임용】** 소속 장관은 법 제40조의2 제1항에 따라 일반직공무원을 고위공무원단 직위로 승진임용하려는 때에는 고위공무원단후보자 중에서 근무성적, 능력, 경력, 전공 분야, 인사교류기간등, 인품 및 적성 등을 고려하여 임용령 제34조의3에 따른 보통승진심사위원회를 거쳐 임용예정 직위의 2배수 이상 3배수 이하에 해당하는 인원을 우선순위를 정하여 선정한 후 고위공무원임용심사위원회의 승진 심사를 거쳐 임용제청하여야 한다. 〈개정 2011. 8. 30.〉

④ 고위공무원단은 개방형 제도를 인정하기 때문에 직업공무원제도와 다른 제도지만, 정년은 보장됨(가급 고공단 제외); 한편 고위공무원단 제도는 적격심사에서 부적격 결정을 받은 고위공무원에 대해서 직권면직을 허용함으로써 신분보장을 완화하고 있음

정답 ②

66 회독 □□□ 2018. 지방 9급 수정

「지방공무원법」상 특정직 지방공무원에 해당하지 않는 것은?

① 지방의회 전문위원
② 교육감 소속의 교육전문직원
③ 자치경찰공무원
④ 공립 대학 및 전문대학에 근무하는 교육공무원

정답 및 해설

의회 전문위원은 일반직 공무원임; 교육 및 경찰공무원은 국가공무원과 마찬가지로 모두 특정직 공무원에 해당함

정답 ①

67 회독 □□□

2019. 서울 7급 수정

"지방공무원법"상 특정직공무원이 아닌 것은?

① 기술에 대한 업무를 담당하는 공무원
② 공립 대학 및 전문대학에 근무하는 교육공무원
③ 자치경찰공무원
④ 교육감 소속의 교육전문직원

정답 및 해설

기술에 대한 업무를 담당하는 공무원은 일반직 공무원에 해당함

지방공무원법 제2조【공무원의 구분】 ① 지방자치단체의 공무원(지방자치단체가 경비를 부담하는 지방공무원을 말하며, 이하 "공무원"이라 한다)은 경력직공무원과 특수경력직공무원으로 구분한다.
② "경력직공무원"이란 실적과 자격에 따라 임용되고 그 신분이 보장되며 평생 동안(근무기간을 정하여 임용하는 공무원의 경우에는 그 기간 동안을 말한다) 공무원으로 근무할 것이 예정되는 공무원을 말하며, 그 종류는 다음 각 호와 같다.
1. 일반직공무원: 기술·연구 또는 행정 일반에 대한 업무를 담당하는 공무원
2. 특정직공무원: 공립 대학 및 전문대학에 근무하는 교육공무원, 교육감 소속의 교육전문직원 및 자치경찰공무원과 그 밖에 특수 분야의 업무를 담당하는 공무원으로서 다른 법률에서 특정직공무원으로 지정하는 공무원

정답 ①

68 회독 □□□

2019. 국가 7급 수정

정무직 공무원에 해당하지 않는 것은?

① 감사원 사무차장
② 헌법재판소 사무차장
③ 국무총리비서실장
④ 국가정보원 차장

정답 및 해설

감사원 사무차장은 일반직 공무원에 해당함

감사원법 제19조【사무총장 및 사무차장】 ① 사무총장은 정무직으로, 사무차장은 일반직으로 한다. ② 사무총장은 원장의 명을 받아 사무처의 사무를 관장하며 소속 직원을 지휘하고 감독한다.

② 헌법재판소 사무차장: 정무직 공무원
③ 국무총리비서실장: 정무직 공무원

정부조직법 제20조【국무조정실】
① 각 중앙행정기관의 행정의 지휘·감독, 정책 조정 및 사회위험·갈등의 관리, 정부업무평가 및 규제개혁에 관하여 국무총리를 보좌하기 위하여 국무조정실을 둔다.
② 국무조정실에 실장 1명을 두되, 실장은 정무직으로 한다.
③ 국무조정실에 차장 2명을 두되, 차장은 정무직으로 한다.

동법 제21조【국무총리비서실】
① 국무총리의 직무를 보좌하기 위하여 국무총리비서실을 둔다.
② 국무총리비서실에 실장 1명을 두되, 실장은 정무직으로 한다.

④ 국가정보원 차장: 정무직 공무원

정답 ①

69 회독 □□□

2019. 지방 7급

다음 중 특정직 공무원에 해당하는 것만을 모두 고르면?

ㄱ. 국가인권위원회 상임위원
ㄴ. 검사
ㄷ. 헌법재판소의 헌법연구관
ㄹ. 도지사의 비서
ㅁ. 국가정보원의 직원

① ㄱ, ㄷ, ㄹ ② ㄱ, ㄹ, ㅁ
③ ㄴ, ㄷ, ㄹ ④ ㄴ, ㄷ, ㅁ

정답 및 해설

특정직공무원은 법관, 검사, 외무공무원, 경찰공무원, 소방공무원, 교육공무원, 군인, 군무원, 헌법재판소 헌법연구관, 국가정보원의 직원과 특수 분야의 업무를 담당하는 공무원으로서, 다른 법률에서 특정직공무원으로 지정하는 공무원을 의미함

ㄱ. 국가인권위원회 상임위원은 정무직 공무원임

〈국가인권위원회법〉 제5조 【위원회의 구성】 ⑥ 위원장과 상임위원은 정무직공무원으로 임명한다.

ㄹ. 지방공무원법에 따르면, 별정직은 비서관 · 비서 등 보좌업무 등을 수행하거나 특정한 업무 수행을 위하여 법령에서 별정직으로 지정하는 공무원으로서 도지사의 비서는 일반적으로 별정직 공무원임

정답 ④

70 회독 □□□

2008. 지방 7급

고위공무원단제도와 관련된 설명으로 옳지 않은 것은?

① 각종 성과급과 장려급에 의해 우수공무원에 대한 처우를 개선할 수 있다.
② 고위공무원단의 인사관리는 계급이나 신분보다는 업무중심으로 이루어진다.
③ 고위공무원단제도는 직업공무원들의 사기를 저하시킬 수 있다.
④ 우리나라의 고위공무원단제도는 직업공무원제도를 강화하는 측면이 있다.

정답 및 해설

고위공무원단 제도는 개방형 임용 및 적격심사 등을 인정하기 때문에 직업공무원제도를 약화시킬 수 있음

①②③
우리나라에서 고위공무원단제도는 직위분류제를 적용하면서 도입되었음 → 따라서 우수공무원에 대한 처우개선, 직무중심의 인사관리가 용이함; 그러나 개방형 임용을 허락하는 까닭에 자칫 직업공무원의 사기를 저하시킬 수 있는 문제점이 있음

정답 ④

71 회독 □□□ 2018. 지방 7급

우리나라 고위공무원단 제도운영의 효과에 대한 설명으로 옳지 않은 것은?

① 민간전문가의 고위직 임용 가능성이 증가하였다.
② 연공서열에 의한 인사관리를 강화하여 직위의 안정을 도모하였다.
③ 고위직 공무원이 다른 부처로 이동할 가능성이 증가하였다.
④ 공무원 개개인의 능력 발전과 성과 관리의 중요성이 더욱 커졌다.

정답 및 해설

고위공무원단제도는 직위분류제를 적용하는 과정에서 도입한 제도이므로 연공서열이 아닌 능력과 성과 중심으로 운영함

① 개방형 직위 혹은 경력개방형 직위는 민간경력자도 지원할 수 있으므로 민간전문가의 고위직 임용가능성이 증가하였음
③ 공모직위는 공무원 간 경쟁을 통해 최적임자를 선발하는바 고위직 공무원이 다른 부처로 이동할 가능성이 증가하였음
④ 고위공무원단 제도는 경쟁과 개방 및 성과 관리를 골자로 하므로 공무원 개개인의 능력 발전과 성과 관리의 중요성이 더욱 커졌음

정답 ②

CHAPTER 03 공무원 임용 및 능력 발전

Section 01 임용의 종류

72 회독 ☐☐☐ 2023. 지방 7급

공무원 임용에 대한 설명으로 옳지 않은 것은?

① 국가기관의 장은 국가안보 및 보안・기밀에 관계되는 분야를 제외하고 대통령령등으로 정하는 바에 따라 외국인을 공무원으로 임용할 수 있다.
② 임용시험 성적과 임용 후 근무성적 간의 연관성이 높다면 임용시험의 기준 타당성이 높다고 할 수 있다.
③ 국가기관의 장은 업무의 특성이나 기관의 사정 등을 고려하여 소속 공무원을 대통령령등으로 정하는 바에 따라 통상적인 근무시간보다 짧게 근무하는 공무원으로 임용할 수 있다.
④ 신규 채용되는 공무원의 경우 시보 임용을 면제하거나 그 기간을 단축할 수 없다.

정답 및 해설

아래의 조항 참고

국가공무원법 제29조【시보 임용】 ① 5급 공무원을 신규 채용하는 경우에는 1년, 6급 이하의 공무원을 신규 채용하는 경우에는 6개월간 각각 시보(試補)로 임용하고 그 기간의 근무성적・교육훈련성적과 공무원으로서의 자질을 고려하여 정규 공무원으로 임용한다. 다만, 대통령령등으로 정하는 경우에는 시보 임용을 면제하거나 그 기간을 단축할 수 있다.

①

제26조의3【외국인과 복수국적자의 임용】 ① 국가기관의 장은 국가안보 및 보안・기밀에 관계되는 분야를 제외하고 대통령령등으로 정하는 바에 따라 외국인을 공무원으로 임용할 수 있다.

② 기준타당성은 시험성적과 근무실적을 비교하여 시험의 정확도를 측정함

③

국가공무원법 제26조의2【근무시간의 단축 임용】 국가기관의 장은 업무의 특성이나 기관의 사정 등을 고려하여 소속 공무원을 대통령령등으로 정하는 바에 따라 통상적인 근무시간보다 짧게 근무하는 공무원으로 임용할 수 있다.

정답 ④

73 회독 ☐☐☐ 2024. 지방 9급

「지방공무원법」상 공무원 인사이동에 대한 설명으로 옳지 않은 것은?

① 전직은 직렬을 달리하는 임명을 말한다.
② 전보는 같은 직급 내에서 보직변경을 말한다.
③ 강임의 경우, 같은 직렬의 하위 직급이 없는 경우 다른 직렬의 하위 직급으로는 이동할 수 없다.
④ 지방자치단체의 장 또는 지방의회의 의장은 공무원을 전입시키려고 할 때에는 해당 공무원이 소속된 지방자치단체의 장 또는 지방의회의 의장의 동의를 받아야 한다.

정답 및 해설

아래의 조항 참고

지방공무원법 제5조【정의】 이 법에서 사용하는 용어의 뜻은 다음과 같다.
4. "강임(降任)"이란 같은 직렬 내에서 하위 직급에 임명하거나 하위 직급이 없어 다른 직렬의 하위 직급에 임명하는 것을 말한다.
5. "전직(轉職)"이란 직렬을 달리하여 임명하는 것을 말한다.
6. "전보(轉補)"란 같은 직급 내에서의 보직변경을 말한다.

④

동법 제29조의3【전입】 지방자치단체의 장 또는 지방의회의 의장은 공무원을 전입시키려고 할 때에는 해당 공무원이 소속된 지방자치단체의 장 또는 지방의회의 의장의 동의를 받아야 한다.

정답 ③

cf.
74 회독 □□□ 2014. 국가 9급

'공무원임용시험령'상의 면접시험 평정요소가 아닌 것은?

① 소통 · 공감
② 헌신 · 열정
③ 창의 · 혁신
④ 지식 · 능력

정답 및 해설

공무원임용시험령 상 면접시험 평정요소는 아래와 같음
㉠ 소통 · 공감
㉡ 헌신 · 열정
㉢ 창이 · 혁신
㉣ 윤리 · 책임

정답 ④

75 회독 □□□ 2019. 서울 9급

배치전환에 대한 설명으로 가장 옳지 않은 것은?

① 능력의 정체와 퇴행현상을 방지할 수 있다.
② 직무의 부적응을 해소하고 조직 구성원에게 재적응의 기회를 부여할 수 있다.
③ 행정의 전문성과 능률성을 증진시킬 수 있다.
④ 정당한 징계절차에 의하지 않고 일종의 징계수단으로 활용될 가능성이 존재한다.

정답 및 해설

배치전환은 내부임용 중에서 수평이동에 해당함 → 이는 다양한 부서 간 이동을 촉진하여 할거주의의 폐단을 시정할 수 있으나 빈번한 이동은 직무의 능률을 저해할 수 있음

①②④
배치전환은 구성원으로 하여금 다양한 직무를 경험할 수 있게 하는바 능력의 정체를 막을 수 있으며, 구성원에게 재적응의 기회를 부여할 수 있음; 그러나 구성원을 이동시키는 과정에서 암묵적인 징계수단으로 악용될 소지가 있음

배치전환의 기능

구분	내용
적극적 (본질적) 용도	① 수평적 이동을 통해 다양한 부서 간 소통이 이루어질 수 있는바 할거주의의 폐단을 타파하고 부처 간 협력조성(소통을 통해 구성원 간 갈등해소)을 위한 기반을 마련해 줄 수 있음 → 다만 빈번한 자리이동은 직무의 능률을 저해하는바 전직과 전보의 적절성을 위해 최저 재임기간을 채워야 함; 아울러 전직의 경우에는 시험에 합격한 경우로 한정함으로써 전직의 남용을 차단하고 있음 ② 우리나라와 같이 중앙인사기관이 일괄적으로 신규공무원을 채용하여 각 부처에 임명하는 경우 원하는 곳에 첫 발령을 받기가 쉽지 않음; 이는 시험 전에 생각했던 기관이나 적성에 맞는 기관이 아닌 곳에 임명될 가능성이 높다는 것; 따라서 배치전환은 선발에서의 불완전성을 보완하여 개인의 능력을 촉진하거나 조직구조 변화에 따른 저항을 줄이고 비용을 절감할 수 있음 ③ 기타 • 업무량이나 기술의 변화에 따른 재배치의 필요에 대응하는 것 • 조직의 침체 방지
소극적 (부정적) 용도	① 징계에 갈음하는 수단으로 사용하는 것 ② 부하의 과오를 덮어주기 위해 사용하는 것 ③ 사임을 강요하기 위해 사용하는 것 ④ 파벌조성 등을 위해 사용하는 것

정답 ③

PART 04 인사행정

76 회독 □□□ 2020. 국가 9급

공무원의 인사이동에 대한 설명으로 옳은 것은?

① 겸임은 한 사람에게 둘 이상의 직위를 부여하는 것으로 그 대상은 특정직 공무원이며, 겸임 기간은 3년 이내로 한다.
② 전직은 인사관할을 달리하는 기관 사이의 수평적 인사이동에 해당하며, 예외적인 경우에만 전직시험을 거치도록 하고 있다.
③ 같은 직급 내에서 직위 등을 변경하는 전보는 수평적 인사이동에 해당하며, 전보의 오용과 남용을 방지하기 위해 전보가 제한되는 기간이나 범위를 두고 있다.
④ 예산의 감소 등으로 직위가 폐지되어 하위 계급의 직위에 임용하려면 별도의 심사 절차를 거쳐야 하고, 강임된 공무원에게는 강임된 계급의 봉급이 지급된다.

정답 및 해설

전보는 동일 직렬·직급 내에서의 수평적 이동이며, 전보의 오용과 남용을 방지하기 위해 전보가 제한되는 기간(일반적으로 3년)이나 범위를 두고 있음

① 겸임은 한 사람에게 둘 이상의 직위를 부여하는 것으로 그 대상은 주로 일반직 공무원이며, 겸임 기간은 2년 이내로 함
② 인사관할을 달리하는 기관 사이의 수평적 인사이동은 전입이며, 전직은 일반적으로 전직시험을 거쳐야 함

> **국가공무원법 제28조의3【전직】** 공무원을 전직 임용하려는 때에는 전직시험을 거쳐야 한다. 다만, 대통령령등으로 정하는 전직의 경우에는 시험의 일부나 전부를 면제할 수 있다.
>
> **국가공무원법 제28조의2【전입】** 국회, 법원, 헌법재판소, 선거관리위원회 및 행정부 상호 간에 다른 기관 소속 공무원을 전입하려는 때에는 시험을 거쳐 임용하여야 한다. 이 경우 임용 자격 요건 또는 승진소요최저연수·시험과목이 같을 때에는 대통령령등으로 정하는 바에 따라 그 시험의 일부나 전부를 면제할 수 있다.

④ 강임은 별도의 심사 절차가 없으며, 강임된 공무원에게는 강임 이전 계급의 봉급이 지급됨

> **공무원 보수규정 제6조【강임 시 등의 봉급 보전】** ① 강임된 사람에게는 강임된 봉급이 강임되기 전보다 많아지게 될 때까지는 강임되기 전의 봉급에 해당하는 금액을 지급한다.

정답 ③

77 회독 □□□ 2015. 국가 9급

우리나라의 공무원 인사제도에 대한 설명으로 옳지 않은 것은?

① 공무원을 수직적으로 이동시키는 내부임용의 방법으로는 전직과 전보가 있다.
② 강등은 1계급 아래로 직급을 내리고(고위공무원단에 속하는 공무원은 3급으로 임용하고, 연구관 및 지도관은 연구사 및 지도사로 한다) 공무원 신분은 보유하나 3개월 간 직무에 종사하지 못하며 그 기간 중 보수의 3분의 2를 감한다.
③ 청렴하고 투철한 봉사정신으로 직무에 모든 힘을 다하여 공무집행의 공정성을 유지하고 깨끗한 공직사회를 구현하는 데에 다른 공무원의 귀감이 되는 공무원은 특별승진임용하거나 일반 승진시험에 우선 응시하게 할 수 있다.
④ 임용권자는 만 8세 이하(취학 중인 경우에는 초등학교 2학년 이하)의 자녀를 양육하기 위하여 필요하거나 여성 공무원이 임신 또는 출산하게 되어 휴직을 원하면 대통령령으로 정하는 특별한 사정이 없으면 휴직을 명하여야 한다.

정답 및 해설

수직적 이동에는 승진, 승급, 강임이 있음 → 승진은 계급이 상승하는 것이고, 승급은 같은 계급 내에서 호봉이 올라가는 것이며, 강임은 승진과 반대로 현 직급보다 낮은 하위직급에 임용되는 것으로서 대개 정원의 조정 혹은 예산의 감소에 따라 직위가 없어지거나 과원(過員; 정원초과)이 생긴 경우에 시행함

② 강등은 1계급 아래로 직급을 내리고(고위공무원단에 속하는 공무원은 3급으로 임용하고, 연구관 및 지도관은 연구사 및 지도사로 한다) 공무원 신분은 보유하나 3개월 간 직무에 종사하지 못하며 그 기간 중 보수의 전액을 삭감함
③ 다른 공무원의 귀감이 되는 사람은 특별승진 대상에 해당함
④

> **국가공무원법 제71조【휴직】** ② 임용권자는 공무원이 다음 각 호의 어느 하나에 해당하는 사유로 휴직을 원하면 휴직을 명할 수 있다. 다만, 제4호의 경우에는 대통령령으로 정하는 특별한 사정이 없으면 휴직을 명하여야 한다.
> 4. 만 8세 이하 또는 초등학교 2학년 이하의 자녀를 양육하기 위하여 필요하거나 여성공무원이 임신 또는 출산하게 된 때

정답 ①

Section 02 선발실험의 실효성 확보 조건

78 회독 □□□

2012. 지방 9급

다음에서 검증하고자 하는 선발시험의 효용성 기준은?

> 안전행정부는 2010년도 국가직 9급 공개경쟁채용시험을 통해 채용된 직원들의 시험성적을 이들의 채용 이후 1년 동안의 근무성적 결과와 비교하려고 한다.

① 타당성(validity)
② 능률성(efficiency)
③ 실용성(practicability)
④ 신뢰성(reliability)

정답 및 해설

타당성은 '정확성'을 의미함 → 여기서 정확성이란 공개경쟁채용시험의 시험성적과 근무실적을 비교하여 공개경쟁시험이 공무원의 능력을 측정하기 위한 정확성을 갖추었는지를 살펴보는 것(기준타당성)

② 능률성 : 투입 대비 산출의 정도
③ 실용성 : 실시 비용, 채점의 용이성, 균등한 기회 부여의 여부 등
④ 신뢰성 : 측정의 일관성

정답 ①

79 회독 □□□

2018. 교행 9급

(가)~(다)의 공무원 선발시험의 타당성 유형과 〈보기〉의 타당성 검증방법을 바르게 연결한 것은?

> (가) 이론적으로 추정한 능력요소를 얼마나 정확하게 측정할 수 있는가에 관한 것이다.
> (나) 직무수행능력의 예측이 얼마나 정확한가에 관한 것이다.
> (다) 특정한 직위의 의무와 책임에 직결되는 요소들을 선발시험이 어느 정도나 측정할 수 있는가에 관한 것이다.

> 보기
> ㄱ. 추상성을 측정할 지표개발과 고도의 계량분석 기법 및 행태과학적 조사
> ㄴ. 직무수행에 필요한 능력요소와 선발시험요소에 대한 전문가의 부합도 평가
> ㄷ. 선발시험성적과 업무수행실적의 상관계수 측정

	(가)	(나)	(다)
①	ㄱ	ㄴ	ㄷ
②	ㄱ	ㄷ	ㄴ
③	ㄴ	ㄷ	ㄱ
④	ㄷ	ㄱ	ㄴ

정답 및 해설

(가) 이론적으로 추정한 능력요소(추상적인 개념)를 얼마나 정확하게 측정할 수 있는가에 관한 것은 구성타당성을 나타냄 → 구성타당성을 제대로 측정하기 위해서는 추상성을 측정할 지표개발과 고도의 계량분석 기법 및 행태과학적 조사가 필요함; 예를 들어 통계 데이터를 잘 파악하는 사람은 공무원으로서 다양한 통계자료를 해석할 수 있는 능력을 지녔다고 추정할 수 있음
(나) 기준타당성은 선발시험성적과 업무수행실적의 상관성을 살펴봄으로써 시험의 정확성을 측정하는 것임; 따라서 기준타당성이 확보된 시험이라면 시험의 성적을 기초로 미래의 직무수행능력을 예측할 수 있음
(다) 내용타당성은 특정한 직위의 의무와 책임에 직결되는 요소들을 선발시험이 어느 정도나 측정할 수 있는가를 의미하며, 일반적으로 내용타당성을 높이기 위해서는 교수 혹은 오랜 실무자의 검증을 받아야 함

정답 ②

80 회독 □□□

2022. 지방 7급

선발시험의 신뢰성을 검증하는 방법에 해당하지 않는 것은?

① 하나의 시험유형 내에서 각 문항 간의 상관관계를 종합하여 시험의 일관성을 검증한다.

② 시험성적과 본래 시험으로 예측하고자 했던 기준 사이에 얼마나 밀접한 상관관계가 있는가를 검증한다.

③ 시험을 본 수험자에게 일정한 시간이 지난 뒤, 다시 같은 문제로 시험을 보게 하여 두 점수 간의 일관성을 확인한다.

④ 문제 수준이 비슷한 두 개의 시험유형을 개발하여 동일 통제집단을 대상으로 시험을 보게 한 후 두 집단의 성적 간 상관관계를 분석한다.

정답 및 해설

선지는 기준타당도에 대한 내용임

① 내적 일관성 분석에 대한 내용임

내적 일관성 분석

> 응답자(시험 응시자)들이 특정 개념이나 대상을 묻는 일련의 질문에 얼마나 일관성 있게 답변했는가를 측정하는 개념

③ 재시험법에 대한 내용임
④ 동질이형법에 대한 내용임

정답 ②

81 회독 □□□

2014. 지방 7급

소방공무원의 선발시험에 대한 신뢰성과 타당성의 검증방법에 대한 연결로 옳지 않은 것은?

① 동질이형법(equivalent forms) – 내용과 난이도에 있어 동질적인 A·B책형을 중앙소방학교 교육후보생들을 대상으로 시험을 보게 한 후, 두 책형의 성적 간 상관관계를 분석한다.

② 내용타당성 – 소방공무원을 선발하고자 할 때 그 직무에 정통한 전문가의 의견을 들어 선발시험의 내용을 구성한다.

③ 기준타당성 – 소방직 시험에 합격한 사람들에게 3개월 뒤 같은 문제로 시험을 보게 하여 두 점수간의 상관관계를 분석한다.

④ 구성타당성 – 지원자의 근력·지구력 등을 측정하기 위해 새로 만든 시험방법을 통해 측정한 점수와 기존의 시험방법으로 측정한 결과 간의 상관관계를 분석한다.

정답 및 해설

③은 신뢰성을 검증방법 중 재시험법에 대한 설명임

신뢰성

> 시험의 신뢰성은 측정의 일관성을 의미하며, 신뢰성을 검증하는 방법에는 재시험법, 동질이형법, 이분법 등이 있음
> ㉠ 재시험법: 시험을 치른 수험생에게 일정 시간이 지난 뒤에 다시 같은 문제로 시험을 보게 하여 두 점수 간의 상관관계를 분석하는 방법
> ㉡ 동질이형법: 내용과 난이도에 있어 동질적인 A·B책형을 동일 통제집단을 대상으로 시험을 보게 한 후, 두 책형의 성적 간 상관관계를 분석하는 방법
> ㉢ 이분법: 하나의 시험지 내에서 문항을 두 집단으로 나누어 문항 집단 간의 성적을 상호 비교하는 방법 → 예를 들어, 문항을 짝수와 홀수로 나눠서 짝수항 전체의 점수와 홀수항 전체의 점수 간의 상관관계를 조사함

② 내용타당성: 시험의 내용과 직무의 내용을 일치시키는 것으로서 그 과정에서 전문가의 견해를 수렴함
④ 구성타당성: 추상적인 개념을 정확하게 측정하는 것과 관련된 개념 → 예를 들어, PSAT(공직적성시험)은 공무원 적성을 측정하는 도구인데, 도구의 구성타당성이 확보되었기 때문에 현재 5급이나 7급 공무원 시험에서 활용하고 있음

정답 ③

Section 03 공무원의 능력 발전

cf.
82 회독 □□□
2009. 국가 9급

교육훈련은 실시되는 장소가 직장 내인가, 외인가에 따라 직장훈련과 교육원훈련으로 나뉜다. 다음 중 직장훈련의 장점으로 볼 수 없는 것은?

① 사전에 예정된 계획에 따라 실시하기가 용이하다.
② 상사나 동료 간의 이해와 협동정신을 강화·촉진시킨다.
③ 피훈련자의 습득도와 능력에 맞게 훈련할 수 있다.
④ 훈련으로 구체적인 학습 및 기술향상의 정도를 알 수 있으므로 구성원의 동기를 유발할 수 있다.

정답 및 해설

사전에 예정된 계획에 따라 실시하기가 용이한 것은 교육원 훈련임 → 일반적으로 직장 내에서는 부하에 대한 교육훈련 외에 교육자가 다른 업무도 병행하기 때문에 교육원 훈련에 비해 예정된 계획에 따라 교육훈련을 실시하기가 어려움

직장훈련과 교육원 훈련 비교

구분	직장훈련(OJT)	교육원훈련(Off JT)
훈련 장소	직장 내	직장 외
장점	① 일과 훈련의 병행 → 비용절감 ② 상급자와 하급자 간의 상호 이해·협동정신 촉진 ③ 훈련자의 습득의 정도와 능력을 고려한 훈련가능 ④ 훈련·개발 내용이 실제적 → 실시용이 ⑤ 훈련으로 구체적인 학습 및 기술향상의 정도를 알 수 있으므로 구성원의 동기를 유발할 수 있음	① 통일적인 교육훈련 가능 ② 타기관 사람들과 접촉할 수 있는 기회로 지식이나 경험의 교환가능 ③ 전문적인 지식과 기능훈련 가능 ④ 훈련에 대한 몰입가능 ⑤ 직장훈련에 비해 사전에 예정된 계획에 따라 실시하기 용이함
단점	① 상관이 반드시 우수한 교육자는 아님 ② 고도의 전문성 지식과 기능훈련 불가능 ③ 일과 훈련 모두에 전념할 수 없음 ④ 통일된 내용의 교육훈련 불가능	① 훈련의 추상성이 있는바 습득한 지식이나 기술의 전이(적용)문제 발생 ② 비용과 시간이 많이 소요

정답 ①

cf.
83 회독 □□□
2015. 지방 9급

공무원 교육훈련에 대한 저항 이유 중 저항주체가 나머지와 다른 하나는?

① 교육훈련 결과의 인사관리 반영 미흡
② 교육훈련 발령을 불리한 인사 조치로 이해하는 경향
③ 장기간의 훈련인 경우 복귀 시 보직문제에 대한 불안감
④ 조직성과의 저하 및 훈련비용의 발생

정답 및 해설

④는 교육훈련자의 소속기관이 저항하는 이유에 해당함

①②③
교육훈련을 받는 대상자(공무원)가 저항하는 이유에 대한 내용임

정답 ④

84 회독 □□□ 2017. 교행 9급

다음 설명에 해당하는 공무원 교육훈련 방법으로 가장 적합한 것은?

> 공무원들 간 비정형적 체험을 통해서 자기에 대한 인식과 타인에 대한 이해의 기회를 갖게 하여, 태도와 행동의 변화를 가져오고 궁극적으로 대인관계 기술을 향상시키려는 목적을 갖는다.

① 강의(lecture)
② 액션러닝(action learning)
③ 감수성훈련(sensitivity training)
④ 현장훈련(on-the-job-training)

정답 및 해설

보기는 감수성 훈련에 대한 내용임

①②④

감수성 훈련 (T집단 훈련)	㉠ 지식의 변화가 아니라 태도와 행동의 변화를 통해 대인 관계기술을 향상시키고 인간관계를 개선하려는 훈련 ㉡ 10명 내외로 소집단을 만들어 서로 진솔하게 자신의 느낌을 말하고 다른 사람이 자신을 어떻게 생각하는지를 귀담아 듣는 것 → 비정형적인 체험 ㉢ 인위적인 개입 없이 구성원 간 자연스럽게 감정을 주고받을 수 있도록 분위기를 형성해야 하는바 훈련을 진행하기 위한 전문가의 역할이 중요함 ㉣ 감수성 훈련을 통해 타인에 대한 편견을 줄이고 개방적 태도를 취하는 효과를 가져올 수 있음
강의	㉠ 가장 일반적인 훈련 방법으로써 다수 인원을 대상으로 동일한 정보를 가장 효율적으로 전할 수 있는 방식 ㉡ 정보의 흐름이 일방적이라는 한계점을 지님; 교관의 강의 진행방식에 따라 교육효과에 차이가 생길 수 있음
액션러닝	㉠ 이론과 지식 위주의 전통적인 주입식 · 집합식 강의의 한계를 극복하고 훈련자들의 참여를 통해 실제 문제해결능력 향상을 추구하는 교육훈련 ㉡ 조직구성원들이 팀을 구성하여, 동료와 촉진자의 도움을 받아 실제 업무와 관련된 문제를 해결함으로써 학습하는 방법 ㉢ 즉, 액션러닝은 교육참가자들이 소규모의 팀을 구성하여 실제 현안문제를 해결하면서 동시에 문제해결과정에 대한 성찰을 통해 학습하도록 지원하는 행동학습(learning by doing)으로서, 주로 관리자 훈련에 사용되는 교육방식임
현장훈련 (직장훈련)	평상시의 근무상황에서 일을 하면서 배우는 훈련으로서 감독자가 구성원의 직무수행을 감독하면서 직무수행에 필요한 지식과 기술을 전수 → 직장 내부에서 일하면서 배우는 것

정답 ③

85 회독 □□□ 2019. 사복 9급

교육훈련의 종류를 OJT(On-the-Job Training)와 OFF JT(Off-the-Job Training)로 구분할 때 OJT의 주요 프로그램에 해당하지 않는 것은?

① 인턴십(internship)
② 역할연기(role playing)
③ 직무순환(job rotation)
④ 실무지도(coaching)

정답 및 해설

역할연기는 직장 외에서 훈련이 이루어지는 교육원 훈련에 해당함

역할연기

> ㉠ 실제 업무상황을 부여하고 특정 역할을 직접 연기하도록 하는 방식
> ㉡ 보통 자신과 반대되는 입장의 역할부여 → 상관에게 부하의 역할 부여
> ㉢ 역할연기를 통해 인식의 차이를 발견함으로써 상대방에 대한 이해력을 제고할 수 있음

①③④

직장훈련의 종류

실무지도 (Coaching; Mentoring)	일상적인 근무 중에 상관이 부하에게 직무수행에 관한 기술을 가르쳐 주는 훈련방식 → 직무수행기술 · 질문에 대한 답변 등
직무순환	여러 분야의 직무를 직접 경험하도록 만들기 위하여 계획한 순서에 따라 직무를 순환하면서 배우는 실무훈련 → 일반행정가의 원리에 부합
임시배정	㉠ 특수직위 혹은 위원회 등에 잠시 배정하여 경험을 쌓게 함으로서 앞으로 맡을 임무에 대비하는 방법 ㉡ 승진이 예정된 사람에게 사전교육을 시키는 방법으로 활용할 수 있음
인턴십	제한된 기간에 임시로 고용하여 조직의 업무에 대한 이해와 함께 간단한 업무를 경험하는 기회를 제공받는 훈련방법
시보	시험에 합격한 사람을 일정 기간 근무하게 한 후 일정 조건 충족 시 임용하는 방법

정답 ②

86 회독 □□□ 2019. 국가 9급

다음 설명에 해당하는 교육훈련 방법은?

> 서로 모르는 사람 10명 내외로 소집단을 만들어 허심탄회하게 자신의 느낌을 말하고 다른 사람이 자신을 어떻게 생각하는지를 귀담아듣는 방법으로 훈련을 진행하기 위한 전문가의 역할이 요구된다.

① 역할연기　② 직무순환
③ 감수성 훈련　④ 프로그램화 학습

정답 및 해설

보기는 감수성 훈련에 대한 내용임 → 아래의 표 참고

구분	내용
감수성 훈련 (T집단 훈련)	㉠ 지식의 변화가 아니라 태도와 행동의 변화를 통해 대인관계기술을 향상시키고 인간관계를 개선하려는 훈련 ㉡ 10명 내외로 소집단을 만들어 서로 진솔하게 자신의 느낌을 말하고 다른 사람이 자신을 어떻게 생각하는지를 귀담아 듣는 것 → 비정형적인 체험 ㉢ 인위적인 개입 없이 구성원 간 자연스럽게 감정을 주고받을 수 있도록 분위기를 형성해야 하는바 훈련을 진행하기 위한 전문가의 역할이 중요함 ㉣ 감수성 훈련을 통해 타인에 대한 편견을 줄이고 개방적 태도를 취하는 효과를 가져올 수 있음
역할연기	㉠ 실제 업무상황을 부여하고 특정 역할을 직접 연기하도록 하는 방식 ㉡ 보통 자신과 반대되는 입장의 역할부여 → 상관에게 부하의 역할부여 ㉢ 역할연기를 통해 인식의 차이를 발견함으로써 상대방에 대한 이해력을 제고할 수 있음
직무순환	여러 분야의 직무를 직접 경험하도록 만들기 위하여 계획한 순서에 따라 직무를 순환하면서 배우는 실무훈련 → 일반행정가의 원리에 부합
프로그램화 학습	㉠ 일련의 질의와 응답이 체계적으로, 단계별로 짜여있는 책자 혹은 컴퓨터 프로그램을 이용하는 훈련방법 ㉡ 프로그램의 지시에 따라 문제를 풀면 그에 대한 정답 여부를 확인 후 다음 문제로 넘어가는 방식 → 일종의 자율학습방법

정답 ③

cf.
87 회독 □□□ 2014. 지방 7급

공무원 경력개발 시 준수해야 할 기본 원칙에 해당되지 않는 것은?

① 적재적소의 원칙
② 직급중심의 원칙
③ 인재양성의 원칙
④ 자기주도의 원칙

정답 및 해설

경력개발 제도는 조직구성원이 장기적인 경력목표를 설정하고 이를 달성하기 위한 경력 계획을 수립하여 자신의 능력을 개발하여 나가는 활동임 → 경력개발 시 준수해야 할 기본원칙으로는 적재적소의 원칙, 승진경로의 원칙, 인재양성의 원칙, 직무와 역량중심의 원칙, 개방성 및 공정경쟁의 원칙, 자기주도의 원칙 등을 들 수 있음

정답 ②

88 회독 □□□ 2019. 국가 7급

교육훈련 방법에 대한 설명으로 옳은 것은?

① 직장 내 훈련(OJT : on-the-job training)은 감독자의 능력과 기법에 따라 훈련성과가 달라지며 많은 사람을 동시에 교육하기 어렵다.

② 감수성 훈련(sensitivity training)은 원래 정신병 치료법으로 발달한 것으로 전문가의 지원을 받아 과제의 해결책을 도출하는 방법이다.

③ 모의연습(simulation)은 T-집단훈련으로도 불리며 주어진 사례나 문제에서 어떠한 역할을 실제로 연기해 봄으로써 당면한 문제를 체험해 보는 방법이다.

④ 액션러닝(action learning)은 미국 GE사 전략적 인적자원 개발프로그램으로 활용된 것으로 태도와 행동의 변화를 통해 인간관계 기술을 향상하려는 것이 주된 목적이다.

정답 및 해설

직장 내 훈련은 직장 선배에게 배우는 훈련이라고 생각하면 됨 → 이는 감독자의 능력과 기법에 따라 훈련성과가 달라질 수 있으며, 많은 사람을 동시에 교육하기 어려움

② 감수성 훈련(sensitivity training) : 10명 내외로 소집단을 만들어 서로 진솔하게 자신의 느낌을 말하고 다른 사람이 자신을 어떻게 생각하는지를 경청하는 것 → 해당 선지에는 역할연기 및 사건처리 연습에 대한 내용이 혼재되어 있음

③ T-집단훈련은 감수성훈련을 의미함; 한편, 주어진 사례나 문제에서 어떠한 역할을 실제로 연기해 봄으로써 당면한 문제를 체험해 보는 방법은 역할연기임 → 모의연습은 업무수행 중 직면할 수 있는 가상적 상황을 만든 후 피교육자가 그 상황에 대처해보도록 하는 방법임

④ 액션러닝(action learning) : 이론과 지식 위주의 전통적인 주입식·집합식 강의의 한계를 극복하고 행동학습을 통해 실제 문제해결능력 향상을 추구하는 교육훈련 → 해당 선지에는 워크아웃 프로그램과 감수성 훈련·역할연기에 대한 내용이 섞여있음

정답 ①

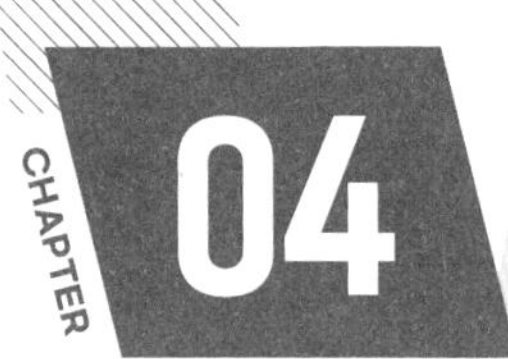

공무원 평가 : 성과 관리

Section 01 근무성적평정

89 회독 ☐☐☐ 2023. 국가 7급

근무성적평정 방법 중 강제배분법에 대한 설명으로 옳지 않은 것은?

① 역산식 평정이 불가능하며 관대화 경향을 초래한다.
② 평가의 집중화 경향을 억제하는 효과가 있다.
③ 평정대상 다수가 우수한 경우에도 일정한 비율의 인원은 하위 등급을 받을 수 있다는 단점이 있다.
④ 등급별 할당 비율에 따라 피평가자들을 배정하는 것이다.

정답 및 해설

강제배분법은 평정자가 미리 정해진 비율에 따라 평정대상자를 각 등급에 분포시키고, 그 다음에 등급에 해당하는 점수를 역으로 부여하는 역산식 평정을 할 가능성이 큼

②④
강제배분법은 평정대상자의 종합평정점수 분포가 특정 등급에 쏠리지 않도록 미리 평정등급에 일정한 비율을 강제로 배분하는 근무성적평정 방식임 → 고른 성적의 분포를 강제하는바 분포상의 오류를 방지함
③ 강제배분법은 고른 성적의 분포를 강제하는바 평정대상 다수가 우수한 경우에도 일정한 비율의 인원은 하위 등급을 받을 수 있다는 단점이 있음

정답 ①

90 회독 ☐☐☐ 2023. 지방 7급

다음 설명에 해당하는 근무성적평정 방법은?

- 다수의 평정요소와 평정요소별 수준을 나타내는 등급으로 구성
- 평정요소별 해당 등급에 표시하는 방법으로 평정대상자 평가
- 평정요소와 평정등급에 대한 평정자의 자의적 해석 가능

① 도표식 평정척도법
② 가감점수법
③ 서열법
④ 체크리스트 평정법

정답 및 해설

보기는 도표식 평정척도법에 대한 내용임

② 가감점수법(사실기록법의 한 종류): 피평정자의 직무수행에 나타난 긍정적 요소와 부정적 요소를 점수로 환산하여 가점 또는 감점을 주는 방법임 → 표준화된 단순 업무의 평정에 적합함
③ 서열법: 피평정자 간의 근무성적을 서로 비교해서 서열을 정하는 방법
④ 체크리스트 평정법: 공무원을 평가하는 데 적합한 표준행동목록을 살펴보고, 평정자가 이 목록에서 피평정자가 해당하는 부분을 체크하는 방식

정답 ①

91 회독 □□□

2019. 국가 9급

근무성적평정에서 나타나기 쉬운 집중화 경향과 관대화 경향을 시정하기 위한 방법으로 적절한 것은?

① 자기평정법
② 목표관리제 평정법
③ 중요사건기록법
④ 강제배분법

정답 및 해설

평가의 결과가 특정 점수 영역에 편중되는 집중화 경향 내지 관대화 경향을 방지하기 위해서는 고른 점수 분포를 강제하는 강제배분법을 활용해야 함

① 자기평정법 : 피평정자에게 자신에 대한 평가의 기회를 제공하는 것 → 감독자가 모르거나 잊었던 사실을 피평정자가 상기시켜 올바른 평정에 도움을 줄 수 있으며, 감독자의 시간적 · 공간적 · 인지적 제약을 보완하여 평가의 정확성을 제고할 수 있음
② 목표관리제 평정법 : 부하의 참여를 통한 목표설정 후 목표 달성 여부를 평가하는 방법 → 평가 이후 환류 과정을 통해 부하의 다음 목표설정에 반영
③ 중요사건기록법 : 평정자가 평정대상자의 직무수행과 관련된 중요한 사건(행동)을 관찰하여 평정 기간에 기록한 후 이를 중심으로 피평정자를 평정하는 방법

정답 ④

92 회독 □□□

2009. 국가 9급

근무성적평정에 관한 다음의 설명 중 옳지 않은 것은?

① 평정의 착오에 있어 상동적 오차(stereotyping)는 평정자가 자기 자신과 성향이 유사한 부하에게 후한 점수를 주는 오차이다.
② 우리나라의 공무원평정에 있어 성과계약평가의 대상은 4급 이상 공무원 및 연구원 · 지도관이다. 다만, 소속장관이 성과계약 평가가 적합하다고 인정하는 경우 5급 이하도 가능하다.
③ 쌍쌍비교법(paired comparison method)은 피평정자를 두 사람씩 짝을 지어 비교를 되풀이하여 평정하는 방법이다.
④ 체크리스트(check list) 평정법은 공무원을 평가하는 데 적절하다고 판단되는 표준행동목록을 미리 작성해 두고, 이 목록(list)에 가부를 표시하게 하는 방법이다.

정답 및 해설

평정자가 자신과 성향이 유사한 부하에게 후한 점수를 주는 오류는 '유사성 효과'임; 상동적 오차는 피평정자의 개인적 특성인 성, 연령, 종교, 교육수준, 출신학교 등에 대해 평정자가 평소 가지고 있는 편견을 평정에 반영하는 현상임

②

> **공무원 성과평가 등에 관한 규정 제7조 【평가 대상】** 4급 이상 공무원(고위공무원단에 속하는 공무원을 포함한다)과 연구관 · 지도관 및 전문직공무원에 대한 근무성적평정은 성과계약등 평가에 의한다. 다만, 소속 장관은 5급 이하 공무원 및 우정직공무원 중 성과계약등 평가가 적합하다고 인정하는 공무원에 대해서도 성과계약등 평가를 실시할 수 있다.

③ 쌍쌍비교법(paired comparison method)은 조직 내 피평정자를 두 사람씩 짝을 지어 비교를 되풀이하여 평정하는 방법임; 이는 두 명씩 짝을 지어 비교하기 때문에 시간과 비용의 문제가 있는바 일반적으로 규모가 작은 조직에서 사용함
④ 체크리스트(check list) 평정법은 공무원을 평가하는 데 적절하다고 판단되는 표준행동목록을 미리 작성해 두고, 이 목록(list)에 가부를 표시하게 하는 방법임 → 목록에서 중요한 부분은 가중치를 부여해서 평가할 수 있음

정답 ①

cf.

93 회독 □□□

2019. 서울 9급

〈보기〉의 설명에 해당하는 근무성적평정 방법으로 가장 옳은 것은?

보기

> 저는 학생들을 평가함에 있어 성적 분포의 비율을 미리 정해 놓고 등급을 줍니다. 비록 평가대상 전원이 다소 부족하더라도 일정 비율의 인원이 좋은 평가를 받거나, 혹은 전원이 우수하더라도 일부의 학생은 낮은 평가를 받게 되지만, 이 방법을 통해 학생들의 성적분포가 과도하게 한쪽으로 집중되는 것을 막아 평정 오차를 방지할 수 있다는 점에서 유용합니다.

① 강제배분법
② 서열법
③ 도표식 평정척도법
④ 강제선택법

정답 및 해설

지문의 요지는 성적분포의 비율을 미리 정해 놓고 등급을 매기기 때문에 성적이 특정한 범주에 쏠리지 않게 만들 수 있다는 것임 → 이는 관대화, 엄격화, 집중화의 오류 등을 막을 수 있는 강제배분법에 해당함

② 서열법: 조직 내 피평정자 간의 근무성적을 서로 비교해서 서열을 정하는 방법으로서 쌍쌍비교법, 대인비교법 등이 있음 → 시간이 많이 소요되는바 비교적 작은 집단에 대해서만 사용할 수 있음
③ 도표식 평정척도법: 평정요소를 평가자가 주관적으로 작성한 후 등급을 매기는 방법으로서 근무성적평정에 있어서 가장 대표적인 방법임
④ 강제선택법: 체크리스트법의 변형으로서 4~5개의 체크리스트적인 단문 중에서 피평정자에게 가장 적합한 또는 부적합한 표현을 강제로 선택하게 만드는 방법

정답 ①

94 회독 □□□

2019. 지방 9급

공무원의 근무성적평정에 대한 설명으로 옳은 것은?

① 평정대상자의 근무실적과 직무수행능력을 평가하지만 적성, 근무태도 등은 평가하지 않는다.
② 중요사건기록법은 평정대상자로 하여금 자신의 근무실적을 스스로 보고하도록 하는 방법이다.
③ 평정자가 평정대상자를 다른 평정대상자와 비교함으로써 발생하는 오류는 대비오차이다.
④ 우리나라의 6급 이하 공무원에게는 직무성과계약제가 적용되고 있다.

정답 및 해설

대비오차는 평정자가 평정대상자를 바로 이전의 평정대상자와 비교함으로써 발생하는 오류, 혹은 평정자가 평정대상자를 다른 평정대상자와 비교함으로써 발생하는 오류를 뜻함

① 근무성적평정은 공무원의 근무실적, 직무수행 능력, 직무수행 태도 등을 일정한 기준에 따라 평가하여 그 결과를 각종 인사행정자료로 활용하는 제도임
② 평정대상자로 하여금 자신의 근무실적을 스스로 보고하도록 하는 방법은 자기평정법임; 중요사건기록법은 평정자가 평정대상자의 직무수행과 관련된 중요한 사건을 관찰하여 평정 기간에 기록한 후 이를 중심으로 피평정자를 평정하는 방법임
④ 직무성과계약제는 성과계약등 평가를 의미함
✚ 성과계약중심 평가·직무성과계약제·성과계약등 평가·성과계약제·직무성과관리제도는 모두 같은 표현임

공무원 성과평가 등에 관한 규정 제7조【평가 대상】 4급 이상 공무원(고위공무원단에 속하는 공무원을 포함한다)과 연구관·지도관 및 전문직공무원에 대한 근무성적평정은 성과계약등 평가에 의한다. 다만, 소속 장관은 5급 이하 공무원 및 우정직공무원 중 성과계약등 평가가 적합하다고 인정하는 공무원에 대해서도 성과계약등 평가를 실시할 수 있다.

공무원 성과평가 등에 관한 규정 제12조【근무성적평가의 대상】 5급 이하 공무원, 우정직공무원, 「연구직 및 지도직공무원의 임용 등에 관한 규정」(이하 "연구직및지도직규정"이라 한다) 제9조에 따른 연구직 및 지도직공무원에 대한 근무성적평정은 근무성적평가에 의한다.

정답 ③

95 회독 □□□

2020. 지방 7급

다음의 설명과 근무성적평정방법을 바르게 연결한 것은?

> ㄱ. 피평정자들의 성적분포가 과도하게 집중되는 것을 방지하기 위해 등급별로 비율을 정하여 준수하도록 하는 방법
> ㄴ. 시간당 수행한 공무원의 업무량을 전체 평정기간동안 계속적으로 조사해 평균치를 측정하거나, 일정한 업무량을 달성하는 데 소요된 시간을 계산해 그 성적을 평정하는 방법
> ㄷ. 선정된 주요 과업 분야에 대해서 가장 이상적인 과업수행 행태에서부터 가장 바람직하지 못한 과업수행 행태까지를 몇 개의 등급으로 구분하고, 등급마다 중요행태를 명확하게 기술하고 점수를 할당하는 방법

	ㄱ	ㄴ	ㄷ
①	강제배분법	산출기록법	행태기준평정척도법
②	강제선택법	주기적 검사법	행태기준평정척도법
③	강제선택법	산출기록법	행태관찰척도법
④	강제배분법	주기적 검사법	행태관찰척도법

정답 및 해설

'ㄱ'은 강제배분법, 'ㄴ'은 산출기록법, 'ㄷ'은 행태기준평정척도법에 대한 설명임

주기적 검사법 · 행태관찰척도법 · 강제선택법

> (a) 주기적 검사법: 사실기록법의 한 종류로써 주기적 검사를 실시하여 직무수행 실적을 평정하는 방법 → 검사가 실시되는 특정 시기의 생산기록만을 대상으로 하기 때문에 일정 기간 내 생산실적의 평균치를 반영하는 산출기록법에 비해 정확성이 낮음
> (b) 행태관찰척도법: 행태기준척도법의 단점인 바람직한 행동과 바람직하지 않은 행동과의 상호배타성을 극복하기 위해 개발한 방법으로써 중요 사건의 빈도를 표시한다는 점에서 행태기준평정척도법과 차이점이 있음
> (c) 강제선택법: 4~5개의 체크리스트적인 단문 중에서 피평정자에게 가장 적합한 또는 부적합한 표현을 강제로 선택하게 만드는 방법

정답 ①

96 회독 □□□

2022. 지방 7급

근무성적평정에 대한 설명으로 옳지 않은 것은?

① 다면평정법은 상급자, 동료, 부하, 고객 등 다양한 구성원에게 평정에 참여할 기회를 준다.
② 목표관리제 평정법은 참여를 통한 명확한 목표의 설정과 개인과 조직 간 목표의 통합을 추구한다.
③ 강제배분법은 평정치의 편중과 관대화 경향을 막기 위해 등급별로 비율을 미리 정해 놓는다.
④ 도표식 평정척도법은 근무성적을 객관적 사실에 기초하여 평가하므로 평정자의 편견이 개입할 가능성이 작다.

정답 및 해설

도표식 평정척도법은 구체적인 행동을 근거로 평가하지 않는바 평정자의 편견 개입 가능성이 큼

① 다면평정법은 입체적인 평정법임
② 목표관리제 평정법은 부하의 참여를 통한 구체적인 목표의 설정을 지향함; 또한, 개인은 조직의 목표와 관련된 목표를 설정해야 함
③ 강제배분법은 분포상 오류를 방지하기 위해 고른 성적의 분포를 강제함

정답 ④

Section 02 근무성적평정의 오류

97 회독 □□□ 2023. 지방 9급

근무성적평정상의 오류에 대한 설명으로 옳지 않은 것은?

① 평정자가 피평정자를 잘 모르는 경우 집중화 경향이 발생할 수 있다.
② 평정자의 평정기준이 일정하지 않은 경우 총계적 오류(total error)가 발생할 수 있다.
③ 연쇄효과(halo effect)는 초기 실적이나 최근의 실적을 중심으로 평가함으로써 발생하는 시간적 오류를 의미한다.
④ 관대화 경향의 폐단을 막기 위해 강제배분법을 활용할 수 있다.

정답 및 해설

연쇄효과와 시간적 오류는 다른 개념임 → 연쇄효과는 한 평정요소에 대한 평정자의 판단이 연쇄적으로 다른 요소의 평정에도 영향을 미치는 현상임

① 집중화 경향은 평정자가 모든 피평정자들에게 대부분 중간 수준의 점수를 주는 심리적인 경향임 → 이는 평정자가 피평정자를 잘 모를 때, 평가요소를 제대로 이해하지 못한 경우, 혹은 책임회피를 위한 수단으로 활용할 때 발생함
② 총계적 오류는 평정자의 평정기준이 일정하지 않아서 관대화 및 엄격화 경향이 불규칙적으로 나타나는 현상임
④ 관대화 경향의 폐단을 막기 위해 고른 성적의 분포를 강제하는 강제배분법을 활용할 수 있음

정답 ③

98 회독 □□□ 2021. 국가 9급

근무성적평정 과정상의 오류와 완화방법에 대한 설명으로 옳지 않은 것은?

① 일관적 오류는 평정자의 기준이 다른 사람보다 높거나 낮은데서 비롯되며 강제배분법을 완화방법으로 고려할 수 있다.
② 근접효과는 전체 기간의 실적을 같은 비중으로 평가하지 못할 때 발생하며 중요사건기록법을 완화방법으로 고려할 수 있다.
③ 관대화 경향은 비공식집단적 유대 때문에 발생하며 평정결과의 공개를 완화방법으로 고려할 수 있다.
④ 연쇄효과는 도표식 평정척도법에서 자주 발생하며 피평가자별이 아닌 평정요소별 평정을 완화방법으로 고려할 수 있다.

정답 및 해설

관대화 경향은 평정결과의 분포가 우수한 쪽에 집중되는 현상임; 이는 실제 수준보다 피평정자를 관대하게 평가하는 경향으로써 평정대상자와의 불편한 인간관계를 피하려는 동기로부터 유발되는 면이 있음 → 일반적으로 강제배분법을 완화방법으로 고려함

① 규칙적 오류, 즉 일관적 오류는 관대화 경향이나 엄격화 경향이 잘 나타나는 평정자로부터 발생할 수 있는 오류로써 평정자의 평정기준이 다른 평정자보다 높거나 낮아서 발생함 → 따라서 관대화 경향이나 엄격화 경향을 방지하는 방법인 강제배분법을 이용하여 오류를 줄일 수 있음
② 막바지효과(시간적 근접오류, recency error)는 최근의 실적을 중심으로 평가하는 오류임 → 시간적 근접오류를 방지하기 위해 독립된 평가센터(제3의 중립적 평가기관), 목표관리제 평정, 중요사건기록법 등이 활용됨
④ 연쇄효과는 도표식평정척도법에서 자주 발생하는데, 이를 해결하기 위한 방법으로써 피평가자별이 아닌 평정요소별 평정(한 평정요소에 대하여 피평정자 전원을 평가한 후 다음 요소를 평가하는 방식), 강제선택법 등이 있음

정답 ③

99 회독 □□□

2020. 지방 9급

국내 최고 대학을 졸업했기 때문에 일을 잘했을 것이라고 생각하여 피평정자에게 높은 근무성적평정 등급을 부여할 경우 평정자가 범하는 오류는?

① 선입견에 의한 오류
② 집중화 경향으로 인한 오류
③ 엄격화 경향으로 인한 오류
④ 첫머리 효과에 의한 오류

정답 및 해설

특정한 대학, 지역 등에 대한 편견으로 인해 평정자가 범하는 오류는 상동적 오차(선입견에 의한 오류)임

② 집중화 경향으로 인한 오류: 평정자가 모든 피평정자들에게 대부분 중간 수준의 점수를 주는 심리적인 경향
③ 엄격화 경향으로 인한 오류: 평정자가 모든 피평정자들에게 대부분 낮은 수준의 점수를 주는 심리적인 경향
④ 첫머리 효과에 의한 오류: 평정자가 전체 기간의 업적을 평가하는 게 아니라 피평가자의 초기성과에 영향을 크게 받는 현상

정답 ①

100 회독 □□□

2011. 지방 9급

근무성적 평정 시 어떤 평정자가 다른 평정자보다 언제나 좋은 점수 또는 나쁜 점수를 주는 오류는?

① 엄격화 경향(tendency of strictness)
② 규칙적 오류(systematic error)
③ 총계적 오류(total error)
④ 선입견에 의한 오류(prejudice error)

정답 및 해설

규칙적 오류는 어떤 평정자가 다른 평정자보다 언제나 좋은 점수 또는 나쁜 점수를 부여함으로써 생기는 오류를 의미함 → 이러한 오류를 일으키는 평정자의 결과는 가감하여 조정해야 함

① 엄격화 경향: 평가기준을 엄격하게 적용함으로써 실제 수준보다 낮은 평가결과를 만들어낸 현상
③ 총계적(총체적) 오류: 평정자의 평정기준이 일정하지 않아서 관대화 및 엄격화 경향이 불규칙적으로 나타나는 것
④ 선입견에 의한 오류: 평정대상자의 개인적 특성인 성, 연령, 종교, 교육수준, 출신학교 등에 대해 평정자가 평소 가지고 있는 편견을 평정에 반영하는 것 → 유형화·정형화·집단화의 오류와 같은 표현

정답 ②

101 회독 □□□ 2008. 지방 9급

근무성적 평정시 평가자가 모든 피평가자들에게 대부분 중간범위의 점수를 주는 심리적 경향으로 옳은 것은?

① 연쇄효과(halo effect)
② 관대화 경향(tendency of leniency)
③ 집중화 경향(central tendency)
④ 선입견에 의한 오류(personal bias)

정답 및 해설

집중화 경향은 평정자가 모든 피평정자들에게 대부분 중간 수준의 점수를 주는 심리적 경향을 뜻함

① 연쇄효과 : 한 평정요소에 대한 평정자의 판단이 연쇄적으로 다른 요소의 평정에도 영향을 미치는 것
② 관대화 경향 : 평정결과의 분포가 우수한 쪽에 집중되는 현상; 즉, 실제수준보다 관대하게 평가하는 경향으로써 평정대상자와의 불편한 인간관계를 피하려는 동기로부터 유발되는 면이 있음
④ 선입견에 의한 오류 : 평정대상자의 개인적 특성인 성, 연령, 종교, 교육수준, 출신학교 등에 대해 평정자가 평소 가지고 있는 편견을 평정에 반영하는 것 → 유형화·정형화·집단화의 오류와 같은 표현

정답 ③

102 회독 □□□ 2012. 국가 9급

다음과 같은 상황을 가장 잘 설명하는 근무성적평정 오류는?

> 임용된 이후 단 한 번도 무단결근을 하지 않던 어떤 직원이 근무성적 평정 하루 전날 무단결근을 하게 되었다. 이로 인하여 이 직원은 평정요소 중 직무수행태도에 대하여 낮은 점수를 받게 되었다.

① 집중화 오류(central tendency error)
② 근접효과로 인한 오류(recency effect error)
③ 연쇄효과로 인한 오류(halo effect error)
④ 선입견에 의한 오류(personal bias error)

정답 및 해설

보기는 최근의 실적이 평정에 악영향을 미친 현상을 설명하고 있음 → 이는 근접효과로 인한 오류를 나타냄

① 집중화 오류 : 평정자가 모든 피평정자들에게 대부분 중간 수준의 점수를 주는 심리적 경향
③ 연쇄효과로 인한 오류 : 한 평정요소에 대한 평정자의 판단이 연쇄적으로 다른 요소의 평정에도 영향을 미치는 것
④ 선입견에 의한 오류 : 평정대상자의 개인적 특성인 성, 연령, 종교, 교육수준, 출신학교 등에 대해 평정자가 평소 가지고 있는 편견을 평정에 반영하는 것 → 유형화·정형화·집단화의 오류와 같은 표현

정답 ②

103 회독 □□□

2018. 국가 9급

근무성적평정의 오류 중 평가자가 일관성 있는 평정기준을 갖지 못하여 관대화 및 엄격화 경향이 불규칙하게 나타나는 것은?

① 연쇄 효과(halo effect)
② 규칙적 오류(systematic error)
③ 집중화 경향(central tendency)
④ 총계적 오류(total error)

정답 및 해설

근무성적평정의 오류 중 평가자가 일관성 있는 평정기준을 갖지 못하여 관대화 및 엄격화 경향이 불규칙하게 나타나는 것은 총계적 오류임

① 연쇄효과 : 한 평정요소에 대한 평정자의 판단이 연쇄적으로 다른 요소의 평정에도 영향을 미치는 것
② 규칙적 오류 : 어떤 평정자가 다른 평정자보다 언제나 좋은 점수 또는 나쁜 점수를 부여함으로써 생기는 오류
③ 집중화 경향 : 평정자가 모든 피평정자들에게 대부분 중간 수준의 점수를 주는 심리적 경향

정답 ④

104 회독 □□□

2018. 교행 9급

조직 구성원의 인지 과정에서 편의적 지각 방법에 대한 설명으로 옳은 것은?

① 후광효과(halo effect)는 첫인상이나 가장 최근의 정보를 가지고 대상을 판단하는 것이다.
② 상동적 태도(stereotyping)는 인지 대상이 속한 집단의 특성에 비추어 그 대상을 지각하는 것이다.
③ 대비효과(contrast effect)는 비교 대상의 개인적 요인의 영향은 과대평가하고 상황적 요인의 영향은 과소평가하는 경향을 말한다.
④ 투사(projection)는 잘된 성과에 대해서는 자신의 내적 요소에 귀인하고 좋지 않은 성과에 대해서는 외적 요소에 귀인하는 경향을 말한다.

정답 및 해설

상동(相同)적 오차(stereotyping)는 피평정자에 대한 평가가 그가 속한 사회적 집단의 유형이나 특성에 대한 지각을 기초로 해서 이루어지는 오판임

① 첫 인상이나 가장 최근의 정보를 가지고 대상을 판단하는 것은 시간적 오류임 → 후광효과(halo effect)는 한 평정요소에 대한 평정자의 판단이 연쇄적으로 다른 요소의 평정에도 영향을 미치는 현상임
③ 대비오차는 평정대상자를 바로 직전의 피평정자와 비교하여 평정할 때 발생하는 오류임; 실패를 평가할 때 비교 대상의 개인적 요인의 영향은 과대평가하고 상황적 요인의 영향은 과소평가하는 경향은 근본적 귀속의 착오임

참고
대비오차를 평정자가 평정대상자를 다른 평정대상자와 비교함으로써 발생하는 오류로 표현하는 경우도 있음

④ 투사(projection)에 의한 착오는 자신의 감정이나 특성을 다른 사람에게 전가하려는 것을 말하며, 잘된 성과에 대해서는 자신의 내적 요소(개인적 요인)에 귀인하고 좋지 않은 성과에 대해서는 외적 요소(상황적 요인)에 귀인하는 경향은 이기적 착오에 해당함

정답 ②

105 회독 □□□

2018. 지방 7급

근무평가 과정에서 나타날 수 있는 오류의 유형에 대한 설명으로 옳지 않은 것은?

① 집중화 경향 – 평가자가 모든 피평가자에게 대부분 중간 수준의 점수를 주는 심리적 경향이다.

② 관대화 경향 – 평가 결과의 분포가 우수한 쪽에 집중되는 경향이다.

③ 총계적 오류 – 어떤 평가자가 다른 평가자들보다 언제나 좋은 점수 또는 나쁜 점수를 주는 것이다.

④ 시간적 오류 – 근무평가 대상 기간 초기의 업적에 영향을 크게 받는 첫머리 효과와 최근 실적을 중심으로 평가하는 막바지 효과로 나타난다.

정답 및 해설

총계적 오류가 아니라 규칙적·체계적 오류에 해당함 → 규칙적·체계적 오류(systemetic error)는 평가자가 언제나 규칙적으로 좋은 점수 또는 나쁜 점수를 주는 것이고 총계적 오류(total error)는 평정의 기준이 불규칙한 경우에 나타나는 오류임

① 집중화 경향 : 피평정자에 대한 점수의 분포가 보통 수준에 쏠리는 현상

② 관대화 경향 : 피평정자에 대한 점수의 분포가 높은 수준에 쏠리는 현상

④ 시간적 오류 : 근무평가 대상 기간 초기의 업적에 영향을 크게 받는 첫머리 효과나 최근 실적을 중심으로 평가하는 근접효과(막바지 효과)를 의미함

정답 ③

Section 03 우리나라의 근무성적평정제도

106 회독 □□□

2009. 지방 9급

다음은 공무원 평정제도와 관련되는 내용이다. 각각의 내용이 바르게 연결된 것은?

ㄱ. 고위공무원단제도의 도입에 따라 고위공무원으로서 요구되는 역량을 구비했는지를 사전에 검증하는 제도적 장치이다.
ㄴ. 직무분석을 통해 도출된 성과책임을 바탕으로 성과목표를 설정·관리·평가하고, 그 결과를 보수 혹은 처우 등에 적용하는 제도를 말한다.
ㄷ. 조직구성원들과 원만한 관계를 증진시키도록 동기를 부여함으로써 조직 내 상하 간, 동료 간 의사소통을 원활히 한다.
ㄹ. 공무원의 근무실적, 직무수행능력 등을 평가하여 승진 및 보수결정 등의 인사관리자료를 얻는데 활용한다.

	ㄱ	ㄴ	ㄷ	ㄹ
①	역량 평가제	직무성과 관리제	다면 평가제	근무성적 평정제
②	다면 평가제	역량 평가제	직무성과 관리제	근무성적 평정제
③	역량 평가제	근무성적 평정제	다면 평가제	직무성과 관리제
④	다면 평가제	직무성과 관리제	역량 평가제	근무성적 평정제

정답 및 해설

ㄱ. 고위공무원단제도의 도입에 따라 고위공무원으로서 요구되는 역량을 구비했는지를 사전에 검증하는 제도적 장치는 역량평가제임 → 고위공무원단 후보자가 되려면 고위공무원단 후보자 교육을 거친 후 역량평가를 거쳐야 함
ㄴ. 직무분석을 통해 도출된 성과책임을 바탕으로 성과목표를 설정·관리·평가하고, 그 결과를 보수 혹은 처우 등에 적용하는 제도는 직무성과관리제임 → 직무성과관리제 = 직무성과계약제 = 성과계약중심 평가 = 성과계약등 평가
ㄷ. 다면평가제도는 상관, 부하, 동료, 고객 등이 피평정자의 다양한 면을 평가하는 제도임; 이는 조직구성원들과 원만한 관계를 증진시키도록 동기를 부여함으로써 조직 내 상하 간, 동료 간 의사소통을 원활히 하는 데 도움을 줄 수 있음
ㄹ. 근무성적평정제(근무성적평가)는 공무원의 근무실적과 직무수행능력, 태도 등을 포함하는 평가하는 제도임 → 우리나라의 근무성적평정은 고위공무원을 포함한 4급 이상의 공무원에 대한 평가(성과계약등 평가)와 5급 이하 공무원에 관한 평가(근무성적평가)로 나눌 수 있음

정답 ①

107 회독 □□□ 2014. 사복 9급

역량평가제에 대한 설명 중 옳은 것만을 모두 고른 것은?

ㄱ. 일종의 사전적 검증장치로 단순한 근무실적 수준을 넘어 공무원에게 요구되는 해당 업무수행을 위한 충분한 능력을 보유하고 있는지에 대한 평가를 목적으로 한다.
ㄴ. 근무실적과 직무수행능력을 대상으로 정기적으로 이루어지며 그 결과는 승진과 성과급 지급, 보직관리 등에 활용된다.
ㄷ. 조직구성원으로 하여금 조직 내외의 모든 사람과 원활한 인간관계를 증진시키려는 강한 동기를 부여함으로써 업무수행의 효율성을 제고할 수 있다.
ㄹ. 다양한 평가기법을 활용하여 실제 업무와 유사한 모의 상황에서 나타나는 평가 대상자의 행동 특성을 다수의 평가자가 평가하는 체계이다.
ㅁ. 미래의 행동에 대한 잠재력을 측정하는 것이며 성과에 대한 외부변수를 통제함으로써 객관적 평가가 가능하다.

① ㄱ, ㄴ, ㄷ ② ㄱ, ㄹ, ㅁ
③ ㄴ, ㄷ, ㄹ ④ ㄷ, ㄹ, ㅁ

정답 및 해설

역량평가제도는 고위공무원단제도의 도입에 따라 고위공무원으로서 필요한 역량을 구비했는지를 사전에 검증하는 제도적 장치임

올바른 선지

ㄱ. 역량평가는 고위공무원단으로 임용되기 전에 실시하는 일종의 사전적 검증장치로 단순한 근무실적 수준을 넘어 공무원에게 요구되는 해당 업무수행을 위한 충분한 능력(역량)을 보유하고 있는지에 대한 평가를 목적으로 함

ㄹ.

고위공무원단 인사규정 제11조【역량평가방법】 역량평가는 4명 이상의 역량평가위원이 참여하여 제시된 직무 상황에서 나타나는 평가 대상자의 행동을 관찰하여 그 역량을 평가하는 방법으로 한다.

ㅁ. 역량은 미래 업무환경에서 조직구성원에게 요구하는 행태나 태도를 의미함 → 따라서 역량평가는 미래의 행동에 대한 잠재력을 측정하는 것인데, 평가과정에서 결과에 악영향을 미칠 수 있는 외부변수(제3의 변수)를 통제함으로써 객관적 평가를 유도함

틀린 선지

ㄴ. 근무성적평가에 대한 내용임 → 근무성적평가는 근무실적과 직무수행능력을 대상으로 정기적으로(연 2회) 이루어지며 그 결과는 승진과 성과급 지급, 보직관리 등에 활용됨
ㄷ. 다면평가제도에 대한 내용임

정답 ②

cf.

108 회독 □□□ 2018. 지방 9급

역량평가에 대한 설명으로 옳은 것만을 모두 고르면?

ㄱ. 역량은 조직의 평균적인 성과자의 행동 특성과 태도를 의미한다.
ㄴ. 다수의 훈련된 평가자가 평가 대상자가 수행하는 역할과 행동을 관찰하고 합의하여 평가결과를 도출한다.
ㄷ. 고위공무원단 역량평가의 대상은 문제 인식, 전략적 사고, 성과 지향, 변화 관리, 고객 만족, 조정·통합의 6가지 역량으로 구성되어 있다.
ㄹ. 고위공무원단 후보자가 되기 위해서는 반드시 고위공무원단 후보자 교육과정을 이수해야 한다.

① ㄱ, ㄴ ② ㄱ, ㄹ
③ ㄴ, ㄷ ④ ㄷ, ㄹ

정답 및 해설

올바른 선지

ㄴ.

고위공무원단 인사규정 제11조【역량평가방법】 역량평가는 4명 이상의 역량평가위원이 참여하여 제시된 직무 상황에서 나타나는 평가 대상자의 행동을 관찰하여 그 역량을 평가하는 방법으로 한다.

ㄷ.

고위공무원단 인사규칙에 명시된 역량의 종류와 내용

역량	내용
문제인식	정보의 파악 및 분석을 통해 문제를 적시에 감지 및 확인하고 문제와 관련된 다양한 사안을 분석하여 문제의 핵심을 규명
전략적 사고	장기적인 비전과 목표를 설정하고 이를 실행하기 위한 대안의 우선순위를 명확히 하여 추진방안을 확정
성과 지향	주어진 업무의 성과를 극대화하기 위한 다양한 방안을 강구하고, 목표달성 과정에서도 효과성과 효율성을 추구
변화관리	환경변화의 방향과 흐름을 이해하고, 개인 및 조직이 변화상황에 적절하게 적응 및 대응하도록 조치
고객만족	업무와 관련된 상대방을 고객으로 인식하고 고객이 원하는 바를 이해하고 그들의 요구를 충족시키려 노력하는 것
조정·통합	이해당사자들의 이해관계 및 갈등상황을 파악하고 균형적 시각에서 판단하여 합리적인 해결책을 제시

틀린 선지

ㄱ. 맥클랜드는 우수성과자의 인사 관련 행태를 역량으로 규정하고 있음
ㄹ. 고위공무원 후보자 교육과정은 의무가 아님

정답 ③

109 회독 □□□

2017. 서울 9급

근무성적평가제에 대한 설명 중 가장 옳은 것은?

① 4급 이상 공무원을 대상으로 한다.
② 매년 말일을 기준으로 연 1회의 평가가 실시된다.
③ 평가단위는 소속 장관이 정할 수 있다.
④ 공정한 평가를 위해 평가자와 피평가자의 사전협의가 금지된다.

정답 및 해설

근무성적평가의 평가단위는 소속 장관이 정할 수 있음

공무원 성과평가 등에 관한 규정 제14조【근무성적평가의 평가항목 등】 ③ 근무성적평가는 직급별로 구성한 평가 단위별로 실시하되, 소속 장관은 직무의 유사성 및 직급별 인원수 등을 고려하여 평가단위를 달리 정할 수 있다.

① 4급 이상의 공무원은 성과계약 중심 평가를 하고, 5급 이하의 공무원은 근무성적평가를 실시함; 다만, 소속 장관이 성과계약 평가가 적합하다고 인정하는 경우 5급 이하도 가능함

공무원 성과평가 등에 관한 규정 제7조【평가 대상】 4급 이상 공무원(고위공무원단에 속하는 공무원을 포함한다)과 연구관·지도관 및 전문직공무원에 대한 근무성적평정은 성과계약등 평가에 의한다. 다만, 소속 장관은 5급 이하 공무원 및 우정직공무원 중 성과계약등 평가가 적합하다고 인정하는 공무원에 대해서도 성과계약등 평가를 실시할 수 있다.

② 근무성적평가는 매년 6월 30일과 12월 31일, 연 2회 실시함

공무원 성과평가 등에 관한 규정 제5조【평가 시기】 ① 성과계약등 평가는 12월 31일을 기준으로 실시한다.
② 근무성적평가는 정기평가와 수시평가로 구분하여 실시하고, 경력평정은 정기평정과 수시평정으로 구분하여 실시한다.
③ 제2항에 따른 정기평가 또는 정기평정은 6월 30일과 12월 31일을 기준으로 실시한다.

④ 공정한 평가를 위해 평가자 및 피평가자의 사전협의를 통해 평정의 방향을 설정함

공무원 성과평가 등에 관한 규정 제20조【성과면담 등】 ① 평가자는 근무성적평정이 공정하고 타당하게 실시될 수 있도록 하기 위하여 근무성적평정 대상 공무원과 성과면담을 실시하여야 한다.

정답 ③

110 회독 □□□

2015. 국가 7급

공무원 평정제도에 대한 설명으로 옳은 것은?

① 근무성적평가 결과는 승진 및 보직관리에는 이용되지 않고 성과급 지급에만 활용된다.
② 근무성적평정 결과와 공무원채용시험 성적의 일치성이 높을수록 시험의 타당성이 높다고 할 수 있다.
③ 역량평가제는 고위공무원으로 임용된 이후 업무실적을 평가하는 사후평가제도로서 고위공무원의 업무역량 강화에 기여할 수 있다.
④ 다면평가를 계서적 문화가 강한 조직에 적용할 경우 상급자와 하급자 간의 갈등을 최소화할 수 있다.

정답 및 해설

시험의 실효성 여부를 판단하는 하나의 기준으로 근무성적평정을 이용할 수 있음; 만약 근무성적평정 결과와 공무원채용시험 성적의 일치성이 높다면 기준타당성을 확보한 시험이라고 볼 수 있음

① 근무성적평가는 정기적으로 근무실적과 직무수행능력 등을 평가하며 그 결과는 승진과 성과급 지급, 보직관리 등에 활용됨
③ 역량평가제는 고위공무원에게 요구되는 역량을 구비했는지를 사전에 검증하는 제도적 장치로써 고위공무원의 업무역량 강화에 기여할 수 있음
④ 계서적 문화가 강한 조직에 다면평가를 적용할 경우 관리자가 부하들의 평가에 대해 불쾌감 혹은 스트레스를 느낄 수 있기 때문에 상급자와 하급자 간의 갈등이 커질 수 있음

정답 ②

Section 04 다면평가제도

111 회독 □□□ 2013. 지방 9급

다면평가제도에 대한 설명으로 옳지 않은 것은?

① 평가대상자의 동료와 부하를 제외하고 상급자가 다양한 측면에서 평가한다.
② 일면평가보다는 평가의 객관성과 신뢰성을 확보할 수 있다.
③ 평가결과의 환류를 통하여 평가대상자의 자기역량 강화에 활용할 수 있다.
④ 평가항목을 부처별, 직급별, 직종별 특성에 따라 다양하게 설계하는 것이 바람직하다.

정답 및 해설

다면평가제도는 다수의 평가자가 다양한 방향에서 피평가자를 평가하는 제도임 → 즉, 다면평가제도는 평가시 상사, 동료, 부하 및 고객 등의 평가를 반영하며, 평가항목을 부처별, 직급별, 직종별 특성에 따라 다양하게 설계하는 제도임

② 다면평가제도는 입체적인 평가제도로서 일면평가보다는 평가의 객관성과 신뢰성을 확보할 수 있음
③ 평가결과의 환류를 통하여 평가대상자의 자기역량 강화에 활용할 수 있음

공무원 성과평가등에 관한 규정 제28조【다면평가】 ① 소속 장관은 소속 공무원에 대한 능력개발 및 인사관리 등을 위하여 해당 공무원의 상급 또는 상위 공무원, 동료, 하급 또는 하위 공무원 및 민원인 등에 의한 다면평가를 실시할 수 있다.
④ 제1항에 따른 다면평가의 결과는 해당 공무원에게 공개할 수 있다.

정답 ①

112 회독 □□□ 2008. 지방 7급

다면평가제도에 대한 설명이 옳은 것은?

① 공정성과 객관성을 향상시킬 수 있으나 당사자들의 승복을 받아내기는 어렵다.
② 행정서비스에 대한 다양한 의견을 수렴하기 어렵다.
③ 기존의 관료적 행태의 병폐를 시정하고 시민 중심적 충성심을 강화할 수 있다.
④ 계층제 문화가 강한 경우에 조직의 화합을 제고시킬 수 있다.

정답 및 해설

다면평가는 직속 상사만 평가하는 일면적인 평가가 아니라, 다수의 평가자(고객포함)가 다양한 방향에서 평가하는 입체적인 평가임 → 따라서 시민에 대한 충성심을 강화할 수 있음

① 다면평가제도는 입체적 · 다면적 평가를 통해 평가의 객관성과 공정성을 높일 수 있는바 당사자들의 승복을 받아내기 용이함
② 다면평가제도는 입체적인 평가제도이므로 행정서비스에 대한 다양한 의견을 수렴하기 쉬움
④ 다면평가제도는 계층제 문화가 강한 경우에 조직의 화합을 방해할 수 있는 제도임

정답 ③

113 회독 □□□

2010. 국가 7급

공무원 평정제도로서 다양한 계급의 평가자가 피평가자를 평가하는 다면평가제도의 장점으로 옳지 않은 것은?

① 입체적·다면적 평가를 통해 평가의 객관성과 공정성을 높일 수 있다.
② 상급자가 직원들을 의식하지 않고 강력하게 업무를 추진할 수 있다.
③ 조직 내 원활한 인간관계를 증진시키려는 동기부여를 통해 업무의 효율성과 상호간 이해의 폭을 높일 수 있다.
④ 계층구조의 완화와 팀워크가 강조되는 새로운 조직유형에 적합한 평가제도이다.

정답 및 해설

다면평가의 평가 주체에 하급자들도 포함되므로 상급자가 하급자를 의식할 경우 강력하게 업무를 추진하기 어려움

① 다면평가제도는 입체적·다면적 평가를 통해 평가의 신뢰성·객관성과 공정성을 높일 수 있음
③ 다면평가제도는 다양한 주체가 피평정자를 평가하는 까닭에 피평정자로 하여금 조직 내 원활한 인간관계를 형성하려는 동기를 부여할 수 있음 → 이는 업무의 효율성과 상호 간 이해의 폭을 높일 수 있음
④ 다면평가제도는 계서적 문화가 강하지 않은 조직유형에 적합한 평가제도임

정답 ②

CHAPTER 05 공무원 동기 부여

www.pmg.co.kr

Section 01 사기(Morale)

114 회독 □□□

2017. 지방 9급

공무원의 사기관리에 대한 설명으로 옳은 것은?

① 「공무원 제안 규정」상 우수한 제안을 제출한 공무원에게 인사상 특전을 부여할 수 있지만, 상여금은 지급할 수 없다.

② 소청심사제도는 징계처분과 같이 의사에 반하는 불이익 처분을 받은 공무원이 그에 불복하여 이의를 제기했을 때 이를 심사하여 결정하는 절차이다.

③ 우리나라는 공무원의 고충을 심사하기 위하여 행정안전부에 중앙고충심사위원회를 둔다.

④ 성과상여금제도는 공직의 경쟁력을 높이기 위하여 공무원 인사와 급여체계를 사람과 연공중심으로 개편한 것이다.

정답 및 해설

소청심사제도는 징계처분이나 강임·휴직·직위해제·면직처분과 같이 그의 의사에 반하는 불이익 처분을 받은 공무원이 그에 불복해 이의를 제기하는 경우 이를 심사해 구제해주는 역할을 함 → 소청은 처분이 위법한 경우에 한해 제기할 수 있으며, 근평결과나 승진탈락 등은 소청대상이 아님

① 「공무원 제안 규정」상 우수한 제안을 제출한 공무원에게 인사상 특전이나 상여금을 지급할 수 있음
③ 우리나라에서 중앙고충심사위원회의 기능은 소청심사위원회에서 관장함
④ 성과상여금은 연공중심이 아니라 근무성적이나 업무실적 등이 우수한 사람에게 상여금을 지급하는 제도임

정답 ②

cf.
115 회독 □□□

2012. 국가 7급

제안제도의 직접적인 효용으로 옳지 않은 것은?

① 행정절차의 간소화, 경비 절감 등의 업무 개선

② 공직의 침체방지와 비공식적 집단의 활성화

③ 조직구성원의 자기개발능력을 자극하여 창의력, 문제해결능력 신장

④ 참여의식의 조장으로 조직구성원의 사기 제고

정답 및 해설

공직의 침체방지와 비공식적 집단의 활성화는 제안제도의 효용과 관련이 없음

제안제도

- 직무수행과정에서 예산의 절약과 행정능률의 향상을 가져올 수 있는 사항에 대하여 이를 제안하도록 하고 그것이 행정의 능률화와 합리화에 공헌할 수 있다고 인정되는 경우에 그 정도에 따라 표창하고 상금을 지급하는 제도
- 제안제도는 일차적으로 행정절차의 간소화, 경비 절감 등의 직접적인 업무개선 효과가 있음; 아울러 조직구성원의 자기개발능력을 자극하여 창의력과 문제해결능력을 신장하고, 참여의식의 조장으로 조직구성원의 사기를 제고하는 효과가 있음

정답 ②

Section 02 공직봉사동기 : 공무원의 동기는 따로 있다?

116 회독 □□□ 2021. 국가 9급

공공봉사동기이론(public service motivation)에 대한 설명으로 옳지 않은 것은?

① 공사부문 간 업무성격이 다르듯이, 공공부문의 조직원들은 동기구조 자체도 다르다는 입장에 있다.
② 정책에 대한 호감, 공공에 대한 봉사, 동정심(compassion) 등의 개념으로 구성되어 있다.
③ 공공봉사동기가 높은 사람을 공직에 충원해야 한다는 주장의 근거가 될 수 있다.
④ 페리와 와이스(Perry & Wise)는 제도적 차원, 금전적 차원, 감성적 차원을 제시하였다.

정답 및 해설

페리와 와이스(Perry & Wise)는 합리적 차원, 규범적 차원, 정서적(감성적) 차원을 제시하였음

공직봉사동기의 유형

합리적 차원	공무원이 정책형성과정에 참여(정책에 대한 호감)함으로써 사회적인 목적을 달성한다면 자신의 욕구를 충족하게 되어 만족감을 느낀다는 것
규범적 차원	공익에 대한 봉사욕구, 정부에 대한 충성심, 사회적 형평의 추구 등을 포함
정서적 차원 (감성적 차원)	동정심과 희생정신을 뜻함 → 동정과 희생은 정책의 중요성을 인지하는 진실한 신념에서 기인하며, 이는 선의의 애국심으로 이어짐

① 공직봉사동기는 공사부문 간 업무성격이 다르듯이, 공공부문의 조직원들은 동기구조 자체도 다르다는 전제하에 신공공관리론에 기반한 동기부여 방식을 비판하는 개념임

②③
공직봉사동기는 정책에 대한 호감(합리적 차원의 공직봉사동기), 공공에 대한 봉사, 동정심(compassion) 등의 개념으로 구성되어 있는바, 돈에 대한 선호가 아닌 공공봉사동기가 높은 사람을 공직에 충원해야 한다는 주장의 근거가 될 수 있음

정답 ④

Section 03 공무원에 대한 보상 : 보수와 연금

117 회독 □□□ 2022. 지방 9급

2015년 공무원연금 개혁에 대한 설명으로 옳지 않은 것은?

① 퇴직연금 지급률을 1.7%로 단계적 인하
② 퇴직연금 수급 재직요건을 20년에서 10년으로 완화
③ 퇴직연금 기여율을 기준소득월액의 9%로 단계적 인상
④ 퇴직급여 산정 기준은 퇴직 전 3년 평균보수월액으로 변경

정답 및 해설

퇴직연금 산정은 평균기준소득월액(재직기간 전체의 평균월급)을 기준으로 함

①②③

공무원연금법 주요 개정안(2015. 6월 개정, 2016. 1월 시행)

구분	종전	개정
기여율 · 부담률	기준소득월액의 7%	2020년까지 단계적 인상 → 9%
연금지급율 인하	재직기간 1년당 1.9%	2034년까지 단계적 인하 → 1.704%
연금지급 개시연령 연장	2009년 이전 60세, 2010년 이후 65세	임용시기 구분없이 65세로 단계적 연장
유족연금 지급률 인하	2009년 이전 70%, 2010년 이후 60%	모든 재직자 및 퇴직자 포함 60%
연금수급 요건 조정	20년 이상 재직	10년 이상 재직
재직기간 상한 연장	최대 33년까지 인정	최대 36년까지 단계적 연장

정답 ④

PART 04 인사행정

118 회독 □□□ 2022. 지방 9급

공무원 보수의 유형에 대한 설명으로 옳지 않은 것은?

① 직능급은 자격증을 갖춘 유능한 인재의 확보에 유리하다.
② 연공급은 근속연수를 기준으로 하기 때문에 전문기술인력 확보에 유리하다.
③ 직무급은 동일노동에 대한 동일임금이라는 합리적인 보수 책정이 가능하다.
④ 성과급은 결과를 중시하며 변동급의 성격을 가진다.

정답 및 해설

연공급은 계급제에서 활용하는 급여체계임; 계급제는 일반행정가를 중시하므로 연공급은 전문기술인력 확보에 불리함

① 직능급은 연공급과 직무급의 속성을 합친 것이므로 자격증을 갖춘 유능한 인재의 확보에 유리함
③ 직무급은 직무의 난이도에 따라 급여의 수준을 정하므로 동일노동에 대한 동일임금이라는 합리적인 보수 책정이 가능함
④ 성과급은 성과에 따라 급여를 제공하는바 변동급의 성격을 지님

정답 ②

119 회독 □□□ 2015. 교행 9급

우리나라 공무원 보수에 관한 설명으로 옳은 것은?

① 보수에 대한 정치적 통제가 미약하여 민간기업 보수보다 경직성이 약하다.
② 성과급적 연봉제는 실적평가 결과를 반영하여 보상의 차등화를 지향한다.
③ 전통적으로 생활급 중심의 보수체계로 인해 공무원 보수의 공정성이 높다.
④ 공무원의 노동삼권이 보장되어 동일노동·동일보수의 원칙이 적용되고 있다.

정답 및 해설

연봉제에서 연봉은 개인의 능력 및 실적에 의해 정해짐 → 따라서 성과급적 연봉제는 실적평가 결과를 반영하여 보상의 차등화를 지향함

① 공무원의 보수는 정치적 통제가 강하기 때문에 민간기업 보수보다 경직성이 강함
③ 우리나라는 전통적으로 생활급 중심의 보수체계로 인해 공무원 보수의 공정성은 민간에 비해서 낮음 → 생활급은 공무원과 그 가족의 기본적인 생활 내지 생계유지에 필요한 경비를 중심으로 보수를 결정함
④ ㉠ 우리나라 공무원의 노동삼권은 제한적으로 적용되고 있음

> **헌법 제33조** ① 근로자는 근로조건의 향상을 위하여 자주적인 단결권·단체교섭권 및 단체행동권을 가진다.
> ② 공무원인 근로자는 법률이 정하는 자에 한하여 단결권·단체교섭권 및 단체행동권을 가진다.

㉡ 정부의 영역에는 경찰, 군인, 소방 등과 같이 민간기업에서는 볼 수 없는 직무가 많기 때문에 노동의 비교가 민간에 비해 상대적으로 어려움

정답 ②

cf.

120 회독 □□□

2011. 지방 9급

총액인건비제도의 운영목표와 가장 거리가 먼 것은?

① 민주적 통제의 강화
② 성과와 보상의 연계 강화
③ 자율과 책임의 조화
④ 기관운영의 자율성 제고

121 회독 □□□

2016. 교행 9급

2016년 1월 27일부터 시행된 공무원연금제도 내용에 대한 설명으로 옳지 않은 것은?

① 재직기간 상한을 최대 36년까지 인정한다.
② 유족연금 지급률을 모든 공무원에게 60%로 한다.
③ 연금 지급 개시 연령은 임용 시기 구분 없이 65세로 한다.
④ 연금지급률을 1.9%에서 1.5%로 2025년까지 단계적으로 인하한다.

정답 및 해설 (120)

총액인건비제도는 정부의 성과관리를 위한 제도이지, 행정부에 대한 국민의 감시(민주통제 혹은 민중통제)와는 관련이 없음

②③④
총액인건비제도는 NPM과 관련된 제도임 → 따라서 정부조직은 자율성을 가지되, 성과에 대한 책임을 져야 함(총액인건비 내에서 재원을 절감한 경우 인센티브 등을 부여하여 성과 중심의 조직관리를 할 수 있음)

총액인건비제도

㉠ 정부의 각 기관이 총액인건비 내에서 조직·정원(기구설치 및 인력규모 조정), 보수, 예산을 각 기관특성에 맞게 총액을 배정하고, 각 기관이 이를 자율적으로 운영하는 제도(단, 결과에 대한 책임을 수반함) → 즉, 총액인건비제도는 재정당국의 세밀한 중앙통제를 줄이고, 인건비 총액 범위 내에서 각 기관이 조직(기구), 정원, 예산, 보수를 자율적으로 운영할 수 있는 특성을 가짐
㉡ 행정안전부와 기획재정부, 인사혁신처는'총액인건비제'를 총괄하며, 각각 조직·정원, 예산, 보수 운영에 관한 사항을 관장함
 (a) 조직·정원분야 : 행정안전부
 (b) 예산분야 : 기획재정부
 (c) 보수분야 : 인사혁신처(성과급여과)

정답 ①

정답 및 해설 (121)

개정안에 따르면 연금지급률은 1.9%에서 2034년까지 1.704%로 단계적으로 인하됨

①②③

공무원연금법 주요 개정안(2015. 6월 개정, 2016. 1월 시행)

구분	종전	개정
기여율·부담률	기준소득월액의 7%	2020년까지 단계적 인상 → 9%
연금지급율 인하	재직기간 1년당 1.9%	2034년까지 단계적 인하 → 1.704%
연금지급 개시연령 연장	2009년 이전 60세, 2010년 이후 65세	임용시기 구분없이 65세로 단계적 연장
유족연금 지급률 인하	2009년 이전 70%, 2010년 이후 60%	모든 재직자 및 퇴직자 포함 60%
연금수급요건 조정	20년 이상 재직	10년 이상 재직
재직기간 상한 연장	최대 33년까지 인정	최대 36년까지 단계적 연장

정답 ④

122 회독 □□□ 2019. 사복 9급

우리나라 공무원연금 재정 확보 방식을 옳게 짝지은 것은?

① 기금제 – 기여제
② 기금제 – 비기여제
③ 비기금제 – 기여제
④ 비기금제 – 비기여제

정답 및 해설

우리나라는 공무원연금관리공단을 통해 공무원연금을 운영(기금제)하고 있음; 또한 연금형성 과정에서 공무원이 그 일부를 지급하는 기여제를 채택하고 있음

정답 ①

cf.
123 회독 □□□ 2020. 국가 7급

총액인건비제도에 대한 설명으로 옳지 않은 것은?

① 정원관리에 대한 각 부처의 자율성 확대를 목표로 한다.
② 김대중 정부에서 중앙행정기관 및 지방자치단체에 처음 도입되었으며, 공공기관으로 확대되었다.
③ 보수관리에 대한 각 부처의 자율성이 확대되었다.
④ 시행기관은 성과중심의 조직운영을 위하여 총액인건비제도를 활용할 수 있다.

정답 및 해설

총액인건비제도는 노무현 정부에서 중앙행정기관 및 지방자치단체에 처음으로 도입(2007년 1월 시행)되었으며, 공공기관으로 확대되었음

총액인건비제도

정부의 각 기관이 총액인건비 내에서 조직의 조직·정원, 보수 등을 각 기관 특성에 맞게 자율적으로 운영하는 것을 수용하는 제도 → 다만, 그 결과에 책임을 지는 제도임

④ 시행기관은 성과중심의 조직운영을 위하여 총액인건비제도를 활용할 수 있음

행정기관의 조직과 정원에 관한 통칙 제29조【총액인건비제의 운영에 관한 특례】 ① 중앙행정기관의 조직 및 정원 운영의 자율성을 보장하고 합리화를 도모하기 위하여 행정안전부장관이 지정하는 중앙행정기관(「고등교육법」 제2조 및 제3조에 따른 국립대학을 포함한다)의 경우 중앙행정기관별 인건비 총액의 범위안에서 조직 또는 정원을 운영하는 총액인건비제를 운영할 수 있다.

정답 ②

124 회독 □□□

2020. 지방 7급

현행 법령상 공무원의 보수 및 연금제도에 대한 설명으로 옳지 않은 것은?

① 호봉 간 승급에 필요한 기간은 1년이며, 직종별 구분 없이 하나의 봉급표가 적용된다.
② 고위공무원단에 속하는 공무원에 대해서는 대통령경호처 직원 중 별정직공무원을 제외하고 직무성과급적 연봉제를 적용한다.
③ 「공무원연금법」상 퇴직급여에는 퇴직연금, 퇴직연금일시금, 퇴직연금공제일시금, 퇴직일시금이 있다.
④ 군인과 선거에 의하여 취임하는 공무원은 「공무원연금법」상의 공무원에서 제외된다.

정답 및 해설

일반적으로 호봉 간 승급에 필요한 기간은 1년이며, 공무원의 직종(일반직 공무원, 군인, 경찰 등)에 따라 다른 봉급표가 적용됨

② 고위공무원단에 속하는 공무원에 대해서는 대통령경호처 직원 중 별정직공무원을 제외하고 직무성과급적 연봉제를 적용한다.

공무원보수규정 제63조【고위공무원의 보수】 ① 고위공무원에 대해서는 별표 31에 따라 직무성과급적 연봉제를 적용한다. 다만, 대통령경호처 직원 중 고위공무원단에 속하는 별정직공무원에 대해서는 호봉제를 적용한다.

③ 「공무원연금법」상 퇴직급여에는 퇴직연금, 퇴직연금일시금, 퇴직연금공제일시금, 퇴직일시금이 있음

퇴직급여(정부와 공무원 공동 조성)의 종류

㉠ 퇴직연금: 10년 이상 재직하고 퇴직할 경우 사망할 때까지 지급받는 돈(연금 수혜 개시 연령은 65세)
㉡ 퇴직연금 일시금: 퇴직연금 해당자가 일시금으로 지급받는 돈
㉢ 퇴직연금 공제일시금: 퇴직연금 해당자가 일부에 대해 일시금으로 지급받는 돈
㉣ 퇴직일시금: 10년 미만 재직하고 퇴직한 때 받는 돈

④ 군인과 선거에 의하여 취임하는 공무원은 「공무원연금법」상의 공무원에서 제외됨

공무원연금법 제3조【정의】 ① 이 법에서 사용하는 용어의 뜻은 다음과 같다.
1. "공무원"이란 공무에 종사하는 다음 각 목의 어느 하나에 해당하는 사람을 말한다.
가. 「국가공무원법」, 「지방공무원법」, 그 밖의 법률에 따른 공무원. 다만, 군인과 선거에 의하여 취임하는 공무원은 제외한다.

정답 ①

125 회독 □□□

2018. 국가 7급

공무원 인사제도에 대한 설명으로 옳지 않은 것은?

① 직업공무원제도는 공직을 직업전문 분야로 확립시키기도 하지만, 행정의 전문성 약화를 가져오기도 한다.
② 엽관주의하에서는 행정의 민주성과 관료적 대응성의 향상은 물론 정책수행 과정의 효율성 제고도 기대할 수 있다.
③ 대표관료제는 역차별 문제의 발생과 실적주의 훼손의 비판이 제기되며, 사회적 소외집단을 배려하는 우리나라의 균형인사정책은 미국의 적극적 조치(affirmative action)의 관점에서 이해될 수 있다.
④ 총액인건비제도는 일반적으로 기구·정원 조정에 대한 재정당국의 중앙통제는 그대로 둔 채 수당의 신설·통합·폐지와 절감예산 활용 등에서의 부처 자율성을 부여하는 특성을 갖는다.

정답 및 해설

총액인건비제도는 재정당국의 세밀한 중앙통제를 줄이고, 인건비 총액 범위 내에서 조직(기구), 정원, 예산, 보수를 자율적으로 운영할 수 있는 특성을 가짐; 이는 성과중심의 조직관리 방안으로서 우리나라는 2007년 중앙정부와 지방정부에 도입되었음

① 직업공무원제도는 공직을 평생직업으로 여기는 직업전문분야로 확립시키기도 하지만, 일반행정가를 지향하기 때문에 행정의 전문성 약화를 가져오기도 함
② 엽관주의는 국정지도력의 상승으로 인해 행정의 민주성 및 대응성, 정책집행 과정의 효율성 제고를 기대할 수 있음
③ 대표관료제는 형평성을 제고하는 과정에서 역차별과 실적주의 저해를 야기할 수 있음; 이는 우리나라의 균형인사정책, 미국의 적극적 조치와 유사한 제도임

정답 ④

126 회독 □□□

2019. 국가 7급

공무원연금제도에 대한 설명으로 옳은 것은?

① 비기금제는 적립된 기금 없이 연금급여가 발생할 때마다 필요한 비용을 조달하여 지급하는 방식으로 미국 등이 채택하고 있다.

② 2009년 연금 개혁으로 공무원연금의 적용대상이 확대됨에 따라 공무원연금공단 직원도 대상에 포함하게 되었다.

③ 공무원연금제도는 행정안전부가 관장하고, 그 집행은 공무원 연금공단에서 실시하고 있다.

④ 비기여제는 정부가 연금재원의 전액을 부담하는 제도이다.

정답 및 해설

비기여제는 정부가 연금재원을 전액부담하는 제도이며, 기여제는 정부와 공무원이 공동으로 부담하는 제도임

① 비기금제는 적립된 기금 없이 연금급여가 발생할 때마다 필요한 비용을 조달하여 지급하는 방식으로 영국과 독일이 활용하는 제도임
② 2009년 연금 개혁으로 공무원연금의 적용대상이 확대된 것은 맞지만 공무원연금공단 직원은 공무원 연금 적용대상이 아님
③ 공무원 연금법에 따른 공무원연금제도의 운영에 관한 사항은 인사혁신처장이 주관하며, 기금은 공무원연금공단이 관리・운용함

공무원연금법 제2조【주관】 이 법에 따른 공무원연금제도의 운영에 관한 사항은 인사혁신처장이 주관한다.

공무원연금법 제4조【공무원연금공단의 설립】 인사혁신처장의 권한 및 업무를 위탁받아 이 법의 목적을 달성하기 위한 사업을 효율적으로 추진하기 위하여 공무원연금공단(이하 "공단"이라 한다)을 설립한다.

정답 ④

CHAPTER 06 공무원의 의무와 권리, 그리고 통제

Section 01 공무원의 의무에 대하여

127 회독 ☐☐☐

2023. 국가 7급

공직자윤리법 상 재산 등록에 대한 내용으로 옳은 것은?

① 등록하여야 할 재산이 국채, 공채, 회사채인 경우는 액면가로 등록하여야 한다.

② 혼인한 직계비속인 여성이 소유한 재산은 재산등록 의무자가 등록할 재산에 포함된다.

③ 공직자는 등록의무자가 된 날부터 3개월이 되는 날이 속하는 달의 말일까지 재산등록을 해야 한다.

④ 교육공무원 중 대학교 학장은 재산등록 의무자가 아니다.

128 회독 ☐☐☐

2023. 국가 7급

백지신탁 제도에 대한 설명으로 옳지 않은 것은?

① 주식백지신탁의 수탁기관은 신탁재산을 관리・운용・처분한 내용을 관할 공직자윤리위원회에 보고하여야 한다.

② 우리나라의 공직자의 이해충돌 방지법에는 백지신탁 제도가 규정되어 있지 않다.

③ 공개대상자 및 그 이해관계인이 보유하고 있는 주식의 직무관련성을 심사・결정하기 위하여 인사혁신처에 주식백지신탁 심사위원회를 둔다.

④ 백지신탁은 이해충돌이 존재하는 주식을 신탁회사에서 해당 공직자의 의견을 반영해 이해충돌이 없는 주식으로 변경하는 제도이다.

정답 및 해설 (127)

아래의 조항 참고

공직자윤리법 제4조【등록대상재산】 ③ 제1항에 따라 등록할 재산의 종류별 가액(價額)의 산정방법 또는 표시방법은 다음과 같다.
6. 국채・공채・회사채 등 유가증권은 액면가

② 혼인한 직계비속인 여성이 소유한 재산은 재산등록 의무자가 등록할 재산에서 제외하고 있음

③

공직자윤리법 제5조【재산의 등록기관과 등록시기 등】 ① 공직자는 등록의무자가 된 날부터 2개월이 되는 날이 속하는 달의 말일까지 등록의무자가 된 날 현재의 재산을 다음 각 호의 구분에 따른 기관(이하 "등록기관"이라 한다)에 등록하여야 한다.

④ 교육공무원 중 대학교 학장은 재산등록 의무자임

정답 ①

정답 및 해설 (128)

백지신탁은 이해충돌이 존재하는 주식을 신탁회사에서 해당 공직자의 의견을 반영하지 않고 이해충돌이 없는 주식으로 변경하는 제도임 → 해당공직자 등 이해관계자는 수탁기관에 신탁재산에 관한 정보제공을 요구하거나 신탁재산의 관리・운용・처분에 관여할 수 없음

①

공직자윤리법 제14조의8【신탁상황의 보고 등】 ① 주식백지신탁의 수탁기관은 매년 1월 1일(주식백지신탁계약이 체결된 해의 경우에는 계약체결일)부터 12월 31일까지 신탁재산을 관리・운용・처분한 내용을 다음 해 1월 중에 관할 공직자윤리위원회에 보고하여야 한다. 이 경우 12월 중에 주식백지신탁계약이 체결되었으면 다음 해의 관리・운용・처분에 관한 내용과 함께 보고할 수 있다.

② 백지신탁 제도는 공직자윤리법에 규정되어 있음

③

공직자윤리법 제14조의5【주식백지신탁 심사위원회의 직무관련성 심사】 ① 공개대상자등 및 그 이해관계인이 보유하고 있는 주식의 직무관련성을 심사・결정하기 위하여 인사혁신처에 주식백지신탁 심사위원회를 둔다.

정답 ④

129 회독 □□□

2023. 국가 7급

우리나라의 공무원 복무와 징계에 대한 설명으로 옳은 것은?

① 공무원은 직무상의 관계가 있든 없든 그 소속 상관에게 증여하거나 소속 공무원으로부터 증여를 받아서는 아니 된다.

② 중징계의 일종인 파면의 경우 5년간 공무원으로 재임용될 수 없으나, 연금급여의 불이익은 없다.

③ 공무원은 어떠한 경우에도 자신의 직무권한을 행사하여 직무관련자로부터 사적 노무를 제공받아서는 아니 된다.

④ 감봉은 경징계에 해당하며 1개월 이상 3개월 이하 기간 동안 직무에 종사하지 못하고, 보수의 1/3을 삭감하는 처분이다.

정답 및 해설

아래의 조항 참고

국가공무원법 제61조【청렴의 의무】 ② 공무원은 직무상의 관계가 있든 없든 그 소속 상관에게 증여하거나 소속 공무원으로부터 증여를 받아서는 아니 된다.

② 중징계의 일종인 파면의 경우 5년간 공무원으로 재임용될 수 없으며, 연금급여의 불이익을 수반함
③ 선지에서 '어떠한 경우에도'를 삭제해야 함

공무원행동강령 제13조의2【사적 노무 요구 금지】 공무원은 자신의 직무권한을 행사하거나 지위·직책 등에서 유래되는 사실상 영향력을 행사하여 직무관련자 또는 직무관련공무원으로부터 사적 노무를 제공받거나 요구 또는 약속해서는 아니 된다. 다만, 다른 법령 또는 사회상규에 따라 허용되는 경우에는 그러하지 아니하다.

④ 감봉은 경징계에 해당하며 1개월 이상 3개월 이하 기간 동안 보수의 1/3을 삭감하는 처분임(직무정지×)

130 회독 □□□

2023. 지방 7급

공직윤리 관련 제도에 대 설명으로 옳지 않은 것은?

① 공익신고자의 동의 없이 공익신고자의 인적사항 등을 다른 사람에게 알려주거나 공개할 경우, 징역 또는 벌금 등 법적 제재 대상이 된다.

② 지방공무원이 외국 정부로부터 영예나 증여를 받을 경우에는 소속 지방자치단체장의 허가를 받아야 한다.

③ 「공직자윤리법」을 통해 이해 충돌 방지 의무를 규정하고 주식백지신탁 제도를 도입하였다.

④ 「공직자윤리법」상 재산 등록의무자 모두가 등록재산 공개대상은 아니다.

정답 및 해설

지방공무원이 외국 정부로부터 영예나 증여를 받을 경우에는 대통령의 허가를 받아야 함

①

공익신고자보호법 제12조【공익신고자 등의 비밀보장 의무】 ① 누구든지 공익신고자등이라는 사정을 알면서 그의 인적사항이나 그가 공익신고자등임을 미루어 알 수 있는 사실을 다른 사람에게 알려주거나 공개 또는 보도하여서는 아니 된다. 다만, 공익신고자등이 동의한 때에는 그러하지 아니하다.

동법 제30조【벌칙】 ① 다음 각 호의 어느 하나에 해당하는 자는 5년 이하의 징역 또는 5천만원 이하의 벌금에 처한다.
2. 제12조 제1항을 위반하여 공익신고자등의 인적사항이나 공익신고자 등임을 미루어 알 수 있는 사실을 다른 사람에게 알려주거나 공개 또는 보도한 자

③

공직자윤리법 제1조【목적】 이 법은 공직자 및 공직후보자의 재산등록, 등록재산 공개 및 재산형성과정 소명과 공직을 이용한 재산취득의 규제, 공직자의 선물신고 및 주식백지신탁, 퇴직공직자의 취업제한 및 행위제한 등을 규정함으로써 공직자의 부정한 재산 증식을 방지하고, 공무집행의 공정성을 확보하는 등 공익과 사익의 이해충돌을 방지하여 국민에 대한 봉사자로서 가져야 할 공직자의 윤리를 확립함을 목적으로 한다.

④ 재산등록의무자 모두가 등록재산 공개대상은 아님 → 일반적으로 재산등록의무자는 4급 이상의 공무원, 공개대상자는 1급 이상 공무원임

정답 ②

131 회독 □□□ 2024. 지방 9급

「공직자윤리법」에서 규정하고 있는 것만을 모두 고르면?

ㄱ. 이해충돌 방지 의무
ㄴ. 등록재산의 공개
ㄷ. 종교 중립의 의무
ㄹ. 품위 유지의 의무

① ㄱ, ㄴ
② ㄱ, ㄹ
③ ㄴ, ㄷ
④ ㄷ, ㄹ

정답 및 해설

올바른 선지
ㄱ, ㄴ.

공직자윤리법 제1조(목적) 이 법은 공직자 및 공직후보자의 재산등록, 등록재산 공개 및 재산형성과정 소명과 공직을 이용한 재산취득의 규제, 공직자의 선물신고 및 주식백지신탁, 퇴직공직자의 취업제한 및 행위제한 등을 규정함으로써 공직자의 부정한 재산 증식을 방지하고, 공무집행의 공정성을 확보하는 등 공익과 사익의 이해충돌을 방지하여 국민에 대한 봉사자로서 가져야 할 공직자의 윤리를 확립함을 목적으로 한다.

틀린 선지
ㄷ, ㄹ.

국가공무원법 제59조의2(종교중립의 의무) ① 공무원은 종교에 따른 차별 없이 직무를 수행하여야 한다.

동법 제63조(품위 유지의 의무) 공무원은 직무의 내외를 불문하고 그 품위가 손상되는 행위를 하여서는 아니 된다.

정답 ①

132 회독 □□□ 2022. 국가 9급

공무원의 정치적 중립의 정당화 근거로 옳지 않은 것은?

① 엽관주의의 폐해를 극복하여 행정의 안정성과 전문성을 제고할 수 있다.
② 공무원은 국민 전체의 이익을 위해 공평무사하게 봉사해야 하는 신분이다.
③ 공무원의 정치적 기본권을 강화하여 공직의 계속성을 제고할 수 있다.
④ 공명선거를 통해 민주적 기본질서를 제고할 수 있다.

정답 및 해설

정치적 기본권은 공무원이 정치적 견해를 표현하는 것임 → 따라서 정치적 기본권을 강화하는 것은 정치적 중립성을 저해할 수 있음

① 공무원의 정치적 중립성은 정치권의 영향력을 배제하므로 엽관주의의 폐해를 극복하여 행정의 안정성과 전문성을 제고할 수 있음
② 정치적 중립성은 공무원이 직무를 수행할 때 특정 정당의 정치적 이익을 추구하지 아니하고 국민 전체에 대한 봉사자로서 공정한 입장을 견지하는 것임
④ 공무원의 정치적 중립은 정치적 선동을 금지하는바 공정한 선거를 도모할 수 있음

정답 ③

133 회독 □□□

2022. 지방 9급

「공직자윤리법」상 재산등록의무자로 옳지 않은 것은?

① 법관 및 검사
② 소령 이상의 장교 및 이에 상당하는 군무원
③ 총경 이상의 경찰공무원과 소방정 이상의 소방공무원
④ 4급 이상의 일반직 공무원에 상당하는 보수를 받는 별정직 공무원

정답 및 해설

선지를 대령 이상의 장교 및 이에 상당하는 군무원으로 수정해야 함

①②③④

공직자윤리법 제3조【등록의무자】 ① 다음 각 호의 어느 하나에 해당하는 공직자(이하 "등록의무자"라 한다)는 이 법에서 정하는 바에 따라 재산을 등록하여야 한다.

1. 대통령 · 국무총리 · 국무위원 · 국회의원 등 국가의 정무직공무원
2. 지방자치단체의 장, 지방의회의원 등 지방자치단체의 정무직공무원
3. 4급 이상의 일반직 국가공무원(고위공무원단에 속하는 일반직공무원을 포함한다) 및 지방공무원과 이에 상당하는 보수를 받는 별정직공무원(고위공무원단에 속하는 별정직공무원을 포함한다)
4. 대통령령으로 정하는 외무공무원과 4급 이상의 국가정보원 직원 및 대통령경호처 경호공무원
5. 법관 및 검사
6. 헌법재판소 헌법연구관
7. 대령 이상의 장교 및 이에 상당하는 군무원
8. 교육공무원 중 총장 · 부총장 · 대학원장 · 학장(대학교의 학장을 포함한다) 및 전문대학의 장과 대학에 준하는 각종 학교의 장, 특별시 · 광역시 · 특별자치시 · 도 · 특별자치도의 교육감 및 교육장
9. 총경(자치총경을 포함한다) 이상의 경찰공무원과 소방정 이상의 소방공무원

정답 ②

134 회독 □□□

2021. 국가 9급

국가공무원법에 명시된 공무원의 의무에 해당하지 않는 것은?

① 부패행위 신고의무
② 품위 유지의 의무
③ 복종의 의무
④ 성실 의무

정답 및 해설

부패행위 신고의무는 부패방지권익위법에 명시되어 있음

부패방지권익위법 제56조【공직자의 부패행위 신고의무】 공직자는 그 직무를 행함에 있어 다른 공직자가 부패행위를 한 사실을 알게 되었거나 부패행위를 강요 또는 제의받은 경우에는 지체 없이 이를 수사기관 · 감사원 또는 위원회에 신고하여야 한다.

②③④

국가공무원법 제56조【성실 의무】 모든 공무원은 법령을 준수하며 성실히 직무를 수행하여야 한다.

동법 제57조【복종의 의무】 공무원은 직무를 수행할 때 소속 상관의 직무상 명령에 복종하여야 한다.

동법 제63조【품위 유지의 의무】 공무원은 직무의 내외를 불문하고 그 품위가 손상되는 행위를 하여서는 아니 된다.

정답 ①

135 회독 □□□
2019. 국가 9급

공익에 대한 설명으로 옳은 것은?

① 「국가공무원법」은 제1조에서 공무원은 국민 전체의 봉사자로서 공익을 추구해야 함을 명시하고 있다.
② 「공무원 헌장」은 공무원이 실천해야 하는 가치로 공익을 명시하고 있다.
③ 신공공서비스론에서는 공익을 행정의 목적이 아닌 부산물로 보아야 한다는 점을 강조한다.
④ 공익에 대한 실체설에서는 공익을 사익 간 타협 또는 집단 간 상호작용의 산물로 본다.

정답 및 해설

「공무원 헌장」은 공무원이 실천해야 하는 가치로 공익을 명시하고 있음: 「공무원 윤리헌장」이 「공무원 헌장」으로 전부 개정되어, 2016년 1월 1일부터 시행되고 있음

> 공무원 헌장
> [시행 2016. 1. 1.] [대통령훈령 제352호, 2015. 12. 31., 전부개정]
>
> 우리는 자랑스러운 대한민국의 공무원이다.
> 우리는 헌법이 지향하는 가치를 실현하며 국가에 헌신하고 국민에게 봉사한다.
> 우리는 국민의 안녕과 행복을 추구하고 조국의 평화 통일과 지속 가능한 발전에 기여한다.
> 이에 굳은 각오와 다짐으로 다음을 실천한다.
> 하나. 공익을 우선시하며 투명하고 공정하게 맡은 바 책임을 다한다.
> 하나. 창의성과 전문성을 바탕으로 업무를 적극적으로 수행한다.
> 하나. 우리 사회의 다양성을 존중하고 국민과 함께 하는 민주 행정을 구현한다.
> 하나. 청렴을 생활화하고 규범과 건전한 상식에 따라 행동한다.

① 국가공무원법 제1조는 공익을 명시하지 않고 있음

국가공무원법 제1조【목적】 이 법은 각급 기관에서 근무하는 모든 국가공무원에게 적용할 인사행정의 근본 기준을 확립하여 그 공정을 기함과 아울러 국가공무원에게 국민 전체의 봉사자로서 행정의 민주적이며 능률적인 운영을 기하게 하는 것을 목적으로 한다.

③ 신공공서비스론에서는 공익을 행정의 목적으로 보아야 한다는 점을 강조함
④ 공익에 대한 과정설에서는 공익을 사익 간 타협 또는 집단 간 상호작용의 산물로 간주함

정답 ②

136 회독 □□□
2017. 국가 9급

다음은 판례의 일부이다. 괄호 안에 들어갈 말로 옳은 것은?

> 주식백지신탁제도라 함은 공직자의 재산과 그가 담당하는 직무 사이에 발생하는 ( )을 사전에 회피하고, 공직자가 직위 또는 직무상 알게 된 정보를 이용하여 주식거래를 하거나 주가에 영향을 미쳐 부정하게 재산을 증식하는 것을 방지하며, 국민에 대한 봉사자로서 직무전념의무를 다하도록 하기 위해 일정 금액을 초과하는 주식을 보유하고 있는 경우에는 그 주식을 매각하거나 그 주식의 관리·운용·처분 권한 일체를 수탁기관에 위임하여 자신의 재산이 어떠한 형태로 존속하는지 알 수 없도록 신탁계약을 체결하도록 하는 제도를 말한다.

① 이념갈등 ② 이해충돌
③ 민간위탁 ④ 부정청탁

정답 및 해설

공직자윤리법에서는 주식백지신탁제도에 대해 명시하고 있으며, 이는 공직자의 이해충돌을 방지하기 위한 제도임

공직자윤리법 제1조【목적】 이 법은 공직자 및 공직후보자의 재산등록, 등록재산 공개 및 재산형성과정 소명과 공직을 이용한 재산취득의 규제, 공직자의 선물신고 및 주식백지신탁, 퇴직공직자의 취업제한 및 행위제한 등을 규정함으로써 공직자의 부정한 재산 증식을 방지하고, 공무집행의 공정성을 확보하는 등 공익과 사익의 이해충돌을 방지하여 국민에 대한 봉사자로서 가져야 할 공직자의 윤리를 확립함을 목적으로 한다.

정답 ②

137 회독 □□□

2018. 서울 9급

공직윤리와 관련한 설명으로 가장 옳지 않은 것은?

① 정무직 공무원과 일반직 4급 이상 공무원은 재산등록 의무가 있다.

② 공무원이 직무와 관련하여 외국인으로부터 10만원 또는 100달러 이상의 선물을 받은 때에는 소속 기관·단체의 장에게 신고하고 그 선물을 인도하여야 한다.

③ 세무·감사·건축·토목·환경·식품위생 분야의 대민업무 담당 부서에 근무하는 일반직 7급 이상의 경우 재산등록 대상에 해당한다.

④ 4급 이상 공무원과 공직유관단체 임직원은 퇴직일로부터 2년 간, 퇴직 전 5년 간 소속 부서 또는 기관 업무와 밀접한 관련이 있는 사기업체에 취업할 수 없다.

정답 및 해설

취업심사대상자는 퇴직일로부터 3년 간, 퇴직 전 5년 간 소속 부서 또는 기관 업무와 밀접한 관련이 있는 사기업체에 취업할 수 없음

① 정무직 공무원, 4급 이상 공무원은 일반적으로 재산등록의무자에 해당함

②

공직자윤리법 시행령 제28조【선물의 가액】 ① 법 제15조 제1항에 따라 신고하여야 할 선물은 그 선물 수령 당시 증정한 국가 또는 외국인이 속한 국가의 시가로 미국화폐 100달러 이상이거나 국내 시가로 10만원 이상인 선물로 한다.

③

공직자윤리법 시행령 제3조【등록의무자】 ④ 법 제3조제1항제13호에서 "대통령령으로 정하는 특정 분야의 공무원과 공직유관단체의 직원"이란 다음 각 호의 사람을 말한다.

11. 중앙행정기관 소속 공무원이나 지방자치단체 소속공무원 중 건축·토목·환경·식품위생 분야의 대민 관련 인·허가, 승인, 검사·감독, 지도단속 업무(이하 "대민업무"라 한다)를 담당하는 부서에 근무하는 5급 이하 7급 이상의 일반직공무원

정답 ④

cf.

138 회독 □□□

2017. 사복 9급

공무원 행동강령에 따르면 공무원은 직무관련 여부 및 기부·후원·증여 등 그 명목에 관계없이 동일인으로부터 1회에 100만 원 또는 매 회계연도에 300만 원을 초과하는 금품 등을 받거나 요구 또는 약속해서는 아니 된다. 그 예외에 해당하지 않는 것은?

① 특정인에게 배포하기 위한 기념품 또는 홍보용품 등이나 경연·추첨을 통하여 받는 보상 또는 상품 등

② 공무원의 친족(민법 제777조에 따른 친족)이 제공하는 금품 등

③ 원활한 직무수행 또는 사교·의례 또는 부조의 목적으로 제공되는 음식물·경조사비·선물 등으로서 중앙행정기관의 장 등이 정하는 가액 범위 안의 금품 등

④ 공무원과 관련된 직원상조회·동호인회·동창회·향우회·친목회·종교단체·사회단체 등이 정하는 기준에 따라 구성원에게 제공하는 금품 등 및 그 소속 구성원 등 공무원과 특별히 장기적·지속적인 친분관계를 맺고 있는 자가 질병·재난 등으로 어려운 처지에 있는 공무원에게 제공하는 금품 등

정답 및 해설

특정인을 불특정 다수인으로 고쳐야 함

공무원 행동강령 제14조【금품등의 수수 금지】 ① 공무원은 직무 관련 여부 및 기부·후원·증여 등 그 명목에 관계없이 동일인으로부터 1회에 100만원 또는 매 회계연도에 300만원을 초과하는 금품등을 받거나 요구 또는 약속해서는 아니 된다.

③ 제15조의 외부강의등에 관한 사례금 또는 다음 각 호의 어느 하나에 해당하는 금품등은 제1항 또는 제2항에서 수수(收受)를 금지하는 금품등에 해당하지 아니한다.

2. 원활한 직무수행 또는 사교·의례 또는 부조의 목적으로 제공되는 음식물·경조사비·선물 등으로서 중앙행정기관의 장등이 정하는 가액 범위 안의 금품등
4. 공무원의 친족(「민법」 제777조에 따른 친족을 말한다)이 제공하는 금품등
5. 공무원과 관련된 직원상조회·동호인회·동창회·향우회·친목회·종교단체·사회단체 등이 정하는 기준에 따라 구성원에게 제공하는 금품등 및 그 소속 구성원 등 공무원과 특별히 장기적·지속적인 친분관계를 맺고 있는 자가 질병·재난 등으로 어려운 처지에 있는 공무원에게 제공하는 금품등
7. 불특정 다수인에게 배포하기 위한 기념품 또는 홍보용품 등이나 경연·추첨을 통하여 받는 보상 또는 상품 등

정답 ①

139 회독 □□□

2017. 교행 9급

공무원의 공직윤리에 관한 설명으로 옳은 것은?

① 법령적 규제의 형식을 지닌 법적 공직윤리는 자율적인 공직윤리에 비해 구속력이 낮다.
② 「공무원 윤리헌장」이 「공무원 헌장」으로 전부 개정되어, 2016년 1월 1일부터 시행되고 있다.
③ 「국가공무원법」에는 성실의 의무, 재산 등록 및 공개의 의무, 주식백지신탁의 의무를 규정하고 있다.
④ 「공직자윤리법」에는 이해충돌 방지의 의무, 비밀 엄수의 의무, 종교 중립의 의무를 규정하고 있다.

정답 및 해설

현재 「공무원 윤리헌장」이 「공무원 헌장」으로 전부 개정되어, 2016년 1월 1일부터 시행되고 있음

> 공무원 헌장
> [시행 2016. 1. 1.] [대통령훈령 제352호, 2015. 12. 31., 전부개정]
>
> 우리는 자랑스러운 대한민국의 공무원이다.
>
> 우리는 헌법이 지향하는 가치를 실현하며 국가에 헌신하고 국민에게 봉사한다.
>
> 우리는 국민의 안녕과 행복을 추구하고 조국의 평화 통일과 지속 가능한 발전에 기여한다.
> 이에 굳은 각오와 다짐으로 다음을 실천한다.
>
> 하나. 공익을 우선시하며 투명하고 공정하게 맡은 바 책임을 다한다.
> 하나. 창의성과 전문성을 바탕으로 업무를 적극적으로 수행한다.
> 하나. 우리 사회의 다양성을 존중하고 국민과 함께 하는 민주 행정을 구현한다.
> 하나. 청렴을 생활화하고 규범과 건전한 상식에 따라 행동한다.

① 법령적 규제의 형식을 지닌 법적 공직윤리는 자율적인 공직윤리에 비해 구속력이 높음
③ 「국가공무원법」에는 성실의 의무 등을 명시하고 있고, 「공직자윤리법」에는 재산등록 및 공개의 의무, 주식백지신탁의 의무를 규정하고 있음
④ 「공직자윤리법」에는 이해충돌 방지의 의무 등을 명시하고 있고, 「국가공무원법」에는 비밀 엄수의 의무, 종교 중립의 의무를 규정하고 있음

정답 ②

140 회독 □□□

2021. 지방 7급

공직윤리 확보를 위한 제도에 대한 설명으로 옳지 않은 것은?

① 국민권익위원회는 공익신고자 등으로부터 보호조치를 신청받은 때에는 바로 공익신고자 등이 공익신고 등을 이유로 불이익조치를 받았는지에 대한 조사를 시작하여야 한다.
② 취업심사대상자는 퇴직 전 3년 동안 소속하였던 부서의 업무와 밀접한 관련이 있는 기관에 퇴직일로부터 5년간 취업할 수 없다. 단, 관할 공직자윤리위원회로부터 취업 승인을 받은 경우는 예외로 한다.
③ 재직자는 퇴직공직자로부터 직무와 관련한 청탁 또는 알선을 받은 경우 이를 소속 기관의 장에게 신고하여야 한다.
④ 국민권익위원회는 접수된 부패행위 신고사항을 그 접수일부터 60일 이내에 처리하여야 한다. 단, 신고내용의 특정에 필요한 사항을 확인하기 위한 보완 등이 필요하다고 인정되는 경우에는 그 기간을 30일 이내에서 연장할 수 있다.

정답 및 해설

취업심사대상자는 퇴직 전 5년 동안 소속하였던 부서의 업무와 밀접한 관련이 있는 기관에 퇴직일로부터 3년간 취업할 수 없음

①

> **공익신고자보호법 22조 【불이익조치 금지 신청】** ① 공익신고자등은 공익신고등을 이유로 불이익조치를 받을 우려가 명백한 경우(공익침해행위에 대한 증거자료의 수집 등 공익신고의 준비 행위를 포함한다)에는 위원회에 불이익조치 금지를 신청할 수 있다. ② 위원회는 불이익조치 금지 신청을 받은 때에는 바로 공익신고자등이 받을 우려가 있는 불이익조치가 공익신고등을 이유로 한 불이익조치에 해당하는지에 대한 조사를 시작하여야 한다.

③

> **공직자윤리법 제18조의4 【퇴직공직자 등에 대한 행위제한】** ② 재직자는 퇴직공직자로부터 직무와 관련한 청탁 또는 알선을 받은 경우 이를 소속 기관의 장에게 신고하여야 한다.

④

> **부패방지권익위법 제59조 【신고의 처리】** ⑥ 위원회는 접수된 신고사항을 그 접수일부터 60일 이내에 처리하여야 한다. 이 경우 제1항제1호에 따른 사항을 확인하기 위한 보완 등이 필요하다고 인정되는 경우에는 그 기간을 30일 이내에서 연장할 수 있다.

정답 ②

141 회독 □□□ 2020. 지방 7급

「국가공무원법」상 공직윤리에 위배되는 행위는?

① 공무원 甲은 소속 상관에게 직무상 관계가 없는 증여를 하였다.

② 공무원 乙은 소속 기관장의 허가를 받아 다른 직무를 겸하였다.

③ 수사기관이 현행범인 공무원 丙을 소속 기관의 장에게 미리 통보하지 않고 구속하였다.

④ 공무원 丁은 대통령의 허가를 받고 외국 정부로부터 증여를 받았다.

정답 및 해설

국가공무원법에 따르면 공무원은 직무와 관련하여 직접적이든 간접적이든 사례·증여 또는 향응을 주거나 받을 수 없음; 또한 공무원은 직무상의 관계가 있든 없든 그 소속 상관에게 증여하거나 소속 공무원으로부터 증여를 받으면 안됨

> **국가공무원법 제61조【청렴의 의무】** ① 공무원은 직무와 관련하여 직접적이든 간접적이든 사례·증여 또는 향응을 주거나 받을 수 없다. ② 공무원은 직무상의 관계가 있든 없든 그 소속 상관에게 증여하거나 소속 공무원으로부터 증여를 받아서는 아니 된다.

②

> **국가공무원법 제64조【영리 업무 및 겸직 금지】** ① 공무원은 공무 외에 영리를 목적으로 하는 업무에 종사하지 못하며 소속 기관장의 허가 없이 다른 직무를 겸할 수 없다.

③

> **국가공무원법 제58조【직장 이탈 금지】** ② 수사기관이 공무원을 구속하려면 그 소속 기관의 장에게 미리 통보하여야 한다. 다만, 현행범은 그러하지 아니하다.

④

> **국가공무원법 제62조【외국 정부의 영예 등을 받을 경우】** 공무원이 외국 정부로부터 영예나 증여를 받을 경우에는 대통령의 허가를 받아야 한다.

정답 ①

142 회독 □□□ 2019. 지방 7급

공직자윤리법령의 내용으로 옳은 것은?

① 국립대학교의 학장은 재산을 등록할 의무가 없다.

② 공무원은 그 직무와 관련하여 외국인으로부터 수령 당시 국내 시가 10만 원 이상의 선물을 받으면 지체 없이 신고하고 인도하여야 한다.

③ 재산공개 대상자가 직무 관련성이 있는 경우 매각 혹은 백지신탁 해야 하는 주식의 하한가액은 5천만 원이다.

④ 퇴직한 재산등록의무자는 퇴직 시점까지의 재산변동을 퇴직일부터 6개월 이내에 신고하여야 한다.

정답 및 해설

공무원은 그 직무와 관련하여 외국인으로부터 수령 당시 국내 시가 10만 원 이상의 선물을 받으면 지체 없이 소속 기관·단체의 장에게 신고하고 그 선물을 인도하여야 함

> **공직자윤리법 제15조【외국 정부 등으로부터 받은 선물의 신고】** ① 공무원(지방의회의원을 포함한다. 이하 제22조에서 같다) 또는 공직유관단체의 임직원은 외국으로부터 선물(대가 없이 제공되는 물품 및 그 밖에 이에 준하는 것을 말하되, 현금은 제외한다. 이하 같다)을 받거나 그 직무와 관련하여 외국인(외국단체를 포함한다. 이하 같다)에게 선물을 받으면 지체 없이 소속 기관·단체의 장에게 신고하고 그 선물을 인도하여야 한다. 이들의 가족이 외국으로부터 선물을 받거나 그 공무원이나 공직유관단체 임직원의 직무와 관련하여 외국인에게 선물을 받은 경우에도 또한 같다.
>
> **공직자윤리법 시행령 제28조【선물의 가액】** ① 법 제15조 제1항에 따라 신고하여야 할 선물은 그 선물 수령 당시 증정한 국가 또는 외국인이 속한 국가의 시가로 미국화폐 100달러 이상이거나 국내 시가로 10만 원 이상인 선물로 한다.

① 국립대학교의 총장·부총장·학장은 재산등록대상자임

③ 재산공개 대상자가 보유한 주식이 직무 관련성이 있는 경우 매각 혹은 백지신탁 해야 하는 주식의 하한가액은 대통령령 기준으로 3천만 원임

④

> **공직자윤리법 제6조【변동사항 신고】** ② 퇴직한 등록의무자는 퇴직일부터 2개월이 되는 날이 속하는 달의 말일까지 그 해 1월 1일부터 퇴직일까지의 재산 변동사항을 퇴직 당시의 등록기관에 신고하여야 한다.

정답 ②

143 회독 □□□ 2020. 국가 7급

우리나라의 행정윤리에 대한 설명으로 옳은 것만을 모두 고르면?

ㄱ. 공직자윤리법 상 지방의회 의원은 외국 정부 등으로부터 받은 선물의 신고 의무가 없다.
ㄴ. 우리나라에서는 내부고발자보호제도를 법률로 규정하고 있다.
ㄷ. 공직자윤리법에 따르면 총경 이상의 경찰공무원과 소방정 이상의 소방공무원은 재산을 등록해야 한다.
ㄹ. 공무원의 주식백지신탁 의무는 부패방지 및 국민권익위원회의 설치와 운영에 관한 법률에 규정되어 있다.

① ㄱ, ㄴ ② ㄱ, ㄷ
③ ㄴ, ㄷ ④ ㄷ, ㄹ

정답 및 해설

올바른 선지

ㄴ. 우리나라에서는 부패방지권익위법, 공익신고자 보호법에서 내부고발자보호제도를 규정하고 있음
ㄷ. 공직자윤리법에 따르면 총경 이상의 경찰공무원과 소방정 이상의 소방공무원은 재산을 등록해야 함

공직자윤리법 제3조【등록의무자】 ① 다음 각 호의 어느 하나에 해당하는 공직자(이하 "등록의무자"라 한다)는 이 법에서 정하는 바에 따라 재산을 등록하여야 한다.
9. 총경(자치총경을 포함한다) 이상의 경찰공무원과 소방정 이상의 소방공무원

틀린 선지

ㄱ. 공직자윤리법 상 지방의회 의원은 외국 정부 등으로부터 받은 선물의 신고 의무가 있음

공직자윤리법 제15조【외국 정부 등으로부터 받은 선물의 신고】 ① 공무원(지방의회의원을 포함한다. 이하 제22조에서 같다) 또는 공직유관단체의 임직원은 외국으로부터 선물(대가 없이 제공되는 물품 및 그 밖에 이에 준하는 것을 말하되, 현금은 제외한다. 이하 같다)을 받거나 그 직무와 관련하여 외국인(외국단체를 포함한다. 이하 같다)에게 선물을 받으면 지체 없이 소속 기관·단체의 장에게 신고하고 그 선물을 인도하여야 한다. 이들의 가족이 외국으로부터 선물을 받거나 그 공무원이나 공직유관단체 임직원의 직무와 관련하여 외국인에게 선물을 받은 경우에도 또한 같다.

ㄹ. 공무원의 주식백지신탁 의무는 공직자윤리법에 규정되어 있음

정답 ③

cf.

144 회독 □□□ 2010. 지방 7급

공직자윤리법과 그 시행령에 근거하여 재산등록 의무를 갖는 공무원이 아닌 것은?

① 건축·토목·환경·식품위생 분야의 대민 관련 인·허가 담당 지방자치단체 소속 7급 일반직 공무원
② 예산의 편성 및 심사를 담당하는 지방자치단체 소속 7급 일반직 공무원
③ 조세의 부과·징수·조사 및 심사를 담당하는 지방자치단체 소속 7급 일반직 공무원
④ 감사원 소속의 7급 일반직 공무원

정답 및 해설

②는 재산등록 의무를 갖는 공무원이 아님

①③④

공직자윤리법 시행령 제3조【등록의무자】 ④ 법 제3조제1항제13호에서 "대통령령으로 정하는 특정 분야의 공무원과 공직유관단체의 직원"이란 다음 각 호의 사람을 말한다.
4. 감사원 소속 공무원 중 5급 이하 7급 이상의 일반직공무원(이에 상당하는 전문경력관을 포함한다)과 이에 상당하는 별정직공무원
11. 중앙행정기관 소속 공무원이나 지방자치단체 소속공무원 중 건축·토목·환경·식품위생 분야의 대민 관련 인·허가, 승인, 검사·감독, 지도단속 업무(이하 "대민업무"라 한다)를 담당하는 부서에 근무하는 5급 이하 7급 이상의 일반직공무원
12. 지방자치단체 소속 공무원 중 조세의 부과·징수·조사 및 심사에 관계되는 업무를 담당하는 부서에 근무하는 5급 이하 7급 이상의 일반직공무원(이에 상당하는 지방전문경력관을 포함한다), 이에 상당하는 별정직공무원 및 그 상급 감독자

정답 ②

145 회독 □□□

2013. 지방 7급 수정

행정윤리 및 행정통제 제도에 대한 설명으로 옳지 않은 것은?

① 행정절차법 – 국민의 권익을 제한하는 처분을 할 경우에는 당사자에게 사전 통지해야 한다.
② 내부고발자 보호제도 – 조직의 불법행위를 언론이나 국회 등 외부에 알린 조직구성원을 보호한다.
③ 옴부즈만(ombudsman) – 행정이 잘못된 경우 해당 공무원에게 설명을 요구하고 필요한 사항을 조사하여 그 결과를 민원인에게 알려 준다.
④ 백지신탁 – 4급 이상 공무원은 이해의 충돌을 막기 위해 보유한 부동산을 수탁기관에 신탁해야 한다.

정답 및 해설

백지신탁제도는 공개대상자등의 보유주식(3천만 원 초과)에 대해 직무 관련성이 인정될 경우 보유한 주식을 매각하거나, 신탁계약 등을 체결하도록 하는 제도임

①

행정절차법 제21조【처분의 사전 통지】 행정청은 당사자에게 의무를 부과하거나 권익을 제한하는 처분을 하는 경우에는 미리 당사자 등에게 통지하여야 한다.

② 내부고발자 보호제도–조직의 불법행위를 언론이나 국회 등 외부에 알린 조직구성원을 보호하는 제도로써 부패방지권익위법 등에 명시되어 있음
③ 옴부즈만(ombudsman)–행정이 잘못된 경우 해당 공무원에게 설명을 요구하고 필요한 사항을 조사하여 그 결과를 민원인에게 알려주는 제도이며, 우리나라는 국민권익위원회가 옴부즈만의 역할을 수행하고 있음

정답 ④

146 회독 □□□

2015. 지방 7급

공무원의 복무와 관련하여 '지방공무원법'에서 규정하고 있지 않은 것은?

① 공무원은 소속 상사의 허가 없이 또는 정당한 이유 없이 직장을 이탈하지 못한다.
② 공무원은 외국정부로부터 영예 또는 증여를 받을 경우에는 대통령의 허가를 받아야 한다.
③ 퇴직한 모든 공무원은 본인 또는 제3자의 이익을 위하여 퇴직 전 소속 기관의 임직원에게 법령을 위반하게 하거나 지위 또는 권한을 남용하게 하는 등 공정한 직무수행을 저해하는 부정한 청탁 또는 알선을 하여서는 아니 된다.
④ 공무원은 공무 외에 영리를 목적으로 하는 업무에 종사하지 못하며, 소속기관의 장의 허가 없이 다른 직무를 겸할 수 없다.

정답 및 해설

③은 공직자윤리법에 명시되어 있음

공직자윤리법 제18조의4【퇴직공직자 등에 대한 행위제한】 ① 퇴직한 모든 공무원과 공직유관단체의 임직원은 본인 또는 제3자의 이익을 위하여 퇴직 전 소속 기관의 임직원에게 법령을 위반하게 하거나 지위 또는 권한을 남용하게 하는 등 공정한 직무수행을 저해하는 부정한 청탁 또는 알선을 하여서는 아니 된다.

① 직장 이탈 금지에 대한 조항임
② 외국 정부의 영예 등을 받을 경우 공무원의 의무에 대한 조항임
④ 영리 업무 및 겸직 금지에 대한 조항임

정답 ③

147 회독 □□□ 2012. 지방 7급

국가공무원법에서 제한하고 있는 공무원의 정치활동과 거리가 먼 것은?

① 정당이나 그 밖의 정치단체의 결성에 관여하거나 가입하는 것
② 투표권 행사여부에 대하여 사적 견해를 제시하는 것
③ 특정 정당의 지지를 위해 서명운동을 주재하거나 권유하는 것
④ 타인에게 정당이나 그 밖의 정치단체에 가입하도록 권유운동을 하는 것

정답 및 해설

아래의 조항 참고

국가공무원법 제65조【정치 운동의 금지】 ① 공무원은 정당이나 그 밖의 정치단체의 결성에 관여하거나 이에 가입할 수 없다.
② 공무원은 선거에서 특정 정당 또는 특정인을 지지 또는 반대하기 위한 다음의 행위를 하여서는 아니 된다.
1. 투표를 하거나 하지 아니하도록 권유 운동을 하는 것
2. 서명 운동을 기도(企圖)·주재(主宰)하거나 권유하는 것
3. 문서나 도서를 공공시설 등에 게시하거나 게시하게 하는 것
4. 기부금을 모집 또는 모집하게 하거나, 공공자금을 이용 또는 이용하게 하는 것
5. 타인에게 정당이나 그 밖의 정치단체에 가입하게 하거나 가입하지 아니하도록 권유 운동을 하는 것

정답 ②

148 회독 □□□ 2018. 국가 7급

행정윤리에 대한 설명으로 옳지 않은 것은?

① 「공직자윤리법」상 취업심사대상자는 퇴직일부터 3년간 퇴직 전 5년 동안 소속하였던 부서 또는 기관의 업무와 밀접한 관련성이 있는 취업제한기관에 취업할 수 없다.
② 각급 학교의 입학·성적·수행평가 등의 업무에 관하여 법령을 위반하여 처리·조작하도록 하는 행위는 「부정청탁 및 금품 등 수수의 금지에 관한 법률」상 부정청탁에 해당한다.
③ 「부패방지 및 국민권익위원회의 설치와 운영에 관한 법률」에서는 내부고발자 보호제도를 규정하고 있다.
④ 공직자 행동강령은 공무원이 준수하여야 할 행동 기준으로 「국가공무원법」에 규정되어 있다.

정답 및 해설

현행 공무원행동강령은 '부패방지 및 국민권익위원회의 설치와 운영에 관한 법률' 제8조에 근거해 2003년 노무현 정부 때 대통령령으로 제정되었음

① 「공직자윤리법」상 취업심사대상자는 퇴직일부터 3년간 퇴직 전 5년 동안 소속하였던 부서 또는 기관의 업무와 밀접한 관련성이 있는 취업제한기관에 취업할 수 없음
②

청탁금지법 제5조【부정청탁의 금지】 ① 누구든지 직접 또는 제3자를 통하여 직무를 수행하는 공직자등에게 다음 각 호의 어느 하나에 해당하는 부정청탁을 해서는 아니 된다.
10. 각급 학교의 입학·성적·수행평가 등의 업무에 관하여 법령을 위반하여 처리·조작하도록 하는 행위

③ 「부패방지 및 국민권익위원회의 설치와 운영에 관한 법률」에서는 내부고발자 보호제도를 규정하고 있음

부패방지권익위법 제56조【공직자의 부패행위 신고의무】 공직자는 그 직무를 행함에 있어 다른 공직자가 부패행위를 한 사실을 알게 되었거나 부패행위를 강요 또는 제의받은 경우에는 지체 없이 이를 수사기관·감사원 또는 위원회에 신고하여야 한다.

정답 ④

Section 02 공무원에 대한 통제 : 공직(공무원) 부패와 징계에 대하여

149 회독 □□□ 2022. 국가 9급

공무원 신분의 변경과 소멸에 대한 설명으로 옳지 않은 것은?

① 직권면직은 법률상 징계의 종류로 규정되어 있지 않다.
② 정직은 징계처분의 일종으로, 정직 기간 중에는 보수의 1/2을 감하도록 되어 있다.
③ 임용권자는 사정에 따라서는 공무원 본인의 의사에도 불구하고 휴직을 명해야 한다.
④ 임용권자는 직무수행 능력 부족을 이유로 직위해제를 받은 공무원이 직위해제 기간에 능력의 향상을 기대하기 어렵다고 인정된 때에 직권면직을 통해 공무원의 신분을 박탈할 수 있다.

정답 및 해설

정직은 징계처분의 일종으로, 정직 기간 중에는 보수의 전액을 감하도록 되어 있음

① 직권면직은 법률상 징계의 종류로 규정되어 있지 않음

> **국가공무원법 제79조【징계의 종류】** 징계는 파면·해임·강등·정직(停職)·감봉·견책(譴責)으로 구분한다.

③ 임용권자는 사정에 따라서는 공무원 본인의 의사에도 불구하고 휴직을 명해야 함

> **국가공무원법 제71조【휴직】** ② 임용권자는 공무원이 다음 각 호의 어느 하나에 해당하는 사유로 휴직을 원하면 휴직을 명할 수 있다. 다만, 제4호의 경우에는 대통령령으로 정하는 특별한 사정이 없으면 휴직을 명하여야 한다.
> 4. 만 8세 이하 또는 초등학교 2학년 이하의 자녀를 양육하기 위하여 필요하거나 여성공무원이 임신 또는 출산하게 된 때

④

> **국가공무원법 제70조【직권 면직】** ① 임용권자는 공무원이 다음 각 호의 어느 하나에 해당하면 직권으로 면직시킬 수 있다.
> 5. 제73조의3 제3항에 따라 대기 명령을 받은 자가 그 기간에 능력 또는 근무성적의 향상을 기대하기 어렵다고 인정된 때
>
> **국가공무원법 제73조의3【직위해제】** ① 임용권자는 다음 각 호의 어느 하나에 해당하는 자에게는 직위를 부여하지 아니할 수 있다.
> 2. 직무수행 능력이 부족하거나 근무성적이 극히 나쁜 자
> ③ 임용권자는 제1항 제2호에 따라 직위해제된 자에게 3개월의 범위에서 대기를 명한다.

정답 ②

150 회독 □□□ 2018. 국가 9급

「국가공무원법」상 징계에 대한 설명으로 옳은 것은?

① 징계는 파면·해임·정직·감봉·견책으로 구분한다.
② 정직은 1개월 이상 3개월 이하의 기간으로 하고, 정직처분을 받은 자는 그 기간 중 공무원의 신분은 보유하나 직무에 종사하지 못하며 보수의 3분의 2를 감한다.
③ 감봉은 1개월 이상 3개월 이하의 기간 동안 보수의 3분의 1을 감한다.
④ 감사원에서 조사 중인 사건에 대하여는 조사개시 통보를 받은 후부터 징계 의결의 요구나 그 밖의 징계 절차를 진행할 수 있다.

정답 및 해설

감봉은 1개월 이상 3개월 이하의 기간 동안 보수의 3분의 1을 감하는 징계유형임

① 징계는 중징계로서 파면·해임·강등·정직과 경징계로서 감봉·견책으로 구분됨
② 정직은 1개월 이상 3개월 이하의 기간으로 하고, 정직 처분을 받은 자는 그 기간 중 공무원의 신분은 보유하나 직무에 종사하지 못하며, 해당 기간에 보수의 전액을 감액함
④ 감사원에서 조사 중인 사건에 대하여는 조사개시 통보를 받은 후부터 징계 의결의 요구나 그 밖의 징계 절차를 진행할 수 없음

> **국가공무원법 제83조【감사원의 조사와의 관계 등】** ① 감사원에서 조사 중인 사건에 대하여는 제3항에 따른 조사개시 통보를 받은 날부터 징계 의결의 요구나 그 밖의 징계 절차를 진행하지 못한다.

정답 ③

151 회독 □□□ 2018. 국가 9급

공무원의 부패의 사례와 그 유형을 바르게 연결한 것은?

> ㉠ 무허가 업소를 단속하던 공무원이 정상적인 단속 활동을 수행하다가 금품을 제공하는 특정 업소에 대해서는 단속을 하지 않는다.
> ㉡ 금융 위기가 심각함에도 불구하고 국민들의 동요나 기업 활동의 위축을 방지하기 위해 금융 위기가 전혀 없다고 공무원이 거짓말을 한다.
> ㉢ 인·허가와 관련된 업무를 담당하는 공무원의 대부분은 업무를 처리하면서 민원인으로부터 의례적으로 '급행료'를 받는다.
> ㉣ 거래 당사자 없이 공금 횡령, 개인적 이익 편취, 회계부정 등이 공무원에 의해 일방적으로 발생한다.

	㉠	㉡	㉢	㉣
①	제도화된 부패	회색부패	일탈형 부패	생계형 부패
②	일탈형 부패	생계형 부패	조직부패	회색부패
③	일탈형 부패	백색부패	제도화된 부패	비거래형 부패
④	조직부패	백색부패	생계형 부패	비거래형 부패

정답 및 해설

㉠ 무허가 업소를 단속하던 공무원이 정상적인 단속 활동을 수행하다가 금품을 제공하는 특정 업소에 대해서는 단속을 하지 않는 것은 일탈형 부패임
㉡ 금융 위기가 심각함에도 불구하고 국민들의 동요나 기업 활동의 위축을 방지하기 위해 금융 위기가 전혀 없다고 공무원이 거짓말을 하는 것은 백색부패임
㉢ 인·허가와 관련된 업무를 담당하는 공무원의 대부분은 업무를 처리하면서 민원인으로부터 의례적으로 '급행료'를 받는 것은 제도화된 부패임
㉣ 거래 당사자 없이 공금 횡령, 개인적 이익 편취, 회계부정 등이 공무원에 의해 일방적으로 발생하는 부패는 비거래형 부패임

정답 ③

152 회독 □□□ 2018. 지방 9급

「국가공무원법」상 공무원 인사에 대한 설명으로 옳지 않은 것은?

① 당연퇴직은 법이 정한 사유가 발생한 경우 별도의 처분 없이 공무원 관계가 소멸되는 것을 말한다.
② 직권면직은 법이 정한 사유가 발생한 경우 임용권자가 일방적으로 공무원 관계를 소멸시키는 것을 말한다.
③ 직위해제는 직무 수행 능력이 부족하거나 근무성적이 극히 나쁜 경우 공무원의 신분은 유지하지만 강제로 직무를 담당하지 못하게 하는 것이다.
④ 강임은 한 계급 아래로 직급을 내리는 것으로 징계의 종류 중 하나이다.

정답 및 해설

강임은 징계의 종류가 아님 → 강임은 승진과 반대로 현 직급보다 낮은 하위직급에 임용되는 제도이나 이는 정원의 조정 혹은 예산의 감소에 따라 직위가 없어지거나 과원(過員; 정원초과)이 생긴 경우 등에 의해 이루어짐

① 당연퇴직은 법이 정한 사유가 발생한 경우 별도의 처분 없이 공무원 관계가 소멸되는 제도임

> **국가공무원법 제69조【당연퇴직】** 공무원이 다음 각 호의 어느 하나에 해당할 때에는 당연히 퇴직한다.
> 1. 제33조 각 호의 어느 하나에 해당하는 경우
> 2. 임기제공무원의 근무기간이 만료된 경우

② 직권면직은 법률에 규정한 사유가 발생하면 임용권자가 직권으로 공무원의 신분을 박탈하는 제도임
③ 직위해제는 공무원에게 직위를 부여하지 않고 일정 기간 직무에서 격리시키는 불이익 처분임

> **국가공무원법 제73조의3【직위해제】** ① 임용권자는 다음 각 호의 어느 하나에 해당하는 자에게는 직위를 부여하지 아니할 수 있다.
> 2. 직무수행 능력이 부족하거나 근무성적이 극히 나쁜 자
> 3. 파면·해임·강등 또는 정직에 해당하는 징계 의결이 요구 중인 자
> 4. 형사 사건으로 기소된 자(약식명령이 청구된 자는 제외한다)
> 5. 고위공무원단에 속하는 일반직공무원으로서 제70조의2 제1항 제2호부터 제5호까지의 사유로 적격심사를 요구받은 자
> 6. 금품비위, 성범죄 등 대통령령으로 정하는 비위행위로 인하여 감사원 및 검찰·경찰 등 수사기관에서 조사나 수사 중인 자로서 비위의 정도가 중대하고 이로 인하여 정상적인 업무수행을 기대하기 현저히 어려운 자

정답 ④

PART 04 인사행정

153 회독 □□□

2022. 국가 7급

공직부패의 유형에 대한 설명으로 옳지 않은 것은?

① 인·허가 업무처리 시 소위 '급행료'를 당연하게 요구하는 행위를 일탈형 부패라고 한다.

② 정치인이나 고위공무원이 자신의 권력을 남용해 사적 이익을 추구하는 것을 권력형 부패라고 한다.

③ 공금 횡령, 회계 부정 등 거래 당사자 없이 공무원에 의해 일방적으로 발생하는 부패를 사기형 부패라고 한다.

④ 사회체제에 파괴적 영향을 미칠 잠재성이 있음에도 불구하고, 일부 집단은 처벌을 원하는 반면, 다른 집단은 처벌을 원하지 않는 경우를 회색부패라고 한다.

정답 및 해설

선지는 제도적 부패(부패 = 일상)에 대한 내용임 → 일탈형 부패는 어쩌다 부패를 하는 현상임

②③④

권력형 부패	상층부의 정치인들이 정치권력을 이용해 초과적인 막대한 이익을 부당하게 얻기 위한 부패
사기형 부패 (비거래형 부패)	부패와 관련한 이해관계자 없이 공무원 개인이 저지르는 행동
회색부패	① 백색부패와 흑색부패의 중간에 해당하는 부패 ② 부패로 간주하기에 논란이 있거나 가치판단을 요구하는 유형

정답 ①

154 회독 □□□

2015. 지방 7급

국가공무원법 상 공무원의 인사에 대한 규정으로 옳지 않은 것은?

① 정직은 1개월 이상 3개월 이하의 기간으로 하고, 정직처분을 받은 자는 그 기간 중 공무원의 신분은 보유하나 직무에 종사하지 못하며 보수의 전액을 감한다.

② 강임은 1계급 아래로 직급을 내리고 공무원신분은 보유하나 3개월간 직무에 종사하지 못하며 그 기간 중 보수의 3분의 2를 감한다.

③ 징계로 해임처분을 받은 때부터 3년이 지나지 아니한 자는 공무원으로 임용될 수 없다.

④ 징계로 파면처분을 받은 때부터 5년이 지나지 아니한 자는 공무원으로 임용될 수 없다.

정답 및 해설

강임은 징계의 종류가 아니라 내부임용 중 수직적 이동에 해당함 → 강등에 대한 내용은 아래의 조항 참고

> **국가공무원법 제80조【징계의 효력】** ① 강등은 1계급 아래로 직급을 내리고 공무원신분은 보유하나 3개월간 직무에 종사하지 못하며 그 기간 중 보수는 전액을 감한다.

① 정직은 직무정지를 의미하며, 중징계이므로 보수의 전액을 삭감함

③④

해임과 파면은 신분박탈형 징계임 → 아울러 해임은 3년, 파면은 5년간 임용결격사유에 해당함

정답 ②

155 회독 □□□

2020. 지방 7급

부패의 원인에 관한 도덕적 접근방법의 입장과 가장 가까운 것은?

① 부패는 관료 개인의 윤리의식과 자질로 인하여 발생한다.
② 부패는 관료 개인의 속성, 제도, 사회문화적 환경 등의 여러 요인이 복합적으로 상호작용한 결과이다.
③ 부패는 현실과 괴리된 법령의 이중적인 규제 기준과 모호한 법규정, 적절한 통제장치 미비 등에 의해 발생한다.
④ 부패는 공식적 법규나 규범보다는 관습과 같은 사회문화적 환경에 의해 유발된다.

정답 및 해설

도덕적 접근에 따르면 부패는 개인의 윤리의식과 자질 때문에 발생함

②③④

사회문화적 접근	ⓐ 특정한 지배적 관습이나 경험적 습성과 같은 요인이 공무원 부패를 조장한다고 보는 접근방법 ⓑ 부패는 환경의 종속변수
제도적 접근	행정제도 혹은 법의 결함이나 운영의 미숙 등이 공무원의 부패를 조장한다는 관점 → 현실과 괴리된 법령의 이중적인 규제기준과 모호한 법규정, 적절한 통제장치 미비 등에 의해 발생
체제론적 접근	ⓐ 부패는 다양한 요인에 의해 발생함 ⓑ 즉, 제도상의 결함, 공무원의 부정적인 행태, 문화적인 특성 등 하나의 원인이 아니라 다양한 원인이 복합적으로 작용해서 부패가 발생한다는 관점

정답 ①

156 회독 □□□

2013. 국가 7급

제도화된 부패(institutionalized corruption)의 특징이 아닌 것은?

① 부패저항자에 대한 제재와 보복
② 부패행위자에 대한 보호와 관대한 처분
③ 실제로 지켜지지 않는 반부패 행동규범의 대외적 표방
④ 공식적 행동규범을 준수하려는 성향의 일상화

정답 및 해설

'제도화된 부패(institutional corruption)'는 '구조화된 부패' 또는 '체제적 부패'라고도 하는데, 부패가 일상화되고(부패가 생활) 제도화되어 조직 내에서 공식적 행동규범의 준수가 오히려 예외적인 것으로 되는 것을 의미함

①②③

제도적 부패

1. '제도적 부패(institutional corruption)'는 '구조화된 부패' 또는 '체제적 부패'라고 부르기도 함
2. 부패가 일상(생활)이 되면서 부패가 곧 제도가 된 상태 → 부패가 조직을 규율하는 실질적인 규범이 된 것
3. 공식적 행동규칙을 준수하면 이상한 사람으로 취급받게 됨
4. 예시: 인·허가와 관련해서 급행료를 받는 것을 당연시하는 관행
5. 제도적 부패가 자리잡은 조직에서 나타날 수 있는 현상
   ㉠ 부패저항자에 대한 제재와 보복
   ㉡ 부패행위자에 대한 보호와 관대한 처분
   ㉢ 실제로 지켜지지 않는 반부패 행동규범의 대외적 표방 → 지킬 수 없는 약속을 하는 것
   ㉣ 부패의 타성화

정답 ④

157 회독 □□□ 2012. 지방 7급

부패의 유형과 그 예에 대한 설명으로 옳지 않은 것은?

① 회색부패는 금융위기가 심각함에도 불구하고 국가적 동요를 막기 위해 관련 공직자가 문제없다고 거짓말을 하는 것이다.
② 제도화된 부패는 인·허가와 관련된 업무를 처리할 때 소위 '급행료'를 지불하는 것이다.
③ 일탈형 부패는 무허가업소를 단속하던 단속원이 금품을 제공하는 특정 업소에 대해 단속을 하지 않는 것이다.
④ 개인부패는 공무원 개인이 직무를 수행하면서 공금을 횡령한 것이다.

정답 및 해설

①은 국민이 용인할 수 있는 선의의 부패, 즉 백색부패에 대한 내용임
✚ '회색부패'는 백색부패와 흑색부패의 중간에 해당하는 부패로 국민 간 논란이 있거나 가치판단을 요하는 유형임 → 과도한 선물의 수수와 같이 공무원 윤리강령에 규정될 수는 있지만, 법률로 규정하는 것에 대하여 논란이 있는 경우는 회색부패에 해당함

② 제도화된 부패는 부패가 일상생활로 자리잡힌 것으로써 인·허가 업무 등을 처리할 때 '급행료'를 당연하게 받는 관례 등이 대표적인 사례임
③ 일탈형 부패는 공무원이 어쩌다 부패를 범하는 부패유형임
④ 개인부패는 집단이 아니라 공무원 개인이 직무를 수행하면서 부패를 저지르는 현상임

정답 ①

158 회독 □□□ 2014. 국가 7급

부패와 행정통제에 대한 설명으로 옳지 않은 것은?

① 계층제는 공식적 행정통제 방법이다.
② 공금횡령은 거래형 부패에 해당된다.
③ 우리나라는 공공기관의 부패행위에 대해 국민감사청구제를 시행하고 있다.
④ 우리나라는 '모든 국민의 공공기관 부패방지 시책에 대한 협력의무'를 법률로 규정하고 있다.

정답 및 해설

공금횡령은 사기형 부패 혹은 개인형 부패임; 사기형 부패는 거래의 당사자가 없이 공무원이 일방적으로 저지르는 공금횡령, 회계부정과 같은 부패이며, 개인형 부패는 개인의 수준에서 발생하는 부패임

거래형 부패

뇌물을 받고 상대방에게 특혜를 제공하는 행위

③ 우리나라는 공공기관의 부패행위에 대해 국민감사청구제를 시행하고 있음

부패방지권익위법 제72조【감사청구권】 ① 18세 이상의 국민은 공공기관의 사무처리가 법령위반 또는 부패행위로 인하여 공익을 현저히 해하는 경우 대통령령으로 정하는 일정한 수 이상의 국민의 연서로 감사원에 감사를 청구할 수 있다. 다만, 국회·법원·헌법재판소·선거관리위원회 또는 감사원의 사무에 대하여는 국회의장·대법원장·헌법재판소장·중앙선거관리위원회 위원장 또는 감사원장(이하 "당해 기관의 장"이라 한다)에게 감사를 청구하여야 한다.

④ 우리나라는 '모든 국민의 공공기관 부패방지 시책에 대한 협력의무'를 법률로 규정하고 있음

부패방지권익위법 제6조【국민의 의무】 모든 국민은 공공기관의 부패방지시책에 적극 협력하여야 한다.

정답 ②

159 회독 □□□

2016. 지방 7급

고충민원 처리 및 부패방지와 관련된 설명으로 옳지 않은 것은?

① 내부고발자를 보호하기 위한 제도가 시행되고 있다.
② 공공기관의 부패행위에 대해 국민권익위원회에 감사를 청구할 수 있는 국민감사청구제도가 시행되고 있다.
③ 국민권익위원회 위원장과 위원의 임기는 각각 3년으로 하되, 1차에 한하여 연임할 수 있다.
④ 지방자치단체는 고충민원을 처리하기 위해 시민고충처리위원회를 둘 수 있다.

정답 및 해설

부패행위에 대한 국민감사청구는 감사원에 청구할 수 있음

부패방지권익위법 제72조【감사청구권】 ① 18세 이상의 국민은 공공기관의 사무처리가 법령위반 또는 부패행위로 인하여 공익을 현저히 해하는 경우 대통령령으로 정하는 일정한 수 이상의 국민의 연서로 감사원에 감사를 청구할 수 있다. 다만, 국회·법원·헌법재판소·선거관리위원회 또는 감사원의 사무에 대하여는 국회의장·대법원장·헌법재판소장·중앙선거관리위원회 위원장 또는 감사원장(이하 "당해 기관의 장"이라 한다)에게 감사를 청구하여야 한다.

① 우리나라에서 내부고발제는 2002년 부패방지권익위법 시행에 따라 도입되었으며, 2011년 공직신고자보호법으로 그 법적 근거가 확대되었음
③ 국민권익위원회 위원장과 위원의 임기는 각각 3년으로 하되, 1차에 한하여 연임할 수 있음

부패방지권익위법 제16조【직무상 독립과 신분보장】 ① 위원회는 그 권한에 속하는 업무를 독립적으로 수행한다. ② 위원장과 위원의 임기는 각각 3년으로 하되 1차에 한하여 연임할 수 있다.

④

부패방지권익위법 제32조【시민고충처리위원회의 설치】 ① 지방자치단체 및 그 소속 기관에 관한 고충민원의 처리와 행정제도의 개선 등을 위하여 각 지방자치단체에 시민고충처리위원회를 둘 수 있다.

정답 ②

160 회독 □□□

2015. 국가 7급

공무원 부패에 대한 체제론적 접근방법을 설명한 것으로 옳은 것은?

① 공무원 부패는 개인들의 윤리의식과 자질 때문에 발생한다.
② 부패는 하나의 변수가 아니라 다양한 요인에 의해 복합적으로 나타난다.
③ 사회의 법과 제도상의 결함 때문에 부패가 발생한다.
④ 특정한 지배적 관습이나 경험적 습성과 같은 것이 부패를 조장한다.

정답 및 해설

체제론적 접근에 따르면 부패는 하나의 변수가 아니라 다양한 요인에 의해 복합적으로 발생함

체제론적 접근

- 부패는 다양한 요인에 의해 발생함
- 즉, 제도상의 결함, 공무원의 부정적인 행태, 문화적인 특성 등 하나의 원인이 아니라 다양한 원인이 복합적으로 작용해서 부패가 발생한다는 관점

① 도덕적 접근방법에 대한 내용임
③ 제도적 접근방법에 대한 내용임
④ 사회문화적 접근방법에 대한 내용임

정답 ②

PART 04 인사행정

161 회독 □□□

2009. 지방 7급

공무원 부패에 대한 다양한 접근방법 중 체제론적 접근방법을 설명하고 있는 것은?

① 특정한 지배적 관습이나 경험적 습성과 같은 요인이 공무원 부패를 조장한다고 보는 접근방법이다.
② 사회의 법과 제도상의 결함, 부패관리기구와 그 운영상의 문제점 또는 예기치 않았던 부작용들이 공무원 부패를 조장한다고 보는 접근방법이다.
③ 문화적 특성, 제도상 결함, 구조상 모순 그리고 공무원의 부정적 행태 등 다양한 요인에 의해 공무원 부패가 발생한다고 보는 접근방법이다.
④ 개인의 성격 및 독특한 습성과 윤리문제를 공무원 부패의 원인으로 접근하는 방법이다.

정답 및 해설

체제론적 접근은 제도상의 결함, 구조상 모순, 공무원의 부정적인 행태, 문화적인 특성 등 하나의 원인이 아니라 다양한 원인이 복합적으로 작용해서 부패가 발생한다는 관점임

① 사회문화적 접근에 대한 내용임
② 제도적 접근에 대한 내용임
④ 도덕적 접근에 대한 내용임

정답 ③

162 회독 □□□

2019. 지방 7급

국가공무원법 상 공무원의 인사제도에 대한 설명으로 옳지 않은 것은?

① 특수업무 분야에 종사하는 공무원은 대통령령으로 정하는 바에 따라 일반직공무원의 계급 구분과 직군 분류를 적용받지 않을 수 있다.
② 인사혁신처장은 필요에 따라 인사교류계획을 수립하고, 국무총리의 승인을 받아 이를 실시할 수 있다.
③ 징계로 해임처분을 받은 때부터 5년이 지나지 아니한 자는 공무원으로 임용될 수 없다.
④ 임용권자는 지역인재의 임용을 위한 수습 기간을 3년의 범위에서 정할 수 있다.

정답 및 해설

징계로 해임 처분을 받은 때부터 3년을 지나지 아니한 자는 공무원으로 임용될 수 없음

① 특수 업무 분야에 종사하는 공무원은 대통령령으로 정하는 바에 따라 일반직 공무원의 계급 구분이나 직군 및 직렬의 분류를 적용하지 아니할 수 있음

국가공무원법 제4조【일반직공무원의 계급 구분 등】 ① 일반직공무원은 1급부터 9급까지의 계급으로 구분하며, 직군(職群)과 직렬(職列)별로 분류한다. 다만, 고위공무원단에 속하는 공무원은 그러하지 아니하다.
② 다음 각 호의 공무원에 대하여는 대통령령등으로 정하는 바에 따라 제1항에 따른 계급 구분이나 직군 및 직렬의 분류를 적용하지 아니할 수 있다.
1. 특수 업무 분야에 종사하는 공무원

②

국가공무원법 제32조의2【인사교류】 인사혁신처장은 행정기관 상호 간, 행정기관과 교육·연구기관 또는 공공기관 간에 인사교류가 필요하다고 인정하면 인사교류계획을 수립하고, 국무총리의 승인을 받아 이를 실시할 수 있다.

④

국가공무원법 제26조의4【지역 인재의 추천 채용 및 수습근무】 ① 임용권자는 우수한 인재를 공직에 유치하기 위하여 학업 성적 등이 뛰어난 고등학교 이상 졸업자나 졸업 예정자를 추천·선발하여 3년의 범위에서 수습으로 근무하게 하고, 그 근무기간 동안 근무성적과 자질이 우수하다고 인정되는 자는 6급 이하의 공무원으로 임용할 수 있다.

정답 ③

Section 03 공무원의 권리에 대하여

163 회독 □□□

2023. 국가 7급

우리나라 공무원제도에 대한 설명으로 옳은 것만을 모두 고르면?

ㄱ. 중앙정부·지방자치단체 및 그 하부기관에 근무하는 공무원은 직장협의회를 설립할 수 있으며, 하나의 기관에 복수의 협의회 설립이 가능하다.
ㄴ. 휴직은 공무원으로서의 신분을 보유하게 하면서 직무담임을 일시적으로 해제하는 것으로서 임용권자가 직권으로 휴직을 명하는 직권휴직과 본인의 원에 따라 휴직을 명하는 청원휴직이 있다.
ㄷ. 공무원은 소청심사위원회를 통해 부당하다고 여겨지는 징계에 대한 구제를 신청할 수 있으며, 소청심사위원회의 결정은 처분청과 소청인 모두를 기속한다.
ㄹ. 시보 임용기간 중에 있는 공무원이 근무성적·교육훈련성적이 나빠서 공무원으로서의 자질이 부족하다고 판단되는 경우에는 면직시킬 수 있다.

① ㄱ, ㄴ
② ㄱ, ㄷ
③ ㄴ, ㄹ
④ ㄷ, ㄹ

정답 및 해설

올바른 선지

ㄴ. 아래의 조항에서 1항은 직권휴직이며, 2항은 청원휴직을 뜻함

국가공무원법 제71조【휴직】 ① 공무원이 다음 각 호의 어느 하나에 해당하면 임용권자는 본인의 의사에도 불구하고 휴직을 명하여야 한다. ② 임용권자는 공무원이 다음 각 호의 어느 하나에 해당하는 사유로 휴직을 원하면 휴직을 명할 수 있다.

ㄹ.

국가공무원법 제29조【시보 임용】 ③ 시보 임용 기간 중에 있는 공무원이 근무성적·교육훈련성적이 나쁘거나 이 법 또는 이 법에 따른 명령을 위반하여 공무원으로서의 자질이 부족하다고 판단되는 경우에는 제68조와 제70조에도 불구하고 면직시키거나 면직을 제청할 수 있다.

틀린 선지

ㄱ.

공무원직협법 제2조【설립】 ① 국가기관, 지방자치단체 및 그 하부기관에 근무하는 공무원은 직장협의회(이하 "협의회"라 한다)를 설립할 수 있다. ② 협의회는 기관 단위로 설립하되, 하나의 기관에는 하나의 협의회만을 설립할 수 있다.

ㄷ. 소청인은 기속할 수 없음

국가공무원법 제15조【결정의 효력】 제14조에 따른 소청심사위원회의 결정은 처분 행정청을 기속(羈束)한다.

정답 ③

164 회독 □□□

2024. 국가 9급

공무원과 관할 소청심사기관의 연결로 옳지 않은 것은?

① 경기도청 소속의 지방공무원 甲 – 경기도 소청심사위원회
② 지방검찰청 소속의 검사 乙 – 법무부 소청심사위원회
③ 소방청 소속의 소방위 丙 – 인사혁신처 소청심사위원회
④ 국립대학교 소속의 교수 丁 – 교육부 교원소청심사위원회

정답 및 해설

아래의 표 참고

소청심사위원회의 설치

<table>
<tr><td>입법부(국회)</td><td colspan="4">국회사무처 소청심사위원회</td></tr>
<tr><td>사법부(법원)</td><td colspan="4">법원행정처 소청심사위원회</td></tr>
<tr><td>헌법재판소</td><td colspan="4">헌법재판소사무처 소청심사위원회</td></tr>
<tr><td>중앙선관위</td><td colspan="4">중앙선거관리위원회사무처 소청심사위원회</td></tr>
<tr><td rowspan="4">행정부</td><td rowspan="2">지방직 공무원</td><td rowspan="2">경력직</td><td rowspan="2">일반직</td><td>시·도 지방소청심사위원회</td></tr>
<tr><td>시·도 교육소청심사위원회(지방직 교육직렬)</td></tr>
<tr><td rowspan="2">국가직 공무원</td><td rowspan="2">경력직</td><td>일반직</td><td rowspan="2">인사혁신처 소청심사위원회</td></tr>
<tr><td>특정직</td></tr>
<tr><td>기타</td><td colspan="4">① 인사혁신처 소청심사위원회는 특정직 공무원의 소청을 심사·결정할 수 있음(검사 제외)
② 교원의 소청심사는 교육부에 설치된 교원소청심사위원회에서 담당
③ 특수경력직 공무원은 소청대상에 포함되지 않음(원칙)</td></tr>
</table>

정답 ②

165 회독 □□□

2023. 국가 9급

공무원의 직위해제에 대한 설명으로 옳은 것은?

① 직위해제는 공무원 징계의 한 종류이다.
② 직위해제 처분을 받은 공무원은 잠정적으로 공무원 신분이 상실된다.
③ 직무수행 능력이 부족하거나 근무성적이 극히 나쁜 자에 대해서도 직위해제가 가능하다.
④ 직위해제의 사유가 소멸된 경우 임용권자는 인사위원회의 심의를 거쳐 3개월 이내에 직위를 부여하여야 한다.

정답 및 해설

③은 직위해제 사유에 해당함

① 직위해제는 징계가 아님
② 직위해제는 신분을 유지하되, 직무에서 격리된 상태임
④ 아래의 조항 참고

국가공무원법 제73조의3【직위해제】 ② 제1항에 따라 직위를 부여하지 아니한 경우에 그 사유가 소멸되면 임용권자는 지체 없이 직위를 부여하여야 한다.

정답 ③

166 회독 □□□

2022. 국가 7급

2022년 10월 14일 기준, 「국가공무원법」상 공무원으로 임용될 수 없는 사람은?

① 2021년 10월 13일에 성년후견이 종료된 甲
② 파산선고를 받고 2021년 10월 13일에 복권된 乙
③ 2019년 10월 13일에 공무원으로서 징계로 파면처분을 받은 丙
④ 2017년 금고형을 선고받고 그 집행유예기간이 2019년 10월 13일에 끝난 丁

정답 및 해설

문제는 임용결격사유에 대한 내용을 다루고 있음 → 징계에 의하여 해임처분을 받은 때부터 3년, 파면처분을 받은 때부터 5년간 공무원으로 임용될 수 없는바 丙의 경우 2024.10.13.까지 공무원으로 임용될 수 없음

①②④

제33조【결격사유】 다음 각 호의 어느 하나에 해당하는 자는 공무원으로 임용될 수 없다.
1. 피성년후견인 또는 피한정후견인
2. 파산선고를 받고 복권되지 아니한 자
4. 금고 이상의 형을 선고받고 그 집행유예(집행을 미루고 지켜보는 것) 기간이 끝난 날부터 2년이 지나지 아니한 자

정답 ③

167 회독 □□□

2017. 국가 7급

「공무원의 노동조합 설립 및 운영 등에 관한 법률」상 단체교섭 대상은?

① 기관의 조직 및 정원에 관한 사항
② 조합원의 보수에 관한 사항
③ 예산·기금의 편성 및 집행에 관한 사항
④ 정책의 기획 등 정책결정에 관한 사항

정답 및 해설

아래의 조항 참고

공무원 노조법 제8조 【교섭 및 체결 권한 등】 ① 노동조합의 대표자는 그 노동조합에 관한 사항 또는 조합원의 보수·복지, 그 밖의 근무조건에 관하여 국회사무총장·법원행정처장·헌법재판소사무처장·중앙선거관리위원회사무총장·인사혁신처장(행정부를 대표한다)·특별시장·광역시장·특별자치시장·도지사·특별자치도지사·시장·군수·구청장(자치구의 구청장을 말한다) 또는 특별시·광역시·특별자치시·도·특별자치도의 교육감 중 어느 하나에 해당하는 사람(이하 "정부교섭대표"라 한다)과 각각 교섭하고 단체협약을 체결할 권한을 가진다. 다만, 법령 등에 따라 국가나 지방자치단체가 그 권한으로 행하는 정책결정에 관한 사항, 임용권의 행사 등 그 기관의 관리·운영에 관한 사항으로서 근무조건과 직접 관련되지 아니하는 사항은 교섭의 대상이 될 수 없다.

정답 ②

168 회독 □□□

2021. 지방 7급

공무원 고충처리에 대한 설명으로 옳지 않은 것은?

① 5급 이상 공무원 및 고위공무원단에 속하는 일반직공무원의 고충을 다루는 중앙고충심사위원회의 기능은 소청심사위원회가 관장한다.
② 고충처리대상은 인사·조직·처우 등의 직무조건과 성폭력 범죄, 성희롱 등으로 인한 신상 문제에 대하여 광범위하게 인정된다.
③ 소청심사위원회의 결정은 처분청에 대한 법적 기속력이 있지만, 고충심사위원회의 결정은 처분청에 대한 법적 기속력이 없다.
④ 고충심사위원회가 청구서를 접수한 때에는 30일 이내에 고충심사에 대한 결정을 해야 하고 그 결정은 위원 과반수의 출석과 과반수의 합의에 의한다.

정답 및 해설

고충심사위원회가 청구서를 접수한 때에는 30일 이내에 고충심사에 대한 결정을 해야 함 → 다만, 보통 고충심사위원회의 결정은 위원 5명 이상의 출석과 출석위원 과반수의 합의에, 중앙고충심사위원회의 결정은 위원 3분의 2 이상의 출석과 출석 위원 과반수의 합의에 따름

①

중앙고충 심사위원회	① 일반적으로 5급 이상 공무원의 고충심사 ② 중앙고충심사위원회의 기능은 소청심사위원회에서 관장함
보통고충 심사위원회	① 일반적으로 6급 이하 공무원의 고충심사 ② 임용권자 혹은 임용제청권자 단위로 설치

② 고충처리대상은 소청심사청구 제도에 비해 광범위함

③

국가공무원법 제15조 【결정의 효력】 제14조에 따른 소청심사위원회의 결정은 처분 행정청을 기속(羈束)한다.

국가공무원법 제76조의2 【고충 처리】 ⑦ 중앙인사관장기관의 장, 임용권자 또는 임용제청권자는 심사 결과 필요하다고 인정되면 처분청이나 관계 기관의 장에게 그 시정을 요청할 수 있으며, 요청받은 처분청이나 관계 기관의 장은 특별한 사유가 없으면 이를 이행하고, 그 처리 결과를 알려야 한다. 다만, 부득이한 사유로 이행하지 못하면 그 사유를 알려야 한다.

정답 ④

PART 04 인사행정

169 회독 □□□

2013. 국가 7급 수정

'공무원직장협의회의 설립 · 운영에 관한 법률' 상 공무원 직장협의회에 가입할 수 있는 공무원은?

① 정무직 공무원
② 특정직공무원 중 외무영사직렬 외무공무원
③ 업무의 주된 내용이 지휘 · 감독권을 행사하거나 다른 공무원의 업무를 총괄하는 업무에 종사하는 공무원
④ 업무의 주된 내용이 인사, 예산, 경리, 물품출납, 비서, 기밀, 보안, 경비 및 그 밖에 이와 유사한 업무에 종사하는 공무원

정답 및 해설

아래의 조항 참고

공무원직협법 제3조【가입 범위】 ① 협의회에 가입할 수 있는 공무원의 범위는 다음 각 호와 같다.
1. 일반직공무원
2. 특정직공무원 중 다음 각 목의 어느 하나에 해당하는 공무원
 가. 외무영사직렬 · 외교정보기술직렬 외무공무원
 나. 경찰공무원
 다. 소방공무원
5. 별정직공무원
② 제1항에도 불구하고 다음 각 호의 어느 하나에 해당하는 공무원은 협의회에 가입할 수 없다.
2. 업무의 주된 내용이 지휘 · 감독권을 행사하거나 다른 공무원의 업무를 총괄하는 업무에 종사하는 공무원
3. 업무의 주된 내용이 인사, 예산, 경리, 물품출납, 비서, 기밀, 보안, 경비 및 그 밖에 이와 유사한 업무에 종사하는 공무원

정답 ②

170 회독 □□□

2011. 지방 7급

공무원의 신분보장 및 퇴직에 대한 설명으로 옳지 않은 것은?

① 정치적 중립을 확보하기 위한 신분보장은 실적주의 및 직업공무원제 정착에 기여한다.
② 임의퇴직을 늘리기 위한 하나의 방편으로서 권고사직은 공무원에게 온정적 조치이지만 때로는 신분보장을 침해할 위험이 있다.
③ 우리나라 1급 공무원을 포함한 경력직 공무원은 형의 선고, 징계처분 또는 법령에서 정하는 사유에 따르지 아니하고는 본인의 의사에 반하여 휴직, 강임 또는 면직을 당하지 아니 한다.
④ 직위해제의 경우는 공무원의 신분을 유지하나, 해임 및 파면의 경우는 공무원의 신분을 상실한다.

정답 및 해설

1급 공무원은 예외임

국가공무원법 제68조【의사에 반한 신분 조치】 공무원은 형의 선고, 징계처분 또는 이 법에서 정하는 사유에 따르지 아니하고는 본인의 의사에 반하여 휴직 · 강임 또는 면직을 당하지 아니한다. 다만, 1급 공무원과 제23조에 따라 배정된 직무등급이 가장 높은 등급의 직위에 임용된 고위공무원단에 속하는 공무원은 그러하지 아니하다.

① 실적주의나 직업공무원제는 공무원의 신분보장에 기초하고 있으며, 이는 실적주의 및 직업공무원제 정착에 기여할 수 있음
② 권고사직은 외형적 · 법적으로는 임의퇴직임 → 단, 외부의 강제에 의해 퇴직을 결심하게 되는바 그 실질적인 성격은 강제퇴직이나 마찬가지임
④ 직위해제는 공무원에게 직위를 부여하지 않고 일정 기간 직무에서 격리시키는 불이익 처분임 → 따라서 해임이나 파면과는 다르게 공무원의 신분을 유지함

정답 ③

171 회독 □□□ 2011. 지방 7급 수정

현행 「공무원의 노동조합 설립 및 운영 등에 관한 법률」 상 공무원노동조합에 대한 설명으로 옳지 않은 것은?

① 계급에 관계없이 일반직공무원 및 별정직 공무원의 경우 법령에 의해 금지된 자를 제외하고는 노동조합에 가입할 수 있다.

② 정책결정에 관한 사항 등 근무조건과 직접 관련되지 아니하는 사항은 단체교섭을 할 수 없다.

③ 노동조합 전임자는 임용권자의 동의를 받아 노동조합 업무에만 종사할 수 있다.

④ 단체교섭이 결렬된 경우에 지방공무원노동조합은 해당 지방노동위원회에 조정을 신청할 수 있다.

정답 및 해설

단체교섭이 결렬된 경우에 중앙노동위원회에 조정을 신청할 수 있음

공무원노조법 제12조【조정신청 등】 ① 제8조에 따른 단체교섭이 결렬(決裂)된 경우에는 당사자 어느 한쪽 또는 양쪽은 중앙노동위원회에 조정(調停)을 신청할 수 있다.

①

공무원노조법 제6조【가입 범위】 ① 노동조합에 가입할 수 있는 사람의 범위는 다음 각 호와 같다.
1. 일반직공무원
2. 특정직공무원 중 외무영사직렬·외교정보기술직렬 외무공무원, 소방공무원 및 교육공무원(다만, 교원은 제외한다)
3. 별정직공무원
4. 제1호부터 제3호까지의 어느 하나에 해당하는 공무원이었던 사람으로서 노동조합 규약으로 정하는 사람

② 임용권의 행사, 정책결정에 관한 사항 등 근무조건과 직접 관련되지 아니하는 사항은 단체교섭을 할 수 없음

③

공무원노조법 제7조【노동조합 전임자의 지위】 ① 공무원은 임용권자의 동의를 받아 노동조합의 업무에만 종사할 수 있다.

정답 ④

최욱진 행정학
단원별 7·9급 기출문제집

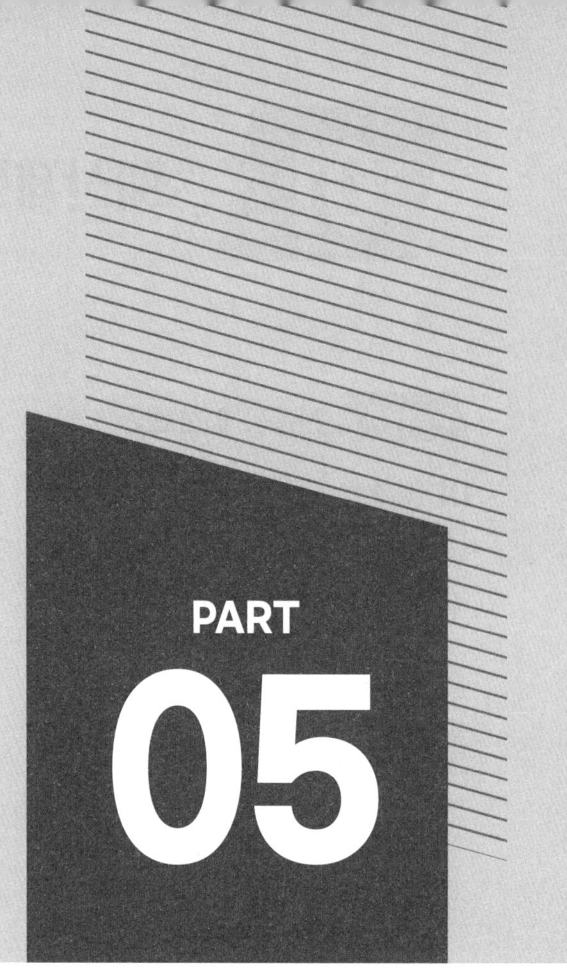

재무행정

Chapter 01 예산제도의 발달 과정
Chapter 02 우리나라의 재정개혁
Chapter 03 예산결정모형
Chapter 04 예산의 기초
Chapter 05 예산의 종류
Chapter 06 예산과정
Chapter 07 정부회계
Chapter 08 재무행정기관, 그리고 정부기관의 구매

예산제도의 발달 과정

Section 01 전통적 예산제도

01 회독 ☐☐☐ 2024. 국가 9급

영기준예산(ZBB)에 대한 설명으로 옳지 않은 것은?

① 기존 사업과 새로운 사업을 구분하지 않고 사업의 목적, 방법, 자원에 대한 근본적인 재평가를 바탕으로 예산을 편성하는 제도이다.

② 우리나라는 정부예산에 영기준예산 제도를 적용한 경험이 있다.

③ 예산편성의 기본 단위는 의사결정 단위(decision unit)이며 조직 또는 사업 등을 지칭한다.

④ 집권화된 관리체계를 갖기 때문에 예산편성 과정에 소수의 조직구성원만이 참여하게 된다.

정답 및 해설

영기준예산편성제도는 모든 의사결정단위가 예산편성에 관여하는바 분권적인 특징을 지님

① 영기준 예산제도는 기존 사업과 이를 대체할 새로운 사업에 대한 근본적재평가를 매년 실시하는 제도임
② 우리나라는 정부에 영기준예산제도를 적용한 경험이 있음(1983-1984)
③ 의사결정단위는 예산을 편성하는 조직임 → 다만, 각 조직은 집행할 사업이 있는 까닭에 조직 혹은 사업으로 표현될 수 있음

정답 ④

02 회독 ☐☐☐ 2023. 지방 9급

품목별예산제도(line-item budget system)에 대한 설명으로 옳지 않은 것은?

① 미국에서 공무원의 부정부패를 막고 행정의 능률을 향상시키기 위해 도입되었다.

② 정부 활동에 대한 총체적인 사업계획과 우선순위 결정에 유리하다.

③ 예산 집행의 책임성을 확보할 수 있는 통제지향 예산제도이다.

④ 특정 사업의 지출 성과에 대해서는 파악하기 어렵다.

정답 및 해설

품목별예산제도는 투입 중심 예산제도이므로 정부활동에 대한 정보를 제공할 수 없음

①③
품목별예산제도는 행정부를 통제하기 용이한 예산제도임
④ 품목별예산제도는 투입 중심 예산제도이므로 특정 사업의 지출 성과에 대해서는 파악하기 어려움

정답 ②

03 회독 □□□ 2021. 지방 9급

예산제도에 대한 설명으로 옳지 않은 것은?

① 품목별 예산제도는 행정부의 재량권을 확대하기 위해 도입되었다.
② 성과주의 예산제도에서는 사업의 단위원가를 기초로 예산을 편성한다.
③ 계획예산제도에서는 장기적인 기획과 단기적인 예산 편성을 연계하여 합리적 예산 배분을 시도한다.
④ 영기준 예산제도는 예산을 편성할 때 전년도 예산에 구애받지 않는다.

정답 및 해설

품목별 예산제도는 행정부를 통제하기 용이한 제도임

② 성과주의 예산제도에서는 사업의 단위원가와 사업량을 기초로 예산을 편성함
③ 계획예산제도에서는 대규모 사업에 대한 예산편성을 지향하는 제도로, 장기적인 기획과 단기적인 예산편성을 연계하여 합리적 예산 배분을 시도함
④ 영기준 예산제도는 예산을 편성할 때 전년도 예산에 구애받지 않고, 근본적인 재검토를 매년 실시함

정답 ①

04 회독 □□□ 2020. 서울속기 9급

예산제도 중 다음의 내용에 해당하는 것은?

> 기획(Planning), 사업구조화(Programming), 예산(Budgeting)을 연계시킨 시스템적 예산제도로, 시간적으로 장기적 사업의 효과가 나올 수 있도록 예산을 뒷받침한 것으로 볼 수 있다. 조직목표 달성 차원에서 성과를 설정하는 것이 가능하며, 자원배분의 효율성을 높일 수 있는 장점이 있다. 그러나 의사결정의 지나친 집권화와 실현가능성이 낮은 문제가 단점으로 지적된다.

① 성과주의 예산제도
② 계획 예산제도
③ 목표관리 예산제도
④ 영기준 예산제도

정답 및 해설

보기는 계획예산제도의 개념과 특징 등에 대해 설명하고 있음 → 계획예산제도는 정책의 목표를 정부엘리트가 설정한 후에 이를 달성하기 위한 가장 최선의 대안, 즉 대규모 정책(프로그램)을 결정하고, 장기적인 계획성을 바탕으로 하위 사업에 대해 예산을 배정하는 예산편성제도임

① 성과 예산제도 : 예산을 사업별, 활동별로 분류하여 편성하되, 업무단위의 원가와 사업량을 계산하여 편성하는 제도
③ 목표관리 예산제도 : 구성원의 참여를 통해 설정한 세부 사업의 목표를 예산편성과 연계하는 제도
④ 영기준 예산제도 : 전년도 예산의 답습이 아니라 백지상태에서 현행 사업을 재검토하고자 도입한 감축지향적인 예산편성제도

정답 ②

05 회독 □□□

2020. 국가 9급

예산제도에 대한 설명으로 옳지 않은 것은?

① 품목별 예산제도는 일에 대한 정보를 제공하며, 세입과 세출의 유기적 연계를 고려한다.
② 성과주의 예산제도는 업무량과 단위당 원가를 곱하여 예산액을 산정한다.
③ 계획예산제도는 비용편익분석 등을 활용함으로써 자원배분의 합리화를 추구한다.
④ 영기준 예산제도는 예산편성에서 의사결정단위(decision unit)설정, 의사결정 패키지 작성 등이 필요하다.

정답 및 해설

품목별 예산제도는 투입 중심의 예산편성제도이므로 정부가 하는 일(사업)에 대한 정보를 제공할 수 없음 → 따라서 세입과 세출의 유기적 연계를 고려하지 못함

② 성과주의 예산제도는 소규모 사업을 단위로 예산을 편성하는 제도로써 업무량과 단위당 원가를 곱하여 예산액을 산정함
③ 계획예산제도는 비용편익분석 등을 활용함으로써 정책목표를 달성하기 위한 최선의 정책을 정하는 기획중심 예산편성제도임
④ 영기준 예산제도는 전년도 예산안을 근본적으로 재검토하는 감축지향적인 제도로써 예산편성에서 의사결정단위(decision unit)를 설정하여 의사결정 패키지를 작성하도록 만드는 분권적 · 상향적인 예산편성 방식을 지향함

정답 ①

06 회독 □□□

2016. 지방 9급

품목별예산제도에 대한 설명으로 옳지 않은 것은?

① 재정민주주의 구현에 유리한 통제지향 예산제도이다.
② 정부활동의 중복방지와 통합 및 조정에 유리한 예산제도이다.
③ 지출의 대상에 따라 자세히 예산이 표시되어 있으므로 예산심의가 용이하다.
④ 정부가 수행하는 사업과 그 효과에 대한 명확한 정보를 제공하지 못한다.

정답 및 해설

품목별 예산제도는 지출항목을 세세하게 분류하여 예산을 편성함 → 따라서 정부의 기능 혹은 전체 사업에 대한 정보를 확인할 수 없는바 정부활동의 통합 및 조정이 어려운 예산제도임

①③
품목별 예산제도는 지출의 대상에 따라 자세히 예산이 표시되어 있고, 이를 검토하는 과정에서 특별한 전문성이 필요하지 않기 때문에 의회의 예산심의가 용이함 → 따라서 품목별 예산제도는 재정민주주의 구현에 유리한 통제지향 예산제도임
④ 품목별 예산제도는 품목을 기준으로 돈을 배정하기 때문에 정부가 수행하는 사업과 그 효과에 대한 명확한 정보를 제공하지 못함

정답 ②

07 회독 □□□

2017. 국가 9급

예산제도에 대한 설명으로 옳지 않은 것은?

① 쉬크(Schick)는 통제·관리·기획이라는 예산의 세 가지 지향을 제시하였다.
② 영기준 예산제도(ZBB)가 단위사업을 사업·재정계획에 따라 장기적인 예산편성 쪽으로 방향을 잡았다면, 계획예산제도(PPBS)는 당해연도의 예산의 제약조건을 먼저 고려한다.
③ 우리나라는 예산편성과 성과관리의 연계를 위해 재정사업 자율평가제도를 실시하고 있다.
④ 조세지출예산제도는 조세지출의 내용과 규모를 주기적으로 공표해 조세지출을 관리하는 제도이다.

정답 및 해설

계획예산제도가 단위사업을 사업·재정계획에 따라 장기적인 예산편성 쪽으로 방향을 잡았다면, 영기준 예산제도는 당해연도의 예산의 제약조건을 먼저 고려함

① 쉬크(Schick)는 통제·관리·기획이라는 예산의 세 가지 지향을 제시하였음
③ 우리나라는 예산편성과 성과관리의 연계를 위해 재정사업 성과관리제도를 운영하고 있는데, 재정사업 자율평가제도는 재정사업 성과관리제도의 한 종류에 해당함

재정사업 자율평가제도

> ㉠ 재정사업의 성과판단을 위한 기준을 명시한 체크리스트를 작성 후 이를 바탕으로 재정사업의 성과를 평가하는 제도 → 일반적으로 평가의 대상은 예산 및 기금이 투입되는 모든 사업임
> ㉡ 각 사업부처의 자체평가 후 기획재정부의 핵심사업평가를 실시

④ 조세지출 예산제도는 조세지출(합법적인 세금감면) 현황을 주기적으로 공표함으로써 조세지출에 대한 경각심을 높이고 이를 적정한 수준으로 통제하는 제도임

정답 ②

08 회독 □□□

2019. 사복 9급

예산제도 종류에 대한 설명으로 가장 옳은 것은?

① 품목별 예산제도(LIBS)는 각 항목에 의한 예산배분으로 조직 목표 파악이 쉽다.
② 성과주의 예산제도(PBS)는 투입요소 중심으로 단위원가에 업무량을 곱하여 예산액을 측정한다.
③ 목표관리 예산제도(MBO)는 부처별 기본목표에 따라 하향식 방식으로 중장기 계획을 수립한다.
④ 영기준 예산제도(ZBB)는 기존 사업예산은 인정하되 새로운 사업에 대해서만 엄밀한 사정을 한다.

정답 및 해설

일반적인 형태의 문제가 아니므로 참고로만 익혀둘 것 → 성과주의 예산제도(PBS)는 단기적인 활동 및 사업을 중심으로 예산을 편성하는 제도임; 그러나 선지는 성과주의 예산제도가 활동을 중심으로 예산을 편성하되, 활동을 업무측정단위 및 단위원가로 쪼개서 추정하기 때문에 투입중심으로 예산을 편성한다고 표현한 것임

① 품목별 예산제도는 각 항목에 의한 예산배분을 지향하기 때문에 조직 목표 파악이 어려움
③ 계획예산제도는 부처별 기본목표에 따라 하향식 방식으로 중장기 계획을 수립함
④ 영기준 예산제도는 신규사업과 기존사업 모두를 분석함 → 다만 기존사업의 분석에 대해 시간과 비용을 많이 투자함

정답 ②

09 회독 □□□ 2019. 국가 9급

품목별 예산제도에 대한 설명으로 옳은 것은?

① 능률적인 관리를 위하여 구성원의 참여를 촉진한다는 점에서는 목표에 의한 관리(MBO)와 비슷하다.
② 거리 청소, 노면 보수 등과 같이 활동 단위를 중심으로 예산재원을 배분한다.
③ 미국 케네디 행정부의 국방장관인 맥나마라(McNamara)가 국방부에 최초로 도입하였다.
④ 지출을 통제하고 공무원들로 하여금 회계적 책임을 쉽게 확보할 수 있는 데 용이하다.

정답 및 해설

품목별 예산제도는 입법국가 시절의 예산제도로서 통제지향적인 예산제도임 → 즉, 세세한 지출 내용을 중심으로 예산을 편성하기 때문에 공무원이 구체적으로 어디에 돈을 썼는지 회계책임을 쉽게 확보할 수 있음

① 조직구성원의 참여가 공통점이라는 점에서 MBO와 유사한 제도는 ZBB임
② 거리 청소, 노면 보수 등과 같이 소규모 활동 단위를 중심으로 예산재원을 배분하는 건 PBS임
③ 미국 케네디 행정부의 국방장관인 맥나마라(McNamara)가 국방부에 최초로 도입한 예산제도는 PPBS임

정답 ④

10 회독 □□□ 2020. 지방 9급

A 예산제도에서 강조하는 기능은?

> A 예산제도는 당시 미국의 국방장관이었던 맥나마라(McNamara)에 의해 국방부에 처음 도입되었고, 국방부의 성공적인 예산개혁에 공감한 존슨(Johnson) 대통령이 1965년에 전 연방정부에 도입하였다.

① 통제
② 관리
③ 기획
④ 감축

정답 및 해설

보기에 해당하는 예산편성제도는 계획예산제도임 → 계획예산제도는 대규모 정책을 중심으로 정부의 예산을 편성하기 때문에 기획지향성을 지님

① 통제지향적인 예산편성제도는 품목별 예산제도임
② 관리지향적인 예산편성제도는 성과주의 예산제도임
④ 감축지향적인 예산편성제도는 영기준 예산제도임

정답 ③

11 회독 □□□ 2022. 국가 7급

예산제도에 대한 설명으로 옳지 않은 것은?

① 영기준예산제도는 예산배분의 관행을 인정하지 않는 제도로서 미국의 민간기업 Texas Instruments에서 처음 시작되었고, 1970년대 미국 연방정부에 도입되었다.

② 계획예산제도는 장기적 계획, 사업, 예산을 연결시키는 제도로서 미국에서 베트남 전쟁, 위대한 사회 프로그램 등 정부예산이 팽창하던 1960년대에 도입·운영되었다.

③ 성과주의예산제도는 산출 이후의 성과에 관심을 가지며 예산집행의 재량과 결과에 대한 책임을 강조하는 제도로서 1950년대 연방정부를 비롯해 지방정부에 확산되었다.

④ 품목별예산제도는 예산을 지출대상별로 분류해 편성하는 통제지향적 제도로서 1920년대 대부분 미국 연방 부처가 도입하였다.

정답 및 해설

성과주의 예산제도는 산출의 효과, 즉 결과에 대한 관심을 두지 않음

① 영기준예산제도는 전년도 예산을 다시 재검토하는 제도로서 미국의 민간기업 Texas Instruments에서 처음 시작되었고, 정부실패 시기, 즉 1970년대에 미국 연방정부에 도입되었음

② PPBS는 대규모 사업을 중심으로 예산을 편성하는 장기적 관점의 예산제도이며, 1960년대에 존슨행정부에서 도입·운영했음

④ LIBS는 투입 중심으로 예산을 편성하는 통제지향적인 제도로서 1920년대 대부분 미국 연방 부처가 도입하였음

정답 ③

12 회독 □□□ 2021. 국가 7급

다음의 단점 혹은 한계로 인하여 정착이 어려운 예산제도는?

- 사업구조를 작성하는 것이 어렵다.
- 결정구조가 집권화되는 문제가 있다.
- 행정부처의 직원들이 복잡한 분석기법을 이해하기 어렵다.

① 품목별 예산제도

② 성과주의 예산제도

③ 계획예산제도

④ 영기준 예산제도

정답 및 해설

보기는 계획예산제도에 대한 설명임 → 계획예산제도는 정책의 목표(엘리트가 규정)를 달성할 수 있는 대규모 사업을 중심으로 예산을 편성하기 때문에 프로그래밍(사업구조 작성)의 어려움이 있음; 또한 정책의 목적을 실현할 수 있는 최선의 대규모 사업을 선택하기 위해 비용편익분석을 하는바 공무원이나 의원들이 이해하기 어렵다는 문제점이 있음

① 품목별 예산제도: 지출의 최소단위인 품목을 중심으로 예산을 편성하는 제도

② 성과주의 예산제도: 소규모 활동을 기준으로 예산을 편성하는 제도

④ 영기준 예산제도: 과거의 관행을 전혀 참조하지 않고 목적, 방법, 자원에 대한 근본적인 재평가를 바탕으로 하여 감축지향적(불요불급한 지출 억제)으로 예산을 편성하는 제도

정답 ③

13 회독 □□□ 2017. 국가 7급

예산제도에 대한 설명으로 옳지 않은 것은?

① 계획예산제도는 중장기적 전략기획에 따라 일관성 있게 예산이 뒷받침되는 전략예산체계를 지향한다.
② 품목별 예산제도는 회계책임을 명백히 할 수 없기 때문에 예산의 유용이나 남용을 방지할 수 없다.
③ 영기준 예산제도는 미국 카터 행정부에서 채택되었던 것으로, 전년도 예산의 답습이 아니라 백지상태에서 현행 사업을 재검토하고자 한 것이다.
④ 성과주의 예산제도는 예산을 사업별로 편성하여, 사업수행의 최종산출물을 강조하였다.

정답 및 해설

품목별 예산제도는 지출 항목별로 한도를 정해 줌으로써 지출을 담당하는 공무원의 권한과 재량을 제한하고 회계책임을 분명히 하는 데 유리함 → 즉, 품목별 예산제도는 회계책임을 명백히 할 수 있기 때문에 예산의 유용이나 남용을 방지할 수 있음

① 계획예산제도는 대규모 사업 중심 예산편성제도로써 중장기적 전략기획에 따라 일관성 있게 예산이 뒷받침되는 전략예산체계를 지향함
③ 영기준 예산제도는 1977년 미국 카터 행정부에서 긴축재정정책의 수단으로 채택되었던 제도임 → 이는 전년도 예산의 답습이 아니라 백지상태에서 현행 사업을 근본적으로 재검토하고자 한 것임
④ 성과주의 예산제도는 예산을 사업(단기적 · 소규모 사업)별로 편성하여, 사업수행의 최종산출물(사업의 완성여부)을 강조함

정답 ②

14 회독 □□□ 2014. 지방 7급

영기준 예산제도의 단점으로 옳은 것만을 모두 고른 것은?

> ㉠ 계산전략의 한계
> ㉡ 정보획득의 애로
> ㉢ 예산통제의 애로
> ㉣ 경직성 경비로 인한 한계
> ㉤ 재정구조의 경직화
> ㉥ 비경제적 요인의 간과

① ㉠, ㉡, ㉣, ㉥
② ㉠, ㉢, ㉣, ㉤
③ ㉠, ㉢, ㉣, ㉥
④ ㉡, ㉢, ㉤, ㉥

정답 및 해설

영기준 예산제도의 단점

> ① 계산 전략의 한계와 정보획득의 애로 : 매년 반복적으로 모든 예산을 전면적으로 재검토하는 데 많은 시간과 노력이 필요함; 그 부담이 과중하여 일선관리자의 저항을 받기 쉬움
> ② 경직성 경비로 인한 한계 : 공공부문에서는 경직성 업무(국방비, 공무원 보수 등)가 많고 법령상 제약으로 사업의 축소 · 폐지가 용이하지 않음
> ③ 비경제적 요인의 간과 : 예산체제에 영향을 미치는 정치적 · 심리적인 요인(국민의 견해 반영)을 고려하지 못했음

영기준 예산제도의 장점

> ① 재정의 경직성 타파와 탄력성 확보 : 사업 우선순위의 결정을 토대로 경제상황에 따라 그 가치가 낮은 사업활동을 축소하거나 폐지할 수 있기 때문에(기존 사업에 대해 매년 재검토) 재정운영의 탄력성을 제고함
> ② 예산통제 강화 : 우선순위가 낮은 사업의 폐지를 통하여 점증주의를 극복하고, 예산낭비와 예산팽창을 억제할 수 있음

정답 ①

15 회독 □□□

2012. 국가 7급

예산관리모형 중 '품목별 예산제도(LIBS)'에 대한 설명으로 옳지 않은 것은?

① 갈등을 야기할 수 있는 어려운 선택을 분할하기 때문에 모든 어려움에 한꺼번에 직면하지 않아도 된다.
② 기획지향적이라기보다는 통제지향적이다.
③ 회계책임을 묻는 데 용이하다.
④ 지출품목마다 그 비용이 얼마인가에 따라 예산을 배정하기 때문에 효율성 판단이 용이하다.

정답 및 해설

품목별 예산제도는 투입은 알 수 있으나 산출은 고려하지 않는바 효율성 판단이 어려움

① 품목별 예산제도는 가장 작은 단위로 예산을 배정함 → 즉, 사업처럼 갈등을 야기할 수 있는 어려운 선택을 분할해서 예산을 책정하기 때문에 예산을 둘러싼 이해관계자 간 저항 등에 직면하지 않아도 됨

②③
품목별 예산제도는 정부가 지출하는 대상을 모두 품목으로 분류해서 해당 품목에 정해진 액수만큼만 지출하도록 만든 제도임 → 따라서 회계책임을 묻는 데 용이한 제도임(통제지향적인 제도)

정답 ④

16 회독 □□□

2009. 지방 7급

성과주의 예산제도가 성공적으로 도입 운영되기 위해 중시되어야 하는 것은?

① 행정부제출예산제도
② 합법성 위주의 예산심의
③ 회계검사 기관의 기능 강화
④ 사업원가의 도출

정답 및 해설

성과주의 예산제도에서 예산은 '업무량(사업량) × 단위원가'임 → 그러므로 성과주의 예산제도가 성공적으로 도입 운영되기 위해서는 사업원가(사업에 소요되는 비용)의 도출이 필요함

참고
사업량 = 업무측정단위 × 수량

정답 ④

17 회독 □□□ 2009. 국가 7급

성과주의 예산제도에 대한 설명으로 옳지 않은 것은?

① 성과주의 예산은 운영관리를 위한 지침으로서 효과적이지 않다.
② 제2차 세계대전 이후 미국의 제1차 후버위원회에서 권고한 제도 중의 하나이다.
③ 성과주의 예산에서 재원들은 거리 청소, 노면 보수 등과 같은 활동 단위를 중심으로 배분된다.
④ 1990년대 이후 미국 클린턴 행정부에서 목표관리, 총체적 품질관리 등과 같은 혁신적인 방안이 추진되면서 부활된 제도이다.

정답 및 해설

성과주의 예산은 단위사업의 운영관리를 위한 지침으로서 매우 효과적임(관리지향적인 예산편성제도) → 다만, 장기적인 계획과의 연계보다는 단위사업만을 중시하기 때문에 전략적인 목표의식이 결여될 수 있음

② 성과주의 예산제도는 2차 세계대전 이후 정부의 활동이 증가하면서 미국의 제1차 후버위원회에서 권고한 제도 중의 하나임
③ 성과주의 예산에서 재원들은 거리 청소, 노면 보수 등과 같은 소규모 활동 단위를 중심으로 배분됨
④ 성과주의 예산제도는 1990년대 이후 미국 클린턴 행정부에서 목표관리, 총체적 품질관리 등과 같은 혁신적인 방안이 추진되면서 신성과주의 예산제도로 부활되었음

정답 ①

18 회독 □□□ 2010. 지방 7급

각종 예산제도의 특성과 발달에 대한 설명으로 옳은 것은?

① 예산개혁의 정향은 주로 통제지향 → 기획지향 → 관리지향 → 참여지향 → 감축지향 순으로 진행되었다.
② 자본예산은 케인즈 경제학이나 후생경제학의 영향으로 성립된 예산제도로서 장기기획과 예산의 연계를 강조하게 된다. 그러나 행정부에 의한 기획중심적 성향으로 인하여 의회 예산 심의기능의 약화를 초래할 수 있다.
③ 계획예산제도는 사업단위뿐만 아니라 조직단위도 의사결정 단위가 될 수 있다는 점에서 영기준예산보다 더 융통성있는 제도라 할 수 있다.
④ 성과주의 예산은 단위원가를 근거로 신축적으로 예산을 수립하기 때문에 행정관리에 있어서 능률성을 추구한다. 따라서 장기적인 계획과의 연계보다는 구체적인 개별사업만을 중시하는 경향이 있다.

정답 및 해설

성과주의 예산제도는 소규모 사업(장기적 계획성×)을 중심으로 예산을 편성함; 따라서 해당 사업을 완성하는 데 소요된 투입비용을 바탕으로 사업에 대한 능률성을 판단할 수 있음(만약 능률성이 낮다면 단위원가를 조정하면 됨)

① 예산개혁은 통제지향(품목별예산) → 관리지향(성과주의) → 기획지향(계획예산) → 참여지향(목표관리) → 감축지향(영기준예산) → 신성과주의 예산 순으로 진행되었음
② 계획예산(PPBS)에 대한 설명임
   ㉠ 자본예산 : 정부의 예산을 경상지출과 자본지출로 구분한 후 경상지출은 경상수입(조세)으로 충당하고, 자본지출은 국공채를 통해 편성하는 복식예산제도
   ㉡ 후생경제학 : 후생(厚生)이란 '사람들의 생활을 넉넉하고 윤택하게 하는 일'이라는 뜻 → '복지'와 유사한 개념임; 따라서 후생경제학이란 '사회 전체의 복지를 극대화하기 위한 경제정책을 연구하는 학문'이며, 이는 미국이 1960년대에 복지정책을 집행하던 시기에 영향을 준 경제학 중 하나임
③ 영기준 예산제도의 내용임 → 영기준 예산제도는 매년 각 조직 단위(의사결정 단위)가 예산을 재검토하기 때문에 계획예산제도에 비해 유연한 제도라 할 수 있음

정답 ④

Section 02 신성과주의 예산제도(NPB)

cf.

19 회독 □□□

2018. 서울 7급

신성과주의 예산(New Performance Budgeting)의 특징으로 가장 옳지 않은 것은?

① 투입요소 중심이 아니라 산출 또는 성과를 중심으로 예산을 운용하는 제도이다.

② 과거의 성과주의 예산과 비교하여 프로그램 구조와 회계제도에 미치는 영향이 훨씬 광범위하고 포괄적이다.

③ 책임성 확보를 위해 시행되고 있는 성과관리를 예산과 연계시킨 제도이다.

④ 예산집행에서의 자율성을 부여하되, 성과평가와의 연계를 통해 책임성을 확보하고자 한다.

정답 및 해설

과거의 성과주의 예산과 비교하여 프로그램 구조와 회계제도에 미치는 영향이 협소함 → 신성과주의를 도입하던 시점에는 이미 회계제도로서 발생주의와 복식부기, 예산형식은 프로그램 예산제도를 사용하고 있었음

① 신성과주의 예산제도는 산출 또는 성과(장기적 목표의 달성)를 중심으로 예산을 운용하는 제도임

③④
신성과주의 예산제도는 예산집행에서의 자율성을 부여하되, 성과평가 후 그에 대한 책임성(성과에 대한 책임)을 확보함

정답 ②

20 회독 □□□

2019. 국가 7급

1980년대 이후 주요 국가들의 예산개혁에 대한 설명으로 옳은 것은?

① 성과주의 예산제도는 재정사업에 대한 투입보다는 그 결과에 대한 관심을 강조하고 있으나, 정작 성과측정, 사업원가 산정, 성과·예산의 연계 등에서 여전히 많은 난관이 있다.

② 중기재정계획은 단년도 예산의 장점인 안정성과 일관성보다는 재정건전성 등 중장기적 거시 재정목표의 효과적인 추구를 위해 도입되었다.

③ 하향식 예산편성제도는 추계한 예산총량을 전략적 우선순위에 따라 먼저 부문별·부처별로 배분하여 예산의 기술적 효율성(technical efficiency)의 제고를 우선적인 목적으로 한다.

④ 총액배분자율편성예산제도는 기획재정부가 부문별·부처별로 예산상한을 할당하는 집권화된 예산편성 방식으로, 부처의 사업별 재원배분에 대한 보다 세밀한 관리·통제 필요성에 따라 도입되었다.

정답 및 해설

1980년대 이후 등장한 예산개혁이므로 신성과주의 예산제도를 의미함; 신성과주의 예산제도는 투입보다 결과를 강조하는데, 공공의 영역은 언제나 측정의 어려움이 있기 때문에 적용상 어느 정도의 한계가 있음

② 중기재정계획은 장기적인 계획을 반영함으로써 사업추진의 안정성과 일관성을 유지하고, 재정건전성 등 중장기적 거시 재정목표의 효과적인 추구를 위해 도입되었음

③ 하향식 예산편성제도는 추계한 예산총량을 전략적 우선순위에 따라 먼저 부분별·부처별로 배분하여 예산의 배분적 효율성(allocative efficiency)을 제고하기 위해 도입되었음

참고

배분적 효율성은 부문 간 재원배분을 통한 재정지출의 총체적 효율성을 도모하는 것이며, 운영상의 효율성(기술적 효율성 또는 생산적 효율성)은 부문 내 개별지출의 효율성을 의미함

④ 총액배분자율편성예산제도는 집권과 분권의 특징을 모두 지니고 있기 때문에 세밀한 통제를 지향하지는 않음; 다만 총액을 한정한다는 면에서 큰 틀에서의 통제는 허용함

정답 ①

cf.
21 회독 □□□ 2015. 국가 7급

1990년대에 새롭게 주목받게 된 성과관리 예산제도에 대한 설명으로 옳지 않은 것은?

① 투입보다는 산출 또는 성과를 중심으로 삼고 있다.
② 거리청소사업으로 예를 들면, 거리의 청결도와 주민의 만족도 등을 다음연도 예산배분에 반영하는 것이다.
③ 장기적인 기획과 단기적인 예산편성을 유기적으로 연결하여 합리적인 자원배분을 이루려는 제도다.
④ 모든 조직에 공통적으로 적용할 수 있는 표준적인 성과측정 지표를 개발하기 어렵다는 점은 성과관리 예산제도의 단점으로 지적된다.

정답 및 해설

장기적인 기획(planning)과 단기적인 예산편성(하위 사업별 예산편성)을 유기적으로 연결하여 합리적인 자원배분을 달성하는 것은 계획예산제도(PPBS)임

신성과주의 예산제도

1990년대 성과주의 예산은 신성과주의 예산제도로써 전략적인 배분 등 거시적인 요소는 하향식으로 통제하지만 개별사업별 예산배분 등 미시적인 요소는 각 부처 자율에 맡기는 예산제도임

① 신성과주의 예산제도는 사업의 완성도 및 목표의 달성도를 고려하는바 투입보다는 산출 또는 성과를 중시함
② 거리청소사업으로 예를 들면, 청소사업에 대한 능률성 판단과 더불어 거리의 청결도와 주민의 만족도 등을 다음연도 예산배분에 반영하는 것임
④ 모든 조직에 공통적으로 적용할 수 있는 표준적인 성과측정 지표를 개발하기 어렵다는 점(계량화의 어려움)은 성과관리 예산제도의 단점으로 지적되고 있음

정답 ③

✔학습체크 □□□

우리나라의 재정개혁

www.pmg.co.kr

Section 01 신성과주의와 관련된 예산개혁

cf.

22 회독 □□□ 2012. 국가 9급

국가재정법, 국가회계법 등 관련법은 정부가 성과계획서와 성과보고서를 각각 예산안과 결산보고서에 포함시켜 국회에 제출하도록 규정하고 있다. 이처럼 재정운용과 관련하여 성과관리적 요소가 강화된 배경으로 옳지 않은 것은?

① 재정지출의 효율화 및 예산절감의 필요성 증대
② 재정운용의 투명성 및 책임성 제고 요구 증대
③ 국가재정운용계획, 총액배분자율편성예산제도의 시행에 따른 체계적 성과관리의 중요성 증대
④ 지출의 합법성 제고 및 오류방지 요구 증대

정답 및 해설

지출의 합법성 및 오류방지에 대한 통제는 전통적인 통제지향의 재정운용 방식임

성과관리를 강조하는 배경

> ㉠ 재정지출의 효율화 및 예산절감의 필요성 증대
> ㉡ 재정운용의 투명성 및 책임성 제고 요구 증대
> ㉢ 국가재정운용계획, 총액배분자율편성예산제도의 시행에 따른 체계적 성과관리의 중요성 증대
> ㉣ 주요 국가에서 예산제도를 투입지향에서 결과지향으로 전환시키려는 추세 등 신성과주의 예산제도의 영향

정답 ④

23 회독 □□□ 2014. 서울 9급

정부 각 기관에 배치할 예산의 지출한도액은 중앙예산기관과 행정수반이 결정하고 각 기관의 장에게는 그러한 지출한도액의 범위 내에서 자율적으로 목표달성 방법을 결정하는 자율권을 부여하는 예산관리 모형은 무엇인가?

① 총액배분 자율편성 예산제도
② 목표관리 예산제도
③ 성과관리 예산제도
④ 결과기준 예산제도
⑤ 계획 예산제도

정답 및 해설

문제는 총액배분 자율편성 예산제도에 대한 내용임; 총액배분 자율편성제도는 선진국에서 신성과주의 예산제도의 영향으로 활용한 총괄배정예산 혹은 지출통제 예산제도를 우리나라에 적용한 제도임 → 이는 예산의 팽창을 억제하고 재정건전성 등을 확보하고자 우리나라에서 2005년부터 적용하고 있음

② 목표관리 예산제도: 예산편성에 있어서 부하의 참여를 적극적으로 반영하는 제도
③ 성과관리 예산제도: 소규모의 정부활동을 중심으로 예산을 편성하는 제도
④ 결과기준 예산제도: NPM의 영향으로 등장한 예산제도로서 중·장기계획, 집권과 분권의 조화, 결과 혹은 산출 중심, 성과평가 등의 특징을 지닌 예산제도
⑤ 계획 예산제도: 대규모의 정부활동을 중심으로 예산을 장기적으로 편성하는 제도

정답 ①

PART 05 재무행정

24 회독 □□□ 2015. 지방 9급

우리나라 예산과정에 대한 설명으로 옳은 것은?

① 정부는 회계연도마다 예산안을 편성하여 회계연도 개시 60일 전까지 국회에 제출해야 한다.
② 예산총액배분 자율편성제도는 중앙예산기관과 정부부처 사이의 정보 비대칭성을 완화하려는 목적을 갖고 있다.
③ 예산집행의 신축성을 확보하기 위한 제도로서 이용, 총괄예산, 계속비, 배정과 재배정 제도가 있다.
④ 예산불성립 시 조치로써 가예산 제도를 채택하고 있다.

정답 및 해설

총액배분 자율편성제도는 중앙예산기관과 각 중앙관서가 다양한 예산정보를 상호 검토하는 과정(중기사업계획서 제출 · 예산편성지침 통보 · 예산요구서 제출 등)을 거치는바 양자의 정보 비대칭성을 완화할 수 있음

① 헌법에 따르면 정부는 회계연도마다 예산안을 편성하여 회계연도 개시 90일 전까지(국가재정법은 120일 전까지) 국회에 제출하고, 국회는 회계연도 개시 30일 전까지 이를 의결해야 함
③ 예산을 배정하거나 재배정할 때 예산을 집행할 수 있는 한도액과 기간 등을 정하기 때문에 배정과 재배정은 재정통제를 위한 제도임
  ㉠ 이용 : 장 · 관 · 항 간의 자금 융통
  ㉡ 총괄예산제도 : 세부 내용을 미리 확정하기 곤란한 특정 분야 사업의 경우 예산편성단계에서 총액으로만 계상하는 제도
  ㉢ 계속비 : 완성에 수년도를 요구하는 공사나 제조 및 연구개발사업은 경비의 총액과 연부액을 정하여 미리 국회의 의결을 얻은 범위에서 다년도에 걸쳐서 지출할 수 있도록 허용하고 있음
④ 우리나라는 예산불성립 시 조치로써 준예산제도를 채택하고 있음

가예산 제도

회계연도 개시 전까지 예산이 의결되지 못했을 때 의회가 미리 1개월분 예산만 의결해 정부가 집행할 수 있도록 하는 제도

정답 ②

cf.

25 회독 □□□ 2007. 부산 7급

2007년부터 시행하고 있는 디지털 예산회계시스템의 특징과 거리가 먼 것은?

① 예산과 회계시스템의 통합
② 재정사업의 성과관리 기능 강조
③ Bottom-up식 부처예산 편성 강조
④ 국가재정운용계획과 연계

정답 및 해설

디지털 예산회계시스템

신성과주의 예산제도의 영향과 더불어 노무현 정부 당시 재정개혁의 일환으로 추진된 제도로써 예산편성, 집행, 결산, 사업관리 등 재정업무 전반을 종합적으로 연계 처리하도록 하는 통합재정정보시스템 → 신성과주의 예산제도의 영향을 받았다는 면에서 성과관리 · 장기적인 계획성을 강조하며, 하향식 부처예산 편성을 강조하는 제도임

정답 ③

26 회독 □□□

2013. 국가 7급

총액배분 자율편성 예산제도에 대한 설명으로 옳지 않은 것은?

① 사전에 결정된 예산의 지출한도 내에서 각 부처가 자율적으로 예산을 편성해 운영한다.
② 부처의 자율성이 높아지는 예산제도로 상향식(bottom-up) 방식이다.
③ 중기적 시각에서 정부 전체의 재정규모를 검토하기 때문에 전략적 계획의 발전을 촉진하고 재정의 경기조절기능을 강화할 수 있다.
④ 미래예측을 강조함으로써 점증주의적 예산편성 관행을 바꾸는 데 기여할 수 있다.

정답 및 해설

총액배분 자율편성 예산제도는 중앙예산기관이 포괄적인 용도에 따라 총괄적인 규모로 재원을 배분한 뒤, 각 부처로 하여금 분야별 재원범위 내에서 사업의 우선순위에 따라 예산을 자율적으로 편성하도록 용인함 → 따라서 총액배분자율편성 제도는 국가재원의 전략적 배분을 강조하고 그에 필요한 중앙통제를 인정하는바 하향식(top-down) 의사결정 구조를 추구함(단, 분권화 인정)

③ 총액배분 자율편성제도는 중・장기적 시각에서 정부 전체의 재정 규모를 검토하기 때문에 미래지향적 관점에서 계획의 발전을 촉진하고 재정의 경기조절기능을 강화할 수 있음
④ 총액배분 자율편성제도는 각 중앙관서 중・장기사업의 총액을 한정하기 때문에 어느 정도의 미래예측을 통해 점증주의적 예산편성 관행을 바꾸는 데 기여할 수 있음

정답 ②

Section 02 기타 재정개혁

27 회독 □□□

2024. 지방 9급

프로그램 예산제도에 대한 설명으로 옳지 않은 것은?

① 우리나라 중앙정부는 2007년부터 프로그램 예산제도를 도입하였다.
② 예산 전과정을 프로그램 중심으로 구조화하고 성과평가체계와 연계시킨다.
③ 세부 업무와 단가를 통해 예산 금액을 산정하는 상향식(bottom up) 방식을 사용한다.
④ 일반회계, 특별회계, 기금이 포괄적으로 표시되어 총체적 재정배분 파악이 가능하다.

정답 및 해설

프로그램 예산제도는 국가재정운용계획과 연계하여 다년도 중심으로 부처별 지출한도를 설정하고 이를 우선순위에 맞게 배분하는 하향식(Top-down) 방법을 사용함

① 우리나라 중앙정부는 2007년, 지방자치단체는 2008년부터 프로그램예산을 채택함
② 프로그램 예산제도는 프로그램(대규모 사업)을 통해 정책과 예산을 연계하는 제도임
④ 프로그램 예산제도는 지출의 성격에 따라 일반회계, 특별회계, 기금을 포현함 → 예를 들어, 국가보훈부는 보훈복지 프로그램 중 교육지원비용을 기금(보훈기금법에 기초한 보훈기금)에서 충당함

정답 ③

28 회독 □□□ 2019. 지방 9급

예비타당성조사에 대한 설명으로 옳은 것은?

① 기존에 유지된 타당성조사의 문제점을 보완하기 위해 2013년부터 도입하였다.

② 신규 사업 중 총사업비가 300억 원 이상인 사업은 예비타당성 조사대상에 포함된다.

③ 중앙행정기관의 장은 예비타당성조사를 실시하고 기획재정부 장관과 그 결과를 협의해야 한다.

④ 조사대상 사업의 경제성, 정책적 필요성 등을 종합적으로 검토하여 그 타당성 여부를 판단한다.

정답 및 해설

예비타당성 조사는 조사대상 사업의 경제성, 정책적 필요성, 지역균형발전 등을 종합적으로 검토하여 그 타당성 여부를 판단함

> **국가재정법 시행령 제13조【예비타당성조사】** ⑤ 기획재정부장관은 제4항에 따라 예비타당성조사를 실시하기로 결정한 경우에는 조사대상사업의 경제성 및 정책적 필요성 등을 종합적으로 검토하여 그 타당성 여부를 판단하고, 그 결과를 공개하여야 한다.

① 예비타당성 조사는 기존에 유지된 타당성조사의 문제점을 보완하기 위해 1999년부터 도입되어 2000년 예산편성 때부터 적용하고 있음

②③

신규 사업 중 총사업비가 500억 원 이상이면서 정부의 재정지원 규모가 300억 원 이상인 사업은 예비타당성 조사대상이며, 예비타당성 조사는 기재부장관이 실시함

> **국가재정법 제38조【예비타당성조사】** ① 기획재정부장관은 총사업비가 500억원 이상이고 국가의 재정지원 규모가 300억원 이상인 신규 사업으로서 다음 각 호의 어느 하나에 해당하는 대규모사업에 대한 예산을 편성하기 위하여 미리 예비타당성조사를 실시하고, 그 결과를 요약하여 국회 소관 상임위원회와 예산결산특별위원회에 제출하여야 한다. 다만, 제4호의 사업은 제28조에 따라 제출된 중기사업계획서에 의한 재정지출이 500억원 이상 수반되는 신규 사업으로 한다.

정답 ④

29 회독 □□□ 2022. 지방 9급

다음은 「국가재정법」상 예비타당성조사에 대한 내용이다. (가)와 (나)에 들어갈 숫자로 옳은 것은?

> 기획재정부장관은 총사업비가 (가) 억 원 이상이고 국가의 재정지원 규모가 (나) 억 원 이상인 신규 사업으로서 건설공사가 포함된 사업 등에 대한 예산을 편성하기 위하여 미리 예비타당성조사를 실시하고, 그 결과를 요약하여 국회 소관 상임위원회와 예산결산특별위원회에 제출하여야 한다.

	(가)	(나)
①	300	100
②	300	200
③	500	250
④	500	300

정답 및 해설

총사업비가 500억 원 이상이고, 국가의 재정지원 규모가 300억 원 이상인 신규 사업은 예비타당성조사 대상사업임

정답 ④

30 회독 □□□ 2022. 지방 7급

정부 예산 편성에 대한 설명으로 옳지 않은 것은?

① 국가재정운용계획은 중·장기적 국가비전과 정책 우선순위를 고려한 계획으로 단년도 예산편성의 기본 틀이 된다.

② 기획재정부는 예산안 편성 시 사전에 지출한도를 설정하고 각 중앙부처는 그 한도 내에서 예산을 자율적으로 편성한다.

③ 기획재정부는 예비타당성조사를 실시하여 정치·경제적 이해관계가 배제될 수 있도록 예산배분의 타당성을 검토한다.

④ 각 중앙관서의 장은 완성에 2년 이상이 소요되는 사업으로서 대통령령으로 정하는 대규모사업에 대하여는 그 사업규모·총사업비 및 사업기간을 정하여 미리 기획재정부장관과 협의해야 한다.

정답 및 해설

예비타당성 조사는 경제성 분석, 정책성 분석, 지역균형발전 분석 등을 포함하고 있음 → 따라서 정치·경제적 이해관계를 반영함

① 국가재정운용계획은 중앙관서의 장이 제출한 중기사업계획서를 종합한 계획이므로 중·장기적 국가비전과 단년도 예산편성의 기본 틀이 됨
② 총액배분자율편성제도에 대한 내용임
④ 총사업비 관리제도에 대한 내용임

정답 ③

31 회독 □□□ 2021. 지방 7급

예산제도에 대한 설명으로 옳은 것은?

① 주민참여예산제도는 정부가 지역주민에 대해 비과세, 감면, 공제 등 세제상 각종 유인장치를 통해 간접적 지원을 해주는 제도이다.

② 예비타당성조사는 총사업비와 국가의 재정지원 규모가 일정 금액 이상인 신규사업 중 특정 요건에 해당하는 경우에 실시하며, 국회가 의결로 요구하는 사업에 대해서도 실시하여야 한다.

③ 예산성과금은 수입이 증대되거나 지출이 절약된 때에 이에 기여한 자에게 지급할 수 있으며 절약된 예산은 다른 사업에 사용할 수 없다.

④ 총사업비관리제도는 소요 기간에 관계없이 고속도로, 국도 등 일정 규모 이상의 대규모 사업의 경우, 사업규모·총사업비 및 사업기간 등을 정하여 미리 기획재정부장관과 사전협의할 것을 요구한다.

정답 및 해설

아래의 조항 참고

국가재정법 제38조【예비타당성조사】 ① 기획재정부장관은 총사업비가 500억원 이상이고 국가의 재정지원 규모가 300억원 이상인 신규사업으로서 다음 각 호의 어느 하나에 해당하는 대규모사업에 대한 예산을 편성하기 위하여 미리 예비타당성조사를 실시하고, 그 결과를 요약하여 국회 소관 상임위원회와 예산결산특별위원회에 제출하여야 한다.
④ 기획재정부장관은 국회가 그 의결로 요구하는 사업에 대하여는 예비타당성조사를 실시하여야 한다.

① 조세지출제도에 대한 설명임 → 조세지출제도는 합법적 세금감면을 관리하는 제도임
③ 예산성과금은 수입이 증대되거나 지출이 절약된 때에 이에 기여한 자에게 지급할 수 있으며 절약된 예산은 다른 사업에 사용할 수 있음
④ 총사업비관리제도는 2년 이상 소요되는 고속도로, 국도 등 일정 규모 이상의 대규모 사업의 경우, 사업 규모·총사업비 및 사업기간 등을 정하여 미리 기획재정부장관과 사전협의할 것을 요구함

정답 ②

32 회독 □□□

2016. 국가 7급

프로그램 예산제도에 대한 설명으로 옳지 않은 것은?

① 동일한 정책목표를 가진 단위사업들을 하나의 프로그램으로 묶어 예산 및 성과관리의 기본 단위로 삼는다.
② 우리나라에서는 지방자치단체가 2004년부터, 중앙정부는 2008년부터 공식적으로 채택하였다.
③ 자원배분의 투명성을 높일 수 있고, 일반 국민이 예산사업을 쉽게 이해할 수 있게 한다.
④ 우리나라가 도입한 배경에는 투입중심 예산 운용의 한계를 극복하고자 하는 측면이 있었다.

정답 및 해설

중앙정부는 2007년, 지방자치단체는 2008년부터 프로그램예산을 채택하였음

① 프로그램 예산제도는 동일한 정책목표를 가진 단위사업들을 하나의 대규모 사업(프로그램)으로 묶어 예산 및 성과관리의 기본 단위로 설정함
③ 프로그램 예산제도는 동일 기능의 사업별로 예산을 편성하기 때문에 사업의 내용 및 성과를 간편하게 파악할 수 있음 → 이는 자원배분의 투명성을 높일 수 있고, 일반 국민의 예산에 대한 이해도를 제고할 수 있음
④ 참여정부는 중장기적인 전략적 자원배분과 성과관리(투입중심 예산 운용의 한계를 극복)를 위해 프로그램 예산제도를 도입하였음

정답 ②

Section 03 국민의 예산 참여 : 재정민주주의

33 회독 □□□

2018. 교행 9급

주민참여예산제도에 관한 설명으로 옳은 것을 〈보기〉에서 모두 고른 것은?

보기

ㄱ. 주민참여예산제도는 재정민주주의를 구현하는 제도이다.
ㄴ. 브라질의 포르투 알레그레(Porto Alegre) 시는 주민참여예산제도를 가장 먼저 실시한 도시이다.
ㄷ. 우리나라의 주민참여예산제도는 「지방재정법」에 의하여 지방자치단체가 의무적으로 시행하고 있다.
ㄹ. 우리나라의 주민참여예산제도에 의하면 수렴된 주민의 의견서를 지방의회에 제출하는 예산안에 첨부하지 않도록 하고 있다.

① ㄱ, ㄴ　　② ㄷ, ㄹ
③ ㄱ, ㄴ, ㄷ　　④ ㄱ, ㄷ, ㄹ

정답 및 해설

올바른 선지

ㄱ. 주민참여예산제도는 예산편성과정에 주민을 참여시킴으로써 주민의 견해를 반영한다는 면에서 재정민주주의를 구현하기 위한 제도임
ㄴ. 브라질의 포르투 알레그레(Porto Alegre)시에서 1989년 주민참여예산제도를 세계 최초로 실시하였음
ㄷ. 우리나라의 주민참여예산제도는 「지방재정법」에 의하여 지방자치단체가 의무적으로 시행하고 있음

지방재정법 제39조【지방예산 편성 등 예산과정의 주민 참여】 ① 지방자치단체의 장은 대통령령으로 정하는 바에 따라 지방예산 편성 등 예산과정(「지방자치법」 제47조에 따른 지방의회의 의결사항은 제외한다. 이하 이 조에서 같다)에 주민이 참여할 수 있는 제도(이하 이 조에서 "주민참여예산제도"라 한다)를 마련하여 시행하여야 한다.

틀린 선지

ㄹ. 우리나라의 주민참여예산제도에 의하면 수렴된 주민의 의견서를 지방의회에 제출하는 예산안에 첨부하여야 함

지방재정법 제39조【지방예산 편성 등 예산과정의 주민 참여】 ③ 지방자치단체의 장은 주민참여예산제도를 통하여 수렴한 주민의 의견서를 지방의회에 제출하는 예산안에 첨부하여야 한다.

정답 ③

34 회독 □□□ 2013. 국가 9급

재정민주주의에 대한 설명으로 옳지 않은 것은?

① 재정민주주의는 '대표 없이 과세 없다'라는 표현에서 나타나듯이 재정 주권이 납세자인 국민에게 있다는 의미를 내포하고 있다.

② 납세자인 시민이 국가 또는 지방자치단체의 재정지출과 관련된 부정과 낭비를 감시하는 납세자 소송제도는 재정민주주의의 본질을 잘 반영하고 있다.

③ 주민참여 예산제도는 예산편성과정에 주민참여를 확대함으로써 지방재정 운영의 투명성 및 공정성을 제고하여 재정민주주의에 기여한다.

④ 정부 예산집행의 신축성을 확대하기 위하여 만들어진 예산의 전용제도는 국회의 동의를 구해야 하므로 재정민주주의 확보에 기여하는 제도적 장치이다.

정답 및 해설

전용제도는 행정과목 간의 재원 이전으로서 국회의 동의 없이 기획재정부 장관이 승인할 수 있도록 행정부에게 자율성을 부여한 제도임 → 아울러 재정민주주의(납세자 주권)와는 관련이 없는 내용임

①②③
재정민주주의(주민 혹은 국민의 돈을 사용함에 있어서 주민이나 국민의 견해를 반영하는 것 혹은 공금의 부적절한 사용에 대해 주민이나 국민이 이의를 제기하는 것)는 '대표 없이 과세 없다'라는 표현에서 나타나듯이 재정 주권이 납세자인 국민에게 있다는 의미를 내포하고 있음 → 따라서 납세자 소송제도 혹은 주민참여 예산제도 등은 재정민주주의를 반영한 제도라고 할 수 있음

지방재정법 제39조【지방예산 편성 등 예산과정의 주민 참여】 ① 지방자치단체의 장은 대통령령으로 정하는 바에 따라 지방예산 편성 등 예산과정(「지방자치법」 제47조에 따른 지방의회의 의결사항은 제외한다. 이하 이 조에서 같다)에 주민이 참여할 수 있는 제도(이하 이 조에서 "주민참여예산제도"라 한다)를 마련하여 시행하여야 한다.

지방자치법 제22조【주민소송】 ① 제21조 제1항에 따라 공금의 지출에 관한 사항, 재산의 취득·관리·처분에 관한 사항, 해당 지방자치단체를 당사자로 하는 매매·임차·도급 계약이나 그 밖의 계약의 체결·이행에 관한 사항 또는 지방세·사용료·수수료·과태료 등 공금의 부과·징수를 게을리한 사항을 감사청구한 주민은 다음 각 호의 어느 하나에 해당하는 경우에 그 감사청구한 사항과 관련이 있는 위법한 행위나 업무를 게을리 한 사실에 대하여 해당 지방자치단체의 장을 상대방으로 하여 소송을 제기할 수 있다.

정답 ④

35 회독 □□□ 2021. 국가 7급

우리나라 주민참여예산제도에 대한 설명으로 옳지 않은 것은?

① 주민이 참여할 수 있는 예산의 범위는 「지방재정법」에 규정되어 있다.

② 지방자치단체의 장은 주민참여예산제도를 마련하여 시행해야 할 법적 의무가 있다.

③ 지방자치단체 중 최초로 주민참여예산조례를 제정한 곳은 광주광역시 북구이다.

④ 지방의회 예산심의권 침해 논란이 있다.

정답 및 해설

주민참여예산기구의 구성·운영과 그 밖에 필요한 사항은 해당 지방자치단체의 조례로 정함

지방재정법 제39조【지방예산 편성 등 예산과정의 주민 참여】 ⑤ 주민참여예산기구의 구성·운영과 그 밖에 필요한 사항은 해당 지방자치단체의 조례로 정한다. → 주민참여예산제도의 구체적인 내용은 조례로 정함

② 지방자치단체의 장은 주민참여예산제도를 마련하여 시행해야 할 법적 의무가 있음

지방재정법 제39조【지방예산 편성 등 예산과정의 주민 참여】 ① 지방자치단체의 장은 대통령령으로 정하는 바에 따라 지방예산 편성 등 예산과정(「지방자치법」 제47조에 따른 지방의회의 의결사항은 제외한다. 이하 이 조에서 같다)에 주민이 참여할 수 있는 제도(이하 이 조에서 "주민참여예산제도"라 한다)를 마련하여 시행하여야 한다.

③ 주민참여예산제도는 2008년 광주광역시 북구청이 전국 최초로 도입한 이래 지방재정법에 근거한 법률조항을 마련하면서 전국으로 확산되었음

④ 주민참여예산제도는 주민의 직접 참여제도라는 점에서(지방의회에 대한 영향력↑) 지방의회의 권한 위축 또는 예산심의권 침해라는 논란이 있음

정답 ①

36 회독 □□□

2019. 지방 7급

주민참여예산제도에 대한 설명으로 옳지 않은 것은?

① 지방자치단체의 장은 주민참여예산제도를 통하여 수렴한 주민의 의견서를 지방의회에 제출하는 예산안에 첨부하여야 한다.

② 주민참여예산 기구의 구성·운영과 그 밖에 필요한 사항은 해당 지방자치단체의 조례로 정한다.

③ 2011년 지방자치법의 개정으로 모든 지방자치단체가 의무적으로 이행해야 하는 제도가 되었다.

④ 행정안전부 장관은 지방자치단체의 재정적 여건을 고려하여 지방자치단체별 주민참여예산제도의 운영을 평가할 수 있다.

정답 및 해설

주민참여예산제도는 2011년 지방재정법의 개정으로 모든 지방자치단체가 의무적으로 이행해야 하는 제도가 되었음

①②④

지방재정법 제39조【지방예산 편성 등 예산과정의 주민 참여】 ① 지방자치단체의 장은 대통령령으로 정하는 바에 따라 지방예산 편성 등 예산과정(「지방자치법」 제47조에 따른 지방의회의 의결사항은 제외한다. 이하 이 조에서 같다)에 주민이 참여할 수 있는 제도를 마련하여 시행하여야 한다.

② 지방예산 편성 등 예산과정의 주민 참여와 관련되는 다음 각 호의 사항을 심의하기 위하여 지방자치단체의 장 소속으로 주민참여예산위원회 등 주민참여예산기구(이하 "주민참여예산기구"라 한다)를 둘 수 있다.

1. 주민참여예산제도의 운영에 관한 사항
2. 제3항에 따라 지방의회에 제출하는 예산안에 첨부하여야 하는 의견서의 내용에 관한 사항
3. 그 밖에 지방자치단체의 장이 주민참여예산제도의 운영에 필요하다고 인정하는 사항

③ 지방자치단체의 장은 주민참여예산제도를 통하여 수렴한 주민의 의견서를 지방의회에 제출하는 예산안에 첨부하여야 한다.

④ 행정안전부장관은 지방자치단체의 재정적·지역적 여건 등을 고려하여 대통령령으로 정하는 바에 따라 지방자치단체별 주민참여예산제도의 운영에 대하여 평가를 실시할 수 있다.

⑤ 주민참여예산기구의 구성·운영과 그 밖에 필요한 사항은 해당 지방자치단체의 조례로 정한다.

정답 ③

37 회독 □□□

2018. 국가 7급

참여예산제도에 대한 설명으로 옳지 않은 것은?

① 브라질의 포르투 알레그리(Porto Alegre)시는 참여예산제도를 도입한 대표적인 사례다.

② 예산과정에의 시민참여는 중앙정부와 지방정부 모두 가능하지만, 참여예산제는 주로 지방정부를 대상으로 시행된다.

③ 참여예산제는 과정적 측면보다는 결과적 측면의 이념을 지향한다.

④ 예산 과정의 단계별로 볼 때 예산편성 단계에서의 참여에 초점을 둔다.

정답 및 해설

참여예산제도는 재정민주주의를 실현하기 위해 예산편성과정에 주민들이 참여하는 제도이기 때문에 결과보다는 과정지향적인 제도임

① 주민참여예산제도는 브라질의 포르투 알레그리(Porto Alegre)시에서 최초로 도입되었음

② 현재 우리나라는 국민참여예산제도와 주민참여예산제도를 모두 인정하고 있음 → 다만 지자체가 시민의 참여의 가능성이 높기 때문에 주로 지방정부를 대상으로 시행되고 있음

④ 주민참여예산은 예산편성과정에서의 참여를 의미함

정답 ③

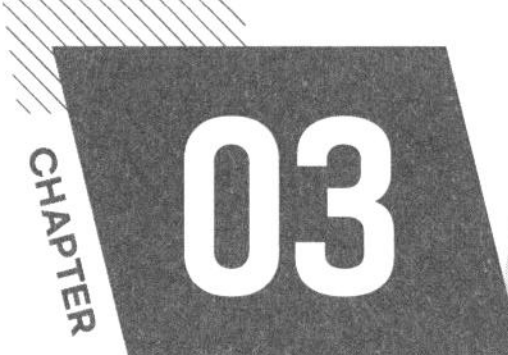

CHAPTER 03 예산결정모형

Section 01 전통적 접근 : 합리모형과 점증모형

38 회독 □□□

2023. 국가 9급

예산이론에 대한 설명으로 옳지 않은 것은?

① 총체주의는 계획예산(PPBS), 영기준예산(ZBB)과 같은 예산제도 개혁을 설명하기에 적합한 이론이다.
② 점증주의는 거시적 예산결정과 예산삭감을 설명하기에 적합한 이론이다.
③ 총체주의는 합리적·분석적 의사결정과 최적의 자원배분을 전제로 한다.
④ 점증주의는 예산을 결정할 때 대안을 모두 고려하지는 못한다는 것을 전제로 한다.

정답 및 해설

②는 합리모형(총체주의)에 대한 내용임

① 계획예산(PPBS), 영기준예산(ZBB)은 여러 대안 중 하나를 선택하는 특징을 지닌 제도이므로 총체주의를 적용함
③ 총체주의는 합리모형을 의미하는바 합리적·분석적 의사결정과 최적의 자원배분을 전제로 함
④ 점증주의는 의사결정시 인간의 제한된 합리성을 인정함

정답 ②

39 회독 □□□

2008. 서울 9급

예산과정에서 점증주의 모형에 관한 설명이라고 볼 수 없는 것은?

① 점증주의는 결정자의 인식능력의 한계를 전제로 한다.
② 총체주의와 달리 결정과 관련된 모든 요소를 검토할 수 없다고 본다.
③ 기존의 예산과 조금 차이가 나는 대안을 검토하여 그 가운데 하나를 선택하게 된다.
④ 결정 상황을 제약하는 비용 및 시간 등의 요소를 감안하여 결정의 복잡한 문제를 단순화시키자는 것이다.
⑤ 비용편익분석 등 계량적 모형을 이용하여 예산을 배정하는 게 사업목표를 효과적으로 달성할 수 있다.

정답 및 해설

계량적 모형(비용편익분석 등)을 활용하여 예산과정에서 최선의 결정을 하는 것은 합리모형(총체주의)에 대한 설명임

①②③④
점증주의: 의사결정자의 인지능력의 한계를 인정하여, 기존 결정에 소폭의 가감을 통해 예산을 결정하는 모형으로서 모든 대안을 탐색할 수 없다는 전제가 있는바 결정과정을 단순화할 수 있음

정답 ⑤

40 회독 □□□ 2013. 서울 9급

점증주의의 이점으로 보기 어려운 것은?

① 타협의 과정을 통해 이해관계의 갈등을 조정하는 데 유리하다.
② 대안의 탐색과 분석에 소요되는 비용을 줄일 수 있다.
③ 예산결정을 간결하게 한다.
④ 합리적・총체적 관점에서 의사결정이 가능하다.
⑤ 중요한 정치적 가치들을 예산결정과정에서 고려할 수 있다.

정답 및 해설

합리적・총체적 관점에서 의사결정하는 것은 합리모형에 대한 설명임

①②③
점증모형은 기존의 결정을 존중하는바, 정치적 합리성(타협을 인정하기에 갈등을 완화하고 정치적인 지지를 확보할 수 있음)을 제고할 수 있음; 아울러 기존의 정책을 가감하기 때문에 의사결정비용을 줄일 수 있음

정답 ④

41 회독 □□□ 2008. 선관위 9급

예산결정이론에 대한 설명 중 가장 옳지 않은 것은?

① 계획예산은 영기준예산과는 달리 결정의 흐름이 하향적이다.
② 영기준 예산제도는 업무부담이 과중하다는 문제가 있다.
③ 목표에 대한 사회적 합의를 도출하기 어려울 경우에 합리모형의 적용이 곤란하다.
④ 점증주의적인 예산결정은 경제적 합리성에 더해 정치적 합리성을 동시에 고려한다.

정답 및 해설

점증주의적 예산결정은 경제적 합리성(계량분석을 통한 능률적인 판단)을 고려하지 않고 주로 정치적인 합리성을 추구함

① 계획예산은 정책의 목표를 정부엘리트가 규정하므로 영기준예산과는 달리 결정의 흐름이 하향적임
② 영기준 예산제도는 조직 내 모든 부서가 매년 의사결정패키지(예산안)를 새로 작성하기 때문에 업무부담이 과중하다는 문제가 있음
③ 목표에 대한 사회적 합의가 이루어지지 않은 상태, 즉 의사결정에 있어서 많은 사람의 참여 및 동의가 없는 상황에서는 집행과정에서 각종 저항이 발생할 수 있기 때문에 합리모형의 적용이 곤란함

정답 ④

cf.
42 회독 □□□

2004. 경기 9급

다음 중 예산과정을 보는 시각이 서로 다른 하나는?

① 목표의 명확성 전제
② 목표와 수단의 분석 실시
③ 분석적 결정기준의 사용
④ 지속적 · 분할적 접근

정답 및 해설

점증모형은 기존의 결정을 참고해서 지속적이고 분할적인 결정(기존의 결정에 소폭의 결정을 가감하는 방식)을 수행함

①②③
합리모형 : 합리모형은 예산분배의 문제를 해결하기 위하여 구체적인 목표를 설정 후 모든 대안을 동시에 탐색한 후 각 대안을 비교 · 분석(능률성을 기준으로 분석)하여 치선의 대안을 결정하는 모형

정답 ④

cf.
43 회독 □□□

2019. 서울 9급

합리성의 제약 요인으로 가장 옳지 않은 것은?

① 다수 간의 조화된 가치 선호
② 감정적 요소
③ 비용의 과다
④ 지식 및 정보의 불완전성

정답 및 해설

합리성은 다수의 가치관에 갈등이 있을 때 제한될 수 있음

②③④
문제의 선지로 미루어 봤을 때 문제에서의 합리성은 '완전합리성'을 의미한다고 볼 수 있음; 따라서 정보가 불완전하거나, 분석할 대안이 복잡하다면(비용의 과다) 합리성을 제한할 수 있음; 나아가서 분석을 통한 최선의 대안을 선택하지 않고, 감정적인 요인에 치중한다면 같은 결과를 야기할 수 있음

정답 ①

44 회독 □□□ 2014. 지방 7급

예산상의 점증주의를 유발하는 요인에 해당되지 않는 것은?

① 관계의 규칙성
② 외부적 요인의 영향 결여
③ '예산통일의 원칙'의 예외
④ 좁은 역할 범위를 지닌 참여자 간의 협상

정답 및 해설

통일성 원칙의 예외(목적세나 특별회계 등)에 해당하는 돈의 규모가 일반회계 예산(통일성 원칙이 지켜지는 영역)에 비해 적기 때문에 합리모형을 시도할 수 있음 → 따라서 예산통일 원칙의 예외는 합리주의를 유발하는 요인에 해당함

①②④

점증주의 예산결정이 나타나는 이유

㉠ 예산과정에서 외부의 제약이 심할 때: 즉, 예산과정에 관여하는 참여자(좁은 역할 범위를 지닌 참여자)가 많고, 이들 간의 협상이 나타날 때
㉡ 예산결정에 있어서 관련 이론이 없거나 이론에 대한 불신이 커서 목표에 대한 사회적 합의를 도출하기 어려울 경우
㉢ 관계의 규칙성: 전년도 예산을 기준으로 예산을 결정하는 규칙성이 있을 때
㉣ 외부적 요인의 영향 결여: 쇄신적인 결정을 요구하는 '우연한 사건'이 발생하지 않았을 때

정답 ③

Section 02 기타 예산결정모형

45 회독 □□□ 2017. 교행 9급

예산 관련 모형에 관한 설명으로 옳은 것은?

① 점증주의모형을 적용한 대표적인 예산제도에는 영기준 예산제도가 있다.
② 단절균형모형은 예산의 단절균형 발생 시점을 예측할 수 있기 때문에 미래지향성을 지닌다.
③ 예산극대화모형은 관료들이 사회적 효용의 극대화를 위해 소속 부서의 예산을 증가시키려는 현상을 설명한다.
④ 합리주의 모형은 대안의 선정 시에 순현재가치, 내부수익률, 비용편익비율 등과 같은 분석 기준을 주로 사용한다.

정답 및 해설

합리모형은 비용편익분석과 같은 계량적 분석을 활용하여 예산을 결정함 → 순현재가치, 내부수익률, 비용편익비 등은 비용편익분석에서 사용하는 대안 비교기준에 해당함

① 영기준 예산제도는 합리모형을 활용한 예산제도임
② 단절균형모형은 예산의 균형상태가 지속되다가 특정한 조건에서 단절적인 변화가 발생하고 그 후 다시 균형상태가 지속되는 현상을 설명함 → 이는 예산과정에서 새롭게 나타나는 예산이나 예산의 급격한 변화를 설명할 수 있으나 급격한 변화를 예측할 수는 없다는 점에서 한계를 지님
③ 예산극대화모형에서 관료는 개인 효용의 극대화를 위해 소속 부서의 예산을 증가시킴

정답 ④

46 회독 □□□
2020. 국가 7급

다중합리성 예산모형(multiple rationalities model of budgeting)의 근간이 되는 두 모형에 대한 설명으로 옳지 않은 것은?

① 루빈(Rubin)의 실시간 예산운영(real-time budgeting) 모형은 세입, 세출, 균형, 집행, 과정 등과 관련한 의사결정 흐름 개념을 활용하고 있다.

② 킹던(Kingdon)의 의제설정 모형은 정책과정의 복잡하고 불확실한 역동성을 부각시킨다는 점에서 다중합리성 모형의 중요한 모태라고 할 수 있다.

③ 루빈(Rubin)의 실시간 예산운영(real-time budgeting) 모형에서 다섯 가지의 의사결정 흐름은 느슨하게 연계된 상호의존성을 가지고 있다.

④ 루빈(Rubin)의 실시간 예산운영(real-time budgeting) 모형에서 예산균형흐름에서의 의사결정은 기술적 성격이 강하며, 책임성(accountability)의 정치적 특징을 갖는다.

정답 및 해설

예산균형에서의 의사결정은 제약조건의 정치라는 특징을 지니며, 책임성의 정치는 예산집행의 흐름에서 나타남

흐름	관심	정치
세입 흐름	세입원의 기술적 추계: 누가 부담할 것인가?	설득의 정치
세출 흐름	지출의 우선순위: 누구에게 배분할 것인가?	선택의 정치
예산균형 흐름	정부의 범위와 역할에 대한 결정	제약조건의 정치
예산집행 흐름	계획에 따른 집행과 수정 및 일탈의 허용범위를 산정하는 기술적인 성격이 강함	책임성의 정치
예산과정 흐름	예산과정에서 누가 주도적 역할을 하는가?	예산결정의 정치

+ 루빈(Rubin)의 실시간 예산운영(real – time budgeting) 모형은 세입, 세출, 균형, 집행, 과정 등과 관련한 의사결정 흐름 개념을 활용하는데, 이는 느슨하게 연계된 상호의존성을 지니고 있음

② 다중합리성 모형은 의원의 다중합리성이 공무원의 행동에 영향을 미치는 과정을 설명하기 위해 킹던(Kingdon)의 의제설정 모형과 루빈의 실시간 예산운영 모형을 활용하고 있음

정답 ④

47 회독 □□□
2019. 서울 7급

서메이어(K. Thumaier)와 윌로비(K. Willoughby)의 예산운영의 다중합리성모형에 대한 설명으로 가장 옳은 것은?

① 정부예산의 결과론적 접근방법에 근거한다.

② 미시적 수준의 예산상의 의사결정을 설명하고 탐구한다.

③ 정부 예산의 성공을 위해서는 예산과정 각 단계에서 예산활동과 행태를 구분해서는 안된다고 주장하였다.

④ 예산과정과 정책과정 간의 연계점의 인식틀을 제시하기 위해 킹던(J. Kingdon)의 정책결정모형과 그린과 톰슨(Green & Thompson)의 조직과정모형을 통합하고자 하였다.

정답 및 해설

다중합리성모형은 Kingdon의 정책결정모형과 Rubin의 실시간 예산결정모형을 통합한 모형으로써 의원들의 복수합리성 기준이 중앙예산실의 예산분석가들의 행동에 미치는 영향을 분석하고 있음 → 인간의 행동을 연구하는바 미시적인 분석에 해당함

①③
다중합리성 모형은 정부예산의 성공을 위해서는 예산과정 각 단계에서의 예산활동 및 행태를 구분해야 한다고 주장함 → 과정적 접근

④ 다중합리성 모형은 예산과정과 정책과정 간의 연계점의 인식틀을 제시하기 위해 Kingdon의 정책결정모형과 Rubin의 실시간 예산결정모형을 통합하였음

정답 ②

PART 05 재무행정

48 회독 □□□

2019. 국가 7급

윌다브스키(A. Wildavsky)의 예산행태 유형 중 국가의 경제력은 낮지만 재정예측력이 높은 경우에 나타나는 행태는?

① 점증적 예산(incremental budgeting)
② 반복적 예산(repetitive budgeting)
③ 세입 예산(revenue budgeting)
④ 보충적 예산(supplemental budgeting)

정답 및 해설

국가의 경제력은 낮지만 재정의 예측력이 높을 때 나타나는 예산문화는 세입예산 문화임

윌다브스키(Wildavsky)의 예산문화론: 비교예산이론

구분		경제력	
		높음	낮음
재정의 예측가능성	높음	• 점증적 예산문화 －선진국	• 세입 중심 예산문화 －선진국 도시정부
	낮음	• 보충적 예산문화: 대체점증 예산문화 －행정능력이 낮은 후진국 －돈이 언제 들어올지 잘 모르는바 땜빵식 해결	• 회피적·반복적 예산문화 －후진국

정답 ③

cf.

49 회독 □□□

2009. 지방 7급

각국의 경제력, 재정적 예측능력, 정치제도, 엘리트의 가치체계 및 지출규모 등에 따라 예산운영 유형이 달라질 수 있다. 총체적 희소성 상황에 처한 저개발국가에서 나타나는 예산운영 유형은?

① 보충적 예산운영
② 점증적 예산운영
③ 반복적 예산운영
④ 세입 예산운영

정답 및 해설

총체적 희소성이란 기존에 해오던 계속사업도 지속할 수 없는 정도로 예산이 부족한 저개발 국가의 재정적 상황을 표현한 개념임 → 일반적으로 이러한 상황에서는 정부가 국민에게 지키지 못할 약속을 하는 까닭에 반복적인 예산편성 행태가 발생함

정답 ③

50 회독 □□□

2017. 국가 7급

예산이론에 대한 설명으로 옳은 것은?

① 루이스(Lewis)는 예산배분결정에 경제학적 접근법을 적용하여, '상대적 가치', '증분분석', '상대적 효과성'이라는 세 가지 분석명제를 제시한다.

② 니스카넨(Niskanen)의 예산극대화 모형은 의원들이 재선가능성을 높이기 위해 지역구 예산을 극대화하는 행태에 분석초점을 둔다.

③ 윌로비와 서메이어(Willoughby & Thurmaier)의 다중합리성모형은 의원들의 복수의 합리성 기준이 의회의 예산결정에 미치는 영향을 주로 분석한다.

④ 단절균형예산이론(Punctuated Equilibrium Theory)은 급격한 단절적 예산변화를 설명하고, 나아가 그러한 변화를 예측할 수 있는 장점이 있다.

정답 및 해설

루이스(Lewis)의 예산이론은 경제학에 기초한 '증분분석'을 통해 각 조직 내에서 동일한 예산이 증가하더라도 그 효과는 상대적으로 달라질 수 있음을 밝힘

② 의원들은 지역구의 예산을 극대화하기보다는 주민의 순편익을 극대화하는 지점에서 예산을 결정함
③ 윌로비와 서메이어(Wiloughby & Thurmaier)의 다중합리성모형은 의원들의 복수의 합리성 기준이 중앙예산실의 예산분석가들에게 미치는 영향을 미시적으로 분석하고 있음
④ 단절균형 예산이론(Punctuated Equilibrium Theory)은 급격한 단절적 예산변화를 설명할 수는 있으나 이를 예측할 수 없다는 단점이 있음

정답 ①

51 회독 □□□

2019. 지방 7급

예산결정이론에 대한 설명으로 옳은 것은?

① 합리모형은 예산상의 편익을 극대화하기 위한 결정방식이지만 규범적 성격은 약하다.

② 예산 결정에서 기존 사업에 대한 당위적 예산 배분을 제어할 수 있다는 점은 점증모형의 유용성이다.

③ 단절균형모형을 따르는 예산결정자는 사후후생을 고려하지 않고 최악을 피하는 전략을 사용한다.

④ 다중합리성모형은 정부예산의 성공을 위해서는 예산과정 각 단계에서 예산활동 및 행태를 구분해야 함을 강조한다.

정답 및 해설

다중합리성모형은 정부예산의 성공을 위해서는 예산과정 각 단계(세입흐름, 세출흐름, 균형흐름, 집행흐름 등)에서 예산활동 및 행태를 구분해야 함을 강조함 → 예를 들면, 세입흐름에서는 돈을 부담하는 주체를 인지해야 하고, 어떻게 부담자를 설득할지에 대해 고민해야 함

① 합리모형은 예산상의 편익을 극대화하기 위한 결정방식이며, 최선의 대안을 추구한다는 점에서 이상적·규범적임
② 점증모형은 매몰비용을 인정하는 바 예산 결정에서 기존 사업에 대한 예산 배분을 당연한 것으로 인정함; 예산결정에서 기존 사업에 대한 당위적 예산 배분을 제어할 수 있다는 점은 합리모형의 유용성임
③ 선지는 점증모형에 대한 내용임 → 점증모형은 예산결정자의 인지능력의 한계를 인정하는바 사후후생(미래의 일)을 고려하지 않고 최악을 피하는 전략을 사용함

단절균형 모형

㉠ 예산의 균형이 지속되다가 특정 사건으로 인해 단절적인 변화가 발생하고, 다시 균형상태가 지속되는 현상을 설명한 모형
㉡ 주의: 단절균형 모형은 예산의 단절균형 발생시점을 예측할 수는 없음

정답 ④

PART 05 재무행정

예산의 기초

Section 01 예산의 의의, 특성, 기능 및 형식

52 회독 ☐☐☐

예산과 법률의 차이점에 대한 설명으로 옳지 않은 것은?

① 법률안은 국회의원과 정부가 제출할 수 있지만, 예산안은 정부만이 제출할 수 있다.

② 발의·제출된 법률안에 대해 국회는 수정할 수 있지만, 예산안의 경우 국회는 정부의 동의 없이 제출된 지출예산 각항의 금액을 증가하거나 새 비목을 설치할 수 없다.

③ 법률안은 대외적 효력을 인정받기 위해 공포 절차를 거쳐야 하지만 예산안은 국회에서 의결되면 효력을 갖는다.

④ 대통령은 국회가 의결한 법률안에 대해 재의 요구를 할 수 있으나, 국회는 정부가 제출한 예산안에 대한 심의·의결 자체를 거부할 수 있다.

정답 및 해설

국회는 정부가 제출한 예산안에 대한 심의·의결해야 함

헌법 제54조 ① 국회는 국가의 예산안을 심의·확정한다.
② 정부는 회계연도마다 예산안을 편성하여 회계연도 개시 90일전까지 국회에 제출하고, 국회는 회계연도 개시 30일 전(12월 2일)까지 이를 의결하여야 한다.

① 예산편성권은 행정부의 권한임
② 발의·제출된 법률안에 대해 국회는 수정할 수 있지만, 예산안의 경우 국회는 예산편성권이 없음
③ 법률안은 대외적 효력을 인정받기 위해 공포 절차를 거쳐야 하지만 예산안은 그렇지 않음

정답 ④

53 회독 ☐☐☐

2020. 서울속기 9급

머스그레이브(Musgrave)가 제시한 재정의 기본 원칙에 해당하지 않는 것은?

① 자원 배분 기능
② 소득 분배의 공평화 기능
③ 경제 안정 기능
④ 행정관리적 기능

정답 및 해설

R. A. Musgrave(머스그레이브)는 예산의 3대 경제적 기능으로 경제안정 기능, 자원배분 기능, 소득재분배 기능을 들었음

①②③
모두 R. A. Musgrave가 주장한 예산의 3대 경제적 기능에 해당함

정답 ④

54 회독 □□□

2013. 서울 9급

다음 중에서 예산개혁의 경향이 시대에 따라 변화해 온 것을 시기순으로 가장 잘 나타낸 것은?

① 통제지향 → 관리지향 → 기획지향 → 감축지향 → 참여지향
② 통제지향 → 감축지향 → 기획지향 → 관리지향 → 참여지향
③ 관리지향 → 감축지향 → 통제지향 → 기획지향 → 참여지향
④ 관리지향 → 기획지향 → 통제지향 → 감축지향 → 참여지향
⑤ 기획지향 → 감축지향 → 통제지향 → 관리지향 → 참여지향

정답 및 해설

미국 예산제도 가치는 통제, 관리, 기획, 감축의 순서로 변화했음 → 이는 품목별 예산제도(통제), 성과주의 예산제도(관리), 계획예산제도(계획), 영기준 예산제도(감축)의 등장에 따라 나타난 현상임; 참고로 참여지향은 '재정민주주의'를 나타내는 표현인데, 우리나라의 주민참여예산제도가 그 예라고 할 수 있음

정답 ①

55 회독 □□□

2003. 경기 9급

Musgrave의 예산의 기능이 아닌 것은?

① 경제안정 기능
② 소득재분배 기능
③ 경제성장 촉진기능
④ 자원배분 기능

정답 및 해설

머스그레이브는 예산의 경제적 기능을 경제안정, 소득재분배, 자원배분으로 정리함

일반적인 예산의 경제적 기능

경제안정, 소득재분배, 자원배분, 경제성장 촉진

정답 ③

56 회독 □□□ 2008. 지방 9급

예산의 법 형식은 크게 법률주의와 예산주의로 나누어 볼 수 있다. 이에 대한 설명으로 옳지 않은 것은?

① 미국은 세입법(Revenue Act)을 의회에서 제정한다.
② 한국은 예산 계정을 위한 근거법을 필요조건으로 하고 있지는 않다.
③ 미국은 잠정예산을 제외한 모든 예산에 대하여 대통령이 거부권을 행사할 수 있다.
④ 한국은 예산에 의해 법률을 개폐할 수 없다.

정답 및 해설

미국은 잠정예산을 포함한 모든 예산에 대하여 대통령이 거부권을 행사할 수 있음

① 미국은 세입법 · 세출법을 의회에서 제정하는 예산법률주의를 채택하고 있음
②④
한국은 예산의결주의를 선택하고 있기 때문에 예산안과 법률은 상호 다른 형식을 취하고 있음; 이 때문에 한국은 예산 계정을 위한 근거법을 필요조건으로 하고 있지는 않으며, 예산에 의해 법률을 개폐할 수 없음

정답 ③

57 회독 □□□ 2019. 국가 9급

정부가 동원하는 공공재원에 대한 설명으로 옳지 않은 것은?

① 조세의 경우 납세자인 국민들은 정부지출을 통제하고 성과에 대한 직접적인 책임을 요구할 수 있다.
② 국공채는 사회간접자본(SOC) 관련 사업이나 시설로 인해 편익을 얻게 될 경우 후세대도 비용을 분담하기 때문에 세대 간 형평성을 훼손시킨다.
③ 수익자부담금은 시장기구와 유사한 메커니즘을 통해 공공서비스의 최적 수준을 지향하여 자원 배분의 효율성을 제고할 수 있다.
④ 조세로 투자된 자본시설은 개인이 대가를 지불하지 않는 것으로 인식되어 과다 수요 혹은 과다 지출되는 비효율성 문제가 발생할 수 있다.

정답 및 해설

국공채를 활용한 사업이나 시설로 인해 편익을 얻을 후세대도 비용을 부담하기 때문에 세대 간 형평성을 높일 수 있음

① 조세의 경우 납세자인 국민은 재정민주주의에 기초하여 정부지출을 통제하고 성과에 대한 직접적인 책임을 요구할 수 있음

국가재정법 제100조 【예산 · 기금의 불법지출에 대한 국민감시】 ① 국가의 예산 또는 기금을 집행하는 자, 재정지원을 받는 자, 각 중앙관서의 장(그 소속기관의 장을 포함한다) 또는 기금관리주체와 계약 그 밖의 거래를 하는 자가 법령을 위반함으로써 국가에 손해를 가하였음이 명백한 때에는 누구든지 집행에 책임 있는 중앙관서의 장 또는 기금관리주체에게 불법지출에 대한 증거를 제출하고 시정을 요구할 수 있다.

③ 수익자부담금은 돈을 낸 사람이 편익을 누리도록 하는 방식으로서 무임승차 문제를 해결하는바 공공서비스의 최적 수준을 지향하여 자원 배분의 효율성을 제고할 수 있음
④ 조세는 일반적으로 부자가 많이 내는 까닭에 조세로 투자된 자본시설은 개인이 대가를 지불하지 않는 자유재로 인식되어 과다 수요 혹은 과다 지출되는 비효율성 문제가 발생할 수 있음

자유재

존재량이 무한하여 값을 치르지 않고도 획득 또는 이용할 수 있는 자원(예 공기나 물 등)

정답 ②

58 회독 □□□

2018. 서울 9급

우리나라 예산안과 법률안의 의결 방식에 대한 설명으로 가장 옳지 않은 것은?

① 법률에 대해서는 대통령의 거부권 행사가 가능하지만 예산은 거부권을 행사할 수 없다.
② 예산은 법률의 개폐가 불가능하지만, 법률로는 예산을 변경할 수 있다.
③ 법률과 달리 예산안은 정부만이 편성하여 제출할 수 있다.
④ 예산안을 심의할 때 국회는 정부가 제출한 예산안의 범위 내에서 삭감할 수 있고, 정부의 동의 없이 지출예산의 각 항의 금액을 증가하거나 새 비목을 설치할 수 없다.

정답 및 해설

예산안과 법률은 상호 형식이 다르므로 예산으로 법률의 개폐가 불가능하며, 법률로 예산을 변경할 수 없음

① 법률에 대해서는 대통령의 거부권 행사가 가능하지만 예산은 법률이 아니므로 거부권을 행사할 수 없음
③ 오늘날 대다수 국가는 행정부가 예산안을 편성하고 있음
④ 예산안을 심의할 때 국회는 정부가 제출한 예산안의 범위 내에서 삭감할 수 있고, 정부의 동의 없이 지출예산의 각 항의 금액을 증가하거나 새 비목을 설치할 수 없음

헌법 제57조
국회는 정부의 동의없이 정부가 제출한 지출예산 각항의 금액을 증가하거나 새 비목을 설치할 수 없다.

정답 ②

59 회독 □□□

2018. 지방 9급

머스그레이브(Musgrave)의 정부 재정 기능의 기본 원칙에 대한 설명으로 옳지 않은 것은?

① 시장실패를 교정하고 사회적 최적 생산과 소비 수준이 이루어지도록 해야 한다.
② 세입 면에서는 차별 과세를 하고, 세출 면에서는 사회보장적 지출을 통해 소외계층을 지원해야 한다.
③ 고용, 물가 등과 같은 거시경제 지표들을 안정적으로 조절해야 한다.
④ 정부에 부여된 목적과 자원을 연계하여 소기의 성과를 거둘 수 있도록 관료를 통제해야 한다.

정답 및 해설

머스그레이브(Musgrave)는 경제적 측면에 입각하여 재정의 3대 기능으로 경제안정화, 자원배분의 효율화, 소득의 재분배 기능을 강조했음
→ 관료에 대한 통제는 머스그레이브의 3대 재정기능이 아님

① 자원배분의 효율화 기능
② 소득분배의 공평화 기능
③ 거시경제의 안정화 기능

정답 ④

60 회독 □□□

2003. 국회 7급

다음 중 예산의 경제적 기능이 아닌 것은?

① 경제안정화 기능
② 경제성장 촉진기능
③ 소득재분배 기능
④ 자원배분 기능
⑤ 예산공개기능

정답 및 해설

예산공개기능은 일반적인 예산의 경제적 기능에 해당하지 않음

①②③④

예산의 경제적 기능

효율적 자원배분	① 시장이 효율적으로 공급할 수 없는 재화를 제공하기 위해 자원을 배분하는 것 ② 이를 통해 시장실패를 보정하고 사회적인 최적생산과 소비를 달성할 수 있음
소득재분배	세입 면에서는 차별 과세를 하고, 세출 면에서는 사회보장적 지출을 통해 소외계층을 지원해야 함
경제성장	정부의 예산은 경제성장과 부의 창출을 유도할 수 있음
경제안정	경제안정에 기여하도록 공공자금의 지출을 유도하는 기능 → 예컨대, 불경기로 실업이 증가하면 실업률이 감소하도록 정부의 총지출을 증가시키는 행위
머스그레이브(Musgrave)는 재성의 경제적 기능으로 경제안정, 소득재분배, 자원배분을 제시 → 일반적인 경제적 기능과는 다르게 경제성장 촉진기능 제외	

정답 ⑤

61 회독 □□□

2019. 국가 7급

우리나라에서 예산과 법률의 차이에 대한 설명으로 옳은 것은?

① 국회는 발의・제출된 법률안을 수정・보완할 수 있지만, 제출된 예산안은 정부의 동의 없이는 수정할 수 없다.
② 국회에 제출된 법률안은 의결기한에 제한이 없으나, 예산안은 매년 12월 2일까지 예산결산특별위원회의 심사를 마쳐야 한다.
③ 대통령은 국회가 의결한 법률안에 대해 거부권이 있지만, 국회가 의결한 예산에 대해서는 사안별로만 재의요구권이 있다.
④ 일반적으로 법률은 국가기관과 국민에 대해 구속력을 갖지만, 예산은 국가기관에 대해서만 구속력을 갖는다.

정답 및 해설

일반적으로 법률은 국가기관과 국민에 대해 구속력(국민에 대한 의무부과 등)을 갖지만, 예산은 국가기관에 대해서만 구속력을 가짐

① 국회는 정부가 발의・제출한 법률안과 예산안을 수정・보완할 수 있음; 단, 예산안에 대해서 국회는 폐지 및 삭감은 할 수 있으나 정부의 동의 없이 지출예산 각 항의 금액을 증가하게 하거나 새 비목을 설치할 수는 없음
② 국회에 제출된 법률안은 의결기한에 제한이 없으나, 예산안은 회계연도 개시 30일 전(12월 2일)까지 본회의의 의결을 완료해야 함
③ 대통령은 국회가 의결한 법률에 대해 거부권이 있지만, 국회가 의결한 예산에 대해서는 재의요구권이 없음

정답 ④

Section 02 예산의 원칙

62 회독 □□□

2022. 지방 9급

일반회계, 특별회계, 기금에 대한 설명으로 옳지 않은 것은?

① 일반회계는 조세수입 등을 주요 세입으로 하여 국가의 일반적인 세출에 충당하기 위하여 설치한다.
② 특별회계와 기금은 예산총계주의 원칙의 예외이다.
③ 일반회계, 특별회계, 기금 모두 국회로부터 결산의 심의 및 의결을 받아야 한다.
④ 일반회계와 특별회계는 전쟁이나 대규모 재해가 발생한 경우 추가경정예산을 편성할 수 있다.

정답 및 해설

특별회계예산은 완전성 원칙의 예외에 해당하지 않음
+ 두문자: 완전차갑고 순수해서 현기증나!

①

국가재정법 제4조【회계구분】 ① 국가의 회계는 일반회계와 특별회계로 구분한다.
② 일반회계는 조세수입 등을 주요 세입으로 하여 국가의 일반적인 세출에 충당하기 위하여 설치한다.

③ 일반회계와 특별회계는 예산이므로, 기금은 그 금액이 상당하므로 국회로부터 결산의 심의 및 의결을 받아야 함

④

국가재정법 제89조【추가경정예산안의 편성】 ① 정부는 다음 각 호의 어느 하나에 해당하게 되어 이미 확정된 예산에 변경을 가할 필요가 있는 경우에는 추가경정예산안을 편성할 수 있다.
1. 전쟁이나 대규모 재해(「재난 및 안전관리 기본법」 제3조에서 정의한 자연재난과 사회재난의 발생에 따른 피해를 말한다)가 발생한 경우

정답 ②

63 회독 □□□

2017. 지방 9급

「국가재정법」상 다음 원칙의 예외에 대한 규정으로 옳지 않은 것은?

> • 한 회계연도의 모든 수입을 세입으로 하고, 모든 지출을 세출로 한다.
> • 한 회계연도의 세입과 세출은 모두 예산에 계상하여야 한다.

① 수입대체경비에 있어 수입이 예산을 초과하거나 초과할 것이 예상되는 때에는 그 초과 수입을 대통령령이 정하는 바에 따라 그 초과수입에 직접 관련되는 경비 및 이에 수반되는 경비에 초과 지출할 수 있다.
② 국가가 현물로 출자하는 경우에는 이를 세입세출예산 외로 처리할 수 있다.
③ 국가가 외국 차관을 도입하여 전대하는 경우에는 이를 세입세출예산 외로 처리할 수 있다.
④ 출연금이 지원된 국가연구개발사업의 개발성과물 사용에 따른 대가를 사용하는 경우에는 이를 세입세출예산 외로 처리할 수 있다.

정답 및 해설

해당 선지는 현재 삭제된 조항이므로 틀린 내용임; 아울러 보기는 완전성(포괄성)의 원칙에 대한 내용임 → 즉, 예산총계주의로서 수입과 지출에 관한 모든 것을 예산서에 작성해야 한다는 원칙임

완전성(포괄성)의 원칙의 예외

완전차갑고 순수해서 현기증나!

①

국가재정법 제53조【예산총계주의 원칙의 예외】 ① 각 중앙관서의 장은 용역 또는 시설을 제공하여 발생하는 수입과 관련되는 경비로서 대통령령이 정하는 경비(이하 "수입대체경비"라 한다)에 있어 수입이 예산을 초과하거나 초과할 것이 예상되는 때에는 그 초과수입을 대통령령이 정하는 바에 따라 그 초과수입에 직접 관련되는 경비 및 이에 수반되는 경비에 초과지출할 수 있다.

②③

국가재정법 제53조【예산총계주의 원칙의 예외】 ② 국가가 현물로 출자하는 경우와 외국차관을 도입하여 전대(轉貸)하는 경우에는 이를 세입세출예산 외로 처리할 수 있다.

정답 ④

PART 05 재무행정

64 회독 □□□

2015. 지방 9급

예산의 원칙과 그 예외 사항에 대한 설명으로 옳은 것은?

① 특정 수입과 특정 지출이 연계되어서는 안 된다는 것은 '단일성의 원칙'이다.

② 예산은 주어진 목적, 규모 그리고 시간에 따라 집행되어야 한다는 원칙은 '예산총계주의'이다.

③ 예산구조나 과목은 이해하기 쉽도록 단순해야 한다는 것은 '통일성의 원칙'이다.

④ 특별회계는 '통일성의 원칙'과 '단일성의 원칙'의 예외적인 장치에 해당된다.

정답 및 해설

특별회계는 특수한 목적을 위해 수입·지출을 일반회계로부터 분리해 독립적으로 운영하는 회계이며, 특정 세입을 특정한 세출로 연결한다는 점에서 통일성의 원칙의 예외임; 또한 일반회계와 별도로 운영하기 때문에 단일성 원칙(예산은 단일의 회계 내에서 정리해야 한다는 원칙)의 예외임

① 통일성의 원칙의 내용임
② 한정성의 원칙의 내용임
③ 명확성의 원칙의 내용임

정답 ④

65 회독 □□□

2009. 지방 9급

전통적 예산 원칙에 대한 설명 중 가장 옳지 않은 것은?

① 예산 단일의 원칙은 특정한 세입과 특정한 세출을 직접 연계시켜서는 안 된다는 원칙이다.

② 예산 공개의 원칙은 예산 운영의 전반적인 내용이 국민에게 공개되어야 한다는 원칙이다.

③ 예산 사전의결의 원칙은 예산이 집행되기 전에 입법부의 의결을 거쳐야 한다는 원칙이다.

④ 예산 완전성의 원칙은 모든 세입과 세출이 예산에 계상되어야 한다는 원칙이다.

정답 및 해설

특정한 세입과 특정한 세출을 직접 연계시켜서는 안된다는 원칙은 통일성의 원칙임

단일성의 원칙

예산은 단일의 회계 내에서 정리해야 한다는 원칙

② 예산 공개의 원칙 : 예산 운영의 전반적인 내용이 국민에게 공개되어야 한다는 원칙; 다만, 신임예산이나 국가안보를 위해 공개할 수 없는 부분은 일부 예외를 인정함

신임예산

의회가 총액만 결정하고 구체적인 용도와 액수는 행정부가 결정하여 지출하는 예산제도 → 전쟁 등과 같이 지출 예측이 어렵고 안전 보장의 이유로 내역을 밝히기 어려운 경우에 예외적으로 적용함

③ 예산 사전의결의 원칙 : 예산이 집행되기 전에 입법부의 의결을 거쳐야 한다는 원칙; 다만, 준예산, 긴급재정명령, 선결처분, 전용, 사고이월 등은 예외임

④ 예산 완전성의 원칙 : 모든 세입과 세출이 예산에 계상되어야 한다는 원칙; 다만, 전대차관, 순계예산, 수입대체경비, 기금, 현물출자, 차관물자대 등은 예외임

정답 ①

66 회독 □□□ 2008. 지방 9급

예산의 원칙과 그 예외를 연결한 것으로 옳지 않은 것은?

① 예산 사전의결의 원칙: 준예산, 긴급재정명령, 선결처분
② 예산 한정성의 원칙: 계속비, 예산의 이용, 예산의 이월
③ 예산 단일의 원칙: 특별회계, 추가경정예산, 목적세
④ 예산 공개의 원칙: 국가기밀에 속하는 국방비·외교활동비

정답 및 해설

단일성의 원칙은 예산은 단일의 회계 내에서 정리해야 한다는 원칙으로서 그 예외는 단추특기(추가경정예산, 특별회계, 기금)!임

①②④

전통적 원칙과 예외사항

		개념	예외	
전통적 원칙 (입법부 우위)	엄밀성(정확성) 원칙	예산과 결산의 일치	적자 혹은 불용액	
	완전성 원칙	총계예산주의 (수입+지출 모두 예산에 기록)	순계예산, 기금, 수입대체경비 현물출자, 전대차관 등	
	단일성 원칙	단일한 회계장부에 기록	특별회계, 추가경정예산, 기금	
	통일성 원칙	세입은 국고를 거쳐 세출	특별회계, 목적세, 기금, 수입대체경비	
	명료성 원칙	수입 및 지출 용도 구분	총괄예산	
	공개성 원칙	예산편성·심의·집행·결산과정의 공개	신임예산, 국방비, 정보비 등	
	한정성 원칙	사용목적·범위·기간의 명확한 한계 ㉠ 목적 외 사용금지 ㉡ 초과지출 금지 ㉢ 회계연도 독립의 원칙	목적(질적) 한정성 예외	이용, 전용
			규모(양적) 한정성 예외	예비비, 추가경정예산
			시간(시기) 한정성 예외	이월, 계속비, 국고채무부담행위
	사전승인 원칙	국회의 사전 심의·의결 거쳐야 함	사고이월, 전용, 준예산, 긴급재정명령, 선결처분 등	

참고

㉠ 조상충용: 당해 연도의 세입으로 세출을 충당하지 못할 경우 다음 연도의 세입을 미리 당겨 충당·사용하는 것
㉡ 전통적 원칙은 노이마르크가 제시함
㉢ 목적세: 특정 세출을 충당하기 위해 별도로 징수한 조세로서 교육세(교육사업을 위해 징수하는 세입), 농어촌특별세, 교통환경에너지세 등이 있음

정답 ③

67 회독 □□□ 2019. 사복 9급

예산의 원칙과 내용을 가장 옳게 짝지은 것은?

① 예산단일성의 원칙 – 예산은 모든 국민이 알기 쉽게 분류, 정리되어야 한다는 원칙
② 예산완전성의 원칙 – 모든 수입과 지출은 예산에 계상되어야 한다는 원칙
③ 예산엄밀성의 원칙 – 정해진 목표를 위해서 정해진 금액을 정해진 기간 내에 사용해야 한다는 원칙
④ 예산한정성의 원칙 – 국가의 예산은 하나로 존재해야 한다는 원칙

정답 및 해설

완전성의 원칙은 모든 수입과 지출은 예산에 계상되어야 한다는 원칙임

국가재정법 제17조【예산총계주의】 ① 한 회계연도의 모든 수입을 세입으로 하고, 모든 지출을 세출로 한다.
② 세입과 세출은 모두 예산에 계상하여야 한다.

① 예산단일성의 원칙: 단일한 회계장부에 지출내역을 정리해야 한다는 원칙
③ 예산엄밀성의 원칙: 예산과 결산이 꼭 일치할 수는 없지만, 가능한 일치하도록 엄밀성을 유지해야 한다는 원칙
④ 예산한정성의 원칙: 예산의 목적, 금액, 기한을 지켜야 한다는 원칙임; 참고로 국가의 예산은 하나로 존재해야 한다는 원칙은 예산단일성의 원칙임

정답 ②

cf.

68 회독 □□□

2017. 지방 7급

자원관리의 효율성과 계획성을 강조하는 현대적 예산제도의 원칙에 해당하지 않는 것은?

① 행정부에 의한 책임부담의 원칙
② 예산관리수단 확보의 원칙
③ 공개의 원칙
④ 다원적 절차채택의 원칙

정답 및 해설

모든 예산은 공개되어야 한다는 공개의 원칙은 전통적인 예산의 원칙에 해당함

①②④

현대적 예산원칙: 스미스가 제시한 행정부 우위의 원칙 → 통제 + 신축성(강조)

구분	내용
사업계획의 원칙: 관리지향적 예산원칙	사업계획과 예산의 편성을 연계해야 한다는 것
책임의 원칙: 행정부에 의한 책임부담의 원칙	예산을 집행할 때, 합법성·효과성·경제성 등을 추구하여 행정의 책임성을 확보하자는 것
보고의 원칙	1) 예산과정을 관리할 수 있는 관리 및 보고체계를 갖추어야 함 2) 예산의 운영과정이 점차 복잡·다양해지고 있기 때문
적절한 수단구비의 원칙: 예산관리수단 확보의 원칙	재정의 통제와 신축성 유지를 위한 적절한 수단이 조화를 이루어야 함
예산기구 상호협력의 원칙	중앙의 예산기관과 각 부처 예산기관 간의 협력체계를 구축해야 함
다원적 절차의 원칙	재정운영의 탄력성을 위해 사업의 성격별로 예산절차의 다양성을 추구해야 함
시기 신축성의 원칙	1) 계획한 사업의 시점을 행정부가 신축적으로 조정할 수 있어야 함 2) 예 계속비, 이월 등
재량의 원칙	1) 효율적인 예산집행을 위해 재량권을 주어야 한다는 것 2) 예 총괄예산 등

정답 ③

69 회독 □□□

2014. 국가 7급

예산 한정성 원칙의 예외로 볼 수 없는 것은?

① 예비비 편성
② 추가경정예산
③ 특별회계 운용
④ 예산의 이용 및 전용

정답 및 해설

한정성(한계성)의 원칙은 예산이 주어진 목적, 규모, 그리고 시간에 따라 집행되어야 한다는 원칙임 → 한정성 원칙의 예외는 아래와 같으며, 특별회계는 한정성 원칙의 예외에 해당하지 않음

①②④

한정성 원칙과 예외사항

	개념	예외	
한정성 원칙	사용목적·범위·기간의 명확한 한계 ㉠ 목적 외 사용금지 ㉡ 초과지출 금지 ㉢ 회계연도 독립의 원칙	목적(질적) 한정성 예외	이용, 전용
		규모(양적) 한정성 예외	예비비, 추가경정예산
		시간(시기) 한정성 예외	이월, 계속비, 국고채무부담행위

참고

조상충용

당해 연도의 세입으로 세출을 충당하지 못할 경우 다음 연도의 세입을 미리 당겨 충당·사용하는 것

정답 ③

70 회독 □□□

2008. 지방 7급

정부의 예산편성 · 집행시 지켜야 할 규범이 되는 예산의 원칙에도 예외가 인정되고 있다. 전통적인 예산의 원칙과 그 예외의 연결이 옳지 않은 것은?

① 한계성 원칙 – 예비비
② 명확성 원칙 – 총괄예산
③ 단일성 원칙 – 기금
④ 사전의결 원칙 – 목적세

정답 및 해설

목적세는 통일성 원칙의 예외이며, 통일성의 원칙은 특정한 세입과 특정한 세출을 직접 연계시켜서는 안 된다는 원칙임 → 사전의결 원칙은 예산이 집행되기 전에 입법부의 의결을 거쳐야 한다는 원칙으로써 준예산, 긴급재정명령, 선결처분 등이 사전의결 원칙의 예외에 해당함

①②③

<table>
<tr><th></th><th>개념</th><th colspan="2">예외</th></tr>
<tr><td>단일성 원칙</td><td>단일한 회계장부에 기록</td><td colspan="2">① 두문자: 단추특기
② 특별회계, 추가경정예산, 기금</td></tr>
<tr><td>명료성 원칙</td><td>수입 및 지출 용도 구분</td><td colspan="2">총괄예산 등</td></tr>
<tr><td rowspan="3">한정성 원칙</td><td rowspan="3">사용목적 · 범위 · 기간의 명확한 한계
㉠ 목적 외 사용금지
㉡ 초과지출 금지
㉢ 회계연도 독립의 원칙</td><td>목적(질적) 한정성 예외</td><td>이용, 전용</td></tr>
<tr><td>규모(양적) 한정성 예외</td><td>예비비, 추가경정예산</td></tr>
<tr><td>시간(시기) 한정성 예외</td><td>이월, 계속비, 국고채무 부담행위</td></tr>
</table>

정답 ④

71 회독 □□□

2019. 지방 7급

다음 중 예산 원칙의 예외를 옳게 짝지은 것은?

	한정성 원칙	단일성 원칙
①	목적세	특별회계
②	예비비	목적세
③	이용과 전용	수입대체경비
④	계속비	기금

정답 및 해설

한정성의 원칙은 의회가 정한 기준대로 예산을 활용해야 한다는 것으로써 이용과 전용, 계속비, 추경예산, 예비비 등을 예외로 하고 있으며, 단일성의 원칙은 단일한 회계장부에 기록해야 한다는 원칙이고, 그 예외로서 기금, 추가경정예산, 특별회계를 두고 있음

① 목적세는 통일성 원칙의 예외이고, 특별회계는 단일성과 통일성 원칙의 예외임
② 예비비는 한정성 원칙의 예외이고, 목적세는 통일성 원칙의 예외임
③ 이용과 전용은 한정성 원칙의 예외이고, 수입대체경비는 통일성 원칙의 예외임

정답 ④

PART 05 재무행정

Section 03 우리나라의 예산 원칙 : 국가재정법을 중심으로

72 회독 □□□ 2024. 국가 9급

「국가재정법」상 온실가스감축인지 예산제도에 대한 설명으로 옳지 않은 것은?

① 온실가스감축인지 예산제도는 정부예산의 원칙 중 하나이다.
② 온실가스감축인지 예산서에는 온실가스 감축에 대한 기대효과, 성과목표, 효과분석 등을 포함해야 한다.
③ 정부의 기금은 온실가스감축인지 예산제도의 대상에 포함되지 않는다.
④ 정부는 예산이 온실가스를 감축하는 방향으로 집행되었는지를 평가하는 보고서를 작성하여야 한다.

정답 및 해설

기금도 온실가스감축인지 제도의 대상에 포함됨 → 정부는 온실가스감축인지 기금운용계획서·기금결산서를 작성해야 함

①

국가재정법 제16조【예산의 원칙】 정부는 예산의 편성 및 집행에 있어서 다음 각 호의 원칙을 준수하여야 한다.
6. 예산이 온실가스감축에 미치는 효과를 평가하고, 그 결과를 정부의 예산편성에 반영하기 위하여 노력하여야 한다.

②

동법 제27조【온실가스감축인지 예산서의 작성】 ① 정부는 예산이 온실가스 감축에 미칠 영향을 미리 분석한 보고서(이하 "온실가스감축인지 예산서"라 한다)를 작성하여야 한다. ② 온실가스감축인지 예산서에는 온실가스 감축에 대한 기대효과, 성과목표, 효과분석 등을 포함하여야 한다.

④

동법 제57조의2【온실가스감축인지 결산서의 작성】 ① 정부는 예산이 온실가스를 감축하는 방향으로 집행되었는지를 평가하는 보고서(이하 "온실가스감축인지 결산서"라 한다)를 작성하여야 한다.

정답 ③

73 회독 □□□ 2018. 국가 7급

「국가재정법」상 재정건전화에 대한 설명으로 옳지 않은 것은?

① 국세감면율이란 당해 연도 국세 수입총액 대비 국세감면액 총액의 비율을 말한다.
② 국가의 회계 또는 기금의 국고채무부담행위는 국가채무에 해당한다.
③ 국가가 보증채무를 부담하고자 하는 때에는 미리 국회의 동의를 얻어야 한다.
④ 정부는 국회에서 추가경정예산안이 확정되기 전에 이를 미리 배정하거나 집행할 수 없다.

정답 및 해설

국세감면율이란 당해 연도 국세 수입총액과 국세감면액 총액을 합한 금액에서 국세감면액 총액이 차지하는 비율임

국가재정법 제88조【국세감면의 제한】 ① 기획재정부장관은 대통령령이 정하는 당해 연도 국세 수입총액과 국세감면액 총액을 합한 금액에서 국세감면액 총액이 차지하는 비율(이하 "국세감면율"이라 한다)이 대통령령이 정하는 비율 이하가 되도록 노력하여야 한다.

② 국가의 회계 또는 기금의 국고채무부담행위는 국가채무에 해당함

국가재정법 제91조【국가채무의 관리】 ① 기획재정부장관은 국가의 회계 또는 기금이 부담하는 금전채무에 대하여 매년 다음 각 호의 사항이 포함된 국가채무관리계획을 수립하여야 한다.
② 제1항의 규정에 따른 금전채무는 다음 각 호의 어느 하나에 해당하는 채무를 말한다.
3. 국가의 회계 또는 기금의 국고채무부담행위

③ 국가가 보증채무를 부담하고자 하는 때에는 미리 국회의 동의를 얻어야 함

국가재정법 제92조【국가보증채무의 부담 및 관리】 ① 국가가 보증채무를 부담하고자 하는 때에는 미리 국회의 동의를 얻어야 한다. → 보증채무 : 정부가 채무에 대한 보증을 서는 것

④ 정부는 국회에서 추가경정예산안이 확정되기 전에 이를 미리 배정하거나 집행할 수 없음

국가재정법 제89조【추가경정예산안의 편성】 ② 정부는 국회에서 추가경정예산안이 확정되기 전에 이를 미리 배정하거나 집행할 수 없다.

정답 ①

예산의 종류 및 분류

Section 01 예산의 종류

74 회독 ☐☐☐ 2023. 지방 9급

예산 불성립에 따른 예산 종류에 대한 설명으로 옳지 않은 것은?

① 준예산은 전년도 예산을 기준으로 예산을 편성해 운영하는 제도이다.
② 현재 우리나라는 준예산제도를 채택하고 있다.
③ 가예산은 1개월분의 예산을 국회의 의결을 거쳐 집행하는 것으로 우리나라가 운영한 경험이 있다.
④ 잠정예산은 수개월 단위로 임시예산을 편성해 운영하는 것으로 가예산과 달리 국회의 의결이 불필요하다.

정답 및 해설

잠정예산은 국회의결이 필요함

종류	국회의 의결	지출항목	채택국가	기간
준예산	불필요	한정적	한국, 독일	제한 없음
잠정예산	필요	전반적	영국, 미국, 일본, 캐나다	제한 없음
가예산	필요	전반적	프랑스, 한국의 제1공화국	최초 1개월

①

헌법 제54조 ③ 새로운 회계연도가 개시될 때까지 예산안이 의결되지 못한 때에는 정부는 국회에서 예산안이 의결될 때까지 다음의 목적을 위한 경비는 전년도 예산에 준하여 집행할 수 있다.

② 국가 재정활동의 단절 방지를 위해 우리나라는 1960년도 이후부터 준예산제도를 채택하고 있음
③ 가예산은 1개월분의 예산을 국회의 의결을 거쳐 집행하는 것으로 우리나라가 제1공화국에서 운영한 경험이 있음

정답 ④

75 회독 ☐☐☐ 2023. 지방 9급

정부예산의 종류에 대한 설명으로 옳지 않은 것은?

① 기금은 예산원칙의 일반적 제약으로부터 벗어나 탄력적으로 운용된다.
② 특별회계예산은 국가의 회계 중 특정한 세입으로 특정한 세출을 충당하기 위한 예산이다.
③ 특별회계예산은 일반회계예산과 달리 예산편성에 있어 국회의 심의 및 의결을 받지 않는다.
④ 기금은 예산 통일성 원칙의 예외가 된다.

정답 및 해설

특별회계예산도 예산이므로 예산편성에 있어 국회의 심의 및 의결이 필요함

① 기금은 예산이 아니므로 예산원칙의 일반적 제약으로부터 벗어나 탄력적으로 운용됨
②

국가재정법 제4조【회계구분】 ① 국가의 회계는 일반회계와 특별회계로 구분한다. ③ 특별회계는 국가에서 특정한 사업을 운영하고자 할 때, 특정한 자금을 보유하여 운용하고자 할 때, 특정한 세입으로 특정한 세출에 충당함으로써 일반회계와 구분하여 회계처리할 필요가 있을 때에 법률로써 설치하되, 별표 1에 규정된 법률에 의하지 아니하고는 이를 설치할 수 없다.

④ 기금은 예산이 아니므로 예산 통일성 원칙의 예외임

정답 ③

76 회독 □□□ 2023. 국가 9급

우리나라의 통합재정에 대한 설명으로 옳지 않은 것은?

① 세입과 세출은 경상거래와 자본거래로 구분하여 작성한다.

② 통합재정의 범위에는 일반정부와 공기업 등 공공부문 전체가 포함된다.

③ 정부의 재정이 국민 경제에 미치는 효과를 파악하고자 하는 예산의 분류체계이다.

④ 통합재정 산출 시 내부거래와 보전거래를 제외함으로써 세입·세출을 순계 개념으로 파악한다.

정답 및 해설

통합재정의 범위는 일반정부와 정부직영 공기업 등 비금융 공공부문임

①③
통합재정은 재정의 국민 경제적 효과를 분석할 수 있도록 세입과 세출을 경상거래와 자본거래로 구분함
④ 통합재정은 내부거래와 보전거래를 제외한 순계형식으로 작성됨

정답 ②

77 회독 □□□ 2021. 지방 9급

특별회계 예산과 기금에 대한 설명으로 옳지 않은 것은?

① 기금은 특정 수입과 지출의 연계가 강하다.

② 특별회계 예산은 세입과 세출이라는 운영 체계를 지닌다.

③ 특별회계 예산은 합목적성 차원에서 기금보다 자율성과 탄력성이 강하다.

④ 특별회계 예산과 기금은 모두 결산서를 국회에 제출하여야 한다.

정답 및 해설

특별회계 예산은 국가재정법상 예산의 원칙을 적용하는 까닭에 기금보다 자율성과 탄력성이 부족함

① 기금은 특정한 돈으로 특정한 목적에 활용되는바 특정 수입과 지출의 연계가 강함
② 특별회계 예산과 일반회계 예산은 세입과 세출이라는 운영 체계를 지님
④ 특별회계 예산과 기금은 모두 규모가 큰 재원이므로 결산서를 국회에 제출하여야 함

정답 ③

78 회독 □□□ 2022. 국가 9급

동일 회계연도 예산의 성립을 기준으로 볼 때 시기적으로 빠른 것부터 순서대로 바르게 나열한 것은?

① 본예산, 수정예산, 준예산
② 준예산, 추가경정예산, 본예산
③ 수정예산, 본예산, 추가경정예산
④ 잠정예산, 본예산, 준예산

정답 및 해설

문제는 성립시기에 따른 예산의 종류를 묻고 있음 → 아래의 그림 참고

성립시기에 따른 예산의 분류

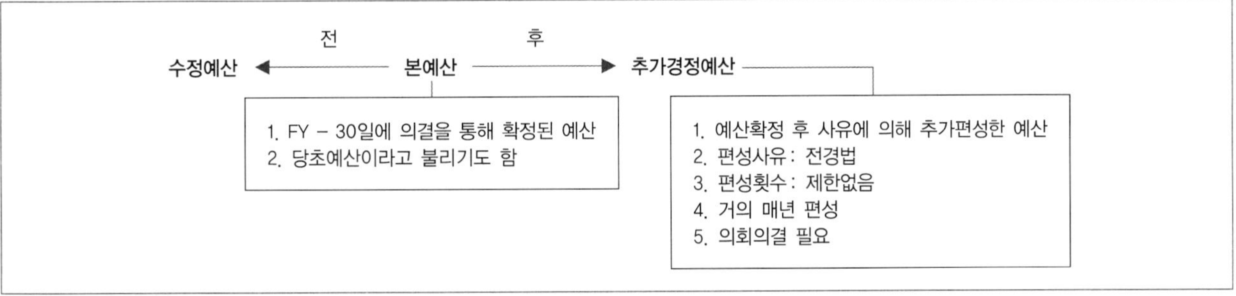
전
후
수정예산
본예산
추가경정예산
1. FY – 30일에 의결을 통해 확정된 예산
2. 당초예산이라고 불리기도 함
1. 예산확정 후 사유에 의해 추가편성한 예산
2. 편성사유 : 전경법
3. 편성횟수 : 제한없음
4. 거의 매년 편성
5. 의회의결 필요

참고

예산불성립시 집행장치

종류	국회의 의결	지출항목	채택국가	기간
준예산	불필요	한정적	한국, 독일	제한 없음
잠정예산	필요	전반적	영국, 미국, 일본, 캐나다	제한 없음
가예산	필요	전반적	프랑스, 한국의 제1공화국	최초 1개월

✚ 각 제도의 정의
① 준예산 : 국회에서 예산안이 의결될 때까지 특정 경비에 대해 전 회계연도의 예신에 준하여 집행하는 제도
② 잠정예산 : 일정금액의 예산의 국고지출을 잠정적으로 허가하는 제도
③ 가예산 : 회계연도 개시 전까지 예산이 의결되지 못했을 때 의회가 미리 1개월분 예산만 의결해 정부가 집행할 수 있도록 하는 예산

정답 ③

79 회독 □□□ 2020. 지방 9급

조세지출 예산제도에 대한 설명으로 옳지 않은 것은?

① 세제 지원을 통해 제공한 혜택을 예산지출로 인정하는 것이다.
② 예산지출이 직접적 예산집행이라면 조세지출은 세제상의 혜택을 통한 간접지출의 성격을 띤다.
③ 직접 보조금과 대비해 눈에 보이지 않는 숨겨진 보조금이라고 이해할 수 있다.
④ 세금 자체를 부과하지 않는 비과세는 조세지출의 방법으로 볼 수 없다.

정답 및 해설

조세지출 예산제도는 합법적인 세금감면을 어느 정도 통제하여 과세의 형평성을 제고하려는 제도임; 비과세, 세액공제 등은 조세지출, 즉 합법적인 세금감면에 해당함

①②
조세지출은 세제 지원을 통해 제공한 혜택을 예산의 간접적인 지출로 인정함
③ 정부는 조세지출을 통해 과세자에게 인센티브를 부여할 수 있으므로 조세지출은 직접 보조금과 대비해 눈에 보이지 않는 숨겨진 보조금이라고 이해할 수 있음

정답 ④

80 회독 □□□ 2012. 지방 9급

예산을 성립시기에 따라 분류한 것으로 옳은 것은?

① 일반회계, 특별회계
② 본예산, 수정예산, 추가경정예산
③ 정부출자기관예산, 정부투자기관예산
④ 잠정예산, 가예산, 준예산

정답 및 해설

우리나라의 예산은 성립시기에 따라 수정예산, 본예산, 추가경정예산으로 구분할 수 있음 → 성립시기에 따른 예산의 구분은 의회의 심의 및 의결을 기준으로 함
① 세입과 세출의 성질에 따른 구분임
③ 정부투자기관 관리기본법에 따른 분류이나 현재는 폐지된 법임

> 정부투자기관은 정부가 자본금의 50% 이상을 출자하고 설립한 국영기업체이고, 정부출자기관은 정부가 자본금의 50% 미만을 출자한 기업임

④ 예산 불성립 시 대처방안의 종류에 해당함

종류	국회의 의결	지출 항목	채택국가	기간
준예산	불필요	한정적	한국, 독일	제한 없음
잠정예산	필요	전반적	영국, 미국, 일본, 캐나다	제한 없음
가예산	필요	전반적	프랑스, 한국의 제1공화국	최초 1개월

각 제도의 정의

> ① 준예산: 국회에서 예산안이 의결될 때까지 특정 경비에 대해 전 회계연도의 예산에 준하여 집행하는 제도
> ② 잠정예산: 일정금액의 예산의 국고지출을 잠정적으로 허가하는 제도
> ③ 가예산: 회계연도 개시 전까지 예산이 의결되지 못했을 때 의회가 미리 1개월분 예산만 의결해 정부가 집행할 수 있도록 하는 예산

정답 ②

81 회독 □□□ 2015. 교행 9급

우리나라 정부의 예산구조에 관한 기술로 틀린 것은?

① 특별회계와 기금은 법률로써 설치한다.
② 기금운용계획의 확정 및 기금의 결산은 국회의 심의·의결을 거친다.
③ 일반회계는 조세수입 등을 주요 세입으로 하여 국가의 일반적인 세출에 충당하기 위하여 설치한다.
④ 특별회계는 국가가 특정한 목적을 위하여 특정한 자금을 신축적으로 운용할 필요가 있을 때 설치한다.

정답 및 해설

선지의 내용은 기금에 대한 내용임

국가재정법 제5조【기금의 설치】 ① 기금은 국가가 특정한 목적을 위하여 특정한 자금을 신축적으로 운용할 필요가 있을 때에 한하여 법률로써 설치하되, 정부의 출연금 또는 법률에 따른 민간부담금을 재원으로 하는 기금은 별표 2에 규정된 법률에 의하지 아니하고는 이를 설치할 수 없다.
② 제1항의 규정에 따른 기금은 세입세출예산에 의하지 아니하고 운용할 수 있다.

국가재정법 제4조【회계구분】 ① 국가의 회계는 일반회계와 특별회계로 구분한다.
② 일반회계는 조세수입 등을 주요 세입으로 하여 국가의 일반적인 세출에 충당하기 위하여 설치한다.
③ 특별회계는 국가에서 특정한 사업을 운영하고자 할 때, 특정한 자금을 보유하여 운용하고자 할 때, 특정한 세입으로 특정한 세출에 충당함으로써 일반회계와 구분하여 회계처리할 필요가 있을 때에 법률로써 설치하되, 별표 1에 규정된 법률에 의하지 아니하고는 이를 설치할 수 없다.

① 특별회계와 기금은 모두 법률로써 설치함
② 기금운용계획의 확정 및 기금의 결산은 국회의 심의 및 의결을 거침

국가재정법 제68조【기금운용계획안의 국회제출 등】 ① 정부는 제67조제3항의 규정에 따른 주요항목 단위로 마련된 기금운용계획안을 회계연도 개시 120일 전까지 국회에 제출하여야 한다.

제73조【기금결산】 각 중앙관서의 장은 「국가회계법」에서 정하는 바에 따라 회계연도마다 소관 기금의 결산보고서를 중앙관서결산보고서에 통합하여 작성한 후 제58조 제1항에 따라 기획재정부장관에게 제출하여야 한다. → 결산과정에서 기재부장관은 의회에 중앙관서결산보고서를 종합한 국가결산보고서를 제출하므로 기금의 결산은 국회의 심의·의결을 거치게 됨

정답 ④

cf.

82 회독 □□□ 2016. 국가 9급

다음 내용의 괄호 안에 해당하는 것은?

> 최근 미국은 의회의 연방예산처리 지연으로 예산편성 및 집행에 큰 어려움을 겪으면서 행정업무가 마비되는 사태를 겪은 바 있다. 우리나라는 새로운 회계연도가 개시될 때까지 예산안이 국회에서 의결되지 못한 경우에 대비하여 (　　　)제도를 시행하고 있다.

① 준예산　② 가예산
③ 수정예산　④ 잠정예산

정답 및 해설

예산은 새로운 회계연도가 개시될 때까지 의결되어야 하지만, 불가피한 사유로 국회가 의결하지 못해 예산이 성립하지 못하는 경우가 있음 → 이를 예산불성립이라고 하며 이에 대한 대처방안으로 준예산, 잠정예산, 가예산 등의 제도가 있는데, 우리나라는 준예산 제도를 채택하고 있음

예산불성립시 집행장치

종류	국회의 의결	지출 항목	채택국가	기간
준예산	불필요	한정적	한국, 독일	제한 없음
잠정예산	필요	전반적	영국, 미국, 일본, 캐나다	제한 없음
가예산	필요	전반적	프랑스, 한국의 제1공화국	최초 1개월

각 제도의 정의

① 준예산 : 국회에서 예산안이 의결될 때까지 특정 경비에 대해 전 회계연도의 예산에 준하여 집행하는 제도
② 잠정예산 : 일정금액의 예산의 국고지출을 잠정적으로 허가하는 제도
③ 가예산 : 회계연도 개시 전까지 예산이 의결되지 못했을 때 의회가 미리 1개월분 예산만 의결해 정부가 집행할 수 있도록 하는 예산

정답 ①

83 회독 □□□

2016. 교행 9급

우리나라 통합재정과 관련된 설명으로 옳지 않은 것은?

① 국제통화기금(IMF)의 재정통계 작성기준을 기초로 작성 및 발표한다.

② 금융 공공부문 및 비금융 공공부문의 일반회계와 특별회계 외에 기금과 세입세출 외 자금을 포함한다.

③ 회계 간 내부거래와 보전거래를 세입과 세출에서 각각 제외한다는 점에서 기업의 연결재무제표와 유사하다.

④ 정부 전체의 재정규모를 파악하고 재정이 국민경제에 미치는 영향을 효과적으로 파악하고자 하는 제도이다.

정답 및 해설

통합재정의 포괄범위는 기본적으로 비금융공공부문임

① 통합재정은 국제통화기금(IMF)의 재정통계 작성기준에 기초하여 작성됨

③ 통합재정제도는 현행 예산제도를 유지하면서 전입금 · 전출금 등의 회계 간 내부거래와 국채발행 · 차입 · 채무상환 등 수지차 보전을 위한 보전거래(나중에 갚을 돈)를 예산순계 개념으로 작성함

④ 통합재정은 일반회계, 특별회계, 기금을 포괄하는 국가 전체의 재정으로써 한 나라의 정부 부문이 1년 동안 지출하는 재원의 총체적인 규모임; 정부는 총지출 규모를 통해 재정이 국민경제에 미치는 영향을 효과적으로 파악할 수 있음

정답 ②

84 회독 □□□

2012. 지방 9급

성인지예산(gender budgeting)에 대한 설명으로 옳지 않은 것은?

① 예산과정에 성주류화(gender mainstreaming)의 적용을 의미한다.

② 성 중립적(gender neutral) 관점에서 출발한다.

③ 우리나라는 국가재정법에서 성인지 예산서와 결산서 작성을 의무화하였다.

④ 성인지적 관점의 예산운영은 새로운 재정운영의 규범이 되고 있다.

정답 및 해설

'성중립적'이 아닌 성주류화 관점임

성인지적 예산제도

> 1995년 베이징에서 개최한 유엔세계여성대회에서 성주류화(gender mainstreaming)전략을 주요 의제로 채택하면서 세계 각국에서 시행함
> * 성주류화: 여성이 사회의 모든 주류 영역에 참여해 목소리를 내고 의사결정권을 갖는 형태로 사회시스템을 전환하는 것

③④

성인지적 관점의 예산운영은 새로운 재정운영의 규범이 되고 있는바 우리나라도 국가재정법에서 성인지 예산서와 결산서 작성을 의무화하였음

> **국가재정법 제26조【성인지 예산서의 작성】** ① 정부는 예산이 여성과 남성에게 미칠 영향을 미리 분석한 보고서[이하 "성인지(性認知)예산서"라 한다]를 작성하여야 한다.
> ② 성인지 예산서에는 성평등 기대효과, 성과목표, 성별 수혜분석 등을 포함하여야 한다.
> ③ 성인지 예산서의 작성에 관한 구체적인 사항은 대통령령으로 정한다.
> **국가재정법 제57조【성인지 결산서의 작성】** ① 정부는 여성과 남성이 동등하게 예산의 수혜를 받고 예산이 성차별을 개선하는 방향으로 집행되었는지를 평가하는 보고서(이하 "성인지 결산서"라 한다)를 작성하여야 한다.
> ② 성인지 결산서에는 집행실적, 성평등 효과분석 및 평가 등을 포함하여야 한다.

정답 ②

85 회독 □□□

2014. 지방 9급

우리나라의 재정정책 관련 예산제도에 대한 설명으로 옳은 것은?

① 지출통제예산은 구체적 항목별 지출에 대한 집행부의 재량행위를 통제하기 위한 예산이다.

② 우리나라의 통합재정수지에 지방정부예산은 포함되지 않는다.

③ 우리나라의 통합재정수지에서는 융자지출을 재정수지의 흑자요인으로 간주한다.

④ 조세지출 예산제도는 국회의 차원에서 조세감면의 내역을 통제하고 정책효과를 판단하기 위한 제도이다.

정답 및 해설

조세지출 예산제도는 조세지출 현황을 주기적으로 공표함으로써 조세지출에 대한 경각심을 높이고 이를 적정한 수준으로 통제하는 제도임 → 즉, 조세감면에 대한 내용을 행정부가 예산서로 작성 후 이를 국회가 확인 및 통제하는 제도임

① 지출통제예산: 개개의 항목에 대한 통제가 아니라 예산의 총액만 통제하고, 구체적인 항목별 지출에 대해서는 집행부에게 재량을 부여하는 성과지향적인 예산제도 → 우리나라의 총액배분자율편성예산제도

②③

통합재정은 일반회계 및 특별회계는 물론 기금까지 포함하는 정부예산 총괄표로서 중앙정부와 지방정부예산을 모두 포함하고 있음; 다만 융자지출(정부대출)을 적자요인으로 간주하는 단점이 있음

정답 ④

86 회독 □□□

2019. 서울 9급

예산 유형에 대한 〈보기〉의 설명 중 옳은 것을 모두 고르면?

보기

ㄱ. 준예산은 회계연도 개시 전까지 예산이 의결되지 않을 경우 편성하는 예산이다.

ㄴ. 본예산은 매 회계연도 개시 전에 국회의 심의·의결을 거쳐 성립되는 예산이다.

ㄷ. 추가경정예산은 본예산과 별개로 성립하며 결산 심의 역시 별도로 이루어진다.

ㄹ. 우리나라는 1960년도 이후부터 잠정예산제도를 채택하고 있다.

① ㄱ, ㄴ
② ㄱ, ㄹ
③ ㄴ, ㄷ
④ ㄷ, ㄹ

정답 및 해설

올바른 선지

ㄱ. 준예산은 회계연도 개시 전까지 예산이 의결되지 않을 때, 특정 항목에 대해 전년도 예산에 준하여 예산을 편성하는 제도임

ㄴ. 본예산은 매 회계연도 개시 전에 국회의 심의·의결을 거쳐 확정된 예산으로서 당초예산으로 불리기도 함

틀린 선지

ㄷ. 추가경정예산은 본예산과 별개로 성립하지만 일단 성립하면 본예산과 통합하여 집행하는바 결산심의를 본예산과 같이 받음

ㄹ. 우리나라는 1960년도 이후부터 준예산제도를 채택하고 있음

잠정예산

일정금액의 예산의 국고지출을 잠정적으로 허가하는 제도

정답 ①

87 회독 □□□

2019. 지방 9급 수정

통합재정에 대한 설명으로 옳은 것은?

① 일반회계, 특별회계, 기금을 포함한다.
② 통합재정의 기관 범위에 지방자치단체는 포함되지 않는다.
③ 국민의 입장에서 느끼는 정부의 지출 규모이며 내부거래를 포함한다.
④ 정부의 재정규모 통계로 사용하고 있으며 세입과 세출을 총계 개념으로 파악한다.

정답 및 해설

통합예산은 한 나라의 정부 부문이 1년 동안 지출하는 재원의 총체적인 규모로서 일반회계·특별회계 및 기금까지 포함하는 정부 예산의 총괄표이며, 이는 국가(중앙정부)는 물론 지방재정까지 포괄함

② 지방자치단체는 통합재정의 기관 범위에 포함됨
③④
통합재정은 예산순계로 작성됨

정답 ①

88 회독 □□□

2018. 교행 9급

우리나라 정부기금에 관한 설명으로 옳은 것은?

① 세입·세출예산 내에서 운영해야 한다.
② 재원의 자율적 운영을 위하여 국회의 심의를 거치지 않는다.
③ 기금운용계획안은 국무회의의 심의와 대통령의 승인이 필요하다.
④ 기금은 법률로써 설치하며 출연금, 부담금 등은 기금의 재원으로 활용할 수 없다.

정답 및 해설

아래의 국가재정법 참고

> **국가재정법 제66조【기금운용계획안의 수립】** ⑥ 기획재정부장관은 제5항의 규정에 따라 제출된 기금운용계획안에 대하여 기금관리주체와 협의·조정하여 기금운용계획안을 마련한 후 국무회의의 심의를 거쳐 대통령의 승인을 얻어야 한다.

①②
기금은 특정한 자금을 마련해서 유연하게 운영한다는 면에서(예산의 원칙 적용×) 일반회계보다 재원 운용의 자율성이 보장되지만 예산과 마찬가지로 국회에 지출하여 국회의 심의를 거쳐야 함

> **국가재정법 제5조【기금의 설치】** ① 기금은 국가가 특정한 목적을 위하여 특정한 자금을 신축적으로 운용할 필요가 있을 때에 한정하여 법률로써 설치하되, 정부의 출연금 또는 법률에 따른 민간부담금을 재원으로 하는 기금은 별표 2에 규정된 법률에 의하지 아니하고는 이를 설치할 수 없다. 〈개정 2020. 6. 9.〉
> ② 제1항의 규정에 따른 기금은 세입세출예산에 의하지 아니하고 운용할 수 있다.

④ 기금은 법률로써 설치하며 재원은 조세가 아닌 일반회계로부터의 전입금이나 출연금(일종의 기부) 등을 재원으로 함

정답 ③

89 회독 □□□ 2021. 국가 7급

준예산에 대한 설명으로 옳지 않은 것은?

① 예산안이 회계연도 개시일까지 국회에서 의결되지 못한 경우에 활용된다.
② 국회의 의결을 필요로 한다.
③ 법률상 지출 의무를 이행하기 위한 경우에 집행할 수 있다.
④ 이미 예산으로 승인된 사업의 계속을 위해 집행할 수 있다.

정답 및 해설

우리나라 준예산은 국회의 의결이 필요없음

예산불성립시 집행장치

종류	국회의 의결	지출 항목	채택국가	기간
준예산	불필요	한정적	한국, 독일	제한 없음
잠정예산	필요	전반적	영국, 미국, 일본, 캐나다	제한 없음
가예산	필요	전반적	프랑스, 한국의 제1공화국	최초 1개월

①③④

준예산제도

① 국가 재정활동의 단절 방지를 위해 우리나라는 1960년도 이후부터 준예산제도를 채택하고 있음
② 준예산은 헌법에 명시되어 있는 제도임
③ 우리나라의 중앙정부는 지금까지 준예산을 편성하지 않았으나 지방정부의 경우 성남시가 2013년, 부안군에서 2004년에 편성한 경험이 있음

헌법 제54조 ③ 새로운 회계연도가 개시될 때까지 예산안이 의결되지 못한 때에는 정부는 국회에서 예산안이 의결될 때까지 다음의 목적을 위한 경비는 전년도 예산에 준하여 집행할 수 있다.
1. 헌법이나 법률에 의하여 설치된 기관 또는 시설의 유지·운영
2. 법률상 지출의무의 이행
3. 이미 예산으로 승인된 사업의 계속

정답 ②

90 회독 □□□ 2021. 국가 7급

성인지예산제도에 대한 설명으로 옳은 것은?

① 2010회계연도 성인지예산서가 처음으로 국회에 제출되었다.
② 성인지예산제도의 목적은 여성성을 지원하는 것이다.
③ 1984년 독일에서 처음 도입되었다.
④ 우리나라 성인지예산제도는 예산사업만을 대상으로 하고 기금사업을 제외한다.

정답 및 해설

성인지예산제도는 우리나라의 경우 중앙정부는 2010회계연도부터, 지방정부는 2013회계연도부터 도입되었음

② 성인지예산제도의 목적은 남녀평등을 지원하는 것이다.
③ 1984년 호주에서 세계최초로 도입되었음
④ 우리나라의 성인지예산제도는 중앙정부의 경우 일반회계와 특별회계 예산사업에 2010년에 먼저 적용이 되었고, 이어 2011년부터는 기금사업에도 적용되고 있음

정답 ①

91 회독 □□□

2020. 지방 7급

「국가재정법」상 추가경정예산에 대한 설명으로 옳은 것은?

① 정부는 국회에서 추가경정예산안이 확정되기 전에 이를 미리 배정하거나 집행할 수 있다.

② 새로운 회계연도가 개시될 때까지 국회에서 예산안이 의결되지 못한 때에 편성된다.

③ 법령에 따라 국가가 지급하여야 하는 지출이 발생하거나 증가하여 이미 확정된 예산에 변경을 가할 필요가 있는 경우에 편성할 수 있다.

④ 경기침체 등과 같은 대내외 여건에 중대한 변화가 발생할 우려가 있어 이미 확정된 예산에 변경을 가할 필요가 있는 경우라도 편성할 수 없다.

정답 및 해설

추가경정예산은 법령에 따라 국가가 지급하여야 하는 지출이 발생하거나 증가하여 이미 확정된 예산에 변경을 가할 필요가 있는 경우에 편성할 수 있음

①④

국가재정법 제89조【추가경정예산안의 편성】 ① 정부는 다음 각 호의 어느 하나에 해당하게 되어 이미 확정된 예산에 변경을 가할 필요가 있는 경우에는 추가경정예산안을 편성할 수 있다.
1. 전쟁이나 대규모 재해(「재난 및 안전관리 기본법」 제3조에서 정의한 자연재난과 사회재난의 발생에 따른 피해를 말한다)가 발생한 경우
2. 경기침체, 대량실업, 남북관계의 변화, 경제협력과 같은 대내·외 여건에 중대한 변화가 발생하였거나 발생할 우려가 있는 경우
3. 법령에 따라 국가가 지급하여야 하는 지출이 발생하거나 증가하는 경우

② 정부는 국회에서 추가경정예산안이 확정되기 전에 이를 미리 배정하거나 집행할 수 없다.

② 새로운 회계연도가 개시될 때까지 국회에서 예산안이 의결되지 못한 때에 편성되는 예산은 준예산임

정답 ③

92 회독 □□□

2020. 지방 7급

우리나라의 특별회계에 대한 설명으로 옳지 않은 것은?

① 설치근거가 되는 법률을 별도로 정하고 있다.

② 세출예산뿐 아니라 세입예산도 일반회계와 특별회계로 구분한다.

③ 특별회계의 설치요건 중에는 특정한 세입으로 특정한 세출에 충당함으로써 일반회계와 구분하여 회계처리할 필요가 있을 경우도 포함된다.

④ 예산의 이용 및 전용과 마찬가지로 예산 한정성의 원칙이 적용되지 않는다.

정답 및 해설

특별회계는 한정성 원칙(의회의 의결범위(시기·금액·목적) 내에서 예산집행)의 적용을 받음(한정성 원칙의 예외가 아님)

①②③

국가재정법 제4조【회계구분】 ① 국가의 회계는 일반회계와 특별회계로 구분한다.
② 일반회계는 조세수입 등을 주요 세입으로 하여 국가의 일반적인 세출에 충당하기 위하여 설치한다.
③ 특별회계는 국가에서 특정한 사업을 운영하고자 할 때, 특정한 자금을 보유하여 운용하고자 할 때, 특정한 세입으로 특정한 세출에 충당함으로써 일반회계와 구분하여 회계처리할 필요가 있을 때에 법률로써 설치하되, 별표 1에 규정된 법률에 의하지 아니하고는 이를 설치할 수 없다.

+ 예산은 재원 조달 및 배분이라는 관점에서 세입예산과 세출예산으로 구성되며, 일반회계와 특별회계는 각각의 세입예산과 세출예산으로 이루어져 있음

정답 ④

93 회독 □□□ 2019. 국가 7급 수정

재정 · 예산제도에 대한 설명으로 옳은 것은?

① 조세지출예산제도는 조세지출의 투명성과 항구성·지속성을 제고하는 장점이 있다.
② 통합재정은 일반회계, 특별회계, 기금을 모두 포괄하며, 재정 활동의 전모를 파악할 수 있도록 융자지출을 통합재정수지의 계산에 포함하고 있다.
③ 성인지 예산서는 기획재정부장관이 각 중앙관서의 장과 협의하여 제시한 작성기준 및 방식 등에 따라 여성가족부 장관이 작성한다.
④ 예비타당성조사는 대규모 건설사업, 정보화사업, 연구개발사업 등을 대상으로 하며, 교육·보건·환경 분야 등에는 아직 적용되지 않고 있다.

정답 및 해설

통합재정은 융자지출(정부대출)이 있을 경우 이를 통합재정에 포함하는 경우도 있는데 통합재정에서는 융자지출을 적자요인으로 간주함

① 조세지출은 정부가 받아야 할 세금을 비과세, 감면, 공제 등의 세제혜택을 통해 받지 않고 포기한 액수이며, 조세지출예산제도는 불필요한 조세지출을 통제하기 위한 제도임; 따라서 조세지출의 항구성·지속성을 막기 위한 제도임
③

국가재정법 시행령 제9조【성인지 예산서의 내용 및 작성기준 등】
② 성인지 예산서는 기획재정부장관이 여성가족부장관과 협의하여 제시한 작성기준(성인지 예산서 작성 대상사업 선정 기준을 포함한다) 및 방식 등에 따라 각 중앙관서의 장이 작성한다.

④ 예비타당성 조사는 건설사업, 정보화사업, 연구개발사업 외에 교육·보건·환경 분야 등에도 적용하고 있음

국가재정법 제38조【예비타당성조사】 ① 기획재정부장관은 총사업비가 500억원 이상이고 국가의 재정지원 규모가 300억원 이상인 신규 사업으로서 다음 각 호의 어느 하나에 해당하는 대규모사업에 대한 예산을 편성하기 위하여 미리 예비타당성조사를 실시하고, 그 결과를 요약하여 국회 소관 상임위원회와 예산결산특별위원회에 제출하여야 한다. 다만, 제4호의 사업은 제28조에 따라 제출된 중기사업계획서에 의한 재정지출이 500억원 이상 수반되는 신규 사업으로 한다.
4. 그 밖에 사회복지, 보건, 교육, 노동, 문화 및 관광, 환경 보호, 농림해양수산, 산업·중소기업 분야의 사업

정답 ②

94 회독 □□□ 2009. 지방 7급

자본예산의 장점에 대한 설명으로 옳지 않은 것은?

① 자본적 지출의 경우 장기적 재정계획에 따라 일시적인 적자재정이 정당화된다.
② 경상적 지출과 자본적 지출을 분리·계리함으로써 재정의 기본구조를 이해하는 데 도움이 된다.
③ 세출규모의 변동을 장기적 관점에서 조정하는 데 기여한다.
④ 경상적 지출에 대한 심도 있는 분석에 유리하다.

정답 및 해설

자본예산은 정부의 지출을 경상적 지출과 자본적 지출을 구분하고 자본적 지출에 대한 특별한 사정과 분석을 가능하게 만듦

자본예산제도

정부의 지출을 경상적 지출과 자본적 지출로 구분하고, 경상적 지출은 경상적 수입에 의하여 충당하면서 수지의 균형을 이루도록 하고, 자본적 지출은 그 대부분을 국채나 지방채 등과 같은 공채의 발행에 의하여 조달되는 수입으로 충당하는 복식예산제도

① 자본적 지출은 투자성 지출이므로 장기적 재정계획에 따라 일시적인 적자재정이 정당화될 수 있음
② 자본예산제도는 세입과 세출을 경상적인 것과 자본적인 것으로 구분하여 예산을 작성하는 복식예산제도이기 때문에 재정의 기본구조를 큰 틀에서 이해하는 데 도움이 됨
③ 자본예산제도는 불확실성 대비 혹은 투자성 지출을 용인하는바 세출규모의 변동을 장기적 관점에서 조정하는 데 기여함

정답 ④

95 회독 □□□

2011. 국가 7급

조세지출예산제도(tax expenditure budget)의 특징으로 옳지 않은 것은?

① 조세지출은 법률에 따라 집행되기 때문에 경직성이 강하다.
② 조세지출의 주된 분류방법은 세목별 분류로서 의회의 예산심의를 완화하기 위한 제도이다.
③ 조세지출은 세출예산상의 보조금과 같은 경제적 효과를 초래한다.
④ 과세의 수직적·수평적 형평을 파악할 수 있기 때문에 세수 인상을 위한 정책판단의 자료가 된다.

정답 및 해설

조세지출예산은 행정부에 일임된 조세지출을 입법부 차원에서 통제하려는 목적을 지님

> **제142조의2【조세지출예산서의 작성】** ① 기획재정부장관은 조세감면·비과세·소득공제·세액공제·우대세율적용 또는 과세이연 등 조세특례에 따른 재정지원(이하 "조세지출"이라 한다)의 직전 연도 실적과 해당 연도 및 다음 연도의 추정금액을 기능별·세목별로 분석한 보고서(이하 "조세지출예산서"라 한다)를 작성하여야 한다.

① 조세지출은 합법적인 세금감면이기 때문에(법률에 따라 집행되기 때문에) 경직성이 강함
③ 조세지출은 받아야 할 세금을 받지 않고 특정인에게 혜택을 주는 까닭에 세출예산상의 보조금과 같은 경제적 효과를 초래함
④ 조세지출예산제도는 조세감면이나 면제의 대상을 정확히 파악함으로써(수직적 형평 파악) 재정부담의 형평성을 제고(수평적 형평 파악)하며, 부당하고 비효율적인 조세지출을 축소하고 세수 인상을 위한 자료를 확보할 수 있게 함

정답 ②

96 회독 □□□

2017. 지방 7급

특별회계예산에 대한 설명으로 옳지 않은 것은?

① 임시적인 성격이 강하기 때문에 국회의 심의를 받지 않는다.
② 특별회계 예산은 세입과 세출을 별도로 계리한다.
③ 특별회계의 경우 각각의 개별법이 마련되어 운영되는 것이 일반적이다.
④ 재정운영 주체의 자율성 증대를 통해 운영의 효율성을 높일 수 있을 때 필요하다.

정답 및 해설

특별회계는 일반회계와 더불어 국가예산을 구성하는바 국회의 심의를 받음

② 특별회계 예산은 세입과 세출을 일반회계와 별도로 계리함
③ 특별회계의 경우 교통시설특별회계법처럼 각각의 개별법이 마련되어 운영되는 것이 일반적임
④ 특별회계는 재정운영 주체가 직접 세입 및 세출을 관리하는게 더 효율적일 때 설치할 필요가 있음

정답 ①

97 회독 □□□

2015. 국가 7급

우리나라 기금 운영에 대한 설명으로 옳지 않은 것은?

① 기금이란 국가가 특정한 목적을 위하여 특정한 자금을 신축적으로 운용할 필요가 있을 때에 한하여 법률로써 설치한다.

② 기금운용계획안은 국회의 심의와 의결을 거쳐 확정된다.

③ 군인연금, 공무원연금, 국민연금은 기금으로 운영된다.

④ 주한 미군기지 이전, 행정중심 복합도시 건설 등 기존의 일반회계에서 처리하기 곤란한 대규모 국책사업을 실행하기 위해 운영된다.

정답 및 해설

특별회계는 국가에서 특정한 사업을 운영하고자 할 때, 특정한 자금을 보유하여 운용하고자 할 때, 특정한 세입으로 특정한 세출에 충당함으로써 일반회계와 구분하여 회계처리할 필요가 있을 때 법률로써 설치함

특별회계설치 근거법률 (제4조제3항 관련)

> 신행정수도 후속대책을 위한 연기·공주지역 행정중심복합도시 건설을 위한 특별법 14. 주한미군기지 이전에 따른 평택시 등의 지원 등에 관한 특별법 등

① 기금은 국가가 특정한 목적을 위하여 특정한 자금을 신축적으로 운용할 필요가 있을 때에 한하여 법률로써 설치함

> **국가재정법 제5조【기금의 설치】** ① 기금은 국가가 특정한 목적을 위하여 특정한 자금을 신축적으로 운용할 필요가 있을 때에 한하여 법률로써 설치하되, 정부의 출연금 또는 법률에 따른 민간부담금을 재원으로 하는 기금은 별표 2에 규정된 법률에 의하지 아니하고는 이를 설치할 수 없다.

② 기금운용계획안은 국회의 심의와 의결을 거쳐 확정됨

> **제68조【기금운용계획안의 국회제출 등】** ① 정부는 제67조제3항의 규정에 따른 주요항목 단위로 마련된 기금운용계획안을 회계연도 개시 120일 전까지 국회에 제출하여야 한다.

③ 남북교류협력기금, 군인연금, 공무원연금, 국민연금 등은 기금으로 운영됨

정답 ④

98 회독 □□□

2016. 국가 7급

우리나라 정부재정에 대한 설명으로 옳지 않은 것은?

① 일반회계예산의 세입은 원칙적으로 조세수입을 재원으로 하고 세출은 국가사업을 위한 기본적 경비지출로 구성된다.

② 실질적인 정부의 총예산 규모를 파악하는 데에는 예산순계 기준보다 예산총계 기준이 더 유용하다.

③ 중앙관서의 장은 특별회계를 신설하고자 하는 때에는 해당 법률안을 입법예고하기 전에 특별회계 신설에 관한 계획서를 기획재정부장관에게 제출하며 그 신설의 타당성에 관한 심사를 요청하여야 한다.

④ 중앙정부의 통합재정 규모는 일반회계, 특별회계, 기금, 세입세출 외 항목을 포함하지만 내부거래와 보전거래는 제외한다.

정답 및 해설

실질적인 정부의 총예산 규모를 파악하는 데에는 예산총계 기준보다 예산순계 기준이 더 유용함 → 이에 따라 우리나라의 총예산 규모를 파악하기 위한 통합재정은 예산순계로 작성함

①

> **국가재정법 제4조【회계구분】** ② 일반회계는 조세수입 등을 주요 세입으로 하여 국가의 일반적인 세출에 충당하기 위하여 설치한다.

③

> **국가재정법 제14조【특별회계 및 기금의 신설에 관한 심사】** ① 중앙관서의 장은 소관 사무와 관련하여 특별회계 또는 기금을 신설하고자 하는 때에는 해당 법률안을 입법예고하기 전에 특별회계 또는 기금의 신설에 관한 계획서(이하 이 조에서 "계획서"라 한다)를 기획재정부장관에게 제출하여 그 신설의 타당성에 관한 심사를 요청하여야 한다.

④ 중앙정부의 통합재정 규모는 일반회계, 특별회계, 기금(금융성 기금 제외), 세입세출 외 항목을 포함하지만 내부거래와 보전거래는 제외한 예산순계로 작성함

정답 ②

99 회독 □□□ 2014. 국가 7급

예산 외 공공재원으로서의 기금에 대한 설명으로 옳지 않은 것은?

① 정부는 매년 기금운용계획안을 마련하여 국무회의의 의결을 받아야 하며, 국회에 제출할 필요는 없다.
② 출연금, 부담금 등 다양한 재원으로 융자 사업 등을 수행한다.
③ 특정 수입과 지출을 연계한다는 점에서 특별회계와 공통점이 있다.
④ 합목적성 차원에서 예산에 비하여 운영의 자율성과 탄력성이 높다.

정답 및 해설

정부는 매년 기금운용계획안을 마련하여 국무회의의 의결을 받아야 하며, 국회에 제출해야 함

국가재정법 제66조【기금운용계획안의 수립】 ⑥ 기획재정부장관은 제5항의 규정에 따라 제출된 기금운용계획안에 대하여 기금관리주체와 협의·조정하여 기금운용계획안을 마련한 후 국무회의의 심의를 거쳐 대통령의 승인을 얻어야 한다.

국가재정법 제68조【기금운용계획안의 국회제출 등】 ① 정부는 제67조 제3항의 규정에 따른 주요항목 단위로 마련된 기금운용계획안을 회계연도 개시 120일 전까지 국회에 제출하여야 한다.

② 기금은 출연금, 부담금 등 다양한 재원으로 융자 사업 등을 수행함 → 예를 들어, 공무원연금공단은 공무원연금을 활용해서 공무원에게 주택자금대출 등의 사업을 하고 있음

③④
기금은 기금운영주체에게 특정 수입과 지출을 연계할 수 있는 권한을 부여한다는 점에서 특별회계와 공통점이 있으나 합목적성 차원에서 예산에 비해 운영의 자율성과 탄력성이 높음

정답 ①

Section 02 예산의 분류

100 회독 □□□ 2017. 사복직 9급

정부 활동의 일반적이며 총체적인 내용을 보여주어 일반 납세자가 정부의 예산내용을 쉽게 이해할 수 있도록 설계된 예산의 분류 방법은?

① 품목별 분류
② 기능별 분류
③ 경제성질별 분류
④ 조직별 분류

정답 및 해설

문제는 기능별 분류에 대한 설명임; 기능별 분류는 정부가 수행하는 기능에 따라 예산을 분류하는 방법으로써, 국민의 관점에서 정부가 무슨 일을 하는지를 알 수 있는바 시민을 위한 분류(citizen's classification)라고도 함

① 품목별 분류: 정부가 구입하고자 하는 물품 혹은 용역의 항목별로 예산을 분류하는 방법
③ 경제성질별 분류: 국민경제에 미치는 영향을 파악하기 위한 분류
④ 조직별 분류: 조직단위를 기준으로 예산을 분류하는 것으로 특정 기관이 얼마를 쓰는지를 알 수 있음

정답 ②

101 회독 □□□

2022. 지방 7급

예산의 분류 방법과 분류 기준을 바르게 연결한 것은?

① [분류 방법] ⇒ 기능별 분류
[분류 기준] ⇒ 정부가 무슨 일을 하는 데 얼마를 쓰느냐

② [분류 방법] ⇒ 조직별 분류
[분류 기준] ⇒ 정부가 무엇을 구입하는 데 얼마를 쓰느냐

③ [분류 방법] ⇒ 경제 성질별 분류
[분류 기준] ⇒ 누가 얼마를 쓰느냐

④ [분류 방법] ⇒ 시민을 위한 분류
[분류 기준] ⇒ 국민경제에 미치는 총체적인 효과가 어떠한가

정답 및 해설

기능별 분류는 정부가 무슨 일을 하는 데 얼마를 쓰는가를 나타내므로 국민을 위한 분류로 불림

② 품목별 분류에 대한 내용임
③ 조직별 분류에 대한 내용임
④ 경제성질별 분류에 대한 내용임

정답 ①

102 회독 □□□

2021. 지방 7급

예산 분류별 장단점에 대한 설명으로 옳지 않은 것은?

① 예산의 기능별 분류의 단점은 회계 책임이 불명확하다는 점이다.

② 예산의 조직별 분류의 장점은 예산지출의 목적(대상)을 파악하기 쉽다는 점이다.

③ 예산의 기능별 분류의 장점은 국민이 정부예산을 이해하기 쉽다는 점이다.

④ 예산의 품목별 분류의 단점은 예산집행의 신축성을 저해한다는 점이다.

정답 및 해설

예산의 조직별 분류는 조직별로 예산을 배정하기 때문에 경비지출의 구체적인 목적을 알기 어려움

① 기능별 분류는 정부의 큰 기능(복지 등)을 기준으로 예산을 분류한 것임; 이러한 정부의 활동은 여러 부처가 관여하는 경우가 있으므로 어느 부처에서 무엇을 하는지가 명확하지 않음 → 따라서 회계 책임이 명백하지 못할 수 있음
③ 예산의 기능별 분류는 국민의 관점에서 정부가 무슨 일을 하는지 알 수 있으므로 국민이 정부예산을 이해하기 쉽다는 장점이 있음
④ 품목별 분류는 항목별로 예산을 분류하는 방법임; 이는 정부의 일에 무엇을 사용하는지를 나타내므로 투입(input)을 명시함 → 투입물은 세세하고 구체적인 특성을 갖는바 통제가 용이함

정답 ②

CHAPTER 06 예산과정

Section 01 예산의 편성

103 회독 □□□

2023. 지방 7급

「국가재정법」상 (가)에 해당하는 기관만을 모두 고르면?

> 정부는 협의에도 불구하고 (가) 의 세출예산요구액을 감액하고자 할 때에는 국무회의에서 해당 (가) 의 장의 의견을 들어야 하며, 정부가 (가) 의 세출예산요구액을 감액한 때에는 그 규모 및 이유, 감액에 대한 (가) 의 장의 의견을 국회에 제출하여야 한다.

> ㄱ. 헌법재판소
> ㄴ. 중앙선거관리위원회
> ㄷ. 국민권익위원회
> ㄹ. 국가인권위원회

① ㄱ, ㄴ
② ㄱ, ㄹ
③ ㄴ, ㄷ
④ ㄷ, ㄹ

정답 및 해설

예산사정 과정에서 정부는 헌법상 독립기관(국회 · 법원 · 헌법재판소 · 중앙선거관리위원회)과 감사원의 예산을 삭감하는 경우 해당 기관장의 의견을 들어야 함

정답 ①

104 회독 □□□

2024. 지방 9급

예산 과정에 대한 설명으로 옳지 않은 것은?

① 「국가재정법」에서는 대통령의 승인을 얻은 정부 예산안이 회계연도 개시 90일 전까지 국회에 제출되어야 한다고 규정하고 있다.
② 기획재정부장관은 국무회의의 심의를 거쳐 대통령의 승인을 얻은 다음 연도의 예산안편성지침을 매년 3월 31일까지 중앙관서의 장에게 통보해야 한다.
③ 국회 예산결산특별위원회는 소관 상임위원회에서 삭감한 세출예산 각 항의 금액을 증가하게 하거나 새 비목을 설치할 경우 소관 상임위원회의 동의를 받아야 한다.
④ 정부는 국회에 예산안을 제출한 후 부득이한 사유로 인하여 그 내용의 일부를 수정하고자 하는 때에는 국무회의의 심의를 거쳐 대통령의 승인을 얻은 수정예산안을 국회에 제출할 수 있다.

정답 및 해설

「국가재정법」에서는 대통령의 승인을 얻은 정부 예산안이 회계연도 개시 120일 전까지 국회에 제출되어야 한다고 규정하고 있음 → 헌법은 90일 전

②

> **국가재정법 제29조【예산안편성지침의 통보】** ①기획재정부장관은 국무회의의 심의를 거쳐 대통령의 승인을 얻은 다음 연도의 예산안편성지침을 매년 3월 31일까지 각 중앙관서의 장에게 통보하여야 한다.

③

> **국회법 제84조【예산안 · 결산의 회부 및 심사】** ⑤ 예산결산특별위원회는 소관 상임위원회의 예비심사 내용을 존중하여야 하며, 소관 상임위원회에서 삭감한 세출예산 각 항의 금액을 증가하게 하거나 새 비목(費目)을 설치할 경우에는 소관 상임위원회의 동의를 받아야 한다.

④ 선지는 수정예산제도에 대한 내용임

정답 ①

105 회독 □□□

2021. 국가 9급

예산주기에 비추어 볼 때 2021년도에 볼 수 없는 예산 과정은?

① 국방부의 2022년도 예산에 대한 예산요구서 작성
② 기획재정부의 2021년도 예산에 대한 예산배정
③ 대통령의 2022년도 예산안에 대한 국회 시정연설
④ 감사원의 2021년도 예산에 대한 결산검사보고서 작성

정답 및 해설

감사원의 2021년도 예산에 대한 결산검사보고서 작성은 2021년 집행과정을 마친 후 2022년에 진행됨

①②
2022년도 예산에 대한 예산요구서 작성, 시정연설은 예산편성 및 심의·의결과정이므로 2021년에 진행됨
③ 배정과 재배정은 회계연도에 이루어지므로 2021년도 예산에 대한 배정은 2021년에 진행됨

정답 ④

106 회독 □□□

2020. 서울속기 9급

「국가재정법」상 국가재정 운용에 대한 설명으로 가장 옳지 않은 것은?

① 정부는 필요한 경우 회계·기금 간 여유재원의 전입·전출을 할 수 있는데, 국민연금기금과 공무원연금 기금은 제외하고 있다.
② 외국차관을 도입하여 전대(轉貸)하는 경우는 예산총계주의 원칙의 예외에 해당한다.
③ 공무원 보수 인상을 위한 인건비 충당을 위해서는 예비비의 사용목적을 지정할 수 없다.
④ 정부는 대통령의 승인을 얻은 예산안을 회계연도 개시 150일 전까지 국회에 제출하여야 한다.

PART 05 재무행정

정답 및 해설

「국가재정법」상 예산안은 회계연도 개시 120일 전까지 국회로 제출해야 함

①

국가재정법 제13조【회계·기금 간 여유재원의 전입·전출】 ① 정부는 국가재정의 효율적 운용을 위하여 필요한 경우에는 다른 법률의 규정에 불구하고 회계 및 기금의 목적 수행에 지장을 초래하지 아니하는 범위 안에서 회계와 기금 간 또는 회계 및 기금 상호 간에 여유재원을 전입 또는 전출하여 통합적으로 활용할 수 있다. 다만, 다음 각 호의 특별회계 및 기금을 제외한다.
1. 우체국보험특별회계
2. 국민연금기금
3. 공무원연금기금
4. 사립학교교직원연금기금
5. 군인연금기금
6. 고용보험기금
7. 산업재해보상보험및예방기금
8. 임금채권보장기금
9. 방사성폐기물관리기금

②

국가재정법 제53조【예산총계주의 원칙의 예외】 ② 국가가 현물로 출자하는 경우와 외국차관을 도입하여 전대(轉貸)하는 경우에는 이를 세입세출예산 외로 처리할 수 있다.

③

국가재정법 제22조【예비비】 ② 제1항 단서의 규정에 불구하고 공무원의 보수 인상을 위한 인건비 충당을 위하여는 예비비의 사용목적을 지정할 수 없다.

정답 ④

107 회독 □□□

2015. 국가 9급

우리나라의 예산과정에 대한 설명으로 옳지 않은 것은?

① 각 중앙관서의 장은 매년 1월 31일까지 당해 회계연도부터 5회계연도 이상의 기간 동안의 신규 사업 및 기획재정부장관이 정하는 주요 계속사업에 대한 중기사업계획서를 기획재정부장관에게 제출하여야 한다.

② 국가가 특정한 목적을 위하여 특정한 자금을 신축적으로 운용할 필요가 있을 때에 법률로써 설치하는 기금은, 세입세출예산에 의하지 아니하고 운용할 수 있다.

③ 예산안편성지침은 부처의 예산편성을 위한 것이기 때문에 국무회의의 심의를 거쳐 대통령의 승인을 받아야 하지만 국회 예산결산특별위원회에 보고할 필요는 없다.

④ 정부는 회계연도마다 예산안을 편성하여 회계연도 개시 90일 전까지 국회에 제출하도록 헌법에 규정되어 있다.

정답 및 해설

예산안편성지침은 부처의 예산편성을 위한 것이기 때문에 국무회의의 심의를 거쳐 대통령의 승인을 받아야 하며, 기획재정부장관은 각 부처에 지침을 하달한 후 국회 예산결산특별위원회에 보고해야 함

①

국가재정법 28조【중기사업계획서의 제출】 각 중앙관서의 장은 매년 1월 31일까지 당해 회계연도부터 5회계연도 이상의 기간 동안의 신규 사업 및 기획재정부장관이 정하는 주요 계속사업에 대한 중기사업계획서를 기획재정부장관에게 제출하여야 한다.

②

국가재정법 제5조【기금의 설치】 ① 기금은 국가가 특정한 목적을 위하여 특정한 자금을 신축적으로 운용할 필요가 있을 때에 한하여 법률로써 설치하되, 정부의 출연금 또는 법률에 따른 민간부담금을 재원으로 하는 기금은 별표 2에 규정된 법률에 의하지 아니하고는 이를 설치할 수 없다.
② 제1항의 규정에 따른 기금은 세입세출예산에 의하지 아니하고 운용할 수 있다.

④

헌법 제54조 ① 국회는 국가의 예산안을 심의·확정한다.
② 정부는 회계연도마다 예산안을 편성하여 회계연도 개시 90일전까지 국회에 제출하고, 국회는 회계연도 개시 30일전까지 이를 의결하여야 한다.

정답 ③

108 회독 □□□

2021. 지방 7급

(가)~(라)에 들어갈 숫자를 바르게 연결한 것은?

- 정부는 재정운용의 효율화와 건전화를 위하여 매년 해당 회계연도부터 [(가)] 회계연도 이상의 기간에 대한 재정운용계획을 수립하여야 한다.
- 기획재정부장관은 대통령의 승인을 얻은 다음연도의 예산안편성지침을 매년 [(나)]월 31일까지 각 중앙관서의 장에게 통보해야 한다.
- 기획재정부장관은 『국가회계법』에 따라 회계연도마다 국가결산보고서를 작성하여 대통령의 승인을 얻어 다음 연도 4월 [(다)]일까지 감사원에 제출하여야 한다.
- 예산의 편성 및 의결, 집행, 그리고 결산 및 회계검사의 단계가 일정한 주기로 반복되는 것을 예산주기 또는 예산순기라고 하는데 우리나라의 경우 통상 [(라)]년이다.

	(가)	(나)	(다)	(라)
①	10	3	10	1
②	5	3	10	3
③	5	5	20	1
④	10	5	20	3

정답 및 해설

아래의 내용 참고

(가) 정부는 매년 당해 회계연도부터 5회계연도 이상의 기간에 대한 재정운용계획(이하 "국가재정운용계획"이라 한다)을 수립하여 회계연도 개시 120일 전까지 국회에 제출하여야 함

(나) 기획재정부장관은 국무회의의 심의를 거쳐 대통령의 승인을 예산안편성지침을 매년 3월 31일까지 각 중앙관서의 장에게 통보하여야 함

(다) 기획재정부장관은 대통령의 승인을 받은 국가결산보고서를 다음 연도 4월 10일까지 감사원에 제출하여야 함

(라) 우리나라의 예산과정은 3년의 주기, 4개의 과정으로 이루어져 있음

정답 ②

cf.

109 회독 □□□ 2011. 국가 7급

각 부처의 예산요구에 대해 중앙예산기관이 사용할 수 있는 대응 전략들에 대한 내용으로 옳지 않은 것은?

① 한도액 설정법(fixed-ceiling budgeting) – 각 부처에 예산편성의 자율성을 부여할 수 있고 중앙예산기관은 예산 사정 과정에서 도움을 받을 수 있다.

② 우선순위명시법(priority listing) – 각 부처는 예산사업 간의 우선순위를 책정함으로써 중앙예산기관이 예산을 사정하는데 도움을 줄 수 있다.

③ 항목별 통제법(item-item control) – 전체 사업의 관점에서 개별 사업을 검토하기가 힘들다는 문제점이 있다.

④ 증감분석법(increase-decrease analysis) – 모든 예산항목을 매년 재검토할 필요는 없지만, 각 기관에 필요한 기본 예산액이 얼마인지에 대한 충분한 검토가 이루어질 수 있다.

정답 및 해설

증감분석법은 전년도 예산항목과 이번의 예산요구 항목을 비교해서 차이가 있는 부분을 중점적으로 사정하는 방법임 → 증감분석법은 기본 예산액을 검토대상에서 제외하고, 증감된 부분에 한해서 분석하기 때문에 기본 예산액에 대한 충분한 검토를 하기 어려움

① 한도액 설정법(fixed – ceiling budgeting) – 중앙관서가 요구하는 예산액에 한도를 설정하는 방법으로써 각 부처에 예산편성의 자율성을 부여할 수 있는바 중앙예산기관은 예산 사정 과정에서 도움을 받을 수 있음
② 우선순위명시법(priority listing) – 각 부처는 예산사업 간의 우선순위를 책정함으로써 중앙예산기관이 예산을 사정하는데 도움을 줄 수 있음 → ZBB에서 활용하는 방법
③ 항목별 통제법(item – item control) – 품목별 통제를 중시하기 때문에 전체 사업의 관점에서 개별 사업을 검토하기가 힘들다는 문제점이 있음

정답 ④

Section 02 예산의 심의 : 입법부의 역할

110 회독 □□□ 2023. 지방 7급

예산과정에 대한 설명으로 옳지 않은 것은?

① 각 중앙관서의 장은 그 소관에 속하는 다음 연도의 세입세출예산·계속비·명시이월비 및 국고채무부담행위 요구서를 작성하여 매년 5월 31일까지 기획재정부장관에게 제출하여야 한다.

② 정부는 예산안을 국회에 제출한 후 부득이한 사유로 그 내용의 일부를 수정하고자 할 때에는 국무회의의 심의를 거쳐 대통령의 승인을 얻은 수정예산안을 국회에 제출할 수 있다.

③ 국회에 제출된 예산안은 예산결산특별위원회에서 예비심사하여 그 결과를 의장에게 보고하고, 의장은 소관 상임위에 회부하여 심사가 끝난 후 본회의에 부의한다.

④ 기획재정부장관은 회계연도마다 작성하여 대통령의 승인을 받은 국가결산보고서를 다음 연도 4월 10일까지 감사원에 제출하여야 한다.

정답 및 해설

국회에 제출된 예산안은 상임위원회에서 예비심사하여 그 결과를 의장에게 보고하고, 의장은 예산결산특별위원회에 회부하여 심사가 끝난 후 본회의에 부의함

① 각 중앙관서의 장은 예산요구서(세입세출예산·계속비·명시이월비 및 국고채무부담행위 요구서)를 작성하여 매년 5월 31일까지 기획재정부장관에게 제출하여야 함
② 정부는 수정예산을 국회에 제출할 때 국무회의 심의 및 대통령 승인을 받아야 함
④ 감사원은 결산검사를 수행하는 조직이므로 기획재정부장관은 대통령의 승인을 받은 국가결산보고서를 다음 연도 4월 10일까지 감사원에 제출하여야 함

정답 ③

111 회독 □□□

2009. 국가 9급

예산심의에 대한 설명으로 옳지 않은 것은?

① 예산심의는 사업 및 사업수준에 대한 것과 예산총액에 대한 것으로 나누어 볼 수 있다.
② 재정민주주의를 실현하는 과정이다.
③ 예산결산특별위원회의 예비심사 후, 상임위원회의 종합심사와 본회의 의결을 거쳐 예산안을 확정한다.
④ 구체적인 정책결정의 기능으로 이해할 수 있다.

정답 및 해설

우리나라의 예산심의 및 의결은 '대통령의 시정연설 → 상임위원회 예비심사 → 예산결산위원회 종합심사 → 본회의 의결'의 순서를 거침

① 예산심의는 사업의 내용 및 사업 수준(규모)에 대한 것과 예산총액에 대한 것으로 나누어 볼 수 있음
② 예산심의는 국민의 대표인 입법부가 행정부가 제출한 예산안을 통제하는 과정이기 때문에 재정민주주의(국민의 견해를 예산에 반영하는 것)의 실현과정이라 볼 수 있음
④ 예산심의는 정부가 제출한 예산안을 수정하여 정책변화를 시도하는 등 구체적인 정책결정의 과정으로 이해할 수 있음

정답 ③

112 회독 □□□

2011. 지방 9급

우리나라의 예산심의에 대한 설명으로 옳지 않은 것은?

① 예산은 본회의 중심이 아니라 상임위와 예결위 중심으로 심의된다.
② 우리나라는 미국과 같이 예산의 형식으로 통과되어 법률보다 하위의 효력을 갖는다.
③ 국회는 정부의 동의 없이 새로운 비목을 설치하지 못한다.
④ 예결위의 심의과정은 예산조정의 정치적 성격이 강하게 반영되는 특징이 있다.

정답 및 해설

우리나라는 미국과 다르게 법률이 아닌 예산의 형식으로 통과되어 법률보다 하위의 효력을 가짐

① 우리나라 예산심의는 상임위원회의 예비심사와 예산결산특별위원회의 종합심사를 중심으로 이루어지는 까닭에 본회의 의결은 다소 형식적 · 상징적인 의미를 지님
③ 국회는 예산을 편성할 수 있는 권한이 없는 까닭에 정부의 동의 없이 새로운 비목을 설치하지 못함
④ 모든 예산 과정에서 다양한 이해관계자의 요구 및 개입이 있을 수 있음 → 따라서 예결위의 심의과정은 예산조정의 정치적 성격이 강하게 반영되는 특징이 있음

정답 ②

113 회독 □□□

2016. 국가 9급

국회의 예산심의에 대한 설명으로 옳지 않은 것은?

① 상임위원회의 예비심사를 거친 정부예산안은 예산결산특별위원회에 회부되고, 예산결산특별위원회에서 종합심사가 종결되면 본회의에 부의된다.

② 예산결산특별위원회는 소관 상임위원회의 동의 없이 상임위원회에서 삭감한 세출예산 각 항의 금액을 증액할 수 있다.

③ 국회는 정부의 동의 없이 정부가 제출한 지출예산 각 항의 금액을 증가하거나 새 비목을 설치할 수 없다.

④ 국회의장은 예산안을 소관 상임위원회에 회부할 때에는 심사기간을 정할 수 있으며, 상임위원회가 이유 없이 그 기간 내에 심사를 마치지 아니한 때에는 이를 바로 예산결산특별위원회에 회부할 수 있다.

정답 및 해설

국회는 예산편성을 할 수 있는 권한이 없음 → 따라서 예산결산특별위원회는 소관 상임위원회의 동의 하에 상임위원회에서 삭감한 세출예산 각 항의 금액을 증액할 수 있음

국회법 제84조【예산안 · 결산의 회부 및 심사】 ⑤ 예산결산특별위원회는 소관 상임위원회의 예비심사 내용을 존중하여야 하며, 소관 상임위원회에서 삭감한 세출예산 각 항의 금액을 증가하게 하거나 새 비목(費目)을 설치할 경우에는 소관 상임위원회의 동의를 받아야 한다.

①

국회법 제84조【예산안 · 결산의 회부 및 심사】 ① 예산안과 결산은 소관 상임위원회에 회부하고, 소관 상임위원회는 예비심사를 하여 그 결과를 의장에게 보고한다. 이 경우 예산안에 대해서는 본회의에서 정부의 시정연설을 듣는다.
② 의장은 예산안과 결산에 제1항의 보고서를 첨부하여 이를 예산결산특별위원회에 회부하고 그 심사가 끝난 후 본회의에 부의한다.

③

헌법 제57조 국회는 정부의 동의없이 정부가 제출한 지출예산 각항의 금액을 증가하거나 새 비목을 설치할 수 없다.

④

국회법 제84조【예산안 · 결산의 회부 및 심사】 ⑥ 의장은 예산안과 결산을 소관 상임위원회에 회부할 때에는 심사기간을 정할 수 있으며, 상임위원회가 이유 없이 그 기간 내에 심사를 마치지 아니한 때에는 이를 바로 예산결산특별위원회에 회부할 수 있다.

정답 ②

114 회독 □□□

2010. 국가 9급

우리나라의 예산과정에 대한 설명으로 옳은 것은?

ㄱ. 결산은 정부의 예산집행의 결과가 정당한 경우 집행 책임을 해제하는 법적인 효과를 가진다.
ㄴ. 결산심의에서 위법하거나 부당한 지출이 지적되면 그 정부활동은 무효나 취소가 된다.
ㄷ. 국회 심의과정에서 증액된 부분은 부처별 한도액 제한을 받는다.
ㄹ. 국회심의 후의 예산은 당초 행정부 제출 예산보다 증액되기도 한다.
ㅁ. 예산집행의 신축성을 확보하기 위한 장치로는 회계연도 개시 전 예산배정, 국고채무부담행위 등이 있다.

① ㄱ, ㄷ, ㄹ　② ㄱ, ㄹ, ㅁ
③ ㄴ, ㄷ, ㅁ　④ ㄴ, ㄹ, ㅁ

정답 및 해설

올바른 선지

ㄱ. 결산은 한 회계연도에서 국가의 수입과 지출의 실적을 '확정적 계수'로서 표시하는 행위로서 예산집행의 결과가 정당한 경우 집행의 책임을 해제하는 법적인 효과를 가짐
ㄹ. 정부의 동의가 있을 경우 국회심의 후의 예산은 당초 행정부 제출 예산보다 증액되기도 함
ㅁ. 예산집행의 신축성을 확보하기 위한 장치로는 회계연도 개시 전 예산배정(긴급배정 등), 국고채무부담행위 등이 있음

틀린 선지

ㄴ. 결산심의에서 위법하거나 부당한 지출이 발견되어도 그 정부활동은 무효나 취소가 되지 않고 여전히 유효함 → 다만, 사후 책임이 뒤따를 수 있음
ㄷ. 국회심의 과정에서는 증액된 부분은 부처별 한도액에 관계없이 해당 부처의 예산으로 추가됨

정답 ②

115 회독 □□□ 2015. 지방 7급

우리나라의 예산과정에 대한 설명으로 옳은 것은?

① 국회에서는 본회의보다 상임위원회와 예산결산특별위원회를 중심으로 예산이 심의된다.
② 국회는 정부의 동의없이 새 비목을 설치할 수 없지만, 정부가 제출한 지출예산 각항의 금액을 증가할 수 있다.
③ 예산안은 세출예산법안의 형식으로 국회에서 의결된다.
④ 국회법에서는 국회가 회계연도 개시 30일 전까지 정부가 제출한 예산안을 의결하여야 한다고 규정하고 있다.

정답 및 해설

우리나라는 본회의보다 위원회 중심의 심의과정을 거침 → 따라서 본회의는 형식적 · 상징적 의미를 지님

②

헌법 제57조 국회는 정부의 동의없이 정부가 제출한 지출예산 각항의 금액을 증가하거나 새 비목을 설치할 수 없다.

③ 우리나라는 예산법률주의가 아닌 예산의결주의를 채택하고 있음
④

헌법 제54조 ② 정부는 회계연도마다 예산안을 편성하여 회계연도 개시 90일전까지 국회에 제출하고, 국회는 회계연도 개시 30일전까지 이를 의결하여야 한다.

정답 ①

Section 03 예산의 집행

116 회독 □□□ 2024. 국가 9급

국고채무부담행위에 대한 설명으로 옳은 것만을 모두 고르면?

ㄱ. 사항마다 필요한 이유를 명백히 하고 그 행위를 할 연도와 상환연도, 채무부담의 금액을 표시해야 한다.
ㄴ. 국가가 금전 급부 의무를 부담하는 행위로서 그 채무 이행의 책임은 다음 연도 이후에 부담됨을 원칙으로 한다.
ㄷ. 국가가 채무를 부담할 권한과 채무의 지출권한을 부여받은 것으로, 지출을 위한 국회 의결 대상에서 제외된다.
ㄹ. 단년도 예산 원칙의 예외라는 점에서 계속비와 동일하지만, 공사나 제조 및 연구개발 사업 등 대상이 한정되어 있다는 점에서는 대상이 한정되지 않는 계속비와 차이가 있다.

① ㄱ, ㄴ　　② ㄱ, ㄹ
③ ㄴ, ㄷ　　④ ㄷ, ㄹ

정답 및 해설

올바른 선지

ㄱ.

국가재정법 제25조【국고채무부담행위】 ③ 국고채무부담행위는 사항마다 그 필요한 이유를 명백히 하고 그 행위를 할 연도 및 상환연도와 채무부담의 금액을 표시하여야 한다.

ㄴ.
국가채무부담행위는 외상계약과 같이 국가가 금전 급부 의무를 부담하는 행위임 → 아울러 그 채무 이행의 책임은 다음 연도 이후에 부담됨을 원칙으로 하는바 단년도 원칙의 예외에 해당함

틀린 선지

ㄷ. 국고채무부담행위는 국가가 채무를 부담할 권한만을 의회로부터 승인받은 것임(지출권한×)
ㄹ. 국고채무부담행위는 단년도 예산 원칙의 예외라는 점에서 계속비와 동일함 → 다만, 계속비는 다년 간 공사나 제조 및 연구개발 사업 등으로 대상이 한정되어 있음

정답 ①

117 회독 □□□ 2024. 지방 9급

예산집행의 신축성 유지 방안에 대한 설명으로 옳지 않은 것은?

① 추가경정예산의 경우, 정부는 국회에서 추가경정예산안이 확정되기 전에 이를 미리 배정하거나 집행할 수 없다.

② 예비비의 경우, 정부는 예측할 수 없는 예산 외의 지출 또는 예산초과지출에 충당하기 위하여 일반회계 예산총액의 100분의 5 이내의 금액으로 세입세출예산에 계상할 수 있다.

③ 계속비의 경우, 국가가 지출할 수 있는 연한은 그 회계연도로부터 5년 이내이나, 사업규모 및 국가재원 여건을 고려하여 필요한 경우에는 예외적으로 10년 이내로 할 수 있다.

④ 각 중앙관서의 장은 예산의 목적범위 안에서 재원의 효율적 활용을 위하여 대통령령으로 정하는 바에 따라 기획재정부장관의 승인을 얻어 각 세항 또는 목의 금액을 전용(轉用)할 수 있다.

정답 및 해설

아래의 조항 참고

국가재정법 제22조(예비비) ① 정부는 예측할 수 없는 예산 외의 지출 또는 예산초과지출에 충당하기 위하여 일반회계 예산총액의 100분의 1 이내의 금액을 예비비로 세입세출예산에 계상할 수 있다. 다만, 예산총칙 등에 따라 미리 사용목적을 지정해 놓은 예비비(목적예비비)는 본문의 규정에 불구하고 별도로 세입세출예산에 계상할 수 있다.

① 추가경정예산은 국회의 사전의결을 거쳐 집행할 수 있음

③

국가재정법 제23조(계속비) ② 제1항의 규정에 따라 국가가 지출할 수 있는 연한은 그 회계연도부터 5년 이내로 한다. 다만, 사업규모 및 국가재원 여건상 필요한 경우에는 예외적으로 10년 이내로 할 수 있다.

④

국가재정법 제46조(예산의 전용) ① 각 중앙관서의 장은 예산의 목적범위 안에서 재원의 효율적 활용을 위하여 대통령령이 정하는 바에 따라 기획재정부장관의 승인을 얻어 각 세항 또는 목의 금액을 전용할 수 있다.

정답 ②

118 회독 □□□ 2022. 국가 9급

예산집행의 신축성을 유지하기 위한 제도로 옳지 않은 것은?

① 계속비

② 수입대체경비

③ 예산의 재배정

④ 예산의 이체

정답 및 해설

예산의 배정과 재배정은 예산집행의 통제확보 수단임

배정과 재배정이 통제확보 수단인 이유

㉠ 예산집행은 예산의 배정으로부터 시작되는데, 이는 확정된 예산을 예산집행기관이 계획대로 집행할 수 있도록 허용하는 일종의 승인임

㉡ 기획재정부장관은 분기별로 예산배정계획을 작성하여 국무회의의 심의와 대통령의 승인을 얻은 후에 각 중앙관서의 장에게 예산을 배정하고, 배정된 예산은 다시 하급기관에 재배정됨 → 배정된 예산은 관련 법령에 따라 기획재정부장관이 작성하여 통지한 월별 세부자금계획의 범위 안에서 정해진 목적과 용도로 집행됨

① 계속비 : 완성에 오랜 기간을 요구하는 공사나 제조 혹은 연구개발사업에서 필요한 경비의 총액과 연부액(매해 소요하는 경비)을 정하여 미리 국회의 의결을 얻어 수년도에 걸쳐 지출할 수 있는 경비

② 수입대체경비 : 수입을 발생시키는 지출

국가재정법 제53조【예산총계주의 원칙의 예외】 ① 각 중앙관서의 장은 용역 또는 시설을 제공하여 발생하는 수입과 관련되는 경비로서 대통령령이 정하는 경비(이하 "수입대체경비"라 한다)에 있어 수입이 예산을 초과하거나 초과할 것이 예상되는 때에는 그 초과수입을 대통령령이 정하는 바에 따라 그 초과수입에 직접 관련되는 경비 및 이에 수반되는 경비에 초과지출할 수 있다.

④ 예산의 이체 : 정부조직 등에 관한 법령의 제정·개정 또는 폐지로 인하여 중앙관서의 직무와 권한에 변동이 있을 때 예산의 책임소관을 변경하는 것 → 국회의 승인이 필요 없음

정답 ③

119 회독 □□□

2021. 국가 9급

우리나라 예산제도에 대한 설명으로 옳지 않은 것은?

① 국회는 정부의 동의 없이 정부가 제출한 지출예산 각 항의 금액을 증가시킬 수 없다.

② 정부가 예산안 편성 시 감사원의 세출예산요구액을 감액하고자 할 때에는 국무회의에서 감사원장의 의견을 구하여야 한다.

③ 정부는 회계연도 개시 전까지 예산안이 의결되지 못한 때에는 전년도 예산에 준해 모든 예산을 편성해 운영할 수 있다.

④ 국회는 감사원이 검사를 완료한 국가결산보고서를 정기회 개회 전까지 심의의결을 완료해야 한다.

정답 및 해설

정부는 회계연도 개시 전까지 예산안이 의결되지 못한 때에는 일부 예산을 전년도 예산에 준해 편성해 운영할 수 있음

헌법 제54조 ③ 새로운 회계연도가 개시될 때까지 예산안이 의결되지 못한 때에는 정부는 국회에서 예산안이 의결될 때까지 다음의 목적을 위한 경비는 전년도 예산에 준하여 집행할 수 있다.
1. 헌법이나 법률에 의하여 설치된 기관 또는 시설의 유지·운영
2. 법률상 지출의무의 이행
3. 이미 예산으로 승인된 사업의 계속

① 국회는 정부의 동의 없이 정부가 제출한 지출예산 각 항의 금액을 증가시킬 수 없음

헌법 제57조 국회는 정부의 동의없이 정부가 제출한 지출예산 각항의 금액을 증가하거나 새 비목을 설치할 수 없다.

② 정부가 예산안 편성 시 감사원의 세출예산요구액을 감액하고자 할 때에는 국무회의에서 감사원장의 의견을 구하여야 함

국가재정법 제41조【감사원의 예산】 정부는 감사원의 세출예산요구액을 감액하고자 할 때에는 국무회의에서 감사원장의 의견을 구하여야 한다.

④ 국회는 감사원이 검사를 완료한 국가결산보고서를 정기회 개회 전(8월 31일)까지 심의·의결을 완료해야 함

정답 ③

120 회독 □□□

2021. 국가 9급

「국가재정법」상 추가경정예산안 편성이 가능한 사유에 해당하지 않는 것은?

① 전쟁이나 대규모 재해가 발생한 경우

② 남북관계의 변화와 같은 중대한 변화가 발생한 경우

③ 경기침체, 대량실업 같은 중대한 변화가 발생할 우려가 있는 경우

④ 경제협력, 해외원조를 위한 지출을 예비비로 충당해야 할 우려가 있는 경우

정답 및 해설

아래의 조항 참고

국가재정법 제89조【추가경정예산안의 편성】 ① 정부는 다음 각 호의 어느 하나에 해당하게 되어 이미 확정된 예산에 변경을 가할 필요가 있는 경우에는 추가경정예산안을 편성할 수 있다.
1. 전쟁이나 대규모 재해(「재난 및 안전관리 기본법」 제3조에서 정의한 자연재난과 사회재난의 발생에 따른 피해를 말한다)가 발생한 경우
2. 경기침체, 대량실업, 남북관계의 변화, 경제협력과 같은 대내·외 여건에 중대한 변화가 발생하였거나 발생할 우려가 있는 경우
3. 법령에 따라 국가가 지급하여야 하는 지출이 발생하거나 증가하는 경우

정답 ④

121 회독 □□□

2020. 국가 9급

예산의 집행에 대한 설명으로 옳은 것은?

① 기획재정부장관은 각 중앙관서의 장에게 예산을 배정한 때에는 감사원에 통지하여야 한다.
② 기획재정부장관은 반기별 예산배정계획을 작성하여 국회의 심의를 받은 뒤에 예산을 배정한다.
③ 중앙관서의 장에게 자금을 사용할 수 있는 권한을 부여하는 것을 예산 재배정이라고 한다.
④ 기획재정부장관은 매년 2월 말까지 예산집행지침을 각 중앙관서의 장과 국회예산정책처에 통보하여야 한다.

정답 및 해설

아래의 조항 참고

국가재정법 제43조【예산의 배정】 ② 기획재정부장관은 각 중앙관서의 장에게 예산을 배정한 때에는 감사원에 통지하여야 한다.

②

동법 제43조【예산의 배정】 ① 기획재정부장관은 제42조의 규정에 따른 예산배정요구서에 따라 분기별 예산배정계획을 작성하여 국무회의의 심의를 거친 후 대통령의 승인을 얻어야 한다.

③ 중앙관서의 장이 산하기관에게 자금을 사용할 수 있는 권한을 부여하는 것을 예산 재배정이라고 함

④

동법 제44조【예산집행지침의 통보】 기획재정부장관은 예산집행의 효율성을 높이기 위하여 매년 예산집행에 관한 지침을 작성하여 각 중앙관서의 장에게 통보하여야 한다.

동법 시행령 제18조【예산집행지침의 통보】 ① 기획재정부장관은 법 제44조에 따른 예산집행지침을 매년 1월 말까지 각 중앙관서의 장에게 통보하여야 한다.

정답 ①

122 회독 □□□

2016. 교행 9급

예산집행과 관련된 기술로 옳지 않은 것은?

① 예산집행은 재정통제와 재정신축성이라는 상반된 목표를 동시에 추구한다.
② 중앙관서의 장은 대통령령이 정하는 바에 따라 기획재정부장관의 승인을 얻어 세항 또는 목의 금액을 전용할 수 있다.
③ 예비비로 공무원의 보수인상을 위한 인건비를 충당하기 위해서는 예산총칙 등에 따라 미리 사용 목적을 지정하여야 한다.
④ 중앙관서의 장은 완성에 2년 이상 소요되고 총사업비가 일정 규모이상인 사업에 대해서는 사전에 기획재정부 장관과 협의하여야 한다.

정답 및 해설

아래의 조항 참고

국가재정법 제22조【예비비】 ① 정부는 예측할 수 없는 예산 외의 지출 또는 예산초과지출에 충당하기 위하여 일반회계 예산총액의 100분의 1 이내의 금액을 예비비로 세입세출예산에 계상할 수 있다. 다만, 예산총칙 등에 따라 미리 사용목적을 지정해 놓은 예비비는 본문의 규정에 불구하고 별도로 세입세출예산에 계상할 수 있다.
② 제1항 단서의 규정에 불구하고 공무원의 보수 인상을 위한 인건비 충당을 위하여는 예비비의 사용목적을 지정할 수 없다.

① 예산집행은 의회가 의결한 대로 집행한다는 재정통제와 변화하는 상황에 대한 적응을 위해 신축성이라는 상반된 목표를 동시에 추구함

②

국가재정법 제46조【예산의 전용】 ① 각 중앙관서의 장은 예산의 목적범위 안에서 재원의 효율적 활용을 위하여 대통령령이 정하는 바에 따라 기획재정부장관의 승인을 얻어 각 세항 또는 목의 금액을 전용할 수 있다. 이 경우 사업 간의 유사성이 있는지, 재해대책 재원 등으로 사용할 시급한 필요가 있는지, 기관운영을 위한 필수적 경비의 충당을 위한 것인지 여부 등을 종합적으로 고려하여야 한다.

④

국가재정법 제50조【총사업비의 관리】 ① 각 중앙관서의 장은 완성에 2년 이상이 소요되는 사업으로서 대통령령이 정하는 대규모사업에 대하여는 그 사업규모·총사업비 및 사업기간을 정하여 미리 기획재정부장관과 협의하여야 한다. 협의를 거친 사업규모·총사업비 또는 사업기간을 변경하고자 하는 때에도 또한 같다.

정답 ③

PART 05 재무행정

123 회독 □□□

2019. 국가 9급

예산집행에 대한 설명으로 옳지 않은 것은?

① 예산의 재배정은 행정부처의 장이 실무부서에게 지출을 할 수 있는 권한을 부여하는 것을 의미한다.
② 예산의 전용을 위해서 정부부처는 미리 국회의 승인을 받아야 한다.
③ 예비비는 공무원 인건비 인상을 위한 인건비 충당을 목적으로 사용할 수 없다.
④ 사고이월은 집행과정에서 재해 등의 이유로 불가피하게 다음 연도로 이월된 경비를 말한다.

정답 및 해설

선지는 예산의 이용에 대한 내용임 → 예산의 이용은 입법과목의 융통으로 국회의 의결을 받아야 하지만, 예산은 전용은 행정과목 간의 융통으로 국회의 승인 없이 기획재정부 장관의 승인만 있으면 됨

① 예산의 재배정은 행정부처의 장이 실무부서에게 지출을 할 수 있는 권한을 부여하는 것으로써 통제 지향적인 제도임
③ 예비비는 공무원 인건비 인상을 위한 인건비 충당을 목적으로 사용할 수 없음

> **국가재정법 제22조【예비비】** ① 정부는 예측할 수 없는 예산 외의 지출 또는 예산초과지출에 충당하기 위하여 일반회계 예산총액의 100분의 1 이내의 금액을 예비비로 세입세출예산에 계상할 수 있다. 다만, 예산총칙 등에 따라 미리 사용목적을 지정해 놓은 예비비는 본문의 규정에 불구하고 별도로 세입세출예산에 계상할 수 있다.
> ② 제1항 단서의 규정에 불구하고 공무원의 보수 인상을 위한 인건비 충당을 위하여는 예비비의 사용목적을 지정할 수 없다.

④ 사고이월은 사용할 수 있다고 예상한 금액 중 불가피한 사정으로 인해 회계연도가 끝날 때까지 사용하지 못한 금액을 다음 회계연도로 이월(사용하지 못한 예산을 다음 회계연도에 넘겨서 사용)하는 제도임

정답 ②

124 회독 □□□

2019. 지방 9급

예산과정에 대한 설명으로 옳은 것은?

① 예산과정은 예산편성 – 예산집행 – 예산심의 – 예산결산의 순으로 이루어진다.
② 예산집행의 신축성을 확보하기 위해 예비비, 총액계상 제도 등을 활용하고 있다.
③ 예산제도 개선 등으로 절약된 예산 일부를 예산성과금으로 지급할 수 있지만 다른 사업에 사용할 수는 없다.
④ 각 중앙부처가 총액 한도를 지정한 후에 사업별 예산을 편성할 수 있어 기획재정부의 사업별 예산통제 기능은 미약하다.

정답 및 해설

예비비는 예측할 수 없는 예산 외의 지출 또는 예산 초과 지출을 충당하기 위하여 세입세출예산에 계상한 금액이며, 총액계상 제도는 구체적 용도를 제한하지 아니하고 포괄적인 지출을 허용하는 것으로서 양자는 모두 예산집행의 신축성을 확보하기 위한 장치임

① 예산과정은 예산편성 – 예산심의 – 예산집행 – 예산결산의 순서임
③ 예산제도 개선 등으로 절약된 예산 일부를 예산성과금으로 지급할 수 있고 다른 사업에 사용할 수도 있음
④ 각 중앙부처가 총액 한도를 통보받은 후에 사업별 예산을 편성할 수 있어 기획재정부의 사업별 예산통제 기능은 강화되었음

정답 ②

125 회독 □□□

2014. 국가 9급

예산 관련 제도들 중 나머지 셋과 성격이 다른 것은?

① 예비비와 총액계상예산
② 이월과 계속비
③ 이용과 전용
④ 배정과 재배정

정답 및 해설

예산을 배정하거나 재배정할 때는 예산을 집행할 수 있는 한도액과 기간 등을 정하기 때문에 배정과 재배정은 예산집행과정에서 통제를 위한 제도임

① 예비비와 총액계상예산 : 총액계상은 세부 내용을 정하기 어려운 일부 사업에 대해 기획재정부장관이 일단 총액을 계상하는 것이며, 예비비는 예산초과지출 등에 충당할 수 있는 비상금에 해당하는바 양자는 모두 신축성을 위한 제도임
② 이월과 계속비 : 이월은 다음 회계연도로 지출을 미루는 것이며, 계속비는 1회계연도를 초과해서 사용할 수 있는 돈이기 때문에 양자 모두 신축성 확보 방안에 해당함
③ 이용과 전용 : 양자 모두 자금의 융통이기 때문에 신축성 확보 방안임

정답 ④

126 회독 □□□

2015. 교행 9급

우리나라 예산과정과 관련된 기술로 맞는 것은?

① 기획재정부장관의 예산안편성지침 통보에 따라 각 중앙관서의 장은 중기사업계획서와 예산요구서를 작성하여 기획재정부에 제출한다.
② 국회의 예산안 심의는 정부예산안 제출 → 국회 소관 상임위원회의 예비심사 → 국회 예산결산특별위원회의 종합심사 → 시정연설 → 본회의 의결 순으로 진행된다.
③ 기획재정부장관은 분기별 예산배정계획을 작성하여 국무회의 심의와 대통령 승인 후 각 중앙관서의 장에게 예산을 배정하며, 중앙관서의 장은 배정된 예산을 다시 하급기관에 재배정한다.
④ 국회는 결산에 대한 심의·의결을 정기회 폐회 전까지 완료해야 한다.

정답 및 해설

① 기획재정부장관의 예산안편성지침 통보에 따라 각 중앙관서의 장은 예산요구서를 작성하여 5월 31일까지 기획재정부에 제출해야 함
② 국회의 예산심의 절차 : 대통령 시정연설 → 상임위원회 예비심사 → 예산결산특별위원회 종합심사 → 본회의 의결
③ 기획재정부장관은 예산배정요구서에 따라 분기별 예산배정계획을 작성하여 국무회의의 심의를 거친 후 대통령의 승인을 얻어야 함

> **국가재정법 제42조【예산배정요구서의 제출】** 각 중앙관서의 장은 예산이 확정된 후 사업운영계획 및 이에 따른 세입세출예산·계속비와 국고채무부담행위를 포함한 예산배정요구서를 기획재정부장관에게 제출하여야 한다. 〈개정 2008. 2. 29.〉
>
> **국가재정법 제43조【예산의 배정】** ① 기획재정부장관은 제42조의 규정에 따른 예산배정요구서에 따라 분기별 예산배정계획을 작성하여 국무회의의 심의를 거친 후 대통령의 승인을 얻어야 한다.

④ 국회는 결산에 대한 심의·의결을 정기회 개회 전(8월 31일)까지 완료해야 함

정답 ③

127 회독 □□□ 2021. 국가 7급

예산의 이용과 전용에 대한 설명으로 옳은 것은?

① 이용은 입법과목 사이의 상호 융통으로 국회의 의결을 얻으면 기획재정부 장관의 승인이나 위임 없이도 할 수 있다.

② 기관(機關) 간 이용도 가능하다.

③ 세출예산의 항(項) 간 전용은 국회 의결 없이 기획재정부 장관의 승인을 얻어서 할 수 있다.

④ 이용과 전용은 예산 한정성 원칙의 예외로 볼 수 없다.

정답 및 해설

아래의 조항 참고

국가재정법 제47조 【예산의 이용 · 이체】 ① 각 중앙관서의 장은 예산이 정한 각 기관 간 또는 각 장·관·항 간에 상호 이용(移用)할 수 없다. 다만, 다음 각 호의 어느 하나에 해당하는 경우에 한정하여 미리 예산으로써 국회의 의결을 얻은 때에는 기획재정부장관의 승인을 얻어 이용하거나 기획재정부장관이 위임하는 범위 안에서 자체적으로 이용할 수 있다.

1. 법령상 지출의무의 이행을 위한 경비 및 기관운영을 위한 필수적 경비의 부족액이 발생하는 경우
2. 환율변동 · 유가변동 등 사전에 예측하기 어려운 불가피한 사정이 발생하는 경우
3. 재해대책 재원 등으로 사용할 시급한 필요가 있는 경우
4. 그 밖에 대통령령으로 정하는 경우

① 이용은 국회의 의결을 얻은 후 기획재정부 장관의 승인 또는 위임으로 할 수 있음

③ 세출예산의 항(項) 간 이용은 국회 의결과 기획재정부 장관의 승인을 얻어서 할 수 있음

④ 이용과 전용은 한정성 원칙 중 목적(질적) 한정성 예외에 해당함

정답 ②

128 회독 □□□ 2018. 서울 7급

〈보기〉에서 예산집행의 시간적 제약을 완화하기 위해 도입한 제도를 모두 고른 것은?

보기

ㄱ. 총액계상제도
ㄴ. 이용
ㄷ. 전용
ㄹ. 이월제도
ㅁ. 계속비제도
ㅂ. 국고채무부담행위

① ㄱ, ㄴ, ㄷ ② ㄴ, ㄷ, ㄹ
③ ㄹ, ㅁ, ㅂ ④ ㄴ, ㄹ, ㅁ

정답 및 해설

시간적 제약을 완화하기 위한 제도란 회계연도 독립의 원칙(기간적 한정성)에 대한 예외를 의미함 → 보기에서 이월, 계속비, 국고채무부담행위가 회계연도 독립원칙의 예외임

올바른 선지

ㄹ. 이월 : 사용하지 못한 예산을 다음 연도로 넘겨 사용하는 것
ㅁ. 계속비 : 완성을 하는 데 수년을 요하는 공사, 제조, 연구 개발사업을 회계연도를 초월하여 계속 지출할 수 있도록 하는 경비
ㅂ. 국고채무부담행위 : 국고채무부담행위에 대한 국회의 의결은 수년에 걸쳐 효력이 지속되는 경우가 있으므로 국고채무부담행위는 회계연도 독립의 원칙에 대한 예외임

틀린 선지

ㄱ. 총액계상제도 : 세부 내용을 미리 확정하기 곤란한 특정 분야 사업의 경우 예산편성단계에서 총액으로만 계상하는 제도
ㄴ. 이용 : 예산의 입법과목으로서 장 · 관 · 항 간의 자금융통 → 입법과목 간 융통으로 국회의 의결과 기획재정부 장관의 승인이 필요함
ㄷ. 전용 : 예산의 행정과목인 세항 · 목 간의 자금의 융통 → 행정과목 간 융통으로 국회의 의결이 필요하지 않음

정답 ③

129 회독 □□□ 2019. 서울 7급

"국가재정법"에 규정되어 있는 예산의 전용에 대한 설명으로 가장 옳은 것은?

① 각 중앙관서의 장이 예산을 전용한 경우에는 반기별로 그 전용내역을 감사원에 제출하여야 한다.
② 각 중앙관서의 장은 당초 예산에 계상되지 아니한 사업을 추진하는 경우에도 예산을 전용할 수 있다.
③ 각 중앙관서의 장은 회계연도마다 기획재정부장관이 위임하는 범위 안에서 각 세항 또는 목의 금액을 자체적으로 전용할 수 있다.
④ 각 중앙관서의 장은 예산의 목적범위 안에서 재원의 효율적 활용을 위하여 기획재정부장관의 승인을 얻어 각 관, 항, 세항의 금액을 전용할 수 있다.

정답 및 해설

각 중앙관서의 장은 회계연도마다 기획재정부장관이 위임하는 범위 안에서 각 세항 또는 목의 금액을 자체적으로 전용할 수 있음

①②④

국가재정법 제46조【예산의 전용】 ① 각 중앙관서의 장은 예산의 목적범위 안에서 재원의 효율적 활용을 위하여 대통령령이 정하는 바에 따라 기획재정부장관의 승인을 얻어 각 세항 또는 목의 금액을 전용할 수 있다. 이 경우 사업 간의 유사성이 있는지, 재해대책 재원 등으로 사용할 시급한 필요가 있는지, 기관운영을 위한 필수적 경비의 충당을 위한 것인지 여부 등을 종합적으로 고려하여야 한다.
② 각 중앙관서의 장은 제1항에도 불구하고 회계연도마다 기획재정부장관이 위임하는 범위 안에서 각 세항 또는 목의 금액을 자체적으로 전용할 수 있다.
③ 제1항 및 제2항에도 불구하고 각 중앙관서의 장은 다음 각 호의 어느 하나에 해당하는 경우에는 전용할 수 없다.
1. 당초 예산에 계상되지 아니한 사업을 추진하는 경우
2. 국회가 의결한 취지와 다르게 사업 예산을 집행하는 경우
④ 기획재정부장관은 제1항의 규정에 따라 전용의 승인을 한 때에는 그 전용명세서를 그 중앙관서의 장 및 감사원에 각각 송부하여야 하며, 각 중앙관서의 장은 제2항의 규정에 따라 전용을 한 때에는 전용을 한 과목별 금액 및 이유를 명시한 명세서를 기획재정부장관 및 감사원에 각각 송부하여야 한다.

정답 ③

130 회독 □□□ 2016. 지방 7급

다음은 예산의 이용과 전용에 대한 설명이다. ㉠과 ㉡에 해당하는 것은?

> 이용은 국회에서 승인된 예산 중 ㉠ 간 울타리를 뛰어 넘어 자금을 이전하는 것을 말하며 이를 위해서는 국회의 승인을 받아야 한다. 반면, 전용은 ㉡ 간 울타리를 뛰어 넘어 자금을 이전하는 것을 말하며 이를 위해서는 국회의 승인을 받을 필요가 없다.

	㉠	㉡
①	장	관, 항, 세항, 목
②	장, 관	항, 세항, 목
③	장, 관, 항	세항, 목
④	장, 관, 항, 세항	목

정답 및 해설

㉠ 이용 : 예산의 이용은 예산이 정한 각 기관 또는 장, 관, 항 사이에 자금을 융통하는 것으로써 이용은 입법과목에 대한 변경이므로 미리 국회의 의결을 얻고 기획재정부의 승인을 받아야 함
㉡ 전용 : 예산의 전용은 세항, 목 사이에 자금을 융통하는 것으로서 예산의 전용은 행정과목에 대한 변경이므로 기획재정부의 승인만 있으면 됨

정답 ③

PART 05 재무행정

131 회독 □□□

2015. 국가 7급

예산집행의 신축성을 보장하기 위한 장치가 아닌 것은?

① 예산총계주의
② 예산의 이체와 이월
③ 예비비
④ 수입대체경비

정답 및 해설

예산총계주의 또는 완전성(포괄성)의 원칙은 전통적인 예산원칙으로서 모든 세입과 세출을 예산에 명시적으로 계상한다는 원칙임 → 이는 통제지향적인 제도인 까닭에 신축성을 확보하는 수단이 아님

② 예산의 이체와 이월
  ㉠ 이체: 정부조직 등에 관한 법령의 제정·개정 또는 폐지로 인하여 중앙관서의 직무와 권한에 변동이 있을 때 예산의 책임소관을 변경하는 것 → 국회의 승인이 필요 없음
  ㉡ 이월: 회계연도 내에 사용하지 못한 예산을 다음 회계연도로 넘겨서 다음 연도의 예산으로 활용하는 것
③ 예비비: 예측할 수 없는 예산 외의 지출 또는 예산 초과 지출을 충당하기 위하여 세입세출예산에 계상한 금액
④ 수입대체경비: 수입을 발생시키는 지출

> **국가재정법 제53조【예산총계주의 원칙의 예외】** ① 각 중앙관서의 장은 용역 또는 시설을 제공하여 발생하는 수입과 관련되는 경비로서 대통령령이 정하는 경비(이하 "수입대체경비"라 한다)에 있어 수입이 예산을 초과하거나 초과할 것이 예상되는 때에는 그 초과수입을 대통령령이 정하는 바에 따라 그 초과수입에 직접 관련되는 경비 및 이에 수반되는 경비에 초과지출할 수 있다.

정답 ①

132 회독 □□□

2008. 지방 7급

예산의 신축적 집행을 위한 제도에 대한 설명으로 옳지 않은 것은?

① 이체(移替): 기구, 직제 또는 정원에 관한 법령이나 조례의 제정 또는 개폐로 인하여 그 직무와 권한의 변동이 있을 때 그 변동내용에 따라 예산을 이동하여 집행하는 것
② 이월(移越): 회계연도 단년도주의의 단점을 극복하기 위하여 미집행예산을 다음 회계연도에 넘겨서 사용할 수 있도록 허용하는 것
③ 전용(轉用): 예산의 입법과목에 대해서 그 집행용도를 조정하여 사용하는 권한을 부여하는 것
④ 사고이월(事故移越): 지출원인행위를 하였으나 불가피한 사유로 회계연도 종료시까지 지출하지 못한 경비와 지출원인행위를 하지 아니한 부대경비를 다음 회계연도에 넘겨서 사용하는 것

정답 및 해설

예산의 입법과목에 대해서 그 집행용도를 조정하여 사용하는 권한을 부여하는 것은 이용(移用)에 대한 설명임 → 전용은 행정과목 간의 자금융통임

① 이체(移替): 정부조직 등에 관한 법령의 제정·개정 또는 폐지로 인하여 중앙관서의 직무와 권한에 변동이 있을 때 예산의 책임소관을 변경하는 것 → 국회의 승인이 필요 없음
② 이월(移越): 회계연도 단년도주의의 단점을 극복하기 위하여 미집행예산을 다음 회계연도에 넘겨서 사용할 수 있도록 허용하는 제도로써 사고이월과 명시이월이 있음
④ 사고이월(事故移越): 예측하지 못한 이월로써 지출원인행위를 하였으나 불가피한 사유로 회계연도 종료시까지 지출하지 못한 경비와 지출원인행위를 하지 아니한 부대경비를 다음 회계연도에 넘겨서 사용하는 것

정답 ③

Section 04 결산

133 회독 □□□

2018. 교행 9급

우리나라 결산에 관한 설명으로 옳은 것은?

① 결산은 부당한 지출인 경우 집행된 내용을 무효로 할 수 있다.
② 국회는 결산 의결권을 가지며 예산결산특별위원회에서 결산을 최종 승인한다.
③ 결산은 회계연도에서 국가의 수입과 지출을 잠정적 수치로 표시하는 행위이다.
④ 감사원은 세입·세출의 결산을 매년 검사하여 대통령과 차년도 국회에 그 결과를 보고하여야 한다.

정답 및 해설

감사원은 회계검사 결과를 기초로 세입·세출의 결산을 매년 검사(확인)하여 대통령과 차년도 국회에 그 결과를 보고하여야 함

헌법 제99조
감사원은 세입·세출의 결산을 매년 검사하여 대통령과 차년도국회에 그 결과를 보고하여야 한다.

① 결산은 부당한 지출인 경우 집행된 내용을 무효로 할 수 없으며, 책임을 지울 수 있음
② 국회는 결산 의결권을 가지며 본회의에서 결산을 최종 승인함
③ 결산은 회계연도에서 국가의 수입과 지출을 확정적 수치로 표시하는 행위임

정답 ④

134 회독 □□□

2020. 국가 9급

세계잉여금에 대한 설명으로 옳은 것만을 모두 고르면?

ㄱ. 일반회계, 특별회계가 모두 포함되고 기금은 제외된다.
ㄴ. 적자 국채 발행 규모와 부(−)의 관계이며, 국가의 재정 건전성을 파악하는데 효과적이다.
ㄷ. 결산의 결과 발생한 세계잉여금은 전액 추가경정예산에 편성하여야 한다.

① ㄱ　② ㄷ
③ ㄱ, ㄴ　④ ㄴ, ㄷ

정답 및 해설

올바른 선지

ㄱ. 세입이 예산을 초과하거나 지출이 당초의 세출예산에 미달되어 쓰지 않은 돈(세출불용액)이 남는 경우가 있음; 이러한 초과세입과 세출불용액의 총 합계가 세계잉여금이기 때문에 기금은 포함되어 있지 않음

틀린 선지

ㄴ. 세계잉여금에는 국채발행 등으로 인한 세입도 포함되는 바 적자 국채발행이 커질수록 세계잉여금도 늘어나는 정(+)의 관계를 지님 → 단, 세계잉여금에는 국채발행 등 빚으로 조달된 수입이 포함되기 때문에 세계잉여금을 기준으로 재정건전성을 평가하는 것은 적절치 않음
ㄷ. 세계잉여금은 다음의 우선순위에 따라 사용해야 함
① 지방교부세 및 지방교육재정교부금의 정산
② 공적자금상환기금에 출연
③ 국가채무 상환
④ 추가경정예산의 편성
⑤ 전술한 용도로 사용한 후에 남은 잔액은 다음 연도의 세입에 이입

정답 ①

PART 05 재무행정

135 회독 □□□

2009. 국가 9급

예산과정에 관한 설명으로 옳지 않은 것은?

① 예산을 행정부가 편성하여 입법부에 제출하는 것이 현대국가의 추세이다.

② 총액예산제도가 실시되면서 총액의 한도 내에서 의원들의 관심이 높은 예산사업을 소규모화하거나 우선순위를 낮게 설정하는 전략이 사용되기도 한다.

③ 대통령중심제라는 정치체제의 성격이 국회예산심의의 기본 특징을 규정한다.

④ 결산이란 한 회계연도에서 국가의 수입과 지출의 실적을 예정적 계수로서 표시하는 행위이다.

정답 및 해설

결산이란 한 회계연도에서 국가의 수입과 지출의 실적을 확정적 계수로서 표시하는 행위임; 예정적 계수로서 표시하는 것은 예산임

① 예산을 행정부가 편성하여 입법부에 제출하는 것이 현대국가의 추세이며, 이에 따라 우리나라도 행정부가 예산편성권을 가지고 있음

② 총액배분자율편성예산제도가 실시되면서 각 중앙관서는 중앙예산기관이 정한 총액의 한도 내에서 의원들의 관심이 높은 예산사업은 소규모로 혹은 우선순위를 낮게 설정하여 과정에서 증액되도록 유도하기도 함 → 국회 예산심의 과정에서 증액되는 부분은 부처별 한도액의 제한을 받지 않기 때문임

③ 대통령제 내에서는 견제와 균형의 원리에 따라 엄격한 예산심의를 하는 경향이 있음

정답 ④

136 회독 □□□

2008. 국가 7급

우리나라 세계잉여금에 관한 설명으로 옳지 않은 것은?

① 지방교부세 및 지방교육재정교부금의 정산에 사용할 수 있다.

② 추가경정예산안의 편성에 사용할 수 있다.

③ 사용하거나 출연한 금액을 공제한 잔액은 다음 연도의 세입에 이입하여야 한다.

④ 사용 또는 출연은 국회의 사전 동의를 받아야 한다.

정답 및 해설

세계잉여금은 매 회계연도 세입세출의 결산상 생긴 잉여금임 → 잉여금의 사용에 있어서 국회의 동의가 없어도 되지만, 국무회의 심의와 대통령의 승인이 필요함

①②③

세계잉여금 사용의 우선순위

① 지방교부세 및 지방교육재정교부금의 정산
② 공적자금상환기금에 출연
③ 국가채무 상환
④ 추가경정예산의 편성
⑤ 전술한 용도로 사용한 후에 남은 잔액은 다음 연도의 세입에 이입

정답 ④

137 회독 □□□ 2020. 지방 7급

우리나라의 예산결산특별위원회에 대한 설명으로 옳지 않은 것은?

① 예산안 및 결산 심사는 제안설명과 전문의원의 검토보고를 듣고, 종합정책질의, 부별 심사 또는 분과위원회 심사 및 찬반토론을 거쳐 표결한다.
② 국회의장이 기간을 정하여 회부한 예산안과 결산에 대하여 상임위원회가 이유 없이 그 기간 내에 심사를 마치지 아니한 때에는 이를 바로 예산결산특별위원회에 회부할 수 있다.
③ 예산안과 결산뿐 아니라 관계 법령에 따라 제출·회부된 기금운용계획안도 심사한다.
④ 소관 상임위원회에서 삭감한 세출예산 각 항의 금액을 증가하게 할 경우 소관 상임위원회의 동의를 받지 않아도 된다.

정답 및 해설

우리나라는 상임위원회 예비심사의 실효성을 담보하기 위하여 예산결산특별위원회가 소관 상임위원회에서 삭감한 세출예산 각 항의 금액을 증가하게 하거나 새 비목을 설치할 경우에 소관 상임위원회의 동의를 얻도록 하고 있음

① 예산안 및 결산 심사는 제안설명과 전문의원의 검토보고를 듣고, 종합정책질의, 부별 심사 또는 분과위원회 심사 및 찬반토론을 거쳐 표결함

국회법 제84조【예산안·결산의 회부 및 심사】 ③ 예산결산특별위원회의 예산안 및 결산 심사는 제안설명과 전문위원의 검토보고를 듣고 종합정책질의, 부별 심사 또는 분과위원회 심사 및 찬반토론을 거쳐 표결한다.

② 국회의장이 기간을 정하여 회부한 예산안과 결산에 대하여 상임위원회가 이유 없이 그 기간 내에 심사를 마치지 아니한 때에는 이를 바로 예산결산특별위원회에 회부할 수 있음

국회법 제84조【예산안·결산의 회부 및 심사】 ⑥ 의장은 예산안과 결산을 소관 상임위원회에 회부할 때에는 심사기간을 정할 수 있으며, 상임위원회가 이유 없이 그 기간 내에 심사를 마치지 아니한 때에는 이를 바로 예산결산특별위원회에 회부할 수 있다.

③ 예산안과 결산뿐 아니라 관계 법령에 따라 제출·회부된 기금운용계획안도 심사함

국회법 제84조의2【기금운용계획안의 회부 등】 ① 국회는 「국가재정법」 제68조 제1항에 따라 제출된 기금운용계획안을 회계연도 개시 30일 전까지 심의·확정한다.

정답 ④

138 회독 □□□ 2013. 국가 7급

국회의 결산심사에 대한 설명으로 옳지 않은 것은?

① 예산집행과정에서 위법 또는 부당한 지출이 있었는지의 여부를 확인하는 통제기능과, 예산운용에 대한 평가결과를 다음 연도 예산 심의에 반영하는 환류기능을 수행한다.
② 예산결산특별위원회의 결산심사는 제안설명과 전문위원의 검토보고를 듣고, 종합정책질의, 부별심사 또는 분과 위원회심사 및 찬반토론을 거쳐 표결한다.
③ 결산의 심사결과 위법 또는 부당한 사항이 있는 때에 국회는 본회의 의결후 정부 또는 해당기관에 변상 및 징계조치 등 그 시정을 요구하고, 정부 또는 해당기관은 시정요구를 받은 사항을 지체없이 처리하여 그 결과를 국회에 보고하여야 한다.
④ 예산결산특별위원회 위원장은 결산을 소관상임위원회에 회부할 때에 심사기간을 정할 수 있으며, 상임위원회가 이유없이 그 기간내에 심사를 마치지 아니한 때에는 이를 바로 예산 결산특별위원회에 회부할 수 있다.

정답 및 해설

예산결산특별위원회의 위원장을 의장으로 바꿔야 함

① 결산은 한 회계연도에서 국가의 수입과 지출의 실적을 '확정적 계수'로서 표시하는 행위임 → 이를 통해 집행과정에서 정부의 위법 또는 부당한 지출이 있었는지를 확인할 수 있고, 그 결과를 다음 연도 예산심의에 반영할 수 있음
②

국회법 제84조【예산안·결산의 회부 및 심사】 ③ 예산결산특별위원회의 예산안 및 결산 심사는 제안설명과 전문위원의 검토보고를 듣고 종합정책질의, 부별 심사 또는 분과위원회 심사 및 찬반토론을 거쳐 표결한다.

③

국회법 제84조【예산안·결산의 회부 및 심사】 ② 의장은 예산안과 결산에 제1항의 보고서를 첨부하여 이를 예산결산특별위원회에 회부하고 그 심사가 끝난 후 본회의에 부의한다. 결산의 심사 결과 위법하거나 부당한 사항이 있는 경우에 국회는 본회의 의결 후 정부 또는 해당 기관에 변상 및 징계조치 등 그 시정을 요구하고, 정부 또는 해당 기관은 시정 요구를 받은 사항을 지체 없이 처리하여 그 결과를 국회에 보고하여야 한다.

정답 ④

CHAPTER 07 정부회계

Section 01 회계검사

cf.

139 회독 ☐☐☐ 2004. 대구 9급

회계검사에 대한 설명으로 틀린 것은?

① 회계검사에서 본질적으로 가장 중요시하는 것은 지출의 합법성이다.
② 회계검사는 재정에 관한 입법부의 의도 실현 여부를 검증하는 성격이다.
③ 자신이 기록하는 회계기록도 자율통제의 차원에서 회계검사를 할 수 있다.
④ 예산이 품목별로 편성되어 있을 경우 효과성 검사가 어렵다.

정답 및 해설

회계검사에서 회계기록은 '타인'이 작성한 것이어야 함

① 현대적 회계검사는 합법성 외에 다른 가치를 고려하기도 하지만, 회계검사에서 가장 중요한 것은 지출의 합법성임
② 회계검사는 의회가 결정한 사항을 집행 후 이를 검증하는 것이므로 재정에 관한 입법부의 의도 실현 여부를 확인하는 특성을 지님
④ 예산이 품목별로 편성되어 있을 경우 산출이나 결과에 대한 정보가 없으므로 효과성 검사가 어려움

정답 ③

Section 02 정부의 회계제도

140 회독 ☐☐☐ 2022. 국가 9급

중앙정부 결산보고서상의 재무제표로 옳은 것은?

① 손익계산서, 순자산변동표, 현금흐름표
② 대차대조표, 재정운영보고서, 순자산변동표
③ 재정상태표, 재정운영표, 순자산변동표, 현금흐름표
④ 재정상태보고서, 순자산변동표, 현금흐름보고서

정답 및 해설

아래의 조항 참고

국가회계기준에 관한 규칙 제5조【재무제표와 부속서류】 ① 재무제표는 「국가회계법」 제14조 제3호에 따라 재정상태표, 재정운영표, 순자산변동표, 현금흐름표로 구성하되, 재무제표에 대한 주석을 포함한다.

정답 ③

141 회독 □□□ 2022. 지방 9급

정부회계에 대한 설명으로 옳지 않은 것은?

① 국가회계는 디브레인(dBrain) 시스템을 통해, 지방자치단체 회계는 e-호조 시스템을 통해 처리된다.
② 재무회계는 현금주의·단식부기 회계방식이, 예산회계는 발생주의·복식부기 방식이 적용된다.
③ 발생주의에서는 미수수익이나 미지급금을 자산과 부채로 표시할 수 있다.
④ 재무제표는 거래가 발생하면 차변과 대변 양쪽에 동일한 금액으로 이중기입하는 복식부기 방식을 채택하고 있다.

정답 및 해설

재무회계는 발생주의·복식부기 방식이, 예산회계는 현금주의·단식부기 방식이 적용됨

참고
- 재무회계: 발생주의·복식부기 회계기준에 따라 재무제표를 작성하여 보고하는 시스템
- 예산회계: 예산집행에 따른 재정활동의 결과를 현금주의·단식부기 기준에 따라 회계 처리하는 것 → 세입세출결산은 예산회계 방식 적용

① 국가회계는 노무현 정권에서 도입한 디브레인(dBrain) 시스템을 통해, 지방자치단체 회계는 e-호조 시스템을 통해 처리됨

참고
e-호조 시스템
지방자치단체와 관련된 통합재정정보시스템

③ 발생주의는 받지 않은 돈(미수수익), 갚지 않은 돈(미지급금)을 자산과 부채로 표시할 수 있음
④ 재무제표는 발생주의 및 복식부기 방식을 채택하고 있음

정답 ②

142 회독 □□□ 2005. 서울 9급

최근 정부개혁을 추진하는 선진국의 공공부문에서는 발생주의 회계를 도입하고 있다. 다음 중 발생주의 회계에 대한 설명으로 올바르지 않은 것은?

① 원가를 파악하는 데 도움이 된다.
② 자산을 효율적으로 사용하는 데 도움이 된다.
③ 부채를 정확하게 파악하는 데 유리하다.
④ 행정의 성과평가에 필요한 재무정보를 획득하는 데 유리하다.
⑤ 발생주의 회계에서는 측정가능하고 징수 가능할 때 수입으로 기록한다.

정답 및 해설

발생주의는 거래가 성립하는 시점을 기준으로 장부에 기록하는 회계방식이므로 기록하는 시점에 징수가 어려워도 수입으로 인식함

①②③④
발생주의는 거래가 성립하면서 발생하는 수익과 비용을 인식함 → 이러한 과정에서 자산의 감가상각 등 원가계산에 대한 다양한 정보를 제공하는바, 자산의 원가를 파악하는 데 도움이 되고, 행정의 성과평가를 수월하게 만듦; 아울러 발생주의 방식에 입각한 다양한 정보 안에는 자산, 부채, 및 자본 등이 포함되어 있으므로 부채를 정확하게 알 수 있음

정답 ⑤

143 회독 □□□ 2010. 국가 9급

발생주의 · 복식부기 회계방식에 대한 설명으로 옳지 않은 것은?

① 기본적으로는 현금의 출납에 근거한 회계방식이다.
② 원가개념을 제고하고 성과측정 능력을 향상시킬 수 있다.
③ 재정의 투명성을 높이고 회계의 자기검증 기능을 통해 예산집행의 오류 및 비리와 부정을 줄일 수 있다.
④ 회수 불가능한 부실채권에 대한 정보왜곡의 우려가 있다.

정답 및 해설

현금의 출납에 근거한 회계방식은 현금주의임

② 발생주의는 감가상각 등 산출물의 원가계산에 대한 다양한 정보를 제공함 → 이에 따라 정확한 원가개념과 성과측정을 가능케 함
③ 발생주의 · 복식부기는 대차평균 원리(차변과 대변의 일치)에 의한 자기검증기능이 있기 때문에 부정과 회계오류 등을 줄일 수 있음
④ 발생주의는 채권의 발생시점을 수익으로 인식함; 그러나 회수가 불가능한 부실채권 등도 있는바 정보왜곡의 우려가 있음

정답 ①

cf.

144 회독 □□□ 2009. 국가 9급

복식부기 제도 하에서 정부보유 현금자산이 200조, 고정자산이 300조, 유동부채가 100조, 재정수익이 300조, 비용이 200조라면, 회계기간 중 특정 시점의 재정 상태를 나타내는 보고서에 순자산으로 보고될 액수는?

① 400조 ② 100조
③ 500조 ④ 200조

정답 및 해설

- 발생주의 · 복식부기를 활용한 예로서 재정상태표, 대차대조표, 손익계산서 등이 있음 → 이 중에서 재정상태표는 특정 시점의 재정상태를 나타내는 보고서로서 '자산 = 부채+자본'으로 표현할 수 있음
- 위의 문제에서 자산은 500조(현금자산 200조+고정자산 300조), 부채는 100조이므로 순자산은 500−100 = 400조임
- 고정자산 : 현금으로 바꾸기 어려운 자산
  ㉠ 유형자산 : 부동산 등
  ㉡ 무형자산 : 특허권 등

정답 ①

cf.

145 회독 □□□

2011. 국가 9급

정부회계를 복식부기의 원리에 따라 기록할 경우 차변에 위치할 항목은?

① 차입금의 감소 ② 순자산의 증가
③ 현금의 감소 ④ 수익의 발생

정답 및 해설

차입금의 감소는 부채의 감소이므로 차변에 기입해야 함

부채의 종류

- 유동부채 : 1년 내 상환 채무(금방 갚아야 하는 부채) → 단기 차입금, 미지급금 등
- 고정부채 : 1년 이후 상환 채무(늦게 갚아도 되는 부채) → 장기차입금 등
- 부채성충당금(대손충당금) : 기업이 못 받을 것으로 예상되는(대손이 예상되는) 금액만큼 미리 준비한 돈

③ 현금의 감소는 자산의 감소이므로 대변에 기입

자산의 종류

- 자산(내가 가진 총재산) : 금전적 가치가 있는 모든 것
- 유동자산 : 언제든지 현금으로 바꿀 수 있는 자산
  예 당좌 자산(현금), 재고자산(팔면 현금이 되는 것 → 제품 등)
- 고정자산 : 현금으로 바꾸기 어려운 자산
  ㉠ 유형자산 : 부동산 등
  ㉡ 무형자산 : 특허권 등

재정상태표와 손익계산서

차변(돈의 용도)	대변(돈의 출처)	
자산의 증가	자산의 감소	재정상태표 : 특정 시점의 재정상태 점검
부채의 감소	부채(남의 돈)의 증가	
자본의 감소	자본(나의 돈)의 증가	
비용(투자) 증가	수익 증가	재정운영표(손익계산서) : 특정 기간의 성과 파악

정답 ①

146 회독 □□□

2015. 사복 9급

우리나라 정부회계에 대한 설명으로 옳지 않은 것은?

① 기획재정부장관은 회계연도마다 중앙관서 결산보고서를 통합하여 국가의 결산보고서를 작성한 후 국무총리의 승인을 받아야 한다.
② 재무제표는 재정상태표, 재정운영표, 순자산변동표, 현금흐름표로 구성되며, 재무제표에 대한 주석을 포함한다.
③ 재정운영표의 모든 수익과 비용은 발생주의 원칙에 따라 거래나 사실이 발생한 기간에 표시한다.
④ 재정상태표는 재정상태표일 현재의 자산과 부채의 명세 및 상호관계 등 재정상태를 나타내는 재무제표로서 자산, 부채 및 순자산으로 구성된다.

정답 및 해설

기획재정부장관은 회계연도마다 중앙관서결산보고서를 통합하여 국가결산보고서를 작성한 후 국무회의 심의를 거쳐 대통령의 승인을 얻어야 함

국가재정법 제59조【국가결산보고서의 작성 및 제출】 기획재정부장관은 「국가회계법」에서 정하는 바에 따라 회계연도마다 작성하여 대통령의 승인을 받은 국가결산보고서를 다음 연도 4월 10일까지 감사원에 제출하여야 한다.

②

국가회계기준에 관한 규칙 제5조【재무제표와 부속서류】 ① 재무제표는 「국가회계법」 제14조제3호에 따라 재정상태표, 재정운영표, 순자산변동표, 현금흐름표로 구성하되, 재무제표에 대한 주석을 포함한다.

③

국가회계기준에 관한 규칙 제27조【재정운영표의 작성기준】 재정운영표의 모든 수익과 비용은 발생주의 원칙에 따라 거래나 사실이 발생한 기간에 표시한다.

④

국가회계기준에 관한 규칙 제7조【재정상태표】 ① 재정상태표는 재정상태표일 현재의 자산과 부채의 명세 및 상호관계 등 재정상태를 나타내는 재무제표로서 자산, 부채 및 순자산으로 구성된다.

정답 ①

cf.
147 회독 □□□ 2019. 지방 9급

국가채무에 대한 설명으로 옳지 않은 것은?

① 기획재정부장관은 국가채무관리계획을 수립하여야 한다.
② 국채를 발행하고자 할 때에는 국회의 의결을 얻어야 한다.
③ 우리나라가 발행하는 국채의 종류에 국고채와 재정증권은 포함되지 않는다.
④ 우리나라의 GDP 대비 국가채무비율은 일본과 미국보다 낮은 상태이다.

정답 및 해설

국채는 국가가 공공목적에 필요한 자금을 확보하거나 이미 발행한 국채의 상환을 위해 발행하는 채권임; 현재 우리나라에서는 국고채권(국고채), 재정증권, 외화표시 외국환평형기금채권(외평채), 국민주택채권(제1종) 등 4종의 국채가 발행되고 있음

국채의 종류

국채의 종류	발행목적
국고채권	사회복지정책 등 공공목적 수행
재정증권	일시 부족 자금 조달
외화표시 외국환평형기금채권	외화자금매입, 해외부문통화관리
(제1종)국민주택채권	국민주택사업 재원조달

① 기획재정부장관은 국가채무관리계획을 수립하여야 함

국가재정법 제91조【국가채무의 관리】 ① 기획재정부장관은 국가의 회계 또는 기금이 부담하는 금전채무에 대하여 매년 다음 각 호의 사항이 포함된 국가채무관리계획을 수립하여야 한다.

② 국채를 발행하고자 할 때에는 국회의 의결을 얻어야 함

국채법 제5조【국채의 발행】 ① 국채는 국회의 의결을 받아 기획재정부장관이 발행한다.

④ 우리나라의 GDP 대비 국가채무비율은 일본과 미국보다 낮은 상태임 → 2015년 기준으로 일본이 가장 높음

정답 ③

148 회독 □□□ 2018. 서울 9급

정부회계 제도의 기장 방식에 대한 〈보기〉의 설명과 바르게 짝지어진 것은?

〈보기〉
ㄱ. 현금의 수불과는 관계없이 경제적 자원에 변동을 주는 사건이 발생된 시점에 거래를 인식하는 방식이다.
ㄴ. 하나의 거래를 대차평균의 원리에 따라 차변과 대변에 이중 기록하는 방식이다.

	ㄱ	ㄴ
①	현금주의	복식부기
②	발생주의	복식부기
③	발생주의	단식부기
④	현금주의	단식부기

정답 및 해설

발생주의는 현금의 유입과 유출과는 관계없이 거래가 발생한 시점에 기록하는 방식이며, 복식부기는 거래의 내용을 대변과 차변에 이중기록하여 회계의 자기검증(대차평균의 원리)기능을 실현한 회계제도임

용어정리

- 현금주의: 현금의 입출을 기준으로 기록하는 회계제도
- 단식부기: 거래의 한쪽 면에 수입이나 지출을 기재하는 방식

정답 ②

149 회독 □□□

2010. 지방 7급

발생주의 회계에 대한 설명으로 옳은 것은?

① 자의적 회계처리가 불가능하여 통제가 용이하다.
② 기관별 성과의 비교가 가능하다.
③ 감가상각과 미지급금 등의 인식이 어렵다.
④ 자산, 부채, 자본 등을 인식하지 못하는 단점이 있다.

정답 및 해설

발생주의는 실질적인 수익과 비용이 발생된 시점에 거래를 인식하는 회계제도로써 재정상태표를 작성하는 과정에서 자산, 부채 및 자본 등을 파악할 수 있음 → 발생주의 제도는 이러한 정보를 바탕으로 보다 정확하게 기관별 성과평가를 할 수 있다는 장점이 있음

①③④
현금주의는 감가상각을 반영한 자산의 현황, 부채(미지급금) 등을 인식하지 못함; 또한 현금주의는 감가상각과 같은 자의적 회계처리를 하지 않는 통제지향적 회계제도임

정답 ②

150 회독 □□□

2009. 국가 7급

정부회계 기장방식에 있어서 복식부기의 특징이라고 볼 수 없는 것은?

① 거래의 이중성에 따라 거래의 인과관계를 기록한다.
② 감가상각과 대손상각은 발생주의에서는 비용으로 인식된다.
③ 기장 내용에 대한 자기검증기능을 확보할 수 있다.
④ 종합적 재정 상태를 알 수 없으나 자동 이월기능이 있다.

정답 및 해설

복식부기는 자산, 자본, 부채의 변동을 거래의 이중성에 따라 기재(거래의 인과관계 기록)하고, 자동이월 기능을 활용(예 통합재정정보시스템)하여 종합적 재정상태를 확인할 수 있음

② 자산의 감가상각, 대손상각(통계적인 확률을 기초로 계산한 손실이 실제 발생했을 때 대손충당금으로 보상한 돈)은 발생주의에서는 비용으로 인식됨
③ 복식부기는 대변과 차변에 거래의 인과관계를 기록하기 때문에 기장 내용에 대한 자기검증기능을 확보할 수 있음

정답 ④

PART 05 재무행정

151 회독 □□□

2012. 국가 7급

최근 정부회계제도 개혁의 일환으로 도입되고 있는 복식부기의 장점이 아닌 것은?

① 정부재정활동의 효율성, 투명성, 책임성을 제고할 수 있다.
② 정부재정에 있어 미래지향적 재정관리의 기반을 조성할 수 있다.
③ 공공부문의 생산성 향상을 위한 유용한 회계정보의 활용을 기대할 수 있다.
④ 상당액의 부채가 존재해도 현금으로 지출되지 않은 경우 재정건전 상태로 결산이 가능하다.

정답 및 해설

단식부기는 기본적으로 현금의 출납에 근거한 회계방식이므로 상당액의 부채가 존재해도 현금으로 지출되지 않은 경우 재정이 건전한 상태로 파악할 수 있음; 반면 복식부기는 일반적으로 발생주에서 활용하기 때문에 현금의 지출과 관계없이 부채를 빚으로 인식함

①②
발생주의·복식부기 제도는 재정상태표 및 재정운영표를 작성하므로 정부재정활동의 효율성, 투명성, 책임성을 제고할 수 있으며, 미래지향적 재정관리(부채에 대한 고려)의 기반을 조성할 수 있음
③ 발생주의·복식부기 제도는 정부의 자산과 부채, 순자산 등을 종합적으로 인식하는바 공공부문의 생산성 향상을 위한 유용한 회계정보의 활용을 기대할 수 있음

정답 ④

152 회독 □□□

2013. 지방 7급

발생주의 회계제도에 대한 설명으로 옳지 않은 것은?

① 거래나 사건이 발생하는 시점에서 인식하는 것으로 자산·부채·수입·지출을 정확하게 측정하기 위한 회계기법이다.
② 미지급금·부채성충당금 등을 포함하여 부채를 정확하게 측정한다.
③ 산출에 대한 원가 산정이 가능하기 때문에 분권화된 조직의 자율과 책임을 구현할 수 있는 중요한 수단이다.
④ 이 제도를 사용하더라도 현금흐름보고서를 통해 현금흐름을 파악할 수 있다.

정답 및 해설

수입은 현금의 유입, 지출은 현금의 유출을 의미함 → 수입과 지출을 정확하게 측정하기 위한 회계기법은 현금주의 회계제도임; 발생주의는 일반적으로 수익과 비용이라는 용어를 사용함(예 재정운영표)

② 미지급금(부채의 종류)·부채성충당금(기업이 못 받을 것으로 예상되는 금액만큼 미리 돈을 준비해 놓는 것) 등을 포함하여 부채를 정확하게 측정함
③ 발생주의 제도는 거래(산출)가 발생하면 기록으로 인식하고, 감가상각 등을 고려해서 원가를 산정할 수 있음(예 토지거래) → 이는 정부의 성과관리를 용이하게 하므로 분권화된 조직의 자율과 책임을 구현할 수 있는 중요한 수단이 될 수 있음
④ 발생주의 제도를 사용하더라도 현금흐름보고서를 통해 현금흐름을 파악할 수 있으나 현재 우리나라는 현금흐름표를 작성하지 않고 있음

정답 ①

재무행정기관, 그리고 정부기관의 구매

✔ 학습체크 □□□

www.pmg.co.kr

Section 01 정부기관의 구매 : 구매행정(조달행정)

cf.

153 회독 □□□ 2004. 서울 9급 수정

정부기관의 구매는 분산구매와 집중구매로 나뉜다. 다음 중 분산구매의 장점이 아닌 것은?

① 적기 공급 용이
② 구매절차 간소화
③ 공급자의 편의
④ 특수품목 구입 용이
⑤ 중소기업 보호

정답 및 해설

공급자가 편리한 것은 집중구매 방식임; 분산구매는 각 수요기관에서 필요에 따라 직접 물건을 구매하기 때문에 '수요자 위주(편의)'의 방법임

① 적기 공급 용이: 수요자가 물건이나 용역이 필요할 때 공급자에게 요청할 수 있기에 구매의 적시성을 확보할 수 있음
② 구매절차 간소화: 수요자와 공급자(기업) 간 직접적인 연결을 통해 필요한 것을 조달할 수 있음
④ 특수품목 구입 용이: 일괄적인 구매가 아닌 까닭에 조달의 특수성 및 개별성 확보
⑤ 중소기업 보호: 일반적으로 대량구매는 대기업에게 맡기지만, 분산구매와 같은 소량구매는 중소기업에게 일을 맡겨도 되는 까닭에 지방의 중소기업을 활성화할 수 있음

정답 ③

cf.

154 회독 □□□ 2012. 지방 7급

집중구매제도의 장점에 대한 설명으로 옳지 않은 것은?

① 재정적 통제체계를 향상시킬 수 있다.
② 긴급수요나 예상외의 수요에 신속히 대처할 수 있다.
③ 대량구매의 이점을 활용할 수 있다.
④ 일괄구매를 통해 구입절차를 단순화할 수 있다.

정답 및 해설

집중구매는 구매를 전문적으로 하는 중앙관서를 통한 조달행정임 → 이는 수요기관이 바로 공급자에게 받는 게 아니라 중앙조달기관이 공급자와의 계약을 거쳐야 하기 때문에 구매절차의 복잡성을 야기할 수 있음

① 집중구매제도는 중앙구매기관만 잘 감시하면 되므로 재정적 통제체계를 향상시킬 수 있음
② 집중구매제도는 집권적인 의사결정을 통해 긴급수요나 예상외의 수요에 신속히 대처할 수 있음
③ 집중구매제도는 일반적으로 대량구매를 선호하므로 이를 통해 예산을 절약할 수 있음

정답 ④

PART 05 재무행정

최욱진 행정학

단원별 7·9급 기출문제집

PART 06

행정환류

Chapter 01 행정책임과 통제
Chapter 02 행정개혁

CHAPTER 01 행정책임과 통제

Section 01 행정책임

01 회독 □□□

2023. 국가 9급

롬젝(Romzeck)의 행정책임 유형에 대한 설명으로 옳지 않은 것은?

① 계층적 책임 – 조직 내 상명하복의 원칙에 따라 통제된다.
② 법적 책임 – 표준운영절차(SOP)나 내부 규칙(규정)에 따라 통제된다.
③ 전문가적 책임 – 전문직업적 규범과 전문가집단의 관행을 중시한다.
④ 정치적 책임 – 민간 고객, 이익집단 등 외부 이해관계자의 기대에 부응하는가를 중시한다.

정답 및 해설

법적 책임은 의원이 정한 법에 대한 준수 여부와 연관된 책임성임 → 내부규칙 및 표준운영절차×

① 계층적 책임 – 조직 내 상관에 대한 책임성
③ 전문가적 책임 – 정부 조직 내에서 관료의 전문성과 자율성에서 기인하는 책임성
④ 정치적 책임 – 이익단체, 시민단체 등 주요 이해관계자들의 필요와 요구에 대한 책임성

정답 ②

02 회독 □□□

2010. 국가 9급

제도적 책임성(accountability)과 대비되는 자율적 책임성(responsibility)에 대한 설명으로 가장 적합하지 않은 것은?

① 전문가로서의 직업윤리와 책임감에 기초해서 적극적・자발적 재량을 발휘하여 확보되는 책임
② 객관적으로 기준을 확정하기 곤란하므로, 내면의 가치와 기준에 따르는 것
③ 국민들의 요구와 기대를 정확하게 인식해서 이에 능동적으로 대응하는 것
④ 고객의 만족을 위하여 성과보다는 절차에 대한 책임 강조

정답 및 해설

자율적 책임성은 공무원이 국민의 요구와 기대를 정확하게 인식한 후 내면의 가치와 기준・직업윤리 등에 기초해서 적극적・자발적・능동적으로 대응하는 것을 의미하는바, 고객만족을 위하여 절차보다 성과를 강조함; 제도적 책임성은 결과에 대한 책임을 인정하면서도 절차에 대한 책임(규칙준수)을 보다 강조하는 관점임

정답 ④

cf.

03 회독 □□□

2018. 교행 9급

공직윤리 이론에 관한 설명으로 옳은 것을 〈보기〉에서 모두 고른 것은?

보기

ㄱ. 공직자 윤리 기준은 행위의 이유에 따라 판단하는 목적론적 접근방법과 그 행위의 결과나 성과에 따라 판단하는 의무론적 접근방법으로 구분된다.
ㄴ. 공직자의 통제 방식은 입법적·사법적 통제에 초점을 둔 외적 통제와 직업가치 및 윤리 기준에 의한 내적 통제로 구분된다.
ㄷ. 공직자의 책임은 외부의 기대에 부응해야 하는 객관적 책임과 자신의 양심 및 가치에 따라 결정하는 주관적 책임으로 구분된다.
ㄹ. 공직자의 역할 책임론은 전문 직업가 역할과 민주주의 담론의 촉진자 역할로 구분된다.

① ㄱ, ㄷ　② ㄴ, ㄹ
③ ㄱ, ㄴ, ㄷ　④ ㄴ, ㄷ, ㄹ

정답 및 해설

올바른 선지

ㄴ. 공직자의 통제 방식은 입법적·사법적 통제에 초점을 둔 외적 통제(제도적 책임)와 직업가치 및 윤리 기준에 의한 내적 통제(자율적 책임)로 구분할 수 있음
ㄷ. 국민의 기대에 수동적으로 부응하면 객관적 책임으로, 능동적으로 대응하면 주관적 책임으로 볼 수 있는데, 해당 선지는 전자의 경우임 → 문제를 풀 때, 외부의 기대에 부응한다는 것만 보고 주관적 책임으로 판단하지 말고 후술 된 문장을 보고 종합적으로 생각할 것
ㄹ. 현대 사회에서 공직자의 역할 책임론은 일반적으로 전문 직업가 역할(전문 행정인)과 민주주의 담론의 촉진자(국민견해 수렴) 역할로 구분됨

틀린 선지

ㄱ. 공직자의 윤리 기준은 행위의 이유에 따라 판단하는 의무론적 접근방법과 그 행위의 결과나 성과에 따라 판단하는 목적론적 접근방법으로 구분됨

정답 ④

04 회독 □□□

2021. 지방 9급

행정통제와 행정책임에 대한 설명으로 옳은 것만을 모두 고르면?

ㄱ. 파이너(Finer)는 법적·제도적 외부통제를 강조한다.
ㄴ. 감사원의 직무감찰과 회계감사는 외부통제에 해당한다.
ㄷ. 프리드리히(Friedrich)는 내재적 통제보다 객관적·외재적 책임을 강조한다.

① ㄱ
② ㄴ
③ ㄷ
④ ㄴ, ㄷ

정답 및 해설

올바른 선지

ㄱ. 파이너(Finer)는 고전적 행정책임을 강조한 사람이므로 법적·제도적 외부통제에 의한 수동적 책임을 주장함

틀린 선지

ㄴ. 감사원의 직무감찰과 회계감사는 내부통제에 해당함
ㄷ. 프리드리히(Friedrich)는 현대적 행정책임을 강조한 학자이므로 내재적 통제를 통한 자율적 책임을 주장함

정답 ①

05 회독 □□□ 2020. 지방 7급

행정책임과 행정통제에 대한 설명으로 옳은 것은?

① 파이너(Finer)는 행정의 적극적 이미지를 전제로 전문가로서의 관료의 기능적 책임을 강조하는 책임론을 제시하였다.
② 프리드리히(Friedrich)는 개인적인 도덕적 의무감에 호소하는 책임보다 외재적 · 민주적 책임의 중요성을 강조하였다.
③ 행정통제를 내부통제와 외부통제로 구분할 경우, 윤리적 책임의식의 내재화를 통한 통제는 전자에 속한다.
④ 옴부즈만제도를 의회형과 행정부형으로 구분할 경우, 국민권익위원회의 고충민원처리제도는 전자에 속한다.

정답 및 해설

행정통제를 내부통제와 외부통제로 구분할 경우, 윤리적 책임의식의 내재화를 통한 통제는 내부통제에 속함

① 프리드리히(Friedrich)는 행정의 적극적 이미지를 전제로 전문가로서의 관료의 기능적 책임을 강조하는 책임론을 제시하였음
② 파이너(Finer)는 개인적인 도덕적 의무감에 호소하는 책임보다 외재적 · 민주적 책임의 중요성을 강조하였음
④ 옴부즈만제도를 의회형과 행정부형으로 구분할 경우, 우리나라 국민권익위원회의 고충민원처리제도는 행정부형에 해당함 → 국민권익위원회는 국무총리 소속기관임

정답 ③

06 회독 □□□ 2007. 서울 7급

현대국가에서 행정의 가치로서 책임성이 갈수록 강조되고 있는데, 다음 중 제도적 책임성의 특징을 가장 바르게 표현한 것은?

① 절차의 준수와 책임의 완수는 별개로 본다.
② 공식적 제도에 의해 달성할 수는 없다고 본다.
③ 판단기준과 절차의 객관화가 전제가 된다.
④ 객관적으로 확정할 수 있는 기준이 없다.
⑤ 제재가 불가능하거나 문책자가 내재화된다.

정답 및 해설

제도적 책임성은 법률과 같은 외부적인 힘에 의해 국민에 대한 의무를 확보하는 수동적 · 타율적인 책임성임 → 법률이나 규칙에는 책임성에 대한 객관적 판단기준이나 절차가 명시되어 있음

①②④⑤
해당 선지는 자율적 책임성에 대한 내용임; 자율적 책임성은 공무원이 전문가로서 직업윤리와 책임감에 기초해서 적극적이고 자발적인 재량을 발휘하여 확보되는 행정책임에 해당함 → 자율적 책임은 절차의 준수(규칙준수)와 책임의 완수(국민)는 별개로 보는바 공식적 제도에 의해 공무원의 책임을 모두 달성할 수는 없다고 간주함; 또한, 공무원의 양심에 근거하기 때문에 객관적으로 확정할 수 있는 기준이 없으며, 제재가 어렵거나 책임을 다하는 본질이 공무원 안에 존재(내재화)함

정답 ③

07 회독 □□□

2010. 서울 7급 수정

Dubnick과 Romzek의 행정책임성 유형 중 내부지향적이고, 통제의 정도가 높은 책임성은?

① 정치적 책임성
② 법적 책임성
③ 전문가적 책임성
④ 관료적 책임성

08 회독 □□□

2018. 지방 7급

행정통제와 행정책임에 대한 설명으로 옳은 것은?

① 대응적 책임(responsiveness)은 공복으로서의 관료의 직책과 관련된 광범위한 도의적·자율적 책임을 의미한다.
② 입법국가 시절에는 외부통제에 중점을 두었으나, 행정국가로 이행하면서 내부통제의 중요성이 부각되었다.
③ 도의적 책임(responsibility)은 국민이나 고객의 요구, 이념, 가치에 대한 대응성을 강조하는 책임이다.
④ 행정에 대한 외부통제 수단으로 우리나라 국회는 국정조사, 국정감사, 직무감찰, 옴부즈만 등을 행사한다.

PART 06 행정환류

정답 및 해설

더브닉과 롬젝의 행정책임 유형 중 내부지향적이면서 통제의 정도가 강한 것은 관료적 책임성임 → 아래의 표 참고

Romzek & Dubnick의 행정책임의 유형

구분		통제의 원천	
		내부	외부
통제의 강도	강	관료적 책임성	법률적 책임성
	약	전문적 책임성	정치적 책임성

① 정치적 책임성: 대통령, 이익단체, 국회의원 등 주요 이해관계자들의 필요와 요구에 대한 책임성
② 법률적 책임성: 법적인 의무사항에 대한 준수 여부를 감독하고 평가하는 합법성을 중시하는 책임성
③ 전문가적 책임성: 관료의 전문성과 자율성에 근거한 책임성
④ 관료적 책임성: 자율성이 적은 개별 관료에 대한 통제와 감독에서 비롯되는 책임성

정답 ④

정답 및 해설

입법국가 시절에는 강력한 의회의 권한을 바탕으로 행정부를 통제하는 외부통제에 중점을 두었으나 행정국가 시기에는 행정부의 영향력 증대로 인해 외부통제의 한계가 발생함; 이에 따라 내부통제의 중요성이 부각됨

① 대응적 책임이 아니라 도의적 책임에 대한 내용임
③ 도의적 책임이 아니라 대응적 책임에 대한 내용임

참고
- 도의적 책임, 대응적 책임은 큰 틀에서 같은 뜻(자율적 책임과 같은 의미)이지만, 해당 문제처럼 구분해서 선지를 구성하는 경우도 있음
- 제도적 책임(Accountability): 법률이나 규칙과 같은 공식적 제도에 기초한 행정책임

④ 직무감찰은 감사원, 옴부즈만은 국민권익위원회가 담당함 → 양자는 모두 내부·공식통제에 해당함

정답 ②

Section 02 행정통제

09 회독 □□□ 2021. 국가 9급

행정부에 대한 외부통제에 해당하는 것만을 모두 고르면?

ㄱ. 행정안전부의 각 중앙행정기관 조직과 정원통제
ㄴ. 국회의 국정조사
ㄷ. 기획재정부의 각 부처 예산안 검토 및 조정
ㄹ. 국민의 조세부과 처분에 대한 취소소송
ㅁ. 국무총리의 중앙행정기관에 대한 기관평가
ㅂ. 환경운동연합의 정부정책에 대한 반대
ㅅ. 중앙행정기관장의 당해 기관에 대한 자체평가
ㅇ. 언론의 공무원 부패 보도

① ㄱ, ㄷ, ㅁ, ㅅ
② ㄴ, ㄷ, ㄹ, ㅁ
③ ㄴ, ㄹ, ㅁ, ㅇ
④ ㄴ, ㄹ, ㅂ, ㅇ

정답 및 해설

국회, 국민, 시민단체, 언론 등은 외부통제 수단에 해당함

ㄱ, ㄷ, ㅁ, ㅅ은 모두 내부평가 수단임

Gilbert의 행정통제 유형

구분	외부	내부
공식적	1. 입법부 : 국정감사 등 2. 사법부 : 행정명령 위법 여부 심사 등 3. 옴부즈만 4. 헌법재판소 : 권한쟁의 심판 등 5. 국가인권위원회 (행정부 소속 X)	1. 계층제(명령체계) 및 인사제도 2. 감사원 : 직무감찰 등 3. 국민권익위원회 4. 국무총리실, 국무조정실 5. 중앙행정부처 6. 교차기능조직 및 독립통제기관 7. 기타 제도 ① 예산통제(예 총액배분자율편성) ② 인력의 정원통제 (예 총액인건비) ③ 정부업무평가 등
비공식적	※ 민중통제 1. 시민(국민) : 시민의 선거권·국민투표권 등 2. 이익집단 요구 3. 여론, 매스컴(언론), 정당 등	1. 동료집단 2. 직업윤리(소명심, 공익가치, 윤리적 책임의식 등) 3. 대표관료제 : 공무원 간 견제와 균형 4. 공무원노동조합

참고

각 통제수단에 대한 설명

1) 사법부
   ① 행정처분에 대한 행정재판권을 통하여 부당하게 권리를 침해받은 국민을 구제하는 역할을 함 → 통제에 있어서 합법성을 강조하므로 위법행정보다 부당행정이 많은 현대행정에서는 효율적인 통제가 어려운 경향이 있음
   ② 소송에 의한 통제를 하는바 사후적·합법적·소극적 통제라 불림; 따라서 사전적·정치적·정책적 통제(합목적적 통제) 불가능
2) 입법부 : 행정통제 방안 중에서 가장 역사가 오래 되었으며(전통적인 통제), 실질적으로 가장 효과가 큼 → 입법부는 입법심의, 공공정책의 결정, 예산심의, 각종 상임위원회의 활동, 국정조사, 국정감사, 임명 동의 및 해임 건의 또는 탄핵권, 기구 개혁, 청원제도 등 행정통제를 위한 여러 제도적 장치를 가지고 있음; 단, 최근에는 행정의 복잡성과 전문성 증대로 입법통제의 실효성이 약화되고 있음
3) 우리나라의 옴부즈만인 국민권익위원회는 국무총리 소속으로 내부·공식적 통제에 해당함
4) 감사원 : 행정경험과 전문성을 바탕으로 합법성과 합목적성을 구별할 수 있는 전문가로 구성된 내부 통제기관(대통령 소속·헌법기관)

정답 ④

10 회독 □□□ 2020. 지방 9급

행정통제의 유형 중 외부통제가 아닌 것은?

① 감사원의 직무감찰
② 의회의 국정감사
③ 법원의 행정명령 위법 여부 심사
④ 헌법재판소의 권한쟁의심판

정답 및 해설

감사원은 대통령 소속의 기관이므로 내부통제 수단임
②③④는 행정부의 밖에서 행정부를 통제하는 외부통제 수단임

Gilbert의 행정통제 유형

구분	외부	내부
공식적	1. 입법부: 국정감사 등 2. 사법부: 행정명령 위법 여부 심사 등 3. 옴부즈만 4. 헌법재판소: 권한쟁의 심판 등 5. 국가인권위원회 (행정부 소속 X)	1. 계층제(명령체계) 및 인사제도 2. 감사원: 직무감찰 등 3. 국민권익위원회 4. 국무총리실, 국무조정실 5. 중앙행정부처 6. 교차기능조직 및 독립통제기관 7. 기타 제도 ① 예산통제(예 총액배분자율 편성) ② 인력의 정원통제 (예 총액인건비) ③ 정부업무평가 등
비공식적	※ 민중통제 1. 시민(국민): 시민의 선거권·국민투표권 등 2. 이익집단 요구 3. 여론, 매스컴(언론), 정당 등	1. 동료집단 2. 직업윤리(소명심, 공익가치, 윤리적 책임의식 등) 3. 대표관료제: 공무원 간 견제와 균형 4. 공무원노동조합

정답 ①

11 회독 □□□ 2008. 지방 9급

우리나라에서 행정통제를 수행하는 내부통제기관으로만 구성된 것은?

ㄱ. 감사원 ㄴ. 국회
ㄷ. 헌법재판소 ㄹ. 국민권익위원회
ㅁ. 행정안전부

① ㄱ, ㄷ, ㄹ ② ㄱ, ㄷ, ㅁ
③ ㄱ, ㄹ, ㅁ ④ ㄴ, ㄹ, ㅁ

정답 및 해설

행정통제는 통제자가 행정부 내부 혹은 외부에 있는지에 따라 내부통제와 외부통제로 구분할 수 있음 → 입법부·사법부 등에 의한 통제는 외부통제에 해당하며 감사원 및 국민권익위원회 등은 내부통제 기관에 해당함; 행정안전부도 조직·정원 등을 통제할 수 있는 내부통제 기관임

Gilbert의 행정통제 유형

구분	외부	내부
공식적	1. 입법부: 국정감사 등 2. 사법부: 행정명령 위법 여부 심사 등 3. 옴부즈만 4. 헌법재판소: 권한쟁의 심판 등 5. 국가인권위원회 (행정부 소속 X)	1. 계층제(명령체계) 및 인사제도 2. 감사원: 직무감찰 등 3. 국민권익위원회 4. 국무총리실, 국무조정실 5. 중앙행정부처 6. 교차기능조직 및 독립통제기관 7. 기타 제도 ① 예산통제(예 총액배분자율 편성) ② 인력의 정원통제 (예 총액인건비) ③ 정부업무평가 등
비공식적	※ 민중통제 1. 시민(국민): 시민의 선거권·국민투표권 등 2. 이익집단 요구 3. 여론, 매스컴(언론), 정당 등	1. 동료집단 2. 직업윤리(소명심, 공익가치, 윤리적 책임의식 등) 3. 대표관료제: 공무원 간 견제와 균형 4. 공무원노동조합

정답 ③

12 회독 □□□

2009. 국가 9급

다음 중 민중통제의 방법에 속하지 않는 것은?

① 언론기관에 의한 통제
② 정당에 의한 통제
③ 직업윤리에 의한 통제
④ 선거권에 의한 통제

cf.

13 회독 □□□

2015. 지방 9급

우리나라의 행정통제에 대한 설명으로 옳은 것은?

① 행정기관 및 공무원의 직무에 관한 감찰을 하기 위하여 대통령 소속하에 감사원을 두고 있다.
② 권위주의적 정치・행정문화 속에서 행정의 내・외부 통제가 보다 효과적으로 이루어졌다.
③ 헌법재판소는 행정에 대한 통제기능은 수행하지 못한다.
④ 입법부의 구성이 여당 우위일 경우에 효과적인 행정통제 기능을 수행할 수 있다.

정답 및 해설 (12)

직업윤리에 의한 통제는 비공식적・내부적 통제의 방법임 → 직업윤리는 공무원으로서 해야 할 의무를 의미함

Gilbert의 행정통제 유형

구분	외부	내부
공식적	1. 입법부 : 국정감사 등 2. 사법부 : 행정명령 위법 여부 심사 등 3. 옴부즈만 4. 헌법재판소 : 권한쟁의 심판 등 5. 국가인권위원회 (행정부 소속 X)	1. 계층제(명령체계) 및 인사제도 2. 감사원 : 직무감찰 등 3. 국민권익위원회 4. 국무총리실, 국무조정실 5. 중앙행정부처 6. 교차기능조직 및 독립통제기관 7. 기타 제도 ① 예산통제(예 총액배분자율편성) ② 인력의 정원통제 (예 총액인건비) ③ 정부업무평가 등
비공식적	※ 민중통제 1. 시민(국민) : 시민의 선거권・국민투표권 등 2. 이익집단 요구 3. 여론, 매스컴(언론), 정당 등	1. 동료집단 2. 직업윤리(소명심, 공익가치, 윤리적 책임의식 등) 3. 대표관료제 : 공무원 간 견제와 균형 4. 공무원노동조합

정답 ③

정답 및 해설 (13)

우리나라는 행정기관 및 공무원의 직무에 관한 감찰을 하기 위하여 대통령 소속하에 감사원을 두고 있음

감사원법 제24조【감찰 사항】 ① 감사원은 다음 각 호의 사항을 감찰한다.
1. 「정부조직법」 및 그 밖의 법률에 따라 설치된 행정기관의 사무와 그에 소속한 공무원의 직무
2. 지방자치단체의 사무와 그에 소속한 지방공무원의 직무
③ 제1항의 공무원에는 국회・법원 및 헌법재판소에 소속한 공무원은 제외한다.

② 권위주의적 정치행정문화(강압적인 정치행정문화) 속에서는 행정의 내・외부통제가 효과적으로 이루어지기 어려움
③ 헌법재판소는 사법부와 더불어 사법기능을 담당하기 때문에 외부통제의 유형에 속함
④ 시험에서는 입법부의 구성이 여당 우위일 경우에 효과적인 행정통제 기능을 수행할 수 없다고 보고 있음(여당의 입장에 치우친 불공정한 통제)

정답 ①

14 회독 □□□

2015. 사복 9급

길버트(Gilbert)는 행정통제를 통제자의 위치와 제도화 여부에 따라 다음과 같이 네 가지 유형으로 구분하였다. 각 유형에 해당되는 우리나라의 행정통제 방법으로 옳지 않은 것은?

〈행정통제의 유형〉

구분	외부	내부
공식적	(가)	(나)
비공식적	(다)	(라)

① (가): 국민권익위원회에 의한 통제
② (나): 감사원에 의한 통제
③ (다): 이익집단 및 언론에 의한 통제
④ (라): 직업윤리에 의한 통제

정답 및 해설

국민권익위원회에 의한 통제는 내부·공식적 통제에 해당함

Gilbert의 행정통제 유형

구분	외부	내부
공식적	1. 입법부: 국정감사 등 2. 사법부: 행정명령 위법 여부 심사 등 3. 옴부즈만 4. 헌법재판소: 권한쟁의 심판 등 5. 국가인권위원회 (행정부 소속 X)	1. 계층제(명령체계) 및 인사제도 2. 감사원: 직무감찰 등 3. 국민권익위원회 4. 국무총리실, 국무조정실 5. 중앙행정부처 6. 교차기능조직 및 독립통제기관 7. 기타 제도 ① 예산통제(예 총액배분자율편성) ② 인력의 정원통제 (예 총액인건비) ③ 정부업무평가 등
비공식적	※ 민중통제 1. 시민(국민): 시민의 선거권·국민투표권 등 2. 이익집단 요구 3. 여론, 매스컴(언론), 정당 등	1. 동료집단 2. 직업윤리(소명심, 공익가치, 윤리적 책임의식 등) 3. 대표관료제: 공무원 간 견제와 균형 4. 공무원노동조합

정답 ①

15 회독 □□□

2014. 사복 9급

공무원 개인이나 조직의 일탈에 대한 감시와 처벌을 통해 목표를 달성하려는 행정통제(administrative control)는 행정의 책임을 확보하려는 수단이다. 이러한 기능을 수행하는 외부통제기관으로만 구성된 것은?

ㄱ. 국민권익위원회 ㄴ. 기획재정부
ㄷ. 법원 ㄹ. 국회
ㅁ. 시민단체 ㅂ. 감사원

① ㄱ, ㄴ, ㄹ
② ㄱ, ㄴ, ㅂ
③ ㄷ, ㄹ, ㅁ
④ ㄷ, ㅁ, ㅂ

정답 및 해설

법원, 국회, 시민단체는 모두 외부통제 수단에 해당함

Gilbert의 행정통제 유형

구분	외부	내부
공식적	1. 입법부: 국정감사 등 2. 사법부: 행정명령 위법 여부 심사 등 3. 옴부즈만 4. 헌법재판소: 권한쟁의 심판 등 5. 국가인권위원회 (행정부 소속 X)	1. 계층제(명령체계) 및 인사제도 2. 감사원: 직무감찰 등 3. 국민권익위원회 4. 국무총리실, 국무조정실 5. 중앙행정부처 6. 교차기능조직 및 독립통제기관 7. 기타 제도 ① 예산통제(예 총액배분자율편성) ② 인력의 정원통제 (예 총액인건비) ③ 정부업무평가 등
비공식적	※ 민중통제 1. 시민(국민): 시민의 선거권·국민투표권 등 2. 이익집단 요구 3. 여론, 매스컴(언론), 정당 등	1. 동료집단 2. 직업윤리(소명심, 공익가치, 윤리적 책임의식 등) 3. 대표관료제: 공무원 간 견제와 균형 4. 공무원노동조합

정답 ③

cf.

16 회독 □□□

2017. 지방 9급

행정통제에 대한 설명으로 옳지 않은 것은?

① 국무총리 소속의 국민권익위원회는 옴부즈만적 성격을 가지며, 국민권익위원회의 위원장과 부위원장은 국무총리의 제청으로 대통령이 임명한다.

② 교차기능조직은 행정체제 전반에 걸쳐 관리작용을 분담하여 수행하는 참모적 조직단위로서 내부적 통제체제로부터 완전히 독립되어 있다.

③ 헌법재판제도는 헌법을 수호하고 부당한 국가권력으로부터 국민의 권리와 자유를 보호하는 과정에서 행정에 대한 통제기능을 수행한다.

④ 독립통제기관(separate monitoring agency)은 일반 행정기관과 대통령 그리고 외부적 통제중추들의 중간 정도에 위치하며, 상당한 수준의 독자성과 자율성을 누린다.

정답 및 해설

교차기능조직은 행정체제 전반에 걸쳐 관리작용을 분담하여 수행하는 참모적 조직단위로서 내부통제 기능을 수행함 → 교차기능조직으로는 기획재정부(예산), 행정안전부(조직), 인사혁신처(인사) 등이 있음

① 국무총리 소속의 국민권익위원회는 옴부즈만적 성격을 가지며, 국민권익위원회의 위원장과 부위원장은 국무총리의 제청으로 대통령이 임명함

부패방지 및 국민권익위원회의 설치와 운영에 관한 법률 제13조【위원회의 구성】 ③ 위원장 및 부위원장은 국무총리의 제청으로 대통령이 임명하고, 상임위원은 위원장의 제청으로 대통령이 임명하며, 상임이 아닌 위원은 대통령이 임명 또는 위촉한다.

③ 헌법재판을 수행하는 헌법재판소는 헌법을 수호하고 부당한 국가권력으로부터 국민의 권리와 자유를 보호하는 과정에서 행정에 대한 외부·공식적 통제기능을 담당함

④ 독립통제기관으로 감사원과 국민권익위원회가 있으며, 양자는 공식·내부통제 수단에 해당함

정답 ②

17 회독 □□□

2010. 지방 9급

옴부즈만 제도에 대한 설명으로 옳지 않은 것은?

① 옴부즈만은 입법부 및 행정부로부터 정치적으로 독립되어 있다.

② 옴부즈만은 행정행위의 합법성뿐만 아니라 합목적성 여부도 다룰 수 있다.

③ 옴부즈만은 보통 국민의 불평 제기에 의해 활동을 개시하지만 직권으로 조사를 할 수도 있다.

④ 옴부즈만은 법원이나 행정기관의 결정이나 행위를 무효로 할 수는 없지만, 취소 또는 변경할 수는 있다.

정답 및 해설

옴부즈만은 행정기관의 결정이나 행위를 취소·변경할 수 없으나, 시정을 권고할 수 있음

① 옴부즈만은 입법부 및 행정부로부터 상당한 수준의 독자성과 자율성을 지니면서 업무를 수행함

② 옴부즈만은 행정행위의 합법성뿐만 아니라 합목적성, 공직에서 이탈된 모든 행위를 다룰 수 있음

③ 일반적인 옴부즈만은 보통 국민의 불평 제기에 의해 활동을 개시하지만 직권으로 조사를 할 수도 있음 → 단, 우리나라의 국민권익위원회는 직권조사가 불가능함

정답 ④

18 회독 □□□ 2016. 지방 9급

옴부즈만(Ombudsman) 제도에 대한 설명으로 옳은 것만을 모두 고른 것은?

> ㄱ. 옴부즈만 제도는 설치주체에 따라 크게 의회 소속형과 행정기관 소속형으로 구분된다.
> ㄴ. 옴부즈만 제도는 정부 행정활동의 비약적인 증대에 따른 시민의 권리침해 가능성에 대해 충분한 구제제도를 두기 위하여 핀란드에서 최초로 도입되었다.
> ㄷ. 옴부즈만은 행정행위의 합법성뿐만 아니라 합목적성 여부도 다룰 수 있다.
> ㄹ. 우리나라의 경우 대통령 직속의 국민권익위원회가 옴부즈만에 해당한다.

① ㄱ, ㄴ　② ㄱ, ㄷ
③ ㄷ, ㄹ　④ ㄴ, ㄹ

19 회독 □□□ 2019. 서울 9급 수정

행정통제에 대한 설명으로 가장 옳지 않은 것은?

① 행정 권한의 강화 및 행정재량권의 확대가 두드러지면서 행정책임 확보의 수단으로서 행정통제의 중요성이 커지고 있다.
② 의회는 국가의 예산을 심의하고 승인하거나 혹은 지출을 금지하거나 제한하는 등의 조치를 통하여 행정부를 통제한다.
③ 행정이 전문성과 복잡성을 띠게 된 현대 행정국가 시대에는 내부통제보다 외부통제가 점차 강조되고 있다.
④ 일반 국민은 선거권이나 국민투표권의 행사를 통하여 행정을 통제한다.

정답 및 해설 (18)

올바른 선지

ㄱ. 옴부즈만 제도는 설치주체에 따라 의회 소속형과 행정기관 소속형으로 구분되며, 우리나라는 행정기관 소속형에 해당함(국무총리 소속의 국민권익위원회)
ㄷ. 옴부즈만은 행정행위의 합법성뿐만 아니라 합목적성 여부도 다룰 수 있는바 광범위한 업무를 담당하고 있음

틀린 선지

ㄴ. 행정활동의 비약적인 증대에 따른 시민의 권리침해 가능성에 대해 충분한 구제제도를 두기 위해 1809년 스웨덴에서 최초로 도입함
ㄹ. 우리나라의 경우 국무총리 직속의 국민권익위원회가 옴부즈만에 해당함

정답 ②

정답 및 해설 (19)

행정이 전문성과 복잡성을 띠게 된 현대 행정국가 시대에는 외부통제보다 내부통제가 점차 강조되고 있음 → 행정의 전문성과 복잡성으로 인해 국회 혹은 사법통제가 한계를 지니게 되는바 공무원의 직업정신과 같은 내부통제가 통제의 주요 수단으로 주목받고 있음

① 행정 권한의 강화 및 행정재량권의 확대가 두드러지면서 행정책임 확보의 수단으로서 행정통제의 중요성이 커지고 있음 → 따라서 행정부를 견제하기 위해 다양한 통제 수단이 활용되고 있음
②④
의회는 국가의 예산심의, 국정감사 등을 통해 행정부를 견제하며, 일반 국민은 선거권이나 국민투표권의 행사를 통하여 행정을 통제함

정답 ③

20 회독 □□□ 2019. 서울 9급

행정통제의 유형 중 공식적 · 내부통제 유형에 포함되는 방식으로 가장 옳은 것은?

① 정당에 의한 통제
② 감사원에 의한 통제
③ 사법부에 의한 통제
④ 동료집단의 평판에 의한 통제

21 회독 □□□ 2019. 지방 9급

옴부즈만(Ombudsman) 제도에 대한 설명으로 옳지 않은 것은?

① 행정에 대한 통제기능을 수행한다.
② 스웨덴에서는 19세기에 채택되었다.
③ 옴부즈만을 임명하는 주체는 입법기관, 행정수반 등 국가별로 상이하다.
④ 우리나라의 국민권익위원회는 헌법상 독립성을 보장하기 위해 대통령 소속으로 설치되었다.

정답 및 해설

감사원에 의한 통제는 공식 · 내부통제에 해당함

Gilbert의 행정통제 유형

구분	외부	내부
공식적	1. 입법부 : 국정감사 등 2. 사법부 : 행정명령 위법 여부 심사 등 3. 옴부즈만 4. 헌법재판소 : 권한쟁의 심판 등 5. 국가인권위원회 (행정부 소속 X)	1. 계층제(명령체계) 및 인사제도 2. 감사원 : 직무감찰 등 3. 국민권익위원회 4. 국무총리실, 국무조정실 5. 중앙행정부처 6. 교차기능조직 및 독립통제기관 7. 기타 제도 ① 예산통제(예 총액배분자율편성) ② 인력의 정원통제 (예 총액인건비) ③ 정부업무평가 등
비공식적	※ 민중통제 1. 시민(국민) : 시민의 선거권 · 국민투표권 등 2. 이익집단 요구 3. 여론, 매스컴(언론), 정당 등	1. 동료집단 2. 직업윤리(소명심, 공익가치, 윤리적 책임의식 등) 3. 대표관료제 : 공무원 간 견제와 균형 4. 공무원노동조합

정답 ②

정답 및 해설

국민권익위원회는 부패방지권익위법에 기초하여 설립된 국무총리 소속의 중앙행정기관임

① 국민권익위원회는 공식 · 내부통제 수단으로서 행정에 대한 통제기능을 수행함
② 스웨덴에서는 1807년(19세기)에 채택되었음
③ 옴부즈만을 임명하는 주체는 입법기관, 행정수반 등 국가별로 상이함 → 우리나라는 행정부 소속형임

정답 ④

22 회독 □□□ 2018. 서울 9급

정부통제를 내부통제와 외부통제로 구분할 때, 내부통제가 아닌 것은?

① 감찰통제
② 예산통제
③ 인력의 정원통제
④ 정당에 의한 통제

23 회독 □□□ 2022. 지방 7급

행정책임 확보 방안 중 내부통제에 해당하는 것은?

① 공정한 감시와 견제기능을 하는 시민단체 활동
② 부정청탁금지법 제정과 같은 국회의 입법 활동
③ 부당한 행정에 대한 언론의 감시 활동
④ 중앙부처의 예산 편성과 집행에 대한 기획재정부의 관리 활동

정답 및 해설

정당에 의한 통제는 비공식·외부통제임; 공무원의 행동을 감찰하거나, 행정부 내 예산 및 인력의 정원을 통제하는 것은 내부통제에 해당함

Gilbert의 행정통제 유형

구분	외부	내부
공식적	1. 입법부: 국정감사 등 2. 사법부: 행정명령 위법 여부 심사 등 3. 옴부즈만 4. 헌법재판소: 권한쟁의 심판 등 5. 국가인권위원회 (행정부 소속 X)	1. 계층제(명령체계) 및 인사제도 2. 감사원: 직무감찰 등 3. 국민권익위원회 4. 국무총리실, 국무조정실 5. 중앙행정부처 6. 교차기능조직 및 독립통제기관 7. 기타 제도 ① 예산통제(예 총액배분자율편성) ② 인력의 정원통제 (예 총액인건비) ③ 정부업무평가 등
비공식적	※ 민중통제 1. 시민(국민): 시민의 선거권·국민투표권 등 2. 이익집단 요구 3. 여론, 매스컴(언론), 정당 등	1. 동료집단 2. 직업윤리(소명심, 공익가치, 윤리적 책임의식 등) 3. 대표관료제: 공무원 간 견제와 균형 4. 공무원노동조합

정답 ④

정답 및 해설

시민단체, 입법부, 언론 등은 행정부 외부에 있는 조직이므로 외부통제 방법임 → 한편, 기획재정부는 행정부 내 조직이므로 기획재정부의 관리활동은 내부통제 방법임

정답 ④

24 회독 □□□ 2021. 국가 7급

옴부즈만 제도에 대한 설명으로 옳은 것은?

① 시민의 요구가 없다면 직권으로 조사활동을 할 수 없다.
② 부족한 인력과 예산으로 국민의 권익을 구제하는 데 한계가 있다.
③ 사법부가 임명한다.
④ 시정조치를 법적으로 강제할 수 있는 권한이 있다.

정답 및 해설

일반적인 옴부즈만은 의회가 선발한 옴부즈만의 개인적 신망과 영향력에 의존하는 바가 큼 → 따라서 부족한 인력과 예산으로 국민의 권익을 구제하는 데 한계가 있음

① 일반적인 옴부즈만은 시민의 요구가 없어도 직권으로 조사활동을 할 수 있음
③ 일반적인 옴부즈만은 입법부가 임명함
④ 일반적인 옴부즈만은 시정조치를 법적으로 강제할 수 있는 권한이 없음

정답 ②

cf.

25 회독 □□□ 2013. 국가 7급

행정통제의 과정을 순서대로 바르게 나열한 것은?

> ㉠ 실제 행정과정에 대한 정보의 수집
> ㉡ 목표와 계획에 따른 통제기준의 확인
> ㉢ 통제주체의 시정조치
> ㉣ 과정평가, 효과평가 등의 실시

① ㉠ → ㉡ → ㉣ → ㉢
② ㉡ → ㉠ → ㉣ → ㉢
③ ㉡ → ㉢ → ㉠ → ㉣
④ ㉢ → ㉡ → ㉠ → ㉣

정답 및 해설

행정통제의 일반적인 과정: 목표로부터 통제기준을 설정하고, 실제 행정과정에 대한 정보를 수집한 후 각종 평가 등을 통해 통제의 유용성을 살펴봄; 이후에는 시정조치(feedback)를 통해 잘못된 부분을 수정함

정답 ②

26 회독 □□□

2011. 국가 7급

옴부즈만(Ombudsman) 제도에 대한 설명으로 옳지 않은 것은?

① 옴부즈만의 개인적 신망과 영향력에 의존하는 바가 크다.
② 비용이 적게 들고, 간편하게 문제해결이 가능하다.
③ 다른 통제기관들이 간과한 통제의 사각지대를 감시하는 데 유용하다.
④ 옴부즈만은 직권으로 조사활동을 개시하는 것이 일반적이지만, 예외적으로 국민의 요구나 신청에 의해 활동을 개시하기도 한다.

정답 및 해설

일반적인 옴부즈만은 보통 국민의 요구나 신청에 의해 활동을 개시하지만, (예외적으로) 직권으로 조사할 수도 있음

① 의회형 옴부즈만의 경우 옴부즈만을 선발할 때 제도의 실효성을 높이기 위해 옴부즈만의 개인적 신망과 영향력 등을 고려함
② 옴부즈만 제도는 사법부에 의한 통제에 비해 비용이 적게 들고, 간편하게 문제해결이 가능함
③ 옴부즈만은 광범위한 업무관할(예를 들어, 국민권익위원회는 위법한 행정처분과 더불어 접수거부, 처리 지연 등 소극적 행정행위 및 불합리한 제도 등도 모두 취급)을 다루는 바 다른 통제기관(입법부 혹은 사법부)들이 간과한 통제의 사각지대를 감시하는 데 유용한 제도임

정답 ④

27 회독 □□□

2008. 지방 7급

옴부즈만(Ombudsman) 제도의 일반적 특징에 관한 설명으로 옳지 않은 것은?

① 행정결정을 취소 및 변경할 수 있는 권한은 없지만 법원, 행정기관에 대한 직접적 감독권을 갖고 있다.
② 입법부에 속해 있지만 직무수행 시는 정치적 독립성을 지닌다.
③ 국민으로부터 민원제기가 없어도 언론내용 등을 토대로 옴부즈만 자신의 발의에 의해 조사할 수 있다.
④ 옴부즈만이 조사할 수 있는 행위는 불법행위뿐만 아니라 공직의 요구에서 이탈된 모든 행위라고 할 수 있다.

정답 및 해설

옴부즈만은 법원이나 행정기관의 결정이나 행위를 무효, 취소 혹은 변경할 수 없음; 단지 간접적인 통제권(권고)을 가짐

② 일반적인 옴부즈만은 입법부에 속해 있지만 직무수행 시 정치적인 독립성 및 자율성을 지님
③ 일반적인 옴부즈만은 국민으로부터 민원제기가 없어도 언론내용 등을 토대로 옴부즈만 자신의 발의에 의해 조사할 수 있음 → 경우에 따라 직권조사 가능
④ 옴부즈만은 불법행위뿐만 아니라 공직의 요구에서 이탈된 모든 행위를 조사할 수 있는바 광범위한 업무관할을 지님

정답 ①

28 회독 □□□ 2016. 국가 7급

행정통제 중 내부통제에 해당하는 것만을 모두 고른 것은?

> ㉠ 입법부에 의한 통제
> ㉡ 사법부에 의한 통제
> ㉢ 감사원에 의한 통제
> ㉣ 시민에 의한 통제
> ㉤ 공무원으로서 직업윤리

① ㉠, ㉡　② ㉡, ㉢
③ ㉢, ㉤　④ ㉣, ㉤

정답 및 해설

감사원, 직업윤리 등은 내부통제의 유형임

Gilbert의 행정통제 유형

구분	외부	내부
공식적	1. 입법부 : 국정감사 등 2. 사법부 : 행정명령 위법 여부 심사 등 3. 옴부즈만 4. 헌법재판소 : 권한쟁의 심판 등 5. 국가인권위원회 (행정부 소속 X)	1. 계층제(명령체계) 및 인사제도 2. 감사원 : 직무감찰 등 3. 국민권익위원회 4. 국무총리실, 국무조정실 5. 중앙행정부처 6. 교차기능조직 및 독립통제기관 7. 기타 제도 ① 예산통제(예 총액배분자율편성) ② 인력의 정원통제 (예 총액인건비) ③ 정부업무평가 등
비공식적	※ 민중통제 1. 시민(국민) : 시민의 선거권 · 국민투표권 등 2. 이익집단 요구 3. 여론, 매스컴(언론), 정당 등	1. 동료집단 2. 직업윤리(소명심, 공익가치, 윤리적 책임의식 등) 3. 대표관료제 : 공무원 간 견제와 균형 4. 공무원노동조합

정답 ③

cf.

29 회독 □□□ 2015. 국가 7급

행정에 대한 시민단체의 역할로 옳지 않은 것은?

① 국민에게 교육을 실시하는 등 사회에 필요한 재화와 서비스의 제공자 역할을 한다.
② 정당과 함께 행정에 대한 공식적 통제자 역할을 한다.
③ 소수 약자의 인권이나 재산권 침해 등에 대한 대변자 역할을 한다.
④ 이익집단 간 갈등이나 지역이기주의로 나타나는 지역 간 갈등 등에 대한 조정자 역할을 한다.

정답 및 해설

시민단체는 정당과 함께 행정에 대한 비공식적 통제자 역할을 수행함

① 시민단체는 국민에게 교육을 실시하는 등 정부가 간과한 재화와 서비스의 제공자 역할을 담당할 수 있음
③ 시민단체는 소수 약자의 인권이나 재산권 침해 등에 대한 대변자 역할을 할 수 있음 → 예를 들어 한국여성정치연맹이나 청소년 폭력 예방 재단 등은 인권을 침해받는 여성이나 청소년을 위해 활동하는 시민단체임
④ 시민단체는 이익집단 간 갈등이나 지역이기주의로 나타나는 지역 간 갈등 등에 대한 비공식적 조정자 역할을 함 → 가령 환경운동연합은 고속도로, 아파트 같은 큰 공사가 있으면 환경 파괴가 얼마나 되는지 조사 및 설명하며, 심각한 경우에는 반대운동을 벌이기도 함

정답 ②

CHAPTER 02 행정개혁

Section 01 행정개혁

cf.

30 회독 □□□ 2024. 국가 9급

다음은 4차 산업혁명 시대의 주요 정보기술을 설명하고 있다. 이에 해당하는 것은?

> 거래정보의 기록을 중앙집중화된 서버나 관리 기능에 의존하지 않고, 분산원장(distributed ledger)을 기반으로 모든 참여자에게 분산된 형태로 배분함으로써, 데이터 관리의 탈집중화된 환경을 제공하는 기술이다.

① 인공지능(AI)
② 블록체인(block chain)
③ 빅데이터(big data)
④ 사물인터넷(IoT)

정답 및 해설

보기는 블록체인에 대한 내용임

① 인공지능(AI) : 인간의 인지 · 추론 · 판단 등의 능력을 컴퓨터로 구현하기 위한 기술 혹은 그 연구 분야
③ 빅데이터(big data) : 비정형적 데이터(사진 · 영상 등), 정형적 데이터(숫자 · 기호 등), 반정형적 데이터(정형적 · 비정형적 데이터의 중간 형태)를 모두 포함하는 것
④ 사물인터넷(IoT) : 사물과 사물간 상호 정보교환과 소통을 할 수 있는 시스템

정답 ②

cf.

31 회독 □□□ 2021. 지방 9급

4차 산업혁명에 관한 설명으로 옳지 않은 것은?

① 초연결성, 초지능성 등의 특징이 있다.
② 대량생산 및 규모의 경제 확산이 핵심이다.
③ 사물인터넷은 스마트 도시 구현에 도움이 된다.
④ 빅데이터를 활용한 맞춤형 공공서비스 제공이 가능하다.

정답 및 해설

②는 2차 산업혁명에 대한 내용임

①③④

3차 산업혁명과 4차 산업혁명

1. 3차 산업혁명과 4차 산업혁명
   ① 4차 산업혁명은 2016년 스위스 다보스에서 열린 '세계경제포럼'에서 언급된 용어임
   ② 3차 산업혁명은 정보통신기술을 활용한 자동화 생산체계의 도입을 의미하지만, 4차 산업혁명은 정보통신기술과 인터넷 기반의 네트워크를 바탕으로 서로 다른 분야의 융합을 통한 새로운 부가가치의 생산을 의미함
   ③ 4차 산업혁명은 3차 산업혁명 시대에 수집된 방대한 정보와 데이터(빅데이터)를 기반으로 패턴을 분석하고, 새로운 패턴을 구축하는 인공지능의 발달을 핵심으로 하고 있음
2. 4차 산업혁명의 주요 특징
   ① 4차 산업혁명은 서로 다른 분야의 융합, 즉 산업과 산업 간의 초연결성을 바탕으로 초지능성(인공지능화)을 창출함
   ② 사이버-물리 시스템(cyber-physical system) 혁명 : 제4차 산업 혁명은 물리적인 세계와 디지털적인 세계의 통합을 의미함; 인체정보를 디지털 세계에 접목하는 예는 스마트워치 등이 있으며, 이를 통해 모바일 헬스케어를 실현할 수 있음
   ③ 4차 산업혁명은 빅 데이터(Big Data Statistical Analysis), 인공지능(Artificial Intelligence, AI), 로봇공학(Robot Engineering), 사물인터넷 (Internet of Thing, IoT), 무인운송수단 등의 신기술을 기존의 제조업과 융합해 생산성 및 능률성을 극대화함

정답 ②

cf.
32 회독 □□□ 2016. 교행 9급

역대 정부의 행정개혁에 대한 기술로 옳지 않은 것은?

① 노무현 행정부는 예산효율화를 위해 사업별 예산제도를 도입하였다.
② 김영삼 행정부는 지방분권화를 위해 내무부의 지방통제 기능을 축소하였다.
③ 이명박 행정부는 공기업 선진화를 위해 민영화, 통폐합 등의 조치를 단행하였다.
④ 김대중 행정부는 공무원의 전문성과 역량강화를 위해 고위공무원단 제도를 도입하였다.

정답 및 해설

고위공무원단 제도는 참여정부(노무현 정권) 시기인 2006년 7월 1일에 도입(고위공무원단 인사규정 제정 및 시행)되었음

① 노무현 행정부는 예산효율화를 위해 사업별(프로그램) 예산제도를 도입하였음
② 김영삼 행정부는 지방분권화를 촉진하고자 내무부(중앙정부)의 지방통제 기능을 축소하였음
③ 이명박 행정부는 공기업 선진화를 위해 민영화, 통폐합 등의 조치를 단행하였음

이명박 정권의 행정개혁

㉠ 기획예산처와 재정경제부 통합: 기획재정부 신설
㉡ 행정자치부와 중앙인사위원회 통합: 행정안전부 신설
㉢ 정보통신부를 폐지하고 방송통신위원회 신설
㉣ 부총리제와 국정홍보처 폐지
㉤ 건설교통부와 해양수산부를 통합하여 국토해양부 신설

정답 ④

cf.
33 회독 □□□ 2011. 서울 9급

행정개혁의 주요 속성에 해당되는 것이 아닌 것은?

① 공공적 상황에서의 개혁
② 포괄적 연관성
③ 동태성
④ 시간적 단절성
⑤ 목표지향성

정답 및 해설

행정개혁은 일반적으로 장기적인 과정이므로 '계속적·지속적 과정'임; 즉, 행정개혁은 단절성이 아니라 장기적인 지속성을 지님

① 공공적 상황에서의 개혁: 개혁은 사적인 상황이 아니라 공공적 상황에서 발생
② 포괄적 연관성: 행정개혁은 조직 전반적인 개혁으로써 조직구조, 조직문화 등 다양한 분야를 고려해야 함
③ 동태성: 행정개혁은 성공 여부에 대한 불확실성과 위험 속에서 새로운 방법을 고안하여 적용하고 실천하는 동태적이고 행동 지향적인 과정임
⑤ 목표지향성: 개혁은 행정의 목표에 기초한 인위적·계획적인 변화임

정답 ④

34 회독 □□□

2015. 국가 9급

행정개혁의 접근방법에 대한 설명으로 옳지 않은 것은?

① 사업(산출)중심적 접근방법은 행정활동의 목표를 개선하고 서비스의 양과 질을 개선하려는 접근방법으로 분권화의 확대, 권한 재조정, 명령계통 수정 등에 관심을 갖는다.

② 과정적 접근방법은 행정체제의 과정 또는 일의 흐름을 개선하려는 접근방법이다.

③ 행태적 접근방법의 하나인 조직발전(OD)은 의식적인 개입을 통해서 조직 전체의 임무수행을 효율화하려는 계획적이고 지속적인 개혁활동이다.

④ 문화론적 접근방법은 행정문화를 개혁함으로써 행정체제의 보다 근본적이고 장기적인 개혁을 성취하려는 접근방법이다.

정답 및 해설

분권화의 확대, 권한 재조정, 명령계통 수정 등에 관심을 두는 것은 구조적 접근법임

사업중심적 접근

정책목표와 내용 및 소요 자원에 초점 → 행정활동의 목표를 개선하고 행정(서비스)의 양과 질을 개선하려는 접근법

② 과정적 접근방법 : 행정체제 내의 과정 또는 일의 흐름을 개선하려는 접근으로써 조직 내 운영과정을 수정하는 것 → 이를 위해 BPR(리엔지니어링), TQM(총체적 품질관리) 등을 활용

③ 행태적 접근방법 : 개혁의 초점을 인간의 행동에 두면서 구성원의 신념 및 가치관, 행태를 의도적으로 변화시켜 행정체제의 변화를 유도하는 접근법으로써 집단토론, 감수성 훈련 등 조직발전(OD : Organizational Development)과 같은 행태과학의 지식과 기법을 활용

④ 문화론적 접근방법 : 행정체제의 보다 근본적인 개혁을 성취하기 위해 행정문화를 개혁하는 접근법 → 즉, 행정문화를 개혁함으로써 행정체제의 보다 근본적이고 장기적인 개혁을 성취하려는 접근방법

정답 ①

35 회독 □□□

2021. 국가 7급

행정개혁에 대한 저항을 극복하는 전략 및 방법에 관한 설명으로 옳은 것은?

① 경제적 손실 보상, 임용상 불이익 방지는 규범적 · 사회적 전략이다.

② 개혁지도자의 신망 개선, 의사전달과 참여의 원활화, 사명감 고취는 공리적 · 기술적 전략이다.

③ 교육훈련과 자기계발 기회 제공은 규범적 · 사회적 전략이다.

④ 개혁 시기 조정은 강제적 전략이다.

정답 및 해설

행정개혁에 대한 저항 극복방안

저항 극복방안	내용
강제적 방법	① 위협, 제재 및 명령을 활용 ② 강제적 방법은 저항을 근본적으로 해결하기보다는 단기적으로 또는 피상적으로 해결하는 방법으로써 장래에 더 큰 저항을 초래할 위험이 있음 ③ 명령, 신분상의 불이익 부여, 긴장 고조(긴장 조성), 저항집단의 세력 약화 등
공리 · 기술적 방법	① 개혁이 초래할 결과를 분석하여 손실에 대한 일정한 대가를 제공하거나 개혁의 시기를 조절하는 방법 → 호혜적 방법을 사용하여 행정개혁에 순응하는 경우에는 저항세력의 피해를 완화하고 이익을 증가시킴 ② 개혁의 시기조절(점진적인 추진), 경제적 손실에 대한 보상, 개혁이 가져오는 가치와 개인적 이득의 명확화, 신분과 보수의 유지 및 약속(임용상 불이익 방지) 등
사회 · 규범적 방법	① 정당성 확보 → 자발적 협력과 수용을 유도하는 것 ② 의사전달과 참여의 활성화, 사명감 고취, 자존감 충족, 교육훈련, 개혁지도자의 신망 혹은 카리스마 개선, 자기계발 기회 제공 등 ③ 저항을 가장 근본적으로 해결하는 방법 → 단, 시간과 노력 ↑

① 경제적 손실 보상, 임용상 불이익 방지는 공리 · 기술적 접근임

② 개혁지도자의 신망 개선, 의사전달과 참여의 원활화, 사명감 고취는 사회 · 규범적 접근임

④ 개혁 시기 조정은 공리 · 기술적 접근임

정답 ③

36 회독 □□□ 2015. 지방 7급

행정개혁에 대한 저항을 극복하는 방법에 관한 설명으로 옳지 않은 것은?

① 강제적 방법은 저항을 근본적으로 해결하기보다는 단기적으로 또는 피상적으로 해결하는 방법으로서, 장래에 더 큰 저항을 야기할 위험이 있다.

② 공리적·기술적 방법에는 개혁의 시기조절, 경제적 손실에 대한 보상개혁이 가져오는 가치와 개인적 이득의 실증 등이 있다.

③ 규범적·사회적 방법에는 개혁지도자의 신망 개선, 의사전달과 참여의 원활화, 사명감 고취와 자존적 욕구의 충족 등이 있다.

④ 저항을 가장 근본적으로 해결하는 방법은 공리적·기술적 방법이다.

정답 및 해설

저항을 가장 근본적으로 해결하는 방법은 규범적·사회적 방법임; 이는 의사소통·참여, 개혁자의 신망개선, 교육훈련 등을 통해 사회적으로 개혁의 정당성을 확보한다는 점에서 가장 근본적인 해결방법임 → 다만 시간과 비용이 많이 소요된다는 단점이 있음

① 강제적 방법은 위협, 제재 및 명령을 활용함 → 이는 공권력 등을 활용하여 저항을 단기적·피상적으로 해결하는 방법으로서, 장래에 더 큰 저항을 야기할 위험이 있음

② 공리적·기술적 방법은 개혁이 초래할 결과를 분석하여 손실에 대한 일정한 대가를 제공하거나 개혁의 시기를 조절하는 방법임 → 예를 들어, 개혁의 시기조절(점진적인 개혁), 경제적 손실에 대한 보상개혁이 가져오는 가치와 개인적 이득의 실증 등이 있음

③ 규범적·사회적 방법은 개혁의 정당성을 확보하여 자발적 협력과 수용을 유도하는 방법임 → 가령 개혁지도자의 신망 개선, 의사전달과 참여의 원활화, 사명감 고취와 자존적 욕구의 충족 등이 있음

정답 ④

cf.

37 회독 □□□ 2019. 서울 7급

4차 산업혁명에 대한 설명으로 가장 옳지 않은 것은?

① 산업과 산업 간의 초연결성을 바탕으로 초지능성을 창출한다.

② 3차 산업혁명의 연장선상이며 근본적인 특성을 공유하고 있다.

③ 사이버 - 물리 시스템(cyber - physical system) 혁명이라고 할 수 있다.

④ IoT, 인공지능, 빅데이터 등의 신기술을 기존 제조업과 융합해 생산능력과 효율을 극대화시킨다.

정답 및 해설

4차 산업혁명은 2016년 스위스 다보스에서 열린 '세계경제포럼'에서 언급된 용어임; 3차 산업혁명은 정보통신기술을 활용한 자동화 생산체계의 도입을 의미하지만, 4차 산업혁명은 정보통신기술과 인터넷 기반의 네트워크를 바탕으로 서로 다른 분야의 융합을 통한 새로운 부가가치의 생산을 의미함; 아울러 4차 산업혁명은 3차 산업혁명 시대에 수집된 방대한 정보와 데이터(빅데이터)를 기반으로 패턴을 분석하고, 새로운 패턴을 구축하는 인공지능의 발달을 핵심으로 하고 있음

① 4차 산업혁명은 서로 다른 분야의 융합, 즉 산업과 산업 간의 초연결성을 바탕으로 초지능성(인공지능화)을 창출함

③ 제4차 산업 혁명은 물리적인 세계와 디지털적인 세계의 통합을 의미함 → 인체정보를 디지털 세계에 접목하는 예는 스마트워치 등이 있으며, 이를 통해 모바일 헬스케어를 실현할 수 있음

④ 4차 산업혁명은 빅 데이터(Big Data Statistical Analysis), 인공지능(Artificial Intelligence, AI), 로봇공학(Robot Engineering), 사물인터넷 (Internet of Thing, IoT), 무인운송수단 등의 신기술을 기존의 제조업과 융합해 생산성 및 능률성을 극대화함

정답 ②

cf.
38 회독 □□□

2017. 지방 7급

역대 정부의 조직개편에 대한 설명으로 옳지 않은 것은?

① 김대중 정부는 대통령 소속의 중앙인사위원회를 신설하고, 내무부와 총무처를 행정자치부로 통합하였다.
② 노무현 정부는 국무총리 소속의 국정홍보처를 신설하고, 행정자치부 산하에 소방방재청을 신설하였다.
③ 이명박 정부는 기획예산처, 국정홍보처, 정보통신부, 해양수산부, 과학기술부 등을 다른 부처와 통폐합하였다.
④ 박근혜 정부는 행정안전부를 안전행정부로 개편하고, 식품의약품안전청을 식품의약품안전처로 개편하였다.

PART 06 행정환류

정답 및 해설

국정홍보처는 김대중 정부 때 신설되었음

우리나라의 역대 행정개혁

김대중 (1998~2002)	① 기획예산처 및 중앙인사위원회 신설 ② 총무처 + 내무부 : 행정자치부 신설 ③ 부총리제 폐지(1998) → 2001년에 다시 부활 ④ 법제처장 및 국가보훈처장 → 차관급으로 격하 ⑤ 공보처 → 공보실 → 국정홍보처 신설 ⑥ 여성부 신설 ⑦ 식품의약품안전청을 보건복지부 외청으로 신설
노무현 (2003~2007)	① 법제처와 국가보훈처를 장관급 기구로 격상 ② 소방방재청 신설 ③ 사업별 예산제도(프로그램 예산제도) 도입
이명박 (2008~2012)	※ 다양한 부처 간의 통폐합 · 민영화 시도 ① 기획예산처와 재정경제부 통합 : 기획재정부 신설 ② 행정자치부와 중앙인사위원회 통합 : 행정안전부 신설 ③ 정보통신부를 폐지하고 방송통신위원회 신설 ④ 부총리제와 국정홍보처 폐지 ⑤ 건설교통부와 해양수산부를 통합하여 국토해양부 신설
박근혜 (2013~2017)	① 미래창조과학부 신설 ② 식품의약품안전청을 총리소속의 처로 격상 ③ 소방방재청과 해양경찰청을 통합하여 국민안전처 신설 ④ 행정안전부 → 안전행정부 → 행징자치부 ⑤ 인사혁신처 신설 ⑥ 외교통상부를 외교부로 변경(통상교섭기능을 분리함 → 산업통상자원부로 이관) ⑦ 부총리제 및 해양수산부 부활

정답 ②

최욱진 행정학

단원별 7·9급 기출문제집

지방자치론

Chapter 01 지방자치론의 기초
Chapter 02 정부 간 관계
Chapter 03 주민참여
Chapter 04 지방자치단체의 재정

CHAPTER 01 지방자치론의 기초

Section 01 지방자치에 대하여

01 회독 □□□ 2021. 국가 9급

우리나라 지방자치단체의 권한(자치권)으로 옳지 않은 것은?

① 지방자치단체는 법률의 위임이 있어야 주민의 권리를 제한하는 조례를 제정할 수 있다.
② 지방자치단체는 주민의 복지증진과 사업의 효율적 수행을 위하여 지방공기업을 설치·운영할 수 있다.
③ 지방자치단체는 조례를 위반한 행위에 대하여 조례로써 1,500만원 이하의 과태료를 정할 수 있다.
④ 지방자치단체조합도 따로 법률로 정하는 바에 따라 지방채를 발행할 수 있다.

정답 및 해설

아래의 조항 참고

지방자치법 제34조【조례 위반에 대한 과태료】 ① 지방자치단체는 조례를 위반한 행위에 대하여 조례로써 1천만원 이하의 과태료를 정할 수 있다.

① 지방자치단체는 법률의 위임이 있어야 주민의 권리를 제한하는 조례를 제정할 수 있음

지방자치법 제28조【조례】 ① 지방자치단체는 법령의 범위에서 그 사무에 관하여 조례를 제정할 수 있다. 다만, 주민의 권리 제한 또는 의무 부과에 관한 사항이나 벌칙을 정할 때에는 법률의 위임이 있어야 한다.

② 지방자치단체는 주민의 복지증진과 사업의 효율적 수행을 위하여 지방공기업을 설치·운영할 수 있음

지방공기업법 제1조【목적】 이 법은 지방자치단체가 직접 설치·경영하거나, 법인을 설립하여 경영하는 기업의 운영에 필요한 사항을 정하여 그 경영을 합리화함으로써 지방자치의 발전과 주민복리의 증진에 이바지함을 목적으로 한다.

④ 지방자치단체조합도 따로 법률로 정하는 바에 따라 지방채를 발행할 수 있음

지방자치법 제139조【지방채무 및 지방채권의 관리】 ① 지방자치단체의 장이나 지방자치단체조합은 따로 법률로 정하는 바에 따라 지방채를 발행할 수 있다.

정답 ③

02 회독 □□□ 2006. 대전 9급

단체자치와 주민자치에 관한 설명 중 옳은 것은?

① 단체자치는 주민의 참여와 지방정부와 주민과의 관계를, 그리고 주민자치는 중앙정부로부터의 독립을 강조한다.
② 단체자치는 자치권을 국가로부터 부여받은 권리로, 그리고 주민자치는 자치권을 국가 이전의 고유권으로 인식한다.
③ 주민자치는 프랑스, 독일 등을 중심으로 하는 대륙형 지방자치, 그리고 단체자치는 영국형 지방자치이다.
④ 주민자치에서의 중앙정부의 통제는 주로 행정적 통제이고, 단체자치에서의 중앙정부의 통제는 주로 입법적 통제이다.

정답 및 해설

단체자치는 자치권을 국가로부터 부여받은 권리로, 그리고 주민자치는 자치권을 주민의 타고난 고유권으로 인식함

① 단체자치는 지방정부의 자치권을 국가가 인정하는 실정법상의 권리로 파악하면서 중앙정부로부터 분리된 지방정부의 존재를 강조함
③ 단체자치는 프랑스, 독일 등을 중심으로 하는 대륙형 지방자치, 그리고 주민자치는 영국형 지방자치임
④ 단체자치에서의 중앙정부의 통제는 주로 행정적 통제이고, 주민자치에서의 중앙정부의 통제는 주로 입법적·사법적 통제임

정답 ②

03 회독 □□□ 2015. 서울 9급

다음 중 지방자치의 의의로 가장 옳지 않은 것은?

① 민주주의의 훈련
② 공공서비스의 균질화
③ 다양한 정책실험의 실시
④ 지역주민에 대한 행정의 반응성 제고

정답 및 해설

공공서비스의 균질화는 서비스의 품질을 전국적으로 균등하게 한다는 의미로서 중앙집권이 가질 수 있는 장점임

① 민주주의의 훈련: 지역의 일에 대해 주민들이 유권자로서 의사를 표명하고 지방자치단체의 운영에 참여하는 기회를 부여할 수 있음
③ 다양한 정책실험의 실시: 전국적인 범위에서 실행하기 어려운 사업을 지역차원에서 선도적으로 도입해 실험할 수 있음
④ 지역주민에 대한 행정의 반응성 제고: 지역주민과 가까운 곳에 정부가 존재하는바 주민의 요구를 수용하기 용이함

정답 ②

cf.

04 회독 □□□ 2008. 선관위 9급

중앙집권과 지방분권의 측정지표로 활용할 수 없는 것은?

① 지방에 설치되어 있는 국가 소속 특별지방행정관서의 종류와 수
② 지방자치단체의 단체위임사무와 기관위임사무의 비율
③ 지방자치단체 중요 직위의 선임방식
④ 국가와 지방자치단체의 민원사무 처리의 비율

정답 및 해설

중앙집권과 지방분권의 정도를 알아보려면 고유사무와 위임사무의 비율을 봐야 함; 지방자치단체의 사무 비율 중 고유사무의 비율이 높으면 지방분권적이나 위임사무의 비율이 높으면 중앙집권적임

중앙집권과 지방분권의 측정지표

특별지방행정기관	특별지방행정기관의 수가 많으면 중앙집권적
지자체 중요직위 선임방식	지자체의 중요한 직위를 중앙이 임명하면 중앙집권적
국가공무원과 지방공무원의 수	국가공무원의 수가 많으면 중앙집권적
국가재정과 지방재정의 규모	국가재정의 비중이 더 크면 중앙집권적
민원사무 처리의 비율	민원사무를 중앙정부에서 많이 처리할 경우 중앙집권적
고유사무와 위임사무의 구성비율	위임사무의 비중이 더 크면 중앙집권적
중앙정부의 지방예산 통제의 정도	중앙정부의 지방예산에 대한 통제의 폭이나 빈도가 높으면 중앙집권적
감사 및 보고의 수	중앙이 요구하는 감사 혹은 보고의 수가 많으면 중앙집권적
국세와 지방세의 대비	국세가 많으면 중앙집권적

정답 ②

cf.

05 회독 □□□

2006. 충남 9급

신중앙집권화와 거리가 먼 것은?

① 우리나라의 70년대 경제개발기에 나타난 현상으로도 생각할 수 있다.
② 지방자치가 발달한 나라에서 행정국가의 등장과 함께 나타난 현상이다.
③ 지방자치의 불필요성이나 불신에서 나온 것은 아니다.
④ 지방화된 국가에서 광역행정이나 국제정세의 불안정 등으로 새롭게 나타난 현상이다.

정답 및 해설

신중앙집권화는 과거 지방자치가 발달되어 있던 영 · 미 국가에서 행정국가의 등장과 함께 나타난 현상임; 우리나라는 70년대 이전에 지방분권이 나타나지 않았기 때문에 적절하지 않은 내용임

③ 신중앙집권화는 근대 입헌국가의 불완전한 면을 시정하기 위해 등장한 현상으로서 과거 중앙집권에 비해 권력은 분산하나 지식과 기술은 중앙에 집중하여 지방자치의 민주화와 능률화를 추구함 → 관료적 · 권력적 집권이 아니라 비권력적 · 지식적 · 기술적 집권임
④ 지방화된 국가에서 광역행정이나 국제정세의 불안정(시장실패 등) 등으로 새롭게 나타난 현상임

정답 ①

06 회독 □□□

2007. 울산 9급

다음 중 신지방분권화의 촉진요인이 아닌 것은?

① 행정의 현지성, 지역적 특수성의 요청
② 중간사무의 존재
③ 국민적(사회적) 형평의 요청
④ 민주주의의 확산과 세계화에 의한 국가경쟁력 제고 필요
⑤ 지방정부의 행정능력(정보처리능력) 향상

정답 및 해설

신지방분권화는 행정국가 시기의 폐해로 발생한 정부실패 현상 이후 등장한 개념임; 따라서 '복지국가'를 의미하는 사회적 형평은 신지방분권화의 촉진요인이 아니라 신중앙집권을 야기한 원인에 해당함

신지방분권

중앙정부 기능을 지방정부와 협력 및 분담하는 체계로서 정부실패 현상 이후 탈행정국가로 오면서 나타난 현상임; 이는 아래와 같은 요인에 의해 촉진되었음

ⓐ 중앙집권의 폐해(정부실패)로 인한 신자유주의의 등장
ⓑ 행정의 현지성 및 지역적 특수성의 요청
ⓒ 중간사무의 존재
ⓓ 민주주의의 확산(주민참여욕구 증대 및 고객지향적 행정의 강조 등)과 세계화에 의한 국가경쟁력 제고 필요
ⓔ 지방정부의 행정능력(정보처리능력) 향상
ⓕ 유엔의 '리우선언'(1992)에 따른 환경보존행동계획 등

정답 ③

07 회독 □□□ 2019. 서울 9급

지방자치의 이념과 사상적 계보에 대한 설명으로 가장 옳은 것은?

① 자치권의 인식에서 주민자치는 전래권으로, 단체자치는 고유권으로 본다.
② 주민자치는 지방분권의 이념을, 단체자치는 민주주의의 이념을 강조한다.
③ 주민자치는 의결기관과 집행기관을 분리하여 대립시키는 기관분리형을 채택하는 반면, 단체자치는 의결기관이 집행기관도 되는 기관통합형을 채택한다.
④ 사무구분에서 주민자치는 자치사무와 위임사무를 구분하지 않지만, 단체자치는 이를 구분한다.

정답 및 해설

단체자치는 지방자치단체가 자치사무만 처리하지 않고 국가의 위임사무도 함께 처리하는 바 자치사무와 위임사무를 구분함; 반면에 주민자치는 지방자치단체가 자치사무만 처리하기 때문에 위임사무가 존재하지 않음(자치사무와 위임사무를 구분하지 않음)

주민자치와 단체자치

구분	주민자치	단체자치
발전국가	미국과 영국 등	독일과 프랑스 등
자치권의 본질	고유권설(지방권설): 자치권은 주민의 천부적인 권리	• 전래권설(국권설 · 승인설): 국가에 의해 인정받은 실정법상의 권리 • 주로 헤겔(Hegel)의 영향을 받은 독일의 공법학자들이 주장
재량의 정도	광범위한 자치권	협소한 자치권
통제방식	입법통제와 사법통제	행정통제
지방자치의 성격	내용적 · 본질적 · 실질적	형식적 · 법제적
지방자치의 중점	주민참여: 민주주의 강조 → 주민통제 (아래로부터의 통제)	중앙정부로부터의 독립: 지방분권 강조 → 중앙통제(위로부터의 통제)
권한부여방식	개별적 수권주의 위주: 대부분을 차지하는 고유사무를 제외한 일부 사무를 개별적으로 지정	포괄적 위탁주의 위주: 통일적인 일을 위해 모든 자치단체에게 일반적인 권한을 법률로 위임하는 방식
기관구성	기관통합형	기관분리형
지방정부의 사무	고유사무	위임사무+고유사무
자치단체의 지위	순수한 자치단체	이중적 지위 (자치단체+일선기관)

정답 ④

08 회독 □□□ 2021. 지방 7급

지방분권화가 확대되는 이유로 옳지 않은 것은?

① 내생적 발전전략에 기반한 도시경쟁력 확보가 중요해지고 있다.
② 중앙집권 체제가 초래하는 낮은 대응성과 구조적 부패 등은 국가 성장의 장애요인으로 작용하고 있다.
③ 사회적 인프라가 어느 정도 갖춰진 국가에서는 지역간 평등한 공공서비스의 수요가 증가하고 있다.
④ 신공공관리론에 근거한 정부혁신이 강조되고 있다.

정답 및 해설

지역 간 평등한 공공서비스는 중앙집권의 장점과 관련된 내용임

②③

중앙집권과 지방분권의 장점

중앙집권의 장점	지방분권의 장점
행정의 통일성(격차 완화 · 균질화) 확보 → 행정관리의 능률성 제고	지역주민의 견해반영: 행정에 대한 민중통제
국가적 위기 시 신속한 대응	지방정부 간 경쟁유도를 통한 효율성 확보
소득재분배 정책의 수행 : 국민전체의 복지향상	지방공무원과 주민의 사기 및 창의성 증진
노사 간의 대립, 사회의 복잡화, 실업 등의 사회문제 해결	정치훈련을 가능하게 하고 주민의 정치의식 수준이 향상

① 지방자치 활성화에 따라 지방정부의 내생적(자체적) 발전 전략에 기반한 도시경쟁력 확보가 중요해지고 있음
④ 신공공관리론은 분권에 기초한 정부혁신임

정답 ③

09 회독 □□□

2009. 지방 7급

현행 우리나라 지방자치제도에 대한 설명으로 옳은 것을 모두 고르면?

> ㉠ 조례의 제정과 개폐 청구제, 주민투표제, 주민소송제, 주민소환제 등의 제도가 있다.
> ㉡ 제주특별자치도의 경우 자치계층과 행정계층이 일치하고 있다.
> ㉢ 중앙과 지방 간 기능배분 방식은 포괄적 예시 원칙을 폐지하고 보충성의 원칙을 적용하고 있다.
> ㉣ 지방교부세는 보통교부세, 특별교부세, 부동산교부세, 소방안전교부세 등으로 구분되어 있다.
> ㉤ 지방자치권은 자치입법권, 자치재정권, 자치조직권, 자치사법권으로 구성되어 있다.

① ㉠, ㉡ ② ㉡, ㉢
③ ㉠, ㉣ ④ ㉢, ㉤

정답 및 해설

올바른 선지

㉠ 우리나라의 주민 직접참여제도에는 조례의 제정과 개폐 청구제, 주민투표제, 주민소송제, 주민소환제 등이 있음

㉣

> **지방교부세법 제3조【교부세의 종류】** 지방교부세(이하 "교부세"라 한다)의 종류는 보통교부세·특별교부세·부동산교부세 및 소방안전교부세로 구분한다.

틀린 선지

㉡ 제주특별자치도의 경우 특별자치도만 자치계층이며 행정시(서귀포시, 제주시 등)는 행정계층임 → (우리나라의 자치계층은 광역과 기초로 2계층, 행정계층은 읍·면·동까지 포함하여 3~4계층임) 따라서 제주도는 자치계층과 행정계층이 일치하지 않음

㉢ 우리나라의 중앙과 지방 간 기능배분 방식은 포괄적 예시주의를 기준으로 하면서 보충성의 원칙을 적용함

㉤ 우리나라는 지방자치단체의 자치사법권은 인정하지 않음

정답 ③

Section 02 지방자치단체의 종류

10 회독 □□□

2021. 지방 9급

자치경찰제도에 대한 설명으로 옳지 않은 것은?

① 지역 실정에 맞는 치안 행정을 펼칠 수 있다.
② 경찰업무의 통일성과 효율성을 높일 수 있다.
③ 제주자치경찰단은 주민의 생활안전 활동에 관한 사무를 수행한다.
④ 자치경찰 사무를 관장하기 위하여 광역자치단체에 시·도자치 경찰위원회를 둔다.

정답 및 해설

자치경찰제도는 지역의 특수성을 강조하는 제도이므로 경찰업무의 통일성과 효율성을 저해할 수 있음

참고

> 경찰업무의 통일성과 효율성을 높일 수 있는 것은 국가경찰제도임

③ 제주자치경찰단은 주민의 생활안전 활동에 관한 사무를 수행함

> **제주특별법 제88조【자치경찰기구의 설치】** ① 제90조에 따른 자치경찰사무를 처리하기 위하여 「국가경찰과 자치경찰의 조직 및 운영에 관한 법률」 제18조에 따라 설치되는 제주특별자치도자치경찰위원회(이하 "자치경찰위원회"라 한다) 소속으로 자치경찰단을 둔다.
> ② 자치경찰단의 조직과 자치경찰공무원의 정원 등에 관한 사항은 도조례로 정한다.
>
> **국가경찰과 자치경찰의 조직 및 운영에 관한 법률 제4조【경찰의 사무】** ① 경찰의 사무는 다음 각 호와 같이 구분한다.
> 1. 국가경찰사무: 제3조에서 정한 경찰의 임무를 수행하기 위한 사무. 다만, 제2호의 자치경찰사무는 제외한다.
> 2. 자치경찰사무: 제3조에서 정한 경찰의 임무 범위에서 관할 지역의 생활안전·교통·경비·수사 등에 관한 다음 각 목의 사무

④ 자치경찰 사무를 관장하기 위하여 광역자치단체에 시·도자치 경찰위원회를 둠

> **국가경찰과 자치경찰의 조직 및 운영에 관한 법률 제18조【시·도자치경찰위원회의 설치】** ① 자치경찰사무를 관장하게 하기 위하여 특별시장·광역시장·특별자치시장·도지사·특별자치도지사(이하 "시·도지사"라 한다) 소속으로 시·도자치경찰위원회를 둔다. 다만, 제13조 후단에 따라 시·도에 2개의 시·도경찰청을 두는 경우 시·도지사 소속으로 2개의 시·도자치경찰위원회를 둘 수 있다.

정답 ②

11 회독 □□□

2021. 지방 9급

지방정부의 기관구성 형태에 대한 설명으로 옳지 않은 것은?

① 강시장—의회(strong mayor-council) 형태에서는 시장이 강력한 정치적 리더십을 행사한다.
② 위원회(commission) 형태에서는 주민 직선으로 선출된 의원들이 집행부서의 장을 맡는다.
③ 약시장—의회(weak mayor-council) 형태에서는 일반적으로 의회가 예산을 편성한다.
④ 의회—시지배인(council-manager) 형태에서는 시지배인이 의례적이고 명목적인 기능을 수행한다.

정답 및 해설

의회-시지배인형은 시장이 없는 통치구조 하에서 시의회가 행정에 정통한 지배인을 임명하여 행정업무 전반을 담당하게 함으로서 행정의 효율성을 높이려는 제도임 → 지배인은 상근 고용인으로서 시나 시민이 직면하고 있는 문제와 필요에 집중할 수 있는바 유능한 행정적 리더십을 담보할 수 있음(의례적이고 명목적 기능수행×)

지방정부의 기관구성 형태 : 정부 및 의회 파트너십 유형

㉠ 강시장-의회형 : 시장과 의회의 상호견제 장치를 마련하면서도 시장이 의회에 대해 거부권을 행사할 수 있는 권한을 지닌 시장 우위형 도시정부 통치유형 → 이는 시장이 시정의 전반에 강력한 리더십을 발휘할 수 있는 제도적 장치임
㉡ 약시장-의회형 : 시장과 의회가 구성되어 상호견제를 하지만 의회가 시장에 대해 인사권과 감독권을 행사하는 의회 우위형 통치유형 → 따라서 약시장—의회(weak mayor- council) 형태에서는 일반적으로 의회가 예산을 편성함
㉢ 위원회형 : 주민이 선출한 3~5인의 위원으로 구성된 위원회가 입법권과 행정권을 모두 행사하며, 각 위원은 각각의 전문분야를 가지고 각 행정부서 책임자로서 역할을 수행함 → 기관통합형의 한 종류
㉣ 의회-시지배인형 : 시장이 없는 통치구조에서 시의회가 행정에 정통한 지배인을 임명하여 행정업무 전반을 담당하게 함으로써 행정의 효율성을 높이려는 제도임 → 지배인은 상근 고용인으로서 시나 시민이 직면하고 있는 문제와 필요에 집중할 수 있는바 유능한 행정적 리더십을 담보할 수 있음(의례적이고 명목적 기능수행×)

정답 ④

12 회독 □□□

2016. 지방 9급

지방자치단체의 기관구성에 대한 설명으로 옳지 않은 것은?

① 기관대립형(기관분리형)은 견제와 균형을 통해 민주적이고 합리적인 지방자치를 실시하는 방식이다.
② 기관통합형은 주민 직선으로 지방의회를 구성하고 의회의 의장이 단체장을 겸하는 방식이다.
③ 기관대립형(기관분리형)은 집행부와 의회의 기구가 병존함에 따라 비효율성을 줄일 수 있다는 장점이 있다.
④ 기관통합형은 의결기능과 집행기능이 통합되어 있기 때문에 지방자치행정을 기관 간 마찰 없이 안정적으로 수행할 수 있다는 장점이 있다.

정답 및 해설

기관대립형은 집행부와 의회가 병존(竝存)되어 있으므로 상호견제와 균형을 통해 민주적인 지방자치를 실시할 수 있음; 그러나 집행부와 의회가 빈번한 갈등을 일으킬 경우 오히려 비효율성이 발생할 수 있음

① 기관대립형(기관분리형)은 집행부의 장과 의회가 견제와 균형(권력분립)을 통해 민주적이고 합리적인 지방자치를 실시하는 방식임
② 기관통합형은 일반적으로 주민 직선으로 지방의회를 구성하고 의회의 의장이 단체장을 겸하는 방식임; 기관통합형의 유형은 아래와 같음

유형	내용
위원회형	주민이 선출한 3~5인의 위원으로 구성된 위원회가 입법권과 행정권을 모두 행사하며, 각 위원은 각각의 전문분야를 가지고 각 행정부서 책임자로서 역할수행 예 미국의 county(군)
의회의장형	지방의회 의장이 집행기관의 장으로서 지위를 겸하고, 지방의회 의장 밑에 집행사무 조직을 두는 형태 예 프랑스
의회형	의회가 입법기능과 집행기능 전반을 담당하기 때문에 단체장이 존재하지 않고, 의회의 의장이 자치단체를 대표하는 형태; 의회는 전문분야별 분과위원회가 설치되어 분과위원장이 각 행정부서의 장이 됨 예 영국, 호주, 뉴질랜드 등

④ 기관통합형은 정책결정기능과 정책집행기능을 단일한 기관에 귀속시켜 정책결정과 집행의 유기적인 상호작용을 제고할 수 있음

정답 ③

13 회독 □□□ 2008. 국가 9급

지방자치단체의 기관구성형태 중 기관통합형의 특징이 아닌 것은?

① 견제와 균형에 유리하다.
② 기관통합형 중 특히 위원회형은 소규모의 지방자치단체에 적합하다.
③ 지방행정의 권한과 책임이 의회에 집중된다.
④ 정책결정과 집행의 유기적 관련성을 제고시킨다.

14 회독 □□□ 2017. 국가 9급

우리나라의 지방자치계층에 대한 설명으로 옳지 않은 것은?

① 제주특별자치도는 자치계층 측면에서 단층제로 운영되고 있다.
② 자치계층은 주민공동체의 정책결정 및 집행의 단위로서 정치적 민주성 가치가 중요시된다.
③ 세종특별자치시의 관할구역으로 자치구를 둘 수 있다.
④ 자치계층으로 군을 두고 있는 광역시가 있다.

정답 및 해설

기관분리형에 대한 내용임; 기관분리형은 의결기관과 집행기관이 분리된 채 견제와 균형을 유지하는 대통령제 방식과 유사함

② 기관통합형 중 특히 위원회형은 소규모의 지방자치단체에 적합함

위원회형

> 주민이 선출한 3~5인의 위원으로 구성된 위원회가 입법권과 행정권을 모두 행사하며, 각 위원은 각각의 전문분야를 가지고 각 행정부서 책임자로서 역할수행
> 예 미국의 county(군)

③④
기관통합형은 지방의회만을 주민의 직선으로 구성하고, 의회의 의장이 단체장(집행기관)을 겸하는 방식으로서 지방행정의 권한과 책임이 의회에 집중되어 정책결정과 집행의 유기적 관련성을 제고시킴

정답 ①

정답 및 해설

제주특별자치도와 세종특별자치시는 자치계층의 측면에서 단층제로 운영되고 있는바 세종특별자치시의 관할구역으로 자치구를 둘 수 없음

② 자치계층에서는 주민의 직접 참여가 활성화되는바 주민공동체의 정책결정 및 집행의 단위로서 정치적 민주성 가치가 중시됨
④ 자치계층으로 군을 두고 있는 광역시로는 부산광역시(기장군), 대구광역시(달성군), 인천광역시(강화군, 옹진군), 울산광역시(울주군) 등이 있음

정답 ③

15 회독 □□□ 2022. 국가 7급

지방자치단체의 기관구성형태에 대한 설명으로 옳지 않은 것은?

① 기관통합형은 행정에 주민들의 의사를 보다 정확하게 반영할 수 있다는 장점이 있다.
② 기관통합형은 지방의회에서 의결기능과 집행기능을 모두 수행하는 형태로, 영국의 의회형이 대표적이다.
③ 기관대립형 중 약시장 – 의회형은 시장의 고위직 지방공무원인사에 대해서 의회의 동의를 요하는 반면, 시장은 지방의회의결에 대한 거부권을 가진다.
④ 기관대립형은 견제와 균형을 통해 권력남용을 방지하는 장점이 있지만, 의결기관과 집행기관 간의 대립 및 마찰 가능성이 있다는 단점이 있다.

정답 및 해설

약시장–의회형은 집행부 장의 권력이 약하므로 지방의회의결권에 대한 거부권이 없음

① 기관통합형은 결정과 집행의 유기적 연결성으로 인해 주민들의 의사가 직접 정확하게 전달 되는 장점이 있음
② 기관통합형은 의원내각제와 유사한 형태이며, 영국의 의회형이 대표적임
④ 기관대립형은 지방의회와 집행부 장 간의 견제와 균형을 통해 권력남용을 방지하는 장점이 있지만, 견제가 지나칠 경우 기관 간 대립 및 마찰 가능성이 있다는 단점이 있음

정답 ③

16 회독 □□□ 2008. 지방 7급

지방자치단체 기관구성형태의 하나인 기관분립형에 대한 설명으로 적절하지 않은 것은?

① 기관통합형에 비해 집행기관구성에서 주민의 대표성을 확보할 수 있으나 행정의 전문성이 결여될 수 있다.
② 의결기관과 집행기관 간의 견제와 균형의 원리에 의해 권력의 남용을 방지하고 비판감시 기능을 할 수 있다.
③ 지방의회와 지방자치단체의 장을 주민이 직선함으로써 지방행정에 대한 주민통제가 보다 용이하다.
④ 기관통합형에 비해 행정부서 간 분파주의를 배제하는데 유리하다.

정답 및 해설

기관분리형은 전문 행정가를 중심으로 집행부를 구성하기 때문에 전문성을 제고할 수 있음; 전문성 부족은 기관통합형의 단점임

② 기관분리형은 의결기관과 집행부의 장을 주민의 직선으로 선출하여 권력분립을 형성하는바 의결기관과 집행기관 간의 견제와 균형의 원리에 의해 권력의 남용을 방지하고 비판감시 기능을 할 수 있음
③ 기관분리형은 지방의회와 지방자치단체의 장을 주민이 직선하기 때문에 지방자치단체에 대한 주민의 영향력이 커짐; 이로 인해 기관통합형에 비해 지방행정에 대한 주민통제가 보다 용이함
④ 기관분리형은 단일 지도자(전문 집행인)에 의한 행정부서 간 분파주의(부처할거주의) 배제에 유리함 → 공무원은 정치인보다 행정인의 명령에 순응하는 측면이 있다는 것

정답 ①

17 회독 □□□

2019. 지방 7급

지방자치단체의 기관구성에 대한 설명으로 옳은 것은?

① 우리나라는 시장의 권한이 지방의회의 권한에 비해 상대적으로 약한 기관대립형을 유지하고 있다.
② 영국의 의회형에서는 집행기관의 장을 주민이 직선으로 선출한다.
③ 미국의 위원회형은 기관대립형의 특수한 형태로 볼 수 있다.
④ 기관통합형의 집행기관은 기관대립형에 비해 행정의 전문성이 높지 않을 가능성이 크다.

정답 및 해설

기관통합형에서는 주민에 의해 선출된 의원이 행정을 맡기 때문에 정치적 요인이 개입될 수 있으며, 정치인이 행정을 담당하는 것이므로 전문적인 집행부가 구성되는 기관대립형에 비해 전문성이 높지 않을 가능성이 큼

① 우리나라는 지차제장의 권한이 강한 기관대립형을 유지하고 있음; 예를 들어, 지방의회와 지방자치단체장이 갈등하는 경우 지방자치단체장이 취할 수 있는 비상적 해결수단으로 재의 요구, 준예산 집행, 선결처분 등이 있음
② 영국의 의회형은 기관통합형의 유형 중 하나임; 따라서 영국의 의회형에서는 의회의원만 주민이 직선으로 선출하고, 이들이 집행기능도 담당함
③ 미국의 위원회형도 기관통합형의 유형 중 하나임; 주민이 선출한 3~5인의 위원으로 구성된 위원회가 입법권과 행정권을 모두 행사하며, 각 위원은 각각의 전문분야를 가지고 각 행정부서 책임자로서 역할을 수행함

정답 ④

Section 03 지방자치단체의 사무

18 회독 □□□

정부 간 관계와 지방자치권에 대한 설명으로 옳지 않은 것은?

① 라이트(Wright)는 미국의 연방정부, 주정부, 지방정부 간 관계에 주목하면서 중앙·지방정부 간 관계를 3가지 형태로 구분하였다.
② 엘코크(Elcock)가 제시한 대리인모형은 지방정부의 자율성이 제약되는 상황을 특징으로 한다.
③ 우리나라 지방자치단체의 자치조직권은 지방자치법의 위임에 따라 제정된 대통령령의 제약을 받는다.
④ 우리나라 지방자치단체의 단체위임사무는 의결기관인 지방의회가 그 사무의 처리에 관여할 수 없다.

정답 및 해설

단체위임사무는 지방자치단체에게 위임한 사무이므로 의결기관인 지방의회가 그 사무의 처리에 관여할 수 있음

① 라이트(Wright)는 미국의 연방정부, 주정부, 지방정부 간 관계에 주목하면서 중앙·지방정부 간 관계를 포괄형, 중첩형, 분리형으로 구분함
② 엘코크(Elcock)가 제시한 대리인모형은 라이트의 포괄형과 유사함
③

> **지방자치법 제125조【행정기구와 공무원】** ① 지방자치단체는 그 사무를 분장하기 위하여 필요한 행정기구와 지방공무원을 둔다. ② 제1항에 따른 행정기구의 설치와 지방공무원의 정원은 인건비 등 대통령령으로 정하는 기준에 따라 그 지방자치단체의 조례로 정한다.

정답 ④

19 회독 □□□

2023. 지방 9급

지방정부의 사무에 대한 설명으로 옳지 않은 것은?

① 기관위임사무의 처리에 드는 경비는 중앙정부와 지방정부가 공동 부담하는 것이 원칙이다.

② 단체위임사무는 집행기관장이 아닌 지방정부 그 자체에 위임된 사무이다.

③ 지방의회는 단체위임사무의 처리 과정에 관한 조례를 제정할 수 있다.

④ 중앙정부는 자치사무에 대해 합법성 위주의 통제를 주로 한다.

정답 및 해설

기관위임사무의 처리에 드는 경비는 중앙정부가 부담하는 것이 원칙임

②③
단체위임사무는 지방정부에게 위임된 사무이므로 지방의회는 단체위임사무의 처리 과정에 관한 조례를 제정할 수 있음

④ 자치사무는 지방자치단체가 자체 재원으로 집행하는 사무이므로 중앙정부는 자치사무에 대해 합법성 위주의 통제를 주로 함

정답 ①

20 회독 □□□

2020. 서울속기 9급

단체위임사무와 기관위임사무에 대한 설명으로 가장 옳지 않은 것은?

① 단체위임사무는 법령에 의하여 국가 또는 상급 지방자치단체로부터 지방자치단체에 위임된 사무이고, 기관위임사무는 법령 등에 의하여 국가 또는 상급 지방자치단체로부터 지방자치단체의 장에게 위임된 사무이다.

② 단체위임사무의 경비는 지방자치단체와 위임기관이 공동으로 부담하며, 기관위임사무의 경비는 그 전액을 위임기관이 부담하는 것이 원칙이다.

③ 단체위임사무는 지방의회가 관여하는 것이 불가능하고, 기관위임사무는 지방의회가 관여할 수 있다.

④ 단체위임사무의 예로는 예방접종, 보건소의 운영 등이 있고, 기관위임사무의 예로는 국민투표 사무, 선거사무 등이 있다.

정답 및 해설

기관위임사무는 지방의회가 관여하는 것이 불가능하고, 단체위임사무는 지방의회가 관여할 수 있음 → 즉, 단체위임사무는 국가와 지방의 이해관계가 공존하므로 지방의회가 관여할 수 있지만, 기관위임사무는 지방적 이해관계가 없으므로 지방의회가 관여하거나 지휘할 수 없음

① 단체위임사무는 개별 법령에 의하여 국가 또는 상급 지방자치단체로부터 지방자치단체에 위임된 사무이고, 기관위임사무는 법령 등에 의하여 집행기관인 지방자치단체의 장에게 위임된 사무임

② 단체위임사무는 국가와 지방적 이해관계가 공존하므로 경비를 지방자치단체와 위임기관이 공동으로 부담하지만, 기관위임사무는 지방과는 관계없는 국가사무이므로 그 경비를 전액 위임기관이 부담하는 것이 원칙임

④ 단체위임사무의 예로는 재해구호, 예방접종, 보건소의 운영 등이 있고, 기관위임사무의 예로는 국민투표 사무, 선거사무, 여권발급 사무 등이 있음

정답 ③

21 회독 □□□

2020. 국가 9급

우리나라 지방자치에 대한 설명으로 옳은 것은?

① 자치사법권은 인정되고 있다.
② 지방자치단체의 예산안 편성권은 지방자치단체장에 속한다.
③ 자치입법권은 지방의회만이 행사할 수 있는 전속적인 권한이다.
④ '세종특별자치시'와 제주특별자치도의 '제주시'는 기초자치단체로서 자치권을 가지고 있다.

정답 및 해설

지방자치단체의 예산안 편성권은 지방자치단체장에 속함

지방자치법 제142조【예산의 편성 및 의결】 ① 지방자치단체의 장은 회계연도마다 예산안을 편성하여 시·도는 회계연도 시작 50일 전까지, 시·군 및 자치구는 회계연도 시작 40일 전까지 지방의회에 제출하여야 한다.

① 우리나라에서 자치사법권은 인정되지 않음
③ 자치입법권은 지방의회와 지방자치단체 장이 모두 행사할 수 있음

지방자치법 제28조【조례】 ① 지방자치단체는 법령의 범위 안에서 그 사무에 관하여 조례를 제정할 수 있다. 다만, 주민의 권리 제한 또는 의무 부과에 관한 사항이나 벌칙을 정할 때에는 법률의 위임이 있어야 한다.

지방자치법 제29조【규칙】 지방자치단체의 장은 법령이나 조례의 범위에서 그 권한에 속하는 사무에 관하여 규칙을 제정할 수 있다.

④ 세종시는 광역자치단체로써 자치권을 가지고 있으나 제주시는 행정시이므로 자치권이 없음

정답 ②

22 회독 □□□

2020. 국가 9급

단체위임사무와 기관위임사무에 대한 설명으로 옳지 않은 것은?

① 지방의회는 기관위임사무에 대해 조례제정권을 행사할 수 없다.
② 보건소의 운영업무와 병역자원의 관리업무는 대표적인 기관위임사무이다.
③ 중앙정부는 단체위임사무에 대해 사전적인 통제보다 사후적 통제를 주로 한다.
④ 기관위임사무의 처리를 위한 비용은 국가가 부담한다.

정답 및 해설

기관위임사무는 일반적으로 전국적인 통일을 요하는 사무(국가적 이해관계가 큰 사무)로 소요경비 전액을 국가에서 부담함; 국세조사, 의약사 면허, 부랑인선도시설 감독, <u>병역자원의 관리업무 등은 기관위임사무에 해당하지만, 보건소의 운영업무는 단체위임사무임</u>

① 기관위임사무는 지자체의 장에게 위임한 사무이므로 지방의회는 기관위임사무에 대해 조례제정권을 행사할 수 없음
③ 중앙정부는 단체위임사무에 대해 사전적인 통제보다 사후적 통제를 주로 함; 지자체에게 위임한 단체위임사무의 경우 국가와 지자체가 비용을 공동으로 부담하는 게 원칙이므로 업무처리에 있어서 어느 정도의 자율성을 주는바 사후적인 통제를 주로 실시함 → 다만, 집행 후 집행과정에서의 합법성 준수와 더불어 집행의 효과성(합목적성)을 달성했는지를 검토함
④ 기관위임사무의 처리를 위한 비용은 국가가 부담하는 게 원칙임

정답 ②

23 회독 □□□

2014. 국가 9급

우리나라 지방자치단체의 사무구분에 대한 설명으로 옳은 것은?

① 자치사무와 단체위임사무는 자치단체가 전액 경비를 부담하며, 기관위임사무는 원칙적으로 자치단체와 위임기관이 공동으로 부담한다.
② 단체위임사무는 법령에 의해 하급 자치단체장에게 위임된 사무이며, 기관위임사무는 법령에 의해 국가 또는 다른 자치단체로부터 위임된 사무이다.
③ 자치사무와 단체위임사무의 처리를 위해 자치단체는 조례를 제정하는 것이 가능한데, 기관위임사무는 원칙적으로 조례제정 대상이 아니다.
④ 자치사무는 지방의회의 관여(의결, 사무감사 및 사무조사)대상이지만, 단체위임사무와 기관위임사무는 관여 대상이 아니다.

정답 및 해설

기관위임사무는 지방자치단체의 장에게 위임한 사무이므로 지방의회가 이에 대해 개입할 수 없음 → 따라서 기관위임사무는 원칙적으로 조례제정 대상이 아님

① 자치사무는 지자체가 전액 경비를 부담하고, 단체위임사무는 공동으로 부담하며, 기관위임사무는 위임한 기관이 경비를 전액 부담함
② 기관위임사무는 법령에 의해 하급 자치단체장에게 위임된 사무이며, 단체위임사무는 법령에 의해 국가 또는 다른 자치단체로부터 위임된 사무임
④ 기관위임사무는 지자체장의 업무이므로 지방의회가 관여할 수 없으나, 자치사무와 단체위임사무는 지자체의 사무이므로 지방의회가 개입할 수 있음

정답 ③

24 회독 □□□

2013. 지방 9급

우리나라 지방자치단체의 권한에 대한 설명으로 옳지 않은 것은?

① 지방자치단체는 법령이나 상급 지방자치단체의 조례를 위반하여 그 사무를 처리할 수 없다.
② 지방자치단체는 그 사무를 분장하기 위하여 필요한 행정기구와 지방공무원을 둔다.
③ 지방자치단체는 조례와 규칙으로 정하는 바에 따라 지방세를 부과·징수할 수 있다.
④ 지방자치단체는 관할 구역의 자치사무와 법령에 따라 지방자치단체에 속하는 사무를 처리한다.

정답 및 해설

아래의 조항 참고

지방자치법 제152조【지방세】 지방자치단체는 법률로 정하는 바에 따라 지방세를 부과·징수할 수 있다.

①

지방자치법 제12조【사무처리의 기본원칙】 ① 지방자치단체는 그 사무를 처리할 때 주민의 편의와 복리증진을 위하여 노력하여야 한다. ② 지방자치단체는 조직과 운영을 합리적으로 하고 그 규모를 적정하게 유지하여야 한다. ③ 지방자치단체는 법령을 위반하여 사무를 처리할 수 없으며, 시·군 및 자치구는 해당 구역을 관할하는 시·도의 조례를 위반하여 사무를 처리할 수 없다.

②

지방자치법 제125조【행정기구와 공무원】 ① 지방자치단체는 그 사무를 분장하기 위하여 필요한 행정기구와 지방공무원을 둔다.

④

지방자치법 제13조【지방자치단체의 사무범위】 ① 지방자치단체는 관할 구역의 자치사무와 법령에 따라 지방자치단체에 속하는 사무를 처리한다.

정답 ③

25 회독 □□□

2019. 사복 9급

「지방자치법」상 지방자치단체의 사무범위에 해당하지 않는 것은?

① 농림·상공업 등 산업 진흥에 관한 사무
② 교육·체육·문화·예술의 진흥에 관한 사무
③ 축산물·수산물 및 양곡의 수급 조절과 수출입 사무
④ 지역민방위 및 지방소방에 관한 사무

정답 및 해설

축산물·수산물 및 양곡의 수급 조절과 수출입 사무는 국가사무임

지방자치법 제13조【지방자치단체의 사무범위】 ① 지방자치단체는 관할 구역의 자치사무와 법령에 따라 지방자치단체에 속하는 사무를 처리한다.
② 제1항에 따른 지방자치단체의 사무를 예시하면 다음 각 호와 같다. 다만, 법률에 이와 다른 규정이 있으면 그러하지 아니하다.
1. 지방자치단체의 구역, 조직, 행정관리
2. 주민의 복지증진
3. 농림·상공업 등 산업 진흥
4. 지역개발과 주민의 생활환경시설의 설치·관리
5. 교육·체육·문화·예술의 진흥
6. 지역민방위 및 지방소방
7. 국제교류 및 협력

지방자치법 제15조【국가사무의 처리제한】 지방자치단체는 다음 각 호에 해당하는 국가사무를 처리할 수 없다. 다만, 법률에 이와 다른 규정이 있는 경우에는 국가사무를 처리할 수 있다.
1. 외교, 국방, 사법(司法), 국세 등 국가의 존립에 필요한 사무
2. 물가정책, 금융정책, 수출입정책 등 전국적으로 통일적 처리를 요하는 사무
3. 농산물·임산물·축산물·수산물 및 양곡의 수급조절과 수출입 등 전국적 규모의 사무
4. 국가종합경제개발계획, 국가하천, 국유림, 국토종합개발계획, 지정항만, 고속국도·일반국도, 국립공원 등 전국적 규모나 이와 비슷한 규모의 사무
5. 근로기준, 측량단위 등 전국적으로 기준을 통일하고 조정하여야 할 필요가 있는 사무
6. 우편, 철도 등 전국적 규모나 이와 비슷한 규모의 사무
7. 고도의 기술을 요하는 검사·시험·연구, 항공관리, 기상행정, 원자력개발 등 지방자치단체의 기술과 재정능력으로 감당하기 어려운 사무

정답 ③

26 회독 □□□

2022. 국가 7급

「지방자치법」상 지방자치단체 종류별 사무배분의 기준에 대한 설명으로 옳지 않은 것은?

① 인구 30만 이상의 시에 대해서는 도가 처리하는 사무의 일부를 직접 처리하게 할 수 있다.
② 시·군 및 자치구가 독자적으로 처리하기 어려운 사무는 시·도의 사무이다.
③ 지방자치단체의 구역, 조직, 행정관리 등은 시·도와 시·군 및 자치구에 공통된 사무이다.
④ 국가와 시·군 및 자치구 사이의 연락·조정 등의 사무는 시·도의 사무이다.

정답 및 해설

선지를 '인구 50만 이상의 시'로 고쳐야 함

② 보충성 원칙에 대한 내용임
③④

지방자치법 제14조【지방자치단체의 종류별 사무배분기준】 ① 제13조에 따른 지방자치단체의 사무를 지방자치단체의 종류별로 배분하는 기준은 다음 각 호와 같다. 다만, 제13조제2항제1호의 사무는 각 지방자치단체에 공통된 사무로 한다.
1. 시·도
라. 국가와 시·군 및 자치구 사이의 연락·조정 등의 사무

지방자치법 제13조【지방자치단체의 사무 범위】 ① 지방자치단체는 관할 구역의 자치사무와 법령에 따라 지방자치단체에 속하는 사무를 처리한다.
1. 지방자치단체의 구역, 조직, 행정관리 등

정답 ①

27 회독 □□□

2017. 국가 7급

우리나라 지방자치단체의 사무에 대한 설명으로 옳지 않은 것은?

① 위임사무와 자치사무로 구분되며, 위임사무는 다시 기관위임사무와 단체위임사무로 구분된다.

② 병역자원의 관리업무 등 주로 국가적 이해관계가 크게 걸려 있는 사무는 단체위임사무에 속한다.

③ 제주특별자치도에서는 국가경찰과 자치경찰이 함께 활동할 수 있다.

④ 지방자치법에서 지방자치단체의 사무를 예시하고 있지만, 법률에 이와 다른 규정이 있으면 그렇지 않다.

정답 및 해설

병역자원의 관리업무 등 주로 국가적 이해관계가 크게 걸려 있는 사무는 기관위임사무에 속함 → 즉, 기관위임사무는 일반적으로 전국적인 통일을 요하는 사무로 소요 경비 전액을 국가에서 교부금으로 부담함; 경찰, 국세조사, 의약사 면허, 교원능력평가(국가사무로서 각 시·도 교육감에게 교육부가 위임한 기관위임사무), 부랑인선도시설 감독, 병역자원의 관리업무, 대통령 및 국회의원 선거사무, 근로기준 설정, 국민투표 사무, 가족관계등록사무, 외국인등록, 여권발급 등에 관한 사무

③ 제주특별자치도에서는 국가경찰과 자치경찰이 함께 활동할 수 있음 → 즉, 경찰서 안에 정보와 외사 등을 맡는 국가경찰, 지역 치안을 맡는 자치경찰이 공존함

④

지방자치법 제13조【지방자치단체의 사무범위】 ① 지방자치단체는 관할 구역의 자치사무와 법령에 따라 지방자치단체에 속하는 사무를 처리한다.
② 제1항에 따른 지방자치단체의 사무(지방자치단체의 자치사무)를 예시하면 다음 각 호와 같다. 다만, 법률에 이와 다른 규정이 있으면 그러하지 아니하다.

정답 ②

28 회독 □□□

2016. 국가 7급

우리나라 지방자치제도에 대한 설명으로 옳지 않은 것은?

① 자치사무(고유사무)와 달리 법령에 의하여 지방자치단체에 속하는 사무(단체위임사무)에 관해서는 조례로 규정할 수 없다.

② 합의제 행정기관의 설치·운영에 관하여 필요한 사항은 대통령령 또는 조례로 정한다.

③ 지방자치단체는 공공시설을 부정하게 사용한 자에 대하여 과태료를 부과하는 규정을 조례로 정할 수 있다.

④ 지방자치단체는 공공시설을 관계 지방자치단체의 동의를 얻어 그 지방자치단체의 구역 밖에 설치할 수 있다.

정답 및 해설

지방자치단체는 자치사무와 단체위임사무의 처리를 위해 조례를 제정하는 것이 가능함; 단, 기관위임사무는 지방자치단체의 장에게 위임한 사무이므로 원칙적으로 조례제정의 대상이 아님

② 합의제 행정기관의 설치·운영에 관하여 필요한 사항은 대통령령 또는 조례로 정함

지방자치법 제129조【합의제행정기관】 ① 지방자치단체는 그 소관 사무의 일부를 독립하여 수행할 필요가 있으면 법령이나 그 지방자치단체의 조례로 정하는 바에 따라 합의제행정기관을 설치할 수 있다.
② 제1항의 합의제행정기관의 설치·운영에 관하여 필요한 사항은 대통령령이나 그 지방자치단체의 조례로 정한다.

③ 지방자치단체는 공공시설을 부정하게 사용한 자에 대하여 과태료를 부과하는 규정을 조례로 정할 수 있음

지방자치법 제156조【사용료의 징수조례 등】 ② 사기나 그 밖의 부정한 방법으로 사용료·수수료 또는 분담금의 징수를 면한 자에 대하여는 그 징수를 면한 금액의 5배 이내의 과태료를, 공공시설을 부정사용한 자에 대하여는 50만원 이하의 과태료를 부과하는 규정을 조례로 정할 수 있다.

④ 지방자치단체는 공공시설을 관계 지방자치단체의 동의를 얻어 그 지방자치단체의 구역 밖에 설치할 수 있음

지방자치법 제161조【공공시설】 ① 지방자치단체는 주민의 복지를 증진하기 위하여 공공시설을 설치할 수 있다.
③ 제1항의 공공시설은 관계 지방자치단체의 동의를 받아 그 지방자치단체의 구역 밖에 설치할 수 있다.

정답 ①

Section 04 지방자치단체장과 지방의회의 권한

29 회독 □□□ 2023. 국가 7급

지방자치법 상 지방의회에 대한 설명으로 옳지 않은 것은?

① 지방의회의원의 의정활동을 지원하기 위하여 정책지원 전문인력을 둘 수 있다.

② 지방의회의 의장은 지방의회의 사무직원을 지휘·감독한다.

③ 지방의회는 매년 4회 정례회를 개최한다.

④ 지방의회의원은 각급 선거관리위원회 위원을 겸직할 수 없다.

정답 및 해설

지방의회는 매년 2회 정례회를 개최함

지방자치법 제53조【정례회】 ① 지방의회는 매년 2회 정례회를 개최한다.

①

지방자치법 제41조【의원의 정책지원 전문인력】 ① 지방의회의원의 의정활동을 지원하기 위하여 지방의회의원 정수의 2분의 1 범위에서 해당 지방자치단체의 조례로 정하는 바에 따라 지방의회에 정책지원 전문인력을 둘 수 있다.

②

지방자치법 제103조【사무직원의 정원과 임면 등】 ② 지방의회의 의장은 지방의회 사무직원을 지휘·감독하고 법령과 조례·의회규칙으로 정하는 바에 따라 그 임면·교육·훈련·복무·징계 등에 관한 사항을 처리한다.

④

지방자치법 제43조【겸직 등 금지】 ① 지방의회의원은 다음 각 호의 어느 하나에 해당하는 직(職)을 겸할 수 없다.
2. 각급 선거관리위원회 위원

정답 ③

30 회독 □□□ 2024. 국가 9급

지방행정제도에 대한 설명으로 옳지 않은 것은?

① 일정 조건을 충족한 주민은 해당 지방의회에 조례를 제정하거나 개정 또는 폐지할 것을 청구할 수 있다.

② 지방자치단체 간 관할 구역의 경계변경 조정 시 일정 기간 이내에 경계변경자율협의체를 구성하지 못한 경우 행정안전부장관은 지방자치단체중앙분쟁조정위원회의 심의·의결을 거쳐 조정할 수 있다.

③ 정책지원 전문인력인 정책지원관 제도는 지방자치단체장의 정책기능을 강화하기 위해 도입되었다.

④ 자치경찰사무는 합의제 행정기관인 시·도지사 소속 시·도 자치경찰위원회가 관장하며 업무는 독립적으로 수행한다.

정답 및 해설

정책지원관 제도는 지방의회의원의 의정활동기능을 강화하기 위해 도입되었음 → 아래의 조항 참고

지방자치법 제41조【의원의 정책지원 전문인력】 ① 지방의회의원의 의정활동을 지원하기 위하여 지방의회의원 정수의 2분의 1 범위에서 해당 지방자치단체의 조례로 정하는 바에 따라 지방의회에 정책지원 전문인력을 둘 수 있다.

① 조례제정·개폐청구제도에 대한 내용임
② 경계변경 절차

㉠ 지자체장은 관할구역과 생활권 불일치 등 대통령령으로 정하는 사유가 있으면 행안부장관에게 경계변경 조정신청 가능 ㉡ 행안부장관은 경계변경을 협의할 수 있는 경계변경자율협의체를 구성·운영할 것을 지자체장에게 요청 ㉢ 지방자치단체가 일정기간 이내에 경계변경자율협의체를 구성하지 못하거나 경계변경에 대한 합의를 못한 경우 행정안전부장관은 지방자치단체중앙분쟁조정위원회의 심의·의결을 거쳐 조정할 수 있음

④

국가경찰과 자치경찰의 조직 및 운영에 관한 법률 제18조【시·도자치경찰위원회의 설치】 ① 자치경찰사무를 관장하게 하기 위하여 특별시장·광역시장·특별자치시장·도지사·특별자치도지사(이하 "시·도지사"라 한다) 소속으로 시·도자치경찰위원회를 둔다. ② 시·도자치경찰위원회는 합의제 행정기관으로서 그 권한에 속하는 업무를 독립적으로 수행한다.

정답 ③

31 회독 □□□ 2018. 국가 9급

「지방자치법」상 지방의회에 대한 내용으로 옳지 않은 것은?

① 지방의회는 조례로 정하는 바에 따라 위원회를 둘 수 있으며, 위원회의 종류는 상임위원회와 특별위원회로 한다.

② 지방의회는 그 의결로 소속 의원의 사직을 허가할 수 있다. 다만, 폐회 중에는 의장이 허가할 수 있다.

③ 의장은 의결에서 표결권을 가지지 못하며, 찬성과 반대가 같으면 부결된 것으로 본다.

④ 지방의회에서 부결된 의안은 같은 회기 중에 다시 발의하거나 제출될 수 없다.

정답 및 해설

아래의 조항 참고

지방자치법 제73조【의결정족수】 ① 회의는 이 법에 특별히 규정된 경우 외에는 재적의원 과반수의 출석과 출석의원 과반수의 찬성으로 의결한다.
② 지방의회의 의장은 의결에서 표결권을 가지며, 찬성과 반대가 같으면 부결된 것으로 본다.

①

지방자치법 제64조【위원회의 설치】 ① 지방의회는 조례로 정하는 바에 따라 위원회를 둘 수 있다.
② 위원회의 종류는 다음 각 호와 같다.
1. 소관 의안(議案)과 청원 등을 심사·처리하는 상임위원회
2. 특정한 안건을 심사·처리하는 특별위원회

②

지방자치법 제89조【의원의 사직】 지방의회는 그 의결로 소속 지방의회의원의 사직을 허가할 수 있다. 다만, 폐회 중에는 의장이 허가할 수 있다.

④

지방자치법 제80조【일사부재의의 원칙】 지방의회에서 부결된 의안은 같은 회기 중에 다시 발의하거나 제출할 수 없다.

정답 ③

32 회독 □□□ 2020. 국가 7급

지방자치법 상 지방의회 의원이 받을 수 있는 징계의 사례가 아닌 것은?

① A 의원은 45일간 출석정지를 내용으로 하는 징계를 받았다.

② B 의원은 공개회의에서 사과를 하는 징계를 받았다.

③ C 의원은 재적의원 3분의 2 이상 찬성에 따라 제명되는 징계를 받았다.

④ D 의원은 공개회의에서 경고를 받는 징계를 받았다.

정답 및 해설

지방의회 의원의 징계 중 출석정지는 30일 이내임

지방자치법 제100조【징계의 종류와 의결】 ① 징계의 종류는 다음과 같다.
1. 공개회의에서의 경고
2. 공개회의에서의 사과
3. 30일 이내의 출석정지
4. 제명
② 제1항제4호에 따른 제명 의결에는 재적의원 3분의 2 이상의 찬성이 있어야 한다.

정답 ①

33 회독 □□□ 2008. 지방 7급

지방의회의 의결에 대한 지방자치단체장의 재의 요구 사유가 아닌 것은?

① 지방의회의 의결이 월권이거나 법령에 위반된다고 인정되는 경우
② 지방의회의 의결이 국제관계에서 맺은 국제교류업무 수행에 드는 경비를 축소한 경우
③ 지방의회의 의결이 예산상 집행 불가능한 경비를 포함하고 있다고 인정되는 경우
④ 지방의회의 의결이 비상재해로 인한 시설의 응급복구를 위하여 필요한 경비를 축소한 경우

정답 및 해설

지방의회의 의결이 국제관계에서 맺은 국제교류업무 수행에 드는 경비를 축소한 경우는 재의 요구 사유가 아님 → 아래의 조항 참고

지방자치법 제121조【예산상 집행 불가능한 의결의 재의요구】 ① 지방자치단체의 장은 지방의회의 의결이 예산상 집행할 수 없는 경비를 포함하고 있다고 인정되면 그 의결사항을 이송받은 날부터 20일 이내에 이유를 붙여 재의를 요구할 수 있다.
② 지방의회가 다음 각 호의 어느 하나에 해당하는 경비를 줄이는 의결을 할 때에도 제1항과 같다.
1. 법령에 따라 지방자치단체에서 의무적으로 부담하여야 할 경비
2. 비상재해로 인한 시설의 응급 복구를 위하여 필요한 경비

① 지방의회의 의결이 월권이거나 법령에 위반된다고 인정되는 경우에는 지방자치단체의 장이 재의요구를 할 수 있음

지방자치법 제120조【지방의회의 의결에 대한 재의요구와 제소】 ① 지방자치단체의 장은 지방의회의 의결이 월권이거나 법령에 위반되거나 공익을 현저히 해친다고 인정되면 그 의결사항을 이송받은 날부터 20일 이내에 이유를 붙여 재의를 요구할 수 있다.

정답 ②

34 회독 □□□ 2018. 국가 7급

「국가재정법」 및 「지방자치법」상 정부와 지방자치단체의 장은 국회와 지방의회에 회계연도 개시 며칠 전까지 예산안을 제출해야 하는가?

구분	정부	광역지방자치단체	기초지방자치단체
①	90일	40일	30일
②	90일	50일	30일
③	120일	50일	40일
④	120일	50일	30일

정답 및 해설

아래의 조항 참고

국가재정법 제33조【예산안의 국회제출】 정부는 제32조의 규정에 따라 대통령의 승인을 얻은 예산안을 회계연도 개시 120일 전까지 국회에 제출하여야 한다.

지방자치법 제142조【예산의 편성 및 의결】 ① 지방자치단체의 장은 회계연도마다 예산안을 편성하여 시·도는 회계연도 시작 50일 전까지, 시·군 및 자치구는 회계연도 시작 40일 전까지 지방의회에 제출하여야 한다.

정답 ③

CHAPTER 02 정부 간 관계

Section 01 정부 간 관계모형

35 회독 □□□ 2023. 지방 9급

라이트(Wright)의 정부간관계(Inter-Governmental Relations : IGR) 모형에 대한 설명으로 옳지 않은 것은?

① 정부 간 상호권력관계와 기능적 상호의존관계를 기준으로 정부간관계(IGR)를 3가지 모델로 구분한다.
② 대등권위모형(조정권위모형, coordinate-authority model)은 연방정부, 주정부, 지방정부가 모두 동등한 권한을 가지고 있다고 설명한다.
③ 내포권위모형(inclusive-authority model)은 연방정부, 주정부, 지방정부를 수직적 포함관계로 본다.
④ 중첩권위모형(overlapping-authority model)은 연방정부, 주정부, 지방정부가 상호 독립적인 실체로 존재하며 협력적 관계라고 본다.

정답 및 해설

대등권위모형에서 주정부와 지방정부는 상명하복 관계임

① 라이트는 지방정부의 사무내용, 즉 중앙·지방 간 재정관계와 인사관계의 차이에 따라 정부 간 관계를 포괄형, 중첩형, 분리형으로 구분함
③ 내포권위모형에서 주정부와 지방정부는 연방정부의 통제 하에 있음
④ 중첩권위모형은 연방정부, 주정부, 지방정부가 상호 독립적인 실체로 존재하며 상호의존적 관계임

정답 ②

36 회독 □□□ 2011. 지방 9급

라이트(D. Wright)의 정부 간 관계모형에 대한 설명 중 옳지 않은 것은?

① 분리형(seperated model)은 중앙과 지방 간의 독립적인 관계를 의미한다.
② 내포형(inclusive model)은 지방정부가 중앙정부에 완전히 의존되어 있는 관계를 의미한다.
③ 중첩형(overlapping model)은 정치적 타협과 협상에 의한 중앙과 지방 간의 상호의존 관계를 의미한다.
④ 경쟁형(competitive model)은 정책을 둘러싼 정부 간 경쟁관계를 의미한다.

정답 및 해설

라이트의 정부 간 관계모형에는 분리형, 내포형, 중첩형이 있음

라이트(Wright)의 정부간 관계 모형

유형	내용
분리형 (분리권위형)	인사·재정이 완전히 분리되어 중앙과 지방이 독립적인 관계를 보이는 형태
중첩형 (중첩권위형)	재정과 인사에 있어서 중앙과 지방이 상호의존적 관계를 나타내는 유형
내포(포함)형 (포괄권위형)	지방정부의 재정과 인사권이 중앙정부에 완전히 종속된 유형

정답 ④

37 회독 □□□

2007. 경남 9급

Wright가 주장한 정부 간 관계모형에 포함되지 않는 것은?

① 분리권위형
② 포괄권위형
③ 창조적 권위형
④ 중첩권위형

정답 및 해설

라이트의 정부 간 관계모형에 창조적 권위형은 없음

라이트(Wright)의 정부간 관계 모형

분리형 (분리권위형)	인사·재정이 완전히 분리되어 중앙과 지방이 독립적인 관계를 보이는 형태
중첩형 (중첩권위형)	재정과 인사에 있어서 중앙과 지방이 상호의존적 관계를 나타내는 유형
내포(포함)형 (포괄권위형)	지방정부의 재정과 인사권이 중앙정부에 완전히 종속된 유형

정답 ③

38 회독 □□□

2016. 지방 9급

정부 간 관계 모형에 대한 설명으로 옳은 것만을 모두 고른 것은?

ㄱ. 로즈(Rhodes)모형에서 지방정부는 중앙정부에 완전히 예속되는 것도 아니고 완전히 동등한 관계가 되는 것도 아닌 상태에서 상호 의존한다.
ㄴ. 로즈(Rhodes)는 지방정부는 법적 자원, 재정적 자원에서 우위를 점하며, 중앙정부는 정보자원과 조직자원의 측면에서 우위를 점한다고 주장한다.
ㄷ. 라이트(Wright)는 정부 간 관계를 포괄형, 분리형, 중첩형의 세 유형으로 나누고, 각 유형별로 지방정부의 사무내용, 중앙·지방 간 재정관계와 인사관계의 차이가 있음을 밝히고 있다.
ㄹ. 라이트(Wright) 모형 중 포괄형에서는 정부의 권위가 독립적인데 비하여, 분리형에서는 계층적이다.

① ㄱ, ㄴ
② ㄴ, ㄷ, ㄹ
③ ㄱ, ㄷ
④ ㄱ, ㄴ, ㄷ

정답 및 해설

올바른 선지

ㄱ. 로즈(Rhodes)모형에서 중앙정부와 지방정부는 상호의존적인 관계임; 즉, 지방정부는 중앙정부에 완전히 예속되는 것도 아니고 완전히 동등한 관계가 되는 것도 아닌 상태에서 상호 협력함
ㄷ. 라이트(Wright)는 정부 간 관계를 포괄형, 분리형, 중첩형의 세 유형으로 나누고, 각 유형별로 지방정부의 사무내용, 중앙·지방 간 재정관계와 인사관계의 차이가 있음을 주장함 → 라이트에 따르면 세 유형 중에서 중첩형이 가장 이상적인 모델에 해당함

틀린 선지

ㄴ. 로즈(Rhodes)는 중앙정부가 법적 자원, 재정적 자원에서 우위를 점하며, 지방정부는 정보자원과 조직자원의 측면에서 우위를 점한다고 주장함
ㄹ. 라이트(Wright) 모형 중 포괄형에서는 정부의 권위가 계층적인데 비하여, 분리형에서는 독립적임

정답 ③

39 회독 □□□

2015. 지방 9급

다음 중 소규모 자치행정 구역을 지지하는 논리로 맞는 것을 모두 고른 것은?

> ㄱ. 티부(Tiebout)모형을 지지하는 공공선택 이론가들의 관점
> ㄴ. 새뮤얼슨(Samuelson)의 공공재 공급이론
> ㄷ. 지역격차의 완화에 공헌
> ㄹ. 주민과 지방정부 간의 소통·접촉 기회 증대

① ㄱ, ㄷ
② ㄱ, ㄹ
③ ㄴ, ㄷ
④ ㄴ, ㄹ

정답 및 해설

올바른 선지

ㄱ. 티부(Tiebout)모형은 여러 지방정부가 경쟁하는 분권화된 체제가 주민의 선호를 반영한 서비스를 공급할 수 있음을 강조함
ㄹ. 주민과 지방정부 간의 소통·접촉 기회를 증대하려면 지방분권적인 자치행정을 구현해야 함

틀린 선지

ㄴ, ㄷ.
새뮤얼슨의 공공재 공급론은 국민의 선호를 알 수 없는 중앙정부가 지역격차를 줄이기 위해 중앙정부 중심적인 서비스를 주민에게 공급하는 현상을 설명하고 있음

정답 ②

40 회독 □□□

2011. 서울 7급 수정

정부 간 관계에 대한 라이트(D. S. Wright)의 설명 중에서 연방정부, 주정부, 지방정부가 상호 독립적인 실체로서 존재하며, 서로 협력적인 관계라고 보는 모형은?

① 조정·권위모형
② 포함·권위모형
③ 중복·권위모형
④ 대리인 모형

정답 및 해설

Wright는 정부 간 관계를 포괄권위형(포함·권위형), 중첩권위형(중복·권위모형), 분리권위형(조정·권위모형)으로 구분하고 있음; 이 중에서 중앙정부와 지방정부가 상호 독자성을 유지하면서도 상호의존관계에 있는 유형은 중첩권위형(중복·권위모형)임

① 조정·권위모형: 중앙과 지방 간에 인사·재정이 완전히 분리되어 독립적인 관계를 유지하는 형태
② 포함·권위모형: 지방정부나 주정부가 중앙정부에 완전히 종속되어 있는바 지방정부나 주정부는 중앙정부의 계층적인 통제에 따라 예속되는 특징을 지님
④ 대리인 모형: 엘콕의 모형이며, 중앙정부와 지방정부 간의 종속관계를 설명하고 있음

정답 ③

PART 07 지방자치론

41 회독 □□□

2013. 서울 7급 수정

라이트(D. S. Wright)의 정부 간 관계모형에 대한 설명으로 옳은 것은?

① 분리형은 재정과 인사 등의 독립적 기능이 있다.
② 포함형은 정부 간 관계의 이상적 모형으로 간주된다.
③ 포함형은 정치적 타협과 협상에 의한 정부 간 상호 의존관계이다.
④ 중첩형은 지방정부가 중앙정부에 종속된 경우이다.

정답 및 해설

분리형은 재정과 인사 등의 독립적 기능을 전제로 하고 있음

② 정부 간 관계의 이상적 모형으로 간주되는 것은 중첩형임
③ 정치적 타협과 협상에 의한 정부 간 상호 의존관계를 다루는 것은 중첩형임
④ 지방정부가 중앙정부에 종속된 경우는 포괄형임

정답 ①

42 회독 □□□

2018. 국가 7급

정부 간 관계에 대한 설명으로 옳은 것은?

① 미국 건국 초기에는 연방의 권한이 상대적으로 강했으며, 연방과 주의 권한을 명확히 구분하지 않았다.
② 딜런의 규칙(Dillon's rule)에 의하면 지방정부는 '주정부의 피조물'로서 명시적으로 위임된 사항 외에도 포괄적인 권한을 지닌다.
③ 영국의 경우 개별적으로 수권받은 사무에 대해서는 지방자치단체가 자치권을 보유하지만, 그 범위를 벗어나는 행위는 금지된다.
④ 일본의 경우 메이지유신 이래 강력한 중앙집권적 체제를 유지해 왔으며, 국가의 관여를 폐지하거나 축소시키는 등의 분권개혁은 이루어지지 못했다.

정답 및 해설

영국의 경우 각 자치단체가 개별적으로 수권받은 사무에 대해서는 지방자치단체가 자치권을 보유하지만, 그 범위를 벗어나는 행위는 금지됨

① 미국은 건국 초기에 제퍼슨·잭슨주의의 영향으로 연방의 권한이 상대적으로 약했으며, 연방과 주의 권한은 독자적이었음 → 즉, 미국 건국 초기에는 연방정부의 규모도 작았고 권한도 상대적으로 제한되어 있었으며, 연방정부와 주정부는 별도의 상호작용 없이 각자의 기능을 독자적으로 수행하고 있었음
② 딜런의 규칙은 아이오와주 판사였던 딜런의 판시 내용으로 미국의 주정부와 지방정부의 관계에서 지방정부는 '주정부의 피조물'로서 부여된 자치권만을 행사하게 되며, 주정부는 지방정부를 폐지할 수 있다는 원칙임
④ 일본은 메이지유신 이래로 중앙집권적 경향이 강했지만, 지방분권에 대한 개혁도 꾸준히 이루어져 왔음

정답 ③

Section 02 정부 간 기능 배분에 대한 이론

cf.

43 회독 □□□ 2008. 국가 9급

공공선택론의 관점에서 본 중앙과 지방정부간 기능배분에 관한 설명으로 옳지 않은 것은?

① 재분배정책을 통하여 주민들에게 제공되는 편익은 그들의 조세부담과는 역으로 결정되며, 주로 지방정부에서 담당해야 한다.
② 개발정책은 지역경제 성장을 촉진시키기 위한 정책으로, 원칙적으로 정책의 수혜자가 그 비용을 부담해야 한다.
③ 중앙과 지방정부간의 기능 배분 문제는 개인 후생을 극대화하고자 하는 시민과 공직자 개개인들의 합리적 선택행동에서 비롯되는 것이다.
④ 배당정책은 치안, 소방, 쓰레기 수거, 공공매립지 제공 등이며, 주로 지방정부에서 담당해야 한다.

정답 및 해설

재분배정책을 통하여 주민들에게 제공되는 편익은 그들의 조세부담과는 역으로 결정되며, 주로 중앙정부에서 담당해야 함 → 공공선택론은 정부 기능에 대한 견해로서 정부의 활동을 재분배정책, 배당정책, 개발정책의 세 가지 유형으로 구분하고 일반적으로 중앙정부는 국가 전체의 사회 후생을 극대화하기 위해 재분배정책과 개발정책을 담당한다고 주장함

② 개발정책은 지역경제 성장을 촉진시키기 위한 정책으로, 원칙적으로 해당 정책의 수혜자가 그 비용을 부담해야 함 → 수익자부담주의
③ 공공선택론에 따르면 중앙과 지방정부 간의 기능 배분은 개인 후생을 극대화하고자 하는 시민과 공직자 개개인들의 합리적 선택 및 행동의 결과임
④ 배당정책은 특정 지역에 편익을 제공하는 정책으로써 치안, 소방, 쓰레기 수거, 공공매립지 제공 등이 있음 → 이는 해당 지역의 수요를 제대로 파악할 수 있는 지방정부에서 담당해야 함

정답 ①

cf.

44 회독 □□□ 2004. 전북 9급

다음 설명 중 중앙정부와 지방정부 간의 기능배분을 신우파론적 관점에서 설명한 것은?

① 역사적으로 오랜 시일 진화과정을 거치면서 점진적으로 제도화되어 왔다.
② 합리적 인간관과 엄격한 방법론적 개체주의 입장을 취하면서 기능배분의 문제도 개인후생을 극대화하고자 하는 시민과 공직자 개개인들의 합리적 선택행동에서 비롯된다.
③ 정부의 기능배분에 관해 구체적인 기준은 별로 관심을 가지지 않는다.
④ 정부수준간 기능배분에 관한 '이원국가론'을 주장하고 있다.
⑤ 정부수준간의 상이한 의사결정방식에 관한 신베버주의의 입장을 근간으로 하고 있다.

정답 및 해설

신우파론(공공선택론)은 이기적인 인간, 방법론적 개체주의 등의 관점에서 정부의 기능 배분 현상을 설명하고 있음

① 다원주의는 중앙과 지방 간 기능배분은 역사적으로 오랜 시간을 거치면서 다양한 이해관계가 점진적으로 제도화된 결과라는 관점임
③ 선지는 마르크스주의에 대한 내용임; 마르크스주의는 정부 간 기능 배분 문제는 결국 자본가들이 결정하고, 지방정부는 단지 중앙정부의 결정에 따르는 수동적인 개체로 간주함 → 따라서 마르크스주의는 정부 간 기능 배분을 위한 구체적인 기준에 대해 관심을 가지지 않음
④ 이원국가론은 국가기능을 사회적 투자(재분배정책)와 사회적 소비(배분정책)로 양분하고, 전자는 중앙정부가 후자는 지방정부가 담당해야 함을 주장함
⑤ 이원국가론은 중앙정부 기능(사회적 투자)에 대한 의사결정을 소수 엘리트가 정한다고 주장하는바, 정부의 자율성을 인정하고 있음 → 이러한 점에서 이원국가론은 신마르크스주의 및 신베버주의의 특징을 보인다고 할 수 있음

정답 ②

45 회독 □□□

2011. 국가 7급

현행 지방자치법 상 지방자치단체의 장의 보조기관은?

① 부단체장
② 사업소
③ 출장소
④ 읍면동

정답 및 해설

부단체장은 지방자치법상 지방자치단체 장의 보조기관임;
②③은 소속 행정기관, ④는 하부행정기관임

용어정리

ⓐ 지방자치단체의 장: 특별시장, 광역시장, 도지사, 시장, 군수, 자치구청장
ⓑ 보조기관: 부지사, 부시장, 부군수, 부구청장, 행정기구, 지방공무원
ⓒ 소속 행정기관: 직속기관, 사업소, 출장소, 합의제 행정기관
ⓓ 하부행정기관(장): 시장, 구청장, 읍장, 면장, 동장
ⓔ 교육·과학·체육기관: 교육원 등

정답 ①

Section 03 기능 배분 원칙과 방식

46 회독 □□□

2020. 지방 9급

지방분권 추진 원칙 중 다음 설명에 해당하는 것은?

- 기능 배분에 있어 가까운 정부에게 우선적 관할권을 부여한다.
- 가까운 지방정부가 처리할 수 있는 업무에 상급 지방정부나 중앙정부가 관여해서는 안 된다.

① 보충성의 원칙
② 포괄성의 원칙
③ 형평성의 원칙
④ 경제성의 원칙

정답 및 해설

보기의 내용은 보충성의 원칙이며, 이는 우리나라 지방자치법에 명시되어 있음

② 포괄성의 원칙: 단편적인 지방이양의 문제점을 보완하기 위하여 포괄적으로 사무를 이양해야 한다는 원칙
③ 형평성의 원칙: 자치단체 간에 형평성을 확보할 수 있도록 사무배분이 이루어져야 한다는 원칙
④ 경제성의 원칙: 사무를 가장 능률적으로 수행할 수 있는 행정단위에 배분하자는 원칙

정답 ①

47 회독 □□□

2009. 지방 9급

중앙정부와 지방자치단체 간 또는 광역자치단체와 기초자치단체 간 기능배분을 설명하는 내용으로 옳지 않은 것은?

① 책임명확화의 원칙: 비경합의 원칙
② 현지성의 원칙: 기초자치단체 우선의 원칙
③ 종합성의 원칙: 특별지방행정기관 우선의 원칙
④ 경제성의 원칙: 능률적 집행의 원칙

정답 및 해설

종합성의 원칙은 특별한 사무만을 처리하는 일선기관(특별지방행정기관)보다는 지방의 행정을 종합적으로 담당하는 자치단체에 사무를 배분하는 것이 좋다는 원칙임; 즉, 특별지방행정기관(일선기관)보다 보통지방행정기관(지방자치단체)에 우선적으로 사무를 배분한다는 것

정답 ③

48 회독 □□□

2004. 부산 9급

지방자치단체가 우선적으로 권한을 행사하게 하고, 지방자치단체가 담당하기에 부족한 것은 중앙에서 처리하는 것은?

① 선분권, 후보완의 원칙
② 보충성의 원칙
③ 기초우선의 원칙
④ 조정·통합의 원칙

정답 및 해설

문제의 내용은 보충성의 원칙에 해당함

① 선분권·후보완의 원칙: 우선적으로 분권조치를 취하고 자치단체가 분권의 부작용을 스스로 치유할 수 있는 자정능력을 갖도록 보완해 나가야 한다는 원칙
③ 기초우선의 원칙: 주민생활 밀착사무는 최저단계의 행정기관(기초자치단체)에 배분해야 한다는 현지성의 원칙
④ 조정·통합의 원칙: 자치단체 간의 대립과 불균형 및 격차를 조정하는 것과 사회통합을 실현하는 것은 국가·중앙정부의 고유한 역할이라는 원칙

정답 ②

49 회독 □□□

2016. 국가 9급 수정

우리나라 지방자치제에 대한 설명으로 옳지 않은 것은?

① 지방자치단체의 의사를 결정하는 의결기관과 의사를 집행하는 집행기관을 이원적으로 구성하는 기관대립(분립)형이다.

② 지방분권화의 세계적 흐름에 따라 지방사무의 배분방식은 제한적 열거방식을 채택하고 있다.

③ 자치경찰제는 현재 전국적으로 실시되고 있다.

④ 특별지방행정기관은 중앙행정기관이 소관 사무를 집행하기 위해 설치한 지방행정기관이며, 세무서와 출입국관리 사무소는 특별지방행정기관에 해당한다.

정답 및 해설

우리나라는 지방사무의 배분방식으로서 포괄적 예시주의를 채택하고 있음

지방자치법 제13조【지방자치단체의 사무범위】 ① 지방자치단체는 관할 구역의 자치사무와 법령에 따라 지방자치단체에 속하는 사무를 처리한다.
② 제1항에 따른 지방자치단체의 사무(지방자치단체의 자치사무)를 예시하면 다음 각 호와 같다. 다만, 법률에 이와 다른 규정이 있으면 그러하지 아니하다.

① 우리나라 지방자치단체의 기관구성은 지방자치단체의 의사를 결정하는 의결기관과 의사를 집행하는 집행기관을 이원적으로 구성하여 양자의 견제와 균형을 유도하는 기관대립(분립)형에 해당함

③ 자치경찰제는 현재 전국적으로 실시되고 있음

국가경찰과 자치경찰의 조직 및 운영에 관한 법률 제18조【시·도자치경찰위원회의 설치】 ① 자치경찰사무를 관장하게 하기 위하여 특별시장·광역시장·특별자치시장도지사·특별자치도지사(이하 "시·도지사"라 한다) 소속으로 시·도자치경찰위원회를 둔다. 다만, 제13조 후단에 따라 시·도에 2개의 시·도경찰청을 두는 경우 시·도지사 소속으로 2개의 시·도자치경찰위원회를 둘 수 있다.

④ 특별지방행정기관은 중앙행정기관이 소관 사무를 집행하기 위해 설치한 지방행정기관이며, 지방국세청, 지방관세청, 세무서와 출입국관리 사무소 등은 특별지방행정기관에 해당함

정답 ②

50 회독 □□□

2018. 서울 9급

「지방자치법」상 지방자치단체의 사무처리에 관한 설명으로 가장 옳지 않은 것은?

① 지방자치단체는 법령을 위반하여 그 사무를 처리할 수 없다.

② 행정처리 결과가 2개 이상의 시·군 및 자치구에 미치는 광역적 사무는 시·도가 처리한다.

③ 시·도와 시·군 및 자치구의 사무가 서로 경합하면 시·도에서 먼저 처리한다.

④ 지방자치단체는 법률에 다른 규정이 있는 경우를 제외하고 외교, 국방, 사법, 국세 등 국가의 존립에 필요한 사무를 처리할 수 없다.

정답 및 해설

시·도와 시·군 및 자치구의 사무가 서로 경합하면 시·군·구에서 먼저 처리해야 함

지방자치법 제14조【지방자치단체의 종류별 사무배분기준】 ③ 시·도와 시·군 및 자치구는 사무를 처리할 때 서로 겹치지 아니하도록 하여야 하며, 사무가 서로 겹치면 시·군 및 자치구에서 먼저 처리한다.

① 지방자치단체는 법령을 위반하여 그 사무를 처리할 수 없음

지방자치법 제12조【사무처리의 기본원칙】 ③ 지방자치단체는 법령을 위반하여 사무를 처리할 수 없으며, 시·군 및 자치구는 해당 구역을 관할하는 시·도의 조례를 위반하여 사무를 처리할 수 없다.

② 행정처리 결과가 2개 이상의 시·군 및 자치구에 미치는 광역적 사무는 시·도가 처리해야 함

지방자치법 제14조【지방자치단체의 종류별 사무배분기준】 ① 제13조에 따른 지방자치단체의 사무를 지방자치단체의 종류별로 배분하는 기준은 다음 각 호와 같다. 다만, 제13조 제2항 제1호의 사무(지방자치단체의 구역, 조직, 행정관리 등에 관한 사무)는 각 지방자치단체에 공통된 사무로 한다.
1. 시·도: 광역지방자치단체
  가. 행정처리 결과가 2개 이상의 시·군 및 자치구에 미치는 광역적 사무

④ 지방자치단체는 법률에 다른 규정이 있는 경우를 제외하고 외교, 국방, 사법, 국세 등 국가의 존립에 필요한 사무를 처리할 수 없음

지방자치법 제15조【국가사무의 처리 제한】 지방자치단체는 다음 각 호에 해당하는 국가사무를 처리할 수 없다. 다만, 법률에 이와 다른 규정이 있는 경우에는 국가사무를 처리할 수 있다.

정답 ③

cf.
51 회독 □□□
2013. 지방 9급

특별지방행정기관에 해당하지 않는 것은?

① 농촌진흥청
② 유역환경청
③ 국립검역소
④ 지방국토관리청

정답 및 해설

농촌진흥청은 농림축산식품부 산하에 있는 중앙행정기관임

특별지방행정기관의 예시

지방국세청, 지방관세청, 지방경찰청, 지방검찰청, 유역환경청, 국립검역소, 지방국토관리청, 농업기술원, 보건소, 교도소, 출입국관리사무소, 우체국, 세무서, 세관, 중부지방고용노동청, 지방환경청 등

정답 ①

cf.
52 회독 □□□
2009. 지방 7급

지방자치의 이론적 기초 중에서 적극적 보충성의 원리를 옳게 설명한 것은?

① 개인 및 지역 간의 과도한 격차를 줄이기 위해 상급 공동체는 필요한 최소수준을 정하고 이에 미달하는 개인 및 지역의 삶을 보장하여야 한다.
② 주민들의 자발적 참여가 전제된 상태에서 상향적 의사결정을 통해 공동이익을 실현하는 방식이다.
③ 개인이나 하급 공동체가 할 수 있는 일을 상급 공동체가 과도하게 개입하여 처리하는 것은 옳지 않다.
④ 강력한 통치권을 가진 국가(중앙정부)로부터 일정한 자치권을 부여받아 지방자치를 실시하는 전통을 말한다.

정답 및 해설

보충성의 원리는 적극적인 보충성과 소극적인 보충성으로 구분할 수 있는데, ①은 적극적 보충성의 원리, ③은 소극적 보충성의 원리에 해당함

적극적 보충성과 소극적 보충성의 원리

1. 적극적 보충성: 개인 및 지역 간의 과도한 격차를 줄이기 위해 상급 공동체는 필요한 최소수준을 정하고 이에 미달하는 개인 및 지역의 삶을 보장하여야 함 → 즉, 중앙정부나 상급 지방자치단체가 일방적으로 필요한 수준을 정한 뒤 지방정부의 행정역량을 보완하기 위해 지원을 제공해야 한다는 원칙
2. 소극적 보충성: 하급 지방자치단체가 충분히 처리할 수 있는 사무는 중앙정부 혹은 상급 자치단체가 처리하지 않지만, 하급 지방자치단체가 처리하기 어려울 경우에는 지원해야 한다는 원칙

② 주민자치에 대한 내용임
④ 단체자치에 대한 내용임

정답 ①

PART 07 지방자치론

Section 04 우리나라의 정부 간 관계

53 회독 □□□

「지방자치법」상 지방자치단체 상호 간 분쟁 발생 시 조정에 대한 설명으로 옳지 않은 것은?

① 지방자치단체 상호 간 사무를 처리할 때 의견이 달라 생긴 분쟁이 공익을 현저히 해쳐 조속한 조정이 필요하다고 인정되면 당사자의 신청이 없어도 행정안전부장관이나 시·도지사가 직권으로 조정할 수 있다.

② 행정안전부장관이나 시·도지사는 조정 결정 사항이 성실히 이행되지 아니할 경우 그 지방자치단체에 대하여 직무이행명령을 통해 이행하게 할 수 있다.

③ 지방분쟁조정위원회는 시·도에 설치하며 시·도와 시·군 및 자치구 간 또는 그 장 간의 분쟁을 심의·의결한다.

④ 중앙분쟁조정위원회는 행정안전부에 설치하며 시·도 간 또는 그 장 간의 분쟁을 심의·의결한다.

정답 및 해설

시·도와 시·군 및 자치구 간 또는 그 장 간의 분쟁을 심의·의결하는 것은 중앙분쟁조정위원회임

①

지방자치법 제165조 【지방자치단체 상호 간의 분쟁조정】 ① 지방자치단체 상호 간 또는 지방자치단체의 장 상호 간에 사무를 처리할 때 의견이 달라 다툼(이하 "분쟁"이라 한다)이 생기면 다른 법률에 특별한 규정이 없으면 행정안전부장관이나 시·도지사가 당사자의 신청을 받아 조정할 수 있다. 다만, 그 분쟁이 공익을 현저히 해쳐 조속한 조정이 필요하다고 인정되면 당사자의 신청이 없어도 직권으로 조정할 수 있다.

② 지방자치법은 분쟁조정위원회의 결정사항을 이행하도록 규정하고 있는바 분쟁조정위원회의 결정은 법적인 구속력이 있음 → 또한 분쟁조정위원회의 조정사항을 이행하지 않으면 직무이행명령과 대집행 조치를 할 수 있으므로 분쟁조정위원회의 결정은 실질적인 구속력도 있음

④

지방자치법 제166조 【지방자치단체중앙분쟁조정위원회 등의 설치와 구성 등】 ① 제165조 제1항에 따른 분쟁의 조정과 제173조 제1항에 따른 협의사항의 조정에 필요한 사항을 심의·의결하기 위하여 행정안전부에 지방자치단체중앙분쟁조정위원회(이하 "중앙분쟁조정위원회"라 한다)를, 시·도에 지방자치단체지방분쟁조정위원회(이하 "지방분쟁조정위원회"라 한다)를 둔다.

정답 ③

54 회독 □□□

2010. 지방 9급

광역행정에 대한 설명으로 옳지 않은 것은?

① 광역행정이란 둘 이상의 지방자치단체 관할구역에 걸쳐서 공동적 또는 통일적으로 수행되는 행정을 말한다.

② 사회경제권역의 확대는 광역행정을 촉진시키는 요인으로 작용한다.

③ 공동처리방식은 둘 이상의 지방자치단체가 상호 협력하여 광역행정사무를 공동으로 처리하는 방식이다.

④ 연합방식은 일정한 광역권 안에 여러 자치단체를 통합한 단일의 정부를 설립하여 광역행정사무를 처리하는 방식이다.

정답 및 해설

일정한 광역권 안에 여러 자치단체를 통합한 단일의 정부를 설립하여 광역행정사무를 처리하는 방식은 '통합방식'임

연합방식

기존의 자치단체가 각각 독립적인 법인격을 유지하면서 그 위에 광역행정을 전담하는 새로운 자치단체를 신설하는 방식

① 광역행정이란 둘 이상의 지방자치단체 관할구역에 걸쳐서 공동적 또는 통일적으로 수행되는 행정으로써 공해문제 등 한 개의 지방정부가 해결하기 어려운 행정수요를 충족하기 위해 등장한 제도임

② 교통이나 통신 등의 발달로 인한 사회경제권역의 확대는 광역행정을 촉진시키는 요인으로 작용함

③ 공동처리방식은 연합방식이나 통합방식과 더불어 둘 이상의 지방자치단체가 상호 협력하여 광역행정사무를 처리하는 제도임

정답 ④

55 회독 □□□

2018. 교행 9급

광역행정의 공동처리 방식에 관한 설명으로 옳은 것은?

① 사무위탁은 둘 이상의 지방자치단체가 계약에 의하여 자기 사무의 일부를 상대방에게 위탁하여 처리하는 방식이다.

② 연락회의는 둘 이상의 지방자치단체가 광역적 갈등 분쟁을 원활하게 해결하기 위하여 조정권을 갖는 연락기구를 구성하는 방식이다.

③ 공동기관은 둘 이상의 지방자체단체가 광역사무를 처리하기 위하여 조례에 의해 공동으로 법인격을 갖는 기관을 운영하는 방식이다.

④ 협의회는 둘 이상의 지방자치단체가 광역적 지역개발 사업을 수행하기 위하여 규칙에 의해 법인격을 갖는 기관을 운영하는 방식이다.

정답 및 해설

아래의 조항 참고

지방자치법 제168조【사무의 위탁】 ① 지방자치단체나 그 장은 소관 사무의 일부를 다른 지방자치단체나 그 장에게 위탁하여 처리하게 할 수 있다.
② 지방자치단체나 그 장은 제1항에 따라 사무를 위탁하려면 관계 지방자치단체와의 협의에 따라 규약을 정하여 고시하여야 한다.

② 연락회의는 둘 이상의 지방자치단체가 광역적 갈등분쟁을 원활하게 해결하기 위하여 자치단체의 대표들로 연락기구를 구성하는 방식으로 단순한 접촉이나 대화 및 연락을 위한 조직임 → 연락회의는 구속력을 가지거나 조정권을 갖지 못함

③ 공동기관은 둘 이상의 지방자체단체가 광역사무를 처리하기 위하여 합의에 의하여 규약을 정하고 위원회의 위원, 전문위원, 보조원, 부속기관 등을 공동으로 두는 방식으로 법인격을 갖지 못함

④ 지방자치단체는 2개 이상의 지방자치단체에 관련된 사무의 일부를 공동으로 처리하기 위하여 관계 지방자치단체 간에 지방의회의 의결을 거쳐 협의회를 구성할 수 있으나 협의회는 조합과 다르게 법인격을 갖지 못함

지방자치법 제169조【행정협의회의 구성】 ① 지방자치단체는 2개 이상의 지방자치단체에 관련된 사무의 일부를 공동으로 처리하기 위하여 관계 지방자치단체 간의 행정협의회(이하 "협의회"라 한다)를 구성할 수 있다. 이 경우 지방자치단체의 장은 시·도가 구성원이면 행정안전부장관과 관계 중앙행정기관의 장에게, 시·군 또는 자치구가 구성원이면 시·도지사에게 이를 보고하여야 한다.

정답 ①

56 회독 □□□

2019. 지방 9급

광역행정에 대한 설명으로 옳지 않은 것은?

① 기존의 행정구역을 초월해 더 넓은 지역을 대상으로 행정을 수행한다.

② 행정권과 주민의 생활권을 일치시켜 효율성을 촉진시킬 수 있다.

③ 규모의 경제를 확보하기 어렵다.

④ 지방자치단체 간에 균질한 행정서비스를 제공하는 계기로 작용해 왔다.

정답 및 해설

광역행정은 지방정부 간 협업을 통해 중복투자를 방지함으로써 규모의 경제를 확보할 수 있음

① 지방정부 간 협력을 통해 기존의 행정구역을 초월하여 넓은 지역을 대상으로 행정을 수행하는 것이 광역행정임

②④

광역행정의 장점 및 단점

구분	내용
장점	① 중앙과 지방 간의 협력관계 촉진 ② 광역권 내 주민의 생활권, 교통권, 경제권 등과 행정권을 일치시켜서 행정의 효율성 촉진 ③ 주민의 생활편의, 복지, 문화수준 및 지역 전체의 발전과 균형 달성 → 지방자치단체 간의 재정 및 행정서비스의 형평적 배분 ④ 지자체 협력을 통해 중복투자를 방지함으로써 규모의 경제를 실현할 수 있으며(불필요한 가외성 지양), 지방자치단체 간 갈등 해소와 조정에 기여
단점	① 각 자치단체의 특수성을 잘 살리지 못하여(행정의 대응성↓) 행정서비스의 무분별한 획일화 초래 ② 두 개의 지자체가 협력하여 일을 수행하는 까닭에 행정의 책임소재를 불분명하게 만들 수 있음

정답 ③

57 회독 □□□ 2009. 지방 9급

지방자치법상의 지방자치단체에 대한 국가 및 시·도의 지도 및 감독에 대한 설명 중 옳은 것만을 고른 것은?

ㄱ. 중앙행정기관의 장이나 시·도지사는 지방자치단체의 사무에 관하여 조언 또는 권고하거나 지도할 수 있다.
ㄴ. 중앙행정기관의 장과 지방자치단체의 장이 사무를 처리할 때 의견을 달리하는 경우 이를 협의 후 조정하기 위하여 행정안전부 소속으로 협의 조정기구를 둘 수 있다.
ㄷ. 지방자치단체의 사무에 관한 그 장의 명령이나 처분이 법령에 위반되거나 현저히 부당하여 공익을 해친다고 인정되면 시·도에 대하여는 주무부장관이, 시·군 및 자치구에 대하여는 시·도지사가 즉시 이를 취소하거나 정지할 수 있다.
ㄹ. 주무부장관이나 시·도지사는 해당 지방자치단체의 장이 정해진 기간 내에 이행명령을 이행하지 아니하면 그 지방자치단체의 비용부담으로 대집행하거나 행정상·재정상 필요한 조치를 할 수 있다.

① ㄱ, ㄴ ② ㄱ, ㄹ ③ ㄴ, ㄷ ④ ㄷ, ㄹ

정답 및 해설

올바른 선지

ㄱ. 지방자치법 제184조에 명시된 내용임

ㄹ.

지방자치법 제189조【지방자치단체의 장에 대한 직무이행명령】 ① 지방자치단체의 장이 법령의 규정에 따라 그 의무에 속하는 국가위임사무나 시·도위임사무의 관리와 집행을 명백히 게을리하고 있다고 인정되면 시·도에 대하여는 주무부장관이, 시·군 및 자치구에 대하여는 시·도지사가 기간을 정하여 서면으로 이행할 사항을 명령할 수 있다.
② 주무부장관이나 시·도지사는 해당 지방자치단체의 장이 제1항의 기간에 이행명령을 이행하지 아니하면 그 지방자치단체의 비용부담으로 대집행하거나 행정상·재정상 필요한 조치를 할 수 있다.

틀린 선지

ㄴ.

지방자치법 제187조【중앙행정기관과 지방자치단체 간 협의·조정】 ① 중앙행정기관의 장과 지방자치단체의 장이 사무를 처리할 때 의견을 달리하는 경우 이를 협의·조정하기 위하여 국무총리 소속으로 행정협의조정위원회를 둔다.

ㄷ.

지방자치법 제188조【위법·부당한 명령이나 처분의 시정】 ① 지방자치단체의 사무에 관한 그 장의 명령이나 처분이 법령에 위반되거나 현저히 부당하여 공익을 해친다고 인정되면 시·도에 대하여는 주무부장관이, 시·군 및 자치구에 대하여는 시·도지사가 기간을 정하여 서면으로 시정할 것을 명하고, 그 기간에 이행하지 아니하면 이를 취소하거나 정지할 수 있다.

정답 ②

58 회독 □□□ 2015. 지방 9급

우리나라의 중앙정부와 지방정부 간 관계에 대한 설명으로 옳지 않은 것은?

① 중앙정부와 지방정부 간의 인사교류 활성화는 소모적 갈등의 완화에 기여할 수 있다.
② 특별지방행정기관과 지방정부 간 기능이 유사·중복되어 갈등이 발생하기도 한다.
③ 중앙정부와 지방정부 간 재원 및 재정 부담을 둘러싼 갈등이 심화되고 있다.
④ 중앙정부와 지방정부 간 갈등을 해결하기 위하여 설치된 행정협의조정위원회의 결정은 강제력을 가진다.

정답 및 해설

행정협의조정위원회의 결정은 형식적으로 법적인 구속력이 있으나, 조정사항의 불이행에 대한 이행명령이나 대집행 등의 실질적인 구속력 확보장치가 없기 때문에 실질적인 구속력은 없음

① 중앙정부와 지방정부 간의 인사교류를 통해 적절한 의사소통을 하게 되면 소모적인 갈등을 줄일 수 있음
② 특별지방행정기관과 지방정부 간 분업체계가 모호하면 양자의 기능이 유사·중복되어 갈등이 발생하기도 함
③ 행정환경의 복잡성 증대로 인해 지방정부의 역할이 많아지는바 중앙정부와 지방정부 간 재원 및 재정 부담을 둘러싼 갈등이 심화되고 있음

정답 ④

59 회독 □□□ 2008. 지방 9급

지방자치법에서 규정하고 있는 지방자치단체 간의 수평적 협력방식으로만 구성된 것은?

ㄱ. 사무위탁	ㄴ. 지방자치단체조합
ㄷ. 분쟁조정위원회	ㄹ. 지방자치단체연합

① ㄱ, ㄴ ② ㄱ, ㄹ
③ ㄴ, ㄷ ④ ㄷ, ㄹ

정답 및 해설

'지방자치법에 규정된' 지방자치단체 간의 수평적 협력방식은 사무위탁과 지방자치단체조합임

ㄱ.

지방자치법 제168조【사무의 위탁】 ① 지방자치단체나 그 장은 소관 사무의 일부를 다른 지방자치단체나 그 장에게 위탁하여 처리하게 할 수 있다.
② 지방자치단체나 그 장은 제1항에 따라 사무를 위탁하려면 관계 지방자치단체와의 협의에 따라 규약을 정하여 고시하여야 한다.

ㄴ.

지방자치법 제176조【지방자치단체조합의 설립】 ① 2개 이상의 지방자치단체가 하나 또는 둘 이상의 사무를 공동으로 처리할 필요가 있을 때에는 규약을 정하여 그 지방의회의 의결을 거쳐 시·도는 행정안전부장관의, 시·군 및 자치구는 시·도지사의 승인을 받아 지방자치단체조합을 설립할 수 있다. 다만, 지방자치단체조합의 구성원인 시·군 및 자치구가 2개 이상의 시·도에 걸치는 지방자치단체조합은 행정안전부장관의 승인을 받아야 한다.
② 지방자치단체조합은 법인으로 한다.

ㄷ. 분쟁조정위원회는 지방자치단체와 지방자치단체 간의 분쟁을 조정하는 제도임
ㄹ. 연합방식은 기존의 자치단체가 각각 독립적인 법인격을 유지하면서 그 위에 광역행정을 전담하는 새로운 자치단체를 신설하는 방식이며, 이론상 개념에 해당함

정답 ①

60 회독 □□□ 2017. 지방 9급

특별지방행정기관에 대한 설명으로 옳지 않은 것은?

① 고유의 법인격은 물론 자치권도 가지고 있지 않다.
② 관할의 범위가 넓을수록 이용자인 고객의 편리성이 향상된다.
③ 주민들의 직접통제와 참여가 용이하지 않은 문제가 있다.
④ 특별지방행정기관의 예로 교도소, 세관, 우체국 등을 들 수 있다.

정답 및 해설

특별지방행정기관의 관할 범위가 넓을수록 광역행정에 용이하지만, 주민의 접근성(고객의 편리성)은 떨어질 수 있음

특별지방행정기관

> 특정한 중앙행정기관의 업무 중 지역적 업무를 당해 관할 구역 내에서 처리할 수 있도록 해당 지역에 설치한 행정기관 → 지방국세청, 지방관세청, 지방경찰청, 지방검찰청, 우체국, 출입국관리사무소, 교도소, 세관 등

① 특별지방행정기관은 중앙행정기관을 대신해서 업무를 집행하는 일선 행정기관임; 이는 법인으로써 자치권을 지닌 지방자치단체와는 구별됨
③ 특별지방행정기관은 중앙행정기관을 대신해서 업무를 집행하는 일선 행정기관이므로 주민들의 직접 통제와 참여가 용이하지 않은 문제가 있음

정답 ②

61 회독 □□□

2019. 국가 7급

특별지방행정기관에 대한 설명으로 옳은 것은?

① 국가의 사무를 집행하기 위해 설치한 일선집행기관으로 고유의 법인격을 가지고 있다.
② 전문분야의 행정을 보다 효율적으로 수행하기 위해 설치하나 행정기관 간의 중복을 야기하기도 한다.
③ 특별지방행정기관의 예로는 자치구가 아닌 일반행정구가 있다.
④ 특별지방행정기관은 지방행정의 전문성을 제고하여 지방분권 강화에 긍정적인 영향을 미친다.

정답 및 해설

특별지방행정기관은 일선 행정기관으로서 중앙행정기관의 일을 일선에서 보다 효율적으로 수행하기 위해 설치하지만 행정기관 간의 중복을 야기할 수 있는 문제점도 있음

① 특별지방행정기관은 국가의 사무를 집행하기 위해 설치한 일선집행기관이기 때문에 고유의 법인격은 없음
③ 일반행정구는 지방자치단체의 하부기관임
④ 특별지방행정기관이 많아지면 지방자치단체와의 경합이 발생할 수 있기 때문에 지방분권에 악영향을 줄 수 있음

정답 ②

62 회독 □□□

2020. 지방 7급

「지방자치법」상 지방자치단체조합에 대한 설명으로 옳지 않은 것은?

① 2개 이상의 지방자치단체가 하나 또는 둘 이상의 사무를 공동으로 처리할 필요가 있을 때에 소정의 절차를 거쳐 설립할 수 있는 법인이다.
② 설립뿐 아니라 규약변경이나 해산의 경우에도 지방의회의 의결을 거쳐야 한다.
③ 해산한 경우에 그 재산의 처분은 행정안전부장관의 승인을 받아야 한다.
④ 구성원인 시·군 및 자치구가 2개 이상의 시·도에 걸치는 지방자치단체조합은 행정안전부장관의 지도·감독을 받는다.

정답 및 해설

지방자치단체조합을 해산한 경우에 그 재산의 처분은 관계 지방자치단체의 협의에 따름

> **지방자치법 제181조【지방자치단체조합의 규약변경 및 해산】** ② 지방자치단체조합을 해산한 경우에 그 재산의 처분은 관계 지방자치단체의 협의에 따른다.

① 지방자치단체 조합은 2개 이상의 지방자치단체가 하나 또는 둘 이상의 사무를 공동으로 처리할 필요가 있을 때에 소정의 절차를 거쳐 설립할 수 있는 법인임

> **제176조【지방자치단체조합의 설립】** ① 2개 이상의 지방자치단체가 하나 또는 둘 이상의 사무를 공동으로 처리할 필요가 있을 때에는 규약을 정하여 그 지방의회의 의결을 거쳐 시·도는 행정안전부장관의, 시·군 및 자치구는 시·도지사의 승인을 받아 지방자치단체조합을 설립할 수 있다. 다만, 지방자치단체조합의 구성원인 시·군 및 자치구가 2개 이상의 시·도에 걸치는 지방자치단체조합은 행정안전부장관의 승인을 받아야 한다.
> ② 지방자치단체조합은 법인으로 한다.

④ 구성원인 시·군 및 자치구가 2개 이상의 시·도에 걸치는 지방자치단체조합은 행정안전부장관의 지도·감독을 받음

> **제180조【지방자치단체조합의 지도·감독】** ① 시·도가 구성원인 지방자치단체조합은 행정안전부장관의, 시·군 및 자치구가 구성원인 지방자치단체조합은 1차로 시·도지사의, 2차로 행정안전부장관의 지도·감독을 받는다. 다만, 지방자치단체조합의 구성원인 시·군 및 자치구가 2개 이상의 시·도에 걸치는 지방자치단체조합은 행정안전부장관의 지도·감독을 받는다.

정답 ③

63 회독 □□□ 2009. 지방 7급

광역행정의 방식에 대한 설명으로 옳지 않은 것은?

① 흡수통합은 자치단체를 몇 개 폐합하여 하나의 법인격을 가진 새로운 자치단체를 신설하는 방식이다.

② 공동처리방식은 둘 이상의 자치단체가 상호 협력관계를 형성하여 광역적 행정사무를 공동으로 처리하는 방식이다.

③ 연합은 기존의 자치단체가 각각 독립적인 법인격을 유지하면서 그 위에 광역행정을 전담하는 새로운 자치단체를 신설하는 방식이다.

④ 자치단체 간 계약은 한 자치단체가 다른 자치단체에게 일정한 대가를 받고 서비스를 제공하는 것을 말한다.

정답 및 해설

지문의 내용은 합병방식에 대한 내용임; 합병방식은 자치단체를 몇 개 폐합하여 하나의 법인격을 가진 새로운 자치단체를 신설하는 방식이며, 흡수통합은 상급자치단체가 하급자치단체의 권한이나 지위를 흡수·통합하는 방식임

② 공동처리방식은 둘 이상의 자치단체가 상호 협력관계를 형성하여 광역적 행정사무를 공동으로 처리하는 방식으로써 우리나라 지방자치법에 명시된 제도임

③ 연합은 기존의 자치단체가 각각 독립적인 법인격을 유지하면서 그 위에 광역행정을 전담하는 새로운 자치단체를 신설하는 방식임 → 연합의 종류로써 도시공동체는 기초자치단체인 시(市)들이 광역행정단위를 구성하는 방식임

④ 자치단체 간 계약(위탁)은 한 자치단체가 다른 자치단체에게 일정한 대가를 받고 서비스를 제공하는 방식임

지방자치법 제168조【사무의 위탁】 ① 지방자치단체나 그 장은 소관 사무의 일부를 다른 지방자치단체나 그 장에게 위탁하여 처리하게 할 수 있다.
② 지방자치단체나 그 장은 제1항에 따라 사무를 위탁하려면 관계 지방자치단체와의 협의에 따라 규약을 정하여 고시하여야 한다.

정답 ①

64 회독 □□□ 2008. 지방 7급

지방자치단체 상호간의 분쟁조정에 관한 설명으로 옳지 않은 것은?

① 지방자치단체 상호간에 분쟁이 발생할 경우 행정안전부장관 또는 시·도지사가 당사자의 신청에 의하여 이를 조정할 수 있다.

② 지방자치단체 상호간 분쟁이 공익을 현저히 저해하여 조속한 조정이 필요하다고 인정될 경우에는 당사자의 신청이 없어도 행정안전부장관 또는 시·도지사가 직권으로 이를 조정할 수 있다.

③ 조정결정사항 중 예산이 수반되는 경우에 관계 지방자치단체는 이에 필요한 예산을 우선적으로 편성하여야 한다.

④ 동일 광역자치단체 내 기초자치단체 간의 분쟁은 중앙분쟁조정위원회에서 조정한다.

정답 및 해설

시·도를 달리하는 시·군 및 자치구 간 또는 그 장 간의 분쟁은 중앙분쟁조정위원회에서 조정하고, 동일 광역자치단체 내 기초자치단체 간의 분쟁은 지방분쟁조정위원회에서 조정함

①②

지방자치법 제165조【지방자치단체 상호 간의 분쟁조정】
① 지방자치단체 상호 간이나 지방자치단체의 장 상호 간 사무를 처리할 때 의견이 달라 다툼(이하 "분쟁"이라 한다)이 생기면 다른 법률에 특별한 규정이 없으면 행정안전부장관이나 시·도지사가 당사자의 신청에 따라 조정(調整)할 수 있다. 다만, 그 분쟁이 공익을 현저히 저해하여 조속한 조정이 필요하다고 인정되면 당사자의 신청이 없어도 직권으로 조정할 수 있다.

③ 조정결정사항 중 예산이 수반되는 경우에 관계 지방자치단체는 이에 필요한 예산을 우선적으로 편성하여야 함

지방자치법 제165조【지방자치단체 상호 간의 분쟁조정】
⑤ 제3항의 조정결정사항 중 예산이 수반되는 사항에 대하여는 관계 지방자치단체는 필요한 예산을 우선적으로 편성하여야 한다. 이 경우 연차적으로 추진하여야 할 사항은 연도별 추진계획을 행정안전부장관이나 시·도지사에게 보고하여야 한다.

정답 ④

65 회독 □□□ 2018. 서울 7급

지방자치단체장(서울시장)의 직무이행명령에 대한 설명 중 가장 옳지 않은 것은?

① 서울시장이 국가위임사무의 관리와 집행을 명백히 게을리하고 있다고 인정되면 주무부장관이 기간을 정하여 서면으로 이행할 사항을 명령할 수 있다.
② 주무부장관은 서울시장이 국가위임사무에 대한 이행명령을 이행하지 아니하면 서울시의 비용부담으로 대집행하거나 행정상·재정상 필요한 조치를 할 수 있다.
③ 서울시장은 주무부장관의 이행명령에 이의가 있으면 이행명령서를 접수한 날부터 20일 이내에 대법원에 소를 제기할 수 있다.
④ 위 ③의 경우 서울시장은 이행명령의 집행을 정지하게 하는 집행정지결정을 신청할 수 있다.

정답 및 해설

서울시장은 주무부장관의 이행명령에 이의가 있으면 이행명령서를 접수한 날부터 15일 이내에 대법원에 소를 제기할 수 있음

①②④

지방자치법 제189조【지방자치단체의 장에 대한 직무이행명령】 ① 지방자치단체의 장이 법령의 규정에 따라 그 의무에 속하는 국가위임사무나 시·도위임사무의 관리와 집행을 명백히 게을리하고 있다고 인정되면 시·도에 대하여는 주무부장관이, 시·군 및 자치구에 대하여는 시·도지사가 기간을 정하여 서면으로 이행할 사항을 명령할 수 있다.
② 주무부장관이나 시·도지사는 해당 지방자치단체의 장이 제1항의 기간에 이행명령을 이행하지 아니하면 그 지방자치단체의 비용부담으로 대집행하거나 행정상·재정상 필요한 조치를 할 수 있다. 이 경우 행정대집행에 관하여는 「행정대집행법」을 준용한다.
⑥ 지방자치단체의 장은 제1항 또는 제4항에 따른 이행명령에 이의가 있으면 이행명령서를 접수한 날부터 15일 이내에 대법원에 소를 제기할 수 있다. 이 경우 지방자치단체의 장은 이행명령의 집행을 정지하게 하는 집행정지결정을 신청할 수 있다.

정답 ③

66 회독 □□□ 2013. 국가 7급 수정

다음은 지방자치단체 상호 간 관계에 대한 설명이다. (ㄱ)~(ㄹ)에 들어갈 말을 순서대로 바르게 나열한 것은?

- 2개 이상의 지방자치단체가 하나 또는 둘 이상의 사무를 공동으로 처리할 필요가 있을 때에는 규약을 정하여 그 지방의회의 의결을 거쳐 시·도는 행정안전부 장관의, 시·군 및 자치구는 시·도지사의 승인을 받아 (ㄱ)을(를) 설립할 수 있다.
- 지방자치단체의 장이나 지방의회의 의장은 상호 간의 교류와 협력을 증진하고, 공동의 문제를 협의하기 위하여 전국적 (ㄴ)를 설립할 수 있다.
- 지방자치단체 상호간이나 지방자치단체의 장 상호간 사무를 처리할 때 의견이 달라 생긴 분쟁의 조정과 행정협의회에서 합의가 이루어지지 아니한 사항의 조정에 필요한 사항을 심의·의결하기 위하여 행정안전부에 (ㄷ)를 둔다.
- 지방자치단체는 2개 이상의 지방자치단체에 관련된 사무의 일부를 공동으로 처리하기 위하여 관계 지방자치단체 간의 (ㄹ)를 구성할 수 있다.

* 선지는 ㄱ, ㄴ, ㄷ, ㄹ의 순서

① 행정협의회, 지방자치단체장협의회, 지방자치단체 지방분쟁조정위원회, 협의체
② 지방자치단체조합, 행정협의회, 지방자치단체 지방분쟁조정위원회, 협의체
③ 행정협의회, 협의체, 지방자치단체 중앙분쟁조정위원회, 지방자치단체장협의회
④ 지방자치단체조합, 협의체, 지방자치단체 중앙분쟁조정위원회, 행정협의회

정답 및 해설

ㄱ. 지방자치단체조합

지방자치법 제176조【지방자치단체조합의 설립】 ① 2개 이상의 지방자치단체가 하나 또는 둘 이상의 사무를 공동으로 처리할 필요가 있을 때에는 규약을 정하여 그 지방의회의 의결을 거쳐 시·도는 행정안전부장관의, 시·군 및 자치구는 시·도지사의 승인을 받아 지방자치단체조합을 설립할 수 있다. 다만, 지방자치단체조합의 구성원인 시·군 및 자치구가 2개 이상의 시·도에 걸치는 지방자치단체조합은 행정안전부장관의 승인을 받아야 한다.
② 지방자치단체조합은 법인으로 한다.

ㄴ. 협의체

지방자치법 제182조【지방자치단체의 장 등의 협의체】
① 지방자치단체의 장이나 지방의회의 의장은 상호 간의 교류와 협력을 증진하고, 공동의 문제를 협의하기 위하여 다음 각 호의 구분에 따라 각각 전국적 협의체를 설립할 수 있다.

ㄷ. 지방자치단체 중앙분쟁조정위원회

지방자치법 제165조【지방자치단체 상호 간의 분쟁조정】
① 지방자치단체 상호 간이나 지방자치단체의 장 상호 간 사무를 처리할 때 의견이 달라 다툼(이하 "분쟁"이라 한다)이 생기면 다른 법률에 특별한 규정이 없으면 행정안전부장관이나 시·도지사가 당사자의 신청에 따라 조정(調整)할 수 있다. 다만, 그 분쟁이 공익을 현저히 저해하여 조속한 조정이 필요하다고 인정되면 당사자의 신청이 없어도 직권으로 조정할 수 있다.
③ 행정안전부장관이나 시·도지사가 제1항의 분쟁을 조정하고자 할 때에는 관계 중앙행정기관의 장과의 협의를 거쳐 제166조에 따른 지방자치단체중앙분쟁조정위원회나 지방자치단체지방분쟁조정위원회의 의결에 따라 조정하여야 한다.

ㄹ. 행정협의회

지방자치법 제169조【행정협의회의 구성】 ① 지방자치단체는 2개 이상의 지방자치단체에 관련된 사무의 일부를 공동으로 처리하기 위하여 관계 지방자치단체 간의 행정협의회(이하 "협의회"라 한다)를 구성할 수 있다. 이 경우 지방자치단체의 장은 시·도가 구성원이면 행정안전부장관과 관계 중앙행정기관의 장에게, 시·군 또는 자치구가 구성원이면 시·도지사에게 이를 보고하여야 한다.
② 지방자치단체는 협의회를 구성하려면 관계 지방자치단체 간의 협의에 따라 규약을 정하여 관계 지방의회에 각각 보고한 다음 고시하여야 한다.

정답 ④

주민참여

Section 01 주민참여의 의의와 유형

cf.

67 회독 □□□ 2011. 국가 7급

아른슈타인이 분류한 주민참여 수준에 대한 설명으로 옳지 않은 것은?

① 회유는 주민이 정보를 제공받고, 각종 위원회 등에서 의견을 제시, 권고하는 등의 역할을 하지만, 주민이 정책결정에 영향력을 행사하는 능력은 갖지 못하는 수준이다.

② 정보제공(informing)은 행정기관과 주민 간의 정보회로가 쌍방향적이어서 환류를 통한 협상과 타협에 연결되는 수준이다.

③ 대등협력(partnership)은 행정기관이 최종결정권을 가지고 있지만 주민이 필요하다고 판단될 경우 행정기관에 맞서서 자신의 주장을 내세울 만큼의 영향력을 갖고 있는 수준이다.

④ 권한위임(delegated power)은 주민이 정책의 결정·실시에 우월한 권력을 가지고 참여하는 경우로, 주민의 영향력이 강하여 행정기관은 문제해결을 위하여 주민을 협상으로 유도하는 수준이다.

정답 및 해설

정보제공(3단계)은 행정기관이 주민에게 정보를 제공하지만, 주민으로부터의 환류 및 협상은 없는 상태이며, 형식적 참여의 범주에 해당함

① 회유는 주민이 정부로부터 정보를 제공받고, 각종 위원회 등에서 의견을 제시, 권고하는 등의 역할을 하지만(참여○), 주민이 정책결정에 영향력을 행사하는 능력은 갖지 못하는 수준임(결정의 영향력×)
③ 대등협력(partnership)은 주민권력단계에 속하는 주민참여수준으로써 행정기관이 최종결정권을 가지고 있지만 주민이 필요하다고 판단될 경우 행정기관에 맞서서 자신의 주장을 내세울 만큼의 영향력을 갖고 있는 수준임
④ 권한위임(delegated power)도 주민권력단계에 속하는 주민참여수준임; 이는 주민이 정책의 결정·실시에 우월한 권력을 가지고 참여하는 경우로, 주민의 영향력이 강하여 행정기관은 문제해결을 위하여 주민을 협상으로 유도하는 수준임 → 권함위임 단계는 대등한 협력의 단계보다 주민의 영향력이 강함

정답 ②

Section 02 우리나라의 주민참여제도

68 회독 □□□ 2023. 지방 7급

주민참여제도에 대한 설명으로 옳은 것은?

① 주민투표의 대상·발의자·발의요건, 그 밖에 투표절차 등에 관한 사항은 따로 「주민투표법」으로 정하고 있다.

② 주민은 지방자치단체의 권한에 속하는 사무의 처리가 법령에 위반되거나 공익을 현저히 해친다고 판단될 때 해당 지방자치단체장에게 감사를 청구할 수 있다.

③ 주민은 지방자치단체의 공금지출에 관한 위법한 행위에 대하여 해당 지방자치단체의 장을 상대방으로 주민소송이 가능하며, 이 제도는 2021년 「지방자치법」 전부개정을 통해 처음 도입되었다.

④ 주민은 지방의회의원과 지방자치단체장에 대해 소환할 권리를 가지며 비례대표 지방의회의원도 소환 대상에 포함된다.

정답 및 해설

아래의 조항 참고

지방자치법 제18조【주민투표】 ② 주민투표의 대상·발의자·발의요건, 그 밖에 투표절차 등에 관한 사항은 따로 법률로 정한다. → 해당 내용에서 '법률'은 주민투표법을 의미함

② 주민은 지방자치단체의 권한에 속하는 사무의 처리가 법령에 위반되거나 공익을 현저히 해친다고 판단될 때 시·도지사 혹은 주무부장관에게 감사를 청구할 수 있음
③ 주민소송제는 지방자치법 전부개정 이전에도 있었음
④ 주민은 지방의회의원과 지방자치단체장에 대해 소환할 권리를 가지나 비례대표 지방의회의원은 예외임

정답 ①

69 회독 □□□ 2023. 국가 9급

2021년 1월 전부개정된 「지방자치법」에서 처음으로 도입된 주민참여 제도는?

① 주민소환
② 주민의 감사청구
③ 조례의 제정과 개정·폐지 청구
④ 규칙의 제정과 개정·폐지 관련 의견 제출

정답 및 해설

④는 전부개정된 지방자치법에서 처음으로 도입된 제도임

지방자치법 제20조【규칙의 제정과 개정·폐지 의견 제출】 ① 주민은 제29조에 따른 규칙(권리·의무와 직접 관련되는 사항으로 한정한다)의 제정, 개정 또는 폐지와 관련된 의견을 해당 지방자치단체의 장에게 제출할 수 있다.

정답 ④

70 회독 □□□ 2021. 국가 9급

우리나라의 주민소환제도에 대한 설명으로 옳지 않은 것은?

① 가장 유력한 직접민주주의 제도이다.
② 비례대표 지방의회의원은 주민소환 대상이 아니다.
③ 심리적 통제 효과가 크다.
④ 군수를 소환하려고 할 경우에는 해당 군의 주민소환투표청구권자 총수의 100분의 10이상의 서명을 받아 청구해야 한다.

정답 및 해설

군수를 소환할 때에는 해당 군의 주민소환투표청구권자 총수의 100분의 15 이상의 서명을 받아 청구해야 함

제7조【주민소환투표의 청구】 ① 전년도 12월 31일 현재 주민등록표 및 외국인등록표에 등록된 제3조제1항제1호 및 제2호에 해당하는 자(이하 "주민소환투표청구권자"라 한다)는 해당 지방자치단체의 장 및 지방의회의원(비례대표선거구시·도의회의원 및 비례대표선거구자치구·시·군의회의원은 제외하며, 이하 "선출직 지방공직자"라 한다)에 대하여 다음 각 호에 해당하는 주민의 서명으로 그 소환사유를 서면에 구체적으로 명시하여 관할선거관리위원회에 주민소환투표의 실시를 청구할 수 있다.

1. 특별시장·광역시장·도지사(이하 "시·도지사"라 한다): 당해 지방자치단체의 주민소환투표청구권자 총수의 100분의 10 이상
2. 시장·군수·자치구의 구청장: 당해 지방자치단체의 주민소환투표청구권자 총수의 100분의 15 이상
3. 지역선거구시·도의회의원(이하 "지역구시·도의원"이라 한다) 및 지역선거구자치구·시·군의회의원(이하 "지역구자치구·시·군의원"이라 한다): 당해 지방의회의원의 선거구 안의 주민소환투표청구권자 총수의 100분의 20 이상 → 지역구 지방의회 의원에 대한 주민소환투표는 당해 지방의회 의원의 지역선거구를 대상으로 함

①③

주민소환제도는 선출직 지방공직자(단체장, 지방의회의원, 교육감 등)의 해직을 임기 만료 전에 청구하여 주민투표로 결정하는 제도이므로 가장 유력(有力)한 직접민주주의 제도임; 아울러 선출직 지방공직자로 하여금 직무유기, 독단적인 행정운영 등을 못하게 만드는 심리적 통제 효과가 큼

정답 ④

71 회독 □□□ 2011. 국가 9급

우리나라 주민참여제도의 법제화 순서로 옳은 것은?

① 조례제정 · 개폐청구제도 → 주민투표제도 → 주민소송제도 → 주민소환제도
② 주민투표제도 → 주민감사청구제도 → 주민소송제도 → 주민소환제도
③ 주민소송제도 → 주민투표제도 → 주민감사청구제도 → 주민소환제도
④ 주민감사청구제도 → 주민소송제도 → 주민투표제도 → 조례제정 · 개폐청구제도

정답 및 해설

우리나라의 주민참여제도의 법제화 순서는 다음과 같음
조례제정개폐청구제도(1999) → 주민감사청구제도(1999) → 주민투표제도(2004) → 주민소송제도(2005) → 주민소환제도(2007) 순으로 입법화되었으며, 모두 「지방자치법」에 근거를 두고 있음

정답 ①

72 회독 □□□ 2015. 사복 9급

주민의 참여가 확대됨으로써 예상되는 긍정적 기능에 해당하지 않는 것은?

① 정책집행의 순응성 제고
② 정책의 민주성과 정당성 증대
③ 시민의 역량과 자질 증대
④ 행정적 비용의 감소

정답 및 해설

행정적 비용은 주민의 참여를 유도하고 합의를 조율하는 비용(의사결정에 소요되는 시간)으로써 주민의 참여가 확대되면, 행정적 비용은 증가함

순기능	① 지역의 특수성을 반영하고, 시민의 역량 및 자질을 제고하여 대의민주제를 보완할 수 있음 ② 정책에 대한 공감을 확보하는 과정을 거침으로써 정책의 정당성과 정책지지(정책순응)를 획득할 수 있고, 이를 통해 정책집행을 용이하게 만들 수 있음 ③ 대의정치 결함을 보완하여 행정의 민주화 고양 ④ 행정과 시민 간 거리감 감소 ⑤ 주민의 권리와 책임의식 고양
역기능	① 의사결정에 다수가 참여하는바 의사결정비용(내부비용 = 행정적 비용)이 증가하고, ② 정책에 대한 전문성 혹은 책임성이 결여될 수 있음 ③ 응집력이 강한 이익집단이 있을 때 일부의 이익만을 반영하는 결과를 초래할 수 있음 → 대표성 및 공정성의 문제

정답 ④

73 회독 □□□

2016. 교행 9급

주민참여제도에 대한 설명으로 옳지 않은 것은?

① 주민소환의 대상은 지방자치단체장, 비례대표의원을 제외한 지방의회의원, 교육감이다.

② 현행법상 주민참여제도의 도입 순서는 조례의 제정 및 개폐에 관한 청구, 주민투표, 주민소송, 주민소환 순이다.

③ 주민투표는 자치단체장에게, 주민감사청구는 감사원에, 주민소송은 관할 행정법원에, 주민소환은 관할 선거관리위원회에 청구한다.

④ 주민소송의 소송 대상은 주민감사를 청구한 사항 중 공금지출에 관한 사항, 해당 지방자치단체를 당사자로 하는 매매·임차·도급계약에 관한 사항 등 재무·회계에 관한 사항이다.

정답 및 해설

주민투표는 자치단체장에게, 주민감사청구는 주무부장관 혹은 시·도지사에게, 주민소송은 관할 행정법원에, 주민소환은 관할 선거관리위원회에 청구할 수 있음

참고
- 주무부처: 해당 사무를 관장하는 부처
- 주무부 장관: 해당 사무를 관장하는 장관

① 주민소환의 대상은 지방자치단체장, 비례대표의원을 제외한 지방의회의원, 교육감임

지방자치법 제25조【주민소환】 ① 주민은 그 지방자치단체의 장 및 지방의회의원(비례대표 지방의회의원은 제외한다)을 소환할 권리를 가진다.

지방교육자치에 관한 법률 제24조의2【교육감의 소환】 ① 주민은 교육감을 소환할 권리를 가진다.

② 현행법상 주민참여제도의 도입 순서는 조례의 제정 및 개폐에 관한 청구, 주민투표, 주민소송, 주민소환 순임 → 조투송환

④

지방자치법 제22조【주민소송】 ① 제21조 제1항에 따라 공금의 지출에 관한 사항, 재산의 취득·관리·처분에 관한 사항, 해당 지방자치단체를 당사자로 하는 매매·임차·도급 계약이나 그 밖의 계약의 체결·이행에 관한 사항 또는 지방세·사용료·수수료·과태료 등 공금의 부과·징수를 게을리한 사항을 감사청구한 주민은 다음 각 호의 어느 하나에 해당하는 경우에 그 감사청구한 사항과 관련이 있는 위법한 행위나 업무를 게을리 한 사실에 대하여 해당 지방자치단체의 장을 상대방으로 하여 소송을 제기할 수 있다.

정답 ③

74 회독 □□□

2016. 지방 9급

「지방자치법」상 우리나라 지방자치단체에 대한 설명으로 옳지 않은 것은?

① 지방자치단체인 구는 특별시와 광역시의 관할 구역 안의 구만을 말한다.

② 자치구가 아닌 구의 명칭과 구역의 변경은 그 지방자치단체의 조례로 정한다.

③ 주민은 지방자치단체와 그 장의 권한에 속하는 사무의 처리가 법령에 위반되거나 공익을 현저히 해친다고 인정되면 감사를 청구할 수 있다.

④ 주민은 그 지방자치단체의 장과 그 지방에 속한 모든 의회의원까지도 소환할 권리를 가진다.

정답 및 해설

주민소환제도에서 비례대표 지방의회의원은 제외하고 있음

지방자치법 제25조【주민소환】 ① 주민은 그 지방자치단체의 장 및 지방의회의원(비례대표 지방의회의원은 제외한다)을 소환할 권리를 가진다.

①

지방자치법 제2조【지방자치단체의 종류】 ② 지방자치단체인 구(이하 "자치구"라 한다)는 특별시와 광역시의 관할 구역 안의 구만을 말하며, 자치구의 자치권의 범위는 법령으로 정하는 바에 따라 시·군과 다르게 할 수 있다.

②

지방자치법 제7조【자치구가 아닌 구와 읍·면·동 등의 명칭과 구역】 ① 자치구가 아닌 구와 읍·면·동의 명칭과 구역은 종전과 같이 하고, 자치구가 아닌 구와 읍·면·동을 폐지하거나 설치하거나 나누거나 합칠 때에는 행정안전부장관의 승인을 받아 그 지방자치단체의 조례로 정한다. 다만, 명칭과 구역의 변경은 그 지방자치단체의 조례로 정하고, 그 결과를 특별시장·광역시장·도지사에게 보고하여야 한다.

③

지방자치법 제21조【주민의 감사청구】 ① 지방자치단체의 18세 이상의 주민으로서 다음 각 호의 어느 하나에 해당하는 사람(「공직선거법」 제18조에 따른 선거권이 없는 사람은 제외한다. 이하 이 조에서 "18세 이상의 주민"이라 한다)은 시·도는 300명, 제198조에 따른 인구 50만 이상 대도시는 200명, 그 밖의 시·군 및 자치구는 150명 이내에서 그 지방자치단체의 조례로 정하는 수 이상의 18세 이상의 주민이 연대 서명하여 그 지방자치단체와 그 장의 권한에 속하는 사무의 처리가 법령에 위반되거나 공익을 현저히 해친다고 인정되면 시·도의 경우에는 주무부장관에게, 시·군 및 자치구의 경우에는 시·도지사에게 감사를 청구할 수 있다.

정답 ④

75 회독 □□□ 2019. 국가 9급 수정

「지방자치법」상 주민참여 수단에 대한 설명으로 옳지 않은 것은?

① 주민은 행정기구를 설치하거나 변경하는 것에 관한 사항이나 공공시설의 설치를 반대하는 사항의 조례를 제정하거나 개정하거나 폐지할 것을 청구할 수 있다.
② 주민은 그 지방자치단체의 장을 소환할 권리는 갖지만, 비례대표 지방의회의원을 소환할 권리를 가지고 있지는 못하다.
③ 18세 이상의 주민은 그 지방자치단체와 그 장의 권한에 속하는 사무의 처리가 법령에 위반되거나 공익을 현저히 해친다고 인정되면 감사를 청구할 수 있다.
④ 지방자치단체의 장은 주민에게 과도한 부담을 주거나 중대한 영향을 미치는 지방자치단체의 주요 결정사항 등에 대하여 주민투표에 부칠 수 있다.

정답 및 해설

아래의 조항 참고

주민조례발안에 관한 법 제4조【주민조례청구 제외 대상】 다음 각 호의 사항은 주민조례청구 대상에서 제외한다.
3. 행정기구를 설치하거나 변경하는 사항
4. 공공시설의 설치를 반대하는 사항

② 비례대표 지방의회의원은 주민소환 대상이 아님
③

지방자치법 제21조【주민의 감사청구】 ① 지방자치단체의 18세 이상의 주민으로서 다음 각 호의 어느 하나에 해당하는 사람(「공직선거법」 제18조에 따른 선거권이 없는 사람은 제외한다. 이하 이 조에서 "18세 이상의 주민"이라 한다)은 시·도는 300명, 제198조에 따른 인구 50만 이상 대도시는 200명, 그 밖의 시·군 및 자치구는 150명 이내에서 그 지방자치단체의 조례로 정하는 수 이상의 18세 이상의 주민이 연대 서명하여 그 지방자치단체와 그 장의 권한에 속하는 사무의 처리가 법령에 위반되거나 공익을 현저히 해친다고 인정되면 시·도의 경우에는 주무부장관에게, 시·군 및 자치구의 경우에는 시·도지사에게 감사를 청구할 수 있다.

④

지방자치법 제18조【주민투표】 ① 지방자치단체의 장은 주민에게 과도한 부담을 주거나 중대한 영향을 미치는 지방자치단체의 주요 결정사항 등에 대하여 주민투표에 부칠 수 있다.

정답 ①

76 회독 □□□ 2019. 서울 9급

우리나라 지방자치단체 주민투표제도에 대한 설명으로 가장 옳은 것은?

① 1994년 「지방자치법」 개정에서 도입된 이래 지금까지 시행되고 있다.
② 주민투표에 부쳐진 사항은 법에서 정한 경우를 제외하고는 주민투표권자 총수의 4분의 1 이상의 투표와 유효투표수 과반수의 득표로 확정된다.
③ 지방자치단체의 장은 주민 또는 지방의회의 청구에 의한 경우가 아닌 자신의 직권으로 주민투표를 실시할 수 없다.
④ 일반 공직선거와 마찬가지로 외국인은 어떠한 경우에도 주민투표에 참여할 수 없다.

정답 및 해설

주민투표에 부쳐진 사항은 법에서 정한 경우를 제외하고는 주민투표권자 총수의 4분의 1 이상의 투표와 유효투표수 과반수의 득표로 확정됨

주민투표법 제24조【주민투표결과의 확정】 ① 주민투표에 부쳐진 사항은 주민투표권자 총수의 4분의 1 이상의 투표와 유효투표수 과반수의 득표로 확정된다.

① 우리나라 주민투표제도는 1994년 「지방자치법」이 개정되면서 지방자치법에 근거를 두었으나, 주민투표법이 제정되지 않아 시행되지 못하다가 2004년 주민투표법이 제정·시행(2004년 1월 제정, 2004년 7월 시행)됨에 따라 현재까지 시행하고 있음
③

주민투표법 제9조【주민투표의 실시요건】 ① 지방자치단체의 장은 주민 또는 지방의회의 청구에 의하거나 직권에 의하여 주민투표를 실시할 수 있다.

④

주민투표법 제5조【주민투표권】 ① 18세 이상의 주민 중 제6조 제1항에 따른 투표인명부 작성기준일 현재 다음 각 호의 어느 하나에 해당하는 사람에게는 주민투표권이 있다. 다만, 「공직선거법」 제18조에 따라 선거권이 없는 사람에게는 주민투표권이 없다.
1. 그 지방자치단체의 관할 구역에 주민등록이 되어 있는 사람
2. 출입국관리 관계 법령에 따라 대한민국에 계속 거주할 수 있는 자격(체류자격변경허가 또는 체류기간연장허가를 통하여 계속 거주할 수 있는 경우를 포함한다)을 갖춘 외국인으로서 지방자치단체의 조례로 정한 사람

정답 ②

77 회독 □□□

2019. 지방 9급 수정

주민참여제도에 대한 설명으로 옳지 않은 것은?

① 주민참여제도에는 주민투표, 주민소환, 주민소송 등이 있다.
② 「지방자치법」에서는 주민소송에 관한 사항을 명시하고 있다.
③ 주민투표에 부쳐진 사항은 주민투표권자 총수의 4분의 1 이상의 투표와 유효투표수 과반수의 득표로 확정된다.
④ 지방자치단체가 조례를 제정하면 해당 지역에 거주하는 19세 이상의 외국인에게도 주민투표권이 부여된다.

정답 및 해설

주민투표가 가능한 연령은 18세 이상임

주민투표법 제5조 【주민투표권】 ① 18세 이상의 주민 중 제6조 제1항에 따른 투표인명부 작성기준일 현재 다음 각 호의 어느 하나에 해당하는 사람에게는 주민투표권이 있다. 다만, 「공직선거법」 제18조에 따라 선거권이 없는 사람에게는 주민투표권이 없다.
1. 그 지방자치단체의 관할 구역에 주민등록이 되어 있는 사람
2. 출입국관리 관계 법령에 따라 대한민국에 계속 거주할 수 있는 자격(체류자격변경허가 또는 체류기간연장허가를 통하여 계속 거주할 수 있는 경우를 포함한다)을 갖춘 외국인으로서 지방자치단체의 조례로 정한 사람

① 우리나라 주민참여제도에는 주민감사청구, 주민발안, 주민투표, 주민소환, 주민소송 등이 있음
② 「지방자치법」에서는 주민소송에 관한 사항을 명시하고 있음

지방자치법 제22조 【주민소송】 ① 제21조 제1항에 따라 공금의 지출에 관한 사항, 재산의 취득·관리·처분에 관한 사항, 해당 지방자치단체를 당사자로 하는 매매·임차·도급 계약이나 그 밖의 계약의 체결·이행에 관한 사항 또는 지방세·사용료·수수료·과태료 등 공금의 부과·징수를 게을리한 사항을 감사청구한 주민은 다음 각 호의 어느 하나에 해당하는 경우에 그 감사청구한 사항과 관련이 있는 위법한 행위나 업무를 게을리 한 사실에 대하여 해당 지방자치단체의 장(해당 사항의 사무처리에 관한 권한을 소속 기관의 장에게 위임한 경우에는 그 소속 기관의 장을 말한다. 이하 이 조에서 같다)을 상대방으로 하여 소송을 제기할 수 있다.

④

주민투표법 제24조 【주민투표결과의 확정】 ① 주민투표에 부쳐진 사항은 주민투표권자 총수의 4분의 1 이상의 투표와 유효투표수 과반수의 득표로 확정된다.

정답 ④

78 회독 □□□

2018. 지방 9급 수정

「지방자치법」상 주민의 감사청구에 대한 설명으로 옳지 않은 것은?

① 주민의 감사청구는 사무처리가 있었던 날이나 끝난 날부터 3년이 지나면 제기할 수 없다.
② 주무부장관이나 시·도지사는 감사청구를 수리한 날부터 60일 이내에 감사청구된 사항에 대하여 감사를 끝내는 것을 원칙으로 한다.
③ 다른 기관에서 감사한 사항이라도 새로운 사항이 발견되거나 중요 사항이 감사에서 누락된 경우는 감사청구의 대상이 될 수 있다.
④ 지방자치단체의 19세 이상의 주민은 시·도는 500명, 인구 50만 명 이상 대도시는 200명, 그 밖의 시·군 및 자치구는 100명을 넘지 아니하는 범위에서 그 지방자치단체의 조례로 정하는 19세 이상의 주민 수 이상의 연서로 감사를 청구할 수 있다.

정답 및 해설

지방자치단체의 18세 이상의 주민은 시·도는 300명, 인구 50만 명 이상 대도시는 200명, 그 밖의 시·군 및 자치구는 150명을 넘지 아니하는 범위에서 그 지방자치단체의 조례로 정하는 18세 이상의 주민 수 이상의 연서로 감사를 청구할 수 있음

①②③

지방자치법 제21조 【주민의 감사청구】 ① 지방자치단체의 18세 이상의 주민으로서 다음 각 호의 어느 하나에 해당하는 사람(「공직선거법」 제18조에 따른 선거권이 없는 사람은 제외한다. 이하 이 조에서 "18세 이상의 주민"이라 한다)은 시·도는 300명, 제198조에 따른 인구 50만 이상 대도시는 200명, 그 밖의 시·군 및 자치구는 150명 이내에서 그 지방자치단체의 조례로 정하는 수 이상의 18세 이상의 주민이 연대 서명하여 그 지방자치단체와 그 장의 권한에 속하는 사무의 처리가 법령에 위반되거나 공익을 현저히 해친다고 인정되면 시·도의 경우에는 주무부장관에게, 시·군 및 자치구의 경우에는 시·도지사에게 감사를 청구할 수 있다.
② 다음 각 호의 사항은 감사 청구의 대상에서 제외한다.
3. 다른 기관에서 감사하였거나 감사 중인 사항. 다만, 다른 기관에서 감사한 사항이라도 새로운 사항이 발견되거나 중요 사항이 감사에서 누락된 경우와 제22조제1항에 따라 주민소송의 대상이 되는 경우에는 그러하지 아니하다.
③ 제1항에 따른 청구는 사무처리가 있었던 날이나 끝난 날부터 3년이 지나면 제기할 수 없다.
⑨ 주무부장관이나 시·도지사는 감사 청구를 수리한 날부터 60일 이내에 감사 청구된 사항에 대하여 감사를 끝내야 하며, 감사 결과를 청구인의 대표자와 해당 지방자치단체의 장에게 서면으로 알리고, 공표하여야 한다.

정답 ④

79 회독 □□□

2018. 교행 9급

우리나라 주민참여의 유형에 관한 설명으로 옳은 것은?

① 감사청구는 지방자치단체에 대하여 불만이나 이의를 제기하기 위해 지방의회에 감사를 청구하는 제도이다.
② 공청회는 주민의 직접적인 제안과 토의를 거쳐 당해 지역의 정치·행정에 관한 의사결정을 직접 행하는 제도이다.
③ 주민발안은 일정한 수의 유권자의 서명으로 조례의 제정 또는 개·폐에 관하여 주민이 직접 발의하는 제도이다.
④ 주민소환은 지방자치단체장과 지방의회 의원으로 대상을 한정하여 임기 만료 전에 주민들이 해임을 청구하는 제도이다.

정답 및 해설

주민발안은 일정한 수의 유권자의 서명으로 조례의 제정 또는 개·폐에 관하여 주민이 직접 발의하는 제도이임

지방자치법 제19조【조례의 제정과 개정·폐지 청구】 ① 주민은 지방자치단체의 조례를 제정하거나 개정하거나 폐지할 것을 청구할 수 있다.
② 조례의 제정·개정 또는 폐지 청구의 청구권자·청구대상·청구요건 및 절차 등에 관한 사항은 따로 법률로 정한다.

① 감사청구는 지방자치단체에 대하여 불만이나 이의를 제기하기 위해 주민들이 일정 수 이상의 서명을 거쳐 시·도지사 혹은 주무부장관에게 감사를 청구하는 제도임
② 공청회는 주민들이 당해 지역의 정치·행정에 관한 의사결정을 직접 행하는 직접 참여제도가 아니라 정부가 시민들의 의견을 청취한 후 반영 여부를 결정하는 간접적 참여제도임
④ 주민소환은 지방자치단체장과 지방의회 의원(비례대표 제외)을 대상으로 임기 만료 전에 해당 선거관리위원회에 주민들이 해임을 청구하고 투표로 결정하는 제도로서 단순히 해임을 청구하는 데 그치지 않고 주민들이 직접 해임 여부를 결정하는 제도임

정답 ③

80 회독 □□□

2008. 국가 7급

주민투표에 관한 설명으로 옳지 않은 것은?

① 주민투표는 궁극적으로 대의제를 대체하려는 것이다.
② 우리나라에서 행정기구의 설치 변경에 관한 사항은 주민투표에 부칠 수 없다.
③ 주민투표제가 성공적으로 정착되기 위해서는 주민들의 자치의식이 확립되어야 한다.
④ 우리나라에서 주민투표는 주민 또는 지방의회의 청구에 의하거나 지방자치단체의 장의 직권에 의하여 실시할 수 있다.

정답 및 해설

주민투표는 대의제를 보완하는 성격을 지님

②

주민투표법 제7조【주민투표의 대상】 ② 제1항의 규정에 불구하고 다음 각 호의 사항은 이를 주민투표에 부칠 수 없다.
4. 행정기구의 설치·변경에 관한 사항과 공무원의 인사·정원 등 신분과 보수에 관한 사항

③ 주민투표제가 성공적으로 정착되기 위해서는 참여제고를 위해 주민들의 자치의식이 확립되어야 함
④

주민투표법 제9조【주민투표의 실시요건】 ① 지방자치단체의 장은 주민 또는 지방의회의 청구에 의하거나 직권에 의하여 주민투표를 실시할 수 있다.

정답 ①

81 회독 □□□ 2017. 지방 7급

우리나라의 주민참여제도에 대한 설명으로 옳은 것은?

① 지방자치제가 1995년 부활한 이후 주민투표제, 주민소환제, 주민소송제, 주민참여예산제의 순서로 도입되었다.

② 주민소환 청구요건이 엄격해 실제로 주민소환제를 통해 주민소환이 확정된 지방자치단체장이나 지방의회 의원은 없다.

③ 기획재정부장관은 지방자치단체별 주민참여예산제도의 운영에 대한 평가를 실시할 수 있다.

④ 주민투표는 특정한 사항에 대하여 찬성 또는 반대의 의사표시를 하거나 두 가지 사항 중 하나를 선택하는 형식으로 실시하여야 한다.

정답 및 해설

주민투표는 특정한 사항에 대하여 찬성 또는 반대의 의사표시를 하거나 두 가지 사항 중 하나를 선택하는 형식으로 실시하여야 함

주민투표법 제15조【주민투표의 형식】 주민투표는 특정한 사항에 대하여 찬성 또는 반대의 의사표시를 하거나 두 가지 사항 중 하나를 선택하는 형식으로 실시하여야 한다.

① 우리나라의 주민참여제도는 1995년 지방자치제가 부활한 이후 조례제정·개폐청구제(1999), 주민감사청구제(1999), 주민투표제(2004), 주민소송제(2005), 주민소환제(2007), 주민참여예산제도(2008)의 순서로 도입되었음

② 2007년에 처음으로 지방자치단체장에 대한 주민소환투표가 경기도 하남시에서 실시되었고, 2009년에는 최초로 광역자치단체장에 대한 주민소환투표가 제주특별자치도에서 실시된 바가 있음; 지금까지 광역단체장과 기초단체장의 주민소환 확정 사례는 없으며 하남시 의원 2명이 유일한 소환 사례(2007년)임

③ 행정안전부장관은 대통령령으로 정하는 바에 따라 지방자치단체별 주민참여예산제도의 운영에 대한 평가를 실시할 수 있음

지방재정법 제39조【지방예산 편성 등 예산과정의 주민 참여】 ④ 행정안전부장관은 지방자치단체의 재정적·지역적 여건 등을 고려하여 대통령령으로 정하는 바에 따라 지방자치단체별 주민참여예산제도의 운영에 대하여 평가를 실시할 수 있다.

정답 ④

82 회독 □□□ 2016. 지방 7급

주민참여제도에 대한 설명으로 옳지 않은 것은?

① 주민투표제도, 주민발안제도, 주민소환제도가 모두 시행되고 있다.

② 지방자치법은 주민감사청구 요건으로 시·군·자치구의 경우 19세 이상 주민 500명 이상의 연서를 받아 감사를 청구할 수 있도록 규정하고 있다.

③ 지방자치단체장에 대한 주민소환투표가 실시된 적이 있다.

④ '지방재정법'은 지방자치단체의 장이 주민참여예산제도를 의무적으로 시행하도록 규정하고 있다.

정답 및 해설

지방자치법은 주민감사청구 요건으로 시·군·자치구의 경우 18세 이상 주민 150명을 넘지 아니하는 범위에서 조례로 정하는 주민 수 이상의 연서를 받아 감사를 청구할 수 있도록 규정하고 있음

지방자치법 제21조【주민의 감사청구】 ① 지방자치단체의 18세 이상의 주민으로서 다음 각 호의 어느 하나에 해당하는 사람(「공직선거법」 제18조에 따른 선거권이 없는 사람은 제외한다. 이하 이 조에서 "18세 이상의 주민"이라 한다)은 시·도는 300명, 제198조에 따른 인구 50만 이상 대도시는 200명, 그 밖의 시·군 및 자치구는 150명 이내에서 그 지방자치단체의 조례로 정하는 수 이상의 18세 이상의 주민이 연대 서명하여 그 지방자치단체와 그 장의 권한에 속하는 사무의 처리가 법령에 위반되거나 공익을 현저히 해친다고 인정되면 시·도의 경우에는 주무부장관에게, 시·군 및 자치구의 경우에는 시·도지사에게 감사를 청구할 수 있다.

③ 2007년에 처음으로 지방자치단체장에 대한 주민소환투표가 경기도 하남시에서 실시되었고, 2009년에는 최초로 광역자치단체장에 대한 주민소환투표가 제주특별자치도에서 실시된 바가 있음

④

지방재정법 제39조【지방예산 편성 등 예산과정의 주민 참여】 ① 지방자치단체의 장은 대통령령으로 정하는 바에 따라 지방예산 편성 등 예산과정(「지방자치법」 제47조에 따른 지방의회의 의결사항은 제외한다. 이하 이 조에서 같다)에 주민이 참여할 수 있는 제도(이하 이 조에서 "주민참여예산제도"라 한다)를 마련하여 시행하여야 한다.

정답 ②

83 회독 □□□ 2016. 국가 7급

「주민조례발안에 관한 법」상 주민에 의한 조례의 제정 및 개폐 청구대상에 포함되지 않는 것만을 모두 고른 것은?

> ㉠ 지방세의 부과·징수에 관한 사항
> ㉡ 행정기구를 설치하거나 변경하는 것에 관한 사항
> ㉢ 공공시설의 설치를 반대하는 사항

① ㉠,
② ㉠, ㉢
③ ㉡, ㉢
④ ㉠, ㉡, ㉢

정답 및 해설

아래의 지방자치법 참고

> **지방자치법 제19조 【조례의 제정과 개정·폐지 청구】** ① 주민은 지방자치단체의 조례를 제정하거나 개정하거나 폐지할 것을 청구할 수 있다.
> ② 조례의 제정·개정 또는 폐지 청구의 청구권자·청구대상·청구요건 및 절차 등에 관한 사항은 따로 법률로 정한다.
>
> **주민조례발안에 관한 법 제4조 【주민조례청구 제외 대상】** 다음 각 호의 사항은 주민조례청구 대상에서 제외한다.
> 1. 법령을 위반하는 사항
> 2. 지방세·사용료·수수료·부담금을 부과·징수 또는 감면하는 사항
> 3. 행정기구를 설치하거나 변경하는 사항
> 4. 공공시설의 설치를 반대하는 사항

정답 ④

84 회독 □□□ 2015. 국가 7급

지방자치법이 규정하고 있는 제도가 아닌 것은?

① 주민소환제도
② 주민정보공개청구제도
③ 주민소송제도
④ 주민감사청구제도

정답 및 해설

지방자치법에서 정한 주민참여 방식에는 주민감사청구, 주민소환, 주민소송, 주민투표, 주민조례제정개폐청구 등이 있음; 정보공개청구제도는 정보공개법에 규정되어 있음

> **공공기관의 정보공개에 관한 법률 제5조 【정보공개 청구권자】** ① 모든 국민은 정보의 공개를 청구할 권리를 가진다.
> ② 외국인의 정보공개 청구에 관하여는 대통령령으로 정한다.

① 주민소환제도

> **지방자치법 제25조 【주민소환】** ① 주민은 그 지방자치단체의 장 및 지방의회의원(비례대표 지방의회의원은 제외한다)을 소환할 권리를 가진다.
> ② 주민소환의 투표 청구권자·청구요건·절차 및 효력 등에 관하여는 따로 법률로 정한다.

③ 주민소송제도

> **지방자치법 제22조 【주민소송】** ① 제21조제1항에 따라 공금의 지출에 관한 사항, 재산의 취득·관리·처분에 관한 사항, 해당 지방자치단체를 당사자로 하는 매매·임차·도급 계약이나 그 밖의 계약의 체결·이행에 관한 사항 또는 지방세·사용료·수수료·과태료 등 공금의 부과·징수를 게을리한 사항을 감사청구한 주민은 다음 각 호의 어느 하나에 해당하는 경우에 그 감사청구한 사항과 관련이 있는 위법한 행위나 업무를 게을리 한 사실에 대하여 해당 지방자치단체의 장(해당 사항의 사무처리에 관한 권한을 소속 기관의 장에게 위임한 경우에는 그 소속 기관의 장을 말한다. 이하 이 조에서 같다)을 상대방으로 하여 소송을 제기할 수 있다.

④ 주민감사청구제도

> **지방자치법 제21조 【주민의 감사청구】** ① 지방자치단체의 18세 이상의 주민으로서 다음 각 호의 어느 하나에 해당하는 사람(「공직선거법」 제18조에 따른 선거권이 없는 사람은 제외한다. 이하 이 조에서 "18세 이상의 주민"이라 한다)은 시·도는 300명, 제198조에 따른 인구 50만 이상 대도시는 200명, 그 밖의 시·군 및 자치구는 150명 이내에서 그 지방자치단체의 조례로 정하는 수 이상의 18세 이상의 주민이 연대 서명하여 그 지방자치단체와 그 장의 권한에 속하는 사무의 처리가 법령에 위반되거나 공익을 현저히 해친다고 인정되면 시·도의 경우에는 주무부장관에게, 시·군 및 자치구의 경우에는 시·도지사에게 감사를 청구할 수 있다.

정답 ②

85 회독 □□□ 2013. 지방 7급

'지방자치법'에서 정한 주민참여의 방식으로 옳지 않은 것은?

① 주민의 조례제정 청구
② 주민의 감사청구
③ 주민총회
④ 주민소송

정답 및 해설

지방자치법에서 정한 주민참여 방식에는 주민감사청구, 주민소환, 주민소송, 주민투표, 조례제정개폐청구 등이 있음

지방분권균형발전법 제40조【주민자치회의 설치 등】 ① 풀뿌리자치의 활성화와 민주적 참여의식 고양을 위하여 읍·면·동에 해당 행정구역의 주민으로 구성되는 주민자치회(이하 "자치회"라 한다)를 둘 수 있다.

주민총회

주민자치회 운영계획 등을 정하기 위해 주민자치회에서 실시하는 일종의 회의 → 지방자치법에 명시되어 있지 않음

정답 ③

86 회독 □□□ 2014. 지방 7급 수정

우리나라 주민감사청구 제도에 대한 설명으로 옳지 않은 것은?

① 19세 이상의 주민은 50만 이상의 대도시의 경우에는 19세 이상 주민 500명을 넘지 않는 범위 내에서 해당 지방자치단체가 조례로 정하는 주민 수 이상의 연서로 청구할 수 있다.
② 사무처리가 있었던 날이나 끝난 날부터 3년이 지나면 제기할 수 없다.
③ 주무부장관이나 시·도지사는 감사청구를 수리한 날부터 60일 이내에 감사 청구된 사항에 대하여 감사를 끝내야 한다. 다만, 그 기간에 감사를 끝내기가 어려운 정당한 사유가 있으면 그 기간을 연장할 수 있다.
④ 주무부장관이나 시·도지사는 감사결과에 따라 기간을 정하여 해당 지방자치단체의 장에게 필요한 조치를 요구할 수 있다.

정답 및 해설

아래의 조항 참고 → 중요한 조항이니 꼭 읽어볼 것

②③④

지방자치법 제21조【주민의 감사청구】 ① 지방자치단체의 18세 이상의 주민으로서 다음 각 호의 어느 하나에 해당하는 사람은 시·도는 300명, 제198조에 따른 인구 50만 이상 대도시는 200명, 그 밖의 시·군 및 자치구는 150명 이내에서 그 지방자치단체의 조례로 정하는 수 이상의 18세 이상의 주민이 연대 서명하여 그 지방자치단체와 그 장의 권한에 속하는 사무의 처리가 법령에 위반되거나 공익을 현저히 해친다고 인정되면 시·도의 경우에는 주무부장관에게, 시·군 및 자치구의 경우에는 시·도지사에게 감사를 청구할 수 있다.
③ 제1항에 따른 청구는 사무처리가 있었던 날이나 끝난 날부터 3년이 지나면 제기할 수 없다.
⑨ 주무부장관이나 시·도지사는 감사 청구를 수리한 날부터 60일 이내에 감사 청구된 사항에 대하여 감사를 끝내야 하며, 감사 결과를 청구인의 대표자와 해당 지방자치단체의 장에게 서면으로 알리고, 공표하여야 한다. 다만, 그 기간에 감사를 끝내기가 어려운 정당한 사유가 있으면 그 기간을 연장할 수 있으며, 기간을 연장할 때에는 미리 청구인의 대표자와 해당 지방자치단체의 장에게 알리고, 공표하여야 한다.
⑫ 주무부장관이나 시·도지사는 제9항에 따른 감사 결과에 따라 기간을 정하여 해당 지방자치단체의 장에게 필요한 조치를 요구할 수 있다.

정답 ①

87 회독 □□□ 2014. 지방 7급 수정

우리나라의 주민참여제도에 대한 연결로 옳지 않은 것은?

① 주민투표제도: 주민에게 과도한 부담을 주거나 중대한 영향을 미치는 지방자치단체의 주요결정사항은 주민투표에 부칠 수 있다.
② 주민참여예산제도: 법령이 정하는 절차에 따라 수렴된 주민의 의견을 검토하고, 그 결과를 예산편성에 반영하지 않을 수도 있다.
③ 주민발의제도: 주민이 직접 조례의 제정 및 개폐를 청구할 수 있는 제도로, 주민은 지방자치단체장에게 이를 청구하게 되어 있다.
④ 주민소환제도: 주민은 그 지방자치단체의 장 및 지방의회의원을 소환할 수 있다. 단, 비례대표의원은 제외된다.

정답 및 해설

주민발의제도(조례제정개폐청구)는 주민이 직접 조례의 제정 및 개폐를 청구할 수 있는 제도로, 주민은 지방의회에 이를 청구하게 되어 있음

주민조례발안에 관한 법 제2조【주민조례청구권자】 18세 이상의 주민으로서 다음 각 호의 어느 하나에 해당하는 사람은 해당 지방자치단체의 의회에 조례를 제정하거나 개정 또는 폐지할 것을 청구(이하 "주민조례청구"라 한다)할 수 있다.

①

주민투표법 제7조【주민투표의 대상】 ① 주민에게 과도한 부담을 주거나 중대한 영향을 미치는 지방자치단체의 주요결정사항은 주민투표에 부칠 수 있다.

②

지방재정법 시행령 제46조【지방예산 편성 등 예산과정에의 주민참여】 ② 지방자치단체의 장은 제1항에 따라 수렴된 주민의견을 검토하고 그 결과를 예산과정에 반영할 수 있다.

④

지방자치법 제25조【주민소환】 ① 주민은 그 지방자치단체의 장 및 지방의회의원(비례대표 지방의회의원은 제외한다)을 소환할 권리를 가진다.

정답 ③

88 회독 □□□ 2008. 국가 7급

우리나라의 주민소환제도에 관한 설명으로 옳지 않은 것은?

① 주민소환의 방식은 해당 관할구역의 주민들이 자율적으로 정한다.
② 지방자치에 관한 주민의 직접 참여를 확대하고 지방행정의 민주성과 책임성을 제고함을 목적으로 한다.
③ 2007년에 경기도 하남시에서 주민소환투표가 최초로 실시되었다.
④ 주민소환의 대상자는 지방자치단체의 장 및 지방의회의원이지만 비례대표 지방의회의원은 제외된다.

정답 및 해설

주민소환의 방식은 주민소환에 관한 법률에 기초함

② 주민소환은 지방자치에 관한 주민의 직접 참여를 확대하고 지방행정의 민주성과 책임성을 제고함을 목적으로 함

주민소환법 제1조【목적】 이 법은 「지방자치법」 제25조에 따른 주민소환의 투표 청구권자·청구요건·절차 및 효력 등에 관하여 규정함으로써 지방자치에 관한 주민의 직접참여를 확대하고 지방행정의 민주성과 책임성을 제고함을 목적으로 한다.

③ 우리나라는 2007년에 처음으로 지방자치단체장에 대한 주민소환투표가 경기도 하남시에서 실시되었고, 2009년에는 최초로 광역자치단체장에 대한 주민소환투표가 제주특별자치도에서 실시된 바가 있음

④

주민소환법 제7조【주민소환투표의 청구】 ① 전년도 12월 31일 현재 주민등록표 및 외국인등록표에 등록된 제3조제1항제1호 및 제2호에 해당하는 자(이하 "주민소환투표청구권자"라 한다)는 해당 지방자치단체의 장 및 지방의회의원(비례대표선거구시·도의회의원 및 비례대표선거구자치구·시·군의회의원은 제외하며, 이하 "선출직 지방공직자"라 한다)에 대하여 다음 각 호에 해당하는 주민의 서명으로 그 소환사유를 서면에 구체적으로 명시하여 관할선거관리위원회에 주민소환투표의 실시를 청구할 수 있다.

정답 ①

89 회독 □□□

2018. 서울 7급

주민참여제도 중 지방자치 실시 이후 가장 먼저 도입된 것은?

① 주민소환제
② 조례제정개폐청구제
③ 주민투표제
④ 주민소송제

정답 및 해설

우리나라의 주민참여제도는 1999년 조례제정개폐청구제부터 2004년 주민투표제, 2005년 주민소송제, 2007년 주민소환제의 순서로 도입되었음 → 1995년 본격적인 지방자치 실시 이후 가장 먼저 도입된 것은 1999년에 도입된 조례제정개폐청구제임

정답 ②

90 회독 □□□

2019. 지방 7급

다음 중 현행 법률상 허용되지 않는 것만을 모두 고르면?

ㄱ. 비례대표 지방의회 의원에 대한 주민소환
ㄴ. 수사에 관여하게 되는 사항에 대한 주민감사청구
ㄷ. 수수료 감면을 위한 주민의 조례 개정 청구
ㄹ. 지방공무원의 정원에 관한 주민투표

① ㄱ, ㄷ
② ㄱ, ㄴ, ㄹ
③ ㄴ, ㄷ, ㄹ
④ ㄱ, ㄴ, ㄷ, ㄹ

정답 및 해설

보기의 내용은 모두 현행 법률상 허용되지 않음

ㄱ.

지방자치법 제25조【주민소환】 ① 주민은 그 지방자치단체의 장 및 지방의회의원(비례대표 지방의회의원은 제외한다)을 소환할 권리를 가진다.

ㄴ.

지방자치법 제21조【주민의 감사청구】 ② 다음 각 호의 사항은 감사청구의 대상에서 제외한다.
1. 수사나 재판에 관여하게 되는 사항

ㄷ.

주민조례발안에 관한 법 제4조【주민조례청구 제외 대상】 다음 각 호의 사항은 주민조례청구 대상에서 제외한다.
2. 지방세·사용료·수수료·부담금을 부과·징수 또는 감면하는 사항

ㄹ.

주민투표법 제7조【주민투표의 대상】 ② 제1항의 규정에 불구하고 다음 각 호의 사항은 이를 주민투표에 부칠 수 없다.
4. 행정기구의 설치·변경에 관한 사항과 공무원의 인사·정원 등 신분과 보수에 관한 사항

정답 ④

91 회독 □□□ 2018. 서울 7급 수정

「지방자치법」에서는 지방자치단체의 구역 안에 주소를 가진 자를 "주민"의 자격이 있는 것으로 정의하고 있다. 주민이 갖는 권리에 해당하지 않는 것은?

① 법령으로 정하는 바에 따라 그 지방자치단체에서 실시하는 지방의회의원과 지방자치단체의 장의 선거에 참여할 권리를 가진다.
② 지방의회에 조례를 제정하거나 개정하거나 폐지할 것을 청구할 수 있다.
③ 주민에게 과도한 부담을 주거나 중대한 영향을 미치는 지방자치단체의 주요 결정사항 등에 대하여 주민투표를 발의할 수 있다.
④ 지방자치단체의 장 및 지방의회의원(비례대표 지방의회의원은 제외)을 소환할 권리를 가진다.

정답 및 해설

주민투표의 발의는 지방자치단체의 장이 함

주민투표법 제13조 【주민투표의 발의】 ① 지방자치단체의 장은 다음 각 호의 어느 하나에 해당하는 경우에는 지체없이 그 요지를 공표하고 관할선거관리위원회에 통지하여야 한다.

①

지방자치법 제17조 【주민의 권리】 ③ 주민은 법령으로 정하는 바에 따라 그 지방자치단체에서 실시하는 지방의회의원과 지방자치단체의 장의 선거(이하 "지방선거"라 한다)에 참여할 권리를 가진다.

②

주민조례발안에 관한 법 제2조 【주민조례청구권자】 18세 이상의 주민으로서 다음 각 호의 어느 하나에 해당하는 사람(「공직선거법」 제18조에 따른 선거권이 없는 사람은 제외한다. 이하 "청구권자"라 한다)은 해당 지방자치단체의 의회(이하 "지방의회"라 한다)에 조례를 제정하거나 개정 또는 폐지할 것을 청구(이하 "주민조례청구"라 한다)할 수 있다.

④

지방자치법 제25조 【주민소환】 ① 주민은 그 지방자치단체의 장 및 지방의회의원(비례대표 지방의회의원은 제외한다)을 소환할 권리를 가진다.

정답 ③

04 지방자치단체의 재정

Section 01 지방재정의 기초

92 회독 □□□ 2021. 지방 9급

지방자치단체의 예비비에 대한 설명으로 옳지 않은 것은?

① 예측할 수 없는 예산 외의 지출에 충당하기 위하여 예산에 계상한다.

② 일반회계의 경우 예산총액의 100분의 1 이내의 금액을 예비비로 계상하여야 한다.

③ 지방의회의 예산안 심의 결과 감액된 지출항목에 대해 예비비를 사용할 수 있다.

④ 재해·재난 관련 목적 예비비는 별도로 예산에 계상할 수 있다.

정답 및 해설

지방의회의 예산안 심의 결과 감액된 지출항목에 대해 예비비를 사용할 수 없음

①②④

지방재정법 제43조【예비비】 ① 지방자치단체는 예측할 수 없는 예산 외의 지출 또는 예산 초과 지출에 충당하기 위하여 일반회계와 교육비특별회계의 경우에는 각 예산 총액의 100분의 1 이내의 금액을 예비비로 예산에 계상하여야 하고, 그 밖의 특별회계의 경우에는 각 예산총액의 100분의 1 이내의 금액을 예비비로 예산에 계상할 수 있다.
② 제1항에도 불구하고 재해·재난 관련 목적 예비비는 별도로 예산에 계상할 수 있다.
③ 지방자치단체의 장은 지방의회의 예산안 심의 결과 폐지되거나 감액된 지출항목에 대해서는 예비비를 사용할 수 없다.
④ 지방자치단체의 장은 예비비로 사용한 금액의 명세서를 「지방자치법」 제150조제1항에 따라 지방의회의 승인을 받아야 한다.

정답 ③

93 회독 □□□ 2016. 사복 9급

우리나라의 지방자치제에 대한 설명으로 옳지 않은 것은?

① 지방자치단체의 기관구성에 있어 기관대립형 구조를 채택하고 있다.

② 주민투표제, 조례제정·개폐 청구, 주민감사청구, 주민소송제 등을 통해 주민참여를 보장하고 있다.

③ 지방자치단체가 지방고유사무와 관련된 영역에 한해 법령의 근거 없이 스스로 세목을 개발하고 지방세를 부과·징수할 수 있다.

④ 지역 간 재정 형평성을 확보하기 위해 지방재정조정제도를 운영하고 있다.

정답 및 해설

우리나라는 조세법률주의에 기초하고 있는 바 지방자치단체가 지방고유사무와 관련된 영역에 한해 법령의 근거 없이 스스로 세목을 개발하고 지방세를 부과·징수할 수 없음

① 우리나라는 지방의회와 지방자치단체의 장을 주민이 직선으로 구성하는 기관대립형 구조를 채택하고 있음
② 우리나라는 지방자치법에 주민투표제, 조례제정·개폐 청구, 주민감사청구, 주민소송제 등을 명시함으로써 주민참여를 보장하고 있음
④ 우리나라는 지역 간 재정 형평성을 확보하기 위해 중앙정부가 각 지방정부에 차등적인 재정지원을 해줌으로써 지방정부 상호 간 재정력의 불균형을 시정하는 지방재정조정제도를 운영하고 있음

정답 ③

94 회독 □□□

2015. 사복 9급

다음 설명에 해당하는 지방세의 원칙은?

> • 납세자의 지불능력보다는 공공서비스의 수혜정도를 기준으로 한다.
> • 세외수입 역시 이 원칙의 적용을 받는다.

① 신장성의 원칙
② 응익성의 원칙
③ 안정성의 원칙
④ 부담분임의 원칙

정답 및 해설

보기의 내용은 응익성의 원칙임 → 응익성의 원칙이란 수익자가 명확하고 한정적이므로 이익의 대가만큼 비용을 부담해야 한다는 수익자부담주의를 뜻함

① 신장성의 원칙: 재정수입은 행정수요의 증대에 맞춰 지속적으로 늘어나야 한다는 원칙
③ 안정성의 원칙: 세수(세수입)가 안정적이어야 한다는 원칙
④ 부담분임의 원칙: 지방자치에 소요되는 경비는 가급적 지역 내 주민들이 널리 분담하여야 한다는 원칙

정답 ②

Section 02 지방수입의 유형 : 자주재원

95 회독 □□□

2022. 지방 9급

특별시·광역시의 보통세와 도의 보통세에 공통적으로 속하는 세목만을 모두 고르면?

> ㄱ. 지방소득세　　ㄴ. 지방소비세
> ㄷ. 주민세　　ㄹ. 레저세
> ㅁ. 재산세　　ㅂ. 취득세

① ㄱ, ㄴ, ㄹ
② ㄱ, ㄷ, ㅁ
③ ㄴ, ㄹ, ㅂ
④ ㄷ, ㅁ, ㅂ

정답 및 해설

도세(취득세, 레저세, 등록면허세, 지방소비세)에서 자치구세(등록면허세와 재산세)를 제외하면 됨

정답 ③

96 회독 □□□

2020. 지방 9급

지방재정의 세입항목 중 자주재원에 해당하는 것은?

① 지방교부세
② 재산임대수입
③ 조정교부금
④ 국고보조금

97 회독 □□□

2016. 지방 9급

「지방세 기본법」상 특별시 · 광역시의 세원이 아닌 것은?

① 취득세
② 자동차세
③ 등록면허세
④ 레저세

정답 및 해설

재산임대수입은 자주재원 중 세외수입이며, 세외수입 중 경상적 세외수입에 해당함; 지방교부세, 조정교부금, 국고보조금은 모두 의존재원임

정답 ②

정답 및 해설

등록면허세는 도 혹은 자치구 세원에 해당함

정답 ③

98 회독 □□□

2020. 국가 7급

부담금에 대한 설명으로 옳지 않은 것은?

① 특정의 공공서비스를 창출하거나 바람직한 행위를 유도하기 위해 사용된다.
② 수익자 부담의 원칙이 적용된다.
③ 지방세법 상 지방세 수입의 재원 중 하나이다.
④ 부담금에 관한 주요 정책과 그 운용방향 등을 심의하기 위하여 기획재정부장관 소속으로 부담금심의위원회를 둔다.

정답 및 해설

부담금은 지방세의 종류에 포함되지 않음 : 세외수입(예 분담금)에 해당함

①②

부담금관리 기본법 제2조【정의】 이 법에서 "부담금"이란 중앙행정기관의 장, 지방자치단체의 장, 행정권한을 위탁받은 공공단체 또는 법인의 장 등 법률에 따라 금전적 부담의 부과권한을 부여받은 자(이하 "부과권자"라 한다)가 분담금, 부과금, 기여금, 그 밖의 명칭에도 불구하고 재화 또는 용역의 제공과 관계없이 특정 공익사업과 관련하여 법률에서 정하는 바에 따라 부과하는 조세 외의 금전지급의무를 말한다.

동법 제3조【부담금 설치의 제한】 부담금은 별표에 규정된 법률에 따르지 아니하고는 설치할 수 없다.

수익자 부담금	공공사업 혹은 시설로 인해 특별한 이익을 받은 자에게 징수하는 부담금 예 「지방자치법」 제155조에 따른 지방자치단체 공공시설의 수익자 분담금

④

동법 제9조【부담금운용심의위원회】 ① 부담금에 관한 주요정책과 그 운용방향 등을 심의하기 위하여 기획재정부장관 소속으로 부담금운용심의위원회(이하 "위원회"라 한다)를 둔다.

정답 ③

99 회독 □□□

2017. 지방 7급

우리나라의 지방자치제도에 대한 설명으로 옳은 것은?

① 시·군의 지방세 세목에는 담배소비세, 주민세, 지방소득세, 재산세, 자동차세가 있다.
② 지방의회는 지방자치단체를 외부에 대표하는 기능, 국가위임사무 집행 기능 등을 가진다.
③ 지방자치단체는 2층제이며, 16개의 광역자치단체와 220개의 기초자치단체가 설치되어 있다.
④ 기관통합형 구조를 채택하고 있으며, 기초자치단체장 선거에서는 정당공천제를 실시하지 않고 있다.

정답 및 해설

■ 암기법 : 시군담지주재자

② 지방자치단체장은 지방자치단체를 외부에 대표하는 기능, 지방자치단체의 사무를 통할하는 기능, 국가위임사무(중앙정부가 위임한 사무)를 집행하는 기능 등을 가지고 있음
③ 우리나라의 지방자치단체는 17개의 광역자치단체와 226개의 기초자치단체가 2층 구조를 이루고 있음; 17개의 광역자치단체는 특별시(1개), 광역시(6개), 도(8개), 특별자치도(1개), 특별자치시(1개)로 구성되어 있음
④ 기관대립형은 의결기관과 집행기관이 분리된 채 엄격한 견제와 균형을 유지하는 집행기관 중심의 대통령제 방식임 → 우리나라는 기관대립형을 채택하면서도 단체장의 지위를 강화하였다는 특징을 가짐; 아울러 현재 우리나라는 기초자치단체장의 선거에서 정당공천제를 실시하고 있음

정답 ①

100 회독 □□□

2009. 국가 7급 수정

지방세에 대한 설명으로 옳지 않은 것으로 묶은 것은?

> ㉠ 지방세의 중요한 원칙으로는 응익성, 안정성, 보편성 등이 있다.
> ㉡ 지방자치단체의 목적세로는 주행세, 도시계획세, 지방교육세 등이 있다.
> ㉢ 자치구의 보통세로는 등록면허세, 재산세가 있다.
> ㉣ 중앙정부는 보통교부세를 교부할 때 일정한 조건을 붙이거나 용도를 제한할 수 없다.
> ㉤ 지방채 발행 한도액의 범위 안이라도 외채를 발행하는 경우에는 지방의회의 의결을 거친 후 행정안전부장관의 승인을 받아야 한다.
> ㉥ 지방자치단체장은 그 지방자치단체의 항구적 이익이 되거나 긴급한 재난복구 등의 필요가 있을 때에는 지방채를 발행할 수 있다.

① ㉠, ㉡　② ㉡, ㉣
③ ㉡, ㉤　④ ㉢, ㉥

정답 및 해설

틀린 선지

㉡ 지방자치단체의 목적세로는 지방교육세, 지역자원시설세가 있음
㉤ 지방채 발행 한도액의 범위 안이라도 외채를 발행하는 경우에는 지방의회의 의결을 거치지 전에 행정안전부장관의 승인을 받아야 함

올바른 선지

㉠ 지방세의 중요한 원칙으로는 응익성, 안정성, 보편성 등이 있음
　ⓐ 응익성: 이익의 대가만큼 비용을 부담하는 수익자부담주의의 원칙
　ⓑ 보편성: 세원이 각 지자체 간에 보편적으로 분포되어야 함
　ⓒ 안정성: 세수(세수입)가 안정적이어야 함
㉢ 자치구의 보통세로는 등록면허세와 재산세가 있음
㉣ 보통교부세는 일반재원이므로 중앙정부는 보통교부세를 교부할 때 일정한 조건을 붙이거나 용도를 제한할 수 없음
㉥

> **지방재정법 제11조【지방채의 발행】** ① 지방자치단체의 장은 다음 각 호를 위한 자금 조달에 필요할 때에는 지방채를 발행할 수 있다. 다만, 제5호 및 제6호는 교육감이 발행하는 경우에 한한다.
> 1. 공유재산의 조성 등 소관 재정투자사업과 그에 직접적으로 수반되는 경비의 충당
> 2. 재해예방 및 복구사업

정답 ③

101 회독 □□□

2010. 지방 7급

세외수입의 종류와 그에 대한 설명을 바르게 연결한 것은?

> ㉠ 지방자치단체가 주민의 복지증진을 위해 설치한 공공시설을 특정소비자가 사용할 때 그 반대급부로 개별적인 보상원칙에 따라 지방자치단체의 조례에 의거하여 강제적으로 부과·징수하는 공과금이다.
> ㉡ 지방자치단체의 재산 또는 공공시설의 설치로 인해 주민의 일부가 특별히 이익을 받을 때 그 비용의 일부를 부담시키기 위해 그 이익을 받는 자로부터 수익의 정도에 따라 징수하는 공과금이다.
> ㉢ 지방자치단체가 특정인에게 제공한 행정서비스에 의해 이익을 받는 자로부터 그 비용의 전부 또는 일부를 반대급부로 징수하는 수입이다.

	㉠	㉡	㉢
①	사용료	분담금	수수료
②	수수료	부담금	과년도 수입
③	사용료	부담금	과년도 수입
④	수수료	분담금	사용료

정답 및 해설

아래의 지방자치법 참고

㉠

> **지방자치법 제153조【사용료】** 지방자치단체는 공공시설의 이용 또는 재산의 사용에 대하여 사용료를 징수할 수 있다.

㉡

> **지방자치법 제155조【분담금】** 지방자치단체는 그 재산 또는 공공시설의 설치로 주민의 일부가 특히 이익을 받으면 이익을 받는 자로부터 그 이익의 범위에서 분담금을 징수할 수 있다.

㉢

> **지방자치법 제154조【수수료】** ① 지방자치단체는 그 지방자치단체의 사무가 특정인을 위한 것이면 그 사무에 대하여 수수료를 징수할 수 있다.

+ 선지에서 부담금을 세외수입 중 분담금으로 볼 수도 있으나 ㉢의 정답이 수수료이므로 정답은 ①이 되어야 함

정답 ①

cf.

102 회독 □□□

2013. 국가 7급

다음은 지방세 각 세목에 대한 설명이다. 목적세에 해당하는 것을 모두 고르면?

> ㉠ 국세인 부가가치세의 일부를 지방세로 전환한 세금이다. 납세의무자는 부가가치세를 납부할 의무가 있는 자이며, 국가에 부가가치세를 납부하면 국가가 납세액의 일정 비율을 지방자치단체로 이전하는 형식을 취한다.
> ㉡ 지하・해저자원, 관광자원, 수자원, 특수지형 등 지역 자원의 보호 및 개발, 지역의 특수한 재난예방 등 안전관리사업 및 환경보호・개선사업, 그 밖에 지역균형개발사업에 필요한 재원을 확보하거나 소방시설, 오물처리시설, 수리시설 및 그 밖의 공공시설에 필요한 비용을 충당하기 위하여 부과하는 세금이다.
> ㉢ 소득분과 종업원분으로 구분한다. 소득분은 지방자치단체에서 소득세 및 법인세의 납세의무가 있는 자에게 부과하고, 종업원분은 종업원에게 급여를 지급하는 사업주에게 부과한다.
> ㉣ 지방교육의 질적 향상에 필요한 지방교육재정의 확충에 소요되는 재원을 확보하기 위하여 부과한다. 레저세, 담배소비세, 주민세 균등분 등의 납세의무자에게 부과한다.

① ㉠, ㉡　　② ㉠, ㉣
③ ㉡, ㉢　　④ ㉡ ㉣

정답 및 해설

지방세 중 목적세는 지방교육세와 지역자원시설세가 있음
㉠ 지방소비세에 대한 내용임
㉡ 지역자원시설세에 대한 내용임
㉢ 지방소득세에 대한 내용임
㉣ 지방교육세에 대한 내용임

정답 ④

103 회독 □□□

2011. 지방 7급

우리나라 현행 지방세제에 대한 설명으로 옳은 것은?

① 지방소비세는 특별시・광역시・도세이며, 지방소득세는 시・군・구세이다.
② 최근 유사・중복 세목이 통폐합되어 현재 보통세 8개와 목적세 3개의 세목으로 간소화되었다.
③ 기초자치단체는 목적세를 부과할 수 없다.
④ 재산과세 중 거래과세로 분류되는 취득세는 특별시・광역시・도세이며, 등록면허세는 시・군・구세이다.

정답 및 해설

현행 목적세인 지방교육세와 지역자원시설세는 광역지방자치단체가 부과할 수 있음

① 지방소비세는 특별시・광역시・도세이며, 지방소득세는 시・군세임
② 현재 지방세는 보통세 9개와 목적세 2개의 세목으로 통합되었음
④ 취득세는 특별시・광역시・도세이며, 등록면허세는 도세 혹은 자치구세임

참고

> 재산과세는 재산보유에 대한 과세와 재산거래에 대한 과세로 구분되는데, 취득세는 재산거래로 분류되는 과세임

정답 ③

104 회독 □□□

2018. 국가 7급

국세에 해당하는 것으로만 묶은 것은?

㉠ 취득세	㉡ 자동차세
㉢ 종합부동산세	㉣ 인지세
㉤ 등록면허세	㉥ 주세

① ㉠, ㉣　② ㉡, ㉢

③ ㉢, ㉤　④ ㉣, ㉥

정답 및 해설

종합부동산세, 인지세, 주세가 국세에 해당하며, 취득세, 자동차세, 등록면허세는 지방세임

국세의 구조

국세	내국세	직접세	소득세(개인소득), 법인세(법인소득), 상속·증여세, 종합부동산세
		간접세	부가가치세, 개별소비세, 주세, 인지세, 증권거래세
	목적세	교육세, 농어촌특별세	
	관세	–	

- 환경세: 환경오염행위를 대상으로 부과하는 세금
- 국세인 개별소비세는 종전의 특별소비세의 명칭이 변경된 것이며, 특정 물품을 판매한 자가 납부함
- 인지세: 국가에서 개인의 재산을 인정(인지)해주는 대가로 부과하는 세금

정답 ④

Section 03 지방수입의 유형 : 의존재원

105 회독 □□□

2022. 국가 9급

지방교부세에 대한 설명으로 옳지 않은 것은?

① 지역 간 재정력 격차를 완화시키는 재정 균등화 기능을 수행한다.

② 보통교부세, 특별교부세, 부동산교부세, 소방안전교부세로 구분한다.

③ 신청주의를 원칙으로 하며 각 중앙관서의 예산에 반영되어야 한다.

④ 부동산교부세는 종합부동산세를 재원으로 하며 전액을 지방자치단체에 교부한다.

정답 및 해설

선지는 국고보조금의 특징임 → 지방교부세는 지방자치단체의 신청이 없어도 법령상 교부기준에 따라 행정안전부장관이 교부함(단, 특별교부세는 신청 혹은 행정안전부장관 직권으로 신청할 수 있음)

① 지방교부세는 국가가 재정적 결함이 있는 자치단체에 교부하는 금전으로 지방재정력의 불균형시정이 목적임

②④

지방교부세 종류와 재원

종류	개념		재원
보통교부세 (일반재원)	① 재정력지수(기준재정수입액/기준재정수요액)가 1 이하인 자치단체에 교부 ② 분기별 교부 ③ 지방교부세 중 가자 큰 비중을 차지함		(내국세 총액의 19.24% + 정산액)의 97%
특별교부세 (특정재원)	① 기준재정수요액으로는 산정할 수 없는 특별한 재정수요 발생	40%	(내국세 총의 19.24% + 정산액)의 3%
	② 보통교부세 산정 후 발생한 재난복구 및 안전관리를 위한 특별한 재정수요 발생 혹은 재정수입 감소	50%	
	③ 국가적 장려, 국가와 지방 간 시급한 협력, 역점시책, 재정운용실적 우수 등 특별한 재정수요 발생	10%	
부동산 교부세 (일반재원)	① 재정여건 및 지방세 운영상황 등을 고려하여 교부 ② 교부대상 ㉠ 제주도·세종시 ㉡ 시·군·구		종합부동산세 전액 + 정산액
소방안전 교부세 (특정재원)	① 소방인력 운용, 소방 및 안전시설 확충·안전관리 강화 등을 위하여 교부 ② 교부대상: 광역지자체		담배에 부과되는 개별소비세 총액의 45% + 정산액

정답 ③

PART 07 지방자치론

106 회독 □□□

2021. 지방 9급

지방재정에 대한 설명으로 옳지 않은 것은?

① 재정자립도는 일반회계 세입 중 지방세와 세외수입이 차지하는 비중을 말한다.
② 국고보조금은 지방재정운영의 자율성을 제고한다.
③ 지방교부세는 지역 간의 재정 불균형을 시정하기 위한 제도이다.
④ 지방자치단체는 재해예방 및 복구사업에 경비를 조달하기 위해서 지방채를 발행할 수 있다.

정답 및 해설

국고보조금은 의존재원이므로 지방재정운영의 자율성을 떨어뜨림

① 재정자립도는 일반회계 세입 중 자주재원의 비중(지방세와 세외수입이 차지하는 비중)을 말함
③ 지방교부세는 지방자치단체 간의 재정 불균형을 시정하기 위해 중앙정부가 지방정부에 자금을 지원하는 제도임
④ 지방자치단체는 자치권이 있는 까닭에 재해예방 및 복구사업에 경비를 조달하기 위해서 지방채를 발행할 수 있음

지방자치법 제124조 【지방채무 및 지방채권의 관리】 ① 지방자치단체의 장이나 지방자치단체조합은 따로 법률로 정하는 바에 따라 지방채를 발행할 수 있다.

정답 ②

107 회독 □□□

2020. 서울속기 9급

지방교부세에 대한 설명으로 가장 옳지 않은 것은?

① 국고보조금과 함께 지방재정조정제도로 운영되고 있다.
② 대표적 지방세로, 내국세 총액의 19.24%와 종합부동산세 총액으로만 구성된다.
③ 보통교부세는 용도를 특정하지 않은 일반재원이다.
④ 소방안전교부세 중 「개별소비세법」에 따라 담배에 부과하는 개별소비세 총액의 20%를 초과하는 부분은 소방 인력의 인건비로 우선 충당하여야 한다.

정답 및 해설

지방교부세는 지방세가 아니며, 지방교부세의 재원은 내국세 총액의 19.24%, 종합부동산세의 100%, 담배에 부과되는 개별소비세의 45%를 재원으로 함

지방교부세법 제4조 【교부세의 재원】 ① 교부세의 재원은 다음 각 호로 한다.
1. 해당 연도의 내국세(목적세 및 종합부동산세, 담배에 부과하는 개별소비세 총액의 100분의 45 및 다른 법률에 따라 특별회계의 재원으로 사용되는 세목의 해당 금액은 제외한다. 이하 같다) 총액의 1만분의 1,924에 해당하는 금액
2. 「종합부동산세법」에 따른 종합부동산세 총액
3. 「개별소비세법」에 따라 담배에 부과하는 개별소비세 총액의 100분의 45에 해당하는 금액

① 지방교부세는 국고보조금과 함께 우리나라의 대표적인 지방재정조정제도에 해당함
③ 지방교부세 중 보통교부세는 특별교부세와 달리 용도를 특정하지 않은 일반재원임
④ 소방안전교부세의 재원의 경우 종래에는 담배에 부과되는 개별소비세의 20%였으나 최근 지방교부세법의 개정으로 인해 45%로 인상되었음 → 이는 소방직이 국가직화하면서 소방인력 운용에 대한 지방재정을 지원하기 위해서이며 담배에 부과되는 개별소비세 총액의 20%를 초과하는 부분은 소방인력의 인건비로 우선 충당하여야 함

지방교부세법 제9조의4 【소방안전교부세의 교부】 ② 제1항에 따른 소방안전교부세의 교부기준은 지방자치단체의 소방 인력, 소방 및 안전시설 현황, 소방 및 안전시설 투자 소요, 재난예방 및 안전강화 노력, 재정여건 등을 고려하여 대통령령으로 정한다. 다만, 소방안전교부세 중 「개별소비세법」에 따라 담배에 부과하는 개별소비세 총액의 100분의 20을 초과하는 부분은 소방 인력의 인건비로 우선 충당하여야 한다.

정답 ②

108 회독 □□□

2014. 사복 9급

우리나라 지방재정조정제도 중의 하나인 조정교부금제도에 대한 설명으로 옳은 것만을 모두 고른 것은?

ㄱ. 특별시·광역시 내 자치구 사이의 재정격차를 해소하여 균형적인 행정서비스를 제공하기 위해 도입되었다.
ㄴ. 중앙정부가 지방정부의 재정수요와 재정수입을 비교하여 부족한 재원을 보전할 목적으로 내국세의 적정 비율에 해당하는 금액을 지방정부에 교부하는 것이다.
ㄷ. 지방정부가 수행하는 업무 중에서 국가사업과 지방사업의 연계를 강화하고자, 중앙정부가 지방정부의 특정 사업에 대하여 경비 일부의 용도를 지정하여 부담한다.
ㄹ. 특별시장이나 광역시장은 시세 수입 중의 일정액을 확보하여 조례로 정하는 바에 따라 해당 지방자치단체의 관할 구역 안의 자치구 상호 간의 재원을 조정하여야 한다.

① ㄱ, ㄴ　② ㄱ, ㄹ
③ ㄴ, ㄷ　④ ㄷ, ㄹ

정답 및 해설

조정교부금은 상급지방자치단체가 하급지방자치단체를 지원하는 제도로 자치구 조정교부금과 시·군 조정교부금이 있음

올바른 선지

ㄱ, ㄹ.
자치구 조정교부금은 특별시·광역시 내 자치구 사이의 재정격차를 해소하여 균형적인 행정서비스를 제공하기 위해 도입되었음

지방재정법 제29조의2【자치구 조정교부금】 특별시장 및 광역시장은 대통령령으로 정하는 보통세 수입의 일정액을 조정교부금으로 확보하여 조례로 정하는 바에 따라 해당 지방자치단체 관할구역의 자치구 간 재정력 격차를 조정하여야 한다.

틀린 선지

ㄴ. 보통교부세에 대한 내용임 → 보통교부세는 지방자치단체가 자주적으로 사용할 수 있는 일반재원으로서 중앙정부가 지방정부의 재정수요와 재정수입을 비교하여 부족한 재원을 보전할 목적으로 내국세의 적정 비율에 해당하는 금액을 지방정부에 교부함; 보통교부세는 매년 기준재정수입액이 기준재정수요액(인구 등의 기준으로 산정)에 미달될 경우 그 부족분을 분기별로 지급함
ㄷ. 국고보조금에 대한 내용임

정답 ②

109 회독 □□□

2008. 국가 9급

우리나라의 지방재정조정제도에서 재원의 배분주체가 다른 하나는?

① 보통교부세
② 소방안전교부세
③ 특별교부세
④ 조정교부금

정답 및 해설

조정교부금은 상급자치단체가 하급자치단체에게 지원하는 재원임

①②③
모두 중앙정부가 지자체 간의 재정격차를 완화하기 위해 분배하는 지방교부세의 종류에 해당함

정답 ④

110 회독 □□□

2017. 지방 9급

「지방교부세법」상 지방교부세에 대한 설명으로 옳지 않은 것은?

① 지방교부세의 재원에는 종합부동산세 총액, 담배에 부과하는 개별소비세 총액의 일부 등이 포함된다.
② 보통교부세의 산정기일 후에 발생한 재난을 복구하거나 재난 및 안전관리를 위한 특별한 재정수요가 생기거나 재정수입이 감소한 경우 특별교부세를 교부할 수 있다.
③ 지방교부세의 종류는 보통교부세, 특별교부세, 부동산 교부세 및 교통안전교부세로 구분한다.
④ 지방행정 및 재정운용 실적이 우수한 지방자치단체의 재정지원 등 특별한 재정수요가 있을 경우 특별교부세를 교부할 수 있다.

정답 및 해설

지방교부세는 국가가 지방자치단체 간의 재정격차를 완화시키기 위해 배분하는 것으로서 특별교부세, 보통교부세, 부동산교부세, 소방안전교부세가 있음

지방교부세법 제3조【교부세의 종류】 지방교부세(이하 "교부세"라 한다)의 종류는 보통교부세·특별교부세·부동산교부세 및 소방안전교부세로 구분한다.

① 지방교부세의 재원에는 종합부동산세 총액, 담배에 부과하는 개별소비세 총액의 일부 등이 포함됨

지방교부세법 제4조【교부세의 재원】 ① 교부세의 재원은 다음 각 호로 한다.
1. 해당 연도의 내국세(목적세 및 종합부동산세, 담배에 부과하는 개별소비세 총액의 100분의 45 및 다른 법률에 따라 특별회계의 재원으로 사용되는 세목의 해당 금액은 제외한다. 이하 같다) 총액의 1만분의 1,924에 해당하는 금액
2. 「종합부동산세법」에 따른 종합부동산세 총액
3. 「개별소비세법」에 따라 담배에 부과하는 개별소비세 총액의 100분의 45에 해당하는 금액

②④
특별교부세는 보통교부세의 경직성을 보정하기 위한 교부세로서 특정목적에만 활용할 수 있으며, 지방행정 및 재정운용 실적이 우수한 지방자치단체의 재정지원 등 특별한 재정수요가 있을 경우 특별교부세를 교부할 수 있음

지방교부세법 제9조【특별교부세의 교부】 ① 특별교부세는 다음 각 호의 구분에 따라 교부한다.
3. 국가적 장려사업, 국가와 지방자치단체 간에 시급한 협력이 필요한 사업, 지역 역점시책 또는 지방행정 및 재정운용 실적이 우수한 지방자치단체에 재정 지원 등 특별한 재정수요가 있을 경우: 특별교부세 재원의 100분의 10에 해당하는 금액

정답 ③

111 회독 □□□

2018. 지방 9급

지방재정조정제도 중 「지방교부세법」에서 규정하고 있지 않은 것은?

① 소방안전교부세
② 보통교부세
③ 조정교부금
④ 부동산교부세

정답 및 해설

지방교부세법에 규정되어 있는 지방재정조정제도는 보통교부세, 특별교부세, 소방안전교부세, 부동산교부세임; 조정교부금은 지방교부세법이 아니라 지방재정법에 규정된 제도임

지방교부세법 제3조【교부세의 종류】 지방교부세(이하 "교부세"라 한다)의 종류는 보통교부세·특별교부세·부동산교부세 및 소방안전교부세로 구분한다. 〈개정 2014. 12. 23., 2014. 12. 31.〉

지방재정법 제29조【시·군 조정교부금】 ① 시·도지사(특별시장은 제외한다. 이하 이 조에서 같다)는 다음 각 호의 금액의 27퍼센트(인구 50만 이상의 시와 자치구가 아닌 구가 설치되어 있는 시의 경우에는 47퍼센트)에 해당하는 금액을 관할 시·군 간의 재정력 격차를 조정하기 위한 조정교부금의 재원으로 확보하여야 한다.

지방재정법 제29조의2【자치구 조정교부금】 특별시장 및 광역시장은 대통령령으로 정하는 보통세 수입의 일정액을 조정교부금으로 확보하여 조례로 정하는 바에 따라 해당 지방자치단체 관할구역의 자치구 간 재정력 격차를 조정하여야 한다.

정답 ③

112 회독 □□□ 2021. 지방 7급

우리나라 지방재정조정제도에 대한 설명으로 옳은 것은?

① 「지방교부세법」상 지방교부세는 보통교부세, 특별교부세, 부동산교부세 및 소방안전교부세로 구분된다.
② 지방교부세는 중앙정부가 국가 사무를 지방정부에 위임하거나 지방정부가 추진하는 사업 경비의 전부 또는 일부를 보조하거나 지원하기 위한 제도이다.
③ 조정교부금은 전국적으로 최소한의 동일 행정서비스 수준 보장을 위해 중앙정부가 내국세의 일정 비율을 자치단체에 배분하는 것이다.
④ 지방교부세 대비 국고보조금의 비중 증가는 지방재정의 자율성을 강화한다.

정답 및 해설

「지방교부세법」상 지방교부세는 보통교부세, 특별교부세, 부동산교부세 및 소방안전교부세로 구분됨

지방교부세법 제3조【교부세의 종류】 지방교부세(이하 "교부세"라 한다)의 종류는 보통교부세·특별교부세·부동산교부세 및 소방안전교부세로 구분한다.

② 국고보조금에 대한 내용임
③ 지방교부세에 대한 내용임
④ 국고보조금은 지방교부세와 달리 통제가 수반되는 특정재원이므로 국고보조금의 비중 증가는 지방재정의 자율성을 약화시킴

정답 ①

113 회독 □□□ 2017. 국가 7급

국고보조금에 대한 설명으로 옳은 것은?

① 내국세 총액의 일정비율과 「종합부동산세법」에 따른 종합부동산세 총액을 재원으로 한다.
② 사업별 보조율은 50%로 사업비의 절반은 지방자치단체가 부담해야 한다.
③ 국고보조사업의 수행에서 중앙정부의 감독을 받으므로 지방자치단체의 자율성이 약화될 우려가 있다.
④ 중앙관서의 장은 보조사업을 수행하려는 자로부터 신청을 받은 보조금의 명세 및 금액을 조정하여 행정안전부장관에게 보조금 예산을 요구하여야 한다.

정답 및 해설

국고보조금은 일반적으로 중앙정부가 재정여건, 정책목표 등을 고려하여 지원 여부를 결정하며, 지방자치단체가 보조금을 다른 용도로 사용한 경우, 보조금을 반환하게 할 수 있음 → 따라서 국고보조사업의 수행에서 중앙정부의 감독을 받으므로 지방자치단체의 자율성이 약화될 우려가 있음

① 지방교부세는 종합부동산세 총액, 담배에 부과하는 개별소비세 총액의 45%, 전술한 내용과 목적세를 제외한 내국세 총액의 일정 비율을 재원으로 함
② 사업별 보조율, 즉 기준보조율은 매년 예산으로 정함

보조금 관리에 관한 법률 제9조【보조금의 대상 사업 및 기준보조율 등】 ① 보조금이 지급되는 대상 사업, 경비의 종목, 국고 보조율 및 금액은 매년 예산으로 정한다. 다만, 지방자치단체에 대한 보조금의 경우 다음 각 호에 해당하는 사항은 대통령령으로 정한다.

④

보조금 관리에 관한 법률 제6조【중앙관서의 장의 보조금 예산 요구】 ① 중앙관서의 장은 보조사업을 수행하려는 자로부터 신청받은 보조금의 명세 및 금액을 조정하여 기획재정부장관에게 보조금 예산을 요구하여야 한다.

정답 ③

114 회독 □□□ 2016. 지방 7급

지방재정에 대한 설명으로 옳은 것은?

① 지방교부세의 기본 목적은 지방자치단체 간 재정격차를 줄임으로써 기초적인 행정서비스가 제공될 수 있도록 하는 데 있다.
② 세외수입은 연도별 신장률이 안정적이며 그 종류와 형태가 다양하다.
③ 보통교부세, 특별교부세, 분권교부세, 부동산교부세 등의 지방교부세가 운영되고 있다.
④ 대부분의 국고보조사업에는 차등보조율이 적용되고 있다.

정답 및 해설

지방교부세는 지방자치단체로 하여금 최소한의 행정수준을 유지하는 데 필요한 재원을 보장할 목적으로 국가가 지자체에 교부하는 국고지출금임 → 이는 지방자치단체 간 재정격차를 줄임으로써 기초적인 행정서비스가 제공될 수 있도록 하는 데 그 목적을 두고 있음

② 세외수입은 종류와 형태가 다양하지만 세외수입을 증대할 경우 주민의 불만이 커지는 까닭에 연도별 신장률은 불안정함
③ 지방교부세는 국가가 지방자치단체의 재정 균형 목적에서 배분하는 것으로 특별교부세, 보통교부세, 부동산교부세, 소방안전교부세로 구분됨
④ 대부분의 국고보조사업에는 기준보조율이 적용되고 있으나, 일부 사업에 대해서는 차등보조율을 활용할 수 있음

보조금 관리에 관한 법률 제10조【차등보조율의 적용】 ① 기획재정부장관은 매년 지방자치단체에 대한 보조금 예산을 편성할 때에 필요하다고 인정되는 보조사업에 대하여는 해당 지방자치단체의 재정 사정을 고려하여 기준보조율에서 일정 비율을 더하거나 빼는 차등보조율을 적용할 수 있다. 이 경우 기준보조율에서 일정 비율을 빼는 차등보조율은 「지방교부세법」에 따른 보통교부세를 교부받지 아니하는 지방자치단체에 대하여만 적용할 수 있다.

정답 ①

115 회독 □□□ 2018. 국가 7급

지방재정의 구성요소 중 의존재원의 기능으로 적절하지 않은 것은?

① 지방자치단체에 대한 유도·조성을 통한 국가 차원의 통합성 유지
② 지방재정의 안정성 확보
③ 지방재정의 지역 간 불균형 시정
④ 지방자치단체의 다양성과 지방분권화 촉진

정답 및 해설

의존재원은 국가나 상급 지방자치단체에 의해 결정 및 실현되는 재원으로서 교부세, 국고보조금, 조정교부금 등이 있음 → 의존재원은 상급자치단체나 중앙정부로부터 지원을 받는 재원이므로 어느 정도의 통제를 전제로 하는바 지방자치단체의 다양성과 지방분권화를 저해할 수 있음

①②③
의존재원은 부족한 지방재정의 안정성을 확보하고 지역 간 불균형을 시정할 수 있음; 아울러 위임사무 등에 대한 지원을 통해 지방자치단체를 유도·조성하여 국가 차원의 통합성을 유지할 수 있음

정답 ④

116 회독 □□□ 2015. 지방 7급

우리나라의 지방교부세에 대한 설명으로 옳지 않은 것은?

① 국고보조금제도와 함께 지방재정조정제도 중의 하나로 운영되고 있다.
② 지방교부세는 대표적인 지방세로서, 내국세의 일정 비율의 금액으로 법정되어 있다.
③ 보통교부세는 그 용도를 특정하지 아니한 일반재원이다.
④ 특별교부세는 중앙정부가 지방정부를 통제하기 위한 수단으로 사용된다는 비판도 있다.

정답 및 해설

지방교부세는 지방세가 아니라 의존재원에 해당함

① 지방교부세는 국고보조금, 조정교부금과 함께 지방재정조정제도 중의 하나로 운영되고 있음
③ 재정력 지수를 기준으로 지방자치단체에 제공하는 보통교부세는 그 용도를 특정하지 아니한 일반재원임
④ 아래의 조항 참고

지방교부세법 제9조【특별교부세의 교부】 ② 행정안전부장관은 지방자치단체의 장이 제1항 각 호에 따른 특별교부세의 교부를 신청하는 경우에는 이를 심사하여 특별교부세를 교부한다. 다만, 행정안전부장관이 필요하다고 인정하는 경우에는 신청이 없는 경우에도 일정한 기준을 정하여 특별교부세를 교부할 수 있다. → 이 때문에 특별교부세는 중앙정부가 지방정부를 통제하기 위한 수단으로 사용된다는 비판도 있음

정답 ②

117 회독 □□□ 2014. 국가 7급

우리나라 지방자치단체의 재정에 대한 설명으로 옳은 것은?

① 지방세는 재산보유에 대한 과세보다 재산거래에 대한 과세의 비중이 상대적으로 높다.
② 재정력지수는 지방자치단체의 전체 재원에 대한 자주재원(지방세 수입, 지방세외 수입)의 비율을 의미한다.
③ 재정자립도란 일반회계 세입에서 자주재원과 지방교부세를 합한 일반재원의 비중으로 생계급여 등 사회복지 분야에서 차등보조율을 설계할 때 사용된다.
④ 지방재정조정제도는 크게 지방자치단체에 재원 사용의 자율성을 전적으로 부여하는 국고보조금과 특정한 사업에 사용할 것을 조건으로 선택적으로 지원하는 지방교부세로 구분한다.

정답 및 해설

우리나라의 지방세는 재산보유에 대한 과세보다 재산거래에 대한 과세의 비중이 상대적으로 높음

참고

지방세에서 재산보유에 대한 과세가 차지하는 비중은 2013년 기준 18.3%에 불과함

② 해당 선지는 재정자립도에 대한 내용임; 재정력지수는 기준재정수요액 중에서 기준재정수입액이 차지하는 비율임

재정자립도

지방자치단체의 총 재원 중에서 자주재원(지방세와 세외수입)이 차지하는 비율

③ 재정자주도에 대한 내용임 → 재정자주도란 지방세·세외수입·지방교부세 등 지방자치단체 재정수입 중 특정 목적이 정해지지 않는 일반재원의 비중임; 이는 중앙정부가 차등보조율을 정할 때 참고하는 지표로 활용되고 있음
④ 지방재정 조정제도는 크게 지방자치단체에 재원 사용의 자율성을 전적으로 부여하는 지방교부세와 특정한 사업에 사용할 것을 조건으로 선택적으로 지원하는 국고보조금으로 구분함

정답 ①

118 회독 □□□

2020. 지방 7급

다음 사례에 대한 설명으로 옳은 것은?

> 2013년 환경부는 상수도 낙후지역에 사는 국민이 안심하고 마실 수 있는 수돗물을 공급하기 위해 총사업비 8,833억 원(국비 30%, 지방비 70%)를 들여 '상수관망 최적관리시스템 구축사업'을 추진한다고 발표하였다. 그러나 A시는 상수도 사업을 자체관리하기로 결정하고, 당초 요청하기로 계획했던 국고보조금 56억 원을 신청하지 않았다.

① 만약 A시가 이 사업에 참여하여 당초 요청하기로 계획했던 보조금이 그대로 배정된다면, A시가 부담해야 하는 비용은 총 56억 원이다.
② 상수관망을 통해 공급되는 수돗물과 민간재인 생수가 모두 정상재(normal goods)라고 가정한다면, 환경부의 사업 보조금은 수돗물과 생수의 공급수준을 모두 증가시키는 소득효과만을 유발시킨다.
③ 이 사례에서와 같은 보조금은 지역 간에 발생하는 외부효과를 시정하거나 중앙정부의 특정 목적을 달성하기 위해 운영된다.
④ A시가 신청하지 않은 보조금은 일반정액보조금에 해당한다.

정답 및 해설

이 사례에서와 같은 보조금(부담금 : 단체위임사무에 사용되는 국고보조금)은 지역 간에 발생하는 외부효과를 시정하거나(긍정적 외부효과를 유발하는 사업의 장려) 중앙정부가 달성하고자 하는 특정 목적을 위해 운영됨

① 위의 정률보조에 따르면 A시는 약 130억을 부담해야 함
② 환경부의 상수관망 구축사업 보조금은 소득효과와 대체효과를 모두 유발함

용어정리

> ㉠ 정상재 : 소득이 증가할 때 수요량이 함께 증가하는 재화 → 고가의 미술품 등
> ㉡ 소득효과 : 어떤 재화의 가격하락으로 인해 소비자의 구매력이 증가함에 따라 해당 재화의 수요량이 변하는 현상
> ㉢ 대체효과 : 어떤 재화의 가격이 하락하면 소비자는 가격이 변동하지 않는 다른 재화 대신에 가격이 내려온 재화로 대체하는 현상

④ A시가 신청하지 않은 보조금은 특정 목적 사업에 지원하는 정률보조금에 해당함

정답 ③

119 회독 □□□

2019. 서울 7급

지방재정에 대한 설명으로 가장 옳지 않은 것은?

① 지방수입에 있어서 자주재원의 핵심은 지방세와 세외수입으로 지방세는 법률이 정하는 바에 따라 강제적으로 징수하고, 세외수입은 지방세 외의 모든 수입을 포함하는 개념이다.
② 의존재원은 지방교부세, 국고보조금, 조정교부금, 지방채로 구성되며, 지방자치단체에서 필요로 하거나, 부족한 재원을 외부에서 조달한다는 특징이 있다.
③ 지방자치단체 지방수입의 구조에서 가장 두드러진 특징 중 하나는 자주재원에 비해 의존재원이 매우 많다는 점으로, 지방자치단체의 국가재정에 대한 의존도가 상당히 크다고 할 수 있다.
④ 재정자립도는 지방자치단체 총 예산규모 중 자주재원이 차지하는 비율로 그 산식에 있어서 분모와 분자에 모두 자주재원이 존재함으로 인해 재정자립도를 결정하는 데에 중요한 요인은 의존재원이 된다.

정답 및 해설

지방채는 의존재원이 아님; 의존재원은 지방교부세, 국고보조금, 조정교부금으로 구성되며, 지방자치단체에서 필요로 하거나, 부족한 재원을 외부에서 조달한다는 특징이 있음 → 지방채는 지방자치단체가 발행하는 채권을 의미하며, 과거에는 자주재원에 포함되었으나 현재에는 자주재원에서 제외되었음

① 지방수입에 있어서 자주재원(자체수입)의 핵심은 지방세와 세외수입으로 지방세는 법률이 정하는 바에 따라 강제적으로 징수(조세법률주의)하고, 세외수입은 지방세 외의 모든 수입을 포함하는 개념임
③ 우리나라 지방자치단체 지방수입의 구조에서 가장 두드러진 특징 중 하나는 자주재원에 비해 의존재원이 매우 많다는 것임(자주재원의 비율이 2017년 기준으로 53%) → 따라서 지방자치단체의 국가재정에 대한 의존도가 상당히 크다고 할 수 있음
④ 재정자립도는 지방자치단체 총 예산규모 중 자주재원이 차지하는 비율로 그 산식에 있어서 분모와 분자에 모두 자주재원이 존재함으로 인해 재정자립도를 결정하는 데에 중요한 요인은 의존재원이 됨 → 예를 들어, 지방교부세를 받은 지방자치단체는 재정력이 커짐에도 불구하고 재정자립도는 반대로 낮아짐

정답 ②

Section 04 지방수입의 유형 : 지방채

cf.

120 회독 □□□ 2018. 국가 7급

지방채에 대한 설명으로 옳은 것은?

① 지방자치단체조합의 장은 지방채를 발행할 수 없다.
② 이미 발행한 지방채의 차환을 위해서 지방자치단체의 장은 지방채를 발행할 수 없다.
③ 제주특별자치도지사는 제주특별자치도의 발전과 관계가 있는 사업을 위하여 필요하면 도의회 의결을 마친 후 외채 발행과 지방채 발행 한도액의 범위를 초과한 지방채 발행을 할 수 있다.
④ 외채를 발행할 경우에는 지방채 발행 한도액 범위더라도 지방의회의 의결을 거치기 전에 기획재정부장관의 승인을 받아야 한다.

정답 및 해설

일반적으로 자치단체장은 대통령령이 정하는 한도액을 초과하여 발행하거나 외채를 발행하려면 행정안전부장관의 승인을 얻어야 함; 그러나 제주특별자치도의 경우 제주특별법 상 특례에 따라 행정안전부장관의 승인 없이도 발행할 수 있음

제주특별법 제126조【지방채 등의 발행 특례】 도지사는 제주자치도의 발전과 관계가 있는 사업을 위하여 필요하면「지방재정법」제11조에도 불구하고 도의회의 의결을 마친 후 외채 발행과 지방채 발행 한도액의 범위를 초과한 지방채 발행을 할 수 있다.

① 지방자치단체조합의 장은 지방채를 발행할 수 있음
② 이미 발행한 지방채의 차환을 위해서 지방자치단체의 장은 지방채를 발행할 수 있음
④ 외채를 발행할 경우에는 지방채 발행 한도액 범위더라도 지방의회의 의결을 거치기 전에 행정안전부장관의 승인을 받아야 함

정답 ③

Section 05 지방재정력의 평가

121 회독 □□□ 2023. 지방 7급

지방재정에 대한 설명으로 옳지 않은 것은?

① 재정자립도는 일반회계 예산규모에서 지방세와 세외수입 합계액의 비(比)를 의미하며 지방자치단체의 실제 재정력과 차이가 있다는 비판이 있다.
② 재정자주도는 일반회계 예산규모에서 자체수입과 자주재원 합계액의 비를 의미하며 보통교부세 교부 여부의 적용기준으로 활용된다.
③ 재정력지수는 기준재정수요액에서 기준재정수입액의 비를 의미하며 기본적 행정 수행을 위한 재정수요의 실질적 확보 능력을 판단하는 기준이 된다.
④ 주민 1인당 지방세 부담액은 지방세액을 해당 지방자치단체 주민 수로 나눈 것으로 세입구조 안정성을 판단하는 기준이 된다.

정답 및 해설

재정자주도는 일반회계 예산규모에서 일반재원의 비중을 의미함 → 아울러, 보통교부세 지급 여부를 결정하는 것은 재정력 지수임

①③④

재정자립도	지방자치단체의 일반회계 세입총액 중 자주재원(지방세 + 세외수입)이 차지하는 비중
재정력지수	① 지방교부세제도에서 규정한 '기준재정수요액' 대비 '기준재정수입액'의 비율 ② 보통교부세 지급 기준 : 재정력지수가 1 이하 지방자체단체는 지출수요에 비해 자체수입이 부족하다는 것을 의미함 → 부족한 부분은 지방교부세 중 보통교부세라는 일반재원을 통해 중앙정부가 상당 비율을 충당함
주민 1인당 지방세 부담액	지방자치단체의 지방세 예산액을 자치단체별 인구수로 나눈 것

정답 ②

122 회독 □□□

2019. 서울 9급

지방자치단체의 재정자립도에 대한 설명으로 가장 옳지 않은 것은?

① 재정자립도는 세입총액에서 지방세수입과 세외수입이 차지하는 비율을 나타낸다.
② 자주재원이 적더라도 중앙정부가 지방교부세를 증액하면 재정자립도는 올라간다.
③ 재정자립도가 높다고 지방정부의 실질적 재정이 반드시 좋다고 볼 수는 없다.
④ 국세의 지방세 이전은 재정자립도 증대에 도움이 된다.

정답 및 해설

재정자립도는 지방자치단체의 세입총액(자주재원과 의존재원)에서 자주재원(지방세와 세외수입)이 차지하는 비중임 → 따라서 의존재원 중 하나인 지방교부세를 증액하면 재정자립도가 낮아질 수 있음

①③
재정자립도는 지방자치단체의 세입총액에서 자주재원(지방세수입과 세외수입)이 차지하는 비율을 나타냄; 재정자립도는 지방자치단체의 일반회계만을 고려하고 특별회계와 기금 등을 종합적으로 고려하지 못하므로 지방자치단체의 실제 재정력이 과소평가 됨
④ 국세를 지방세로 이전할 경우 자주재원이 증가하므로 재정자립도 증대에 도움이 됨

정답 ②

123 회독 □□□

2012. 국가 7급

지방자치단체 재정자립도 개념의 한계에 대한 설명으로 옳지 않은 것은?

① 지방자치단체의 일반회계만을 고려하고 특별회계와 기금 등을 종합적으로 고려하지 못하므로 지방자치단체의 실제 재정력이 과소평가된다.
② 일반회계에서 차지하는 자체재원의 비율이 높을수록 재정자립도가 높게 산정되기 때문에 지방교부세를 받은 지방자치단체는 재정력이 커짐에도 불구하고 재정자립도는 반대로 낮아지게 된다.
③ 지방자치단체의 세출을 중심으로 산정되기 때문에 지방자치단체의 재정력을 효과적으로 파악하기 곤란하다.
④ 지방자치단체 간의 상대적 재정 규모를 평가하지 못하는 문제가 있다.

정답 및 해설

재정자립도는 지방자치단체의 세입을 중심으로 산정되기 때문에 세출의 질이나 총재정규모 등 실질적인 재정 상태를 효과적으로 파악하기 곤란함

① 재정자립도는 일반회계 세입총액 중 자주재원(지방세+세외수입)이 차지하는 비중임; 따라서 특별회계와 기금 등을 종합적으로 고려하지 못하므로 지방자치단체의 실제 재정력이 과소평가됨
② 재정자립도는 일반회계에서 차지하는 자주재원(자체수입)의 비율이 높을수록 재정자립도가 높게 산정됨 → 재정자립도는 분모에 의존재원이 위치하기 때문에 지방교부세를 받은 지방자치단체는 실제 재정력이 커짐에도 불구하고 재정자립도는 반대로 낮아지는 현상이 발생함
④ 재정자립도는 의존재원 등을 간과하는바 지방자치단체 간의 상대적 재정 규모를 평가하지 못하는 문제가 있음

정답 ③

cf.

124 회독 □□□

2008. 지방 7급

최근 지방재정자립도를 높이기 위하여 국세의 일부를 지방세로 전환해야 한다는 여론이 높아지고 있는데, 전환할 경우에 나타날 수 있는 현상과 가장 거리가 먼 것은?

① 조세저항이 일어날 수 있다.
② 지역 간 재정불균형이 심화될 수 있다.
③ 지방교부세 총액이 감소될 수 있다.
④ 중앙과 지방과의 기능을 조정할 필요가 있다.

정답 및 해설

조세저항은 일반적으로 세목의 신설이나 세율인상에서 나타남 → 국세를 지방세로 전환해도 주민에게 새로운 부담이 생기는 것은 아니기 때문에(기존에 있던 세목이므로) 조세저항이 발생하지 않을 공산이 큼

②③④
국세를 지방세로 전환할 경우 지방정부를 지원할 수 있는 중앙정부의 재원이 감소하므로 지방교부세 총액의 감소, 지역 간 재정불균형 등이 나타날 수 있음; 아울러 자주재원이 증가한 지방정부는 더 많은 활동을 할 수 있는바 중앙과 지방과의 기능조정을 해야함

정답 ①

125 회독 □□□

2009. 국가 7급

지방자치단체의 재정자립도에 대한 설명으로 옳지 않은 것은?

① 재정지출의 내역이라고 할 수 있는 세출의 질을 고려하고 있지 않다.
② 대규모 사업의 수행을 가능케 하는 재정규모의 중요성을 간과하고 있다.
③ 지방자치단체의 실질적 재정상태를 나타내며 중앙정부로부터 얼마나 많은 지원을 받고 있는가를 보여준다.
④ 중앙정부에 의한 재정지원을 의존재원으로 처리함으로써 재정지원의 형태를 제대로 파악할 수 없다.

정답 및 해설

재정자립도는 전체 세입 중에서 자주재원(지방세와 세외수입)이 차지하는 비율만을 의미하므로 의존수입이 많은 부분을 차지하는 지방재정에서 자치단체의 실질적 재정 상태를 나타내주지 못하는 것으로 평가받고 있음 → 즉, 재정자립도는 중앙정부로부터 얼마나 재정지원을 받고 있는지가 아니라 중앙정부로부터 얼마나 재정지원을 받지 않고 재정수요를 자체적으로 해결해 나가고 있는가를 보여주는 개념임

① 재정자립도는 일반회계 세입총액 중 자주재원이 차지하는 비중이므로 재정지출의 내역이라고 할 수 있는 세출의 질을 고려하고 있지 않음
② 재정자립도는 특별회계나 국고보조금과 같은 재원을 고려하지 못하는바 대규모 사업의 수행을 가능케 하는 재정규모의 중요성을 간과하고 있음
④ 재정자립도는 지방자치단체 예산에서의 의존재원별 특성(일반재원 혹은 특정재원)을 반영하지 못함 → 의존재원 중 지방교부세와 조정교부금의 대부분은 일반재원으로서 실제 사용상 자주성이 있지만 재정자립도는 이러한 면을 나타내지 못한다는 것

정답 ③

126 회독 □□□

2011. 서울 7급 수정

지방교부세제도에 규정되어 있는 '기준재정수요액' 대비 '기준재정수입액'의 비율로 측정되는 것은?

① 재정자립도
② 재정자주도
③ 재정력지수
④ 재정규모

정답 및 해설

기준재정수요액 대비 기준재정수입액의 비율로 측정되는 것은 재정력 지수임 → 재정력 지수는 보통교부세를 지급하는 기준으로 활용됨

① 재정자립도 : 자주재원(지방세수입 + 세외수입) / 일반회계 예산
② 재정자주도 : 일반재원(지방세수입 + 세외수입 + 지방교부세 + 조정교부금) / 일반회계 예산
④ 재정규모 : 자치단체의 총 재정규모로서 '자주재원 + 의존재원 + 지방채'로 나타냄

정답 ③

MEMO

최욱진 행정학

단원별 7·9급 기출문제집

기타 제도 및 법령 등

Chapter 01 행정학총론
Chapter 02 행정학각론

CHAPTER 01 행정학총론

Section 01 총론 관련 제도 및 법령 등

01 회독 □□□

정부신뢰 및 시민참여에 대한 설명으로 옳은 것만을 모두 고르면?

> ㄱ. 도덕성 확보, 정책 내용의 일관성 유지, 정부 역량은 모두 정부신뢰의 구성인자이다.
> ㄴ. 정부와 시민 간의 신뢰 유형 중 신탁적 신뢰는 대칭적 관계에서 형성된다.
> ㄷ. 시민들이 기피하는 시설의 건설 추진 여부에 대한 공론조사에서 시민대표단을 구성하여 토론하는 것은 숙의민주주의의 사례이다.

① ㄱ　② ㄱ, ㄷ
③ ㄴ, ㄷ　④ ㄱ, ㄴ, ㄷ

정답 및 해설

올바른 선지

ㄱ.

> ① 정부신뢰: 행정기관이나 관료가 시민이 원하는 바를 정책에 반영하려는 의지와 능력이 있다고 믿는 상태
> ② 정부신뢰를 제고하기 위해서는 도덕성, 정책의 일관성, 전문성(역량) 등이 필요함

ㄷ. 숙의민주주의란 재판 등에 의한 강제적 분쟁해결방식에 대한 대안으로, 이해당사자나 시민이 직접 참여하여 상호 수용 가능한 합의를 유도해 나가는 자율적 방식임 → 토론을 통해 공론을 형성하는 공론조사는 숙의민주주의 사례에 해당함

틀린 선지

ㄴ. 신탁적 신뢰는 정보의 비대칭 관계에서 형성됨

구분	내용
신탁적 신뢰	① 주인(국민)으로부터 권한을 위임받은 정부(대리인)가 주인(국민)의 뜻에 따라 행동함으로써 주인의 신뢰를 얻어야 한다는 것 ② 주인과 대리인이라는 비대칭적(수직적) 관계에서 형성
상호 신뢰	① 반복적으로 교류하는 사람들 사이에서 발생하는 대인적인 신뢰 ② 지속적인 교환과 대면접촉으로 신뢰가 형성되며 정보의 비대칭성이 상대적으로 약한 편임

정답 ②

02 회독 □□□

2023. 지방 9급

무어(Moore)의 공공가치창출론(creating public value)적 시각에 대한 설명으로 옳지 않은 것은?

① 행정의 정당성 위기를 극복하기 위한 대안적 접근이다.
② 전략적 삼각형 개념을 제시한다.
③ 신공공관리론을 계승하여 행정의 수단성을 강조한다.
④ 정부의 관리자들은 공공가치 실현에 힘써야 한다고 주장한다.

정답 및 해설

공공가치창출론은 신공공관리를 비판하면서 등장한 개념임

① 공공가치창출론은 기업식 운영의 한계를 극복하기 위한 대안적 접근임
② 무어는 국가관리를 위해 운영역량, 국민의 지지, 공적 가치 형성이라는 전략적 삼각형 개념을 제시함
④ 무어에 따르면 정부의 관리자들은 수익창출이 아닌 공공가치 실현에 힘써야 한다고 주장함

정답 ③

03 회독 □□□ 2024. 지방 9급

공공가치론에 대한 설명으로 옳은 것만을 모두 고르면?

ㄱ. 무어(Moore)는 공공가치 실패를 진단하는 도구로 '공공가치 지도그리기(mapping)'를 제안한다.
ㄴ. 보즈만(Bozeman)은 공공기관에 의해 생산된 순(純) 공공가치를 추정하는 '공공가치 회계'를 제시했다.
ㄷ. '전략적 삼각형' 모델은 정당성과 지지, 운영 역량, 공공가치로 구성된다.
ㄹ. 시장과 공공부문이 공공가치 실현에 필수적으로 요구되는 재화와 서비스를 제공하지 못할 때 '공공가치 실패'가 일어난다.

① ㄱ, ㄴ ② ㄱ, ㄹ
③ ㄴ, ㄷ ④ ㄷ, ㄹ

정답 및 해설

올바른 선지

ㄷ. 전략적 삼각형

정당성과 지지	시민의 지지와 이로부터 생겨난 정당성 등
운영 역량	정책을 구현하는 데 요구되는 조직관리능력
공공가치	조직비전과 미션 등

ㄹ. 선지는 보즈만의 공공가치 실패에 대한 정의를 다루고 있음

틀린 선지

ㄱ. 보즈만은 공공가치실패 진단도구로서 공공가치 지도그리기를 제안함
ㄴ. 무어는 공공기관에 의해 생산된 순(純) 공공가치를 추정하는 공공가치 회계를 제시함

공공가치 회계

비용	수익
• 투입된 재정적 비용 • 의도치 않은 부정적 결과 등	• 사회적 성과달성 및 미션달성 • 의도치 않은 긍정적 결과 • 정의 및 형평 등

✚ 참고: 수익과 비용을 계량적으로 표현한 뒤, 수익에서 비용을 빼면 순 공공가치임

참고

보즈먼의 공공가치실패론

등장배경	신공공관리론이 야기한 공공성 약화를 극복하기 위한 패러다임으로 공공가치관리론이 등장
개념	시장 행위자 혹은 공공부문의 행위자가 공공가치에 부합하는 재화나 서비스를 제공하지 못하는 경우를 공공가치 실패가 발생한 것으로 간주하고, 정부개입의 근거가 되어야 한다고 주장
공공가치 실패 판단도구 (공공가치매핑)	 Public failure (상), Public success (하), Market failure (좌), Market success (우) 초등교육 공급× (Public failure–Market failure 영역) 담배 판매량 ↑ (Public failure–Market success 영역) 환경규제 (Public success–Market failure 영역) 인터넷 상용화 (Public success–Market success 영역)

정답 ④

04 회독 □□□

2020. 지방 9급

민원행정의 성격에 대한 설명으로 옳은 것만을 모두 고르면?

ㄱ. 규정에 따라 서비스를 제공하는 전달적 행정이다.
ㄴ. 행정기관도 민원을 제기하는 주체가 될 수 있다.
ㄷ. 행정구제수단으로 볼 수 없다.

① ㄱ
② ㄷ
③ ㄱ, ㄴ
④ ㄴ, ㄷ

정답 및 해설

민원행정은 국민의 요구에 따라 이루어지는 행정으로서 규정에 따라 서비스를 국민에게 전달하는 행정임; 나아가 민원행정 처리에 관한 법에 따르면 행정기관도 민원을 제기하는 주체가 될 수 있음

민원 처리에 관한 법률 제2조【정의】 이 법에서 사용하는 용어의 뜻은 다음과 같다.
2. "민원인"이란 행정기관에 민원을 제기하는 개인·법인 또는 단체를 말한다. 다만, 행정기관(사경제의 주체로서 제기하는 경우는 제외한다), 행정기관과 사법(私法)상 계약관계(민원과 직접 관련된 계약관계만 해당한다)에 있는 자, 성명·주소 등이 불명확한 자 등 대통령령으로 정하는 자는 제외한다.

틀린 선지

ㄷ. 민원행정은 국민의 요구를 해결하는 수단이므로 행정구제수단으로 볼 수 있음

정답 ③

05 회독 □□□

2020. 국가 9급

책임운영기관에 대한 설명으로 옳지 않은 것은?

① 기관장에게 기관 운영의 자율성을 보장하고, 기관 운영성과에 대해 책임을 지도록 한다.
② 공공성이 크기 때문에 민영화하기 어려운 업무를 정부가 직접 수행하기 위해 고안된 것이다.
③ 객관적이고 신뢰할 수 있는 성과평가 시스템 구축은 책임운영기관의 성공 여부를 결정짓는 요건 중의 하나이다.
④ 1970년대 영국에서 집행기관(executive agency)이라는 이름으로 처음 도입되었고, 우리나라는 1990년부터 운영하고 있다.

정답 및 해설

책임운영기관은 영국의 1988년 정부개혁 프로그램인 Next Steps에서 집행기관(executive agency)이라는 이름으로 처음 도입한 제도이며, 우리나라는 「책임운영기관의 설치·운영에 관한 법률」을 1999년 1월(김대중 정권)에 제정하면서 운영하고 있음

①②③
책임운영기관은 공공성이 크기 때문에 민영화하기 어려운 업무를 정부가 직접 수행하기 위해 고안된 공공서비스 공급방식의 한 유형임; 이는 신공공관리론 개혁의 영향으로 도입된 까닭에 기관장에게 기관 운영의 자율성을 보장하고, 기관 운영성과에 대해 책임을 지도록 하는바 객관적이고 신뢰할 수 있는 성과평가 시스템 구축은 책임운영기관의 성공 여부를 결정짓는 요건이 될 수 있음

정답 ④

cf.

06 회독 □□□

2017. 사복 9급

2009년 서울의 한 고등학생이 개발한 '서울버스 앱'은 공공데이터의 무료 개방에 따른 부가서비스 개발의 대표적 사례로 알려져 있다. '서울버스 앱'의 기반이 되는 웹 기술은?

① 하이퍼링크 중심의 Web 1.0 기술
② 플랫폼 기반의 Web 2.0 기술
③ 시맨틱웹(Semantic) 기반의 Web 3.0 기술
④ 사물인터넷 기반의 Web 3.0 기술

정답 및 해설

플랫폼 기반의 Web 2.0기술은 공공정보를 민간에 개방하여 사용자에게 도구를 제공하고 사용자가 그 도구를 이용해서 콘텐츠를 제작하여 부가가치를 창출하는 기술임

① 하이퍼링크 중심의 웹1.0 : 전자정부 초기처럼 컴퓨터가 정보나 서비스를 단순히 제공만 하고, 사용자가 웹사이트에서 데이터나 서비스를 움직이거나 수정·활용할 수 없는 인터넷 환경
③ 시맨틱웹 기반의 웹 3.0 : 시맨틱(semantic)기술이란 컴퓨터가 사람처럼 정보자원의 뜻을 이해하고 논리적 추론까지 할 수 있는 지능형 혹은 인공지능을 의미함 → 인공지능형 로봇 등
④ 사물인터넷(IOT) 기반의 웹 3.0 : 모든 기기 및 사물에 통신모듈을 적용·탑재하고 센서네트워크기술을 이용하여 사물 간의 인터넷을 유무선으로 서로 연결함으로써 사람과 사물, 사물과 사물 간 상호 정보교환과 소통을 할 수 있는 지능형 정보인프라

정답 ②

07 회독 □□□

2019. 국가 9급

「책임운영기관의 설치 운영에 관한 법률」상 책임운영기관에 대한 설명으로 옳지 않은 것은?

① 책임운영기관은 기관장에게 재정상의 자율성을 부여하고 그 운영성과에 대해 책임을 지도록 하는 행정기관의 특성을 갖는다.
② 소속책임운영기관에 두는 공무원의 총 정원 한도는 총리령으로 정하며, 이 경우 고위공무원단에 속하는 공무원의 정원은 부령으로 정한다.
③ 소속책임운영기관 소속 공무원의 임용시험은 기관장이 실시함을 원칙으로 한다.
④ 소속책임운영기관장의 근무기간은 5년의 범위에서 소속중앙행정기관의 장이 정하되, 최소한 2년 이상으로 하여야 한다.

정답 및 해설

소속책임운영기관에 두는 공무원의 총 정원 한도는 대통령령으로 정하며, 이 경우 고위공무원단에 속하는 공무원의 정원은 총리령 또는 부령으로 정함

책임운영기관의 설치·운영에 관한 법률 제16조【공무원의 정원】 ① 소속책임운영기관에 두는 공무원의 총 정원 한도는 대통령령으로 정한다. 이 경우 다음 각 호의 정원은 총리령 또는 부령으로 정하되, 대통령령으로 정하는 바에 따라 통합하여 정할 수 있다.
1. 공무원의 종류별·계급별 정원
2. 고위공무원단에 속하는 공무원의 정원

① 책임운영기관은 NPM의 영향으로 등장한 제도임
③

책임운영기관의 설치·운영에 관한 법률 제19조【임용시험】 ① 소속책임운영기관 소속 공무원의 임용시험은 기관장이 실시한다. 다만, 기관장이 단독으로 실시하기 곤란한 경우에는 중앙행정기관의 장이 실시할 수 있으며, 다른 시험실시기관의 장과 공동으로 실시하거나 대통령령으로 정하는 다른 기관의 장에게 위탁하여 실시할 수 있다.

④

책임운영기관의 설치·운영에 관한 법률 제7조【기관장의 임용】 ③ 기관장의 근무기간은 5년의 범위에서 소속중앙행정기관의 장이 정하되, 최소한 2년 이상으로 하여야 한다. 이 경우 제12조 및 제51조에 따른 소속책임운영기관의 사업성과의 평가 결과(이하 "책임운영기관 평가 결과"라 한다)가 우수하다고 인정되는 때에는 총 근무기간이 5년을 넘지 아니하는 범위에서 대통령령으로 정하는 바에 따라 근무기간을 연장할 수 있다.

정답 ②

cf.

08 회독 □□□

2019. 국가 9급 수정

공공서비스의 공급주체 중 정부부처 형태의 공기업에 해당하는 것은?

① 한국연구재단
② 국립나주병원
③ 한국소비자원
④ 한국철도공사

정답 및 해설

정부부처 형태의 공기업은 '정부기업'을 뜻함; 정부기업은 양곡, 조달, 우편, 우체국예금, 책임운영기관이며, 국립나주병원은 특별회계로 운영되는 소속책임운영기관에 해당하는바 정부기업임 → 한편, ①③④는 정부기업이 아닌 공공기관에 포함됨

정부기업 예산법 제1조【목적】 이 법은 정부기업별로 특별회계를 설치하고, 그 예산 등의 운용에 관한 사항을 규정함으로써 정부기업의 경영을 합리화하고 운영의 투명성을 제고함을 목적으로 한다.

정부기업 예산법 제2조【정부기업】 이 법에서 "정부기업"이란 기업형태로 운영하는 우편사업, 우체국예금사업, 양곡관리사업 및 조달사업을 말한다.

정부기업 예산법 제3조【특별회계의 설치】 정부기업을 운영하기 위하여 다음 각 호의 특별회계를 설치하고 그 세입으로써 그 세출에 충당한다.
1. 우편사업특별회계
2. 우체국예금특별회계
3. 양곡관리특별회계
4. 조달특별회계

책임운영기관의 설치·운영에 관한 법률 제30조【「정부기업예산법」의 적용 등】 ① 책임운영기관특별회계기관의 사업은 「정부기업예산법」 제2조에도 불구하고 정부기업으로 본다.

정답 ②

09 회독 □□□

2019. 서울 9급

우리나라의 책임운영기관(Executive Agency)에 대한 설명으로 가장 옳지 않은 것은?

① 신공공관리론(NPM)의 조직원리에 따라 등장한 성과중심 정부 실현의 한 방안으로 도입되었다.
② 책임운영기관의 장에게 행정 및 재정상의 자율성을 부여하고 그 운영성과에 대하여 책임을 지도록 하는 행정기관을 말한다.
③ 책임운영기관은 사무성격에 따라 조사연구형, 교육훈련형, 문화형, 의료형, 시설관리형, 그 밖에 대통령령으로 정하는 기타 유형으로 구분된다.
④ 「책임운영기관의 설치·운영에 관한 법률」에 근거하여 1995년부터 제도가 시행되었다.

정답 및 해설

우리나라는 「책임운영기관의 설치·운영에 관한 법률」을 1999년 1월(김대중 정권)에 제정하면서 운영하고 있음

①②
책임운영기관은 NPM의 도입에 따라 도입된 제도임 → 따라서 책임운영기관은 어느 정도의 분권화를 인정하는 대신 성과평가를 통한 책임성 부여를 전제로 하고 있음
③ 책임운영기관은 부속기관의 한 유형으로써 사무의 성격에 따라 조사연구형, 교육훈련형, 문화형, 의료형, 시설관리형, 그 밖에 대통령령으로 정하는 기타 유형으로 구분됨

책임운영기관법 제2조【정의】 ③ 책임운영기관은 기관의 사무성격에 따라 다음 각 호와 같이 구분한다.
1. 조사연구형 책임운영기관
2. 교육훈련형 책임운영기관
3. 문화형 책임운영기관
4. 의료형 책임운영기관
5. 시설관리형 책임운영기관
6. 그 밖에 대통령령으로 정하는 유형의 책임운영기관

정답 ④

10 회독 □□□ 2013. 서울 9급

책임운영기관에 대한 설명으로 옳지 않은 것은?

① 책임운영기관은 집행기능 중심의 조직이다.
② 책임운영기관의 성격은 정부기관이며 구성원은 공무원이다.
③ 책임운영기관은 융통성과 책임성을 조화시킬 수 있다.
④ 책임운영기관은 공공성이 강하고 성과관리가 어려운 분야에 적용할 필요가 있다.
⑤ 책임운영기관은 정부팽창의 은폐수단 혹은 민영화의 회피수단으로 사용될 가능성이 있다.

정답 및 해설

책임운영기관은 공공성이 강하고 성과관리가 용이한 분야에 적용할 필요가 있음

① 책임운영기관은 특정한 업무에 대해 기관장에게 책임을 부여하는 집행기능 중심의 조직임
② 책임운영기관은 정부기관인 까닭에 조직구성원의 신분은 공무원임
③ 책임운영기관은 기관장에게 운영의 자율성을 부여하는 대신 성과평가를 통해 책임성을 제고함
⑤ 책임운영기관은 공공성이 높은 서비스 분야를 정부가 공급하는바 자칫 정부팽창의 은폐수단 혹은 민영화의 회피수단으로 사용될 가능성이 있음

정답 ④

cf.

11 회독 □□□ 2004. 경남 9급

행정정보를 국민에게 공개하는 목적으로 타당성이 가장 적은 것은?

① 국정참여 도모
② 정보의 적절한 보존
③ 국민의 알권리 보장
④ 국정운영의 투명성 확보

정답 및 해설

정보의 적절한 보존은 정보공개의 목적에 포함되지 않음

정보공개법 제1조【목적】 이 법은 공공기관이 보유·관리하는 정보에 대한 국민의 공개 청구 및 공공기관의 공개 의무에 관하여 필요한 사항을 정함으로써 국민의 알권리를 보장하고 국정(國政)에 대한 국민의 참여와 국정 운영의 투명성을 확보함을 목적으로 한다.

정답 ②

12 회독 □□□ 2008. 국가 9급

행정정보공개제도에 대한 설명으로 옳지 않은 것은?

① 행정정보공개는 행정비용과 업무량의 증가를 초래할 수 있다.
② 행정정보공개는 국민의 알권리를 보장하여 국정운영의 투명성을 확보함을 목적으로 한다.
③ 「공공기관의 정보공개에 관한 법률」에 따르면 직무를 수행한 공무원의 성명·직위는 비공개대상 정보이다.
④ 행정정보공개는 행정책임과 관련하여 정보의 조작 또는 왜곡을 초래할 수 있다.

정답 및 해설

「공공기관의 정보공개에 관한 법률」에 따르면 직무를 수행한 공무원의 성명·직위는 공개대상 정보임

공공기관의 정보공개에 관한 법률 제9조【비공개 대상 정보】 ① 공공기관이 보유·관리하는 정보는 공개 대상이 된다. 다만, 다음 각 호의 어느 하나에 해당하는 정보는 공개하지 아니할 수 있다.
6. 해당 정보에 포함되어 있는 성명·주민등록번호 등 개인에 관한 사항으로서 공개될 경우 사생활의 비밀 또는 자유를 침해할 우려가 있다고 인정되는 정보. 다만, 다음 각 목에 열거한 개인에 관한 정보는 제외한다.
라. 직무를 수행한 공무원의 성명·직위

정답 ③

13 회독 □□□ 2014. 국가 9급

우리나라의 행정정보공개제도에 대한 설명으로 옳지 않은 것은?

① 국정에 대한 국민의 참여와 국정운영의 투명성 확보를 목적으로 한다.
② 중앙행정기관의 경우 전자적 형태의 정보 중 공개대상으로 분류된 정보는 공개청구가 없더라도 공개하여야 한다.
③ 정보의 공개 및 우송 등에 드는 비용은 실비 범위에서 청구인이 부담한다.
④ 정보공개 청구는 말로써도 할 수 있으나 외국인은 청구할 수 없다.

정답 및 해설

정보공개 청구는 말로써도 할 수 있으며, 대통령령으로 규정한 외국인은 정보공개를 청구할 수 있음

공공기관의 정보공개에 관한 법률 제5조【정보공개 청구권자】 ① 모든 국민은 정보의 공개를 청구할 권리를 가진다.
② 외국인의 정보공개 청구에 관하여는 대통령령으로 정한다.

공공기관의 정보공개에 관한 법률 시행령 제3조【외국인의 정보공개 청구】 법 제5조 제2항에 따라 정보공개를 청구할 수 있는 외국인은 다음 각 호의 어느 하나에 해당하는 자로 한다.
1. 국내에 일정한 주소를 두고 거주하거나 학술·연구를 위하여 일시적으로 체류하는 사람
2. 국내에 사무소를 두고 있는 법인 또는 단체

① 국정에 대한 국민의 참여와 국정운영의 투명성 확보를 목적으로 함

공공기관의 정보공개에 관한 법률 제1조【목적】 이 법은 공공기관이 보유·관리하는 정보에 대한 국민의 공개 청구 및 공공기관의 공개 의무에 관하여 필요한 사항을 정함으로써 국민의 알권리를 보장하고 국정(國政)에 대한 국민의 참여와 국정 운영의 투명성을 확보함을 목적으로 한다.

② 중앙행정기관의 경우 전자적 형태의 정보 중 공개대상으로 분류된 정보는 공개청구가 없더라도 공개하여야 함

공공기관의 정보공개에 관한 법률 제8조의2【공개대상 정보의 원문공개】 공공기관 중 중앙행정기관 및 대통령령으로 정하는 기관은 전자적 형태로 보유·관리하는 정보 중 공개대상으로 분류된 정보를 국민의 정보공개 청구가 없더라도 정보통신망을 활용한 정보공개시스템 등을 통하여 공개하여야 한다.

③ 정보의 공개 및 우송 등에 드는 비용은 실비 범위에서 청구인이 부담함

공공기관의 정보공개에 관한 법률 제17조【비용 부담】 ① 정보의 공개 및 우송 등에 드는 비용은 실비(實費)의 범위에서 청구인이 부담한다.

정답 ④

14 회독 □□□ 2016. 사복 9급

「공공기관의 정보공개에 관한 법률」의 내용으로 옳은 것은?

① 지방자치단체는 그 소관 사무에 관하여 법령의 범위에서 정보공개에 관한 조례를 정할 수 있다.
② 모든 국민은 정보의 공개를 청구할 권리를 가지며, 외국인의 정보공개 청구에 관하여는 법률로 정한다.
③ 공공기관은 예산집행의 내용과 사업평가 결과 등 행정감시에 필요한 정보가 다른 법률에서 비밀이나 비공개사항으로 규정되었더라도 이를 공개하여야 한다.
④ 공공기관은 정보공개의 청구를 받으면 부득이한 사유가 있더라도 그 청구를 받은 날부터 연장 없이 10일 이내에 공개 여부를 결정하여야 한다.

정답 및 해설

지방자치단체는 그 소관 사무에 관하여 법령의 범위에서 정보공개에 관한 조례를 정할 수 있음

공공기관의 정보공개에 관한 법률 제4조【적용 범위】 ① 정보의 공개에 관하여는 다른 법률에 특별한 규정이 있는 경우를 제외하고는 이 법에서 정하는 바에 따른다.
② 지방자치단체는 그 소관 사무에 관하여 법령의 범위에서 정보공개에 관한 조례를 정할 수 있다.

② 외국인의 정보공개 청구에 관하여는 대통령령으로 정함
③ 공공기관은 특정 정보를 다른 법률에서 비밀이나 비공개사항으로 규정한 경우 공개하지 않을 수 있음

공공기관의 정보공개에 관한 법률 제9조【비공개 대상 정보】 ① 공공기관이 보유·관리하는 정보는 공개 대상이 된다. 다만, 다음 각 호의 어느 하나에 해당하는 정보는 공개하지 아니할 수 있다.
1. 다른 법률 또는 법률에서 위임한 명령(국회규칙·대법원규칙·헌법재판소규칙·중앙선거관리위원회규칙·대통령령 및 조례로 한정한다)에 따라 비밀이나 비공개 사항으로 규정된 정보

④ 공공기관은 정보공개의 청구를 받으면 그 청구를 받은 날부터 10일 이내에 공개 여부를 결정하여야 함

공공기관의 정보공개에 관한 법률 제11조【정보공개 여부의 결정】
① 공공기관은 제10조에 따라 정보공개의 청구를 받으면 그 청구를 받은 날부터 10일 이내에 공개 여부를 결정하여야 한다.
② 공공기관은 부득이한 사유로 제1항에 따른 기간 이내에 공개 여부를 결정할 수 없을 때에는 그 기간이 끝나는 날의 다음 날부터 기산(起算)하여 10일의 범위에서 공개 여부 결정기간을 연장할 수 있다.

정답 ①

cf.

15 회독 □□□ 2016. 사복 9급

민원에 대한 설명으로 옳지 않은 것은?

① 복합민원은 5세대 이상의 공동이해와 관련하여 5명 이상이 연명으로 제출하는 민원이다.
② 고충민원은 행정기관 등의 위법·부당하거나 소극적인 처분 및 불합리한 행정제도로 인하여 국민의 권리를 침해하거나 국민에게 불편 또는 부담을 주는 사항에 관한 민원이다.
③ 질의민원은 법령·제도·절차 등 행정업무에 관하여 행정기관의 설명이나 해석을 요구하는 민원이다.
④ 건의민원은 행정제도 및 운영의 개선을 요구하는 민원이다.

정답 및 해설

5세대(世帶) 이상의 공동이해와 관련되어 5명 이상이 연명으로 제출하는 민원은 다수인 관련 민원임

민원처리에 관한 법률 제2조【정의】 이 법에서 사용하는 용어의 뜻은 다음과 같다.
1. "민원"이란 민원인이 행정기관에 대하여 처분 등 특정한 행위를 요구하는 것을 말하며, 그 종류는 다음 각 목과 같다.
   가. 일반민원
      1) 법정민원: 법령·훈령·예규·고시·자치법규 등(이하 "관계법령등"이라 한다)에서 정한 일정 요건에 따라 인가·허가·승인·특허·면허 등을 신청하거나 장부·대장 등에 등록·등재를 신청 또는 신고하거나 특정한 사실 또는 법률관계에 관한 확인 또는 증명을 신청하는 민원
      2) 질의민원: 법령·제도·절차 등 행정업무에 관하여 행정기관의 설명이나 해석을 요구하는 민원
      3) 건의민원: 행정제도 및 운영의 개선을 요구하는 민원
   나. 고충민원: 「부패방지 및 국민권익위원회의 설치와 운영에 관한 법률」 제2조제5호에 따른 고충민원
   ※「부패방지 및 국민권익위원회의 설치와 운영에 관한 법률」 제2조제5호: "고충민원"이란 행정기관등의 위법·부당하거나 소극적인 처분(사실행위 및 부작위를 포함한다) 및 불합리한 행정제도로 인하여 국민의 권리를 침해하거나 국민에게 불편 또는 부담을 주는 사항에 관한 민원(현역장병 및 군 관련 의무복무자의 고충민원을 포함한다)을 말한다.
5. "복합민원"이란 하나의 민원 목적을 실현하기 위하여 관계법령등에 따라 여러 관계 기관(민원과 관련된 단체·협회 등을 포함한다. 이하 같다) 또는 관계 부서의 인가·허가·승인·추천·협의 또는 확인 등을 거쳐 처리되는 법정민원을 말한다.
6. "다수인관련민원"이란 5세대(世帶) 이상의 공동이해와 관련되어 5명 이상이 연명으로 제출하는 민원을 말한다.

정답 ①

PART 08 기타 제도 및 법령 등

16 회독 □□□ 2022. 국가 7급

우리나라 공공기관의 정보공개제도에 대한 설명으로 옳지 않은 것은?

① 당시 법률의 구체적 위임은 없었으나 청주시에서 우리나라 최초로 행정정보공개조례가 제정되었다.
② 청구에 의한 공개도 가능하지만 특정 정보는 별도의 청구 없이도 사전에 공개해야 한다.
③ 비공개 대상 정보를 제외한 모든 정보를 공개 대상으로 하는 네거티브 방식을 취하고 있다.
④ 정보목록은 비공개 대상 정보가 포함된 경우라도 공공기관이 작성, 공개하여야 한다.

정답 및 해설

아래의 조항 참고

> **정보공개법 제8조【정보목록의 작성 · 비치 등】** ① 공공기관은 그 기관이 보유 · 관리하는 정보에 대하여 국민이 쉽게 알 수 있도록 정보목록을 작성하여 갖추어 두고, 그 목록을 정보통신망을 활용한 정보공개시스템 등을 통하여 공개하여야 한다. 다만, 정보목록 중 제9조제1항에 따라 공개하지 아니할 수 있는 정보가 포함되어 있는 경우에는 해당 부분을 갖추어 두지 아니하거나 공개하지 아니할 수 있다.

① 정보공개법의 연혁은 아래와 같음

연혁	① 청주시 행정정보공개조례(1992) ② 중앙정부의 재의요구 지시 ③ 사법부의 합헌결정 ④ 「공공기관 정보공개에 관한 법률」제정(1996)

②

> **정보공개법 제10조【정보공개의 청구방법】** ① 정보의 공개를 청구하는 자(이하 "청구인"이라 한다)는 해당 정보를 보유하거나 관리하고 있는 공공기관에 다음 각 호의 사항을 적은 정보공개 청구서를 제출하거나 말로써 정보의 공개를 청구할 수 있다.
>
> **정보공개법 제8조의2【공개대상 정보의 원문공개】** 공공기관 중 중앙행정기관 및 대통령령으로 정하는 기관은 전자적 형태로 보유 · 관리하는 정보 중 공개대상으로 분류된 정보를 국민의 정보공개 청구가 없더라도 정보통신망을 활용한 정보공개시스템 등을 통하여 공개하여야 한다.

③ 네거티브 방식은 금지된 일부를 제외한 모든 것을 허용하는 방식이므로 올바른 선지임

정답 ④

cf.
17 회독 □□□ 2021. 국가 7급

오츠(Oates)의 분권화 정리가 성립하기 위한 조건에 대한 설명으로 옳은 것만을 모두 고르면?

> ㄱ. 중앙정부의 공공재 공급 비용이 지방정부의 공공재 공급 비용보다 더 적게 든다.
> ㄴ. 공공재의 지역 간 외부효과가 없다.
> ㄷ. 지방정부가 해당 지역에서 파레토 효율적 수준으로 공공재를 공급한다.

① ㄱ
② ㄷ
③ ㄱ, ㄴ
④ ㄴ, ㄷ

정답 및 해설

아래의 내용 참고

㉠㉡㉢

Oates의 분권화 정리(decentralization theorem)

> ① 특정 공공재의 소비가 지리적으로 전체인구 중의 일부 주민에만 한정되고, 각 행정구역에서 소비될 공공재의 공급비용이 중앙정부와 해당 지방정부에서 동일하다면, 중앙정부가 모든 구역에서 획일적으로 정하여 공공재를 공급하는 것보다 지방정부가 해당 지역에서 파레토 효율적인 수준의 공공재를 공급하는 것이 언제나 더 효율적이거나 최소한 중앙정부만큼 효율적이라는 명제임
> ② 분권화 정리는 티부가설과 마찬가지로 지역 간 외부효과는 없는 것으로 전제함 → 만약 외부효과가 있다면, 지방정부 간 공정한 경쟁에 악영향을 미칠 수 있음

정답 ④

18 회독 □□□

2007. 경남 7급

책임운영기관에 대한 설명으로 옳지 않은 것은?

① 책임운영기관의 구성원은 공무원 신분이다.

② 임용시험은 기관장이 실시한다.

③ 책임운영기관의 특별회계는 책임운영기관 계정별로 기획재정부장관이 운영하고 중앙관서의 장이 통합하여 관리한다.

④ Dunleavy가 관청형성론에서 지적했듯이 책임운영기관은 정부팽창의 은폐수단으로 활용될 수 있다.

정답 및 해설

책임운영기관의 특별회계는 계정별로 중앙행정기관의 장이 운영하고 기획재정부 장관이 통합하여 관리함

책임운영기관법 제29조【특별회계의 운용·관리】 특별회계는 계정별로 중앙행정기관의 장이 운용하고, 기획재정부장관이 통합하여 관리한다.

① 책임운영기관 서비스는 정부가 공급하는바 책임운영기관의 구성원은 공무원 신분임

② 임용시험은 기관장이 실시함

책임운영기관법 제19조【임용시험】 ① 소속책임운영기관 소속 공무원의 임용시험은 기관장이 실시한다.

④ 던리비에 따르면 합리적인 관료는 영향력은 증대하되 책임은 회피할 수 있는 수단을 강구함 → 따라서 책임운영기관은 공공성이 높은 서비스 분야를 정부가 공급한다는 논거로 정부팽창의 은폐수단 혹은 민영화의 회피수단으로 사용될 가능성이 있음

정답 ③

19 회독 □□□

2008. 국가 7급 수정

우리나라 책임운영기관의 예산 및 회계에 관한 설명으로 옳지 않은 것은?

① 책임운영기관의 장에게 기관운영의 자율성을 보장하고 그 성과에 대하여 책임을 지도록 하고 있다.

② 책임운영기관 특별회계의 예산 및 결산은 소속책임운영기관의 조직별로 구분할 수 있다.

③ 책임운영기관 특별회계는 계정별로 책임운영기관의 장이 운용하고, 기획재정부장관이 이를 통합하여 관리한다.

④ 자체의 수입만으로는 운영이 곤란한 책임운영기관특별회계기관에 대하여는 경상적 성격의 경비를 일반회계 등에 계상하여 책임운영기관 특별회계에 전입할 수 있다.

정답 및 해설

책임운영기관의 특별회계는 계정별로 중앙행정기관의 장이 운영하고 기획재정부 장관이 통합하여 관리함

책임운영기관법 제29조【특별회계의 운용·관리】 특별회계는 계정별로 중앙행정기관의 장이 운용하고, 기획재정부장관이 통합하여 관리한다.

① 책임운영기관의 장에게 기관운영의 자율성을 보장하고 그 성과에 대하여 책임을 지도록 하고 있음

책임운영기관법 제2조【정의】 ① 이 법에서 "책임운영기관"이란 정부가 수행하는 사무 중 공공성(公共性)을 유지하면서도 경쟁 원리에 따라 운영하는 것이 바람직하거나 전문성이 있어 성과관리를 강화할 필요가 있는 사무에 대하여 책임운영기관의 장에게 행정 및 재정상의 자율성을 부여하고 그 운영 성과에 대하여 책임을 지도록 하는 행정기관을 말한다.

② 책임운영기관 특별회계의 예산 및 결산은 소속책임운영기관의 조직별로 구분할 수 있음

책임운영기관법 제28조【계정의 구분】 ③ 특별회계의 예산 및 결산은 책임운영기관특별회계기관의 조직별로 구분할 수 있다.

④

책임운영기관법 제33조【일반회계 등으로부터의 전입】 ① 중앙행정기관의 장은 자체 수입만으로는 운영이 곤란한 책임운영기관특별회계기관에 대하여는 심의회의 평가를 거쳐 대통령령으로 정하는 경상적(經常的) 성격의 경비를 일반회계 등에 계상하여 특별회계에 전입할 수 있다.

정답 ③

cf.

20 회독 □□□

2010. 국가 7급

전자정부의 특징에 대한 설명으로 옳지 않은 것은?

① 전자정부는 정보기술을 이용하여 정부활동의 시간적·공간적 제약을 축소한다.
② 전자정부는 공개지향적 정부로서 정부가 보유하고 있는 모든 정보에 대해 접근이 가능하다.
③ 전자정부는 생산성을 높이기 위해 정보기술 집약화를 이룩한 정부이다.
④ 전자정부는 대국민 서비스 제공의 효율화를 목표로 한다.

정답 및 해설

전자정부는 투명성을 위해 공공기관이 보유 및 관리하는 정보는 공개하고 있음; 다만, 공개할 경우 국가의 중대한 이익을 현저히 해할 우려가 있다고 인정되는 정보나 국민의 생명·신체 및 재산의 보호에 현저한 지장을 초래할 우려가 있다고 인정되는 정보 등은 공개하지 않을 수 있음

공공기관의 정보공개에 관한 법률 제9조【비공개 대상 정보】 ① 공공기관이 보유·관리하는 정보는 공개 대상이 된다. 다만, 다음 각 호의 어느 하나에 해당하는 정보는 공개하지 아니할 수 있다.
1. 다른 법률 또는 법률에서 위임한 명령(국회규칙·대법원규칙·헌법재판소규칙·중앙선거관리위원회규칙·대통령령 및 조례로 한정한다)에 따라 비밀이나 비공개 사항으로 규정된 정보
2. 국가안전보장·국방·통일·외교관계 등에 관한 사항으로서 공개될 경우 국가의 중대한 이익을 현저히 해칠 우려가 있다고 인정되는 정보
3. 공개될 경우 국민의 생명·신체 및 재산의 보호에 현저한 지장을 초래할 우려가 있다고 인정되는 정보

①③④
전자정부는 생산성을 높이기 위해 정보기술 집약화를 이룩한 정부임 → 전자정부는 이러한 정보기술을 활용하여 정부활동의 시간적·공간적 제약을 축소하고 대국민 서비스 제공의 효율화를 목표로 함

정답 ②

21 회독 □□□

2018. 국가 7급

민원행정에 대한 설명으로 옳지 않은 것은?

① 행정체제의 경계를 넘나드는 교호작용을 통하여 주로 규제와 급부에 관련된 행정산출을 전달한다.
② 행정기관의 장은 개인의 사생활에 관한 사항에 해당하는 경우 그 민원을 처리하지 않을 수 있다.
③ 행정구제 수단으로서의 기능을 수행한다.
④ 행정기관은 사경제의 주체로서 민원을 제기할 수 없다.

정답 및 해설

행정기관이 사경제 주체인 경우에는 민원을 제기할 수 있음

민원처리에 관한 법률 제2조【정의】 이 법에서 사용하는 용어의 뜻은 다음과 같다.
2. "민원인"이란 행정기관에 민원을 제기하는 개인·법인 또는 단체를 말한다. 다만, 행정기관(사경제의 주체로서 제기하는 경우는 제외한다), 행정기관과 사법(私法)상 계약관계(민원과 직접 관련된 계약관계만 해당한다)에 있는 자, 성명·주소 등이 불명확한 자 등 대통령령으로 정하는 자는 제외한다.

① 민원행정은 행정체제의 경계를 넘나드는 교호작용(시민과 행정기관의 상호작용)을 통하여 주로 규제와 급부(무언가를 주는 행위 → 벌금·과태료 납부 등)에 관련된 행정산출을 전달함
② 행정기관의 장은 개인의 사생활에 관한 사항에 해당하는 경우 그 민원을 처리하지 않을 수 있다.

민원처리에 관한 법률 제21조【민원 처리의 예외】 행정기관의 장은 접수된 민원(법정민원을 제외한다. 이하 이 조에서 같다)이 다음 각 호의 어느 하나에 해당하는 경우에는 그 민원을 처리하지 아니할 수 있다. 이 경우 그 사유를 해당 민원인에게 통지하여야 한다.
8. 사인 간의 권리관계 또는 개인의 사생활에 관한 사항

참고
사인 간의 권리관계의 예
민간인과 민간인 사이에서 돈을 빌리고 받는 채권채무관계 등

③ 민원행정은 고객의 특정 요구에 대한 산출인 까닭에 행정구제수단의 기능을 수행함

정답 ④

CHAPTER 02 행정학각론

Section 01 정책학 관련 제도 및 법령 등

22 회독 □□□

2023. 국가 7급

다음 대화에서 옳지 않은 말을 한 사람은?

> A: 신공공관리론의 학문적 토대는 신고전학파 경제학인데, 넛지이론은 공공선택론이야.
> B: 신공공관리론은 효율성을 증대하여 고객 대응성을 높이자는 목표를 가지는데, 넛지이론은 행동변화를 통해서 삶의 질을 높이는 것이 목표야.
> C: 신공공관리론에서는 경제적 합리성을 가정하지만, 넛지이론에서는 제한된 합리성을 가정하지.
> D: 신공공관리론에서는 공무원이 정치적 기업가가 되길 원하지만 넛지이론에서는 선택설계자가 되길 바라지.

① A　　② B
③ C　　④ D

23 회독 □□□

2023. 국가 7급

행정 PR(public relations)에 대한 설명으로 옳지 않은 것은?

① 행정민주화의 요청에 따라 그 필요성이 제기되고 있다.
② 정부가 잘못된 정보를 국민에게 투입하는 것은 행정 PR의 객관성에 반하는 것이다.
③ 개발도상국가에서는 국민들에 대한 계몽적・교육적 성격을 갖는다.
④ 국민의 알 권리에 대한 정부의 도덕적・법적 의무로 이해되기 때문에 일방적・명령적이어야 한다.

정답 및 해설

신공공관리론의 학문적 토대는 신고전학파 경제학과 공공선택론이고 넛지이론은 행동경제학임

B: 신공공관리론은 고객주의를 목표로 하며, 넛지이론은 개인에게 이익이 되는 행동변화를 유도하여 삶의 질을 높이는 것을 추구함
C: 신공공관리론은 능률성, 즉 경제적 합리성을 가정하지만, 넛지이론은 인간이 한정된 정보를 보유하고 있다고 가정함
D: 신공공관리론에서 공무원상은 공공기업가이며, 넛지이론에서의 공무원상은 올바른 선택을 유도하는 선택(옵션)설계자임

정답 ①

정답 및 해설

행정PR은 정부정책에 대한 홍보를 의미함 → 이는 알 권리에 대한 정부의 투명한 공개를 나타내므로 '일방적・명령적'은 틀린 표현임

① 정책홍보는 행정의 민주화 요청, 국민의 알권리 충족, 국민욕구의 정책반영 등에 따라 그 필요성이 제기되고 있음
② 정책홍보는 주관성을 띠면 안 됨
③ 개발도상국가에서는 국민을 세뇌시키기 위해 정책홍보를 악용하는 경우도 있음

정답 ④

24 회독 □□□

2017. 지방 9급

규제영향분석에 대한 설명으로 옳지 않은 것은?

① 규제의 경제·사회적 영향을 과학적으로 분석해 타당성을 평가한다.
② 정치적 이해관계의 조정과 수렴의 기회를 제공한다.
③ 규제가 초래할 사회적 부담에 대해 책임성을 가지도록 유도한다.
④ 규제의 비용보다 규제의 편익에 주안점을 둔다.

정답 및 해설

규제영향분석은 규제의 비용과 편익에 모두 주안점을 둠

행정규제기본법 제7조【규제영향분석 및 자체심사】 ① 중앙행정기관의 장은 규제를 신설하거나 강화하려면 다음 각 호의 사항을 종합적으로 고려하여 규제영향분석을 하고 규제영향분석서를 작성하여야 한다.
4. 규제의 시행에 따라 규제를 받는 집단과 국민이 부담하여야 할 비용과 편익의 비교 분석

① 규제의 경제·사회적 영향을 과학적으로 분석해 타당성을 평가함

행정규제기본법 제2조【정의】 ① 이 법에서 사용하는 용어의 뜻은 다음과 같다.
5. "규제영향분석"이란 규제로 인하여 국민의 일상생활과 사회·경제·행정 등에 미치는 여러 가지 영향을 객관적이고 과학적인 방법을 사용하여 미리 예측·분석함으로써 규제의 타당성을 판단하는 기준을 제시하는 것을 말한다.

② 규제영향분석은 규제로 인해 다양한 사람에게 발생하는 비용 및 편익을 예상하므로 이해관계자 간 견해를 조정하고 수렴하는 기회를 제공할 수 있음
③ 규제영향분석은 행정규제의 타당성을 다양한 관점에서 검토하는바 규제가 초래할 사회적 부담에 대해 정부가 책임성을 가지도록 유도할 수 있음

정답 ④

25 회독 □□□

2018. 지방 9급

정부에서 실시하고 있는 분석 및 평가제도에 대한 설명으로 옳은 것만을 모두 고르면?

ㄱ. 규제영향분석: 「행정규제기본법」상 규제를 신설·강화할 때 규제를 받는 집단과 국민이 부담해야 할 비용과 편익도 비교·분석해야 한다.
ㄴ. 지방공기업평가: 「지방공기업법」에 근거를 두고 있으며 원칙적으로 지방자치단체장이 실시하되 필요시 행정안전부장관이 실시할 수 있다.
ㄷ. 정부업무평가: 「정부업무평가 기본법」상 국무총리는 중앙행정기관의 자체평가 결과에 대해 필요시 정부업무평가위원회의 심의·의결을 거쳐 재평가를 할 수 있다.
ㄹ. 환경영향평가: 2003년 「환경영향평가법」에 처음으로 근거가 명시된 후 발전해 온 평가제도이다.

① ㄱ, ㄷ ② ㄱ, ㄹ
③ ㄴ, ㄷ ④ ㄴ, ㄹ

정답 및 해설

올바른 선지

ㄱ.

행정규제기본법 제7조【규제영향분석 및 자체심사】 ① 중앙행정기관의 장은 규제를 신설하거나 강화하려면 다음 각 호의 사항을 종합적으로 고려하여 규제영향분석을 하고 규제영향분석서를 작성하여야 한다.

ㄷ.

정부업무평가기본법 제17조【자체평가결과에 대한 재평가】 국무총리는 중앙행정기관의 자체평가결과를 확인·점검 후 평가의 객관성·신뢰성에 문제가 있어 다시 평가할 필요가 있다고 판단되는 때에는 위원회(정부업무평가위원회)의 심의·의결을 거쳐 재평가를 실시할 수 있다.

틀린 선지

ㄴ. 지방공기업평가: 「지방공기업법」에 근거를 두고 있으며 원칙적으로 행정안전부장관이 실시하되 필요시 지방자치단체의 장이 실시할 수 있음
ㄹ. 환경영향평가제도: 「환경·교통·재해 등에 관한 영향평가법」(1999.12.31. 제정)에 의하여 2001.1.부터 시행한 평가제도임

정답 ①

26 회독 □□□

2022. 지방 7급

넛지(nudge)의 특성으로 옳은 것만을 모두 고르면?

ㄱ. 넛지 방식으로 정책을 설계하는 것을 선택설계라고 한다.
ㄴ. 정책대상집단의 행동에 개입하지만 개인의 자유로운 선택을 허용한다.
ㄷ. 넛지는 디폴트 옵션 설정 방식처럼 사람들의 인지적 편향을 전략적으로 활용하는 정책수단이다.

① ㄱ, ㄴ
② ㄱ, ㄷ
③ ㄴ, ㄷ
④ ㄱ, ㄴ, ㄷ

정답 및 해설

모두 올바른 선지임

넛지(nudge)

① 팔꿈치로 쿡쿡 찌르는 것 → 사람의 행동을 은연 중에 좋은 방향으로 이끌어 주는 것
② 활용 사례: 쓰레기를 아무데나 버리는 문제에 대처하기 위해 환경미화원이 쓰레기통의 방향을 손으로 가리키는 스티커를 주변에 부착하는 것
③ 개인의 자유로운 선택을 통해 정책의 목표를 달성할 수 있음 → 선택설계
④ 디폴트 옵션값을 그대로 사용하는 사람들의 인지적 편향을 활용하여 바람직한 행동을 유도할 수 있음
+ 디폴트 옵션 설정 방식: 컴퓨터 사용시 특정 설정을 정하지 않았을 때 기본 설정값이 채택되는 방식

정답 ④

cf.

27 회독 □□□

2019. 국가 7급

정책혁신의 확산에 대한 설명으로 옳은 것은?

① 혁신 확산에 관한 연구는 주로 미시수준에 머물러 있고, 중위수준 및 거시수준에서의 연구는 여전히 미진한 실정이다.
② 혁신의 초기 수용자는 소속집단의 신망을 받는 이들로서 그 사회에서 여론선도자일 가능성이 높다.
③ 확산은 선진산업국가로부터 저개발지역으로 확산되는 '공간적 확산(spatial diffusion)'과 이웃지역으로부터의 모방을 통한 '계층적 확산(hierarchical diffusion)'으로 구분할 수 있다.
④ 로저스(E. Rogers)에 따르면, 혁신수용시간에 따라 수용자 수의 분포는 S자 형태를 띠고, 이들 수용자의 누적도수는 정규분포를 이룬다.

정답 및 해설

혁신의 초기 수용자는 일반적으로 소속 집단의 신망을 받는 이들로서 그 사회에서 여론 선도자(대중에 대한 영향력이 큰 사람)일 가능성이 높음

① 혁신 확산에 대한 연구는 인간 행동에서 나타나는 현상을 거시적인 수준에서 관찰하여 그 패턴을 발견하였음
③ 혁신확산은 선진 산업국가로부터 저개발 지역으로 확산되는 '계층적 확산(hierarchical diffusion)'과 이웃 지역으로부터의 모방을 통한 '공간적 확산(spatial diffusion)'으로 구분할 수 있음
④ 로저스에 따르면 혁신 수용 시간에 따라 수용자 수의 분포는 정규분포를 이루며, 이들 수용자의 누적도수는 S자 형태를 띔

정답 ②

28 회독 □□□

2014. 서울 7급 수정

규제영향분석에 관한 다음의 설명 중 적합하지 않은 것은?

① 규제영향분석은 규제의 경제 · 사회적 영향을 과학적으로 분석하여 그 타당성을 평가한다.

② 규제영향분석은 정치적 이해관계의 조정과 수렴의 기회를 제공한다.

③ 불필요한 정부규제를 완화하고자 할 때 현존하는 규제의 사회적 편익과 비용을 점검하고 측정하는 체계적인 의사결정 도구이다.

④ 1970년대 이후 세계의 여러 국가에서 도입하여 왔으며, OECD에서도 회원국들에게 규제영향분석의 채택을 권고하고 있다.

정답 및 해설

규제영향분석은 규제를 신설하거나 강화(규제의 존속기한 연장 포함)할 때 해야 함

행정규제기본법 제7조【규제영향분석 및 자체심사】 ① 중앙행정기관의 장은 규제를 신설하거나 강화(규제의 존속기한 연장을 포함한다. 이하 같다)하려면 다음 각 호의 사항을 종합적으로 고려하여 규제영향분석을 하고 규제영향분석서를 작성하여야 한다.

① 규제영향분석은 규제로 인하여 국민의 일상생활과 사회 · 경제 · 행정 등에 미치는 여러 가지 영향을 객관적이고 과학적인 방법을 사용하여 예측 · 분석함으로써 규제의 타당성을 판단하는 기준을 제시함

② 규제영향분석은 규제로 인해 다양한 사람에게 발생하는 비용 및 편익을 예상하므로 이해관계자 간 견해를 조정하고 수렴하는 기회를 제공할 수 있음

④ 1970년대 이후 세계의 여러 국가에서 도입하여 왔으며, OECD에서도 불필요한 규제를 억제하기 위해 회원국에게 규제영향분석의 채택을 권고하고 있음

정답 ③

29 회독 □□□

2016. 지방 7급

정부규제에 대한 설명으로 옳지 않은 것은?

① 「행정규제기본법」은 규제 법정주의를 규정하고 있다.

② 규제개혁위원회는 위원장 2명을 포함한 20명 이상 25명 이하의 위원으로 구성한다.

③ 규제영향분석이 필요한 이유 중 하나는 관료에게 규제비용에 대한 관심과 책임성을 갖도록 유도한다는 점이다.

④ 정부의 규제정책을 심의 · 조정하고 규제의 심사 · 정비 등에 관한 사항을 종합적으로 추진하기 위하여 국무총리 소속으로 규제개혁위원회를 두고 있다.

정답 및 해설

규제개혁위원회는 대통령 소속의 위원회 조직으로서 정부의 규제정책을 심의 · 조정하고 규제의 심사 · 정비 등에 관한 사항을 종합적으로 추진하기 위하여 설치되었음

행정규제기본법 제23조【설치】 정부의 규제정책을 심의 · 조정하고 규제의 심사 · 정비 등에 관한 사항을 종합적으로 추진하기 위하여 대통령 소속으로 규제개혁위원회를 둔다.

① 「행정규제기본법」은 규제 법정주의를 규정하고 있음

행정규제기본법 제4조【규제 법정주의】 ① 규제는 법률에 근거하여야 하며, 그 내용은 알기 쉬운 용어로 구체적이고 명확하게 규정되어야 한다.

② 규제개혁위원회는 위원장 2명을 포함한 20명 이상 25명 이하의 위원으로 구성함

행정규제기본법 제25조【구성 등】 ① 위원회는 위원장 2명을 포함한 20명 이상 25명 이하의 위원으로 구성한다.

③ 규제영향분석은 행정규제의 타당성을 다양한 관점에서 검토하는바 규제가 초래할 사회적 부담에 대해 정부가 책임성을 가지도록 유도할 수 있음

정답 ④

30 회독 □□□

2005. 국가 7급 수정

정부규제제도에 대한 설명으로 옳지 않은 것은?

① 우리나라는 지난 1997년 국민의 삶의 질을 높이고 국가경쟁력의 지속적인 향상을 도모할 목적으로 「행정규제기본법」을 제정하였다.

② 사회적 규제와 공익에 관련되는 규제는 존치하되 규제수단과 기준의 합리화를 도모하는 것이 더 타당하다.

③ 우리나라는 아직 규제법정주의를 채택하지 않고 있다.

④ 행정규제기본법은 행정규제에 관한 기본적인 사항을 규정하여 불필요한 행정규제를 폐지하고 비효율적인 행정규제의 신설을 억제함으로써 사회·경제활동의 자율과 창의를 촉진하여 국민의 삶의 질을 높이고 국가경쟁력이 지속적으로 향상되도록 함을 목적으로 한다.

정답 및 해설

우리나라는 규제법정주의를 채택하고 있음

행정규제기본법 제4조【규제 법정주의】 ① 규제는 법률에 근거하여야 하며, 그 내용은 알기 쉬운 용어로 구체적이고 명확하게 규정되어야 한다.

①④

우리나라는 지난 1997년(김영삼 정권) 국민의 삶의 질을 높이고 국가경쟁력의 지속적인 향상을 도모할 목적으로 「행정규제기본법」을 제정하였음

행정규제기본법 제1조【목적】 이 법은 행정규제에 관한 기본적인 사항을 규정하여 불필요한 행정규제를 폐지하고 비효율적인 행정규제의 신설을 억제함으로써 사회·경제활동의 자율과 창의를 촉진하여 국민의 삶의 질을 높이고 국가경쟁력이 지속적으로 향상되도록 함을 목적으로 한다.

② 행정규제기본법은 사회적 규제(일반 대중 보호)와 공익에 관련되는 규제는 존치하되 규제수단과 기준의 합리화를 도모하는 것이 더 타당하다는 내용을 담고 있음

정답 ③

Section 02 조직론 관련 제도 및 법령 등

31 회독 □□□

2023. 지방 7급

공공기관 기업지배구조의 이념형적 모델인 주주(shareholder) 자본주의 모델과 이해관계자(stakeholder) 자본주의 모델에 대한 설명으로 옳지 않은 것은?

① 주주 자본주의 모델은 주주가 기업의 주인이라고 보며, 주주의 이익 극대화가 경영목표이다.

② 주주 자본주의 모델의 기업규율방식에는 이사회의 경영감시, 시장에 의한 규율 등이 있다.

③ 이해관계자 자본주의 모델은 기업을 하나의 공동체로 보며, 이해관계자의 이익 극대화가 경영목표이다.

④ 이해관계자 자본주의 모델에서 근로자의 경영 참여는 종업원 지주제도 등을 통해서 이루어지며 단기 업적주의를 추구한다.

정답 및 해설

선지는 주주 자본주의모델에 대한 내용임

①②③

주주 자본주의 모델과 이해관계자 자본주의 모델

구분	주주 자본주의모델	이해관계자 자본주의모델
기업의 본질	주주 주권주의 (주주가 기업의 주인)	기업공동체주의 (기업은 하나의 공동체)
경영 목표	주주이익 극대화	이해관계자 이익극대화
기업 규율 방식	① 이사회의 경영감시 ② 시장에 의한 규율	이해관계자 경영참여
근로자 경영 참여	종업원지주제 (주식을 보유한 종업원만 참여)	근로자 경영참여
기업의 사회적 책임	① 단기업적주의 ② 주주이익 우선주의	① 장기적 성장촉진 ② 기업의 사회적 책임 ③ 이해관계자 전체 이익추구

정답 ④

32 회독 □□□

2023. 지방 7급

「정부업무평가 기본법」상 정부업무평가제도에 대한 설명으로 옳은 것은?

① 기획재정부장관은 중앙행정기관의 자체평가결과를 확인·점검 후 평가의 객관성과 신뢰성에 문제가 있어 다시 평가가 필요하다고 판단되는 경우, 위원회의 심의·의결을 거쳐 재평가를 실시할 수 있다.
② 중앙행정기관의 장은 자체평가조직 및 자체평가위원회를 구성·운영하여야 하며, 이 경우 평가의 공정성과 객관성을 확보하기 위하여 자체평가위원의 3분의 2 이상은 민간위원으로 하여야 한다.
③ 행정안전부장관은 둘 이상의 중앙행정기관 관련 시책, 주요 현안시책, 혁신관리 및 대통령령이 정하는 부문에 대하여 특정평가를 실시하고 그 결과를 공개하여야 한다.
④ 지방자치단체 또는 그 장이 위임받아 처리하는 국가사무, 국고보조사업 그리고 국가의 주요 시책사업 등에 대해 국무총리는 관계중앙행정기관의 장과 합동으로 평가를 실시할 수 있다.

정답 및 해설

아래의 조항 참고

정부업무평가기본법 제14조【중앙행정기관의 자체평가】 ① 중앙행정기관의 장은 그 소속기관의 정책등을 포함하여 자체평가를 실시하여야 한다.
② 중앙행정기관의 장은 자체평가조직 및 자체평가위원회를 구성·운영하여야 한다. 이 경우 평가의 공정성과 객관성을 확보하기 위하여 자체평가위원의 3분의 2이상은 민간위원으로 하여야 한다.

① 기획재정부장관을 국무총리로 고쳐야 함
③ 행정안전부장관이 아닌 국무총리임
④ 국무총리가 아닌 행정안전부장관임

정답 ②

33 회독 □□□

2024. 지방 9급

「지방공기업법」상 지방공기업에 대한 설명으로 옳지 않은 것은?

① 지방직영기업의 관리자는 해당 지방자치단체의 공무원으로서 지방직영기업의 경영에 관하여 지식과 경험이 풍부한 사람 중에서 지방자치단체의 장이 임명한다.
② 지방공사를 설립하고자 하는 시장·군수·구청장은 설립 전에 행정안전부장관과 협의하여야 한다.
③ 지방자치단체는 상호 규약을 정하여 다른 지방자치단체와 공동으로 지방공사를 설립할 수 있다.
④ 지방자치단체는 지방직영기업을 설치·경영하려는 경우에는 그 설치·운영의 기본사항을 조례로 정하여야 한다.

정답 및 해설

행정안전부장관을 시도지사로 수정해야 함

지방공기업법 제49조【설립】 ① 지방자치단체는 제2조에 따른 사업을 효율적으로 수행하기 위하여 필요한 경우에는 지방공사(이하 "공사"라 한다)를 설립할 수 있다. 이 경우 공사를 설립하기 전에 특별시장, 광역시장, 특별자치시장, 도지사 및 특별자치도지사(이하 "시·도지사"라 한다)는 행정안전부장관과, 시장·군수·구청장(자치구의 구청장을 말한다)은 관할 특별시장·광역시장 및 도지사와 협의하여야 한다.

①

동법 제7조【관리자】 ① 지방자치단체는 지방직영기업의 업무를 관리·집행하게 하기 위하여 사업마다 관리자를 둔다.
② 관리자는 대통령령으로 정하는 바에 따라 해당 지방자치단체의 공무원으로서 지방직영기업의 경영에 관하여 지식과 경험이 풍부한 사람 중에서 지방자치단체의 장이 임명하며, 임기제로 할 수 있다.

③

동법 제50조【공동설립】 ① 지방자치단체는 상호 규약을 정하여 다른 지방자치단체와 공동으로 공사를 설립할 수 있다.

④

동법 제5조【지방직영기업의 설치】 지방직영기업을 설치·경영하려는 경우에는 그 설치·운영의 기본사항을 조례로 정하여야 한다.

정답 ②

34 회독 □□□ 2024. 지방 9급

리더－구성원교환이론에 대한 설명으로 옳은 것만을 모두 고르면?

ㄱ. 내집단(in-group)에 속한 구성원이 많을수록 집단의 성과가 높아진다고 본다.
ㄴ. 리더와 구성원이 파트너십 관계로 발전하는 과정을 '리더십 만들기'라 한다.
ㄷ. 리더가 모든 구성원을 차별 없이 대우하는 공정성을 중시한다.
ㄹ. 리더와 구성원이 점점 높은 도덕성과 동기 수준으로 서로를 이끌어 가는 상호 관계를 중시한다.

① ㄱ, ㄴ ② ㄱ, ㄹ
③ ㄴ, ㄷ ④ ㄷ, ㄹ

정답 및 해설

아래의 표 참고

올바른 선지

ㄱ, ㄴ.

리더-구성원교환이론

등장배경	리더는 모두에게 공정해야 한다는 기존 이론을 비판하고, 조직구성원과 리더의 관계에 따른 성과를 연구	
개념	① 리더와 구성원 간 관계의 상태에 따라 리더가 부하에게 행사할 수 있는 영향력이 달라지는 것 ② 리더는 모든 부하를 똑같이 대하지 않고 성공가능성이 보이는 구성원을 선별하여 지원하고 대우함	
특징	① 리더는 조직구성원을 내집단과 외집단으로 분류·관리 ② 내집단은 리더의 신뢰와 상호 존중 속에 특권을 누릴 수 있는 반면, 외집단은 리더와 공식적 관계를 유지하며 통제와 지시를 받음	
리더와 구성원의 발전단계: 리더십 만들기	① 이방인	구성원은 공식적 업무만 수행
	② 면식	리더와 구성원 간 자원과 정보 등 공유
	③ 파트너십	리더와 구성원 간 신뢰와 존중
결론	① 내집단(in-group)에 속한 구성원이 많을수록 집단의 성과가 높아짐 ② 리더가 특정인만을 편애한다는 비판을 받을 수 있음	

틀린 선지

ㄹ. 리더－구성원교환이론은 '높은 도덕성'과는 관련이 없음

정답 ①

35 회독 □□□ 2022. 국가 9급

「정부업무평가 기본법」상 우리나라 정부업무평가제도에 대한 설명으로 옳지 않은 것은?

① 특정평가는 국무총리가 중앙행정기관과 공공기관을 대상으로 국정을 통합적으로 관리하기 위한 목적을 갖는다.
② 국무총리 소속하에 심의·의결기구로서 정부업무평가위원회를 둔다.
③ 지방자치단체의 자체평가에 있어서 행정안전부장관은 평가 관련 사항에 대하여 지방자치단체를 지원할 수 있다.
④ 자체평가는 중앙행정기관 또는 지방자치단체가 소관 정책 등을 스스로 평가하는 것을 말한다.

정답 및 해설

특정평가 대상에 공공기관은 포함되지 않음

정부업무평가기본법 제2조【정의】 이 법에서 사용하는 용어의 정의는 다음과 같다.
4. "특정평가"라 함은 국무총리가 중앙행정기관을 대상으로 국정을 통합적으로 관리하기 위하여 필요한 정책등을 평가하는 것을 말한다.

② 국무총리 소속하에 심의·의결기구로서 정부업무평가위원회를 두고 있음

동법 제9조【정부업무평가위원회의 설치 및 임무】 ① 정부업무평가의 실시와 평가기반의 구축을 체계적·효율적으로 추진하기 위하여 국무총리 소속하에 정부업무평가위원회를 둔다.

③ 지방자치단체의 자체평가에 있어서 행정안전부장관은 평가 관련 사항에 대하여 지방자치단체를 지원할 수 있음

동법 제18조【지방자치단체의 자체평가】 ④ 행정안전부장관은 평가의 객관성 및 공정성을 높이기 위하여 평가지표, 평가방법, 평가기반의 구축 등에 관하여 지방자치단체를 지원할 수 있다. → 행정안전부장관은 평가의 객관성 및 공정성을 위해서 지방자치단체의 평가를 지원할 수 있음

④ 자체평가는 중앙행정기관 또는 지방자치단체가 소관 정책 등을 스스로 평가하는 것을 말함

정부업무평가기본법 제2조【정의】 이 법에서 사용하는 용어의 정의는 다음과 같다.
3. "자체평가"라 함은 중앙행정기관 또는 지방자치단체가 소관 정책등을 스스로 평가하는 것을 말한다.

정답 ①

cf.
36 회독 □□□

2021. 국가 9급 수정

공기업에 대한 설명으로 옳지 않은 것은?

① 공공수요가 있으나 민간부문의 자본이 부족한 경우 공기업 설립이 정당화된다.
② 시장에서 독점성이 나타나는 경우 공기업 설립이 정당화된다.
③ 전통적인 자본주의적 사기업 질서에 반하여 사회주의적 간섭을 하는 것으로 볼 수 있다.
④ 주식회사형 공기업은 일반행정기관에 적용되는 조직·인사 원칙이 적용된다.

정답 및 해설

주식회사형 공기업은 일반행정기관이 아니므로 일반행정기관에 적용되는 조직·인사원칙(정부조직법, 국가공무원법)이 적용되지 않음

참고

공기업의 유형 중 주식회사형과 공사형은 「공공기관의 운영에 관한 법률」의 제정으로 '공공기관'으로 통합되었음

구분	정부부처형	주식회사형	공사형
독립성	없음	있음	
출자재원	전액 정부예산	50% 이상 정부출자 (주식 보유)	전액 정부출자

① 공공수요가 있으나 민간부문의 자본이 부족하여 필요한 서비스를 민간에서 공급할 수 없을 때 공기업 설립이 정당화됨
② 시장에서 독점성이 나타나는 경우 효율적 자원배분을 저해할 수 있으므로 공기업 설립이 정당화됨
③ 공기업은 정부의 영향력이 있는 기업이므로 정부의 공기업 설립은 전통적인 자본주의적 사기업 질서에 반하여 사회주의적 간섭을 하는 것으로 볼 수 있음

정답 ④

cf.
37 회독 □□□

2020. 서울속기 9급

「정부조직법」에서 규정하고 있는 관장 사무에 대한 설명으로 가장 옳지 않은 것은?

① 교육부장관은 인적자원개발정책 등에 관한 사무를 관장한다.
② 산업통상자원부장관은 창업·벤처기업의 지원 등에 관한 사무를 관장한다.
③ 법무부장관은 출입국관리 등에 관한 사무를 관장한다.
④ 과학기술정보통신부장관은 우편 등에 관한 사무를 관장한다.

정답 및 해설

창업·벤처기업의 지원 등에 관한 사무는 산업통상자원부장관이 아닌 중소벤처기업부장관이 관장함

정부조직법 제44조 【중소벤처기업부】 중소벤처기업부장관은 중소기업 정책의 기획·종합, 중소기업의 보호·육성, 창업·벤처기업의 지원, 대·중소기업 간 협력 및 소상공인에 대한 보호·지원에 관한 사무를 관장한다.

① 교육부장관은 인적자원개발정책 등에 관한 사무를 관장함

정부조직법 제28조 【교육부】 ① 교육부장관은 인적자원개발정책, 학교교육·평생교육, 학술에 관한 사무를 관장한다.

③ 법무부장관은 출입국관리 등에 관한 사무를 관장함

정부조직법 제32조 【법무부】 ① 법무부장관은 검찰·행형·인권옹호·출입국관리 그 밖에 법무에 관한 사무를 관장한다.

④ 과학기술정보통신부장관은 우편·우편환 및 우편대체 등에 관한 사무를 관장함

정부조직법 제29조 【과학기술정보통신부】 ① 과학기술정보통신부장관은 과학기술정책의 수립·총괄·조정·평가, 과학기술의 연구개발·협력·진흥, 과학기술인력 양성, 원자력 연구·개발·생산·이용, 국가정보화 기획·정보보호·정보문화, 방송·통신의 융합·진흥 및 전파관리, 정보통신산업, 우편·우편환 및 우편대체에 관한 사무를 관장한다.

정답 ②

38 회독 □□□

2018. 국가 9급

행정기관에 대하여 관계법령에 규정된 내용으로 옳은 것은?

① 방송통신위원회, 공정거래위원회, 소청심사위원회 등은 행정기관의 소관 사무에 관하여 자문에 응하거나 조정, 협의, 심의 또는 의결 등을 하기 위해 복수의 구성원으로 이루어진 합의제 기관으로서 행정기관이 아니다.

② 하부기관이란 중앙행정기관에 소속된 기관으로서, 특별지방행정기관과 부속기관을 말한다.

③ 보조기관이란 행정기관이 그 기능을 원활하게 수행할 수 있도록 그 기관장을 보좌함으로써 행정기관의 목적 달성에 공헌하는 기관을 말한다.

④ 부속기관이란 행정권의 직접적인 행사를 임무로 하는 기관에 부속하여 그 기관을 지원하는 행정기관을 말한다.

정답 및 해설

부속기관이란 행정권의 직접적인 행사를 임무로 하는 기관에 부속하여 그 기관을 지원하는 행정기관임

행정기관의 조직과 정원에 관한 통칙 제2조【정의】 이 영에서 사용되는 용어의 정의는 다음과 같다.
3. "부속기관"이라 함은 행정권의 직접적인 행사를 임무로 하는 기관에 부속하여 그 기관을 지원하는 행정기관을 말한다.

① 방송통신위원회, 공정거래위원회, 소청심사위원회 등은 행정기관의 소관 사무에 관하여 자문에 응하거나 조정, 협의, 심의 또는 의결 등을 하기 위해 복수의 구성원으로 이루어진 합의제 기관으로서 행정기관임

②③

행정기관의 조직과 정원에 관한 통칙 제2조【정의】 이 영에서 사용되는 용어의 정의는 다음과 같다.
3. "부속기관"이라 함은 행정권의 직접적인 행사를 임무로 하는 기관에 부속하여 그 기관을 지원하는 행정기관을 말한다.
5. "소속기관"이라 함은 중앙행정기관에 소속된 기관으로서, 특별지방행정기관과 부속기관을 말한다.
6. "보조기관"이라 함은 행정기관의 의사 또는 판단의 결정이나 표시를 보조함으로써 행정기관의 목적달성에 공헌하는 기관을 말한다.
7. "보좌기관"이라 함은 행정기관이 그 기능을 원활하게 수행할 수 있도록 그 기관장이나 보조기관을 보좌함으로써 행정기관의 목적달성에 공헌하는 기관을 말한다.
8. "하부조직"이라 함은 행정기관의 보조기관과 보좌기관을 말한다.

정답 ④

39 회독 □□□

2018. 지방 9급

「정부조직법」상 행정기관의 소속으로 옳지 않은 것은?

① 법제처: 국무총리

② 국가정보원: 대통령

③ 소방청: 행정안전부장관

④ 특허청: 기획재정부장관

정답 및 해설

특허청은 산업통상자원부의 외청임 → 기획재정부의 외청은 국세청, 관세청, 조달청, 통계청임

정답 ④

cf.

40 회독 □□□

2017. 국가 9급

정부조직에 대한 설명으로 옳은 것은?

① 감사원은 「정부조직법」에서 정하는 합의제 행정기관에 해당한다.

② 금융감독원은 「정부조직법」에 따라 설치된 중앙행정기관이다.

③ 소청심사위원회는 행정안전부 소속으로 행정기관 소속 공무원의 징계처분에 관한 사무를 관장한다.

④ 특허청은 행정 및 재정상의 자율성이 부여되고 성과에 대해 책임을 지도록 하는 책임운영기관에 해당한다.

정답 및 해설

특허청은 행정 및 재정상의 자율성이 부여되고 성과에 대해 책임을 지도록 하는 책임운영기관이며, 책임운영기관의 유형 중 중앙책임운영기관에 해당함

① 감사원은 「헌법」 혹은 「감사원법」에서 정하는 합의제 행정기관에 해당함

> **헌법 제98조** ① 감사원은 원장을 포함한 5인 이상 11인 이하의 감사위원으로 구성한다.
> **감사원법 제2조【지위】** ① 감사원은 대통령에 소속하되, 직무에 관하여는 독립의 지위를 가진다.

② 금융감독원은 금융위원회의 지도 및 감독을 받아 금융기관에 대한 감독업무를 수행하는 법인임(금융위원회의 설치 등에 관한 법률에 의하여 설립)

③ 행정부 내 소청심사위원회는 인사혁신처 소속으로 행정기관 소속 공무원의 징계처분에 관한 사무를 관장함

정답 ④

41 회독 □□□

2017. 지방 9급

「정부업무평가 기본법」상 정부업무평가제도에 대한 설명으로 옳은 것은?

① 정부업무평가의 평가대상기관에 지방자치단체의 소속기관은 포함되지 않는다.

② 자체평가는 국무총리가 중앙행정기관을 대상으로 국정을 통합적으로 관리하기 위하여 필요한 정책 등을 평가하는 것이다.

③ 정부업무평가의 실시와 평가 기반의 구축을 체계적·효율적으로 추진하기 위하여 국무총리 소속하에 정부업무평가위원회를 둔다.

④ 특정평가는 중앙행정기관 또는 지방자치단체가 소관하는 정책 등을 스스로 평가하는 것이다.

정답 및 해설

정부업무평가의 실시와 평가 기반의 구축을 체계적·효율적으로 추진하기 위하여 국무총리 소속하에 정부업무평가위원회를 두고 있음

> **정부업무평가기본법 제9조【정부업무평가위원회의 설치 및 임무】**
> ① 정부업무평가의 실시와 평가기반의 구축을 체계적·효율적으로 추진하기 위하여 국무총리 소속하에 정부업무평가위원회를 둔다.

① 정부업무평가의 평가대상기관에 지방자치단체의 소속기관도 포함됨

> **정부업무평가기본법 제2조【정의】** 이 법에서 사용하는 용어의 정의는 다음과 같다.
> 2. "정부업무평가"라 함은 국정운영의 능률성·효과성 및 책임성을 확보하기 위하여 다음 각 목의 기관·법인 또는 단체(이하 "평가대상기관"이라 한다)가 행하는 정책등을 평가하는 것을 말한다.
> 가. 중앙행정기관(대통령령이 정하는 대통령 소속기관 및 국무총리 소속기관·보좌기관을 포함한다. 이하 같다)
> 나. 지방자치단체
> 다. 중앙행정기관 또는 지방자치단체의 소속기관
> 라. 공공기관

② 특정평가는 국무총리가 중앙행정기관을 대상으로 국정을 통합적으로 관리하기 위하여 필요한 정책 등을 평가하는 제도임

> **정부업무평가기본법 제2조【정의】** 이 법에서 사용하는 용어의 정의는 다음과 같다.
> 3. "자체평가"라 함은 중앙행정기관 또는 지방자치단체가 소관 정책등을 스스로 평가하는 것을 말한다.
> 4. "특정평가"라 함은 국무총리가 중앙행정기관을 대상으로 국정을 통합적으로 관리하기 위하여 필요한 정책등을 평가하는 것을 말한다.

④ 자체평가는 중앙행정기관 또는 지방자치단체가 소관하는 정책 등을 스스로 평가하는 제도임

정답 ③

42 회독 □□□

2017. 국가 9급

「정부업무평가 기본법」에 의한 정부업무 평가제도에 대한 설명으로 옳지 않은 것은?

① 김포시와 도로교통공단은 평가대상에 포함된다.
② 관세청장은 자체평가위원회를 운영한다.
③ 행정안전부장관은 지방자치단체 합동평가위원회의 당연직 위원장이다.
④ 기획재정부장관은 정부업무평가위원회의 위원이다.

정답 및 해설

지방자치단체 합동평가위원회의 위원장은 민간위원 중에서 행정안전부장관이 지명함

정부업무평가기본법 시행령 제18조【지방자치단체합동평가위원회의 구성·운영 등】 ② 지방자치단체합동평가위원회의 위원장은 제3항의 민간위원 중에서 행정안전부장관이 지명한다.

① 지방자치단체나 도로교통공단과 같은 공공기관도 정부업무 평가대상임
② 관세청장은 정부조직법상 중앙행정기관의 장이므로 자체평가를 실시하고 이를 위한 자체평가위원회를 구성·운영하여야 함

정부업무평가기본법 제14조【중앙행정기관의 자체평가】 ① 중앙행정기관의 장은 그 소속기관의 정책등을 포함하여 자체평가를 실시하여야 한다.
② 중앙행정기관의 장은 자체평가조직 및 자체평가위원회를 구성·운영하여야 한다. 이 경우 평가의 공정성과 객관성을 확보하기 위하여 자체평가위원의 3분의 2 이상은 민간위원으로 하여야 한다.

④ 정부업무평가위원회의 위원장은 국무총리와 민간위원 중에서 대통령이 지명하는 2인이 되고, 위원 중 기획재정부장관, 행정안전부 장관, 국무조정실장은 당연직위원이 됨

정부업무평가기본법 제10조【위원회의 구성 및 운영】
① 위원회는 위원장 2인을 포함한 15인 이내의 위원으로 구성한다.
② 위원장은 국무총리와 제3항제2호의 자 중에서 대통령이 지명하는 자가 된다.
③ 위원은 다음 각 호의 자가 된다.
1. 기획재정부장관, 행정안전부장관, 국무조정실장

정답 ③

43 회독 □□□

2017. 지방 9급

「정부업무평가 기본법」상 정부업무 평가의 종류가 아닌 것은?

① 지방자치단체의 자체평가
② 환경영향평가
③ 공공기관에 대한 평가
④ 중앙행정기관의 자체평가

정답 및 해설

환경영향평가는 정부업무평가 기본법상 정부업무평가의 종류에 해당되지 않음

정부업무평가기본법 제2조【정의】 이 법에서 사용하는 용어의 정의는 다음과 같다.
2. "정부업무평가"라 함은 국정운영의 능률성·효과성 및 책임성을 확보하기 위하여 다음 각 목의 기관·법인 또는 단체(이하 "평가대상기관"이라 한다)가 행하는 정책등을 평가하는 것을 말한다.
가. 중앙행정기관(대통령령이 정하는 대통령 소속기관 및 국무총리 소속기관·보좌기관을 포함한다. 이하 같다)
나. 지방자치단체
다. 중앙행정기관 또는 지방자치단체의 소속기관
라. 공공기관

② 환경영향평가는 환경영향평가법에 기초하고 있음

환경영향평가법 제2조【정의】 이 법에서 사용하는 용어의 뜻은 다음과 같다. 〈개정 2017. 1. 17., 2017. 11. 28.〉
2. "환경영향평가"란 환경에 영향을 미치는 실시계획·시행계획 등의 허가·인가·승인·면허 또는 결정 등(이하 "승인등"이라 한다)을 할 때에 해당 사업이 환경에 미치는 영향을 미리 조사·예측·평가하여 해로운 환경영향을 피하거나 제거 또는 감소시킬 수 있는 방안을 마련하는 것을 말한다.

정답 ②

44 회독 □□□ 2017. 사복 9급

「정부업무평가 기본법」에 따른 정부업무평가의 종류가 아닌 것은?

① 중앙행정기관의 자체평가
② 지방자치단체의 자체평가
③ 중앙행정기관에 대한 합동평가
④ 공공기관에 대한 평가

정답 및 해설

합동평가는 자치단체에 대해 실시할 수 있는 평가임

정부업무평가기본법 제21조【국가위임사무등에 대한 평가】 ① 지방자치단체 또는 그 장이 위임받아 처리하는 국가사무, 국고보조사업 그 밖에 대통령령이 정하는 국가의 주요시책 등(이하 이 조에서 "국가위임사무등"이라 한다)에 대하여 국정의 효율적인 수행을 위하여 평가가 필요한 경우에는 행정안전부장관이 관계중앙행정기관의 장과 합동으로 평가(이하 "합동평가"라 한다)를 실시할 수 있다.

① 중앙행정기관의 자체평가

정부업무평가기본법 제14조【중앙행정기관의 자체평가】 ① 중앙행정기관의 장은 그 소속기관의 정책등을 포함하여 자체평가를 실시하여야 한다.

② 지방자치단체의 자체평가

정부업무평가기본법 제18조【지방자치단체의 자체평가】 ① 지방자치단체의 장은 그 소속기관의 정책등을 포함하여 자체평가를 실시하여야 한다.

④ 공공기관에 대한 평가

정부업무평가기본법 제22조【공공기관에 대한 평가】 ① 공공기관에 대한 평가(이하 "공공기관평가"라 한다)는 공공기관의 특수성 · 전문성을 고려하고 평가의 객관성 및 공정성을 확보하기 위하여 공공기관 외부의 기관이 실시하여야 한다.

정답 ③

45 회독 □□□ 2017. 지방 9급

공기업 민영화에 대한 설명으로 옳지 않은 것은?

① 공공기관 경영평가에서 3년 연속 최하등급을 받은 공기업은 「공공기관의 운영에 관한 법률」상 민영화하여야 한다.
② 공공영역을 일정 부분 축소하는 것으로 볼 수 있다.
③ 공기업은 민영화하면 국민에 대한 보편적 서비스의 제공이 약화될 수 있다.
④ 공기업 매각 방식의 민영화를 통해 공공재정의 확충이 가능하다.

정답 및 해설

아래의 조항 참고

공공기관 운영에 관한 법률 제48조【경영실적 평가】
① 기획재정부장관은 제24조의2제3항에 따른 연차별 보고서, 제31조 제3항 및 제4항의 규정에 따른 계약의 이행에 관한 보고서, 제46조의 규정에 따른 경영목표와 경영실적보고서를 기초로 하여 공기업 · 준정부기관의 경영실적을 평가한다.
⑧ 기획재정부장관은 제7항에 따른 경영실적 평가 결과 경영실적이 부진한 공기업 · 준정부기관에 대하여 운영위원회의 심의 · 의결을 거쳐 제25조 및 제26조의 규정에 따른 기관장 · 상임이사의 임명권자에게 그 해임을 건의하거나 요구할 수 있다.
⑨ 기획재정부장관은 제1항에 따른 경영실적 평가 결과 인건비 과다편성 및 제50조제1항에 따른 경영지침 위반으로 경영부실을 초래한 공기업 · 준정부기관에 대하여는 운영위원회의 심의 · 의결을 거쳐 향후 경영책임성 확보 및 경영개선을 위하여 필요한 인사상 또는 예산상의 조치 등을 취하도록 요청할 수 있다. 〈신설 2008. 12. 31., 2009. 3. 25.〉

②③
공기업을 민영화하면 공공영역을 일정 부분 축소할 수 있으나 시장은 형평성을 경시하는바 국민에 대한 보편적 서비스 제공은 약화될 수 있음
④ 공기업을 시장에 매각하여 민영화하면 공공재정을 어느 정도 확충할 수 있음

정답 ①

46 회독 □□□

2017. 사복 9급

공공기관의 운영에 관한 법률에 따른 공공기관의 유형에 속하지 않는 것은?

① 기금관리형 준정부기관
② 준시장형 공기업
③ 위탁집행형 공기업
④ 기타 공공기관

정답 및 해설

③을 위탁집행형 준정부기관으로 고쳐야 함 → 우리나라의 공공기관은 공기업(시장형·준시장형), 준정부기관(기금관리형·위탁집행형), 기타 공공기관으로 분류됨

정답 ③

47 회독 □□□

2017. 서울 9급

지방공기업 유형 중 지방직영기업에 대한 설명으로 가장 옳지 않은 것은?

① 지방자치단체가 행정조직 형태로 직접 운영하는 사업을 말한다.
② 지방자치단체의 장이 지방직영기업의 관리자를 임명한다.
③ 소속된 직원은 공무원 신분이 아니다.
④ 지방공기업법 시행령에 따라 경영평가가 매년 실시되어야 하나 행정안전부장관이 이에 대해 따로 정할 수 있다.

정답 및 해설

지방직영기업은 지자체가 직접 설치하고 운영하는 행정기관이므로 소속 직원은 공무원임

지방공기업법 제1조【목적】 이 법은 지방자치단체가 직접 설치·경영(지방직영기업)하거나, 법인을 설립하여 경영하는 기업(공사 혹은 공단)의 운영에 필요한 사항을 정하여 그 경영을 합리화함으로써 지방자치의 발전과 주민복리의 증진에 이바지함을 목적으로 한다.

② 지방자치단체의 장이 지방직영기업의 관리자를 임명함

지방공무원법 제7조【관리자】 ① 지방자치단체는 지방직영기업의 업무를 관리·집행하게 하기 위하여 사업마다 관리자를 둔다. 다만, 조례로 정하는 바에 따라 성질이 같거나 유사한 둘 이상의 사업에 대하여는 관리자를 1명만 둘 수 있다.
② 관리자는 대통령령으로 정하는 바에 따라 해당 지방자치단체의 공무원으로서 지방직영기업의 경영에 관하여 지식과 경험이 풍부한 사람 중에서 지방자치단체의 장이 임명하며, 임기제로 할 수 있다.

④ 지방공기업법 시행령에 따라 경영평가가 매년 실시되어야 하나 행정안전부장관이 이에 대해 따로 정할 수 있음

지방공기업법 시행령 제68조【경영평가】 ① 법 제78조 제1항의 규정에 의한 지방공기업에 대한 경영평가는 매년 실시하여야 한다. 다만, 지방직영기업의 경영평가에 관하여는 행정안전부장관이 따로 정할 수 있다.

정답 ③

cf.

48 회독 □□□

2011. 지방 9급

'공공기관의 운영에 관한 법률'의 적용을 받는 공기업의 상임이사(상임감사위원 제외)에 대한 원칙적인 임명권자는?

① 대통령
② 주무 기관의 장
③ 해당 공기업의 장
④ 기획재정부장관

49 회독 □□□

2011. 지방 9급

우리나라 공공기관의 유형과 그 사례가 잘못 연결된 것은?

① 시장형 공기업: 한국마사회
② 준시장형 공기업: 한국토지주택공사
③ 위탁집행형 준정부기관: 한국농어촌공사
④ 기금관리형 준정부기관: 국민연금공단

정답 및 해설

공기업의 상임이사(상임감사위원 제외)에 대한 원칙적인 임명권자는 해당 공기업의 장임

공공기관의 운영에 관한 법률 제25조【공기업 임원의 임면】 ② 공기업의 상임이사는 공기업의 장이 임명한다. 다만, 제20조제2항 및 제3항에 따른 감사위원회의 감사위원이 되는 상임이사(이하 "상임감사위원"이라 한다)는 제4항에서 정한 절차에 따라 대통령 또는 기획재정부장관이 임명한다(공기업의 상임이사 임기: 2년).

정답 ③

정답 및 해설

한국마사회는 준시장형 공기업임

②③④
공공기관은 공기업, 준정부기관, 기타 공공기관으로 구분할 수 있으며, 공기업은 시장형 공기업(한국전력, 한국공항공사 등)과 준시장형 공기업(마사회, 한국토지주택공사, 한국철도공사 등)으로 구분함; 준정부기관은 기금관리형 준정부기관(국민연금공단, 예금보험공사 등)과 위탁집행형 준정부기관(농어촌공사, 소비자원 등)으로 분류함

정답 ①

50 회독 □□□

2012. 국가 9급 수정

우리나라의 정부조직과 기능 간의 연결이 바르지 않은 것은?

① 과학기술정보통신부: 원자력 연구
② 기획재정부: 예산편성지침 수립
③ 국무조정실: 공기업 평가
④ 문화체육관광부: 국정의 홍보

정답 및 해설

정부업무평가 총괄기관은 국무조정실이지만, 공기업과 준정부기관에 대한 평가는 기획재정부 소관 사무임

정부조직법 제20조【국무조정실】 ① 각 중앙행정기관의 행정의 지휘·감독, 정책 조정 및 사회위험·갈등의 관리, 정부업무평가 및 규제개혁에 관하여 국무총리를 보좌하기 위하여 국무조정실을 둔다.

공공기관의 운영에 관한 법률 제48조【경영실적 평가】 ① 기획재정부장관은 제24조의2제3항에 따른 연차별 보고서, 제31조제3항 및 제4항의 규정에 따른 계약의 이행에 관한 보고서, 제46조의 규정에 따른 경영목표와 경영실적보고서를 기초로 하여 공기업·준정부기관의 경영실적을 평가한다. 다만, 제6조의 규정에 따라 공기업·준정부기관으로 지정(변경지정을 제외한다)된 해에는 경영실적을 평가하지 아니한다.

① 과학기술정보통신부

정부조직법 제29조【과학기술정보통신부】 ① 과학기술정보통신부장관은 과학기술정책의 수립·총괄·조정·평가, 과학기술의 연구개발·협력·진흥, 과학기술인력 양성, 원자력 연구·개발·생산·이용, 정보보호·정보문화, 방송·통신의 융합·진흥 및 전파관리, 정보통신산업, 우편·우편환 및 우편대체에 관한 사무를 관장한다.

② 기획재정부

정부조직법 제27조【기획재정부】 ① 기획재정부장관은 중장기 국가발전전략수립, 경제·재정정책의 수립·총괄·조정, 예산·기금의 편성·집행·성과관리, 화폐·외환·국고·정부회계·내국세제·관세·국제금융, 공공기관 관리(공기업 평가 등), 경제협력·국유재산·민간투자 및 국가채무에 관한 사무를 관장한다.

④ 문화체육관광부

정부조직법 제35조【문화체육관광부】 ① 문화체육관광부장관은 문화·예술·영상·광고·출판·간행물·체육·관광, 국정에 대한 홍보 및 정부발표에 관한 사무를 관장한다.

정답 ③

51 회독 □□□

2015. 교행 9급 수정

다음은 우리나라 중앙정부의 체계와 관련된 내용이다. 옳은 것으로만 묶은 것은?

ㄱ. 재외동포청이 신설되었다.
ㄴ. 대통령경호실은 대통령경호처로 변경되었으며, 기관장의 지위는 그대로 장관급이다.
ㄷ. 국가보훈처는 국가보훈부로 격상되었다.
ㄹ. 경찰청과 소방청은 행정안전부의 외청이다.

① ㄱ, ㄴ, ㄷ
② ㄱ, ㄴ, ㄹ
③ ㄱ, ㄷ, ㄹ
④ ㄴ, ㄷ, ㄹ

정답 및 해설

올바른 선지
ㄱ. 외교부의 외청으로 재외동포청 신설되었음
ㄷ. 우리나라는 현재 국가보훈부를 포함하여 19개의 행정각부가 있음
ㄹ. 행정안전부의 외청으로 경찰청과 소방청이 있음

틀린 선지
ㄴ. 대통령경호처는 차관급 기구임

정답 ③

52 회독 □□□

2017. 국가 9급

공공서비스 공급주체의 유형과 예시를 바르게 연결한 것은?

① 준시장형 공기업: 한국방송공사
② 시장형 공기업: 한국마사회
③ 기금관리형 준정부기관: 한국연구재단
④ 위탁집행형 준정부기관: 한국소비자원

정답 및 해설

한국소비자원은 위탁집행형 준정부기관에 해당함

한국소비자원

소비자보호시책을 보다 체계적이고 효율적으로 추진하기 위하여 설립한 공정거래위원회 산하의 공공기관

① 준시장형 공기업은 한국마사회 등이 있으며, 한국방송공사는 공공기관으로 지정할 수 없는 기관임
② 시장형 공기업은 강원랜드 등이 있으며, 한국마사회는 준시장형 공기업임
③ 기금관리형 준정부기관은 국민연금공단 등이 있으며, 한국연구재단은 위탁집행형 준정부기관임

정답 ④

53 회독 □□□

2012. 서울 9급

다음 중 「정부조직법」에 근거하여 설치된 기관이 아닌 것은?

① 검찰청
② 병무청
③ 행정중심복합도시건설청
④ 경찰청
⑤ 특허청

정답 및 해설

행정중심복합도시건설청은 「정부조직법」이 아니라 「행정중심복합도시건설특별법」에 근거한 청임

행정중심복합도시건설특별법 제38조【건설청의 설치 등】 ① 행정중심복합도시 건설업무를 효율적으로 추진하기 위하여 국토교통부장관 소속으로 행정중심복합도시건설청(이하 "건설청"이라 한다)을 둔다.
② 건설청은 「정부조직법」 제2조에 따른 중앙행정기관으로서 그 소관 사무를 수행한다.

① 검찰청

정부조직법 제32조【법무부】 ② 검사에 관한 사무를 관장하기 위하여 법무부장관 소속으로 검찰청을 둔다.

② 병무청

정부조직법 제33조【국방부】 ③ 징집·소집 그 밖에 병무행정에 관한 사무를 관장하기 위하여 국방부장관 소속으로 병무청을 둔다.

④ 경찰청

정부조직법 제34조【행정안전부】 ⑤ 치안에 관한 사무를 관장하기 위하여 행정안전부장관 소속으로 경찰청을 둔다.

⑤ 특허청

정부조직법 제37조【산업통상자원부】 ④ 특허·실용신안·디자인 및 상표에 관한 사무와 이에 대한 심사·심판사무를 관장하기 위하여 산업통상자원부장관 소속으로 특허청을 둔다.

정답 ③

54 회독 □□□

2002. 경기 9급

다음 중 「정부조직법」상 막료(보좌기관)가 아닌 기관은?

① 기획관리실장
② 심의관
③ 차관보
④ 담당관

55 회독 □□□

2018. 국가 9급 수정

행정기관에 대하여 관계법령에 규정된 내용으로 옳지 않은 것은?

① 부속기관이란 행정권의 직접적인 행사를 임무로 하는 기관에 부속하여 그 기관을 지원하는 행정기관을 말한다.
② 보좌기관이란 행정기관이 그 기능을 원활하게 수행할 수 있도록 그 기관장을 보좌함으로써 행정기관의 목적달성에 공헌하는 기관을 말한다.
③ 하부기관이란 중앙행정기관에 소속된 기관으로서, 특별지방행정기관과 부속기관을 말한다.
④ 특별지방행정기관이라 함은 특정한 중앙행정기관에 소속되어, 당해 관할 구역 내에서 시행되는 소속 중앙행정기관의 권한에 속하는 행정사무를 관장하는 국가의 지방행정기관을 말한다.

정답 및 해설 (54)

실장은 보조기관임

정부조직법 제2조【중앙행정기관의 설치와 조직 등】 ③ 중앙행정기관의 보조기관은 이 법과 다른 법률에 특별한 규정이 있는 경우를 제외하고는 차관·차장·실장·국장 및 과장으로 한다.

②④ 심의관 및 담당관

행정기관의 조직과 정원에 관한 통칙제 12조【보좌기관의 설치】 ② 법 제2조 제5항의 규정에 의한 보좌기관의 명칭은 정책관·기획관·담당관 등으로 정할 수 있으며(심의관도 보좌기관에 해당함), 업무수행에 필요한 최소한의 하부조직을 둘 수 있다.

③ 차관보

정부조직법 제2조【중앙행정기관의 설치와 조직 등】 ⑤ 행정각부에는 대통령령으로 정하는 특정 업무에 관하여 장관과 차관을 직접 보좌하기 위하여 차관보를 둘 수 있다.

정답 ①

정답 및 해설 (55)

'하부조직'은 행정기관의 보조기관과 보좌기관을 의미함; 해당 선지는 소속기관에 대한 내용임

①②④

행정기관의 조직과 정원에 관한 통칙 제2조【정의】 이 영에서 사용되는 용어의 정의는 다음과 같다.

2. "특별지방행정기관"이라 함은 특정한 중앙행정기관에 소속되어, 당해 관할구역내에서 시행되는 소속 중앙행정기관의 권한에 속하는 행정사무를 관장하는 국가의 지방행정기관을 말한다.
3. "부속기관"이라 함은 행정권의 직접적인 행사를 임무로 하는 기관에 부속하여 그 기관을 지원하는 행정기관을 말한다.
5. "소속기관"이라 함은 중앙행정기관에 소속된 기관으로서, 특별지방행정기관과 부속기관을 말한다.
7. "보좌기관"이라 함은 행정기관이 그 기능을 원활하게 수행할 수 있도록 그 기관장이나 보조기관을 보좌함으로써 행정기관의 목적달성에 공헌하는 기관을 말한다.
8. "하부조직"이라 함은 행정기관의 보조기관과 보좌기관을 말한다.

정답 ③

56 회독 □□□ 2014. 서울 9급

국무총리 직속의 위원회가 아닌 것은?

① 공정거래위원회
② 금융위원회
③ 국민권익위원회
④ 원자력안전위원회
⑤ 방송통신위원회

정답 및 해설

방송통신위원회는 대통령 소속의 위원회임

방송통신위원회의 설치 및 운영에 관한 법률 제3조【위원회의 설치】 ① 방송과 통신에 관한 업무를 수행하기 위하여 대통령 소속으로 방송통신위원회를 둔다.

①②③④
공정거래위원회, 금융위원회, 국민권익위원회, 원자력안전위원회 등은 국무총리 소속의 위원회임

독점규제 및 공정거래에 관한 법률 제35조【공정거래위원회의 설치】 ① 이 법에 의한 사무를 독립적으로 수행하기 위하여 국무총리 소속하에 공정거래위원회를 둔다.

금융위원회의 설치 등에 관한 법률 제3조【금융위원회의 설치 및 지위】 ① 금융정책, 외국환업무취 급기관의 건전성 감독 및 금융감독에 관한 업무를 수행하게 하기 위하여 국무총리 소속 하에 금융위원회를 둔다.

원자력안전위원회의 설치 및 운영에 관한 법률 제3조【위원회의 설치】 ① 원자력안전에 관한 업무를 수행하기 위하여 국무총리 소속으로 원자력안전위원회를 둔다.

부패방지 및 국민권익위원회의 설치와 운영에 관한 법률 제11조【국민권익위원회의 설치】 ① 고충민원의 처리와 이에 관련된 불합리한 행정제도를 개선하고, 부패의 발생을 예방하며 부패행위를 효율적으로 규제하도록 하기 위하여 국무총리 소속으로 국민권익위원회(이하 "위원회"라 한다)를 둔다.

정답 ⑤

57 회독 □□□ 2011. 전직 8·9급 수정

다음 정부조직 중 행정 각부와 그 소속 외청이 잘못 연결된 것은?

① 기획재정부 – 특허청
② 국방부 – 방위사업청
③ 환경부 – 기상청
④ 국토교통부 – 행정중심복합도시건설청

정답 및 해설

특허청은 산업통산자원부 소속임

정부조직법 제37조【산업통상자원부】 ④ 특허·실용신안·디자인 및 상표에 관한 사무와 이에 대한 심사·심판사무를 관장하기 위하여 산업통상자원부장관 소속으로 특허청을 둔다.

② 국방부 – 방위사업청

정부조직법 제33조【국방부】 ③ 징집·소집 그 밖에 병무행정에 관한 사무를 관장하기 위하여 국방부장관 소속으로 병무청을 둔다. ⑤ 방위력 개선사업, 군수물자 조달 및 방위산업 육성에 관한 사무를 관장하기 위하여 국방부장관 소속으로 방위사업청을 둔다.

③ 환경부 – 기상청

정부조직법 제39조【환경부】 ② 기상에 관한 사무를 관장하기 위하여 환경부장관 소속으로 기상청을 둔다.

④ 국토교통부 – 행정중심복합도시건설청

행정중심복합도시건설특별법 제38조【건설청의 설치 등】 ① 행정중심복합도시 건설업무를 효율적으로 추진하기 위하여 국토교통부장관 소속으로 행정중심복합도시건설청(이하 "건설청"이라 한다)을 둔다.

새만금사업 추진 및 지원에 관한 특별법 제34조【새만금개발청의 설치 등】 ① 새만금사업의 원활한 추진과 효율적인 관리를 위하여 국토교통부장관 소속으로 새만금개발청(이하 "새만금청"이라 한다)을 둔다.

정답 ①

58 회독 □□□

2006. 서울 9급 수정

다음 중 복수차관을 두고 있는 우리나라 행정 부처를 고르시오.

① 통일부
② 외교부
③ 법무부
④ 국방부

정답 및 해설

아래의 조항 참고

정부조직법 제26조【행정각부】 ② 행정각부에 장관 1명과 차관 1명을 두되, 장관은 국무위원으로 보하고, 차관은 정무직으로 한다. 다만, 기획재정부·과학기술정보통신부·외교부·문화체육관광부·보건복지부·국토교통부·산업통상자원부에는 차관 2명을 둔다.

정답 ②

59 회독 □□□

2019. 지방 9급

2016년 이후 정부조직의 변화에 대한 설명으로 옳지 않은 것은?

① 중소기업, 벤처기업 등에 관한 사무를 관장하는 중소벤처기업부를 신설하였다.
② 행정안전부의 외청으로 소방청을 신설하였다.
③ 국가보훈처가 국가보훈부로 격상되었다.
④ 한국수자원공사에 대한 관할권을 환경부에서 국토교통부로 이관하였다.

정답 및 해설

문재인 정부에서는 수량, 수질의 통일적 관리와 지속가능한 물 관리체계의 구축을 위해 국토교통부의 수자원 보전·이용 및 개발 기능을 환경부로 이관하였음 → 이 과정에서 한국수자원공사에 대한 관할권이 국토교통부에서 환경부로 이전되었음

정부조직법 제39조【환경부】 ① 환경부장관은 자연환경, 생활환경의 보전, 환경오염방지, 수자원의 보전·이용 및 개발에 관한 사무를 관장한다.

①②

문재인 정권의 조직개편

① 중소벤처기업부 신설
② 국민안전처 폐지
③ 소방청은 행정안전부 산하로, 해양경찰청은 해양수산부 산하로 독립
④ 행정자치부를 국민안전처와 통합하여 행정안전부로 개편
⑤ 수질관리의 일원화 추진 → 환경부가 수질관리를 담당

③ 윤석열 정권의 조직개편 내용임

정답 ④

60 회독 □□□

2015. 사복 9급

「정부업무평가 기본법」상 정부업무 평가제도에 대한 설명으로 옳지 않은 것은?

① 중앙행정기관의 장은 그 소속기관의 정책 등을 포함하여 자체평가를 실시하여야 한다.

② 지방자치단체의 자체평가위원회는 공정성과 객관성을 담보하기 위하여 2분의 1 이상의 민간위원으로 구성되어야 한다.

③ 지방자치단체가 위임받은 국가사무에 대해 행정안전부장관이 관계중앙행정기관의 장과 합동평가를 실시할 수 있다.

④ 공공기관의 경우 기관의 특수성과 전문성을 고려하고 평가의 객관성 및 공정성을 확보하기 위하여 공공기관 외부의 기관이 평가하여야 한다.

정답 및 해설

지방자치단체의 자체평가위원회는 평가의 공정성과 객관성을 확보하기 위하여 자체평가위원의 3분의 2 이상은 민간위원으로 하여야 함

정부업무평가 기본법 제18조【지방자치단체의 자체평가】 ① 지방자치단체의 장은 그 소속기관의 정책등을 포함하여 자체평가를 실시하여야 한다.
② 지방자치단체의 장은 자체평가조직 및 자체평가위원회를 구성·운영하여야 한다. 이 경우 평가의 공정성과 객관성을 담보하기 위하여 자체평가위원의 3분의 2 이상은 민간위원으로 하여야 한다.

①

정부업무평가기본법 제14조【중앙행정기관의 자체평가】 ① 중앙행정기관의 장은 그 소속기관의 정책등을 포함하여 자체평가를 실시하여야 한다.

③

정부업무평가기본법 제21조【국가위임사무등에 대한 평가】 ① 지방자치단체 또는 그 장이 위임받아 처리하는 국가사무, 국고보조사업 그 밖에 대통령령이 정하는 국가의 주요시책 등(이하 이 조에서 "국가위임사무등"이라 한다)에 대하여 국정의 효율적인 수행을 위하여 평가가 필요한 경우에는 행정안전부장관이 관계중앙행정기관의 장과 합동으로 평가(이하 "합동평가"라 한다)를 실시할 수 있다.

④

정부업무평가기본법 제22조【공공기관에 대한 평가】 ① 공공기관에 대한 평가(이하 "공공기관평가"라 한다)는 공공기관의 특수성·전문성을 고려하고 평가의 객관성 및 공정성을 확보하기 위하여 공공기관 외부의 기관이 실시하여야 한다.

정답 ②

61 회독 □□□

2010. 국가 9급

현행 정부업무평가제도에 대한 설명으로 옳지 않은 것은?

① 정부업무평가는 국정운영의 능률성, 효과성 및 책임성을 확보하기 위하여 평가대상기관이 행하는 정책 등을 평가하는 것을 말한다.

② 정부업무평가의 대상기관은 공공기관을 제외한, 중앙행정기관 및 지방자치단체와 그 소속기관이다.

③ 중앙행정기관 및 그 소속기관에 대한 평가는 통합하여 실시되어야 한다.

④ 특정평가는 국무총리가 중앙행정기관을 대상으로 국정을 통합적으로 관리하기 위하여 필요한 정책 등을 평가하는 것을 말한다.

정답 및 해설

정부업무평가의 대상기관은 공공기관을 포함한 중앙행정기관 및 지방자치단체와 그 소속기관임

①②

정부업무평가기본법 제2조【정의】 이 법에서 사용하는 용어의 정의는 다음과 같다.
2. "정부업무평가"라 함은 국정운영의 능률성·효과성 및 책임성을 확보하기 위하여 다음 각 목의 기관·법인 또는 단체(이하 "평가대상기관"이라 한다)가 행하는 정책등을 평가하는 것을 말한다.
가. 중앙행정기관(대통령령이 정하는 대통령 소속기관 및 국무총리 소속기관·보좌기관을 포함한다. 이하 같다)
나. 지방자치단체
다. 중앙행정기관 또는 지방자치단체의 소속기관
라. 공공기관

③

정부업무평가기본법 제3조【통합적 정부업무평가제도의 구축】 ② 중앙행정기관 및 그 소속기관에 대한 평가는 이 법의 규정에 의하여 통합하여 실시되어야 한다.

④

정부업무평가기본법 제2조【정의】 이 법에서 사용하는 용어의 정의는 다음과 같다.
4. "특정평가"라 함은 국무총리가 중앙행정기관을 대상으로 국정을 통합적으로 관리하기 위하여 필요한 정책등을 평가하는 것을 말한다.

정답 ②

62 회독 □□□ 2019. 국가 9급

「정부업무평가 기본법」상 정책평가제도에 대한 설명으로 옳지 않은 것은?

① 정부업무평가위원회는 위원장 1인과 14인 이내의 위원으로 구성한다.
② 중앙행정기관 또는 지방자치단체의 소속기관이 행하는 정책은 정부업무평가의 대상에 포함된다.
③ 국무총리는 2 이상의 중앙행정기관 관련 시책, 주요 현안시책, 혁신관리 및 대통령령이 정하는 대상부문에 대하여 특정평가를 실시하고, 그 결과를 공개하여야 한다.
④ 지방자치단체의 장은 정부업무평가시행계획에 기초하여 자체 평가계획을 매년 수립하여야 한다.

정답 및 해설

위원회는 위원장 2인을 포함한 15인 이내의 위원으로 구성함

정부업무평가기본법 제10조【위원회의 구성 및 운영】 ① 위원회는 위원장 2인을 포함한 15인 이내의 위원으로 구성한다.

② 중앙행정기관 또는 지방자치단체의 소속기관이 행하는 정책은 정부업무평가의 대상에 포함됨

정부업무평가기본법 제2조【정의】 이 법에서 사용하는 용어의 정의는 다음과 같다.
가. 중앙행정기관(대통령령이 정하는 대통령 소속기관 및 국무총리 소속기관·보좌기관을 포함한다. 이하 같다)
나. 지방자치단체
다. 중앙행정기관 또는 지방자치단체의 소속기관
라. 공공기관

③ 국무총리는 2 이상의 중앙행정기관 관련 시책, 주요 현안시책, 혁신관리 및 대통령령이 정하는 대상부문에 대하여 특정평가를 실시하고, 그 결과를 공개하여야 함

정부업무평가기본법 제20조【특정평가의 절차】 ① 국무총리는 2 이상의 중앙행정기관 관련 시책, 주요 현안시책, 혁신관리 및 대통령령이 정하는 대상부문에 대하여 특정평가를 실시하고, 그 결과를 공개하여야 한다.

④ 지방사지단체의 장은 정부업무평가시행계획에 기초하여 자체 평가계획을 매년 수립하여야 함

정부업무평가기본법 제18조【지방자치단체의 자체평가】 ③ 지방자치단체의 장은 정부업무평가시행계획에 기초하여 소관 정책등의 성과를 높일 수 있도록 제15조 각 호의 사항이 포함된 자체평가계획을 매년 수립하여야 한다.

정답 ①

63 회독 □□□ 2014. 서울 9급

「공공기관의 운영에 관한 법률」에 따른 기관유형과 그 사례가 바르게 연결된 것은?

① 시장형 공기업 – 한국조폐공사
② 준시장형 공기업 – 한국마사회
③ 기금관리형 준정부기관 – 한국농어촌공사
④ 위탁집행형 준정부기관 – 국민연금공단
⑤ 기타 공공기관 – 한국연구재단

정답 및 해설

마사회는 준시장형 공기업임

① 한국조폐공사: 준시장형 공기업
③ 한국농어촌공사: 위탁집행형 준정부기관
④ 국민연금공단: 기금관리형 준정부기관
⑤ 한국연구재단: 위탁집행형 준정부기관

정답 ②

PART 08 기타 제도 및 법령 등

64 회독 □□□ 2009. 서울 9급

다음 중 시장형공기업과 자산규모가 2조 원 이상인 준시장형공기업에 대한 설명으로 옳지 않은 것은?

① 이사회 의장은 선임비상임이사
② 선임비상임이사는 기획재정부장관이 임명
③ 한국전력공사
④ 인천국제공항공사
⑤ 감사위원회 설치는 임의사항

정답 및 해설

시장형 공기업과 자산규모가 2조 원 이상인 준시장형 공기업에는 이사회에 감사위원회를 설치하여야 함

① 이사회 의장은 선임비상임이사

공공기관의 운영에 관한 법률 제18조【구성】 ① 이사회는 기관장을 포함한 15인 이내의 이사로 구성한다.
② 시장형 공기업과 자산규모가 2조원 이상인 준시장형 공기업의 이사회 의장은 제21조에 따른 선임비상임이사가 된다.

② 선임비상임이사는 기획재정부장관이 임명함

공공기관의 운영에 관한 법률 제21조【선임비상임이사】
① 공기업·준정부기관에 선임비상임이사 1인을 둔다.
② 선임비상임이사는 비상임이사 중에서 호선(互選)한다. 다만, 시장형 공기업과 자산규모가 2조원 이상인 준시장형 공기업의 선임비상임이사는 비상임이사 중에서 기획재정부장관이 운영위원회의 심의·의결을 거쳐 임명한다.

③ 한국전력공사는 시장형 공기업임
④ 인천국제공항공사는 시장형 공기업임

정답 ⑤

65 회독 □□□ 2008. 서울 9급

다음 중 시장형 공기업에 해당하는 공공기관은?

① 책임운영기관
② 한국도로공사
③ 한국가스공사
④ 한국조폐공사

정답 및 해설

한국가스공사는 시장형 공기업임

주의

한국가스안전공사는 위탁집행형 준정부기관임

① 책임운영기관 : 책임운영기관은 공공기관이 아님
② 한국도로공사 : 준시장형 공기업
④ 한국조폐공사 : 준시장형 공기업

정답 ③

66 회독 □□□ 2021. 지방 7급

모건(Morgan)이 제시한 조직의 8가지 이미지에 해당하지 않는 것은?

① 문화로서의 조직(Organizations as Culture)
② 적응적 사회구조로서의 조직(Organizations as Adaptive Social Structure)
③ 심리적 감옥으로서의 조직(Organizations as Prison Metaphor)
④ 흐름과 변환과정으로서의 조직(Organizations as Flux and Transformation)

정답 및 해설

②는 모건(G.Morgan)이 제시한 조직의 8가지 이미지에 해당하지 않음 → 모건은 조직을 바라다보는 8가지 은유(메타포)를 통해 조직을 8가지로 구분하였음

모건(G. Morgan)의 조직의 8가지 이미지

구분	내용
기계장치로서 조직	① 조직을 효과적으로 작동하는 기계와 같은 존재로 인식하는 관점 ② 프레데릭 대왕(절대군주)의 군대조직, Taylor의 과학적 관리론, Weber의 관료제론, Fayol의 일반관리원칙과 같은 고전적 조직이론이 해당함 ③ 기계장치로서 조직은 안정적인 환경, 간단한 업무, 동일 제품의 반복 생산, 업무의 정확성, 근로자들의 순응 확보가 요구되는 상황에 적합함
유기체로서 조직	① 조직을 하나의 살아 있는 생명체로 간주하고, 조직의 생존·환경과의 관계·조직의 효과성과 같은 주제에 관심을 가짐 ② 1930년대 호손실험에서 기인하여 1950년대 이후 개방체제이론이 사회과학에 도입되며 일반화됨 ③ 예 환경유관론, 개방체제론 등
두뇌로서 조직	① 작은 변화를 통해 끊임없이 개선해 나가는 특성을 가진 조직을 의미함 ② 사이먼은 대부분의 의사결정은 제한적 합리성에 기초하고 있다고 주장하는데, 이러한 제한적 합리성은 두뇌와 같이 움직이는 조직을 의미 ③ 예 제한된 합리성, 사이버네틱스, 학습조직 등
문화로서 조직	① 조직을 단순히 목표 달성을 위한 도구적 존재로 인식하는 것이 아니라 그 자체가 하나의 문화적 실체라고 보는 것을 의미함 ② 조직관리는 조직구조나 전략 외에도 조직의 핵심 가치나 구성원들의 공유된 신념 등에 의해 상당한 영향을 받게 됨을 인식할 수 있음
정치적 존재로서 조직	① 조직을 상호 대립적인 이익을 추구하는 다양한 세력의 경쟁과 갈등의 장이자 타협을 이뤄가는 장이라고 이해함 ② 조직을 정치적 존재로 인식함으로써 갈등과 권력 대립이 벌어지고 있는 조직 상황과 조직변화에 대한 저항의 발생을 이해할 수 있도록 함
심리적 감옥으로서 조직	① 조직구성원들이 스스로 만들고서 스스로 그 속에 갇혀버리고 마는 심리적 감옥으로 조직을 바라보는 시각을 의미함 ② 집단사고에 의한 오류나 조직의 현재 문화가 새로운 조직문화의 도입 또는 변화에 대한 저항 요소로 작용하게 되는 현상을 설명함
흐름으로서 조직	① 조직을 끊임없이 변화하는 존재로 인식함 → 예 혼돈이론 등 ② 조직구성원의 변화를 촉진하는 행동과 환경변화의 영향으로서 인하여 조직은 계속하여 변화하는 실체로서의 성격을 가진다고 제시함
지배를 위한 도구로서 조직	① 조직을 지배계층이 자신의 이익을 위해 피지배계층을 조종하고 착취하는 존재로 인식함 ② 지배를 위한 도구로서 조직은 다국적 기업의 후진국에 대한 노동 착취행위, 열악한 작업환경, 산업재해, 사회계층 간 갈등을 통해 파악될 수 있음

정답 ②

67 회독 □□□

2014. 지방 7급

보조기관과 보좌기관에 대한 설명으로 옳지 않은 것은?

① 보조기관은 위임·전결권의 범위 내에서 의사결정과 집행의 권한을 가진다.
② 보좌기관은 정책에 대한 최종적인 책임을 지지 않는 경우가 많으며 보조기관과 갈등을 유발할 수도 있다.
③ 보좌기관이 보조기관보다는 더 현실적이고 보수적인 속성을 가질 가능성이 높다.
④ 보좌기관은 목표달성 및 정책수행에 간접적으로 기여한다.

정답 및 해설

보조기관은 차관, 실장, 국장 등 부처 장관을 보조하는 기관으로서 계선조직이라고 불림; 또한, 보좌기관은 차관보 등 참모기능을 담당하는 기관으로서 조직의 목표달성 및 정책수행에 간접적으로 기여함 → 보좌기관은 정책에 대한 최종적인 책임을 지지 않는 참모의 역할을 담당(전문적 지식을 바탕으로 조언)하므로 다소 개혁 지향적인 속성을 가진데 반해, 보조기관은 조직의 목표를 직접적으로 집행하고 그 결과에 대해 직접적 책임을 부담하므로 현실적이고 보수적인 속성을 갖는 성향이 있음; 때문에 보좌기관은 보조기관과 갈등을 유발할 수 있음

① 보조기관은 위임·전결권의 범위 내에서 의사결정과 집행의 권한을 가지는바 집행의 결과에 대해 직접적 책임을 부담함

전결권

> 결재를 하는 직책의 관리자가 하위관리자에게 대신하여 결재를 위임하는 경우를 전결이라고 하는데, 이때 하위관리자가 받은 결재에 대한 권리를 전결권이라고 함

정답 ③

68 회독 □□□

2014. 국가 7급 수정

우리나라 정부조직에 대한 설명으로 옳지 않은 것은?

① 국무총리는 국무회의의 부의장이다.
② 식품의약품안전처의 차장은 정무직 공무원이다.
③ 서울지방국세청은 특별지방행정기관이다.
④ 각 부처의 차관과 실장은 중앙행정기관의 보조기관이다.

정답 및 해설

식품의약품안전처는 차관급이므로 처장은 정무직이나 차장은 고위공무원단에 속하는 일반직 공무원임

> **정부조직법 제25조【식품의약품안전처】** ① 식품 및 의약품의 안전에 관한 사무를 관장하기 위하여 국무총리 소속으로 식품의약품안전처를 둔다.
> ② 식품의약품안전처에 처장 1명과 차장 1명을 두되, 처장은 정무직으로 하고, 차장은 고위공무원단에 속하는 일반직공무원으로 보한다.

① 대통령은 국무회의의 의장이고, 국무총리는 부의장임
③ 유역환경청·지방병무청·지방국세청 등은 특별지방행정기관임
④ 각 부처의 차관, 실장, 국장, 과장 등은 보조기관이며, 차관보 등은 보좌기관임

정답 ②

69 회독 □□□ 2008. 국가 7급

우리나라 행정조직에 관한 설명으로 옳지 않은 것은?

① 중앙행정기관의 차관·차관보·실장·국장은 보조기관이다.
② 특별지방행정기관은 중앙행정기관의 일선기관으로서 기능을 담당하고 있다.
③ 지방병무청, 경찰서, 보훈지청, 세무서 등은 특별지방행정 기관이다.
④ 시험연구기관, 교육훈련기관, 문화기관, 의료기관, 제조기관 및 자문기관은 부속기관이다.

정답 및 해설

차관보는 보좌기관임

② 특별지방행정기관은 중앙행정기관의 소속기관으로써 일선에서 중앙행정기관을 대신하여 행정서비스를 공급함
③ 지방병무청, 경찰서, 보훈지청, 세무서 등은 특별지방행정기관임
④ 부속기관은 중앙행정기관의 소속기관으로서 중앙행정기관의 업무를 지원하는 역할을 수행하며, 시험연구기관, 교육훈련기관, 문화기관, 의료기관, 제조기관 및 자문기관 등 다양한 형태를 지님

정답 ①

70 회독 □□□ 2018. 국가 7급

중앙행정기관의 소속기관으로만 묶은 것은?

ㄱ. 지방자치인재개발원
ㄴ. 공정거래위원회
ㄷ. 특허청
ㄹ. 국가기록원
ㅁ. 국립중앙박물관
ㅂ. 문화재청

① ㄱ, ㅂ
② ㄴ, ㄹ
③ ㄷ, ㅁ
④ ㄹ, ㅁ

정답 및 해설

중앙행정기관은 부·처·청 및 일부 위원회 조직으로 구성되며, 중앙행정기관의 소속기관은 부속기관과 특별지방행정기관임 → 보기에서 특허청(산업통산자원부 외청)과 문화재청(문화체육관광부 외청), 공정거래위원회는 모두 중앙행정기관임

ㄱ, ㄹ.
지방자치인재개발원과 국가기록원은 행정안전부의 부속기관임
ㅁ. 국립중앙박물관은 문화체육관광부의 부속기관임

정답 ④

71 회독 □□□ 2008. 지방 7급 수정

현행 「정부업무평가 기본법」에 대한 설명으로 옳지 않은 것은?

① 중앙행정기관의 장은 성과관리전략계획에 기초하여 당해 연도의 성과목표를 달성하기 위한 연도별 시행계획을 수립·시행하여야 한다.

② 중앙행정기관의 장은 정부업무평가위원회의 심의·의결을 거쳐 정부업무의 성과관리 및 정부업무평가에 관한 정책목표와 방향을 설정한 정부업무평가기본계획을 수립하여야 한다.

③ 전자통합평가체계는 평가과정, 평가결과 및 환류과정의 통합적인 정보관리 및 평가 관련 기관 간 정보공유가 가능하도록 하여야 한다.

④ 중앙행정기관의 장은 성과관리전략계획에 당해 기관의 임무·전략목표 등을 포함하여야 하고 최소한 3년마다 그 계획의 타당성을 검토하여 수정·보완 등의 조치를 하여야 한다.

정답 및 해설

국무총리는 정부업무평가위원회의 심의·의결을 거쳐 정부업무의 성과관리 및 정부업무평가에 관한 정책목표와 방향을 설정한 정부업무평가기본계획을 수립하여야 함

①

정부업무평가기본법 제6조【성과관리시행계획】 ① 중앙행정기관의 장은 성과관리전략계획에 기초하여 당해연도의 성과목표를 달성하기 위한 연도별 시행계획(이하 "성과관리시행계획"이라 한다)을 수립·시행하여야 한다.

③

정부업무평가기본법 제13조【전자통합평가체계의 구축 및 운영】 ② 전자통합평가체계는 평가과정, 평가결과 및 환류과정의 통합적인 정보관리 및 평가관련 기관 간 정보공유가 가능하도록 하여야 한다.

④

정부업무평가기본법 제5조【성과관리전략계획】 ② 중앙행정기관의 장은 성과관리전략계획에 당해 기관의 임무·전략목표 등을 포함하여야 하고 최소한 3년마다 그 계획의 타당성을 검토하여 수정·보완 등의 조치를 하여야 한다.

정답 ②

72 회독 □□□ 2019. 국가 7급

정부업무평가 기본법상 정부업무평가제도에 대한 설명으로 옳지 않은 것은?

① 공공기관도 정부업무평가의 대상에 포함된다.

② 중앙행정기관뿐만 아니라 지방자치단체도 자체평가를 실시하여야 한다.

③ 재평가는 이미 실시된 평가의 결과, 방법 및 절차에 관하여 그 평가를 실시한 기관 외의 기관이 다시 평가하는 것이다.

④ 국가위임사무에 대하여 평가가 필요한 경우에는 행정안전부 장관이 중앙행정기관의 장과 함께 특정평가를 실시할 수 있다.

정답 및 해설

국가위임사무에 대하여 평가가 필요한 경우에는 행정안전부 장관이 중앙행정기관의 장과 함께 합동평가를 실시할 수 있음

정부업무평가 기본법 제21조【국가위임사무등에 대한 평가】 ① 지방자치단체 또는 그 장이 위임받아 처리하는 국가사무, 국고보조사업 그 밖에 대통령령이 정하는 국가의 주요시책 등(이하 이 조에서 "국가위임사무등"이라 한다)에 대하여 국정의 효율적인 수행을 위하여 평가가 필요한 경우에는 행정안전부장관이 관계중앙행정기관의 장과 합동으로 평가(이하 "합동평가"라 한다)를 실시할 수 있다.

①②③

정부업무평가기본법 제2조【정의】 이 법에서 사용하는 용어의 정의는 다음과 같다.

2. "정부업무평가"라 함은 국정운영의 능률성·효과성 및 책임성을 확보하기 위하여 다음 각 목의 기관·법인 또는 단체(이하 "평가대상기관"이라 한다)가 행하는 정책등을 평가하는 것을 말한다.
   라. 공공기관
3. "자체평가"라 함은 중앙행정기관 또는 지방자치단체가 소관 정책등을 스스로 평가하는 것을 말한다.
5. "재평가"라 함은 이미 실시된 평가의 결과·방법 및 절차에 관하여 그 평가를 실시한 기관 외의 기관이 다시 평가하는 것을 말한다.

정답 ④

73 회독 □□□ 2012. 서울 7급 수정

다음 제시된 공기업 중 분류상 특징이 다른 하나는?

① 한국철도공사
② 한국가스공사
③ 강원랜드
④ 한국전력공사

정답 및 해설

한국철도공사는 준시장형 공기업이고, 나머지는 시장형 공기업에 해당함

정답 ①

74 회독 □□□ 2017. 국가 7급 수정

「공공기관의 운영에 관한 법률」의 내용에 대한 설명으로 옳지 않은 것은?

① 공공기관의 자율경영 및 책임경영체제의 확립, 경영합리화, 투명성 제고를 목적으로 한다.
② 기획재정부장관은 직원 정원 100인 이상, 총 수입액 30억 원 이상, 자산규모 10억 원 이상에 해당하는 공공기관을 공기업·준정부기관으로 지정한다.
③ 공기업은 시장형과 준시장형으로, 준정부기관은 위탁집행형과 기금관리형으로 구분된다.
④ 공기업과 준정부기관은 신규 지정된 해를 제외하고 매년 경영실적 평가를 받는다.

정답 및 해설

기획재정부장관은 직원 정원 300인 이상, 총 수입액 200억 원 이상, 자산규모 30억 원 이상에 해당하는 공공기관을 공기업·준정부기관으로 지정함 → 또한, 해당 기관에서 총 수입액 중 자체수입이 차지하는 비중이 50% 이상인 공공기관은 공기업에 해당함

①

공공기관의 운영에 관한 법률 제1조【목적】 이 법은 공공기관의 운영에 관한 기본적인 사항과 자율경영 및 책임경영체제의 확립에 관하여 필요한 사항을 정하여 경영을 합리화하고 운영의 투명성을 제고함으로써 공공기관의 대국민 서비스 증진에 기여함을 목적으로 한다.

③ 우리나라 공공기관은 공기업, 준정부기관, 기타공공기관으로 구분되며, 공기업은 시장형과 준시장형으로, 준정부기관은 위탁집행형과 기금관리형으로 분류됨

④

공공기관의 운영에 관한 법률 제48조【경영실적 평가】 ① 기획재정부장관은 제24조의2제3항에 따른 연차별 보고서, 제31조제3항 및 제4항의 규정에 따른 계약의 이행에 관한 보고서, 제46조의 규정에 따른 경영목표와 경영실적보고서를 기초로 하여 공기업·준정부기관의 경영실적을 평가한다. 다만, 제6조의 규정에 따라 공기업·준정부기관으로 지정(변경지정을 제외한다)된 해에는 경영실적을 평가하지 아니한다.

정답 ②

75 회독 □□□

2018. 국가 7급 수정

「공공기관의 운영에 관한 법률」상 공공기관에 대한 설명으로 옳지 않은 것은?

① 위탁집행형 준정부기관은 기금관리형 준정부기관이 아닌 준정부기관을 의미한다.
② 기금관리형 준정부기관은 「국가재정법」에 따라 기금을 관리하거나 기금의 관리를 위탁받은 준정부기관을 의미한다.
③ 기획재정부 장관은 공공기관을 공기업·준정부기관과 기타 공공기관으로 구분하여 지정하되, 공기업과 준정부기관은 직원 정원, 수입액 및 자산규모가 대통령령으로 정하는 기준에 해당하는 공공기관 중에서 지정한다.
④ 기획재정부 장관은 지방자치단체가 설립하고 그 운영에 관여하는 기관을 공공기관으로 지정할 수 있다.

정답 및 해설

기획재정부 장관은 지방자치단체가 설립하고 그 운영에 관여하는 기관을 공공기관으로 지정할 수 없음

공공기관의 운영에 관한 법률 제4조【공공기관】 ② 제1항의 규정에 불구하고 기획재정부장관은 다음 각 호의 어느 하나에 해당하는 기관을 공공기관으로 지정할 수 없다.
1. 구성원 상호 간의 상호부조·복리증진·권익향상 또는 영업질서 유지 등을 목적으로 설립된 기관
2. 지방자치단체가 설립하고, 그 운영에 관여하는 기관
3. 「방송법」에 따른 한국방송공사와 「한국교육방송공사법」에 따른 한국교육방송공사

①②
준정부기관은 위탁집행형과 기금관리형으로 구분되며, 기금관리형 준정부기관은 기금을 운영하는 기능을 수행함
③ 기획재정부장관은 직원 정원 300인 이상, 총 수입액 200억 원 이상, 자산규모 30억 원 이상에 해당하는 공공기관을 공기업·준정부기관으로 지정함

정답 ④

76 회독 □□□

2019. 서울 7급 수정

"지방공기업법"에 근거한 지방공기업에 대한 설명으로 가장 옳지 않은 것은?

① 지방공기업은 수도사업, 공업용수도사업, 주택사업, 토지개발사업, 하수도사업, 자동차운송사업, 궤도사업 등을 할 수 있다.
② 지방공기업에 대한 경영평가는 원칙적으로 행정안전부 장관의 주관으로 한다.
③ 공사의 운영을 위하여 필요한 경우에는 자본금의 2분의 1을 넘지 아니하는 범위에서 지방자치단체 외의 자로 하여금 공사에 출자하게 할 수 있다. 단, 외국인 및 외국법인을 제외한다.
④ 지방공기업에 대한 경영평가, 관련정책의 연구, 임직원에 대한 교육 등을 전문적으로 지원하기 위하여 지방공기업평가원을 설립한다.

정답 및 해설

아래의 조항 참고

지방공기업법 제53조【출자】 ① 공사의 자본금은 그 전액을 지방자치단체가 현금 또는 현물로 출자한다.
② 제1항에도 불구하고 공사의 운영을 위하여 필요한 경우에는 자본금의 2분의 1을 넘지 아니하는 범위에서 지방자치단체 외의 자(외국인 및 외국법인을 포함한다)로 하여금 공사에 출자하게 할 수 있다.

① 지방공기업법에 명시된 지방공기업 적용범위에 해당함
②

지방공기업법 제78조【경영평가 및 지도】 ① 행정안전부장관은 제3조에 따른 지방공기업의 경영 기본원칙을 고려하여 대통령령으로 정하는 바에 따라 지방공기업에 대한 경영평가를 하고, 그 결과에 따라 필요한 조치를 하여야 한다. 다만, 행정안전부장관이 필요하다고 인정하는 경우에는 지방자치단체의 장으로 하여금 경영평가를 하게 할 수 있다.

④

지방공기업법 제78조의4【지방공기업평가원의 설립·운영】
① 지방공기업에 대한 경영평가, 관련 정책의 연구, 임직원에 대한 교육 등을 전문적으로 지원하기 위하여 지방공기업평가원(이하 "평가원"이라 한다)을 설립한다.

정답 ③

77 회독 □□□

2018. 지방 7급 수정

「공공기관의 운영에 관한 법률」과 지방공기업법령상 공공기관과 지방공기업에 대한 설명으로 옳지 않은 것은?

① 기획재정부장관은 직원 정원 300인 이상, 총 수입액 200억 원 이상, 자산규모 30억 원 이상에 해당하는 공공기관을 공기업·준정부기관으로 지정한다.

② 기획재정부장관은 경영실적 평가 결과 경영실적이 부진한 공기업·준정부기관에 대하여 운영위원회의 심의·의결을 거친 후 기관장, 상임이사의 임명권자에게 그 해임을 건의하거나 요구할 수 있다.

③ 「지방공기업법」상 지방공기업의 범주에는 지방직영기업과 지방공사·지방공단이 포함된다.

④ 지방자치단체장은 지방자치의 발전과 주민복리의 증진을 위해 지방공기업을 설립·운영할 수 있으며, 매년 경영평가 결과를 토대로 경영진단 대상 지방공기업을 선정한다.

정답 및 해설

지방공기업에 대한 경영평가는 행정안전부 장관 또는 자치단체장이 실시할 수 있음; 그러나 경영평가를 토대로 경영진단 대상 지방공기업을 선정하는 주체는 행정안전부 장관임

①

공공기관운영법 시행령 제7조【공기업 및 준정부기관의 지정기준】
① 기획재정부장관은 법 제5조제1항제1호에 따라 다음 각 호의 기준에 해당하는 공공기관을 공기업·준정부기관으로 지정한다.
1. 직원 정원: 300명 이상
2. 수입액(총수입액을 말한다): 200억원 이상
3. 자산규모: 30억원 이상

②

공공기관의 운영에 관한 법률 제48조【경영실적 평가】 ⑧ 기획재정부장관은 제7항에 따른 경영실적 평가 결과 경영실적이 부진한 공기업·준정부기관에 대하여 운영위원회의 심의·의결을 거쳐 제25조 및 제26조의 규정에 따른 기관장·상임이사의 임명권자에게 그 해임을 건의하거나 요구할 수 있다.

③ 지방공기업법상 지방공기업의 범주에는 직접경영 방식인 지방직영기업과 간접경영 방식인 지방공사·공단이 포함됨

정답 ④

Section 03 인사행정 관련 제도 및 법령 등

78 회독 □□□

「공직자의 이해충돌 방지법」상 '사적이해관계자'로 규정하고 있는 대상이 아닌 것은?

① 공직자 자신 또는 그 가족

② 공직자의 직무수행과 관련하여 이익 또는 불이익을 직접적으로 받는 다른 공직자

③ 공직자로 채용·임용되기 전 2년 이내에 공직자 자신이 재직하였던 법인 또는 단체

④ 공직자 자신 또는 그 가족이 임원·대표자·관리자 또는 사외이사로 재직하고 있는 법인 또는 단체

정답 및 해설

선지는 직무관련자에 대한 내용임

①③④

직무관련자와 사적이해관계자

구분	내용
직무관련자	① 공직자의 직무수행과 관련하여 일정한 행위나 조치를 요구하는 개인, 법인 또는 단체 ② 공직자의 직무수행과 관련하여 이익 또는 불이익을 직접적으로 받는 개인, 법인 또는 단체 ③ 공직자가 소속된 공공기관과 계약을 체결하거나 체결하려는 것이 명백한 개인, 법인 또는 단체 ④ 공직자의 직무수행과 관련하여 이익 또는 불이익을 직접적으로 받는 다른 공직자
사적이해관계자	① 공직자 자신 또는 그 가족 ② 공직자로 채용·임용되기 전 2년 이내에 공직자 자신이 재직하였던 법인, 단체 ③ 공직자 자신 또는 그 가족이 임원·대표자·관리자 또는 사외이사로 재직하고 있는 법인, 단체

정답 ②

79 회독 □□□ 2023. 국가 9급

「지방공무원법」상 인사위원회의 위원으로 임명되거나 위촉될 수 없는 사람은?

① 지방의회의원
② 법관 · 검사 또는 변호사 자격이 있는 사람
③ 공무원으로서 20년 이상 근속하고 퇴직한 사람
④ 초등학교 · 중학교 · 고등학교 교장 또는 교감으로 재직하는 사람

정답 및 해설

다음의 조항 참고

지방공무원법 제7조【인사위원회의 설치】 ⑥ 다음 각 호의 어느 하나에 해당하는 사람은 위원으로 위촉될 수 없다.
2. 「정당법」에 따른 정당의 당원
3. 지방의회의원

정답 ①

80 회독 □□□ 2023. 국가 9급

공직자의 이해충돌에 대한 설명으로 옳지 않은 것은?

① 우리나라는 2021년 5월 「공직자의 이해충돌 방지법」을 제정하였다.
② 이해충돌은 그 특성에 따라 실제적, 외견적, 잠재적 형태로 분류할 수 있다.
③ 이해충돌 회피에 있어서는 '어느 누구도 자신이 연루된 사건의 재판관이 되어서는 안 된다'라는 원칙이 적용된다.
④ 「공직자의 이해충돌 방지법」의 위반행위는 감사원, 수사기관, 국민권익위원회 등에 신고할 수 있으나 위반행위가 발생한 기관은 제외된다.

정답 및 해설

아래의 조항 참고

이해충돌방지법 시행령 제19조【위반행위의 신고】 법 제18조제1항에 따라 법 위반행위가 발생하였거나 발생하고 있다는 사실을 신고하려는 자는 다음 각 호의 사항을 적은 서면을 법 위반행위가 발생한 공공기관, 감독기관, 감사원 또는 수사기관(이하 "조사기관"이라 한다)이나 국민권익위원회에 제출해야 한다.

① 우리나라 공직자의 이해충돌 방지법은 2021년 5월 18일 제정 · 공포되고, 2022년 5월 19일부터 시행되고 있음
② 이해충돌은 그 특성에 따라 실제적(실질적), 외견적, 잠재적 형태로 분류할 수 있음

구분	실재 사익추구 여부	사익추구 관련 행동의 가시성
잠재적 이해충돌	×	×
외견적 이해충돌	×	○
실제적(실질적) 이해충돌	○	○

+ 각 행동의 예시
  - 잠재적 이해충돌 : 공무원이 어떤 주식을 취득한 경우
  - 외견적 이해충돌 : 공무원이 소유하고 있는 주식과 관련 있는 업무를 수행하는 경우
  - 실제적 이해충돌 : 공무원이 소유하고 있는 주식과 관련 있는 업무를 수행하는 과정에서 사적 이익을 추구하는 경우

③ '어느 누구도 자신이 연루된 사건의 재판관이 되어서는 안 된다'는 것은 공정성을 나타내는 문구임 → 예를 들어, 어떤 재판관이 자신이 재판하는 사건의 당사자와 일정한 관계가 있는 경우뿐만 아니라 이해관계가 있다는 의심을 받을 수 있는 상황이면 당해 사건의 재판에서 배제되는 것이 옳다는 것임

정답 ④

81 회독 □□□

기출변형

우리나라의 임기제 공무원 제도에 대한 설명으로 옳지 않은 것은?

① 일반임기제공무원: 직제 등 법령에 규정된 경력직공무원의 정원에 해당하는 직위에 임용되는 임기제공무원

② 전문임기제공무원: 특정 분야에 대한 전문적 지식이나 기술 등이 요구되는 업무를 수행하기 위하여 임용되는 임기제공무원

③ 시간선택제임기제공무원: 통상적인 근무시간보다 짧은 시간을 근무하는 공무원으로 임용되는 시간선택제일반임기제공무원 또는 시간선택제전문임기제공무원

④ 한시임기제공무원: 휴직 혹은 병가 등의 이유로 공석으로 남아 있는 공무원의 업무를 대행하기 위하여 6개월 이내의 기간 동안 임용되는 공무원으로서 통상적인 근무시간보다 짧은 시간을 근무하는 임기제공무원

정답 및 해설

한시임기제공무원은 휴직 혹은 병가 등의 이유로 공석으로 남아 있는 공무원의 업무를 대행하기 위하여 1년 6개월 이내의 기간 동안 임용되는 공무원으로서 통상적인 근무시간보다 짧은 시간을 근무하는 임기제공무원임

공무원 임용령 제3조의2【임기제공무원의 종류】 임기제공무원의 종류는 다음 각 호와 같다.

1. 일반임기제공무원: 직제 등 법령에 규정된 경력직공무원의 정원에 해당하는 직위에 임용되는 임기제공무원
2. 전문임기제공무원: 특정 분야에 대한 전문적 지식이나 기술 등이 요구되는 업무를 수행하기 위하여 임용되는 임기제공무원
3. 시간선택제임기제공무원: 법 제26조의2에 따라 통상적인 근무시간보다 짧은 시간(주당 15시간 이상 35시간 이하의 범위에서 임용권자 또는 임용제청권자가 정한 시간을 말한다. 이하 이 조에서 같다)을 근무하는 공무원으로 임용되는 일반임기제공무원(이하 "시간선택제일반임기제공무원"이라 한다) 또는 전문임기제공무원(이하 "시간선택제전문임기제공무원"이라 한다)
4. 한시임기제공무원: 다음 각 목의 어느 하나에 해당하는 공무원의 업무를 대행하기 위하여 1년 6개월 이내의 기간 동안 임용되는 공무원으로서 법 제26조의2에 따라 통상적인 근무시간보다 짧은 시간을 근무하는 임기제공무원
   가. 법 제71조 제1항 또는 제2항에 따라 휴직하는 공무원
   나. 「국가공무원 복무규정」 제18조 제1항 또는 제2항에 따라 30일 이상의 병가를 실시하는 공무원
   다. 「국가공무원 복무규정」 제20조 제2항 또는 제10항에 따라 30일 이상의 특별휴가를 실시하는 공무원
   라. 제57조의3 제1항에 따라 통상적인 근무시간보다 짧은 시간을 근무하는 공무원으로 지정된 공무원(이하 "시간선택제전환공무원"이라 한다)

정답 ④

82 회독 □□□ 2022. 지방 9급

다음 설명에 해당하는 유연근무제의 유형은?

> • 탄력근무제의 한 유형
> • 1일 8시간에 구애받지 않음
> • 주 3.5~4일 근무

① 재택근무형
② 집약근무형
③ 시차출퇴근형
④ 근무시간선택형

정답 및 해설

보기의 조건에 해당하는 유연근무제는 집약근무형임

①②③④

유연근무제의 유형

유형	내용		
시간 선택제 전환 공무원	**공무원임용령 제57조의3【시간선택제 근무의 전환 등】** ① 임용권자 또는 임용제청권자는 공무원이 원할 때에는 법 제26조의2에 따라 통상적인 근무시간보다 짧은 시간을 근무하는 공무원으로 지정할 수 있다. 다만, 시간선택제채용공무원, 시간선택제임기제공무원 및 한시임기제공무원은 제외한다. ② 시간선택제전환공무원의 근무시간은 「국가공무원 복무규정」 제9조에도 불구하고 주당 15시간 이상 35시간 이하의 범위에서 소속장관이 정한다. 참고 국가공무원법 제26조의2【근무시간의 단축 임용】 국가기관의 장은 업무의 특성이나 기관의 사정 등을 고려하여 소속 공무원을 대통령령 등으로 정하는 바에 따라 통상적인 근무시간보다 짧게 근무하는 공무원으로 임용할 수 있다.		
탄력 근무제	개념	주 40시간 근무하되, 출·퇴근시각·근무시간·근무일을 자율적으로 조정하는 제도	
	유형	시차출퇴근형	① 1일 8시간 근무체제 유지하되, 출근 시간 선택 가능 ② 예를 들어, 한 시간 일찍 출근하면 한 시간 일찍 퇴근하는 유형
		근무시간 선택형	1일 4~12시간 근무, 주 5일 근무
		집약근무형 (압축근무형)	1일 10~12시간 근무, 주 3.5~4일 근무 → 주 40시간 근무를 주 3~4일로 압축하여 근무
		재량근무형	① 출퇴근 의무 없이 전문 프로젝트 수행으로 주 40시간 인정 ② 고도의 전문적 지식과 기술이 필요해 업무수행 방법이나 시간배분을 담당자의 재량에 맡길 필요가 있는 분야에 적용
원격 근무제	개념	① 직장 이외의 장소에서 정보통신망을 이용하여 근무하는 제도 ② 단, 심각한 보안위험이 예상되는 업무는 온라인 원격근무를 할 수 없음	
	유형	재택근무형	① 사무실이 아닌 자택에서 근무 → 가정에서 인터넷을 활용하여 업무를 처리하는 유형 ② 시간 외 근무수당: 정액분만 지급, 실적분은 지급 금지
		스마트워크근무형	① 주거지 근처 원격근무사무실에서 인터넷을 사용하여 업무를 처리하는 형태 ② 즉, 영상회의 등 정보통신기술을 이용해 시간과 장소의 제약 없이 업무를 수행하는 유연한 근무 형태

정답 ②

83 회독 □□□

2018. 지방 9급

유연근무제도에 대한 설명으로 옳지 않은 것은?

① 유연근무제도에는 시간선택제 전환근무제, 탄력근무제, 원격근무제가 포함된다.

② 원격근무제는 재택근무형과 스마트워크 근무형으로 구분된다.

③ 심각한 보안위험이 예상되는 업무는 온라인 원격근무를 할 수 없다.

④ 재택근무자의 재택근무일에도 시간외 근무수당 실적분과 정액분을 모두 지급하여야 한다.

정답 및 해설

재택근무자가 초과근무를 하였을 경우 공무원 보수 등의 업무지침(인사혁신처 예규)에 따라 시간외 근무수당 정액분은 지급이 가능하나 실적분은 지급할 수 없음

① 유연근무제도에는 시간선택제 전환근무제, 탄력근무제, 원격근무제, 시간선택제채용공무원 등이 포함됨

② 원격근무제는 집에서 근무하는 재택근무형과 스마트워크센터에서 근무하는 스마트워크 근무형으로 구분되며, 심각한 보안위험이 예상되는 업무는 온라인 원격근무를 할 수 없음

정답 ④

84 회독 □□□

2018. 국가 9급

전문경력관제도에 대한 설명으로 옳지 않은 것은?

① 소속 장관은 해당 기관의 일반직 공무원 직위 중 순환보직이 곤란하거나 장기 재직 등이 필요한 특수업무 분야의 직위를 전문경력관 직위로 지정할 수 있다.

② 일반직 공무원과 마찬가지로 계급 구분과 직군 및 직렬의 분류를 적용한다.

③ 전문경력관 직위의 군은 직무의 특성·난이도 및 직무에 요구되는 숙련도 등에 따라 구분한다.

④ 임용권자는 일정한 경우에 전직시험을 거쳐 전문경력관을 다른 일반직 공무원으로 전직시킬 수 있다.

정답 및 해설

전문경력관은 계급 구분과 직군·직렬의 분류를 적용하지 않는 특수업무 분야에 종사하는 공무원임 → 일반직공무원

①

전문경력관 규정 제3조【전문경력관직위 지정】 ① 소속 장관은 해당 기관의 일반직공무원 직위 중 순환보직이 곤란하거나 장기 재직 등이 필요한 특수 업무 분야의 직위를 전문경력관직위로 지정할 수 있다.

③

전문경력관 규정 제4조【직위군 구분】 ① 제3조에 따른 전문경력관 직위(이하 "전문경력관직위"라 한다)의 군(이하 "직위군"이라 한다)은 직무의 특성·난이도 및 직무에 요구되는 숙련도 등에 따라 가군, 나군 및 다군으로 구분한다.

④

전문경력관 규정 제17조【전직】 ① 임용권자는 다음 각 호의 어느 하나에 해당하는 경우에는 전직시험을 거쳐 전문경력관을 다른 일반직 공무원으로 전직시키거나 다른 일반직공무원을 전문경력관으로 전직시킬 수 있다.

정답 ②

85 회독 □□□

2017. 국가 9급

계급정년제도에 대한 설명으로 옳지 않은 것은?

① 공무원이 일정한 기간 동안 승진하지 못하고 동일한 계급에 머물러 있게 된 때에 그 사람을 자동적으로 퇴직시키는 제도이다.
② 인적자원의 유동률을 높여 국민의 공직취임 기회를 확대할 수 있다.
③ 공무원의 교체를 촉진하여 낡은 관료문화 타파에 기여할 수 있다.
④ 모든 공무원의 직업적 안정성을 확보할 수 있다.

정답 및 해설

계급정년제도는 공무원이 일정한 기간 내에 승진하지 못하면 퇴직해야 하므로 직업적 안정성을 확보받지 못함

①②③
계급정년제도는 공무원이 일정한 기간 승진하지 못하고 동일 계급에 머물러 있게 된 때에 그 사람을 자동적으로 퇴직시키는 제도이므로 조직 내 인적자원의 유동률을 높여 국민의 공직취임 기회를 확대할 수 있으며, 낡은 관료문화 타파에 기여할 수 있음

정답 ④

86 회독 □□□

2019. 국가 9급

공무원의 근무방식과 형태에 대한 설명으로 옳지 않은 것은?

① 유연근무제는 공무원의 근무방식과 형태를 개인, 업무, 기관 특성에 따라 선택할 수 있는 제도이다.
② 시간선택제 근무는 통상적인 전일제 근무시간(주 40시간)보다 길거나 짧은 시간을 근무하는 제도이다.
③ 탄력근무제는 전일제 근무시간을 지키되 근무시간, 근무일수를 자율 조정할 수 있는 제도이다.
④ 원격근무제는 직장 이외의 장소에서 정보통신망을 이용하여 근무하는 제도이다.

정답 및 해설

시간선택제 근무는 통상적인 전일제 근무시간(주 40시간)보다 짧은 시간을 근무하는 제도임

공무원임용령 제3조의3【시간선택제채용공무원의 임용】
① 임용권자 또는 임용제청권자는 법 제26조의2에 따라 통상적인 근무시간보다 짧은 시간을 근무하는 일반직공무원(임기제공무원은 제외한다)을 신규채용할 수 있다.
② 제1항에 따라 채용된 공무원(이하 "시간선택제채용공무원"이라 한다)의 주당 근무시간은 「국가공무원 복무규정」 제9조에도 불구하고 15시간 이상 35시간 이하의 범위에서 임용권자 또는 임용제청권자가 정한다. 이 경우 근무시간을 정하는 방법 및 절차 등은 인사혁신처장이 정한다.

① 유연근무제는 공직생산성을 제고하기 위해 공무원의 근무방식과 형태를 개인, 업무, 기관특성에 따라 선택할 수 있는 제도로서 시간선택제 전환근무제, 탄력근무제, 원격근무제 등이 있음
③ 탄력근무제는 주 40시간 근무하되, 출·퇴근시각·근무시간·근무일수를 자율적으로 조정하는 제도임
④ 원격근무제는 직장 이외의 장소에서 정보통신망을 이용하여 근무하는 제도임(단, 심각한 보안위험이 예상되는 업무는 온라인 원격근무를 할 수 없음)

정답 ②

cf.

87 회독 □□□

2017. 교행 9급

국회 인사청문회 제도에 관한 설명으로 옳지 않은 것은?

① 국회의 인사청문회는 인사청문특별위원회와 소관상임위원회로 구분하여 실시하고 있다.

② 국회의 인사청문회의 진행은 원칙적으로 공개되어야 하나, 예외적으로 공개하지 않을 수 있다.

③ 소관상임위원회 인사청문에서 상임위원회가 경과보고서를 채택하지 않는 경우에, 대통령이 후보자를 임명하는 것을 실정법으로 막을 수 있다.

④ 대법원장·헌법재판소장·국무총리·감사원장 및 대법관과 국회에서 선출하는 헌법재판소 재판관 및 중앙선거관리위원회 위원은 인사청문특별위원회에서 인사청문이 이루어진다.

정답 및 해설

소관상임위원회 인사청문 자체는 구속력이 없기 때문에 상임위원회가 경과보고서를 채택하지 않는 경우에도 대통령이 해당 후보자를 임명할 수 있음; 다만, 헌법상 국회의 임명동의가 필요하여 본회의 표결을 거쳐야 할 때, 본회의 표결은 구속력이 있음

①④
국회의 인사청문회는 인사청문특별위원회와 소관상임위원회로 구분하여 실시하고 있으며, 대법원장·헌법재판소장·국무총리·감사원장 및 대법관과 국회에서 선출하는 헌법재판소 재판관 및 중앙선거관리위원회 위원은 인사청문특별위원회에서 인사청문이 이루어짐

② 국회의 인사청문회의 진행은 원칙적으로 공개되어야 하나, 예외적으로 공개하지 않을 수 있음

인사청문회법 제14조【인사청문회의 공개】 인사청문회는 공개한다. 다만, 다음 각호의 1에 해당하는 경우에는 위원회의 의결로 공개하지 아니할 수 있다.
1. 군사·외교 등 국가기밀에 관한 사항으로서 국가의 안전보장을 위하여 필요한 경우 등

정답 ③

88 회독 □□□

2022. 국가 7급

전문경력관제도에 대한 설명으로 옳지 않은 것은?

① 계급 구분과 직군 및 직렬의 분류를 적용하지 않는다.

② 직무의 특성, 난이도 및 직무에 요구되는 숙련도 등에 따라 가군, 나군, 다군으로 구분한다.

③ 전직시험을 거쳐 다른 일반직공무원을 전문경력관으로 전직시킬 수 있으나, 전문경력관을 다른 일반직공무원으로 전직시킬 수는 없다.

④ 소속 장관은 해당 기관의 일반직공무원 직위 중 순환보직이 곤란하거나 장기 재직 등이 필요한 특수 업무 분야의 직위를 전문경력관직위로 지정할 수 있다.

정답 및 해설

전문경력관 제도는 전직을 허용하고 있음

전문경력관 규정 제17조【전직】 ① 임용권자는 다음 각 호의 어느 하나에 해당하는 경우에는 전직시험을 거쳐 전문경력관을 다른 일반직공무원으로 전직시키거나 다른 일반직공무원을 전문경력관으로 전직시킬 수 있다.

①

전문경력관 규정 제2조【적용 범위】 ① 이 영은 「국가공무원법」(이하 "법"이라 한다) 제4조 제2항 제1호에 따라 계급 구분과 직군 및 직렬의 분류를 적용하지 아니하는 특수 업무 분야에 종사하는 공무원[「공무원임용령」(이하 "임용령"이라 한다) 제3조의2에 따른 전문임기제공무원(시간선택제전문임기제공무원을 포함한다) 및 한시임기제공무원은 제외하며, 이하 "전문경력관"이라 한다]에 대하여 적용한다.

②

전문경력관 규정 제4조【직위군 구분】 ① 제3조에 따른 전문경력관직위(이하 "전문경력관직위"라 한다)의 군(이하 "직위군"이라 한다)은 직무의 특성·난이도 및 직무에 요구되는 숙련도 등에 따라 가군, 나군 및 다군으로 구분한다.

④

전문경력관 규정 제3조【전문경력관직위 지정】 ① 소속 장관은 해당 기관의 일반직공무원 직위 중 순환보직이 곤란하거나 장기 재직 등이 필요한 특수 업무 분야의 직위를 전문경력관직위로 지정할 수 있다.

정답 ③

89 회독 □□□ 2021. 국가 7급

다양성 관리(diversity management)에 대한 설명으로 옳지 않은 것은?

① 오늘날 개인의 성격, 가치관의 차이와 같은 내면적 다양성의 중요성이 커지고 있다.

② 다양성 관리란 내적 · 외적 차이를 가진 다양한 조직 구성원을 공평하고 효율적으로 활용하기 위한 체계적인 인적자원관리 과정이다.

③ 균형인사정책, 일과 삶 균형정책은 다양성 관리의 방안으로 볼 수 없다.

④ 대표관료제를 통한 조직 내 다양성 증대는 실적주의와 충돌할 가능성이 있다.

정답 및 해설

균형인사정책(대표관료제), 일과 삶 균형정책 등은 다양성 관리에 해당함

①②③

다양성 관리(diversity management)

<table>
<tr><td>정의</td><td colspan="3">① 조직 내 다양성에 보다 적극적이고 전략적으로 대응하는 관리적 차원의 노력
② 조직 내 구성원들이 가진 차이를 존중함으로써 각 개인이 가진 잠재력을 활용하여 조직의 효과성에 기여할 수 있도록 지원하는 조직관리전략</td></tr>
<tr><td>등장배경</td><td colspan="3">현대사회의 복잡 · 다양성 증대에 따라 다양한 개성을 지닌 사람들도 증가함 → 조직관리에 있어서 다양성을 고려할 필요성이 커짐</td></tr>
<tr><td rowspan="6">유형</td><td>협의로서 다양성 관리</td><td colspan="2">대표관료제(균형인사정책)</td></tr>
<tr><td rowspan="5">광의로서 다양성 관리</td><td>유연근무제</td><td>개인, 업무, 기관별 특성에 맞는 유연한 근무 형태를 공무원이 선택해 활용할 수 있는 제도</td></tr>
<tr><td>선택적 복지제도</td><td>① 공무원이 필요한 복지서비스를 선택할 수 있도록 하는 것
② 공무원들에게 돈으로 환산가능한 점수를 부여하고 점수에 해당하는 복지메뉴를 구입할 수 있도록 하는 제도</td></tr>
<tr><td>가족친화적 편익 프로그램 (일과 삶 균형정책)</td><td>① 조직구성원들이 직장생활, 가정생활에서의 책임을 균형 있게 다할 수 있도록 도와주는 제도
② 육아지원, 노인부양의 편의 제공 등</td></tr>
<tr><td>다문화조직</td><td>다양한 문화가 공존하면서 긍정적인 힘을 발휘하는 조직</td></tr>
<tr><td>맞춤형 관리</td><td>개인의 다양성과 창의성을 인정하는 관리</td></tr>
</table>

④ 대표관료제는 형평성을 우선하는바 실적주의와 충돌할 가능성이 있음

정답 ③

90 회독 □□□

2018. 서울 7급 수정

「부정청탁 및 금품 등 수수의 금지에 관한 법률」(일명 청탁금지법) 및 동법시행령에 규정된 내용 중 가장 옳지 않은 것은?

① 누구든지 직접 또는 제3자를 통하여 법에 규정된 직무를 수행하는 공직자 등에게 부정청탁을 해서는 안된다.
② 공직자 등이 직무와 관련하여 1회 100만 원 이하의 금품을 수수하는 경우 형사 처벌할 수 있다.
③ 이 법의 적용대상은 언론사의 임직원은 물론 그 배우자를 포함한다.
④ 경조사비는 축의금, 조의금은 5만 원까지 가능하고, 축의금과 조의금을 대신하는 화환이나 조화는 10만 원까지 가능하다.

정답 및 해설

공직자 등은 명목에 관계없이 1회 100만 원을 초과하는 금품 등을 수수하는 경우 형사 처벌할 수 있음

①

청탁금지법 제5조【부정청탁의 금지】 ① 누구든지 직접 또는 제3자를 통하여 직무를 수행하는 공직자등에게 다음 각 호의 어느 하나에 해당하는 부정청탁을 해서는 아니 된다.

③

청탁금지법 제2조【정의】 이 법에서 사용하는 용어의 뜻은 다음과 같다.
2. "공직자등"이란 다음 각 목의 어느 하나에 해당하는 공직자 또는 공적 업무 종사자를 말한다.
 라. 제1호마목에 따른 언론사의 대표자와 그 임직원

④

음식물 · 경조사비 · 선물 등의 가액 범위 : 청탁금지법 시행령
2. 경조사비 : 축의금·조의금은 5만원. 다만, 축의금·조의금을 대신하는 화환·조화는 10만원으로 한다.

정답 ②

Section 04 재무행정 관련 제도 및 법령 등

91 회독 □□□

2023. 국가 7급

재정투명성에 대한 설명으로 옳지 않은 것은?

① 재정투명성이란 재정에 관한 정보를 체계적으로 적시에 공개하는 것을 의미한다.
② 2007년의 IMF 재정투명성 규약에는 '예산과정의 공개', '재정정보의 완전성 보장', '정부의 역할과 책임에 대한 명확성' 등이 규정되어 있다.
③ 국가재정법에서는 공공부문을 제외한 일반정부의 재정통계를 매년 1회 이상 투명하게 공표하도록 규정하고 있다.
④ 국가재정법은 예산·기금의 불법 지출에 대한 국민감시 규정을 두고 있다.

정답 및 해설

공공부문을 포함시켜야 함

국가재정법 제9조【재정정보의 공표】 ①정부는 예산, 기금, 결산, 국채, 차입금, 국유재산의 현재액, 통합재정수지 및 제2항에 따른 일반정부 및 공공부문 재정통계, 그 밖에 대통령령으로 정하는 국가와 지방자치단체의 재정에 관한 중요한 사항을 매년 1회 이상 정보통신매체·인쇄물 등 적당한 방법으로 알기 쉽고 투명하게 공표하여야 한다. ② 기획재정부장관은 회계연도마다 결산을 기준으로 다음 각 호의 재정상황을 종합적으로 나타내는 통계(이하 "일반정부 및 공공부문 재정통계"라 한다)를 작성하여야 한다.
1. 국가 및 지방자치단체의 일반회계, 특별회계 및 기금
2. 다음 각 목의 기관 중 시장성이 없는 기관으로서 대통령령으로 정하는 기관
 가. 「공공기관의 운영에 관한 법률」에 따른 공공기관
 나. 「지방공기업법」에 따른 지방공사·공단

① 재정투명성에 대한 개념임
② 2007년 IMF 재정투명성 규약 : 예산과정의 공개, 재정정보의 완전성(신뢰성) 보장, 정부의 역할과 책임에 대한 명확성, 시민들의 정보이용가능성
④

국가재정법 제100조【예산·기금의 불법지출에 대한 국민감시】 ① 국가의 예산 또는 기금을 집행하는 자, 재정지원을 받는 자, 각 중앙관서의 장 또는 기금관리주체와 계약 그 밖의 거래를 하는 자가 법령을 위반함으로써 국가에 손해를 가하였음이 명백한 때에는 누구든지 집행에 책임 있는 중앙관서의 장 또는 기금관리주체에게 불법지출에 대한 증거를 제출하고 시정을 요구할 수 있다.

정답 ③

92 회독 □□□

2023. 국가 7급

국가채무에 대한 설명으로 옳지 않은 것은?

① 국가재정법에 따른 국가채무는 국가의 회계가 발행한 채권을 포함하며, 모든 기금이 발행한 채권은 제외된다.
② 우리나라 중앙정부가 발행하는 국채에는 국고채권, 국민주택채권, 외화표시 외국환평형기금채권 등이 있다.
③ 국가채무는 크게 금융성 채무와 적자성 채무로 구분한다.
④ 채권의 발행 주체가 중앙정부일 때는 국채, 지방자치단체일 때는 지방채라고 할 수 있다.

정답 및 해설

아래의 조항 참고

국가재정법 제91조【국가채무의 관리】 ① 기획재정부장관은 국가의 회계 또는 기금이 부담하는 금전채무에 대하여 매년 다음 각 호의 사항이 포함된 국가채무관리계획을 수립하여야 한다.
② 제1항의 규정에 따른 금전채무는 다음 각 호의 어느 하나에 해당하는 채무를 말한다.
1. 국가의 회계 또는 기금이 발행한 채권
2. 국가의 회계 또는 기금의 차입금
3. 국가의 회계 또는 기금의 국고채무부담행위 등

③ 금융성 채무는 별도의 재원조성 없이 자체 상환이 가능한 채무이며, 적자성 채무는 별도의 재원을 마련해서 상황하는 채무를 뜻함

②④

국채	정의	채권의 발행 주체가 중앙정부인 채권	
	유형	국고채권	사회복지정책 등 공공목적 수행
		재정증권	일시 부족 자금 조달
		외화표시 외국환평형 기금채권	외화자금매입, 해외부문통화관리
		국민주택채권	국민주택사업 재원조달
지방채	채권의 발행 주체가 지방자치단체인 채권		

정답 ①

93 회독 □□□

2023. 국가 7급

국가재정법에 규정되지 않은 재정제도는?

① 재정준칙
② 총액계상
③ 총사업비관리
④ 국가재정운용계획

정답 및 해설

재정준칙을 도입하기 위한 「국가재정법」 개정안이 윤석열정부에 의하여 2022.9 국회에 제출되었으나 아직 계류 중임 → 따라서 재정준칙은 현재 「국가재정법」에 규정되어 있지 않음

②

국가재정법 제37조【총액계상】 ① 기획재정부장관은 대통령령이 정하는 사업으로서 세부내용을 미리 확정하기 곤란한 사업의 경우에는 이를 총액으로 예산에 계상할 수 있다.

③

국가재정법 제50조【총사업비의 관리】 ① 각 중앙관서의 장은 완성에 2년 이상이 소요되는 사업으로서 대통령령이 정하는 대규모사업에 대하여는 그 사업규모·총사업비 및 사업기간을 정하여 미리 기획재정부장관과 협의하여야 한다.

④

국가재정법 제7조【국가재정운용계획의 수립 등】 ① 정부는 재정운용의 효율화와 건전화를 위하여 매년 당해 회계연도부터 5회계연도 이상의 기간에 대한 재정운용계획(이하 "국가재정운용계획"이라 한다)을 수립하여 회계연도 개시 120일 전까지 국회에 제출하여야 한다.

정답 ①

94 회독 □□□ 2023. 국가 9급

우리나라의 재정사업 성과관리에 대한 설명으로 옳지 않은 것은?

① 재정사업 성과관리의 내용은 성과목표관리와 성과평가로 구성된다.
② 재정사업 성과평가 결과는 지출 구조조정 등의 방법으로 재정운용에 반영될 수 있다.
③ 재정사업 심층평가 결과 기획재정부장관이 필요하다고 판단하면 재정사업 자율평가를 실시할 수 있다.
④ 재정사업 자율평가는 미국 관리예산처(OMB)의 PART (Program Assessment Rating Tool)를 우리나라 실정에 맞게 도입한 제도이다.

정답 및 해설

재정사업 자율 평가 결과 기획재정부장관이 필요하다고 판단하면 재정사업 심층 평가를 실시할 수 있음

① 재정사업 성과관리제도는 재정성과 목표관리제도, 재정사업 자율평가제도(재정사업 성과평가), 재정사업 심층평가제도의 세 가지 형태로 운영되고 있음
② 재정사업 성과평가 결과는 재정관리에 반영될 수 있음
④ 재정사업 자율평가는 부시행정부 미국 관리예산처(OMB)의 PART를 우리나라 실정에 맞게 도입한 제도임

정답 ③

cf.

95 회독 □□□ 2022. 지방 7급

재정준칙에 대한 설명으로 옳지 않은 것은?

① 국가채무준칙은 재정 건전성을 확보하기 위해 국가채무 규모에 상한선을 설정한다.
② 재정수지준칙은 경기변동과 무관하게 설정되므로 경제 안정화를 오히려 저해할 수 있다.
③ 재정지출준칙은 경제성장률이나 재정적자 규모의 예측에 의존하지 않는다.
④ 재정수입준칙은 조세지출을 우회적으로 활용함으로써 재정건전성이 훼손될 가능성이 있다.

정답 및 해설

선지는 재정지출준칙에 대한 내용임 → 지출 상한선을 정할 경우 세금감면과 같은 간접적 지출을 활용할 가능성이 높아짐

재정준칙

> 재정수지, 재정지출, 국가채무, 재정수입 등의 재정지표에 대해 계량적 목표를 법제화함으로써 정부의 재량적 재정운영에 제약을 가하는 재정운영체제

① 채무준칙 : 국가채무 비율의 한도를 제시하거나 단계적으로 감소하도록 제약조건을 가하는 준칙
② 수지준칙 : 재정수지(수입-지출)가 일정 비율을 넘지 않도록 관리하는 준칙 → 재정수지준칙은 경제불황기에 지출이 수입을 초과하는 적자재정을 통해 경제 안정화를 달성할 수 있다는 전제를 지니고 있음
③ 지출준칙 : 정부지출 증가율에 제한을 두는 준칙 → 재정지출 준칙은 다년간에 대해 주로 적용되며, 경제성장률이나 재정적자 규모의 예측에 의존하지 않음

정답 ④

96 회독 □□□ 2022. 국가 7급

중앙정부의 지출 성격상 의무지출에 해당하는 것만을 모두 고르면?

> ㄱ. 지방교부세
> ㄴ. 유엔 평화유지활동(PKO) 예산 분담금
> ㄷ. 정부부처 운영비
> ㄹ. 지방교육재정교부금
> ㅁ. 국채에 대한 이자지출

① ㄱ, ㄴ, ㅁ
② ㄴ, ㄷ, ㄹ
③ ㄱ, ㄴ, ㄹ, ㅁ
④ ㄱ, ㄷ, ㄹ, ㅁ

정답 및 해설

ㄱ, ㄴ, ㄹ, ㅁ이 올바른 선지임 → 중앙정부 의무지출의 구체적 범위는 국가재정법 시행령에 명시되어 있음

국가재정법 제7조【국가재정운용계획의 수립 등】 ② 국가재정운용계획에는 다음 각 호의 사항이 포함되어야 한다.
4의2. 의무지출(재정지출 중 법률에 따라 지출의무가 발생하고 법령에 따라 지출규모가 결정되는 법정지출 및 이자지출을 말하며, 그 구체적인 범위는 대통령령으로 정한다)의 증가율 및 산출내역

국가재정법 시행령 제2조【국가재정운용계획의 수립 등】 ③ 법 제7조 제2항제4호의2에 따른 의무지출의 범위는 다음 각 호와 같다.
1. 「지방교부세법」에 따른 지방교부세, 「지방교육재정교부금법」에 따른 지방교육재정교부금 등 법률에 따라 지출의무가 정하여지고 법령에 따라 지출규모가 결정되는 지출
2. 외국 또는 국제기구와 체결한 국제조약 또는 일반적으로 승인된 국제법규에 따라 발생되는 지출
3. 국채 및 차입금 등에 대한 이자지출

정답 ③

cf.

97 회독 □□□ 2022. 국가 7급

우리나라 중앙예산기관의 변천에 대한 설명으로 옳지 않은 것은?

① 국무총리 직속 기획처 예산국이 우리나라에서 처음으로 중앙예산기관의 역할을 담당하였다.
② 1961년 설립된 경제기획원은 수입·지출의 총괄기능을 담당하였으며, 재무부는 중앙예산기관의 역할을 담당하였다.
③ 김영삼 정부는 1994년 정부조직개편을 통해 경제기획원과 재무부를 재정경제원으로 통합하여 세제, 예산, 국고 기능을 일원화하였다.
④ 현재는 기획재정부 예산실이 중앙예산기관의 역할을 담당하고 있다.

정답 및 해설

1961년에 설립된 경제기획원은 중앙예산기관, 재무부는 국고수지총괄기관이었음

① 1948년 정부수립 당시에 설치된 기획처 예산국은 우리나라 최초의 중앙예산기관임
③ 김영삼 정부는 1994년 정부조직개편을 통해 경제기획원과 재무부를 재정경제원으로 통합했음 → 이에 따라 재정경제원은 지금의 기획재정부와 동일한 기능을 수행했음
④ 기획재정부 예산실은 세입·세출예산의 편성 등 국가재정과 관련된 업무를 총괄하는 조직임

정답 ②

Section 05 지방행정 관련 제도 및 법령 등

98 회독 □□□

2023. 국가 7급

지방재정에 대한 설명으로 옳지 않은 것은?

① 부동산교부세는 일반재원이다.
② 내국세 및 교육세의 일부는 지방교육재정교부금의 재원이다.
③ 지역균형발전특별회계는 노무현 정부의 국가균형발전특별회계의 신설에서 비롯되었다.
④ 지역상생발전기금은 지방소비세 도입 과정에서의 광역지자체와 기초지자체 간 세수입 배분의 불균형을 해소하기 위한 것이다.

정답 및 해설

지역상생발전기금은 수도권과 비수도권 지방자치단체 간 수평적 재정조정장치임(광역지자체와 기초지자체 간 세수입 배분의 불균형 해소 ×)

① 보통교부세, 부동산교부세는 지방교부세 중 일반재원임
② 내국세 20.79%, 교육세 일부는 지방교육재정교부금의 재원임
③ 지역균형발전특별회계는 「지방자치분권 및 지방행정체제개편에 관한 특별법(문재인 정권)」과 「국가균형발전 특별법(노무현 정권)」을 통합한 지방분권균형발전법에 근거한 제도임

정답 ④

99 회독 □□□

2022. 국가 9급

특별지방자치단체에 대한 설명으로 옳지 않은 것은?

① 2개 이상의 지방자치단체가 공동으로 특정한 목적을 위하여 광역적으로 사무를 처리할 필요가 있을 때에는 특별지방자치단체를 설치할 수 있다.
② 보통의 지방자치단체와 같이 법인격을 갖는다.
③ 특별지방자치단체의 의회는 규약으로 정하는 바에 따라 구성 지방자치단체의 의회 의원으로 구성한다.
④ 구성 지방자치단체의 장은 「지방자치법」상 겸임 제한 규정에 의해 특별지방자치단체의 장을 겸할 수 없다.

정답 및 해설

특별지방자치단체를 구성하는 지방자치단체의 장은 특별지방자치단체의 장을 겸할 수 있음

> **지방자치법 제205조【집행기관의 조직 등】** ② 구성 지방자치단체의 장은 제109조에도 불구하고 특별지방자치단체의 장을 겸할 수 있다.

① 2개 이상의 지방자치단체가 공동으로 특정한 목적을 위하여 광역적으로 사무를 처리할 필요가 있을 때에는 특별지방자치단체를 설치할 수 있음

> **지방자치법 제199조【설치】** ① 2개 이상의 지방자치단체가 공동으로 특정한 목적을 위하여 광역적으로 사무를 처리할 필요가 있을 때에는 특별지방자치단체를 설치할 수 있다. 이 경우 특별지방자치단체를 구성하는 지방자치단체(이하 "구성 지방자치단체"라 한다)는 상호 협의에 따른 규약을 정하여 구성 지방자치단체의 지방의회 의결을 거쳐 행정안전부장관의 승인을 받아야 한다.

② 특별지방자치단체는 보통의 지방자치단체와 같이 법인격을 가짐

> **지방자치법 제199조【설치】** ③ 특별지방자치단체는 법인으로 한다.

③ 특별지방자치단체의 의회는 규약으로 정하는 바에 따라 구성 지방자치단체의 의회 의원으로 구성함

> **지방자치법 제204조【의회의 조직 등】** ① 특별지방자치단체의 의회는 규약으로 정하는 바에 따라 구성 지방자치단체의 의회 의원으로 구성한다.

정답 ④

100 회독 □□□

2019. 국가 9급

지방선거에 대한 설명으로 옳은 것은?

① 이승만 정부에서 처음으로 시·읍·면 의회의원을 뽑는 지방선거가 실시되었다.
② 박정희 정부부터 노태우 정부 시기까지는 지방선거가 실시되지 않았다.
③ 지방자치단체장과 지방의회의원을 동시에 뽑는 선거는 김대중 정부에서 처음으로 실시되었다.
④ 2010년 지방선거부터 정당공천제가 기초지방의원까지 확대되었지만 많은 문제점이 지적되면서 현재는 실시되지 않고 있다.

cf.

101 회독 □□□

2018. 교행 9급

지방자치단체 자치사무의 종류로 옳은 것을 〈보기〉에서 고른 것은?

보기

ㄱ. 교원능력개발평가
ㄴ. 부랑인선도시설 감독
ㄷ. 주민등록 관리
ㄹ. 공유재산관리
ㅁ. 국회의원 선거사무
ㅂ. 상하수도사업

① ㄱ, ㄴ, ㅁ
② ㄱ, ㄹ, ㅁ
③ ㄴ, ㄷ, ㅂ
④ ㄷ, ㄹ, ㅂ

정답 및 해설

우리나라는 1952년(이승만 정권) 6.25 전쟁 중 시·읍·면 의회의원을 뽑는 지방선거를 최초로 실시하였음

② 박정희 정부부터 전두환 정부 시기까지 지방선거가 실시되지 않았음; 노태우 정부에서 기초의원 선거는 1991년 3월에, 광역의원 선거는 1991년 6월에 실시되었음
③ 지방자치단체장과 지방의회의원을 동시에 뽑는 선거는 김영삼 정부에서 1995년 6월에 처음으로 실시되었음
④ 현재 우리나라는 광역자치단체와 기초자치단체의 장 및 의원의 선거에 있어서 정당공천제를 실시하고 있음(단, 교육감 선거는 예외임)

정답 ①

정답 및 해설

지방자치법상 주민등록관리, 공유재산관리, 상하수도사업은 자치단체가 처리해야 할 자치사무에 해당함

틀린 선지

ㄱ. 교원능력개발평가는 국가사무로서 각 시도 교육감에게 교육부가 위임한 기관위임사무임
ㄴ. 부랑인선도시설 감독사무는 국가가 지방자치단체장에게 위임한 기관위임사무임
ㅁ. 국회의원이나 대통령 선거 등 중앙의 정치인들을 선출하는 사무는 기관위임사무임

정답 ④

102 회독 □□□

2017. 국가 9급 수정

중앙과 지방의 권한배분에 대한 설명으로 옳지 않은 것은?

① 지방자치분권 및 지역균형발전을 추진하기 위하여 국무총리 소속으로 지방시대위원회를 둔다.

② 국가는 지방자치단체에 이양한 사무가 원활히 처리될 수 있도록 행정적 · 재정적 지원을 병행해야 한다.

③ 중앙행정기관의 장과 지방자치단체의 장이 사무를 처리할 때 의견을 달리하는 경우 이를 협의 · 조정하기 위하여 국무총리 소속으로 행정협의조정위원회를 둔다.

④ 「지방자치법」은 원칙적으로 사무배분방식에 있어서 포괄적 예시주의를 취하고 있다.

정답 및 해설

지방시대위원회는 대통령 소속의 위원회임

지방분권균형발전법 제62조【지방시대위원회의 설치 및 존속기한】
① 지방자치분권 및 지역균형발전을 추진하기 위하여 대통령 소속으로 지방시대위원회를 둔다.

② 국가는 지방자치단체에 이양한 사무가 원활히 처리될 수 있도록 행정적 · 재정적 지원을 병행해야 함

지방자치분권 및 지방행정체제 개편에 관한 특별법 제11조【권한이양 및 사무구분체계의 정비 등】 ③ 국가는 지방자치단체에 이양한 권한 및 사무가 원활히 처리될 수 있도록 행정적 · 재정적 지원을 병행하여야 한다.

③ 중앙행정기관의 장과 지방자치단체의 장이 사무를 처리할 때 의견을 달리하는 경우 이를 협의 · 조정하기 위하여 국무총리 소속으로 행정협의조정위원회를 두고 있음

지방자치법 제187조【중앙행정기관과 지방자치단체 간 협의 · 조정】
① 중앙행정기관의 장과 지방자치단체의 장이 사무를 처리할 때 의견을 달리하는 경우 이를 협의 · 조정하기 위하여 국무총리 소속으로 행정협의조정위원회를 둔다.

④ 「지방자치법」은 원칙적으로 사무배분방식에 있어서 포괄적 예시주의를 취하고 있음

지방자치법 제13조【지방자치단체의 사무범위】 ① 지방자치단체는 관할 구역의 자치사무와 법령에 따라 지방자치단체에 속하는 사무를 처리한다.
② 제1항에 따른 지방자치단체의 사무(지방자치단체의 자치사무)를 예시하면 다음 각 호와 같다. 다만, 법률에 이와 다른 규정이 있으면 그러하지 아니하다.

정답 ①

103 회독 □□□

2022. 지방 7급

지방자치에 관한 이론에 대한 설명으로 옳은 것은?

① 피터슨(Peterson)의 저서 도시한계(City Limits)에 따르면, 개방체제로서의 지방정부는 재분배정책보다 개발정책을 추구하는 경향이 있다.

② 라이트(Wright)는 정부 간 관계를 분쟁형, 창조형, 교환형으로 분류하고, 연방정부와 주정부 간 사회적 · 문화적 측면의 동태적 관계를 기술하였다.

③ 로즈(Rhodes)의 정부 간 관계론은 지방정부가 조직자원과 재정자원 측면에서 중앙정부보다 우월한 지위에 있다고 본다.

④ 티부(Tiebout)의 발에 의한 투표(voting with feet)가 가능하기 위해서는 주민의 자유로운 이동성, 공공서비스 제공에서 외부효과 존재 등의 전제조건이 충족되어야 한다.

정답 및 해설

피터슨의 도시한계론

피터슨에 따르면 도시정부는 투자자 등을 지역내로 흡입함으로써 지역경제에 긍정적인 영향을 미치는 개발정책의 추구에 정열을 쏟는 반면, 저소득 계층에 편익을 제공함으로써 빈민을 유입하고 투자자의 탈출을 유도하는 재분배정책의 추구는 가급적 기피하려는 경향이 강함

② 라이트는 정부 간 관계를 분리권위형(조정권위형), 포괄권위형(내포형), 중첩권위형으로 분류했음
③ 로즈의 정부 간 관계론은 지방정부가 조직자원과 정보자원 측면에서 중앙정부보다 우월한 지위에 있음
④ 티부가설에서는 외부효과의 존재를 인정하지 않음

정답 ①

PART 08 기타 제도 및 법령 등

104 회독 □□□ 2022. 지방 7급

현행 지방세의 탄력세율 제도에 대한 설명으로 옳은 것만을 모두 고르면?

> ㄱ. 지방세 일부 세목의 세율에 대해 일정 범위 내에서 지방자치단체가 자율적으로 결정할 수 있다.
> ㄴ. 레저세, 지방소비세는 탄력세율이 적용되지 않는다.
> ㄷ. 조례로 담배소비세, 주행분 자동차세에 대해 표준세율의 50%를 가감하는 방식과 같이 일정 비율을 가감하는 방식이 주로 활용된다.

① ㄱ
② ㄱ, ㄴ
③ ㄴ, ㄷ
④ ㄱ, ㄴ, ㄷ

정답 및 해설

올바른 선지

ㄱ. 지방세의 탄력세율제도는 지방재정의 신축성과 자율성을 제고하기 위하여 자치단체 조례로 세율의 일정 비율을 가감할 수 있는 제도임
ㄴ. 레저세, 지방소비세는 탄력세율이 적용되지 않음

> ⓐ 대통령령으로 정하는 탄력세율 세목 : 담배소비세, 자동차 주행에 대한 자동차세
> ⓑ 조례로 정하는 탄력세율 세목 : 취득세, 등록에 대한 등록면허세, 주민세, 지방소득세 일부, 재산세, 자동차 소유에 따른 자동차세, 목적세(지역자원시설세 · 지방교육세)

틀린 선지

ㄷ. 탄력세율 제도는 법률로 정한 기본세율을 대통령령이나 조례를 통해 탄력적으로 변경하여 운영하는 제도임 → 담배소비세와 자동차 주행에 대한 자동차세는 100분의 30의 범위에서 대통령령으로 가감할 수 있음

정답 ②

cf.
105 회독 □□□ 2022. 국가 7급

우리나라 지방자치의 역사에 대한 설명으로 옳은 것은?

① 제헌의회가 성립하면서 1949년 전국에서 도의회의원 선거가 실시되었다.
② 1991년 지방선거에서 지방의회의원을 선출하였으나, 지방자치단체장 선거는 실시되지 않았다.
③ 1995년부터 주민직선제에 의한 시 · 도교육감 선거가 실시되면서 실질적 의미의 교육자치가 시작되었다.
④ 1960년 지방선거에서는 서울특별시장 · 도지사 선거는 실시되었으나, 시 · 읍 · 면장 선거는 실시되지 않았다.

정답 및 해설

1991년(노태우 정부) 지방선거에서 지방의회의원을 선출하였으나, 지방자치단체장 선거는 실시되지 않았음 → 지방의회의원과 장을 모두 주민 직선으로 동시에 선출하는 전국동시지방선거는 1995년 김영삼 정부에서 처음 실시되었음

① 제헌의회에서 「지방자치법」이 제정(1949년)되었으나 한국전쟁 등으로 의원선거는 1952년에 실시됨
③ 주민직선제에 의한 시 · 도교육감 선거는 2007년 교육감 선거부터 실시되었음
④ 1960년 지방선거에서는 서울특별시장 · 도지사와 시 · 읍 · 면장 선거가 모두 실시되었음

정답 ②

106 회독 □□□

2021. 국가 7급

중앙정부의 지방자치단체 사무배분 원칙에 대한 설명으로 옳은 것만을 모두 고르면?

ㄱ. 지역주민생활과 밀접한 관련이 있는 사무는 원칙적으로 시·군 및 자치구의 사무로 배분하여야 한다.
ㄴ. 서로 관련된 사무들을 배분할 때는 포괄적으로 배분하여야 한다.
ㄷ. 시·군 및 자치구가 처리하기 어려운 사무는 국가보다는 시·도에 우선적으로 배분하여야 한다.
ㄹ. 시·군 및 자치구가 해당 사무를 원활히 처리할 수 있도록 행정적·재정적 지원을 병행하여야 한다.
ㅁ. 주민의 편익증진과 집행의 효과 등을 고려하여 지방자치단체 상호 간 중복되지 않도록 해야 한다.

① ㄱ, ㄷ, ㅁ
② ㄴ, ㄷ, ㄹ
③ ㄱ, ㄴ, ㄹ, ㅁ
④ ㄱ, ㄴ, ㄷ, ㄹ, ㅁ

정답 및 해설

모두 올바른 선지임

올바른 선지

ㄱ, ㄴ, ㄷ, ㅁ.
지방자치법 제11조 사무배분의 기본원칙에 명시된 내용임

ㄹ.

지방분권균형발전법법 제33조【권한이양 및 사무구분체계의 정비 등】 ③ 국가는 지방자치단체에 이양한 권한 및 사무가 원활히 처리될 수 있도록 행정적·재정적 지원을 병행하여야 한다.

정답 ④

MEMO

최욱진

주요 약력

고려대학교 정경대학 행정학과 졸업
고려대학교 일반대학원 행정학과 행정학 전공
현) 박문각 공무원 행정학 전임교수

주요 저서

- 2025 최욱진 행정학(박문각출판)
- 2025 최욱진 행정학 단원별 7·9급 기출문제집(박문각출판)
- 최욱진 행정학 천지문 OX(더에이스에듀)

최욱진 행정학 ✧✦ 단원별 7·9급 기출문제집

초판 인쇄 | 2024. 11. 15. **초판 발행** | 2024. 11. 20. **편저** | 최욱진
발행인 | 박 용 **발행처** | (주)박문각출판 **등록** | 2015년 4월 29일 제2019-000137호
주소 | 06654 서울시 서초구 효령로 283 서경 B/D 4층 **팩스** | (02)584-2927
전화 | 교재 문의 (02)6466-7202

저자와의 협의하에 인지생략

정가 43,000원
ISBN 979-11-7262-307-4